A-Z SUR

GW00418877

CONTENTS

REFERENCE

Motorway	M3	**Built Up Area**	HIGH STREET
A Road	A246	**Local Authority Boundary**	— · — · —
Under Construction		**Posttown Boundary**	————
Proposed		**Postcode Boundary** Within Posttown	— — —
B Road	B3430	**Map Continuation**	80
Dual Carriageway			
One Way Street Traffic flow on A Roads is indicated by a heavy line on the driver's left	→	**Car Park** Selected	P
		Church or Chapel	†
Junction Name	APEX CORNER	**Fire Station**	■
Pedestrianized Road		**Hospital**	H
Restricted Access		**House Numbers** A & B Roads only	51 19 / 22 48
Track and Footpath		**Information Centre**	i
Residential Walkway		**National Grid Reference**	5 35
Railway	Tunnel / Station / Level Crossing	**Police Station**	▲
		Post Office	★
Underground Station	●	**Toilet**	▽
Croydon Tramlink The Boarding of Tramlink trains at stations may be limited to a single direction, indicated by the arrow.	Tunnel / Station	**Toilet with Disabled Facilities**	♿
		Viewpoint	※

SCALE

approx. 3 Inches to 1 Mile

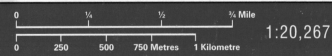

1:20,267

Copyright of Geographers' A-Z Map Company Limited

Head Office : Fairfield Road, Borough Green, Sevenoaks, Kent TN15 8PP   Telephone 01732 781000
Showrooms : 44 Gray's Inn Road, London WC1X 8HX   Telephone 020 7440 9500

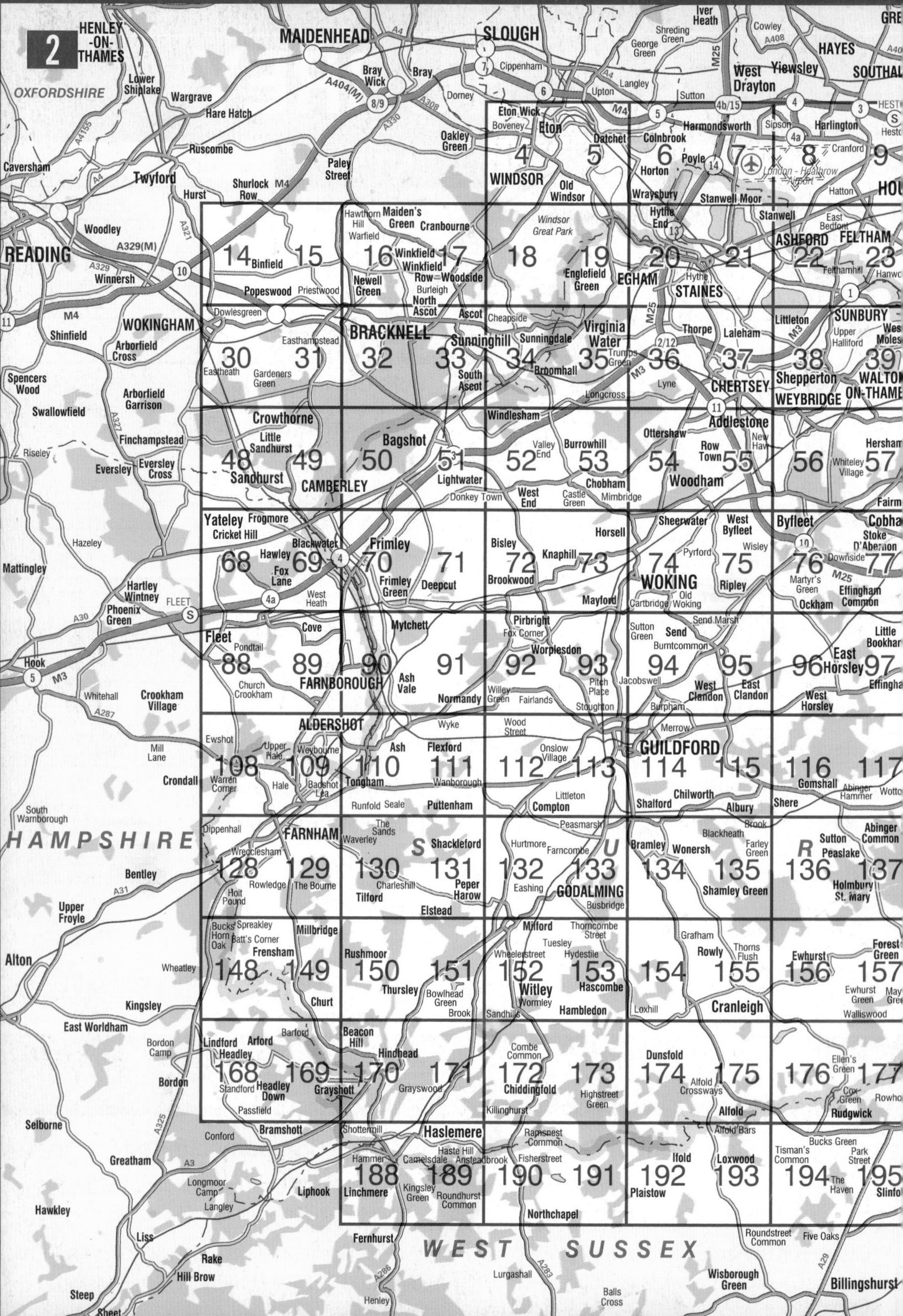

2
HENLEY-ON-THAMES
MAIDENHEAD
SLOUGH
OXFORDSHIRE
HAMPSHIRE
WEST SUSSEX
READING
WOKINGHAM
BRACKNELL
WINDSOR
EGHAM
STAINES
ASHFORD
FELTHAM
SUNBURY
CHERTSEY
WEYBRIDGE
CAMBERLEY
FARNBOROUGH
ALDERSHOT
WOKING
GUILDFORD
FARNHAM
GODALMING
HAYES
West Drayton
Yiewsley
Twyford
Wargrave
Hare Hatch
Ruscombe
Caversham
Woodley
Winnersh
Shinfield
Arborfield Cross
Arborfield Garrison
Spencers Wood
Swallowfield
Finchampstead
Crowthorne
Sandhurst
Bagshot
Lightwater
Yateley
Blackwater
Frimley
Deepcut
Mytchett
Fleet
Cove
Hook
Crookham Village
Crondall
Ash
Tongham
Tilford
Frensham
Churt
Hindhead
Grayshott
Haslemere
Liphook
Bordon
Alton
Bentley
Kingsley
Selborne
Greatham
Liss
Fernhurst
Chiddingfold
Witley
Milford
Cranleigh
Dunsfold
Alfold
Loxwood
Rudgwick
Billingshurst
Plaistow
Northchapel
Ifold
Shere
Gomshall
Albury
Chilworth
Shalford
Bramley
Wonersh
Send
Ripley
Byfleet
Addlestone
Ottershaw
Chobham
Bisley
Knaphill
Pirbright
Worplesdon
Normandy
Virginia Water
Sunninghill
Sunningdale
Ascot
Englefield Green
Old Windsor
Datchet
Eton
Colnbrook
Harmondsworth
Stanwell
London - Heathrow Airport
M4
M3
M25
A329(M)
A404(M)
4 5 6 7 8 9
14 15 16 17 18 19 20 21 22 23
30 31 32 33 34 35 36 37 38 39
48 49 50 51 52 53 54 55 56 57
68 69 70 71 72 73 74 75 76 77
88 89 90 91 92 93 94 95 96 97
108 109 110 111 112 113 114 115 116 117
128 129 130 131 132 133 134 135 136 137
148 149 150 151 152 153 154 155 156 157
168 169 170 171 172 173 174 175 176 177
188 189 190 191 192 193 194 195

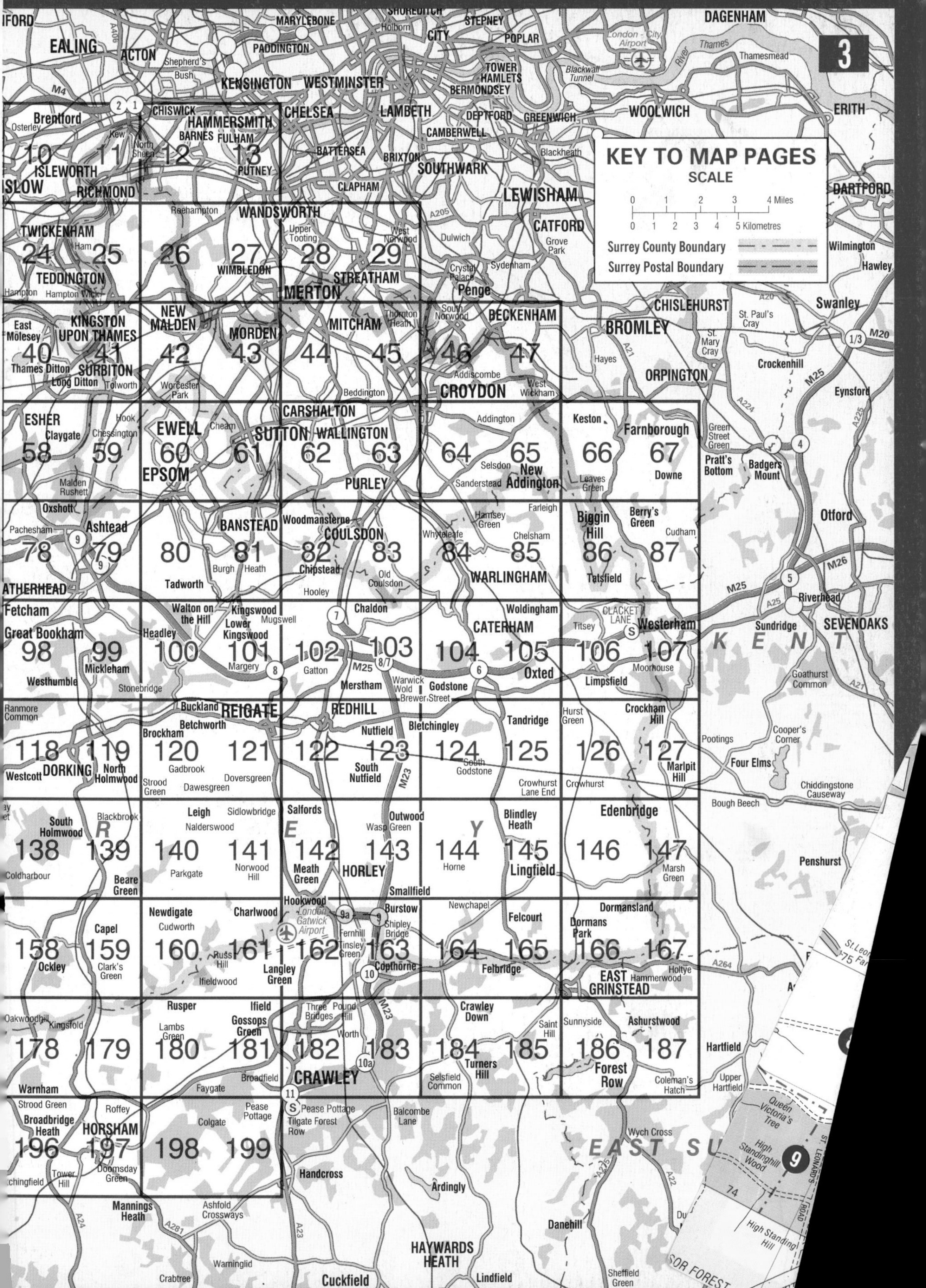
KEY TO MAP PAGES
SCALE
0 1 2 3 4 Miles
0 1 2 3 4 5 Kilometres
Surrey County Boundary
Surrey Postal Boundary
EALING
ACTON
Shepherd's Bush
MARYLEBONE
PADDINGTON
KENSINGTON
WESTMINSTER
SHOREDITCH
Holborn
CITY
STEPNEY
POPLAR
TOWER HAMLETS
BERMONDSEY
DAGENHAM
London - City Airport
River Thames
Thamesmead
Blackwall Tunnel
WOOLWICH
ERITH
M4
Brentford
Osterley
Kew
North Sheen
CHISWICK
HAMMERSMITH
BARNES
FULHAM
CHELSEA
LAMBETH
DEPTFORD
GREENWICH
CAMBERWELL
BATTERSEA
BRIXTON
SOUTHWARK
Blackheath
10
11
12
13
ISLEWORTH
PUTNEY
RICHMOND
CLAPHAM
LEWISHAM
DARTFORD
Roehampton
WANDSWORTH
A205
CATFORD
Grove Park
Wilmington
Hawley
TWICKENHAM
Ham
Upper Tooting
West Norwood
Dulwich
24
25
26
27
28
29
WIMBLEDON
STREATHAM
Crystal Palace
Sydenham
TEDDINGTON
Hampton
Hampton Wick
MERTON
Penge
A20
CHISLEHURST
Swanley
St. Paul's Cray
KINGSTON UPON THAMES
NEW MALDEN
East Molesey
MORDEN
MITCHAM
Thornton Heath
South Norwood
BECKENHAM
BROMLEY
St. Mary Cray
M20
40
41
42
43
44
45
46
47
Thames Ditton
SURBITON
Long Ditton
Tolworth
Worcester Park
Beddington
Addiscombe
CROYDON
West Wickham
Hayes
A21
ORPINGTON
Crockenhill
M25
Eynsford
ESHER
Claygate
Hook
Chessington
EWELL
Cheam
SUTTON
CARSHALTON
WALLINGTON
Addington
Keston
Farnborough
A224
Green Street Green
Pratt's Bottom
Badgers Mount
A225
58
59
60
61
62
63
64
65
66
67
EPSOM
Malden Rushett
PURLEY
Selsdon
Sanderstead
New Addington
Leaves Green
Downe
Oxshott
Pachesham
Ashtead
BANSTEAD
Woodmansterne
COULSDON
Whyteleafe
Hamsey Green
Farleigh
Biggin Hill
Berry's Green
Cudham
Otford
78
79
80
81
82
83
84
85
86
87
Burgh Heath
Chipstead
Old Coulsdon
Chelsham
WARLINGHAM
Tatsfield
M26
LEATHERHEAD
Tadworth
Hooley
M25
Riverhead
Fetcham
Walton on the Hill
Kingswood
Lower Kingswood
Mugswell
Chaldon
Woldingham
CATERHAM
CLACKET LANE
Titsey
Westerham
Sundridge
SEVENOAKS
Great Bookham
Headley
98
99
100
101
102
103
104
105
106
107
K E N T
Mickleham
Margery
Gatton
Merstham
Warwick Wold
Brewer Street
Godstone
Oxted
Limpsfield
Moorhouse
Goathurst Common
Westhumble
Stonebridge
Ranmore Common
Buckland
REIGATE
REDHILL
Betchworth
Brockham
Nutfield
Bletchingley
Tandridge
Hurst Green
Crockham Hill
Cooper's Corner
Pootings
118
119
120
121
122
123
124
125
126
127
Westcott
DORKING
North Holmwood
Gadbrook
Strood Green
Dawesgreen
Doversgreen
South Nutfield
M23
South Godstone
Crowhurst Lane End
Crowhurst
Four Elms
Marlpit Hill
Chiddingstone Causeway
Bough Beech
South Holmwood
Blackbrook
Leigh
Sidlowbridge
Nalderswood
Salfords
Outwood
Wasp Green
Blindley Heath
Edenbridge
R
E
Y
138
139
140
141
142
143
144
145
146
147
Coldharbour
Beare Green
Parkgate
Norwood Hill
Meath Green
HORLEY
Horne
Lingfield
Marsh Green
Penshurst
Smallfield
Newdigate
Cudworth
Charlwood
Hookwood
London Gatwick Airport
Burstow
Shipley Bridge
Newchapel
Felcourt
Dormansland
Dormans Park
Capel
Fernhill
Tinsley Green
158
159
160
161
162
163
164
165
166
167
Ockley
Clark's Green
Russ Hill
Ifieldwood
Langley Green
Copthorne
Felbridge
EAST GRINSTEAD
Hammerwood
Holtye
A264
Oakwoodhill
Kingsfold
Rusper
Lambs Green
Ifield
Gossops Green
Three Bridges
Pound Hill
Worth
Crawley Down
Saint Hill
Sunnyside
Ashurstwood
Hartfield
178
179
180
181
182
183
184
185
186
187
Turners Hill
Forest Row
Warnham
Faygate
Broadfield
CRAWLEY
Selsfield Common
Coleman's Hatch
Upper Hartfield
Strood Green
Roffey
Pease Pottage
Colgate
Tilgate Forest Row
Balcombe Lane
Wych Cross
Broadbridge Heath
HORSHAM
196
197
198
199
EAST SU
A275
A22
Doomsday Green
Tower Hill
Handcross
Ardingly
Mannings Heath
Ashfold Crossways
A24
A281
A23
Danehill
HAYWARDS HEATH
Warninglid
Crabtree
Cuckfield
Lindfield
Sheffield Green
Queen Victoria's Tree
High Standinghill Wood
High Standing Hill
ST. LEONARDS ROAD
74
9

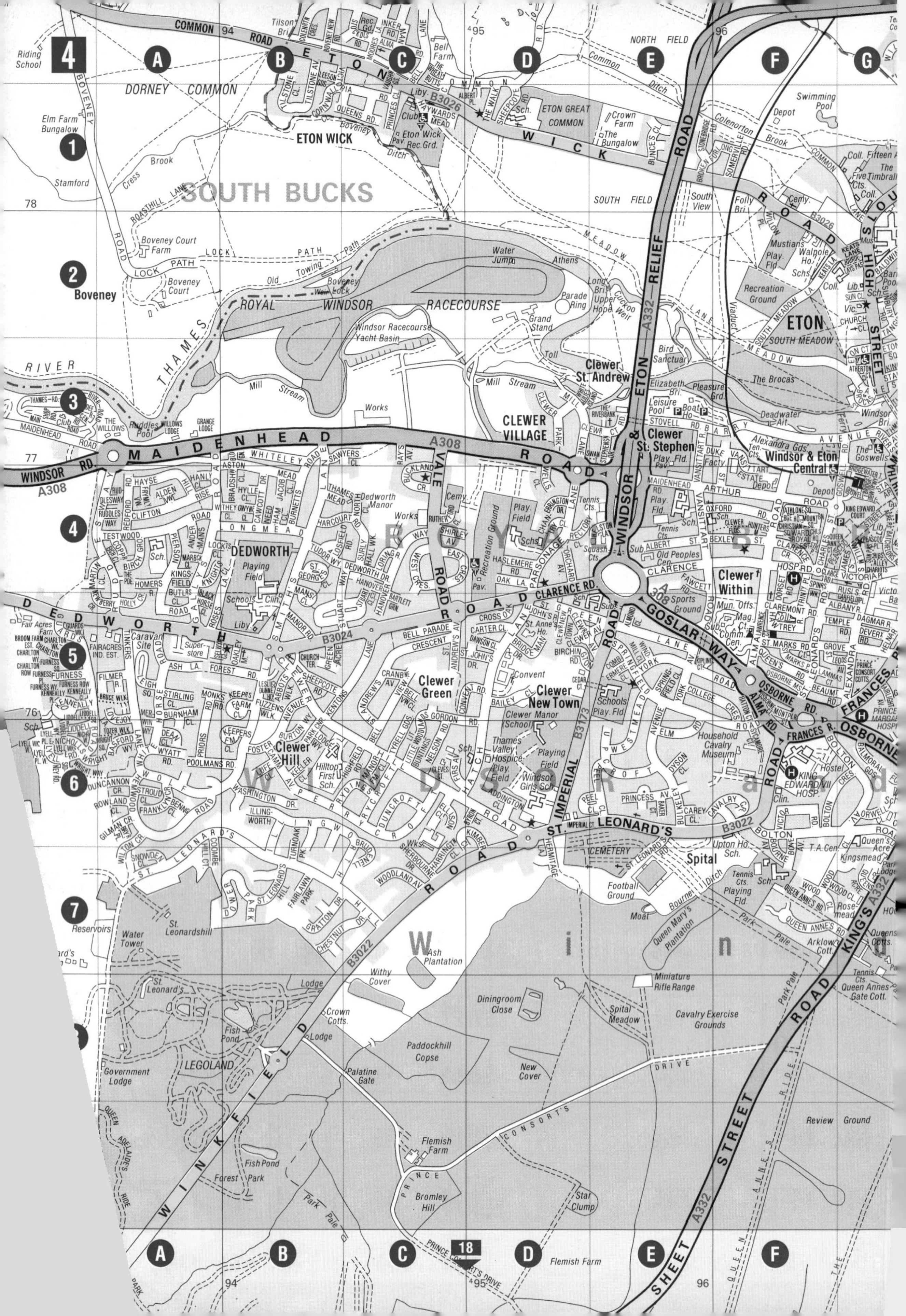

4
SOUTH BUCKS
ETON WICK
ETON
DEDWORTH
Clewer Within
Clewer St. Stephen
Clewer St. Andrew
CLEWER VILLAGE
Clewer Green
Clewer New Town
Clewer Hill
Spital
Boveney
DORNEY COMMON
ROYAL WINDSOR RACECOURSE
RIVER THAMES
LEGOLAND
MAIDENHEAD ROAD
ST. LEONARD'S ROAD
WINKFIELD ROAD
SHEET STREET
KING'S ROAD
GOSLAR WAY
WINDSOR & ETON RELIEF ROAD
Windsor & Eton Central
Household Cavalry Museum
Review Ground
Cavalry Exercise Grounds
Flemish Farm
18

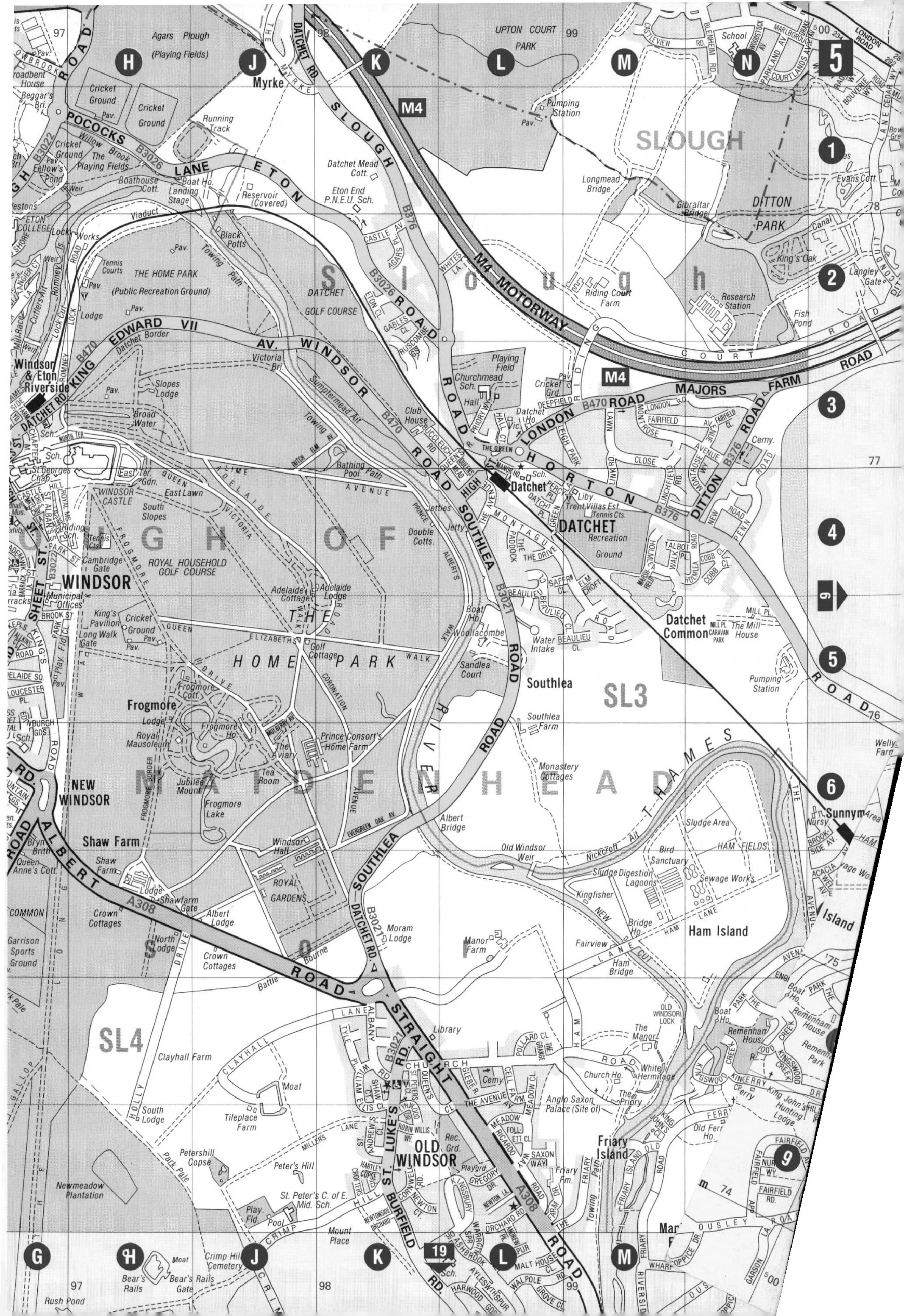
5
SLOUGH
DATCHET
WINDSOR
OLD WINDSOR
NEW WINDSOR
SL3
SL4
M4 MOTORWAY
THE HOME PARK
(Public Recreation Ground)
HOME PARK
ROYAL HOUSEHOLD GOLF COURSE
DATCHET GOLF COURSE
WINDSOR CASTLE
Frogmore
Royal Mausoleum
Frogmore Lake
Shaw Farm
Agars Plough
(Playing Fields)
Myrke
UPTON COURT PARK
DITTON PARK
Riding Court Farm
Research Station
Datchet Common
Southlea
Ham Island
Friary Island
RIVER THAMES
Clayhall Farm
Newmeadow Plantation
Windsor & Eton Riverside
ETON COLLEGE
Albert Bridge
Old Windsor Weir
Sewage Works
Bird Sanctuary
Sludge Area
Anglo Saxon Palace (Site of)
KING EDWARD VII AV.
WINDSOR ROAD
LONDON ROAD
HORTON ROAD
SLOUGH ROAD
STRAIGHT ROAD
ALBERT ROAD
SOUTHLEA ROAD
POCOCKS LANE
ETON ROAD
MAJORS FARM ROAD
DITTON ROAD
COURT ROAD
97
98
99
77
76
75
74
G
H
J
K
L
M
N
1
2
3
4
5
6
9
19

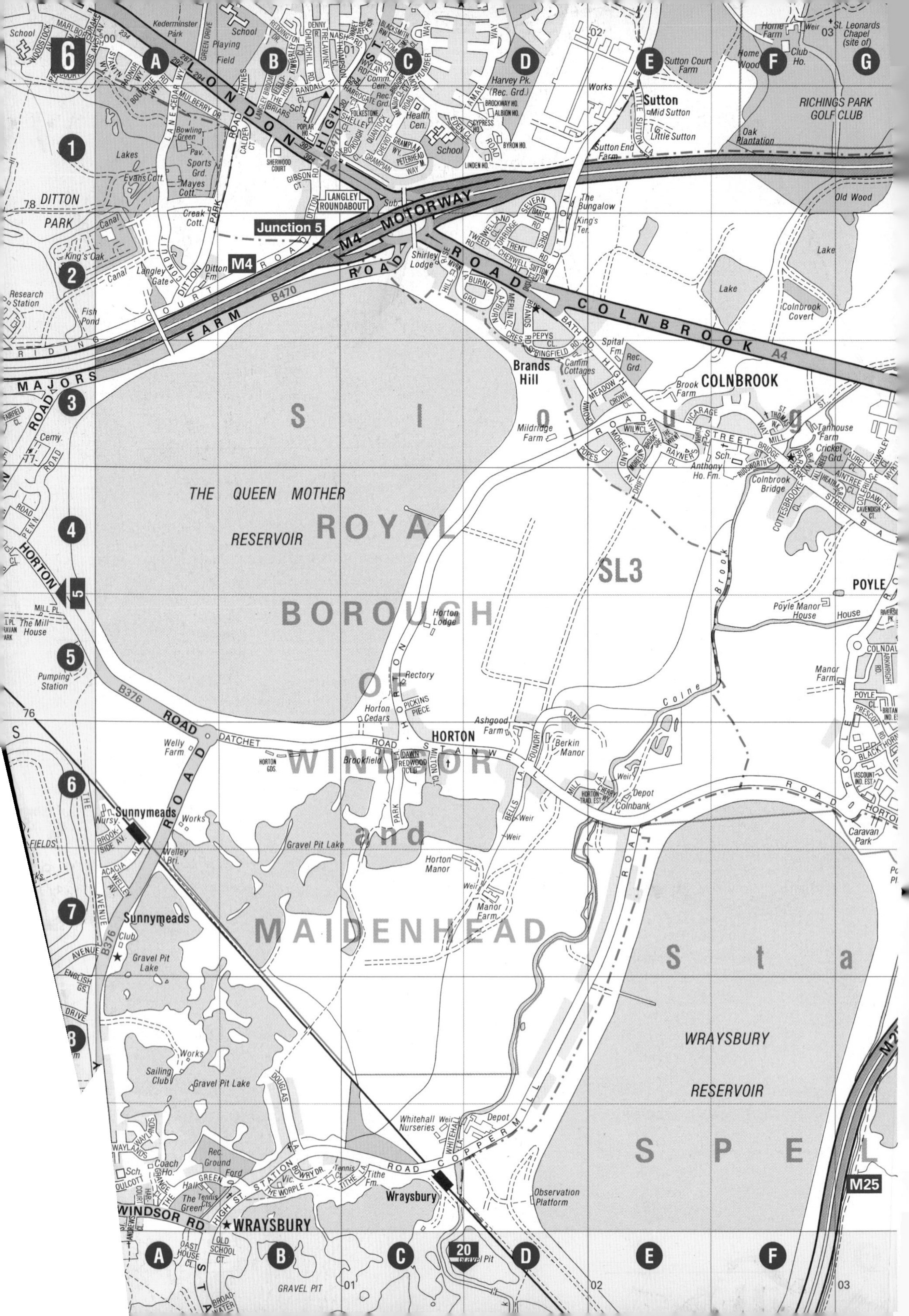
LONDON ROAD
A4
M4 MOTORWAY
Junction 5
LANGLEY ROUNDABOUT
DITTON PARK
RIDING COURT ROAD
MAJORS FARM ROAD
B470
COLNBROOK A4
COLNBROOK
Brands Hill
Sutton
RICHINGS PARK GOLF CLUB
THE QUEEN MOTHER RESERVOIR
ROYAL BOROUGH OF WINDSOR and MAIDENHEAD
Slough
SL3
HORTON
POYLE
HORTON ROAD
B376
DATCHET ROAD
STANWELL ROAD
Sunnymeads
Gravel Pit Lake
WRAYSBURY RESERVOIR
Staines
COPPERMILL ROAD
WRAYSBURY
WINDSOR RD.
M25
20
Colne Brook
Research Station
Pumping Station
Sailing Club
Wraysbury
Colnbank
Horton Manor
Berkin Manor
Poyle Manor House
Observation Platform
GRAVEL PIT
A B C D E F G
1 2 3 4 5 6 7 8
02 03 76 78

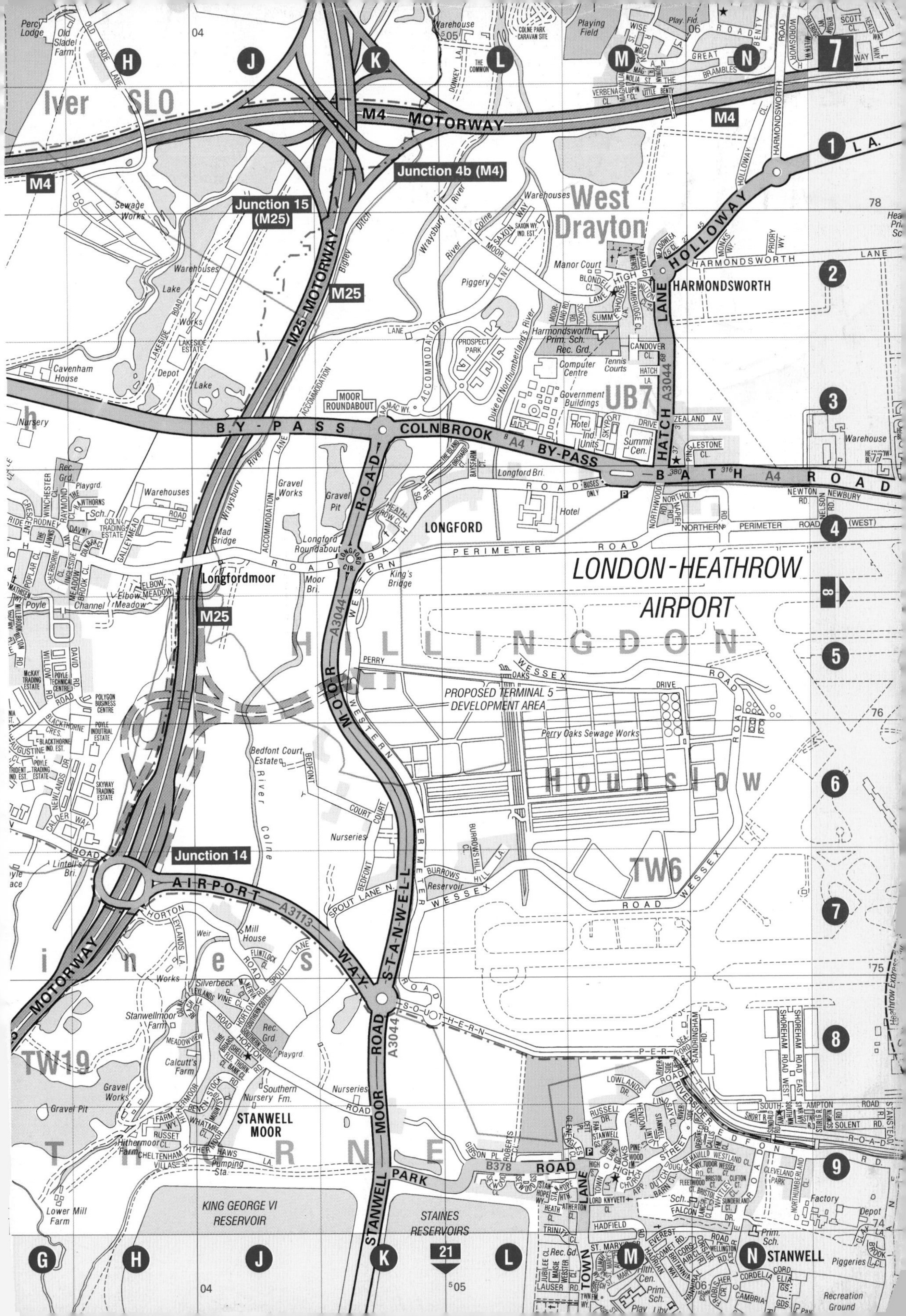

7
Iver
SLO
M4
M4 MOTORWAY
Junction 4b (M4)
Junction 15 (M25)
M25
M25 MOTORWAY
West Drayton
HARMONDSWORTH
HARMONDSWORTH LANE
HOLLOWAY LA.
UB7
COLNBROOK BY-PASS
MOOR ROUNDABOUT
A4
BATH ROAD
LONGFORD
Longfordmoor
Longford Roundabout
PERIMETER ROAD
LONDON-HEATHROW AIRPORT
HILLINGDON
PROPOSED TERMINAL 5 DEVELOPMENT AREA
Perry Oaks Sewage Works
Hounslow
MOOR ROAD
A3044
WESTERN PERIMETER ROAD
WESSEX ROAD
TW6
Junction 14
AIRPORT WAY
A3113
STANWELL MOOR ROAD
SOUTHERN PERIMETER ROAD
TW19
STANWELL MOOR
STANWELL
PARK ROAD
B378
KING GEORGE VI RESERVOIR
STAINES RESERVOIRS
Heathrow Express
Spelthorne
21
8
G H J K L M N
1 2 3 4 5 6 7 8 9
04 05 06 74 75 76 78

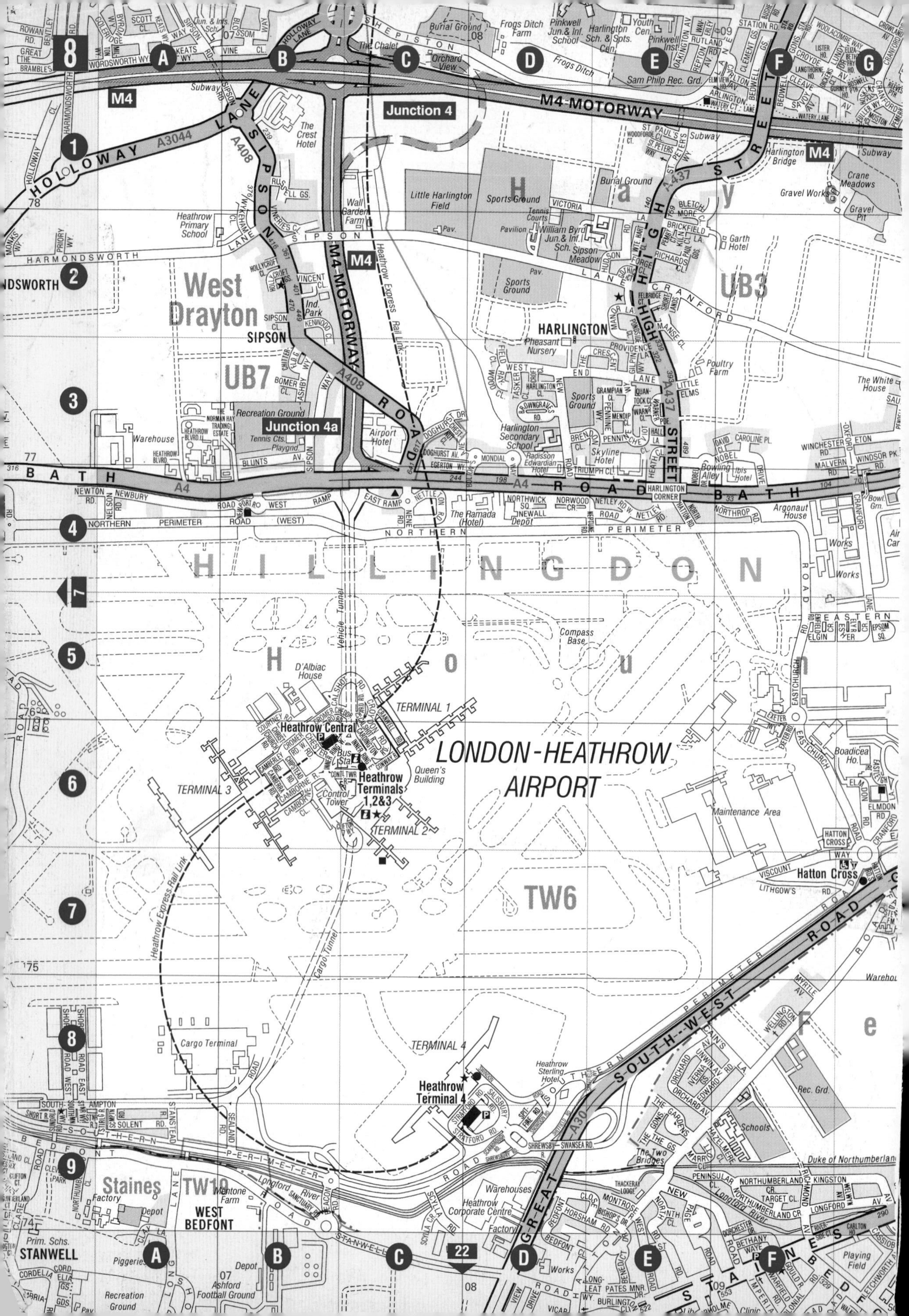
M4-MOTORWAY
Junction 4
Junction 4a
HOLLOWAY A3044
SIPSON LANE A408
West Drayton
SIPSON
UB7
UB3
HARLINGTON
HIGH STREET A437
BATH ROAD A4
NORTHERN PERIMETER ROAD
HILLINGDON
Hounslow
Feltham
LONDON-HEATHROW AIRPORT
TW6
Heathrow Central
Heathrow Terminals 1,2&3
TERMINAL 1
TERMINAL 2
TERMINAL 3
TERMINAL 4
Heathrow Terminal 4
Cargo Terminal
Maintenance Area
Hatton Cross
SOUTH-WEST ROAD
GREAT SOUTH-WEST ROAD A30
Heathrow Express Rail Link
Cargo Tunnel
Vehicle Tunnel
Staines
TW19
STANWELL
WEST BEDFONT
Harmondsworth
Little Harlington Field
Sports Ground
Burial Ground
Frogs Ditch
Sam Philp Rec. Grd.
Crane Meadows
Gravel Works
Compass Base
Queen's Building
D'Albiac House
Control Tower
Heathrow Corporate Centre
Heathrow Primary School
Harlington Secondary School
Recreation Ground
Ashford Football Ground
Piggeries
Duke of Northumberland's River
Longford River
Rec. Grd.
Schools
Playing Field
22
7

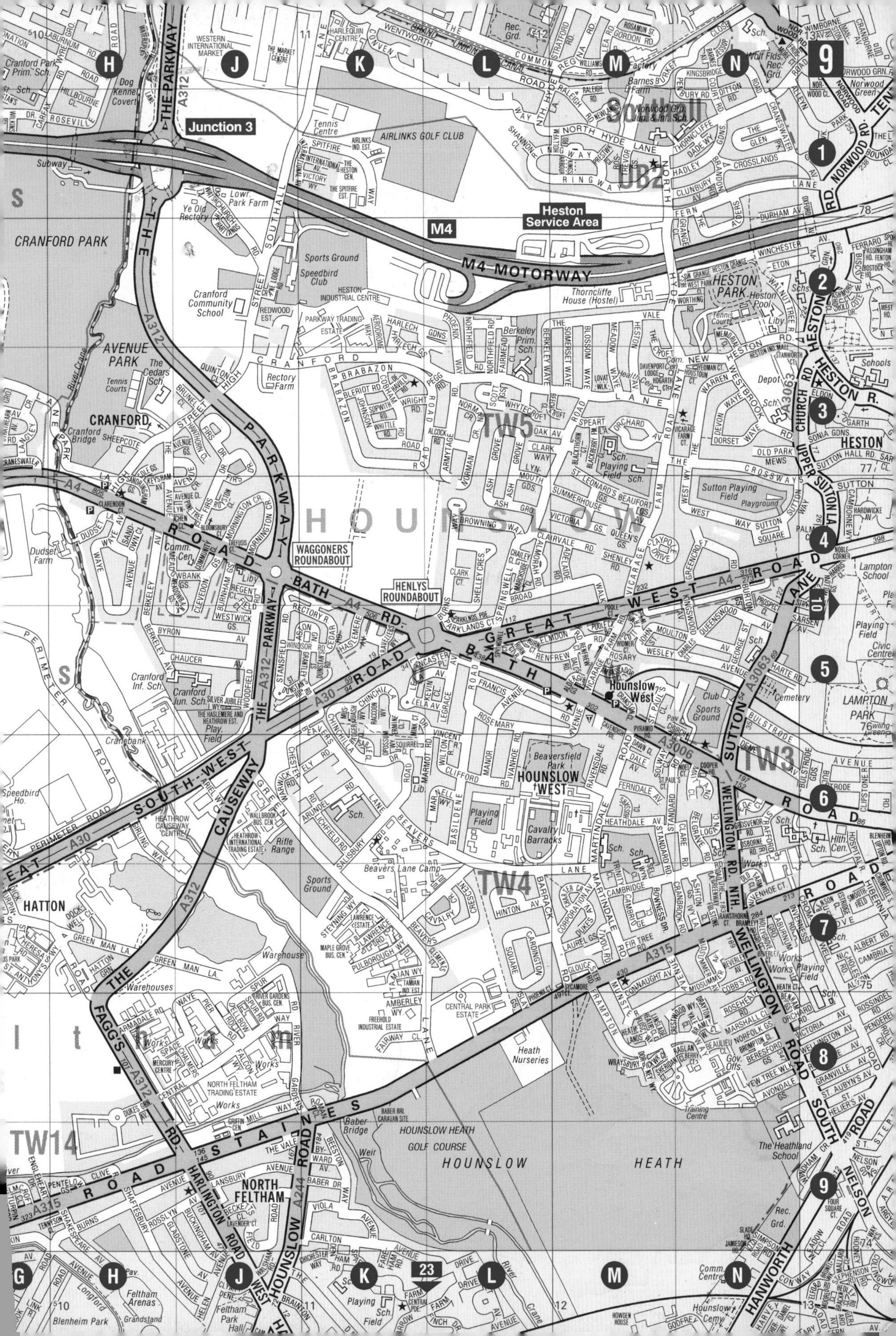
Junction 3
THE PARKWAY
A312
WESTERN INTERNATIONAL MARKET
HARLEQUIN CENTRE
GRAND UNION CANAL
Rec. Grd.
Cranford Park Prim. Sch.
Dog Kennel Covert
Subway
CRANFORD PARK
Ye Old Rectory
Lowr. Park Farm
AIRLINKS GOLF CLUB
Tennis Centre
M4
M4 MOTORWAY
Heston Service Area
Southall
UB2
Norwood Grn. Jun. & Inf. Sch.
NORTH HYDE LANE
RINGWAY
Barnes Farm
Norwood Green
Sports Ground
Speedbird Club
HESTON INDUSTRIAL CENTRE
Cranford Community School
PARKWAY TRADING ESTATE
Thorncliffe House (Hostel)
HESTON PARK
Heston Pool
Berkeley Prim. Sch.
AVENUE PARK
The Cedars Sch.
Rectory Farm
CRANFORD
Cranford Bridge
River Crane
TW5
HESTON
Sutton Playing Field
Playground
HOUNSLOW
WAGGONERS ROUNDABOUT
HENLYS ROUNDABOUT
BATH ROAD
A4
GREAT WEST ROAD
Dudset Farm
Lampton School
10
Cranford Inf. Sch.
Cranford Jun. Sch.
A30
Hounslow West
Club Sports Ground
Cemetery
LAMPTON PARK
A3063
A3006
TW3
Beaversfield Park
HOUNSLOW WEST
Playing Field
Cavalry Barracks
SOUTH WEST ROAD
CAUSEWAY
HEATHROW CAUSEWAY CENTRE
Speedbird Ho.
PERIMETER ROAD
Cranebank
Rifle Range
Sports Ground
Beavers Lane Camp
TW4
HATTON
Warehouse
Warehouses
GREEN MAN LA.
A315
CENTRAL PARK ESTATE
Heath Nurseries
FREEHOLD INDUSTRIAL ESTATE
NORTH FELTHAM TRADING ESTATE
Works
Training Centre
TW14
Baber Bridge
HOUNSLOW HEATH GOLF COURSE
HOUNSLOW HEATH
Weir
STAINES ROAD
NORTH FELTHAM
HARLINGTON ROAD
HOUNSLOW ROAD
A244
The Heathland School
WELLINGTON ROAD NTH.
WELLINGTON ROAD SOUTH
HANWORTH ROAD
NELSON ROAD
Rec. Grd.
Comm. Centre
Hounslow Cemy.
23
Feltham Arenas
Blenheim Park
Grandstand
Feltham Park Hall
Longford
H J K L M N G

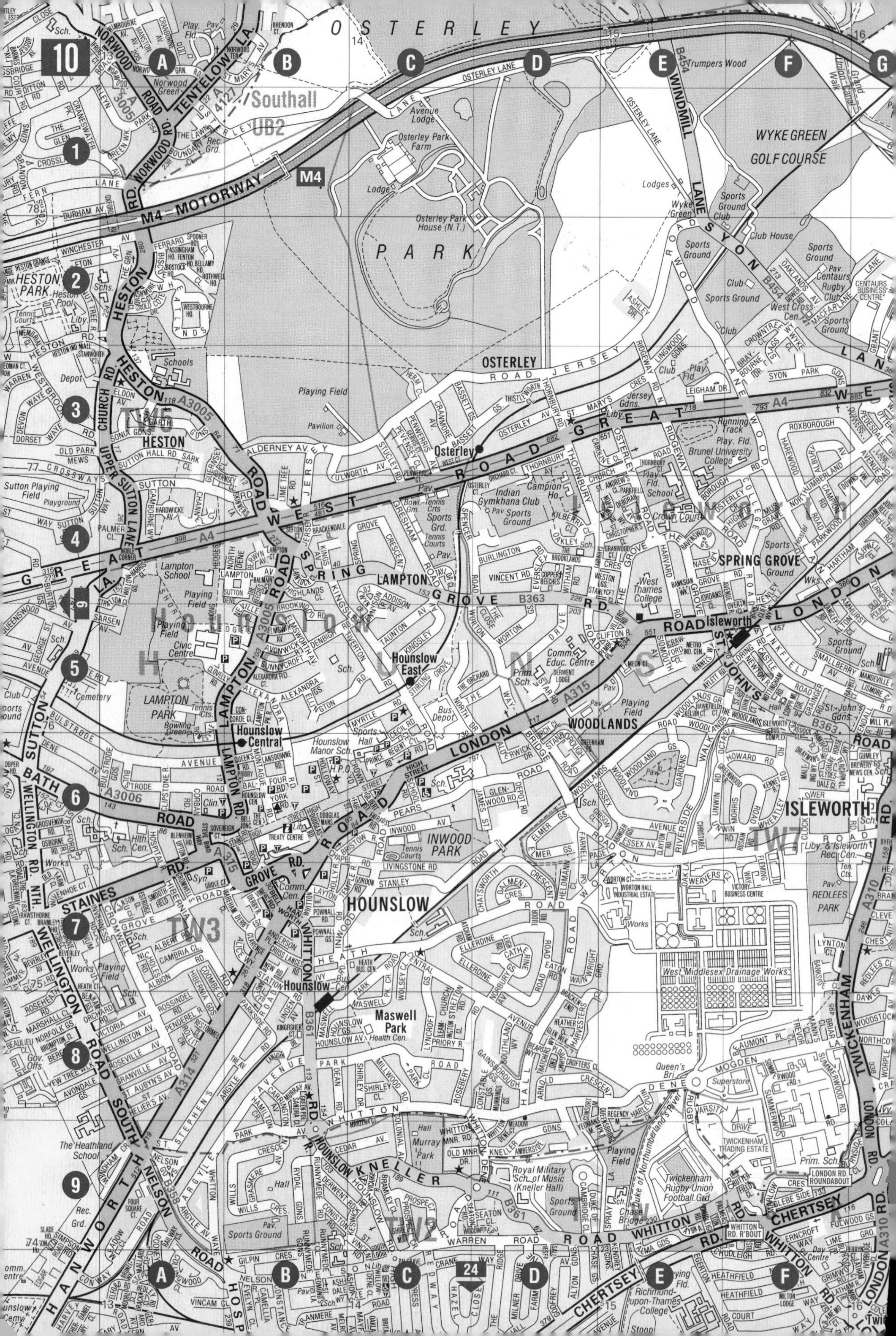
OSTERLEY
Southall
UB2
M4 MOTORWAY
M4
Osterley Park Farm
Osterley Park House (N.T.)
PARK
WYKE GREEN
GOLF COURSE
Trumpers Wood
HESTON PARK
HESTON
TW5
OSTERLEY
Playing Field
GREAT WEST ROAD
A4
Osterley
Brunel University College
SPRING GROVE
LAMPTON
Hounslow
LAMPTON PARK
Hounslow Central
Hounslow East
WOODLANDS
INWOOD PARK
HOUNSLOW
TW3
Hounslow
Maswell Park
ISLEWORTH
TW7
REDLEES PARK
West Middlesex Drainage Works
Royal Military Sch. of Music (Kneller Hall)
Twickenham Rugby Union Football Grd.
TW2
TWICKENHAM RD.
LONDON ROAD
STAINES RD.
BATH RD.
WELLINGTON ROAD SOUTH
HANWORTH ROAD
NELSON ROAD
HESTON RD.
LAMPTON RD.
WHITTON RD.
CHERTSEY RD.
SYON LANE
WINDMILL LANE
The Heathland School
Richmond-upon-Thames College
9
24

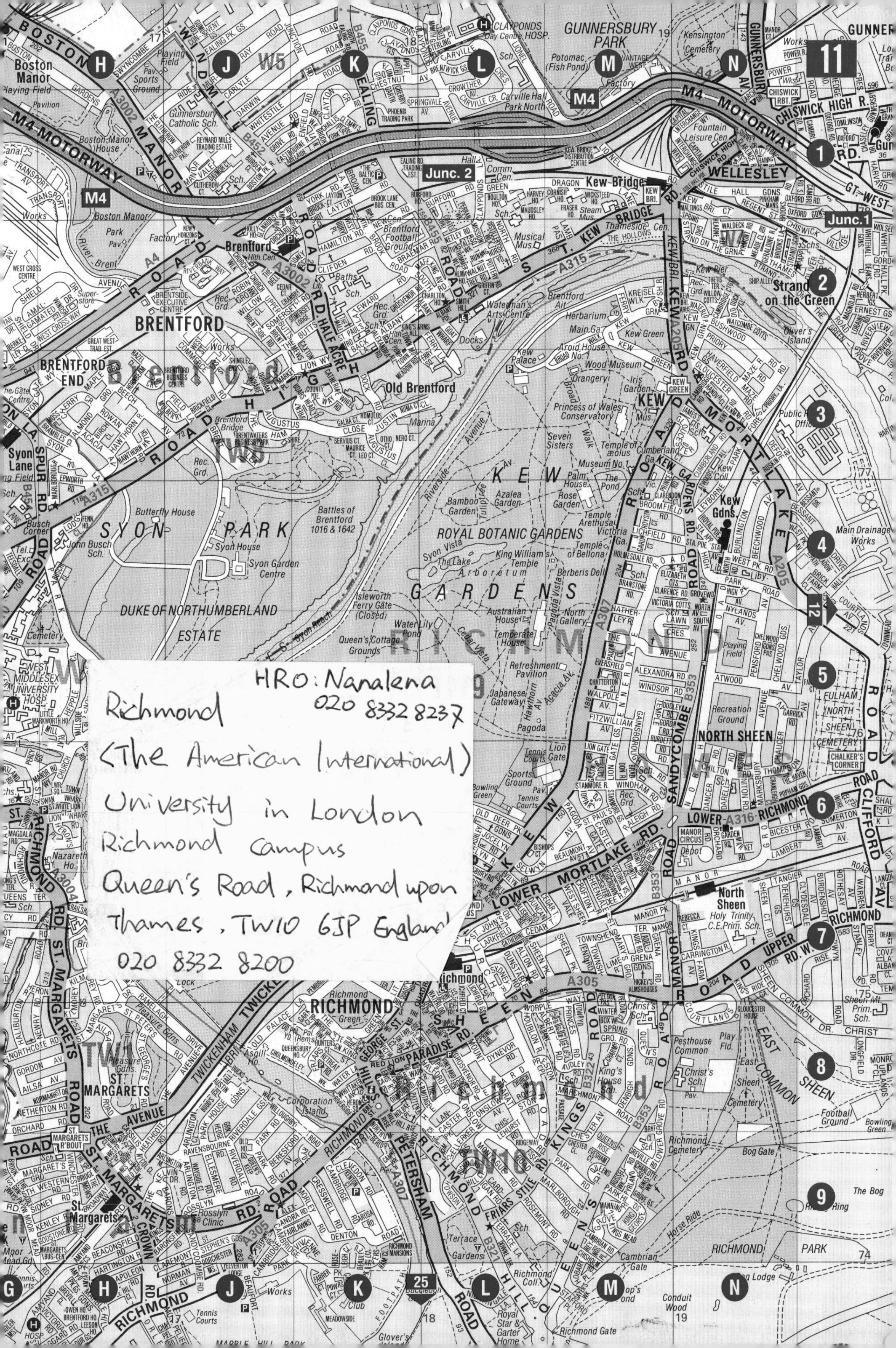

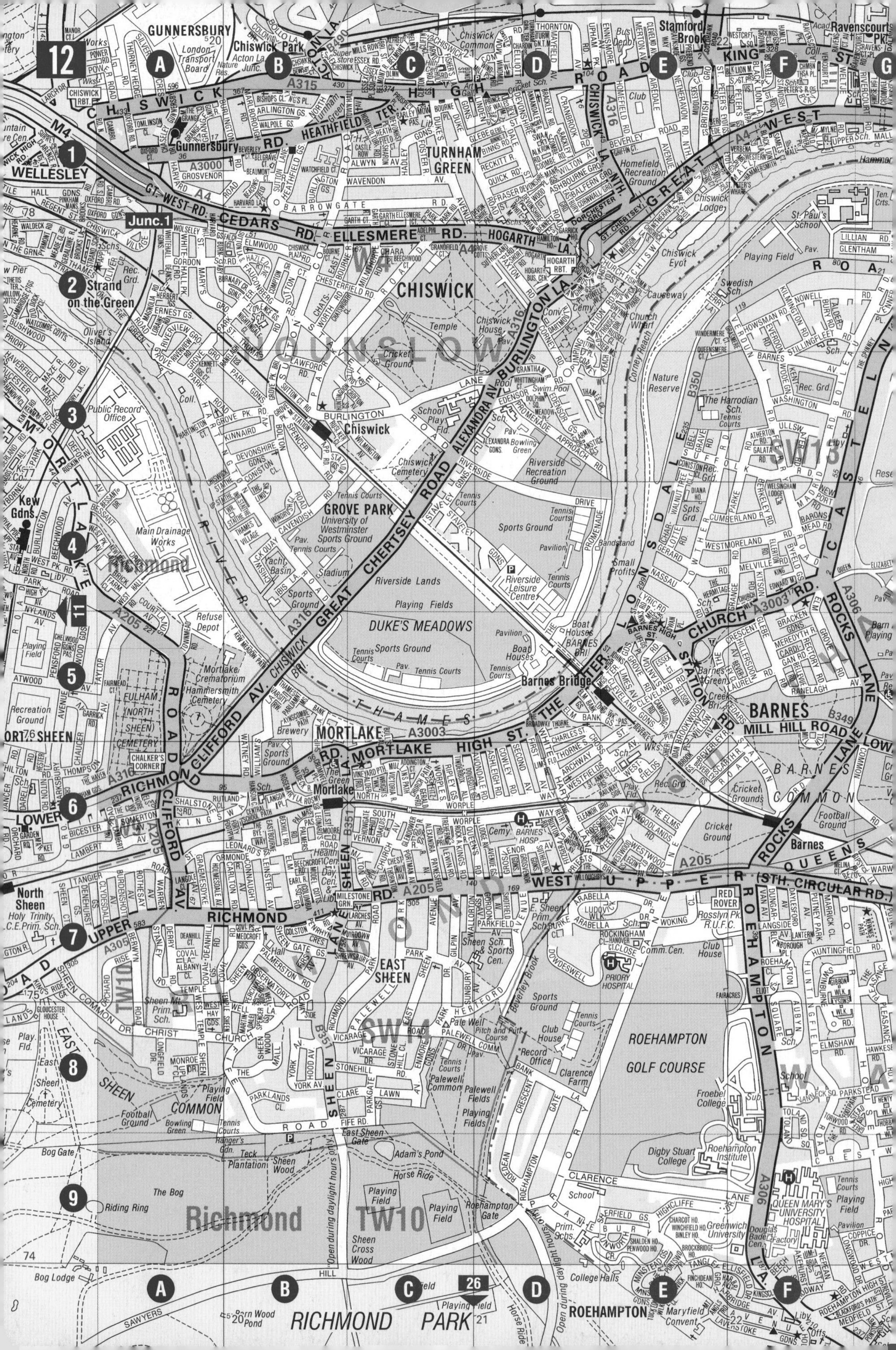
GUNNERSBURY
Chiswick Park
Stamford Brook
Ravenscourt Pk.
London Transport Board
Acton La. Junc.
ACTON LA.
TURNHAM GREEN
Gunnersbury
CHISWICK HIGH ROAD
KING ST.
GREAT WEST RD.
WELLESLEY
Junc.1
CEDARS RD.
ELLESMERE RD.
HOGARTH LA.
HOGARTH RBT.
CHISWICK RBT.
Strand on the Green
Oliver's Island
Homefield Recreation Ground
Chiswick Lodge
Chiswick Eyot
St. Paul's School
Playing Field
CHISWICK
W4
Chiswick House
Temple
Cricket Ground
HOUNSLOW
Public Record Office
Chiswick
Chiswick Cemetery
Riverside Recreation Ground
Nature Reserve
The Harrodian Sch.
SW13
Kew Gdns.
GROVE PARK
University of Westminster Sports Ground
Main Drainage Works
Richmond
Riverside Lands
Playing Fields
DUKE'S MEADOWS
Sports Ground
Riverside Leisure Centre
Barnes Bridge
BARNES
Refuse Depot
Mortlake Crematorium
Hammersmith Cemetery
NORTH SHEEN CEMETERY
CHALKER'S CORNER
MORTLAKE
MORTLAKE HIGH ST.
RIVER THAMES
Mortlake
Barnes
BARNES COMMON
ROCKS LANE
CASTELNAU
CHURCH RD.
MILL HILL ROAD
North Sheen
UPPER RICHMOND RD. WEST
UPPER RICHMOND (STH. CIRCULAR RD.)
RED ROVER
ROEHAMPTON LANE
EAST SHEEN
SW14
Priory Hospital
ROEHAMPTON GOLF COURSE
Froebel College
Digby Stuart College
Roehampton Institute
QUEEN MARY'S UNIVERSITY HOSPITAL
SHEEN COMMON
Richmond
TW10
Roehampton Gate
Adam's Pond
East Sheen Gate
Sheen Cross Wood
The Bog
Riding Ring
RICHMOND PARK
ROEHAMPTON
Maryfield Convent
College Halls
Greenwich University
A
B
C
D
E
F
G
1
2
3
4
5
6
7
8
9
11
26

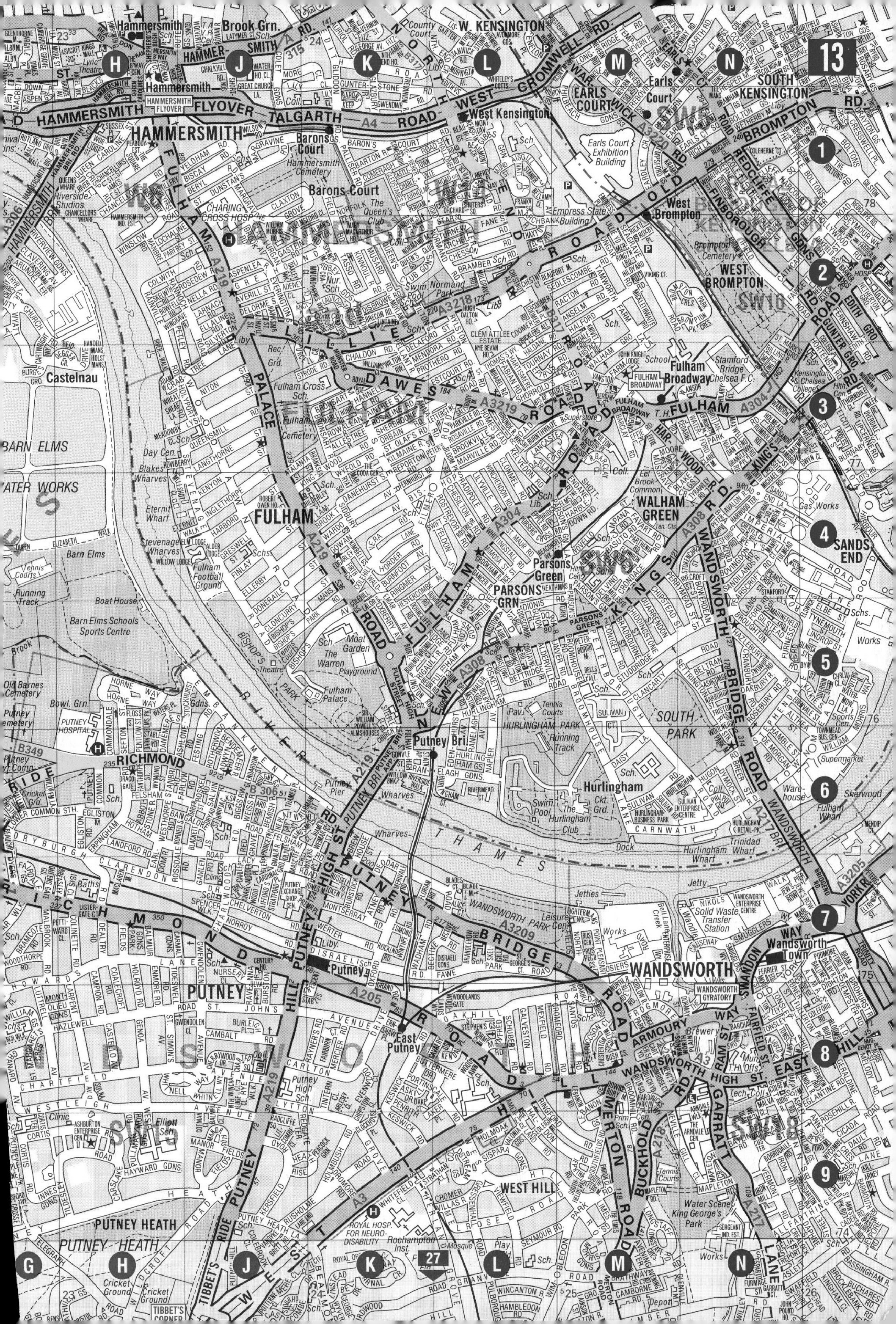
HAMMERSMITH
Brook Grn.
W. KENSINGTON
EARLS COURT
Earls Court
SOUTH KENSINGTON
HAMMERSMITH FLYOVER
TALGARTH
ROAD
WEST
CROMWELL RD.
West Kensington
Barons Court
Hammersmith Cemetery
The Queen's Club
Earls Court Exhibition Building
West Brompton
BROMPTON
Brompton Cemetery
WEST BROMPTON
SW10
Castelnau
BARN ELMS
WATER WORKS
LILLIE
ROAD
DAWES
FULHAM
FULHAM PALACE ROAD
Fulham Broadway
Stamford Bridge Chelsea F.C.
Fulham Cemetery
WALHAM GREEN
Parsons Green
PARSONS GRN
KINGS RD.
WANDSWORTH BRIDGE ROAD
SANDS END
Gas Works
Fulham Football Ground
Barn Elms
Running Track
Boat House
Barn Elms Schools Sports Centre
Fulham Palace
Bishop's Park
Putney Bri.
HURLINGHAM PARK
SOUTH PARK
Hurlingham
The Hurlingham Club
RIVER THAMES
Wandsworth Park
WANDSWORTH
Wandsworth Town
RICHMOND
PUTNEY HIGH ST.
PUTNEY BRIDGE
Putney
PUTNEY
East Putney
UPPER RICHMOND ROAD
WEST HILL
PUTNEY HEATH
Cricket Ground
King George's Park
WANDSWORTH HIGH ST.
GARRATT LANE
EAST HILL
SW18
SW15
A4
A219
A3218
A3219
A304
A308
A3209
A205
A3
A217
A218
A3220
A3205
B317
B349
B306
27
G
H
J
K
L
M
N
1
2
3
4
5
6
7
8
9

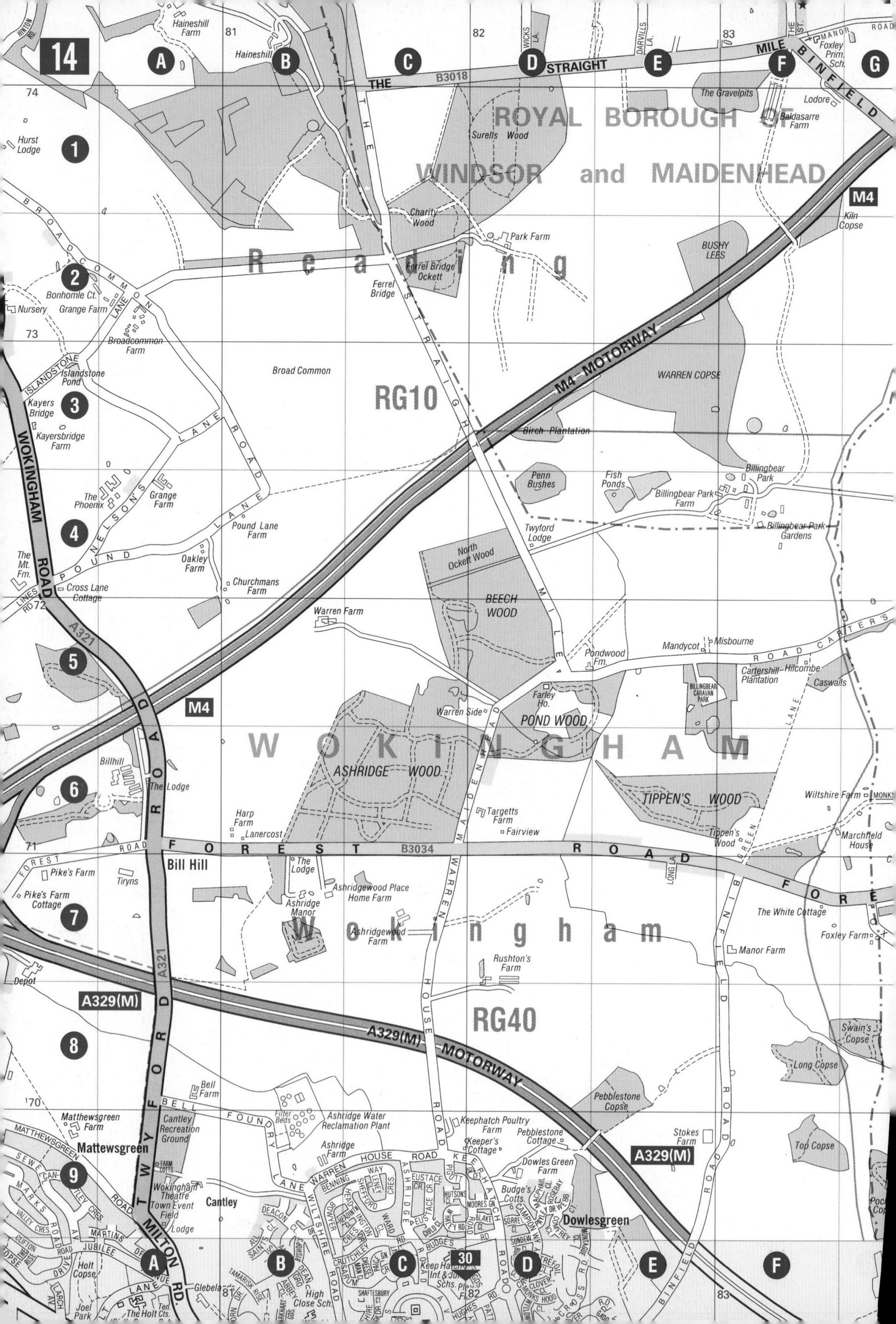
ROYAL BOROUGH OF
WINDSOR and MAIDENHEAD
Reading
WOKINGHAM
Wokingham
RG10
RG40
M4 MOTORWAY
A329(M) MOTORWAY
THE STRAIGHT MILE
B3018
FOREST ROAD
B3034
TWYFORD ROAD
A321
WOKINGHAM ROAD
BINFIELD ROAD
WARREN HOUSE ROAD
MAIDENHEAD ROAD
BROAD COMMON LANE
POUND LANE
NELSON'S LANE
BELL FOUNDRY LANE
CARTER'S ROAD
Haineshill Farm
Haineshill
Hurst Lodge
Bonhomle Ct.
Grange Farm
Nursery
Broadcommon Farm
Islandstone Pond
Kayers Bridge
Kayersbridge Farm
Broad Common
The Phoenix
Grange Farm
Pound Lane Farm
Oakley Farm
Churchmans Farm
The Mt. Fm.
Cross Lane Cottage
Warren Farm
Billhill
The Lodge
Harp Farm
Lanercost
Bill Hill
Pike's Farm
Tiryns
Pike's Farm Cottage
Depot
Ashridgewood Place
Home Farm
Ashridge Manor
Ashridgewood Farm
Rushton's Farm
Bell Farm
Cantley Recreation Ground
Matthewsgreen Farm
Mattewsgreen
Ashridge Water Reclamation Plant
Filter Beds
Ashridge Farm
Keephatch Poultry Farm
Keeper's Cottage
Pebblestone Cottage
Dowles Green Farm
Budge's Cotts.
Dowlesgreen
Cantley
Wokingham Theatre
Town Event Field
Lodge
High Close Sch.
Keep Hatch Inf & Jun Schs.
Glebelands
The Holt Cts.
Holt Copse
Joel Park
Surells Wood
Charity Wood
Park Farm
Ferrel Bridge Ockett
Ferrel Bridge
The Gravelpits
Lodore
Baldasarre Farm
Foxley Prim. Sch.
Kiln Copse
BUSHY LEES
WARREN COPSE
Birch Plantation
Penn Bushes
Fish Ponds
Billingbear Park
Billingbear Park Farm
Billingbear Park Gardens
Twyford Lodge
North Ockett Wood
BEECH WOOD
Pondwood Fm.
Mandycot
Misbourne
Cartershill-Hilcombe Plantation
Caswalls
BILLINGBEAR CARAVAN PARK
Farley Ho.
POND WOOD
Warren Side
ASHRIDGE WOOD
TIPPEN'S WOOD
Tippen's Wood
Targetts Farm
Fairview
Wiltshire Farm
Marchfield House
The White Cottage
Foxley Farm
Manor Farm
Swain's Copse
Long Copse
Pebblestone Copse
Stokes Farm
Top Copse
74
73
72
71
170
81
82
83
30

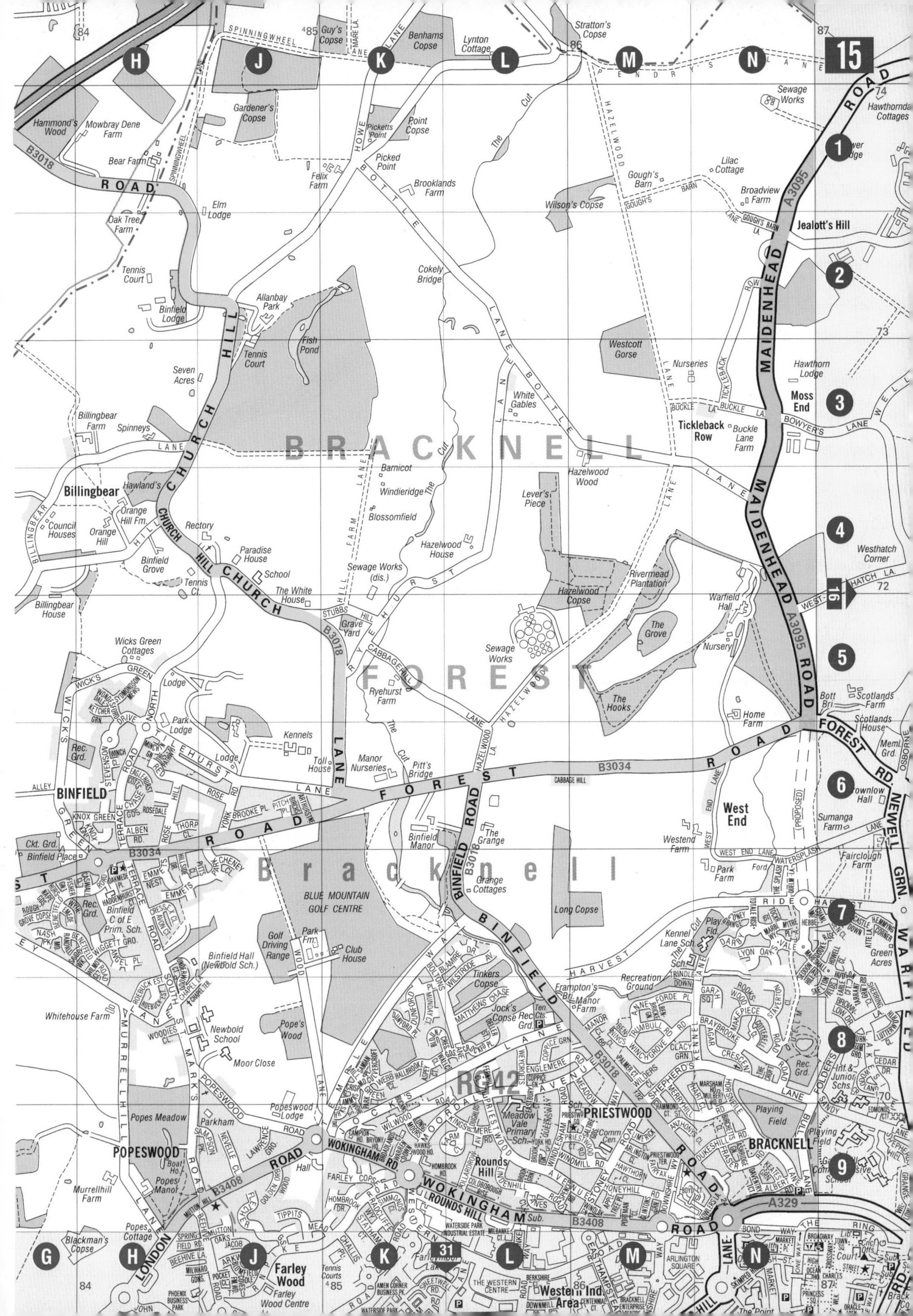
BRACKNELL
FOREST
Bracknell
BINFIELD
Billingbear
POPESWOOD
PRIESTWOOD
BRACKNELL
Rounds Hill
Farley Wood
West End
Moss End
Tickleback Row
Jealott's Hill
RG42
MAIDENHEAD ROAD
A3095
FOREST ROAD
B3034
BINFIELD ROAD
B3018
CHURCH HILL
WOKINGHAM ROAD
B3408
LONDON ROAD
A329
NEWELL GRN.
WARFIELD
PENDRY'S LANE
SPINNINGWHEEL LANE
BOTTLE LANE
HAZELWOOD LANE
HOWE LANE
MURRELLHILL LANE
POPESWOOD ROAD
HARVEST RIDE
BLUE MOUNTAIN GOLF CENTRE
Long Copse
Westcott Gorse
Hazelwood Copse
Rivermead Plantation
The Grove
The Hooks
Warfield Hall
Westend Farm
Sewage Works
Wilson's Copse
Gardener's Copse
Hammond's Wood
Benhams Copse
Guy's Copse
Stratton's Copse
Lynton Cottage
Binfield Lodge
Allanbay Park
Fish Pond
Seven Acres
Billingbear Farm
Binfield Manor
Pope's Wood
Newbold School
Popes Meadow
Western Ind Area
Westhatch Corner
Scotlands Farm
Fairclough Farm
Green Acres
84
85
86
87
G
H
J
K
L
M
N
1
2
3
4
5
6
7
8
9
16
31
70
71
72
73
74

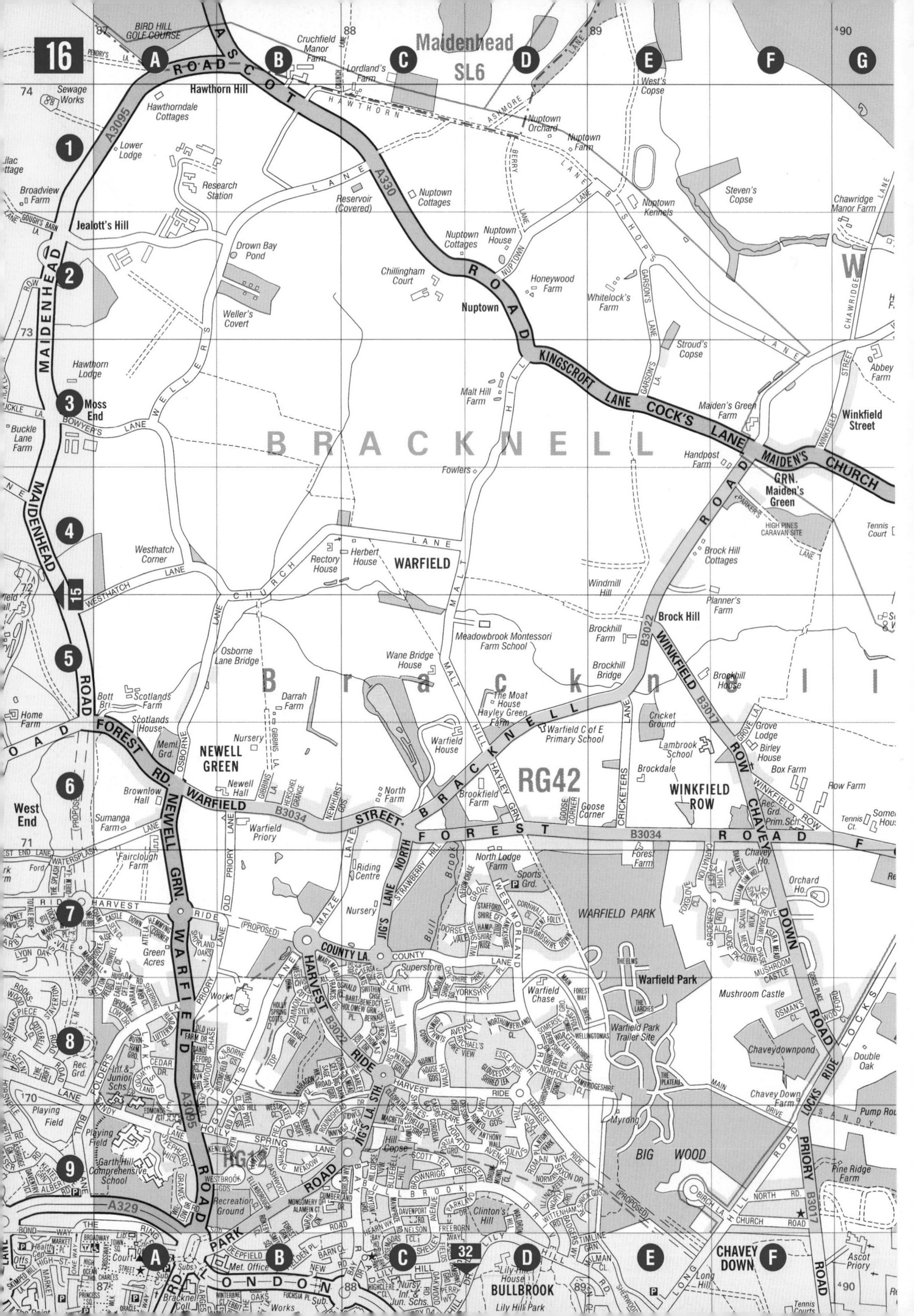
Maidenhead
SL6
BIRD HILL GOLF COURSE
ASCOT ROAD
Cruchfield Manor Farm
Lordland's Farm
Hawthorn Hill
Sewage Works
Hawthorndale Cottages
HAWTHORN LANE
West's Copse
Nuptown Orchard
Nuptown Farm
Lower Lodge
Research Station
Reservoir (Covered)
Nuptown Cottages
Steven's Copse
Nuptown Kennels
Chawridge Manor Farm
Broadview Farm
Jealott's Hill
Drown Bay Pond
Nuptown House
Chillingham Court
Honeywood Farm
Whitelock's Farm
Nuptown
Weller's Covert
MAIDENHEAD ROAD
A3095
A330
Hawthorn Lodge
Stroud's Copse
Abbey Farm
KINGSCROFT LANE
COCK'S LANE
Malt Hill Farm
Moss End
Bowyer's Lane
Buckle Lane Farm
Maiden's Green Farm
Winkfield Street
BRACKNELL
Handpost Farm
MAIDEN'S CHURCH
Fowlers
Maiden's Green
HIGH PINES CARAVAN SITE
Tennis Court
Westhatch Corner
Rectory House
Herbert House
WARFIELD
Brock Hill Cottages
CHURCH LANE
WESTHATCH LANE
15
Windmill Hill
Planner's Farm
Brock Hill
Brockhill Farm
Meadowbrook Montessori Farm School
Osborne Lane Bridge
Wane Bridge House
Brockhill Bridge
Brockhill House
Bracknell
Bott Bri.
Scotlands Farm
Darrah Farm
The Moat House
Hayley Green Farm
Warfield C of E Primary School
Cricket Ground
Grove Lodge
Home Farm
Scotlands House
Warfield House
Lambrook School
Birley House
Meml Grd.
Nursery
NEWELL GREEN
RG42
Brockdale
Box Farm
FOREST ROAD
Newell Hall
North Farm
Brookfield Farm
Goose Corner
WINKFIELD ROW
Row Farm
West End
Brownlow Hall
WARFIELD STREET
B3034
Sumanga Farm
Warfield Priory
Rec. Grd. Prim. Sch.
Tennis Ct.
Fairclough Farm
NORTH FOREST ROAD
North Lodge Farm
Sports Grd.
Forest Farm
Chavey Ho.
Riding Centre
Orchard Ho.
Ford
HARVEST RIDE
NEWELL GRN.
WARFIELD PARK
Nursery
Green Acres
COUNTY LA.
Superstore
Warfield Park
Mushroom Castle
Works
Warfield Chase
Warfield Park Trailer Site
Chaveydownpond
Double Oak
Rec. Grd.
Inf. & Junior Schs.
Chavey Down Farm
Pump Rd
Playing Field
Myrong
BIG WOOD
Pine Ridge Farm
Garth Hill Comprehensive School
RG12
Recreation Ground
Clinton's Hill
A329
LOCKS RIDE
PRIORY ROAD
B3017
CHAVEY DOWN ROAD
Met. Office
LONDON ROAD
32
Lily Hill House
BULLBROOK
Lily Hill Park
CHAVEY DOWN
Long Hill
Ascot Priory
Bracknell Coll.
Works
Tennis Courts
87
88
89
90
74
73
72
71
70
A B C D E F G
1 2 3 4 5 6 7 8 9

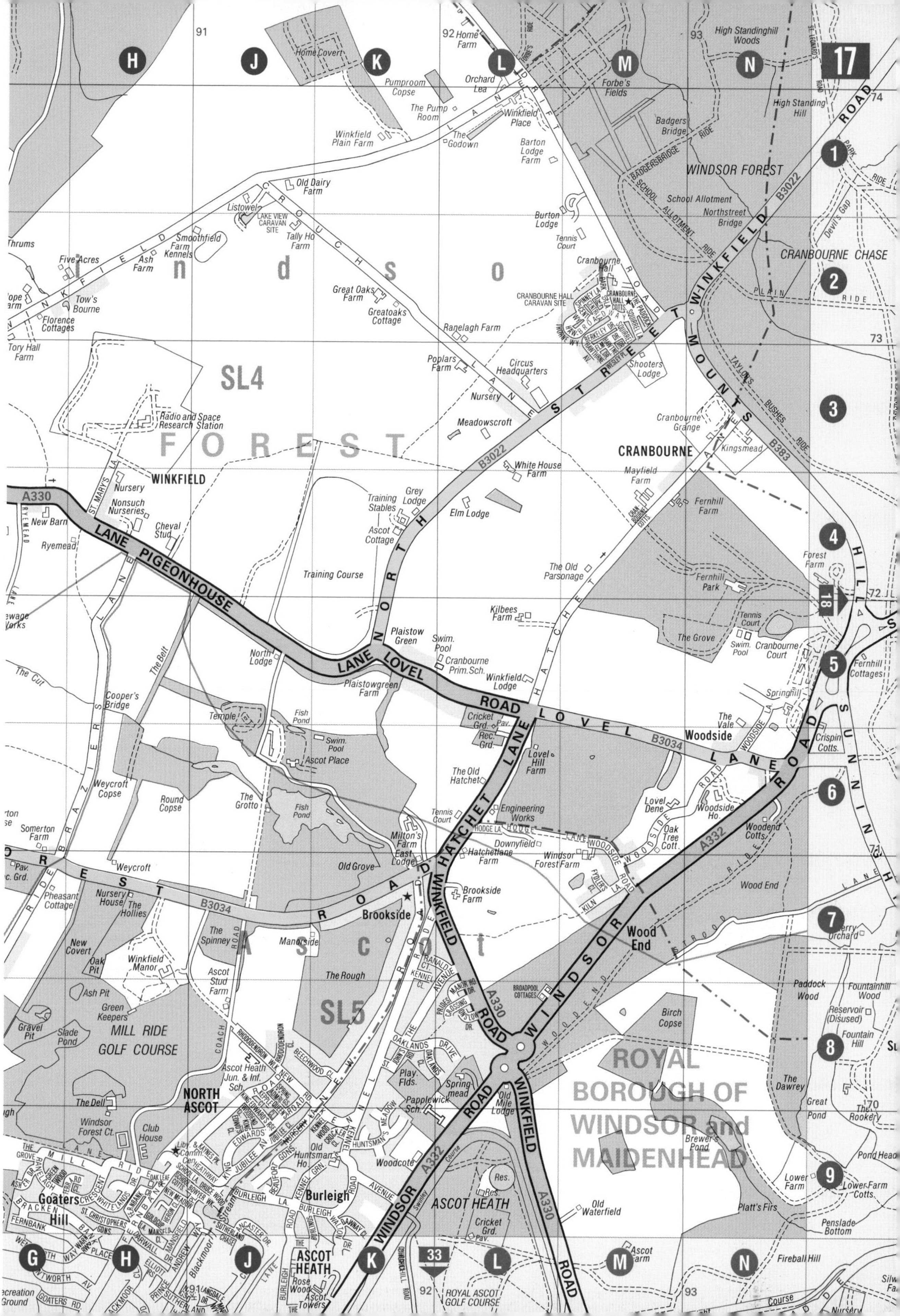
WINDSOR FOREST
CRANBOURNE CHASE
CRANBOURNE
WINKFIELD
NORTH ASCOT
ASCOT HEATH
Goaters Hill
Burleigh
Wood End
Woodside
Brookside
SL4
SL5
FOREST
Windsor
Ascot
ROYAL BOROUGH OF WINDSOR and MAIDENHEAD
MILL RIDE GOLF COURSE
ROYAL ASCOT GOLF COURSE
PIGEONHOUSE LANE
LOVEL ROAD
LOVEL LANE
NORTH STREET
HATCHET LANE
WINKFIELD ROAD
WINDSOR ROAD
FOREST ROAD
SUNNINGHILL ROAD
MOUNTS HILL
WINKFIELD LANE
CHURCH ROAD
BRAZIERS LANE
A330
A332
B3022
B3034
B383
Radio and Space Research Station
Training Course
Ascot Place
Cranbourne Court
Fernhill Park
The Grove
Birch Copse
Paddock Wood
Fountainhill Wood
Platt's Firs
18
33
91
92
93
70
71
72
73
74

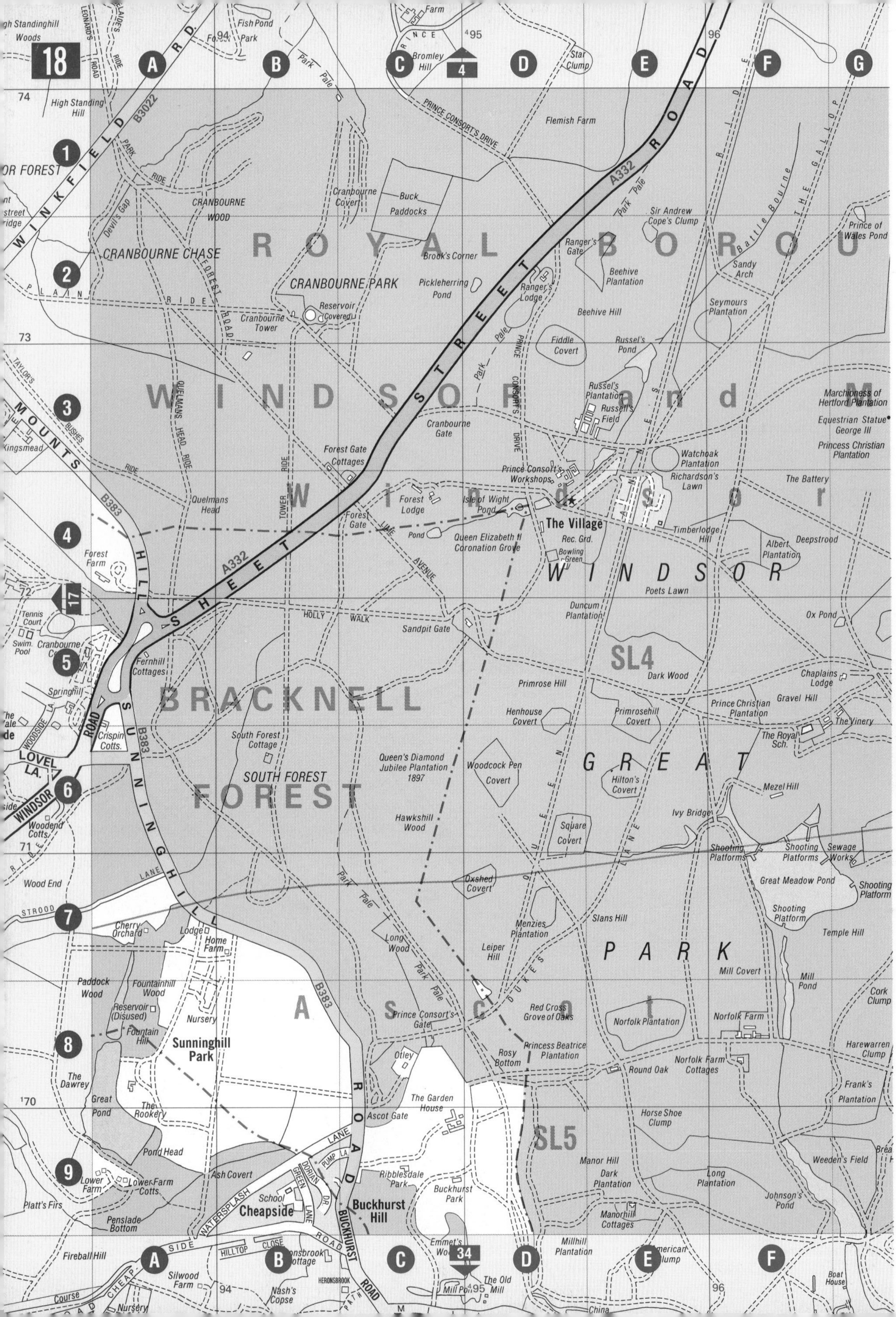
A
B
C
D
E
F
G
1
2
3
4
5
6
7
8
9
4
17
34
High Standinghill Woods
Fish Pond Park
Farm
PRINCE
Bromley Hill
Star Clump
High Standing Hill
WINKFIELD ROAD
B3022
LEONARD'S ROAD
GLADE'S RIDE
Park Pale
PRINCE CONSORT'S DRIVE
Flemish Farm
A332
ROAD
RIDE
THE GALLOP
PARK RIDE
Devil's Gap
CRANBOURNE WOOD
Cranbourne Covert
Buck Paddocks
Park Pale
Sir Andrew Cope's Clump
Battle Bourne
Prince of Wales Pond
CRANBOURNE CHASE
ROYAL BOROU
Brook's Corner
Ranger's Gate
Beehive Plantation
Sandy Arch
PLAIN RIDE
FOREST ROAD
CRANBOURNE PARK
Pickleherring Pond
Ranger's Lodge
Beehive Hill
Seymours Plantation
Cranbourne Tower
Reservoir (Covered)
STREET
Fiddle Covert
Russel's Pond
TAYLOR'S BUSHES
MOUNTS
QUELMANS HEAD RIDE
PRINCE CONSORT'S DRIVE
WINDSOR and M
Russel's Plantation
Russel's Field
Marchioness of Hertford Plantation
Equestrian Statue George III
Princess Christian Plantation
Kingsmead
Cranbourne Gate
Watchoak Plantation
Forest Gate Cottages
RIDE
TOWER RIDE
Prince Consort's Workshops
Richardson's Lawn
The Battery
Windsor
B383
Quelmans Head
Forest Lodge
Isle of Wight Pond
The Village
QUEEN'S LANE
Timberlodge Hill
Forest Gate
LIME AVENUE
Pond
Queen Elizabeth II Coronation Grove
Rec. Grd.
Bowling Green
Albert Plantation
Deepstrood
Forest Farm
HILL
SHEET STREET
WINDSOR
Poets Lawn
Tennis Court
Swim. Pool
Cranbourne Ct.
HOLLY WALK
Sandpit Gate
Duncum Plantation
Ox Pond
Fernhill Cottages
SL4
Dark Wood
Chaplains Lodge
Springhill
Primrose Hill
BRACKNELL
Gravel Hill
Prince Christian Plantation
The Vinery
The Pale
WOODSIDE LA.
ROAD
Crispin Cotts.
SUNNINGHILL
Henhouse Covert
Primrosehill Covert
The Royal Sch.
South Forest Cottage
LOVEL LA.
Queen's Diamond Jubilee Plantation 1897
Woodcock Pen Covert
GREAT
SOUTH FOREST
Hilton's Covert
Mezel Hill
WINDSOR
FOREST
Woodend Cotts.
Hawkshill Wood
Ivy Bridge
RIDE
Square Covert
Shooting Platforms
Shooting Platforms
Sewage Works
Wood End
LANE
Oxshed Covert
Great Meadow Pond
Shooting Platform
STROOD
Park Pale
Slans Hill
Shooting Platform
Cherry Orchard
Lodge
Home Farm
Menzies Plantation
Temple Hill
Long Wood
Leiper Hill
PARK
Paddock Wood
Fountainhill Wood
B383
Park Pale
DUKES LANE
Mill Covert
Mill Pond
Reservoir (Disused)
Nursery
Ascot
Prince Consort's Gate
Red Cross Grove of Oaks
Norfolk Plantation
Norfolk Farm
Cork Clump
Fountain Hill
Sunninghill Park
Princess Beatrice Plantation
Harewarren Clump
Otley
Rosy Bottom
Norfolk Farm Cottages
Round Oak
The Dawrey
Frank's Plantation
Great Pond
The Rookery
The Garden House
Ascot Gate
Horse Shoe Clump
LANE
SL5
Pond Head
DORIAN DR.
PUMP LA.
Ribblesdale Park
Manor Hill
Weeden's Field
Lower Farm
Lower Farm Cotts.
Ash Covert
GREEN LANE
Buckhurst Park
Dark Plantation
Long Plantation
Johnson's Pond
Platt's Firs
School
WATERSPLASH
Cheapside
Buckhurst Hill
Manorhill Cottages
Penslade Bottom
BUCKHURST ROAD
Fireball Hill
CHEAPSIDE
HILLTOP
CLOSE
Heronsbrook Cottage
Emmet's Wood
Millhill Plantation
American Clump
Silwood Farm
HERONSBROOK
The Old Mill
Mill Pond
Boat House
Course
Nash's Copse
PATH
Nursery
China
74
73
72
71
170
94
95
96

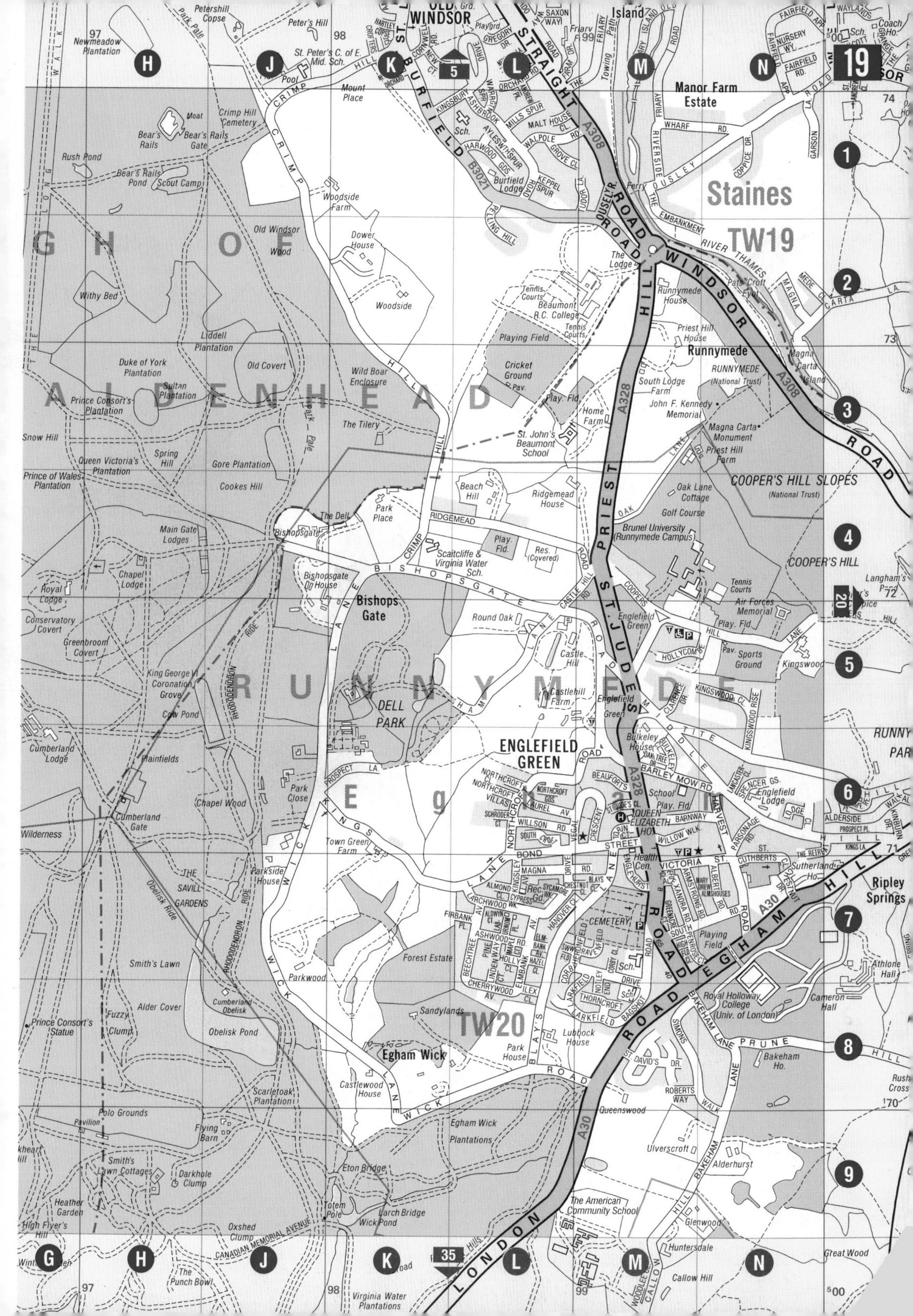

OLD WINDSOR
Staines
TW19
TW20
Runnymede
RUNNYMEDE (National Trust)
ENGLEFIELD GREEN
Egham Wick
Bishops Gate
DELL PARK
Manor Farm Estate
Ripley Springs
COOPER'S HILL
COOPER'S HILL SLOPES (National Trust)
R U N N Y M E D E
G H O F
A I D E N H E A D
E g h a m
RIVER THAMES
WINDSOR ROAD
A308
A328
A30
B3021
EGHAM HILL
LONDON ROAD
PRIEST HILL
ST. JUDES ROAD
STRAIGHT ROAD
BURFIELD
CRIMP HILL
BISHOPSGATE
WICK LANE
KINGS LANE
BLAY'S ROAD
WICK ROAD
MIDDLE HILL
BAKEHAM LANE
PRUNE HILL
Magna Carta Monument
Magna Carta Island
John F. Kennedy Memorial
Air Forces Memorial
Brunel University (Runnymede Campus)
Royal Holloway College (Univ. of London)
The American Community School
St. John's Beaumont School
Beaumont R.C. College
Scaitcliffe & Virginia Water Sch.
Royal Lodge
Cumberland Lodge
Cumberland Gate
Cumberland Obelisk
Obelisk Pond
Smith's Lawn
Polo Grounds
THE SAVILL GARDENS
Prince Consort's Statue
Windsor Great Park
Old Windsor Wood
Virginia Water Plantations
Egham Wick Plantations
Great Wood
Callow Hill
5
20
35
G H J K L M N
1 2 3 4 5 6 7 8 9
97 98 99 500
70 71 72 73 74

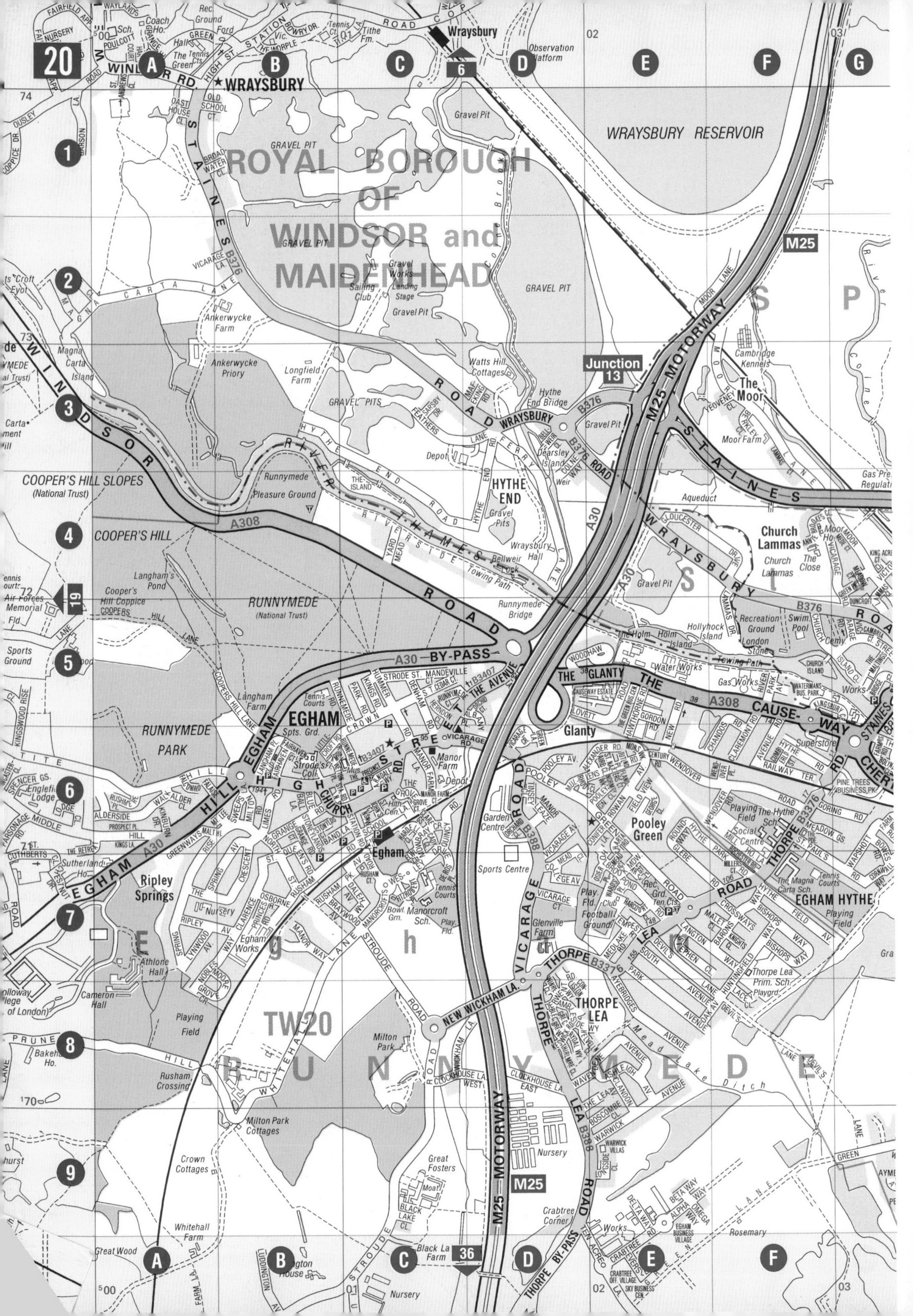

Wraysbury
WRAYSBURY
WRAYSBURY RESERVOIR
ROYAL BOROUGH
OF
WINDSOR and
MAIDENHEAD
GRAVEL PIT
Gravel Pit
Observation Platform
Tithe Fm.
STATION RD.
HIGH ST.
WINDSOR RD.
STAINES RD.
B376
MAGNA CARTA LANE
Ankerwycke Farm
Ankerwycke Priory
Magna Carta Island
Longfield Farm
GRAVEL PITS
Sailing Club
Gravel Works
Landing Stage
Watts Hill Cottages
Hythe End Bridge
Junction 13
M25 MOTORWAY
M25
MOOR LANE
Cambridge Kennels
The Moor
Moor Farm
Dearsley Island
Colne Brook
HYTHE END
Wraysbury Hall
RIVER THAMES
Runnymede Pleasure Ground
Bellweir Lock
Towing Path
Runnymede Bridge
WINDSOR ROAD
A308
COOPER'S HILL SLOPES
(National Trust)
COOPER'S HILL
Air Forces Memorial
Cooper's Hill Coppice
Langham's Pond
RUNNYMEDE
(National Trust)
Sports Ground
Langham Farm
RUNNYMEDE PARK
A30 BY-PASS
EGHAM
Spts. Grd.
Strode's Coll.
HIGH STREET
CHURCH RD.
Manor Farm
Egham
EGHAM HILL
A30
Ripley Springs
Athlone Hall
Cameron Hall
Playing Field
Rusham Crossing
Milton Park Cottages
Crown Cottages
Whitehall Farm
Great Wood
TW20
RUNNYMEDE
Milton Park
Great Fosters
Black Lake Farm
Nursery
STROUDE ROAD
NEW WICKHAM LA.
CLOCKHOUSE LA
VICARAGE ROAD
B388
Sports Centre
Garden Centre
Glanty
THE GLANTY
THE CAUSEWAY
A308
Church Lammas
Recreation Ground
London Stone
Swim Pool
Hollyhock Island
Holm Island
Water Works
Gas Works
Superstore
Pooley Green
THORPE LEA ROAD
B3376
THORPE LEA
Thorpe Lea Prim. Sch.
The Magna Carta Sch.
EGHAM HYTHE
Playing Field
Crabtree Corner
THORPE BY-PASS
EGHAM BUSINESS VILLAGE
Rosemary
Nursery
Gas Pres. Regulator
WRAYSBURY RD.
Aqueduct
6
19
36
A B C D E F G
1 2 3 4 5 6 7 8 9

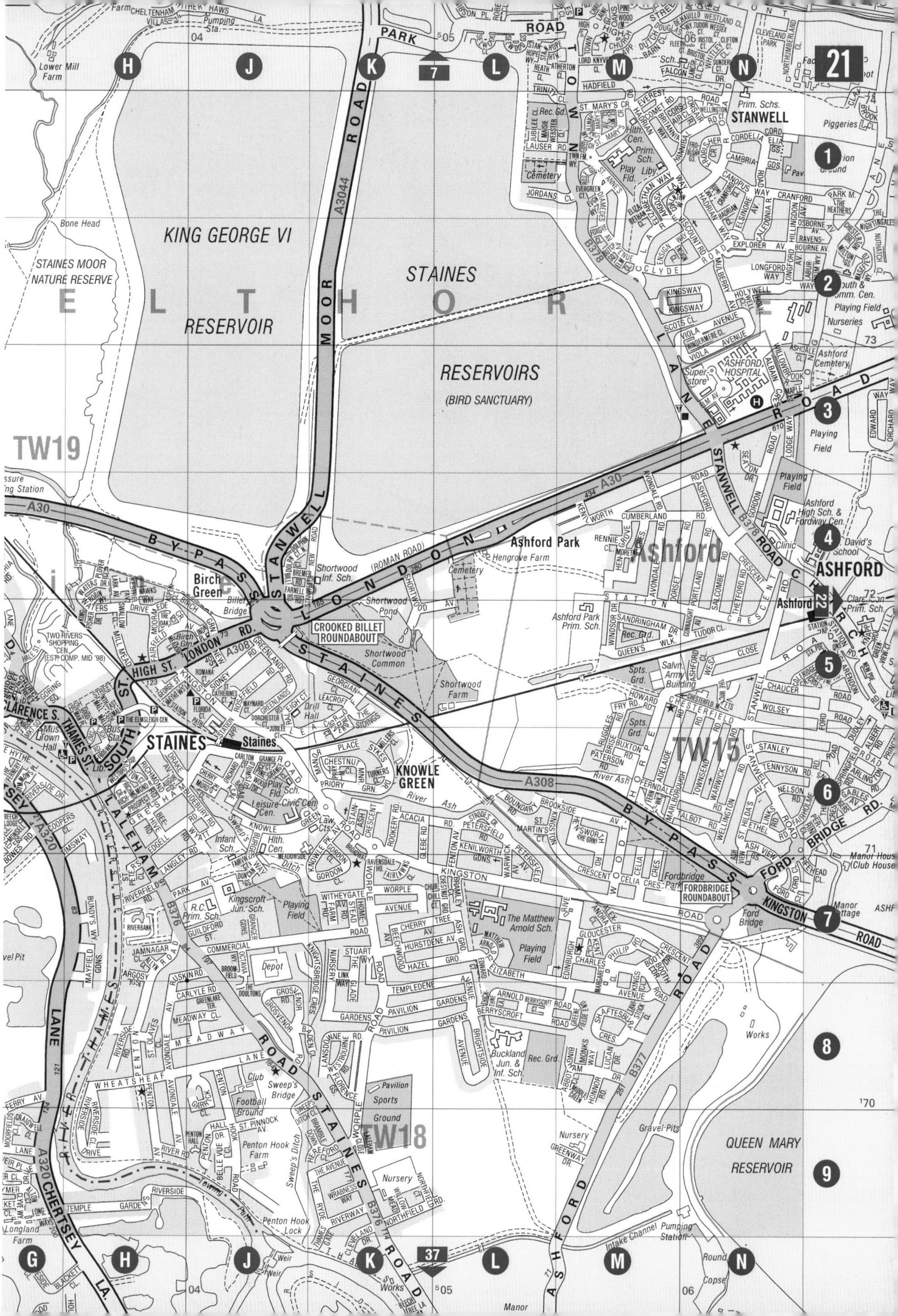
STANWELL
ASHFORD
Ashford
STAINES
KNOWLE GREEN
Birch Green
KING GEORGE VI
RESERVOIR
STAINES
RESERVOIRS
(BIRD SANCTUARY)
QUEEN MARY
RESERVOIR
STAINES MOOR
NATURE RESERVE
E L T H O R N E
TW19
TW18
TW15
CROOKED BILLET
ROUNDABOUT
FORDBRIDGE
ROUNDABOUT
Ashford Park
ASHFORD HOSPITAL
The Matthew Arnold Sch.
LONDON RD.
STAINES BYPASS
KINGSTON ROAD
STANWELL MOOR ROAD
CHERTSEY LANE
LALEHAM ROAD
ASHFORD ROAD
STAINES ROAD
STANWELL ROAD
TOWN LANE
PARK ROAD
A30
A308
A3044
A320
B376
B377
B378
RIVER THAMES
Shortwood Common
Shortwood Farm
Penton Hook Lock
Sweep's Bridge
Bone Head
Lower Mill Farm
Gravel Pits
Intake Channel Pumping Station
7
37
22

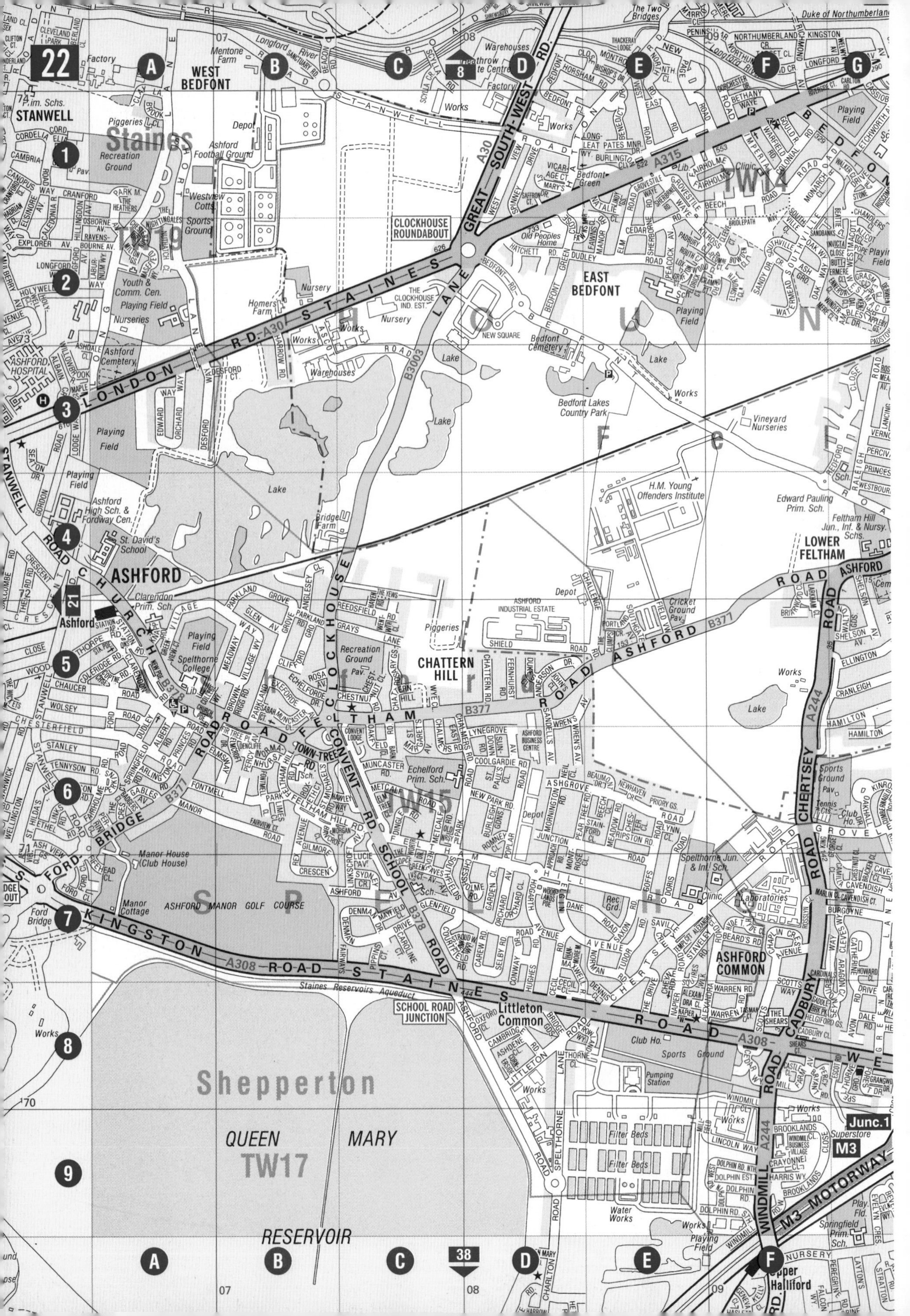
STANWELL
WEST BEDFONT
Staines
Mentone Farm
Longford River
Heathrow Gate Centre
Warehouses
Factory
Works
Piggeries
Recreation Ground
Ashford Football Ground
Westview Cotts.
Sports Ground
Youth & Comm. Cen.
Playing Field
Nurseries
Ashford Cemetery
ASHFORD HOSPITAL
Homers Farm
Nursery
THE CLOCKHOUSE IND. EST.
CLOCKHOUSE ROUNDABOUT
GREAT SOUTH-WEST RD.
A30
STAINES RD.
LONDON RD.
TW19
TW14
TW15
TW17
EAST BEDFONT
Bedfont Green
Old Peoples Home
NEW SQUARE
Bedfont Cemetery
Bedfont Lakes Country Park
Lake
Vineyard Nurseries
H.M. Young Offenders Institute
Edward Pauling Prim. Sch.
Feltham Hill Jun., Inf. & Nursy. Schs.
LOWER FELTHAM
Bridge Farm
St. David's School
Ashford High Sch. & Fordway Cen.
ASHFORD
Clarendon Prim. Sch.
Ashford
Spelthorne College
CLOCKHOUSE LANE
B3003
Recreation Ground
CHATTERN HILL
ASHFORD INDUSTRIAL ESTATE
Depot
Cricket Ground
ASHFORD RD.
B377
FELTHAM HILL RD.
CHURCH RD.
B378
Echelford Prim. Sch.
ASHFORD BUSINESS CENTRE
Spelthorne Jun. & Inf. Sch.
Clinic
Laboratories
ASHFORD COMMON
CHERTSEY RD.
A244
Sports Ground
Manor House (Club House)
Manor Cottage
ASHFORD MANOR GOLF COURSE
Ford Bridge
KINGSTON RD.
A308
Staines Reservoirs Aqueduct
SCHOOL ROAD JUNCTION
Littleton Common
Club Ho.
Pumping Station
Filter Beds
Water Works
Shepperton
QUEEN MARY RESERVOIR
WINDMILL RD.
M3 MOTORWAY
Junc.1
Superstore
Springfield Prim. Sch.
Upper Halliford
A B C D E F G
1 2 3 4 5 6 7 8 9
8
21
38

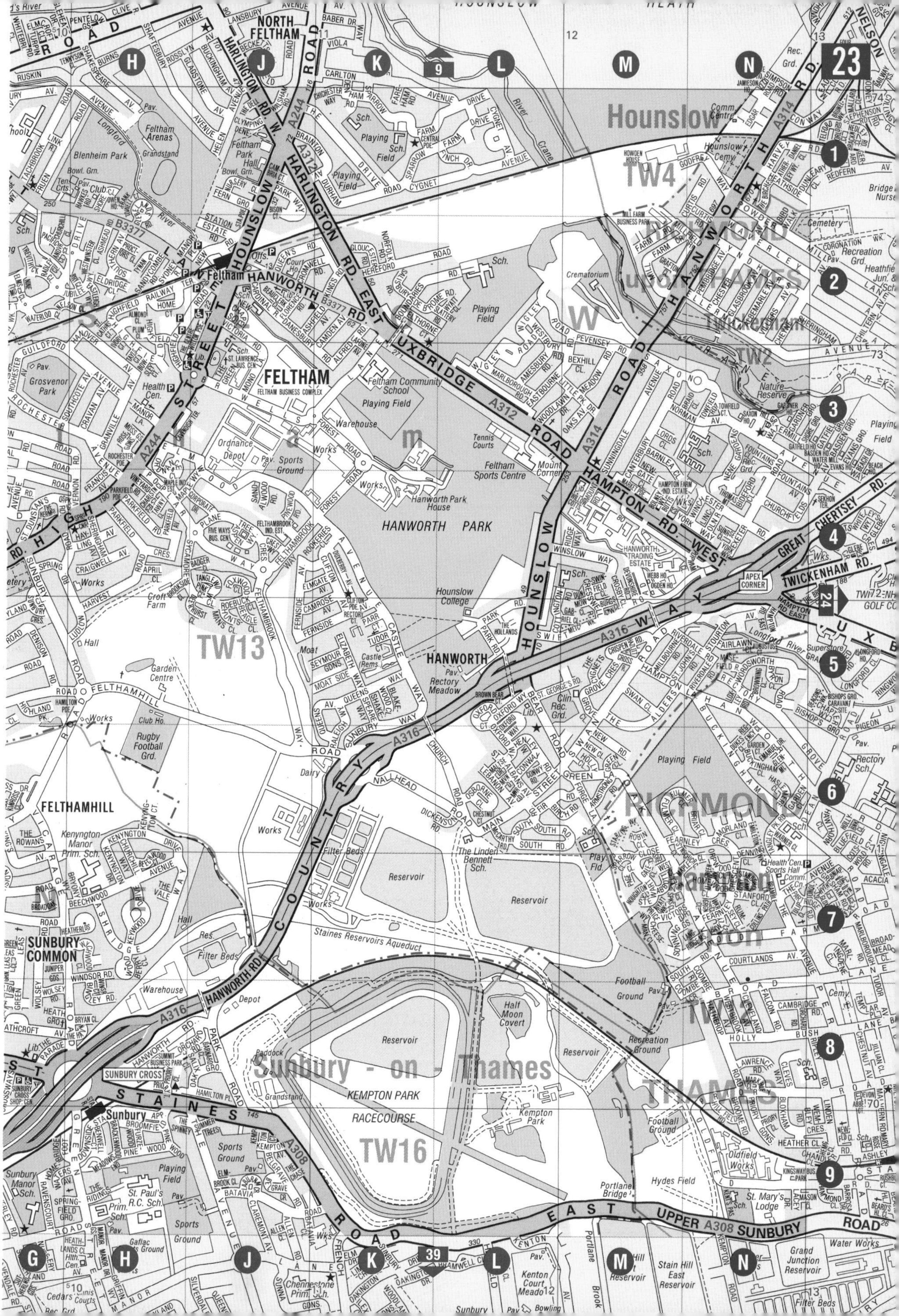
FELTHAM
NORTH FELTHAM
Hounslow
HANWORTH
HANWORTH PARK
FELTHAMHILL
SUNBURY COMMON
Sunbury - on - Thames
KEMPTON PARK RACECOURSE
TW4
TW13
TW16
TW2
TW12
RICHMOND
THAMES
HARLINGTON RD. W.
HOUNSLOW ROAD
UXBRIDGE ROAD
HANWORTH RD.
COUNTRY WAY
STAINES ROAD
UPPER SUNBURY ROAD
HAMPTON RD. WEST
GREAT CHERTSEY RD.
TWICKENHAM RD.
HIGH STREET
Staines Reservoirs Aqueduct
Reservoir
Playing Field
Filter Beds
Blenheim Park
Feltham Arenas
Hanworth Park House
Feltham Sports Centre
Feltham Community School
Hounslow College
Rugby Football Grd.
Grosvenor Park
Hydes Field
Portlane Bridge
Grand Junction Reservoir
Stain Hill East Reservoir
Crematorium
Sunbury
SUNBURY CROSS
Feltham
APEX CORNER
9
24
39

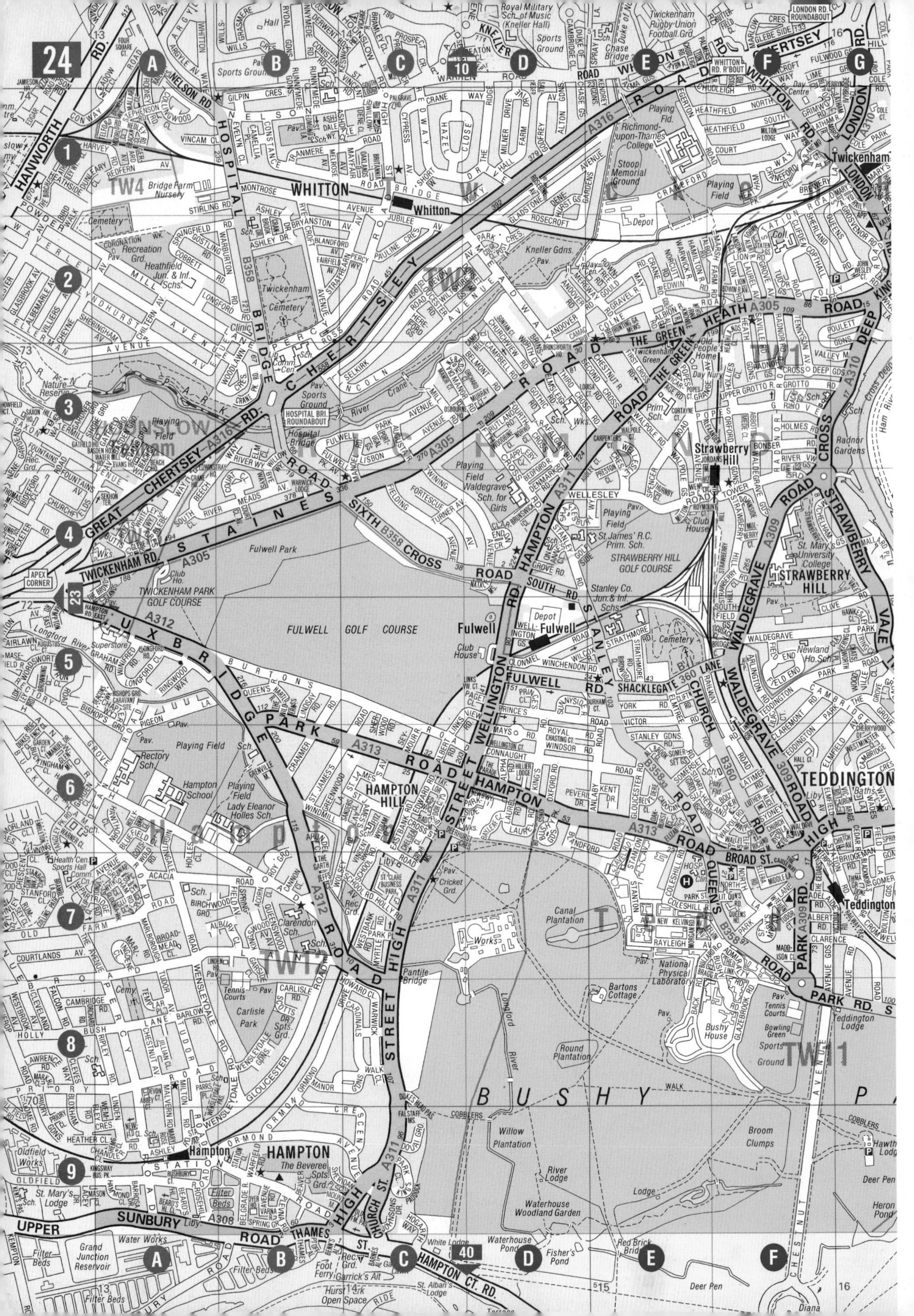

WHITTON
Whitton
TWICKENHAM
Twickenham
Twickenham Rugby Union Football Grd.
Royal Military Sch. of Music (Kneller Hall)
Richmond-upon-Thames College
Stoop Memorial Ground
Twickenham Cemetery
Kneller Gdns.
Heathfield Jun. & Inf. Schs.
Recreation Grd.
Cemetery
Bridge Farm Nursery
Hospital Bridge Roundabout
Whitton Rd. R'bout
London Rd. Roundabout
Apex Corner
Nature Reserve
Twickenham Green
Strawberry Hill
STRAWBERRY HILL
St. Mary's University College
STRAWBERRY HILL GOLF COURSE
Radnor Gardens
Fulwell Park
TWICKENHAM PARK GOLF COURSE
FULWELL GOLF COURSE
Fulwell
Waldegrave Sch. for Girls
St. James' R.C. Prim. Sch.
Stanley Co. Jun. & Inf. Schs.
HAMPTON HILL
HAMPTON
Hampton
Hampton School
Lady Eleanor Holles Sch.
Rectory Sch.
Clarendon Sch.
Carlisle Park
The Beveree Spts. Grd.
St. Mary's Lodge
Grand Junction Reservoir
Water Works
Filter Beds
Hurst Park Open Space
Garrick's Ait
TEDDINGTON
Teddington
Teddington Lodge
National Physical Laboratory
Bushy House
Canal Plantation
Round Plantation
Willow Plantation
River Lodge
Waterhouse Woodland Garden
Waterhouse Pond
Fisher's Pond
Red Brick Bridge
Broom Clumps
Deer Pen
Heron Pond
Bartons Cottage
Pantile Bridge
BUSHY PARK
Longford River
River Crane
TW1
TW2
TW4
TW11
TW12
GREAT CHERTSEY RD.
STAINES ROAD
UXBRIDGE ROAD
HAMPTON ROAD
WELLINGTON ROAD
HIGH STREET
PARK ROAD
WALDEGRAVE ROAD
STRAWBERRY VALE
CROSS DEEP
UPPER SUNBURY ROAD
THAMES ST.
HAMPTON CT. RD.
CHESTNUT AVENUE
A B C D E F G
1 2 3 4 5 6 7 8 9
10
23
40

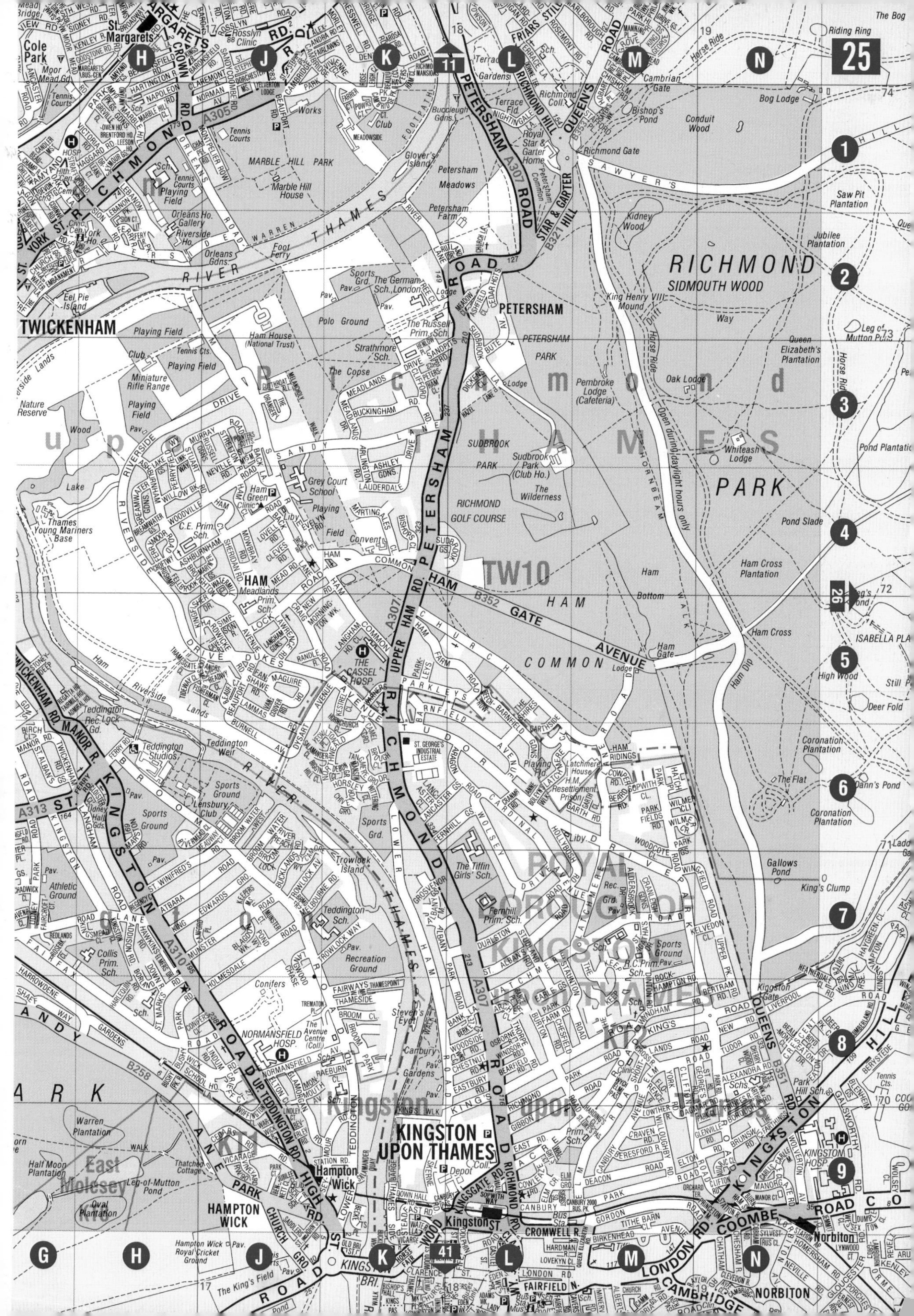

25
TWICKENHAM
St. Margarets
Cole Park
RICHMOND RD.
A305
Marble Hill Park
Marble Hill House
Orleans Ho. Gallery
Eel Pie Island
RIVER THAMES
Petersham Meadows
Petersham Farm
Glover's Island
PETERSHAM ROAD
A307
Royal Star & Garter Home
Richmond Gate
Bishop's Pond
Conduit Wood
Bog Lodge
Cambrian Gate
Riding Ring
The Bog
SAWYER'S HILL
Saw Pit Plantation
Kidney Wood
Jubilee Plantation
RICHMOND
SIDMOUTH WOOD
PETERSHAM
King Henry VIII Mound
Queen Elizabeth's Plantation
Oak Lodge
Pembroke Lodge (Cafeteria)
Ham House (National Trust)
Polo Ground
The German Sch., London
Playing Field
Miniature Rifle Range
Nature Reserve
Thames Young Mariners Base
Grey Court School
Ham Green
SUDBROOK PARK
Sudbrook Park (Club Ho.)
The Wilderness
RICHMOND GOLF COURSE
Whiteash Lodge
PARK
Pond Slade
Ham Cross Plantation
Ham Bottom
TW10
HAM
HAM GATE AVENUE
HAM COMMON
Ham Cross
Ham Gate
Ham Dip
High Wood
Deer Fold
Coronation Plantation
Dann's Pond
The Flat
Gallows Pond
King's Clump
THE CASSEL HOSP.
UPPER HAM RD.
RICHMOND ROAD
Teddington Lock
Teddington Weir
Teddington Studios
Trowlock Island
Lensbury Club
Sports Ground
Teddington Sch.
Recreation Ground
The Tiffin Girls' Sch.
Fernhill Prim. Sch.
ROYAL BOROUGH OF KINGSTON upon THAMES
KT2
KINGSTON RD.
A310
Normansfield Hosp.
Steven's Eyot
Canbury Gardens
KINGSTON UPON THAMES
Hampton Wick
HAMPTON WICK
KT1
East Molesey
Warren Plantation
Half Moon Plantation
Oval Plantation
Leg-of-Mutton Pond
Hampton Wick Royal Cricket Ground
The King's Field
Kingston
Norbiton
NORBITON
KINGSTON HOSP.
LONDON RD.
CAMBRIDGE RD.
COOMBE RD.
QUEENS RD.
B351
B352
B321
41
11
26

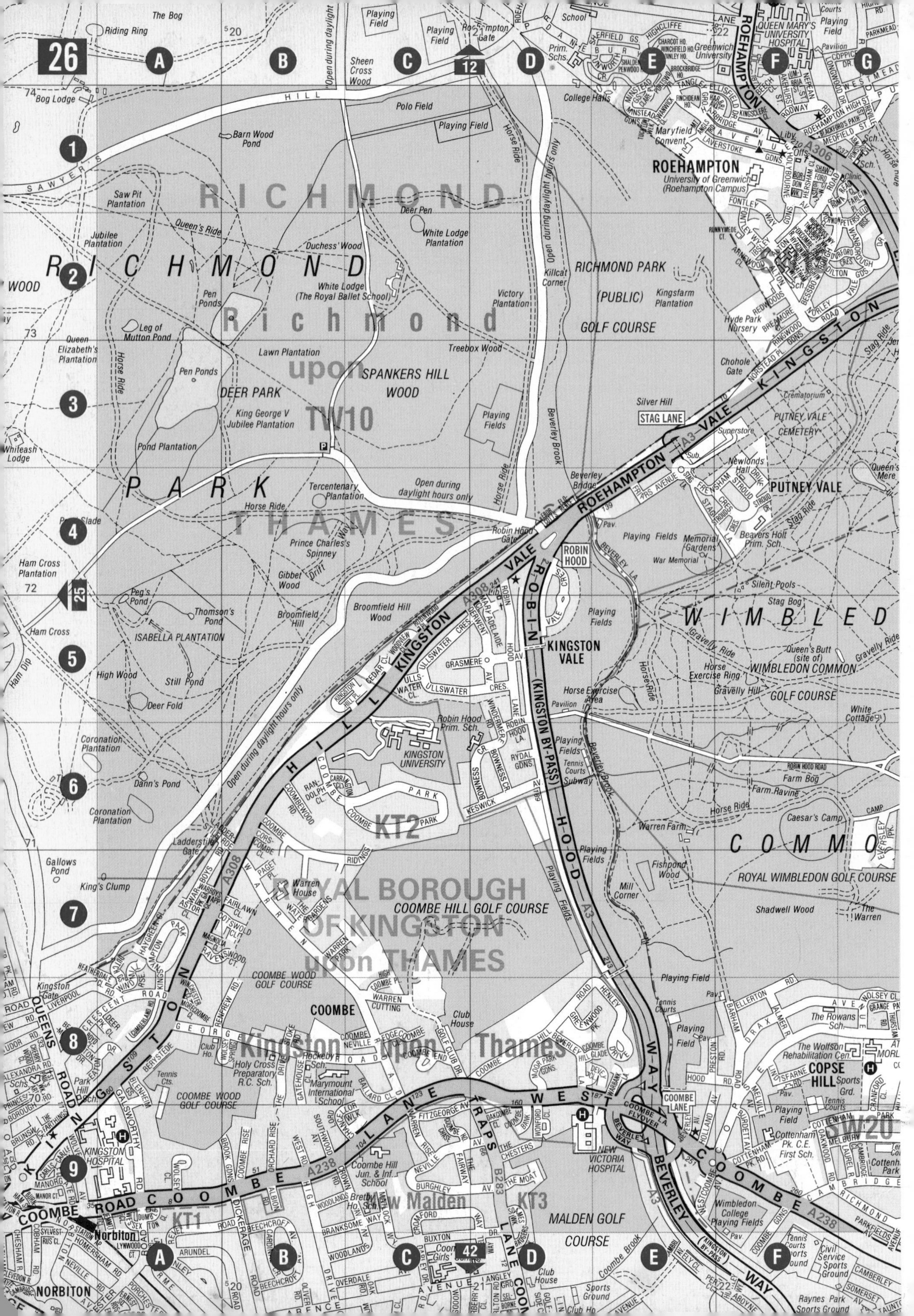
RICHMOND
Richmond upon Thames
RICHMOND PARK
TW10
ROEHAMPTON
University of Greenwich (Roehampton Campus)
Queen Mary's University Hospital
RICHMOND PARK (PUBLIC) GOLF COURSE
Kingsfarm Plantation
Hyde Park Nursery
Chohole Gate
Silver Hill
STAG LANE
PUTNEY VALE CEMETERY
Crematorium
PUTNEY VALE
Queen's Mere
Beavers Holt Prim. Sch.
Memorial Gardens
War Memorial
Silent Pools
Stag Bog
WIMBLED
Gravelly Ride
Queen's Butt (site of)
WIMBLEDON COMMON
Horse Exercise Ring
Gravelly Hill
GOLF COURSE
White Cottage
Farm Bog
Farm Ravine
Caesar's Camp
Warren Farm
COMMO
ROYAL WIMBLEDON GOLF COURSE
Shadwell Wood
The Warren
Fishpond Wood
Mill Corner
KINGSTON VALE
ROBIN HOOD
Robin Hood Gate
Beverley Bridge
Beverley Brook
ROBIN HOOD WAY (KINGSTON BY-PASS)
Robin Hood Prim. Sch.
KINGSTON UNIVERSITY
KT2
ROYAL BOROUGH OF KINGSTON upon THAMES
COOMBE HILL GOLF COURSE
COOMBE WOOD GOLF COURSE
COOMBE
Kingston upon Thames
Holy Cross Preparatory R.C. Sch.
Rockeby Sch.
Marymount International School
Club House
KINGSTON HOSPITAL
NEW VICTORIA HOSPITAL
COOMBE LANE
COOMBE LANE WEST
TRAPS LANE
Coombe Hill Jun. & Inf. School
New Malden
KT3
MALDEN GOLF COURSE
Coombe Brook
Wimbledon College Playing Fields
COPSE HILL
The Wolfson Rehabilitation Cen.
The Rowans Sch.
SW20
Cottenham Pk. C.E. First Sch.
Civil Service Sports Ground
Raynes Park Sports Ground
KT1
COOMBE
Norbiton
NORBITON
KINGSTON HILL
KINGSTON VALE
ROEHAMPTON VALE
A3
A308
A238
A306
B283
Sawyer's Hill
The Bog
Riding Ring
Bog Lodge
Barn Wood Pond
Polo Field
Playing Field
Sheen Cross Wood
Roehampton Gate
College Halls
Maryfield Convent
Saw Pit Plantation
Queen's Ride
Jubilee Plantation
Deer Pen
White Lodge Plantation
Duchess' Wood
White Lodge (The Royal Ballet School)
Killcat Corner
Victory Plantation
Pen Ponds
Leg of Mutton Pond
Queen Elizabeth's Plantation
Lawn Plantation
Treebox Wood
SPANKERS HILL WOOD
DEER PARK
King George V Jubilee Plantation
Pond Plantation
Whiteash Lodge
Open during daylight hours only
Tercentenary Plantation
PARK
THAMES
Prince Charles's Spinney
Gibbet Wood
Ham Cross Plantation
Peg's Pond
Thomson's Pond
ISABELLA PLANTATION
Broomfield Hill
Broomfield Hill Wood
Ham Cross
Ham Dip
High Wood
Still Pond
Deer Fold
Coronation Plantation
Dann's Pond
Ladderstile Gate
Gallows Pond
King's Clump
Kingston Gate
Warren House
WOOD
A B C D E F G
1 2 3 4 5 6 7 8 9
12
25
42

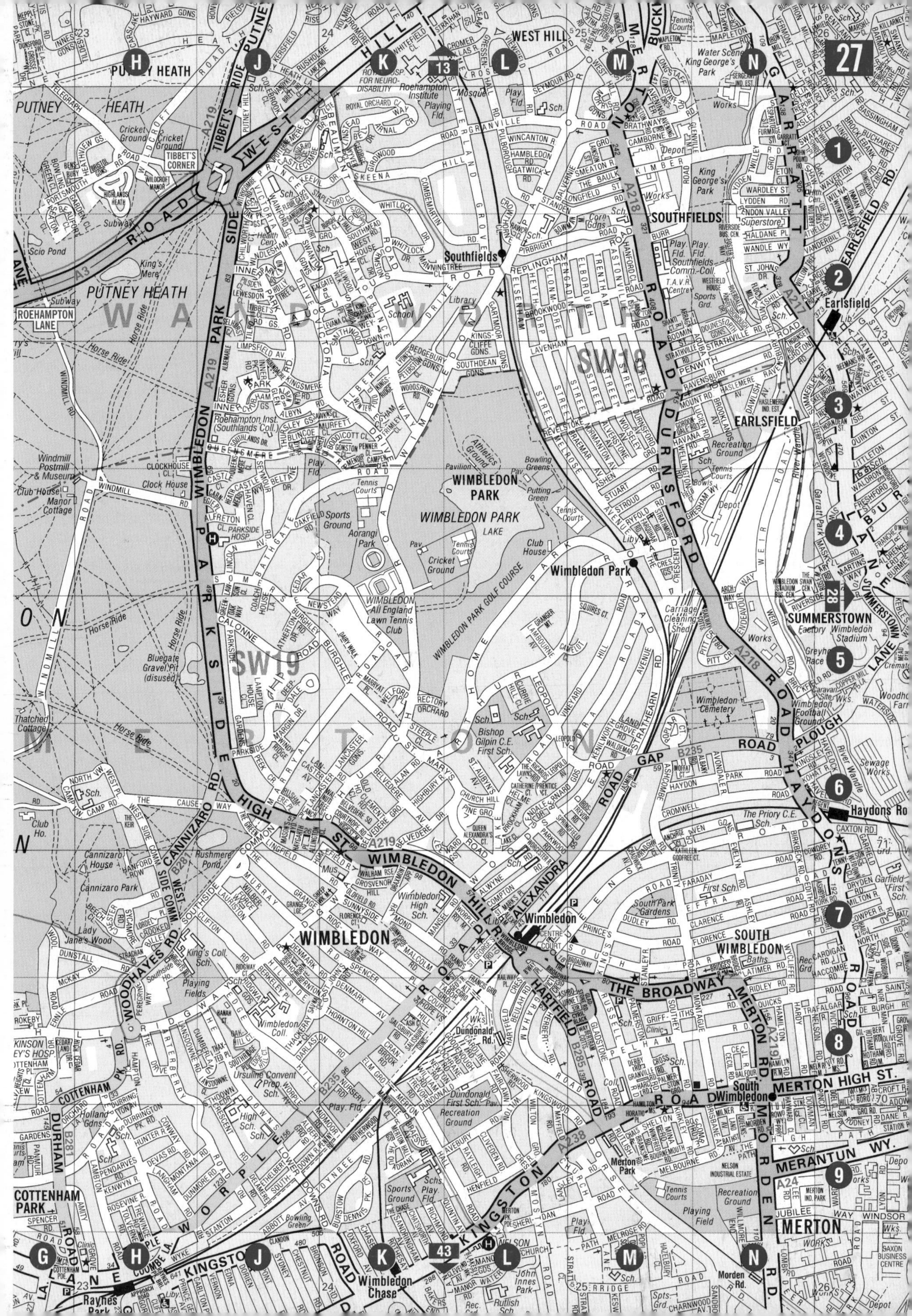
PUTNEY HEATH
WEST HILL
13
43
28
WIMBLEDON PARK
WIMBLEDON PARK LAKE
WIMBLEDON PARK GOLF COURSE
Wimbledon Park
WIMBLEDON All England Lawn Tennis Club
SW19
SW18
WIMBLEDON
SOUTH WIMBLEDON
Wimbledon
South Wimbledon
SOUTHFIELDS
Southfields
EARLSFIELD
Earlsfield
SUMMERSTOWN
Haydons Rd
MERTON
MERTON HIGH ST.
Merton Park
Wimbledon Chase
Morden Rd.
Dundonald Rd.
Raynes Park
COTTENHAM PARK
TIBBET'S CORNER
ROEHAMPTON LANE
Cannizaro Park
Lady Jane's Wood
Wimbledon Cemetery
King George's Park
Putney Heath
WIMBLEDON PARK SIDE
HIGH ST.
WIMBLEDON HILL
ALEXANDRA ROAD
THE BROADWAY
HARTFIELD ROAD
KINGSTON ROAD
WORPLE ROAD
DURNSFORD ROAD
PLOUGH LANE
HAYDONS ROAD
GARRATT LANE
EARLSFIELD RD.
MERTON RD.
MORDEN RD.
MERANTUN WY.
GAP ROAD
ARTHUR ROAD
VICTORIA DRIVE
WIMBLEDON PARK ROAD
A3
A24
A217
A218
A219
A238
B235
B281
B285
WANDSWORTH
MERTON
G H J K L M N
1 2 3 4 5 6 7 8 9

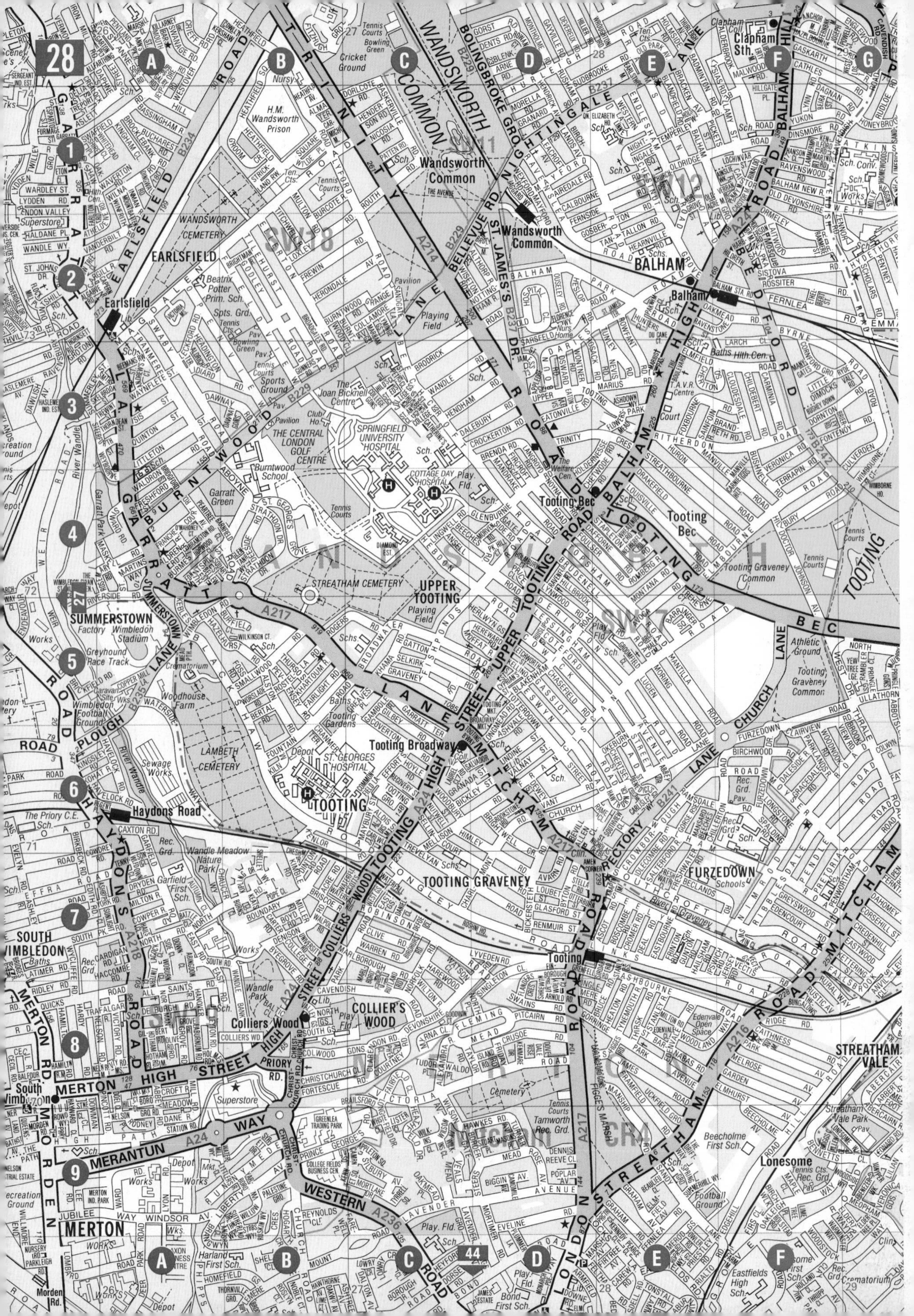
A
B
C
D
E
F
G
1
2
3
4
5
6
7
8
9
H.M. Wandsworth Prison
Cricket Ground
WANDSWORTH COMMON
Wandsworth Common
BOLINGBROKE GROVE
NIGHTINGALE LANE
TRINITY ROAD
Clapham Sth.
BALHAM HILL
EARLSFIELD ROAD
WANDSWORTH CEMETERY
EARLSFIELD
SW18
SW11
SW12
SW17
SW19
Earlsfield
BALHAM
Balham
BEDFORD HILL
Beatrix Potter Prim. Sch.
Playing Field
The Joan Bicknell Centre
SPRINGFIELD UNIVERSITY HOSPITAL
THE CENTRAL LONDON GOLF CENTRE
BURNTWOOD LANE
Burntwood School
Garratt Green
GARRATT LANE
Tooting Bec
TOOTING BEC ROAD
Tooting Graveney Common
STREATHAM CEMETERY
UPPER TOOTING
UPPER TOOTING ROAD
WANDSWORTH
SUMMERSTOWN
Wimbledon Stadium
Greyhound Race Track
Crematorium
Woodhouse Farm
LAMBETH CEMETERY
Sewage Works
River Wandle
Wimbledon Football Ground
PLOUGH ROAD
Tooting Broadway
ST. GEORGES HOSPITAL
TOOTING
Tooting Gardens
Haydons Road
HAYDONS ROAD
The Priory C.E. Sch.
Wandle Meadow Nature Park
Garfield First Sch.
TOOTING HIGH STREET
MITCHAM ROAD
TOOTING GRAVENEY
FURZEDOWN
CHURCH LANE
RECTORY LANE
Tooting
SOUTH WIMBLEDON
MERTON HIGH STREET
COLLIERS WOOD HIGH STREET
Colliers Wood
COLLIER'S WOOD
Wandle Park
Superstore
MERANTUN WAY
MERTON ROAD
MORDEN ROAD
South Wimbledon
MITCHAM
CR4
Cemetery
Tamworth Rec. Grd.
Edenvale Open Space
LONDON ROAD
STREATHAM ROAD
STREATHAM VALE
Streatham Vale Park
Lonesome
Beecholme First Sch.
Football Ground
WESTERN ROAD
MERTON
Harland First Sch.
Eastfields High Sch.
Crematorium
Bond First Sch.
Morden Rd.
27
29
44
72
26
74
71
70

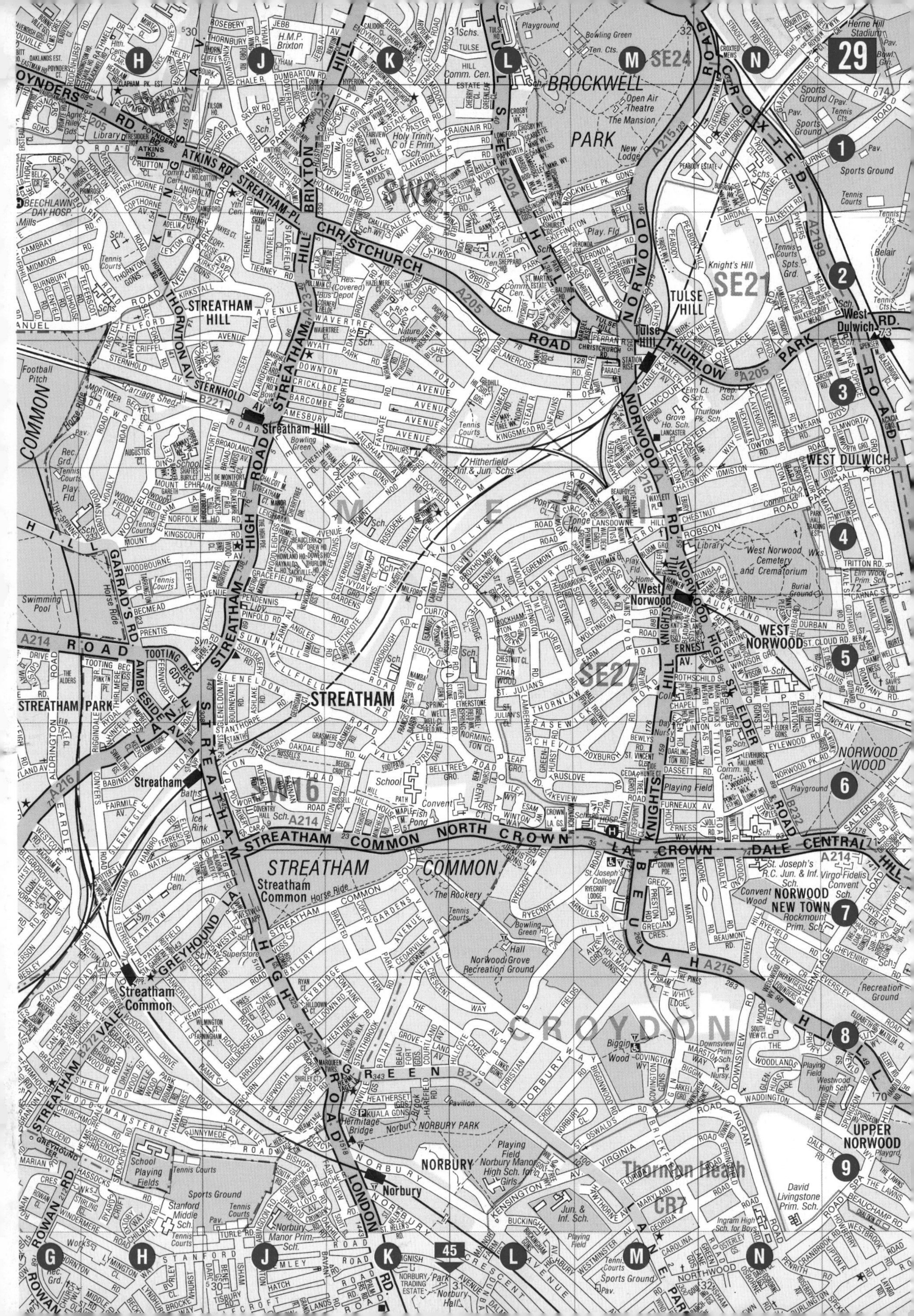
BROCKWELL PARK
SE24
Open Air Theatre
The Mansion
Tulse Hill
SE21
West Dulwich
WEST DULWICH
West Norwood Cemetery and Crematorium
West Norwood
WEST NORWOOD
SE27
STREATHAM
SW16
Streatham
STREATHAM PARK
STREATHAM HILL
Streatham Hill
STREATHAM COMMON
Streatham Common
NORWOOD NEW TOWN
NORWOOD WOOD
Norwood Grove Recreation Ground
CROYDON
UPPER NORWOOD
NORBURY
Norbury
NORBURY PARK
Thornton Heath
CR7
CHRISTCHURCH ROAD
STREATHAM HIGH ROAD
LONDON ROAD
NORWOOD ROAD
KNIGHTS HILL
BRIXTON HILL
STREATHAM COMMON NORTH
CROWN DALE
CENTRAL HILL
A23
A205
A214
A215
A204
A2199
B221
B273
45

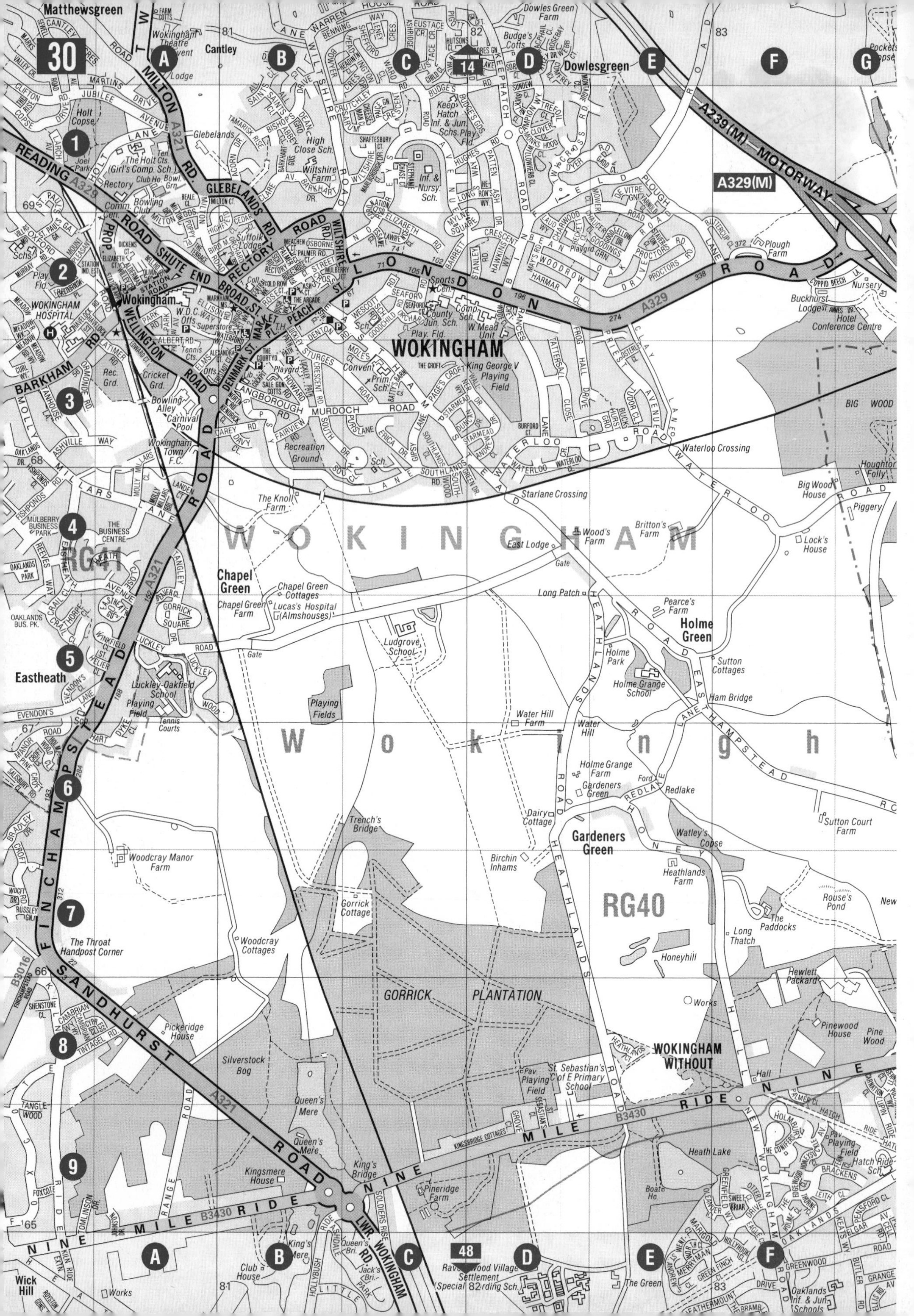
30
Matthewsgreen
Cantley
Dowlesgreen
14
A239(M) MOTORWAY
A329(M)
READING ROAD
A329
MILTON RD.
GLEBELANDS RD.
SHUTE END
BROAD ST.
ROCTORY ROAD
LONDON ROAD
WOKINGHAM
Wokingham
WOKINGHAM HOSPITAL
WELLINGTON ROAD
BARKHAM RD.
King George V Playing Field
MURDOCH ROAD
Recreation Ground
Wokingham Town F.C.
Starlane Crossing
Waterloo Crossing
WATERLOO ROAD
BIG WOOD
Big Wood House
Holme Green
Chapel Green
Chapel Green Farm
Lucas's Hospital (Almshouses)
Ludgrove School
Playing Fields
Holme Grange School
Eastheath
RG41
A321
FINCHAMPSTEAD ROAD
Luckley-Oakfield School
HEATHLANDS ROAD
HAMPSTEAD
Gardeners Green
RG40
Honeyhill
GORRICK PLANTATION
Woodcray Manor Farm
The Throat Handpost Corner
SANDHURST ROAD
Silverstock Bog
Queen's Mere
Kingsmere House
Pineridge Farm
WOKINGHAM WITHOUT
St. Sebastian's C of E Primary School
Hewlett Packard
Pinewood House
Heath Lake
NINE MILE RIDE
B3430
NEW WOKINGHAM ROAD
Wick Hill
Club House
King's Mere
LWR. WOKINGHAM RD.
48
Ravenswood Village Settlement
The Green
Oaklands Inf. & Jun. Schools
A B C D E F G
1 2 3 4 5 6 7 8 9
81 82 83
65 66 67 68 69

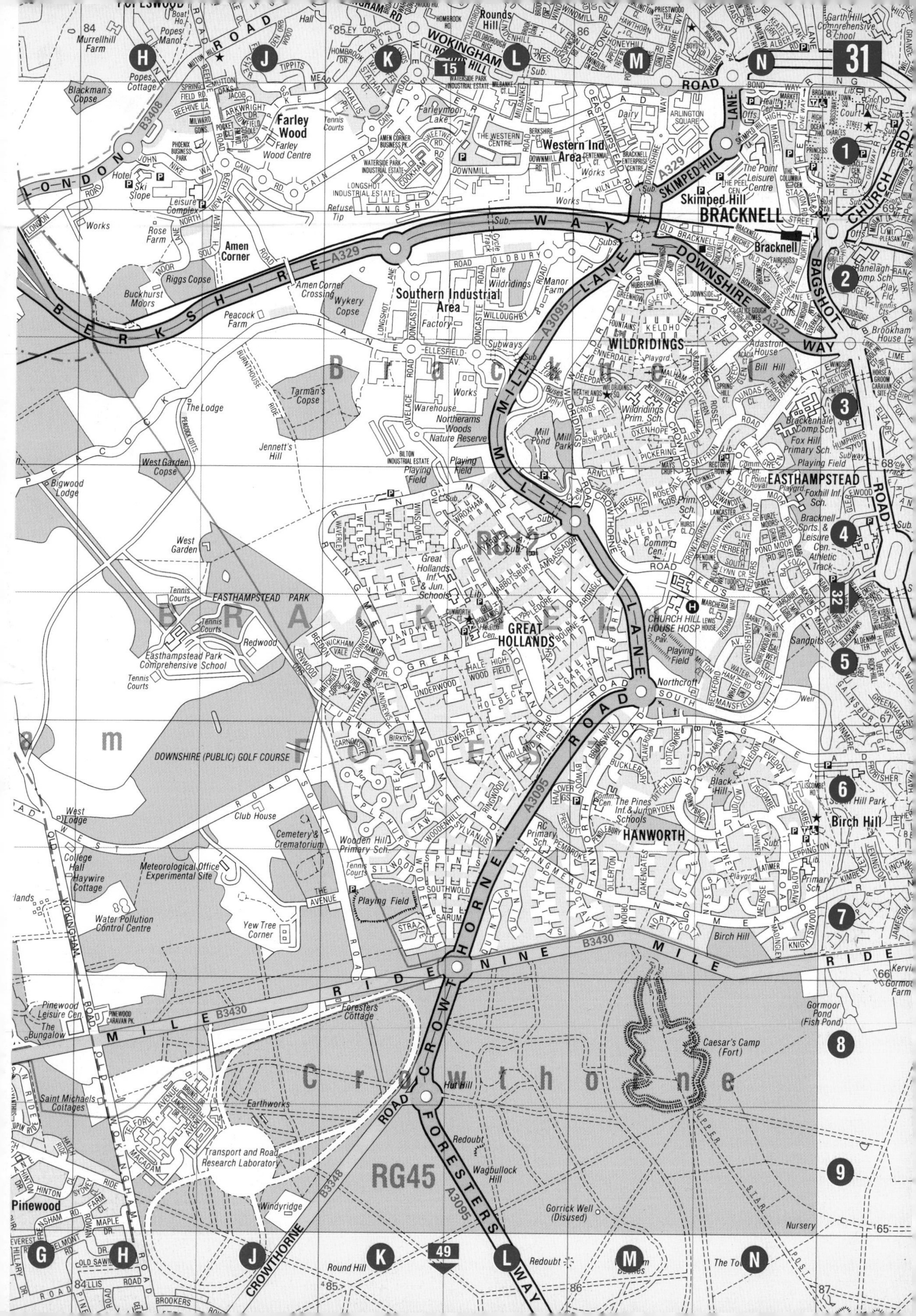

31
15
32
49
BRACKNELL
Bracknell
EASTHAMPSTEAD
WILDRIDINGS
GREAT HOLLANDS
HANWORTH
Birch Hill
Pinewood
Farley Wood
Amen Corner
Skimped Hill
Southern Industrial Area
Western Ind Area
Bracknell
Easthampstead Park
Forest
Crowthorne
RG12
RG45
BERKSHIRE WAY
A329
A322
A3095
B3430
B3408
B3348
NINE MILE RIDE
WOKINGHAM ROAD
LONDON ROAD
CHURCH ROAD
BAGSHOT ROAD
DOWNSHIRE WAY
MILL LANE
CROWTHORNE ROAD
FORESTERS WAY
SKIMPED HILL LANE
OLD WOKINGHAM ROAD
DOWNSHIRE (PUBLIC) GOLF COURSE
Easthampstead Park Comprehensive School
Transport and Road Research Laboratory
Meteorological Office Experimental Site
Water Pollution Control Centre
Cemetery & Crematorium
Caesar's Camp (Fort)
Gormoor Pond (Fish Pond)
Northerams Woods Nature Reserve
Church Hill House Hosp
Bracknell Sprts. & Leisure Cen.
Tarman's Copse
West Garden Copse
Jennett's Hill
Riggs Copse
Wykery Copse
Blackman's Copse
Buckhurst Moors
Murrellhill Farm
Popes Manor
Popes Cottage
Rose Farm
Peacock Farm
Foresters Cottage
Saint Michaels Cottages
Wagbullock Hill
Gorrick Well (Disused)
Hut Hill
Round Hill
Redoubt
Nursery
Earthworks
Windyridge
1
2
3
4
5
6
7
8
9
G
H
J
K
L
M
N
84
85
86
87
65
66
67
68
69

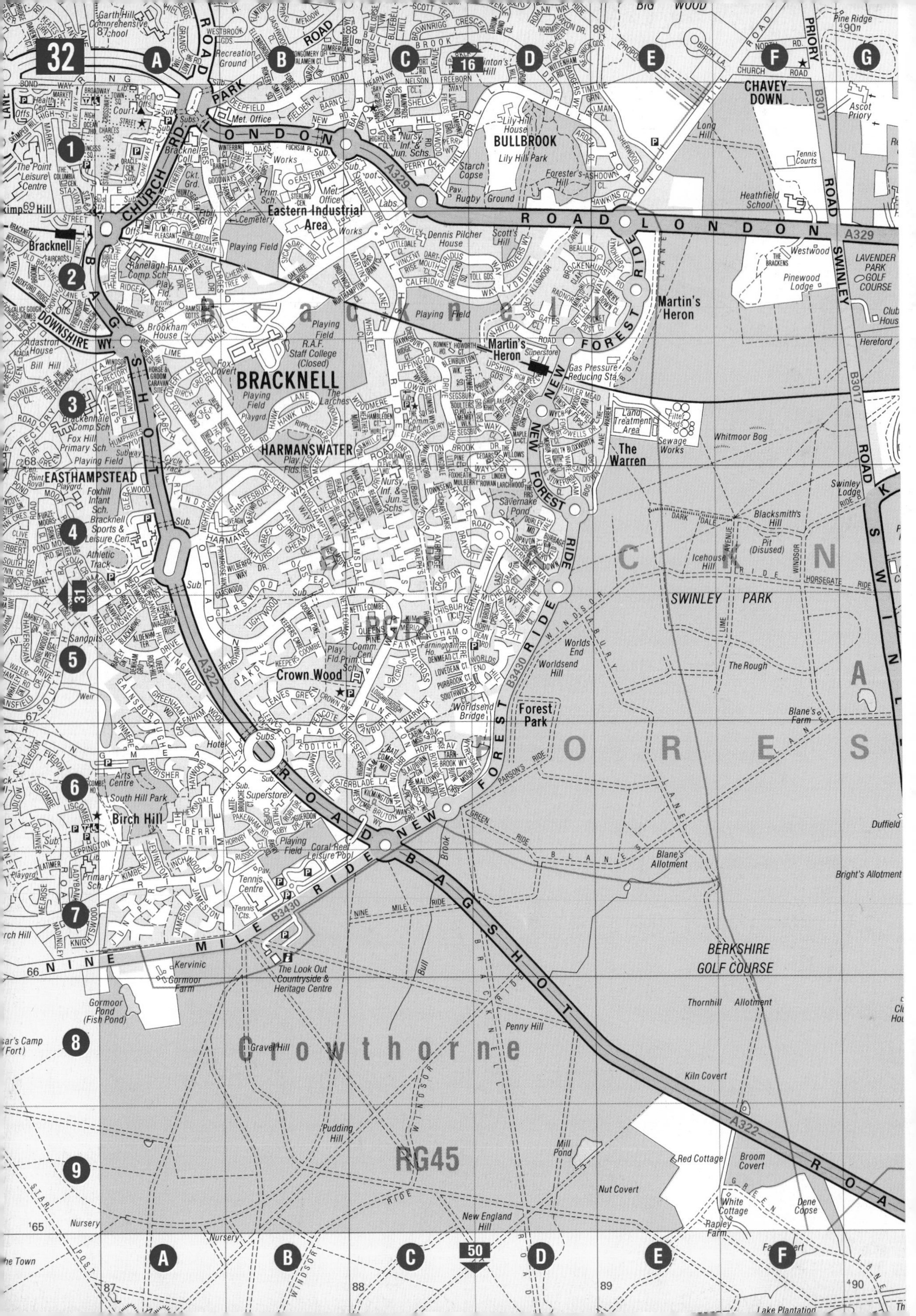

32
A
B
C
D
E
F
G
1
2
3
4
5
6
7
8
9
16
31
50
BRACKNELL
Bracknell
BULLBROOK
CHAVEY DOWN
HARMANSWATER
EASTHAMPSTEAD
Crown Wood
Birch Hill
Martin's Heron
Forest Park
The Warren
Eastern Industrial Area
Lily Hill Park
SWINLEY PARK
BERKSHIRE GOLF COURSE
LAVENDER PARK GOLF COURSE
RG12
RG45
Crowthorne
Bracknell
FOREST
LONDON ROAD
A329
A322
B3430
B3017
BAGSHOT ROAD
NEW FOREST RIDE
NINE MILE RIDE
SWINLEY ROAD
CHURCH RD
DOWNSHIRE WY.
The Look Out Countryside & Heritage Centre
Coral Reef Leisure Pool
The Point Leisure Centre
South Hill Park
Arts Centre
Gormoor Farm
Gormoor Pond (Fish Pond)
Penny Hill
Gravel Hill
Pudding Hill
Mill Pond
New England Hill
Nut Covert
Red Cottage
Broom Covert
White Cottage
Rapley Farm
Dene Copse
Kiln Covert
Thornhill
Allotment
Blane's Allotment
Bright's Allotment
Blane's Farm
The Rough
Worlds End
Worldsend Hill
Icehouse Hill
Blacksmith's Hill
Whitmoor Bog
Swinley Lodge
Heathfield School
Ascot Priory
Westwood
Pinewood Lodge
Long Hill
Tennis Courts
Sewage Works
Land Treatment Area
Filter Beds
Gas Pressure Reducing Sta.
Superstore
R.A.F. Staff College (Closed)
Playing Field
Dennis Pilcher House
Scott's Hill
Starch Copse
Rugby Ground
Met. Office
Bracknell Coll.
Brackenhale Comp. Sch.
Fox Hill Primary Sch.
Foxhill Infant Sch.
Bracknell Sports & Leisure Cen.
Athletic Track
Sandpits
Bill Hill
Adastron House
Brookham House
Ranelagh Comp. Sch.
Cemetery
Kervinic
Hereford
Duffield
Pine Ridge
Big Wood
Lake Plantation
The Town
Nursery
87
88
89
490
65
66
67
68
69

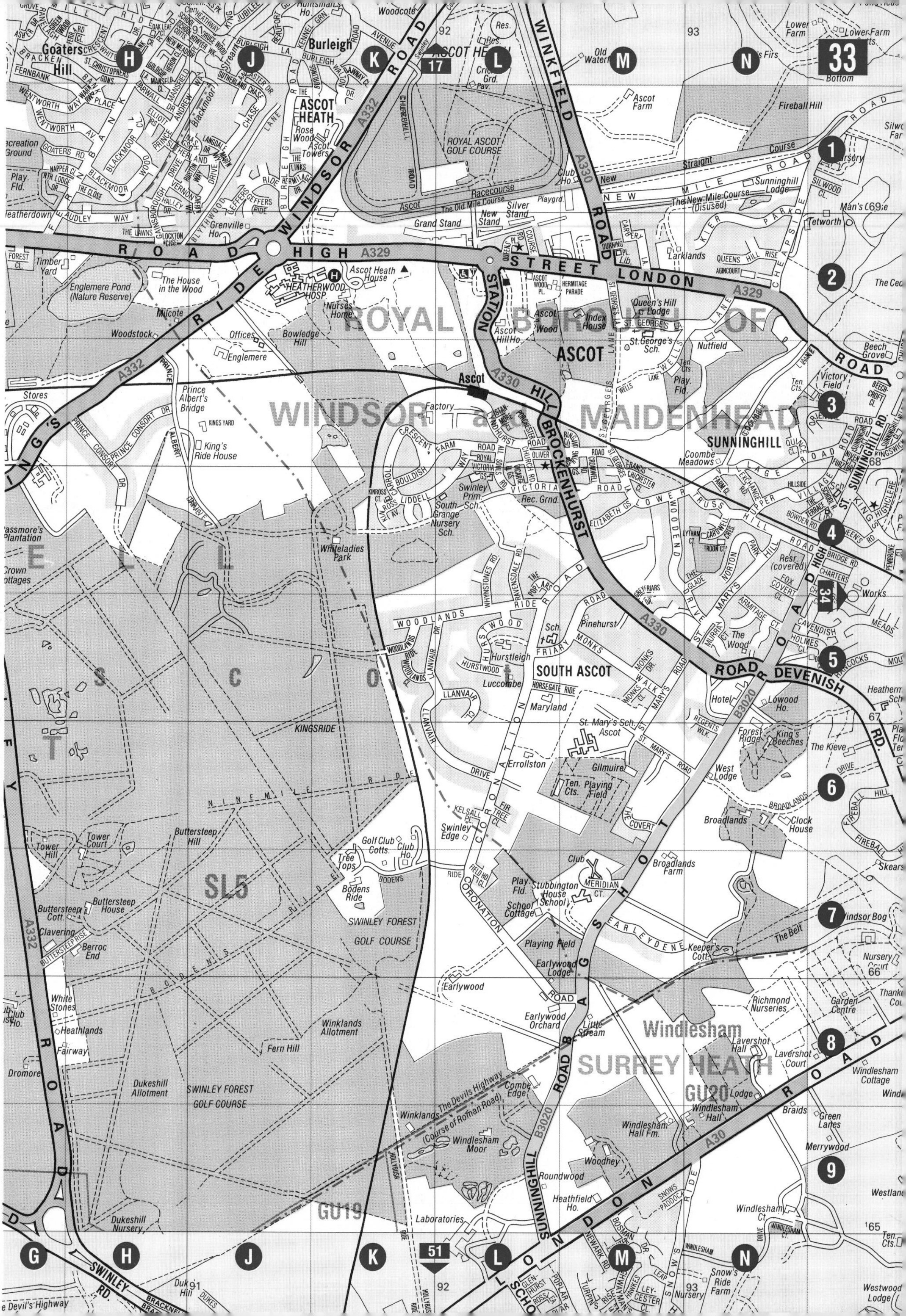

ROYAL BOROUGH OF WINDSOR and MAIDENHEAD
SURREY HEATH
Goaters Hill
Burleigh
ASCOT HEATH
ASCOT
SUNNINGHILL
SOUTH ASCOT
Windlesham
SL5
GU20
GU19
ROYAL ASCOT GOLF COURSE
SWINLEY FOREST GOLF COURSE
Racecourse
Grand Stand
New Stand
Silver Stand
Ascot
HEATHERWOOD HOSP.
Englemere Pond (Nature Reserve)
Prince Albert's Bridge
King's Ride House
Whiteladies Park
Buttersteep Hill
Tower Hill
Dukeshill Allotment
Winklands Allotment
Fern Hill
Windlesham Moor
The Devils Highway (Course of Roman Road)
WINDSOR ROAD
HIGH STREET
LONDON ROAD
WINKFIELD ROAD
BROCKENHURST HILL
STATION HILL
SUNNINGHILL ROAD
DEVENISH ROAD
SWINLEY RD.
A329
A330
A332
A30
B3020
Fireball Hill
Crown Cottages
Passmore's Plantation
Windsor Bog
The Belt
Broadlands
Clock House
Merrywood
Windlesham Hall
Windlesham Ct.
Snow's Ride Farm
Westwood Lodge
Laboratories
Dukeshill Nursery
KINGSRIDE
NINE MILE RIDE
CORONATION ROAD
17
34
51
91
92
93

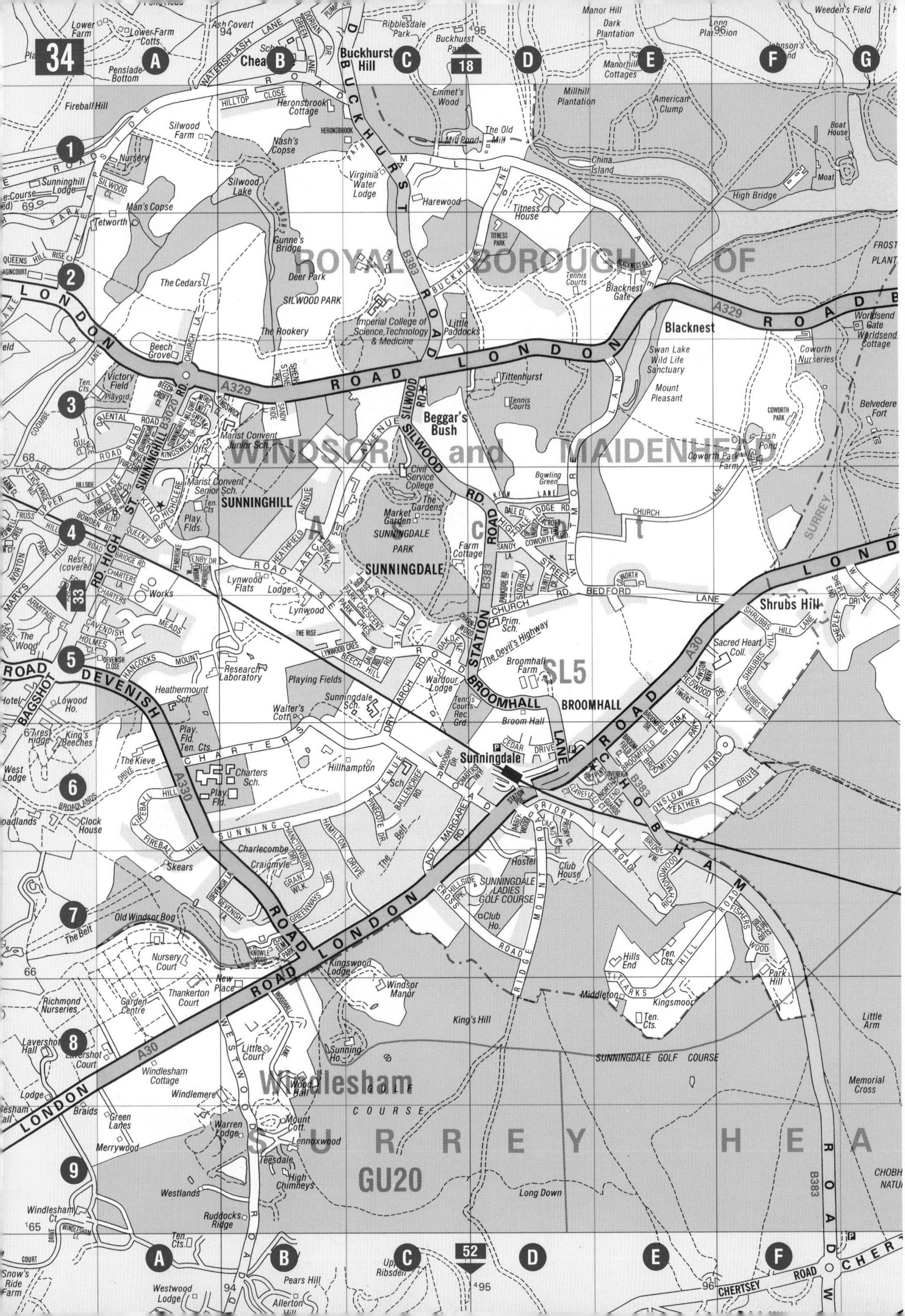

18
33
52
ROYAL BOROUGH OF WINDSOR and MAIDENHEAD
SURREY HEATH
Ascot
SL5
GU20
Buckhurst Hill
Cheapside
SUNNINGHILL
SUNNINGDALE
BROOMHALL
Windlesham
Blacknest
Shrubs Hill
LONDON ROAD
A329
A30
A330
B383
B3020
BUCKHURST ROAD
SILWOOD ROAD
STATION ROAD
BROOMHALL LANE
CHOBHAM ROAD
HIGH ST
DEVENISH ROAD
BAGSHOT ROAD
WESTWOOD ROAD
RIDGE MOUNT ROAD
CHERTSEY ROAD
WHITMORE LANE
MILL LANE
CHURCH LANE
BEDFORD LANE
CHARTERS ROAD
SUNNING AVENUE
LADY MARGARET RD
Lower Farm
Lower Farm Cotts.
Penslade Bottom
Ash Covert
Ribblesdale Park
Manor Hill
Dark Plantation
Long Plantation
Weeden's Field
Johnson's Pond
Manorhill Cottages
Fireball Hill
Heronsbrook Cottage
Emmet's Wood
Millhill Plantation
American Clump
Silwood Farm
Nash's Copse
Mill Pond
The Old Mill
China Island
Boat House
Nursery
Sunninghill Lodge
Silwood Lake
Virginia Water Lodge
Harewood
Titness House
Moat
High Bridge
Man's Copse
Tetworth
Gunne's Bridge
Deer Park
SILWOOD PARK
The Cedars
Tennis Courts
Blacknest Gate
Imperial College of Science, Technology & Medicine
Little Paddocks
The Rookery
Beech Grove
Swan Lake Wild Life Sanctuary
Worldsend Gate
Worldsend Cottage
Coworth Nurseries
Victory Field
Playgrd.
Tittenhurst
Mount Pleasant
Belvedere Fort
Beggar's Bush
Marist Convent Junior Sch.
Marist Convent Senior Sch.
Civil Service College
The Gardens
Market Garden
SUNNINGDALE PARK
Bowling Green
Fish Pond
Coworth Park Farm
Farm Cottage
Resr. (covered)
Works
Lynwood Flats
Lodge
Lynwood
Prim. Sch.
The Devil's Highway
Broomhall Farm
Sacred Heart Coll.
The Wood
Research Laboratory
Playing Fields
Wardour Lodge
Heathermount Sch.
Lowood Ho.
Hotel
Walter's Cott.
Sunningdale Sch.
Tennis Courts Rec. Grd.
Broom Hall
King's Beeches
Forest Ridge
The Kieve
Charters Sch.
Hillhampton
Sunningdale
West Lodge
Play. Fld.
Clock House
Broadlands
Charlecombe
Craigmyle
Skears
Hostel
Club House
SUNNINGDALE LADIES GOLF COURSE
Club Ho.
Old Windsor Bog
The Belt
Nursery Court
Kingswood Lodge
Windsor Manor
Hills End
Ten. Cts.
Park Hill
New Place
Thankerton Court
Middleton
Kingsmoor
Richmond Nurseries
Garden Centre
King's Hill
Little Arm
Laversholt Hall
Laversholt Court
Little Court
Sunning Ho.
SUNNINGDALE GOLF COURSE
Windlesham Cottage
Windlemere
Wood Hall
GOLF COURSE
Memorial Cross
Lodge
Braids
Green Lanes
Mount Cott.
Warren Lodge
Lennoxwood
Merrywood
Teesdale
High Chimneys
Westlands
Long Down
Ruddocks Ridge
Windlesham Ct.
Snow's Ride Farm
Westwood Lodge
Pears Hill
Upper Ribsden
Allerton Hill
A B C D E F G
1 2 3 4 5 6 7 8 9
94 95 96
65 66 67 68 69

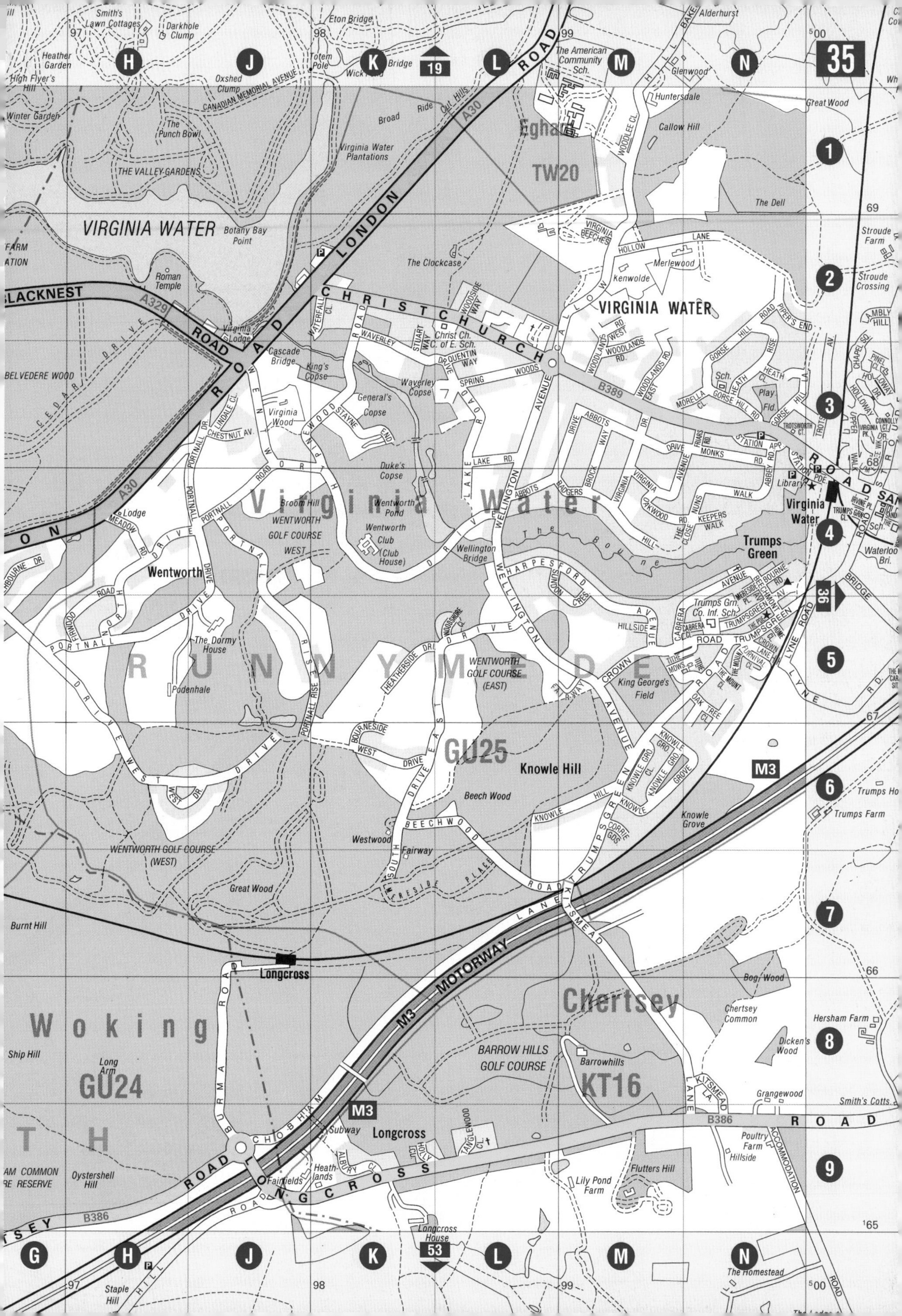

35
19
36
53
H
J
K
L
M
N
G
1
2
3
4
5
6
7
8
9
97
98
99
500
69
67
66
165
Smith's Lawn Cottages
Darkhole Clump
Eton Bridge
Alderhurst
Heather Garden
High Flyer's Hill
Oxshed Clump
CANADIAN MEMORIAL AVENUE
Totem Pole
Wick Pond
Bridge
The American Community Sch.
Glenwood
Huntersdale
Great Wood
Winter Garden
The Punch Bowl
Broad
Ride
Cut Hills
A30
Egham
Callow Hill
WOODLEE CL.
HILL
BAKE
Virginia Water Plantations
THE VALLEY GARDENS
TW20
The Dell
VIRGINIA WATER
Botany Bay Point
LONDON
ROAD
Stroude Farm
Stroude Crossing
The Clockcase
VIRGINIA BEECHES
HOLLOW
LANE
Merlewood
Kenwolde
CALLOW
Roman Temple
BLACKNEST
A329
CHRISTCHURCH
WOODSIDE WAY
VIRGINIA WATER
AMBLY HILL
Virginia Lodge
Cascade Bridge
King's Copse
WATERFALL CL.
WAVERLEY
STUART WAY
Christ Ch. C. of E. Sch.
QUENTIN WAY
DRIVE
WOODLANDS RD.
WEST
EAST
PIPER'S END
GORSE HILL ROAD
RISE
HEATH CL.
Sch.
Play Fld.
CHAPEL SQ.
PINEL CL.
HOLLOWAY
BELVEDERE WOOD
CEDAR DRIVE
Waverley Copse
SPRING
WOODS
AVENUE
B389
MORELLA CL.
GORSE HILL RD.
TROTSWORTH CT.
VIRGINIA PK.
CONNOLLY CT.
UPPER
WALK
Virginia Wood
General's Copse
STAYNE END
PINEWOOD
NORTH
WENTWORTH
LINDALE CL.
CHESTNUT AV.
PORTNALL DR.
ABBOTS
DRIVE
BROCK WAY
VIRGINIA
FRIARS RD.
MONKS
STATION APP.
STATION PDE.
Duke's Copse
LAKE RD.
ABBEY RD.
Library
ROAD
Virginia Water
Broom Hill
Virginia Water
WENTWORTH GOLF COURSE WEST
Wentworth Pond
Wentworth Club (Club House)
ABBOTS
BADGERS
OAKWOOD RD.
NUNS WALK
KEEPERS WALK
THE CLOSE
HILL
IRVINE PL.
TRUMPS GRN. CL.
Sch.
Waterloo Bri.
Lodge
MEADOW RD.
Wentworth
PORTNALL
DRIVE
Wellington Bridge
The Bourne
HARPESFORD
CRES.
Trumps Green
AVENUE
BEECHMONT
BOURNE RD.
Trumps Grn. Co. Inf. Sch.
TRUMPSGREEN
CABRERA
HILLSIDE
THE PIGHTLE
CROWN LANE
FURNIVAL CL.
BRIDGE
LYNE ROAD
FIRWOOD
NORTH ROAD
The Dormy House
WOODSHORE CL.
HEATHERSIDE DR.
WENTWORTH GOLF COURSE (EAST)
TITHE MEWS
THE MOUNT
CROWN
RUNNYMEDE
Podenhale
FAIRWAY
King George's Field
OAK TREE CL.
LYNE
RD.
PORTNALL RISE
BOURNESIDE
WEST DRIVE
EAST
GU25
Knowle Hill
KNOWLE GRO.
GROVE
M3
Trumps Farm
WEST DR.
Beech Wood
Westwood
BEECHWOOD
KNOWLE HILL
CORRIE GDS.
Knowle Grove
WENTWORTH GOLF COURSE (WEST)
Fairway
SOUTH
WENTWORTH
Great Wood
Burnt Hill
MERESIDE PLACE
KITSMEAD LANE
MOTORWAY
Longcross
Bog Wood
Chertsey
Chertsey Common
Woking
BURMA ROAD
Hersham Farm
Dicken's Wood
Ship Hill
Long Arm
BARROW HILLS GOLF COURSE
Barrowhills
GU24
KT16
KITSMEAD LA.
Grangewood
M3
Smith's Cotts.
CHOBHAM
Subway
Longcross
TANGLEWOOD CL.
HOLLY CL.
B386
Poultry Farm
Hillside
ACCOMMODATION
H
CHOBHAM COMMON NATURE RESERVE
Oystershell Hill
Fairfields
Heathlands
ALBURY CL.
LONGCROSS
Flutters Hill
Lily Pond Farm
ROAD
CHERTSEY
Longcross House
The Homestead
Staple Hill
HILL

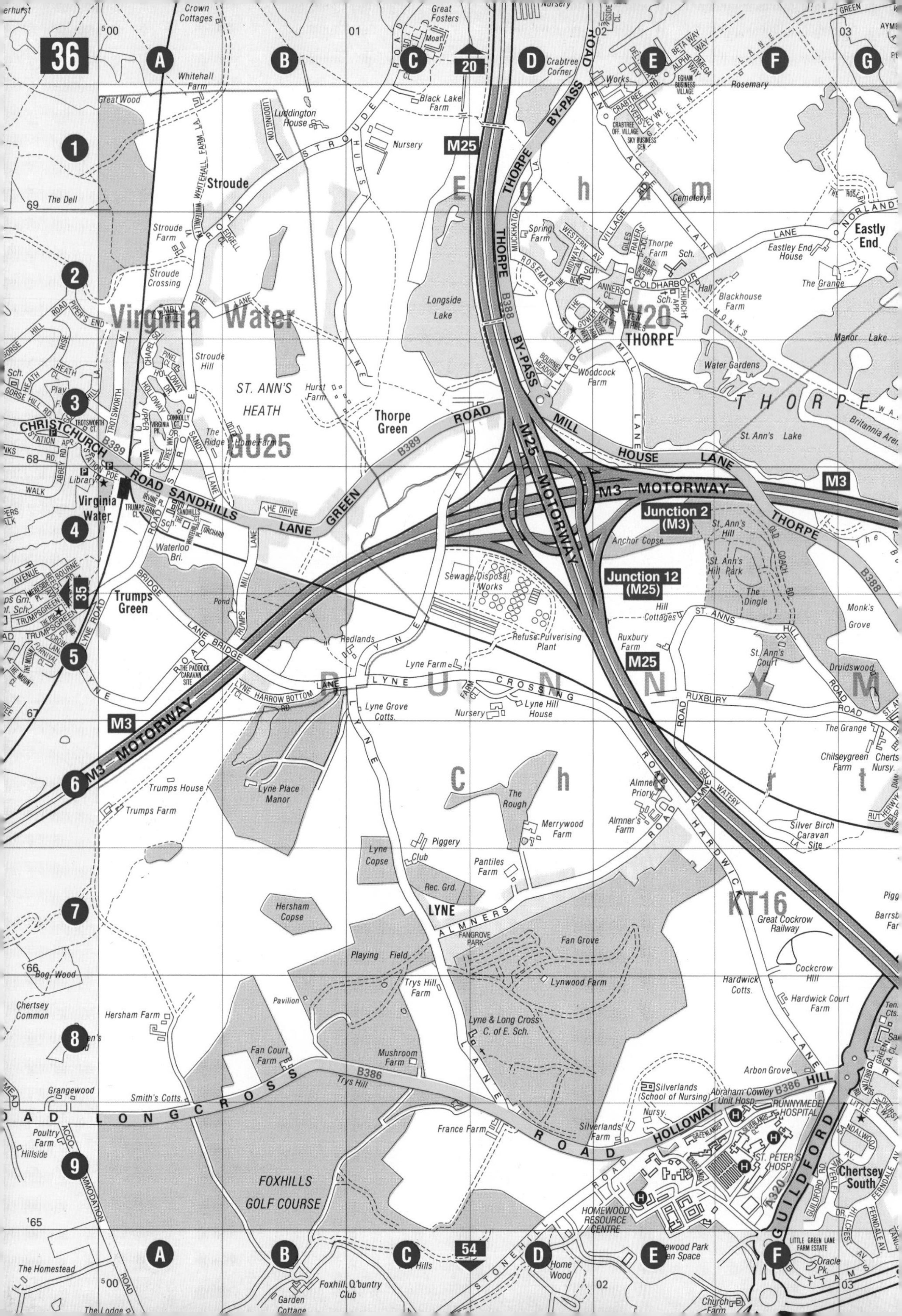

A
B
C
D
E
F
G
1
2
3
4
5
6
7
8
9
20
35
54
500
01
02
03
69
68
67
66
165
Crown Cottages
Great Fosters
Moat
Whitehall Farm
Great Wood
Luddington House
Black Lake Farm
Nursery
Crabtree Corner
Works
Egham Business Village
Crabtree Off. Village
Sky Business Cen.
Rosemary
Eastly End
Eastley End House
The Grange
Blackhouse Farm
Manor Lake
The Dell
Stroude
Stroude Farm
Stroude Crossing
Virginia Water
Stroude Hill
St. Ann's Heath
Hurst Farm
Thorpe Green
GU25
Longside Lake
Egham
Spring Farm
Thorpe Farm
Sch.
Cemetery
Coldharbour
Hall
TW20
THORPE
Woodcock Farm
Water Gardens
St. Ann's Lake
Britannia Area
M25
M3
THORPE BY-PASS
B388
B389
MILL HOUSE LANE
M3 MOTORWAY
M25 MOTORWAY
Junction 2 (M3)
Junction 12 (M25)
Anchor Copse
St. Ann's Hill
St. Ann's Hill Park
The Dingle
Hill Cottages
Monk's Grove
Sewage Disposal Works
Refuse Pulverising Plant
Ruxbury Farm
St. Ann's Court
Druidswood
CHRISTCHURCH
Library
Virginia Water
Trumps Green
Waterloo Bri.
Pond
Redlands
Lyne Farm
Lyne Grove Cotts.
Nursery
Lyne Hill House
The Paddock Caravan Site
LYNE CROSSING
RUXBURY ROAD
The Grange
Chilseygreen Farm
Trumps House
Trumps Farm
Lyne Place Manor
The Rough
Merrywood Farm
Almner's Priory
Almner's Farm
Silver Birch Caravan Site
Chertsey
Piggery
Lyne Copse
Club
Pantiles Farm
Rec. Grd.
Hersham Copse
LYNE
KT16
Great Cockrow Railway
Cockcrow Hill
Fangrove Park
Fan Grove
Playing Field
Trys Hill Farm
Lynwood Farm
Hardwick Cotts.
Hardwick Court Farm
Bog Wood
Chertsey Common
Pavilion
Hersham Farm
Lyne & Long Cross C. of E. Sch.
Fan Court Farm
Mushroom Farm
Arbon Grove
B386
Trys Hill
Grangewood
Smith's Cotts.
Silverlands (School of Nursing)
Abraham Cowley Unit Hosp.
Runnymede Hospital
LONGCROSS ROAD
HOLLOWAY HILL
Nursy.
Silverlands Farm
France Farm
St. Peter's Hosp.
Poultry Farm
Hillside
FOXHILLS GOLF COURSE
Homewood Resource Centre
Chertsey South
A320
GUILDFORD
Little Green Lane Farm Estate
Oracle Pk.
The Homestead
Foxhill Country Club
Garden Cottage
The Lodge
Home Wood
Church Farm
STONEHILL
BITTAMS

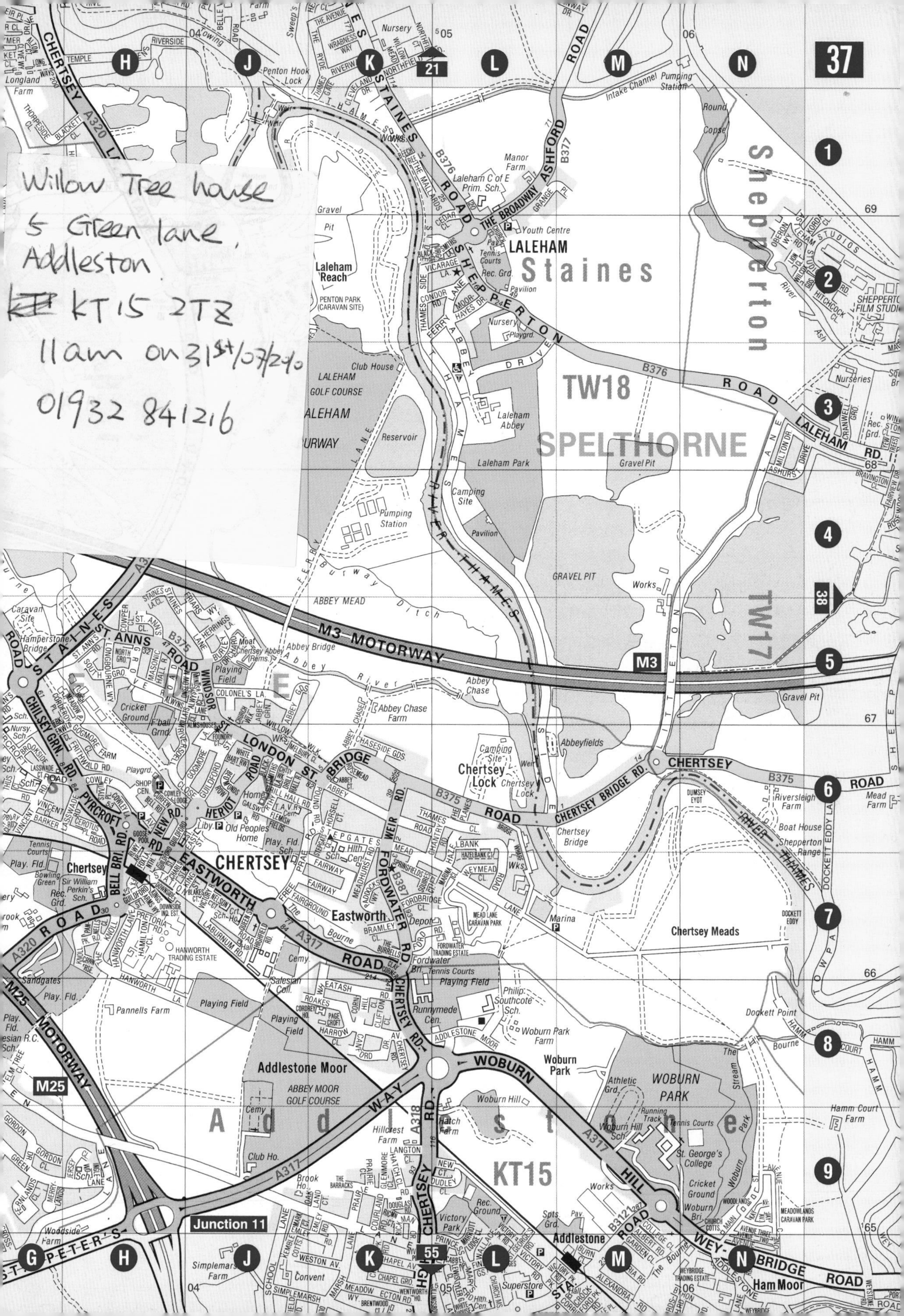

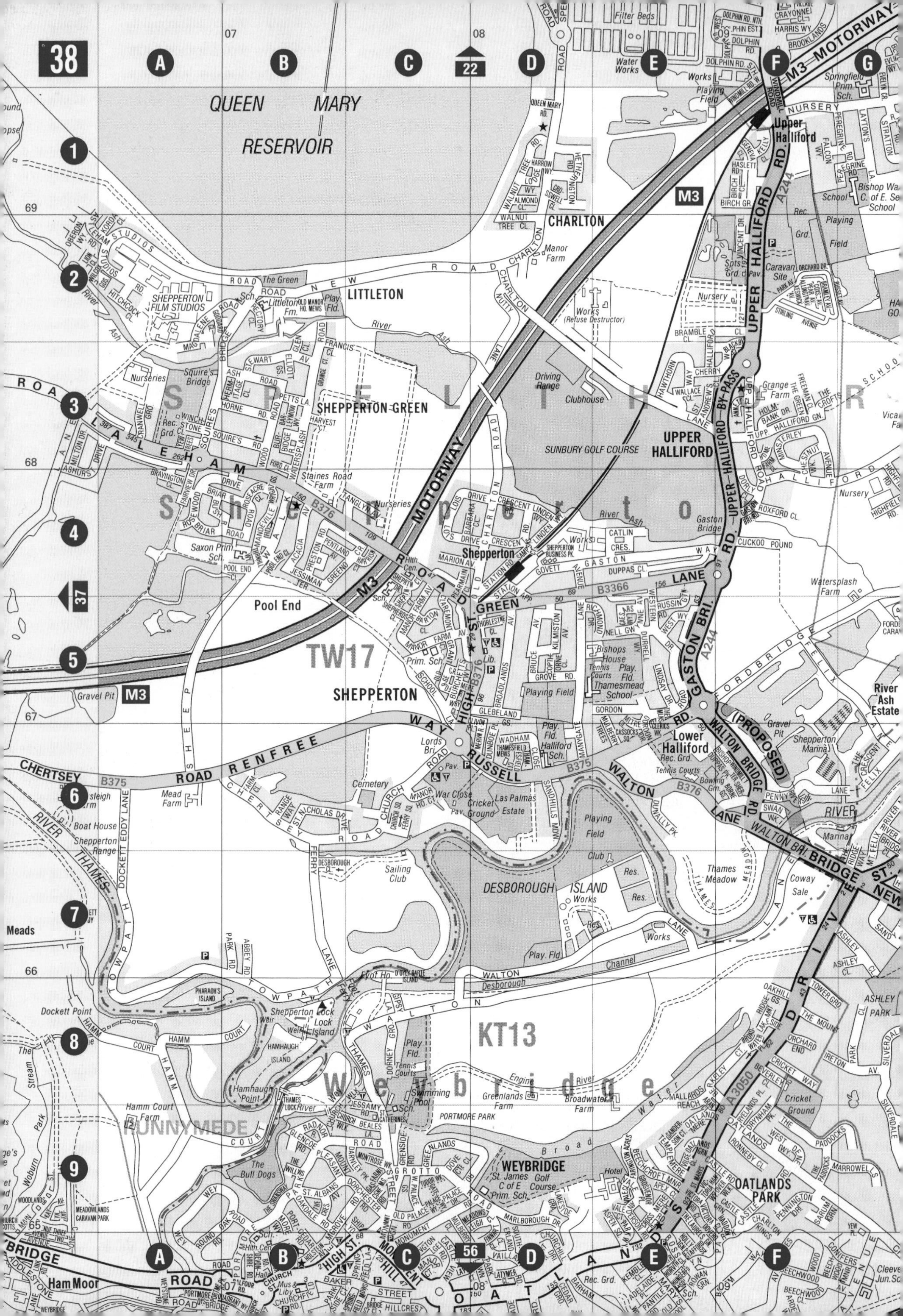

A
B
C
D
E
F
G
07
08
22
37
56
QUEEN MARY RESERVOIR
Filter Beds
Water Works
M3 MOTORWAY
M3
Upper Halliford
CHARLTON
Manor Farm
LITTLETON
The Green
SHEPPERTON FILM STUDIOS
River Ash
Nurseries
Squire's Bridge
SHEPPERTON GREEN
Staines Road Farm
Driving Range
Clubhouse
SUNBURY GOLF COURSE
UPPER HALLIFORD
Works (Refuse Destructor)
Nursery
Caravan Site
Playing Field
Bishop Wand C. of E. Sec. School
Springfield Prim. Sch.
Grange Farm
Gaston Bridge
Watersplash Farm
Shepperton
Pool End
Saxon Prim. Sch.
TW17
SHEPPERTON
Gravel Pit
LALEHAM ROAD
RENFREE WAY
CHERTSEY ROAD
RUSSELL RD.
WALTON LANE
HIGH ST.
GASTON BRI. RD.
UPPER HALLIFORD BY-PASS
UPPER HALLIFORD RD.
WALTON BRIDGE RD.
(PROPOSED)
Lower Halliford
Thamesmead School
Cemetery
War Close Cricket Ground
Las Palmas Estate
Mead Farm
Boat House
Shepperton Range
RIVER THAMES
DOCKETT EDDY LANE
Meads
Sailing Club
DESBOROUGH ISLAND
Playing Field
Thames Meadow
Coway Sale
Shepperton Marina
River Ash Estate
Walton Bridge
Desborough Channel
Shepperton Lock
Lock Island
Dockett Point
HAMM COURT
Hamhaugh Point
Hamm Court Farm
RUNNYMEDE
The Bull Dogs
KT13
Weybridge
Engine River
Broadwater Farm
Greenlands Farm
PORTMORE PARK
Swimming Pool
WEYBRIDGE
St. James C of E Prim. Sch.
Golf Course
Broad Water
Mallards Reach
OATLANDS PARK
Cricket Ground
ASHLEY PARK
OATLANDS DRIVE
Ham Moor
WEYBRIDGE
Woburn Park
The Stream
Meadowlands Caravan Park

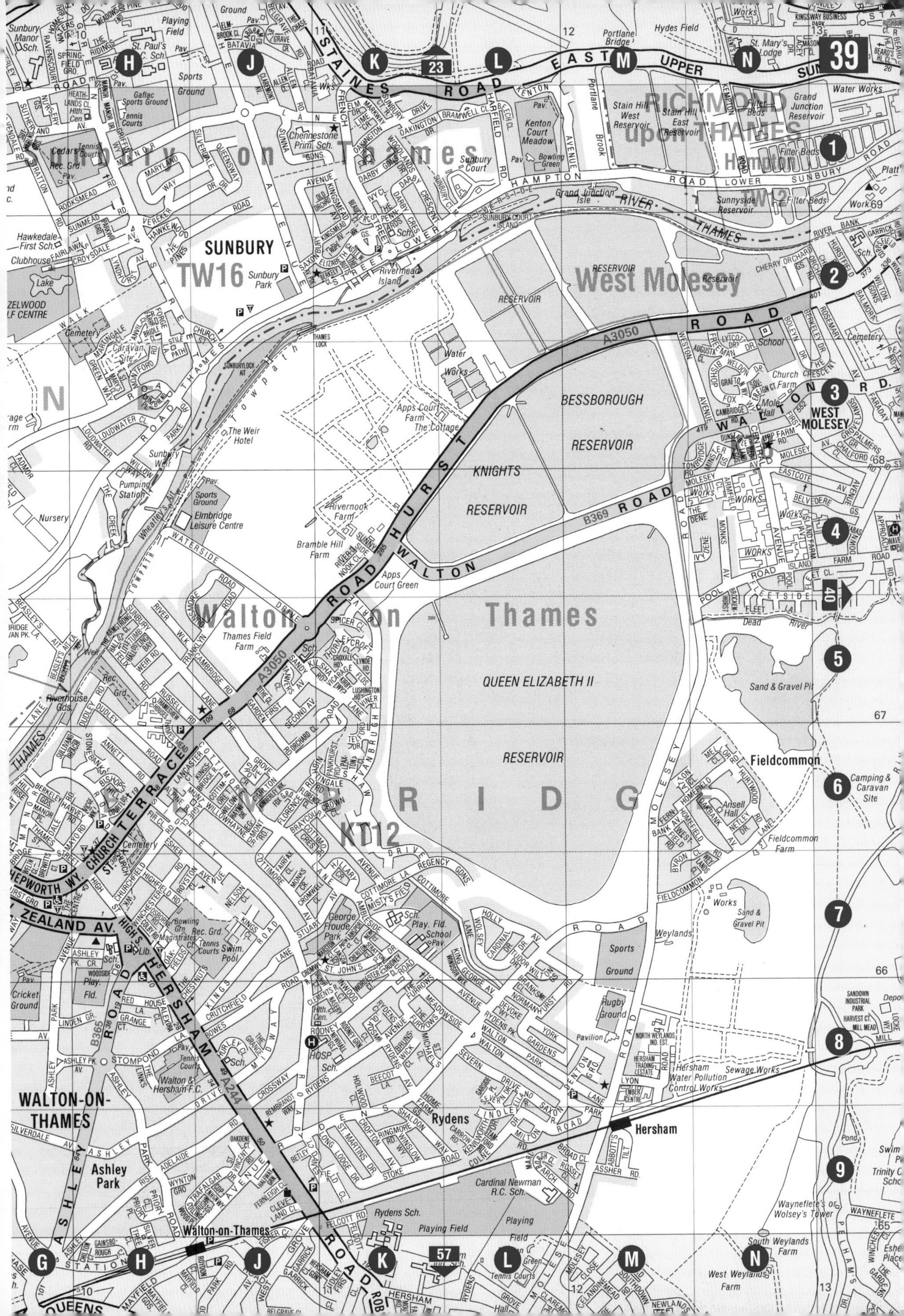
SUNBURY
TW16
Sunbury on Thames
West Molesey
WEST MOLESEY
Walton on Thames
WALTON-ON-THAMES
KT12
RICHMOND upon THAMES
Hampton
TW12
QUEEN ELIZABETH II
RESERVOIR
KNIGHTS RESERVOIR
BESSBOROUGH RESERVOIR
Stain Hill West Reservoir
Stain Hill East Reservoir
Grand Junction Reservoir
Sunnyside Reservoir
Filter Beds
Water Works
HURST ROAD
WALTON ROAD
UPPER SUNBURY ROAD
STAINES ROAD EAST
LOWER SUNBURY ROAD
HAMPTON ROAD
A3050
B369
A244
B365
HERSHAM ROAD
MOLESEY ROAD
CHURCH TERRACE
HEPWORTH WY.
NEW ZEALAND AV.
ASHLEY ROAD
RIVER THAMES
Grand Junction Isle
Sunbury Court Island
Rivermead Island
Sunbury Lock Ait
Thames Lock
The Weir Hotel
Sunbury Weir
Pumping Station
Elmbridge Leisure Centre
Thames Field Farm
Bramble Hill Farm
Rivernook Farm
Apps Court Farm
The Cottage
Apps Court Green
Fieldcommon
Fieldcommon Farm
Ansell Hall
Camping & Caravan Site
Sand & Gravel Pit
Weylands
Hersham
Hersham Water Pollution Control Works
Sewage Works
Sandown Industrial Park
Rydens
Rydens Sch.
Cardinal Newman R.C. Sch.
Walton-on-Thames
Ashley Park
Walton & Hersham F.C.
George Froude Park
Wayneflete's or Wolsey's Tower
South Weylands Farm
West Weylands Farm
Chennestone Prim. Sch.
Kenton Court Meadow
Sunbury Park
Hawkedale First Sch.
Cedars Rec. Grd.
Gaflac Sports Ground
St. Paul's R.C. Sch.
Sunbury Manor Sch.
Hydes Field
Portlane Bridge
St. Mary's Lodge
Kingsway Business Park
Riverhouse Gds.
23
40
57
G H J K L M N
1 2 3 4 5 6 7 8 9
10 11 12 13
65 66 67 68 69

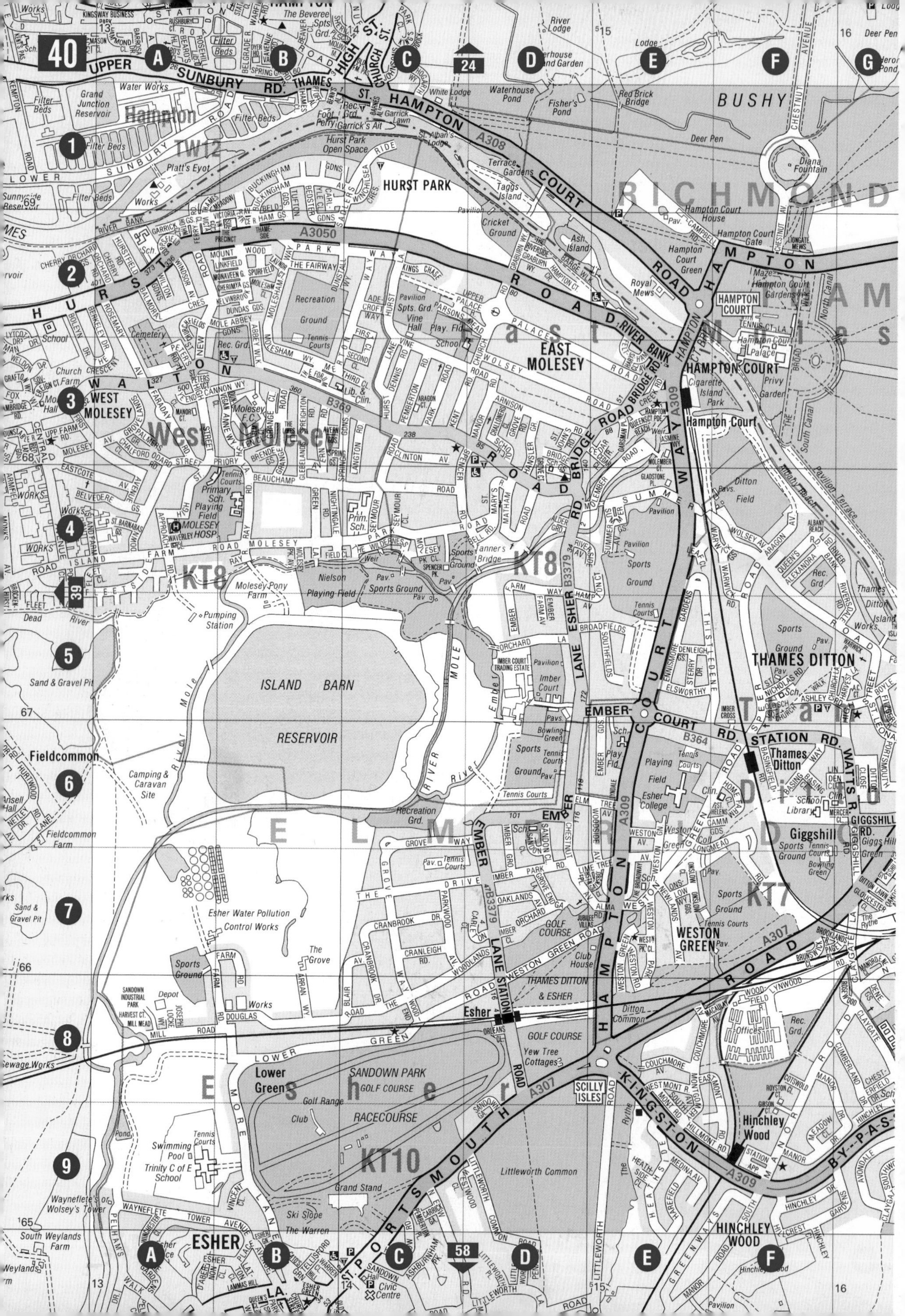

24
39
58
A
B
C
D
E
F
G
1
2
3
4
5
6
7
8
9
13
14
15
16
69
68
67
66
65
Hampton
TW12
UPPER SUNBURY RD.
THAMES ST.
HIGH ST.
CHURCH ST.
HAMPTON COURT ROAD
A308
Grand Junction Reservoir
Water Works
Filter Beds
Platt's Eyot
Garrick's Ait
Hurst Park Open Space
HURST PARK
Taggs Island
Ash Island
Terrace Gardens
Cricket Ground
Waterhouse Pond
Waterhouse and Garden
River Lodge
Fisher's Pond
Red Brick Bridge
BUSHY
Deer Pen
Diana Fountain
RICHMOND
Hampton Court House
Hampton Court Gate
Hampton Court Green
Royal Mews
Maze
Hampton Court Gardens
HAMPTON COURT
Hampton Court Palace
Privy Garden
Cigarette Island Park
Hampton Court
Long Water
South Canal
North Canal
Pavilion Terrace
Ditton Field
HURST ROAD
A3050
WALTON ROAD
B369
WEST MOLESEY
West Molesey
EAST MOLESEY
East Molesey
Recreation Ground
Cemetery
Molesey Hosp.
Primary Sch. Playing Field
KT8
Molesey Pony Farm
Nielson Playing Field
Sports Ground
Tanners Bridge
Pumping Station
Sand & Gravel Pit
ISLAND BARN RESERVOIR
River Mole
River Ember
Fieldcommon
Fieldcommon Farm
Camping & Caravan Site
Recreation Grd.
ESHER
Esher Water Pollution Control Works
Sports Ground
The Grove
SANDOWN INDUSTRIAL PARK
Sewage Works
ESHER LANE
B3379
EMBER LANE
Imber Court
IMBER COURT TRADING ESTATE
Bowling Green
Tennis Courts
EMBER COURT RD.
B364
HAMPTON COURT WAY
A309
STATION RD.
THAMES DITTON
Thames Ditton
Giggshill
GIGGS HILL
KT7
Sports Ground
Esher College
Playing Field
Weston Green
WESTON GREEN
Golf Course
Club House
THAMES DITTON & ESHER
PORTSMOUTH ROAD
A307
Ditton Common
Esher
GOLF COURSE
Yew Tree Cottages
SCILLY ISLES
KINGSTON BY-PASS
Hinchley Wood
HINCHLEY WOOD
Offices
Lower Green
SANDOWN PARK
GOLF COURSE
Golf Range
Club
RACECOURSE
KT10
Grand Stand
Ski Slope
The Warren
Littleworth Common
Swimming Pool
Trinity C of E School
Wayneflete's or Wolsey's Tower
South Weylands Farm
Civic Centre
ESHER GREEN
LOWER GREEN
WAYNEFLETE TOWER AVENUE
ESHER ROAD

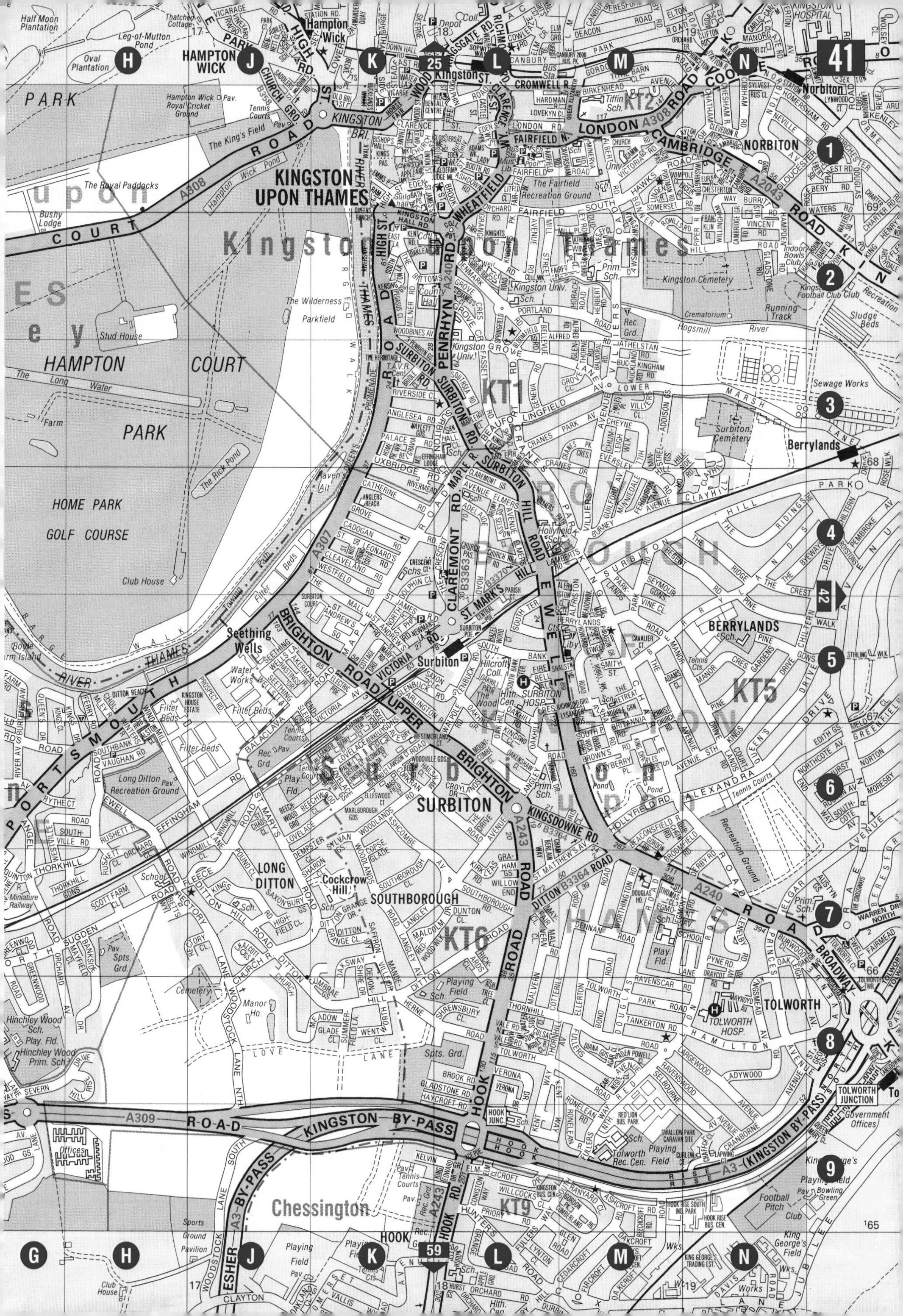
Kingston upon Thames
KINGSTON UPON THAMES
SURBITON
TOLWORTH
BERRYLANDS
NORBITON
LONG DITTON
SOUTHBOROUGH
Chessington
HOOK
HAMPTON WICK
Seething Wells
Cockcrow Hill
HAMPTON COURT
HOME PARK
GOLF COURSE
PARK
KT1
KT2
KT5
KT6
KT9
KINGSTON BY-PASS
A3 (KINGSTON BY-PASS)
A309
A308
A307
A243
A240
A2043
PORTSMOUTH ROAD
BRIGHTON ROAD
EWELL ROAD
HOOK ROAD
Kingston Cemetery
Surbiton Cemetery
Sewage Works
Filter Beds
Long Ditton Recreation Ground
Recreation Ground
The Fairfield Recreation Ground
Hogsmill River
Berrylands
Surbiton
Norbiton
Hampton Wick
TOLWORTH JUNCTION
Tolworth Hosp.
Surbiton Hosp.
Kingston Univ.
The Long Water
Stud House
The Rick Pond
The Royal Paddocks
Bushy Lodge
Half Moon Plantation
Leg-of-Mutton Pond
Oval Plantation
Government Offices
King George's Field
Football Pitch
Playing Field
Raven Ait
Boyle Farm Island
The Wilderness
Parkfield
25
42
59
65

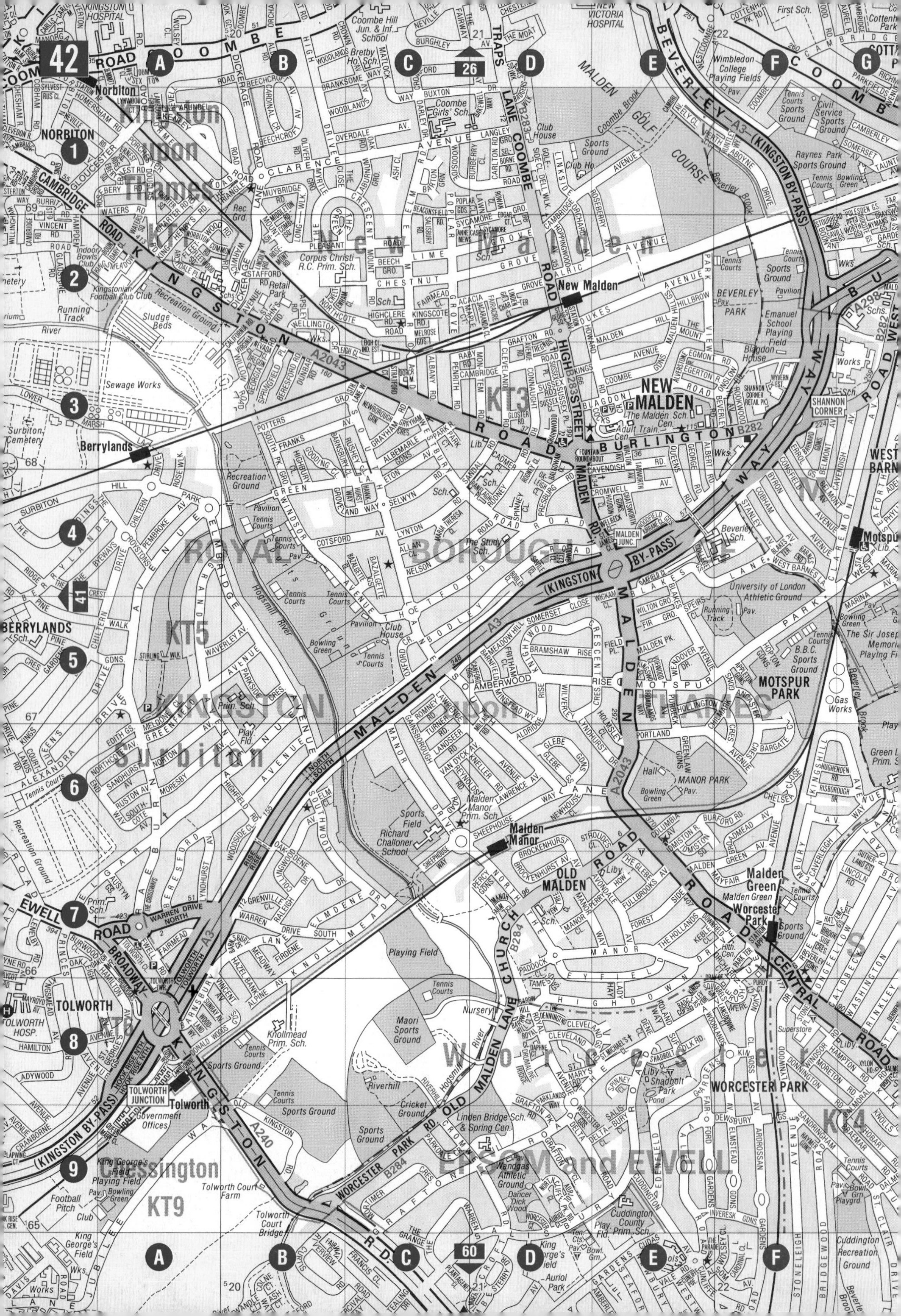

42
26
41
60
A
B
C
D
E
F
G
1
2
3
4
5
6
7
8
9
Kingston upon Thames
KT1
KT2
KT3
KT4
KT5
KT6
KT9
New Malden
NEW MALDEN
ROYAL BOROUGH OF KINGSTON upon THAMES
Surbiton
EPSOM and EWELL
Worcester Park
WORCESTER PARK
OLD MALDEN
MOTSPUR PARK
BERRYLANDS
TOLWORTH
NORBITON
Chessington
Norbiton
Berrylands
Malden Manor
Tolworth
Worcester Park
Motspur Park
KINGSTON HOSPITAL
NEW VICTORIA HOSPITAL
TOLWORTH HOSP.
COOMBE ROAD
KINGSTON ROAD
KINGSTON BY-PASS
BEVERLEY WAY
MALDEN ROAD
CENTRAL ROAD
COOMBE LANE
HIGH STREET
BURLINGTON ROAD
MALDEN WAY
EWELL ROAD
KINGSTON RD.
WORCESTER PARK RD.
OLD MALDEN LANE
CHURCH ROAD
MALDEN RD.
A3
A240
A2043
A298
B282
B283
B284
Coombe Hill Jun. & Inf. School
Coombe Girls' Sch.
Wimbledon College Playing Fields
Coombe Brook
GOLF COURSE
Beverley Brook
Raynes Park Sports Ground
Civil Service Sports Ground
BEVERLEY PARK
Emanuel School Playing Field
Blagdon House
SHANNON CORNER
Corpus Christi R.C. Prim. Sch.
Retail Park
Recreation Ground
Sludge Beds
Sewage Works
Running Track
Kingstonian Football Club Club
Surbiton Cemetery
Hogsmill River
The Study Sch.
The Malden Sch.
University of London Athletic Ground
B.B.C. Sports Ground
Gas Works
MANOR PARK
Malden Green
Malden Manor Prim. Sch.
Richard Challoner School
Playing Field
Maori Sports Ground
Knollmead Prim. Sch.
Sports Ground
Riverhill
Cricket Ground
Linden Bridge Sch. & Spring Cen.
Shadbolt Park
Wandgas Athletic Ground
Dancer Dick Wood
Cuddington County Prim. Sch.
Cuddington Recreation Ground
Auriol Park
King George's Field
King George's Field Playing Field
Tolworth Court Farm
Tolworth Court Bridge
TOLWORTH JUNCTION
Government Offices
Football Pitch
Superstore
Motspur Park Lib.

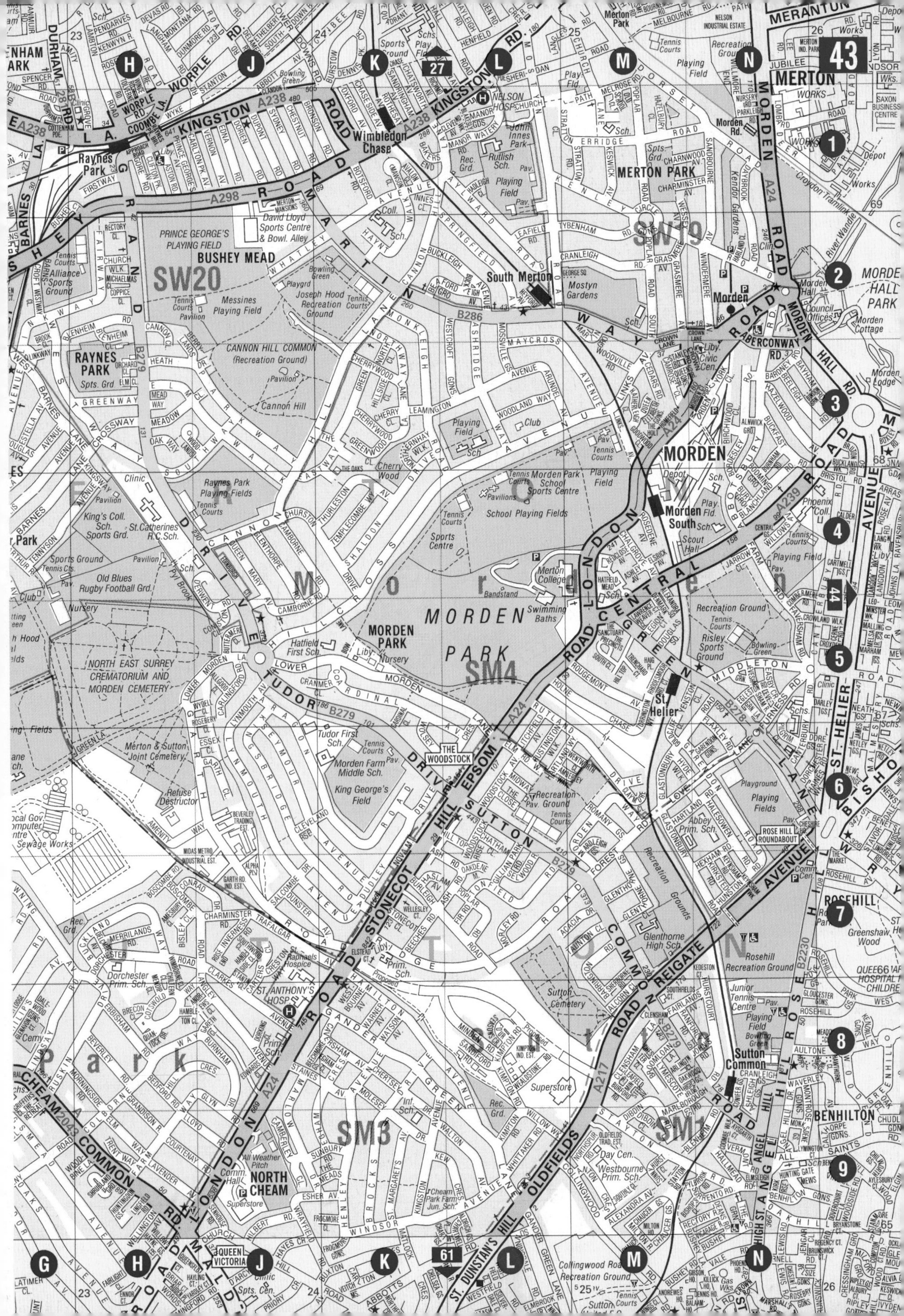

MERTON
MORDEN
MORDEN PARK
SM4
SW20
SW19
SM3
SM1
MERTON PARK
BUSHEY MEAD
RAYNES PARK
NORTH CHEAM
ROSEHILL
BENHILTON
St. Helier
Morden South
South Merton
Wimbledon Chase
Raynes Park
Morden
Sutton Common
PRINCE GEORGE'S PLAYING FIELD
CANNON HILL COMMON (Recreation Ground)
NORTH EAST SURREY CREMATORIUM AND MORDEN CEMETERY
Merton & Sutton Joint Cemetery
Sutton Cemetery
Rosehill Recreation Ground
King George's Field
Morden Farm Middle Sch.
Merton College
Swimming Baths
Morden Hall
MORDEN HALL PARK
Council Offices
ROSE HILL ROUNDABOUT
THE WOODSTOCK
QUEEN VICTORIA
ST. ANTHONY'S HOSP.
NELSON HOSP.
Glenthorne High Sch.
Old Blues Rugby Football Grd.
KINGSTON ROAD
A238
A298
A24
A217
A239
B279
B286
B278
B2230
LONDON ROAD
EPSOM ROAD
STONECOT HILL
CENTRAL ROAD
MORDEN ROAD
GRAND DRIVE
MARTIN WAY
TUDOR DRIVE
ST. HELIER AVENUE
ROSE HILL
COMMON ROAD
REIGATE AVENUE
OLDFIELDS ROAD
ST. DUNSTAN'S HILL
CHEAM COMMON RD.
27
44
61
G H J K L M N
1 2 3 4 5 6 7 8 9

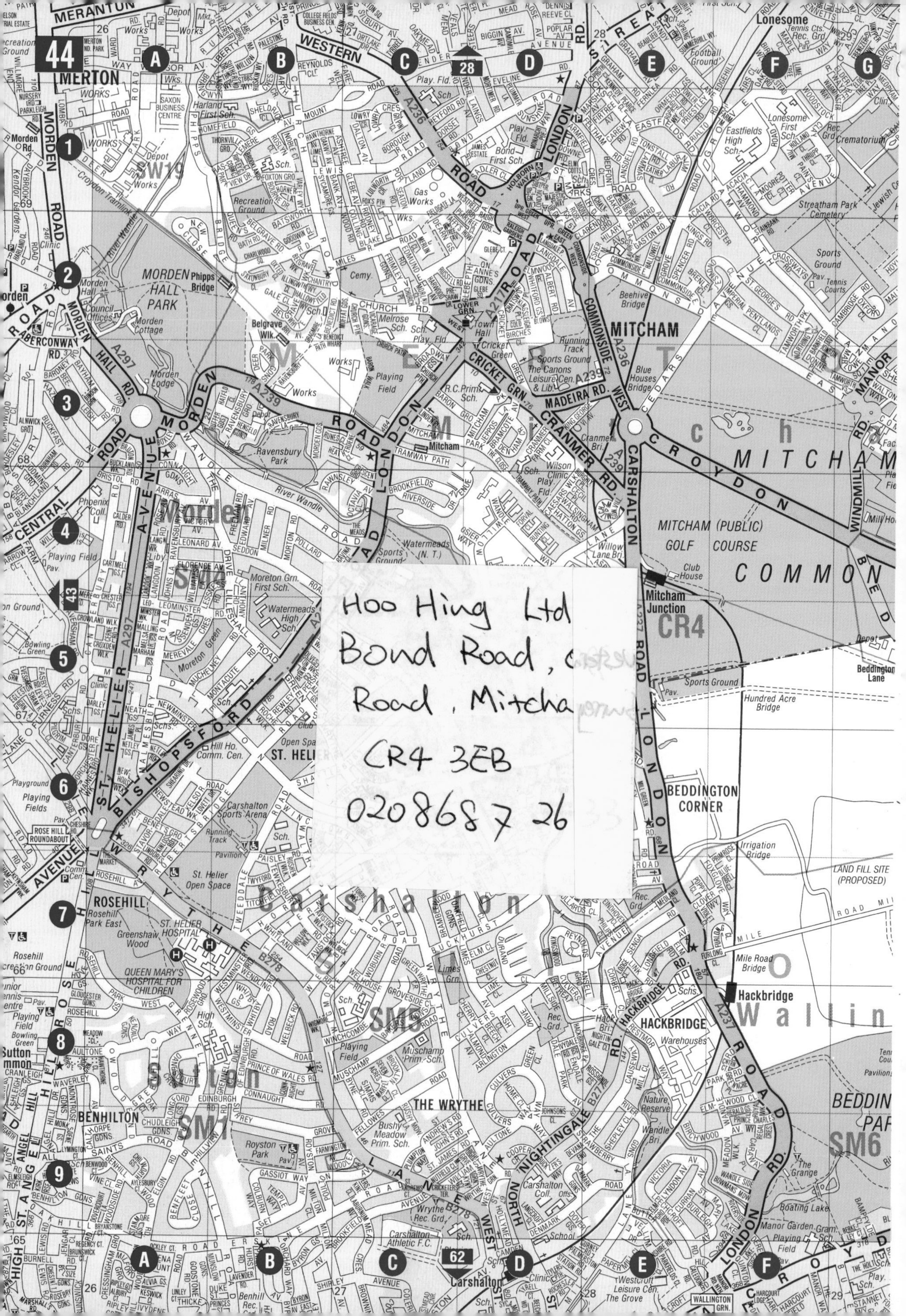

Hoo Hing Ltd
Bond Road,
Road, Mitcha...
CR4 3EB
020 8687 26

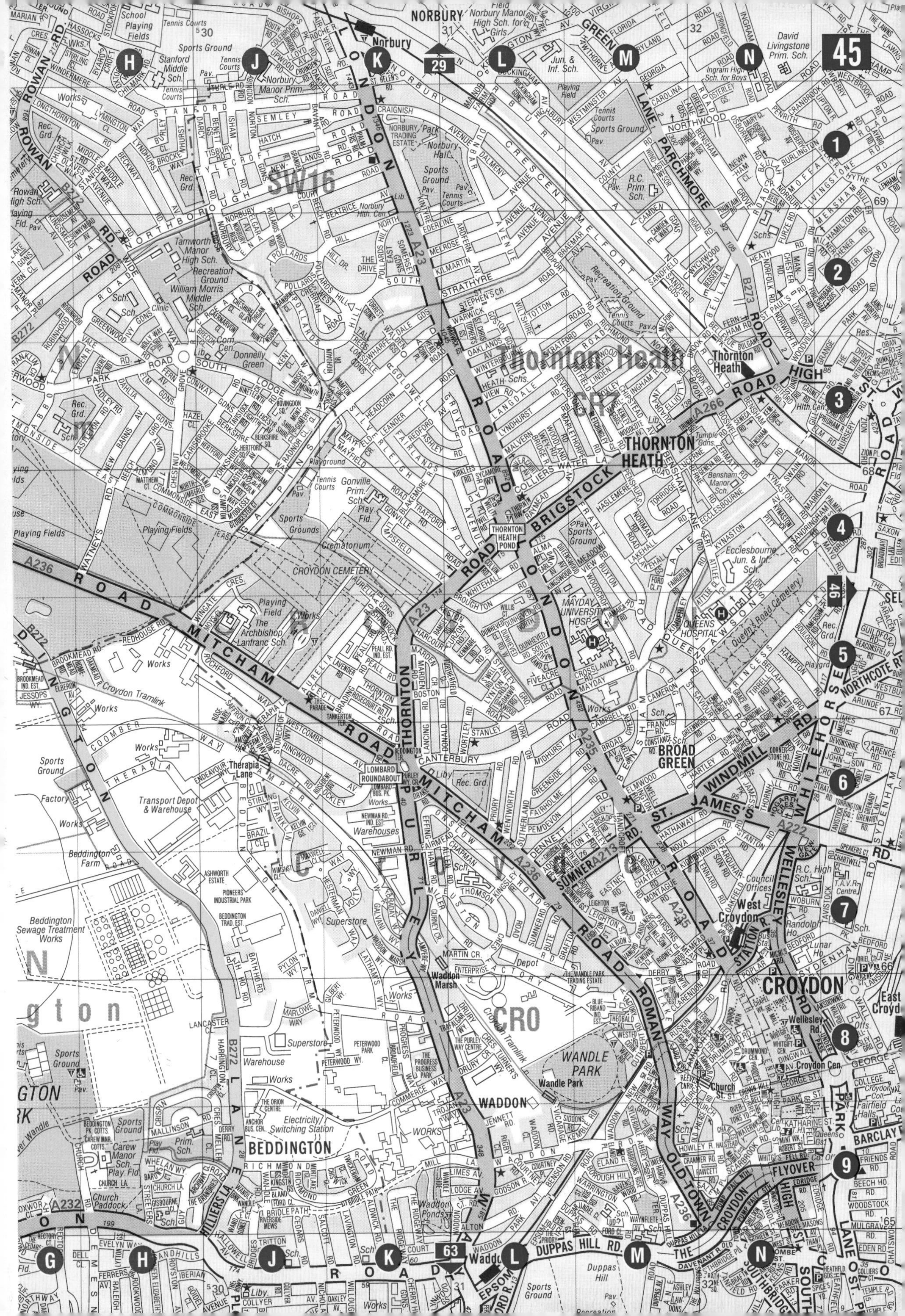
NORBURY
Norbury
29
63
SW16
Thornton Heath
CR7
THORNTON HEATH
BROAD GREEN
CROYDON
West Croydon
CR0
WADDON
BEDDINGTON
WANDLE PARK
CROYDON CEMETERY
Crematorium
Beddington Sewage Treatment Works
Transport Depot & Warehouse
Electricity Switching Station
LOMBARD ROUNDABOUT
THORNTON HEATH POND
MAYDAY UNIVERSITY HOSP.
QUEENS HOSPITAL
Queen's Road Cemetery
The Archbishop Lanfranc Sch.
Croydon Tramlink
LONDON ROAD
BRIGSTOCK ROAD
MITCHAM ROAD
PURLEY WAY
ROMAN WAY
OLD TOWN
DUPPAS HILL RD.
WINDMILL RD.
ST. JAMES'S RD.
WELLESLEY RD.
WHITEHORSE RD.
PARCHMORE RD.
BEDDINGTON LANE
THERAPIA LANE
CROYDON FLYOVER
A23
A235
A236
A222
A232
A266
A213
B272
B273
46
G
H
J
K
L
M
N
1
2
3
4
5
6
7
8
9

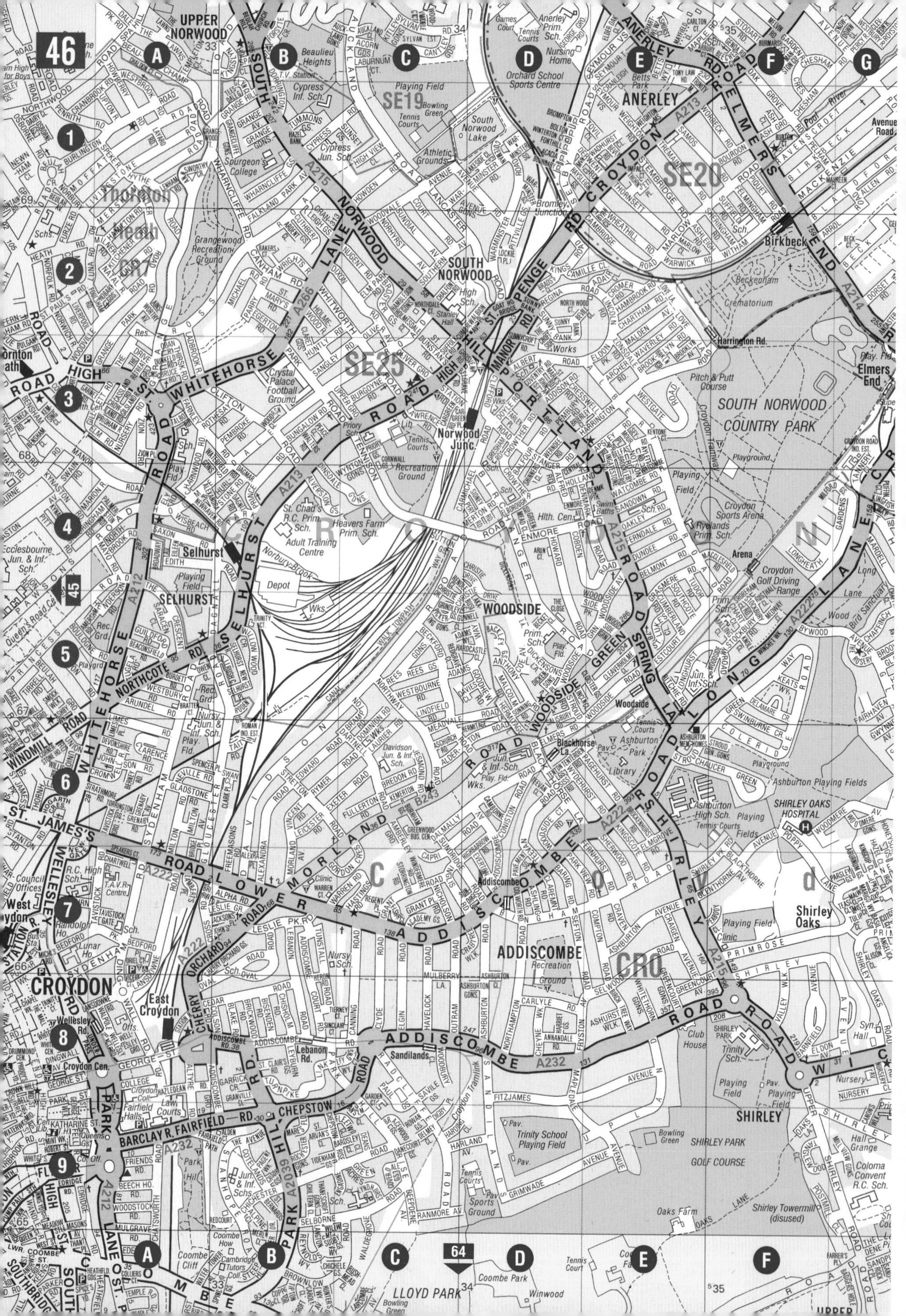
UPPER NORWOOD
Beaulieu Heights
SE19
Orchard School Sports Centre
Nursing Home
Anerley Prim. Sch.
ANERLEY
SE20
Betts Park
South Norwood Lake
Athletic Grounds
Spurgeon's College
Cypress Inf. Sch.
Cypress Jun. Sch.
Playing Field
Bowling Green
Thornton Heath
CR7
Grangewood Recreation Ground
SOUTH NORWOOD
High Sch.
Stanley Hall
Bromley Junction
Birkbeck
Beckenham Crematorium
Harrington Rd.
Elmers End
Avenue Road
SE25
Crystal Palace Football Ground
Norwood Junc.
Tennis Courts
Recreation Ground
Pitch & Putt Course
SOUTH NORWOOD COUNTRY PARK
Croydon Tramlink
Playground
Playing Field
Croydon Sports Arena
Ryelands Prim. Sch.
Arena
Croydon Golf Driving Range
Swim. Baths
Hlth. Cen.
St. Chad's R.C. Prim. Sch.
Heavers Farm Prim. Sch.
Adult Training Centre
Norbury Brook
Depot
Wks.
Selhurst
SELHURST
Playing Field
WOODSIDE
Prim. Sch.
Play. Fld.
Woodside
Tennis Courts
Ashburton Park
Library
Blackhorse La.
Jun. & Inf. Sch.
Davidson Jun. & Inf. Sch.
Ashburton High Sch.
Ashburton Playing Fields
SHIRLEY OAKS HOSPITAL
Shirley Oaks
Playing Field
Clinic
ADDISCOMBE
Addiscombe Recreation Ground
CR0
Addiscombe
WHITEHORSE ROAD
HIGH ROAD
LOWER ADDISCOMBE ROAD
ADDISCOMBE ROAD
SHIRLEY ROAD
LONG LANE
PORTLAND ROAD
CROYDON ROAD
ELMERS END
SPRING LANE
WOODSIDE GREEN
NORWOOD ROAD
SOUTH NORWOOD HILL
SELHURST ROAD
MORLAND ROAD
ST. JAMES'S ROAD
WELLESLEY
WINDMILL ROAD
A212
A215
A213
A214
A222
A232
A266
A2039
B243
R.C. High Sch.
T.A.V.R. Centre
Council Offices
West Croydon
Randolph Ho.
Lunar Ho.
CROYDON
East Croydon
Wellesley Rd.
Croydon Cen.
Fairfield Halls
Law Courts
Queens Gdns.
Lebanon Rd.
Sandilands
Club House
SHIRLEY PARK
Trinity Sch.
Playing Field
SHIRLEY
Trinity School Playing Field
Bowling Green
SHIRLEY PARK GOLF COURSE
Hall Grange
Coloma Convent R.C. Sch.
Shirley Towermill (disused)
Oaks Farm
Sports Ground
Tennis Courts
Coombe Cliff
Coombe Ho.
Cambridge Tutors Coll.
Coombe Park
LLOYD PARK
Winwood
Jun. & Inf. Schs.
45
64

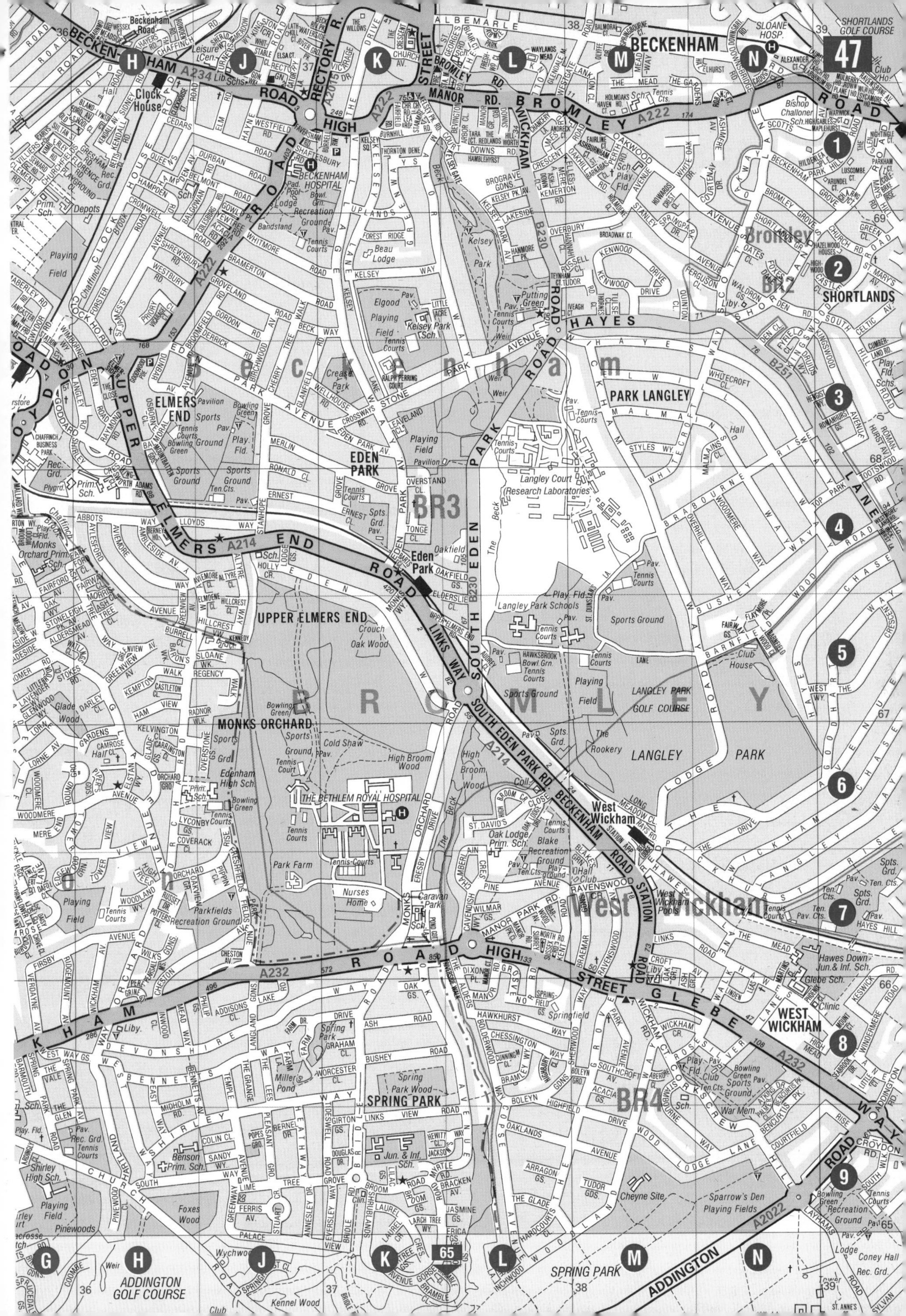
BECKENHAM
SHORTLANDS GOLF COURSE
SLOANE HOSP.
Beckenham Road
Clock House
BECKENHAM HOSPITAL
SHORTLANDS
Bromley
BR2
HAYES ROAD
PARK LANGLEY
ELMERS END
EDEN PARK
BR3
Langley Court Research Laboratories
Langley Park Schools
UPPER ELMERS END
MONKS ORCHARD
THE BETHLEM ROYAL HOSPITAL
LANGLEY PARK GOLF COURSE
LANGLEY PARK
West Wickham
WEST WICKHAM
SPRING PARK
BR4
Sparrow's Den Playing Fields
Cheyne Site
ADDINGTON GOLF COURSE
ADDINGTON
Kennel Wood
Foxes Wood
Kelsey Park
Elgood Playing Field
Crease Park
Parkfields Recreation Ground
Hawes Down Jun.& Inf. Sch.
Coney Hall Rec. Grd.
Shirley High Sch.
Benson Prim. Sch.
B e c k e n h a m
B R O M L E Y
A222
A234
A214
A232
A2022
B230
B251
65
36
37
38
39
H J K L M N
G H J K L M N
1 2 3 4 5 6 7 8 9

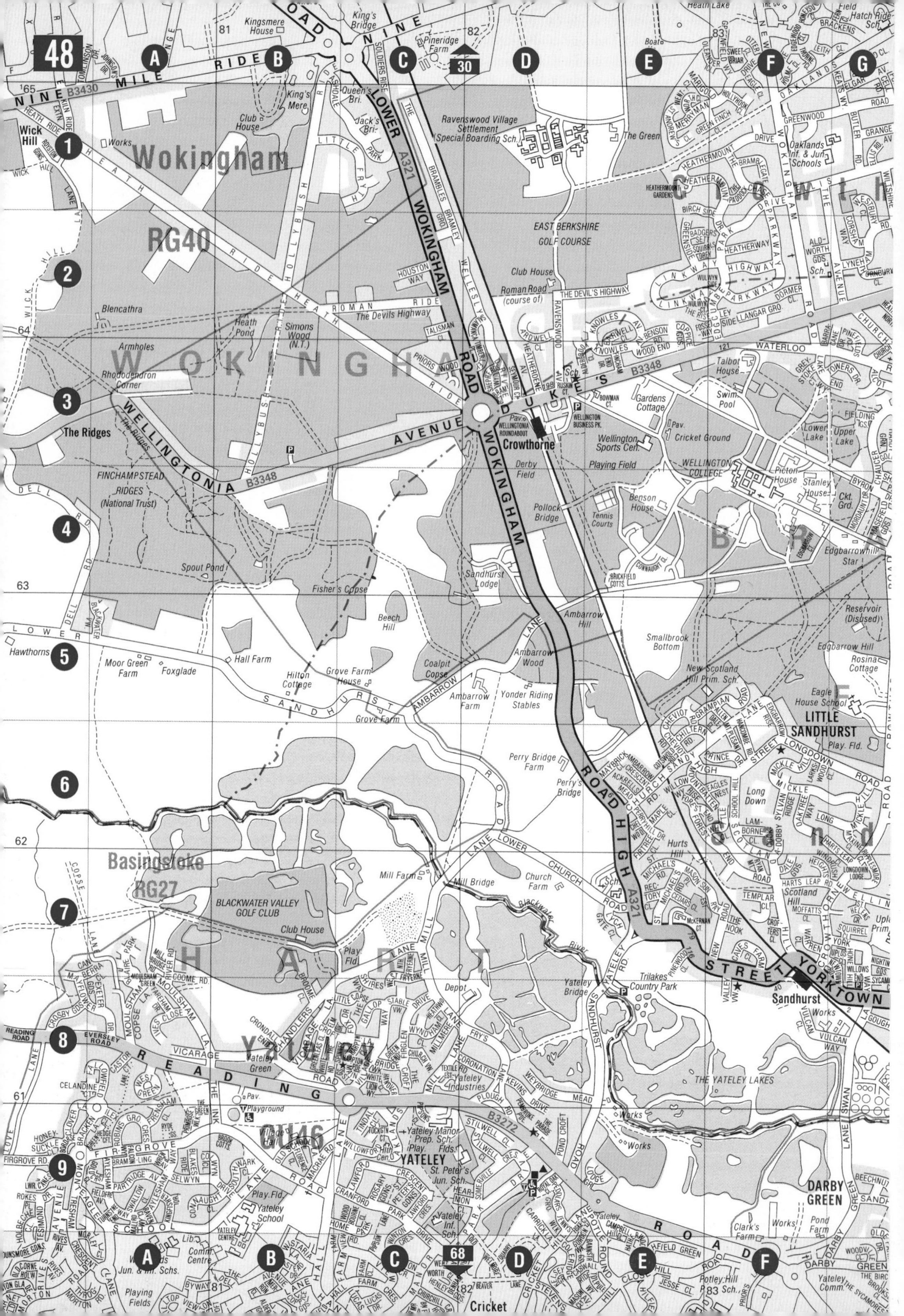

30
68
A
B
C
D
E
F
G
1
2
3
4
5
6
7
8
9
81
82
83
65
64
63
62
61
NINE MILE RIDE
B3430
Wick Hill
Kingsmere House
King's Bridge
Pineridge Farm
King's Mere
Queen's Bri.
Jack's Bri.
Club House
Works
Wokingham
RG40
LOWER WOKINGHAM ROAD
A321
Ravenswood Village Settlement (Special Boarding Sch.)
The Green
EAST BERKSHIRE GOLF COURSE
Crowthorne
Oaklands Inf. & Jun. Schools
HEATHERMOUNT GARDENS
Roman Road (course of)
THE DEVIL'S HIGHWAY
ROMAN RIDE
The Devils Highway
Simons Wood (N.T.)
Heath Pond
Blencathra
Armholes
Rhododendron Corner
WOKINGHAM
The Ridges
WELLINGTONIA AVENUE
B3348
DUKE'S RIDE
WATERLOO ROAD
WELLINGTONIA ROUNDABOUT
Crowthorne
Gardens Cottage
Talbot House
Swim Pool
Wellington Sports Cen.
Cricket Ground
WELLINGTON COLLEGE
Picton House
Stanley House
Lower Lake
Upper Lake
Ckt. Grd.
FINCHAMPSTEAD RIDGES (National Trust)
Derby Field
Playing Field
Pollock Bridge
Tennis Courts
Benson House
Spout Pond
Sandhurst Lodge
Fisher's Copse
Beech Hill
Edgbarrowhill Star
Reservoir (Disused)
Ambarrow Hill
Smallbrook Bottom
Edgbarrow Hill
Rosina Cottage
Hawthorns
LOWER SANDHURST ROAD
Moor Green Farm
Foxglade
Hall Farm
Hilton Cottage
Grove Farm House
Grove Farm
Coalpit Copse
Ambarrow Wood
Ambarrow Farm
Yonder Riding Stables
New Scotland Hill Prim. Sch.
Eagle House School
LITTLE SANDHURST
Play. Fld.
Perry Bridge Farm
Perry's Bridge
Long Down
Hurts Hill
Sandhurst
Basingstoke
RG27
BLACKWATER VALLEY GOLF CLUB
Club House
Mill Farm
Mill Bridge
Church Farm
Scotland Hill
HART
Depot
Yateley Bridge
Trilakes Country Park
YORKTOWN ROAD
Works
Yateley
Yateley Green
READING ROAD
EVERSLEY ROAD
Yateley Industries
THE YATELEY LAKES
Playground
GU46
Village Hall
Yateley Manor Prep. Sch.
B3272
YATELEY
St. Peter's Jun. Sch.
Yateley School
Play. Fld.
Yateley Inf. Sch.
DARBY GREEN
Pond Farm
Clark's Farm
Works
Potley Hill Sch.
Yateley Comm.
Woodlands Jun. & Inf. Schs.
Comm. Centre
Playing Fields
Cricket

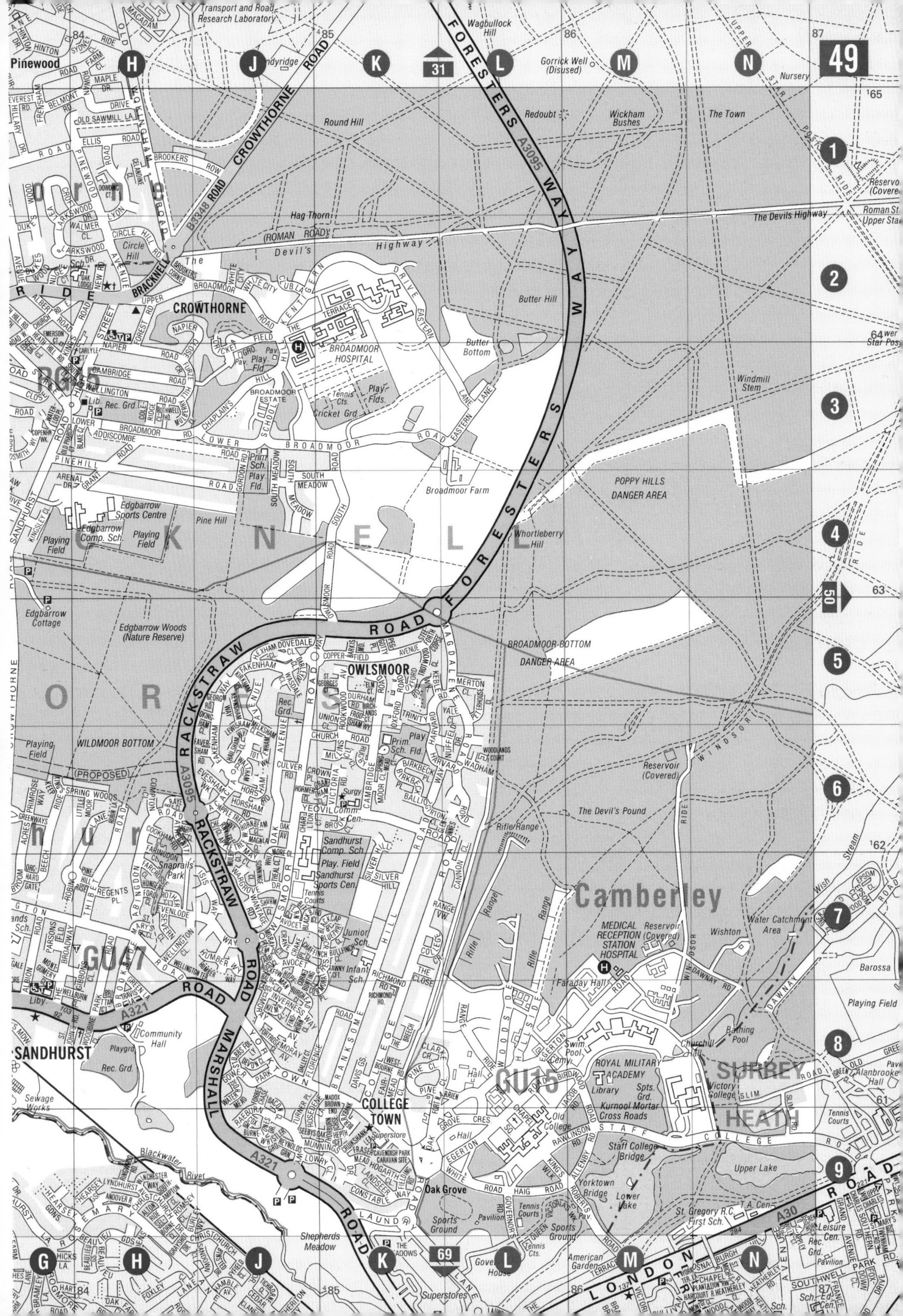
Pinewood
Transport and Road Research Laboratory
Wagbullock Hill
Gorrick Well (Disused)
Nursery
31
Round Hill
Redoubt
Wickham Bushes
The Town
CROWTHORNE ROAD
FORESTERS WAY
A3095
Hag Thorn
(ROMAN ROAD)
Devil's Highway
The Devils Highway
CROWTHORNE
BROADMOOR HOSPITAL
Butter Hill
Butter Bottom
Windmill Stem
POPPY HILLS DANGER AREA
Broadmoor Farm
Whortleberry Hill
Edgbarrow Sports Centre
Edgbarrow Comp. Sch.
Pine Hill
Edgbarrow Cottage
Edgbarrow Woods (Nature Reserve)
BROADMOOR BOTTOM DANGER AREA
OWLSMOOR
WILDMOOR BOTTOM
RACKSTRAW ROAD
Reservoir (Covered)
The Devil's Pound
Snaprails Park
Sandhurst Comp. Sch.
Sandhurst Sports Cen.
Camberley
MEDICAL RECEPTION STATION HOSPITAL
Wishton
Water Catchment Area
Barossa
Playing Field
GU47
GU15
RG45
SANDHURST
Community Hall
Sewage Works
Blackwater River
MARSHALL ROAD
A321
COLLEGE TOWN
ROYAL MILITARY ACADEMY
SURREY HEATH
Staff College Bridge
Upper Lake
Oak Grove
Yorktown Bridge
Lower Lake
Shepherds Meadow
69
LONDON ROAD
A30
St. Gregory R.C. First Sch.
Superstores
American Garden
50

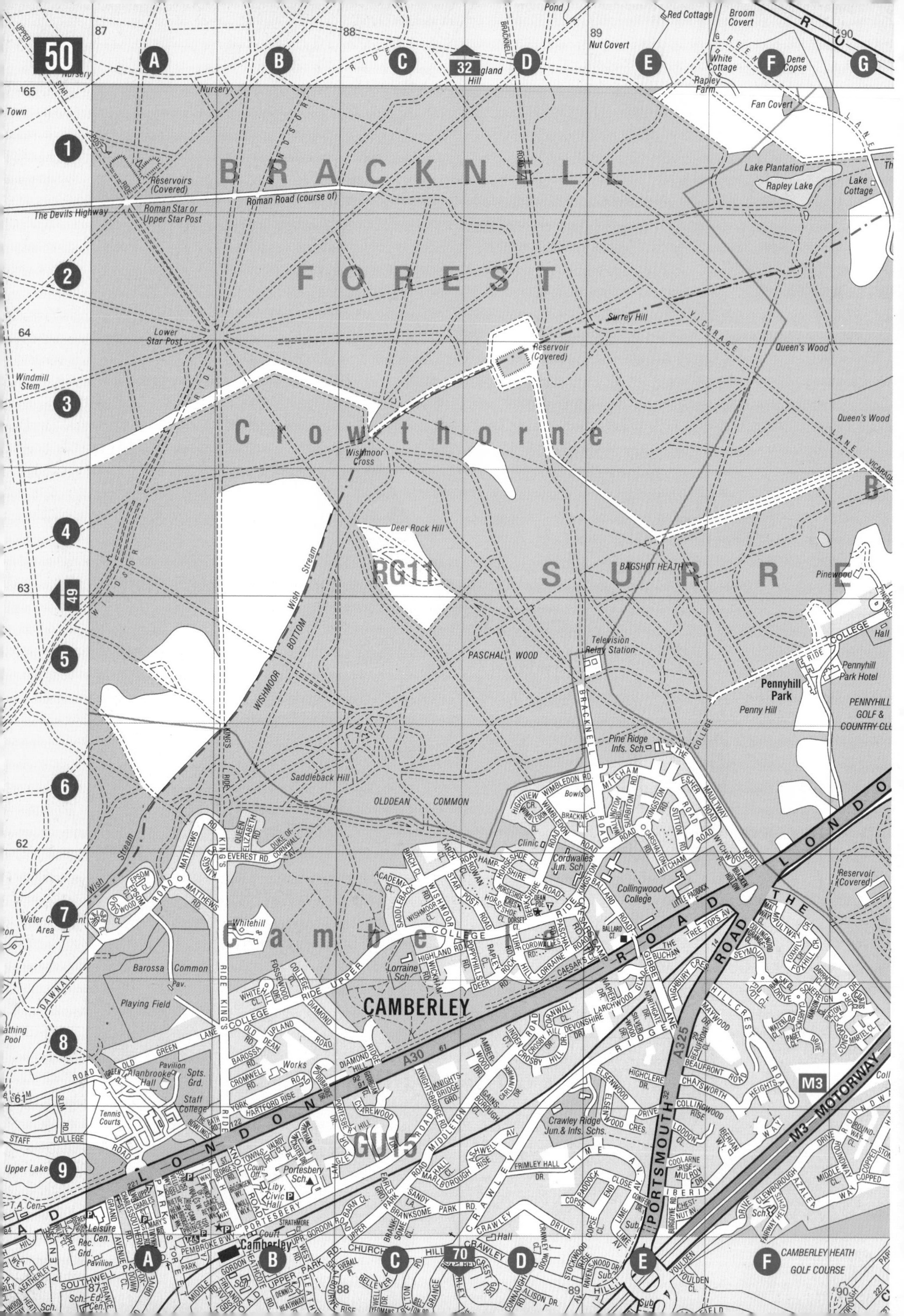
BRACKNELL FOREST
Crowthorne
SURREY
CAMBERLEY
Camberley
RG11
GU15
Red Cottage
Broom Covert
Nut Covert
White Cottage
Dene Copse
Rapley Farm
Fan Covert
Nursery
Reservoirs (Covered)
Roman Star or Upper Star Post
Roman Road (course of)
The Devils Highway
Lake Plantation
Rapley Lake
Lake Cottage
Lower Star Post
Windmill Stem
Surrey Hill
Reservoir (Covered)
Queen's Wood
Wishmoor Cross
Deer Rock Hill
BAGSHOT HEATH
Pinewood
Television Relay Station
PASCHAL WOOD
Pennyhill Park
Pennyhill Park Hotel
Penny Hill
PENNYHILL GOLF & COUNTRY CLU
Pine Ridge Infs. Sch.
Saddleback Hill
OLDDEAN COMMON
WISHMOOR BOTTOM
Wish Stream
Cordwalles Jun. Sch.
Collingwood College
Water Catchment Area
Whitehill
Barossa Common
Playing Field
Lorraine Sch.
Alanbrooke Hall
Pavilion
Spts. Grd.
Staff College
Tennis Courts
Works
Upper Lake
Leisure Cen.
Rec. Grd.
Portesbery Sch.
Civic Hall
Camberley
Crawley Ridge Jun.& Infs. Schs.
Reservoir (Covered)
CAMBERLEY HEATH GOLF COURSE
LONDON ROAD
A30
A325
PORTSMOUTH ROAD
M3 MOTORWAY
M3
32
49
70

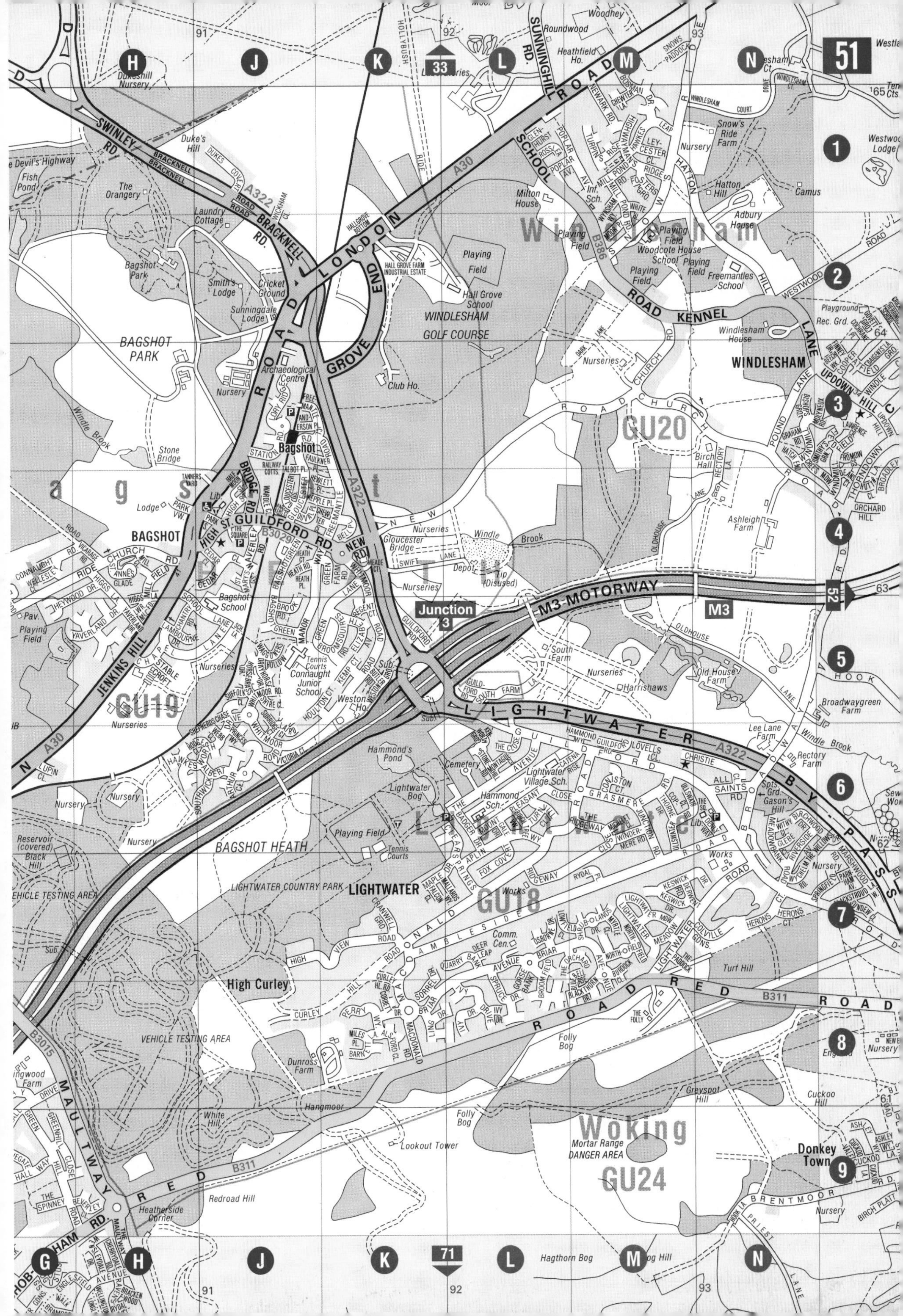

Bagshot
BAGSHOT
BAGSHOT PARK
Bagshot Park
BAGSHOT HEATH
LIGHTWATER
LIGHTWATER COUNTRY PARK
Lightwater
WINDLESHAM
Windlesham
WINDLESHAM GOLF COURSE
Woking
GU18
GU19
GU20
GU24
High Curley
Donkey Town
M3 MOTORWAY
M3
Junction 3
LONDON ROAD
A30
A322
B311
B386
B3029
B3015
LIGHTWATER BY-PASS
RED ROAD
GUILDFORD RD
BRACKNELL RD.
SWINLEY RD.
KENNEL ROAD
JENKINS HILL
HIGH ST
MAULTWAY
GROVE END
SUNNINGHILL RD.
SCHOOL ROAD
UPDOWN HILL
BRENTMOOR
Hall Grove School
Windlesham House
Freemantles School
Woodcote House School
Connaught Junior School
Bagshot School
Lightwater Village Sch.
Hammond Sch.
Archaeological Centre
Mortar Range DANGER AREA
VEHICLE TESTING AREA
Lookout Tower
Hammond's Pond
Lightwater Bog
Folly Bog
Windle Brook
The Devil's Highway
Heatherside Corner
Redroad Hill
Greyspot Hill
Cuckoo Hill
Turf Hill
Hagthorn Bog
Dukeshill Nursery
Duke's Hill
The Orangery
Laundry Cottage
Smith's Lodge
Sunningdale Lodge
Cricket Ground
Stone Bridge
Broadwaygreen Farm
Rectory Farm
Old House Farm
Snow's Ride Farm
Adbury House
Milton House
Ashleigh Farm
Birch Hall
Dunross Farm
Hangmoor
White Hill
Camus
Westwood Lodge

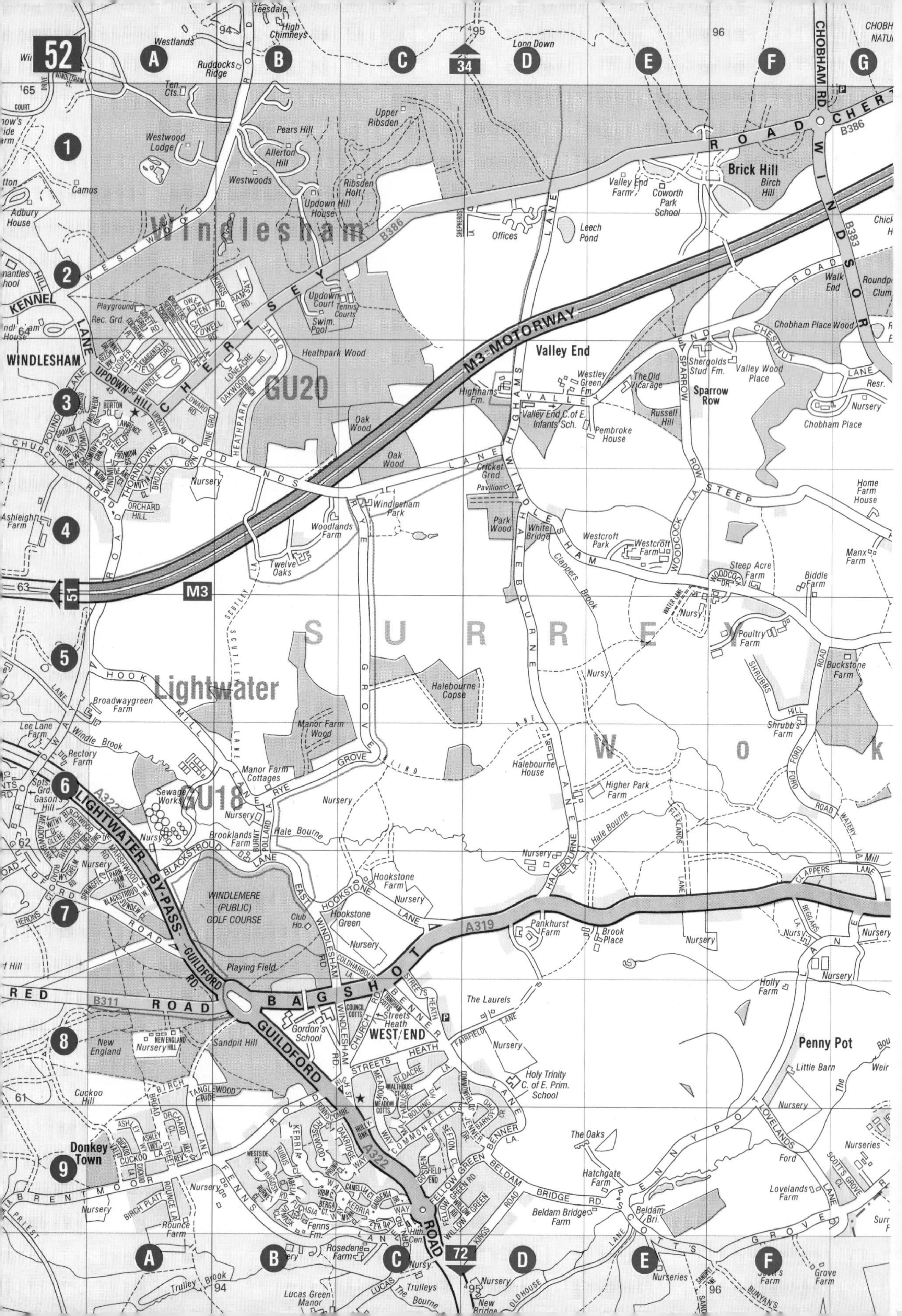
A
B
C
D
E
F
G
1
2
3
4
5
6
7
8
9
34
72
51
94
95
96
65
64
63
62
61
Westlands
Teesdale
High Chimneys
Ruddocks Ridge
Long Down
CHOBHAM RD.
Ten. Cts.
Upper Ribsden
Pears Hill
Westwood Lodge
Allerton Hill
Westwoods
Ribsden Holt
Updown Hill House
Camus
Adbury House
Windlesham
B386
ROAD
CHERTSEY
Brick Hill
Birch Hill
Valley End Farm
Coworth Park School
Offices
Leech Pond
WINDSOR
B383
KENNEL LANE
WINDLESHAM
Playground
Rec. Grd.
Updown Court
Tennis Courts
Swim. Pool
Heathpark Wood
GU20
M3-MOTORWAY
Valley End
Walk End
Roundpen Clump
Chobham Place Wood
CHESTNUT
Westley Green Fm.
The Old Vicarage
Shergolds Stud Fm.
Valley Wood Place
Sparrow Row
Highhams Fm.
Valley End C.of E. Infants Sch.
Pembroke House
Russell Hill
Resr.
Nursery
Chobham Place
UPDOWN HILL
Oak Wood
Cricket Grnd.
Pavilion
WOODLANDS
LANE
HIGHAMS
WINDLESHAM
STEEP
Home Farm House
Nursery
ORCHARD HILL
Windlesham Park
Woodlands Farm
Park Wood
White Bridge
Westcroft Park
Westcroft Farm
Ashleigh Farm
Twelve Oaks
Steep Acre Farm
Manx Farm
Biddle Farm
M3
Nursy.
Poultry Farm
SURREY
Buckstone Farm
HALEBOURNE
Clappers Brook
HOOK MILL LANE
Lightwater
Broadwaygreen Farm
Halebourne Copse
GROVE
Shrubb's Farm
SHRUBBS HILL
Lee Lane Farm
Windle Brook
Rectory Farm
Manor Farm Wood
Halebourne House
Woking
Manor Farm Cottages
Sewage Works
GU18
Higher Park Farm
A322
LIGHTWATER BY-PASS
Nursery
Brooklands Farm
Hale Bourne
WATERY ROAD
FORD
Nursery
Mill
CLAPPERS LANE
WINDLEMERE (PUBLIC) GOLF COURSE
Club Ho.
Hookstone Farm
Hookstone Green
HOOKSTONE LANE
A319
Pankhurst Farm
Brook Place
BEGGARS LANE
Playing Field
RED ROAD
B311
BAGSHOT
GUILDFORD ROAD
Holly Farm
The Laurels
FAIRFIELD LANE
Gordon's School
Streets Heath
WEST END
New England
NEW ENGLAND HILL
Sandpit Hill
Penny Pot
Holy Trinity C. of E. Prim. School
Little Barn
Weir
Cuckoo Hill
TANGLEWOOD RIDE
BIRCH
Donkey Town
The Oaks
PENNYPOT
LOVELANDS
Nurseries
Ford
Hatchgate Farm
BELDAM BRIDGE RD.
Beldam Bri.
Lovelands Farm
SCOTT'S GROVE
BRENTMOOR
Nursery
Rounce Farm
Fenns
Rosedene Farm
Beldam Bridge Farm
Hlth. Cen.
Nursy.
Trulley Brook
Lucas Green Manor
Trulleys
The Bourne
New Bridge
OLD HOUSE
Nurseries
Scott's Farm
Grove Farm
BUNYAN'S

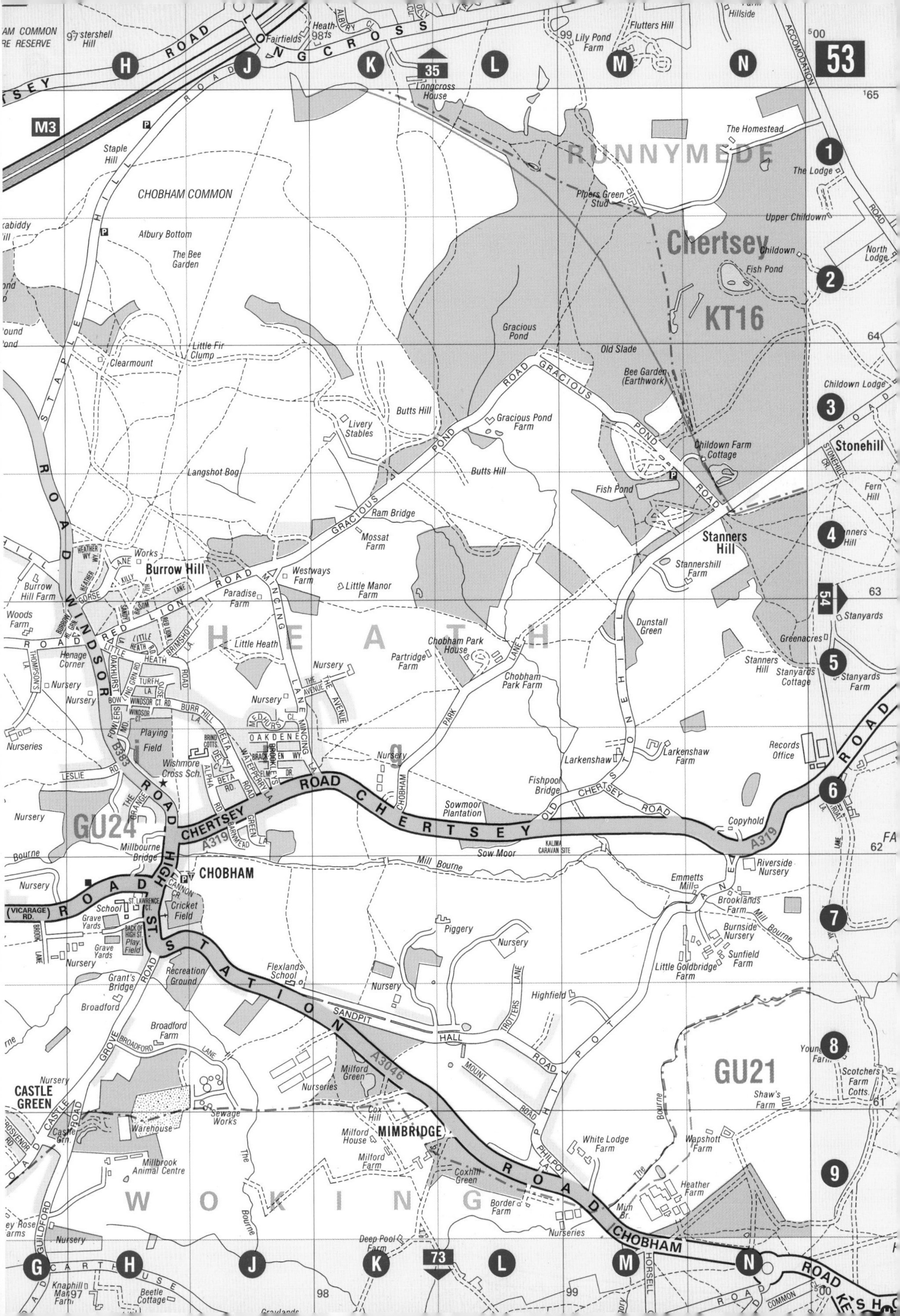

CHOBHAM COMMON
Staple Hill
Albury Bottom
The Bee Garden
Clearmount
Little Fir Clump
Livery Stables
Butts Hill
Langshot Bog
Ram Bridge
Mossat Farm
Westways Farm
Little Manor Farm
Paradise Farm
Burrow Hill
Burrow Hill Farm
Woods Farm
Henage Corner
Little Heath
Chobham Park House
Partridge Farm
Chobham Park Farm
Nursery
Nurseries
Playing Field
Wishmore Cross Sch.
GU24
Millbourne Bridge
CHOBHAM
Cricket Field
School
Grave Yards
Recreation Ground
Flexlands School
Grant's Bridge
Broadford
Broadford Farm
CASTLE GREEN
Castle Grn.
Warehouse
Sewage Works
Millbrook Animal Centre
Milford Green
Cox Hill
Milford House
MIMBRIDGE
Milford Farm
Coxhill Green
Border Farm
Deep Pool Farm
W O K I N G
Knaphill Manor Farm
Beetle Cottage
Heather Farm
Mim Br.
White Lodge Farm
Wapshott Farm
Shaw's Farm
Scotchers Farm Cotts.
GU21
Highfield
Piggery
Little Goldbridge Farm
Sunfield Farm
Burnside Nursery
Brooklands Farm
Emmetts Mill
Riverside Nursery
Mill Bourne
Sow Moor
KALIMA CARAVAN SITE
Copyhold
Sowmoor Plantation
Fishpool Bridge
Larkenshaw
Larkenshaw Farm
Records Office
Dunstall Green
Stanners Hill
Stannershill Farm
Stanyards Cottage
Stanyards Farm
Greenacres
Stanyards
Fern Hill
Stonehill
Childown Farm Cottage
Fish Pond
Gracious Pond Farm
Bee Garden (Earthwork)
Old Slade
Gracious Pond
KT16
Chertsey
Childown
North Lodge
Upper Childown
Pipers Green Stud
The Lodge
The Homestead
RUNNYMEDE
Longcross House
Lily Pond Farm
Flutters Hill
Hillside
Fairfields
Heath-
ACCOMODATION ROAD
LONGCROSS ROAD
CHERTSEY ROAD
A319
STATION ROAD
A3046
CHOBHAM ROAD
WINDSOR ROAD
B383
HIGH ST.
GRACIOUS POND ROAD
STONEHILL ROAD
PHILPOT LANE
SANDPIT HALL ROAD
MOUNT ROAD
TROTTERS LANE
MINCING LANE
RED LION ROAD
BURR HILL LA.
BROADFORD LANE
GROVE ROAD
CASTLE ROAD
GUILDFORD ROAD
STAPLE HILL ROAD
(VICARAGE) RD.
M3
35
73
54
65
64
63
62
61
97
98
99

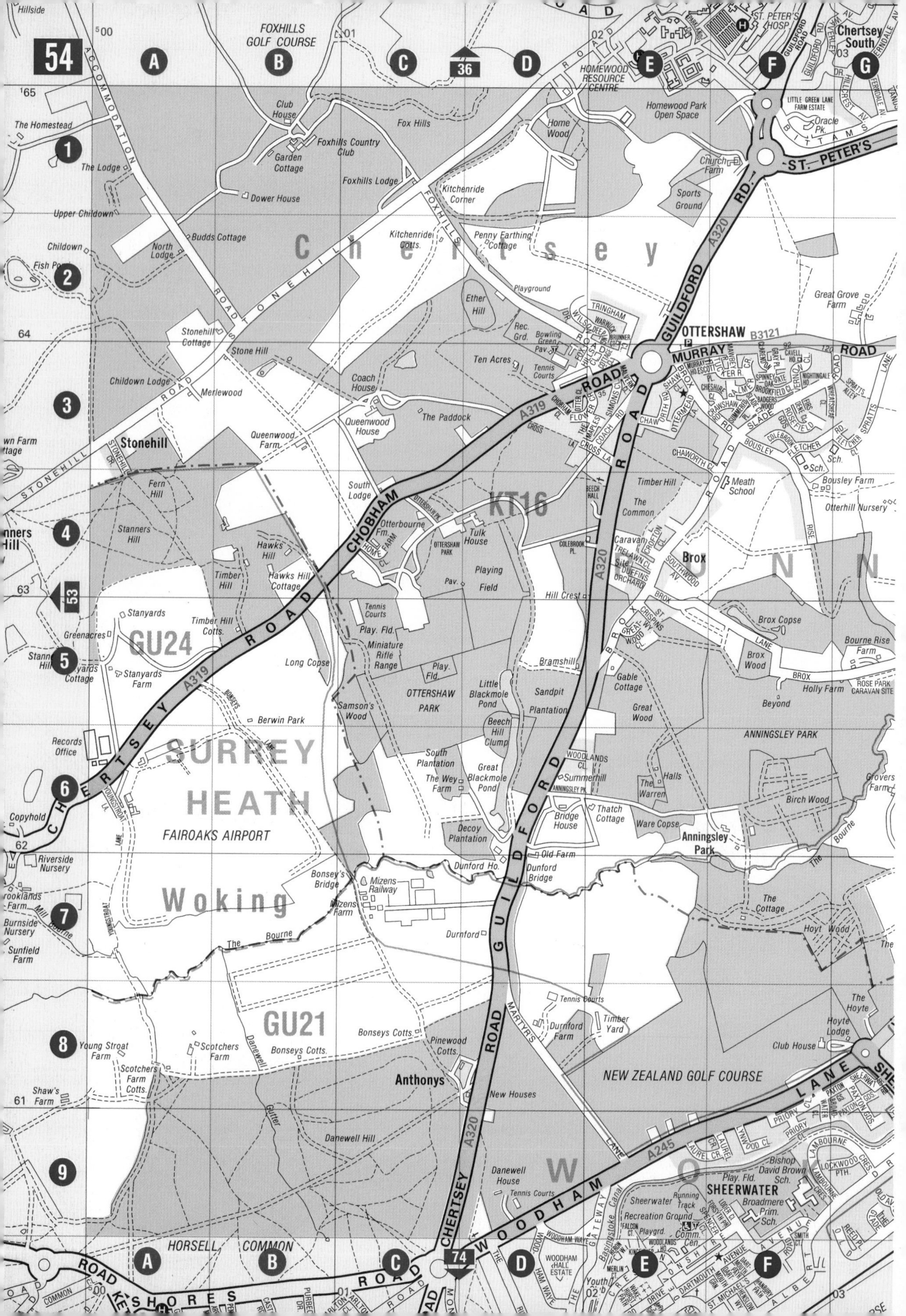

FOXHILLS GOLF COURSE
36
HOMEWOOD RESOURCE CENTRE
ST. PETER'S HOSP.
Chertsey South
GUILDFORD ROAD
A B C D E F G
1 2 3 4 5 6 7 8 9
The Homestead
The Lodge
Club House
Garden Cottage
Foxhills Country Club
Fox Hills
Foxhills Lodge
Dower House
Upper Childown
Childown
Fish Pond
Budds Cottage
North Lodge
ACCOMMODATION ROAD
STONEHILL ROAD
Homewood Park Open Space
Home Wood
LITTLE GREEN LANE FARM ESTATE
Oracle Pk.
BITTAMS LA.
ST. PETER'S WAY
Church Farm
Sports Ground
Kitchenride Corner
Kitchenride Cotts.
Penny Farthing Cottage
Chertsey
Playground
Ether Hill
Great Grove Farm
Stonehill Cottage
Stone Hill
Childown Lodge
Merlewood
Coach House
Queenwood House
The Paddock
Ten Acres
Rec. Grd.
Bowling Green Pav.
Tennis Courts
OTTERSHAW
B3121
MURRAY ROAD
A319
CHOBHAM ROAD
A320
Stonehill
Queenwood Farm
Fern Hill
Stanners Hill
South Lodge
Otterbourne Fm.
HOME FARM CL.
Tulk House
KT16
Timber Hill
The Common
Meath School
Sch.
Bousley Farm
Otterhill Nursery
Hawks Hill
Hawks Hill Cottage
Timber Hill
OTTERSHAW PARK
Playing Field
Pav.
Caravan Site
Brox
Stanyards
Greenacres
Timber Hill Cotts.
GU24
Tennis Courts
Play. Fld.
Miniature Rifle Range
Hill Crest
Brox Copse
Bourne Rise Farm
Stanyards Cottage
Stanyards Farm
Long Copse
Play. Fld.
Little Blackmole Pond
Bramshill
Gable Cottage
Brox Wood
Holly Farm
ROSE PARK CARAVAN SITE
Beyond
Berwin Park
Samson's Wood
OTTERSHAW PARK
Sandpit Plantation
Great Wood
Beech Hill Clump
ANNINGSLEY PARK
Records Office
SURREY HEATH
South Plantation
The Wey Farm
Great Blackmole Pond
Summerhill
Halls
The Warren
Grovers Farm
Birch Wood
Copyhold
FAIROAKS AIRPORT
Bridge House
Thatch Cottage
Ware Copse
Anningsley Park
Decoy Plantation
Old Farm
Riverside Nursery
Dunford Ho.
Dunford Bridge
Bonsey's Bridge
Mizens Railway
Mizens Farm
Brooklands Farm
Burnside Nursery
Sunfield Farm
Woking
The Cottage
Hoyt Wood
The Bourne
Durnford
Tennis Courts
Timber Yard
Durnford Farm
The Hoyte
Hoyte Lodge
Club House
GU21
Bonseys Cotts.
Pinewood Cotts.
Young Stroat Farm
Scotchers Farm
Scotchers Farm Cotts.
Shaw's Farm
Anthonys
New Houses
NEW ZEALAND GOLF COURSE
Danewell Hill
Danewell House
Tennis Courts
WOODHAM LANE
A245
Sheerwater Recreation Ground
SHEERWATER
Bishop David Brown Sch.
Broadmere Prim. Sch.
Running Track
Playgrd.
Comm. Cen.
Play. Fld.
Basingstoke Canal
WOODHAM HALL ESTATE
HORSELL COMMON
SHORES ROAD
CHERTSEY ROAD
53
74

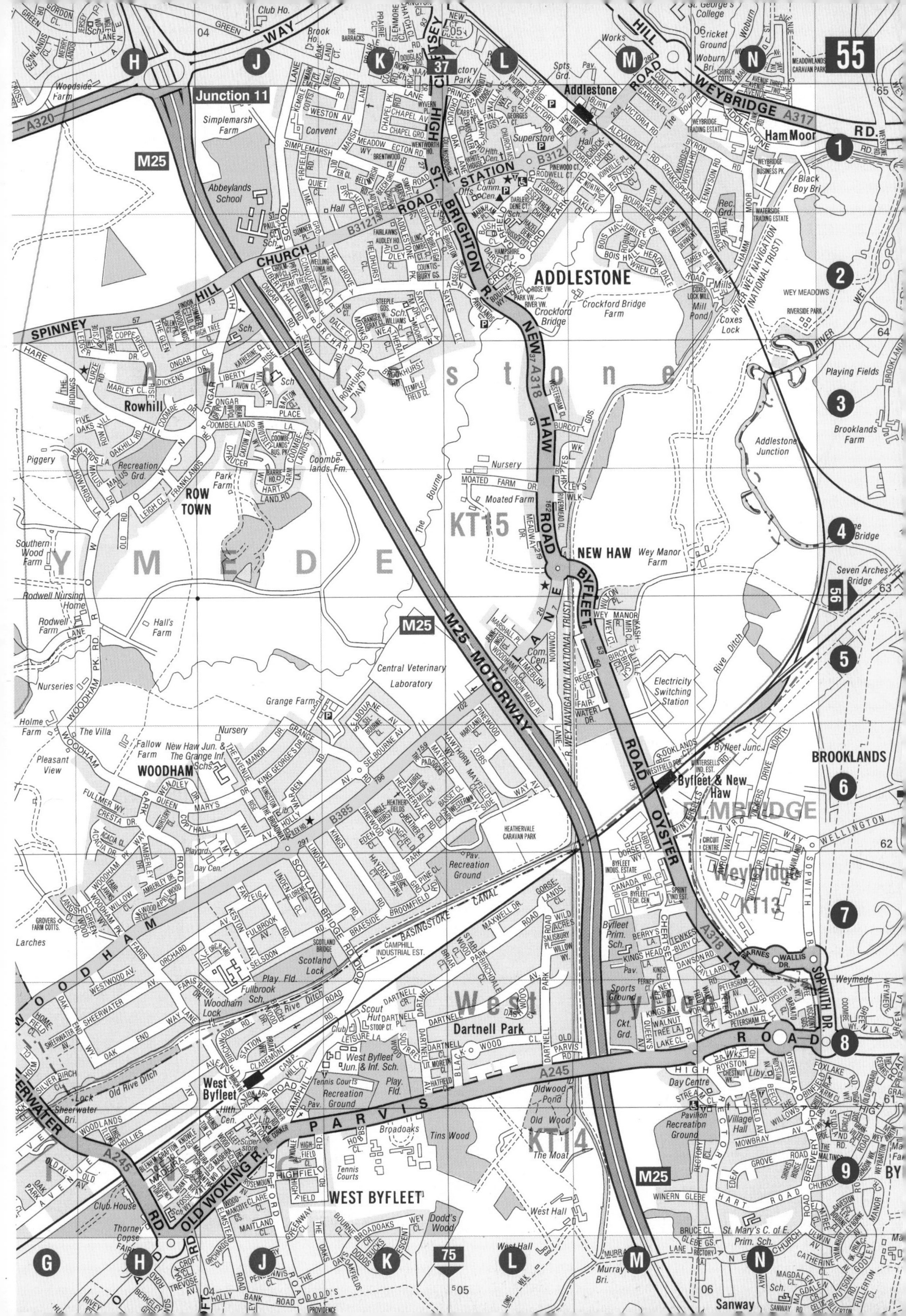
ADDLESTONE
NEW HAW
WOODHAM
WEST BYFLEET
West Byfleet
Dartnell Park
ROW TOWN
Rowhill
BROOKLANDS
ELMBRIDGE
Weybridge
Addlestone
KT13
KT14
KT15
M25 MOTORWAY
Junction 11
WEYBRIDGE RD. A317
A320
CHURCH ROAD B3121
STATION ROAD
HIGH ST.
BRIGHTON R.
CHERTSEY
NEW HAW ROAD A318
BYFLEET ROAD
OYSTER LA.
SOPWITH DR.
PARVIS ROAD A245
OLD WOKING RD.
WOODHAM LANE
SPINNEY HILL
B385
BASINGSTOKE CANAL
RIVER WEY NAVIGATION (NATIONAL TRUST)
Central Veterinary Laboratory
Electricity Switching Station
Abbeylands School
Byfleet & New Haw
West Byfleet
Addlestone Junction
Byfleet Junc.
Coxes Lock
Scotland Lock
Woodham Lock
Crockford Bridge
Seven Arches Bridge
Playing Fields
Brooklands Farm
Recreation Ground
Simplemarsh Farm
Southern Wood Farm
Rodwell Nursing Home
Hall's Farm
The Villa
Pleasant View
Fallow Farm
Grange Farm
Moated Farm
Wey Manor Farm
Heathervale Caravan Park
Tins Wood
Old Wood
Oldwood Pond
The Moat
Broadoaks
Dodd's Wood
Thorney Copse
Sanway
Ham Moor
Woodside Farm
37
56
75

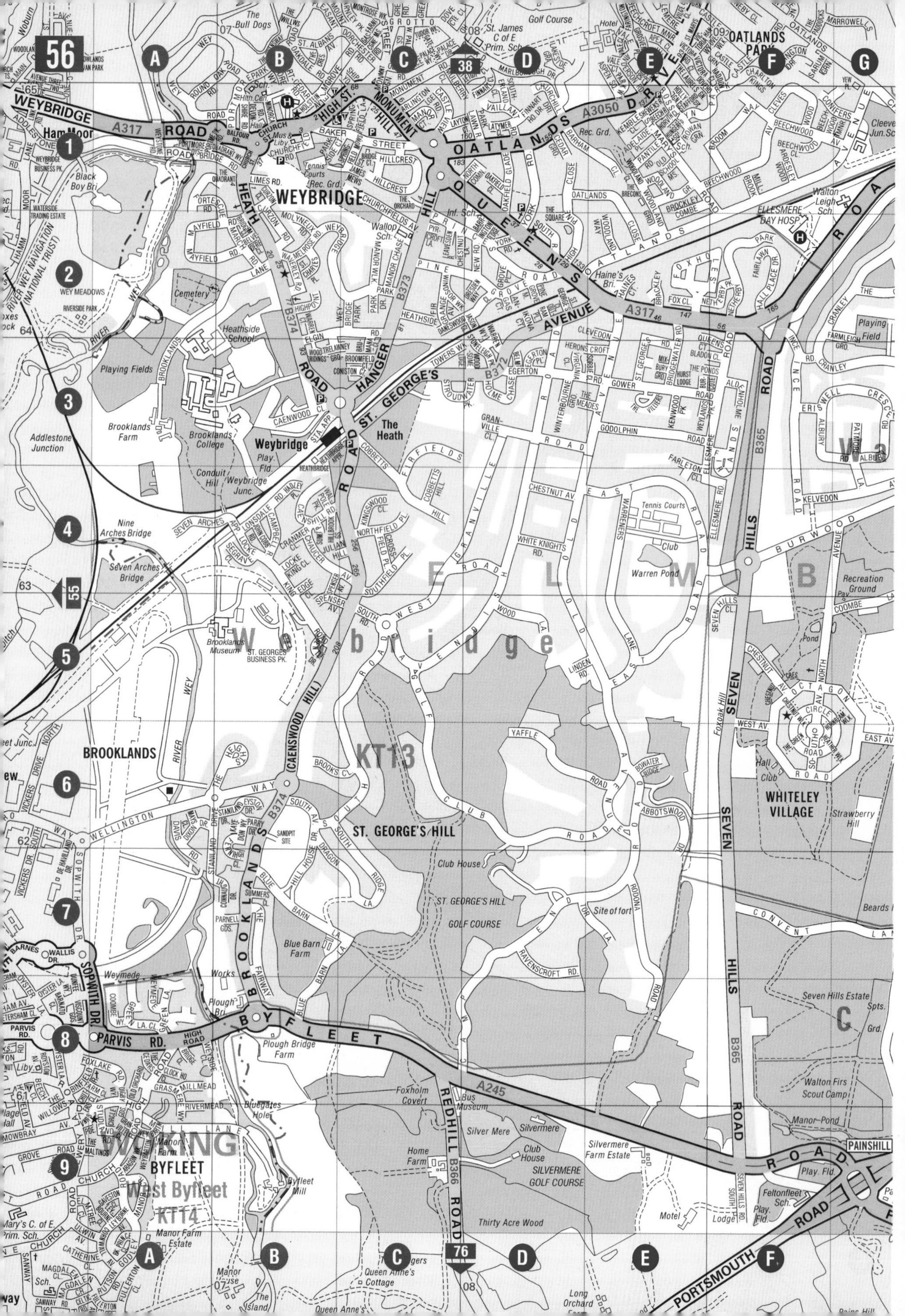

WEYBRIDGE
Weybridge
WEYBRIDGE ROAD
A317
Ham Moor
WEYBRIDGE BUSINESS PK.
Black Boy Bri.
WATERSIDE TRADING ESTATE
RIVER WEY NAVIGATION (NATIONAL TRUST)
WEY MEADOWS
RIVERSIDE PARK
Cemetery
Heathside School
Playing Fields
Brooklands Farm
Brooklands College
Addlestone Junction
Conduit Hill
Weybridge Junc.
Nine Arches Bridge
Seven Arches Bridge
Brooklands Museum
ST. GEORGES BUSINESS PK.
BROOKLANDS
The Bull Dogs
St. James C of E Prim. Sch.
Golf Course
Hotel
OATLANDS PARK
OATLANDS DRIVE
A3050
QUEENS ROAD
MONUMENT HILL
HIGH ST.
HEATH ROAD
HANGER HILL
ST. GEORGE'S AVENUE
B373
B374
B3372
The Heath
CAENSWOOD HILL
ELLESMERE DAY HOSP.
Walton Leigh Sch.
Haine's Bri.
Playing Field
Cleeve Jun.Sch.
Tennis Courts
Club
Warren Pond
SEVEN HILLS ROAD
B365
Recreation Ground
Pond
WHITELEY VILLAGE
Strawberry Hill
ELM
KT13
ST. GEORGE'S HILL
SANDPIT SITE
Club House
ST. GEORGE'S HILL GOLF COURSE
Site of fort
Blue Barn Farm
CONVENT LANE
Beards Hill
Seven Hills Estate
Spts. Grd.
Walton Firs Scout Camp
Manor Pond
PAINSHILL
Play. Fld.
Feltonfleet Sch.
SOPWITH DR.
PARVIS RD.
BYFLEET ROAD
A245
Weymede
Works
Plough Bri.
Plough Bridge Farm
Foxholm Covert
Bus Museum
REDHILL ROAD
B366
Bluegates Hole
Silver Mere
Silvermere
Club House
SILVERMERE GOLF COURSE
Silvermere Farm Estate
Home Farm
Byfleet Mill
Thirty Acre Wood
Motel
Lodge
PORTSMOUTH ROAD
WOKING
BYFLEET
West Byfleet
KT14
Manor Farm Estate
Queen Anne's Cottage
Long Orchard
The Island
Foxoak Hill
A B C D E F G
1 2 3 4 5 6 7 8 9
38
55
76

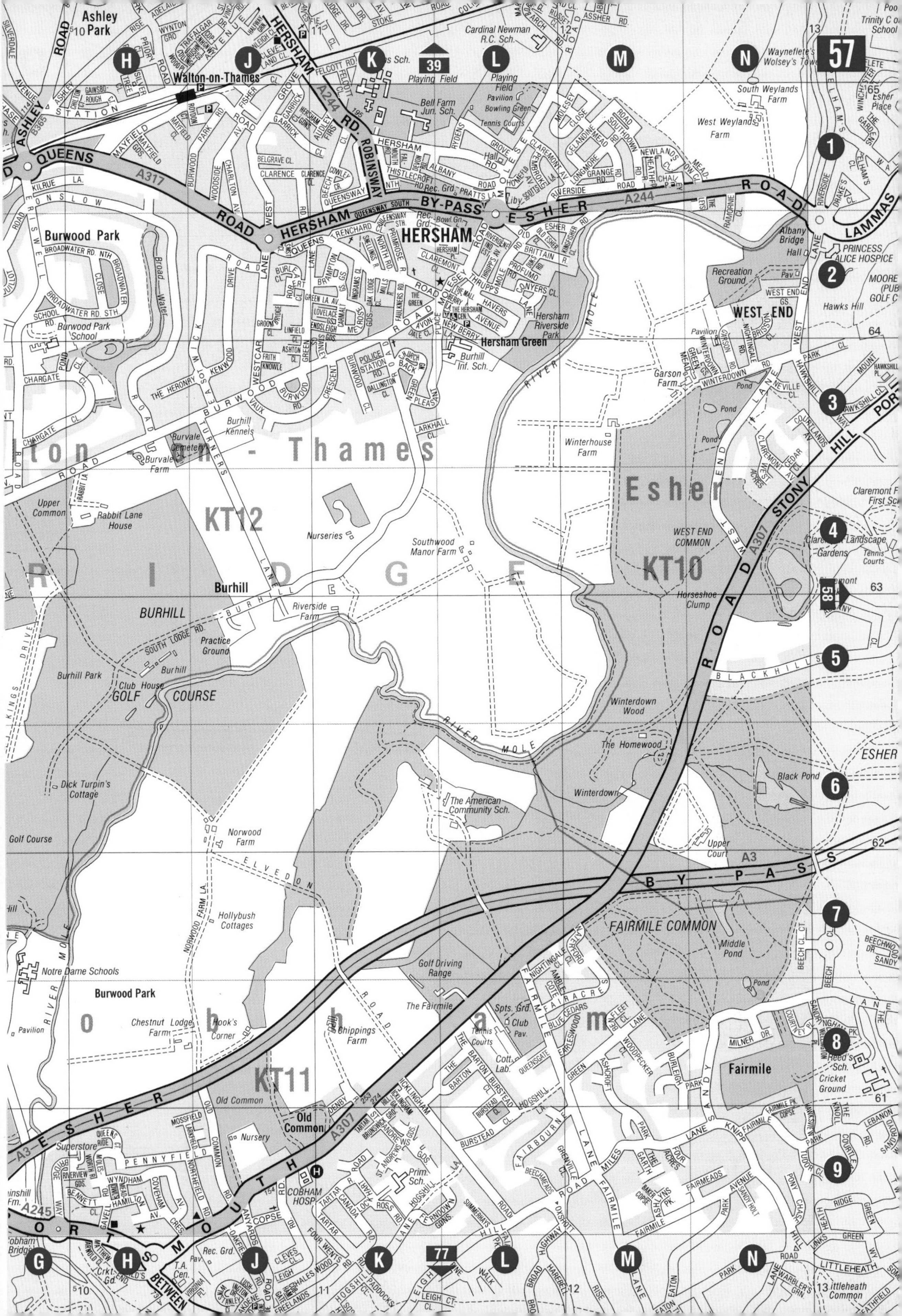
Walton-on-Thames
HERSHAM
Hersham Green
Hersham Riverside Park
Burwood Park
Burhill
BURHILL
GOLF COURSE
KT12
KT10
KT11
Esher
WEST END
WEST END COMMON
FAIRMILE COMMON
Fairmile
Old Common
Ashley Park
ESHER ROAD
HERSHAM ROAD
QUEENS ROAD
BY-PASS
RIVER MOLE
STONY HILL
PORTSMOUTH ROAD
A3
A307
A244
A317
A245
B365
Winterdown Wood
The Homewood
Black Pond
Middle Pond
Horseshoe Clump
Claremont Landscape Gardens
Princess Alice Hospice
Recreation Ground
Hawks Hill
Moore Place Golf Course
Winterhouse Farm
Southwood Manor Farm
Riverside Farm
Nurseries
Rabbit Lane House
Upper Common
Burvale Farm
Burvale Cemetery
Burhill Kennels
Dick Turpin's Cottage
Norwood Farm
Hollybush Cottages
Notre Dame Schools
Chestnut Lodge Farm
Hook's Corner
Chippings Farm
The Fairmile
Golf Driving Range
The American Community Sch.
Upper Court
Winterdown
Cobham Hosp.
Heed's Sch.
Cricket Ground
Bell Farm Jun. Sch.
Cardinal Newman R.C. Sch.
South Weylands Farm
West Weylands Farm
Wayneflete's Tower
Esher Place
Littleheath Common
Burwood Park School
Burhill Inf. Sch.
Garson Farm
Superstore
Nursery
Cobham Bridge
Hersham Rd.
Robinsway

39
58
77

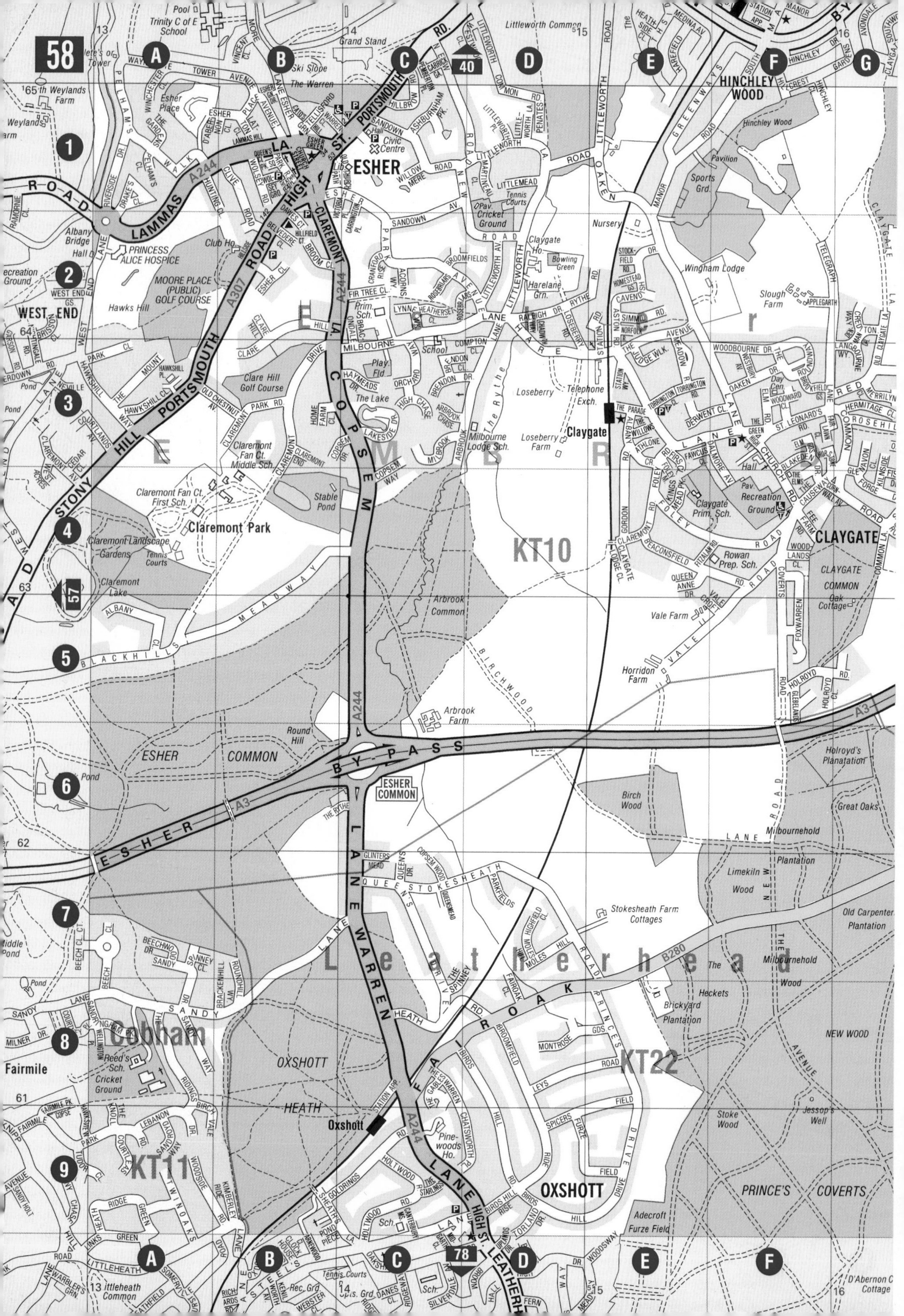
ESHER
HINCHLEY WOOD
CLAYGATE
WEST END
OXSHOTT
Cobham
Fairmile
KT10
KT11
KT22
Esher Place
Trinity C of E School
Grand Stand
Ski Slope
The Warren
Littleworth Common
Civic Centre
Weylands Farm
PRINCESS ALICE HOSPICE
MOORE PLACE (PUBLIC) GOLF COURSE
Hawks Hill
Clare Hill Golf Course
Claremont Fan Ct. Middle Sch.
Claremont Fan Ct. First Sch.
Claremont Park
Claremont Landscape Gardens
Claremont Lake
Stable Pond
Arbrook Common
Arbrook Farm
Round Hill
ESHER COMMON
OXSHOTT HEATH
Milbourne Lodge Sch.
Loseberry Farm
Claygate
Claygate Prim. Sch.
Rowan Prep. Sch.
Recreation Ground
Vale Farm
Horridon Farm
Wingham Lodge
Slough Farm
Sports Grd.
Pavilion
Hinchley Wood
Nursery
Birch Wood
Holroyd's Planatation
Great Oaks
Milbournehold Plantation
Limekiln Wood
Stokesheath Farm Cottages
Old Carpenter Plantation
Milbournehold Wood
Heckets
Brickyard Plantation
NEW WOOD
Stoke Wood
Jessop's Well
PRINCE'S COVERTS
Adecroft Furze Field
Reed's Sch.
Cricket Ground
Oxshott
Pine-woods Ho.
Littleheath Common
D'Abernon Cottage
CLAYGATE COMMON
Oak Cottage
A3
A244
A307
B280
ESHER BY-PASS
PORTSMOUTH ROAD
LAMMAS LANE
COPSEM LANE
WARREN LANE
FAIROAK LANE
STONY HILL
BLACKHILLS
MEADWAY
Leatherhead
Elmbridge
40
57
78

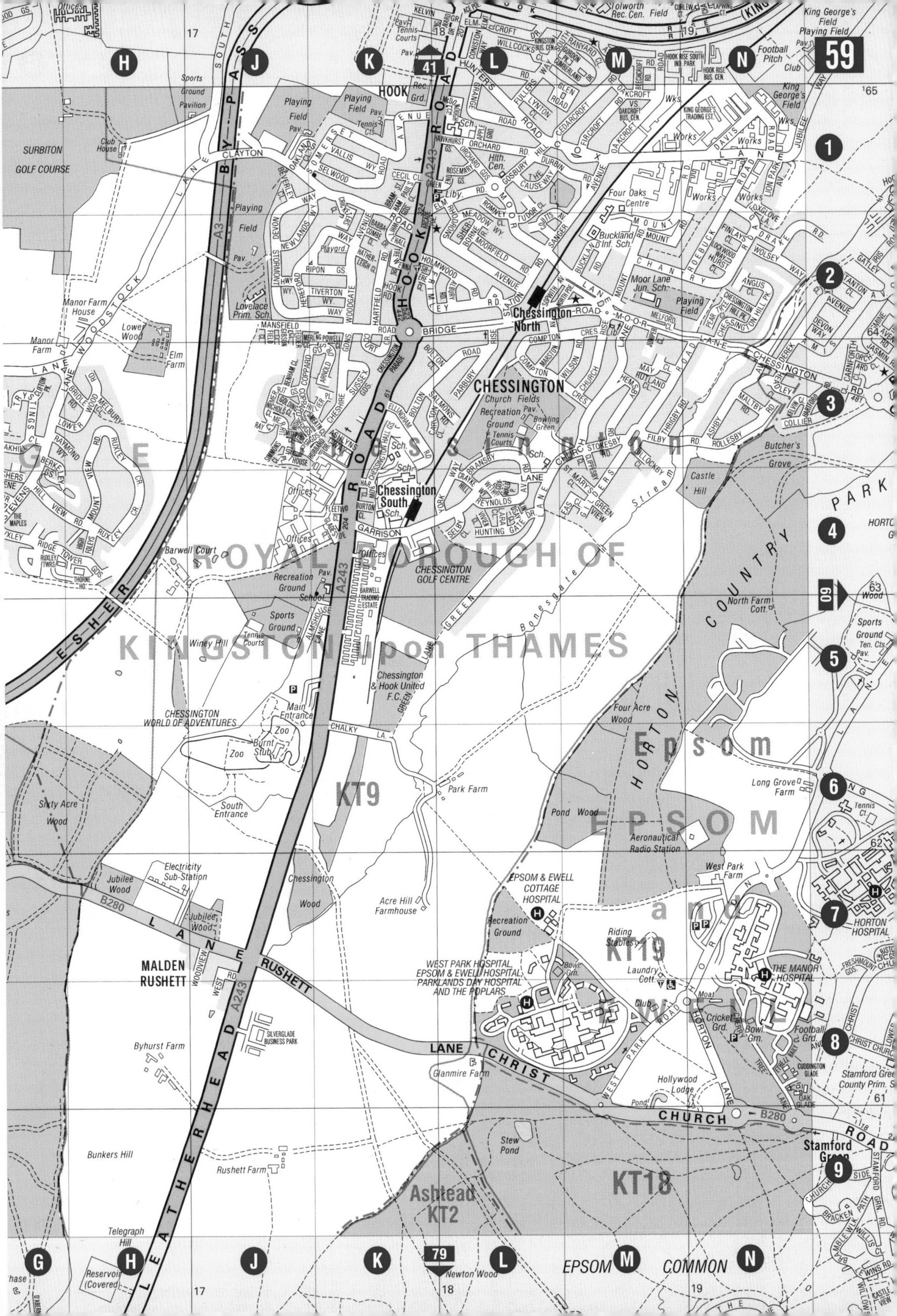
ROYAL BOROUGH OF
KINGSTON upon THAMES
EPSOM
and
EWELL
Epsom
CHESSINGTON
Chessington North
Chessington South
HOOK
MALDEN RUSHETT
Stamford Green
KT9
KT19
KT18
Ashtead KT2
SURBITON GOLF COURSE
CHESSINGTON WORLD OF ADVENTURES
CHESSINGTON GOLF CENTRE
HORTON COUNTRY PARK
EPSOM COMMON
LEATHERHEAD ROAD
HOOK ROAD
ESHER BY-PASS
RUSHETT LANE
CHRIST CHURCH ROAD
A243
A3
B280
41
79
60
Sixty Acre Wood
Bunkers Hill
Rushett Farm
Byhurst Farm
Telegraph Hill
Reservoir (Covered)
Newton Wood
Stew Pond
Glanmire Farm
Acre Hill Farmhouse
Park Farm
Chessington Wood
Pond Wood
Four Acre Wood
Long Grove Farm
Aeronautical Radio Station
West Park Farm
EPSOM & EWELL COTTAGE HOSPITAL
WEST PARK HOSPITAL, EPSOM & EWELL HOSPITAL, PARKLANDS DAY HOSPITAL AND THE POPLARS
THE MANOR HOSPITAL
HORTON HOSPITAL
Hollywood Lodge
Riding Stables
Laundry Cott.
Jubilee Wood
Electricity Sub-Station
SILVERGLADE BUSINESS PARK
Winey Hill
Barwell Court
BARWELL TRADING ESTATE
Chessington & Hook United F.C.
North Farm Cott.
Castle Hill
Butcher's Grove
Manor Farm
Manor Farm House
Lower Wood
Elm Farm
Lovelace Prim. Sch.
Moor Lane Jun. Sch.
Buckland Inf. Sch.
Four Oaks Centre
KING GEORGE'S TRADING EST.
King George's Field
Football Pitch
Church Fields Recreation Ground
Sports Ground Pavilion

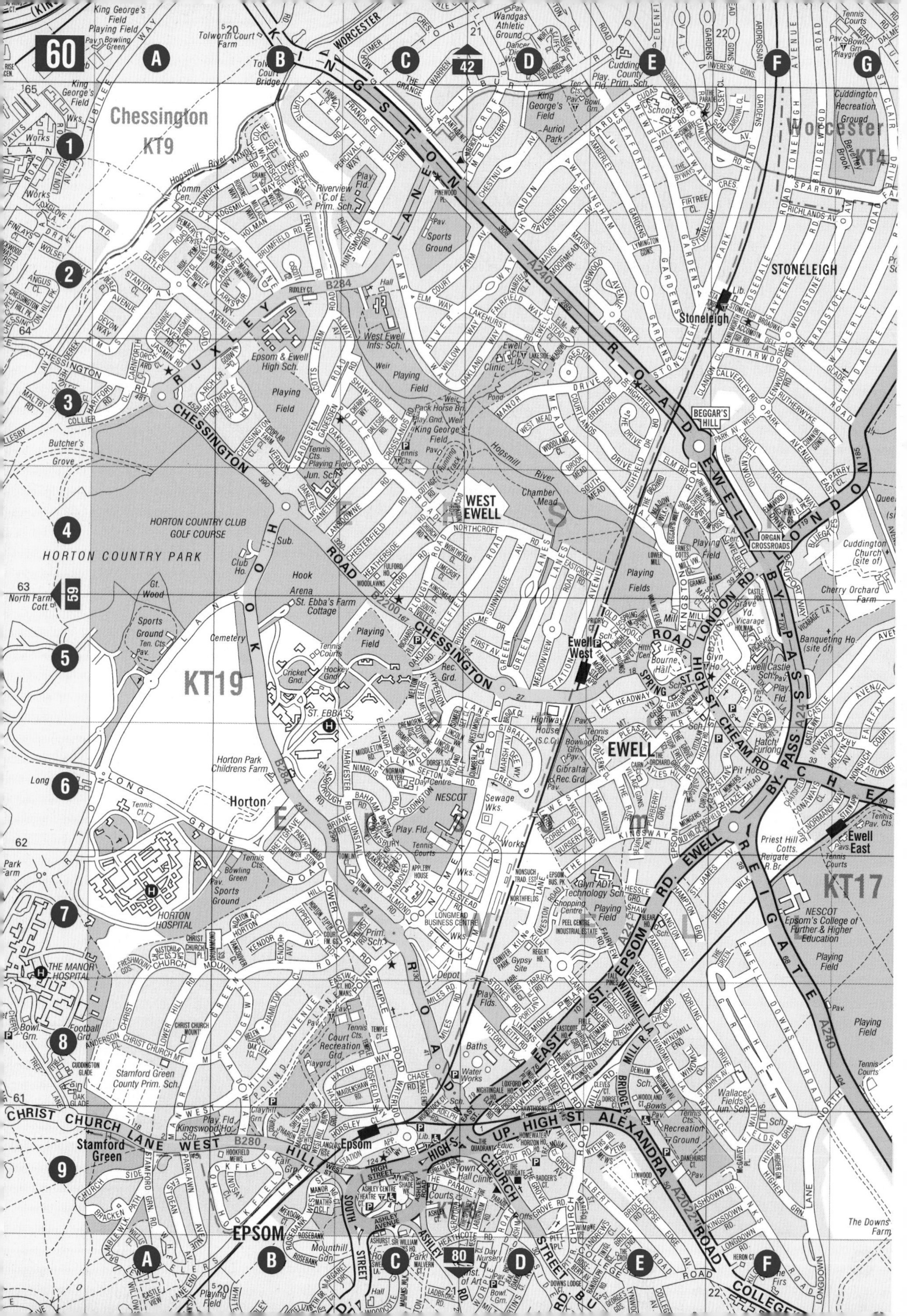
Chessington
KT9
King George's Field Playing Field
Tolworth Court Farm
Tolworth Court Bridge
KINGSTON ROAD
42
Wandgas Athletic Ground
King George's Field
Auriol Park
Cuddington County Prim. Sch.
Cuddington Recreation Ground
Worcester
KT4
Hogsmill River
Riverview C. of E. Prim. Sch.
Sports Ground
A240
STONELEIGH
Stoneleigh
RUXLEY
B284
Epsom & Ewell High Sch.
West Ewell Infs. Sch.
Playing Field
CHESSINGTON
BEGGAR'S HILL
Butcher's Grove
King George's Field
Chamber Mead
WEST EWELL
HORTON COUNTRY CLUB GOLF COURSE
HORTON COUNTRY PARK
ORGAN CROSSROADS
Cuddington Church (site of)
59
North Farm Cott.
Hook Arena
St. Ebba's Farm Cottage
Cherry Orchard Farm
B2200
Sports Ground
Cemetery
KT19
Ewell West
Bourne Hall
Banqueting Ho. (site of)
ST. EBBA'S
Highway House
EWELL
Hatch Furlong
Horton Park Childrens Farm
Horton
NESCOT
Sewage Wks.
Priest Hill Cotts.
Ewell East
KT17
HORTON HOSPITAL
Glyn ADT Technology Sch.
NESCOT Epsom's College of Further & Higher Education
LONGMEAD BUSINESS CENTRE
THE MANOR HOSPITAL
Playing Field
Court Recreation Grd.
Stamford Green County Prim. Sch.
Baths
Wallace Fields Jun. Sch.
Recreation Ground
CHRIST CHURCH LANE WEST
B280
Stamford Green
Epsom
HIGH STREET
UP. HIGH ST.
ALEXANDRA
A2022
EPSOM
80
The Downs Farm
COLLEGE
A24
REIGATE
BY. PASS
A240

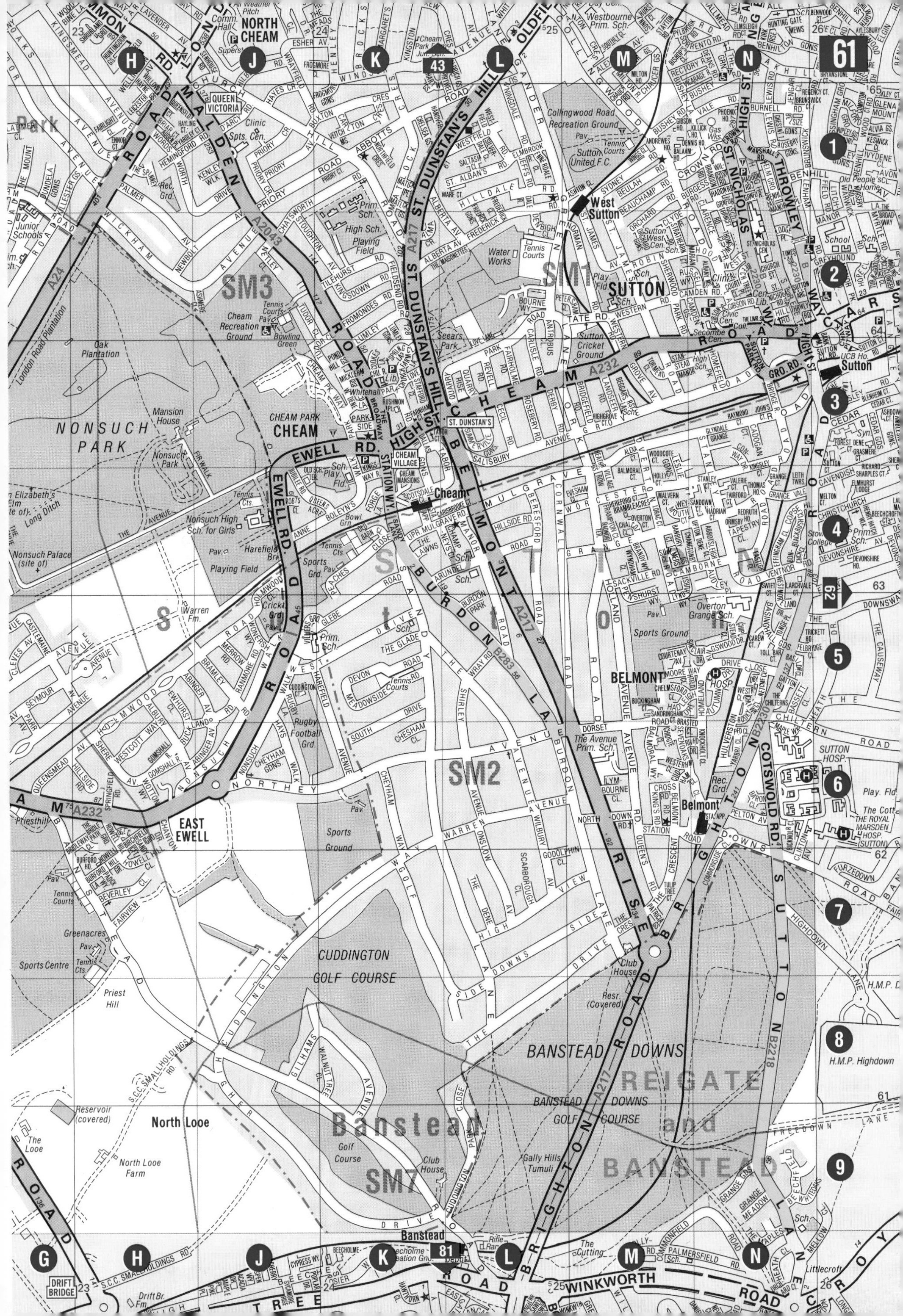
NORTH CHEAM
SUTTON
West Sutton
Sutton
CHEAM
Cheam
ST. DUNSTAN'S
BELMONT
Belmont
EAST EWELL
NONSUCH PARK
Mansion House
Nonsuch Park
Nonsuch Palace (site of)
Nonsuch High Sch. for Girls
London Road Plantation
Oak Plantation
Cheam Recreation Ground
Collingwood Road Recreation Ground
Sutton United F.C.
Water Works
Sutton Cricket Ground
Seears Park
Sports Ground
Rugby Football Grd.
Playing Field
Warren Fm.
Priest Hill
Sports Centre
Greenacres
North Looe
North Looe Farm
The Looe
Reservoir (covered)
CUDDINGTON GOLF COURSE
BANSTEAD DOWNS
BANSTEAD DOWNS GOLF COURSE
Gally Hills Tumuli
REIGATE and BANSTEAD
Banstead
Golf Course
Club House
Resr. (Covered)
H.M.P. Highdown
THE ROYAL MARSDEN HOSP. (SUTTON)
SUTTON HOSP.
SM1
SM2
SM3
SM7
ST. DUNSTAN'S HILL
A217
A232
A2043
A24
B2230
B2218
B283
CHEAM ROAD
EWELL RD.
HIGH ST.
MALDEN ROAD
LONDON RD.
BRIGHTON ROAD
BELMONT RISE
BURDON LANE
SUTTON LANE
COTSWOLD RD.
THROWLEY WAY
NONSUCH WALK
NORTHEY AVENUE
MULGRAVE ROAD
CUDDINGTON WAY
WINKWORTH ROAD
FREEDOWN LANE
TREE ROAD
S.C.C. SMALLHOLDINGS RD.
DRIFT BRIDGE
Sutton
Cheam
Banstead
43
62
81
H
J
K
L
M
N
G
1
2
3
4
5
6
7
8
9
61
62
63
64
65

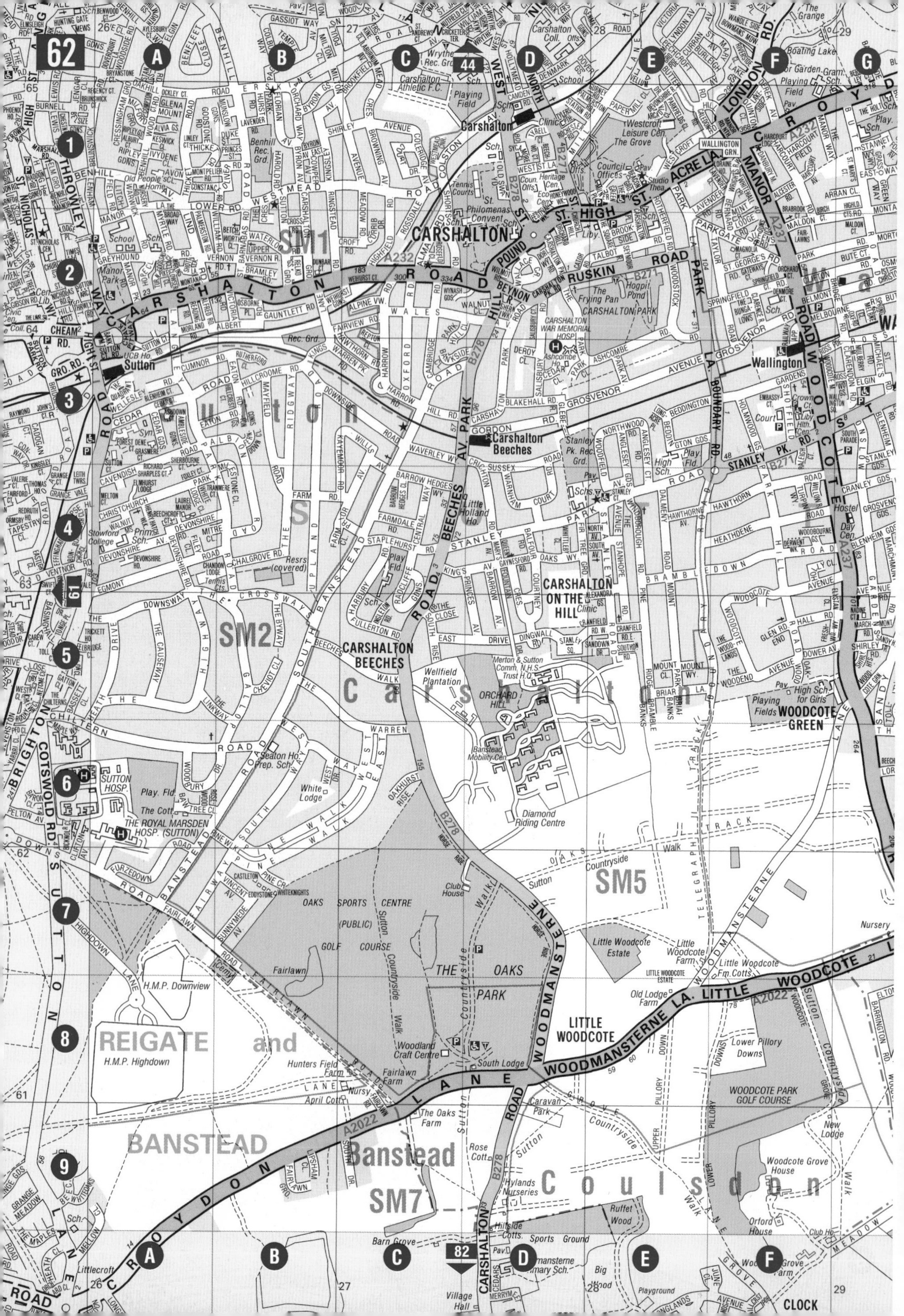
A
B
C
D
E
F
G
1
2
3
4
5
6
7
8
9
26
27
28
29
44
61
82
CARSHALTON
Carshalton
SM1
SM2
SM5
SM7
Sutton
Wallington
Carshalton Beeches
CARSHALTON BEECHES
CARSHALTON ON THE HILL
WOODCOTE GREEN
LITTLE WOODCOTE
REIGATE and
BANSTEAD
Banstead
Coulsdon
CARSHALTON ROAD
RUSKIN ROAD
CARSHALTON PARK
CARSHALTON WAR MEMORIAL HOSP.
SUTTON HOSP.
THE ROYAL MARSDEN HOSP. (SUTTON)
OAKS SPORTS CENTRE
(PUBLIC)
GOLF COURSE
THE OAKS PARK
H.M.P. Downview
H.M.P. Highdown
WOODCOTE PARK GOLF COURSE
Little Woodcote Estate
Woodmansterne Lane
Croydon Lane
Little Woodcote Lane
London Rd.
Croydon Road
Woodcote Road
Grosvenor Avenue
Stanley Park Road
Banstead Road
Banstead Road South
Beeches Av.
Park Hill
Throwley Way
High St.
Brighton Road
Cotswold Rd.
Sutton Lane
Telegraph Track
Sutton Countryside Walk
Benhill Rec. Grd.
Carshalton Athletic F.C.
Westcroft Leisure Cen.
The Grove
Wellfield Plantation
Orchard Hill
Merton & Sutton Comm. N.H.S. Trust H.Q.
Diamond Riding Centre
Banstead Mobility Cen.
Seaton Ho. Prep. Sch.
White Lodge
Resrs (covered)
Stowford College
Fairlawn
Woodland Craft Centre
South Lodge
Hunters Field Farm
Fairlawn Farm
The Oaks Farm
April Cott.
Rose Cott.
Hylands Nurseries
Hillside Cotts.
Sports Ground
Caravan Park
Lower Pillory Downs
Woodcote Grove House
Orford House
New Lodge
Old Lodge Farm
Little Woodcote Farm
Little Woodcote Fm. Cotts.
Big Wood
Ruffet Wood
Barn Grove
Village Hall
Littlecroft
CLOCK
A232
A237
A2022
B278
B271
B277

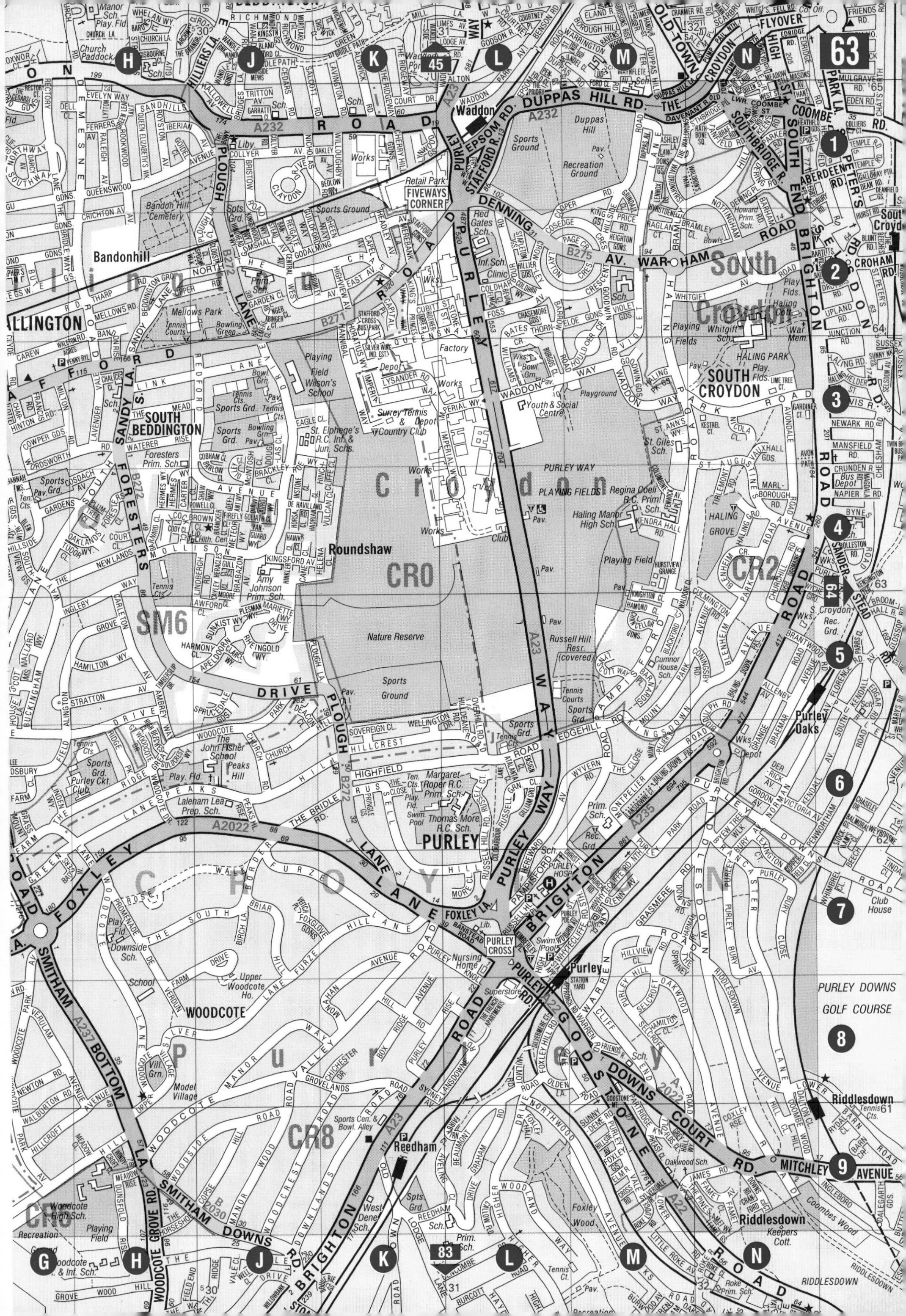
Waddon
DUPPAS HILL RD.
Duppas Hill
Sports Ground
Recreation Ground
FIVEWAYS CORNER
Retail Park
Bandon Hill Cemetery
Bandonhill
WALLINGTON
Mellows Park
SOUTH BEDDINGTON
Roundshaw
CR0
Nature Reserve
Sports Ground
Croydon
PURLEY WAY PLAYING FIELDS
SOUTH CROYDON
HALING PARK
South Croydon
CR2
SM6
PURLEY
Purley
PURLEY CROSS
Purley Oaks
PURLEY DOWNS GOLF COURSE
Riddlesdown
WOODCOTE
CR8
Reedham
Foxley Wood
RIDDLESDOWN
Coombes Wood
Purley
A23
A232
A22
A235
A2022
A237
B272
B275
B271
B2030
PURLEY WAY
BRIGHTON ROAD
FOXLEY LANE
SMITHAM BOTTOM
STAFFORD ROAD
DENNING AV.
45
64
83
63

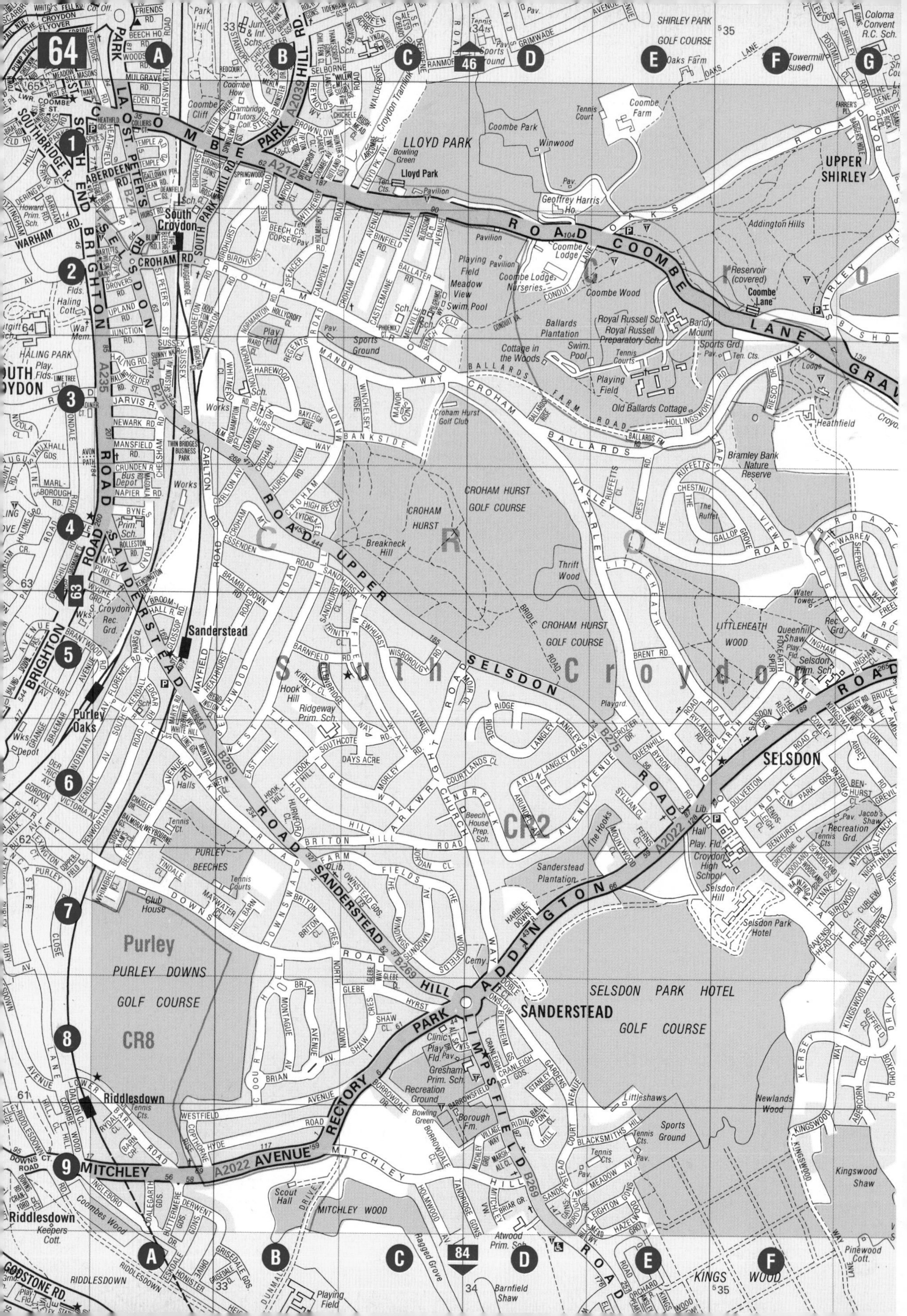
A
B
C
D
E
F
G
1
2
3
4
5
6
7
8
9
46
63
84
LLOYD PARK
Lloyd Park
Coombe Park
Coombe Farm
Winwood
Geoffrey Harris Ho.
SHIRLEY PARK GOLF COURSE
Oaks Farm
Towermill (disused)
Coloma Convent R.C. Sch.
UPPER SHIRLEY
Addington Hills
Reservoir (covered)
Coombe Lane
Coombe Lodge
Coombe Lodge Nurseries
Coombe Wood
Playing Field
Meadow View
Swim. Pool
Ballards Plantation
Royal Russell Sch.
Royal Russell Preparatory Sch.
Bandy Mount
Sports Grd.
Cottage in the Woods
Old Ballards Cottage
Heathfield
Bramley Bank Nature Reserve
The Ruffet
CROHAM HURST GOLF COURSE
CROHAM HURST
Croham Hurst Golf Club
Breakneck Hill
Thrift Wood
LITTLEHEATH WOOD
Water Tower
Selsdon Prim. Sch.
SELSDON
Croydon High School
Selsdon Hill
Selsdon Park Hotel
SELSDON PARK HOTEL GOLF COURSE
Newlands Wood
Kingswood Shaw
KINGS WOOD
Pinewood Cott.
SANDERSTEAD
Sanderstead
Sanderstead Plantation
The Hooks
CR2
South Croydon
Croydon
Beech House Prep. Sch.
Hook's Hill
Ridgeway Prim. Sch.
DAYS ACRE
Gresham Prim. Sch.
Recreation Ground
Borough Fm.
Littleshaws
Sports Ground
MITCHLEY WOOD
Scout Hall
Atwood Prim. Sch.
Ragged Grove
Barnfield Shaw
Playing Field
Purley
PURLEY DOWNS GOLF COURSE
CR8
Club House
PURLEY BEECHES
Purley Oaks
Riddlesdown
Coombes Wood
Keepers Cott.
RIDDLESDOWN
GODSTONE RD.
HALING PARK
Haling Park Play. Flds.
SOUTH CROYDON
War Mem.
Howard Prim. Sch.
Works
TWIN BRIDGES BUSINESS PARK
Bus Depot
S. Croydon Rec. Grd.
COOMBE ROAD
A212
A2039
A235
B275
B269
A2022
BRIGHTON ROAD
SELSDON ROAD
SANDERSTEAD ROAD
UPPER SELSDON ROAD
CROHAM ROAD
ADDINGTON ROAD
MITCHLEY AVENUE
LIMPSFIELD ROAD
SANDERSTEAD HILL
PARK ROAD
RECTORY PARK
BALLARDS WAY
FARLEY ROAD
CROYDON FLYOVER
COOMBE LANE
Croydon Tramlink

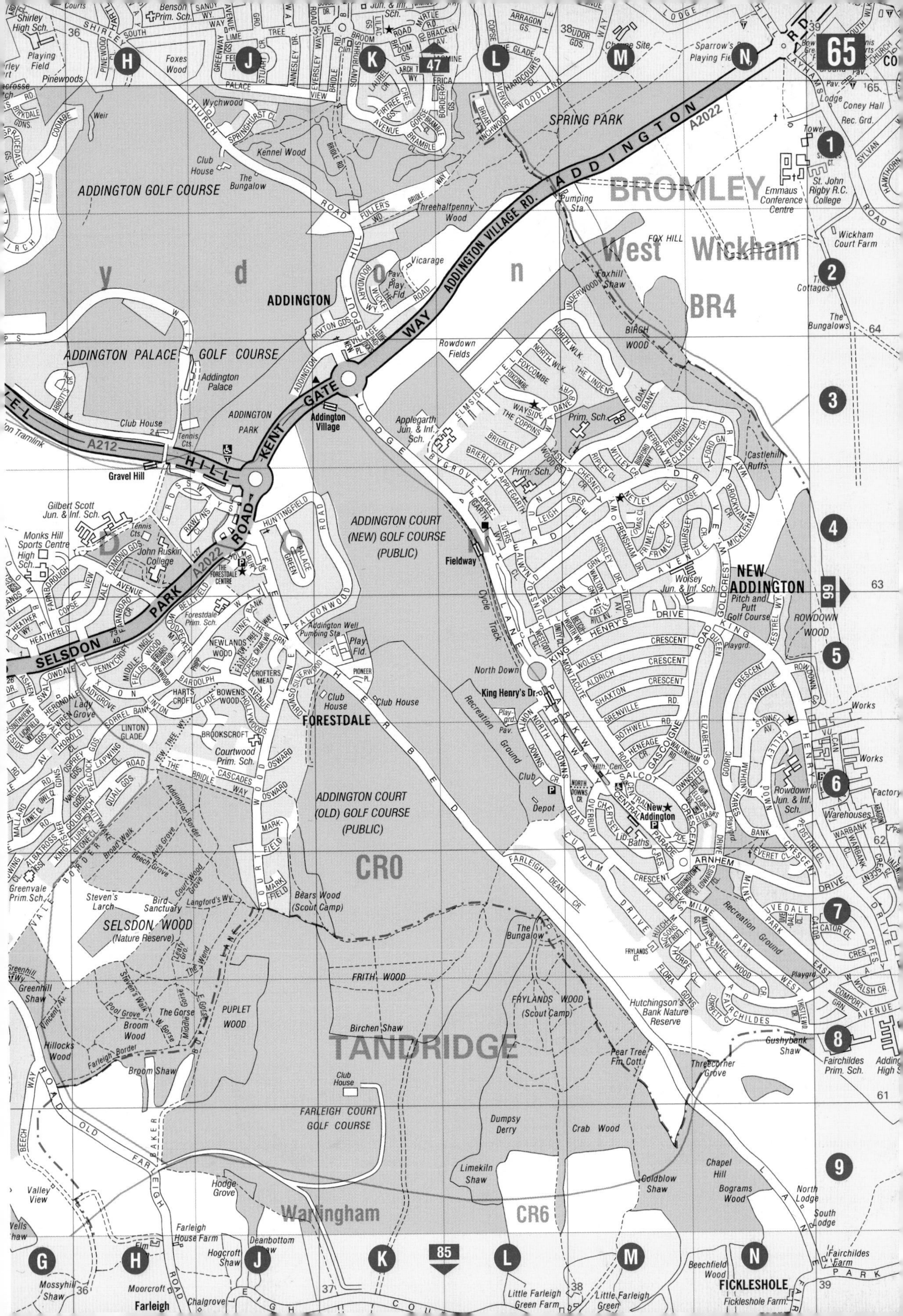

65
ADDINGTON
BROMLEY
West Wickham
BR4
CR0
CR6
TANDRIDGE
NEW ADDINGTON
ADDINGTON
FORESTDALE
FICKLESHOLE
Farleigh
Warlingham
ADDINGTON GOLF COURSE
ADDINGTON PALACE GOLF COURSE
Addington Palace
ADDINGTON PARK
ADDINGTON COURT (NEW) GOLF COURSE (PUBLIC)
ADDINGTON COURT (OLD) GOLF COURSE (PUBLIC)
FARLEIGH COURT GOLF COURSE
SELSDON WOOD (Nature Reserve)
SPRING PARK
ADDINGTON VILLAGE RD.
ADDINGTON
A2022
A212
KENT GATE WAY
GRAVEL HILL
SELSDON PARK ROAD
KING HENRY'S DRIVE
PARKWAY
LODGE LANE
FEATHERBED LANE
FARLEIGH ROAD
CHURCH ROAD
FIELDWAY
Fieldway
Addington Village
King Henry's Dr.
Gravel Hill
Emmaus Conference Centre
St. John Rigby R.C. College
Wickham Court Farm
Rowdown Fields
Birch Wood
Rowdown Wood
Castlehill Ruffs
Foxhill Shaw
FOX HILL
Threehalfpenny Wood
Kennel Wood
Frith Wood
Puplet Wood
Birchen Shaw
Frylands Wood (Scout Camp)
Bears Wood (Scout Camp)
Hutchingson's Bank Nature Reserve
Recreation Ground
Courtwood Prim. Sch.
Forestdale Prim. Sch.
John Ruskin College
Gilbert Scott Jun. & Inf. Sch.
Monks Hill Sports Centre
Applegarth Jun. & Inf. Sch.
Rowdown Jun. & Inf. Sch.
Wolsey Jun. & Inf. Sch.
Fairchildes Prim. Sch.
Greenvale Prim. Sch.
Dumpsy Derry
Crab Wood
Limekiln Shaw
Coldblow Shaw
Chapel Hill
Bograms Wood
Beechfield Wood
Fickleshole Farm
Little Farleigh Green Farm
Farleigh House Farm
Hogcroft Shaw
Hodge Grove
Broom Shaw
Hillocks Wood
G H J K L M N
1 2 3 4 5 6 7 8 9
47
85
99

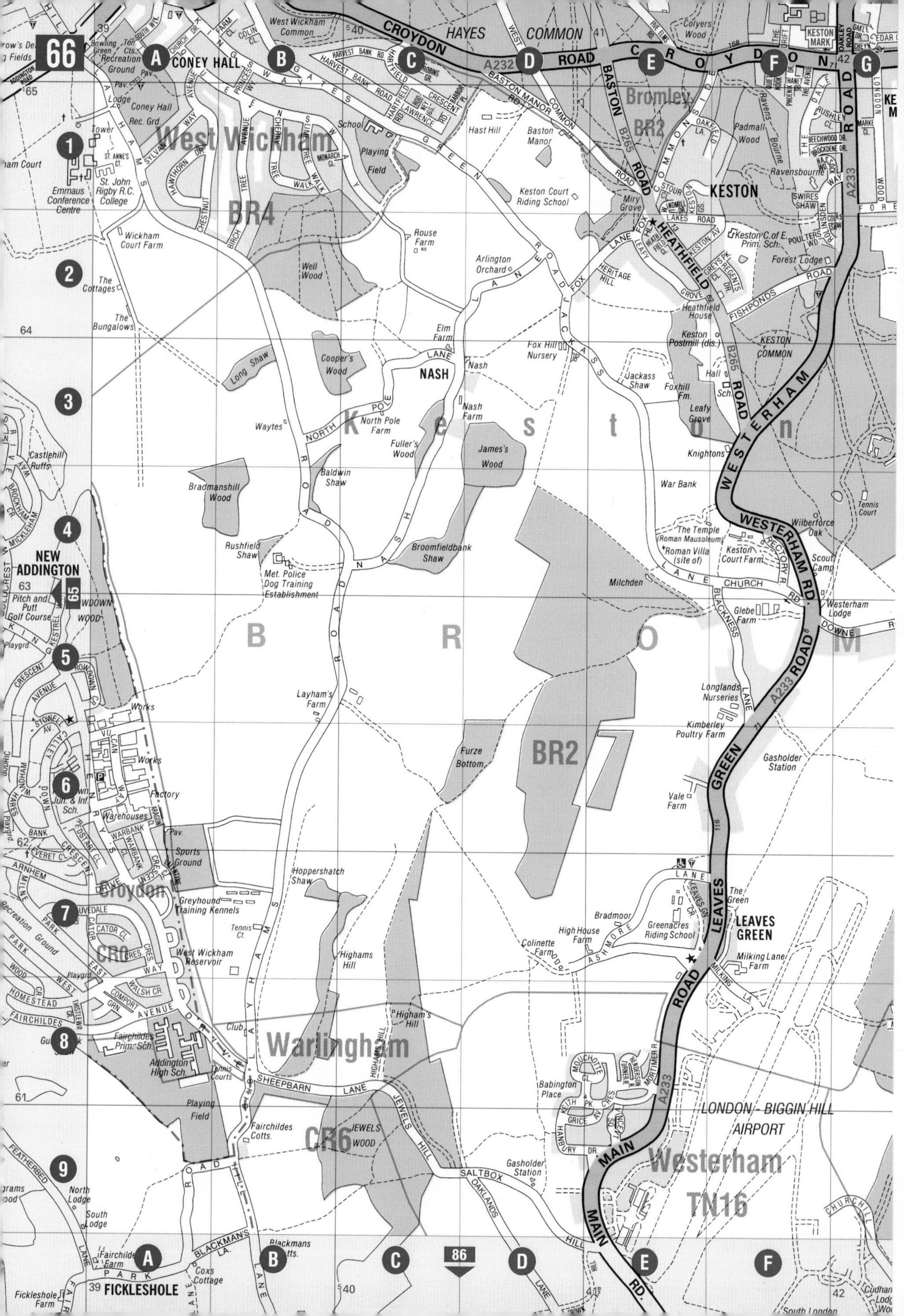
CROYDON ROAD
HAYES COMMON
West Wickham Common
CONEY HALL
Bowling Green
Tennis Cts.
Recreation Ground
Coney Hall Rec. Grd.
West Wickham
BR4
Emmaus Conference Centre
St. John Rigby R.C. College
Wickham Court Farm
The Cottages
The Bungalows
Long Shaw
Cooper's Wood
NASH
North Pole Farm
Waytes
Baldwin Shaw
Fuller's Wood
Bradmanshill Wood
Rushfield Shaw
Met. Police Dog Training Establishment
Broomfieldbank Shaw
James's Wood
Nash Farm
Elm Farm
Rouse Farm
Well Wood
Hast Hill
Baston Manor
Arlington Orchard
Keston Court Riding School
Playing Field
School
Bromley BR2
KESTON
Miry Grove
Keston C.of E. Prim. Sch.
Forest Lodge
Heathfield House
Keston Postmill (dis.)
KESTON COMMON
Fox Hill Nursery
Jackass Shaw
Foxhill Fm.
Leafy Grove
Knightons
War Bank
The Temple (Roman Mausoleum)
Roman Villa (site of)
Keston Court Farm
Milchden
Glebe Farm
Westerham Lodge
Scout Camp
Wilberforce Oak
Tennis Court
Padmall Wood
Ravensbourne
Colyers Wood
KESTON MARK
WESTERHAM ROAD
A233
A232
B265
BASTON ROAD
HEATHFIELD
CHURCH RD.
DOWNE
Keston
B R O M
Layham's Farm
Longlands Nurseries
Kimberley Poultry Farm
Gasholder Station
Furze Bottom
BR2
Vale Farm
GREEN
LEAVES
LEAVES GREEN
Milking Lane Farm
Greenacres Riding School
Bradmoor
High House Farm
Colinette Farm
Hoppershatch Shaw
Highams Hill
Higham's Hill
Warlingham
Greyhound Training Kennels
West Wickham Reservoir
Sports Ground
Tennis Ct.
Club
SHEEPBARN LANE
JEWELS HILL
JEWELS WOOD
CR6
Fairchildes Cotts.
Playing Field
Addington High Sch.
Fairchildes Prim. Sch.
Tennis Courts
NEW ADDINGTON
Pitch and Putt Golf Course
Castlehill Ruffs
Works
Factory
Warehouses
Croydon
CR0
Recreation Ground
Playgrd.
North Lodge
South Lodge
Fairchildes Farm
FICKLESHOLE
Coxs Cottage
Blackmans Cotts.
Fickleshole Farm
SALTBOX HILL
Gasholder Station
Babington Place
LONDON - BIGGIN HILL AIRPORT
Westerham
TN16
MAIN RD.
86
65
A B C D E F G
1 2 3 4 5 6 7 8 9

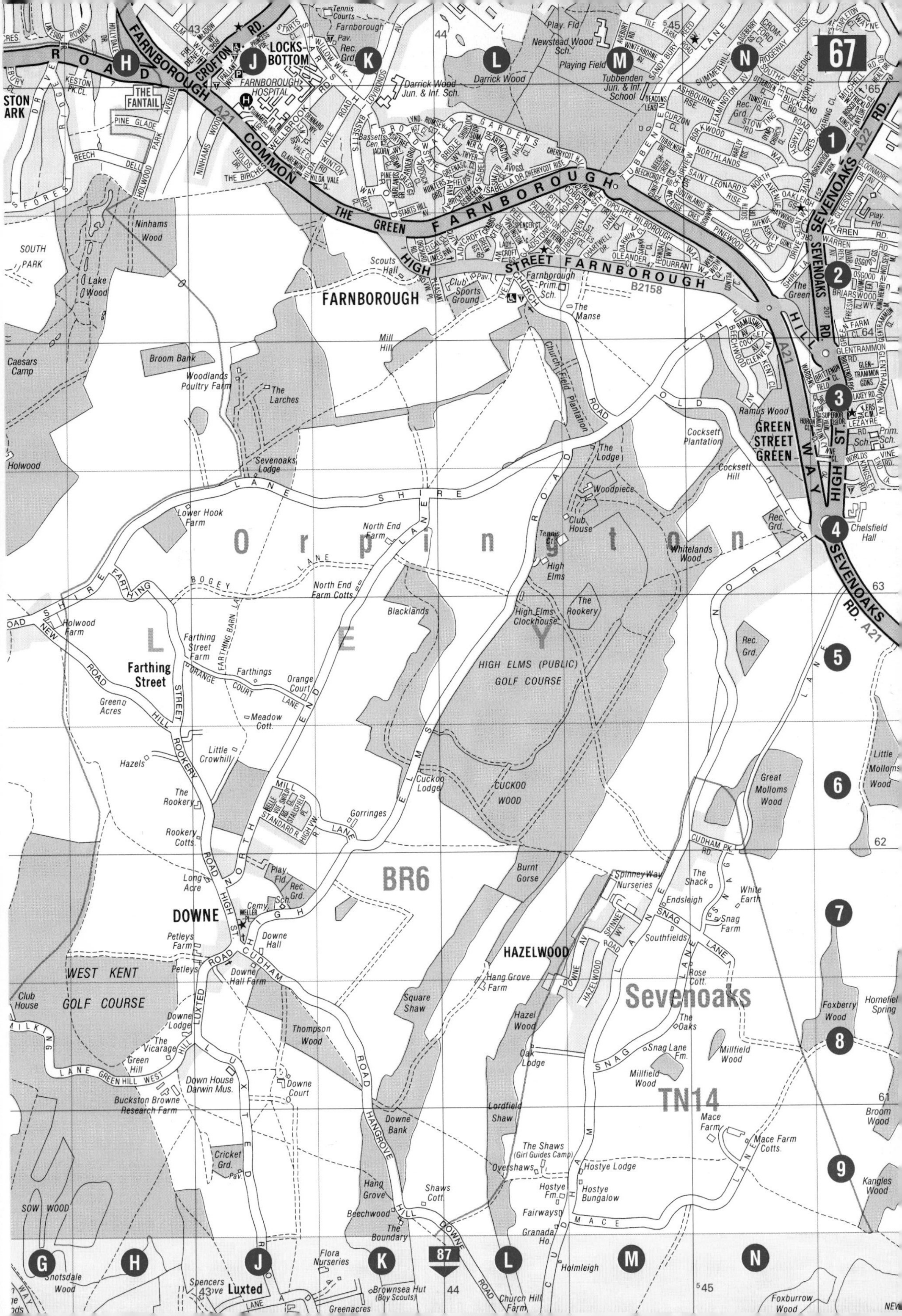

Orpington
LEY
BR6
TN14
Sevenoaks
DOWNE
FARNBOROUGH
HAZELWOOD
Farthing Street
GREEN STREET GREEN
LOCKS BOTTOM
Luxted
FARNBOROUGH COMMON
FARNBOROUGH HILL
HIGH STREET FARNBOROUGH
B2158
SEVENOAKS RD. A21
SEVENOAKS WAY
A22 RD.
SHIRE LANE
NORTH END LANE
ELMS ROAD
HIGH ELMS ROAD
OLD LANE
NORTH LANE
CUDHAM LANE
CUDHAM RD.
SNAG LANE
HANGROVE HILL
DOWNE ROAD
LUXTED ROAD
HIGH ST.
ROOKERY ROAD
FARTHING BARN LANE
BOGEY LANE
ORANGE COURT LANE
NEW ROAD HILL
MILKING LANE
GREEN HILL WEST
CROFTON RD.
HIGH ELMS (PUBLIC) GOLF COURSE
WEST KENT GOLF COURSE
Cuckoo Wood
Whitelands Wood
Great Molloms Wood
Little Molloms Wood
Ninhams Wood
Lake Wood
Darrick Wood
Thompson Wood
Hazel Wood
Sow Wood
Broom Bank
Caesars Camp
Holwood
Down House Darwin Mus.
Buckston Browne Research Farm
FARNBOROUGH HOSPITAL
Chelsfield Hall
Cocksett Plantation
Ramus Wood
Church Field Plantation
North End Farm
Lower Hook Farm
Sevenoaks Lodge
Woodlands Poultry Farm
The Larches
Mill Hill
Blacklands
Square Shaw
Burnt Gorse
Lordfield Shaw
Millfield Wood
Foxberry Wood
Kangles Wood
Broom Wood
Homefield Spring
Foxburrow Wood
Snotsdale Wood
Flora Nurseries
Brownsea Hut (Boy Scouts)
Greenacres
Holmleigh
Church Hill Farm
The Shaws (Girl Guides Camp)
Hostye Lodge
Mace Farm Cotts.
Spinney Way Nurseries
87
43
44
45
61
62
63
64
65
G
H
J
K
L
M
N
1
2
3
4
5
6
7
8
9

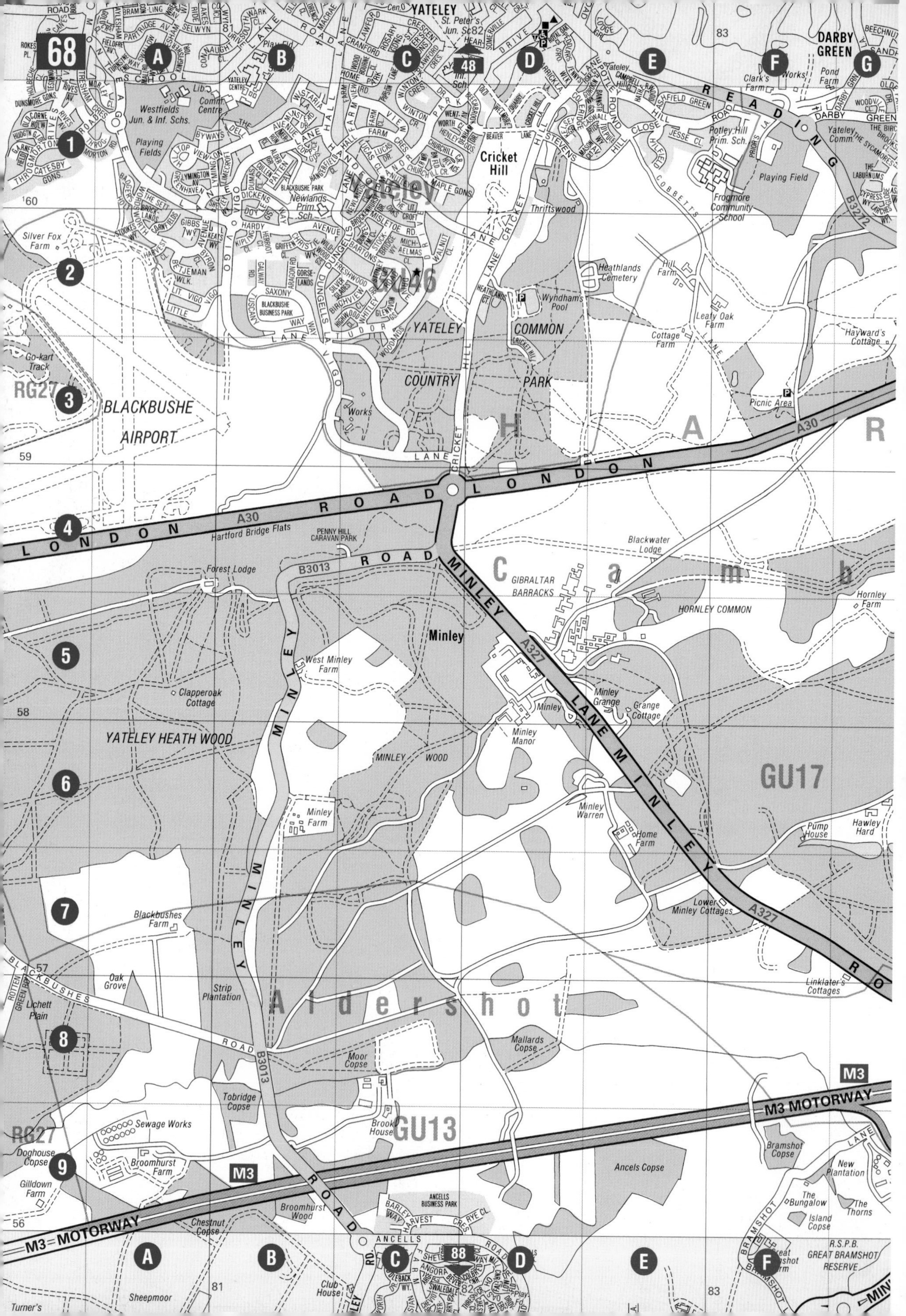
YATELEY
St. Peter's Jun. Sc
48
DARBY GREEN
Westfields Jun. & Inf. Schs.
Lib.
Comm Centre
Playing Fields
Play Fld
Yateley Centre
Cricket Hill
Yateley
Newlands Prim. Sch.
BLACKBUSHE BUSINESS PARK
GU46
Clark's Farm
Works
Pond Farm
Yateley Comm
READING ROAD
Potley Hill Prim. Sch.
Frogmore Community School
Playing Field
Thriftswood
Heathlands Cemetery
Wyndham's Pool
Hill Farm
Leafy Oak Farm
Cottage Farm
Hayward's Cottage
YATELEY COMMON COUNTRY PARK
Picnic Area
Silver Fox Farm
Go-kart Track
RG27
BLACKBUSHE AIRPORT
Works
H A R
A30
LONDON ROAD
Hartford Bridge Flats
PENNY HILL CARAVAN PARK
B3013
Forest Lodge
Blackwater Lodge
C a m b
GIBRALTAR BARRACKS
HORNLEY COMMON
Hornley Farm
Minley
MINLEY LANE
A327
West Minley Farm
Clapperoak Cottage
YATELEY HEATH WOOD
Minley Grange
Grange Cottage
Minley Manor
MINLEY WOOD
GU17
Minley Farm
Minley Warren
Home Farm
Pump House
Hawley Hard
Lower Minley Cottages
Blackbushes Farm
Oak Grove
Strip Plantation
Lichett Plain
BLACKBUSHES ROAD
Linklater's Cottages
A l d e r s h o t
Mallards Copse
Moor Copse
Tobridge Copse
Brook House
GU13
Sewage Works
Doghouse Copse
Broomhurst Farm
Gilldown Farm
M3 MOTORWAY
M3
Ancels Copse
Bramshot Copse
New Plantation
The Bungalow
The Thorns
Island Copse
Broomhurst Wood
Chestnut Copse
ANCELLS BUSINESS PARK
88
R.S.P.B. GREAT BRAMSHOT RESERVE
Sheepmoor
Club House
A B C D E F G
1 2 3 4 5 6 7 8 9
60 59 58 57 56
81 82 83

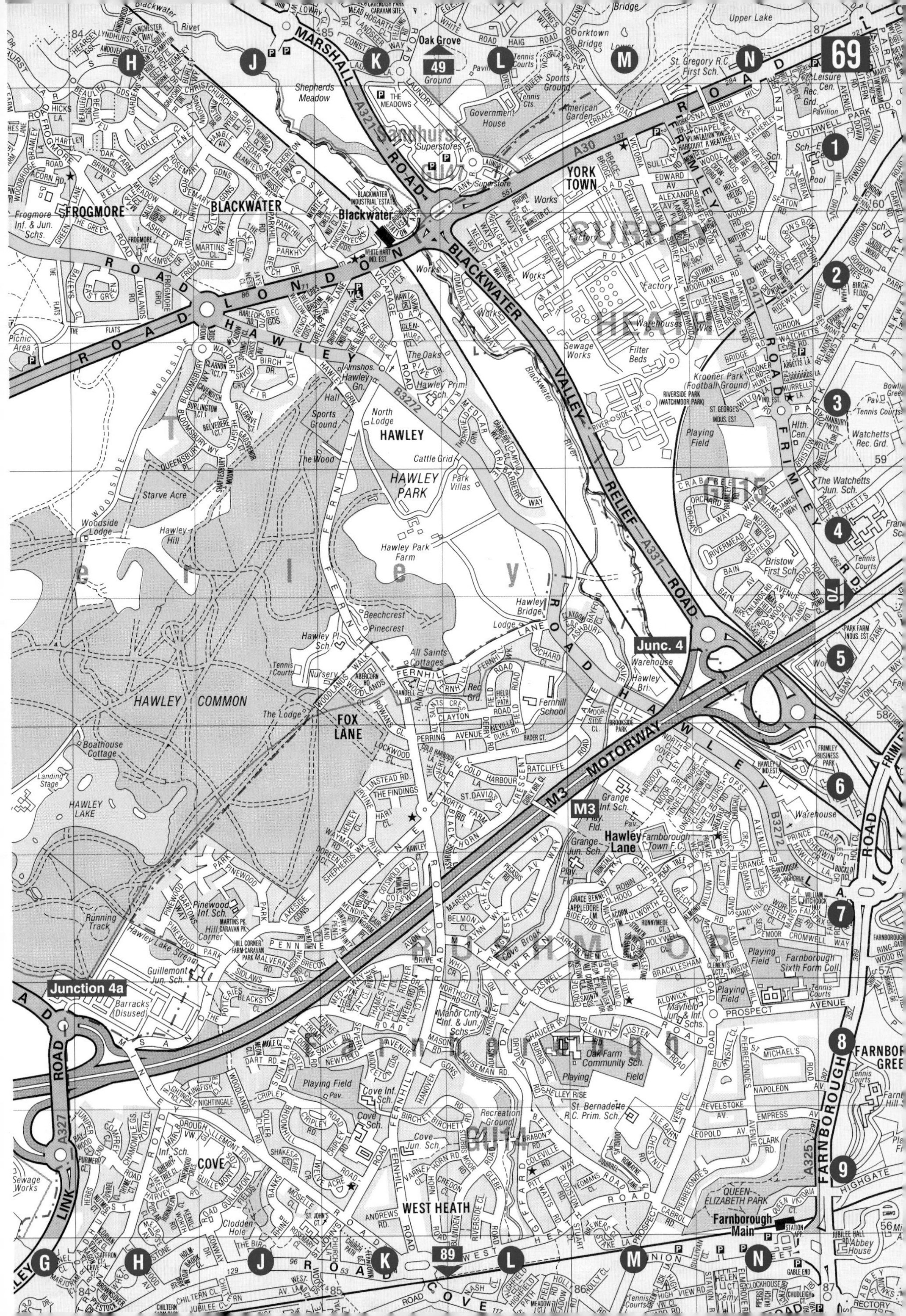
Oak Grove
49
89
70
Junction 4a
Junc. 4
M3
M3 MOTORWAY
A30
A327
A331
A325
B3272
B3411
BLACKWATER VALLEY RELIEF ROAD
MARSHALL ROAD
LONDON ROAD
HAWLEY ROAD
FERNHILL ROAD
FRIMLEY ROAD
FARNBOROUGH ROAD
LINK ROAD
PROSPECT AVENUE
WEST HEATH ROAD
COVE ROAD
PARK ROAD
FROGMORE
BLACKWATER
Blackwater
Sandhurst
YORK TOWN
HAWLEY
HAWLEY PARK
HAWLEY COMMON
HAWLEY LAKE
FOX LANE
Hawley Lane
COVE
WEST HEATH
Farnborough Main
QUEEN ELIZABETH PARK
SURREY HEATH
RUSHMOOR
GU14
GU15
GU47
Shepherds Meadow
Government House
American Garden
Upper Lake
Superstores
Works
Factory
Warehouses
Sewage Works
Filter Beds
Krooner Park (Football Ground)
RIVERSIDE PARK (WATCHMOOR PARK)
Playing Field
Hawley Park Farm
Beechcrest
Pinecrest
All Saints Cottages
Nursery
The Lodge
Boathouse Cottage
Landing Stage
Running Track
Starve Acre
Woodside Lodge
Hawley Hill
Sports Ground
North Lodge
The Wood
Cattle Grid
Park Villas
Hawley Bridge
Fernhill School
Grange Inf. Sch.
Grange Jun. Sch.
Farnborough Town F.C.
Farnborough Sixth Form Coll.
Oak Farm Community Sch.
St. Bernadette R.C. Prim. Sch.
Recreation Ground
Cove Inf. Sch.
Cove Sch.
Cove Jun. Sch.
Pinewood Inf. Sch.
Guillemont Jun. Sch.
Barracks (Disused)
Hill Corner Farm Caravan Park
Clodden Hole
Frogmore Inf. & Jun. Schs.
St. Gregory R.C. First Sch.
Leisure Cen.
The Watchetts Jun. Sch.
Watchetts Rec. Grd.
Bristow First Sch.
Frimley Business Park
Park Farm Indus. Est.
Manor Cnty Inf. & Jun. Schs.
Mayfield Jun. & Inf. Schs.
Tennis Courts
Sewage Works
H
J
K
L
M
N
G
1
2
3
4
5
6
7
8
9

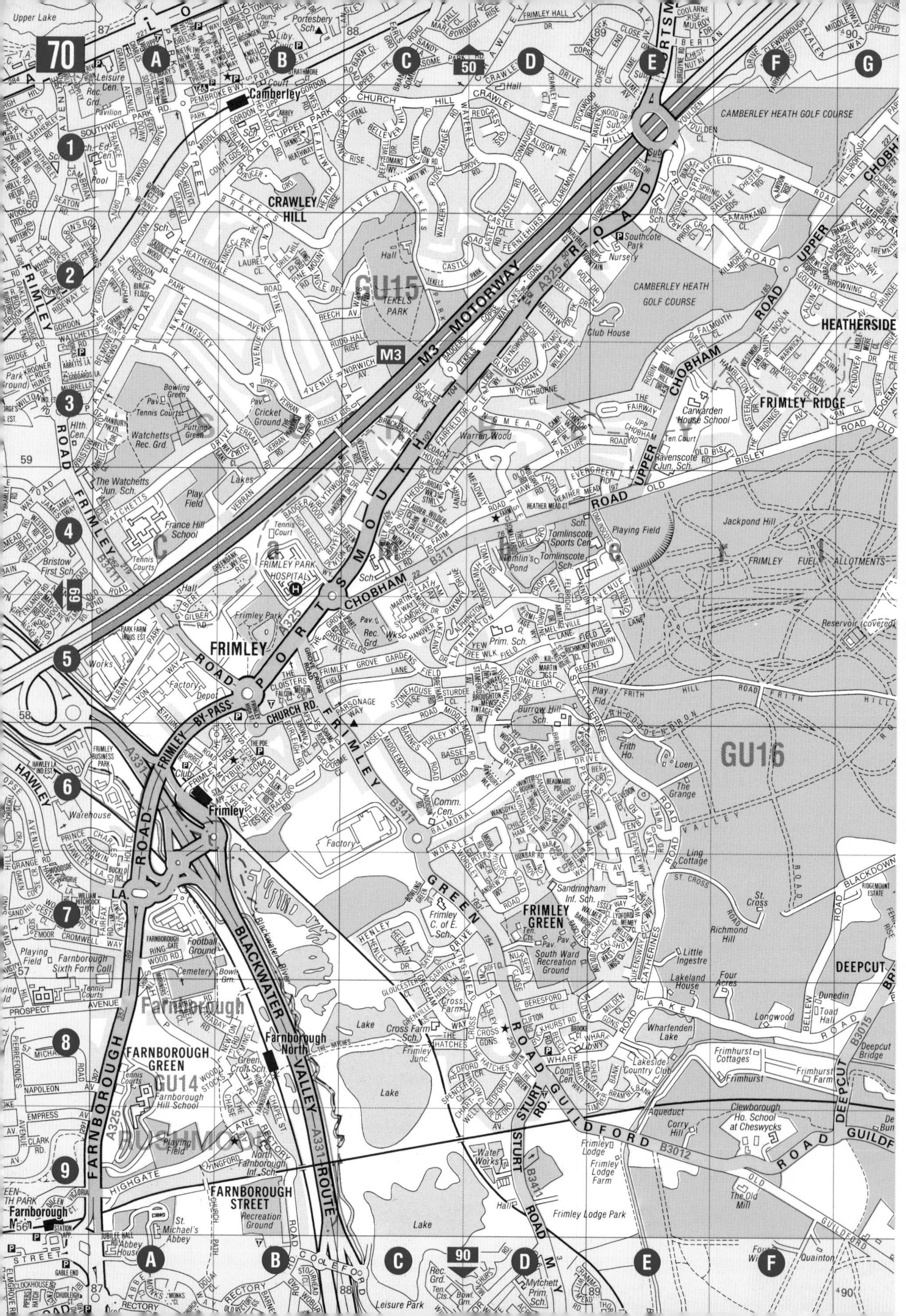

Upper Lake
Camberley
Leisure Cen.
Portesbery Sch.
CAMBERLEY HEATH GOLF COURSE
CRAWLEY HILL
GU15
TEKELS PARK
M3 MOTORWAY
PORTSMOUTH ROAD
A325
Southcote Park Nursery
CAMBERLEY HEATH GOLF COURSE
Club House
HEATHERSIDE
FRIMLEY RIDGE
Carwarden House School
Ravenscote Jun. Sch.
FRIMLEY
Watchetts Rec. Grd.
Cricket Ground
Warren Wood
The Watchetts Jun. Sch.
France Hill School
Bristow First Sch.
FRIMLEY PARK HOSPITAL
Tomlinscote Sports Cen.
Tomlinscote Sch.
Tomlin's Pond
Playing Field
Jackpond Hill
FRIMLEY FUEL ALLOTMENTS
Reservoir (covered)
FRIMLEY
Frimley Park
Prim. Sch.
Burrow Hill Sch.
Frith Ho.
GU16
Loen
The Grange
Ling Cottage
St. Cross
Richmond Hill
Little Ingestre
Lakeland House
Four Acres
DEEPCUT
Dunedin
Longwood
Toad Hall
Wharfenden Lake
Frimhurst Cottages
Frimhurst
Frimhurst Farm
Deepcut Bridge
Clewborough Ho. School at Cheswycks
Corry Hill
Aqueduct
The Old Mill
Frimley Lodge
Frimley Lodge Farm
Frimley Lodge Park
Water Works
Lake
Lakeside Country Club
FRIMLEY GREEN
Sandringham Inf. Sch.
South Ward Recreation Ground
Frimley C. of E. Sch.
Cross Farm
Cross Farm Sch.
Frimley Junc.
Comm. Cen.
Factory
Frimley
Farnborough North
Blackwater River
BLACKWATER VALLEY ROUTE
A331
FRIMLEY BY-PASS
Frimley Business Park
Warehouse
Farnborough Sixth Form Coll
Football Ground
Cemetery
Farnborough
FARNBOROUGH GREEN
GU14
Farnborough Hill School
RUSHMOOR
Playing Field
North Farnborough Inf. Sch.
FARNBOROUGH STREET
Recreation Ground
St. Michael's Abbey
Abbey House
Farnborough Main
Leisure Park
Mytchett Prim. Sch.
Rec. Grd.
GUILDFORD ROAD
B3012
B3015
B3411
B311
50
69
90

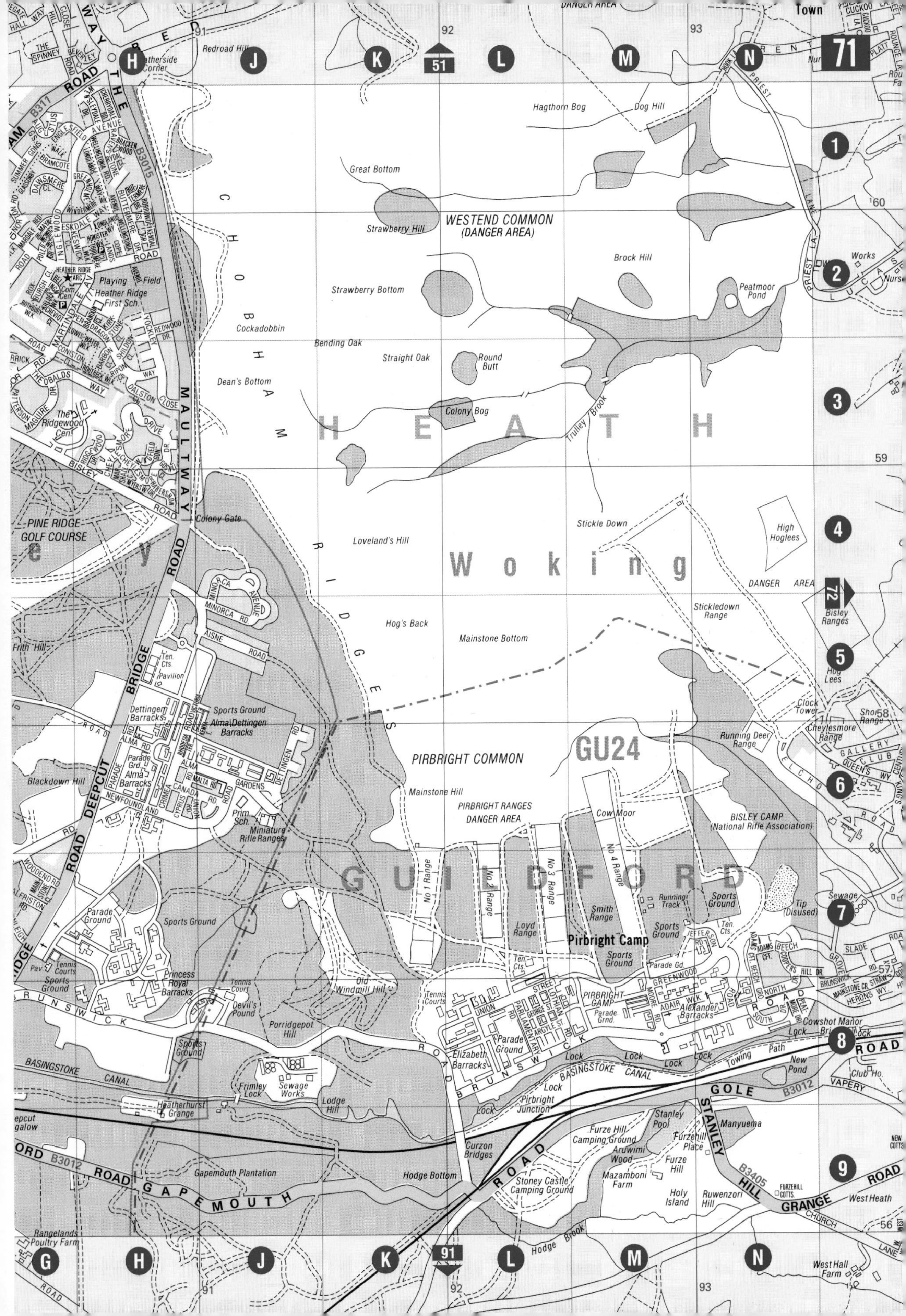

Town
Redroad Hill
Heatherside Corner
51
91
92
93
59
56
57
58
60
72
Hagthorn Bog
Dog Hill
Great Bottom
WESTEND COMMON
(DANGER AREA)
Strawberry Hill
Brock Hill
Strawberry Bottom
Peatmoor Pond
Playing Field
Heather Ridge First Sch.
Cockadobbin
Bending Oak
Straight Oak
Round Butt
Dean's Bottom
Colony Bog
Trulley Brook
H E A T H
C H O B H A M
R I D G E S
The Ridgewood Cent.
MAULTWAY
Colony Gate
PINE RIDGE GOLF COURSE
Loveland's Hill
Stickle Down
High Hoglees
W o k i n g
DANGER AREA
Bisley Ranges
Stickledown Range
Hog's Back
Mainstone Bottom
Hog Lees
Frith Hill
Clock Tower
Cheylesmore Range
Running Deer Range
PIRBRIGHT COMMON
GU24
Sports Ground
Dettingen Barracks
Alma Dettingen Barracks
Alma Barracks
Blackdown Hill
Mainstone Hill
PIRBRIGHT RANGES
DANGER AREA
Cow Moor
BISLEY CAMP
(National Rifle Association)
Prim. Sch.
Miniature Rifle Ranges
No 1 Range
No 2 Range
No 3 Range
No 4 Range
G U I L D F O R D
Smith Range
Loyd Range
Running Track
Tip (Disused)
Sewage
Pirbright Camp
Princess Royal Barracks
Old Windmill Hill
Devil's Pound
Porridgepot Hill
PIRBRIGHT CAMP
Alexander Barracks
Elizabeth Barracks
Parade Ground
Cowshot Manor
BRUNSWICK ROAD
BASINGSTOKE CANAL
Towing Path
New Pond
Club Ho.
VAPERY
GOLE ROAD B3012
Frimley Lock
Sewage Works
Lodge Hill
Heatherhurst Grange
Pirbright Junction
Stanley Pool
Manyuema
Furze Hill Camping Ground
Furzehill Place
Aruwimi Wood
Furze Hill
Curzon Bridges
Gapemouth Plantation
Hodge Bottom
Stoney Castle Camping Ground
Mazamboni Farm
Holy Island
Ruwenzori Hill
STANLEY HILL B3405
GRANGE ROAD
West Heath
CHURCH LANE
Rangelands Poultry Farm
GAPEMOUTH ROAD
DEEPCUT BRIDGE ROAD
Hodge Brook
West Hall Farm
PRIEST LANE

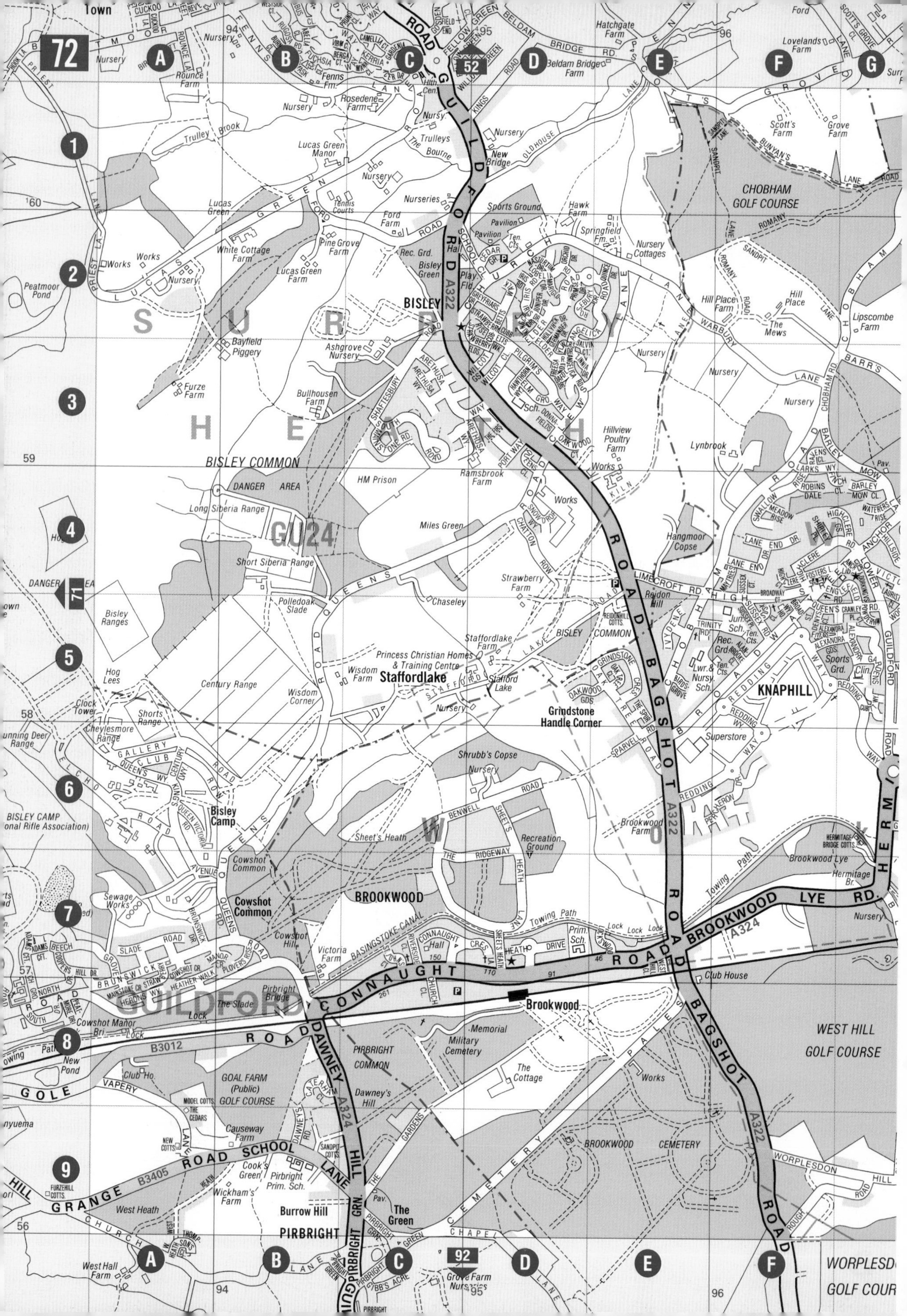
Town
A
B
C
D
E
F
G
1
2
3
4
5
6
7
8
9
52
71
92
94
95
96
60
59
58
57
56
Nursery
Rounce Farm
Fenns Fm.
Rosedene Farm
Beldam Bridge Farm
Hatchgate Farm
Lovelands Farm
Scott's Farm
Grove Farm
CHOBHAM GOLF COURSE
Trulley Brook
Lucas Green Manor
Trulleys
The Bourne
New Bridge
Lucas Green
Tennis Courts
Nurseries
Ford Farm
Sports Ground
Pavilion
Hawk Farm
Springfield Fm.
Nursery Cottages
White Cottage Farm
Pine Grove Farm
Rec. Grd.
Bisley Green
Play Fld.
Works
Peatmoor Pond
Lucas Green Farm
BISLEY
Hill Place Farm
Hill Place
The Mews
Lipscombe Farm
S U R R E Y
Bayfield Piggery
Ashgrove Nursery
Furze Farm
Bullhousen Farm
H E A T H
BISLEY COMMON
HM Prison
Ramsbrook Farm
Hillview Poultry Farm
Lynbrook
DANGER AREA
Long Siberia Range
GU24
Miles Green
Hangmoor Copse
Short Siberia Range
Strawberry Farm
DANGER AREA
Bisley Ranges
Polledoak Slade
Chaseley
Reidon Hill
Staffordlake Farm
BISLEY COMMON
Princess Christian Homes & Training Centre
Wisdom Farm
Staffordlake
Stafford Lake
Hog Lees
Century Range
Wisdom Corner
Grindstone Handle Corner
KNAPHILL
Superstore
Clock Tower
Shorts Range
Cheylesmore Range
Running Deer Range
Shrubb's Copse
BISLEY CAMP
(National Rifle Association)
Bisley Camp
Sheet's Heath
Recreation Ground
Brookwood Farm
Brookwood Lye
Hermitage Br.
Cowshot Common
Sewage Works
BROOKWOOD
Cowshot Common
Cowshot Hill
Victoria Farm
BASINGSTOKE CANAL
Towing Path
Prim. Sch.
Club House
Nursery
GUILDFORD
Pirbright Bridge
The Slade
Lock
Brookwood
Cowshot Manor Bri.
Memorial
Military Cemetery
WEST HILL GOLF COURSE
New Pond
PIRBRIGHT COMMON
The Cottage
Works
Club Ho.
GOAL FARM (Public) GOLF COURSE
Dawney's Hill
Causeway Farm
BROOKWOOD CEMETERY
Cook's Green
Pirbright Prim. Sch.
Wickham's Farm
West Heath
Burrow Hill
The Green
PIRBRIGHT
West Hall Farm
Grove Farm Nurseries
WORPLESDON GOLF COURSE
GUILDFORD ROAD
A322
BAGSHOT ROAD
A322
CONNAUGHT ROAD
DAWNEY HILL
A324
BROOKWOOD LYE RD.
A324
B3012
B3405
GRANGE ROAD
SCHOOL LANE
CEMETERY
CHOBHAM ROAD
QUEENS ROAD
LUCAS GREEN ROAD
WORPLESDON HILL

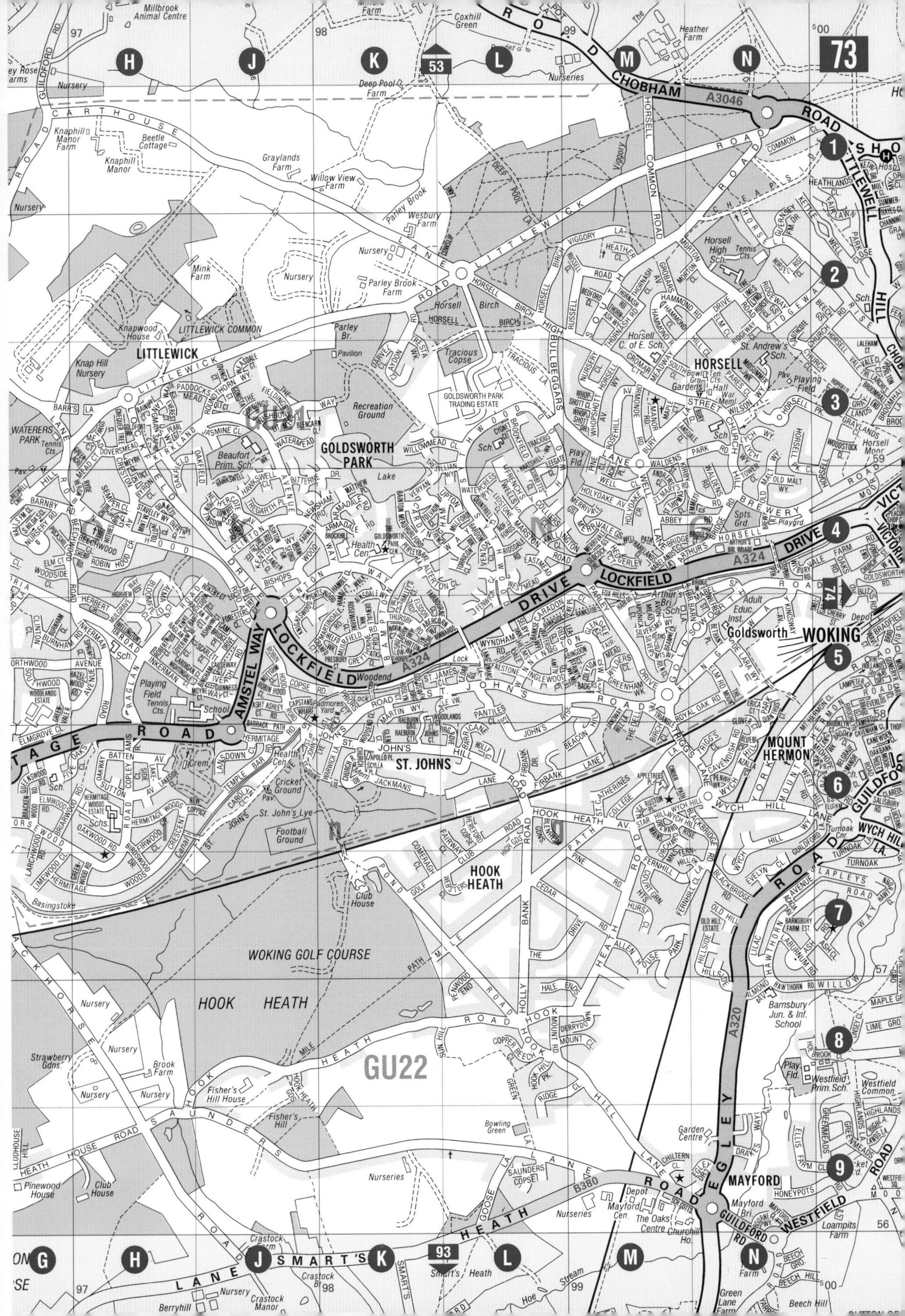
53
74
93
WOKING
HORSELL
GOLDSWORTH PARK
LITTLEWICK
LITTLEWICK COMMON
ST. JOHNS
HOOK HEATH
MOUNT HERMON
MAYFORD
GU21
GU22
WOKING GOLF COURSE
CHOBHAM ROAD
LOCKFIELD DRIVE
AMSTEL WAY
HERMITAGE ROAD
EGLEY ROAD
GUILDFORD ROAD
HOOK HEATH ROAD
SMART'S HEATH ROAD
SMART'S LANE
CARTHOUSE LANE
LITTLEWICK ROAD
SAUNDERS LANE
HOOK HILL
WESTFIELD ROAD
HORSELL COMMON ROAD
A324
A3046
A320
B380
Goldsworth Park Trading Estate
Recreation Ground
Tracious Copse
Horsell Birch
Knap Hill Nursery
Knapwood House
Waterers Park
Basingstoke Canal
Football Ground
Cricket Ground
Club House
Fisher's Hill House
Strawberry Gdns.
Brook Farm
Pinewood House
Mayford Cen.
The Oaks Centre
Churchill Ho.
Barnsbury Jun. & Inf. School
Westfield Prim. Sch.
Westfield Common
Horsell High Sch.
Horsell C. of E. Sch.
St. Andrew's Sch.
Beaufort Prim. Sch.
Adult Educ. Inst.
Heather Farm
Deep Pool Farm
Graylands Farm
Willow View Farm
Parley Brook Farm
Wesbury Farm
Mink Farm
Knaphill Manor
Knaphill Manor Farm
Beetle Cottage
Millbrook Animal Centre
Crastock Manor
Berryhill
Smart's Heath
Beech Hill
Green Lane Farm
Loampits Farm
Coxhill Green

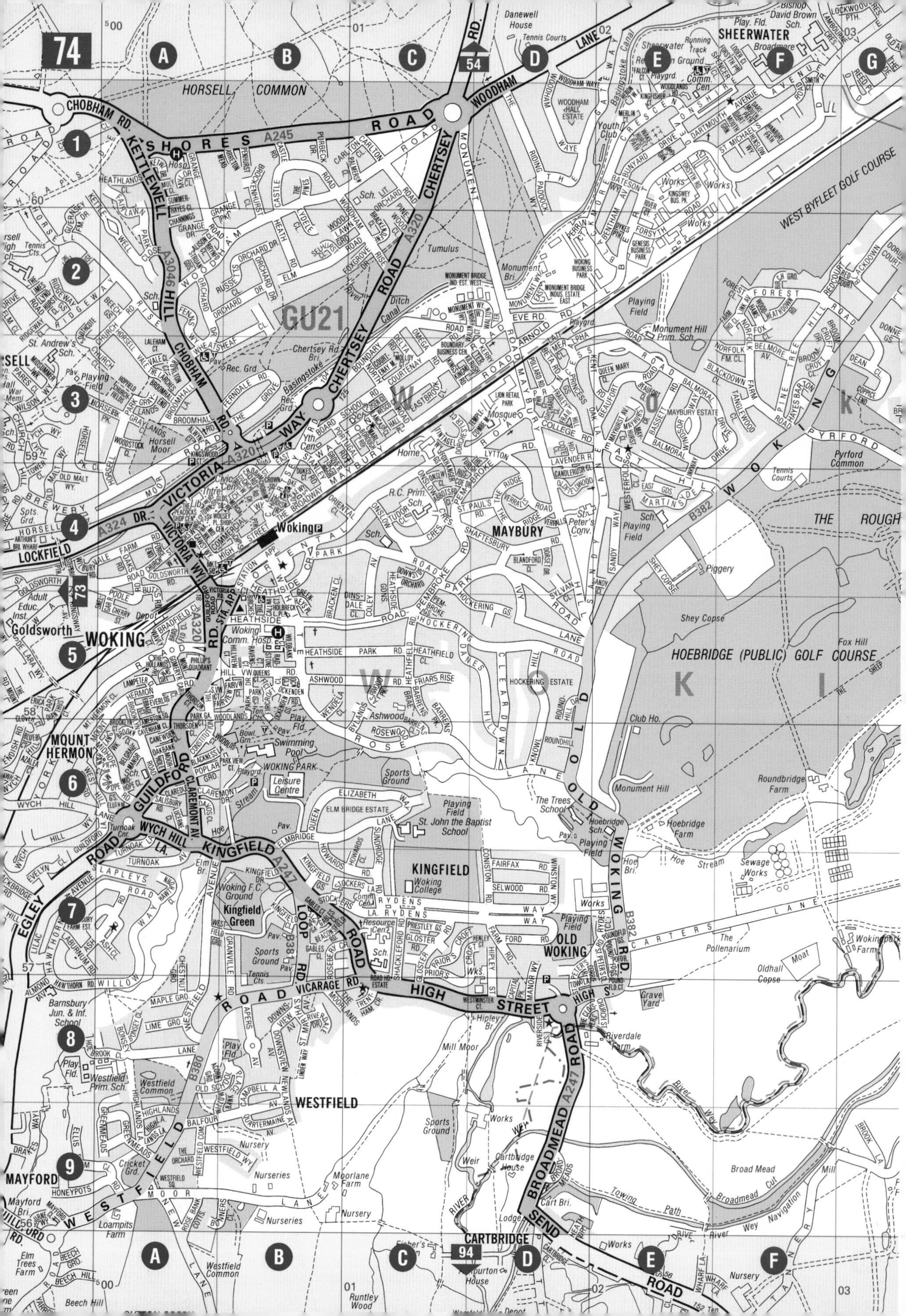
HORSELL COMMON
SHEERWATER
WEST BYFLEET GOLF COURSE
CHOBHAM RD.
SHORES ROAD
A245
WOODHAM LANE
CHERTSEY ROAD
A320
KETTLEWELL HILL
A3046
CHOBHAM RD.
GU21
Basingstoke Canal
VICTORIA WAY
VICTORIA DR.
A324
LOCKFIELD
Woking
WOKING
MAYBURY
HEATHSIDE
Goldsworth
MOUNT HERMON
GUILDFORD ROAD
WYCH HILL LA.
KINGFIELD ROAD
A247
KINGFIELD
Kingfield Green
HOEBRIDGE (PUBLIC) GOLF COURSE
THE ROUGH
Pyrford Common
OLD WOKING
HIGH STREET
WESTFIELD
MAYFORD
WESTFIELD ROAD
BROADMEAD ROAD
SEND ROAD
CARTBRIDGE
River Wey
Broadmead Cut
Broad Mead
Woking Comm. Hosp.
Woking College
St. John the Baptist School
Swimming Pool
Leisure Centre
Woking F.C. Ground
Monument Hill
Hoebridge Farm
Sewage Works
The Pollenarium
Westfield Common
Loampits Farm
Elm Trees Farm
Beech Hill
Runtley Wood
54
73
94
B382
B380
B381

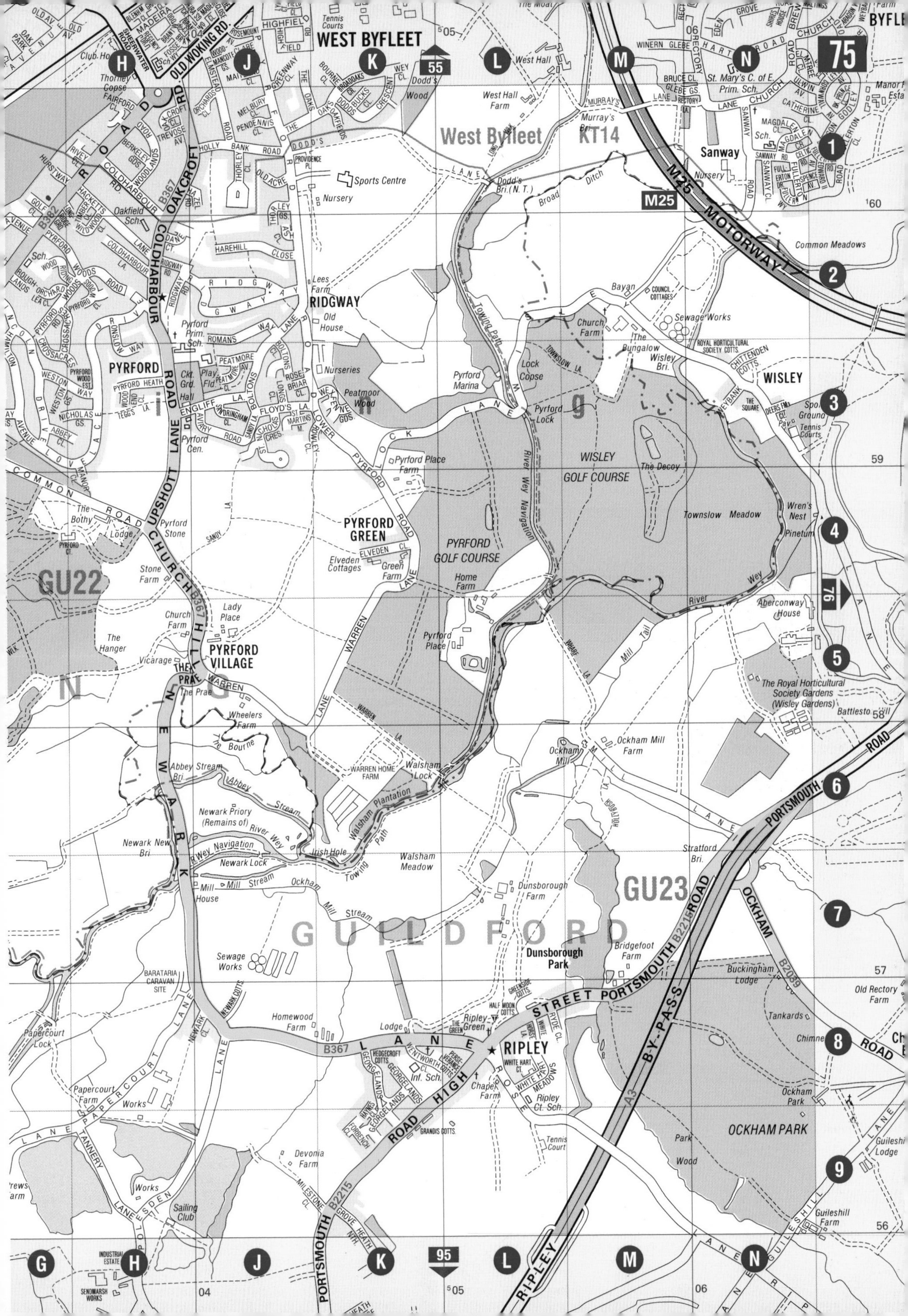
WEST BYFLEET
West Byfleet KT14
Sanway
M25 MOTORWAY
RIDGWAY
PYRFORD
PYRFORD GREEN
PYRFORD VILLAGE
WISLEY
WISLEY GOLF COURSE
PYRFORD GOLF COURSE
The Royal Horticultural Society Gardens (Wisley Gardens)
GU22
GU23
GUILDFORD
RIPLEY
Dunsborough Park
OCKHAM PARK
Newark Priory (Remains of)
River Wey Navigation
Walsham Meadow
Townslow Meadow
Common Meadows
A3 RIPLEY BY-PASS
PORTSMOUTH ROAD
B367
B2215
B2039
B382
55
76
95

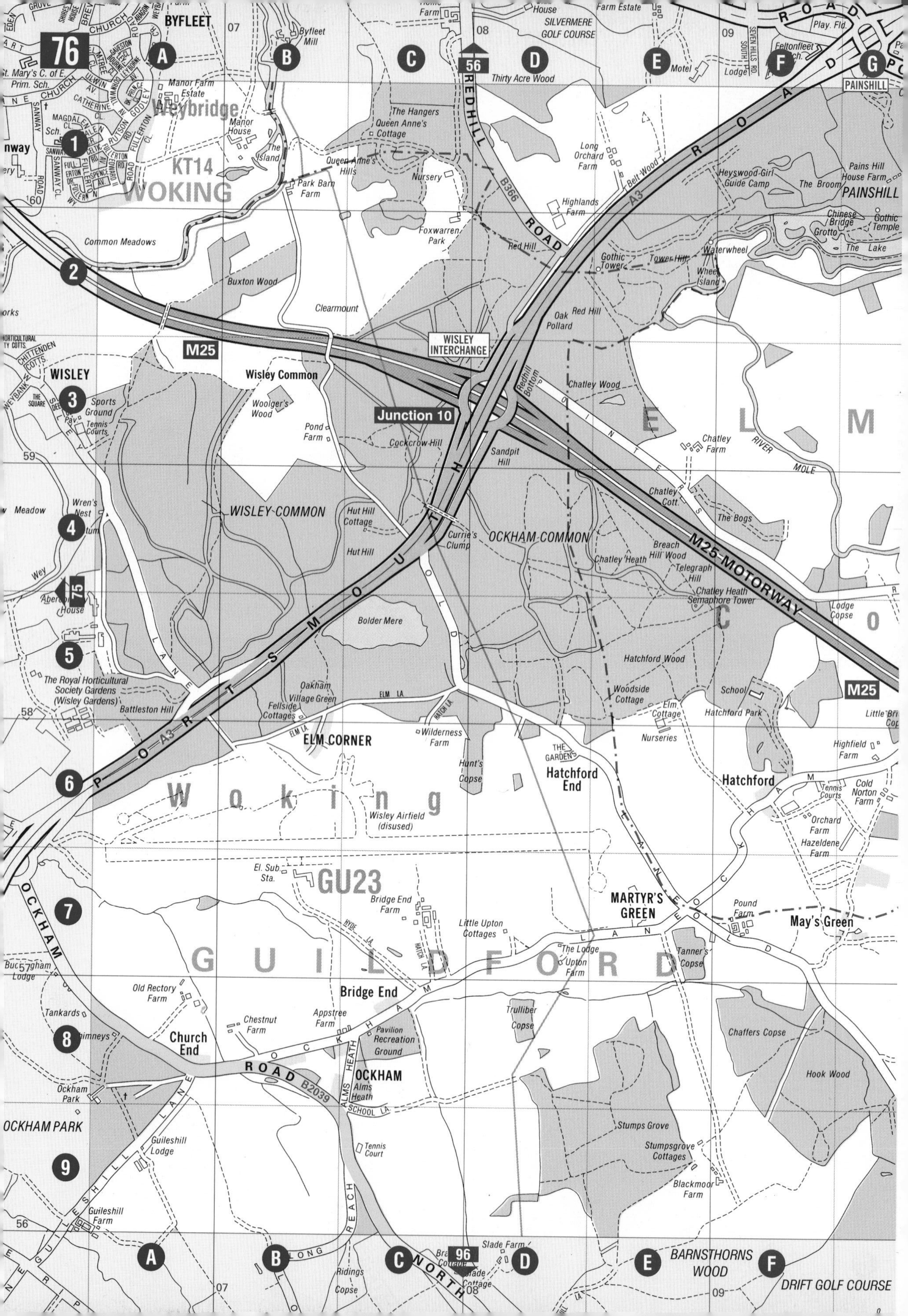
BYFLEET
Byfleet Mill
SILVERMERE GOLF COURSE
Farm Estate
Play. Fld.
Feltonfleet Sch.
Motel
Lodge
PAINSHILL
Thirty Acre Wood
56
St. Mary's C. of E. Prim. Sch.
Manor Farm Estate
Weybridge
Manor House
The Island
The Hangers
Queen Anne's Cottage
Queen Anne's Hills
Nursery
Park Barn Farm
KT14
WOKING
REDHILL
B366
ROAD
Long Orchard Farm
Highlands Farm
Belt Wood
A3
Heyswood Girl Guide Camp
Pains Hill House Farm
The Broom
Chinese Bridge
Grotto
Gothic Temple
The Lake
Waterwheel
Wheel Island
Gothic Tower
Tower Hill
Red Hill
Foxwarren Park
Common Meadows
Buxton Wood
Clearmount
Oak Pollard
M25
WISLEY INTERCHANGE
WISLEY
Wisley Common
Woolger's Wood
Sports Ground
Tennis Courts
Junction 10
Pond Farm
Cockcrow Hill
Sandpit Hill
Redhill Bottom
Chatley Wood
ELM
Chatley Farm
RIVER MOLE
Chatley Cott.
The Bogs
Meadow
Wren's Nest
WISLEY COMMON
Hut Hill Cottage
Hut Hill
Currie's Clump
OCKHAM COMMON
Breach Hill Wood
Chatley Heath
Telegraph Hill
Chatley Heath Semaphore Tower
M25 MOTORWAY
Lodge Copse
Wey
75
Aberdeen House
Bolder Mere
Hatchford Wood
The Royal Horticultural Society Gardens (Wisley Gardens)
Battleston Hill
Oakham Village Green
Fellside Cottages
ELM LA
HATCH LA.
Woodside Cottage
Elm Cottage
School
Hatchford Park
Nurseries
ELM CORNER
Wilderness Farm
Hunt's Copse
THE GARDENS
Hatchford End
Highfield Farm
Hatchford
Cold Norton Farm
Tennis Courts
Orchard Farm
Hazeldene Farm
PORTSMOUTH ROAD
OLD LANE
Woking
Wisley Airfield (disused)
El. Sub. Sta.
GU23
Bridge End Farm
MARTYR'S GREEN
Pound Farm
May's Green
OCKHAM
HYDE LA.
HATCH LA.
Little Upton Cottages
The Lodge
Upton Farm
Tanner's Copse
LANE
GUILDFORD
Buckingham Lodge
Old Rectory Farm
Bridge End
Tankards
Chimneys
Church End
Chestnut Farm
Appstree Farm
Pavilion Recreation Ground
Trulliber Copse
Chaffers Copse
ROAD
B2039
ALMS HEATH
OCKHAM
Alms Heath
SCHOOL LA.
Hook Wood
Ockham Park
OCKHAM PARK
Guileshill Lodge
Tennis Court
Stumps Grove
Stumpsgrove Cottages
Blackmoor Farm
GUILESHILL LANE
Guileshill Farm
LONG REACH
Slade Farm
96
Slade Cottage
Ridings Copse
NORTH
BARNSTHORNS WOOD
DRIFT GOLF COURSE
A B C D E F G
1 2 3 4 5 6 7 8 9
07 08 09
56 57 58 59 60

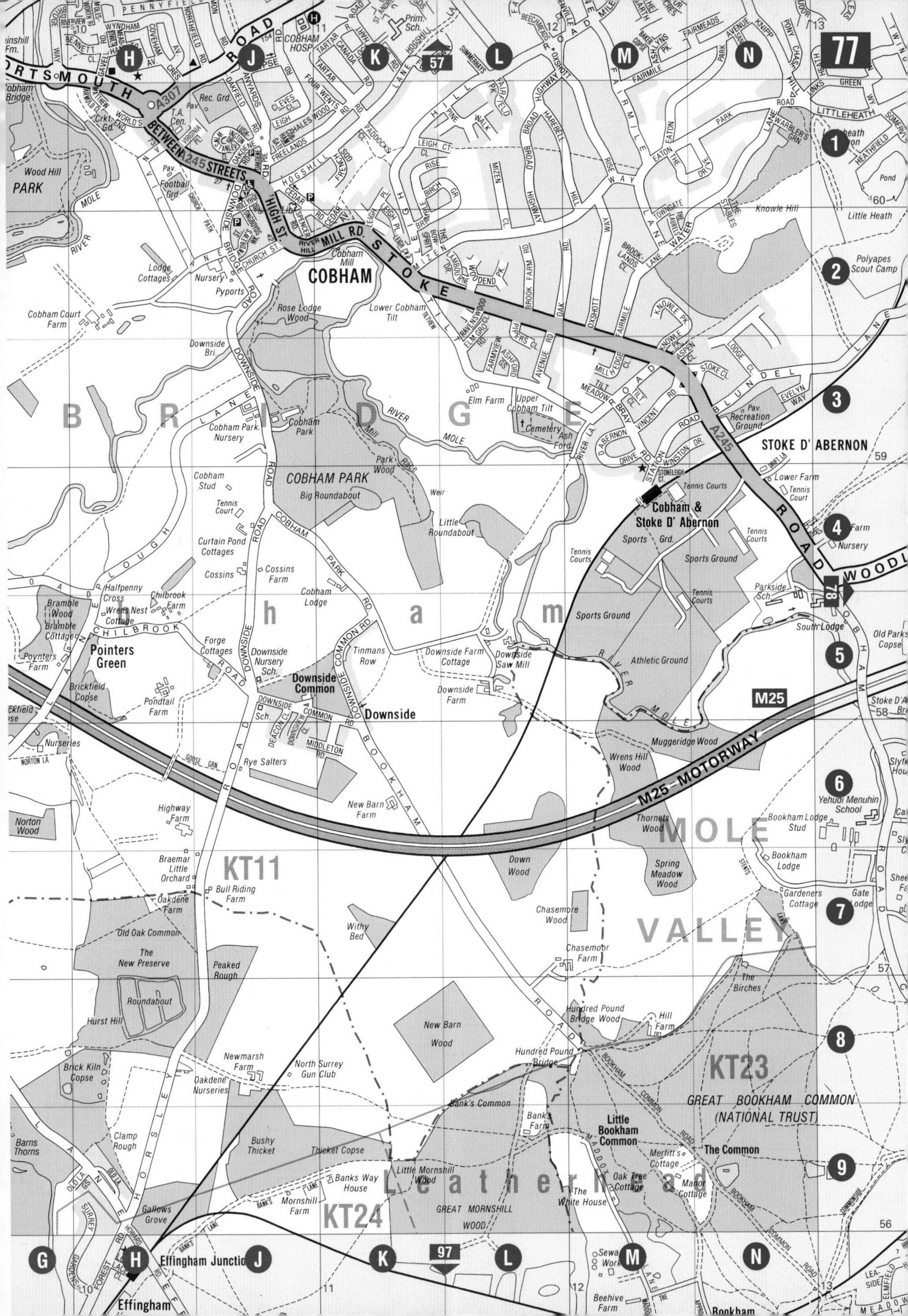
COBHAM
STOKE D' ABERNON
Cobham & Stoke D' Abernon
COBHAM PARK
Big Roundabout
Little Roundabout
Downside
Downside Common
Pointers Green
M25 MOTORWAY
M25
MOLE VALLEY
BRIDGE
h a m
Leatherhead
KT11
KT23
KT24
GREAT BOOKHAM COMMON
(NATIONAL TRUST)
Little Bookham Common
The Common
Effingham Junction
Effingham
Bookham
PORTSMOUTH ROAD
A307
A245
BETWEEN STREETS
HIGH ST.
MILL RD.
STOKE ROAD
COBHAM ROAD
HORSLEY ROAD
BOOKHAM ROAD
PLOUGH LANE
CHILBROOK
BLUNDEL LANE
FAIRMILE LANE
OXSHOTT ROAD
Cobham Mill
Rose Lodge Wood
Lower Cobham Tilt
Upper Cobham Tilt
Elm Farm
Cemetery
Ash Ford
Cobham Park
Cobham Park Nursery
Cobham Stud
Curtain Pond Cottages
Cossins
Cossins Farm
Cobham Lodge
Chilbrook Farm
Wrens Nest Cottage
Halfpenny Cross
Bramble Wood
Bramble Cottage
Poynters Farm
Brickfield Copse
Pondtail Farm
Forge Cottages
Downside Nursery Sch.
Tinmans Row
Downside Farm Cottage
Downside Saw Mill
Downside Farm
Rye Salters
New Barn Farm
Highway Farm
Norton Wood
Braemar Little Orchard
Bull Riding Farm
Oakdene Farm
Old Oak Common
The New Preserve
Roundabout
Peaked Rough
Hurst Hill
Brick Kiln Copse
Newmarsh Farm
North Surrey Gun Club
Oakdene Nurseries
Clamp Rough
Barns Thorns
Bushy Thicket
Thicket Copse
Gallows Grove
Banks Way House
Little Mornshill Wood
Mornshill Farm
GREAT MORNSHILL WOOD
New Barn Wood
Withy Bed
Down Wood
Chasemore Wood
Chasemoor Farm
Hundred Pound Bridge Wood
Hundred Pound Bridge
Hill Farm
The Birches
Bank's Common
Bank's Farm
Oak Tree Cottage
The White House
Merfitt's Cottage
Manor Cottage
Beehive Farm
Wrens Hill Wood
Muggeridge Wood
Thornets Wood
Spring Meadow Wood
Bookham Lodge
Bookham Lodge Stud
Yehudi Menuhin School
Gardeners Cottage
Gate Lodge
Athletic Ground
Sports Ground
Tennis Courts
South Lodge
Parkside Sch.
Old Parks Copse
Lower Farm
Nursery
Recreation Ground
Knowle Hill
Little Heath
Polyapes Scout Camp
Pond
Wood Hill
PARK
Cobham Bridge
Cobham Court Farm
Lodge Cottages
Pyports
Downside Bri.
Rec. Grd.
Football Grd.
COBHAM HOSP.
RIVER MOLE
Weir
Park Wood
Nurseries
Cobham Bridge
57
97
78
56
57
58
59
60
11
12
13
G H J K L M N
1 2 3 4 5 6 7 8 9

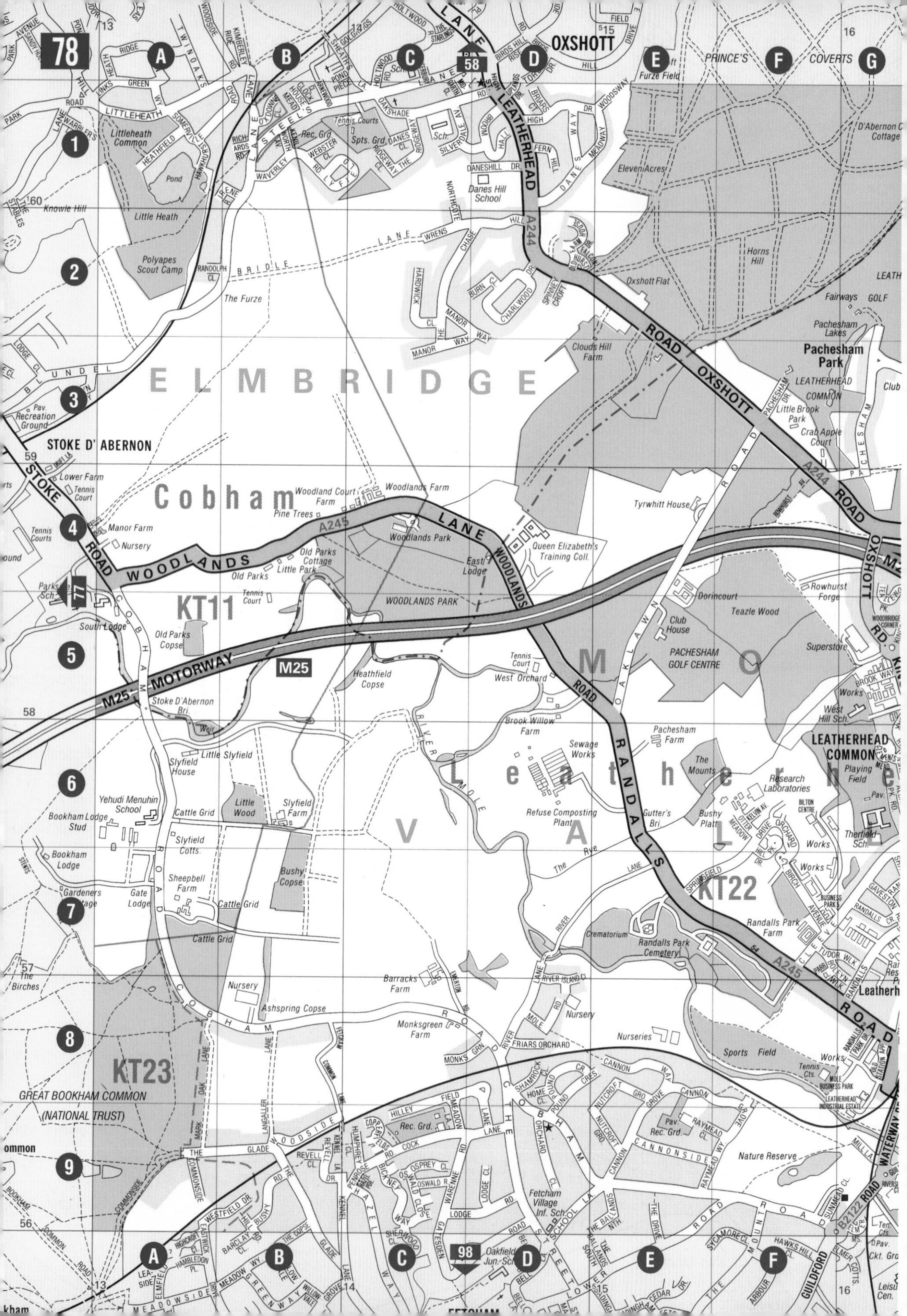
OXSHOTT
ELMBRIDGE
Cobham
STOKE D' ABERNON
KT11
KT22
KT23
M25 MOTORWAY
M25
LEATHERHEAD ROAD
A244
OXSHOTT ROAD
WOODLANDS LANE
A245
RANDALLS ROAD
COBHAM ROAD
STOKE ROAD
OAKLAWN ROAD
Littleheath Common
Little Heath
Polyapes Scout Camp
Knowle Hill
The Furze
Danes Hill School
Eleven Acres
Horns Hill
Oxshott Flat
Clouds Hill Farm
Pachesham Park
LEATHERHEAD COMMON
Woodlands Farm
Woodland Court Farm
Manor Farm
Lower Farm
Old Parks
Little Park
Old Parks Cottage
Old Parks Copse
South Lodge
Woodlands Park
WOODLANDS PARK
East Lodge
Queen Elizabeth's Training Coll.
Tyrwhitt House
Dorincourt
Teazle Wood
Club House
PACHESHAM GOLF CENTRE
Rowhurst Forge
Superstore
West Hill Sch.
Heathfield Copse
West Orchard
Brook Willow Farm
Pachesham Farm
Sewage Works
The Mounts
Research Laboratories
Refuse Composting Plant
Gutter's Bri.
Bushy Platt
Playing Field
Therfield Sch.
Stoke D'Abernon Bri.
Weir
Little Slyfield
Slyfield House
Yehudi Menuhin School
Bookham Lodge Stud
Bookham Lodge
Cattle Grid
Little Wood
Slyfield Farm
Slyfield Cotts.
Sheepbell Farm
Gate Lodge
Bushy Copse
The Birches
Nursery
Ashspring Copse
Barracks Farm
Monksgreen Farm
Crematorium
Randalls Park Cemetery
Randalls Park Farm
Nurseries
Sports Field
Nature Reserve
GREAT BOOKHAM COMMON
(NATIONAL TRUST)
Fetcham Village Inf. Sch.
Oakfield Jun. Sch.
Rec. Grd.
Pav. Rec. Grd.
MOLE BUSINESS PARK
LEATHERHEAD INDUSTRIAL ESTATE
THE GLADE
WOODSIDE
COBHAM
LOWER
GUILDFORD
B2122 ROAD
WATERWAY
PRINCE'S COVERTS
Leatherh
FETCHAM
58
77
98

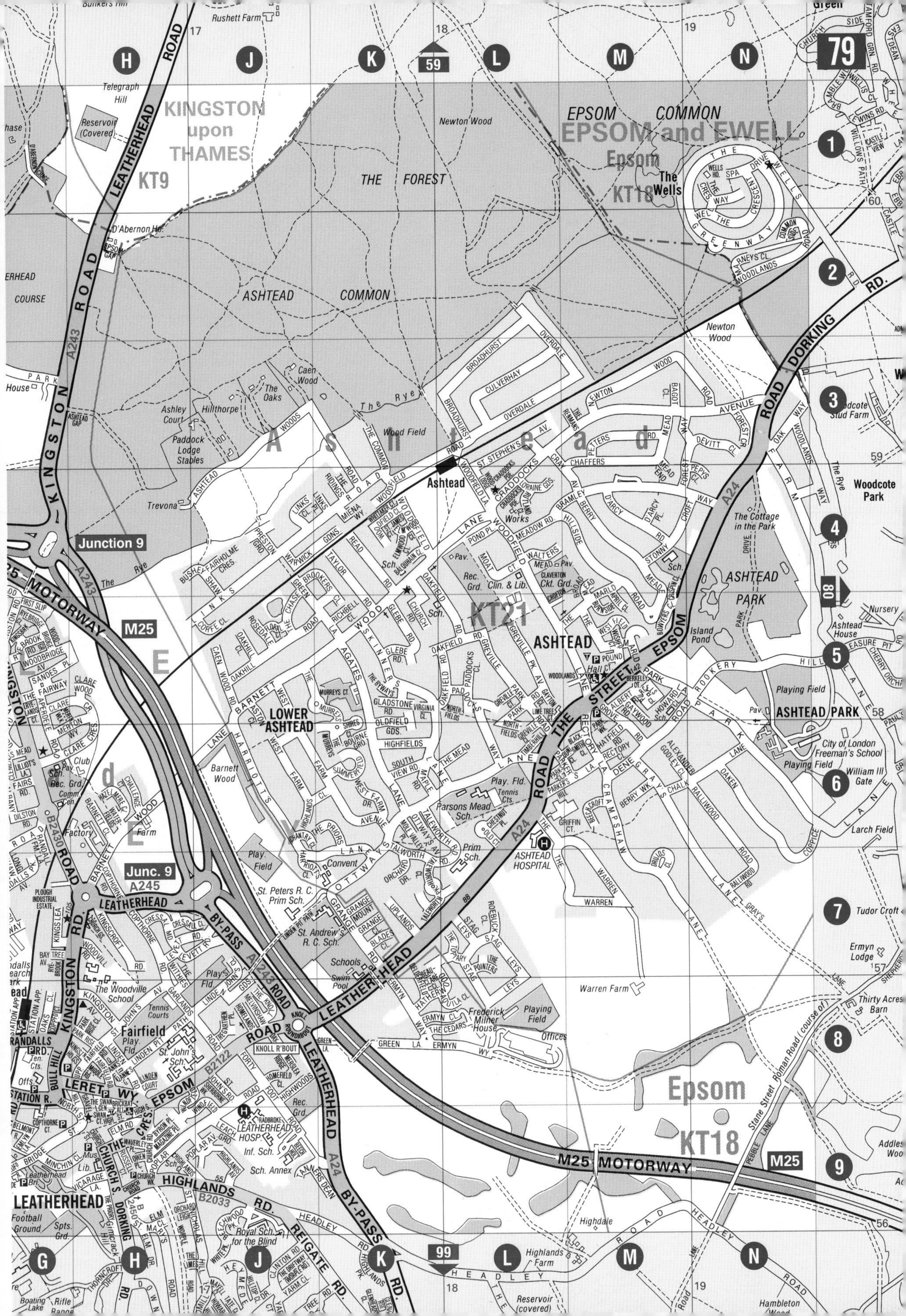
KINGSTON upon THAMES
KT9
EPSOM COMMON
EPSOM and EWELL
Epsom
KT18
The Wells
THE FOREST
Newton Wood
ASHTEAD COMMON
Ashtead
ASHTEAD
KT21
LOWER ASHTEAD
ASHTEAD PARK
Ashtead Park
Woodcote Park
Junction 9
Junc. 9
M25 MOTORWAY
KINGSTON ROAD
LEATHERHEAD ROAD
LEATHERHEAD BY-PASS
EPSOM ROAD
THE STREET
DORKING RD.
HEADLEY ROAD
HIGHLANDS RD.
REIGATE RD.
LEATHERHEAD
Fairfield
LEATHERHEAD HOSP.
ASHTEAD HOSPITAL
City of London Freeman's School
Barnett Wood
Warren Farm
Epsom
KT18
59
80
99

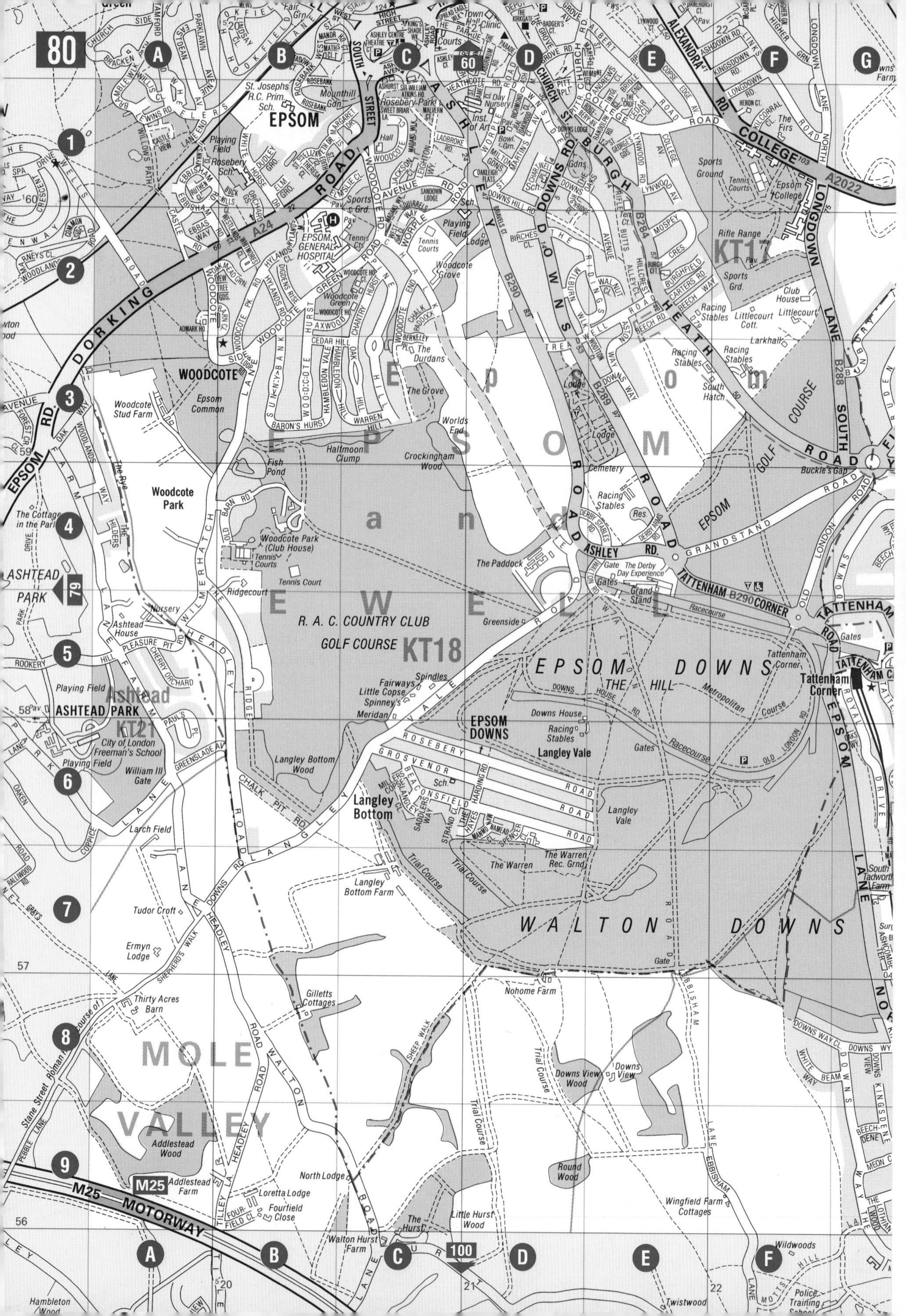
A
B
C
D
E
F
G
1
2
3
4
5
6
7
8
9
60
EPSOM
St. Josephs R.C. Prim. Sch.
Rosebery Sch.
Playing Field
ASHLEY CENTRE
HIGH STREET
SOUTH STREET
Town Hall
Clinic
Courts
THE PARADE
Mounthill Gdn.
Rosebery Park
Inst. of Art
Day Nursery
Bowl. Grn.
DORKING ROAD
A24
EPSOM GENERAL HOSPITAL
Sports Grd.
Tennis Cts
WOODCOTE ROAD
WORPLE ROAD
ASHLEY ROAD
Playing Field
Tennis Courts
Lodge
Woodcote Grove
CHURCH ST.
DOWNS RD.
BURGH HEATH ROAD
B284
COLLEGE ROAD
A2022
Sports Ground
Tennis Courts
Epsom College
Rifle Range
KT17
Sports Grd.
Club House
Littlecourt Cott.
Littlecourt
Larkhall
Racing Stables
South Hatch
LONGDOWN LANE SOUTH
B288
GOLF COURSE
EPSOM GOLF
Buckle's Gap
WOODCOTE
Epsom Common
Woodcote Stud Farm
Woodcote Green
The Durdans
The Grove
Worlds End
Haltmoon Clump
Crockingham Wood
Fish Pond
Woodcote Park
Woodcote Park (Club House)
Tennis Courts
Tennis Court
Ridgecourt
Nursery
Ashtead House
R. A. C. COUNTRY CLUB
GOLF COURSE
KT18
Epsom and Ewell
EPSOM
B290
B289
Cemetery
Racing Stables
Res.
The Paddock
GRANDSTAND ROAD
Gate
The Derby Day Experience
Gates
Grand Stand
TATTENHAM CORNER
Racecourse
Greenside
EPSOM DOWNS
THE HILL
Metropolitan Course
Downs House
Racing Stables
Langley Vale
Gates
Tattenham Corner
TATTENHAM
Spindles
Fairways
Little Copse
Spinney's
Meridan
EPSOM DOWNS
ROSEBERY ROAD
GROSVENOR ROAD
BEACONSFIELD ROAD
Langley Bottom
Langley Bottom Wood
Langley Vale
The Warren
The Warren Rec. Grnd
Trial Course
Langley Bottom Farm
WALTON DOWNS
Gate
Nohome Farm
EPSOM LANE
South Tadworth Farm
The Rye
Woodcote Park
The Cottage in the Park
ASHTEAD PARK
79
Playing Field
Ashtead
ASHTEAD PARK
KT21
City of London Freeman's School
Playing Field
William III Gate
Larch Field
Tudor Croft
Ermyn Lodge
Thirty Acres Barn
Stane Street Roman Road course of
MOLE VALLEY
Addlestead Wood
Addlestead Farm
M25
M25 MOTORWAY
Loretta Lodge
Fourfield Close
North Lodge
Gilletts Cottages
SHEEP WALK
Trial Course
Downs View Wood
Downs View
Round Wood
Wingfield Farm Cottages
Little Hurst Wood
The Hurst
Walton Hurst Farm
100
Wildwoods
Twistwood
Police Training School
Hambleton Wood
57
56
58
59
20
21
22

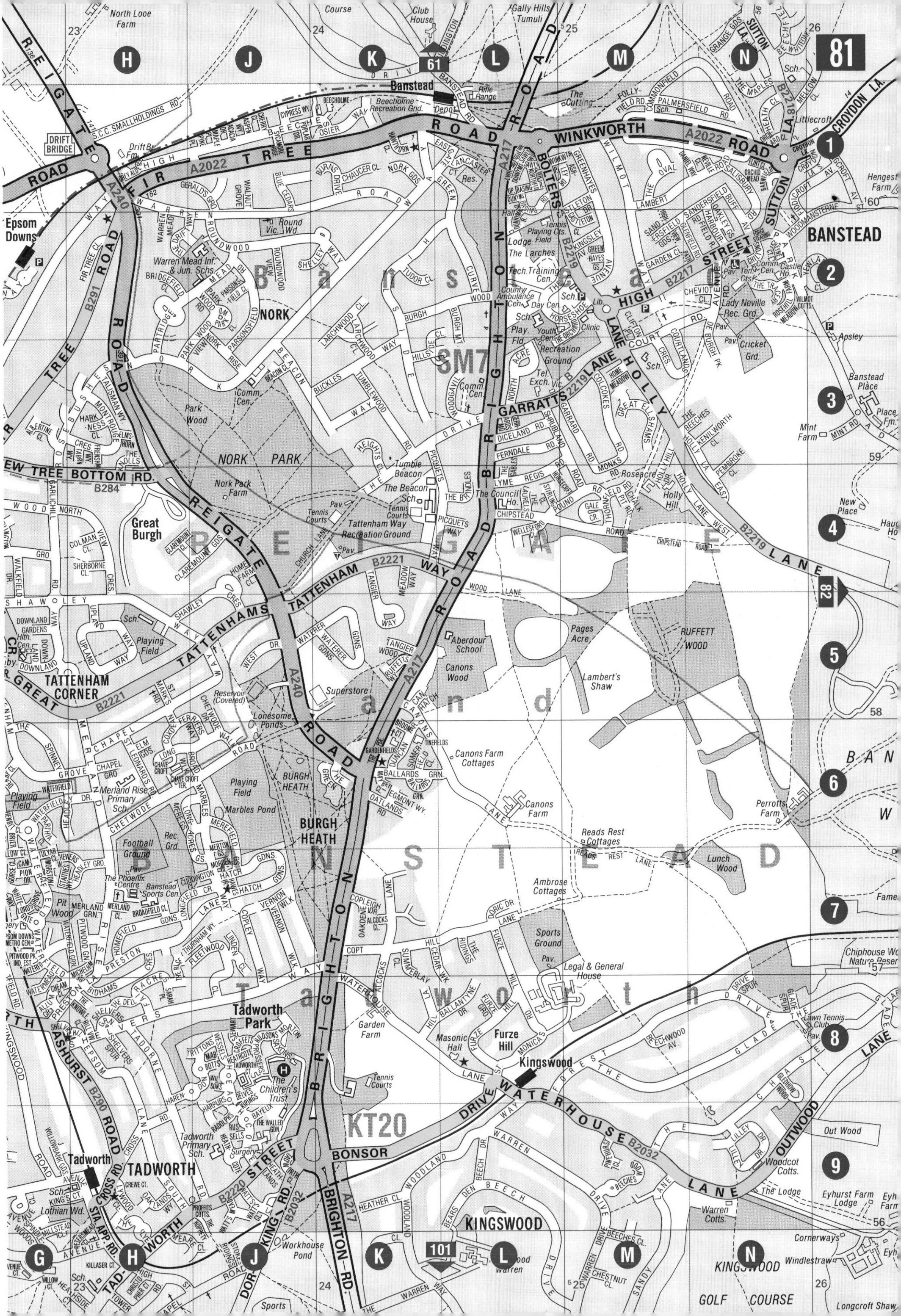
BANSTEAD
NORK
SM7
NORK PARK
Great Burgh
TATTENHAM CORNER
BURGH HEATH
TADWORTH
Tadworth Park
KT20
KINGSWOOD
Kingswood
Furze Hill
Banstead
Epsom Downs
Tadworth
WINKWORTH ROAD
A2022
BRIGHTON ROAD
A217
REIGATE ROAD
A240
TATTENHAM WAY
B2221
HIGH STREET
B2217
GARRATTS LANE
B2219
WATERHOUSE LANE
B2032
FIR TREE ROAD
B291
NEW TREE BOTTOM RD.
B284
CROSS RD.
B290
Canons Farm
Reads Rest Cottages
Ambrose Cottages
Canons Farm Cottages
Lunch Wood
RUFFETT WOOD
Pages Acre
Lambert's Shaw
Canons Wood
Aberdour School
Park Wood
Sports Ground
Legal & General House
Masonic Hall
The Children's Trust
Tattenham Way Recreation Ground
Superstore
Lonesome Ponds
Marbles Pond
Playing Field
Football Ground
Tadworth Primary Sch.
Merland Rise Primary Sch.
Warren Mead Inf. & Jun. Schs.
Out Wood
Woodcot Cotts.
The Lodge
Eyhurst Farm Lodge
Warren Cotts.
Cornerways
Windlestraw
GOLF COURSE
Chiphouse Wood Nature Reserve
Perrotts Farm
Mint Farm
Banstead Place
New Place
Hengest Farm
Apsley
Cricket Grd.
Lady Neville Rec. Grd.
Workhouse Pond
North Looe Farm
Gally Hills Tumuli
Club House
Rifle Range
The Cutting
Beecholme Recreation Gnd.
DRIFT BRIDGE
Nork Park Farm
Round Wd.
Garden Farm
H
J
K
L
M
N
G
1
2
3
4
5
6
7
8
9
61
82
101
23
24
25
26
56
57
58
59
60

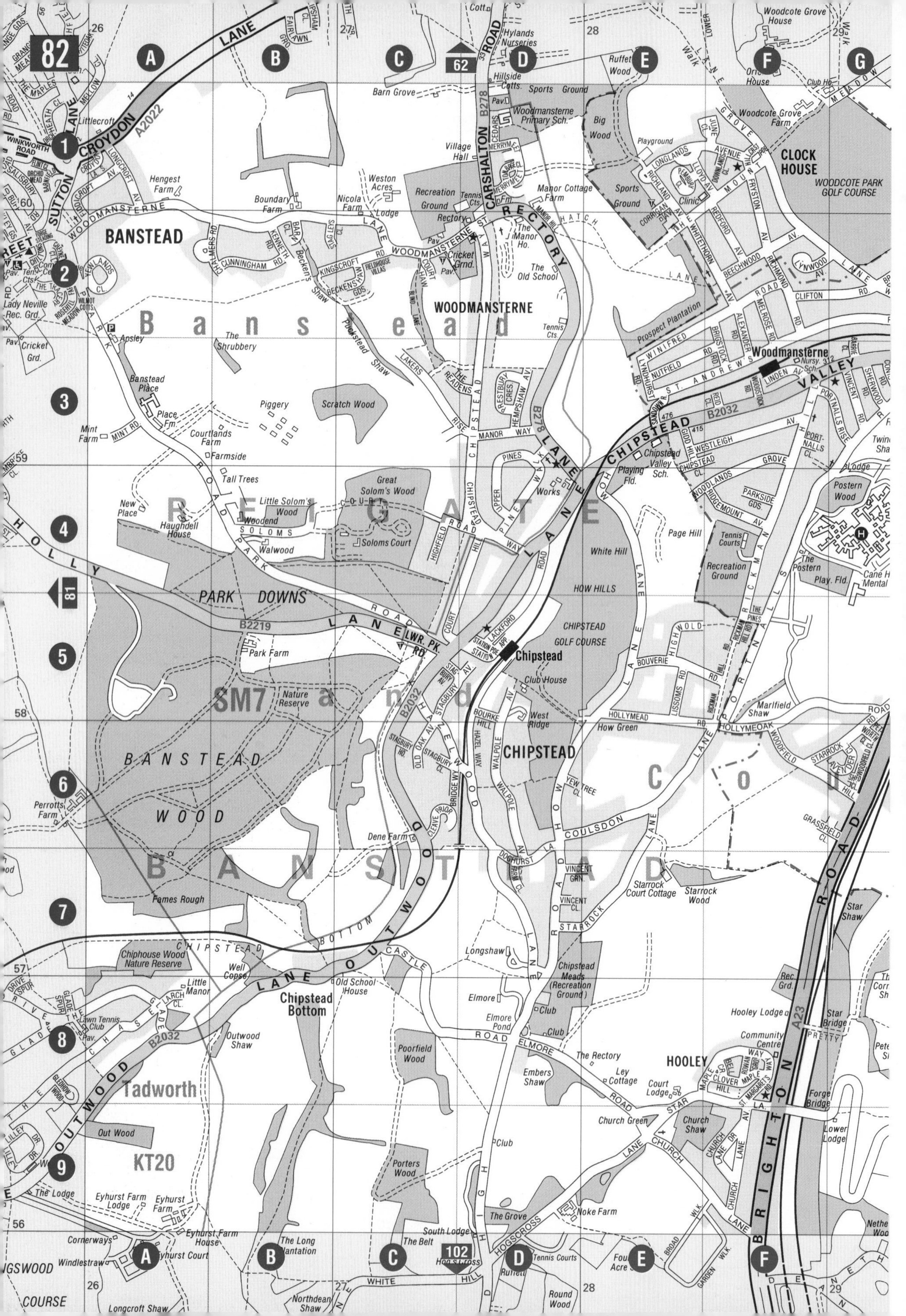
BANSTEAD
WOODMANSTERNE
CHIPSTEAD
HOOLEY
CLOCK HOUSE
WOODCOTE PARK GOLF COURSE
Woodcote Grove House
Woodcote Grove Farm
Orchard House
Ruffett Wood
Big Wood
Sports Ground
Hylands Nurseries
Hillside Cotts.
Woodmansterne Primary Sch.
Village Hall
Recreation Ground
Manor Cottage Farm
The Manor Ho.
The Old School
Cricket Grnd.
Rectory
Barn Grove
Weston Acres
Nicola Farm
Lodge
Boundary Farm
Hengest Farm
Littlecroft
Lady Neville Rec. Grd.
Cricket Grd.
Apsley
The Shrubbery
Banstead Place
Place Fm.
Mint Farm
Piggery
Scratch Wood
Courtlands Farm
Farmside
Tall Trees
New Place
Little Solom's Wood
Woodend
Great Solom's Wood
Soloms Court
Haughdell House
Walwood
Prospect Plantation
Woodmansterne
Chipstead Valley Sch.
Playing Fld.
Works
Page Hill
White Hill
HOW HILLS
CHIPSTEAD GOLF COURSE
Chipstead
Club House
West Ridge
Postern Wood
The Postern
Play. Fld.
Recreation Ground
Tennis Courts
PARK DOWNS
Park Farm
Nature Reserve
SM7
BANSTEAD WOOD
Perrotts Farm
Fames Rough
Dene Farm
How Green
Marlfield Shaw
Starrock Court Cottage
Starrock Wood
Longshaw
Chipstead Meads (Recreation Ground)
Club
Elmore
Elmore Pond
Chiphouse Wood Nature Reserve
Well Copse
Little Manor
Old School House
Chipstead Bottom
Lawn Tennis Club
Outwood Shaw
Poorfield Wood
Tadworth
Out Wood
KT20
The Rectory
Ley Cottage
Embers Shaw
Court Lodge
Church Green
Church Shaw
Community Centre
Hooley Lodge
Star Bridge
Forge Bridge
Lower Lodge
Star Shaw
Rec. Grd.
Porters Wood
The Grove
Noke Farm
The Lodge
Eyhurst Farm Lodge
Eyhurst Farm
Eyhurst Farm House
Eyhurst Court
Cornerways
Windlestraw
The Long Plantation
The Belt
South Lodge
Hogscross
Tennis Courts
Ruffett
Round Wood
Northdean Shaw
Longcroft Shaw
Four Acre
CROYDON LANE
A2022
SUTTON LANE
WOODMANSTERNE LANE
WOODMANSTERNE RD.
CARSHALTON ROAD
B278
RECTORY LANE
CHIPSTEAD VALLEY ROAD
B2032
HOLLY LANE
B2219
PARK ROAD
LWR. PK. RD.
OUTWOOD LANE
CHIPSTEAD BOTTOM
CASTLE
ELMORE ROAD
STAR LANE
CHURCH LANE
BRIGHTON ROAD
A23
HIGH ROAD
WHITE HILL
HOGSCROSS
COULSDON ROAD
HOLLYMEAD RD
HOLLYMEOAK
How LANE
STARROCK
Banstead
REIGATE
and
BANSTEAD
Co
62
81
102
A B C D E F G
1 2 3 4 5 6 7 8 9
26 27 28 29
56 57 58 59 60

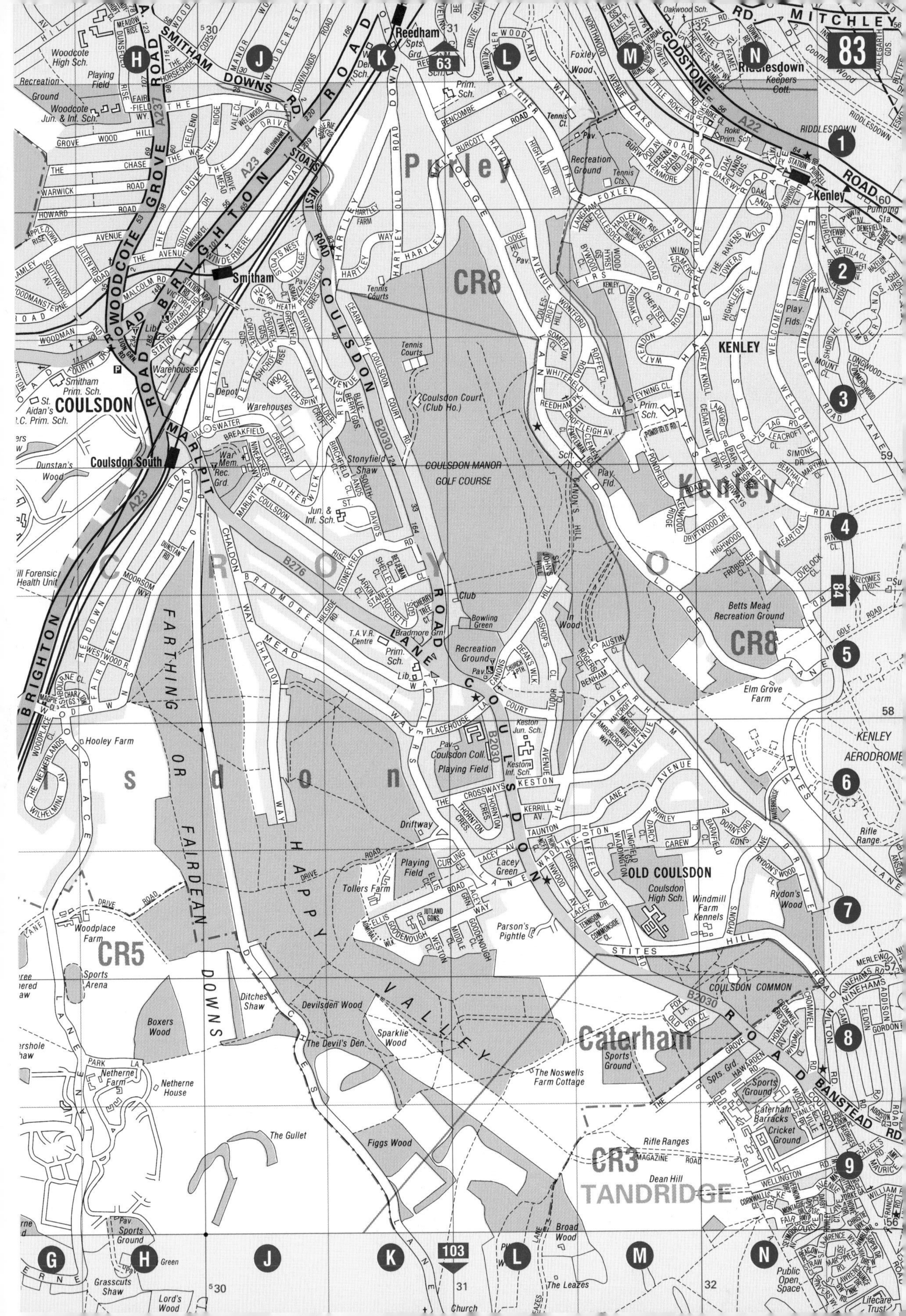
Purley
CR8
Kenley
KENLEY
COULSDON
OLD COULSDON
Caterham
CR3
TANDRIDGE
CR5
CROYDON
Farthing Downs
Coulsdon Common
Happy Valley
Coulsdon Manor Golf Course
Coulsdon South
Smitham
Reedham
Riddlesdown
Kenley Aerodrome
Betts Mead Recreation Ground
Coulsdon High Sch.
Coulsdon Coll.
Woodcote High Sch.
Figgs Wood
Devilsden Wood
Sparklie Wood
The Devil's Den
The Gullet
Boxers Wood
Netherne Farm
Netherne House
Hooley Farm
Woodplace Farm
Tollers Farm
Elm Grove Farm
Rydon's Wood
Windmill Farm Kennels
Caterham Barracks
Rifle Ranges
Dean Hill
The Noswells Farm Cottage
A23
A22
A237
B2030
B276
BRIGHTON ROAD
GODSTONE RD.
MITCHLEY
BANSTEAD RD.
WOODCOTE GROVE ROAD
SMITHAM DOWNS RD.
MARLPIT LANE
COULSDON ROAD
COULSDON LANE
STITES HILL
HAYES LANE
WELCOMES ROAD
FOXLEY LANE
63
84
103
1
2
3
4
5
6
7
8
9
G
H
J
K
L
M
N
30
31
32
56
57
58
59
60

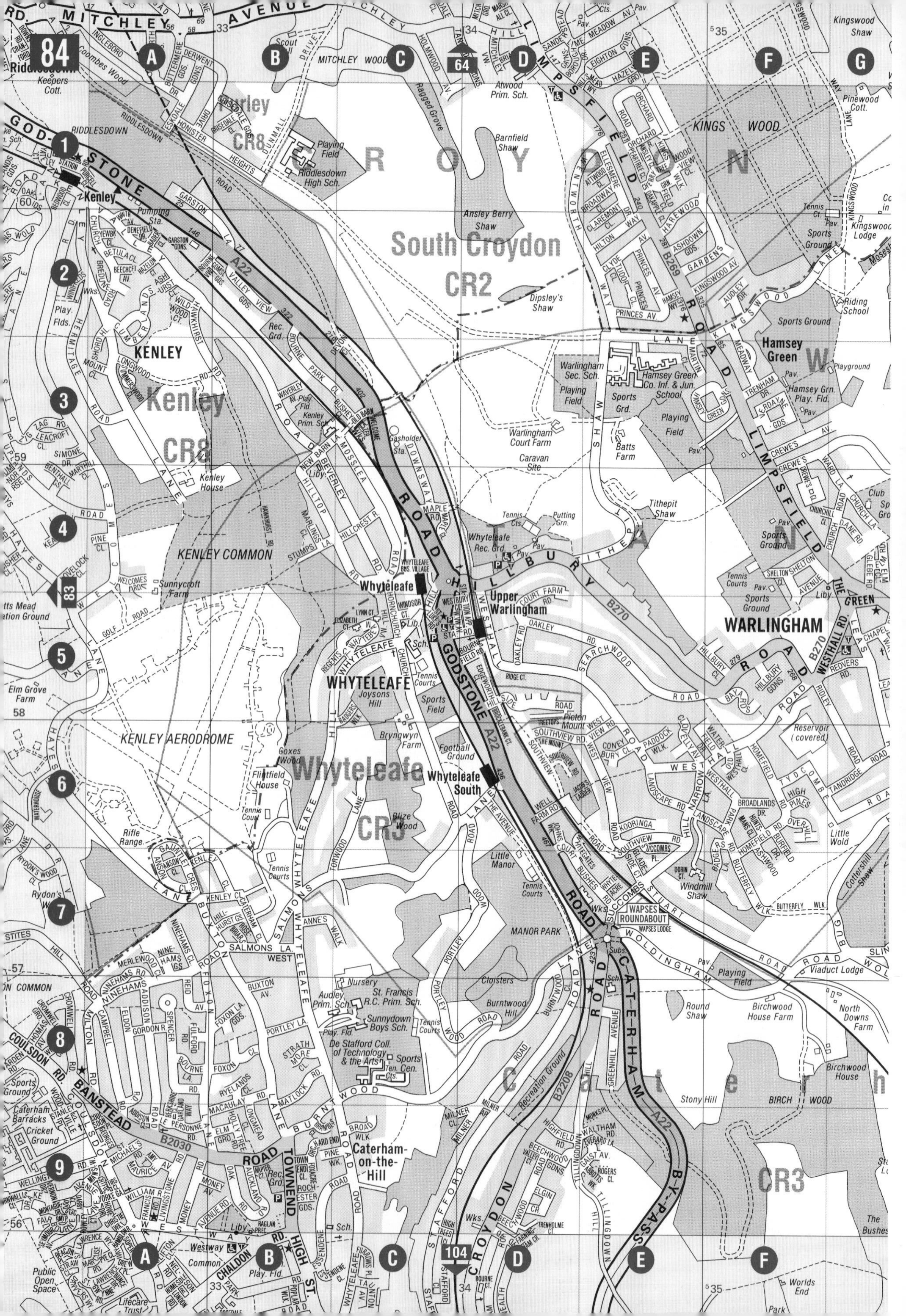
MITCHLEY AVENUE
Riddlesdown
Keepers Cott.
Coombes Wood
Scout Hut
MITCHLEY WOOD
64
Atwood Prim. Sch.
KINGS WOOD
Kingswood Shaw
Pinewood Cott.
GODSTONE
RIDDLESDOWN
Purley
CR8
Playing Field
Riddlesdown High Sch.
Ragged Grove
Barnfield Shaw
CROYDON
Kenley
Pumping Sta.
Ansley Berry Shaw
South Croydon
CR2
Dipsley's Shaw
Tennis Ct.
Pav.
Sports Ground
Kingswood Lodge
Riding School
Sports Ground
Hamsey Green
Playground
Hamsey Grn. Play. Fld.
Play. Flds.
KENLEY
Rec. Grd.
A22
Warlingham Sec. Sch.
Playing Field
Hamsey Green Co. Inf. & Jun. School
Sports Grd.
Playing Field
Kenley
CR8
Kenley Prim. Sch.
Gasholder Sta.
Warlingham Court Farm
Caravan Site
Batts Farm
Kenley House
Liby.
Tithepit Shaw
Putting Grn.
Whyteleafe Rec. Grd.
Sports Ground
Tennis Courts
KENLEY COMMON
Whyteleafe
HILLBURY
B270
Sunnycroft Farm
83
Upper Warlingham
WARLINGHAM
Sports Ground
Club
Elm Grove Farm
WHYTELEAFE
Joysons Hill
Tennis Courts
Sports Field
KENLEY AERODROME
Goxes Wood
Bryngwyn Farm
Football Ground
Reservoir (covered)
Flintfield House
Whyteleafe
Whyteleafe South
CR3
Blize Wood
Rifle Range
Tennis Court
Little Manor
Tennis Courts
Windmill Shaw
Little Wold
Cottershill Shaw
MANOR PARK
WAPSES ROUNDABOUT
Wapses Lodge
Viaduct Lodge
Playing Field
ON COMMON
Nursery
St. Francis R.C. Prim. Sch.
Audley Prim. Sch.
Sunnydown Boys Sch.
Cloisters
Burntwood Hill
Round Shaw
Birchwood House Farm
North Downs Farm
De Stafford Coll. of Technology & the Arts
Sports Cen.
Sports Ground
Caterham Barracks
Cricket Ground
B2030
BANSTEAD ROAD
Caterham-on-the-Hill
Recreation Ground
B2208
CATERHAM BY-PASS
Stony Hill
BIRCH WOOD
Birchwood House
Caterham
CR3
The Bushes
Westway Common
Public Open Space
Play. Fld.
104
CROYDON ROAD
Worlds End
Park
Lifecare Trust

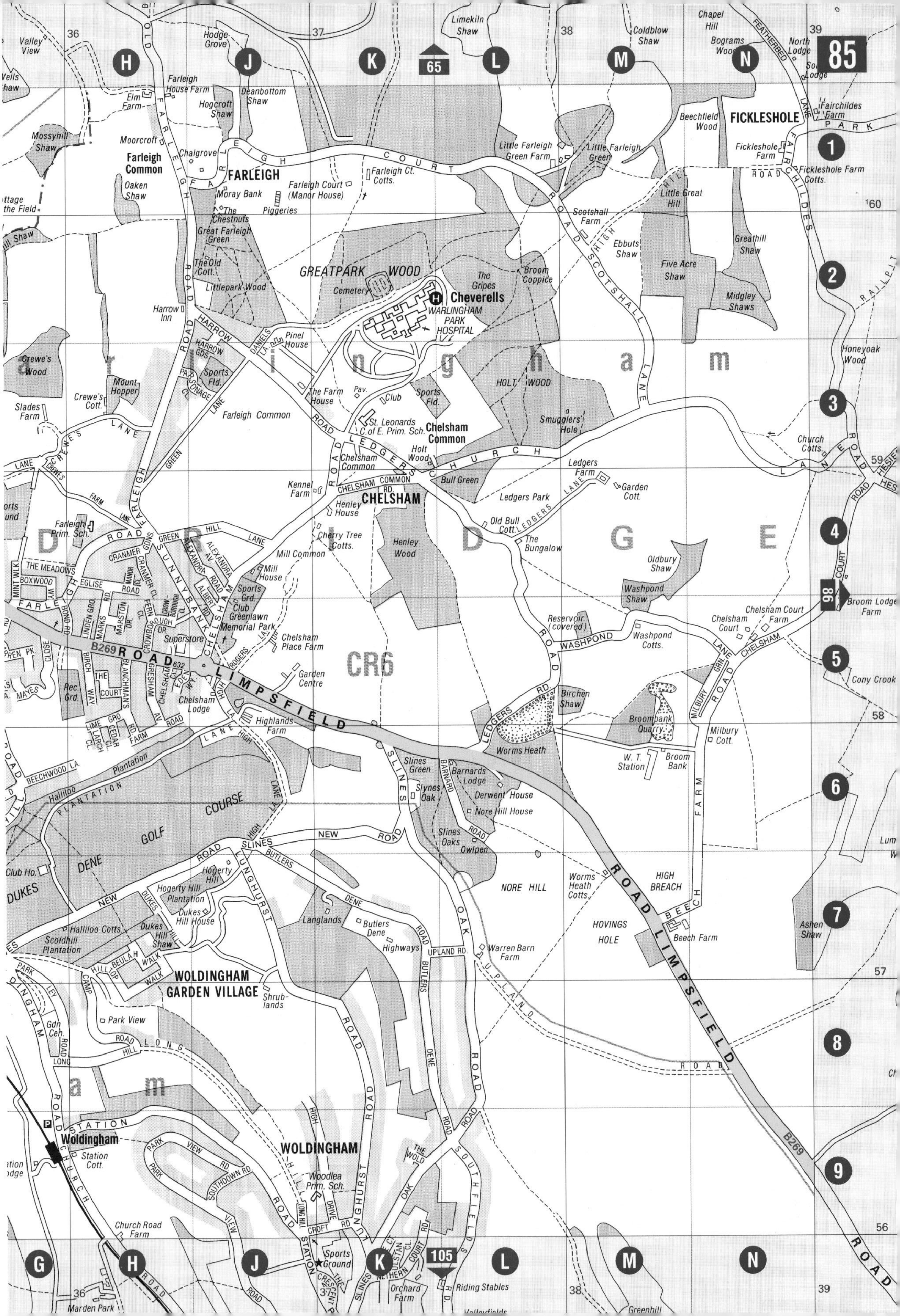

Valley View
Hodge Grove
Limekiln Shaw
Coldblow Shaw
Chapel Hill
Bograms Wood
North Lodge
South Lodge
FEATHERBED LANE
65
H
J
K
L
M
N
36
37
38
39
Wells Shaw
Farleigh House Farm
Elm Farm
Deanbottom Shaw
Hogcroft Shaw
Mossyhill Shaw
Moorcroft
Farleigh Common
Chalgrove
FARLEIGH
FARLEIGH COURT ROAD
Farleigh Ct. Cotts.
Farleigh Court (Manor House)
Moray Bank
The Chestnuts
Piggeries
Oaken Shaw
Cottage in the Field
Hill Shaw
Great Farleigh Green
The Old Cott.
Littlepark Wood
GREATPARK WOOD
Cemetery
The Gripes
Broom Coppice
Cheverells
WARLINGHAM PARK HOSPITAL
Harrow Inn
Little Farleigh Green Farm
Little Farleigh Green
Scotshall Farm
Little Great Hill
Ebbuts Shaw
Five Acre Shaw
Greathill Shaw
Midgley Shaws
Beechfield Wood
FICKLESHOLE
Fairchildes Farm
PARK
Fickleshole Farm
Fickleshole Farm Cotts.
FAIRCHILDES ROAD
HIGH SCOTSHALL LANE
1
2
3
4
5
6
7
8
9
60
59
58
57
56
RAILPIT
Honeyoak Wood
Crewe's Wood
Mount Hopper
HARROW ROAD
HARROW GDS
PARSONAGE CL.
Sports Fld.
DANIELS LA.
Pinel House
The Farm House
Pav.
Club
Sports Fld.
HOLT WOOD
Smugglers' Hole
Crewe's Cott.
Slades Farm
CREWE'S LANE
Farleigh Common
GREEN LANE
St. Leonards C.of E. Prim. Sch.
Chelsham Common
Holt Wood
LEDGERS ROAD
CHURCH LANE
Church Cotts.
Chelsham Common
Bull Green
Ledgers Farm
Garden Cott.
Ledgers Park
LEDGERS LANE
HESIERS ROAD
CHELSHAM COMMON RD.
Kennel Farm
CHELSHAM
Henley House
Old Bull Cott.
The Bungalow
FARM LANE
Farleigh Prim. Sch.
Sports Ground
Cherry Tree Cotts.
Henley Wood
Mill Common
Oldbury Shaw
Washpond Shaw
COURT
98
Broom Lodge Farm
ROAD
GREEN HILL LANE
CRANMER GDNS
CRANMER RD.
ALEXANDRA AV.
ALEXANDRA ROAD
ALBERT RD.
SUNNYBANK
CHELSHAM
THE MEADOWS
BOXWOOD WY
MINT WLK.
EGLISE ROAD
MANOR CL.
CRANMER CL.
Mill House
Sports Grd.
Club
Greenlawn Memorial Park
Reservoir (covered)
WASHPOND
Washpond Cotts.
Chelsham Court
Chelsham Court Farm
CHELSHAM ROAD
FARLEIGH ROAD
BOND RD.
LINDEN GRO.
MARKS RD.
MARSTON DR.
FERN CL.
CROWBOROUGH DR.
CROWBOROUGH CL.
Superstore
Chelsham Place Farm
CR6
B269 ROAD
LIMPSFIELD ROAD
632
GREEN PK.
CLOSE
BIRCH WAY
THE COURT
BLANCHMAN'S RD.
GRESHAM AV.
CHELSHAM RD.
EDEN WY
ROGERS
Garden Centre
HIGH LA.
Chelsham Lodge
Rec. Grd.
MAYES
LIME GRO.
LARCH CL.
CEDAR GRO.
FARM
Highlands Farm
LANE
HIGH
LEDGERS RD.
Birchen Shaw
MILBURY GRN.
Broombank Quarry
Milbury Cott.
Cony Crook
Worms Heath
W. T. Station
Broom Bank
BEECHWOOD LA.
Plantation
PLANTATION
Halliloo Farm
DENE GOLF COURSE
SLINES
Slines Green
Slynes Oak
BARNARD
Barnards Lodge
Derwent House
Nore Hill House
FARM
Lum
HIGH LA.
SLINES NEW ROAD
Slines Oaks
ROAD
Owlpen
Club Ho.
DUKES
DENE
BUTLERS
Hogerty Hill
LUNGHURST
NORE HILL
Worms Heath Cotts.
HIGH BREACH
BEECH
Hogerty Hill Plantation
NEW
Dukes Hill House
DENE
Langlands
Butlers Dene
Highways
HOVINGS HOLE
Beech Farm
Ashen Shaw
Halliloo Cotts.
Scoldhill Plantation
Dukes Hill Shaw
BEULAH WALK
HILLTOP WALK
CAMP
UPLAND RD.
Warren Barn Farm
OAK
WOLDINGHAM GARDEN VILLAGE
Shrublands
PARK
LEY
WOLDINGHAM
Gdn Cen.
Park View
LONG HILL ROAD
UPLAND
ROAD
BUTLERS
DENE
ROAD
ROAD
RD
LONG
Ch
a
m
ROAD
STATION
Woldingham
Station Cott.
Station Lodge
PARK VIEW RD
SOUTHDOWN RD.
WOLDINGHAM
HIGH
HILL
Woodlea Prim. Sch.
LUNGHURST
THE WOLD
SOUTHFIELD
OAK
B269
CHURCH ROAD
VIEW
ROAD
LONG HILL
CROFT RD
DRIVE
Church Road Farm
STATION
Sports Ground
SLINES
THE CT
ULSTAN CL.
COURT
NETHERN
RD.
105
Riding Stables
Orchard Farm
Marden Park
CRESCENT
Valleyfields
Greenhill
ROAD
G
H
J
K
L
M
N

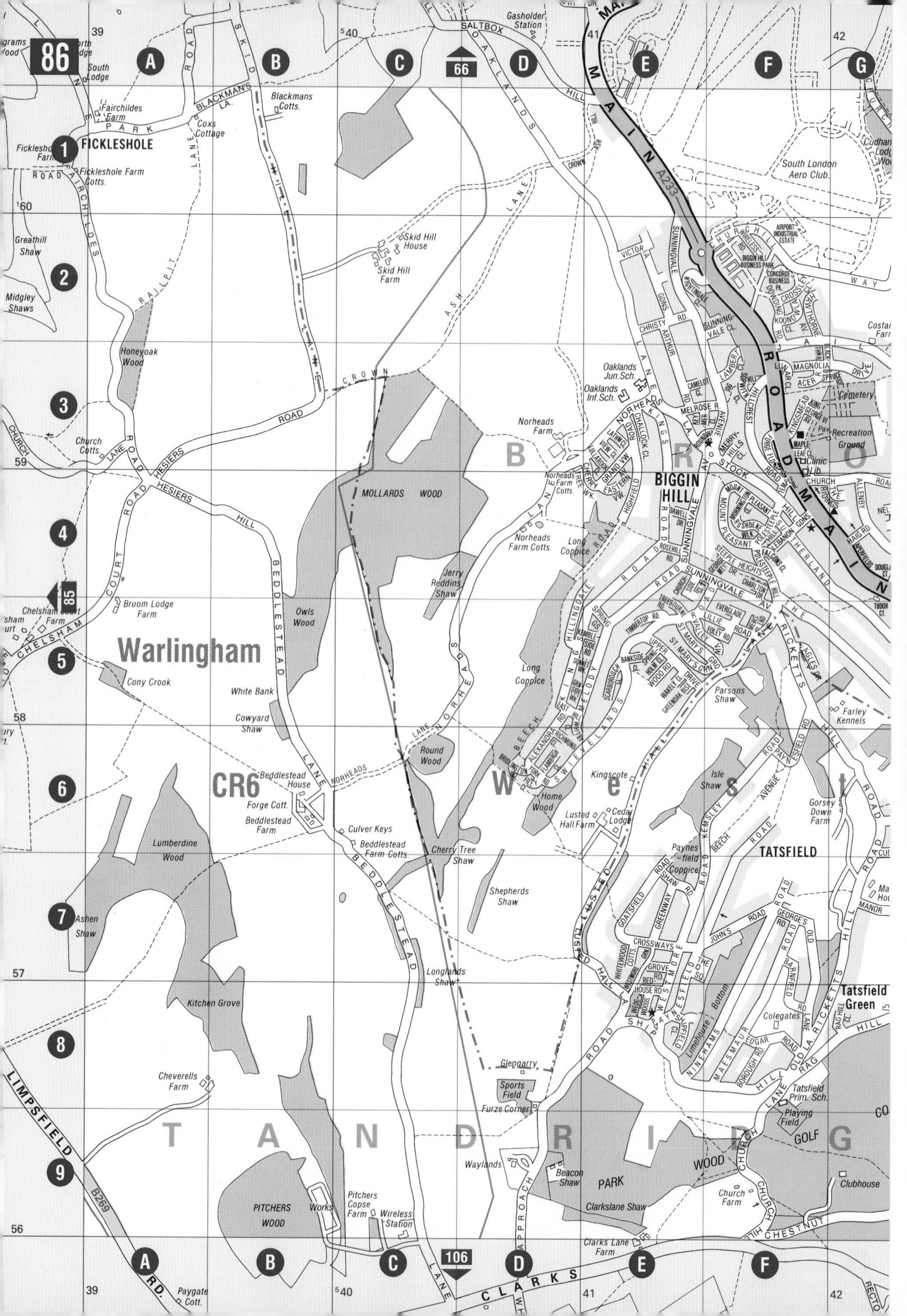

FICKLESHOLE
Fickleshole Farm Cotts.
Fairchildes Farm
South Lodge
Coxs Cottage
Blackmans Cotts.
BLACKMAN'S LA.
PARK LANE
SKID HILL LANE
FAIRCHILDES ROAD
Greathill Shaw
Midgley Shaws
Honeyoak Wood
RAILPIT LANE
Church Cotts.
CHURCH LANE
HESIERS ROAD
HESIERS HILL
COURT ROAD
Broom Lodge Farm
Chelsham Court Farm
CHELSHAM ROAD
Warlingham
Cony Crook
White Bank
Cowyard Shaw
Owls Wood
BEDDLESTEAD LANE
Beddlestead House
CR6
Forge Cott.
Beddlestead Farm
Culver Keys
Beddlestead Farm Cotts.
Lumberdine Wood
Ashen Shaw
Kitchen Grove
Cheverells Farm
LIMPSFIELD RD.
B269
PITCHERS WOOD
Works
Pitchers Copse Farm
Wireless Station
Paygate Cott.
CLARKS LANE
Clarks Lane Farm
TANDRIDGE
Waylands
Beacon Shaw
PARK WOOD
Clarkslane Shaw
Church Farm
CHURCH HILL
CHESTNUT
Clubhouse
GOLF
Playing Field
Tatsfield Prim. Sch.
Tatsfield Green
Colegates
Glengarry
Sports Field
Furze Corner
APPROACH
Longlands Shaw
Shepherds Shaw
Cherry Tree Shaw
MOLLARDS WOOD
Jerry Reddins Shaw
Round Wood
NORHEADS LANE
Norheads Farm Cotts.
Long Coppice
Home Wood
Kingscote
Lusted Hall Farm
Cedar Lodge
LUSTED HALL LANE
TATSFIELD
Paynesfield Coppice
Isle Shaw
Gorsey Down Farm
Parsons Shaw
Farley Kennels
West
Skid Hill House
Skid Hill Farm
ASH LANE
CROWN ROAD
Norheads Farm
Oaklands Jun. Sch.
Oaklands Inf. Sch.
BIGGIN HILL
BROMLEY
SUNNINGVALE AV.
MAIN ROAD
A233
South London Aero Club
Cudham Lodge Wood
Airport Industrial Estate
Biggin Hill Business Park
Concorde Business Pk.
Cemetery
Recreation Ground
Clinic
Lib.
Costain Farm
SALTBOX HILL
OAKLANDS LANE
Gasholder Station
39
540
41
42
56
57
58
59
160
A
B
C
D
E
F
G
1
2
3
4
5
6
7
8
9
66
85
106

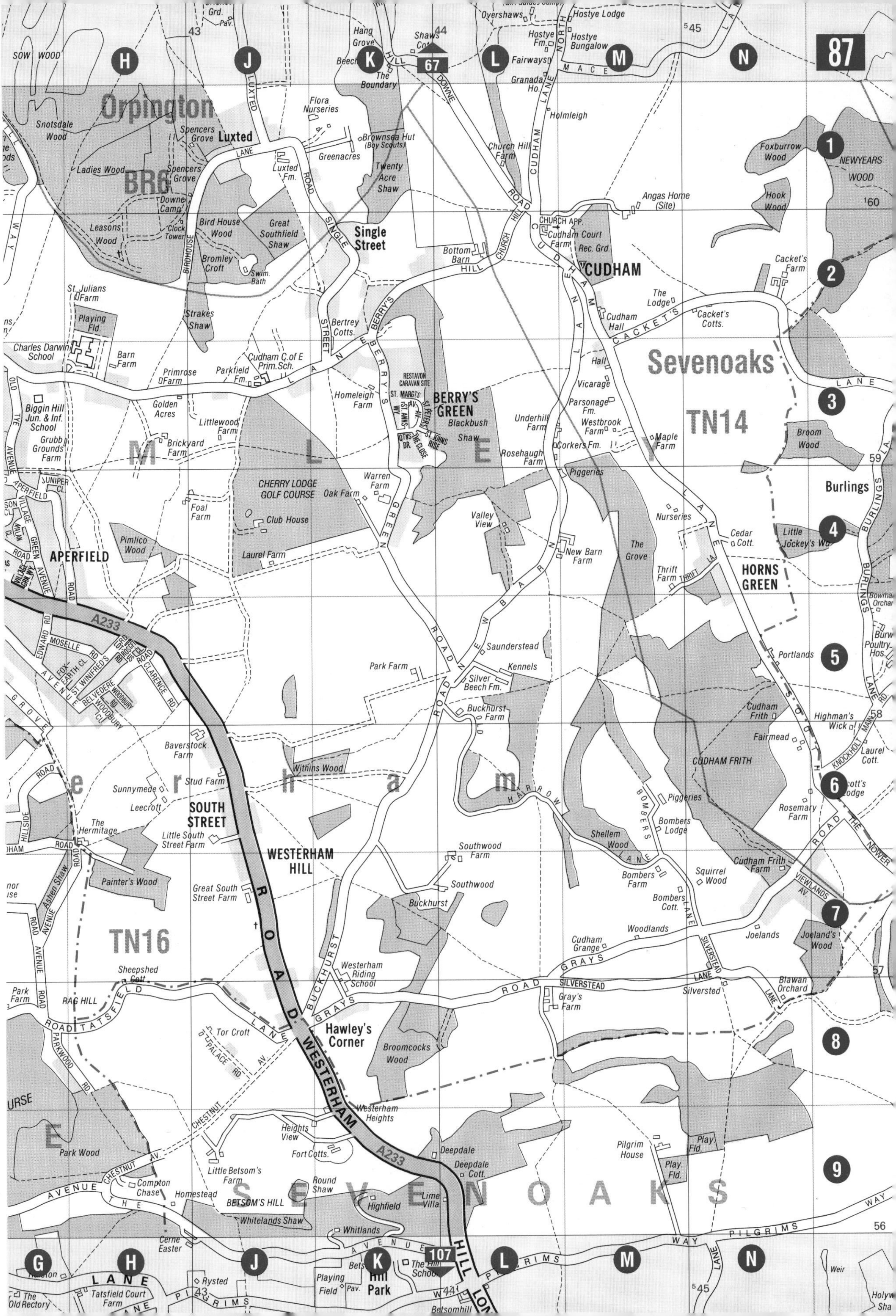
Orpington
BR6
Luxted
Single Street
CUDHAM
Sevenoaks
TN14
BERRY'S GREEN
HORNS GREEN
Burlings
APERFIELD
SOUTH STREET
WESTERHAM HILL
TN16
Hawley's Corner
Hill Park
SEVENOAKS
67
107
Sow Wood
Snotsdale Wood
Ladies Wood
Spencers Grove
Downe Camp
Clock Tower
Leasons Wood
Bird House Wood
Great Southfield Shaw
Bromley Croft
Swim. Bath
Strakes Shaw
St. Julians Farm
Playing Fld.
Charles Darwin School
Barn Farm
Primrose Farm
Parkfield Fm.
Cudham C. of E. Prim. Sch.
Biggin Hill Jun. & Inf. School
Grubb Grounds Farm
Golden Acres
Littlewood Farm
Brickyard Farm
Flora Nurseries
Brownsea Hut (Boy Scouts)
Greenacres
Luxted Fm.
Twenty Acre Shaw
Hang Grove
Shaws Cott.
The Boundary
Overshaws
Hostye Lodge
Hostye Fm.
Hostye Bungalow
Fairways
Granada Ho.
Holmleigh
Church Hill Farm
Angas Home (Site)
Church App.
Cudham Court Farm
Rec. Grd.
Bottom Barn
Bertrey Cotts.
Restavon Caravan Site
Homeleigh Farm
Blackbush Shaw
Cudham Hall
The Lodge
Cacket's Farm
Cacket's Cotts.
Foxburrow Wood
Newyears Wood
Hook Wood
Hall
Vicarage
Parsonage Fm.
Westbrook Farm
Underhill Farm
Corkers Fm.
Rosehaugh Farm
Piggeries
Maple Farm
Broom Wood
Cherry Lodge Golf Course
Club House
Oak Farm
Warren Farm
Laurel Farm
Foal Farm
Pimlico Wood
Valley View
New Barn Farm
The Grove
Nurseries
Thrift Farm
Cedar Cott.
Little Jockey's Wd.
Bowmans Orchard
Portlands
Burlings Poultry Hos.
Saunderstead
Kennels
Silver Beech Fm.
Park Farm
Buckhurst Farm
Cudham Frith
Fairmead
Highman's Wick
Laurel Cott.
Rosemary Farm
Scott's Lodge
Baverstock Farm
Withins Wood
Stud Farm
Sunnymede
Leecroft
The Hermitage
Little South Street Farm
Painter's Wood
Great South Street Farm
Southwood Farm
Southwood
Buckhurst
Shellem Wood
Piggeries
Bombers Lodge
Bombers Farm
Squirrel Wood
Bombers Cott.
Cudham Frith Farm
Joelands
Joeland's Wood
Woodlands
Cudham Grange
Westerham Riding School
Gray's Farm
Silverstead
Blawan Orchard
Sheepshed Cott.
Rag Hill
Park Farm
Tor Croft
Broomcocks Wood
Westerham Heights
Heights View
Fort Cotts.
Deepdale
Deepdale Cott.
Pilgrim House
Play. Fld.
Park Wood
Compton Chase
Homestead
Little Betsom's Farm
Round Shaw
Betsom's Hill
Highfield
Lime Villa
Whitelands Shaw
Whitlands
Cerne Easter
Rysted
Tatsfield Court Farm
The Old Rectory
Playing Field
Pav.
The Hill School
Betsomhill
Weir
Luxted Lane
Single Street
Downe Hill
Cudham Lane North
Mace Lane
Church Hill
Cudham Road
Birdhouse Lane
Berry's Hill
Berry's Green
Cudham Lane
Cacket's Lane
New Barn Lane
Thrift La.
South Lane
Burlings Lane
Knockholt Main Rd.
The Nower
Harrow Lane
Bombers Lane
Grays Road
Silverstead Lane
Buckhurst Lane
Westerham Road
A233
Tatsfield Road
Palace Rd.
Chestnut Av.
The Avenue
Pilgrims Way
Parkwood Rd.
Hillside Road
Aperfield Road
Old Tye Avenue
Juniper Cl.
Village Green Avenue
Edward Rd.
Moselle Rd.
Fox-Earth Cl.
St. Winifred's Rd.
Clarence Rd.
Belvedere Rd.
Woodbury Rd.
Woodbury Cl.
Grove
Viewlands Av.
Lane
Hill
A
B
C
D
E
F
G
H
J
K
L
M
N
1
2
3
4
5
6
7
8
9
43
44
45
56
57
58
59
60

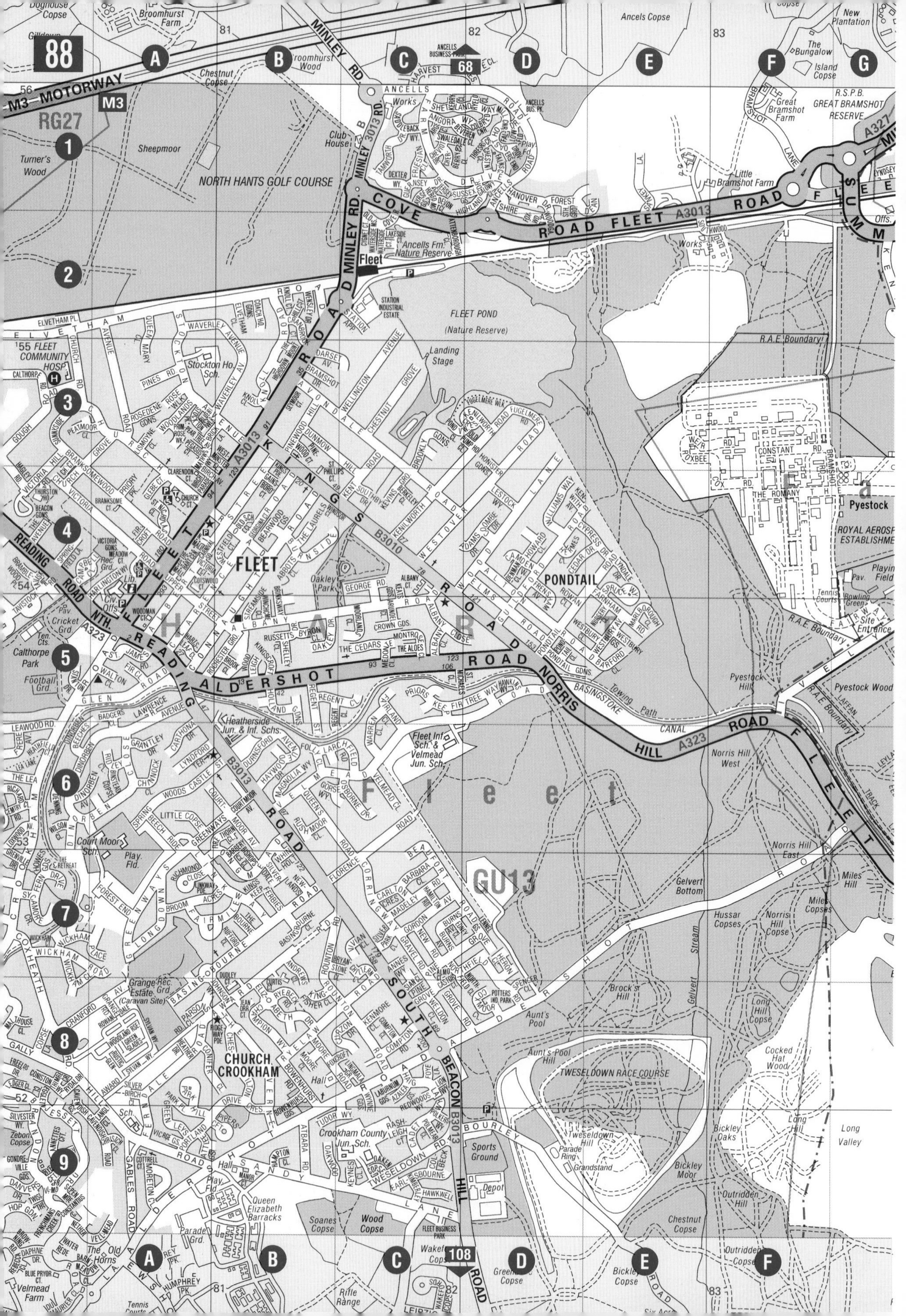
M3 MOTORWAY
M3
RG27
Turner's Wood
Sheepmoor
NORTH HANTS GOLF COURSE
Club House
Broomhurst Farm
Broomhurst Wood
Chestnut Copse
MINLEY RD.
ANCELLS BUSINESS PARK
68
Ancels Copse
New Plantation
The Bungalow
Island Copse
Great Bramshot Farm
R.S.P.B. GREAT BRAMSHOT RESERVE
A327
Little Bramshot Farm
COVE ROAD FLEET A3013 ROAD
Ancells Fm. Nature Reserve
Fleet
STATION INDUSTRIAL ESTATE
FLEET POND
(Nature Reserve)
Landing Stage
R.A.E. Boundary
55 FLEET COMMUNITY HOSP.
Stockton Ho. Sch.
ELVETHAM PL.
FLEET
PONDTAIL
Oakley Park
KINGS ROAD
B3010
A3013
READING ROAD NTH.
A323
ALDERSHOT ROAD
NORRIS ROAD
BASINGSTOKE CANAL
Towing Path
HILL A323 ROAD
FLEET ROAD
Calthorpe Park
Cricket Grd
Football Grd.
Pyestock
ROYAL AEROSPACE ESTABLISHMENT
Pyestock Hill
Pyestock Wood
Norris Hill West
Norris Hill East
Heatherside Jun. & Inf. Schs.
Fleet Inf. Sch. & Velmead Jun. Sch.
Fleet
GU13
Court Moor Sch.
Play. Fld.
Gelvert Bottom
Gelvert Stream
Hussar Copses
Norris Hill Copse
Miles Copses
Miles Hill
Brock's Hill
Aunt's Pool
Aunt's Pool Hill
Long Hill Copse
Cocked Hat Wood
TWESELDOWN RACE COURSE
Tweseldown Hill
Parade Ring
Grandstand
Bickley Oaks
Long Hill
Long Valley
Bickley Moor
Outridden Hill
Chestnut Copse
Outridden Copse
Bickley Copse
Grange Estate (Caravan Site)
Rec. Grd.
CHURCH CROOKHAM
B3013
SOUTH
BEACON HILL ROAD
Crookham County Jun. Sch.
Sports Ground
Depot
Queen Elizabeth Barracks
Parade Grd.
Soanes Copse
Wood Copse
FLEET BUSINESS PARK
108
Rifle Range
The Old Horns
Velmead Farm
Zebon Copse
81
82
83
56
54
53
52
A
B
C
D
E
F
G
1
2
3
4
5
6
7
8
9

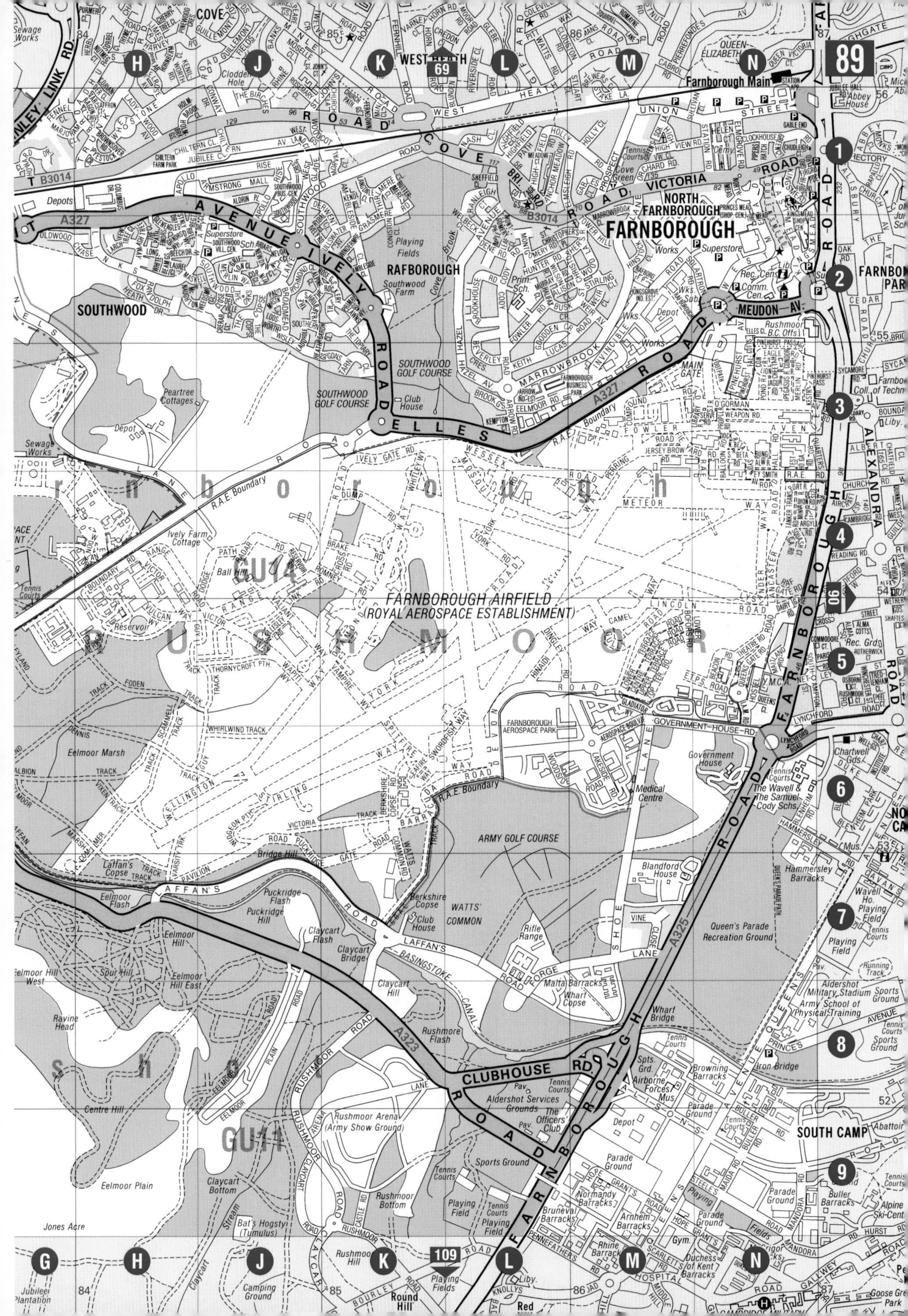
FARNBOROUGH
NORTH FARNBOROUGH
Farnborough Main
RAFBOROUGH
SOUTHWOOD
COVE
WEST HEATH
SOUTH CAMP
FARNBOROUGH AIRFIELD
(ROYAL AEROSPACE ESTABLISHMENT)
RUSHMOOR
GU14
GU11
FARNBOROUGH AEROSPACE PARK
SOUTHWOOD GOLF COURSE
ARMY GOLF COURSE
Queen's Parade Recreation Ground
Rushmoor Arena (Army Show Ground)
Aldershot Military Stadium
Army School of Physical Training
Aldershot Services Grounds
Government House
Medical Centre
Malta Barracks
Hammersley Barracks
Browning Barracks
Normandy Barracks
Bruneval Barracks
Arnhem Barracks
Rhine Barracks
Buller Barracks
Duchess of Kent Barracks
Airborne Forces Mus.
Eelmoor Marsh
Eelmoor Plain
Eelmoor Hill
Eelmoor Hill West
Eelmoor Hill East
Spur Hill
Ravine Head
Centre Hill
Jones Acre
Jubilee Plantation
Puckridge Hill
Claycart Hill
Claycart Bridge
Claycart Bottom
Rushmoor Bottom
Rushmoor Hill
Round Hill
Bat's Hogsty (Tumulus)
Camping Ground
WATTS' COMMON
Berkshire Copse
Laffan's Copse
Wharf Bridge
Iron Bridge
Peartree Cottages
Ively Farm Cottage
Sewage Works
Depots
Alpine Ski-Cent
Goose Green Park
IVELY ROAD
AVENUE
ELLES ROAD
VICTORIA ROAD
COVE ROAD
WEST HEATH ROAD
UNION STREET
MEUDON AV.
LYNCHFORD ROAD
ALEXANDRA ROAD
FARNBOROUGH ROAD
CLUBHOUSE RD.
LAFFAN'S ROAD
BASINGSTOKE CANAL
RUSHMOOR ROAD
GOVERNMENT HOUSE RD.
QUEEN'S AVENUE
ALISON'S ROAD
GRANT'S ROAD
A327
A325
A323
B3014
69
109
90
G H J K L M N
1 2 3 4 5 6 7 8 9
84 85 86 87
52 53 54 55 56

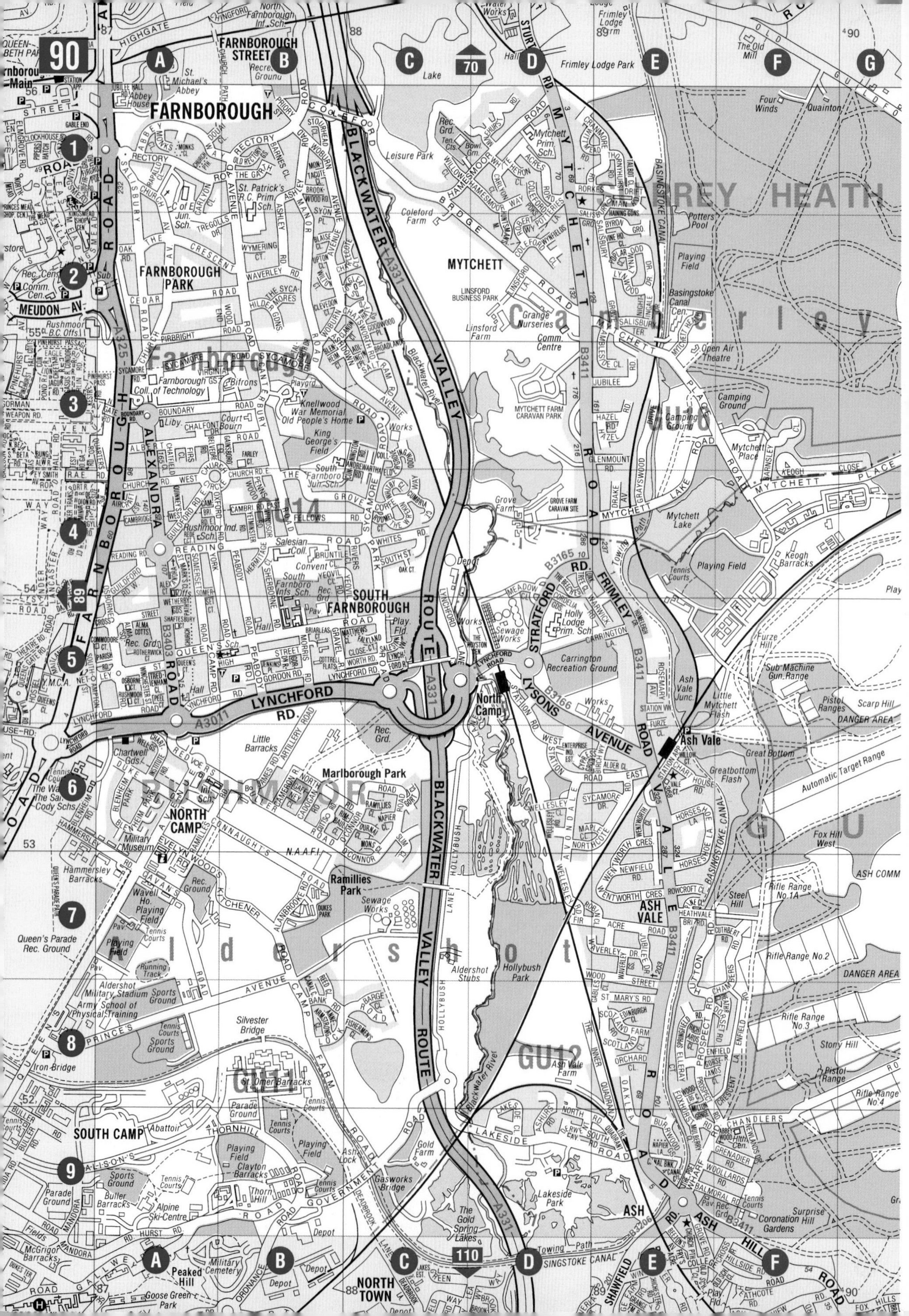
FARNBOROUGH
FARNBOROUGH STREET
FARNBOROUGH PARK
SOUTH FARNBOROUGH
NORTH CAMP
SOUTH CAMP
MYTCHETT
ASH VALE
ASH
NORTH TOWN
Farnborough
Aldershot
Camberley
SURREY HEATH
BLACKWATER VALLEY ROUTE
A331
A325
A3011
B3411
B3165
B3166
B3403
LYNCHFORD RD.
LYSONS AVENUE
FRIMLEY ROAD
MYTCHETT ROAD
ALEXANDRA ROAD
FARNBOROUGH ROAD
ASH HILL ROAD
BASINGSTOKE CANAL
Blackwater River
GU10
GU11
GU12
GU14
North Camp
Ash Vale
Frimley Lodge Park
Mytchett Lake
Keogh Barracks
Little Barracks
Marlborough Park
Ramillies Park
Hollybush Park
Aldershot Stubs
Lakeside Park
The Gold Spring Lakes
Clayton Barracks
Buller Barracks
Hammersley Barracks
McGrigor Barracks
St. Omer Barracks
Carrington Recreation Ground
King George's Field
Coll. of Technology
Military Museum
Peaked Hill
Military Cemetery
Coronation Hill Gardens
Automatic Target Range
DANGER AREA
ASH COMM
Fox Hill West
Rifle Range No.1A
Rifle Range No.2
Rifle Range No.3
Rifle Range No.4
Sub Machine Gun Range
Pistol Ranges
Scarp Hill
Stony Hill
Potters Pool
Open Air Theatre
Basingstoke Canal Cen.
Linsford Business Park
Grange Nurseries
Leisure Park
Coleford Farm
70
89
110

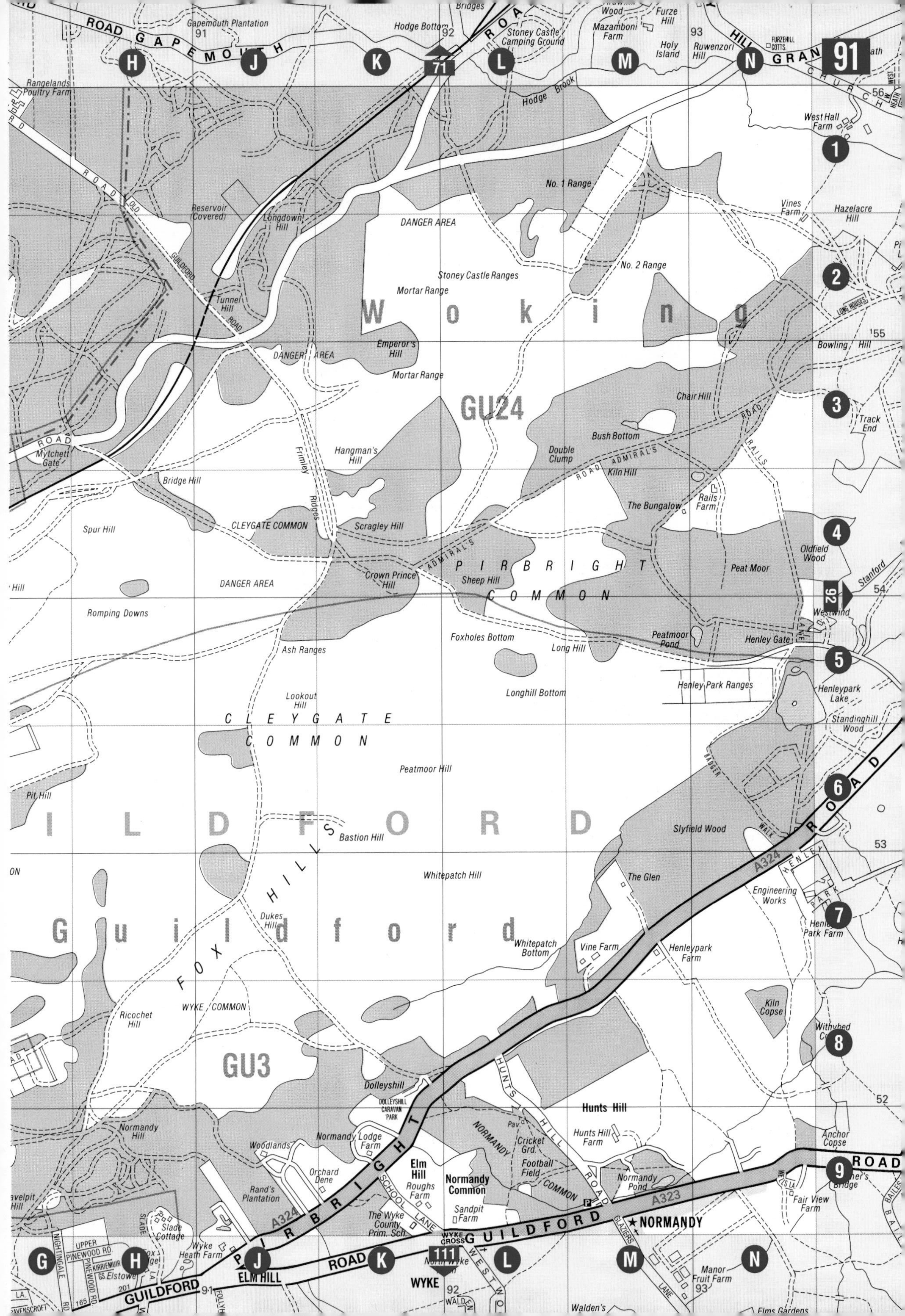
Gapemouth Plantation
GAPEMOUTH ROAD
Hodge Bottom
Stoney Castle Camping Ground
Mazamboni Farm
Furze Hill
Holy Island
Ruwenzori Hill
FURZEHILL COTTS.
Rangelands Poultry Farm
Hodge Brook
West Hall Farm
No. 1 Range
Reservoir (Covered)
Longdown Hill
DANGER AREA
Vines Farm
Hazelacre Hill
No. 2 Range
Stoney Castle Ranges
Mortar Range
Tunnel Hill
GUILDFORD ROAD
LONG HOUSES
Woking
Emperor's Hill
Bowling Hill
Mortar Range
GU24
Chair Hill
Track End
Mytchett Gate
Hangman's Hill
Bush Bottom
Double Clump
ADMIRAL'S ROAD
Kiln Hill
RAILS ROAD
Bridge Hill
Frimley Ridges
The Bungalow
Rails Farm
Spur Hill
CLEYGATE COMMON
Scragley Hill
Oldfield Wood
Peat Moor
PIRBRIGHT COMMON
Crown Prince Hill
Sheep Hill
Stanford
Romping Downs
Westwind
Foxholes Bottom
Long Hill
Peatmoor Pond
Henley Gate
Ash Ranges
Henley Park Ranges
Longhill Bottom
Henleypark Lake
Lookout Hill
Standinghill Wood
CLEYGATE COMMON
Peatmoor Hill
BADGER WALK
Pit Hill
GUILDFORD
Bastion Hill
Slyfield Wood
A324
Whitepatch Hill
The Glen
Engineering Works
HENLEY PARK
Dukes Hill
Henley Park Farm
Guildford
Whitepatch Bottom
Vine Farm
Henleypark Farm
FOX HILLS
Ricochet Hill
WYKE COMMON
Kiln Copse
Withybed Copse
GU3
Dolleyshill
DOLLEYSHILL CARAVAN PARK
Hunts Hill
Normandy Hill
HUNTS HILL ROAD
Anchor Copse
Hunts Hill Farm
Woodlands
Normandy Lodge Farm
NORMANDY COMMON
Cricket Grd.
Elm Hill
Orchard Dene
Football Field
Roughs Farm
Normandy Common
Normandy Pond
Rand's Plantation
PIRBRIGHT ROAD
SCHOOL LANE
Sandpit Farm
A323
Fair View Farm
Slade Cottage
The Wyke County Prim. Sch.
GUILDFORD ROAD
NORMANDY
GLAZIERS LANE
UPPER PINEWOOD RD.
PINEWOOD RD.
KIRRIEMUIR
Wyke Heath Farm
WYKE CROSS
Elstowe
NIGHTINGALE RD
Elm Hill
North Wyke
Manor Fruit Farm
WYKE
GUILDFORD RD
RAVENSCROFT
Walden's
Elms Gardens
71
92
111

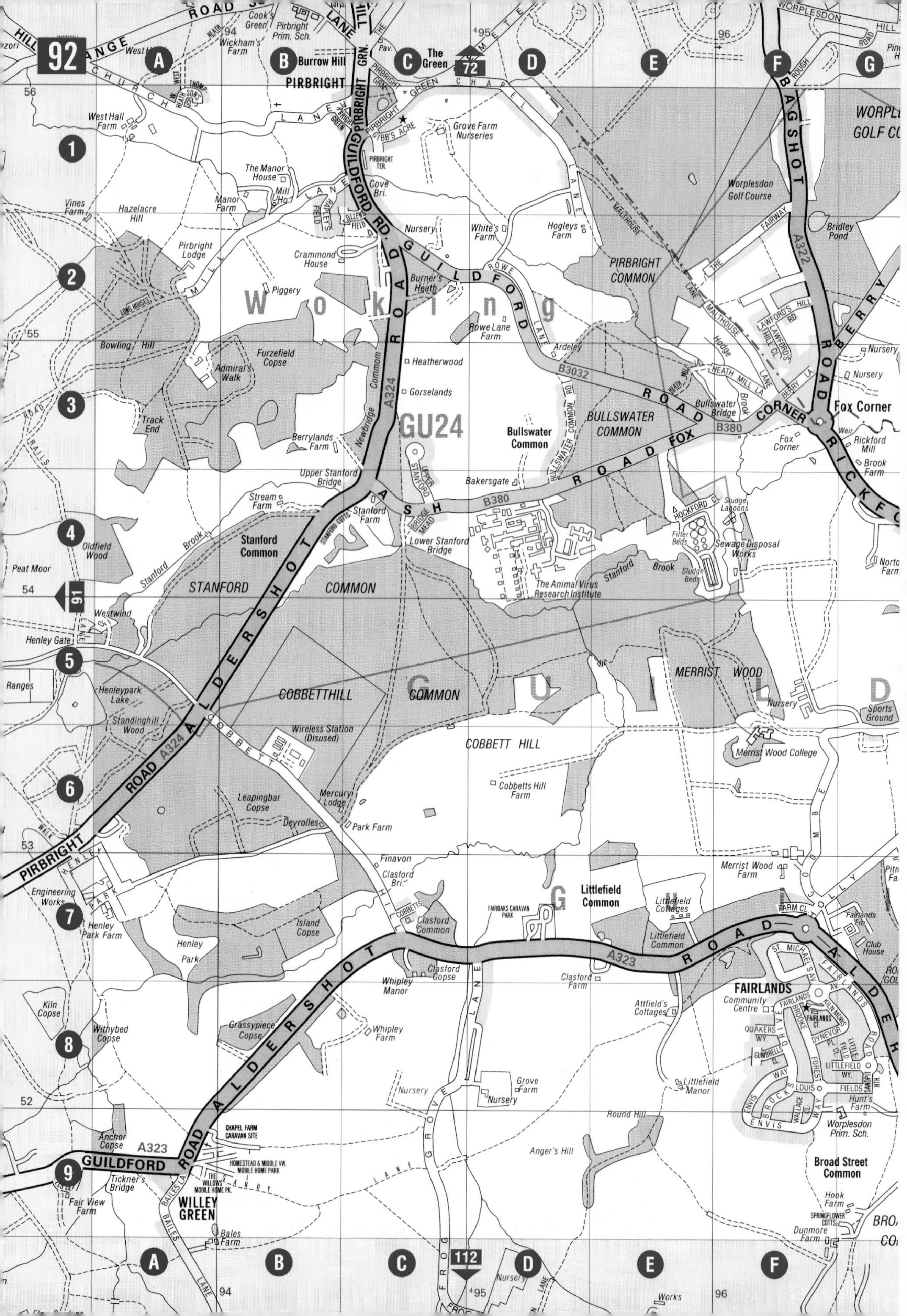

PIRBRIGHT
Burrow Hill
The Green
72
91
112
West Hall Farm
The Manor House
Manor Farm
Vines Farm
Hazelacre Hill
Pirbright Lodge
Crammond House
Piggery
Woking
Burner's Heath
Rowe Lane Farm
White's Farm
Hogleys Farm
Grove Farm Nurseries
Worplesdon Golf Course
Bridley Pond
PIRBRIGHT COMMON
Bowling Hill
Furzefield Copse
Admiral's Walk
Track End
Heatherwood
Gorselands
GU24
Bullswater Common
BULLSWATER COMMON
Bullswater Bridge
Fox Corner
Rickford Mill
Brook Farm
Berrylands Farm
Upper Stanford Bridge
Stream Farm
Stanford Farm
Bakersgate
Oldfield Wood
Peat Moor
Stanford Common
STANFORD COMMON
Lower Stanford Bridge
Sewage Disposal Works
Sludge Lagoons
Filter Beds
Sludge Beds
The Animal Virus Research Institute
Westwind
Henley Gate
Ranges
Henleypark Lake
Standinghill Wood
COBBETTHILL COMMON
Wireless Station (Disused)
MERRIST WOOD
GUILDFORD
Nursery
Sports Ground
Merrist Wood College
COBBETT HILL
Cobbetts Hill Farm
Leapingbar Copse
Deyrolles
Mercury Lodge
Park Farm
Finavon
Clasford Bri.
Engineering Works
Henley Park Farm
Island Copse
Henley Park
Clasford Common
Littlefield Common
FAIROAKS CARAVAN PARK
Littlefield Cottages
Merrist Wood Farm
Fairlands Fm.
Club House
Clasford Copse
Whipley Manor
Clasford Farm
FAIRLANDS
Community Centre
Attfield's Cottages
Kiln Copse
Withybed Copse
Grassypiece Copse
Whipley Farm
Grove Farm
Littlefield Manor
Round Hill
Anger's Hill
Anchor Copse
CHAPEL FARM CARAVAN SITE
HOMESTEAD & MIDDLE VW. MOBILE HOME PARK
THE WILLOWS MOBILE HOME PK.
Tickner's Bridge
Fair View Farm
WILLEY GREEN
Bales Farm
Worplesdon Prim. Sch.
Hunt's Farm
Broad Street Common
Hook Farm
SPRINGFLOWER COTTS.
Dunmore Farm
Works
Cook's Green
Pirbright Prim. Sch.
Wickham's Farm
WORPLESDON GOLF CO
A323
A324
A322
B380
B3032
ALDERSHOT ROAD
GUILDFORD ROAD
GUILDFORD RD.
PIRBRIGHT ROAD
BAGSHOT ROAD
RICKFORD
BERRY
FOX CORNER
ASH ROAD
FROG GROVE LANE
SANDY LANE
BAILES LANE
COBBETT HILL
COOMBE LANE
CHAPEL LANE
CHURCH LANE
MILL LANE
WORPLESDON HILL
ROUGH ROAD
A B C D E F G
1 2 3 4 5 6 7 8 9
94 95 96
52 53 54 55 56

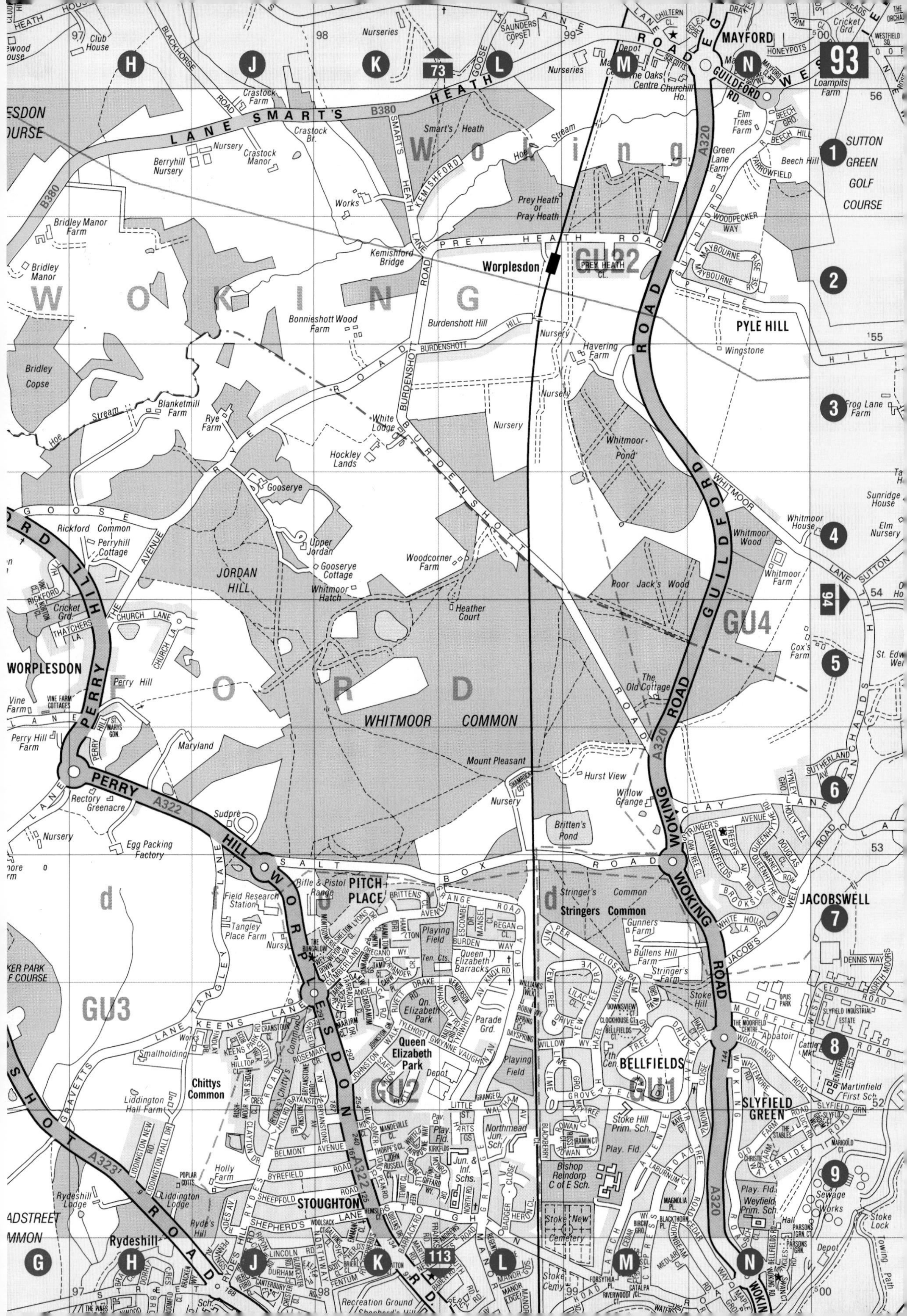
H
J
K
L
M
N
73
94
113
G
1
2
3
4
5
6
7
8
9
MAYFORD
SUTTON GREEN GOLF COURSE
Woking
WOKING
Worplesdon
GU22
GU4
GU3
GU2
GU1
PYLE HILL
Smart's Heath
SMART'S HEATH LANE
B380
A320
A322
A323
GUILDFORD ROAD
WOKING ROAD
PREY HEATH ROAD
BURDENSHOTT ROAD
RYDE ROAD
WHITMOOR LANE
SALT BOX ROAD
CLAY LANE
PERRY HILL
WORPLESDON ROAD
Prey Heath or Pray Heath
Kemishford Bridge
Crastock Farm
Crastock Manor
Berryhill Nursery
Bridley Manor Farm
Bridley Manor
Bridley Copse
Blanketmill Farm
Rye Farm
Bonnieshott Wood Farm
Burdenshott Hill
Havering Farm
Wingstone
Frog Lane Farm
White Lodge
Hockley Lands
Gooserye
Upper Jordan
Gooserye Cottage
Whitmoor Hatch
Woodcorner Farm
Heather Court
JORDAN HILL
Whitmoor Pond
Whitmoor Wood
Whitmoor House
Whitmoor Farm
Poor Jack's Wood
Sunridge House
Elm Nursery
Cox's Farm
The Old Cottage
WHITMOOR COMMON
Mount Pleasant
Hurst View
Willow Grange
Britten's Pond
Rickford Common
Perryhill Cottage
WORPLESDON
Perry Hill
Vine Farm
Perry Hill Farm
Maryland
Rectory
Greenacre
Sudpre
Egg Packing Factory
PITCH PLACE
Rifle & Pistol Range
Field Research Station
Tangley Place Farm
Stringer's Common
Stringers Common
Gunners Farm
Bullens Hill Farm
Stringer's Farm
Stoke Hill
JACOBSWELL
Slyfield Industrial Estate
Abbatoir
Martinfield First Sch.
SLYFIELD GREEN
Sewage Works
Stoke Lock
Towing Path
Queen Elizabeth Barracks
Queen Elizabeth Park
Playing Field
BELLFIELDS
Stoke Hill Prim. Sch.
Bishop Reindorp C of E Sch.
Stoke New Cemetery
Weyfield Prim. Sch.
Chittys Common
Liddington Hall Farm
Holly Farm
Liddington Lodge
Rydeshill Lodge
Ryde's Hill
STOUGHTON
Rydeshill
Northmead Jun. Sch.
Jun. & Inf. Schs.
Recreation Ground

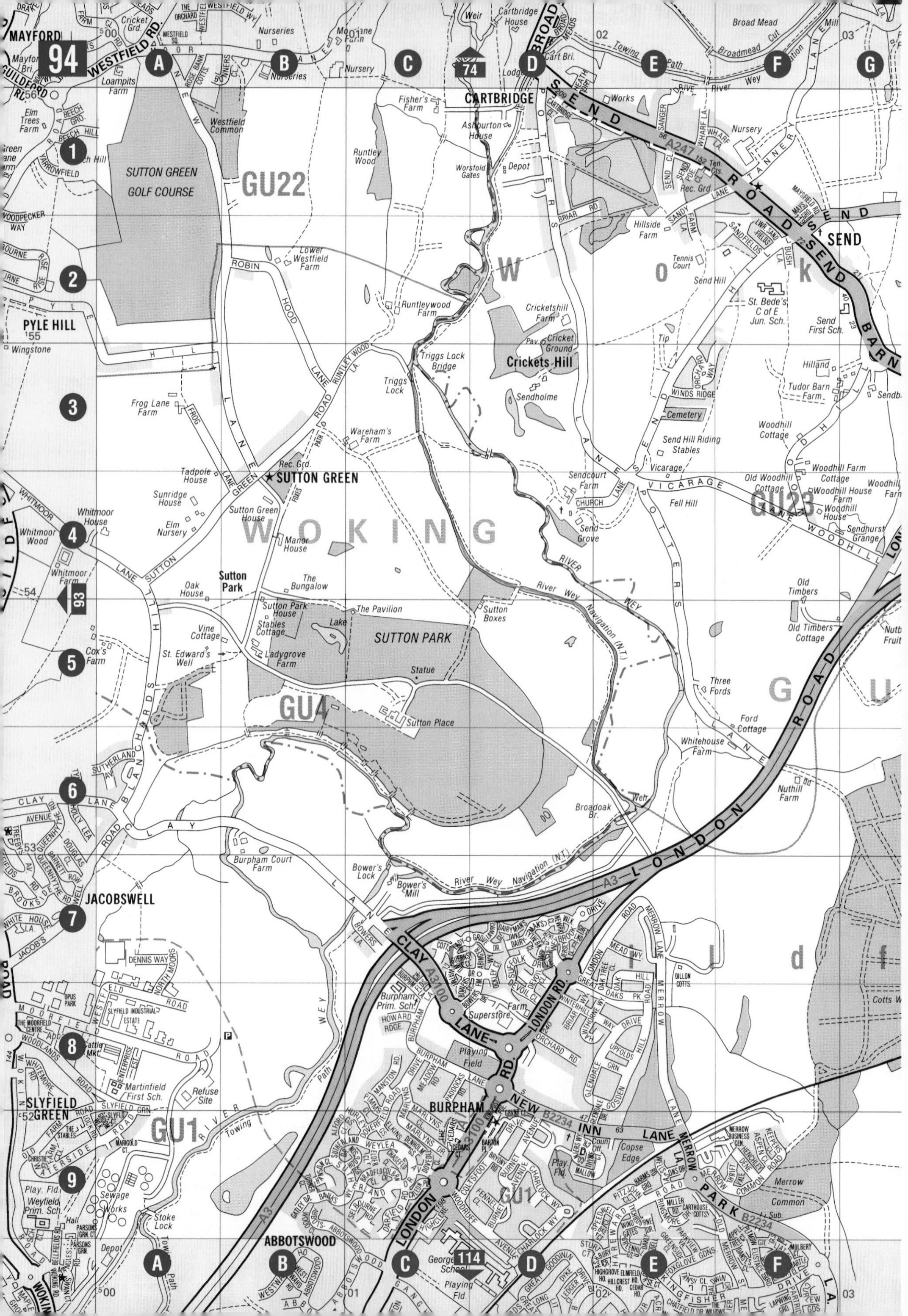

94
MAYFORD
WESTFIELD RD.
GUILDFORD RD.
74
93
114
CARTBRIDGE
SUTTON GREEN
SUTTON GREEN GOLF COURSE
GU22
GU23
GU4
GU1
W O K I N G
SUTTON PARK
Sutton Park
Sutton Place
PYLE HILL
Westfield Common
Runtley Wood
Cricketshill Farm
Crickets Hill
Sendholme
Triggs Lock
Triggs Lock Bridge
Send Hill
SEND
SEND ROAD
A247
River Wey Navigation (N.T.)
RIVER WEY
Whitmoor Wood
Whitmoor House
Whitmoor Farm
Sunridge House
Tadpole House
Elm Nursery
Manor House
Frog Lane Farm
Wareham's Farm
Sendcourt Farm
Send Grove
Fell Hill
Vicarage
Send Hill Riding Stables
Cemetery
St. Bede's C of E Jun. Sch.
Send First Sch.
Old Timbers
Three Fords
Ford Cottage
Whitehouse Farm
Nuthill Farm
Broadoak Br.
Bower's Lock
Bower's Mill
Burpham Court Farm
Ladygrove Farm
St. Edward's Well
Vine Cottage
Cox's Farm
JACOBSWELL
SLYFIELD GREEN
Slyfield Industrial Estate
Refuse Site
Sewage Works
Stoke Lock
ABBOTSWOOD
BURPHAM
Superstore
Playing Field
Burpham Prim. Sch.
LONDON ROAD
A3
LONDON RD.
NEW INN LANE
B2234
MERROW LANE
PARK LANE
Merrow Common
Copse Edge
George Abbot School
CLAY LANE
A3100

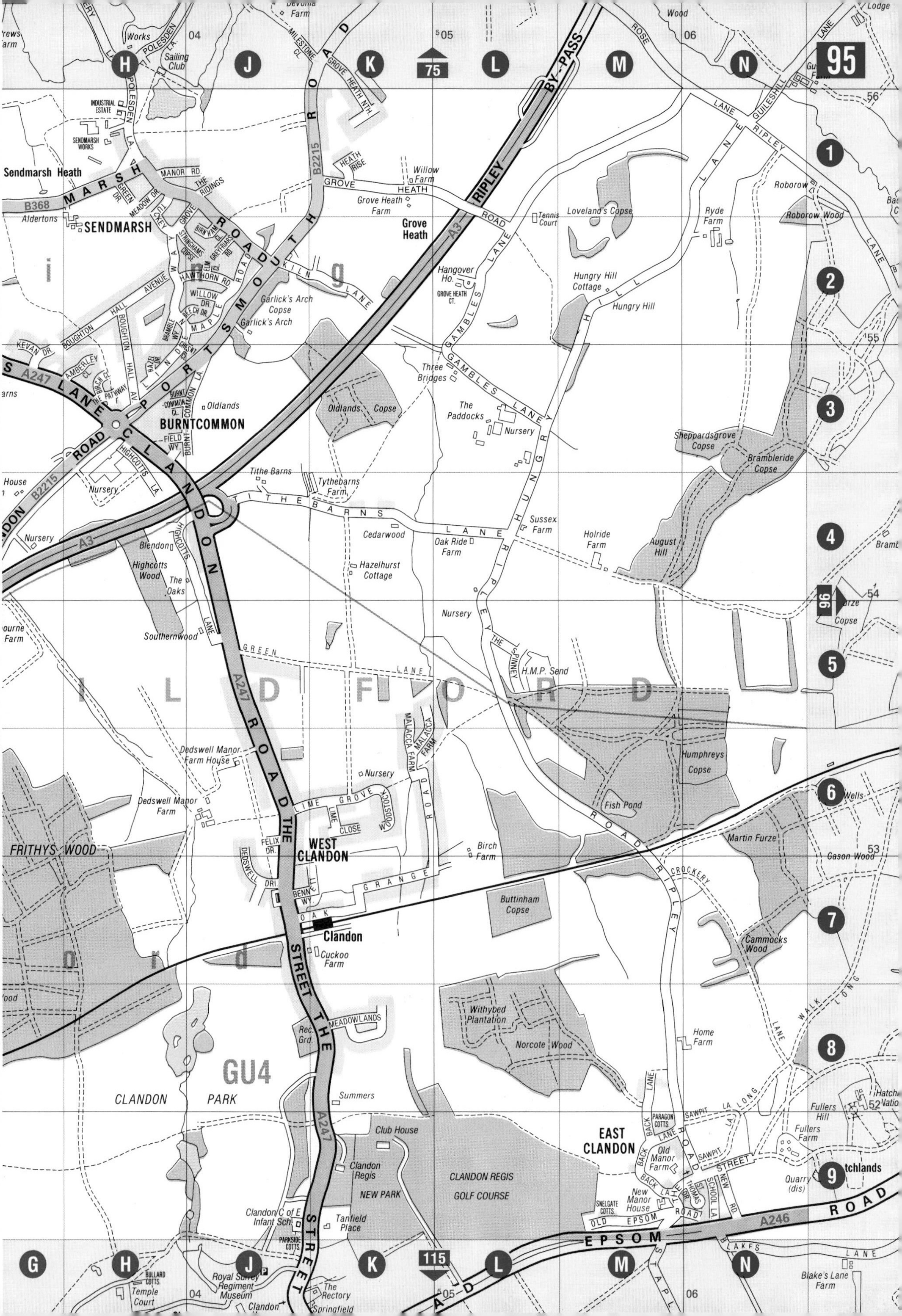

SENDMARSH
Sendmarsh Heath
Aldertons
BURNTCOMMON
Oldlands
Oldlands Copse
Grove Heath
Grove Heath Farm
Willow Farm
Garlick's Arch Copse
Garlick's Arch
Hangover Ho.
Three Bridges
The Paddocks
Nursery
Tithe Barns
Tythebarns Farm
Cedarwood
Hazelhurst Cottage
Oak Ride Farm
Sussex Farm
Holride Farm
August Hill
Loveland's Copse
Tennis Court
Ryde Farm
Hungry Hill Cottage
Hungry Hill
Roborow
Roborow Wood
Sheppardsgrove Copse
Brambleride Copse
Blendon
Highcotts Wood
The Oaks
Southernwood
H.M.P. Send
Humphreys Copse
Fish Pond
Martin Furze
Gason Wood
Cammocks Wood
Buttinham Copse
Birch Farm
Dedswell Manor Farm House
Dedswell Manor Farm
FRITHYS WOOD
WEST CLANDON
Clandon
Cuckoo Farm
Withybed Plantation
Norcote Wood
Home Farm
GU4
CLANDON PARK
Summers
Club House
Clandon Regis
NEW PARK
CLANDON REGIS GOLF COURSE
Clandon C of E Infant Sch.
Tanfield Place
Royal Surrey Regiment Museum
Temple Court
The Rectory
Springfield
EAST CLANDON
Old Manor Farm
New Manor House
Fullers Hill
Fullers Farm
Quarry (dis)
Blake's Lane Farm
RIPLEY BY-PASS
A3
A247
B2215
B368
A246
PORTSMOUTH ROAD
CLANDON ROAD
THE STREET
EPSOM ROAD
RIPLEY ROAD
HUNGRY HILL LANE
GAMBLES LANE
TITHEBARNS LANE
GREEN LANE
GROVE HEATH ROAD
KILN LANE
SEND MARSH ROAD
LONG WALK
LONG LANE
BACK LANE
SAWPIT LANE
GUILESHILL LANE
ROSE LANE
H
J
K
L
M
N
G
1
2
3
4
5
6
7
8
9
75
115
96
04
05
06
56
55
54
53
52

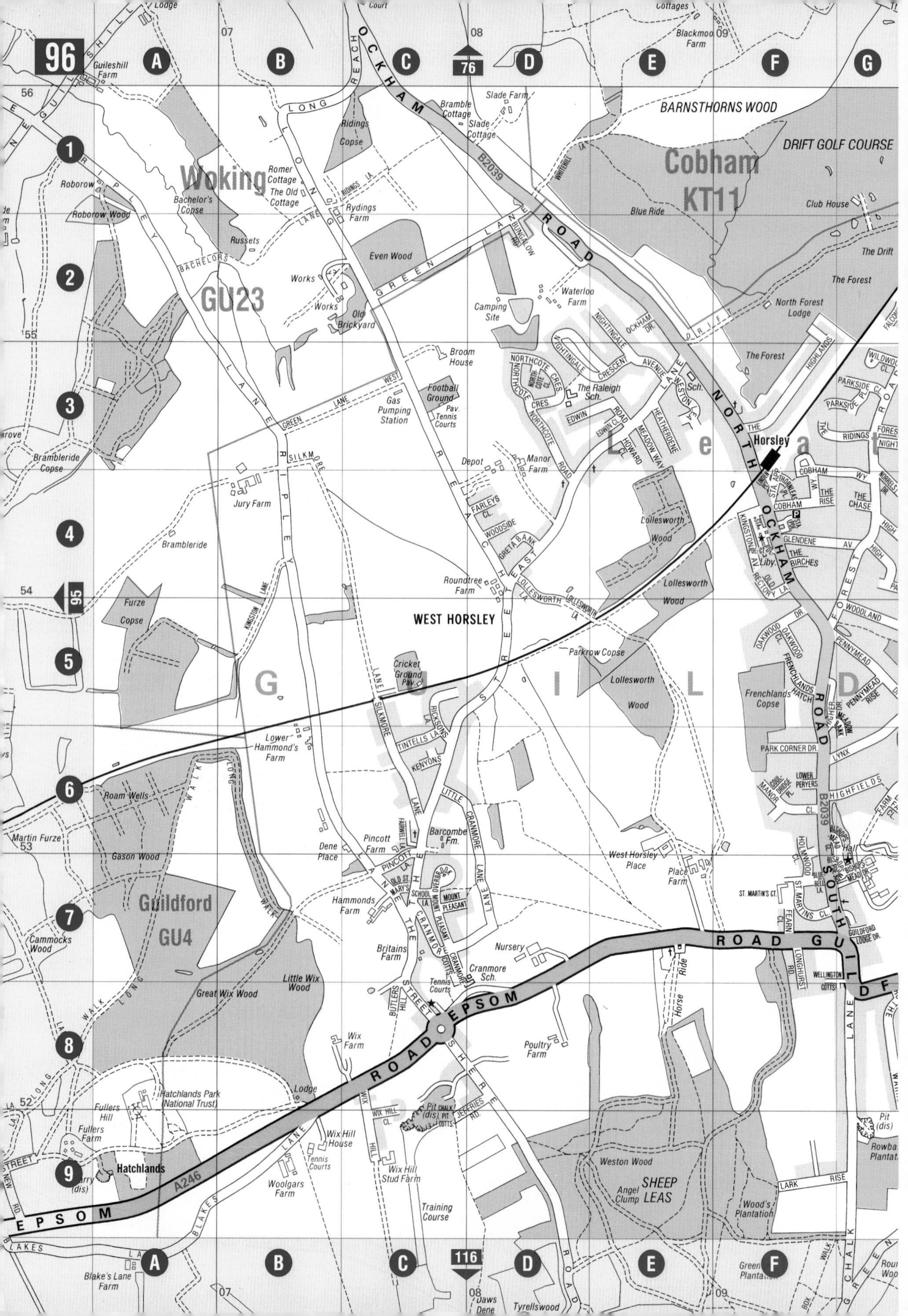

WEST HORSLEY
Horsley
Woking
GU23
Cobham
KT11
Guildford
GU4
EPSOM ROAD
A246
OCKHAM ROAD NORTH
OCKHAM ROAD SOUTH
B2039
LONG REACH
RIPLEY LANE
EAST LANE
THE STREET
GREEN LANE
SILKMORE LANE
BARNSTHORNS WOOD
DRIFT GOLF COURSE
Club House
Blue Ride
The Drift
The Forest
North Forest Lodge
Waterloo Farm
Camping Site
Even Wood
Works
Old Brickyard
Romer Cottage
The Old Cottage
Rydings Farm
Ridings Copse
Bramble Cottage
Slade Cottage
Slade Farm
Guileshill Farm
Roborow
Roborow Wood
Bachelor's Copse
Russets
Brambleride Copse
Brambleride
Jury Farm
Furze Copse
Lower Hammond's Farm
Roam Wells
Martin Furze
Gason Wood
Cammocks Wood
Great Wix Wood
Little Wix Wood
Hatchlands Park (National Trust)
Fullers Hill
Fullers Farm
Hatchlands
Woolgars Farm
Wix Hill House
Wix Hill Stud Farm
Wix Farm
Training Course
Weston Wood
SHEEP LEAS
Angel Clump
Wood's Plantation
Green Plantation
Blake's Lane Farm
Daws Dene
Tyrellswood
Poultry Farm
Nursery
Cranmore Sch.
Britains Farm
Hammonds Farm
Dene Place
Pincott Farm
Barcombe Fm.
West Horsley Place
Place Farm
Cricket Ground
Lollesworth Wood
Parkrow Copse
Frenchlands Copse
Roundtree Farm
Manor Farm
Depot
Football Ground
Gas Pumping Station
Broom House
The Raleigh Sch.
Blackmoor Farm
Cottages

76
95
116

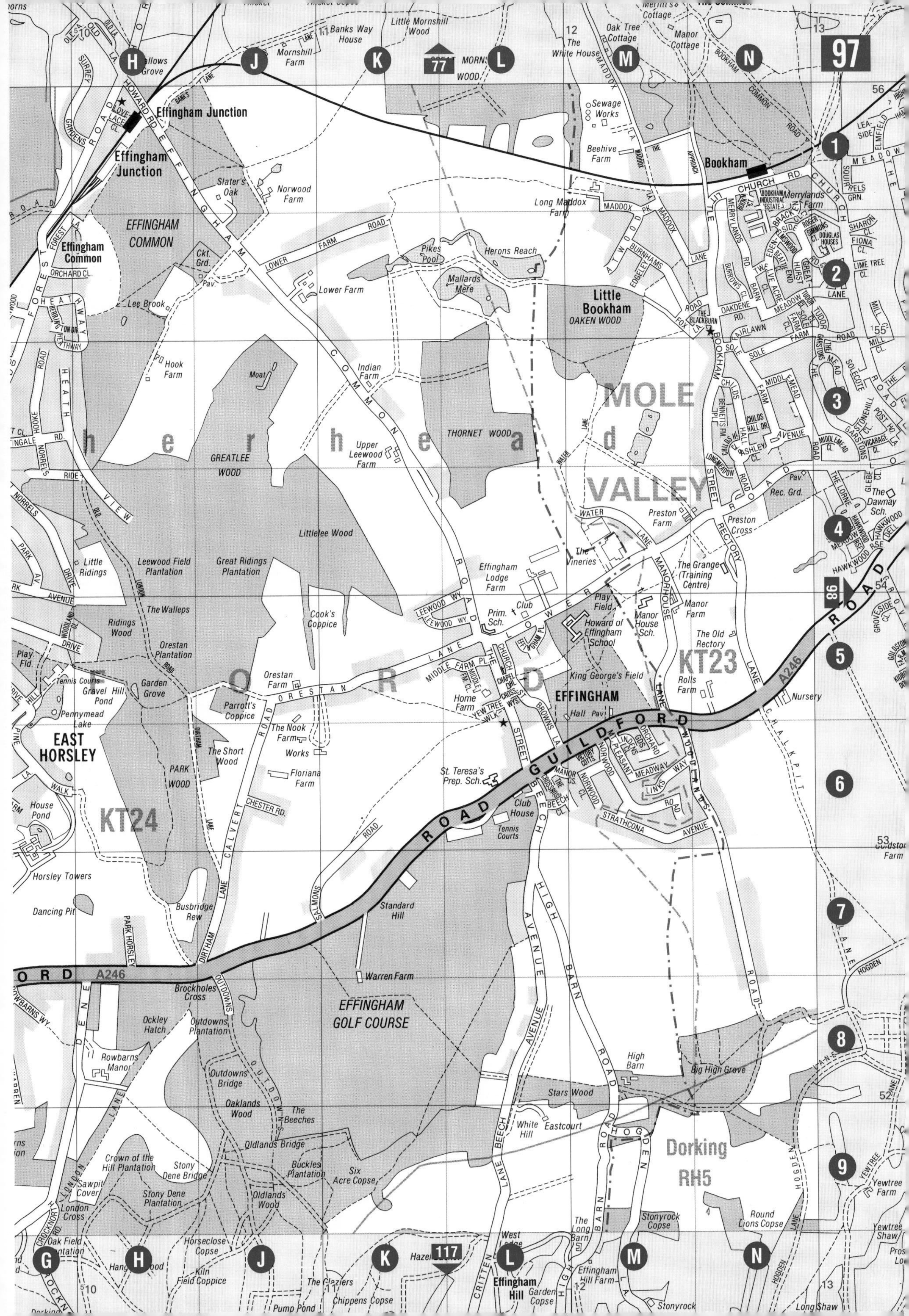
Effingham Junction
Effingham Common
EFFINGHAM COMMON
Bookham
Little Bookham
OAKEN WOOD
MOLE VALLEY
Long Maddox Farm
Herons Reach
Pikes Pool
Mallards Mere
Lower Farm
Norwood Farm
Slater's Oak
Lee Brook
Hook Farm
Indian Farm
THORNET WOOD
Upper Leewood Farm
GREATLEE WOOD
Littlelee Wood
Little Ridings
Leewood Field Plantation
Great Ridings Plantation
The Walleps
Ridings Wood
Orestan Plantation
Garden Grove
Cook's Coppice
Effingham Lodge Farm
The Vineries
Preston Farm
Preston Cross
The Grange (Training Centre)
Manor Farm
The Old Rectory
Rolls Farm
Howard of Effingham School
Manor House Sch.
King George's Field
EFFINGHAM
KT23
KT24
EAST HORSLEY
Gravel Hill Pond
Pennymead Lake
House Pond
Horsley Towers
Dancing Pit
Parrott's Coppice
The Short Wood
PARK WOOD
Orestan Farm
The Nook Farm
Floriana Farm
Home Farm
St. Teresa's Prep. Sch.
Busbridge Rew
Standard Hill
Warren Farm
EFFINGHAM GOLF COURSE
Brockholes Cross
Ockley Hatch
Outdowns Plantation
Rowbarns Manor
Outdowns Bridge
Oaklands Wood
The Beeches
Oldlands Bridge
Buckles Plantation
Six Acre Copse
Crown of the Hill Plantation
Stony Dene Bridge
Stony Dene Plantation
Oldlands Wood
Sawpit Cover
London Cross
Oak Field Plantation
Horseclose Copse
Kiln Field Coppice
The Glaziers
Chippens Copse
Pump Pond
High Barn
Big High Grove
Stars Wood
White Hill
Eastcourt
Dorking RH5
Stonyrock Copse
Round Lions Copse
The Long Barn
Effingham Hill Farm
Effingham Hill
Garden Copse
West Lodge
Yewtree Farm
Yewtree Shaw
Long Shaw
Nursery
Goldstone Farm
Rec. Grd.
The Dawnay Sch.
Merrylands Farm
Bookham Industrial Estate
Sewage Works
Beehive Farm
Oak Tree Cottage
Manor Cottage
The White House
Little Mornshill Wood
Banks Way House
Mornshill Farm
Hallows Grove
GUILDFORD ROAD
A246
77
117
96
H
J
K
L
M
N
G
1
2
3
4
5
6
7
8
9

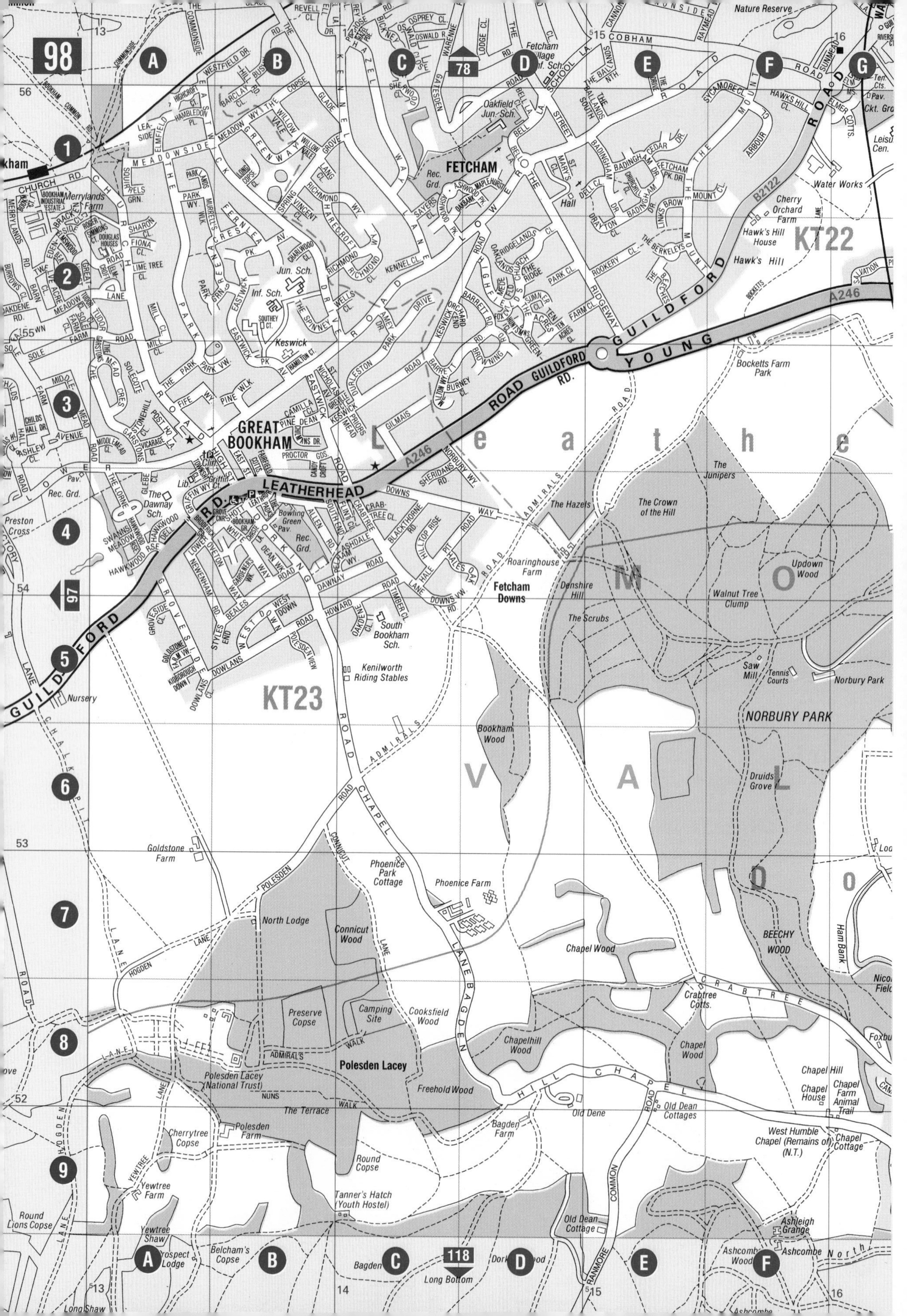

98
78
97
118
GREAT BOOKHAM
FETCHAM
KT22
KT23
Fetcham Downs
Polesden Lacey
Polesden Lacey (National Trust)
NORBURY PARK
Norbury Park
Leatherhead
Mole Valley
LEATHERHEAD RD.
GUILDFORD ROAD
YOUNG
A246
B2122
GUILDFORD RD.
COBHAM ROAD
LOWER ROAD
CHURCH RD.
CHAPEL ROAD
CHAPEL HILL
CRABTREE
POLESDEN LANE
HOGDEN LANE
BAGDEN LANE
RANMORE COMMON ROAD
CONNICUT LANE
ADMIRALS ROAD
ADMIRALS WALK
DOWLANS
Bookham Wood
Bockets Farm Park
Roaringhouse Farm
Denshire Hill
The Scrubs
The Hazels
The Crown of the Hill
The Junipers
Updown Wood
Walnut Tree Clump
Saw Mill
Tennis Courts
Druids Grove
Beechy Wood
Ham Bank
Chapel Wood
Crabtree Cotts.
Chapelhill Wood
Chapel Hill
Chapel House
Chapel Farm Animal Trail
West Humble Chapel (Remains of) (N.T.)
Chapel Cottage
Old Dean Cottages
Old Dene
Bagden Farm
Freehold Wood
The Terrace
Cooksfield Wood
Camping Site
Preserve Copse
Connicut Wood
North Lodge
Phoenice Farm
Phoenice Park Cottage
Goldstone Farm
Kenilworth Riding Stables
South Bookham Sch.
Nursery
Cherrytree Copse
Polesden Farm
Round Copse
Tanner's Hatch (Youth Hostel)
Yewtree Farm
Yewtree Shaw
Round Lions Copse
Prospect Lodge
Belcham's Copse
Bagden
Long Bottom
Old Dean Cottage
Ashleigh Grange
Ashcombe Wood
Ashcombe North
Long Shaw
Nature Reserve
Water Works
Cherry Orchard Farm
Hawk's Hill House
Hawk's Hill
Leisure Cen.
Fetcham Village Inf. Sch.
Oakfield Jun. Sch.
Rec. Grd.
Hall
Jun. Sch.
Inf. Sch.
Keswick
The Dawnay Sch.
Bowling Green
Preston Cross
Merrylands Farm
Bookham Industrial Estate
Douglas Houses
Lib.
Clinic
Pav.

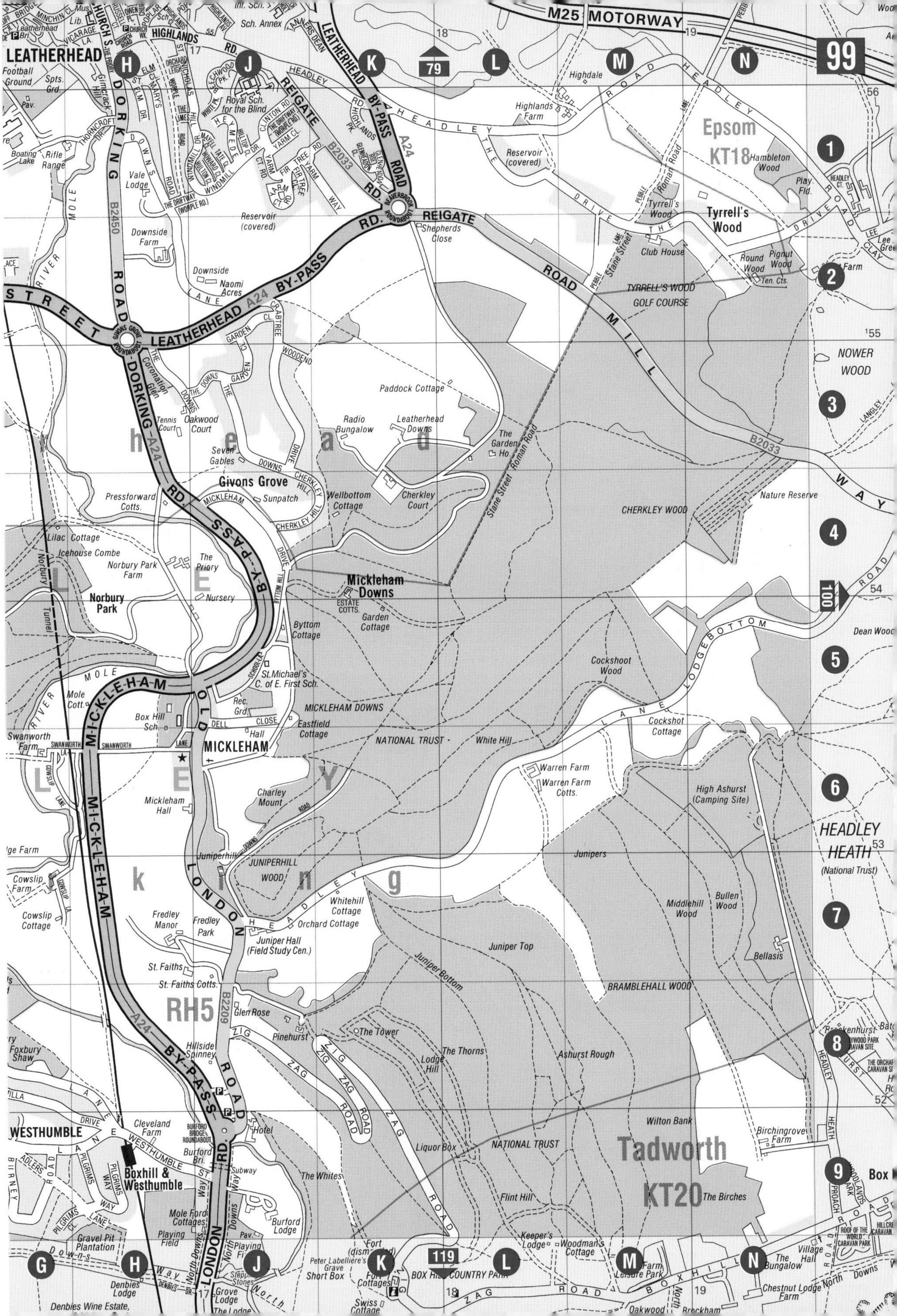
M25 MOTORWAY
LEATHERHEAD
Football Ground
Spts. Grd.
Pav.
Boating Lake
Rifle Range
HIGHLANDS RD.
Sch. Annex
Royal Sch. for the Blind
LEATHERHEAD BY-PASS ROAD
A24
REIGATE RD.
B2033
HEADLEY ROAD
BEAVERBROOK ROUNDABOUT
Highdale
Highlands Farm
Reservoir (covered)
Epsom
KT18
Hambleton Wood
Play. Fld.
Tyrrell's Wood
Club House
Round Wood
Pignut Wood
Ten. Cts.
TYRRELL'S WOOD GOLF COURSE
PEBBLE LANE
Stane Street
Roman Road
THE DRIVE
HEADLEY DRIVE
MILL ROAD
NOWER WOOD
LANGLEY
B2033
WAY
Nature Reserve
CHERKLEY WOOD
Vale Lodge
Downside Farm
Downside
Naomi Acres
B2450
DORKING ROAD
LEATHERHEAD A24 BY-PASS
STREET
GIVONS GROVE ROUNDABOUT
DORKING A24 RD. BY-PASS
Coronation Glen
Tennis Court
Oakwood Court
Seven Gables
Paddock Cottage
Radio Bungalow
Leatherhead Downs
The Garden Ho.
Stane Street Roman Road
Givons Grove
Sunpatch
Pressforward Cotts.
Wellbottom Cottage
Cherkley Court
CHERKLEY HILL
Lilac Cottage
Icehouse Combe
Norbury Park Farm
The Priory
Norbury Park
Nursery
Norbury Tunnel
Mickleham Downs
ESTATE COTTS.
Garden Cottage
Byttom Cottage
Cockshoot Wood
LODGE BOTTOM
Dean Wood
RIVER MOLE
Mole Cott.
St. Michael's C. of E. First Sch.
Rec. Grd.
MICKLEHAM DOWNS
Eastfield Cottage
NATIONAL TRUST
White Hill
Cockshot Cottage
Box Hill Sch.
Swanworth Farm
MICKLEHAM
Warren Farm
Warren Farm Cotts.
High Ashurst (Camping Site)
HEADLEY HEATH (National Trust)
Charley Mount
Mickleham Hall
Juniperhill
JUNIPERHILL WOOD
Junipers
Cowslip Farm
Cowslip Cottage
Whitehill Cottage
Orchard Cottage
Middlehill Wood
Bullen Wood
Fredley Manor
Fredley Park
Juniper Hall (Field Study Cen.)
Juniper Top
Bellasis
St. Faiths
St. Faiths Cotts.
RH5
B2209
Glen Rose
Juniper Bottom
BRAMBLEHALL WOOD
Pinehurst
The Tower
Foxbury Shaw
Hillside Spinney
The Thorns
Lodge Hill
Ashurst Rough
MICKLEHAM BY-PASS
ZIG ZAG ROAD
Wilton Bank
WESTHUMBLE
Cleveland Farm
BURFORD BRIDGE ROUNDABOUT
Hotel
Burford Bri.
Liquor Box
NATIONAL TRUST
Tadworth
KT20
Birchingrove Farm
Boxhill & Westhumble
Subway
The Whites
Flint Hill
The Birches
Box
Mole Ford Cottages
Playing Field
Burford Lodge
Keeper's Lodge
Woodman's Cottage
Gravel Pit Plantation
Fort (dismantled)
Peter Labelliere's Grave
Short Box
BOX HILL COUNTRY PARK
Farm Leisure Park
The Bungalow
Village Hall
Denbies Lodge
Stepping Stones
Fort Cottages
BOX HILL ROAD
Chestnut Lodge Farm
North Downs Way
Denbies Wine Estate
Grove Lodge
Swiss Cottage
Oakwood
Brockham
79
100
119

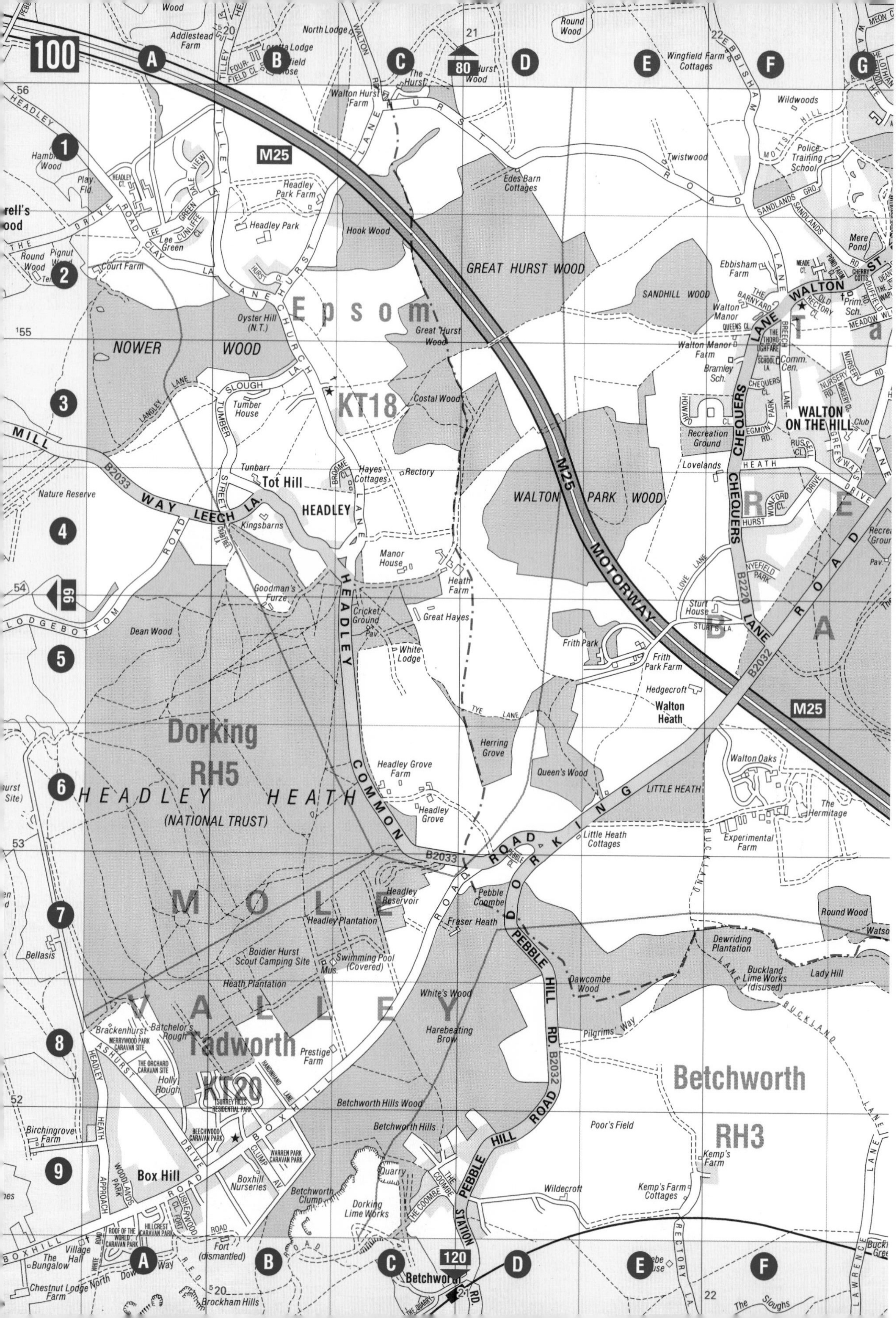
M25
MOTORWAY
Epsom
KT18
NOWER WOOD
GREAT HURST WOOD
SANDHILL WOOD
WALTON PARK WOOD
Hook Wood
Headley Park
Headley Park Farm
Edes Barn Cottages
Twistwood
Police Training School
Wildwoods
Walton Hurst Farm
Wingfield Farm Cottages
Addlestead Farm
North Lodge
Loretta Lodge
Round Wood
Court Farm
Lee Green
Oyster Hill (N.T.)
Great Hurst Wood
Costal Wood
Tumber House
Tunbarr
Tot Hill
HEADLEY
Hayes Cottages
Rectory
Kingsbarns
Nature Reserve
Manor House
Heath Farm
Great Hayes
Goodman's Furze
Cricket Ground
White Lodge
Dean Wood
Ebbisham Farm
Walton Manor
Walton Manor Farm
Bramley Sch.
Comm. Cen.
Prim. Sch.
Mere Pond
WALTON ON THE HILL
Recreation Ground
Lovelands
Sturt House
Frith Park
Frith Park Farm
Hedgecroft
Walton Heath
Herring Grove
Queen's Wood
Walton Oaks
The Hermitage
Experimental Farm
Little Heath Cottages
LITTLE HEATH
Dorking
RH5
HEADLEY HEATH
(NATIONAL TRUST)
Headley Grove Farm
Headley Grove
MOLE VALLEY
Headley Reservoir
Pebble Coombe
Fraser Heath
Headley Plantation
Boidier Hurst Scout Camping Site
Swimming Pool (Covered)
Heath Plantation
White's Wood
Harebeating Brow
Round Wood
Dewriding Plantation
Dawcombe Wood
Buckland Lime Works (disused)
Lady Hill
Pilgrims' Way
Bellasis
Brackenhurst
Batchelor's Rough
Tadworth
Prestige Farm
KT20
Holly Rough
Betchworth Hills Wood
Betchworth Hills
Betchworth
RH3
Poor's Field
Kemp's Farm
Kemp's Farm Cottages
Wildecroft
Birchingrove Farm
Box Hill
Boxhill Nurseries
Quarry
Betchworth Clump
Dorking Lime Works
Fort (dismantled)
The Bungalow
Village Hall
Chestnut Lodge Farm
Brockham Hills
Betchworth
The Sloughs
B2033
B2032
B2220
99
80
120

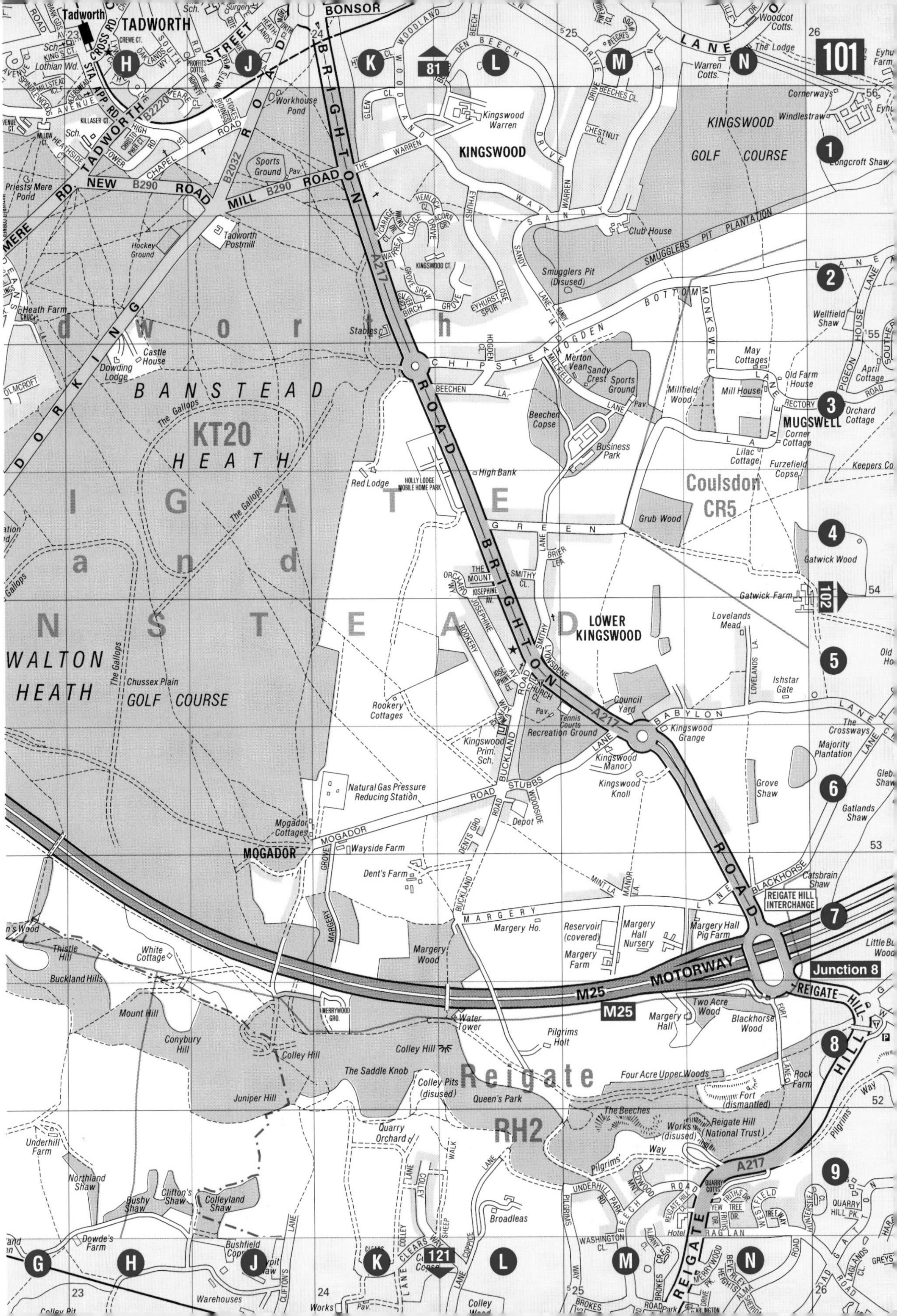
TADWORTH
Tadworth
KINGSWOOD
KINGSWOOD GOLF COURSE
BONSOR
BRIGHTON ROAD
A217
Kingswood Warren
THE WARREN
WOODLAND
DEN BEECH
BEECHES CL.
CHESTNUT CL.
WARREN DRIVE
SANDY LANE
Club House
SMUGGLERS PIT PLANTATION
Smugglers Pit (Disused)
BOTTOM
MONKSWELL LANE
Woodcot Cotts.
Warren Cotts.
The Lodge
Cornerways
Windlestraw
Longcroft Shaw
Wellfield Shaw
PIGEON HOUSE LANE
May Cottages
Old Farm House
April Cottage
Orchard Cottage
MUGSWELL
RECTORY LANE
Millfield Wood
Mill House
Lilac Cottage
Corner Cottage
Furzefield Copse
Keepers Co
Coulsdon
CR5
Grub Wood
Gatwick Wood
Gatwick Farm
102
81
Lovelands Mead
LOVELANDS LA.
Ishstar Gate
BABYLON LANE
The Crossways
Majority Plantation
Grove Shaw
Gatlands Shaw
Catsbrain Shaw
BLACKHORSE LANE
REIGATE HILL INTERCHANGE
Junction 8
REIGATE HILL
M25 MOTORWAY
M25
STREET
ROAD
B2220
B2032
B290
NEW ROAD
MILL ROAD
Workhouse Pond
Sports Ground
Priests' Mere Pond
Tadworth Postmill
Hockey Ground
Heath Farm
DORKING ROAD
Castle House
Dowding Lodge
BANSTEAD HEATH
KT20
The Gallops
WALTON HEATH
GOLF COURSE
Chussex Plain
REIGATE and BANSTEAD
CHIPSTEAD LANE
HOGDEN LANE
BEECHEN LA.
Merton Vean
Sandy Crest
Sports Ground
Beechen Copse
Business Park
Red Lodge
HOLLY LODGE MOBILE HOME PARK
High Bank
GREEN
LOWER KINGSWOOD
Council Yard
Kingswood Grange
Recreation Ground
Tennis Courts
Kingswood Manor
Kingswood Knoll
Kingswood Prim. Sch.
Rookery Cottages
Natural Gas Pressure Reducing Station
BUCKLAND ROAD
STUBBS
WOODSIDE
Depot
MOGADOR
Mogador Cottages
Wayside Farm
Dent's Farm
MARGERY LANE
Margery Ho.
Reservoir (covered)
Margery Hall Nursery
Margery Hall Pig Farm
Margery Farm
Margery Wood
Two Acre Wood
Margery Hall
Blackhorse Wood
White Cottage
Thistle Hill
Buckland Hills
Mount Hill
Conybury Hill
Colley Hill
Water Tower
Pilgrims Holt
The Saddle Knob
Colley Pits (disused)
Reigate
RH2
Queen's Park
Juniper Hill
Four Acre Upper Woods
Rock Farm
Fort (dismantled)
The Beeches
Works (disused)
Reigate Hill (National Trust)
Pilgrims' Way
Quarry Orchard
Underhill Farm
Northland Shaw
Bushy Shaw
Clifton's Shaw
Colleyland Shaw
Dowde's Farm
Bushfield Copse
Broadleas
UNDERHILL PARK RD
BEECH ROAD
QUARRY HILL PK.
WESTFIELD
121
Hotel
Warehouses
Works
Colley Wood
23
24
25
26
52
53
54
55
56

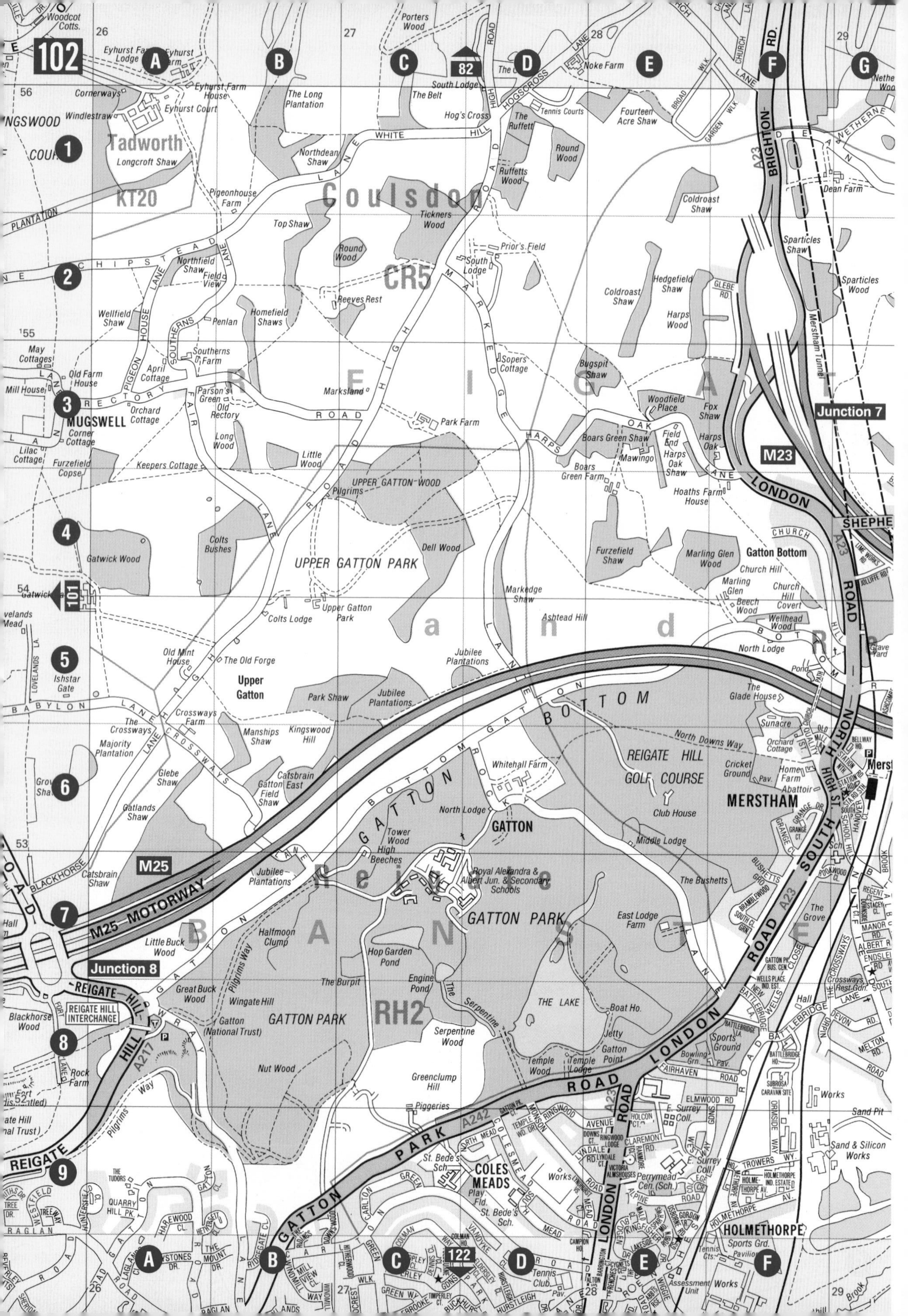

102
82
122
101
Tadworth
KT20
Coulsdon
CR5
MUGSWELL
UPPER GATTON PARK
UPPER GATTON WOOD
Upper Gatton
GATTON
GATTON PARK
RH2
REIGATE HILL GOLF COURSE
MERSTHAM
Gatton Bottom
COLES MEADS
HOLMETHORPE
M25 MOTORWAY
Junction 8
Junction 7
M23
M25
REIGATE HILL INTERCHANGE
Royal Alexandra & Albert Jun. & Secondary Schools
THE LAKE
Reigate
BANSTEAD
Reigate and Banstead
North Downs Way
Pilgrims Way
Mersham Tunnel
Gatton (National Trust)

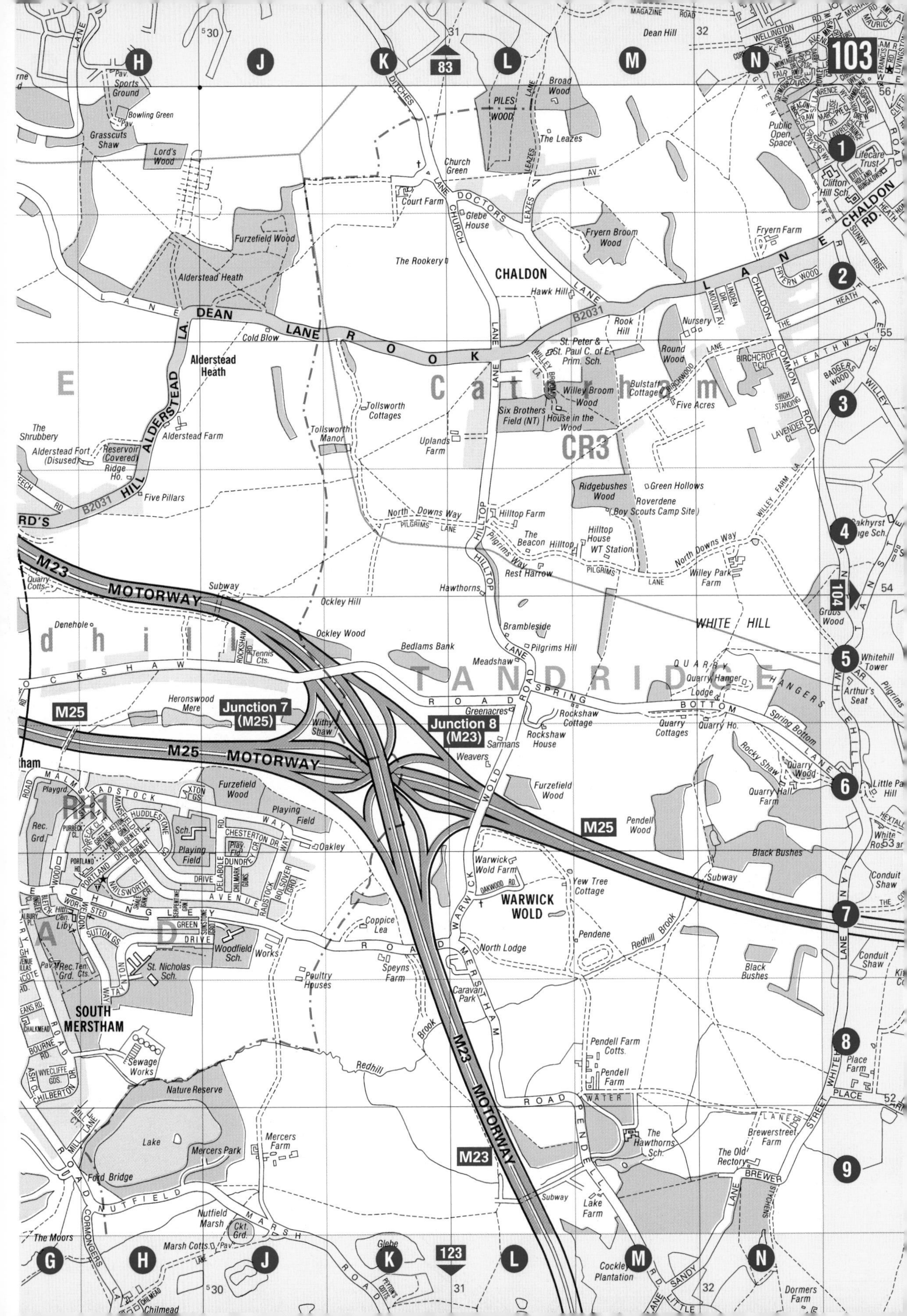
103
83
104
123
H
J
K
L
M
N
G
1
2
3
4
5
6
7
8
9
30
31
32
56
55
54
53
52
Dean Hill
MAGAZINE ROAD
WELLINGTON RD.
Sports Ground
Bowling Green
Grasscuts Shaw
Lord's Wood
DITCHES
PILES WOOD
Broad Wood
The Leazes
Church Green
Court Farm
DOCTORS
Glebe House
CHURCH LANE
LEAZES
Public Open Space
Lifecare Trust
Clifton Hill Sch.
CHALDON RD.
Fryern Broom Wood
Fryern Farm
Furzefield Wood
The Rookery
CHALDON
Alderstead Heath
Hawk Hill
DEAN LANE
ROOK LANE
B2031
Cold Blow
Rook Hill
Nursery
Round Wood
St. Peter & St. Paul C. of E. Prim. Sch.
Alderstead Heath
ALDERSTEAD HILL
Caterham
Tollsworth Cottages
Tollsworth Manor
Six Brothers Field (NT)
Willey Broom Wood
House in the Wood
Bulstaff Cottage
Five Acres
HEATHWAY
BADGERS WOOD
HIGH STANDING
LAVENDER CL.
COMMON ROAD
WILLEY
CR3
The Shrubbery
Alderstead Fort (Disused)
Reservoir (Covered)
Ridge Ho.
Alderstead Farm
Uplands Farm
Five Pillars
Ridgebushes Wood
Green Hollows
Roverdene (Boy Scouts Camp Site)
WILLEY FARM LA.
North Downs Way
PILGRIMS LANE
HILLTOP
Hilltop Farm
The Beacon
Hilltop House WT Station
Pilgrims Way
Rest Harrow
Willey Park Farm
Quarry Cotts.
M23 MOTORWAY
Subway
Hawthorns
Ockley Hill
Denehole
Ockley Wood
Bedlams Bank
Brambleside
Pilgrims Hill
WHITE HILL
Redhill
TANDRIDGE
Tennis Cts.
ROCKSHAW
Meadshaw
QUARRY
Quarry Hanger
Lodge
HANGERS
Whitehill Tower
Arthur's Seat
Heronswood Mere
Junction 7 (M25)
Junction 8 (M23)
M25
SPRING BOTTOM ROAD
Greenacres
Rockshaw Cottage
Rockshaw House
Quarry Cottages
Quarry Ho.
Spring Bottom
Withy Shaw
Sarmans
Weavers
M25 MOTORWAY
Rocky Shaw
Quarry Wood
Quarry Hall Farm
Little Park Hill
Furzefield Wood
Playing Field
Playgrd.
RH1
Rec. Grd.
Sch.
Oakley
Pendell Wood
Black Bushes
Warwick Wold Farm
WARWICK WOLD
Yew Tree Cottage
Subway
Conduit Shaw
CHESTERTON DR.
HUDDLESTONE
RADSTOCK
MAILSWORTH
PORTLAND DR.
HINGLEY
GREEN DRIVE
Woodfield Sch.
Works
Coppice Lea
Pendene
Redhill Brook
North Lodge
Speyns Farm
Poultry Houses
Caravan Park
MERSTHAM
St. Nicholas Sch.
SOUTH MERSTHAM
Brook
M23 MOTORWAY
Black Bushes
Sewage Works
Redhill
Pendell Farm Cotts.
Pendell Farm
WHITEHILL LANE
Place Farm
PLACE
Nature Reserve
WATER ROAD
Lake
Mercers Farm
Mercers Park
The Hawthorns Sch.
Brewerstreet Farm
The Old Rectory
BREWER STREET
Ford Bridge
NUTFIELD
Subway
Lake Farm
Nutfield Marsh
Ckt. Grd.
MARSH
The Moors
Marsh Cotts.
Glebe
CORMONGERS
Cockley Plantation
SANDY LANE
Dormers Farm
Chilmead

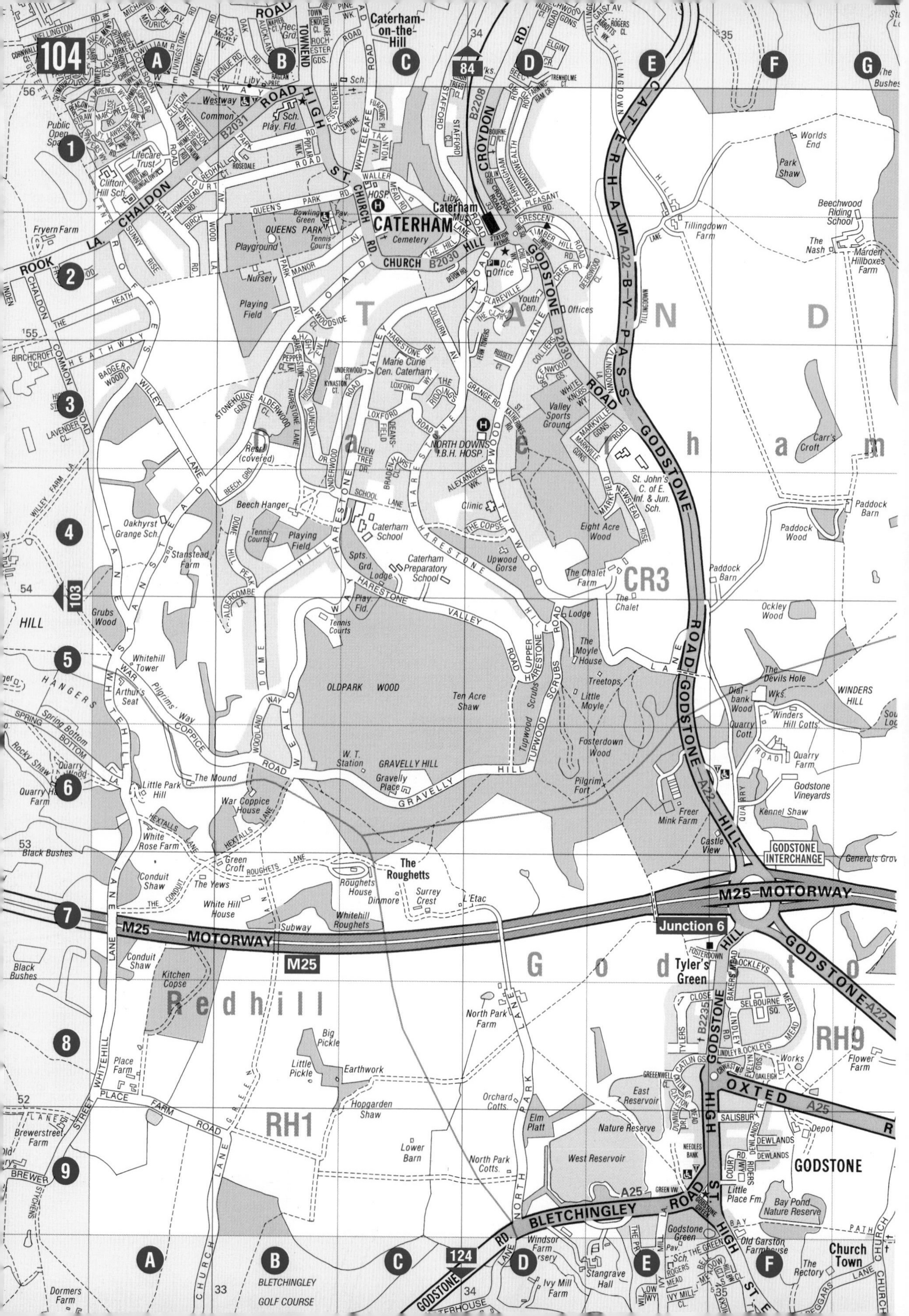
Caterham-on-the-Hill
84
103
124
CATERHAM
Caterham
Queens Park
Playground
Cemetery
Church Rd.
Croydon Road
B2208
B2030
B2031
Chaldon Rook La.
Fryern Farm
Public Open Space
Clifton Hill Sch.
Lifecare Trust
Westway
Common
Sch. Play. Fld.
Bowling Green
Tennis Courts
Nursery
Playing Field
D.C. Office
Youth Cen.
Offices
Caterham By-Pass
A22
Godstone Road
Tillingdown Farm
Worlds End
Park Shaw
Beechwood Riding School
The Nash
Marden Hillboxes Farm
Marie Curie Cen. Caterham
North Downs I.B.H. Hosp.
Valley Sports Ground
St. John's C. of E. Inf. & Jun. Sch.
Clinic
Eight Acre Wood
Upwood Gorse
The Chalet Farm
The Chalet
CR3
Lodge
The Moyle House
Treetops
Little Moyle
Fosterdown Wood
Pilgrim Fort
Caterham School
Caterham Preparatory School
Spts. Grd.
Playing Field
Beech Hanger
Oakhyrst Grange Sch.
Stanstead Farm
Grubs Wood
Hill
Whitehill Tower
Arthur's Seat
Pilgrims' Way
Oldpark Wood
Ten Acre Shaw
W. T. Station
Gravelly Hill
Gravelly Place
The Mound
Little Park Hill
War Coppice House
White Rose Farm
Black Bushes
Green Croft
The Roughetts
Roughets House
Dinmore
Surrey Crest
L'Etac
The Yews
Conduit Shaw
White Hill House
Whitehill Roughets
Subway
M25 Motorway
M25
Junction 6
Godstone Interchange
Castle View
Freer Mink Farm
Kennel Shaw
Godstone Vineyards
Quarry Farm
Winders Hill Cotts
Winders Hill
The Devils Hole
Dial-bank Wood
Paddock Barn
Paddock Wood
Ockley Wood
Carr's Croft
Tyler's Green
RH9
Flower Farm
Works
Oxted Road
A25
Godstone
Depot
Bay Pond Nature Reserve
Little Place Fm.
Church Town
The Rectory
Old Garston Farmhouse
Godstone Green
Stangrave Hall
Ivy Mill Farm
Windsor Farm Nursery
Bletchingley Road
West Reservoir
East Reservoir
Nature Reserve
Elm Platt
Orchard Cotts.
North Park Cotts.
North Park Farm
North Park Lane
Lower Barn
Big Pickle
Little Pickle
Earthwork
Hopgarden Shaw
RH1
Redhill
Kitchen Copse
Place Farm
Place Farm Road
Brewerstreet Farm
Whitehill Lane
Bletchingley Golf Course
Dormers Farm
Church Lane
Godstone
Caterham
A B C D E F G
1 2 3 4 5 6 7 8 9

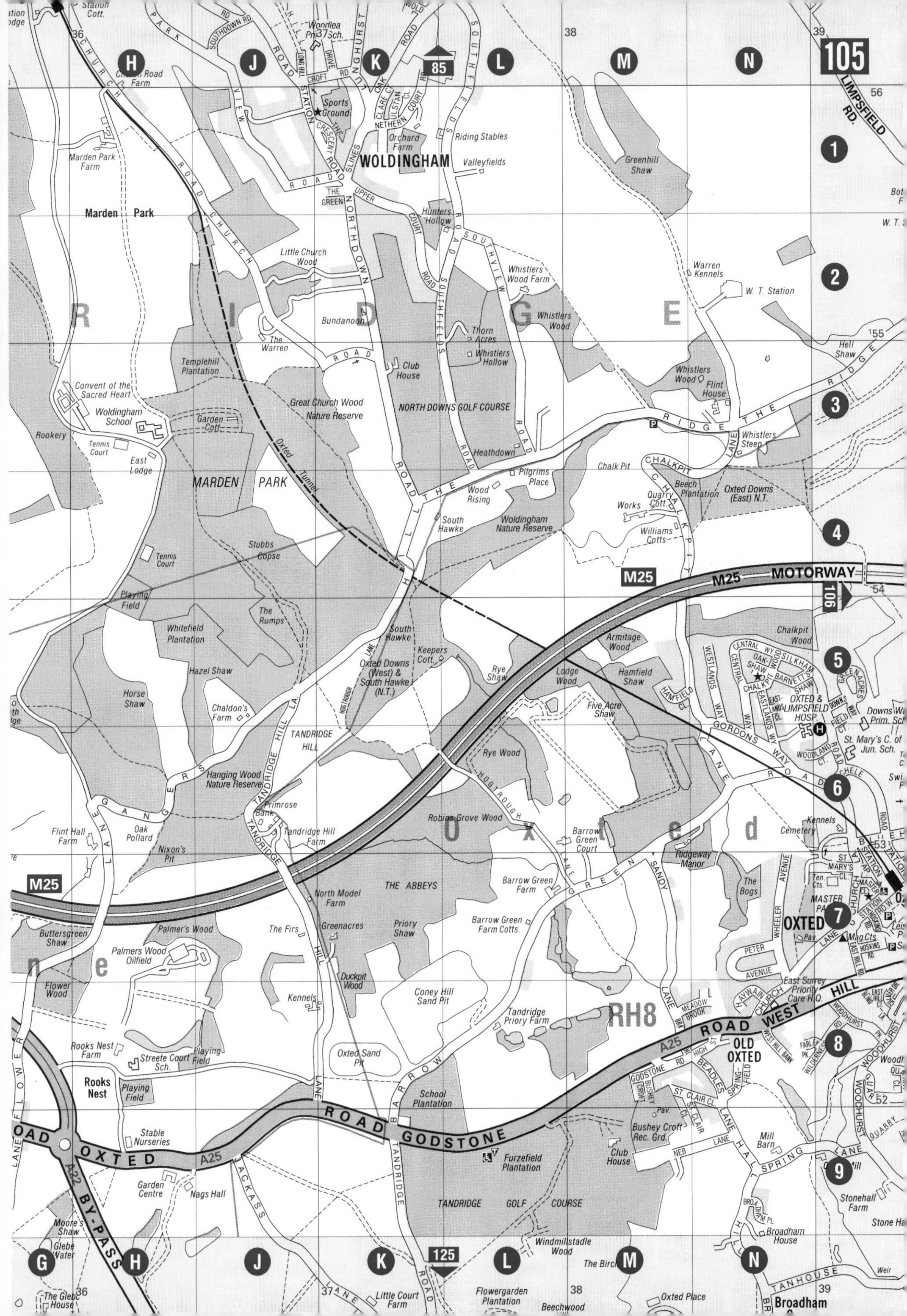
85
WOLDINGHAM
Woodlea Prim. Sch.
Sports Ground
Orchard Farm
Riding Stables
Valleyfields
Church Road Farm
Marden Park Farm
Marden Park
Greenhill Shaw
Hunters Hollow
Little Church Wood
Whistlers Wood Farm
Warren Kennels
W. T. Station
R I D G E
Bundanoon
The Warren
Whistlers Wood
Thorn Acres
Whistlers Hollow
Templehill Plantation
Club House
Hell Shaw
Whistlers Wood
Flint House
Convent of the Sacred Heart
Woldingham School
Great Church Wood Nature Reserve
NORTH DOWNS GOLF COURSE
Garden Cott.
Rookery
Tennis Court
East Lodge
Whistlers Steep
Oxted Tunnel
Heathdown
Chalk Pit
MARDEN PARK
Pilgrims Place
Wood Rising
Beech Plantation
Oxted Downs (East) N.T.
Works
Quarry Cott.
South Hawke
Woldingham Nature Reserve
Williams Cotts.
Stubbs Copse
Tennis Court
M25
MOTORWAY
106
Playing Field
The Rumps
Whitefield Plantation
South Hawke
Armitage Wood
Chalkpit Wood
Keepers Cott.
Hazel Shaw
Oxted Downs (West) & South Hawke (N.T.)
Rye Shaw
Lodge Wood
Hamfield Shaw
Horse Shaw
Chaldon's Farm
Five Acre Shaw
OXTED & LIMPSFIELD HOSP.
Downs Way Prim. Sch.
TANDRIDGE HILL
St. Mary's C. of E. Jun. Sch.
Rye Wood
Hanging Wood Nature Reserve
Primrose Bank
Robins Grove Wood
O x t e d
Kennels
Cemetery
Flint Hall Farm
Oak Pollard
Tandridge Hill Farm
Barrow Green Court
Ridgeway Manor
Nixon's Pit
The Bogs
North Model Farm
THE ABBEYS
Barrow Green Farm
MASTER PARK
OXTED
Buttersgreen Shaw
Palmer's Wood
The Firs
Greenacres
Priory Shaw
Barrow Green Farm Cotts.
Mag.Cts.
Palmers Wood Oilfield
Duckpit Wood
East Surrey Priority Care H.Q.
Flower Wood
Kennels
Coney Hill Sand Pit
Tandridge Priory Farm
RH8
OLD OXTED
Rooks Nest Farm
Streete Court Sch.
Playing Field
Oxted Sand Pit
Rooks Nest
Playing Field
School Plantation
Bushey Croft Rec. Grd.
Mill Barn
Stable Nurseries
OXTED ROAD A25
GODSTONE ROAD
A25 ROAD WEST HILL
A22 BY-PASS
Furzefield Plantation
Club House
Garden Centre
Nags Hall
TANDRIDGE GOLF COURSE
Stonehall Farm
Moore's Shaw
Glebe Water
Windmillstadle Wood
Broadham House
The Birch
125
Little Court Farm
Flowergarden Plantation
Oxted Place
Beechwood
The Glebe House
Broadham
TANHOUSE
Weir

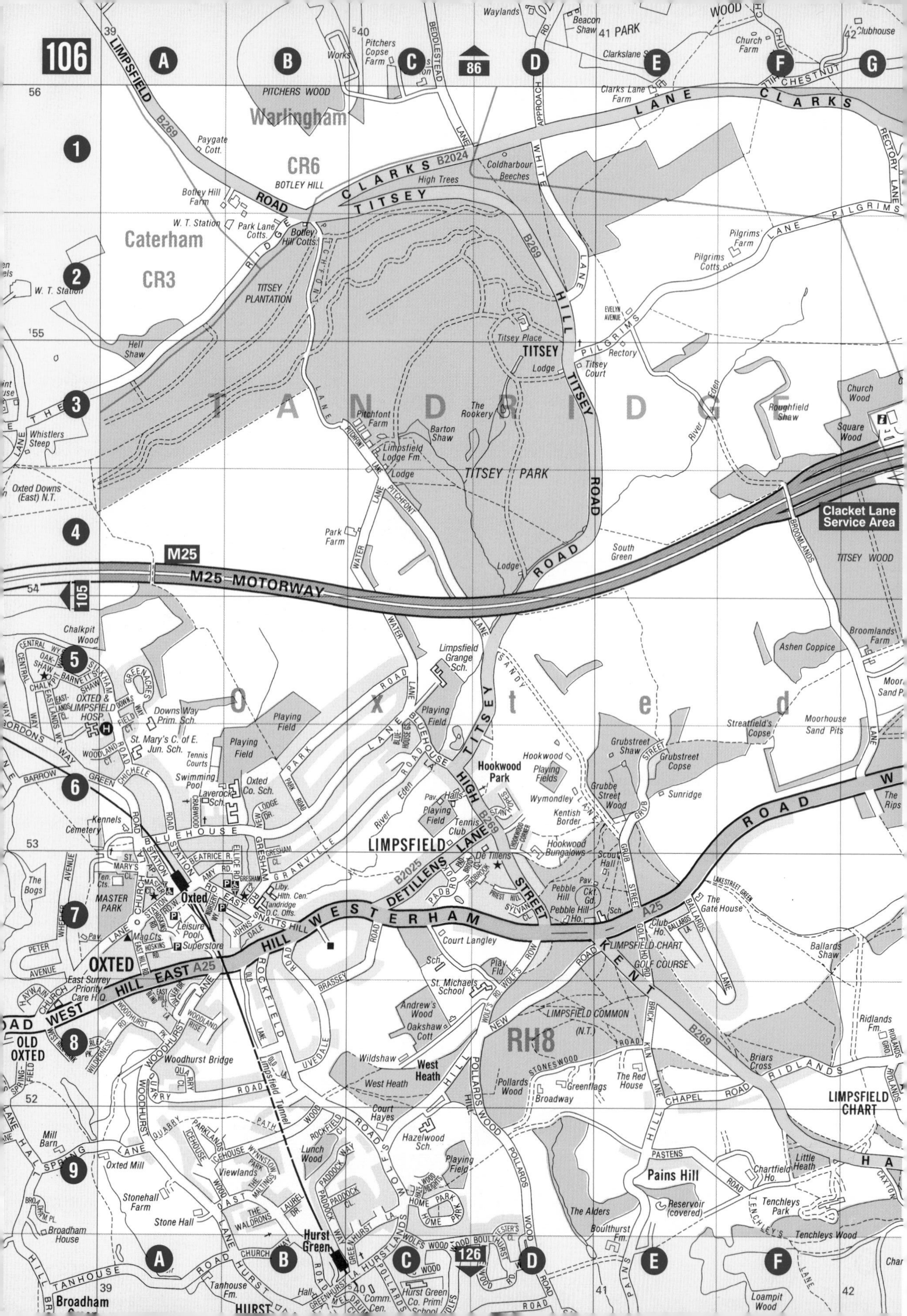

86
105
126
LIMPSFIELD
Warlingham
CR6
BOTLEY HILL
Caterham
CR3
PITCHERS WOOD
CLARKS LANE
CLARKS B2024
TITSEY
TITSEY PLANTATION
TITSEY PARK
TANDRIDGE
Titsey Place
TITSEY ROAD
PILGRIMS LANE
M25 MOTORWAY
M25
Clacket Lane Service Area
TITSEY WOOD
Oxted
OXTED
OLD OXTED
LIMPSFIELD
Hookwood Park
Limpsfield Grange Sch.
WESTERHAM ROAD
WESTERHAM HILL
EAST HILL A25
WEST HILL
DETILLENS LANE B2025
HIGH STREET
TITSEY HILL
LIMPSFIELD CHART GOLF COURSE
LIMPSFIELD COMMON (N.T.)
RH8
West Heath
LIMPSFIELD CHART
Pains Hill
Hurst Green
Limpsfield Tunnel
OXTED & LIMPSFIELD HOSP.
MASTER PARK
Caterham
Broadham
HURST
Oxted Downs (East) N.T.
Roughfield Shaw
Church Wood
Square Wood
Ashen Coppice
Tenchleys Wood
The Alders
Reservoir (covered)
Stonehall Farm
Stone Hall
Oxted Mill
Woodhurst Bridge

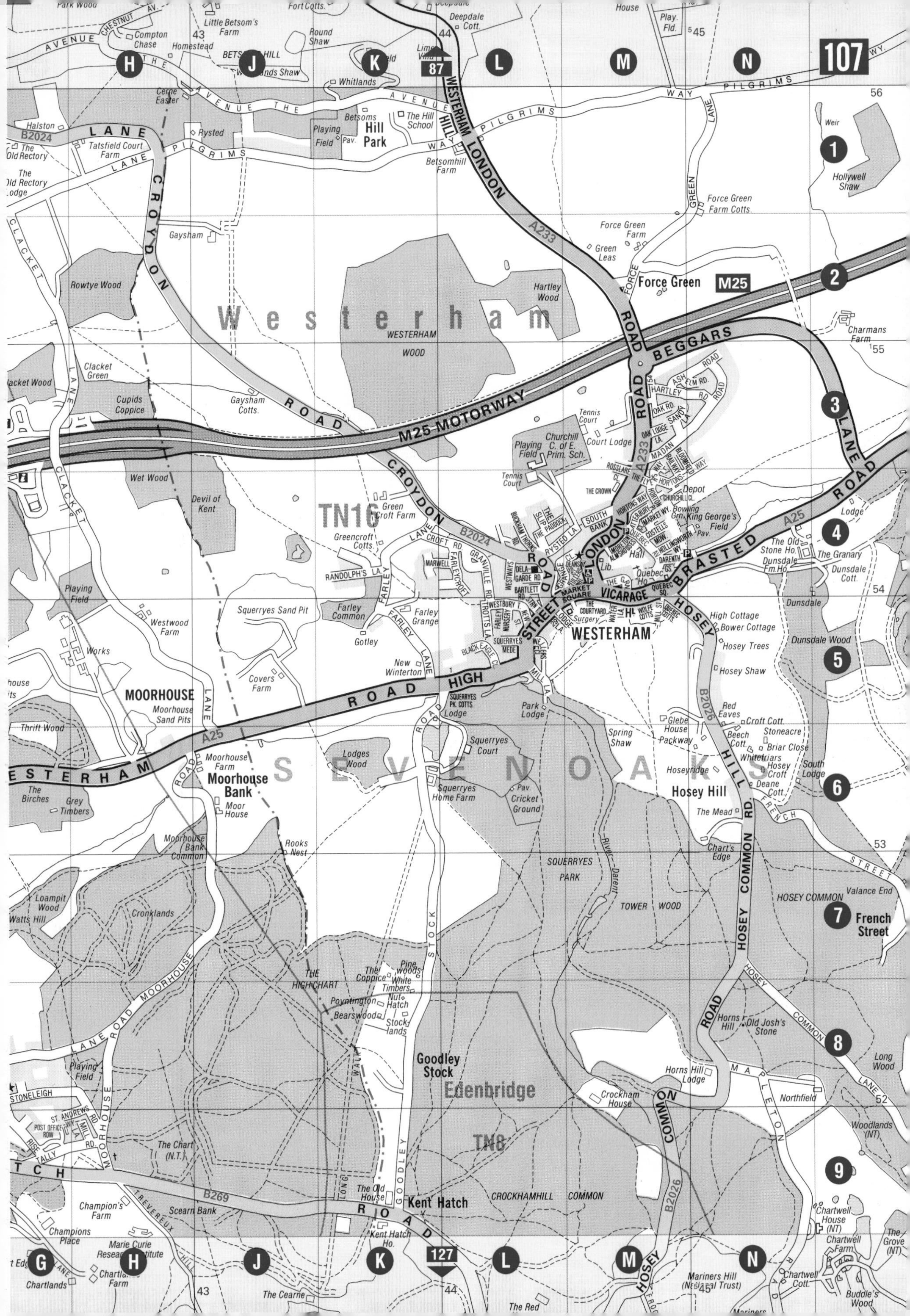
Westerham
SEVENOAKS
Edenbridge
TN16
TN8
WESTERHAM
MOORHOUSE
Moorhouse Bank
Force Green
Hill Park
Goodley Stock
Kent Hatch
Hosey Hill
French Street
M25 MOTORWAY
M25
A25
A233
B2024
B2026
B269
87
127
WESTERHAM HILL
LONDON ROAD
CROYDON ROAD
HIGH STREET
VICARAGE
BRASTED ROAD
BEGGARS LANE
HOSEY HILL
HOSEY COMMON RD.
HOSEY COMMON ROAD
HOSEY COMMON LANE
MAPLETON ROAD
FRENCH STREET
PILGRIMS WAY
THE AVENUE
CHESTNUT AV.
CLACKET LANE
MOORHOUSE ROAD
STOCK LANE
GOODLEY STOCK ROAD
LONG WALK
TREVEREUX HILL
FARLEY LANE
FORCE GREEN LANE
MARKET SQUARE
Westerham Wood
Rowtye Wood
Hartley Wood
Wet Wood
Devil of Kent
Dunsdale Wood
Hosey Shaw
Spring Shaw
Lodges Wood
Thrift Wood
Loampit Wood
Hollywell Shaw
Long Wood
Squerryes Park
Tower Wood
Hosey Common
Crockhamhill Common
The High Chart
The Chart (N.T.)
Squerryes Court
Squerryes Home Farm
Squerryes Sand Pit
Moorhouse Sand Pits
Chartwell House (NT)
Woodlands (NT)
Mariners Hill (National Trust)
Rooks Nest
Crockham House
Horns Hill Lodge
Old Josh's Stone
Chart's Edge
Charmans Farm
Force Green Farm
Green Croft Farm
Westwood Farm
Covers Farm
Gaysham
Gaysham Cotts.
Clacket Green
Cupids Coppice
Tatsfield Court Farm
The Old Rectory
Halston
Rysted
Betsomhill Farm
The Hill School
Whitlands
Compton Chase
Little Betsom's Farm
Round Shaw
Deepdale Cott.
Churchill C. of E. Prim. Sch.
Court Lodge
King George's Field
Farley Common
Farley Grange
New Winterton
Park Lodge
Pav. Cricket Ground
The Birches
Grey Timbers
Moorhouse Farm
Moor House
Cronklands
Watts Hill
Poyntington
Bearswood
Champion's Farm
Champions Place
Marie Curie Research Institute
Chartlands Farm
Chartlands
The Cearne
Kent Hatch Ho.
The Old House
Chartwell Farm
Chartwell Cott.
Buddle's Wood
The Grove
Northfield
Valance End
South Lodge
Hosey Croft
Deane Cott.
Hoseyridge
The Mead
Briar Close
Whitefriars
Stoneacre
Croft Cott.
Glebe House
Packway
Beech Cott.
Red Eaves
High Cottage
Bower Cottage
Hosey Trees
The Old Stone Ho.
The Granary
Dunsdale Fm. Ho.
Dunsdale Cott.
Dunsdale
Lodge
1
2
3
4
5
6
7
8
9
H
J
K
L
M
N
G
43
44
45
52
53
54
55
56

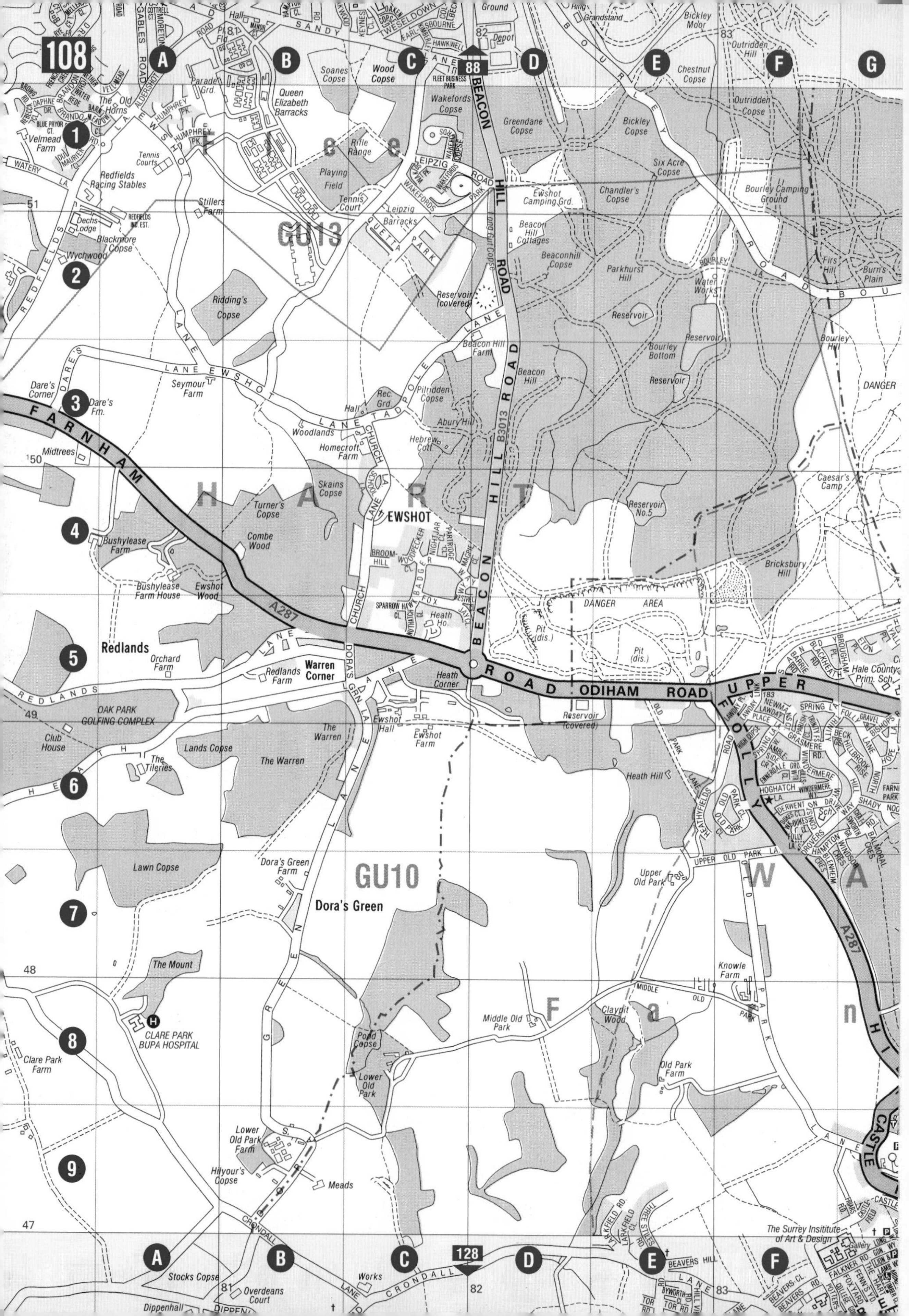
88
128
GU13
GU10
EWSHOT
Dora's Green
Redlands
Warren Corner
Queen Elizabeth Barracks
Leipzig Barracks
Rifle Range
Playing Field
Tennis Courts
Redfields Racing Stables
Stillers Farm
Dechs Lodge
Blackmore Copse
Wychwood
Velmead Farm
The Old Horns
Ridding's Copse
Seymour Farm
Dare's Corner
Dare's Fm.
Midtrees
Woodlands
Homecroft Farm
Skains Copse
Turner's Copse
Combe Wood
Bushylease Farm
Bushylease Farm House
Ewshot Wood
Orchard Farm
Redlands Farm
OAK PARK GOLFING COMPLEX
Club House
The Tileries
Lands Copse
The Warren
Ewshot Hall
Ewshot Farm
Heath Corner
Heath Ho.
Lawn Copse
Dora's Green Farm
The Mount
CLARE PARK BUPA HOSPITAL
Clare Park Farm
Lower Old Park Farm
Hilyour's Copse
Meads
Pond Copse
Lower Old Park
Middle Old Park
Claypit Wood
Old Park Farm
Knowle Farm
Upper Old Park
Heath Hill
Stocks Copse
Overdeans Court
Dippenhall
Works
The Surrey Institute of Art & Design
Soanes Copse
Wood Copse
FLEET BUSINESS PARK
Wakefords Copse
Greendane Copse
Bickley Copse
Chestnut Copse
Outridden Copse
Outridden Hill
Bickley Moor
Grandstand
Six Acre Copse
Chandler's Copse
Ewshot Camping Grd.
Bourley Camping Ground
Beacon Hill Cottages
Beaconhill Copse
Parkhurst Hill
Water Works
Reservoir (covered)
Reservoir
Bourley Bottom
Beacon Hill Farm
Beacon Hill
Pilridden Copse
Abury Hill
Hebrew Cott.
Rec. Grd.
Reservoir No.5
Caesar's Camp
Bricksbury Hill
DANGER AREA
DANGER
Pit (dis.)
Firs Hill
Burn's Plain
Bourley Hill
Hale County Prim. Sch.
ODIHAM ROAD
UPPER
FOLLY
A287
B3013
FARNHAM ROAD
BEACON HILL ROAD
DORA'S GRN LA.
CHURCH LANE
TADPOLE LANE
EWSHOT LANE
DARE'S LANE
REDLANDS LANE
HEATH LANE
GREEN LANE
CRONDALL LANE
BEAVERS HILL
OLD PARK LANE
UPPER OLD PARK LA.
MIDDLE OLD PARK
HEATHYFIELDS
BOURLEY ROAD
SANDY LANE
HAWKWELL
ALDERSHOT ROAD
GABLES ROAD
WATERY LA.
REDFIELDS LANE
HUMPHREY PK.
CASTLE
H a r t
W a v e r l e y
F l e e t
F a r n h a m

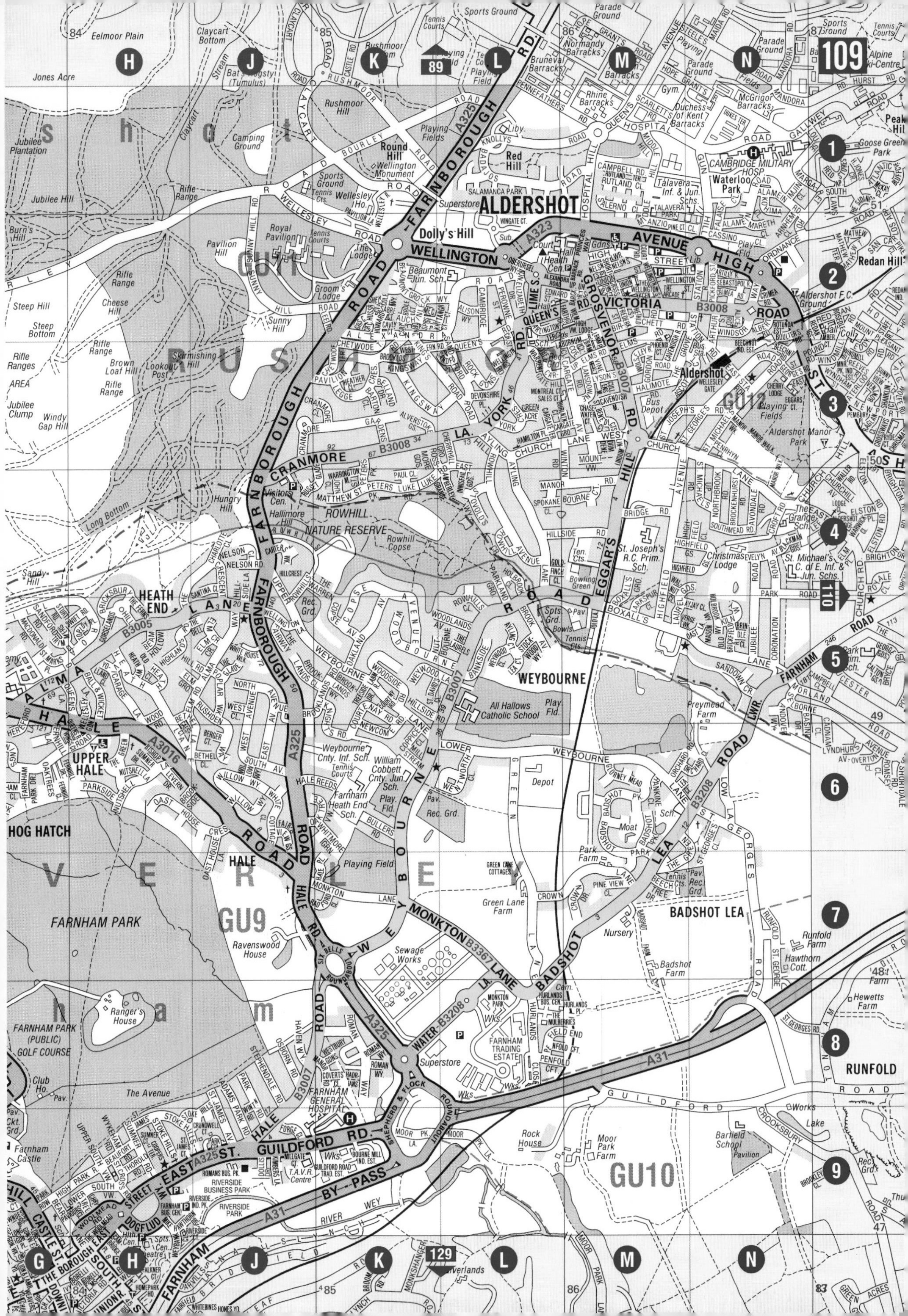

ALDERSHOT
Aldershot
HEATH END
UPPER HALE
HOG HATCH
HALE
WEYBOURNE
BADSHOT LEA
RUNFOLD
VICTORIA
GU11
GU12
GU9
GU10
FARNHAM PARK
FARNHAM PARK (PUBLIC) GOLF COURSE
Farnham Castle
Ranger's House
Ravenswood House
Dolly's Hill
Round Hill
Red Hill
Rushmoor Hill
Wellington Monument
Royal Pavilion
Pavilion Hill
Steep Hill
Steep Bottom
Cheese Hill
Brown Loaf Hill
Lookout Post
Skirmishing Hill
Jubilee Hill
Jubilee Plantation
Jubilee Clump
Windy Gap Hill
Burn's Hill
Eelmoor Plain
Jones Acre
Claycart Bottom
Hungry Hill
Long Bottom
Sandy Hill
Hallimore Hill
ROWHILL NATURE RESERVE
Rowhill Copse
Visitors Cen.
Rifle Range
Rifle Ranges
AREA
Camping Ground
Sports Ground
Playing Fields
Aldershot Manor Park
Aldershot F.C. Ground
Redan Hill
Peak Hill
Goose Green Park
Waterloo Park
CAMBRIDGE MILITARY HOSP.
Normandy Barracks
Bruneval Barracks
Rhine Barracks
Duchess of Kent Barracks
McGrigor Barracks
Alpine Ski-Centre
Talavera Inf. & Jun. Schs.
Beaumont Jun. Sch.
St. Joseph's R.C. Prim. Sch.
St. Michael's C. of E. Inf. & Jun. Schs.
All Hallows Catholic School
Weybourne Cnty. Inf. Sch.
William Cobbett Cnty. Jun. Sch.
Farnham Heath End Sch.
Christmas Lodge
Preymead Farm
Green Lane Farm
Park Farm
Badshot Farm
Runfold Farm
Hawthorn Cott.
Hewetts Farm
Sewage Works
Depot
Moat
Nursery
FARNHAM TRADING ESTATE
FARNHAM GENERAL HOSPITAL
Superstore
RIVERSIDE BUSINESS PARK
RIVERSIDE PARK
Rock House
Moor Park Farm
Barfield School
Pavilion
Lake
Riverlands
The Avenue
Club Ho.
FARNBOROUGH ROAD
A325
A323
A31
A3016
B3005
B3007
B3008
B3208
B3367
WELLINGTON AVENUE
HIGH STREET
GROSVENOR RD.
VICTORIA RD.
CRANMORE LA.
ALDERSHOT RD.
FARNHAM ROAD
LWR. FARNHAM ROAD
WEYBOURNE RD.
LOWER WEYBOURNE LANE
MONKTON LANE
BADSHOT LEA RD.
HALE ROAD
UPPER HALE RD.
HEATH END
GUILDFORD ROAD
GUILDFORD RD.
EAST ST.
FARNHAM BY-PASS
RIVER WEY
CASTLE ST.
THE BOROUGH
SOUTH ST.
DOGFLUD WAY
SIX BELLS ROUNDABOUT
89
110
129
84
85
86
87
H
J
K
L
M
N
G
1
2
3
4
5
6
7
8
9

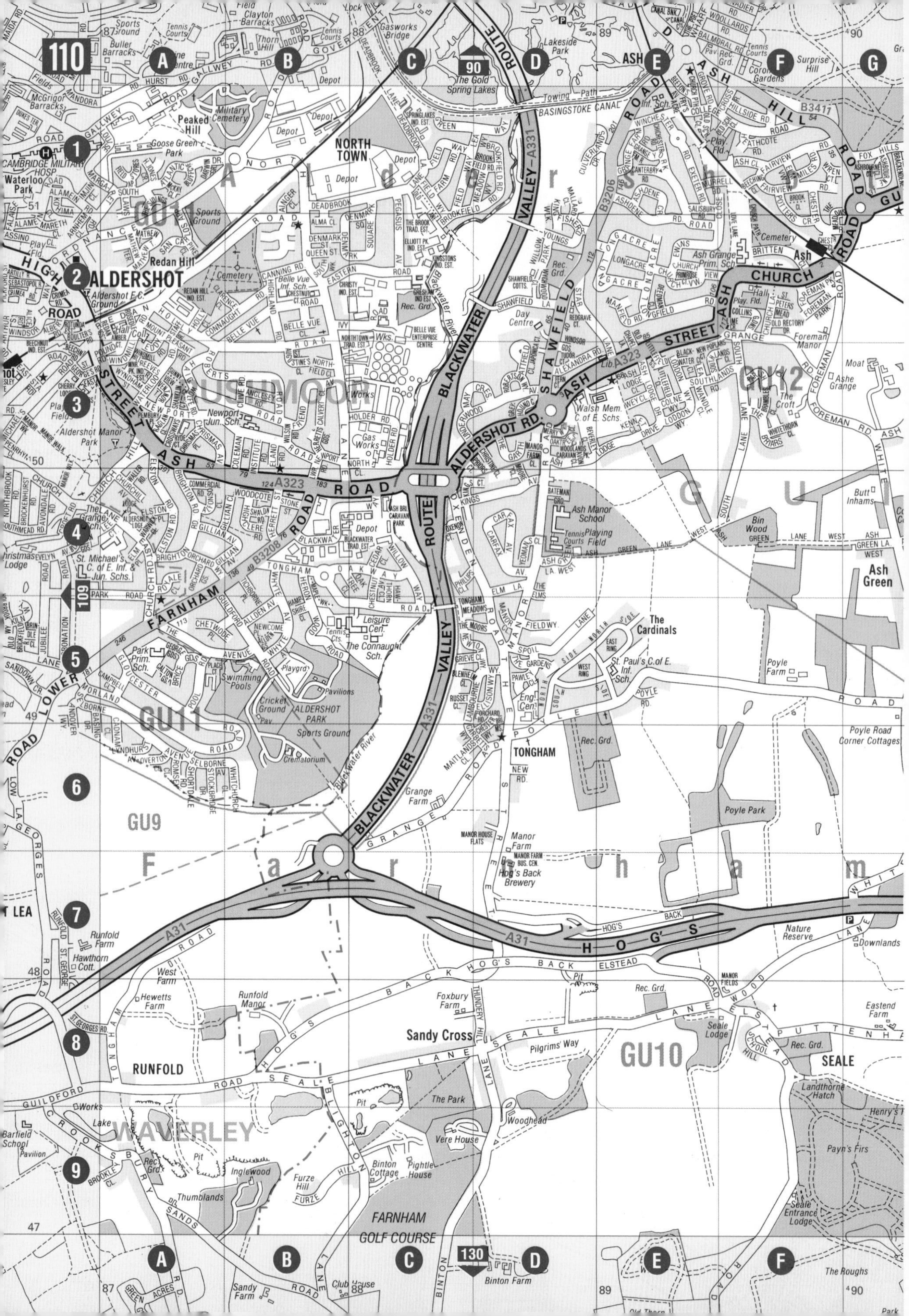
ALDERSHOT
NORTH TOWN
TONGHAM
RUNFOLD
SEALE
Sandy Cross
WAVERLEY
Ash
Ash Green
GU9
GU10
GU11
GU12
BLACKWATER VALLEY ROUTE
A331
A31
A323
HOG'S BACK
BASINGSTOKE CANAL
FARNHAM GOLF COURSE
ALDERSHOT PARK
Ash Manor School
Aldershot Manor Park
Poyle Park
Payn's Firs
Peaked Hill
Redan Hill
Grange Farm
Runfold Manor
The Gold Spring Lakes
Lakeside Park
90
109
130

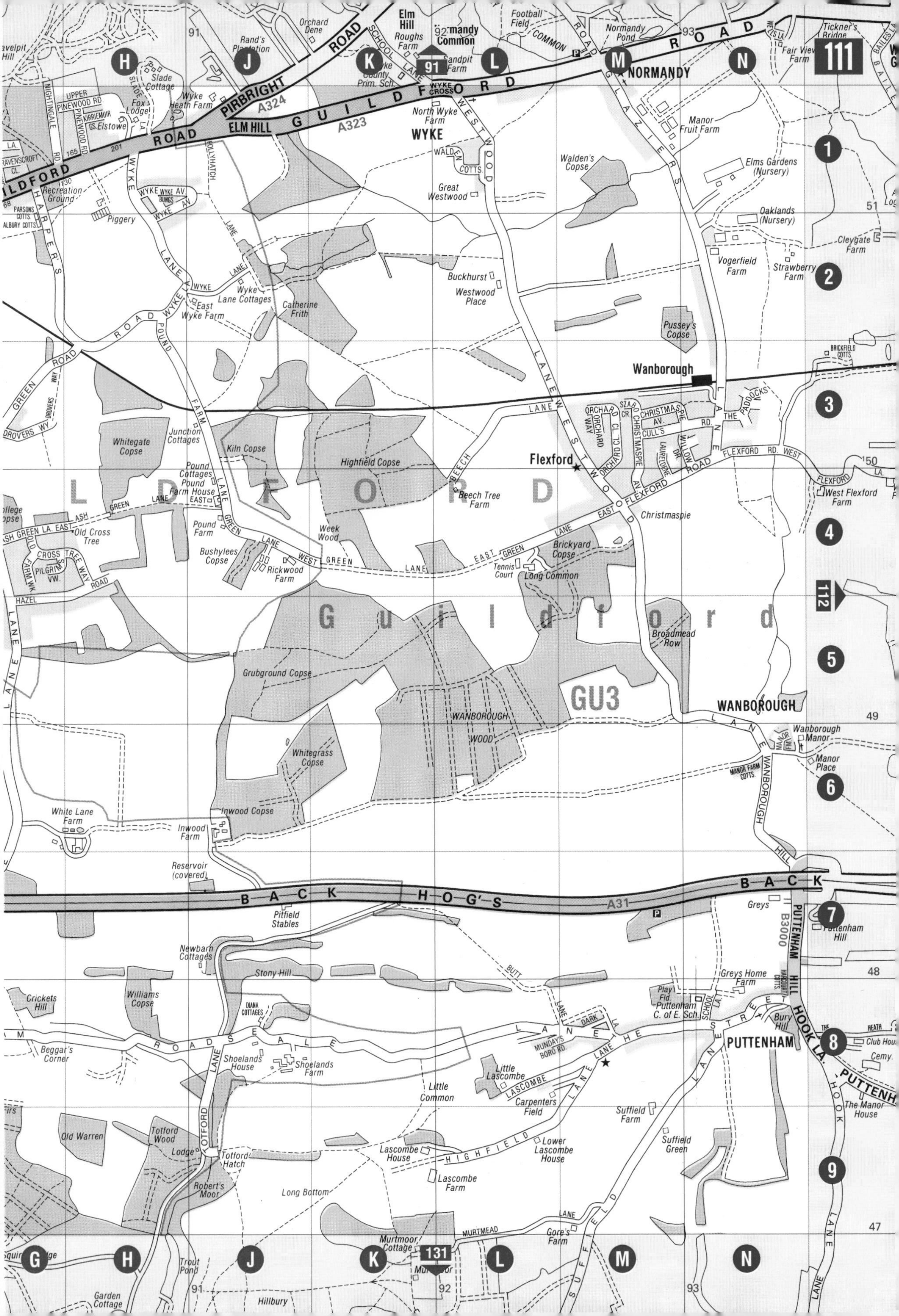

Elm Hill
Roughs Farm
Normandy Common
Orchard Dene
Football Field
COMMON
Normandy Pond
Tickner's Bridge
Fair View Farm
Rand's Plantation
Slade Cottage
Sandpit Farm
Wyke County Prim. Sch.
NORMANDY
PIRBRIGHT ROAD
GUILDFORD ROAD
A324
A323
WYKE CROSS
ELM HILL
Wyke Heath Farm
Fox Lodge
Elstowe
UPPER PINEWOOD RD
PINEWOOD RD
KIRRIEMUIR GS.
NIGHTINGALE RD
RAVENSCROFT CL.
North Wyke Farm
WYKE
Manor Fruit Farm
Elms Gardens (Nursery)
Walden's Copse
WALDEN COTTS.
Great Westwood
Oaklands (Nursery)
Recreation Ground
WYKE AV
WYKE BUNGS.
PARSONS COTTS.
ALBURY COTTS.
Piggery
HARPER'S
Cleygate Farm
Vogerfield Farm
Strawberry Farm
Buckhurst
Westwood Place
Wyke Lane Cottages
East Wyke Farm
Catherine Frith
Pussey's Copse
BRICKFIELD COTTS.
Wanborough
GREEN WAY
DROVERS WY.
THE PADDOCKS
ORCHARD WAY
CHRISTMASPIE AV.
CULL'S RD.
Junction Cottages
Whitegate Copse
Kiln Copse
Highfield Copse
Flexford
FLEXFORD RD. WEST
FLEXFORD ROAD
Pound Cottages
Pound Farm House
Beech Tree Farm
West Flexford Farm
GUILDFORD
Old Cross Tree
Pound Farm
Week Wood
Christmaspie
ASH GREEN LA. EAST
CROSS TREE WAY
PILGRIM VW.
OLD FARM WK.
Bushylees Copse
Rickwood Farm
WEST GREEN LANE
EAST GREEN LANE
Brickyard Copse
Tennis Court
Long Common
HAZEL LANE
Guildford
Broadmead Row
Grubground Copse
GU3
WANBOROUGH
WANBOROUGH WOOD
Whitegrass Copse
Wanborough Manor
Manor Place
MANOR FARM COTTS.
WANBOROUGH HILL
White Lane Farm
Inwood Copse
Inwood Farm
Reservoir (covered)
HOG'S BACK
A31
Greys
Puttenham Hill
Pitfield Stables
B3000
Newbarn Cottages
Stony Hill
BUTT LANE
Greys Home Farm
Crickets Hill
Williams Copse
DIANA COTTAGES
Play Fld.
Puttenham C. of E. Sch.
SCHOOL LA.
DARK LANE
Bury Hill
Beggar's Corner
SEALE ROAD
MUNDAY'S BORO RD.
THE STREET
PUTTENHAM
HOOK LA.
PUTTENHAM HILL
Club House
Cemy.
Shoelands House
Shoelands Farm
Little Lascombe
LASCOMBE LANE
Little Common
Carpenters Field
Suffield Farm
The Manor House
Old Warren
Totford Wood
TOTFORD LANE
Lodge
Totford Hatch
HIGHFIELD LANE
Lower Lascombe House
Suffield Green
Lascombe House
Lascombe Farm
Robert's Moor
Long Bottom
MURTMEAD LANE
SUFFIELD LANE
Gore's Farm
Murtmoor Cottage
Trout Pond
Garden Cottage
Hillbury
HOOK LANE

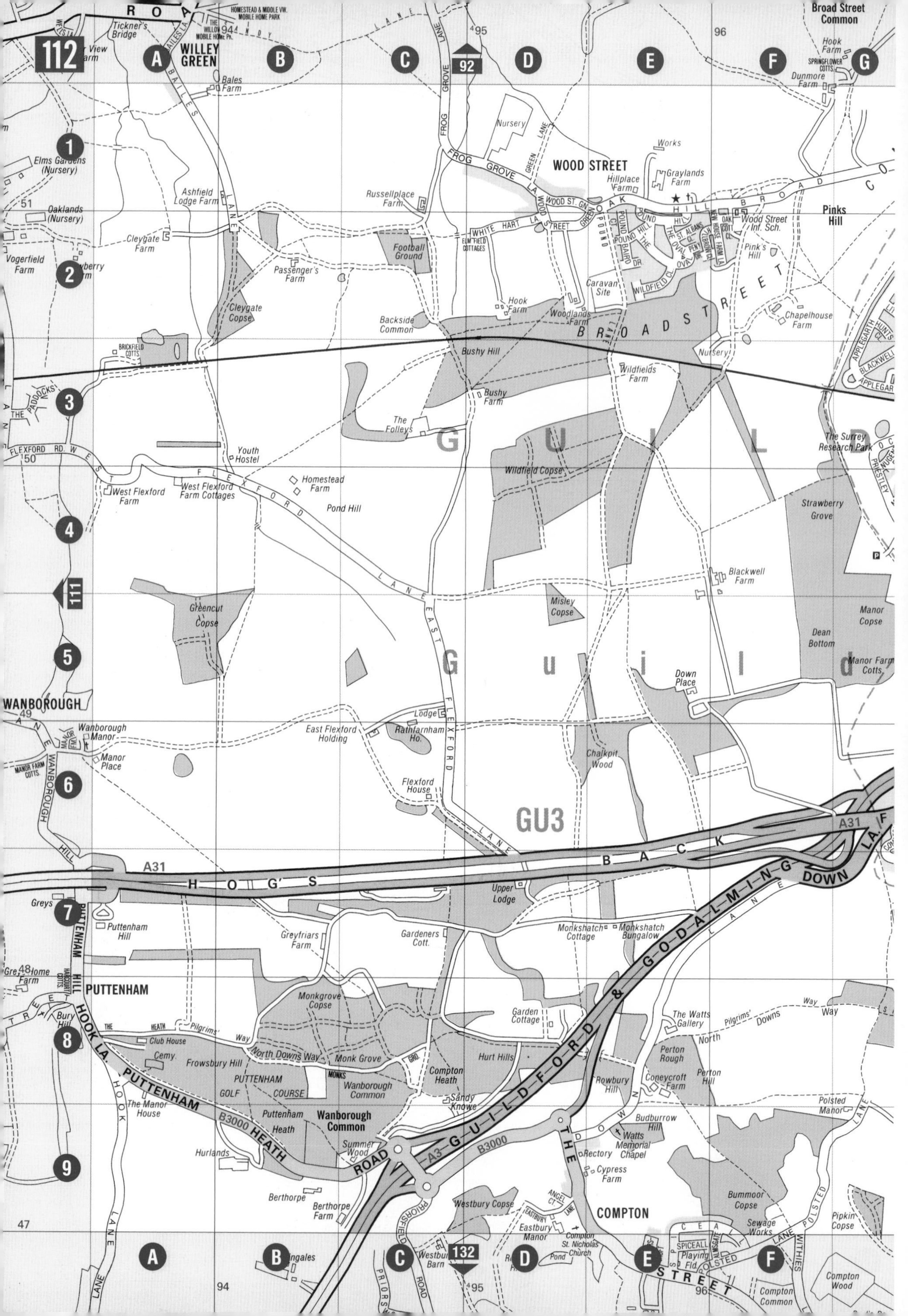
112
WILLEY GREEN
Tickner's Bridge
Bales Farm
Elms Gardens (Nursery)
Oaklands (Nursery)
Ashfield Lodge Farm
Cleygate Farm
Vogerfield Farm
Passenger's Farm
Cleygate Copse
Football Ground
Russellplace Farm
WOOD STREET
Hillplace Farm
Graylands Farm
Works
Nursery
FROG GROVE LANE
GREEN LANE
WHITE HART LA.
WOOD ST. GN.
ELM FIELD COTTAGES
POUND HILL
THE OVAL
ST. ALBANS CL.
NEW HOUSE FARM LA.
Wood Street Inf. Sch.
Pink's Hill
Pinks Hill
Caravan Site
WILDFIELD CL.
Hook Farm
Woodlands Farm
Backside Common
BROADSTREET
Chapelhouse Farm
Dunmore Farm
Hook Farm
SPRINGFLOWER COTTS.
Broad Street Common
Bushy Hill
Bushy Farm
Wildfields Farm
Nursery
BRICKFIELD COTTS.
THE PADDOCKS
The Folleys
Youth Hostel
FLEXFORD RD. WEST
FLEXFORD LANE
West Flexford Farm
West Flexford Farm Cottages
Homestead Farm
Pond Hill
Wildfield Copse
The Surrey Research Park
PRIESTLEY
Strawberry Grove
Blackwell Farm
Greencut Copse
Misley Copse
Manor Copse
Dean Bottom
Manor Farm Cotts.
EAST FLEXFORD LANE
Down Place
WANBOROUGH
Wanborough Manor
Manor Place
MANOR FARM COTTS.
WANBOROUGH HILL
East Flexford Holding
Lodge
Rathfarnham Ho.
Chalkpit Wood
Flexford House
GU3
GUILDFORD
A31
HOG'S BACK
DOWN LA.
Greys
Upper Lodge
PUTTENHAM HILL
Puttenham Hill
Greyfriars Farm
Gardeners Cott.
Monkshatch Cottage
Monkshatch Bungalow
PUTTENHAM
HARCOURT COTTS.
Bury Hill
Monkgrove Copse
Garden Cottage
The Watts Gallery
Pilgrims' Way
North Downs Way
Club House
Cemy.
Frowsbury Hill
Monk Grove
PUTTENHAM GOLF COURSE
Compton Heath
Hurt Hills
Perton Rough
Perton Hill
Coneycroft Farm
Rowbury Hill
The Manor House
Wanborough Common
Puttenham Heath
Sandy Knowe
HOOK LA.
PUTTENHAM HEATH ROAD
B3000
A3 GUILDFORD & GODALMING
Summer Wood
Hurlands
Budburrow Hill
Watts Memorial Chapel
Rectory
Cypress Farm
Polsted Manor
THE DOWN LANE
Berthorpe
Berthorpe Farm
Westbury Copse
ANGEL CT.
EASTBURY LANE
COMPTON
Eastbury Manor
Compton St. Nicholas Church
Bummoor Copse
Sewage Works
Pipkin Copse
POLSTED LANE
WITHIES
SPICEALL
Playing Fld.
Compton Wood
Compton Common
THE STREET
PRIORSFIELD ROAD
Westbury Barn
Pond
Bingales
92
111
132
A B C D E F G
1 2 3 4 5 6 7 8 9
47 48 49 50 51
94 95 96

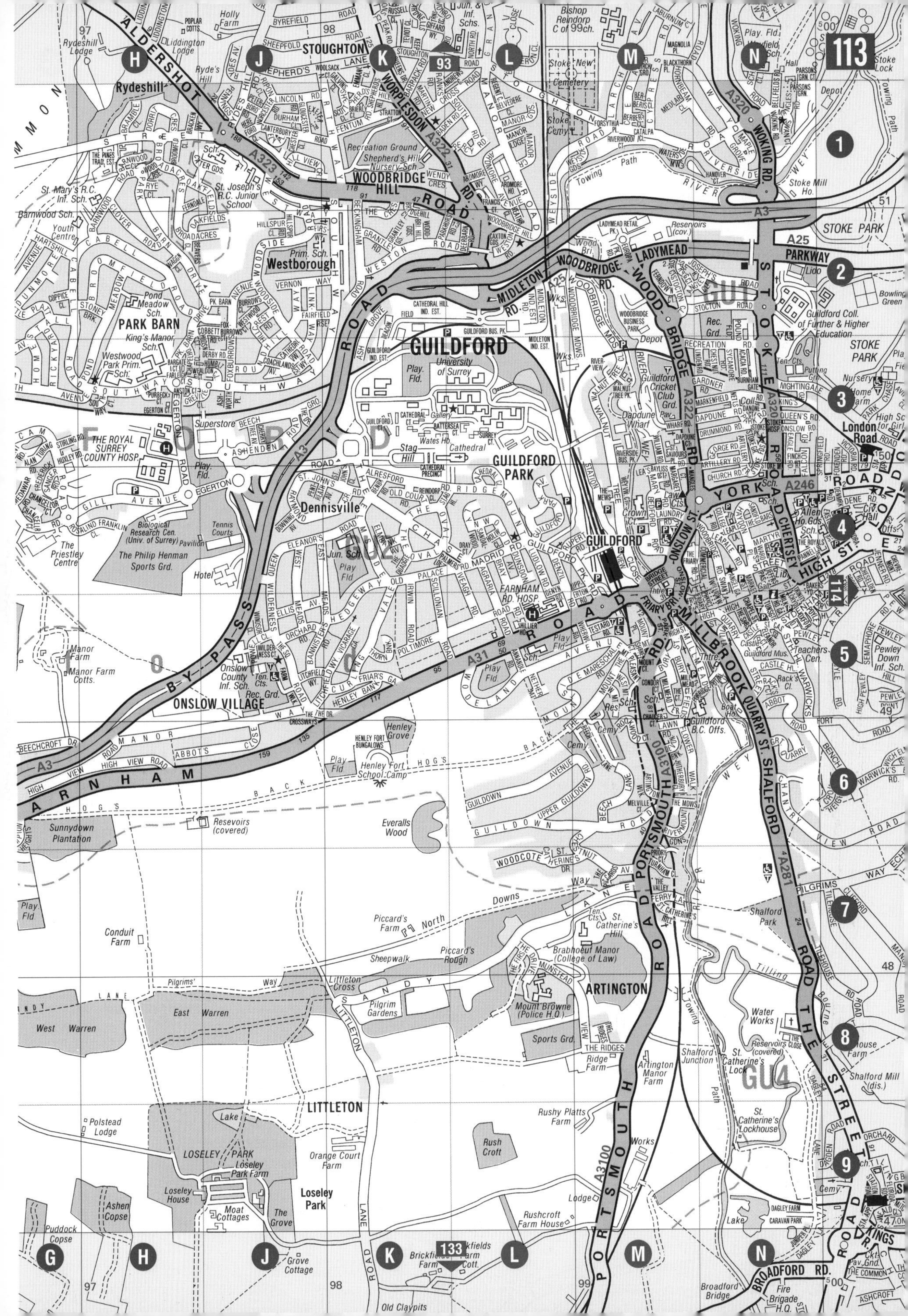
GUILDFORD
STOUGHTON
WOODBRIDGE HILL
Westborough
PARK BARN
Rydeshill
Dennisville
GUILDFORD PARK
ONSLOW VILLAGE
ARTINGTON
LITTLETON
LOSELEY PARK
Loseley Park
STOKE PARK
London Road
ALDERSHOT ROAD
WORPLESDON ROAD
WOODBRIDGE ROAD
STOKE ROAD
WOKING RD
PARKWAY
MIDLETON RD.
LADYMEAD
YORK ROAD
CHERTSEY ST.
HIGH ST.
ONSLOW ST.
FRIARY BRI.
MILLBROOK
QUARRY ST.
SHALFORD ROAD
THE STREET
PORTSMOUTH ROAD
FARNHAM ROAD
BY-PASS
A3
A25
A31
A246
A281
A320
A322
A323
A3100
University of Surrey
Cathedral
Stag Hill
GUILDFORD Station
THE ROYAL SURREY COUNTY HOSP
FARNHAM RD. HOSP.
Guildford Coll. of Further & Higher Education
Guildford Cricket Club Grd.
Dapdune Wharf
Stoke New Cemetery
Stoke Mill Ho.
Lido
Civic Hall
Guildford Mus.
The Philip Henman Sports Grd.
Biological Research Cen. (Univ. of Surrey)
Henley Grove
Henley Fort School Camp
Everalls Wood
Sunnydown Plantation
Conduit Farm
Piccard's Farm
Piccard's Rough
Sheepwalk
North Downs Way
Pilgrims' Way
St. Catherine's Hill
Brabhoeuf Manor (College of Law)
Mount Browne (Police H.Q.)
Shalford Park
Water Works
Shalford Junction
St. Catherine's Lock
St. Catherine's Lockhouse
Shalford Mill (dis.)
East Warren
West Warren
Polstead Lodge
Loseley House
Loseley Park Farm
Moat Cottages
The Grove
Grove Cottage
Ashen Copse
Puddock Copse
Orange Court Farm
Rush Croft
Rushy Platts Farm
Rushcroft Farm House
Artington Manor Farm
Ridge Farm
Brickfields Farm
Old Claypits
Broadford Bridge
BROADFORD RD.
Fire Brigade H.Q.
GU2
GU4
93
114
133
G H J K L M N
1 2 3 4 5 6 7 8 9
97 98 99 500
47 48 49 50 51

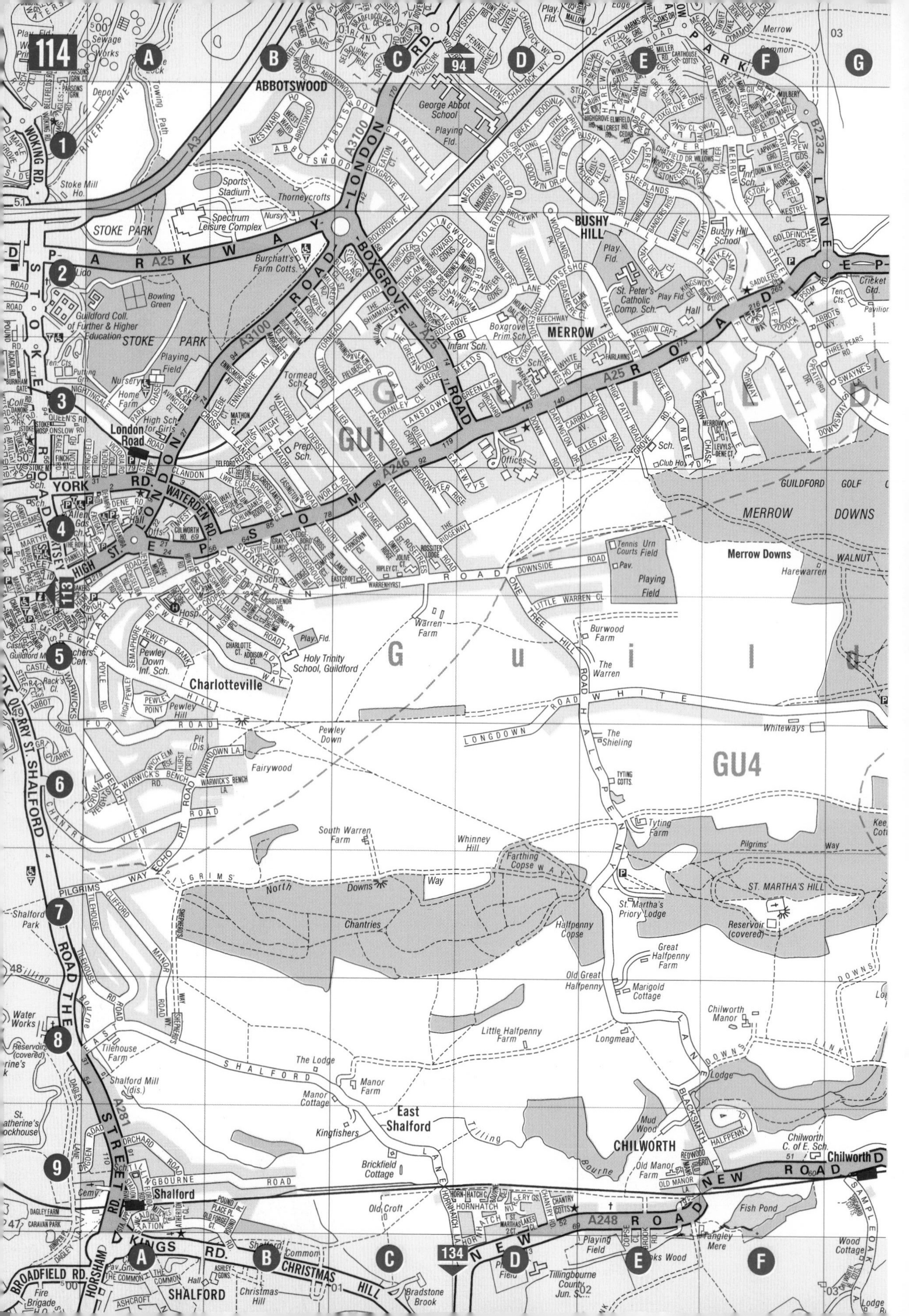
114
94
113
134
ABBOTSWOOD
George Abbot School
Playing Fld.
Sports Stadium
Thorneycrofts
Spectrum Leisure Complex
STOKE PARK
Burchatt's Farm Cotts.
Bowling Green
Guildford Coll. of Further & Higher Education
Playing Field
Home Farm
London Road
High Sch. for Girls
Tormead Sch.
Prep. Sch.
Boxgrove Prim. Sch.
Infant Sch.
MERROW
BUSHY HILL
Bushy Hill School
St. Peter's Catholic Comp. Sch.
GU1
YORK
Offices
GUILDFORD GOLF
MERROW DOWNS
Merrow Downs
Harewarren
Tennis Courts
Urn Field
Playing Field
Warren Farm
Burwood Farm
The Warren
Holy Trinity School, Guildford
Charlotteville
Pewley Down Inf. Sch.
Pewley Hill
Pewley Down
Fairywood
The Shieling
Whiteways
GU4
Tyting Farm
South Warren Farm
Whinney Hill
Farthing Copse
North Downs
Chantries
ST. MARTHA'S HILL
St. Martha's Priory Lodge
Halfpenny Copse
Reservoir (covered)
Great Halfpenny Farm
Old Great Halfpenny
Marigold Cottage
Chilworth Manor
Little Halfpenny Farm
Longmead
The Lodge
Tilehouse Farm
Shalford Mill (dis.)
Manor Farm
Manor Cottage
East Shalford
Kingfishers
Mud Wood
CHILWORTH
Chilworth C. of E. Sch.
Brickfield Cottage
Old Manor Farm
Shalford
Old Croft
Fish Pond
Wood Cottage
Tangley Mere
Tillingbourne County Jun. Sch.
SHALFORD
Christmas Hill
Bradstone Brook
Fire Brigade
Water Works
Shalford Park
Sewage Works
Stoke Mill Ho.
A3
A25
A3100
A246
A248
A281
B2234
LONDON ROAD
BOXGROVE ROAD
PARKWAY
EPSOM ROAD
WHITE LANE
HALFPENNY LANE
SHALFORD ROAD
NEW ROAD
CHRISTMAS HILL
KINGS RD.
THE STREET
WOKING RD.
STOKE RD.
HIGH ST.
PILGRIMS WAY
DOWNSIDE ROAD
LONGDOWN
ONE TREE HILL ROAD
WARREN ROAD
PEWLEY WAY
FORT ROAD
ECHO PIT ROAD
CHANTRY VIEW ROAD
QUARRY ST.
SHALFORD

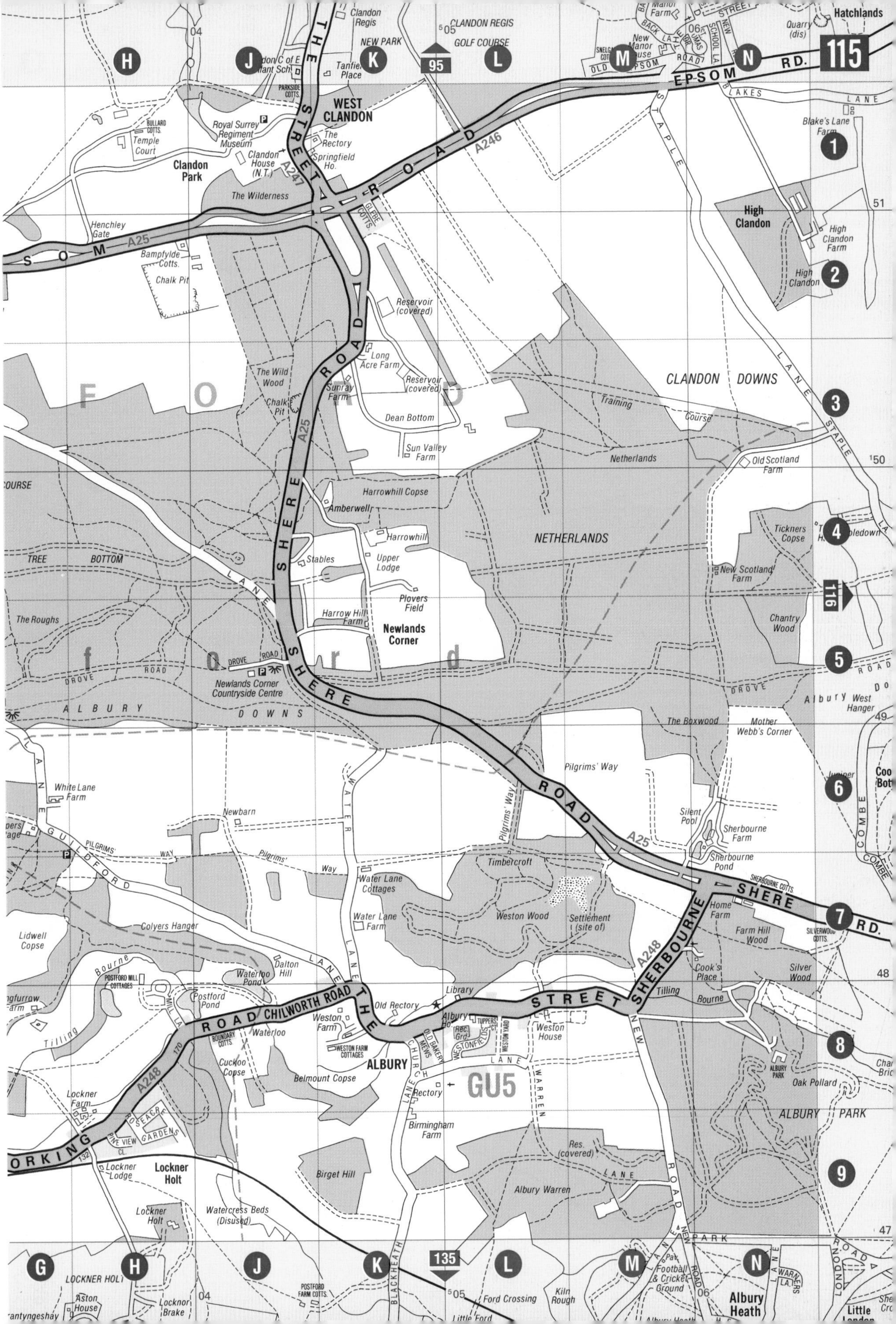

Hatchlands
Quarry (dis)
Clandon Regis
CLANDON REGIS GOLF COURSE
NEW PARK
95
Manor Farm
New Manor House
BACK LA.
SCHOOL LA.
ROAD
STREET
OLD EPSOM
EPSOM RD.
BLAKES LANE
Blake's Lane Farm
Clandon C of E Infant Sch.
Tanfield Place
PARKSIDE COTTS.
WEST CLANDON
THE STREET
Royal Surrey Regiment Museum
BULLARD COTTS.
Temple Court
Clandon Park
Clandon House (N.T.)
The Rectory
Springfield Ho.
A247
A246
ROAD
STAPLE LANE
High Clandon
High Clandon Farm
51
The Wilderness
GLEBE COTTS.
Henchley Gate
EPSOM
A25
Bampfylde Cotts.
Chalk Pit
Reservoir (covered)
SHERE ROAD
Long Acre Farm
Reservoir (covered)
Sunray Farm
The Wild Wood
Chalk Pit
Dean Bottom
Sun Valley Farm
CLANDON DOWNS
Training Course
Netherlands
Old Scotland Farm
50
COURSE
Harrowhill Copse
Amberwell
Harrowhill
Stables
Upper Lodge
NETHERLANDS
Tickners Copse
Hampledown
TREE BOTTOM
LANE
New Scotland Farm
116
The Roughs
Harrow Hill Farm
Plovers Field
Newlands Corner
Chantry Wood
DROVE ROAD
Newlands Corner Countryside Centre
ALBURY DOWNS
DROVE
Albury West Hanger
The Boxwood
Mother Webb's Corner
49
White Lane Farm
Pilgrims' Way
Juniper
Silent Pool
Sherbourne Farm
Sherbourne Pond
Newbarn
GUILDFORD
PILGRIMS' WAY
Pilgrims' Way
WATER LANE
Timbercroft
A25
SHERBOURNE COTTS.
SHERE RD.
Water Lane Cottages
Water Lane Farm
Weston Wood
Settlement (site of)
Home Farm
Farm Hill Wood
SILVERWOOD COTTS.
Lidwell Copse
Colyers Hanger
A248
SHERBOURNE
Cook's Place
Silver Wood
48
Bourne
POSTFORD MILL COTTAGES
Dalton Hill
Waterloo Pond
Postford Pond
Tilling Bourne
Library
Old Rectory
CHILWORTH ROAD
THE STREET
Weston Farm
WESTON FARM COTTAGES
Albury Ho.
TUPPERS CT.
Rec. Grd.
WESTON YARD
OLD BAKERY MEWS
WESTONFIELDS CT.
Weston House
BOUNDARY COTTS.
Waterloo
Cuckoo Copse
Belmount Copse
ALBURY
CHURCH LANE
LANE
GU5
WARREN
NEW ROAD
ALBURY PARK
Oak Pollard
ALBURY PARK
Lockner Farm
Rectory
Birmingham Farm
ROSE & SEA GARDENS
PINE VIEW CL.
DORKING ROAD
132
Lockner Lodge
Lockner Holt
Res. (covered)
Birget Hill
Albury Warren
Lockner Holt
Watercress Beds (Disused)
47
NEW PARK
Pav. Football & Cricket Ground
LONDON ROAD
WARNERS LA.
G
H
J
K
L
M
N
135
LOCKNER HOLT
Aston House
Lockner Brake
04
BLACKHEATH
POSTFORD FARM COTTS.
505
Ford Crossing
Little Ford
Kiln Rough
06
Albury Heath
Little London

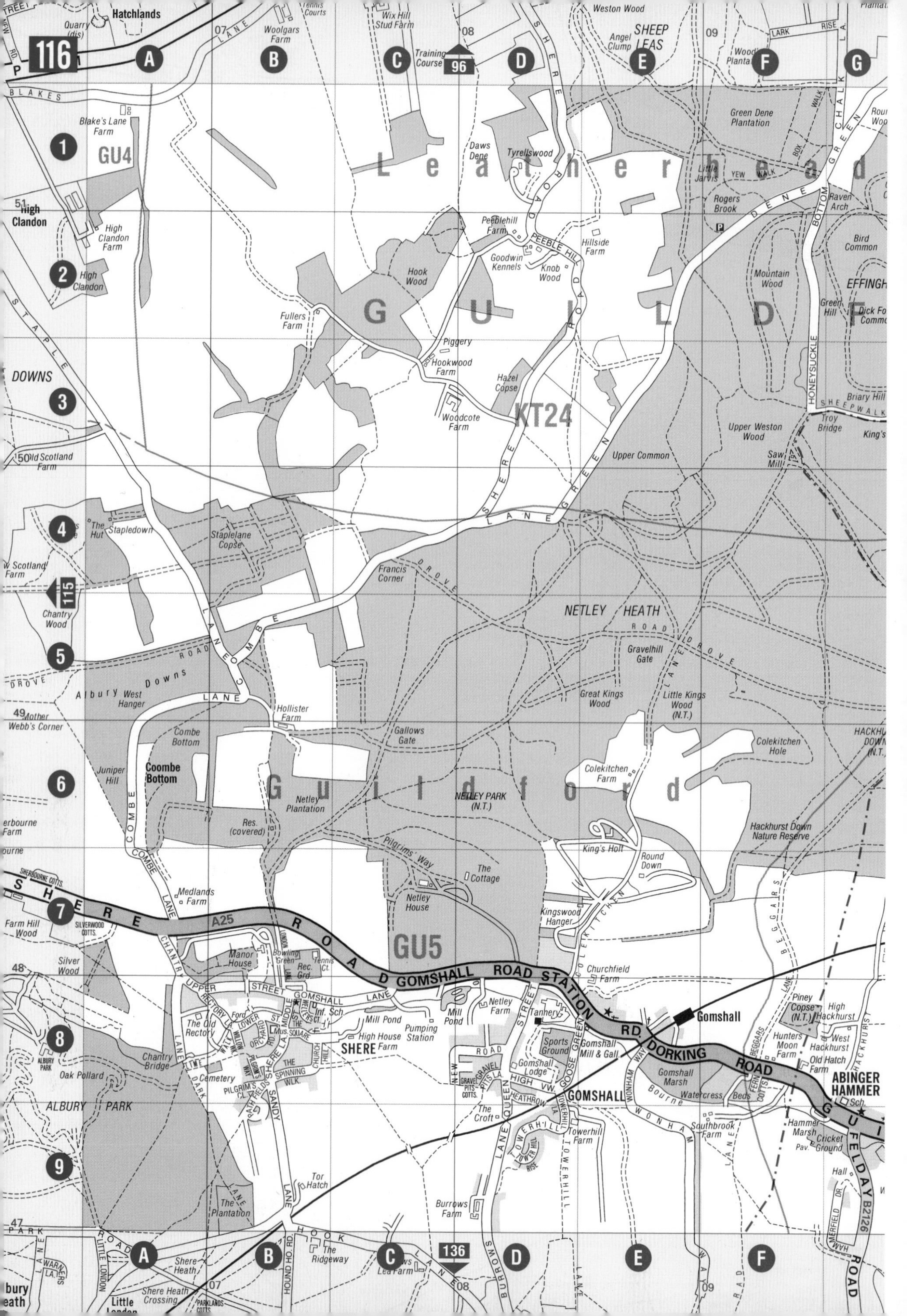
116
Hatchlands
Quarry (dis)
Tennis Courts
Wix Hill Stud Farm
Weston Wood
Woolgars Farm
Training Course
96
Angel Clump
SHEEP LEAS
Wood Planta
LARK RISE
A
B
C
D
E
F
G
07
08
09
BLAKES
Blake's Lane Farm
GU4
Green Dene Plantation
Daws Dene
Tyrellswood
Leatherhead
Little Jarvis
YEW WALK
BOX
Rogers Brook
DENE
BOTTOM
GREEN
CHALK
Raven Arch
51
High Clandon
High Clandon Farm
Peeblehill Farm
PEEBLE HILL
Hillside Farm
Goodwin Kennels
Knob Wood
Bird Common
Hook Wood
Mountain Wood
EFFINGH
High Clandon
GUILDF
Fullers Farm
Green Hill
Dick Fo Commo
STAPLE
DOWNS
Piggery
Hookwood Farm
Hazel Copse
HONEYSUCKLE
Briary Hill
SHEEPWALK
Woodcote Farm
KT24
Troy Bridge
Upper Weston Wood
King's
50
Old Scotland Farm
Upper Common
Saw Mill
SHERE
LANE
The Hut
Stapledown
Staplelane Copse
Scotland Farm
Francis Corner
DROVE
115
Chantry Wood
NETLEY HEATH
COMBE
ROAD
Gravelhill Gate
Albury West Hanger
Downs
49
Mother Webb's Corner
Hollister Farm
Great Kings Wood
Little Kings Wood (N.T.)
Combe Bottom
Gallows Gate
Colekitchen Hole
HACKHU DOWN (N.T.)
Juniper Hill
Coombe Bottom
Guildford
Colekitchen Farm
Netley Plantation
NETLEY PARK (N.T.)
erbourne Farm
Res. (covered)
Hackhurst Down Nature Reserve
ourne
Pilgrims' Way
King's Holt
Round Down
The Cottage
SHERBOURNE COTTS.
Medlands Farm
Netley House
Kingswood Hanger
SHERE ROAD
A25
Farm Hill Wood
SILVERWOOD COTTS.
CHANTRY
GU5
Manor House
Bowling Green
LONDON LANE
Rec. Grd.
Tennis Ct.
COLEKITCHEN
BEGGARS
48
Silver Wood
GOMSHALL ROAD STATION RD.
Churchfield Farm
UPPER STREET
GOMSHALL LANE
RECTORY
Piney Copse (N.T.)
High Hackhurst
The Old Rectory
Ford
LOWER ST
MIDDLE ST
Inf. Sch.
Mill Pond
Mill Pond
Netley Farm
Tannery
Gomshall
8
WILLOW WALK
ORCHARD RD.
Mus. SQUARE
High House Farm
Pumping Station
Sports Ground
Gomshall Mill & Gall.
DORKING ROAD
Hunters Moon Farm
West Hackhurst
Chantry Bridge
ALBURY PARK
PILGRIMS WAY
SHERE LA.
CHURCH HILL
SHERE
NEW ROAD
GRAVEL PITS LA.
Gomshall Lodge
Gomshall Marsh
Old Hatch Farm
HACKHURST
Oak Pollard
LIME
Cemetery
THE SPINNING WLK.
GRAVEL PITS COTTS.
HIGH VW.
GOOSE GREEN
WONHAM WAY
Watercress Beds
FERN COTTS.
ABINGER HAMMER
ALBURY PARK
PILGRIM'S CL.
HEATHROW
GOMSHALL
Bourne
Sch.
DARK
FAIRFIELDS
SANDY
The Croft
TOWERHILL
Towerhill Farm
WONHAM
Southbrook Farm
Hammer Marsh
Cricket Ground
Pav.
9
QUEEN
TOWER HILL RISE
Hall
Tor Hatch
The Plantation
Burrows Farm
HAMMERFIELD DR.
FELDAY B2126
47
PARK
HOOK
HOUND HO. RD.
The Ridgeway
136
Lea Farm
BURROWS
WARNERS LA.
LITTLE LONDON
Shere Heath
bury eath
Shere Heath Crossing
PARKLANDS COTTS.
Little London
1
2
3
4
5
6
7
8
9

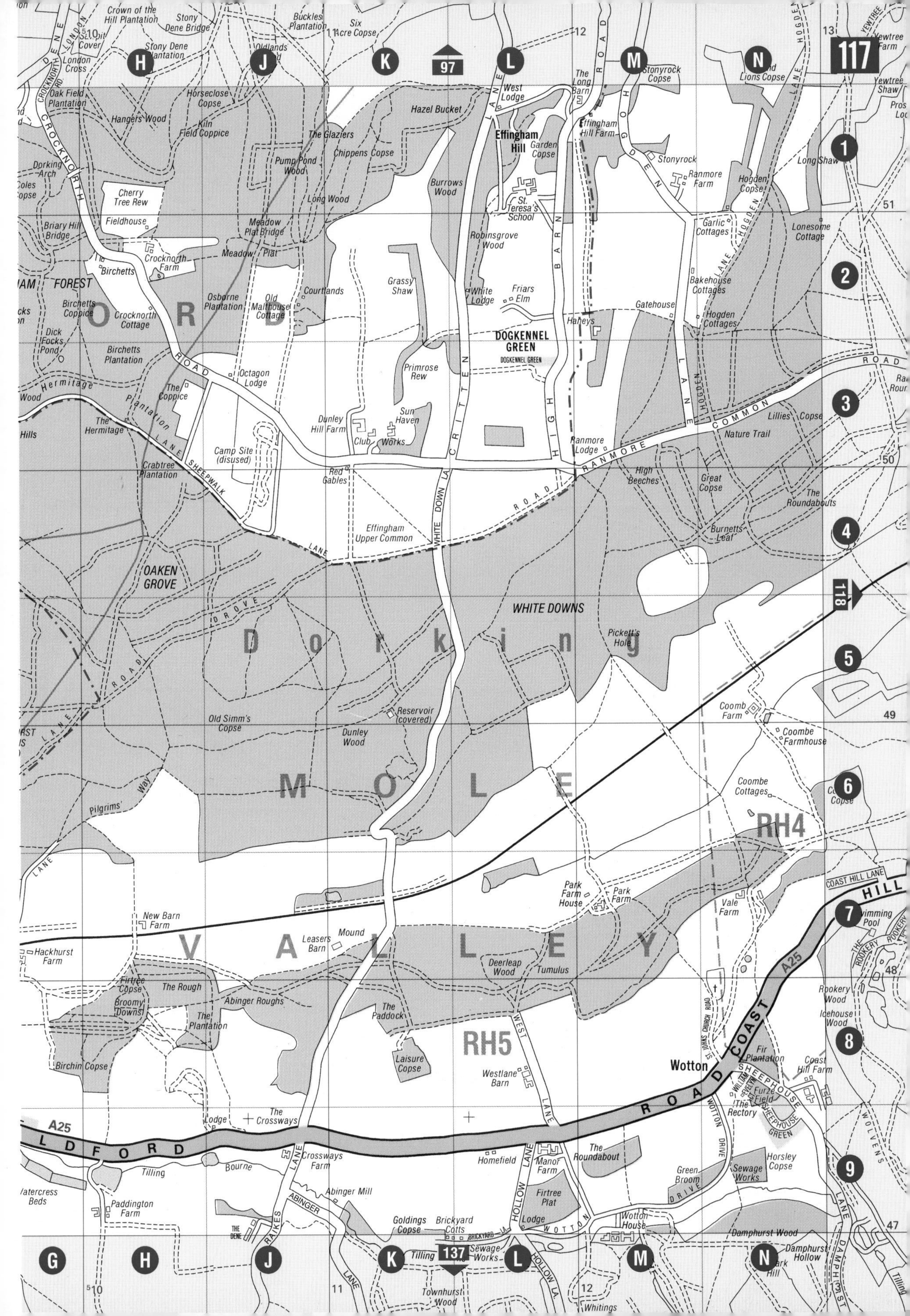
H
J
K
97
L
M
N
Crown of the Hill Plantation
Stony Dene Bridge
Buckles Plantation
Six Acre Copse
Stony Dene Plantation
Oldlands
London Cross
The Long Barn
Stonyrock Copse
Lions Copse
Yewtree Farm
Yewtree Shaw
Oak Field Plantation
Horseclose Copse
West Lodge
Hazel Bucket
Hangers Wood
Kiln Field Coppice
The Glaziers
Chippens Copse
Effingham Hill Farm
Effingham Hill
Garden Copse
Stonyrock
Ranmore Farm
Long Shaw
Dorking Arch
Coles Copse
Cherry Tree Rew
Pump Pond Wood
Long Wood
Burrows Wood
St. Teresa's School
Hogden Copse
Fieldhouse
Meadow Plat Bridge
Meadow Plat
Briary Hill Bridge
Robinsgrove Wood
Garlic Cottages
Lonesome Cottage
Crocknorth Farm
Birchetts
Grassy Shaw
Bakehouse Cottages
FOREST
Birchetts Coppice
Osborne Plantation
Old Malthouse Cottage
Courtlands
White Lodge
Friars Elm
Gatehouse
Hogden Cottages
Crocknorth Cottage
Haneys
DOGKENNEL GREEN
Dick Focks Pond
Birchetts Plantation
Octagon Lodge
Primrose Rew
Hermitage Wood
The Coppice
The Hermitage
Plantation Lane
Dunley Hill Farm
Sun Haven
Club
Works
Camp Site (disused)
Ranmore Lodge
Lillies Copse
Nature Trail
RANMORE COMMON ROAD
Crabtree Plantation
SHEEPWALK
Red Gables
High Beeches
Great Copse
The Roundabouts
Effingham Upper Common
WHITE DOWN LANE
CRITTEN LANE
HIGH BARN ROAD
HOGDEN LANE
CROCKNORTH ROAD
Burnetts Leaf
OAKEN GROVE
WHITE DOWNS
118
DROVE ROAD
Pickett's Hole
Dorking
Reservoir (covered)
Coomb Farm
Coombe Farmhouse
Old Simm's Copse
Dunley Wood
MOLE
Coombe Cottages
Pilgrims' Way
RH4
COAST HILL LANE
Park Farm House
Park Farm
Vale Farm
New Barn Farm
Swimming Pool
Hackhurst Farm
Leasers Barn
Mound
VALLEY
Deerleap Wood
Tumulus
THE ROOKERY
Firtree Copse
The Rough
Abinger Roughs
Rookery Wood
Broomy Downs
The Plantation
The Paddock
WEST LANE
ST. JOHNS CHURCH ROAD
Icehouse Wood
RH5
Laisure Copse
Wotton
Birchin Copse
Westlane Barn
Fir Plantation
Coast Hill Farm
Furze Field
The Rectory
SHEEPHOUSE GREEN
A25
GUILDFORD ROAD
Lodge
The Crossways
Crossways Farm
Homefield
Manor Farm
The Roundabout
Green Broom
Sewage Works
Horsley Copse
WOLVENS LANE
Tilling Bourne
Watercress Beds
Paddington Farm
Abinger Mill
Firtree Plat
Green Broom Drive
WOTTON DRIVE
HOLLOW LANE
RAIKES LANE
ABINGER
THE DENE
Goldings Copse
Brickyard Cotts
BRICKYARD LA
Lodge
WOTTON
Wotton House
Damphurst Wood
Damphurst Hollow
DAMPHURST LANE
Tilling
Sewage Works
137
Townhurst Wood
Whitings
Park Hill
G
H
J
K
L
M
N
1
2
3
4
5
6
7
8
9
10
11
12
13
47
48
49
50
51

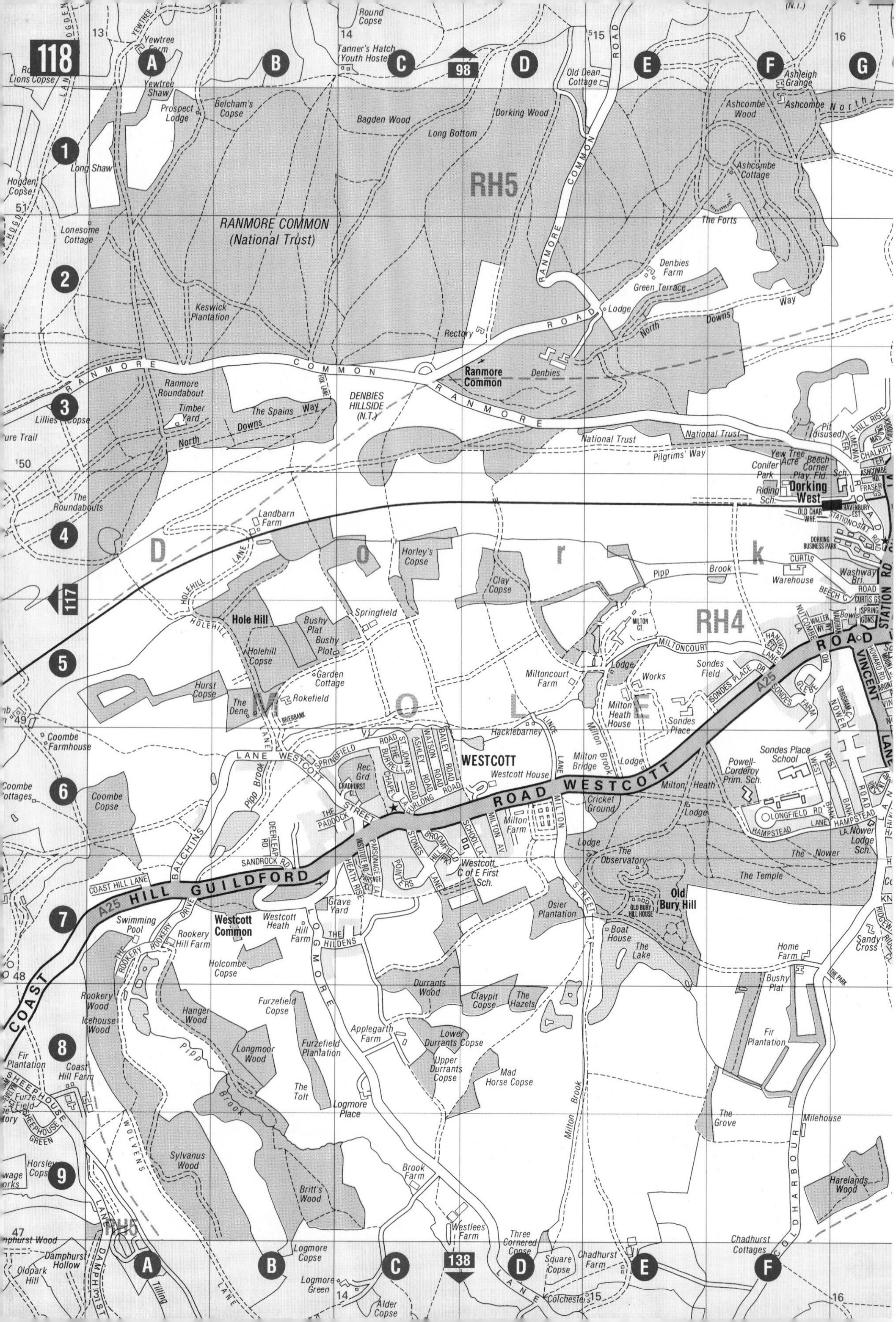
Round Copse
Tanner's Hatch Youth Hostel
98
Old Dean Cottage
Ashleigh Grange
Ashcombe Wood
Ashcombe North
Yewtree Farm
Yewtree Shaw
Prospect Lodge
Belcham's Copse
Bagden Wood
Dorking Wood
Long Bottom
Lions Copse
Long Shaw
Hogden Copse
RH5
Ashcombe Cottage
The Forts
RANMORE COMMON
(National Trust)
Lonesome Cottage
Denbies Farm
Green Terrace
Keswick Plantation
Rectory
Lodge
Way
Downs
North
RANMORE COMMON ROAD
Ranmore Common
Denbies
Ranmore Roundabout
FOX LANE
DENBIES HILLSIDE (N.T.)
The Spains Way
Downs
North
Timber Yard
Lillies Copse
National Trust
National Trust
Pilgrims' Way
Pit (disused)
Yew Tree Acre
Beech Corner Play. Fld.
Conifer Park
Sch.
Riding Sch.
Dorking West
The Roundabouts
Landbarn Farm
Dorking
Mole
Horley's Copse
Clay Copse
Pipp Brook
CURTIS
Warehouse
Washway Bri.
DORKING BUSINESS PARK
STATION RD
117
HOLEHILL LANE
Hole Hill
Bushy Plat
Bushy Plot
Springfield
MILTON CT.
RH4
MILTONCOURT
HANOVER LANE
VINCENT ROAD
Holehill Copse
Hurst Copse
Garden Cottage
The Dene
Rokefield
RIVERBANK
Milton Heath House
Miltoncourt Farm
Works
Lodge
Sondes Field
SONDES PLACE DR.
GLEBE
Sondes Place
A25
Coombe Farmhouse
Coombe Cottages
Coombe Copse
Hacklebarney
LINCE LANE
Milton Brook
Milton Bridge
Lodge
Sondes Place School
Powell-Corderoy Prim. Sch.
WESTCOTT
Westcott House
Rec. Grd.
CRADHURST CL.
SPRINGFIELD
LANE WESTCOTT
BAILEY ROAD
WATSON ROAD
ASHLEY ROAD
ST. JOHN'S ROAD
THE BURRELL
CHAPEL LA.
FURLONG ROAD
ROAD WESTCOTT
Cricket Ground
Milton Heath
Milton Farm
MILTON AV.
SCHOOL LA.
THE PADDOCK
STREET
DEERLEAP RD.
SANDROCK RD.
BALCHINS
Pipp Brook
Westcott C of E First Sch.
STONES LANE
POINTERS
BROOMFIELD
HILL PK.
HEATH RISE
INSTITUTE RD.
PARSONAGE LA.
MILTON STREET
Lodge
The Observatory
The Temple
The Nower
Lodge
Nower Lodge Sch.
LONGFIELD RD.
HAMPSTEAD LANE
BANK
WEST
ROAD
COAST HILL LANE
A25 HILL GUILDFORD
Swimming Pool
Westcott Common
Westcott Heath
Grave Yard
Hill Farm
THE HILDENS
Osier Plantation
Old Bury Hill
OLD BURY HILL HOUSE
Boat House
The Lake
Home Farm
Sandy Cross
THE ROOKERY
ROOKERY DRIVE
Rookery Hill Farm
Holcombe Copse
LOGMORE
Durrants Wood
Claypit Copse
The Hazels
Bushy Plat
THE PARK
COAST
Rookery Wood
Icehouse Wood
Hanger Wood
Furzefield Copse
Applegarth Farm
Lower Durrants Copse
Fir Plantation
Fir Plantation
Coast Hill Farm
Longmoor Wood
Furzefield Plantation
Upper Durrants Copse
Mad Horse Copse
SHEEPHOUSE
Furze Field
SHEEPHOUSE GREEN
Pipp Brook
The Tolt
Logmore Place
Milton Brook
The Grove
Milehouse
COLDHARBOUR
WOLVENS
Horsley Copse
Sylvanus Wood
Brook Farm
Britt's Wood
Harelands Wood
Westlees Farm
Three Cornered Copse
Chadhurst Cottages
Damphurst Wood
Logmore Copse
Square Copse
Chadhurst Farm
Damphurst Hollow
Oldpark Hill
DAMPHURST LANE
Tilling
Logmore Green
138
LANE
Colchester
Alder Copse
13
14
15
16
47
48
49
50
51
A
B
C
D
E
F
G
1
2
3
4
5
6
7
8
9

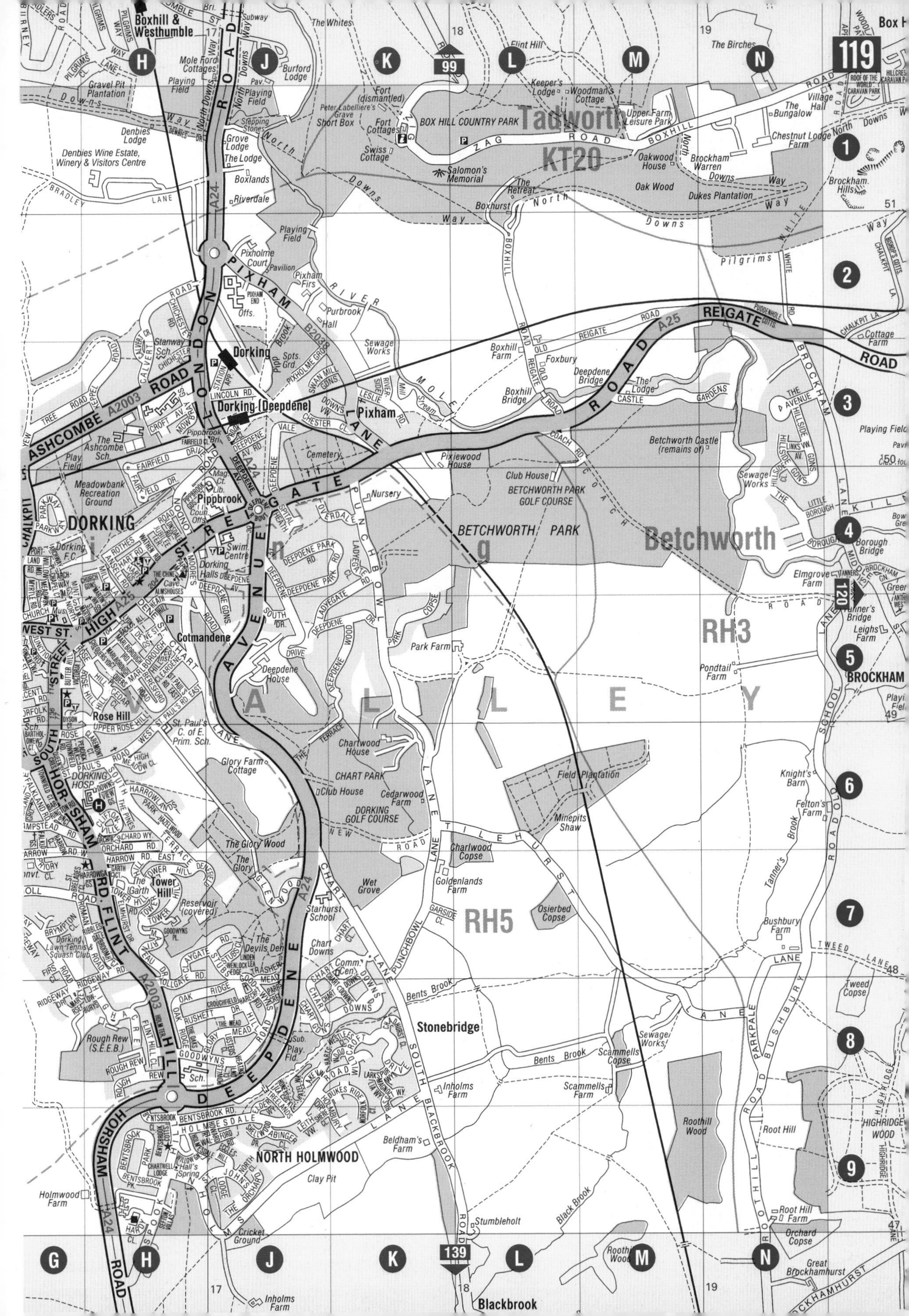
Boxhill & Westhumble
Box Hill
The Whites
Flint Hill
The Birches
Mole Ford Cottages
Burford Lodge
Playing Field
Gravel Pit Plantation
Denbies Lodge
Denbies Wine Estate, Winery & Visitors Centre
Fort (dismantled)
Peter Labelliere's Grave
Short Box
Fort Cottages
Swiss Cottage
BOX HILL COUNTRY PARK
Tadworth
KT20
Keeper's Lodge
Woodman's Cottage
Upper Farm Leisure Park
Salomon's Memorial
The Retreat
Boxhurst
Oakwood House
Brockham Warren
Oak Wood
Dukes Plantation
Village Hall
The Bungalow
Chestnut Lodge Farm
Brockham Hills
Stepping Stones
Grove Lodge
The Lodge
Boxlands
Riverdale
BRADLEY LANE
Pixholme Court
Pavilion
Pixham Firs
Purbrook Hall
Sewage Works
Dorking
Dorking (Deepdene)
Pixham
ASHCOMBE ROAD A2003
LONDON ROAD A24
PIXHAM LANE B2038
REIGATE ROAD A25
Boxhill Farm
Foxbury
Deepdene Bridge
The Lodge
Boxhill Bridge
CASTLE GARDENS
Betchworth Castle (remains of)
Pixiewood House
Club House
BETCHWORTH PARK GOLF COURSE
BETCHWORTH PARK
Betchworth
Borough Bridge
Elmgrove Farm
Tanner's Bridge
Leighs Farm
BROCKHAM
The Ashcombe Sch.
Meadowbank Recreation Ground
DORKING
Dorking F.C.
Pippbrook
Cemetery
Nursery
ST. REIGATE
AVENUE
Swim. Centre
Dorking Halls
Cave
Cotmandene
Deepdene House
HIGH ST.
WEST ST.
SOUTH STREET
Rose Hill
RH3
Park Farm
Pondtail Farm
V A L L E Y
St. Paul's C. of E. Prim. Sch.
Chartwood House
CHART PARK
Club House
Cedarwood Farm
DORKING GOLF COURSE
Glory Farm Cottage
DORKING HOSP.
The Glory Wood
The Glory
Field Plantation
Minepits Shaw
Knight's Barn
Felton's Farm
Charlwood Copse
Goldenlands Farm
TILEHURST LANE
Wet Grove
Starhurst School
Tower Hill
Reservoir (covered)
HORSHAM RD.
FLINT HILL
A24 DEEPDENE
RH5
Osierbed Copse
Tanner's Brook
Bushbury Farm
TWEED LANE
Tweed Copse
The Devils Den
Chart Downs
Dorking Lawn Tennis & Squash Club
Bents Brook
Stonebridge
Rough Rew (S.E.E.B.)
Sewage Works
Scammells Copse
Scammells Farm
Inholms Farm
PARKPALE LANE
BUSHBURY LANE
Roothill Wood
Root Hill
HIGHRIDGE WOOD
NORTH HOLMWOOD
Beldham's Farm
Clay Pit
Holmwood Farm
Hall's Spring
Cricket Ground
Stumbleholt
Black Brook
Root Hill Farm
Orchard Copse
Great Brockhamhurst
Inholms Farm
Blackbrook
HORSHAM ROAD A24
SOUTH BLACKBROOK ROAD
99
120
139
G H J K L M N
1 2 3 4 5 6 7 8 9
17 18 19
47 48 49 150 51

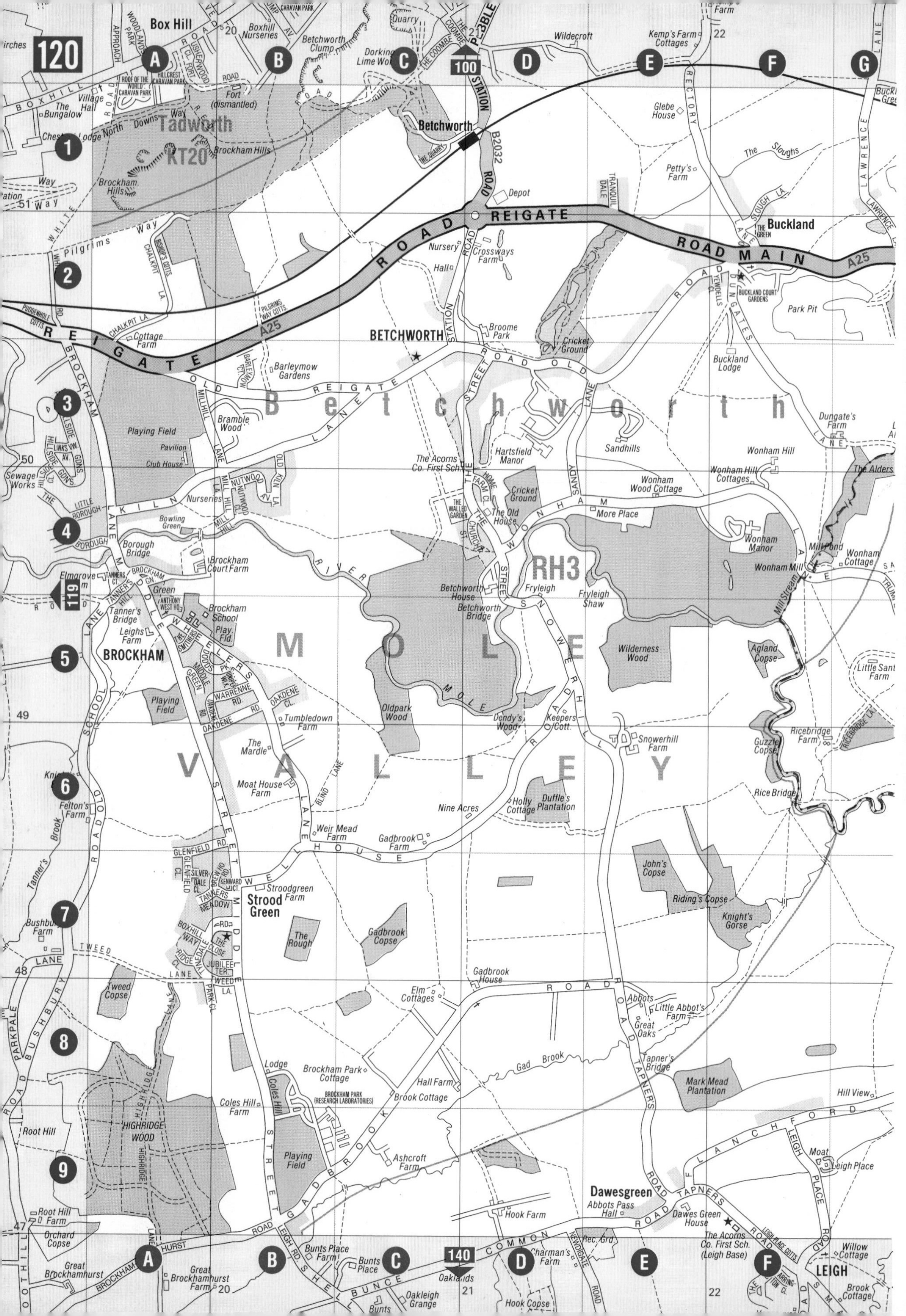
Box Hill
A
B
C
D
E
F
G
1
2
3
4
5
6
7
8
9
100
119
140
20
21
22
47
48
49
50
51
Boxhill Nurseries
Betchworth Clump
Dorking Lime Works
Quarry
Wildecroft
Kemp's Farm Cottages
Glebe House
Village Hall
The Bungalow
Fort (dismantled)
Tadworth
KT20
Brockham Hills
Betchworth
B2032
STATION ROAD
Depot
REIGATE ROAD
ROAD MAIN
A25
Buckland
The Sloughs
Petty's Farm
Pilgrims Way
Nursery
Crossways Farm
Hall
Cottage Farm
BETCHWORTH
Broome Park
Cricket Ground
Buckland Lodge
Buckland Court Gardens
Park Pit
Barleymow Gardens
Betchworth
Playing Field
Pavilion
Club House
Bramble Wood
Sewage Works
Nurseries
Bowling Green
The Acorns Co. First Sch.
Hartsfield Manor
Sandhills
Dungate's Farm
Wonham Hill
Wonham Hill Cottages
Wonham Wood Cottage
More Place
The Old House
Wonham Manor
The Alders
Mill Pond
Wonham Mill
Wonham Cottage
Borough Bridge
Brockham Court Farm
Elmgrove
RIVER MOLE
RH3
Fryleigh
Fryleigh Shaw
Betchworth House
Betchworth Bridge
Tanner's Bridge
Leighs Farm
Brockham School
BROCKHAM
MOLE
Wilderness Wood
Agland Copse
Little Santon Farm
Playing Field
Tumbledown Farm
Oldpark Wood
Dendy's Wood
Keepers Cott.
Snowerhill Farm
Ricebridge Farm
Guzzle Copse
The Mardle
VALLEY
Moat House Farm
Felton's Farm
Nine Acres
Holly Cottage
Duffle's Plantation
Rice Bridge
Weir Mead Farm
Gadbrook Farm
John's Copse
Riding's Copse
Knight's Gorse
Stroodgreen Farm
Strood Green
The Rough
Gadbrook Copse
Bushbury Farm
Tweed Copse
Gadbrook House
Elm Cottages
Abbots
Little Abbot's Farm
Great Oaks
Gad Brook
Tapner's Bridge
Mark Mead Plantation
Hill View
Lodge
Brockham Park Cottage
Hall Farm
Brook Cottage
Brockham Park (Research Laboratories)
Coles Hill Farm
Highridge Wood
Root Hill
Playing Field
Ashcroft Farm
Moat
Leigh Place
Dawesgreen
Abbots Pass Hall
Hook Farm
Dawes Green House
The Acorns Co. First Sch. (Leigh Base)
Root Hill Farm
Orchard Copse
Great Brockhamhurst
Great Brockhamhurst Farm
Bunts Place Farm
Bunts Place
Oaklands
Charman's Farm
Rec. Grd.
Willow Cottage
LEIGH
Brook Cottage
Oakleigh Grange
Bunts
Hook Copse
TANNERS ROAD
FLANCHFORD ROAD
LEIGH PLACE ROAD
GADBROOK ROAD
COMMON
BUNCE
NEWDIGATE ROAD
OLD REIGATE ROAD
WONHAM LANE
SNOWERHILL ROAD
DUNGATES LANE
RECTORY LANE
LAWRENCE LANE
SCHOOL ROAD OLD
BUSHBURY LANE
PARKPALE
TWEED LANE
WELLHOUSE LANE
MIDDLE STREET
STREET
KILN LANE
WHITE HILL

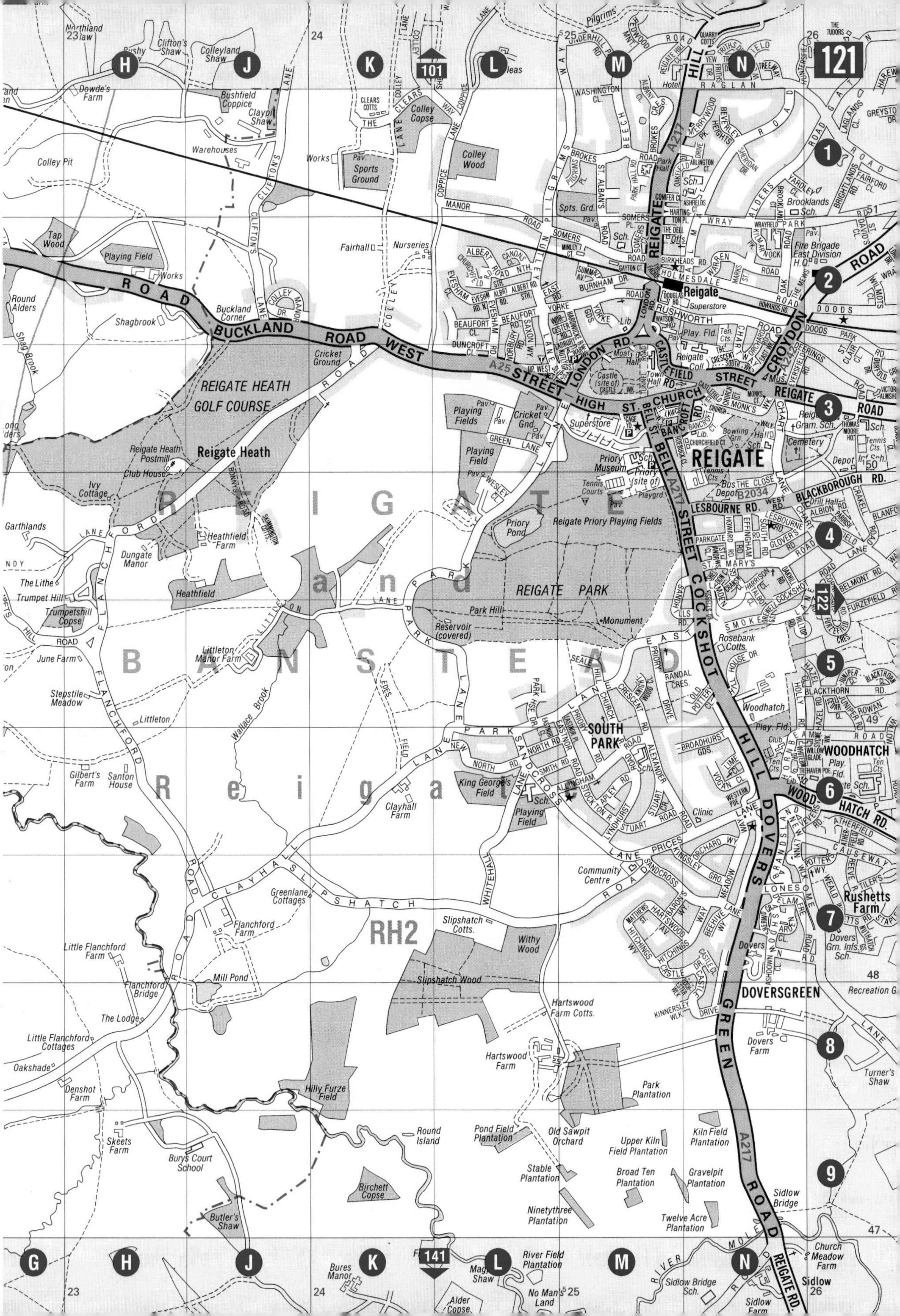

REIGATE
Reigate
Reigate Heath
REIGATE HEATH GOLF COURSE
REIGATE PARK
Reigate Priory Playing Fields
SOUTH PARK
WOODHATCH
DOVERSGREEN
RH2
R E I G A T E
a n d
B A N S T E A D
R e i g a t e
BUCKLAND ROAD WEST
HIGH STREET
CHURCH ST.
BELL ST.
CASTLEFIELD RD.
LONDON RD.
REIGATE HILL
CROYDON RD.
REIGATE RD.
COCKSHOT HILL
DOVERS GREEN
WOODHATCH RD.
SLIPSHATCH
CLAYHALL LANE
FLANCHFORD ROAD
PARK LANE
LESBOURNE RD.
BLACKBOROUGH RD.
SANDCROSS LANE
PRICES LANE
A25
A217
A2422
B2034
Colley Pit
Tap Wood
Playing Field
Shagbrook
Shag Brook
Round Alders
Buckland Corner
Cricket Ground
Warehouses
Bushfield Coppice
Claypit Shaw
Colleyland Shaw
Clifton's Shaw
Bushy Shaw
Dowde's Farm
Northland Shaw
Colley Copse
Colley Wood
Sports Ground
Works
Fairhall
Nurseries
Reigate Heath Postmill
Club House
Ivy Cottage
Garthlands
Dungate Manor
Heathfield Farm
Heathfield
The Lithe
Trumpet Hill
Trumpetshill Copse
June Farm
Stepstile Meadow
Littleton
Littleton Manor Farm
Wallace Brook
Gilbert's Farm
Santon House
Clayhall Farm
Greenlane Cottages
Flanchford Farm
Little Flanchford Farm
Mill Pond
Flanchford Bridge
The Lodge
Little Flanchford Cottages
Oakshade
Denshot Farm
Skeets Farm
Burys Court School
Butler's Shaw
Hilly Furze Field
Round Island
Birchett Copse
Slipshatch Cotts.
Withy Wood
Slipshatch Wood
Hartswood Farm Cotts.
Hartswood Farm
Park Plantation
Pond Field Plantation
Old Sawpit Orchard
Upper Kiln Field Plantation
Kiln Field Plantation
Stable Plantation
Broad Ten Plantation
Gravelpit Plantation
Ninetythree Plantation
Twelve Acre Plantation
Sidlow Bridge
Dovers Farm
Turner's Shaw
Recreation Gd.
Rushetts Farm
Dovers Grn. Infs. Sch.
Church Meadow Farm
Sidlow
Sidlow Bridge Sch.
Sidlow Farm
River Field Plantation
Magpie Shaw
No Man's Land
Bures Manor
Alder Copse
RIVER MOLE
Priory Museum
Priory (site of)
Priory Pond
Park Hill
Monument
Reservoir (covered)
Castle (site of)
Town Hall
Superstore
Reigate Coll.
Reigate Gram. Sch.
Cemetery
Depot
Bus Depot
Fire Brigade East Division H.Q.
Brooklands Sch.
King George's Field
Community Centre
Clinic
Woodhatch
Play. Fld.
Rosebank Cotts.
Spts. Grd.
H J K L M N
G H J K L M N
1 2 3 4 5 6 7 8 9
23 24 25 26
47 48 49 50 51
101
122
141

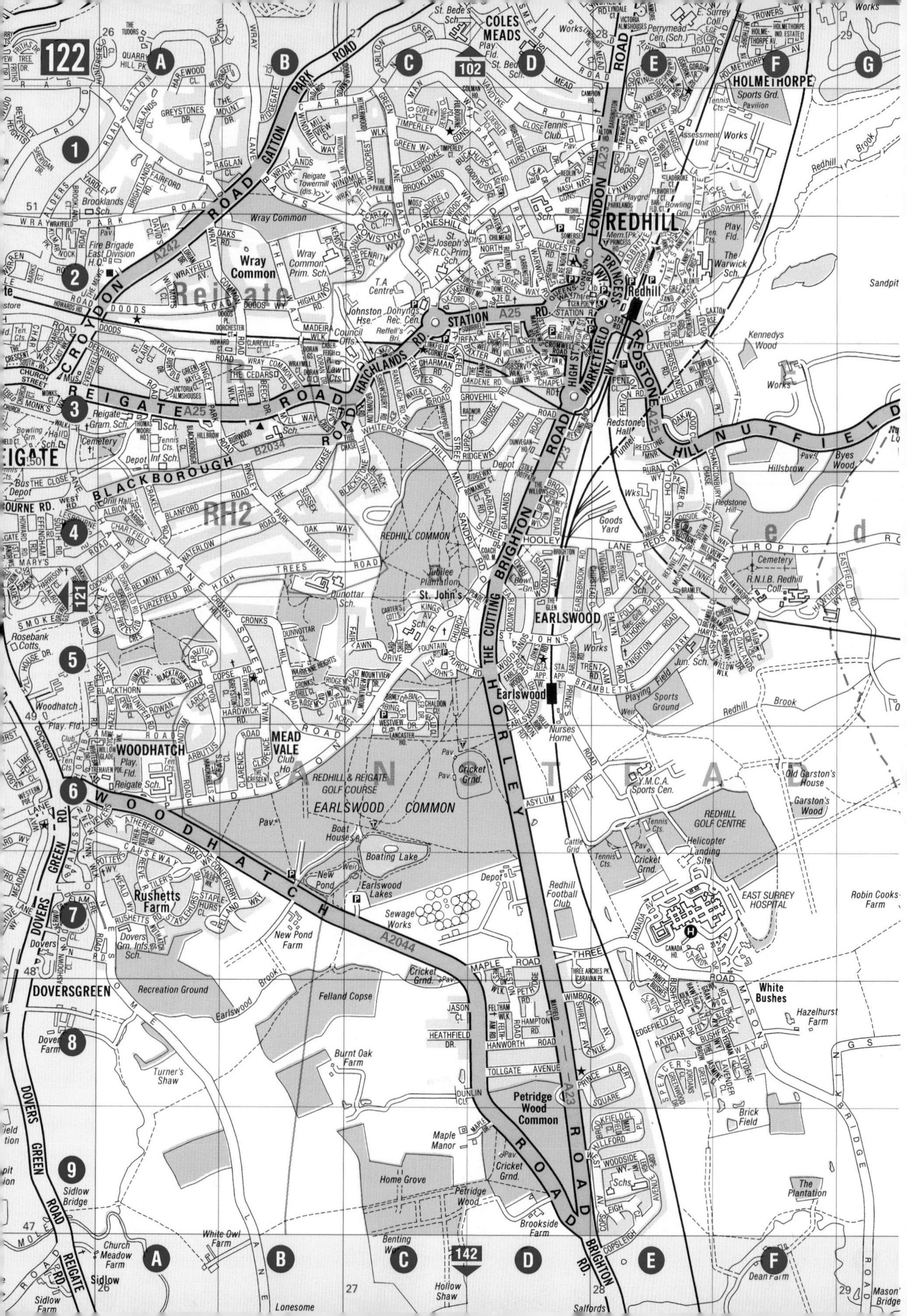
A
B
C
D
E
F
G
1
2
3
4
5
6
7
8
9
26
27
28
29
51
50
49
48
47
102
121
142
REDHILL
Redhill
REIGATE
Reigate
RH2
HOLMETHORPE
COLES MEADS
EARLSWOOD
Earlswood
WOODHATCH
Woodhatch
MEAD VALE
DOVERSGREEN
White Bushes
Wray Common
Sidlow
Sidlow Bridge
Salfords
Lonesome
Hollow Shaw
LONDON ROAD
BRIGHTON ROAD
HORLEY ROAD
THE CUTTING
A23
A25
A242
A2044
B2034
REIGATE ROAD
CROYDON ROAD
GATTON PARK ROAD
STATION RD.
HATCHLANDS RD.
BLACKBOROUGH ROAD
REDSTONE HILL
NUTFIELD
WOODHATCH ROAD
DOVERS GREEN ROAD
ASYLUM ARCH RD.
THREE ARCH ROAD
MAPLE ROAD
TOLLGATE AVENUE
PRINCESS WY.
MARKETFIELD WY.
HIGH ST.
HOOLEY LANE
PHILANTHROPIC ROAD
Redhill Common
Jubilee Plantation
St. John's
Dunottar Sch.
Earlswood Common
Redhill & Reigate Golf Course
Boating Lake
Earlswood Lakes
New Pond
Sewage Works
New Pond Farm
Recreation Ground
Felland Copse
Rushetts Farm
Burnt Oak Farm
Turner's Shaw
Petridge Wood Common
Maple Manor
Home Grove
Petridge Wood
Brookside Farm
Benting Wood
White Owl Farm
Church Meadow Farm
Sidlow Farm
Dean Farm
Mason's Bridge
Redhill Football Club
East Surrey Hospital
Helicopter Landing Site
Redhill Golf Centre
Y.M.C.A. Sports Cen.
Old Garston's House
Garston's Wood
Robin Cooks Farm
Hazelhurst Farm
Brick Field
The Plantation
R.N.I.B. Redhill Coll.
Cemetery
Sports Ground
Playing Field
Redhill Brook
Nurses Home
Goods Yard
Redstone Hill
Redstone Hall
Hillsbrow
Byes Wood
Kennedys Wood
Sandpit
The Warwick Sch.
Holmethorpe Sports Grd. Pavilion
Assessment Unit
Works
Reigate Towermill (dis.)
Fire Brigade East Division H.Q.
Wray Common Prim. Sch.
T.A. Centre
Johnston Hse.
Donyngs Rec. Cen.
Council Offs.
St. Joseph's R.C. Prim. Sch.
Reigate Gram. Sch.
Reigate Sch.
Dovers Grn. Inf. Sch.
Brooklands Sch.
Rosebank Cotts.
Tennis Club

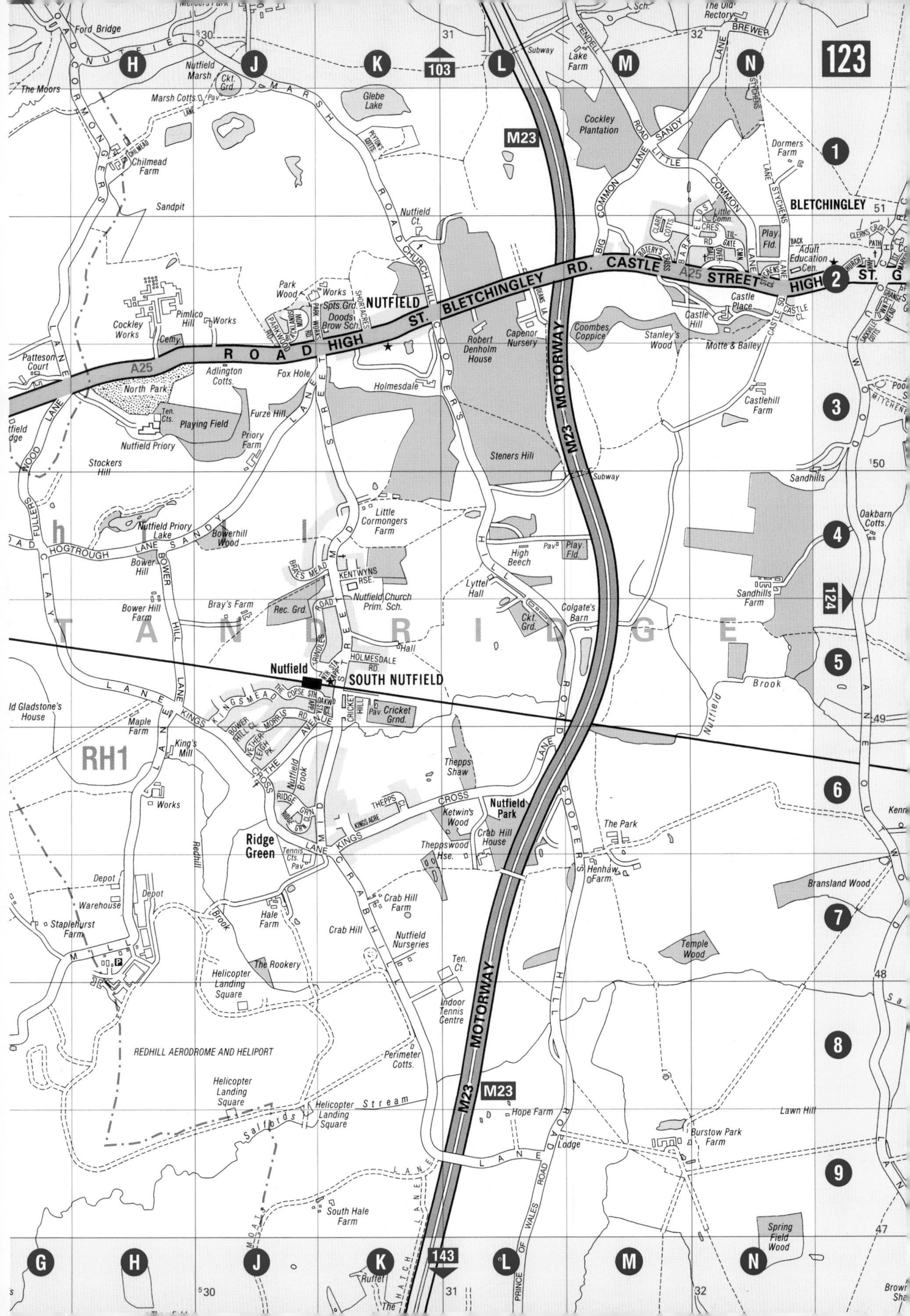
Ford Bridge
The Moors
Nutfield Marsh
Ckt. Grd.
Marsh Cotts.
Pav.
Chilmead Farm
Sandpit
Glebe Lake
Peyton's Cotts.
Cockley Plantation
Lake Farm
Subway
The Old Rectory
Brewer
Dormers Farm
BLETCHINGLEY
Nutfield Ct.
Park Wood
Works
Spts. Grd.
NUTFIELD
Doods Brow Sch.
Shortacres
Pimlico Hill
Cockley Works
Cemy.
Patteson Court
North Park
Adlington Cotts.
Fox Hole
Holmesdale
Robert Denholm House
Capenor Nursery
Coombes Coppice
Stanley's Wood
Castle Hill
Castle Place
Motte & Bailey
Castlehill Farm
Adult Education Cen.
Play. Fld.
Ten. Cts.
Playing Field
Nutfield Priory
Furze Hill
Priory Farm
Stockers Hill
Steners Hill
Sandhills
Oakbarn Cotts.
Little Cormongers Farm
Nutfield Priory Lake
Bowerhill Wood
Bower Hill
High Beech
Play. Fld.
Kentwyns Rse.
Nutfield Church Prim. Sch.
Rec. Grd.
Bray's Farm
Bower Hill Farm
Lyttel Hall
Ckt. Grd.
Colgate's Barn
Sandhills Farm
TANDRIDGE
Hall
Nutfield
SOUTH NUTFIELD
Holmesdale Rd.
Brook
Old Gladstone's House
Maple Farm
Cricket Grnd.
Pav.
King's Mill
RH1
Thepps Shaw
Nutfield Brook
Nutfield Park
Ketwin's Wood
Crab Hill House
Theppswood Hse.
The Park
Works
Ridge Green
Tennis Cts.
Pav.
Redhill
Henhaw Farm
Bransland Wood
Depot
Warehouse
Staplehurst Farm
Hale Farm
Crab Hill Farm
Crab Hill
Nutfield Nurseries
Temple Wood
The Rookery
Helicopter Landing Square
Ten. Ct.
Indoor Tennis Centre
REDHILL AERODROME AND HELIPORT
Perimeter Cotts.
Helicopter Landing Square
Helicopter Landing Square
Salfords Stream
Hope Farm
Lawn Hill
Burstow Park Farm
Lodge
South Hale Farm
Spring Field Wood
Ruffet
The
M23
MOTORWAY
A25
ROAD HIGH ST. BLETCHINGLEY RD. CASTLE STREET HIGH ST.
103
143
124
G H J K L M N
1 2 3 4 5 6 7 8 9
30 31 32
47 48 49 50 51

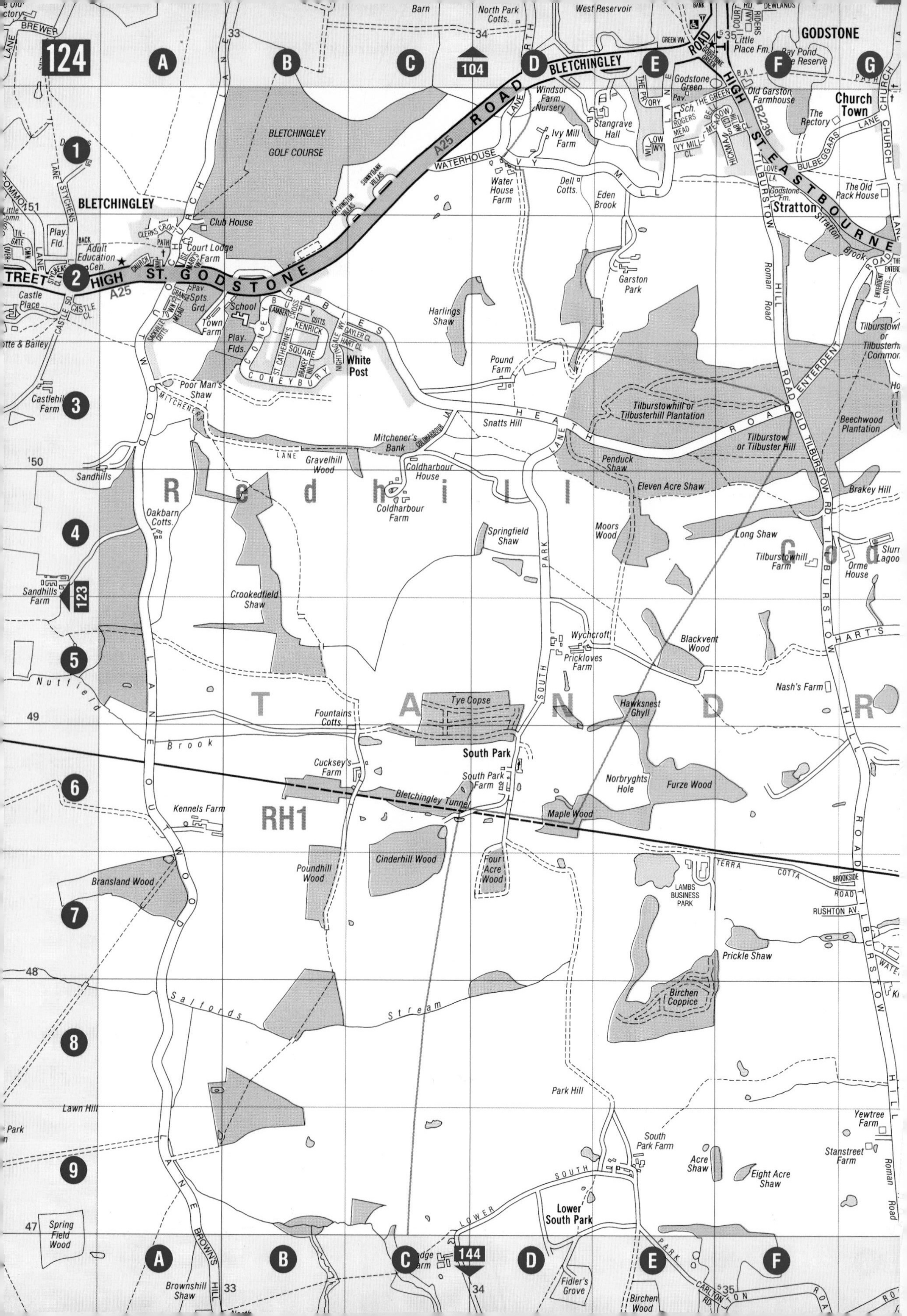

124
GODSTONE
BLETCHINGLEY
Church Town
Stratton
White Post
South Park
Lower South Park
Redhill
TANDRIDGE
RH1
BLETCHINGLEY GOLF COURSE
Club House
Court Lodge Farm
School
Town Farm
Play. Flds.
Poor Man's Shaw
Castlehill Farm
Castle Place
Sandhills
Sandhills Farm
Oakbarn Cotts.
Crookedfield Shaw
Gravelhill Wood
Mitchener's Bank
Coldharbour House
Coldharbour Farm
Snatts Hill
Pound Farm
Harlings Shaw
Garston Park
Eden Brook
Dell Cotts.
Water House Farm
Ivy Mill Farm
Stangrave Hall
Windsor Farm Nursery
Godstone Green
Old Garston Farmhouse
The Rectory
The Old Pack House
Little Place Fm.
Bay Pond Nature Reserve
West Reservoir
North Park Cotts.
Barn
Tilburstowhill or Tilbusterhill Plantation
Tilburstow or Tilbuster Hill
Beechwood Plantation
Tilburstowhill or Tilbusterhill Common
Penduck Shaw
Eleven Acre Shaw
Brakey Hill
Moors Wood
Long Shaw
Tilburstowhill Farm
Orme House
Springfield Shaw
Wychcroft
Prickloves Farm
Blackvent Wood
Nash's Farm
Hawksnest Ghyll
Tye Copse
Fountains Cotts.
Cucksey's Farm
South Park Farm
Norbryghts Hole
Furze Wood
Maple Wood
Bletchingley Tunnel
Kennels Farm
Cinderhill Wood
Poundhill Wood
Four Acre Wood
LAMBS BUSINESS PARK
Bransland Wood
Prickle Shaw
Birchen Coppice
Salfords Stream
Lawn Hill
Park Hill
South Park Farm
Acre Shaw
Eight Acre Shaw
Yewtree Farm
Stanstreet Farm
Spring Field Wood
Brownshill Shaw
Fidler's Grove
Birchen Wood
Lodge Farm
HIGH STREET
ST. GODSTONE ROAD
BLETCHINGLEY ROAD
EASTBOURNE ROAD
TILBURSTOW HILL ROAD
OLD TILBURSTOW RD
ROAD ENTERDENT
HEATH LANE
SOUTH PARK LANE
OUTWOOD LANE
BROWNS HILL
RABIES HEATH ROAD
CONEYBURY
WATERHOUSE LANE
IVY MILL LANE
TERRA COTTA ROAD
BROOKSIDE
RUSHTON AV.
PARK LANE
CARLTON RD.
SOUTH PARK ROAD
LOWER SOUTH PARK
A25
B2236
104
123
144

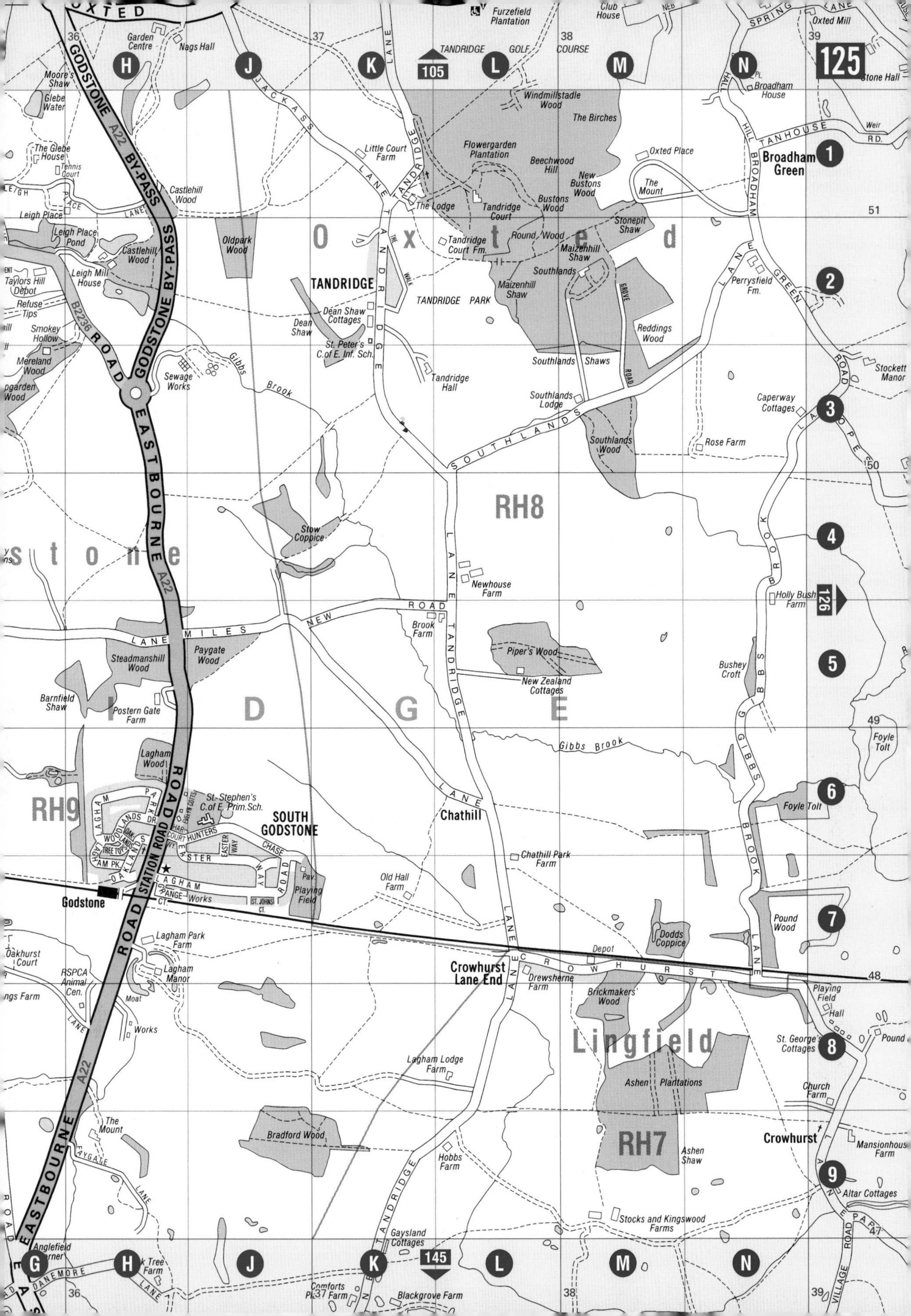
OXTED
Garden Centre
Nags Hall
Furzefield Plantation
Club House
SPRING LANE
Oxted Mill
TANDRIDGE GOLF COURSE
105
Stone Hall
Moore's Shaw
Glebe Water
GODSTONE BY-PASS
A22
JACKASS LANE
Windmillstadle Wood
The Birches
Broadham House
TANHOUSE RD.
Weir
The Glebe House
Tennis Court
Little Court Farm
Flowergarden Plantation
Beechwood Hill
Oxted Place
Broadham Green
LEIGH PLACE LANE
Castlehill Wood
New Bustons Wood
The Mount
Leigh Place
The Lodge
Tandridge Court
Bustons Wood
BROADHAM HILL
Leigh Place Pond
Oldpark Wood
Tandridge Court Fm.
Round Wood
Stonepit Shaw
Castlehill Wood
Maizenhill Shaw
Oxted
Taylors Hill Depot
Leigh Mill House
TANDRIDGE
THE WALK
Southlands
Maizenhill Shaw
TANDRIDGE PARK
GROVE
Perrysfield Fm.
BROADHAM GREEN
Refuse Tips
Dean Shaw Cottages
Dean Shaw
Reddings Wood
Smokey Hollow
B2236 ROAD
St. Peter's C.of E. Inf. Sch.
TANDRIDGE LANE
Southlands Shaws
GODSTONE ROAD
Mereland Wood
Sewage Works
Gibbs Brook
Tandridge Hall
Stockett Manor
Southlands Lodge
ROAD
Caperway Cottages
SOUTHLANDS
Southlands Wood
Rose Farm
POPE'S LANE
RH8
Stow Coppice
Godstone
EASTBOURNE ROAD A22
BROOK ROAD
Newhouse Farm
TANDRIDGE LANE
NEW ROAD
Holly Bush Farm
126
MILES LANE
Brook Farm
Steadmanshill Wood
Paygate Wood
Piper's Wood
Bushey Croft
New Zealand Cottages
Barnfield Shaw
Postern Gate Farm
TANDRIDGE
Gibbs Brook
Foyle Tolt
Lagham Wood
GIBBS BROOK
RH9
LAGHAM PARK
WOODLANDS DR.
St. Stephen's C. of E. Prim.Sch.
SOUTH GODSTONE
Chathill
LANE
Foyle Tolt
HARCOURT WY.
HUNTERS CHASE
EASTER WAY
OAKLANDS
TREE TOPS
LAGHAM PK.
STATION ROAD
Chathill Park Farm
Pav.
Playing Field
Old Hall Farm
LAGHAM CT.
GRANGE CT.
Works
ST. JOHNS CT.
Godstone
Pound Wood
Lagham Park Farm
Dodds Coppice
Oakhurst Court
Depot
CROWHURST
Crowhurst Lane End
Drewsherne Farm
Lagham Manor
RSPCA Animal Cen.
Playing Field
Hall
Brickmakers' Wood
Moat
Works
Lingfield
St. George's Cottages
Pound
Lagham Lodge Farm
Ashen Plantations
Church Farm
The Mount
Crowhurst
Mansionhouse Farm
Bradford Wood
RH7
Ashen Shaw
Hobbs Farm
PAYGATE LANE
EASTBOURNE
TANDRIDGE LANE
Altar Cottages
Stocks and Kingswood Farms
Gaysland Cottages
Anglefield Corner
DANEMORE LANE
Oak Tree Farm
145
Comforts Farm
Blackgrove Farm
VILLAGE ROAD
ROAD
36
37
38
39
51
50
49
48
47
H
J
K
L
M
N
G
1
2
3
4
5
6
7
8
9

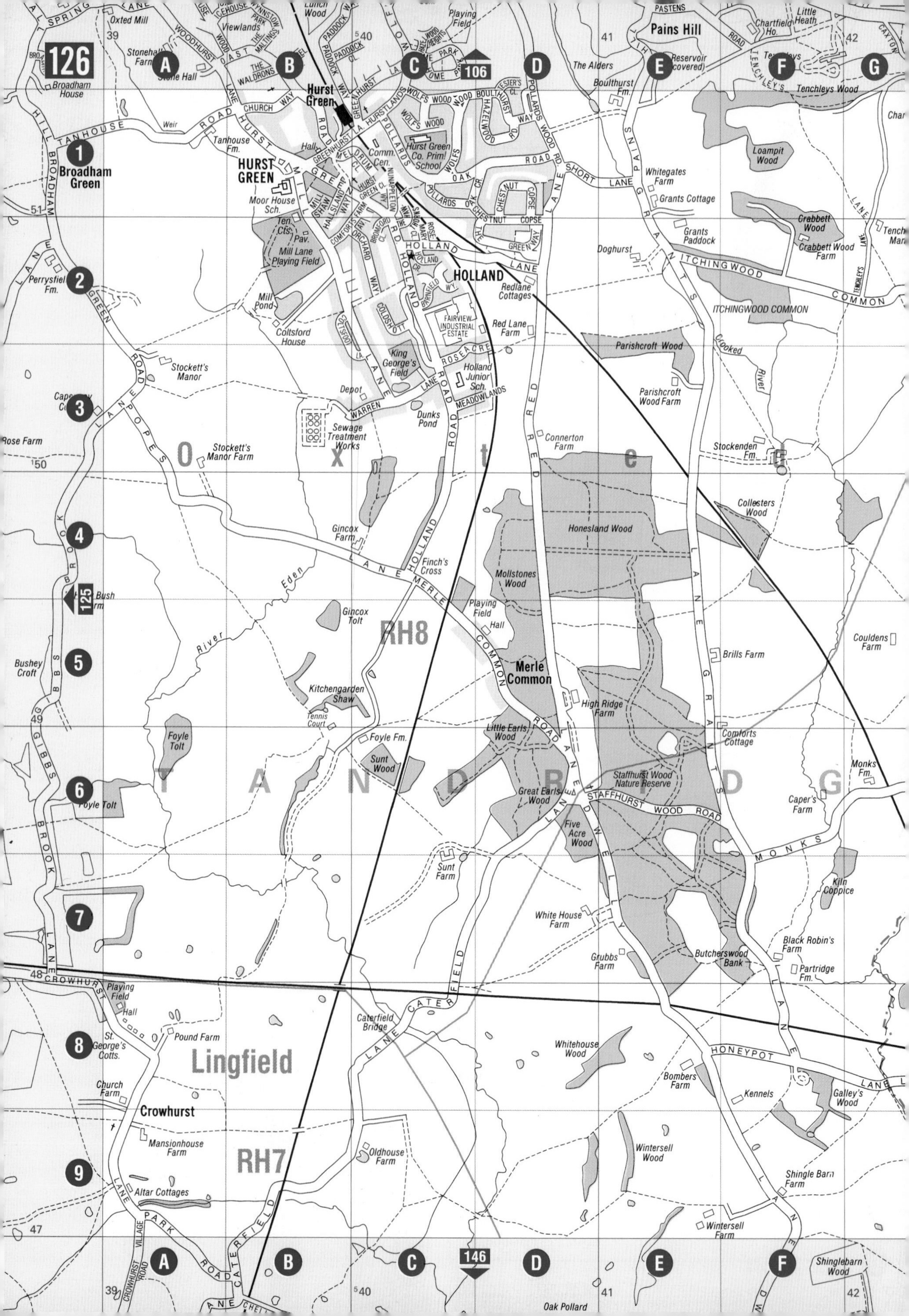
Hurst Green
HURST GREEN
Broadham Green
Broadham House
Oxted Mill
Stonehall Farm
Stone Hall
Viewlands
Tanhouse Fm.
Moor House Sch.
Mill Lane Playing Field
Mill Pond
Coltsford House
Perrysfield Fm.
Stockett's Manor
Stockett's Manor Farm
Rose Farm
Sewage Treatment Works
Depot
Dunks Pond
King George's Field
HOLLAND
Holland Junior Sch.
FAIRVIEW INDUSTRIAL ESTATE
Red Lane Farm
Redlane Cottages
Hurst Green Co. Prim. School
Comm. Cen.
Pains Hill
Reservoir (covered)
Boulthurst Fm.
The Alders
Whitegates Farm
Grants Cottage
Grants Paddock
Doghurst
Loampit Wood
Crabbett Wood
Crabbett Wood Farm
Tenchleys Wood
ITCHINGWOOD COMMON
Parishcroft Wood
Parishcroft Wood Farm
Crooked River
Stockenden Fm.
Connerton Farm
Collesters Wood
Honesland Wood
Mollstones Wood
Gincox Farm
Finch's Cross
Gincox Tolt
River Eden
RH8
Playing Field
Hall
Merle Common
Brills Farm
Couldens Farm
Kitchengarden Shaw
Tennis Court
High Ridge Farm
Little Earls Wood
Foyle Fm.
Sunt Wood
Foyle Tolt
Comforts Cottage
Stafflhurst Wood Nature Reserve
Great Earls Wood
Five Acre Wood
Monks Fm.
Caper's Farm
Kiln Coppice
Sunt Farm
White House Farm
Black Robin's Farm
Partridge Fm.
Grubbs Farm
Butcherswood Bank
Bushey Croft
Caterfield Bridge
Lingfield
St. George's Cotts.
Pound Farm
Church Farm
Crowhurst
Mansionhouse Farm
RH7
Oldhouse Farm
Altar Cottages
Whitehouse Wood
Bombers Farm
Kennels
Galley's Wood
Wintersell Wood
Shingle Barn Farm
Wintersell Farm
Shinglebarn Wood
Oak Pollard
TANDRIDGE
Oxted
HONEYPOT LANE
STAFFHURST WOOD ROAD
MERLE COMMON ROAD
CATERFIELD LANE
CROWHURST LANE
GIBBS BROOK LANE
POPES LANE
GREEN LANE
TANHOUSE ROAD
BROADHAM HILL
CROWHURST VILLAGE ROAD
PARK LANE
MONKS LANE
GRANTS LANE
RED LANE
HOLLAND ROAD
WARREN LANE
SHORT LANE
POLLARDS WOOD ROAD
ITCHINGWOOD COMMON
HURST GREEN ROAD
CHURCH WAY
WOLFS WOOD
A B C D E F G
1 2 3 4 5 6 7 8 9
106
125
146

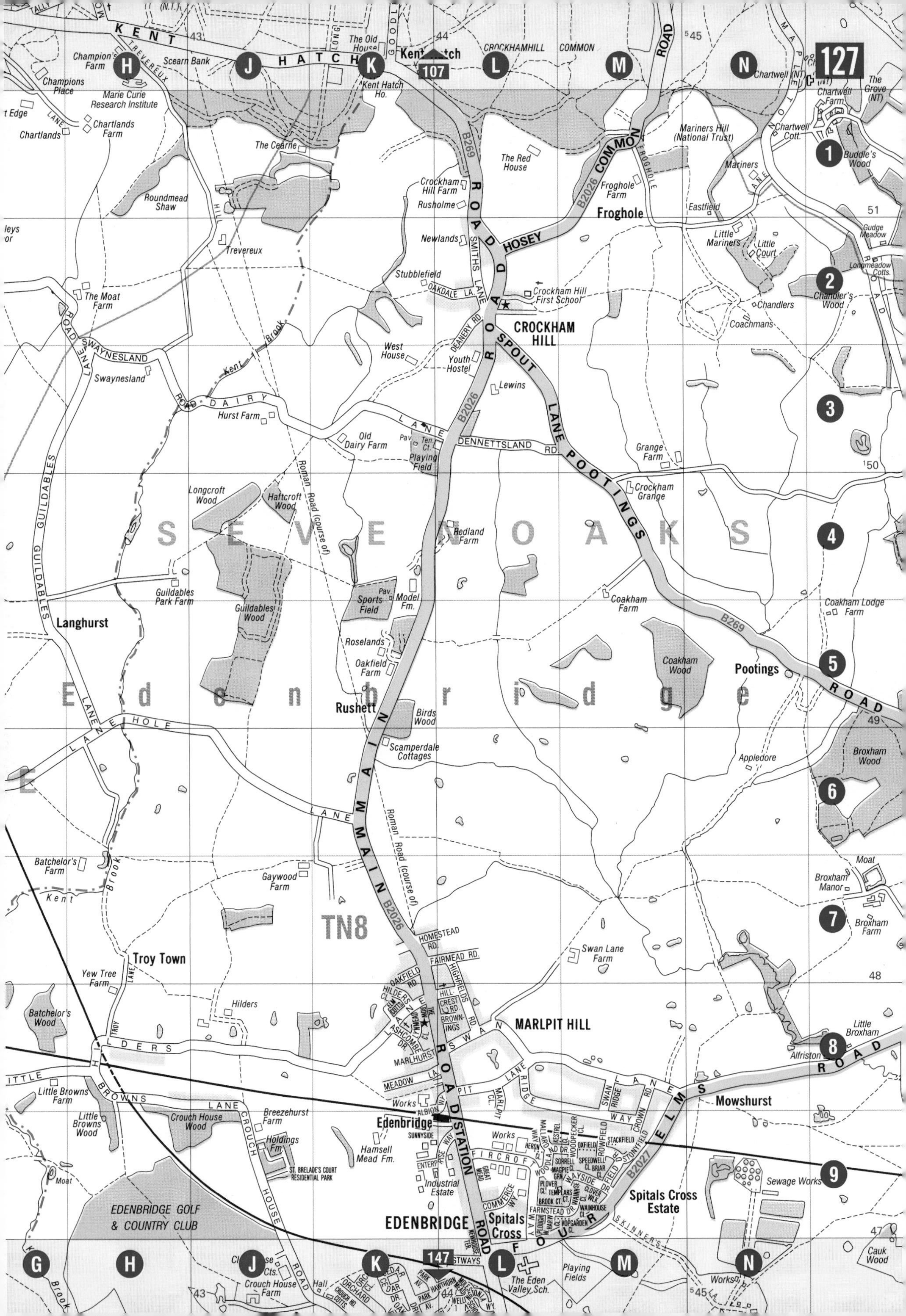
KENT HATCH
Kent Hatch
107
Champion's Farm
Champions Place
Marie Curie Research Institute
Chartlands Farm
Chartlands
Scearn Bank
TREVEREUX
The Old House
CROCKHAMHILL COMMON
Chartwell (NT)
The Grove (NT)
Chartwell Farm
Chartwell Cott.
Kent Hatch Ho.
The Cearne
The Red House
Mariners Hill (National Trust)
Mariners
Buddle's Wood
Roundmead Shaw
Crockham Hill Farm
Rusholme
Froghole Farm
Froghole
Eastfield
Gudge Meadow
Trevereux
Newlands
HOSEY COMMON
Little Mariners
Little Court
Longmeadow Cotts.
Stubblefield
OAKDALE LA.
Crockham Hill First School
Chandler's Wood
Chandlers
Coachmans
The Moat Farm
SWAYNESLAND
Swaynesland
DEANERY RD.
CROCKHAM HILL
West House
Youth Hostel
Lewins
Kent Brook
DAIRY LANE
Hurst Farm
Old Dairy Farm
Pav.
Ten. Ct.
Playing Field
DENNETTSLAND RD.
Grange Farm
SPOUT LANE
POOTINGS
Crockham Grange
Longcroft Wood
Haftcroft Wood
Roman Road (course of)
SEVENOAKS
Redland Farm
GUILDABLES LANE
Guildables Park Farm
Guildables Wood
Sports Field
Model Fm.
Coakham Farm
Coakham Lodge Farm
Langhurst
Roselands
Oakfield Farm
Coakham Wood
Pootings
B269
ROAD
Edenbridge
Rushett
Birds Wood
HOLE LANE
Scamperdale Cottages
Appledore
Broxham Wood
MAIN ROAD
B2026
Batchelor's Farm
Kent Brook
Gaywood Farm
Moat
Broxham Manor
Broxham Farm
TN8
HOMESTEAD RD.
FAIRMEAD RD.
HIGHFIELDS RD.
OAKFIELD RD.
Swan Lane Farm
Troy Town
Yew Tree Farm
Batchelor's Wood
Hilders
HILDERS LANE
ASHCOMBE DR.
MARLHURST
MARLPIT HILL
SWAN LANE
Little Broxham
Alfriston
LITTLE BROWNS LANE
Little Browns Farm
Little Browns Wood
Crouch House Wood
Breezehurst Farm
MEADOW
Works
ALBION
MARLPIT CL.
RIDGE
SWAN RIDGE
CROWN RD.
ELMS ROAD
Mowshurst
Edenbridge
SUNNYSIDE
Holdings Fm.
Hamsell Mead Fm.
STATION ROAD
FIRCROFT
MALLARD WAY
HERON
WOODPECKER CL.
OXFIELD
STACKFIELD
STONYFIELD
ROWFIELD
SPEEDWELL CL.
BRIAR
WAYSIDE
CLOVER WLK.
B2027
Sewage Works
ST. BRELADE'S COURT RESIDENTIAL PARK
Industrial Estate
COMMERCE WY.
FARMSTEAD DR.
WAINHOUSE CL.
HOPGARDEN CL.
Spitals Cross Estate
EDENBRIDGE GOLF & COUNTRY CLUB
CROUCH HOUSE ROAD
EDENBRIDGE
Spitals Cross
FOUR ELMS
SKINNERS
147
STWAYS
Crouch House Farm
Crouch House Cts.
Hall
The Eden Valley Sch.
Playing Fields
Works
Cauk Wood
Brook
G H J K L M N

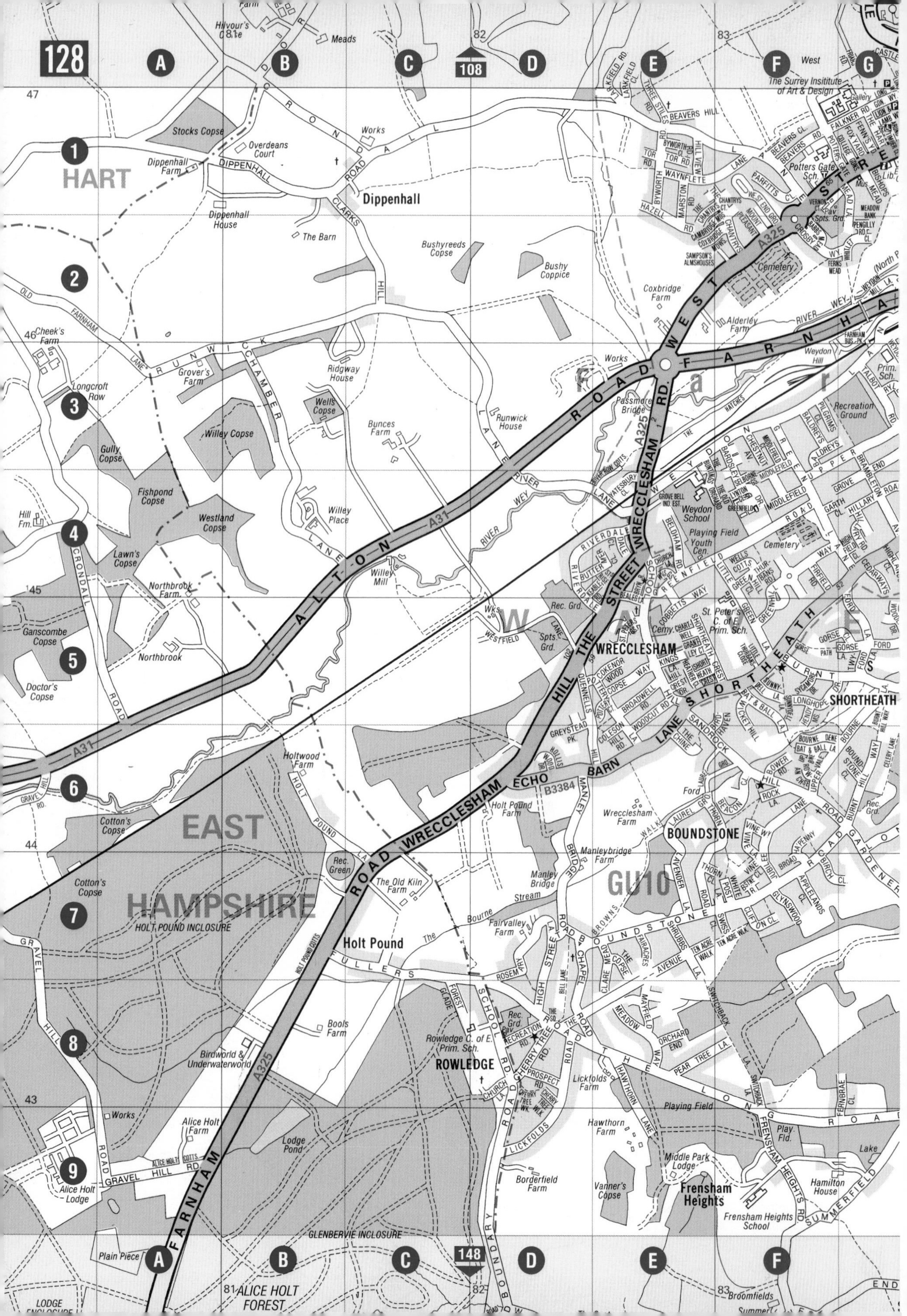
108
148
A
B
C
D
E
F
G
1
2
3
4
5
6
7
8
9
HART
EAST
HAMPSHIRE
GU10
Dippenhall
Dippenhall Farm
Dippenhall House
Stocks Copse
Overdeans Court
Works
The Barn
Bushyreeds Copse
Bushy Coppice
Cheek's Farm
Longcroft Row
Grover's Farm
Ridgway House
Wells Copse
Willey Copse
Bunces Farm
Runwick House
Gully Copse
Fishpond Copse
Westland Copse
Willey Place
Willey Mill
Hill Fm.
Lawn's Copse
Northbrook Farm
Northbrook
Ganscombe Copse
Doctor's Copse
Holtwood Farm
Cotton's Copse
Holt Pound Farm
Wrecclesham Farm
Manleybridge Farm
Manley Bridge
Rec. Green
The Old Kiln Farm
HOLT POUND INCLOSURE
Holt Pound
Fairvalley Farm
Bools Farm
Birdworld & Underwaterworld
Rowledge C. of E. Prim. Sch.
ROWLEDGE
Lickfolds Farm
Hawthorn Farm
Playing Field
Alice Holt Farm
Lodge Pond
Borderfield Farm
Vanner's Copse
Middle Park Lodge
Frensham Heights
Frensham Heights School
Hamilton House
Lake
Alice Holt Lodge
Plain Piece
GLENBERVIE INCLOSURE
ALICE HOLT FOREST
LODGE ENCLOSURE
Broomfields
Hilvour's Cotts
Meads
West
The Surrey Institute of Art & Design
Gallery
Potters Gate Sch.
Mus.
Cemetery
SAMPSON'S ALMSHOUSES
Coxbridge Farm
Alderley Farm
Weydon Hill
Prim. Sch.
Recreation Ground
Passmore Bridge
Weydon School
Playing Field
Youth Cen.
Rec. Grd.
Spts. Grd.
WRECCLESHAM
St. Peter's C. of E. Prim. Sch.
SHORTHEATH
BOUNDSTONE
Ford
Rec. Grd.
ALTON ROAD
A31
A325
B3384
FARNHAM ROAD
WRECCLESHAM ROAD
THE STREET
WRECCLESHAM HILL
ECHO BARN LANE
SHORTHEATH ROAD
BOUNDSTONE ROAD
FRENSHAM ROAD
LONG THE ROAD
GRAVEL HILL ROAD
CRONDALL ROAD
RUNWICK LANE
CHAMBER LANE
CLARKS HILL
DIPPENHALL ROAD
BEAVERS HILL
WEST STREET
BOUNDARY ROAD
SCHOOL ROAD
RIVER WEY
GRAVEL HILL RD.
OLD FARNHAM LANE
FULLERS ROAD
HOLT POUND LANE
43
44
45
46
47
81
82
83

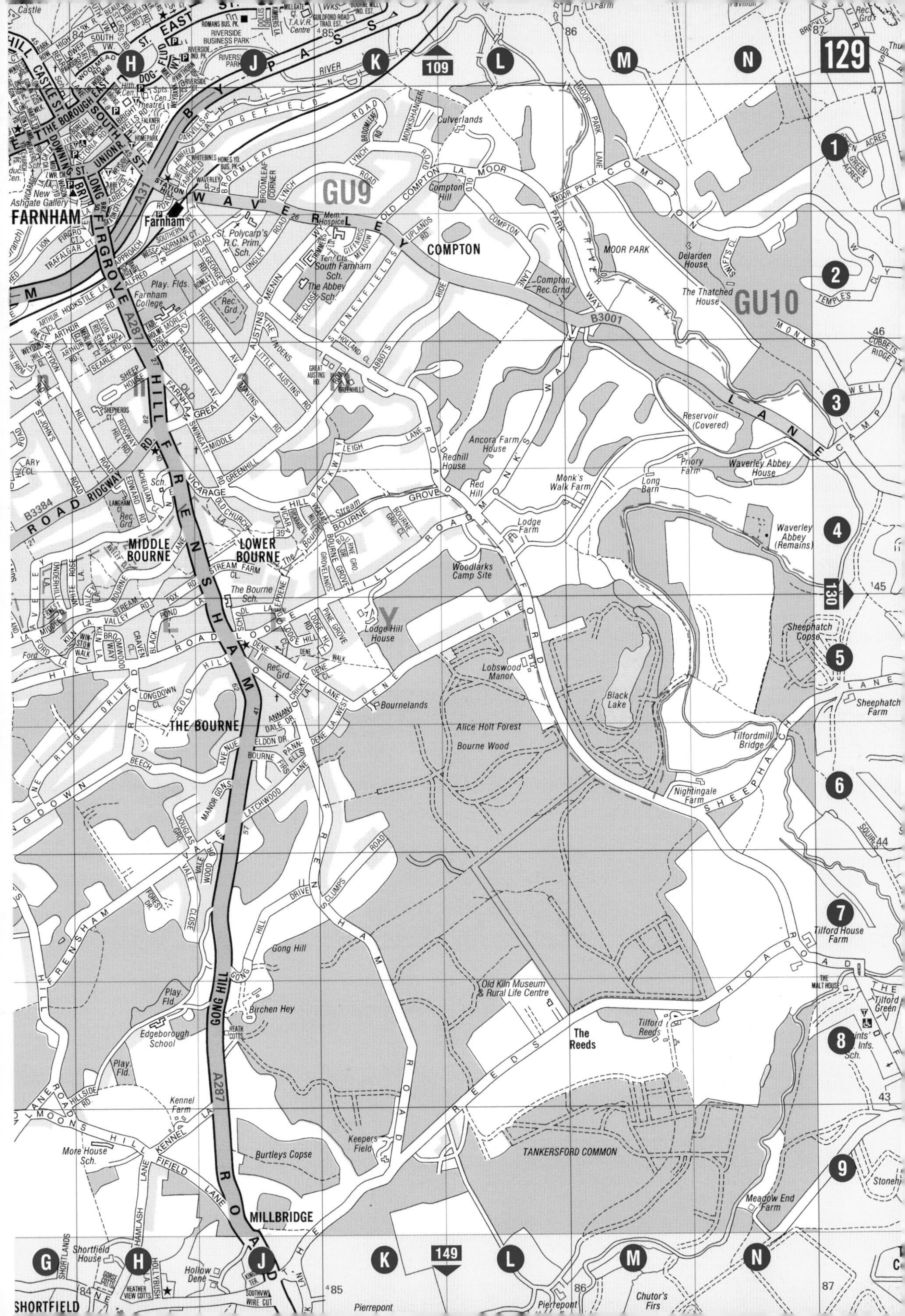
129
109
130
149
FARNHAM
Farnham
GU9
GU10
COMPTON
MOOR PARK
MIDDLE BOURNE
LOWER BOURNE
THE BOURNE
MILLBRIDGE
SHORTFIELD
The Reeds
TANKERSFORD COMMON
Alice Holt Forest
Bourne Wood
Black Lake
Lobswood Manor
Gong Hill
Birchen Hey
Burtleys Copse
Keepers Field
Kennel Farm
More House Sch.
Edgeborough School
Old Kiln Museum & Rural Life Centre
Tilford Reeds
Tilford Green
Tilford House Farm
Meadow End Farm
Nightingale Farm
Tilfordmill Bridge
Sheephatch Farm
Sheephatch Copse
Waverley Abbey (Remains)
Waverley Abbey House
Priory Farm
Long Barn
Reservoir (Covered)
Monk's Walk Farm
Lodge Farm
Redhill House
Red Hill
Ancora Farm House
Woodlarks Camp Site
Lodge Hill House
Bournelands
The Bourne Sch.
Delarden House
The Thatched House
Compton Hill
Compton Rec. Grnd
Culverlands
Mem. Hospice
South Farnham Sch.
The Abbey Sch.
St. Polycarp's R.C. Prim. Sch.
Farnham College
New Ashgate Gallery
Riverside Business Park
Shortfield House
Hollow Dene
Pierrepont
Chutor's Firs
WAVERLEY LANE
FIRGROVE HILL
FRENSHAM ROAD
B3001
A287
A31
B3384
RIDGWAY ROAD
TILFORD ROAD
REEDS ROAD
SHEEPHATCH LANE
COMPTON WAY
MOOR PARK LANE
RIVER WEY
MONKS WALK
CAMP HILL
BOURNE GROVE
GREENHILL
LODGE HILL ROAD
DENE LANE
BEECH AVENUE
LONGDOWN
GONG HILL
FIFIELD LANE
MOONS HILL

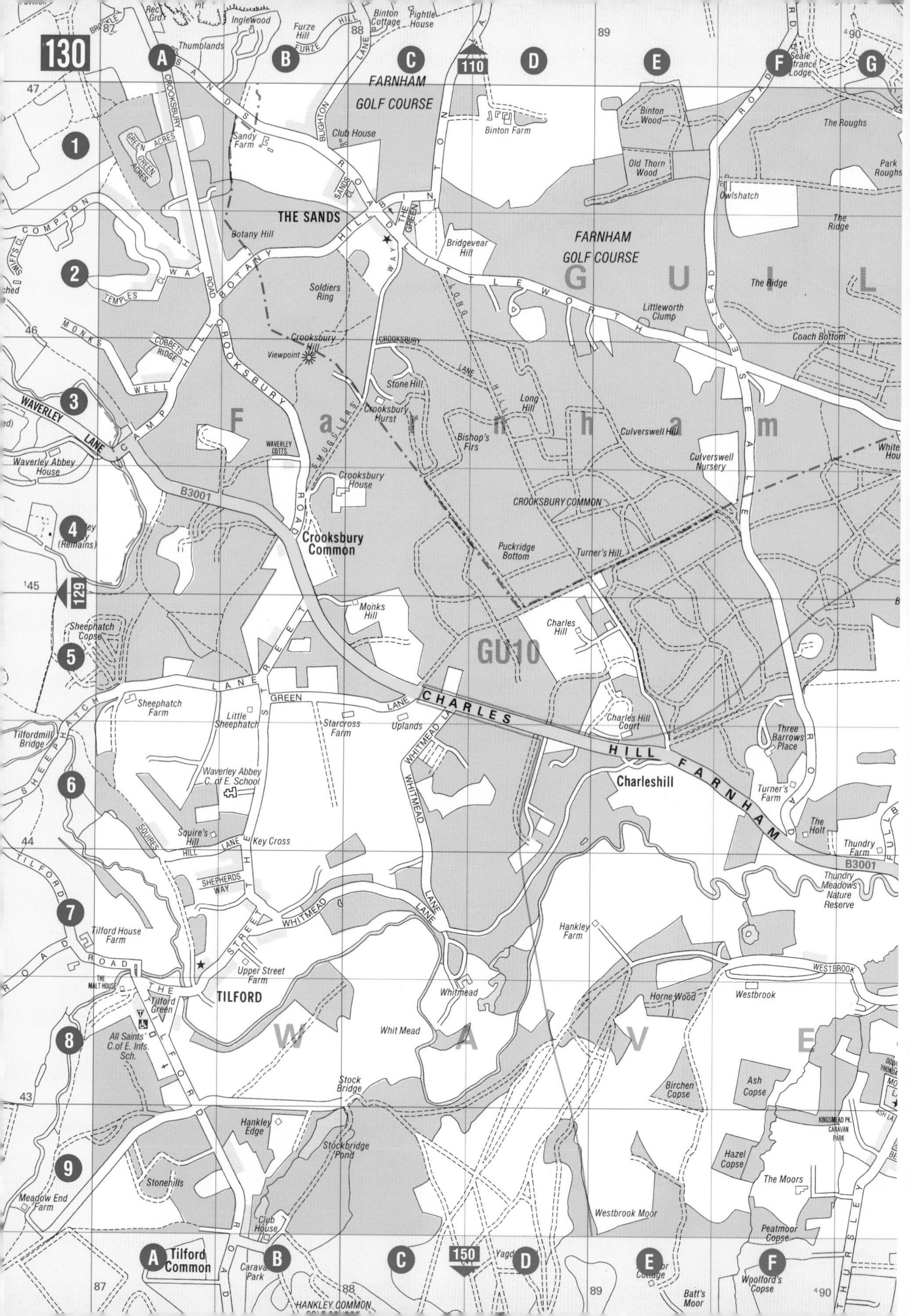

FARNHAM GOLF COURSE
THE SANDS
Botany Hill
Soldiers Ring
Crooksbury Hill
Viewpoint
Stone Hill
Crooksbury Hurst
Long Hill
Bishop's Firs
Culverswell Hill
Culverswell Nursery
CROOKSBURY COMMON
Crooksbury House
Crooksbury Common
Puckridge Bottom
Turner's Hill
Monks Hill
Charles Hill
GU10
Charles Hill Court
Charleshill
CHARLES HILL FARNHAM
B3001
Sheephatch Copse
Sheephatch Farm
Little Sheephatch
Starcross Farm
Uplands
Waverley Abbey C. of E. School
Squire's Hill
Key Cross
SHEPHERDS WAY
Tilford House Farm
Upper Street Farm
TILFORD
Tilford Green
THE MALT HOUSE
All Saints' C.of E. Infs. Sch.
Whit Mead
Whitmead
Hankley Farm
Stock Bridge
Hankley Edge
Stockbridge Pond
Stonehills
Meadow End Farm
Club House
Tilford Common
Caravan Park
HANKLEY COMMON
Westbrook Moor
Westbrook
Horne Wood
Birchen Copse
Ash Copse
Hazel Copse
The Moors
KINGSMEAD PK. CARAVAN PARK
Peatmoor Copse
Woolford's Copse
Batt's Moor
Thundry Farm
Thundry Meadows Nature Reserve
The Holt
Turner's Farm
Three Barrows Place
Coach Bottom
Littleworth Clump
The Ridge
Owlshatch
Park Roughs
The Roughs
Old Thorn Wood
Binton Wood
Binton Farm
Seale Entrance Lodge
Bridgevear Hill
Sandy Farm
GREEN ACRES
Thumblands
Inglewood
Furze Hill
Binton Cottage
Pightle House
Rec. Grd.
Waverley Abbey House
WAVERLEY LANE
WAVERLEY COTTS.
Tilfordmill Bridge
COBBETS RIDGE
MONKS WELL
TEMPLE'S CL.
COMPTON
SWIFT'S CL.
CROOKSBURY ROAD
BOTANY HILL
SMUGGLERS WAY
LITTLEWORTH
ELSTEAD ROAD
SEALE
WHITMEAD LANE
GREEN LANE
TILFORD STREET
TILFORD ROAD
SQUIRES HILL LANE
SHEEPHATCH LANE
WESTBROOK
BLIGHTON LANE
SANDS CL.
THE SANDS ROAD
THE GREEN
THURSLEY
CROOKSBURY LANE
LONG HILL
A B C D E F G
1 2 3 4 5 6 7 8 9
110
129
150
87 88 89 90
43 44 45 46 47

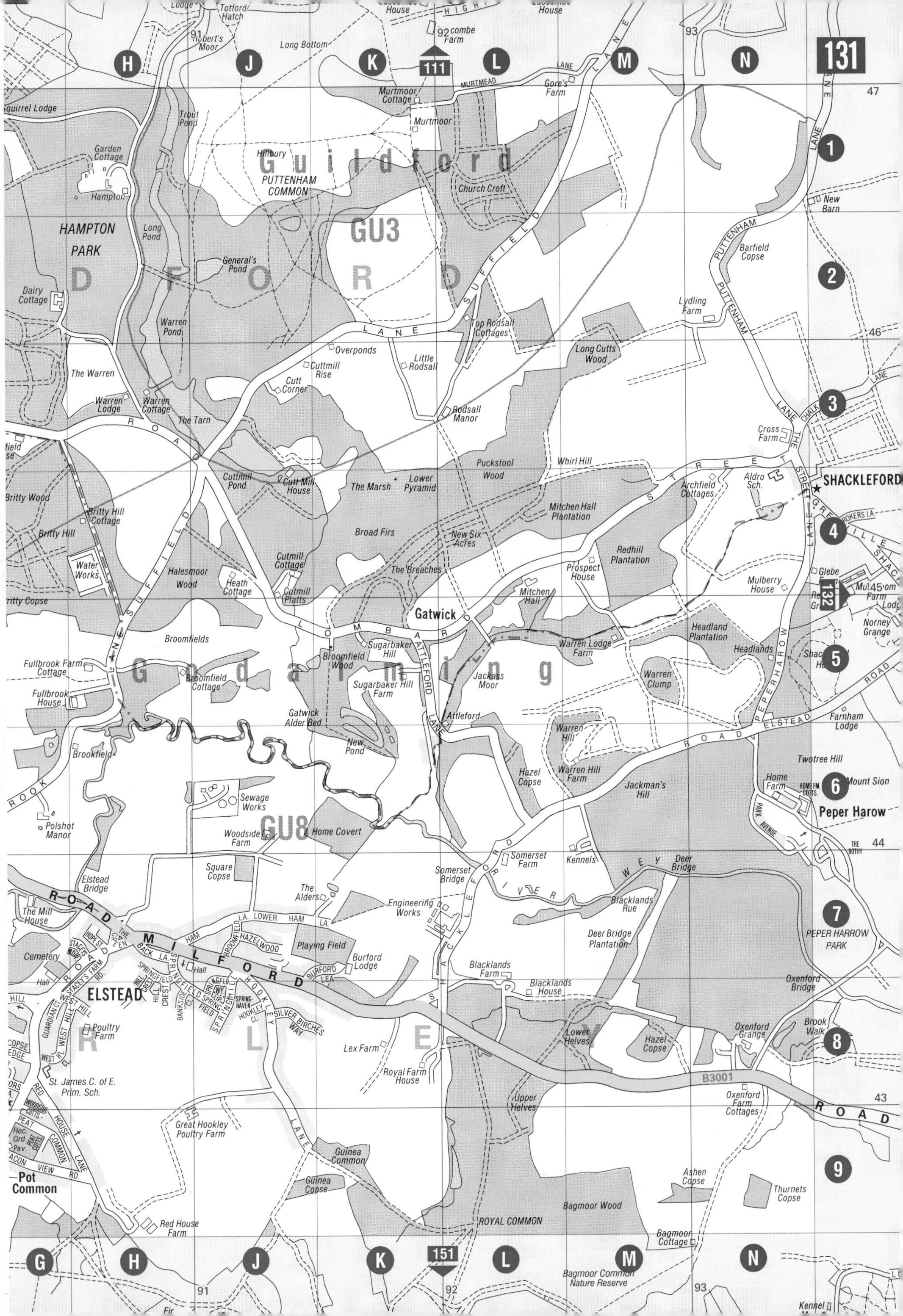
Totford Hatch
Robert's Moor
Long Bottom
combe Farm
111
Murtmoor Cottage
Murtmoor
MURTMEAD LANE
Gore's Farm
Squirrel Lodge
Trout Pond
Garden Cottage
Hampton
Hillbury
PUTTENHAM COMMON
Guildford
Church Croft
GU3
HAMPTON PARK
Long Pond
General's Pond
Dairy Cottage
D O R D
Warren Pond
SUFFIELD LANE
Top Rodsall Cottages
Lydling Farm
PUTTENHAM LANE
Barfield Copse
New Barn
Overponds
Cuttmill Rise
Cutt Corner
Little Rodsall
Long Cutts Wood
The Warren
Warren Lodge
Warren Cottage
The Tarn
ROAD
Rodsall Manor
CHALK LANE
Cross Farm
Puckstool Wood
Whirl Hill
THE STREET
Aldro Sch.
Archfield Cottages
SHACKLEFORD
Britty Wood
Cuttmill Pond
Cutt Mill House
The Marsh
Lower Pyramid
Mitchen Hall Plantation
Britty Hill Cottage
Britty Hill
Broad Firs
New Six Acres
Redhill Plantation
Water Works
Cutmill Cottage
The Breaches
Prospect House
Glebe
Mulberry House
132
Norney Grange
Halesmoor Wood
Heath Cottage
Cutmill Platts
Gatwick
LOMBARD
Mitchen Hall
Broomfields
Sugarbaker Hill
Broomfield Wood
Warren Lodge Farm
Headland Plantation
Headlands
Fullbrook Farm Cottage
Godalming
Broomfield Cottage
Sugarbaker Hill Farm
ATTLEFORD LANE
Jackass Moor
Warren Clump
Fullbrook House
Gatwick Alder Bed
Attleford
ELSTEAD ROAD
Farnham Lodge
Brookfield
New Pond
Warren Hill
Warren Hill Farm
Hazel Copse
Twotree Hill
Home Farm
HOME FM. COTTS.
Mount Sion
Peper Harow
PEPERHAROW
PARK AVENUE
Sewage Works
Jackman's Hill
Polshot Manor
GU8
Home Covert
Woodside Farm
THE BOTHY
Square Copse
Somerset Farm
Kennels
Deer Bridge
Somerset Bridge
RIVER WEY
Elstead Bridge
The Alders
Blacklands Rue
The Mill House
MILFORD ROAD
Engineering Works
LOWER HAM LA.
HAZELWOOD
Playing Field
Deer Bridge Plantation
PEPER HARROW PARK
SHACKLEFORD
Cemetery
BACK LA.
Hall
Burford Lodge
BURFORD LEA
Blacklands Farm
Blacklands House
Oxenford Bridge
ELSTEAD
Poultry Farm
SILVER BIRCHES WAY
Lower Helves
Hazel Copse
Oxenford Grange
Brook Walk
Lex Farm
Royal Farm House
B3001
St. James C. of E. Prim. Sch.
Upper Helves
Oxenford Farm Cottages
ROAD
Great Hookley Poultry Farm
RED HOUSE LANE
Guinea Common
Pot Common
Guinea Copse
Ashen Copse
Thurnets Copse
Bagmoor Wood
Red House Farm
ROYAL COMMON
Bagmoor Cottage
151
Bagmoor Common Nature Reserve
Kennel
G H J K L M N
1 2 3 4 5 6 7 8 9
91 92 93
43 44 45 46 47

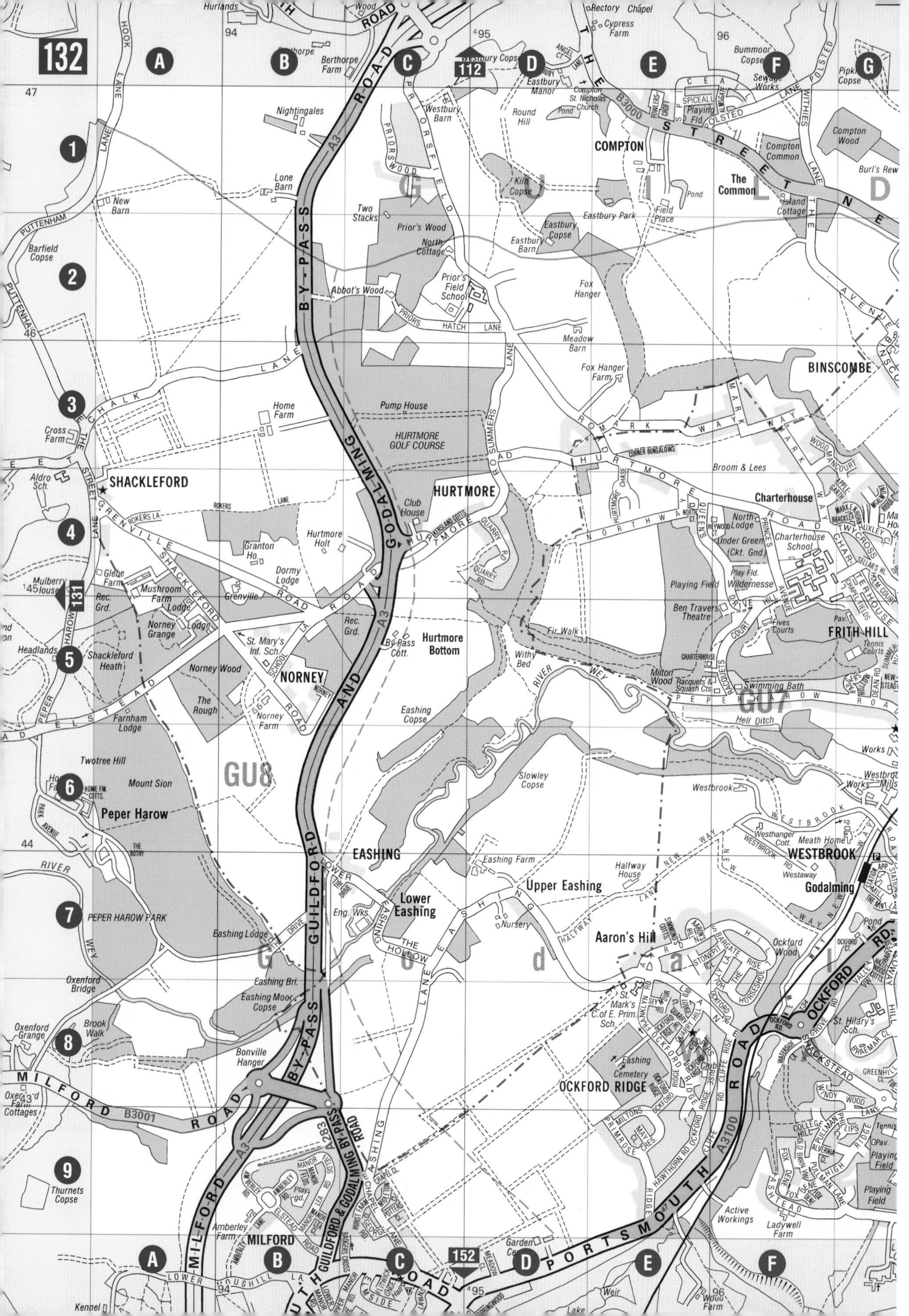

SHACKLEFORD
COMPTON
HURTMORE
NORNEY
EASHING
Lower Eashing
Upper Eashing
Aaron's Hill
OCKFORD RIDGE
WESTBROOK
Godalming
FRITH HILL
Charterhouse
BINSCOMBE
MILFORD
Peper Harow
PEPER HAROW PARK
HURTMORE GOLF COURSE
Hurtmore Bottom
The Common
Compton Common
Compton Wood
Prior's Wood
Prior's Field School
Abbot's Wood
Two Stacks
Lone Barn
New Barn
Nightingales
Westbury Barn
Round Hill
Eastbury Manor
Compton St. Nicholas Church
Eastbury Park
Eastbury Copse
Eastbury Barn
Kiln Copse
Field Place
Island Cottage
Fox Hanger
Meadow Barn
Fox Hanger Farm
Pump House
Home Farm
Cross Farm
Aldro Sch.
Granton Ho.
Hurtmore Holt
Dormy Lodge
Grenville
Glebe Farm
Mushroom Farm
Norney Grange
Norney Wood
The Rough
Norney Farm
Shackleford Heath
Farnham Lodge
Twotree Hill
Mount Sion
Headlands
Eashing Copse
Slowley Copse
Eashing Farm
Halfway House
Eashing Lodge
Eashing Moor Copse
Eashing Bri.
Oxenford Bridge
Oxenford Grange
Brook Walk
Bonville Hanger
Thurnets Copse
Amberley Farm
Withy Bed
Fir Walk
Milton Wood
Ben Travers Theatre
Playing Field
Broom & Lees
Westbrook
Westhanger Cott.
Meath Home
Westaway
Ockford Wood
St. Mark's C.of E. Prim. Sch.
Eashing Cemetery
St. Hilary's Sch.
Active Workings
Ladywell Farm
Berthorpe Farm
Hurlands
Rectory
Chapel
Cypress Farm
Bummoor Copse
Sewage Works
Pipkin Copse
Burl's Rew
Barfield Copse
Kennel
Weir
Lake
Wood Farm
A3
A283
A3100
B3000
B3001
GU7
GU8
GUILDFORD AND GODALMING BY-PASS
PORTSMOUTH ROAD
MILFORD ROAD
THE STREET
HURTMORE ROAD
PEPER HAROW ROAD
OCKFORD RD.
112
131
152

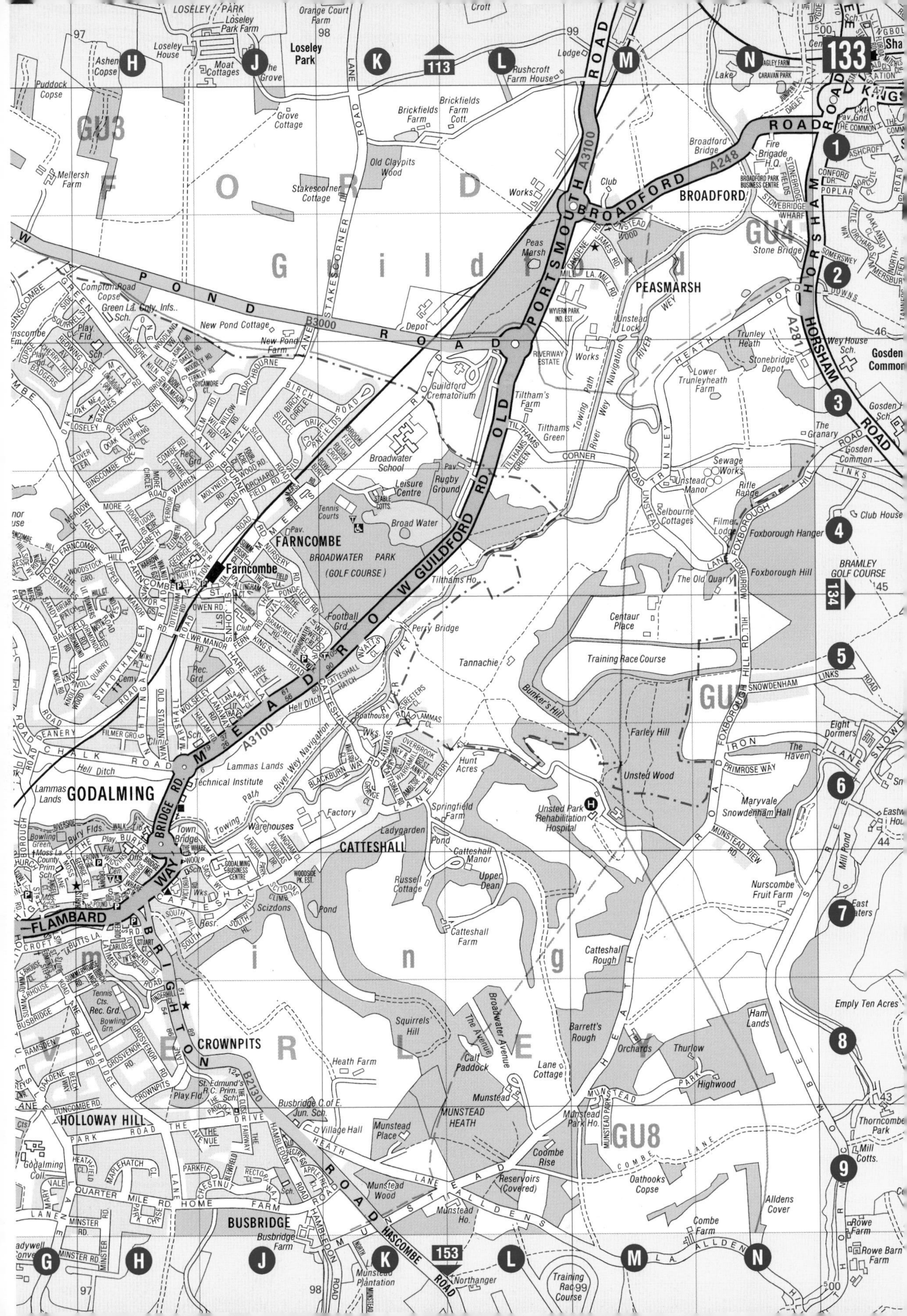
113
134
153
GU3
GU4
GU7
GU8
Loseley Park
Loseley House
Loseley Park Farm
Orange Court Farm
Moat Cottages
The Grove
Ashen Copse
Puddock Copse
Rushcroft Farm House
Lodge
Lake
Dagley Farm
Caravan Park
Grove Cottage
Brickfields Farm
Brickfields Farm Cott.
Old Claypits Wood
Stakescorner Cottage
Mellersh Farm
Works
Club
BROADFORD
Broadford Bridge
Fire Brigade H.Q.
Broadford Park Business Centre
Stone Bridge
Peas Marsh
PEASMARSH
Wyvern Park Ind. Est.
Riverway Estate
Unstead Lock
Trunley Heath
Wey House Sch.
Gosden Common
Stonebridge Depot
Lower Trunleyheath Farm
Gosden House Sch.
The Granary
Guildford Crematorium
Tiltham's Farm
Tilthams Green
Sewage Works
Unstead Manor
Rifle Range
Selbourne Cottages
Filmer Lodge
Club House
Foxborough Hanger
BRAMLEY GOLF COURSE
Foxborough Hill
The Old Quarry
Centaur Place
Training Race Course
Tannachie
Bunker's Hill
Farley Hill
Unsted Wood
Unsted Park Rehabilitation Hospital
Eight Dormers
The Haven
Maryvale
Snowdenham Hall
Nurscombe Fruit Farm
Mill Pond
East Waters
Compton Road Copse
Green La. Cnty. Infs. Sch.
New Pond Cottage
New Pond Farm
Depot
Play Fld.
Sch.
Broadwater School
Leisure Centre
Rugby Ground
Stable Cotts.
Tennis Courts
Broad Water
FARNCOMBE
BROADWATER PARK (GOLF COURSE)
Farncombe
Football Grd.
Tilthams Ho.
Perry Bridge
Rec. Grd.
Cemy
Club
Hell Ditch
Lammas Lands
Technical Institute
GODALMING
Towing Path
River Wey Navigation
Boathouse
Wks.
Hunt Acres
Springfield Farm
Factory
Warehouses
Ladygarden
Pond
Town Bridge
CATTESHALL
Catteshall Manor
Upper Dean
Russell Cottage
Godalming Business Centre
Woodside Pk. Est.
Scizdons
Pond
Catteshall Farm
Catteshal Rough
Bowling Green
Moss La. County Prim. Sch.
Lib.
Play Fld.
Tennis Cts.
Rec. Grd.
Bowling Grn.
Squirrels Hill
Broadwater Avenue
The Avenue
Barrett's Rough
Orchards
Thurlow
Highwood
Ham Lands
Empty Ten Acres
CROWNPITS
Heath Farm
Calf Paddock
Lane Cottage
St. Edmund's R.C. Prim. Sch.
Play Fld.
Busbridge C.of E. Jun. Sch.
Village Hall
Munstead
MUNSTEAD HEATH
Munstead Place
Munstead Park Ho.
Coombe Rise
Thorncombe Park
Mill Cotts.
HOLLOWAY HILL
Godalming Coll.
Munstead Wood
Reservoirs (Covered)
Oathooks Copse
Alldens Cover
Munstead Ho.
BUSBRIDGE
Busbridge Farm
Combe Farm
Rowe Farm
Rowe Barn Farm
Munstead Plantation
Northanger
Training Race Course
Ladywell Convent
PORTSMOUTH ROAD
A3100
OLD PORTSMOUTH RD.
BROADFORD ROAD
A248
HORSHAM ROAD
A281
POND ROAD
B3000
MEADROW
GUILDFORD RD.
BRIDGE RD.
FLAMBARD WAY
BRIGHTON ROAD
B2130
HASCOMBE ROAD
HAMBLEDON ROAD
CATTESHALL LANE
STAKESCORNER ROAD
LOSELEY LANE
TRUNLEY HEATH ROAD
UNSTEAD ROAD
FOXBOROUGH HILL RD.
SNOWDENHAM LINKS ROAD
SNOWDENHAM LANE
IRON ROAD
MUNSTEAD VIEW RD.
MUNSTEAD HEATH
ALLDENS LA.
COMBE LANE
HOME FARM RD.
QUARTER MILE RD.
CROWNPITS LA.
GROSVENOR RD.
BUSBRIDGE LANE
CHALK ROAD
NIGHTINGALE ROAD
FARNCOMBE HILL
BINSCOMBE LANE
NORTHBOURNE
MANOR ROAD
G H J K L M N
1 2 3 4 5 6 7 8 9
97 98 99
43 44 45 46 500

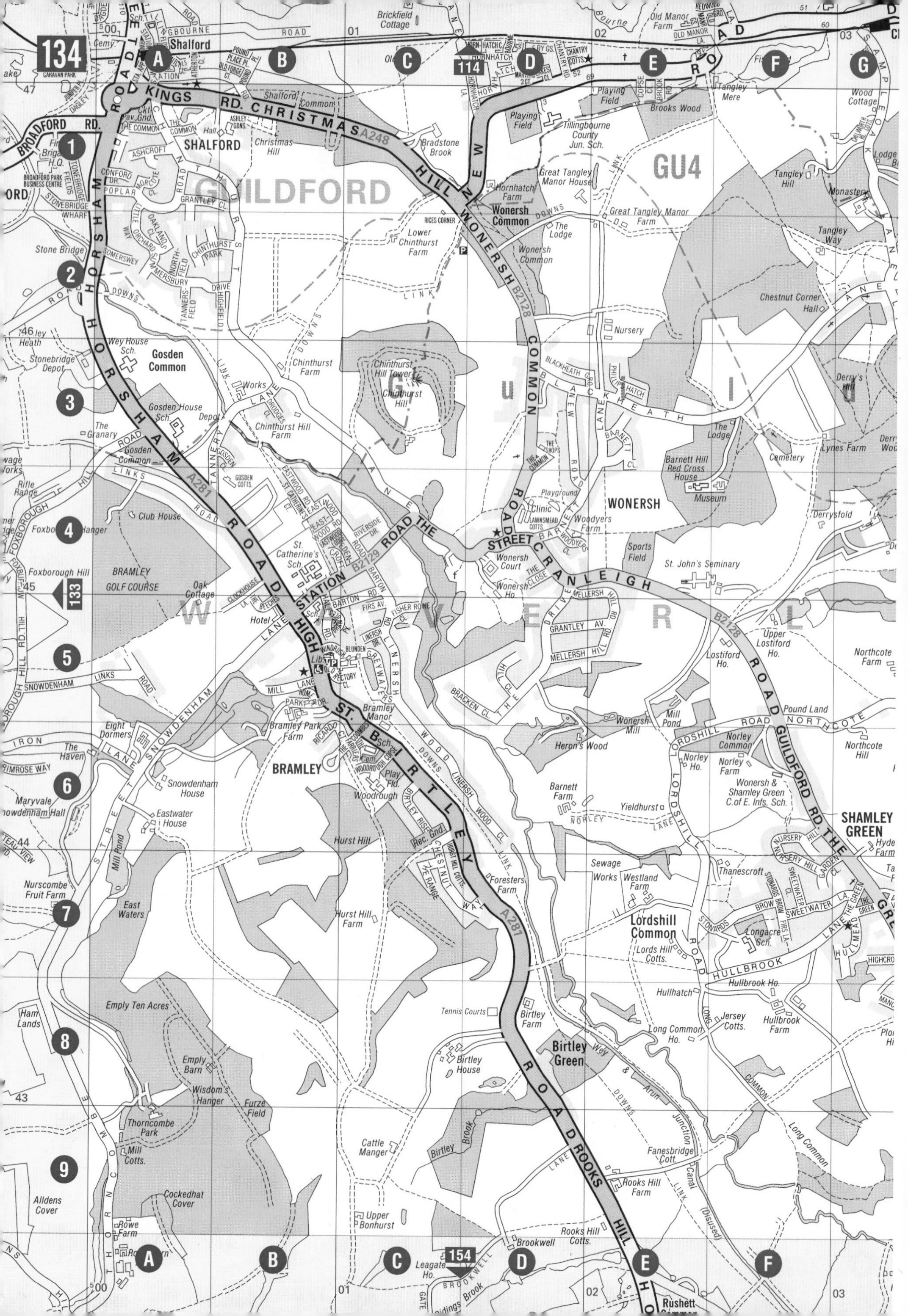
Shalford
Kings Rd.
Christmas Hill
A248
Shalford Common
Shalford
Guildford
Broadford Rd.
Stonebridge Wharf
Broadford Park Business Centre
Stone Bridge
Horsham Road
A281
Christmas Hill
Bradstone Brook
New Rd.
Wonersh Common
Hornhatch Farm
Great Tangley Manor House
Tillingbourne County Jun. Sch.
Playing Field
Brooks Wood
Tangley Mere
Wood Cottage
GU4
Tangley Hill
Monastery
Tangley Way
Great Tangley Manor Farm
The Lodge
Rices Corner
Lower Chinthurst Farm
Wonersh Hill
B2128
Common Road
Chestnut Corner Hall
Nursery
Blackheath
Gosden Common
Wey House Sch.
Stonebridge Depot
Gosden House Sch.
The Granary
Chinthurst Farm
Chinthurst Hill Tower
Chinthurst Hill
Chinthurst Hill Farm
Works
Depot
Derry's Hill
The Lodge
Cemetery
Lynes Farm
Barnett Hill Red Cross House
Museum
Wonersh
Derrysfold
Club House
Foxborough Hill
Bramley Golf Course
Oak Cottage
St. Catherine's Sch.
Station Road
B2129
The Street
Wonersh Court
Wonersh Ho
Cranleigh Road
Sports Field
St. John's Seminary
Hotel
High St.
Bramley Manor
Bramley Park Farm
Bramley
Snowdenham House
Eastwater House
Eight Dormers
The Haven
Maryvale
Snowdenham Hall
Mill Pond
Nurscombe Fruit Farm
East Waters
Upper Lostiford Ho.
Lostiford Ho.
Northcote Farm
Guildford Rd.
Pound Land
Northcote Hill
Norley Common
Norley Ho.
Norley Farm
Wonersh & Shamley Green C.of E. Infs. Sch.
Shamley Green
Hyde Farm
Mill Pond
Wonersh Mill
Heron's Wood
Barnett Farm
Yieldhurst
Woodrough
Hurst Hill
Foresters Farm
Hurst Hill Farm
Sewage Works
Westland Farm
Thanescroft
Lordshill Common
Lords Hill Cotts.
Longacre Sch.
Hullbrook
Hullhatch
Hullbrook Ho.
Hullbrook Farm
Jersey Cotts.
Long Common Ho.
Birtley Green
Birtley Farm
Tennis Courts
Birtley House
Emply Ten Acres
Ham Lands
Emply Barn
Wisdom's Hanger
Furze Field
Thorncombe Park
Mill Cotts.
Alldens Cover
Cockedhat Cover
Rowe Farm
Thorncombe Street
Cattle Manger
Birtley Brook
Upper Bonhurst
Fanesbridge Cott.
Junction Canal (Disused)
Wey & Arun
Long Common
Rooks Hill Farm
Rooks Hill Cotts.
Rooks Hill Road
Brookwell
Leagate Ho.
Rushett
Brickfield Cottage
Old Manor Farm
Bourne
Chantry Cotts
Hornhatch
Sample Oak Lane
133
114
154

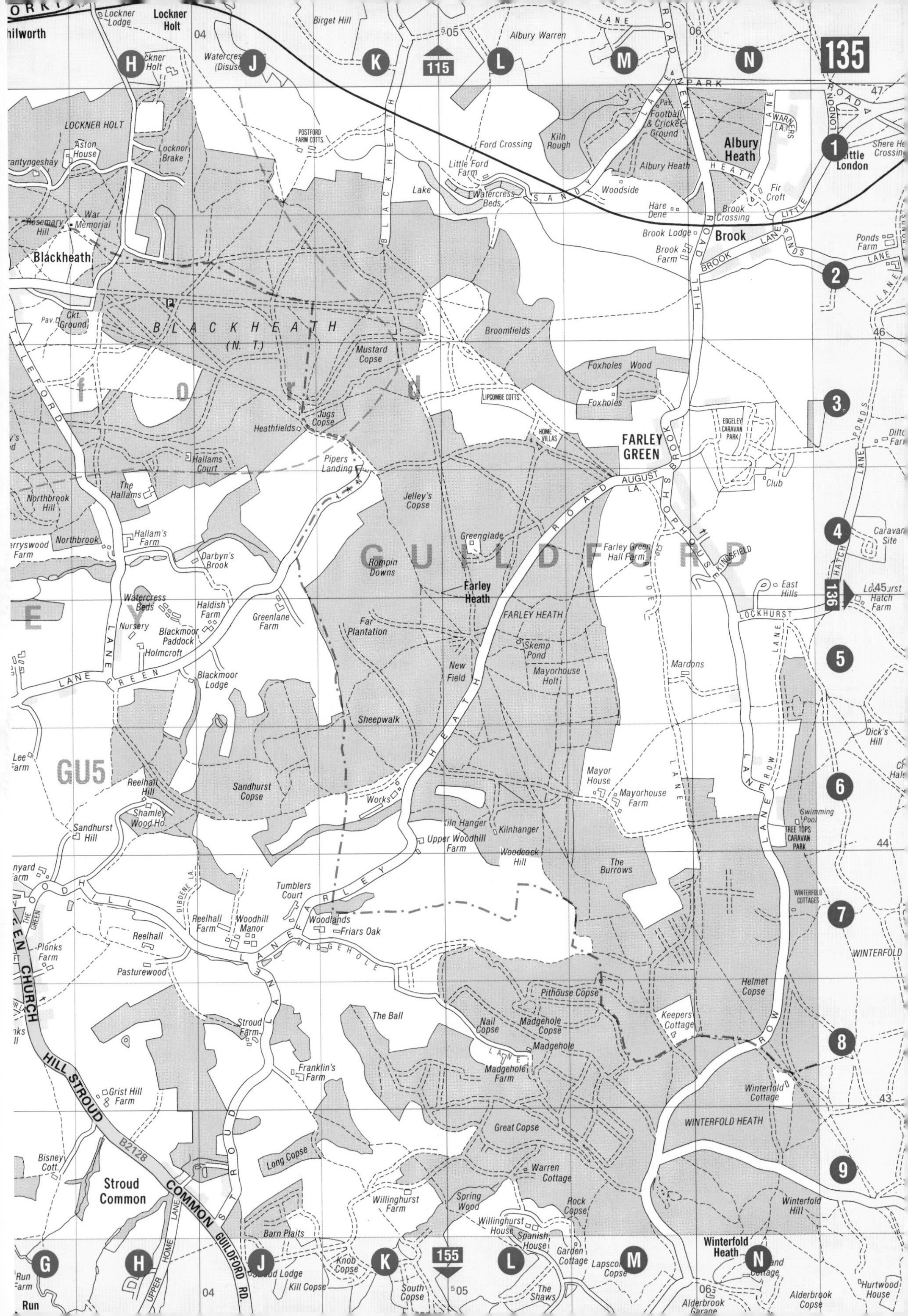

135
Lockner Lodge
Lockner Holt
Chilworth
Birget Hill
Albury Warren
115
155
136
LOCKNER HOLT
Aston House
Locknor Brake
Postford Farm Cotts.
Ford Crossing
Kiln Rough
Park Football & Cricket Ground
Albury Heath
Little London
Shere Heath Crossing
Little Ford Farm
Lake
Watercress Beds
Woodside
Hare Dene
Fir Croft
Brook Crossing
Rosemary Hill
War Memorial
Blackheath
Brook Lodge
Brook
Brook Farm
Ponds Farm
Pav.
Ckt. Ground
BLACKHEATH (N.T.)
Broomfields
Mustard Copse
Foxholes Wood
Foxholes
Lipcombe Cotts
Home Villas
Edgeley Caravan Park
FARLEY GREEN
Jugs Copse
Heathfields
Hallams Court
Pipers Landing
Club
The Hallams
Northbrook Hill
Jelley's Copse
Northbrook
Hallam's Farm
Darbyn's Brook
Greenglade
Farley Green Hall Farm
Caravan Site
Rompin Downs
GUILDFORD
Farley Heath
East Hills
Lockhurst Hatch Farm
Watercress Beds
Haldish Farm
Greenlane Farm
Nursery
Blackmoor Paddock
Holmcroft
Far Plantation
FARLEY HEATH
Skemp Pond
Mayorhouse Holt
Mardons
Blackmoor Lodge
New Field
Sheepwalk
Dick's Hill
Lee Farm
GU5
Reelhall Hill
Sandhurst Copse
Mayor House
Mayorhouse Farm
Shamley Wood Ho.
Works
Swimming Pool
Tree Tops Caravan Park
Sandhurst Hill
Kiln Hanger
Kilnhanger
Upper Woodhill Farm
Woodcock Hill
The Burrows
Tumblers Court
Winterfold Cottages
Reelhall Farm
Woodhill Manor
Woodlands
Friars Oak
Reelhall
Plonks Farm
Pasturewood
Winterfold
Helmet Copse
Pithouse Copse
Stroud Farm
The Ball
Nail Copse
Madgehole Copse
Keepers Cottage
Madgehole
Madgehole Farm
Franklin's Farm
Grist Hill Farm
Winterfold Cottage
Great Copse
Winterfold Heath
Long Copse
Bisney Cott.
Warren Cottage
Stroud Common
Willinghurst Farm
Spring Wood
Rock Copse
Winterfold Hill
Willinghurst House
Spanish House
Garden Cottage
Barn Plaits
Winterfold Heath
Run Farm
Stroud Lodge
Knob Copse
Kill Copse
South Copse
The Shaws
Alderbrook Garage
Alderbrook Copse
Hurtwood House
Run
B2128
COMMON GUILDFORD RD.
HILL STROUD
SANDY LANE
BLACKHEATH LANE
NEW ROAD
BROOK LANE
PONDS LANE
HATCH LANE
LITTLE LONDON ROAD
AUGUST LA.
SHOPHOUSE LANE
KINGSFIELD
LOCKHURST LANE
ROW LANE
FARLEY HEATH ROAD
MADGEHOLE LANE
WOODHILL LANE
GREEN LANE
DIBDENE LA.
UPPER HOME LANE
CHURCH HILL
04
05
06
47
46
45
44
43

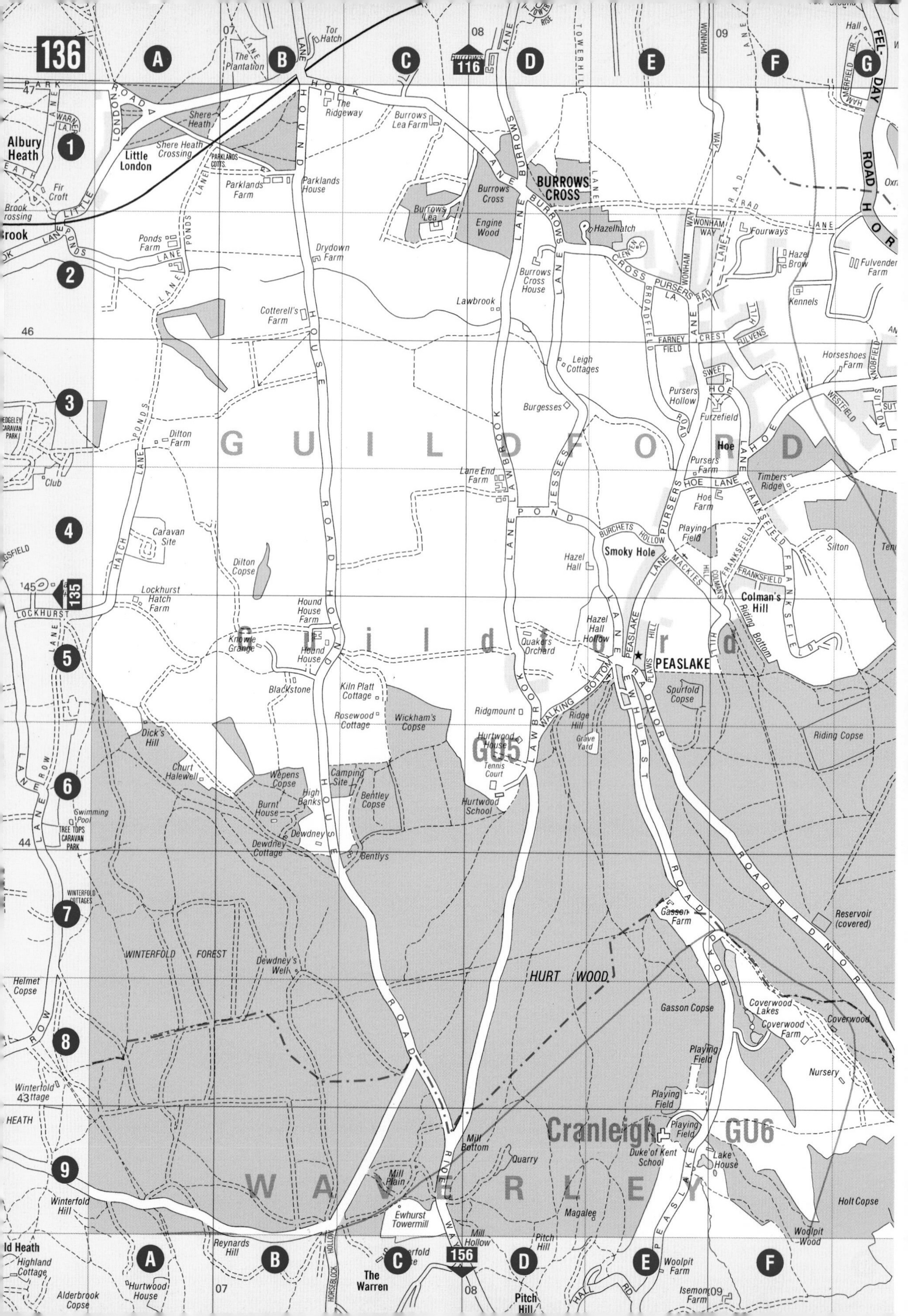

A
B
C
D
E
F
G
1
2
3
4
5
6
7
8
9
07
08
09
46
44
47
116
135
156
Albury Heath
Little London
Shere Heath
Shere Heath Crossing
Parklands Cotts.
Parklands Farm
Parklands House
The Plantation
Tor Hatch
The Ridgeway
Burrows Lea Farm
Burrows Cross
BURROWS CROSS
Burrows Lea
Engine Wood
Hazelhatch
Fir Croft
Brook
Ponds Farm
Drydown Farm
Burrows Cross House
Lawbrook
Cotterell's Farm
Leigh Cottages
Burgesses
Fourways
Hazel Brow
Fulvender Farm
Kennels
Horseshoes Farm
Pursers Hollow
Furzefield
Hoe
Pursers Farm
Timbers Ridge
Hoe Farm
Playing Field
Smoky Hole
Hazel Hall
Silton
Colman's Hill
Riding Bottom
PEASLAKE
Hazel Hall Hollow
Quakers Orchard
Lane End Farm
Dilton Farm
Club
Caravan Site
Dilton Copse
Lockhurst Hatch Farm
Hound House Farm
Knowle Grange
Hound House
Blackstone
Kiln Platt Cottage
Rosewood Cottage
Wickham's Copse
Ridgmount
Ridge Hill
Grave Yard
Spurfold Copse
Riding Copse
Hurtwood House
GU5
Tennis Court
Hurtwood School
Dick's Hill
Churt Halewell
Wepens Copse
Camping Site
High Banks
Bentley Copse
Burnt House
Dewdney
Dewdney Cottage
Bentlys
Swimming Pool
TREE TOPS CARAVAN PARK
WINTERFOLD COTTAGES
WINTERFOLD FOREST
Dewdney's Well
HURT WOOD
Gasson Farm
Reservoir (covered)
Helmet Copse
Gasson Copse
Coverwood Lakes
Coverwood
Coverwood Farm
Nursery
Playing Field
Cranleigh
GU6
Duke of Kent School
Lake House
Mill Bottom
Quarry
Mill Plain
Winterfold Cottage
HEATH
Winterfold Hill
Ewhurst Towermill
Magalee
Holt Copse
Woolpit Wood
Reynards Hill
Mill Hollow
Pitch Hill
Woolpit Farm
Isemonger Farm
Highland Cottage
Hurtwood House
Alderbrook Copse
The Warren
GUILDFORD
Guildford
WAVERLEY
HOUND HOUSE ROAD
LAWBROOK LANE
BURROWS LANE
HOOK LANE
LONDON ROAD
PONDS LANE
HATCH LANE
LOCKHURST LANE
ROW LANE
JESSES LANE
POND LANE
BURCHETS HOLLOW
WALKING BOTTOM
PEASLAKE LANE
RADNOR ROAD
EWHURST ROAD
PEASLAKE ROAD
PURSERS LANE
HOE LANE
MACKIES HILL
FRANKSFIELD
COLMANS HILL
PLAWS HILL
CROSS PURSERS RAD
PURSERS LA.
BROADFIELD
FARNEY FIELD
CREST HILL
FULVENS
SWEET LA.
WONHAM WAY
WONHAM LANE
TOWERHILL
WESTFIELD
KNOBFIELD
SUTTON
HAMMERFIELD DR.
FELDAY ROAD
HORSEBLOCK HOLLOW
HALL RD
WARREN LA.
PARK

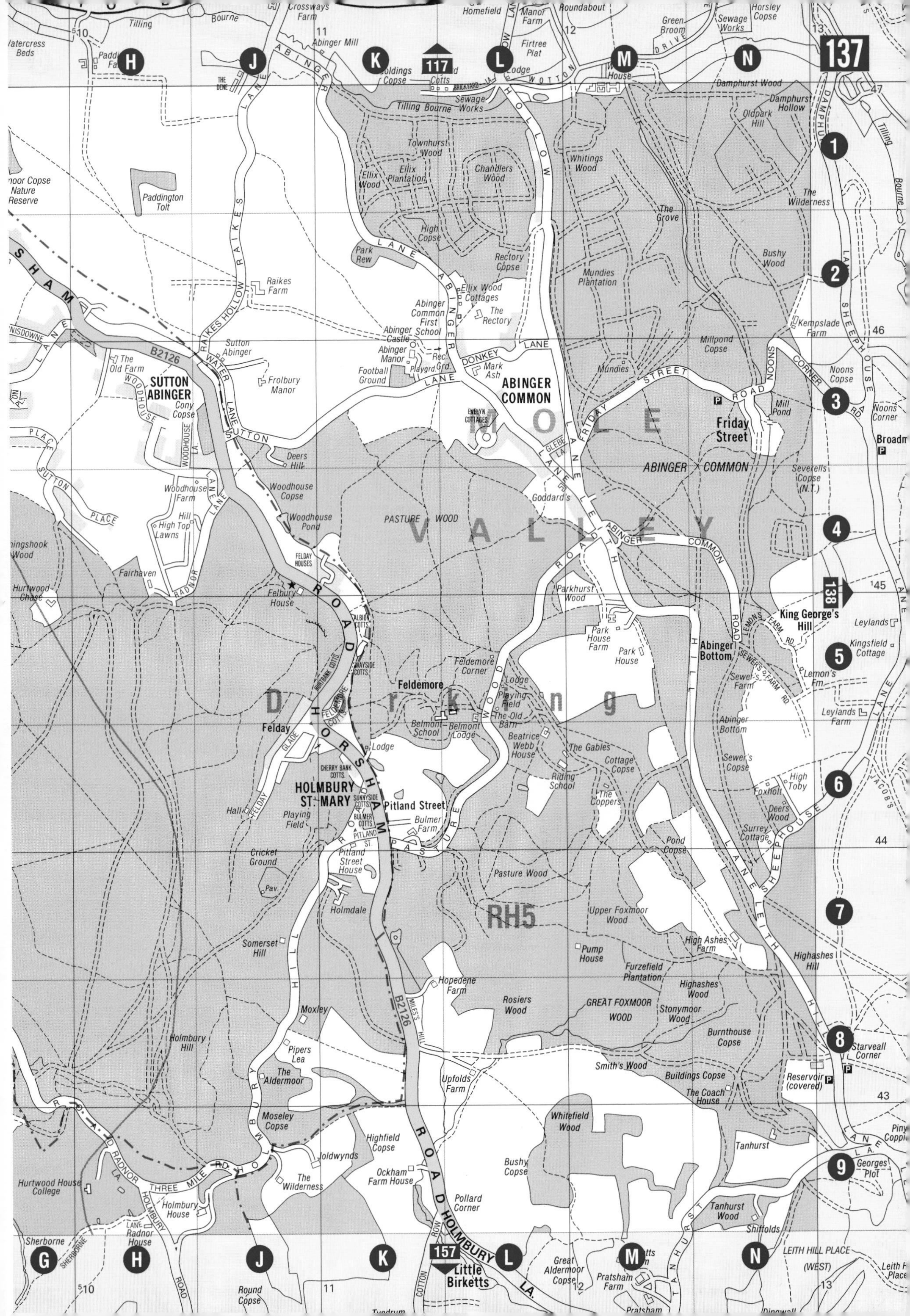
Watercress Beds
Tilling Bourne
Crossways Farm
Abinger Mill
Homefield
Manor Farm
Roundabout
Firtree Plat
Green Broom
Sewage Works
Horsley Copse
Goldings Copse
117
Lodge
WOTTON
Wotton House
DRIVE
Damphurst Wood
Damphurst Hollow
Oldpark Hill
DAMPHURST
Tilling
Bourne
BRICKYARD
Sewage Works
Tilling Bourne
THE DENE
Townhurst Wood
Ellix Wood
Ellix Plantation
Chandlers Wood
Whitings Wood
The Wilderness
The Grove
Paddington Tolt
Nature Reserve
High Copse
Park Rew
Rectory Copse
Bushy Wood
Mundies Plantation
Raikes Farm
RAIKES HOLLOW
RAIKES LANE
HOLLOW LANE
ABINGER LANE
Ellix Wood Cottages
The Rectory
Abinger Common First School
Abinger Castle
Abinger Manor
Rec. Grd.
Playgrd.
Football Ground
DONKEY LANE
Mark Ash
ABINGER COMMON
Kempslade Farm
Millpond Copse
Mundies
FRIDAY STREET
ROAD
NOONS CORNER RD.
Noons Copse
Noons Corner
Mill Pond
Friday Street
Broadm
SHEEPHOUSE LANE
46
NISDOWNE LANE
B2126
WATER LANE
Sutton Abinger
Frolbury Manor
The Old Farm
WOODHOUSE
SUTTON ABINGER
Cony Copse
WOODHOUSE LA.
PLACE
SUTTON
SUTTON LANE
EVELYN COTTAGES
MOLE
GLEBE LA.
ABINGER COMMON
Severells Copse (N.T.)
Deers Hill
Woodhouse Farm
Woodhouse Copse
Goddard's
Hill
High Top Lawns
SUTTON PLACE
Woodhouse Pond
PASTURE WOOD
VALLEY
LEITH
ABINGER COMMON ROAD
Wood
Hurtwood Chase
Fairhaven
RADNOR
FELDAY HOUSES
Felbury House
ALBION COTTS
ROAD
Parkhurst Wood
138
King George's Hill
45
Leylands
LEMON'S FARM RD.
Park House Farm
Park House
Abinger Bottom
SEWER'S FARM RD.
Kingsfield Cottage
Lemon's Fm.
WAYSIDE COTTS
HOLLYBANK COTTS
Feldemore Corner
Feldemore
Lodge
Playing Field
The Old Barn
Dorking
Sewer's Farm
Abinger Bottom
Leylands Farm
Felday
FELDEMORE COTTS
Belmont School
Belmont Lodge
Beatrice Webb House
The Gables
Cottage Copse
Sewer's Copse
GLADE
Lodge
HORSHAM ROAD
CHERRY BANK COTTS
Riding School
High Toby
Foxholt
HOLMBURY ST. MARY
SUNNYSIDE COTTS
Pitland Street
The Coppers
Deers Wood
JACOB'S
Hall
FELDAY
Playing Field
BULMER COTTS
Bulmer Farm
PITLAND ST.
PASTURE
Surrey Cottage
44
Cricket Ground
Pitland Street House
Pond Copse
Pav.
Pasture Wood
Holmdale
RH5
Upper Foxmoor Wood
Somerset Hill
HILL
Pump House
High Ashes Farm
Highashes Hill
Hopedene Farm
B2126
Furzefield Plantation
Highashes Wood
Moxley
MILES'S HILL
Rosiers Wood
GREAT FOXMOOR WOOD
Stonymoor Wood
Holmbury Hill
Burnthouse Copse
Pipers Lea
Starveall Corner
The Aldermoor
Smith's Wood
Buildings Copse
Upfolds Farm
Reservoir (covered)
The Coach House
43
Moseley Copse
Whitefield Wood
Highfield Copse
Piny Coppi
Joldwynds
Tanhurst
Georges Plot
Bushy Copse
Ockham Farm House
The Wilderness
Hurtwood House College
RADNOR
THREE MILE RD.
HOLMBURY
Holmbury House
Pollard Corner
Tanhurst Wood
Shiffolds
TANHURST
LANE
Radnor House
Sherborne
SHERBORNE
LEITH HILL PLACE (WEST)
Leith Hill Place
157
Little Birketts
HOLMBURY LA.
Great Aldermoor Copse
Pratsham Farm
Pratsham
Round Copse
COTTON ROW
ROAD
G
H
J
K
L
M
N
1
2
3
4
5
6
7
8
9
10
11
12
13

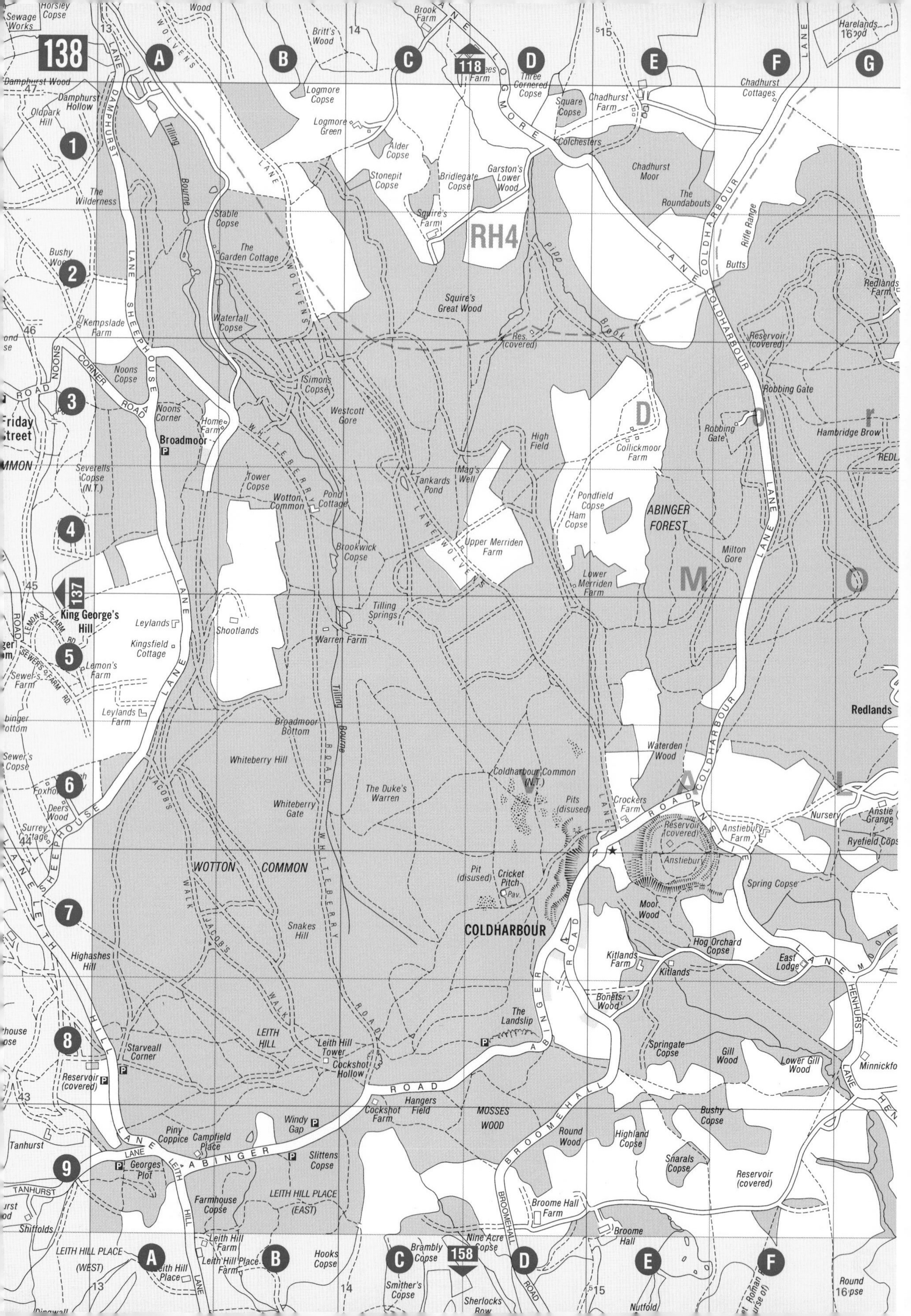
COLDHARBOUR
WOTTON COMMON
ABINGER FOREST
Leith Hill
Leith Hill Tower
Cockshot Hollow
Broadmoor
King George's Hill
Friday Street
Redlands
RH4
Squire's Great Wood
Coldharbour Common (N.T.)
Anstiebury
Abinger Road
Coldharbour Lane
Sheephouse Lane
Broomehall Road
Logmore Lane
Wolvens Lane
Henhurst Lane
Leith Hill Lane
Tilling Bourne
Whiteberry Road
Jacob's Walk
Leith Hill Place
Wotton Common
Tillingbourne
Abinger Lane

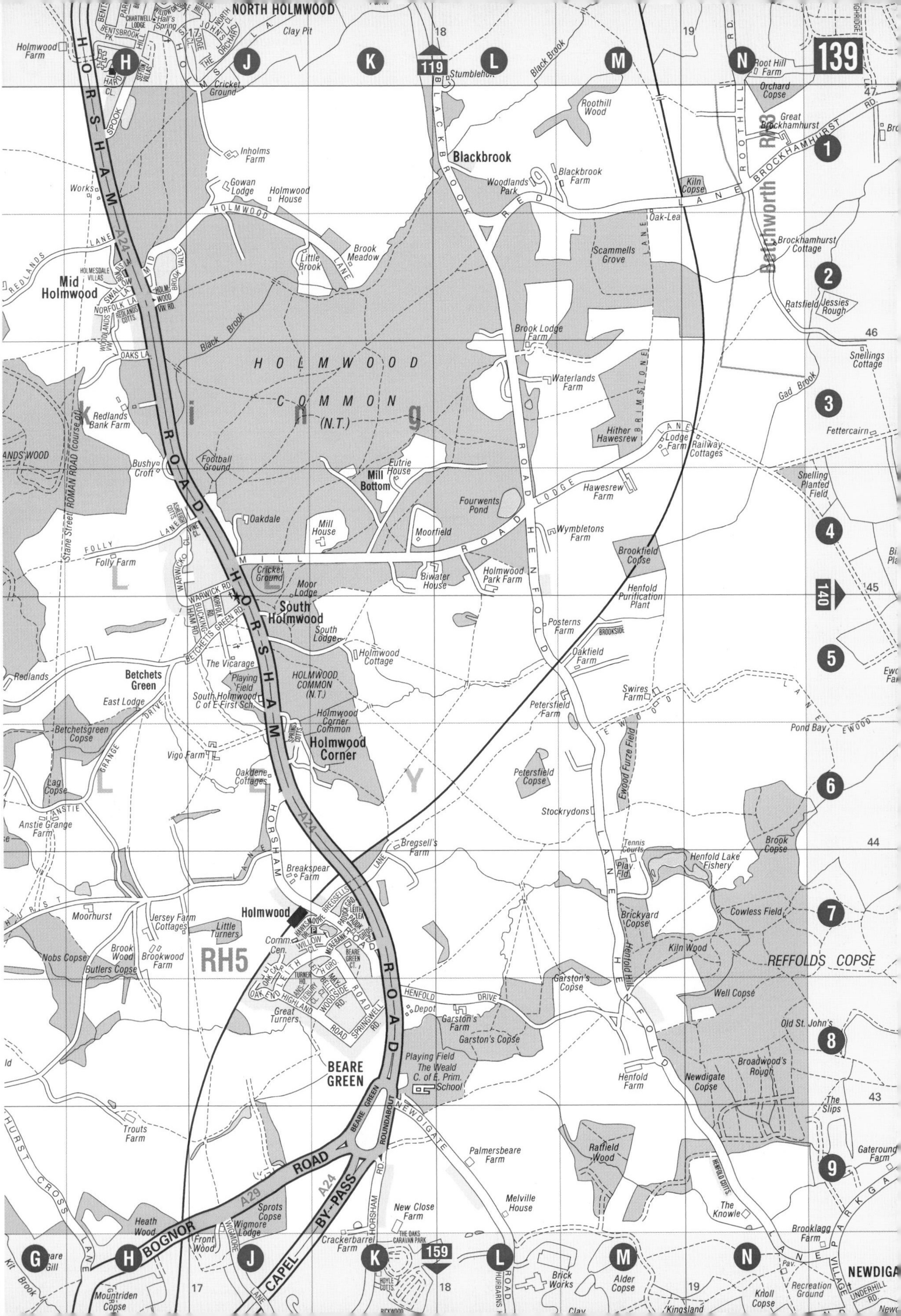
NORTH HOLMWOOD
Holmwood Farm
Clay Pit
Stumblehole
Black Brook
Root Hill Farm
Orchard Copse
Roothill Wood
Great Brockhamhurst
BROCKHAMHURST RD.
Inholms Farm
Blackbrook
Blackbrook Farm
Woodlands Park
Gowan Lodge
Holmwood House
Works
Kiln Copse
Oak-Lea
Brockhamhurst Cottage
Betchworth
Mid Holmwood
Little Brook
Brook Meadow
Scammells Grove
Ratsfield
Jessies Rough
Brook Lodge Farm
HOLMWOOD COMMON (N.T.)
Waterlands Farm
Snellings Cottage
Gad Brook
Redlands Bank Farm
Hither Hawesrew
Lodge Farm
Railway Cottages
Fettercairn
Football Ground
Eutrie House
Mill Bottom
Hawesrew Farm
Snelling Planted Field
Bushy Croft
Fourwents Pond
Oakdale
Mill House
Moorfield
Wymbletons Farm
Folly Farm
MILL ROAD
Cricket Ground
Biwater House
Holmwood Park Farm
Brookfield Copse
Moor Lodge
South Holmwood
Henfold Purification Plant
South Lodge
Posterns Farm
Holmwood Cottage
Oakfield Farm
Redlands
Betchets Green
The Vicarage
Playing Field
HOLMWOOD COMMON (N.T.)
East Lodge
South Holmwood C of E First Sch.
Swires Farm
Petersfield Farm
Holmwood Corner Common
Holmwood Corner
Betchetsgreen Copse
Pond Bay
EWOOD LANE
Vigo Farm
Oakdene Cottages
Petersfield Copse
Lag Copse
Ewood Furze Field
Stockrydons
Anstie Grange Farm
Bregsell's Farm
Brook Copse
Tennis Courts
Henfold Lake Fishery
Breakspear Farm
Moorhurst
Jersey Farm Cottages
Holmwood
Little Turners
Brickyard Copse
Cowless Field
Kiln Wood
REFFOLDS COPSE
Nobs Copse
Brook Wood
Brookwood Farm
Butlers Copse
RH5
Comm. Cen.
Garston's Copse
Well Copse
HENFOLD DRIVE
Depot
Garston's Farm
Great Turners
Garston's Copse
Old St. John's
Playing Field
The Weald C. of E. Prim. School
BEARE GREEN
Henfold Farm
Newdigate Copse
Broadwood's Rough
The Slips
Trouts Farm
Palmersbeare Farm
Rafield Wood
Gateround Farm
HORSHAM ROAD
A24
A29
BOGNOR ROAD
CAPEL BY-PASS
BEARE GREEN ROUNDABOUT
Sprots Copse
Heath Wood
Wigmore Lodge
Front Wood
Melville House
New Close Farm
The Knowle
Crackerbarrel Farm
THE OAKS CARAVAN PARK
Brooklagg Farm
Mountriden Copse
Brick Works
Alder Copse
Kingsland
Knoll Copse
Recreation Ground
NEWDIGA
Kit Brook
119
140
159
17
18
19
43
44
45
46
47

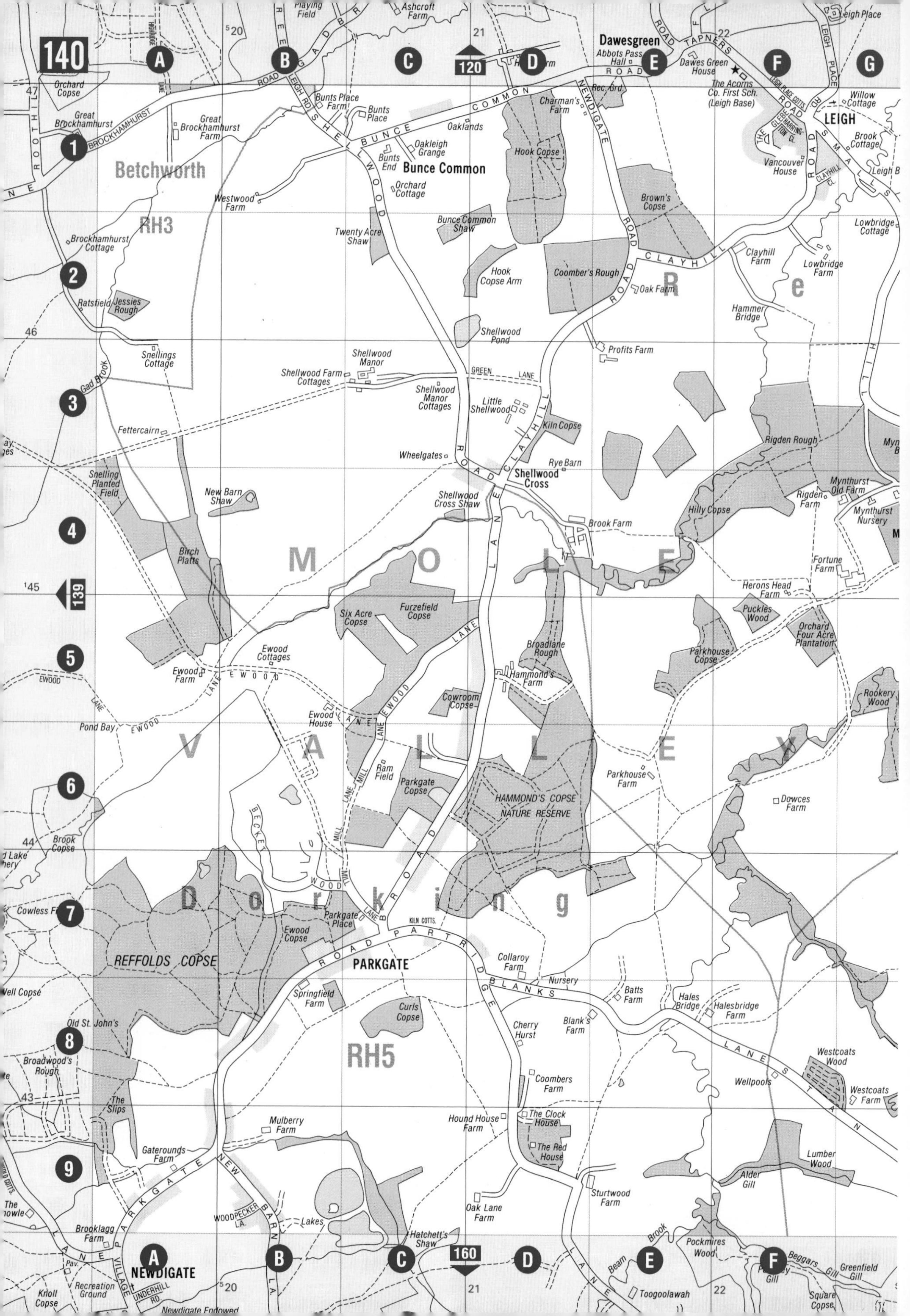
A
B
C
D
E
F
G
120
160
139
21
22
520
145
46
44
43
47
1
2
3
4
5
6
7
8
9
Dawesgreen
Abbots Pass Hall
Dawes Green House
The Acorns Co. First Sch. (Leigh Base)
LEIGH
Leigh Place
Willow Cottage
Brook Cottage
Vancouver House
Leigh B
Lowbridge Cottage
Lowbridge Farm
Clayhill Farm
Hammer Bridge
Playing Field
Ashcroft Farm
Orchard Copse
Great Brockhamhurst
Great Brockhamhurst Farm
Bunts Place Farm
Bunts Place
Oaklands
Oakleigh Grange
Bunts End
Bunce Common
Charman's Farm
Rec. Grd.
Hook Copse
Brown's Copse
Betchworth
Westwood Farm
Orchard Cottage
RH3
Brockhamhurst Cottage
Twenty Acre Shaw
Bunce Common Shaw
Hook Copse Arm
Coomber's Rough
Oak Farm
Ratsfield
Jessies Rough
Shellwood Pond
Snellings Cottage
Profits Farm
Shellwood Manor
Shellwood Farm Cottages
Shellwood Manor Cottages
Little Shellwood
Kiln Copse
Gad Brook
Fettercairn
Wheelgates
Rye Barn
Shellwood Cross
Rigden Rough
Snelling Planted Field
New Barn Shaw
Shellwood Cross Shaw
Brook Farm
Mynthurst Old Farm
Rigden Farm
Hilly Copse
Mynthurst Nursery
Birch Platts
MOLE
VALLEY
Dorking
Fortune Farm
Herons Head Farm
Puckles Wood
Six Acre Copse
Furzefield Copse
Orchard Four Acre Plantation
Broadlane Rough
Parkhouse Copse
Ewood Cottages
Ewood Farm
Hammond's Farm
Cowroom Copse
Rookery Wood
Ewood House
Pond Bay
Ram Field
Parkgate Copse
HAMMOND'S COPSE NATURE RESERVE
Parkhouse Farm
Dowces Farm
Brook Copse
Cowless F
Parkgate Place
Ewood Copse
KILN COTTS.
REFFOLDS COPSE
PARKGATE
Collaroy Farm
Nursery
Batts Farm
Hales Bridge
Halesbridge Farm
Springfield Farm
Curls Copse
Cherry Hurst
Blank's Farm
Well Copse
Old St. John's
RH5
Westcoats Wood
Broadwood's Rough
Wellpools
Coombers Farm
Westcoats Farm
The Slips
Mulberry Farm
Hound House Farm
The Clock House
The Red House
Lumber Wood
Gaterounds Farm
Alder Gill
Sturtwood Farm
Oak Lane Farm
Lakes
Brooklagg Farm
Hatchett's Shaw
Pockmires Wood
Beggars Gill
Greenfield Gill
NEWDIGATE
Recreation Ground
Knoll Copse
Pav.
Newdigate Endowed
Toogoolawah
Square Copse
Beam Brook
BROCKHAMHURST ROAD
ROOTHILL LANE
LEIGH RD.
SHELLWOOD ROAD
BUNCE COMMON ROAD
NEWDIGATE ROAD
CLAYHILL ROAD
GREEN LANE
TAPNERS ROAD
LEIGH PLACE RD.
LEIGH PLACE COTTS.
THE GLEBE
HARRINGTON CL.
CLAYHILL CL.
SMALLS HILL ROAD
EWOOD LANE
MILL LANE
WOOD LANE
BECKET WOOD
BROAD LANE
PARTRIDGE ROAD
BLANKS LANE
STAN LANE
PARKGATE ROAD
NEW BARN LA.
WOODPECKER LA.
VILLAGE LANE
UNDERHILL RD.
MOUNTS LANE

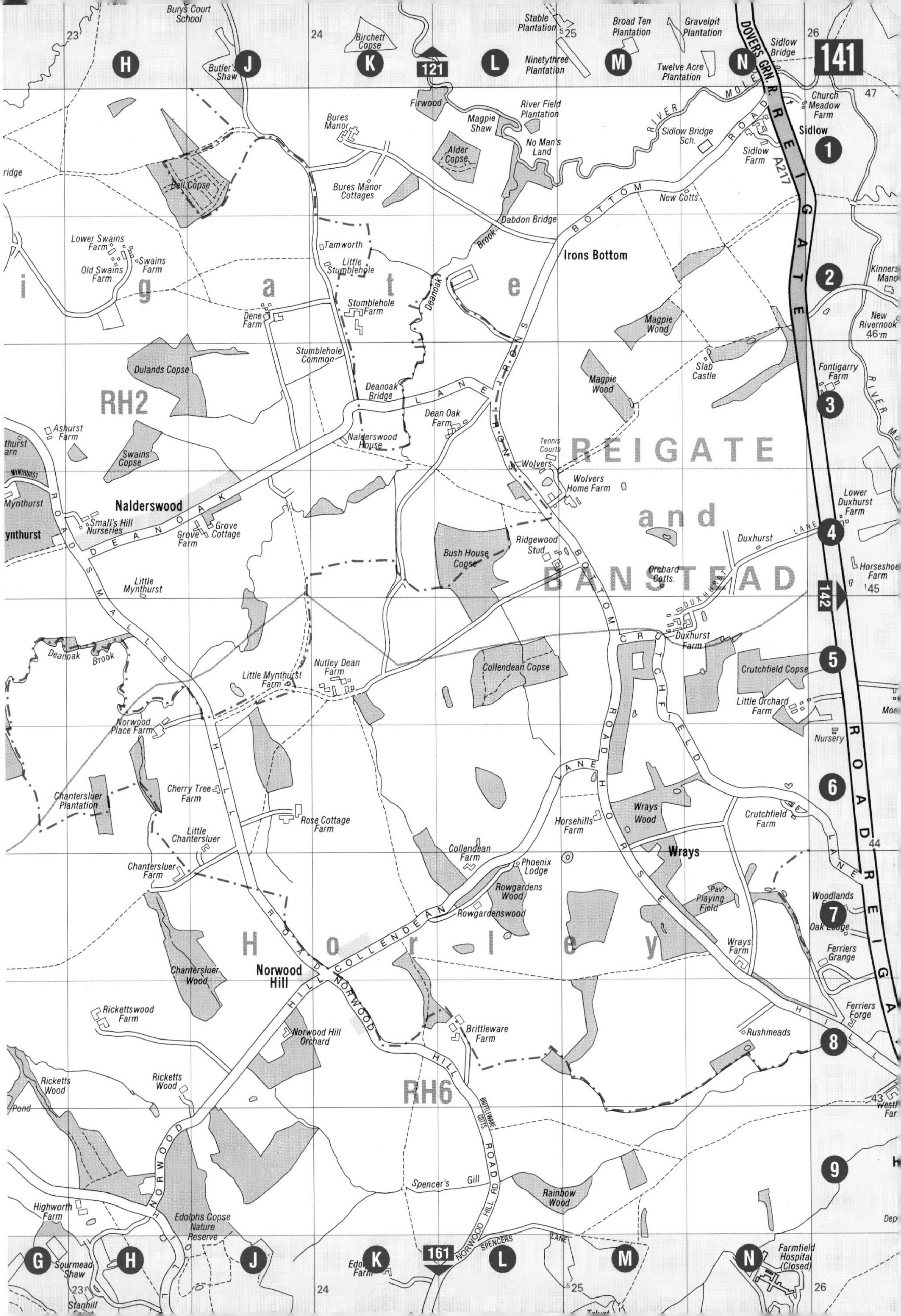
Burys Court School
23
24
Birchett Copse
Stable Plantation
25
Broad Ten Plantation
Gravelpit Plantation
DOVERS GRN. R.
26
Sidlow Bridge
H
J
K
121
L
M
N
Butler's Shaw
Ninetythree Plantation
Twelve Acre Plantation
Church Meadow Farm
47
Firwood
River Field Plantation
Magpie Shaw
RIVER MOLE
Bures Manor
Sidlow Bridge Sch.
Sidlow
No Man's Land
Sidlow Farm
1
Alder Copse
A217
Bell Copse
Bures Manor Cottages
BOTTOM
New Cotts.
Dabdon Bridge
Lower Swains Farm
Tamworth
Brook
Irons Bottom
Swains Farm
Old Swains Farm
Little Stumblehole
2
Kinners Manor
Deanoak
Stumblehole Farm
R E I G A T E
Dene Farm
Magpie Wood
New Rivernook
46 m
Stumblehole Common
Dulands Copse
Slab Castle
Fontigarry Farm
Magpie Wood
Deanoak Bridge
LANE
RIVER MOLE
RH2
3
Dean Oak Farm
Ashurst Farm
Nalderswood House
Tennis Courts
REIGATE
Swains Copse
Wolvers
Wolvers Home Farm
MYNTHURST
Mynthurst
Nalderswood
DEANOAK ROAD
Lower Duxhurst Farm
and
Small's Hill Nurseries
Grove Cottage
Grove Farm
Duxhurst
LANE
4
Ridgewood Stud
Bush House Copse
Horseshoe Farm
Orchard Cotts.
BANSTEAD
Little Mynthurst
142
45
DUXHURST
Duxhurst Farm
Deanoak Brook
5
Collendean Copse
Crutchfield Copse
Nutley Dean Farm
Little Mynthurst Farm
CRUTCHFIELD
Little Orchard Farm
Norwood Place Farm
Nursery
HILL
LANE
ROAD
6
Cherry Tree Farm
Chantersluer Plantation
Wrays Wood
Crutchfield Farm
Rose Cottage Farm
Horsehills Farm
Little Chantersluer
44
Collendean Farm
Wrays
Chantersluer Farm
Phoenix Lodge
Rowgardens Wood
Pav.
Playing Field
Woodlands
7
Rowgardenswood
Oak Lodge
HORSE HILL
COLLENDEAN
H o r l e y
Wrays Farm
Ferriers Grange
Chantersluer Wood
Norwood Hill
NORWOOD
REIGATE ROAD
Rickettswood Farm
Ferriers Forge
Norwood Hill Orchard
Brittleware Farm
Rushmeads
8
Ricketts Wood
Ricketts Wood
RH6
43
Pond
BRITTLEWARE COTTS.
ROAD
NORWOOD
9
Spencer's Gill
Highworth Farm
Rainbow Wood
Edolphs Copse Nature Reserve
NORWOOD HILL RD.
SPENCERS
LANE
Farmfield Hospital (Closed)
G
Sourmead Shaw
H
J
K
161
L
M
N
23
24
25
26
Stanhill
Edolphs Farm

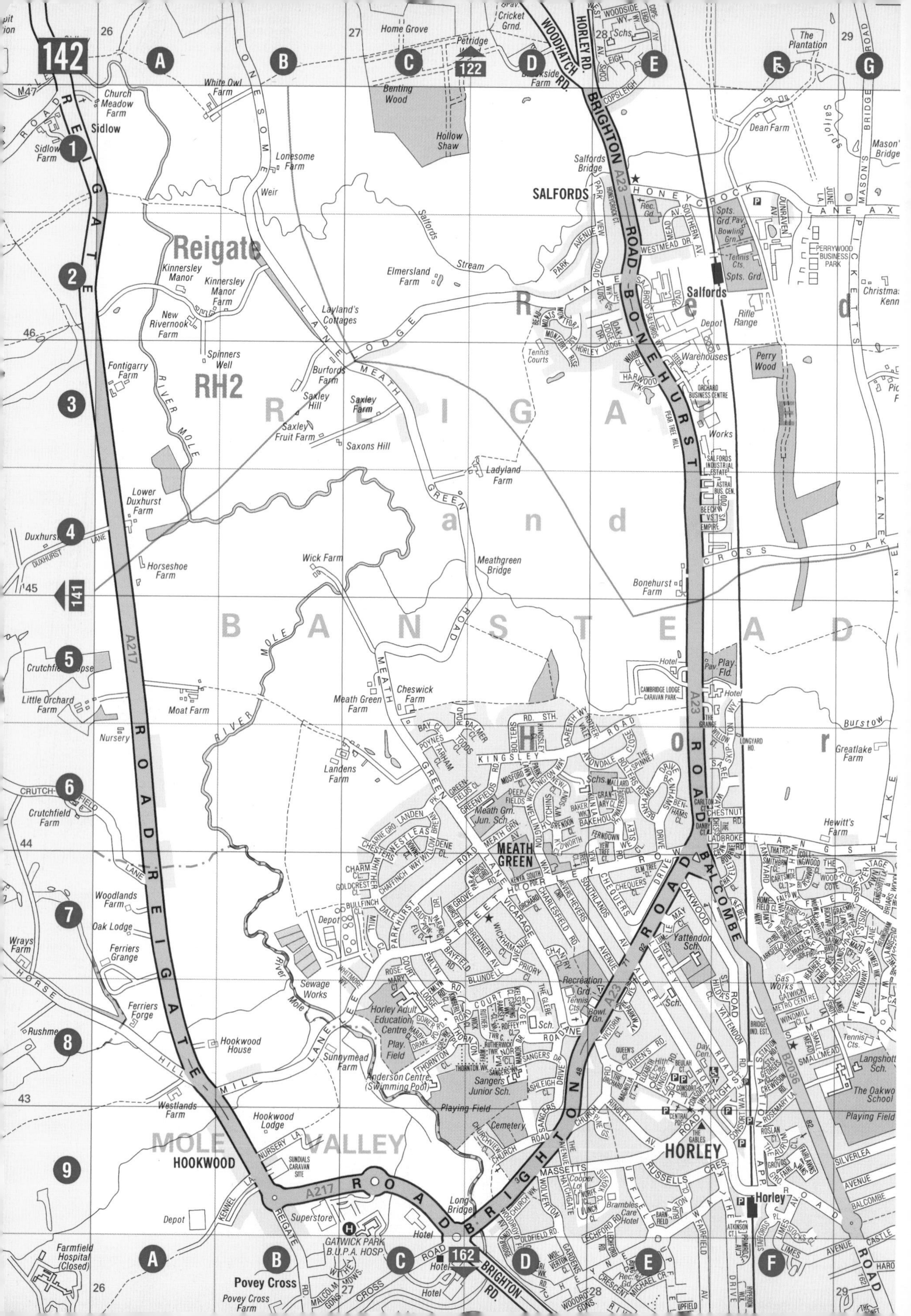

142
122
141
162
Reigate
RH2
Salfords
SALFORDS
HORLEY
Horley
MEATH GREEN
HOOKWOOD
Povey Cross
Sidlow
REIGATE ROAD
A217
A23
BRIGHTON ROAD
BONEHURST ROAD
BALCOMBE ROAD
B2036
HONEYCROCK LANE
LODGE LANE
MEATH GREEN LANE
LONESOME LANE
RIVER MOLE
MOLE VALLEY
REIGATE and BANSTEAD
Church Meadow Farm
Sidlow Farm
White Owl Farm
Benting Wood
Hollow Shaw
Lonesome Farm
Kinnersley Manor
Kinnersley Manor Farm
New Rivernook Farm
Spinners Well
Layland's Cottages
Elmersland Farm
Fontigarry Farm
Burfords Farm
Saxley Hill
Saxley Farm
Saxley Fruit Farm
Saxons Hill
Ladyland Farm
Lower Duxhurst Farm
Horseshoe Farm
Wick Farm
Meathgreen Bridge
Bonehurst Farm
Crutchfield Copse
Little Orchard Farm
Moat Farm
Nursery
Meath Green Farm
Cheswick Farm
Landens Farm
Crutchfield Farm
Woodlands Farm
Oak Lodge
Ferriers Grange
Ferriers Forge
Wrays Farm
Hookwood House
Hookwood Lodge
Sunnymead Farm
Westlands Farm
Sewage Works
Anderson Centre (Swimming Pool)
Horley Adult Education Centre
Sangers Junior Sch.
Cemetery
Playing Field
Farmfield Hospital (Closed)
Gatwick Park B.U.P.A. Hosp
Superstore
Depot
Long Bridge
Povey Cross Farm
Dean Farm
Mason's Bridge
The Plantation
Perry Wood
Rifle Range
Christmas Kenn
Perrywood Business Park
Salfords Bridge
Greatlake Farm
Hewitt's Farm
Burstow
Yattendon Sch.
Langshott Sch.
The Oakwood School
Salfords Industrial Estate
Orchard Business Centre
Warehouses
Cambridge Lodge Caravan Park
Sundials Caravan Site
Home Grove
Petridge
Cricket Grnd.
Brookside Farm

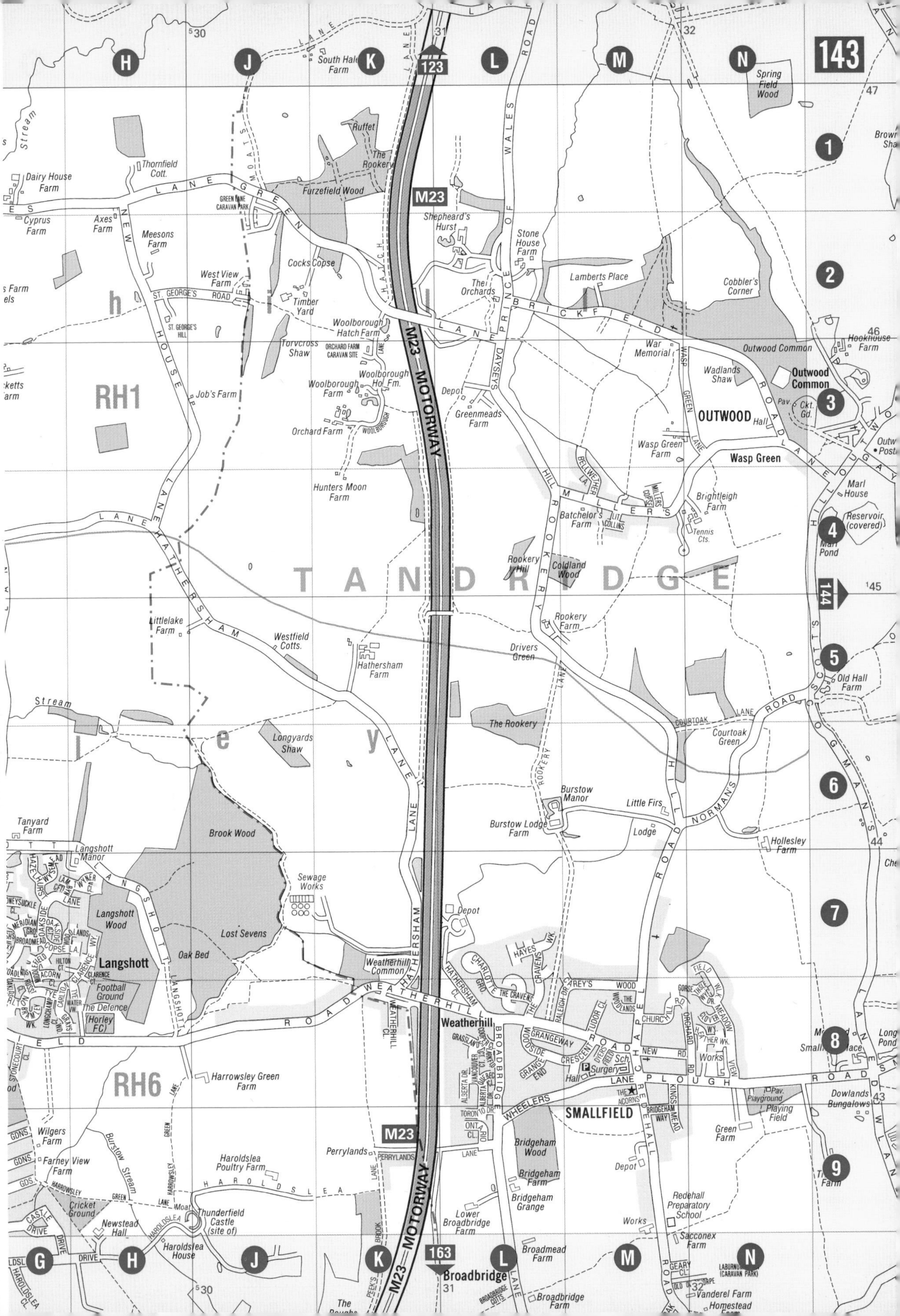
TANDRIDGE
RH1
RH6
OUTWOOD
SMALLFIELD
Langshott
Weatherhill
Broadbridge
Outwood Common
Wasp Green
M23 MOTORWAY
M23
123
163
144
South Hale Farm
Spring Field Wood
Ruffet
The Rookery
Furzefield Wood
Dairy House Farm
Cyprus Farm
Axes Farm
Thornfield Cott.
Green Lane Caravan Park
Meesons Farm
Shepheard's Hurst
Stone House Farm
Cocks Copse
West View Farm
Timber Yard
The Orchards
Lamberts Place
Cobbler's Corner
Woolborough Hatch Farm
Torvcross Shaw
Orchard Farm Caravan Site
Woolborough Farm
Woolborough Ho. Fm.
Orchard Farm
Job's Farm
Depot
Greenmeads Farm
War Memorial
Wadlands Shaw
Hookhouse Farm
Hall
Wasp Green Farm
Hunters Moon Farm
Batchelor's Farm
Brightleigh Farm
Tennis Cts.
Marl House
Reservoir (covered)
Marl Pond
Rookery Hill
Coldland Wood
Littlelake Farm
Westfield Cotts.
Hathersham Farm
Rookery Farm
Drivers Green
Old Hall Farm
The Rookery
Courtoak Green
Longyards Shaw
Burstow Manor
Little Firs
Burstow Lodge Farm
Lodge
Hollesley Farm
Tanyard Farm
Langshott Manor
Brook Wood
Sewage Works
Langshott Wood
Lost Sevens
Oak Bed
Football Ground
The Defence (Horley FC)
Weatherhill Common
Harrowsley Green Farm
Wilgers Farm
Farney View Farm
Haroldslea Poultry Farm
Perrylands
Cricket Ground
Newstead Hall
Thunderfield Castle (site of)
Moat
Haroldslea House
Bridgeham Wood
Bridgeham Farm
Bridgeham Grange
Lower Broadbridge Farm
Broadmead Farm
Broadbridge Farm
Depot
Redehall Preparatory School
Works
Sacconex Farm
Vanderel Farm
Homestead
Green Farm
Playing Field
Dowlands Bungalows
Surgery
Hall
Sch.
The Acorns
LANE GREEN
ST. GEORGE'S ROAD
PRINCE OF WALES ROAD
BRICKFIELD LANE
HATHERSHAM LANE
ROOKERY HILL
MILLERS LA.
NORMAN'S ROAD
CHAPEL ROAD
WEATHERHILL ROAD
PLOUGH LANE
WHEELERS LANE
COGMAN'S LANE
SCOTTS HILL
LANGSHOTT
HARROWSLEY GREEN LANE
HAROLDSLEA DRIVE
CASTLE DRIVE
REDEHALL ROAD
COURTOAK LANE
H J K L M N
G H J K L M N
1 2 3 4 5 6 7 8 9
30 31 32 47 46 45 44 43

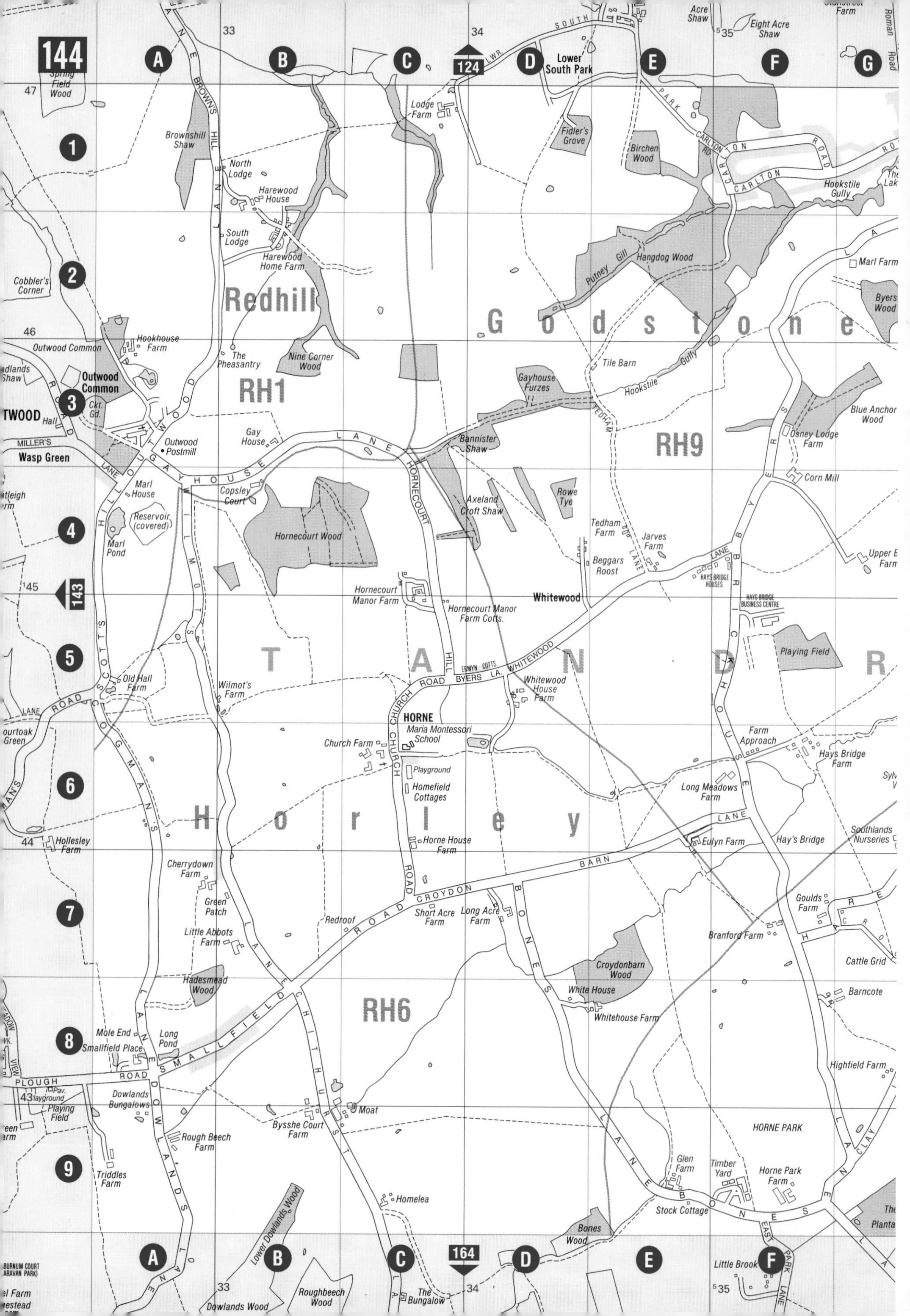

Redhill
Godstone
RH1
RH9
RH6
Horley
TANDR
HORNE
Whitewood
Outwood Common
Wasp Green
Lower South Park
Spring Field Wood
Brownshill Shaw
North Lodge
Harewood House
South Lodge
Harewood Home Farm
Lodge Farm
Fidler's Grove
Birchen Wood
Hangdog Wood
Putney Gill
Hookstile Gully
Marl Farm
Byers Wood
Cobbler's Corner
Hookhouse Farm
The Pheasantry
Nine Corner Wood
Tile Barn
Gayhouse Furzes
Blue Anchor Wood
Osney Lodge Farm
Corn Mill
Gay House
Outwood Postmill
Bannister Shaw
Marl House
Copsley Court
Reservoir (covered)
Marl Pond
Hornecourt Wood
Axeland Croft Shaw
Rowe Tye
Tedham Farm
Jarves Farm
Beggars Roost
Upper Farm
Hays Bridge Houses
Hays Bridge Business Centre
Hornecourt Manor Farm
Hornecourt Manor Farm Cotts.
Playing Field
Old Hall Farm
Wilmot's Farm
Whitewood House Farm
Ermyn Cotts
Maria Montessori School
Church Farm
Playground
Homefield Cottages
Farm Approach
Hays Bridge Farm
Long Meadows Farm
Hollesley Farm
Horne House Farm
Eulyn Farm
Hay's Bridge
Southlands Nurseries
Cherrydown Farm
Green Patch
Little Abbots Farm
Redroof
Short Acre Farm
Long Acre Farm
Goulds Farm
Branford Farm
Cattle Grid
Croydonbarn Wood
Hadesmead Wood
White House
Whitehouse Farm
Barncote
Mole End
Smallfield Place
Long Pond
Highfield Farm
Dowlands Bungalows
Pav.
Playground
Playing Field
Moat
Bysshe Court Farm
Rough Beech Farm
Horne Park
Triddles Farm
Homelea
Glen Farm
Timber Yard
Horne Park Farm
Lower Dowlands Wood
Stock Cottage
Bones Wood
Little Brook
Dowlands Wood
Roughbeech Wood
The Bungalow
Acre Shaw
Eight Acre Shaw
Roman Road
South Park Lane
Lwr. South Park
Carlton Road
Carlton Rd.
Brownshill Lane
Gayhouse Lane
Hornecourt Hill
Church Road
Byers La.
Whitewood Lane
Tedham Lane
Bricklouse Lane
Croydon Barn Lane
Smallfield Road
Plough Road
Chithurst Lane
Bones Lane
East Park Lane
Clay Lane
Harecroft Lane
Dowlands Lane
Cogman's Lane
Scotts Hill
Wilmots Lane
Outwood Lane
Miller's Lane
Outwood Hall
Ckt. Gd.
Burnum Court Caravan Park
124
164
143
1
2
3
4
5
6
7
8
9
A
B
C
D
E
F
G
33
34
35
43
44
45
46
47

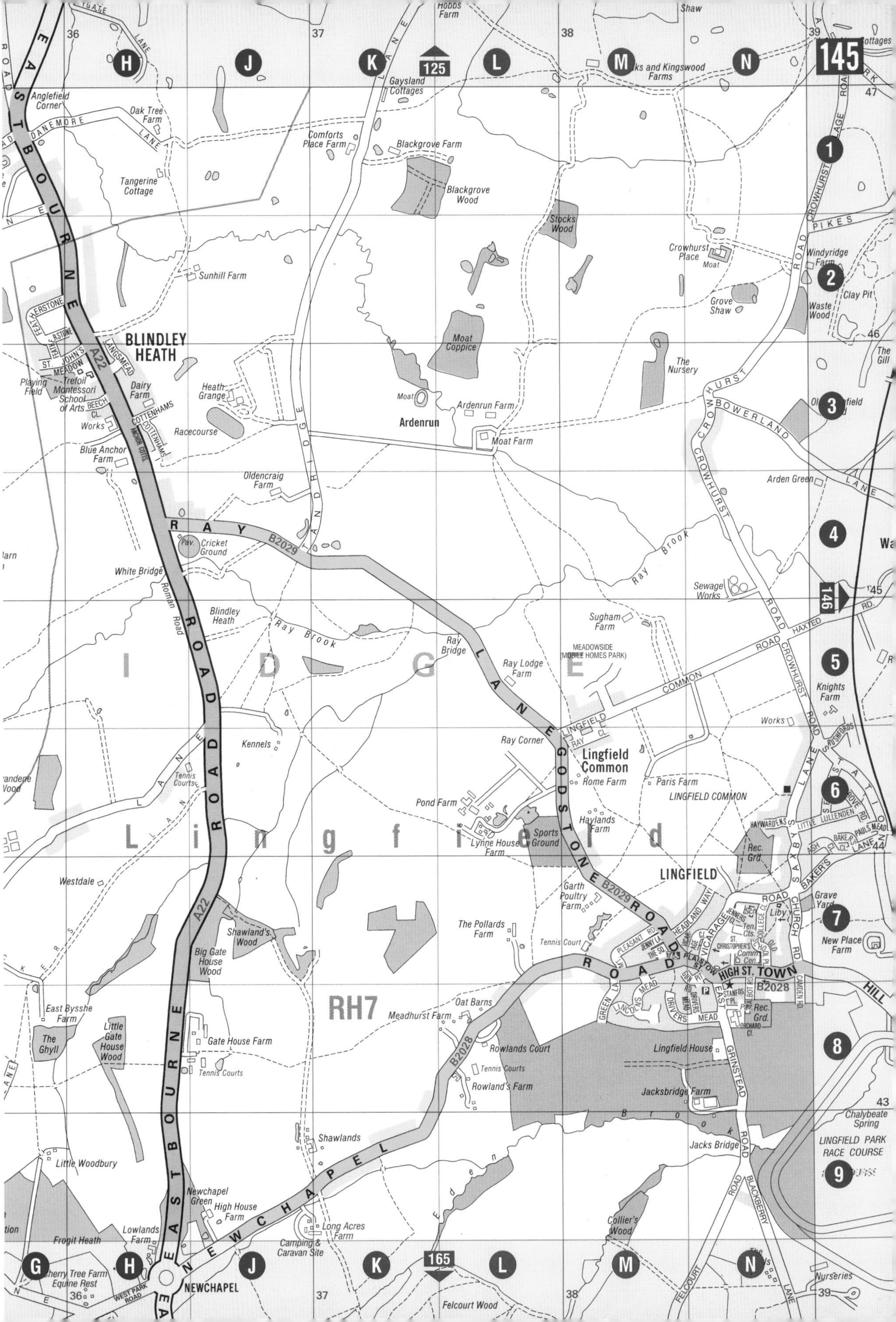

BLINDLEY HEATH
LINGFIELD
Lingfield Common
LINGFIELD COMMON
Ardenrun
NEWCHAPEL
RH7
Lingfield
IDGE
EASTBOURNE ROAD
A22
RAY LANE
B2029
GODSTONE ROAD
B2028
NEWCHAPEL ROAD
COMMON ROAD
HAXTED RD.
CROWHURST ROAD
CROWHURST LANE
BOWERLAND LANE
PIKES LANE
EAST GRINSTEAD ROAD
BLACKBERRY LANE
FELCOURT ROAD
WEST PARK ROAD
DANEMORE LANE
LANGSMEAD
COTTENHAMS
ANCHOR COTTS.
ST. JOHN'S
MEADOW
BEECH CL.
LINGFIELD CL.
RAY CL.
HIGH ST. TOWN
PLAISTOW
VICARAGE
HEADLAND WAY
JENNY LA.
PLEASANT RD.
THE SQ.
GREEN LA.
LINCOLNS MEAD
DRIVERS MEAD
GUN PIT RD.
STANFORD PL.
TALBOT RD.
ORCHARD CT.
CAMDEN RD.
CHURCH RD.
SAXBYS LANE
BAKERS LANE
HAYWARDENS
LITTLE LULLENDEN
PAULS MEAD
ASH
BAKE CL.
RUSHFORDS
COLLEGE CL.
ST. CHRISTOPHER'S
Hobbs Farm
Shaw
Gaysland Cottages
Anglefield Corner
Oak Tree Farm
Comforts Place Farm
Blackgrove Farm
Blackgrove Wood
Tangerine Cottage
Stocks Wood
Crowhurst Place
Moat
Windyridge Farm
Clay Pit
Waste Wood
Grove Shaw
Sunhill Farm
Moat Coppice
The Nursery
The Gill
Playing Field
Trefoil Montessori School of Arts
Dairy Farm
Heath Grange
Works
Racecourse
Ardenrun Farm
Moat Farm
Blue Anchor Farm
Arden Green
Oldencraig Farm
Pav.
Cricket Ground
White Bridge
Ray Brook
Roman Road
Sewage Works
Blindley Heath
Sugham Farm
MEADOWSIDE (MOBILE HOMES PARK)
Ray Bridge
Ray Lodge Farm
Knights Farm
Kennels
Ray Corner
Tennis Courts
Rome Farm
Paris Farm
Pond Farm
Haylands Farm
Sports Ground
Lynne House Farm
Rec. Grd.
Westdale
Garth Poultry Farm
Grave Yard
Shawland's Wood
The Pollards Farm
Tennis Court
Liby.
New Place Farm
Big Gate House Wood
Comm. Cen.
HILL
East Bysshe Farm
Oat Barns
Meadhurst Farm
The Ghyll
Little Gate House Wood
Gate House Farm
Rowlands Court
Lingfield House
Rowland's Farm
Jacksbridge Farm
Brook
Chalybeate Spring
LINGFIELD PARK RACE COURSE
Shawlands
Jacks Bridge
Little Woodbury
Eden
Newchapel Green
High House Farm
Long Acres Farm
Collier's Wood
Lowlands Farm
Frogit Heath
Camping & Caravan Site
Cherry Tree Farm Equine Rest
Nurseries
Felcourt Wood
125
146
165

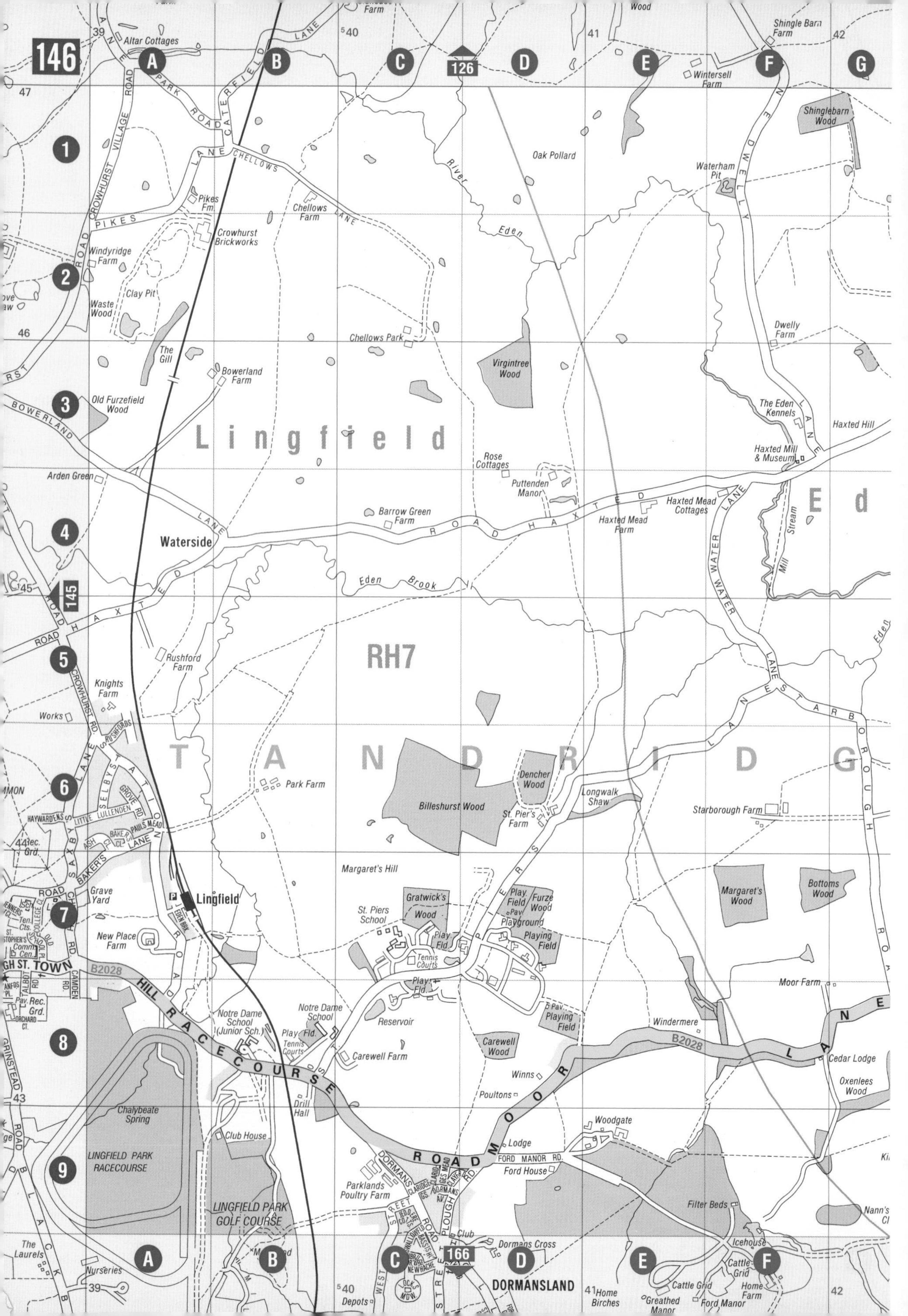
Lingfield
Tandridge
RH7
Ed
Altar Cottages
Shingle Barn Farm
Wintersell Farm
Shinglebarn Wood
Oak Pollard
Waterham Pit
River Eden
Eden
Crowhurst Village Road
Park Road
Caterfield Lane
Chellows Lane
Pikes Fm.
Chellows Farm
Crowhurst Brickworks
Windyridge Farm
Clay Pit
Waste Wood
Dwelly Farm
Dwelly Lane
Chellows Park
The Gill
Bowerland Farm
Virgintree Wood
Old Furzefield Wood
Bowerland
The Eden Kennels
Haxted Hill
Haxted Mill & Museum
Rose Cottages
Puttenden Manor
Arden Green
Barrow Green Farm
Haxted Road
Haxted Mead Cottages
Haxted Mead Farm
Waterside
Mill Stream
Water Lane
Eden Brook
Rushford Farm
Knights Farm
Works
Crowhurst Rd.
Starborough Road
Lane
Park Farm
Dencher Wood
Longwalk Shaw
Billeshurst Wood
St. Pier's Farm
Starborough Farm
Haywardens
Selbys
Little Lullenden
Grove Rd.
Saxbys Lane
Station Road
Pauls Mead
Bakers Cl.
Ash
Baker's Lane
Rec. Grd.
Margaret's Hill
Margaret's Wood
Bottoms Wood
Grave Yard
Lingfield
Eden Brk.
Gratwick's Wood
St. Piers School
St. Piers Lane
Play. Field
Furze Wood
Playground
Playing Field
Play. Fld.
Tennis Courts
New Place Farm
High St.
Town
B2028
Talbot Rd.
Camden Rd.
Pay. Rec. Grd.
Orchard Ct.
Moor Farm
Notre Dame School (Junior Sch.)
Notre Dame School
Reservoir
Racecourse Road
Hill
Carewell Farm
Carewell Wood
Windermere
Cedar Lodge
Oxenlees Wood
Winns
Poultons
Grinstead Road
Chalybeate Spring
Drill Hall
Club House
Woodgate
Lodge
Moor Road
Ford Manor Rd.
Ford House
Lingfield Park Racecourse
Lingfield Park Golf Course
Parklands Poultry Farm
Dormans
Claridges Mead
Dormans Av.
Plough Road
Filter Beds
Nann's
The Laurels
Nurseries
Black Lane
West Street
Club
Dormans Cross
Newhache
Locks Mdw.
Icehouse
Cattle Grid
Home Farm
Ford Manor
Greathed Manor
Home Birches
Dormansland
Depots
Mead
145
126
166
1
2
3
4
5
6
7
8
9
A
B
C
D
E
F
G
39
40
41
42
43
44
45
46
47

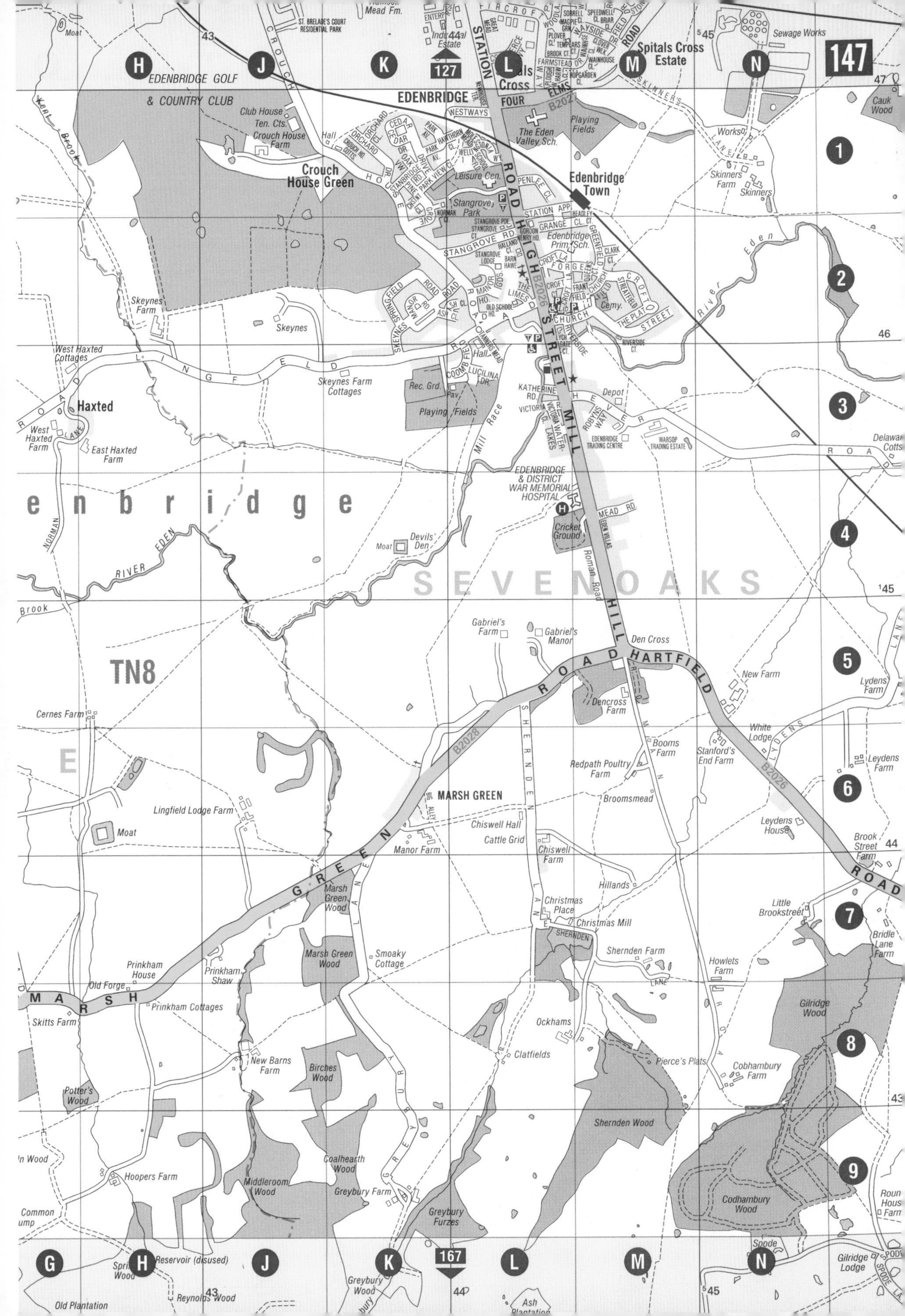

EDENBRIDGE GOLF & COUNTRY CLUB
Club House
Crouch House Farm
Crouch House Green
EDENBRIDGE
Spitals Cross Estate
Sewage Works
Industrial Estate
127
Edenbridge Town
The Eden Valley Sch.
Playing Fields
Leisure Cen.
Stangrove Park
Edenbridge Prim. Sch.
Cemy.
Skinners Farm
Works
Cauk Wood
Skeynes Farm
Skeynes
West Haxted Cottages
Haxted
West Haxted Farm
East Haxted Farm
Skeynes Farm Cottages
Rec. Grd.
Playing Fields
Mill Race
Depot
EDENBRIDGE TRADING CENTRE
WARSOP TRADING ESTATE
EDENBRIDGE & DISTRICT WAR MEMORIAL HOSPITAL
Cricket Ground
Roman Road
Devils' Den
Moat
River Eden
e n b r i d g e
S E V E N O A K S
TN8
Gabriel's Farm
Gabriel's Manor
Den Cross
HARTFIELD ROAD
HIGH STREET
MILL HILL
New Farm
Lydens Farm
White Lodge
Leydens Farm
Leydens House
Stanford's End Farm
Booms Farm
Redpath Poultry Farm
Broomsmead
Dencross Farm
MARSH GREEN
Chiswell Hall
Cattle Grid
Chiswell Farm
Manor Farm
Hillands
Christmas Place
Christmas Mill
Shernden Farm
Howlets Farm
Brook Street Farm
Little Brookstreet
Bridle Lane Farm
Gilridge Wood
Cernes Farm
Lingfield Lodge Farm
Moat
Marsh Green Wood
Smoaky Cottage
Prinkham House
Prinkham Shaw
Old Forge
Prinkham Cottages
MARSH GREEN ROAD
Skitts Farm
Ockhams
Clatfields
Pierce's Plats
Cobhambury Farm
New Barns Farm
Birches Wood
Potter's Wood
Shernden Wood
Coalhearth Wood
Hoopers Farm
Middleroom Wood
Greybury Farm
Greybury Furzes
Codhambury Wood
Reservoir (disused)
167
Greybury Wood
Reynolds Wood
Old Plantation
Ash Plantation
Gilridge Lodge
Spode
B2026
B2028
B2027

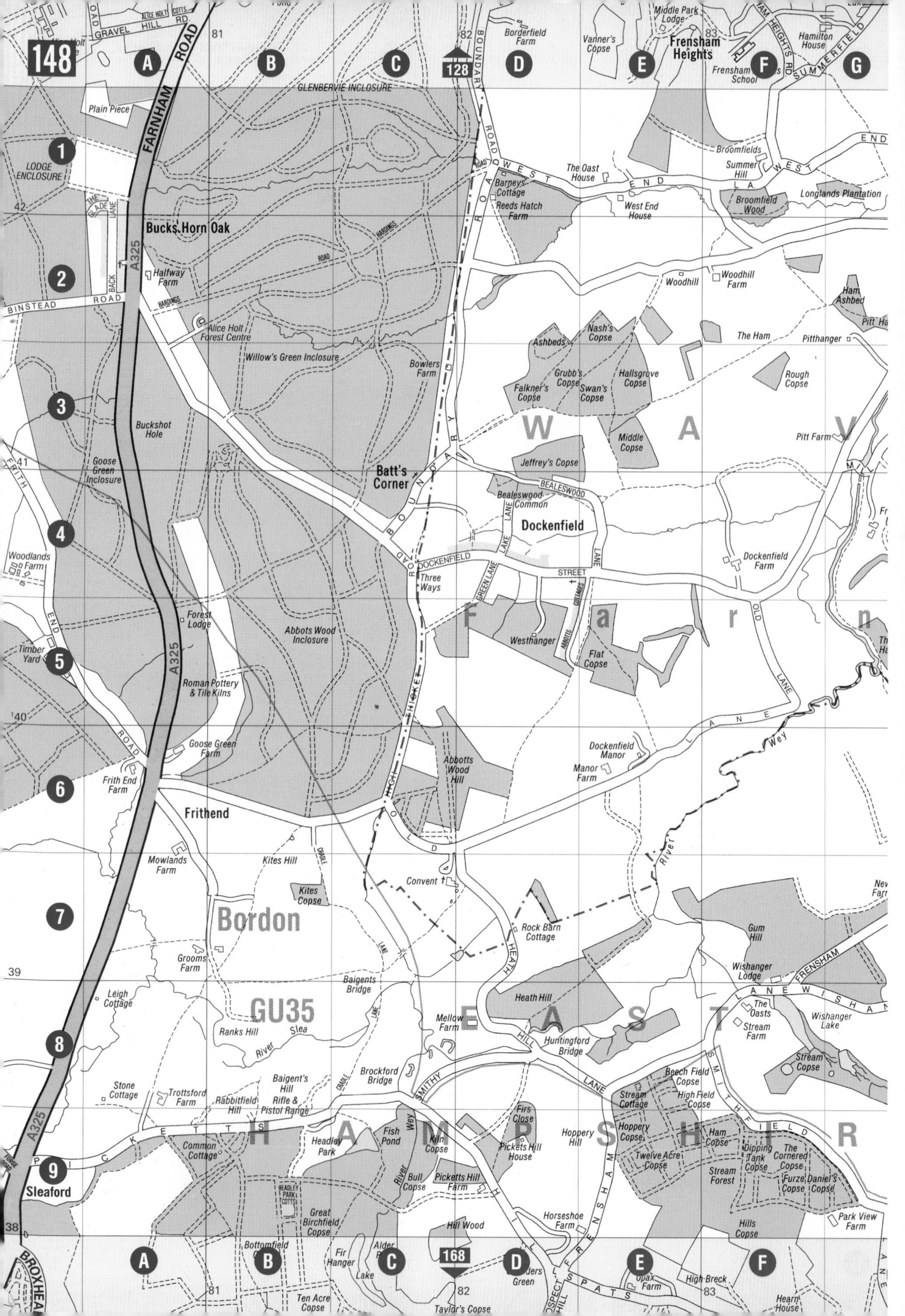

GRAVEL HILL RD.
ALICE HOLT COTTS.
FARNHAM ROAD
A325
Frensham Heights
Frensham School
Middle Park Lodge
Hamilton House
SUMMERFIELD
Borderfield Farm
Vanner's Copse
BOUNDARY ROAD
128
GLENBERVIE INCLOSURE
Plain Piece
LODGE ENCLOSURE
THE GLADE LANE
Bucks Horn Oak
Halfway Farm
BACK ROAD
BINSTEAD ROAD
HARDINGS ROAD
Alice Holt Forest Centre
Willow's Green Inclosure
Bowlers Farm
WEST END
The Oast House
Barneys Cottage
Reeds Hatch Farm
West End House
Broomfields
Summer Hill
Broomfield Wood
Longlands Plantation
Woodhill
Woodhill Farm
Ham Ashbed
The Ham
Pitthanger
Ashbeds
Nash's Copse
Grubb's Copse
Swan's Copse
Hallsgrove Copse
Falkner's Copse
Rough Copse
Buckshot Hole
Goose Green Inclosure
FRITH END ROAD
Woodlands Farm
Timber Yard
Middle Copse
Jeffrey's Copse
Pitt Farm
W A V
Batt's Corner
Bealeswood Common
BEALESWOOD
Dockenfield
DOCKENFIELD STREET
LAKE LANE
GREEN LANE
ABBOTS COTTAGES
Three Ways
Dockenfield Farm
OLD LANE
Westhanger
Flat Copse
F a r n
Forest Lodge
Abbots Wood Inclosure
Roman Pottery & Tile Kilns
HIGH THICKET ROAD
Goose Green Farm
Frith End Farm
Abbotts Wood Hill
Dockenfield Manor
Manor Farm
Wey
River
Frithend
Mowlands Farm
Kites Hill
CRADLE LANE
Kites Copse
Convent
Bordon
Rock Barn Cottage
HEATH HILL
Gum Hill
Grooms Farm
Baigents Bridge
Heath Hill
Wishanger Lodge
FRENSHAM LANE
WISHANGER LANE
Leigh Cottage
GU35
Mellow Farm
E A S T
The Oasts
Stream Farm
Wishanger Lake
Ranks Hill
River Slea
Huntingford Bridge
Stream Copse
SMITHY LANE
Beech Field Copse
High Field Copse
Stream Cottage
Stone Cottage
Trottsford Farm
Rabbitfield Hill
Baigent's Hill
Rifle & Pistol Range
Brockford Bridge
Firs Close
Hoppery Hill
Hoppery Copse
Ham Copse
SMITHFIELD
H A M P S H I R E
PICKETTS HILL
Common Cottage
Headley Park
Fish Pond
Kiln Copse
Pickets Hill House
Twelve Acre Copse
Dipping Tank Copse
The Cornered Copse
Sleaford
FORGE ROAD
River Wey
Bull Copse
Picketts Hill Farm
Stream Forest
Furze Copse
Daniel's Copse
HEADLEY PARK COTTS
Great Birchfield Copse
Hill Wood
Horseshoe Farm
Hills Copse
Park View Farm
FRENSHAM LANE
BROXHEAD
Bottomfield
Fir Hanger
Alder
Lake
168
Ten Acre Copse
Taylor's Copse
Green
PROSPECT HILL
SPATS
Opax Farm
High Breck
Hearn House
LANE
A B C D E F G
1 2 3 4 5 6 7 8 9
38 39 140 41 42
81 82 83

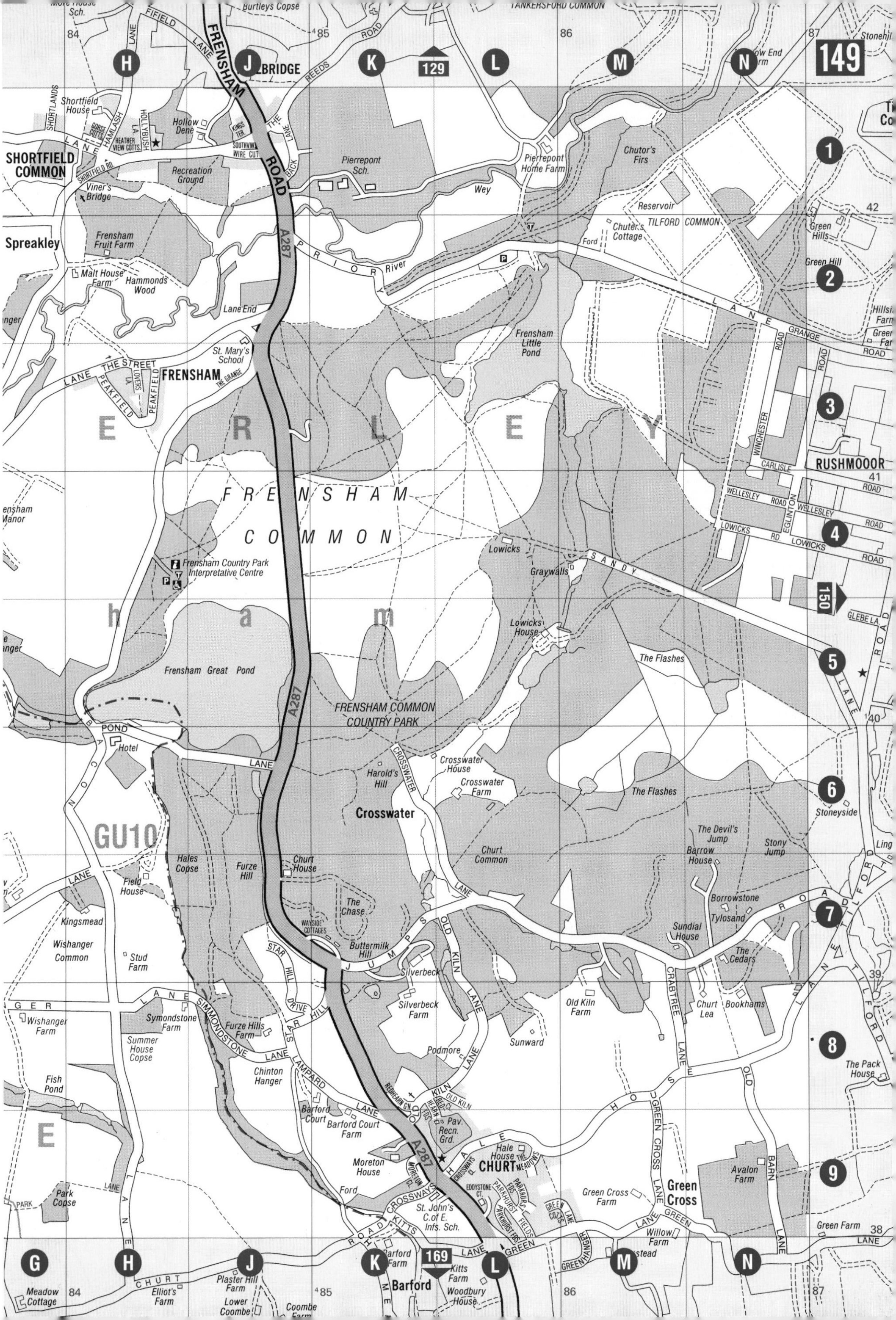

More House Sch.
Burtleys Copse
TANKERSFORD COMMON
84
85
86
87
H
J
K
L
M
N
129
ELBRIDGE
Stonehill
Low End Farm
FIFIELD LANE
LANE
FRENSHAM ROAD
REEDS ROAD
THE REEDS
BACK LANE
Shortfield House
SHORTLANDS
GORSE COTTS
HAMLASH LA.
HEATHER VIEW COTTS
HOLLYBUSH LA.
Hollow Dene
KINGS TER.
SOUTHVW WIRE CUT
SHORTFIELD COMMON
SHORTFIELD RD.
Recreation Ground
Viner's Bridge
Pierrepont Sch.
Pierrepont Home Farm
Chutor's Firs
Wey
1
Reservoir
TILFORD COMMON
Chuter's Cottage
Ford
42
Green Hills
Green Hill
2
Spreakley
Frensham Fruit Farm
A287
PRIORY
River
Malt House Farm
Hammonds Wood
Lane End
LANE
GRANGE
GRANGE ROAD
Hillside Farm
Green Farm
ROAD
Frensham Little Pond
St. Mary's School
THE STREET
LANE
PEAKFIELD
LOVERS LA.
PEAKFIELD
FRENSHAM
THE GRANGE
3
WINCHESTER ROAD
ROAD
E
R
L
E
Y
CARLISLE ROAD
RUSHMOOR
41
WELLESLEY ROAD
EGLINTON ROAD
WELLESLEY ROAD
Frensham Manor
FRENSHAM COMMON
LOWICKS RD.
LOWICKS ROAD
4
Lowicks
Graywalls
SANDY
Frensham Country Park Interpretative Centre
150
GLEBE LA.
h
a
m
Lowicks House
LANE
ROAD
5
The Flashes
Frensham Great Pond
FRENSHAM COMMON COUNTRY PARK
40
POND
Hotel
LANE
BACON
CROSSWATER
Crosswater House
Harold's Hill
Crosswater Farm
The Flashes
6
Stoneyside
Crosswater
GU10
The Devil's Jump
Barrow House
Stony Jump
Churt Common
Hales Copse
Furze Hill
Churt House
LANE
Field House
The Chase
Borrowstone
ROAD
Tylosand
7
TILFORD
Kingsmead
WAYSIDE COTTAGES
Buttermilk Hill
JUMPS
OLD KILN
Sundial House
The Cedars
Wishanger Common
Stud Farm
STAR HILL
Silverbeck
LANE
CRABTREE
39
TILFORD
LANE
SIMMONDSTONE
LANE
WISHANGER LANE
DRIVE
STAR HILL
Silverbeck Farm
Old Kiln Farm
Churt Lea
Bookhams
Wishanger Farm
Symondstone Farm
Furze Hills Farm
Sunward
Summer House Copse
Podmore
8
SIMMONDSTONE LANE
LAMPARD
Chinton Hanger
LANE
OLD
The Pack House
Fish Pond
KILN
REDHEARN GN.
RED HEARN FLDS.
OLD KILN CL.
HOUSE
LANE
E
Barford Court
Barford Court Farm
Pav.
Recn. Grd.
GREEN CROSS LANE
A287
HALE
Hale House
THE MEADOWS
CROSSWAYS CL.
CHURT
Moreton House
MORETON CL.
Avalon Farm
BARN
9
PARKHURST FIELDS
EDDYSTONE CT.
LANE
Green Cross Farm
Green Cross
PARK
Park Copse
Ford
CROSSWAYS
St. John's C.of E. Infs. Sch.
GREEN LANE CL.
PARKHURST FDS.
LANE
GREEN
Willow Farm
Green Farm
38
LANE
ROAD
KITTS
LANE
GREEN
GREENHANGER
Homestead
HAMME
G
H
J
K
169
L
M
N
Barford Farm
Kitts Farm
Barford
Woodbury House
CHURT
Meadow Cottage
84
Elliot's Farm
Plaster Hill Farm
85
86
87
Lower Coombe
Coombe Farm

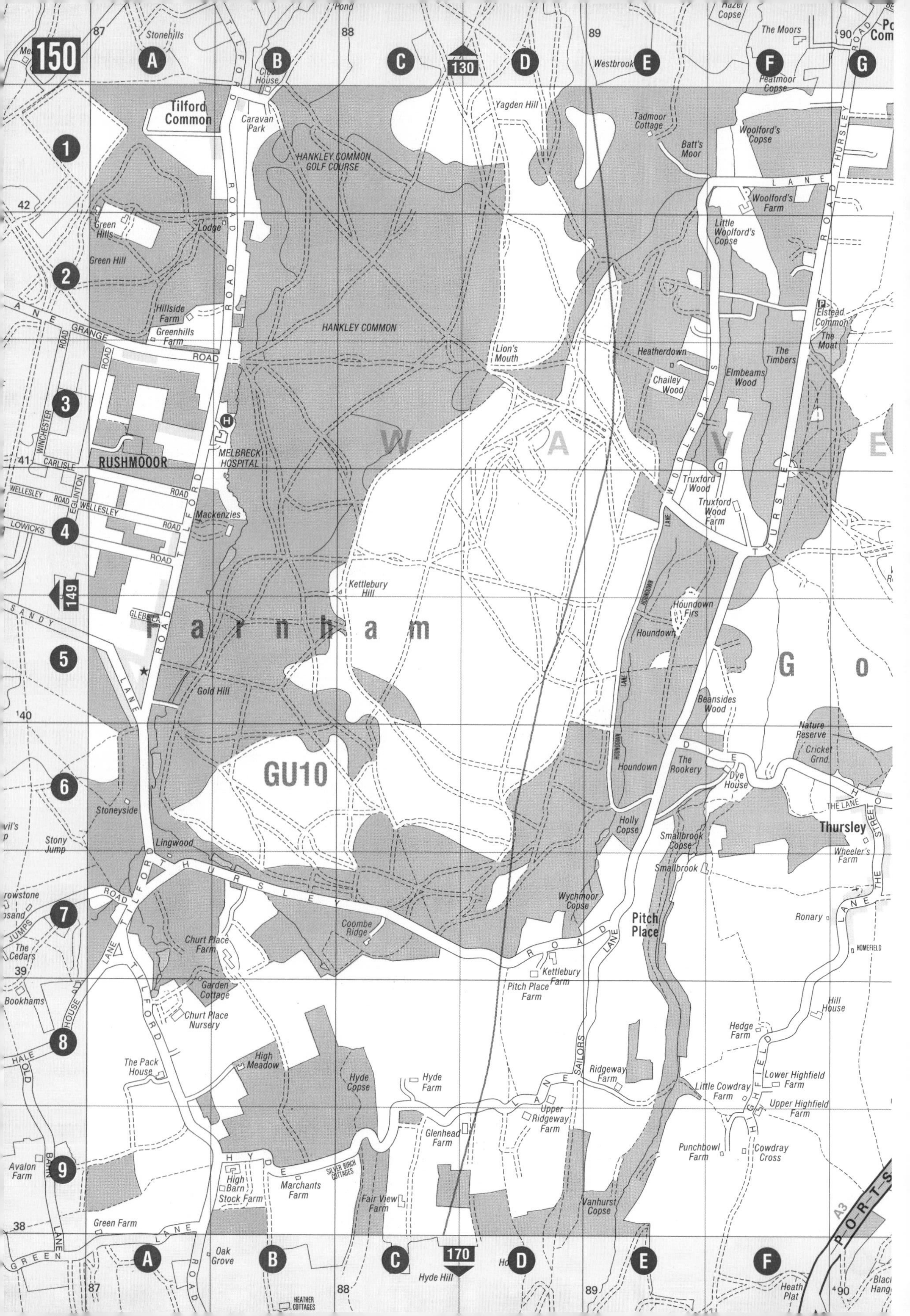

Tilford Common
Caravan Park
Club House
HANKLEY COMMON GOLF COURSE
Yagden Hill
Tadmoor Cottage
Batt's Moor
Woolford's Copse
Peatmoor Copse
Westbrook
The Moors
Stonehills
Green Hills
Green Hill
Lodge
Hillside Farm
Greenhills Farm
GRANGE ROAD
HANKLEY COMMON
Lion's Mouth
Heatherdown
Chailey Wood
Elmbeams Wood
The Timbers
The Moat
Elstead Common
Woolford's Farm
Little Woolford's Copse
WINCHESTER ROAD
CARLISLE
RUSHMOOR
MELBRECK HOSPITAL
WELLESLEY ROAD
EGLINTON ROAD
LOWICKS ROAD
Mackenzies
TILFORD ROAD
WOOLFORDS LANE
THURSLEY ROAD
Truxford Wood
Truxford Wood Farm
Kettlebury Hill
Houndown Firs
Houndown
HOUNDOWN LANE
SANDY LANE
GLEBE LA
Farnham
Waverley
Gold Hill
Beansides Wood
Nature Reserve
Cricket Grnd.
GU10
The Rookery
Dye House
DYE
THE LANE
THE STREET
Thursley
Wheeler's Farm
Stoneyside
Stony Jump
Lingwood
Holly Copse
Smallbrook Copse
Smallbrook
THURSLEY ROAD
Wychmoor Copse
Coombe Ridge
Churt Place Farm
Pitch Place
Ronary
HOMEFIELD
JUMPS ROAD
The Cedars
Bookhams
Kettlebury Farm
Pitch Place Farm
Garden Cottage
Churt Place Nursery
Hill House
Hedge Farm
HOUSE LANE
OLD HALE
The Pack House
High Meadow
Hyde Copse
Hyde Farm
SAILORS LANE
Ridgeway Farm
Upper Ridgeway Farm
Little Cowdray Farm
Lower Highfield Farm
Upper Highfield Farm
HIGHFIELD
Glenhead Farm
Punchbowl Farm
Cowdray Cross
HYDE
SILVER BIRCH COTTAGES
Marchants Farm
High Barn
Stock Farm
Avalon Farm
BARN
Fair View Farm
Vanhurst Copse
Green Farm
GREEN LANE
Oak Grove
Hyde Hill
HEATHER COTTAGES
Heath Plat
A3
PORTS
130
149
170

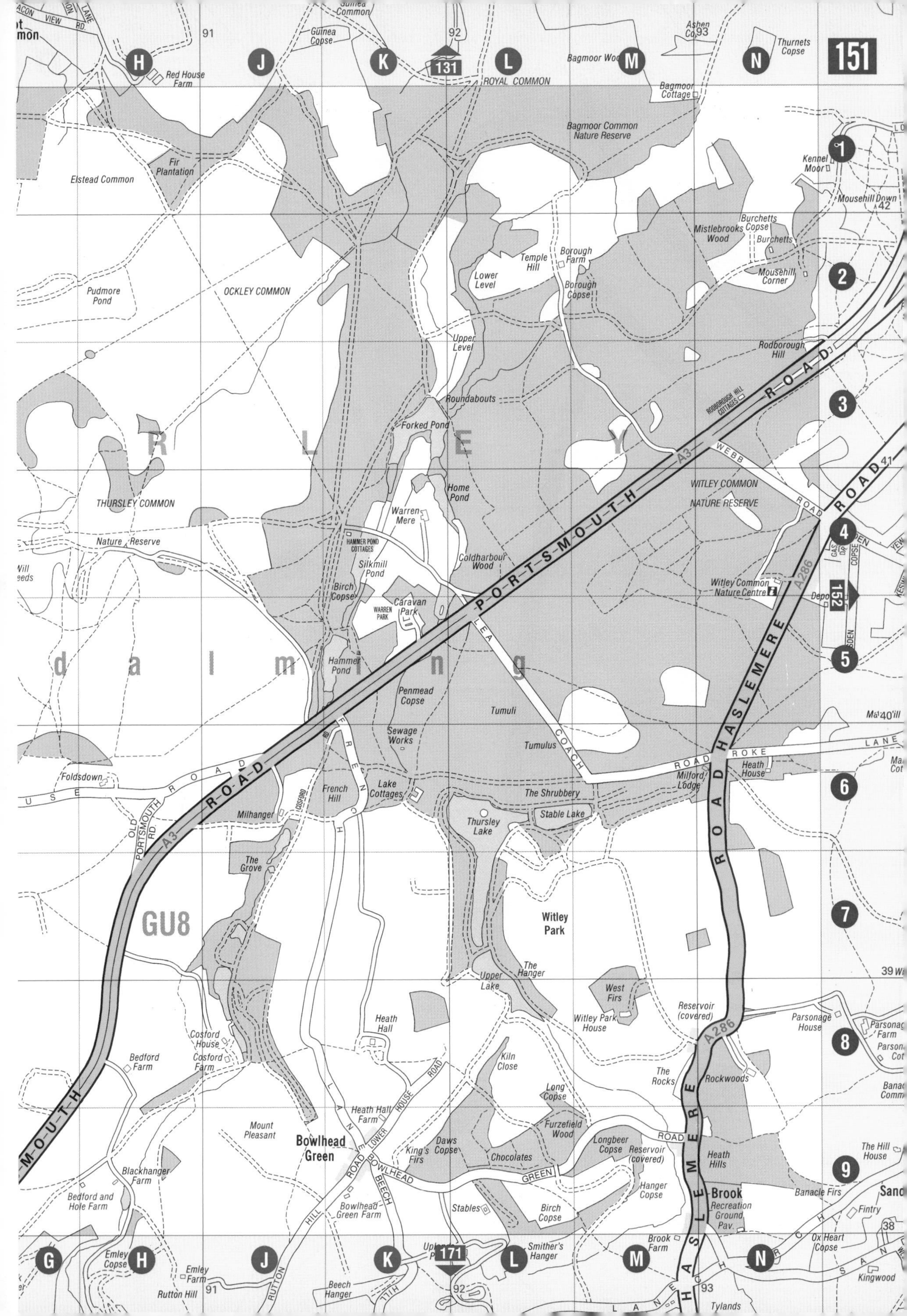
Red House Farm
Guinea Copse
Royal Common
Bagmoor Common Nature Reserve
Bagmoor Cottage
Thurnets Copse
Ashen Co
Kennel Moor
Mousehill Down
Elstead Common
Fir Plantation
Burchetts Copse
Burchetts
Mistlebrooks Wood
Temple Hill
Borough Farm
Borough Copse
Lower Level
Mousehill Corner
Pudmore Pond
OCKLEY COMMON
Upper Level
Rodborough Hill
RODBOROUGH HILL COTTAGES
Roundabouts
Forked Pond
Home Pond
WEBB ROAD
WITLEY COMMON NATURE RESERVE
THURSLEY COMMON
Nature Reserve
Warren Mere
HAMMER POND COTTAGES
Silkmill Pond
Coldharbour Wood
Birch Copse
Caravan Park
WARREN PARK
PORTSMOUTH ROAD
A3
Witley Common Nature Centre
Depot
A286
HASLEMERE ROAD
LEA COACH ROAD
Hammer Pond
Penmead Copse
Tumuli
Tumulus
Sewage Works
Foldsdown
FRENCH LANE
French Hill
Lake Cottages
The Shrubbery
ROKE LANE
Milford Lodge
Heath House
Milhanger
COSFORD
OLD PORTSMOUTH RD.
Thursley Lake
Stable Lake
The Grove
GU8
Witley Park
The Hanger
Upper Lake
West Firs
Witley Park House
Reservoir (covered)
Parsonage House
Heath Hall
Cosford House
Cosford Farm
Bedford Farm
Kiln Close
The Rocks
Rockwoods
Long Copse
Furzefield Wood
Heath Hall Farm
LOWER HOUSE ROAD
Mount Pleasant
Bowlhead Green
King's Firs
Daws Copse
Chocolates
Longbeer Copse
Reservoir (covered)
Heath Hills
The Hill House
BOWLHEAD GREEN ROAD
BEECH HILL
Blackhanger Farm
Bedford and Hole Farm
Bowlhead Green Farm
Stables
Birch Copse
Hanger Copse
Brook
Recreation Ground Pav.
Banacle Firs
Fintry
Ox Heart Copse
Brook Farm
Smither's Hanger
Emley Copse
Emley Farm
Rutton Hill
RUTTON HILL
Beech Hanger
Tylands
Kingwood
152
131
171

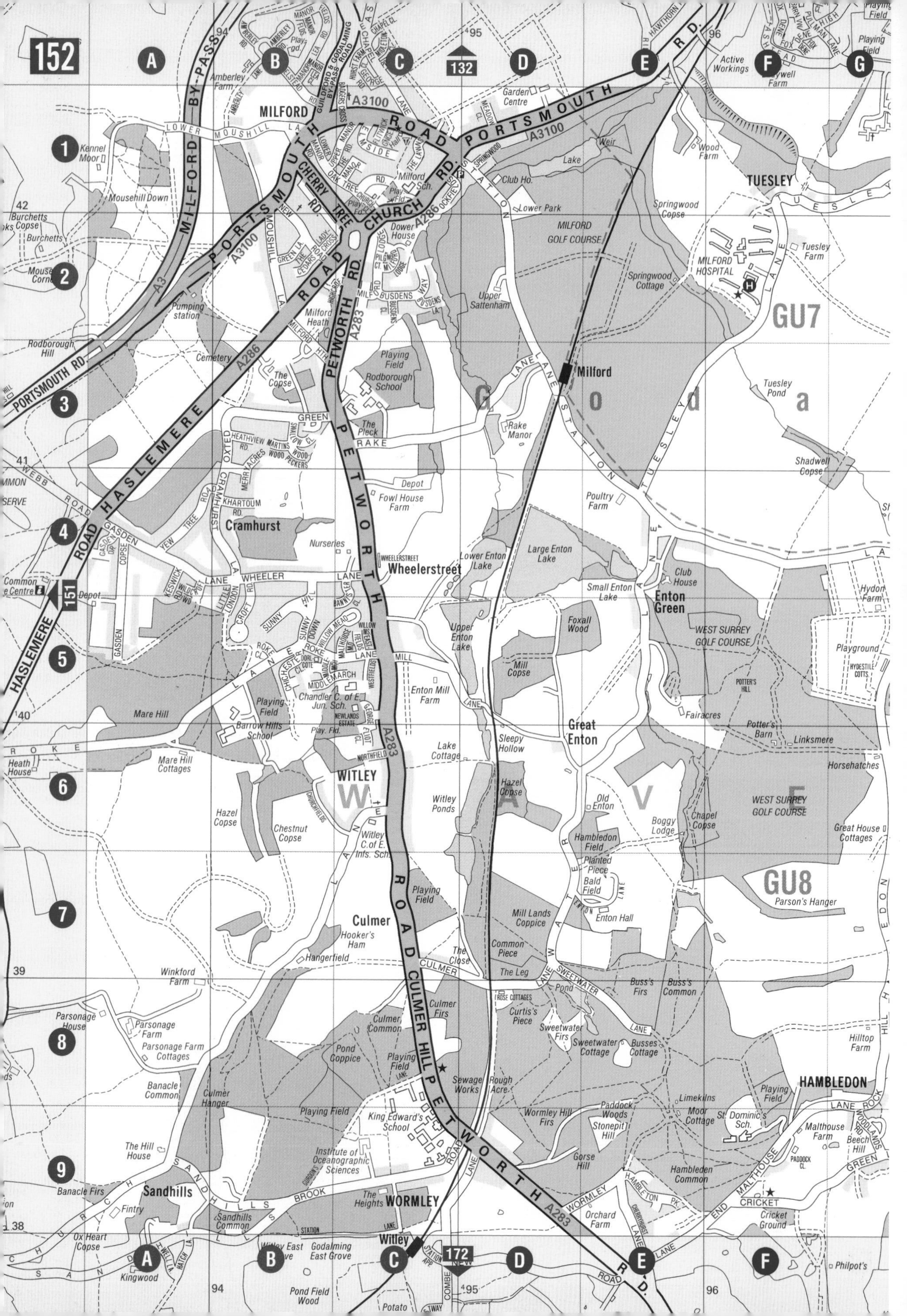

MILFORD
PORTSMOUTH ROAD
A3100
MILFORD-BY-PASS
A3
Kennel Moor
Mousehill Down
Burchetts Copse
Burchetts
Mouse Corner
Pumping station
Rodborough Hill
PORTSMOUTH RD.
Cemetery
A286
HASLEMERE ROAD
CHURCH RD.
PETWORTH RD.
A283
CHERRY TREE RD.
MOUSHILL LA
LOWER MOUSHILL LA
Amberley Farm
GUILDFORD & GODALMING BY-PASS ROAD
Garden Centre
Active Workings
Flaywell Farm
Weir
Lake
Wood Farm
TUESLEY
Club Ho.
Lower Park
Milford Sch.
Dower House
MILFORD GOLF COURSE
Springwood Copse
Springwood Cottage
MILFORD HOSPITAL
Tuesley Farm
GU7
Upper Sattenham
Milford Heath
Playing Field
Rodborough School
Milford
Tuesley Pond
The Copse
The Pleck
RAKE
Rake Manor
STATION LANE
TUESLEY LA
Shadwell Copse
Depot
Fowl House Farm
Poultry Farm
Cramhurst
Nurseries
Wheelerstreet
Lower Enton Lake
Large Enton Lake
Club House
Small Enton Lake
Enton Green
Hydon Farm
Foxall Wood
WEST SURREY GOLF COURSE
Playground
HYDESTILE COTTS
POTTER'S HILL
Upper Enton Lake
Mill Copse
Enton Mill Farm
Common Centre
Depot
WHEELER LANE
MILL LANE
Playing Field
Barrow Hills School
Chandler C. of E. Jun. Sch.
Mare Hill
Fairacres
Great Enton
Sleepy Hollow
Lake Cottage
Potter's Barn
Linksmere
Heath House
Mare Hill Cottages
WITLEY
Hazel Copse
Horsehatches
Old Enton
Hazel Copse
Chestnut Copse
Witley Ponds
Boggy Lodge
Chapel Copse
Witley C.of E. Infs. Sch.
Hambledon Field
Planted Piece
Bald Field
Great House Cottages
GU8
Parson's Hanger
Playing Field
Culmer
Hooker's Ham
Mill Lands Coppice
Enton Hall
Common Piece
Hangerfield
The Close
The Leg
CULMER
Winkford Farm
SWEETWATER LANE
Buss's Firs
Buss's Common
Culmer Firs
Parsonage House
Parsonage Farm
Parsonage Farm Cottages
Culmer Common
Curtis's Piece
Sweetwater Firs
Sweetwater Cottage
Busses Cottage
Hilltop Farm
Pond Coppice
Playing Field
Sewage Works
Rough Acre
Banacle Common
Culmer Hanger
HAMBLEDON
Playing Field
Limekilns
Moor Cottage
St. Dominic's Sch.
Paddock Woods
Wormley Hill Firs
Stonepit Hill
King Edward's School
Malthouse Farm
Beech Hill
The Hill House
Institute of Oceanographic Sciences
Gorse Hill
Hambleden Common
CULMER HILL
PETWORTH ROAD
Banacle Firs
Sandhills
Fintry
Sandhills Common
BROOK
The Heights
WORMLEY
Orchard Farm
CRICKET
Cricket Ground
Ox Heart Copse
Witley
Witley East Grove
Godalming East Grove
Kingwood
Pond Field Wood
Potato
Philpot's
A B C D E F G
1 2 3 4 5 6 7 8 9
94 95 96
38 39 40 41 42
132
151
172

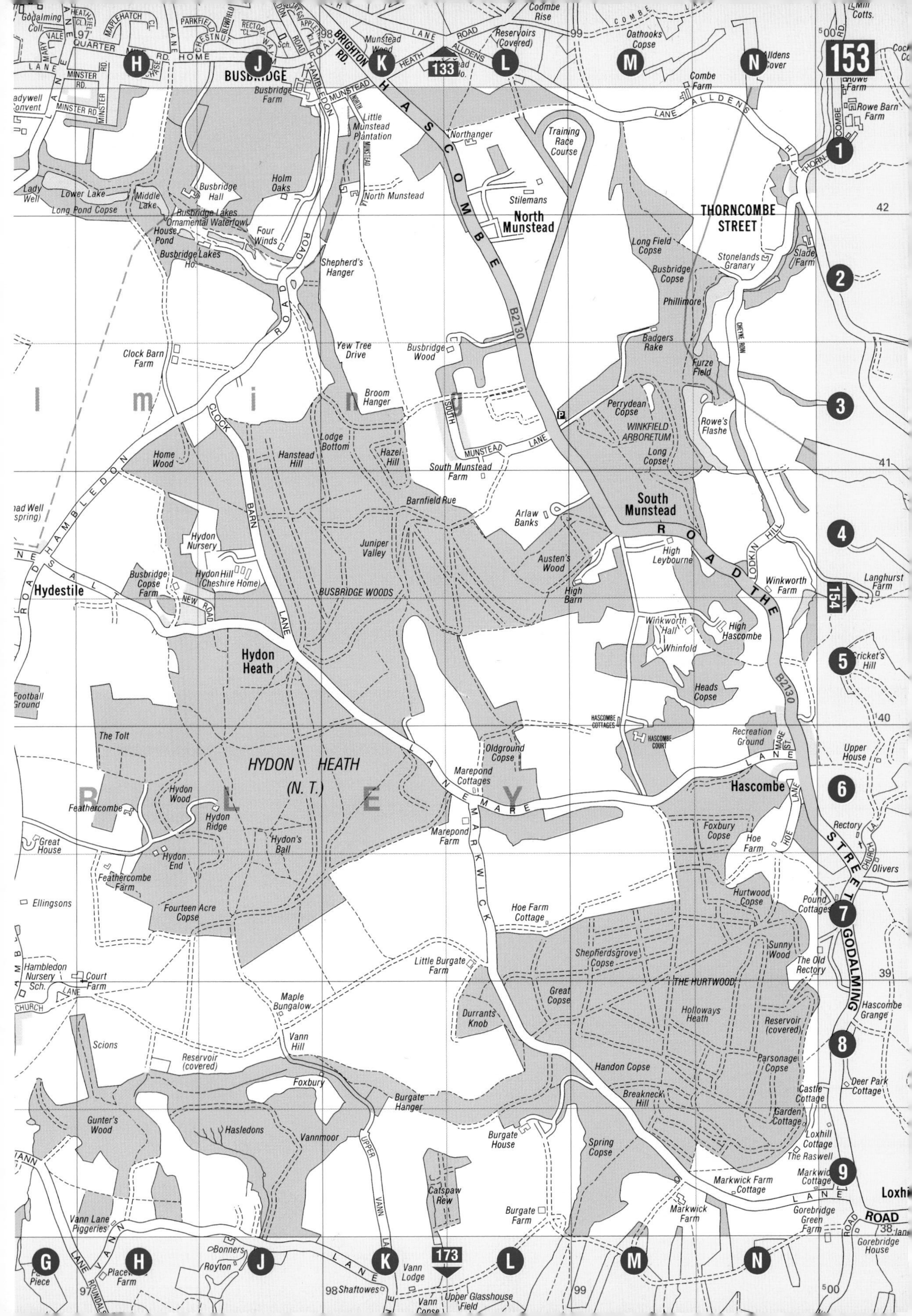
Godalming Coll.
BUSBRIDGE
Busbridge Farm
Little Munstead Plantation
Northanger
Training Race Course
Combe Farm
Alldens Cover
Oathooks Copse
Coombe Rise
Reservoirs (Covered)
Munstead Wood
133
Rowe Farm
Rowe Barn Farm
Ladywell Convent
Lady Well
Lower Lake
Long Pond Copse
Middle Lake
Busbridge Hall
Busbridge Lakes Ornamental Waterfowl
House Pond
Busbridge Lakes Ho.
Holm Oaks
Four Winds
North Munstead
Stilemans
North Munstead
THORNCOMBE STREET
Long Field Copse
Busbridge Copse
Stonelands Granary
Slade Farm
Phillimore
Shepherd's Hanger
Clock Barn Farm
Yew Tree Drive
Busbridge Wood
Badgers Rake
Furze Field
Broom Hanger
Perrydean Copse
WINKFIELD ARBORETUM
Rowe's Flashe
Lodge Bottom
Hanstead Hill
Hazel Hill
Home Wood
South Munstead Farm
Long Copse
Barnfield Rue
Arlaw Banks
South Munstead
Lad Well (spring)
Hydon Nursery
Juniper Valley
Austen's Wood
High Leybourne
Winkworth Farm
Langhurst Farm
154
Hydestile
Busbridge Copse Farm
Hydon Hill (Cheshire Home)
BUSBRIDGE WOODS
High Barn
Winkworth Hall
High Hascombe
Whinfold
Hydon Heath
Cricket's Hill
Heads Copse
Football Ground
Hascombe Cottages
Hascombe Court
Recreation Ground
Upper House
The Tolt
HYDON HEATH (N.T.)
Oldground Copse
Marepond Cottages
Hascombe
Hydon Wood
Feathercombe
Hydon Ridge
Marepond Farm
Foxbury Copse
Hoe Farm
Rectory
Great House
Hydon's Ball
Hydon End
Olivers
Feathercombe Farm
Ellingsons
Fourteen Acre Copse
Hoe Farm Cottage
Hurtwood Copse
Pound Cottages
Shepherdsgrove Copse
Sunny Wood
The Old Rectory
Little Burgate Farm
Hambledon Nursery Sch.
Court Farm
Great Copse
THE HURTWOOD
Maple Bungalow
Durrants Knob
Holloways Heath
Hascombe Grange
Reservoir (covered)
Scions
Vann Hill
Reservoir (covered)
Handon Copse
Parsonage Copse
Foxbury
Burgate Hanger
Breakneck Hill
Castle Cottage
Deer Park Cottage
Gunter's Wood
Hasledons
Vannmoor
Burgate House
Spring Copse
Garden Cottage
Loxhill Cottage
The Raswell
Markwick Cottage
Markwick Farm Cottage
Catspaw Rew
Vann Lane Piggeries
Burgate Farm
Markwick Farm
Gorebridge Green Farm
Gorebridge House
Bonners
Royton
Placehouse Farm
Vann Lodge
Shaftowes
Upper Glasshouse Field
Vann Copse
173
HASCOMBE ROAD
B2130
THE ROAD
STREET
GODALMING ROAD
HAMBLEDON ROAD
CLOCK BARN LANE
MAREPOND LANE
MARKWICK LANE
ALLDENS LANE
THORNCOMBE
SOUTH MUNSTEAD LANE
SALT LANE
NEW ROAD
UPPER VANN LANE
VANN LANE
CHURCH LANE
HOE LANE
LODKIN HILL
CHEYNE ROW
ROAD
Loxhill
H J K L M N
G H J K L M N
1 2 3 4 5 6 7 8 9
97 98 99 500
42 41 40 39 38
BRIGHTON RD.
HOME MILL RD.
MINSTER RD.
HEATH LANE
COMBE LANE
ELMBRIDGE
BRAMLEY
Mill Cotts.

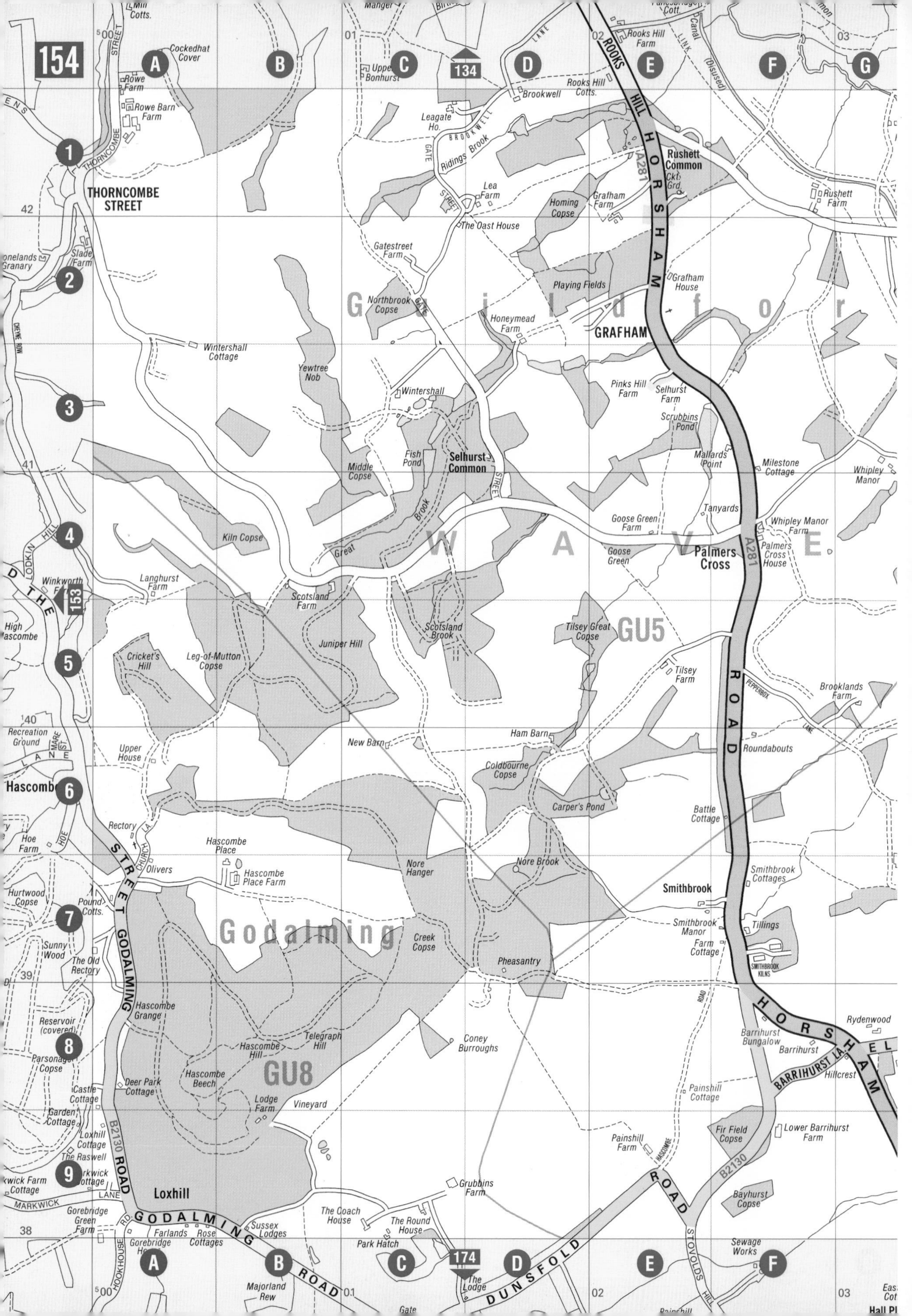
Thorncombe Street
Rowe Farm
Rowe Barn Farm
Cockedhat Cover
Upper Bonhurst
Brookwell
Rooks Hill Cotts.
Rooks Hill Farm
Leagate Ho.
Brookwell
Ridings Brook
Rushett Common
Ckt. Grd.
Rushett Farm
Lea Farm
Grafham Farm
Homing Copse
The Oast House
Gatestreet Farm
Playing Fields
Grafham House
Northbrook Copse
Honeymead Farm
GRAFHAM
Guildford
Slade Farm
Wintershall Cottage
Yewtree Nob
Wintershall
Pinks Hill Farm
Selhurst Farm
Scrubbins Pond
Mallards Point
Milestone Cottage
Whipley Manor
Fish Pond
Middle Copse
Selhurst Common
Kiln Copse
Great Brook
Goose Green Farm
Tanyards
Whipley Manor Farm
Goose Green
Palmers Cross
Palmers Cross House
Waverley
Langhurst Farm
Winkworth Farm
Scotsland Farm
Juniper Hill
Scotsland Brook
Tilsey Great Copse
GU5
Tilsey Farm
High Hascombe
Cricket's Hill
Leg-of-Mutton Copse
Brooklands Farm
Recreation Ground
Mare St.
Lane
Upper House
New Barn
Ham Barn
Roundabouts
Coldbourne Copse
Hascombe
Carper's Pond
Battle Cottage
Rectory
Church La.
Hascombe Place
Hoe Farm
Hoe
Nore Hanger
Nore Brook
Olivers
Hascombe Place Farm
Smithbrook Cottages
Smithbrook
Hurtwood Copse
Pound Cotts.
Godalming
Creek Copse
Smithbrook Manor
Tillings
Farm Cottage
Smithbrook Kilns
Sunny Wood
The Old Rectory
Pheasantry
Hascombe Grange
Reservoir (covered)
Coney Burroughs
Telegraph Hill
Hascombe Hill
Rydenwood
Barrihurst Bungalow
Barrihurst
Parsonage Copse
Hascombe Beech
GU8
Hillcrest
Castle Cottage
Deer Park Cottage
Lodge Farm
Vineyard
Painshill Cottage
Barrihurst La.
Garden Cottage
Loxhill Cottage
The Raswell
Painshill Farm
Fir Field Copse
Lower Barrihurst Farm
Markwick Cottage
Markwick Farm Cottage
Loxhill
Grubbins Farm
Markwick Lane
Gorebridge Green Farm
The Coach House
The Round House
Sussex Lodges
Bayhurst Copse
Farlands
Rose Cottages
Gorebridge Ho.
Park Hatch
Sewage Works
Hookhouse Rd.
The Lodge
Majorland Rew
Horsham Road
Rooks Hill
A281
B2130 Road
Godalming Road
Dunsfold Road
Hascombe Road
Stovolds Hill
Pepperbox Lane
Thorncombe Street
Godalming Street
Lodkin Hill
Cheyne Row
Canal (Disused)
Link
Gatestreet
Stonelands Granary
Mill Cotts.
Manger
Painshill
Gate
Hall Pl
134
153
174
A
B
C
D
E
F
G
1
2
3
4
5
6
7
8
9
00
01
02
03
38
39
40
41
42

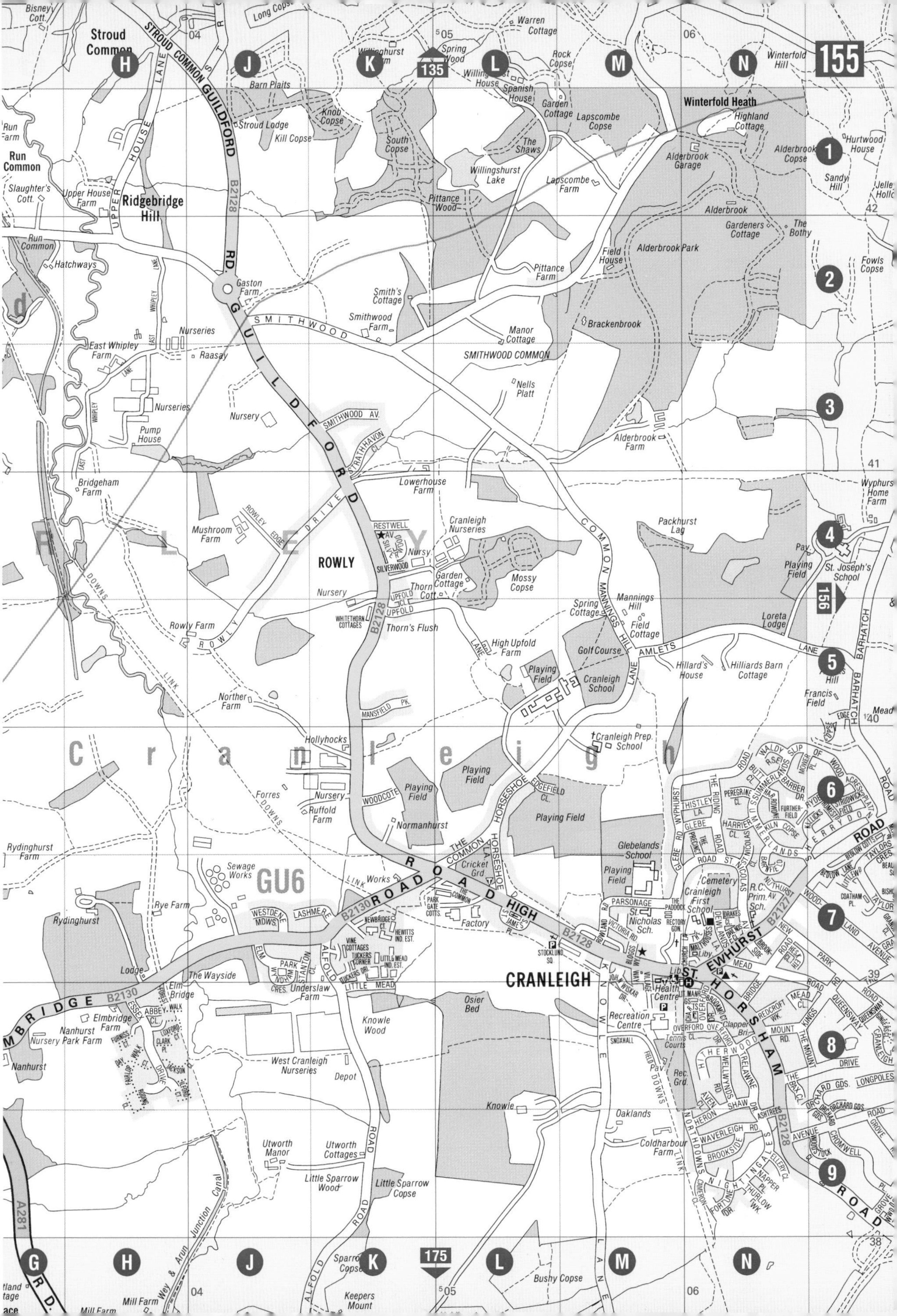
Bisney Cott.
Stroud Common
Long Copse
Warren Cottage
Willinghurst Farm
Spring Wood
135
Willinghurst House
Spanish House
Rock Copse
Winterfold Hill
H
J
K
L
M
N
04
05
06
Barn Plaits
Knob Copse
Garden Cottage
Lapscombe Copse
Winterfold Heath
Highland Cottage
Stroud Lodge
Kill Copse
South Copse
The Shaws
Alderbrook Garage
Alderbrook Copse
Hurtwood House
Run Farm
Run Common
Willingshurst Lake
Lapscombe Farm
Sandy Hill
Slaughter's Cott.
Upper House Farm
Ridgebridge Hill
Pittance Wood
Alderbrook
42
Gardeners Cottage
The Bothy
Run Common
Hatchways
Field House
Alderbrook Park
Pittance Farm
Fowls Copse
Gaston Farm
Smith's Cottage
Smithwood Farm
Brackenbrook
Manor Cottage
SMITHWOOD COMMON
Nurseries
East Whipley Farm
Raasay
Nells Platt
Nurseries
Nursery
Pump House
SMITHWOOD AV.
STRATHAVON CL.
Alderbrook Farm
41
Bridgeham Farm
Lowerhouse Farm
Wyphurst Home Farm
Mushroom Farm
ROWLEY DRIVE
EDGE
RESTWELL AV.
Cranleigh Nurseries
Packhurst Lag
St. Joseph's School
Playing Field
Pay
ROWLY
SILVERWOOD
Nursy.
Garden Cottage
Mossy Copse
Nursery
Thorn Cott.
UPFOLD CL.
UPFOLD
WHITETHORN COTTAGES
Mannings Hill
Spring Cottage
Field Cottage
Loreta Lodge
156
Rowly Farm
ROWLY
Thorn's Flush
High Upfold Farm
Golf Course
AMLETS LANE
Hillard's House
Hilliards Barn Cottage
Playing Field
Cranleigh School
Francis Field
Norther Farm
LINK
DOWNS
MANSFIELD PK.
COMMON MANNINGS HILL LANE
BARHATCH ROAD
40
Cranleigh Prep. School
Hollyhocks
Cranleigh
Playing Field
Forres
DOWNS
Nursery
Ruffold Farm
WOODCOTE
Playing Field
EDGEFIELD CL.
HORSESHOE
Playing Field
THE RIDING
THISTLEY LA.
PEREGRINE CL.
HARRIER CL.
GLEBE
SUMMERLANDS
KILN COPSE
BARNFIELD
SHERRYDON
Normanhurst
Rydinghurst Farm
Sewage Works
GU6
Works
THE COMMON
Cricket Grd
HORSESHOE LA.
Glebelands School
Playing Field
Cemetery
Cranleigh First School
R.C. Prim. Sch.
NUTHURST AV.
ROAD
Rye Farm
Rydinghurst
WESTDENE MDWS.
LASHMERE
B2130
ROAD
NEWBRIDGE CT.
HEWITTS IND. EST.
PARK GATE COTTS.
Factory
ST. JAMES
HIGH
B2128
PARSONAGE
St. Nicholas Sch.
THE PADDOCK
RECTORY GDN.
DRAKES CL.
B2127
ELM
PARK
STANTON CL.
VINE COTTAGES
TUCKERS CORNER
LITTLE MEAD IND. EST.
STOCKLUND SQ.
ROWLAND RD.
VICTORIA RD.
BLOGGS WAY
Liby.
EWHURST
ST.
MEAD
NEW PARK
39
Lodge
The Wayside
WYNDHAM CRES.
ALFORD
Underslaw Farm
LITTLE MEAD
CRANLEIGH
VILLAGE WAY
Health Centre
HORSHAM
MEAD CL.
QUEENSWAY
Elm Bridge
ABBEY CL.
Elmbridge Farm
Nanhurst
Nursery Park Farm
Osier Bed
Knowle Wood
Recreation Centre
OVERFORD
Clappers Bri.
REDCROFT WK.
MOUNT RD.
KINGS
CRANLEIGH
FURNISS CT.
LUXFORD CL.
CLARK PL.
West Cranleigh Nurseries
Depot
SNOXHALL
Tennis Courts
HITHERWOOD
TRELAWNE
THE MOUNT
DRIVE
Nanhurst
JACKSON CL.
Knowle
Rec. Grd.
WELLWYNDS RD.
SHAW
THE BAY CL.
ORCHARD GDS.
LONGPOLES
HERON
Oaklands
ASHTREES
AVENUE
CROMWELL
Utworth Manor
Utworth Cottages
Coldharbour Farm
WAVERLEIGH RD.
BROOKSIDE
NIGHTINGALE
NAPPER
Little Sparrow Wood
Little Sparrow Copse
Junction Canal
Wey & Arun
A281
ROAD
NORTHDOWNS
CAMERON CL.
FORTUNE DR.
THURLOW WK.
ROAD
38
KNOWLE LANE
ALFORD ROAD
G
H
J
K
L
M
N
175
Sparrow Copse
Bushy Copse
04
05
06
Mill Farm
Keepers Mount
Mill Farm
1
2
3
4
5
6
7
8
9

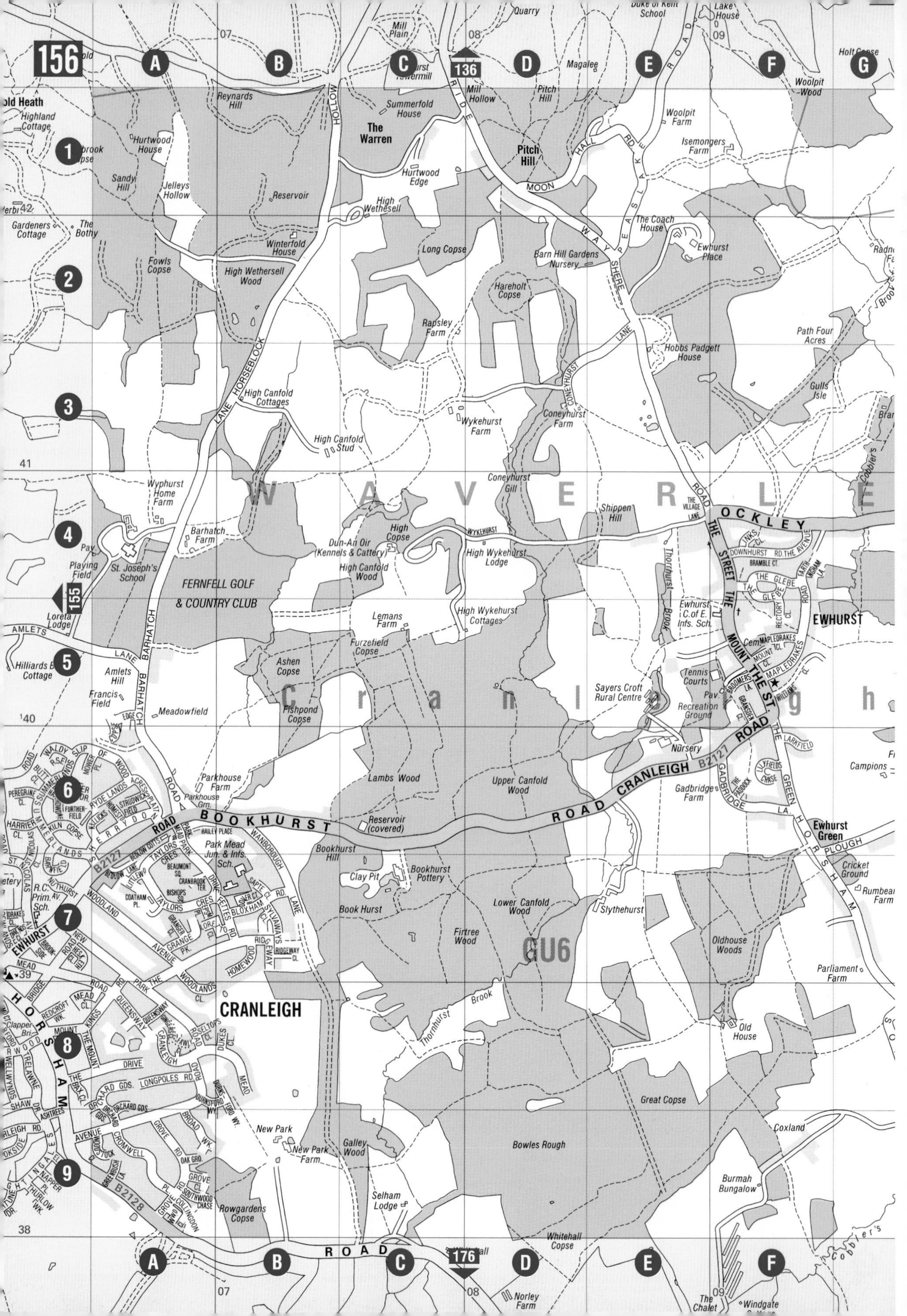
CRANLEIGH
EWHURST
Ewhurst Green
W A V E R L E Y
C r a n l e i g h
GU6
The Warren
Pitch Hill
Reynards Hill
Summerfold House
Hurtwood House
Sandy Hill
Jelleys Hollow
Reservoir
High Wethesell
Hurtwood Edge
Winterfold House
Fowls Copse
High Wethersell Wood
Long Copse
Barn Hill Gardens Nursery
Hareholt Copse
Rapsley Farm
The Coach House
Ewhurst Place
Woolpit Farm
Isemongers Farm
Woolpit Wood
Hobbs Padgett House
Path Four Acres
Gulls Isle
High Canfold Cottages
High Canfold Stud
Wykehurst Farm
Coneyhurst Farm
Coneyhurst Gill
Shippen Hill
Wyphurst Home Farm
Barhatch Farm
St. Joseph's School
Playing Field
FERNFELL GOLF & COUNTRY CLUB
High Copse
Dun-An Oir (Kennels & Cattery)
High Canfold Wood
High Wykehurst Lodge
High Wykehurst Cottages
Lemans Farm
Furzefield Copse
Ashen Copse
Fishpond Copse
Amlets Hill
Francis Field
Meadowfield
Loreta Lodge
Hilliards Cottage
Sayers Croft Rural Centre
Tennis Courts
Recreation Ground
Nursery
Gadbridge Farm
Campions
Parkhouse Farm
Lambs Wood
Upper Canfold Wood
Reservoir (covered)
Bookhurst Hill
Clay Pit
Bookhurst Pottery
Book Hurst
Lower Canfold Wood
Firtree Wood
Slythehurst
Oldhouse Woods
Cricket Ground
Rumbear Farm
Parliament Farm
Old House
Thornhurst Brook
Park Mead Jun. & Infs. Sch.
Ewhurst C.of E. Infs. Sch.
R.C. Prim. Sch.
Great Copse
Bowles Rough
Coxland
Burmah Bungalow
New Park
New Park Farm
Galley Wood
Selham Lodge
Rowgardens Copse
Whitehall Copse
Norley Farm
The Chalet
Windgate
Highland Cottage
Gardeners Cottage
The Bothy
Mill Plain
Quarry
Duke of Kent School
Lake House
Magalee
Holt Copse
BOOKHURST ROAD
CRANLEIGH ROAD
B2127
B2128
OCKLEY
HORSHAM
HORSEBLOCK LANE
BARHATCH LANE
SHERE ROAD
PEASLAKE WAY
MOON HALL RD
HOLLOW
RIDE
AMLETS LANE
THE STREET
THE MOUNT
THE ST.
PLOUGH LA.
GREEN LA.
WYKEHURST
CONEYHURST LANE
WANBOROUGH LANE
136
155
176
07
08
09
38
39
40
41
42

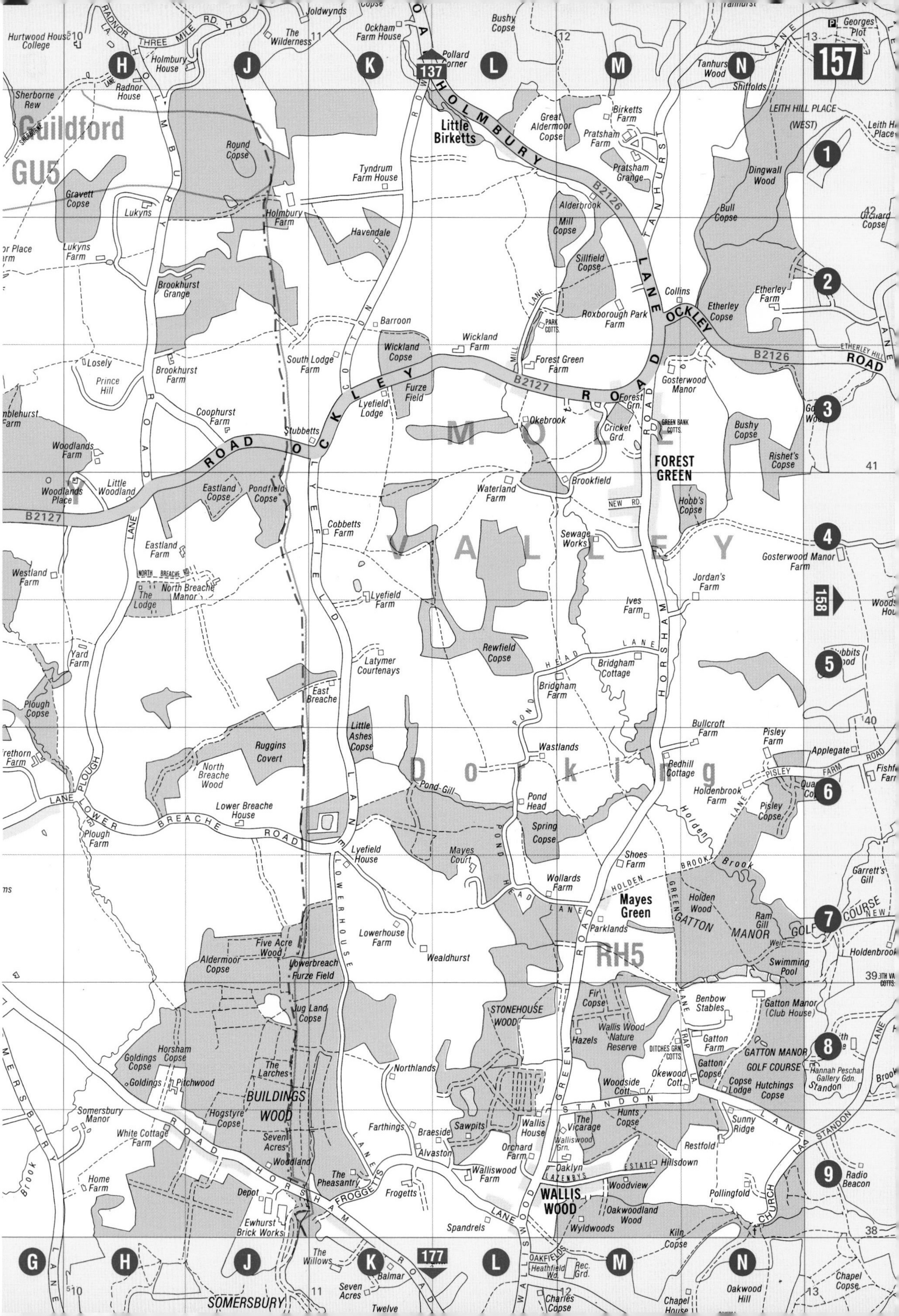
Hurtwood House College
RADNOR
THREE MILE RD.
Holmbury House
Joldwynds
The Wilderness
Ockham Farm House
Pollard Corner
137
Bushy Copse
Tanhurst Wood
Shiftolds
Georges Plot
H
J
K
L
M
N
Radnor House
Sherborne Rew
Guildford
GU5
HOLMBURY ROAD
Round Copse
Gravett Copse
Lukyns
Lukyns Farm
Holmbury Farm
Tyndrum Farm House
Little Birketts
HOLMBURY
Great Aldermoor Copse
Birketts Farm
Pratsham Farm
Pratsham Grange
TANHURST LANE
LEITH HILL PLACE (WEST)
Leith Hill Place
Dingwall Wood
Bull Copse
Orchard Copse
1
2
3
4
5
6
7
8
9
B2126
Alderbrook
Mill Copse
Havendale
Brookhurst Grange
Sillfield Copse
Collins
Etherley Farm
Etherley Copse
ETHERLEY HILL
OCKLEY ROAD
Roxborough Park Farm
PARK COTTS.
Barroon
COTTON ROW
Wickland Copse
Wickland Farm
Forest Green Farm
MILL LANE
Losely
Prince Hill
Brookhurst Farm
South Lodge Farm
Furze Field
Lyefield Lodge
B2127
Gosterwood Manor
Forest Grn.
Okebrook
Cricket Grd.
GREEN BANK COTTS.
Bushy Copse
Rishet's Copse
Coophurst Farm
Stubbetts
MOLE VALLEY
Woodlands Farm
Woodlands Place
Little Woodland
Eastland Copse
Pondfield Copse
Waterland Farm
Brookfield
FOREST GREEN
Hobb's Copse
41
NEW RD.
Cobbetts Farm
Sewage Works
Gosterwood Manor Farm
Eastland Farm
NORTH BREACHE RD.
Westland Farm
The Lodge
North Breache Manor
LYEFIELD LANE
Lyefield Farm
Jordan's Farm
Ives Farm
158
Yard Farm
Rewfield Copse
HEAD LANE
Bridgham Cottage
Latymer Courtenays
Bridgham Farm
East Breache
HORSHAM ROAD
Plough Copse
Little Ashes Copse
Bullcroft Farm
40
Pisley Farm
Applegate
Ruggins Covert
POND HEAD
Wastlands
Dorking
Redhill Cottage
PISLEY FARM ROAD
North Breache Wood
Holdenbrook Farm
Pisley Copse
PLOUGH LANE
Pond Gill
Pond Head
Lower Breache House
LOWER BREACHE ROAD
Spring Copse
Holden Brook
Plough Farm
Lyefield House
Mayes Court
Shoes Farm
Garrett's Gill
Wollards Farm
LOWERHOUSE LANE
HOLDEN
Mayes Green
GATTON MANOR
Ram Gill
GOLF COURSE
NEW
Holdenbrook
Five Acre Wood
Lowerhouse Farm
Parklands
Weir
Aldermoor Copse
Wealdhurst
RH5
Swimming Pool
Lowerbreach Furze Field
39
Fir Copse
STONEHOUSE WOOD
Benbow Stables
Gatton Manor (Club House)
Jug Land Copse
Wallis Wood Nature Reserve
Hazels
DITCHES GRN. COTTS.
Gatton Farm
GATTON MANOR GOLF COURSE
Hannah Peschar Gallery Gdn.
Goldings Copse
Horsham Copse
The Larches
Northlands
Gatton Copse
Okewood Cott.
Woodside Cott.
Goldings
Pitchwood
BUILDINGS WOOD
Copse Lodge
Hutchings Copse
Standon
STANDON LANE
Somersbury Manor
Hogstyre Copse
Farthings
Braeside
Sawpits
Wallis House
The Vicarage
Hunts Copse
Sunny Ridge
White Cottage Farm
Seven Acres
Walliswood Grn.
Alvaston
Orchard Farm
Restfold
Woodland
Hillsdown
Home Farm
The Pheasantry
Walliswood Farm
Oaklyn
LAZENBYS
ESTATE
Radio Beacon
Frogetts
FROGGETTS LANE
Woodview
Pollingfold
Depot
WALLIS WOOD
Oakwoodland Wood
CHURCH LANE
Ewhurst Brick Works
Spandrels
Wyldwoods
38
HORSHAM ROAD
Kiln Copse
G
The Willows
177
Balmar
OAKFIELDS
Heathfield Wd.
Rec. Grd.
Seven Acres
Oakwood Hill
Chapel Copse
10
11
12
13
SOMERSBURY
Twelve
Charles Copse
Chapel House
SOMERSBURY LANE
Brook

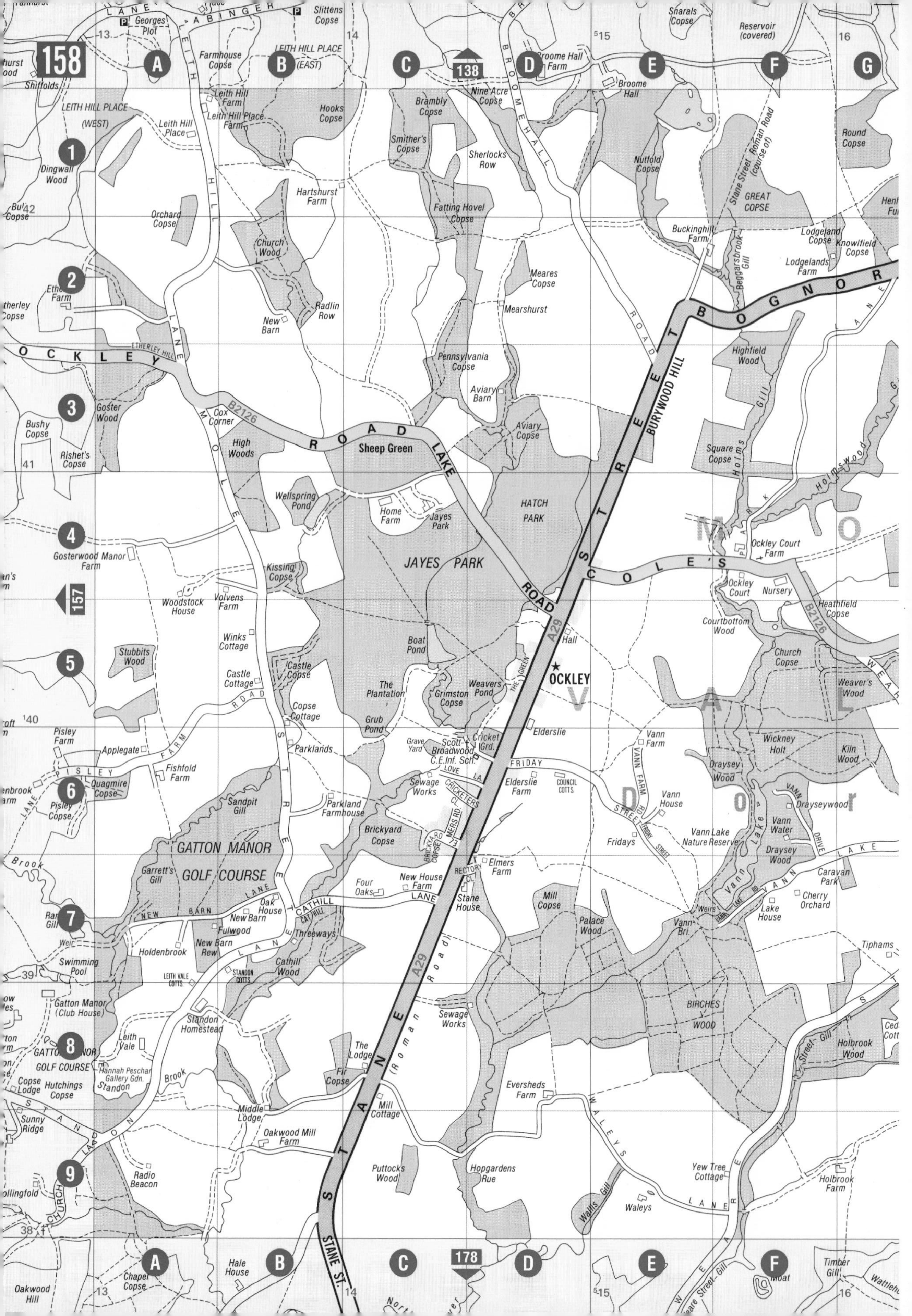
OCKLEY
STANE STREET
(Roman Road)
A29
BURYWOOD HILL
BOGNOR ROAD
COLE'S LANE
ROAD LAKE
B2126
OCKLEY ROAD
MOLE STREET
LEITH HILL LANE
ABINGER LANE
Georges Plot
Slittens Copse
LEITH HILL PLACE (EAST)
LEITH HILL PLACE (WEST)
Farmhouse Copse
Leith Hill Farm
Leith Hill Place Farm
Leith Hill Place
Hooks Copse
Shiffolds
Dingwall Wood
Orchard Copse
Hartshurst Farm
Church Wood
Etherley Farm
Etherley Copse
ETHERLEY HILL
New Barn
Radlin Row
Goster Wood
Bushy Copse
Rishet's Copse
Cox Corner
High Woods
Sheep Green
Wellspring Pond
Home Farm
Jayes Park
JAYES PARK
HATCH PARK
Gosterwood Manor Farm
Kissing Copse
Woodstock House
Volvens Farm
Winks Cottage
Stubbits Wood
Castle Cottage
Castle Copse
Copse Cottage
Boat Pond
The Plantation
Grub Pond
Grimston Copse
Weavers Pond
THE GREEN
Hall
Elderslie
Pisley Farm
Applegate
PISLEY LANE
FARM ROAD
Fishfold Farm
Quagmire Copse
Pisley Copse
Parklands
Grave Yard
Scott-Broadwood C.E.Inf. Sch.
Cricket Grd.
LOVE LA
FRIDAY STREET
Elderslie Farm
COUNCIL COTTS.
Sewage Works
CRICKETERS CL.
Sandpit Gill
Parkland Farmhouse
Brickyard Copse
BRICKYARD COPSE
MERS RD
GATTON MANOR GOLF COURSE
Garrett's Gill
Brook
Four Oaks
New House Farm
RECTORY CL.
Elmers Farm
Stane House
NEW BARN LANE
CATHILL LANE
Oak House
New Barn
Fulwood
Threeways
Holdenbrook
New Barn Rew
Cathill Wood
LEITH VALE COTTS.
STANDON COTTS.
Swimming Pool
Weir
Gatton Manor (Club House)
Standon Homestead
Leith Vale
GATTON MANOR GOLF COURSE
Hannah Peschar Gallery Gdn.
Standon
Copse Lodge
Hutchings Copse
Sunny Ridge
STANDON LANE
CHURCH LANE
Middle Lodge
The Lodge
Fir Copse
Mill Cottage
Oakwood Mill Farm
Radio Beacon
Puttocks Wood
Hopgardens Rue
Hale House
Chapel Copse
Oakwood Hill
Eversheds Farm
WALEYS LANE
Walls Gill
Waleys
Yew Tree Cottage
Holbrook Farm
Holbrook Wood
Street-Gill
Timber Gill
Moat
BIRCHES WOOD
Mill Copse
Palace Wood
Vann Bri.
Weirs
Tiphams
Lake House
Cherry Orchard
Caravan Park
VANN LAKE RD
VANN LAKE DRIVE
Vann Lake
Vann Water
Draysey Wood
Drayseywood
Vann Lake Nature Reserve
Fridays
Vann House
VANN FARM RD
Vann Farm
Wickney Holt
Kiln Wood
Weaver's Wood
Church Copse
Courtbottom Wood
Heathfield Copse
Ockley Court
Nursery
Ockley Court Farm
PARK LANE
Holmswood
Holms Gill
Square Copse
Highfield Wood
Buckinghill Farm
Beggarsbrook Gill
Lodgeland Copse
Knowlfield Copse
Lodgelands Farm
GREAT COPSE
Stane Street Roman Road (course of)
Nutfold Copse
Round Copse
Broome Hall
Broome Hall Farm
BROOMEHALL ROAD
Nine Acre Copse
Brambly Copse
Smither's Copse
Sherlocks Row
Fatting Hovel Copse
Meares Copse
Mearshurst
Pennsylvania Copse
Aviary Barn
Aviary Copse
Snarals Copse
Reservoir (covered)
M O L E V A L L E Y D o r
A B C D E F G
1 2 3 4 5 6 7 8 9
13 14 515 16
38 39 140 41 42
138
157
178

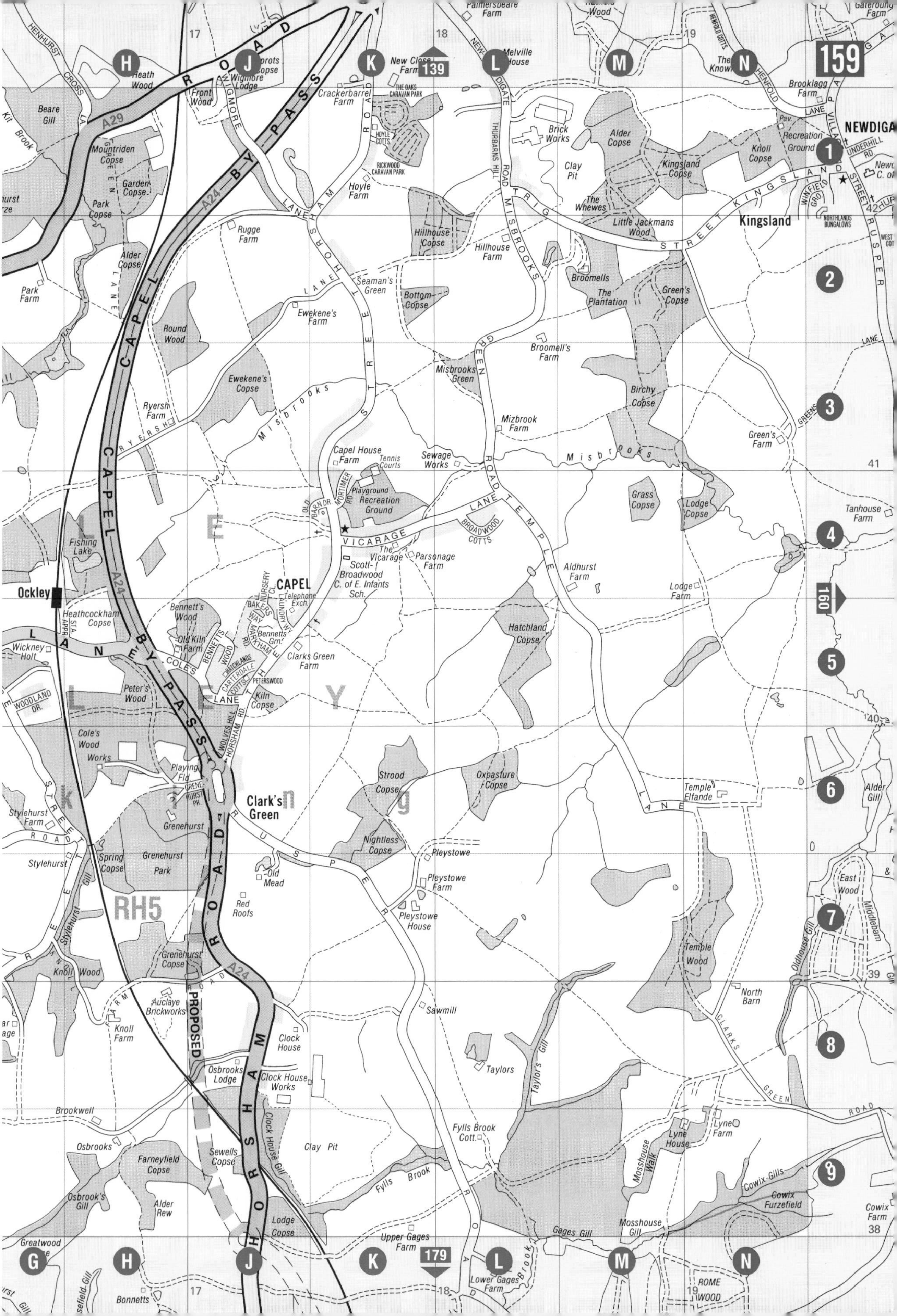

NEWDIGATE
Kingsland
CAPEL
Ockley
Clark's Green
RH5
CAPEL BY-PASS
A24
A29
HORSHAM ROAD
RUSPER ROAD
TEMPLE LANE
VICARAGE LANE
STREET KINGSLAND
TRIG
MISBROOKS GREEN ROAD
Beare Gill
Heath Wood
Front Wood
Mountriden Copse
Garden Copse
Park Copse
Alder Copse
Park Farm
Round Wood
Ewekene's Copse
Ewekene's Farm
Ryersh Farm
Rugge Farm
Hoyle Farm
Seaman's Green
Bottom Copse
Hillhouse Copse
Hillhouse Farm
Brick Works
Clay Pit
Alder Copse
Kingsland Copse
Knoll Copse
The Whewes
Little Jackmans Wood
Broomells
The Plantation
Green's Copse
Broomell's Farm
Misbrooks Green
Birchy Copse
Mizbrook Farm
Green's Farm
Capel House Farm
Recreation Ground
Sewage Works
Grass Copse
Lodge Copse
Tanhouse Farm
Fishing Lake
The Vicarage
Parsonage Farm
Scott-Broadwood C. of E. Infants Sch.
Aldhurst Farm
Lodge Farm
Heathcockham Copse
Bennett's Wood
Old Kiln Farm
Wickney Holt
Clarks Green Farm
Hatchland Copse
Peter's Wood
Kiln Copse
Cole's Wood
Works
Playing Fld
Strood Copse
Oxpasture Copse
Temple Elfande
Alder Gill
Stylehurst Farm
Grenehurst
Spring Copse
Grenehurst Park
Nightless Copse
Pleystowe
Pleystowe Farm
Pleystowe House
Old Mead
Red Roofs
East Wood
Stylehurst
Knoll Wood
Grenehurst Copse
Temple Wood
Auclaye Brickworks
Knoll Farm
PROPOSED
Sawmill
North Barn
Clock House
Osbrooks Lodge
Clock House Works
Taylors
Taylor's Gill
Brookwell
Fylls Brook Cott.
Lyne Farm
Lyne House
Osbrooks
Farneyfield Copse
Sewells Copse
Clay Pit
Mosshouse Walk
Cowix Gills
Cowix Furzefield
Osbrook's Gill
Alder Rew
Fylls Brook
Lodge Copse
Mosshouse Gill
Gages Gill
Upper Gages Farm
Cowix Farm
Greatwood
Lower Gages Farm
Bonnetts
ROME WOOD
Palmersbeare Farm
Melville House
New Close Farm
Crackerbarrel Farm
Wigmore Lodge
Sprots Copse
Brooklagg Farm
Recreation Ground
Gateround Farm
The Knowl

139
160
179

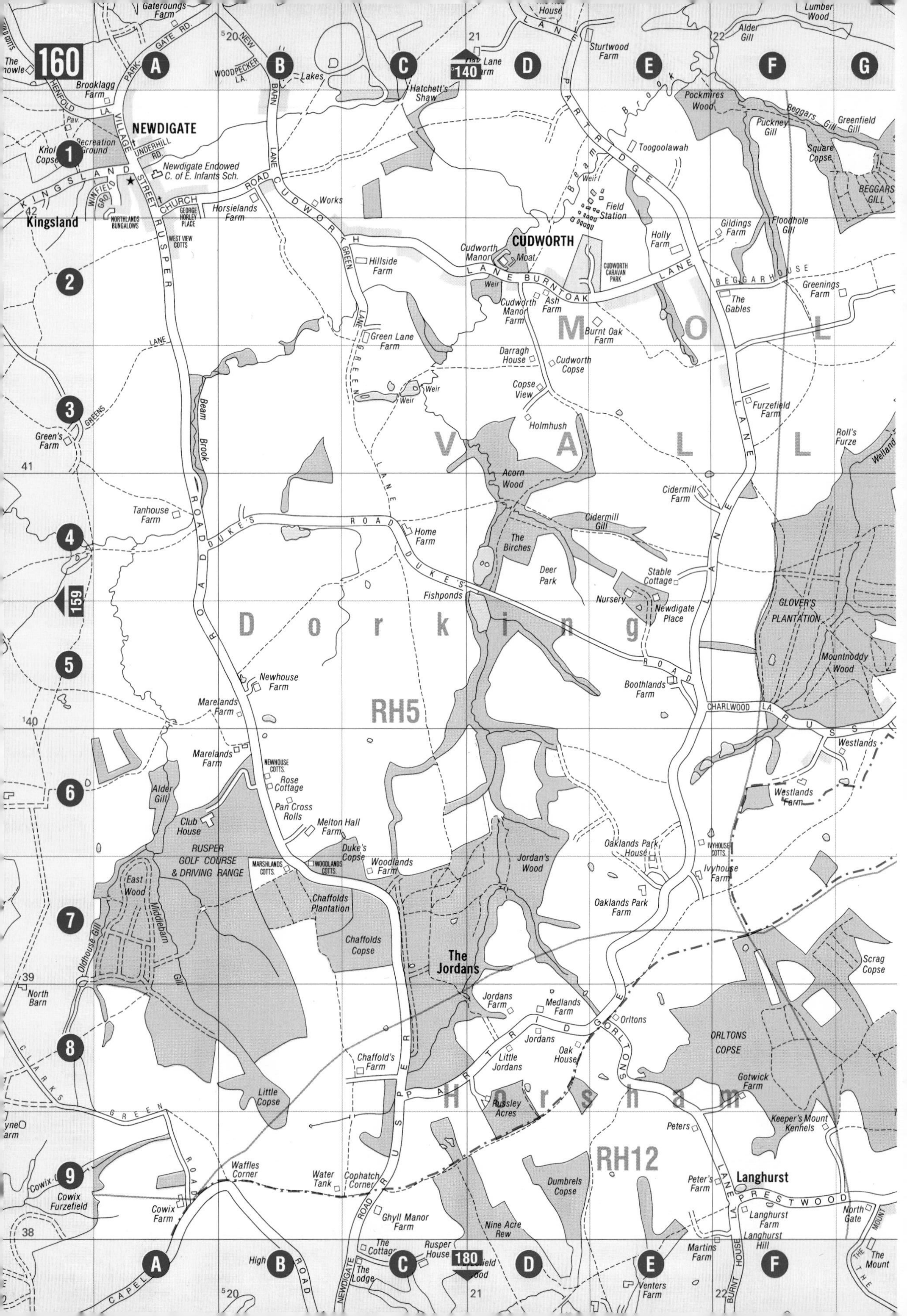

NEWDIGATE
Kingsland
CUDWORTH
Langhurst
Dorking
Horsham
Mole Vall
RH5
RH12
The Jordans
A
B
C
D
E
F
G
1
2
3
4
5
6
7
8
9
140
159
180
Gateroungs Farm
Brooklagg Farm
Knoll Copse
Recreation Ground
Pav.
HENFOLD LA.
PARK GATE RD.
VILLAGE STREET
UNDERHILL RD.
WOODPECKER LA.
NEW BARN LANE
Lakes
Hatchett's Shaw
Sturtwood Farm
Hay Lane Farm
House
Alder Gill
Lumber Wood
Brook
Pockmires Wood
Puckney Gill
Beggars Gill
Greenfield Gill
Square Copse
BEGGARS GILL
Toogoolawah
Newdigate Endowed C. of E. Infants Sch.
KINGSLAND
WINFIELD GRO.
NORTHLANDS BUNGALOWS
GEORGE HORLEY PLACE
WEST VIEW COTTS
CHURCH ROAD
Horsielands Farm
Works
CUDWORTH LANE
Beam Brook
Weir
Field Station
PARTRIDGE LANE
Holly Farm
Gildings Farm
Floodhole Gill
Cudworth Manor
Moat
CUDWORTH CARAVAN PARK
BURNTOAK LANE
BEGGARHOUSE LANE
Greenings Farm
The Gables
Hillside Farm
GREEN LANE
Green Lane Farm
Cudworth Manor Farm
Ash Farm
Burnt Oak Farm
Darragh House
Cudworth Copse
Copse View
Holmhush
Furzefield Farm
Roll's Furze
Welland
RUSPER ROAD
GREENS LANE
Green's Farm
Acorn Wood
Cidermill Farm
Cidermill Gill
Tanhouse Farm
DUKE'S ROAD
Home Farm
The Birches
Deer Park
Stable Cottage
Nursery
Newdigate Place
Fishponds
GLOVER'S PLANTATION
Mountnoddy Wood
Newhouse Farm
Boothlands Farm
CHARLWOOD LA.
RUSS
Westlands
Westlands Farm
Marelands Farm
NEWHOUSE COTTS.
Rose Cottage
Pan Cross Rolls
Melton Hall Farm
Alder Gill
Club House
RUSPER GOLF COURSE & DRIVING RANGE
MARSHLANDS COTTS.
WOODLANDS COTTS.
Duke's Copse
Woodlands Farm
Jordan's Wood
Oaklands Park House
IVYHOUSE COTTS.
Ivyhouse Farm
Oaklands Park Farm
East Wood
Middlebarn Gill
Chaffolds Plantation
Chaffolds Copse
Oldhouse Gill
North Barn
Scrag Copse
Jordans Farm
Medlands Farm
Orltons
ORLTONS LANE
PARTRIDGE
Jordans
Oak House
Little Jordans
ORLTONS COPSE
Chaffold's Farm
CLARKS GREEN
Little Copse
Russley Acres
Gotwick Farm
Peters
Keeper's Mount Kennels
Cowix Furzefield
Cowix Farm
Waffles Corner
Water Tank
Cophatch Corner
Dumbrels Copse
Nine Acre Rew
Peter's Farm
PRESTWOOD LANE
North Gate
THE MOUNT
Ghyll Manor Farm
Langhurst Farm
Langhurst Hill
Martins Farm
BURNT HOUSE LANE
The Mount
CAPEL ROAD
High
NEWDIGATE ROAD
The Cottage
The Lodge
Rusper House
Venters Farm
38
39
40
41
42
5 20
21
22

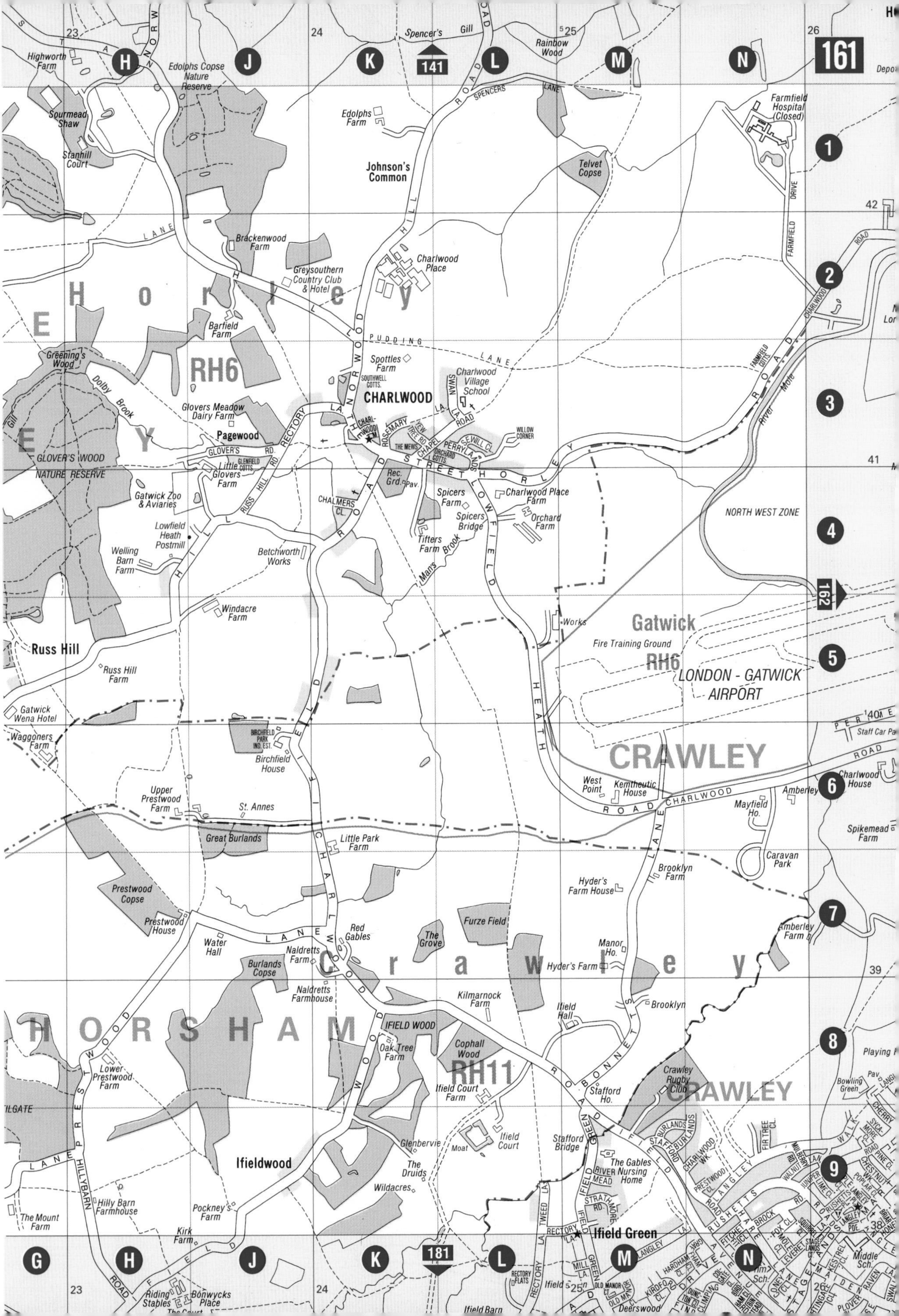

Highworth Farm
Edolphs Copse Nature Reserve
Spencer's Gill
141
Rainbow Wood
Sourmead Shaw
Stanhill Court
Edolphs Farm
Farmfield Hospital (Closed)
Johnson's Common
Telvet Copse
Brackenwood Farm
Charlwood Place
Greysouthern Country Club & Hotel
Farmfield Drive
Horley
Barfield Farm
Greening's Wood
RH6
Dolby Brook
Spottles Farm
Charlwood Village School
CHARLWOOD
Glovers Meadow Dairy Farm
Pagewood
GLOVER'S WOOD NATURE RESERVE
Little Glovers Farm
Gatwick Zoo & Aviaries
Rec. Grd.
Spicers Farm
Charlwood Place Farm
Orchard Farm
Spicers Bridge
Tifters Farm
Mans Brook
NORTH WEST ZONE
Lowfield Heath Postmill
Welling Barn Farm
Betchworth Works
Windacre Farm
162
Gatwick
Works
Fire Training Ground
Russ Hill
Russ Hill Farm
LONDON - GATWICK AIRPORT
Gatwick Wena Hotel
Waggoners Farm
Birchfield Park Ind. Est.
Birchfield House
CRAWLEY
Staff Car Park
West Point
Kemtheutic House
Charlwood House
Upper Prestwood Farm
St. Annes
Amberley
Mayfield Ho.
Spikemead Farm
Great Burlands
Little Park Farm
Caravan Park
Brooklyn Farm
Hyder's Farm House
Prestwood Copse
Prestwood House
Furze Field
Red Gables
The Grove
Amberley Farm
Water Hall
Naldretts Farm
Manor Ho.
Hyder's Farm
Crawley
Burlands Copse
Naldretts Farmhouse
Kilmarnock Farm
Ifield Hall
Brooklyn
HORSHAM
IFIELD WOOD
Cophall Wood
Oak Tree Farm
RH11
Lower Prestwood Farm
Ifield Court Farm
Stafford Ho.
Crawley Rugby Club
CRAWLEY
Playing Fields
Bowling Green
Glenbervie
Moat
Ifield Court
Stafford Bridge
Ifieldwood
The Druids
The Gables Nursing Home
Wildacres
Hilly Barn Farmhouse
The Mount Farm
Pockney's Farm
Kirk Farm
Ifield Green
181
Middle Sch.
Riding Stables
Bonwycks Place
Ifield Barn
Deerswood

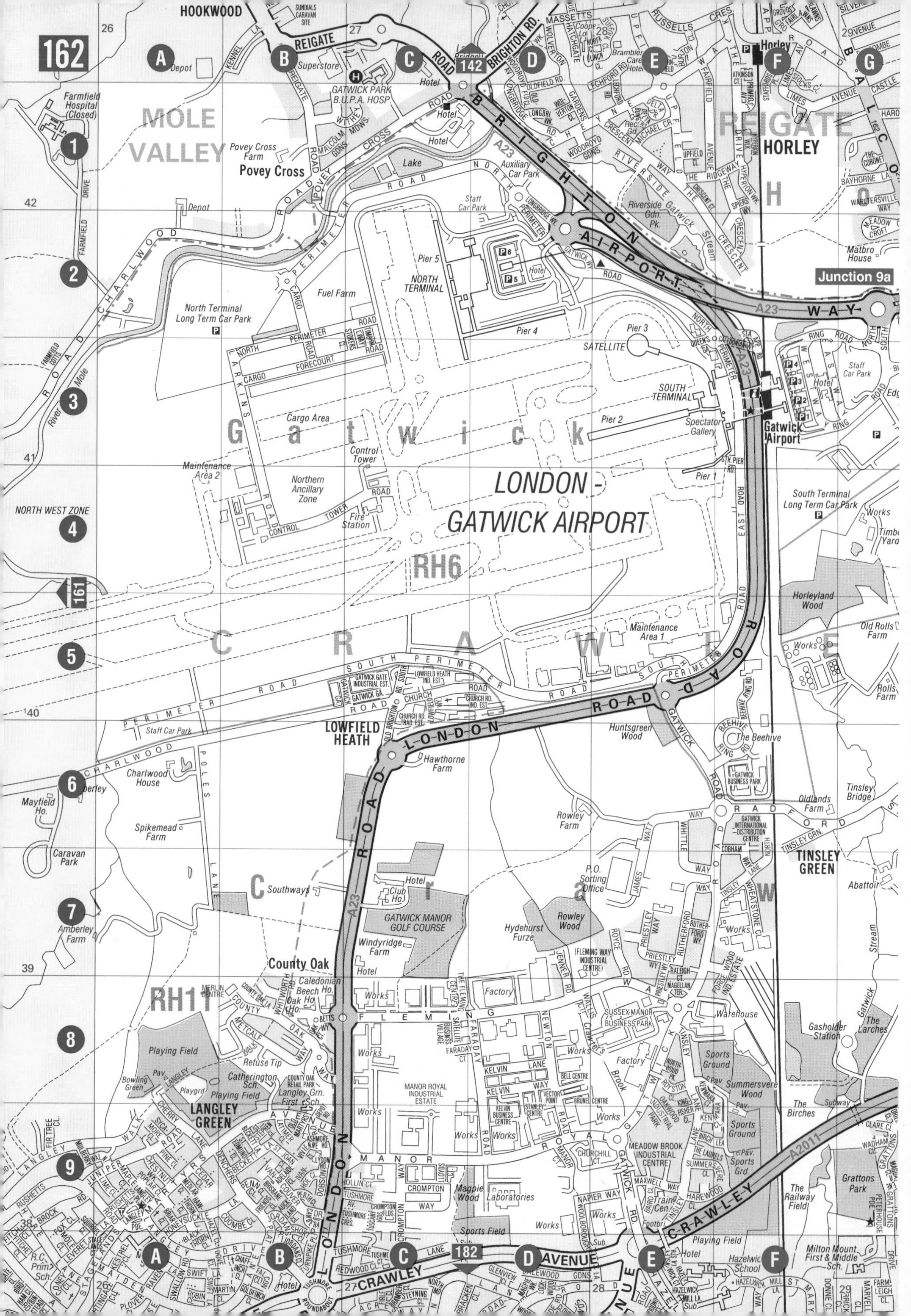
HOOKWOOD
REIGATE
MOLE VALLEY
Povey Cross
Farmfield Hospital (Closed)
GATWICK PARK B.U.P.A. HOSP.
Superstore
Depot
Lake
Auxiliary Car Park
Staff Car Park
North Terminal Long Term Car Park
Fuel Farm
Pier 5
NORTH TERMINAL
Pier 4
Pier 3
SATELLITE
SOUTH TERMINAL
Pier 2
Spectator Gallery
Pier 1
Cargo Area
Control Tower
Maintenance Area 2
Northern Ancillary Zone
Fire Station
NORTH WEST ZONE
LONDON - GATWICK AIRPORT
RH6
Gatwick
CRAWLEY
Maintenance Area 1
Gatwick Airport
South Terminal Long Term Car Park
Horleyland Wood
Old Rolls Farm
Junction 9a
AIRPORT WAY
BRIGHTON ROAD
HORLEY
Riverside Gdn. Pk.
Matbro House
LOWFIELD HEATH
LONDON ROAD
SOUTH PERIMETER ROAD
PERIMETER ROAD
CHARLWOOD ROAD
Huntsgreen Wood
The Beehive
GATWICK BUSINESS PARK
Hawthorne Farm
Charlwood House
Mayfield Ho.
Spikemead Farm
Caravan Park
Rowley Farm
Oldlands Farm
Tinsley Bridge
TINSLEY GREEN
Abattoir
P.O. Sorting Office
Rowley Wood
Hydehurst Furze
GATWICK MANOR GOLF COURSE
Windyridge Farm
Southways
Amberley Farm
County Oak
RH11
FLEMING WAY
MANOR ROYAL INDUSTRIAL ESTATE
Gasholder Station
The Larches
Playing Field
Refuse Tip
LANGLEY GREEN
Catherington Sch.
Bowling Green
Sports Ground
Summersvere Wood
The Birches
MEADOW BROOK INDUSTRIAL CENTRE
Magpie Wood
Laboratories
Sports Field
Grattons Park
The Railway Field
CRAWLEY AVENUE
A2011
A23
Hazelwick School
Milton Mount First & Middle Sch.
161
142
182

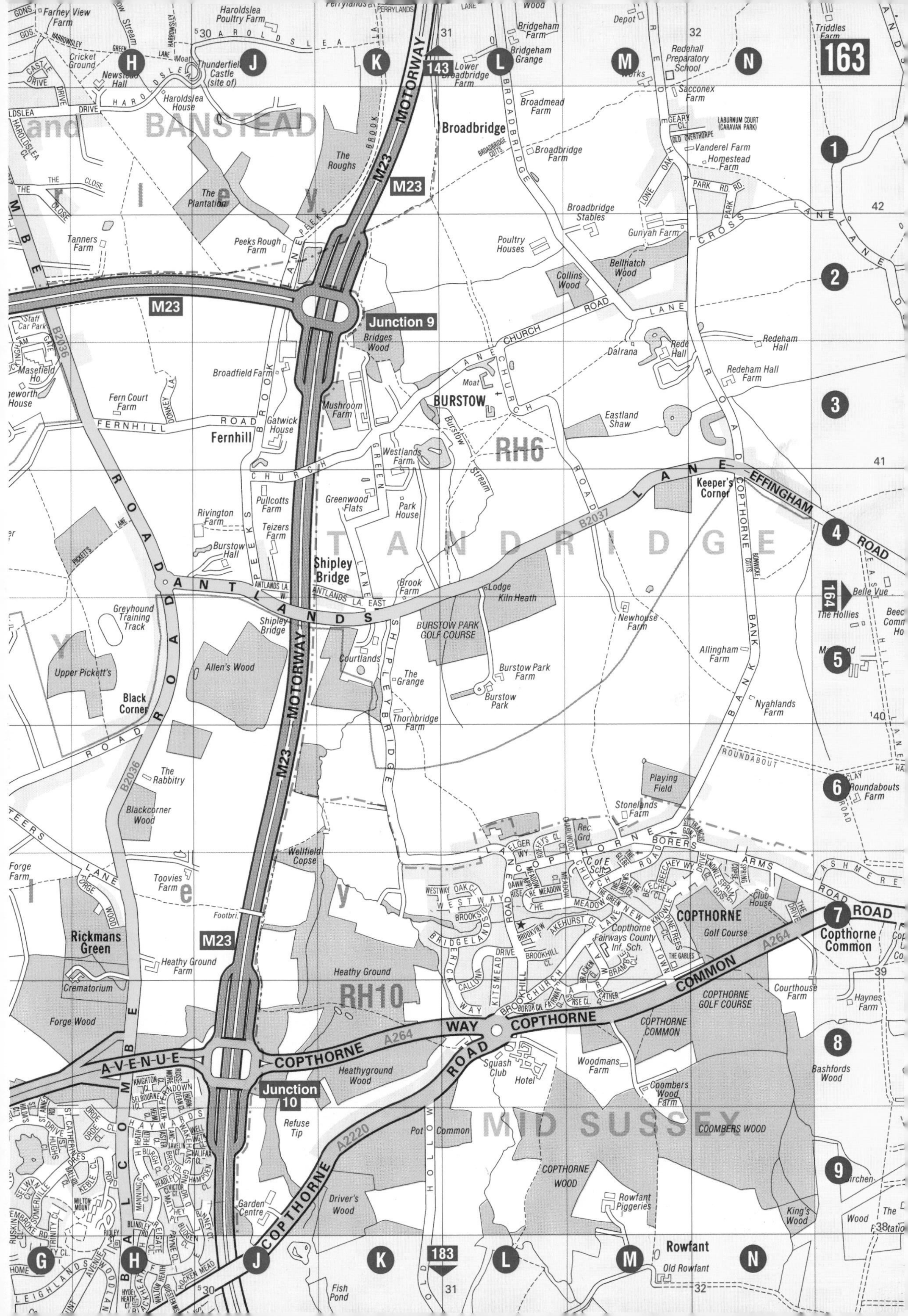
BANSTEAD
Broadbridge
Fernhill
BURSTOW
RH6
TANDRIDGE
Shipley Bridge
Black Corner
Rickmans Green
RH10
COPTHORNE
Copthorne Common
MID SUSSEX
Rowfant
Keeper's Corner
Junction 9
Junction 10
M23
M23 MOTORWAY
A264
A2220
B2036
B2037
143
164
183
Farney View Farm
Haroldslea Poultry Farm
Cricket Ground
Newstead Hall
Thunderfield Castle (site of)
Haroldslea House
HAROLDSLEA DRIVE
The Roughs
The Plantation
Tanners Farm
Peeks Rough Farm
Lower Broadbridge Farm
Bridgeham Farm
Bridgeham Grange
Broadmead Farm
Broadbridge Farm
Depot
Works
Redehall Preparatory School
Sacconex Farm
LABURNUM COURT (CARAVAN PARK)
Vanderel Farm
Homestead Farm
Triddles Farm
Broadbridge Stables
Poultry Houses
Gunyah Farm
Collins Wood
Bellhatch Wood
CROSS LANE
CHURCH ROAD
Dalrana
Rede Hall
Redeham Hall
Redeham Hall Farm
Eastland Shaw
Bridges Wood
Broadfield Farm
Fern Court Farm
FERNHILL ROAD
Gatwick House
Mushroom Farm
Moat
Masefield Ho.
Westlands Farm
Burstow Stream
Pullcotts Farm
Greenwood Flats
Park House
Rivington Farm
Teizers Farm
Burstow Hall
EFFINGHAM ROAD
LANE
Brook Farm
Lodge Kiln Heath
ANTLANDS LANE
ANTLANDS LA. EAST
Greyhound Training Track
Shipley Bridge
Upper Pickett's
Allen's Wood
Courtlands
BURSTOW PARK GOLF COURSE
Burstow Park Farm
Burstow Park
The Grange
Thornbridge Farm
SHIPLEY BRIDGE LANE
Newhouse Farm
Allingham Farm
Nyahlands Farm
COPTHORNE BANK
Belle Vue
The Hollies
Roundabouts Farm
ROUNDABOUT
Playing Field
Stonelands Farm
The Rabbitry
Blackcorner Wood
Wellfield Copse
Forge Farm
Toovies Farm
Rec. Grd.
C of E Sch.
BORERS ARMS ROAD
Club House
Golf Course
Copthorne Fairways County Inf. Sch.
COPTHORNE GOLF COURSE
COPTHORNE COMMON
Courthouse Farm
Haynes Farm
Heathy Ground Farm
Crematorium
Heathy Ground
Forge Wood
AVENUE
COPTHORNE WAY
COPTHORNE ROAD
COPTHORNE COMMON ROAD
Heathyground Wood
Squash Club
Hotel
Woodmans Farm
Coombers Wood Farm
COOMBERS WOOD
Bashfords Wood
Refuse Tip
Pot Common
COPTHORNE WOOD
Rowfant Piggeries
Garden Centre
Driver's Wood
King's Wood
Old Rowfant
Fish Pond
HAYWARDS
BALCOMBE
LEIGHLANDS
HOLLOW
Stafford Car Park
H J K L M N
G H J K L M N
1 2 3 4 5 6 7 8 9
30 31 32
38 39 40 41 42

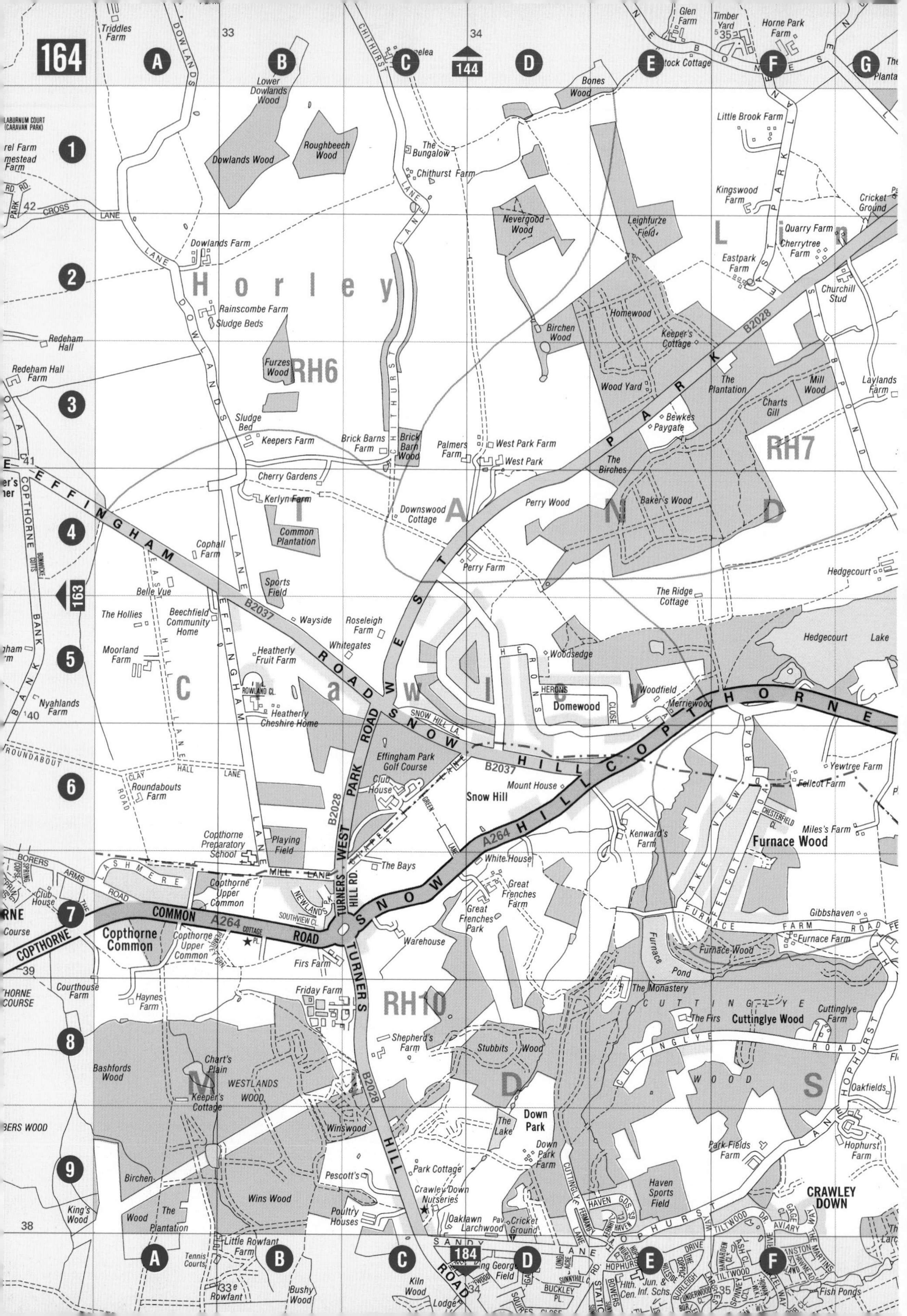

Triddles Farm
33
34
Glen Farm
Timber Yard
Horne Park Farm
Lower Dowlands Wood
Dowlands Wood
Roughbeech Wood
The Bungalow
Chithurst Farm
Bones Wood
Little Brook Farm
Kingswood Farm
Cricket Ground
Quarry Farm
Cherrytree Farm
Eastpark Farm
Churchill Stud
Nevergood Wood
Leighfurze Field
Laburnum Court (Caravan Park)
Homestead Farm
Cross Lane
Dowlands Farm
Horley
Rainscombe Farm
Sludge Beds
Redeham Hall
Redeham Hall Farm
Furzes Wood
RH6
Birchen Wood
Homewood
Keeper's Cottage
B2028
Park
The Plantation
Mill Wood
Laylands Farm
Charts Gill
Wood Yard
Bewkes
Paygate
RH7
Sludge Bed
Keepers Farm
Brick Barns Farm
Brick Barn Wood
Palmers Farm
West Park Farm
West Park
The Birches
Cherry Gardens
Kerlyn Farm
Downswood Cottage
Perry Wood
Baker's Wood
Common Plantation
Cophall Farm
Perry Farm
Hedgecourt
The Ridge Cottage
Sports Field
Effingham
Copthorne Bank
Bowwicke Cotts
Belle Vue
The Hollies
Beechfield Community Home
Wayside
Roseleigh Farm
Whitegates
Moorland Farm
Heatherly Fruit Farm
Rowland Cl.
Heatherly Cheshire Home
Nyahlands Farm
Woodsedge
Herons
Domewood
Close
Woodfield
Merriewood
Hedgecourt Lake
Roundabout
Clay Road
Hall Lane
Roundabouts Farm
Snow Hill La.
Effingham Park Golf Course
Club House
Green Lane
B2037
Snow Hill
Mount House
Copthorne Hill
Yewtree Farm
Fellcot Farm
Chesterfield Cl.
Miles's Farm
Furnace Wood
Copthorne Preparatory School
Playing Field
West Park Road
Chapel
The Bays
White House
Kenward's Farm
Lake View Road
Felcot
Borers Arms
Spring Copse
Club House
Lashmere
Mill Lane
Copthorne Upper Common
Newlands Pk.
Southview Cl.
Hill Rd.
Turners
A264
Great Frenches Farm
Great Frenches Park
Gibbshaven
Furnace Farm Road
Copthorne Common Road
Cottage Pl.
Copthorne Common
Pembroke Gdn.
Warehouse
Furnace Pond
Furnace Wood
Furnace Farm
Firs Farm
The Monastery
Courthouse Farm
Haynes Farm
Friday Farm
RH10
Cuttinglye
The Firs
Cuttinglye Wood
Cuttinglye Farm
Shepherd's Farm
Stubbits Wood
Cuttinglye Road
Hophurst
Bashfords Wood
Chart's Plain
Westlands Wood
Keeper's Cottage
Down Park
The Lake
Oakfields
Winswood
Park Cottage
Down Park Farm
Park Fields Farm
Hophurst Farm
Birchen
King's Wood
Pescott's
Crawley Down Nurseries
Wins Wood
Haven Sports Field
Crawley Down
Wood
The Plantation
Poultry Houses
Oaklawn
Larchwood
Pav
Cricket Ground
Haven Gdns.
Fermandy
Hophurst Lane
Tiltwood Dr.
Gage
Aviary Way
38
Little Rowfant Farm
Tennis Courts
Sandy Lane
184
Cuttinglye Lane
Hillside
Drive
Hawarden Cl.
Ash Cl.
Anston
The Martins
Rowfant
Bushy Wood
Kiln Wood
Lodge
King George Field
Long Acre
Sunnyhill Cl.
Buckley Pl.
Bowers
Hlth. Cen.
Jun. & Inf. Schs.
Burleigh
Underwood Cl.
Tiltwood
35
Spinney Cl.
Fish Ponds
Squires Close
Road

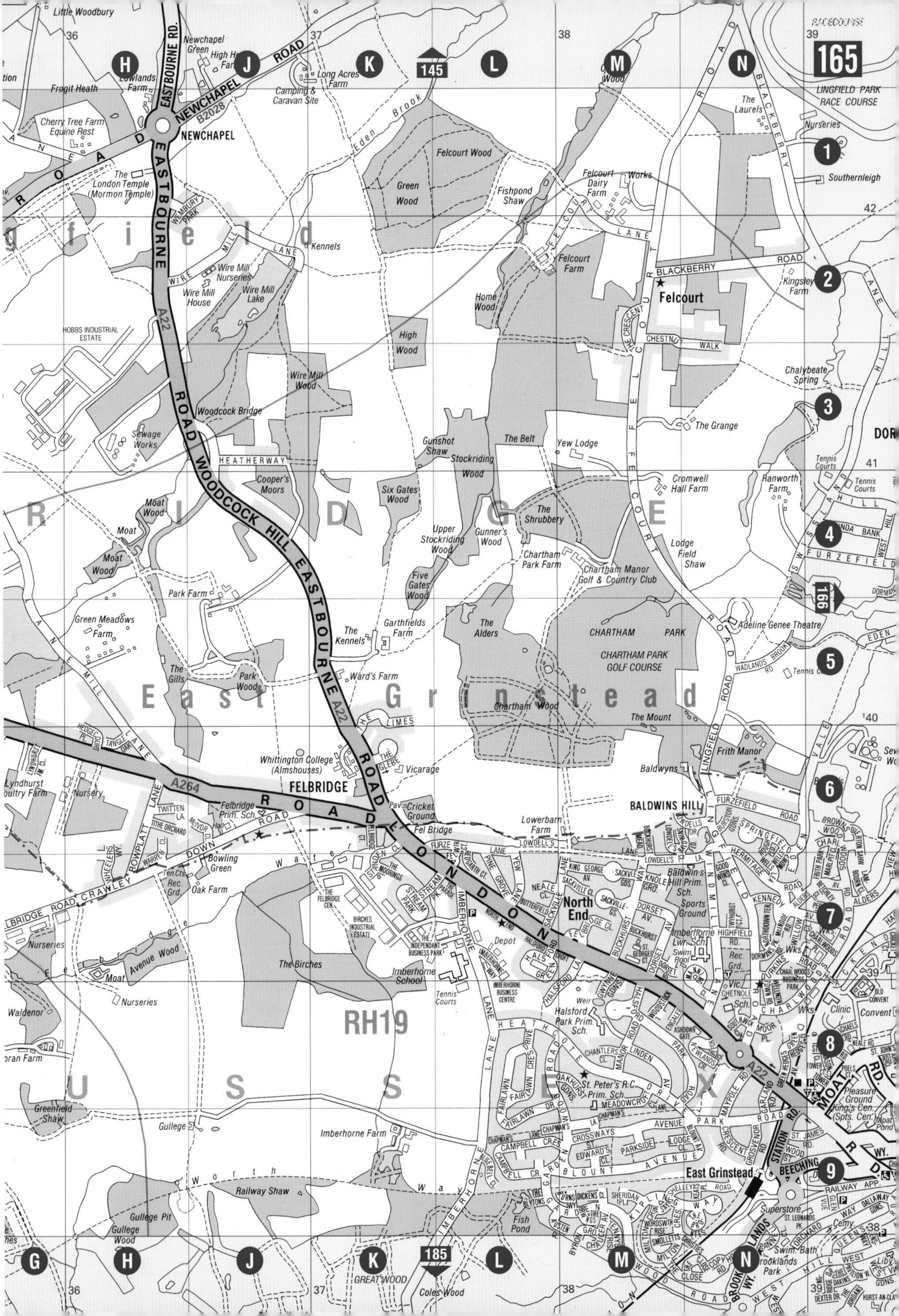

Little Woodbury
Newchapel Green
High Hedges Farm
Lowlands Farm
Frogit Heath
Long Acres Farm
Camping & Caravan Site
145
LINGFIELD PARK RACE COURSE
Cherry Tree Farm Equine Rest
NEWCHAPEL
NEWCHAPEL ROAD
B2028
EASTBOURNE RD.
EASTBOURNE
Eden Brook
Felcourt Wood
Green Wood
Fishpond Shaw
Felcourt Dairy Farm
Works
The Laurels
Nurseries
Southernleigh
BLACKBERRY
The London Temple (Mormon Temple)
WEMBURY PARK
WIRE MILL LANE
Kennels
Wire Mill Nurseries
Wire Mill House
Wire Mill Lake
FELCOURT LANE
Felcourt Farm
BLACKBERRY ROAD
Felcourt
Kingsley Farm
THE CRESCENT
CHESTNUT WALK
Home Wood
High Wood
HOBBS INDUSTRIAL ESTATE
A22
Wire Mill Wood
Chalybeate Spring
Woodcock Bridge
Sewage Works
The Grange
The Belt
Yew Lodge
Gunshot Shaw
Stockriding Wood
HEATHERWAY
Cooper's Moors
Six Gates Wood
Cromwell Hall Farm
Ranworth Farm
Tennis Courts
Moat Wood
Moat
The Shrubbery
Upper Stockriding Wood
Gunner's Wood
Lodge Field Shaw
Chartham Park Farm
Chartham Manor Golf & Country Club
Five Gates Wood
Park Farm
WOODCOCK HILL
FELCOURT ROAD
Green Meadows Farm
The Kennels
Garthfields Farm
The Alders
CHARTHAM PARK
CHARTHAM PARK GOLF COURSE
Adeline Genee Theatre
WADLANDS BROOK RD.
166
The Gills
Park Wood
Ward's Farm
East Grinstead
Chartham Wood
The Mount
LINGFIELD ROAD
MILL LANE
HEDGECOURT PL.
TANGLE OAK
THE LIMES
Frith Manor
Whittington College (Almshouses)
THE GLEBE
Vicarage
Baldwyns
Lyndhurst Poultry Farm
Nursery
A264
FELBRIDGE
ROAD
Felbridge Prim. Sch.
Cricket Ground
Fel Bridge
BALDWINS HILL
FURZEFIELD ROAD
Lowerbarn Farm
Bowling Green
Oak Farm
Rec. Grd.
CRAWLEY DOWN ROAD
Water
LONDON ROAD
North End
King George Av.
Baldwin's Hill Prim. Sch.
Sports Ground
The Birches
BIRCHES INDUSTRIAL ESTATE
THE INDEPENDANT BUSINESS PARK
Imberhorne School
Depot
Imberhorne Lwr. Sch.
Swim Pool
Rec. Grd.
Nurseries
Avenue Wood
Moat
Felbridge
IMBERHORNE LANE
IMBERHORNE BUSINESS CENTRE
Halsford Park Prim. Sch.
Weir
Clinic
Convent
Waldenor
Nurseries
RH19
HEATHCOTE
St. Peter's R.C. Prim. Sch.
A22
Pleasure Ground
King's Cen. (Spts. Cen.)
MOAT RD.
Greenfield Shaw
Gullege
Imberhorne Farm
CAMPBELL CRES.
EDWARD'S CL.
BLOUNT AVENUE
PARKSIDE
East Grinstead
STATION RD.
BEECHING WAY
Worth Way
Railway Shaw
RAILWAY APP.
Superstore
Gullege Pit
Gullege Wood
Fish Pond
Swim. Bath
Brooklands Park
WEST HILL
Cemy.
Coles Wood
GREAT WOOD
185
HURST-AN-CLAY
Ridge
East Grinstead
Sussex

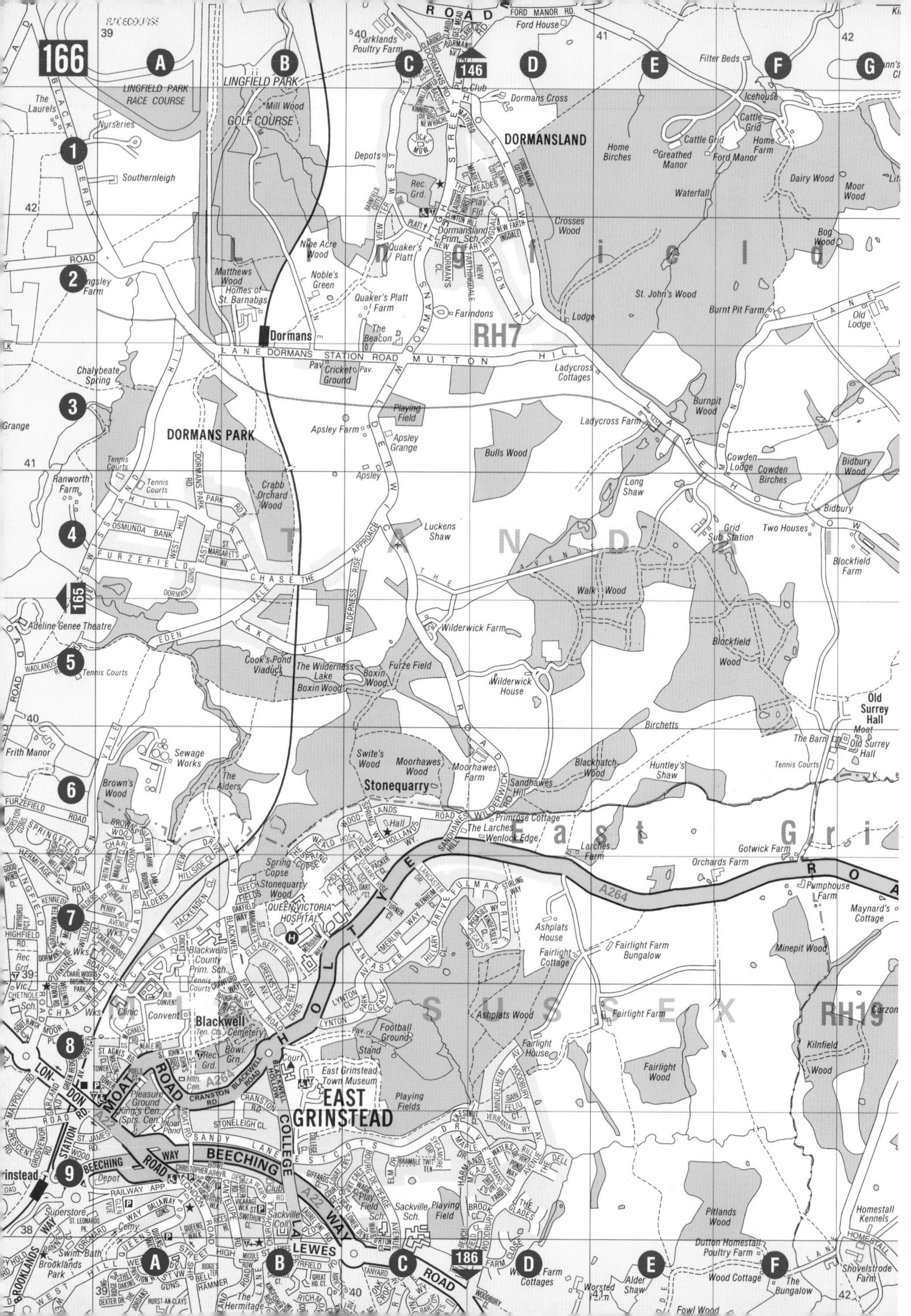
LINGFIELD PARK RACE COURSE
LINGFIELD PARK
GOLF COURSE
Mill Wood
The Laurels
Nurseries
Southernleigh
Parklands Poultry Farm
Ford House
FORD MANOR RD.
Filter Beds
Icehouse
Cattle Grid
Home Farm
Ford Manor
Greathed Manor
Home Birches
Dairy Wood
Moor Wood
Waterfall
Bog Wood
St. John's Wood
Burnt Pit Farm
Old Lodge
Lodge
Crosses Wood
Dormans Cross
DORMANSLAND
Dormansland Prim. Sch.
Depots
Rec. Grd.
Nine Acre Wood
Quaker's Platt
Noble's Green
Quaker's Platt Farm
Matthews Wood
Homes of St. Barnabas
Farindons
The Beacon
Dormans
RH7
DORMANS STATION ROAD
MUTTON HILL
Ladycross Cottages
Cricket Ground
Chalybeate Spring
Grange
Playing Field
Apsley Farm
Apsley Grange
Apsley
DORMANS PARK
Ladycross Farm
Burnpit Wood
Bulls Wood
Cowden Lodge
Cowden Birches
Bidbury Wood
Bidbury
Long Shaw
Ranworth Farm
Tennis Courts
Crabb Orchard Wood
OSMUNDA BANK
FURZEFIELD
Luckens Shaw
Two Houses
Grid Sub Station
Blockfield Farm
THE AVENUE
THE CHASE
Walk Wood
Adeline Genee Theatre
LAKE VIEW
WILDERNESS RISE APPROACH
Wilderwick Farm
WADLANDS
Tennis Courts
Cook's Pond Viaduct
The Wilderness Lake
Boxin Wood
Furze Field
Wilderwick House
Blockfield Wood
Old Surrey Hall
Birchetts
The Barn
Moat
Frith Manor
Sewage Works
The Alders
Swite's Wood
Moorhawes Wood
Moorhawes Farm
Brown's Wood
Stonequarry
Blackhatch Wood
Huntley's Shaw
Sandhawes Hill
Primrose Cottage
The Larches
Wenlock Edge
Larches Farm
Gotwick Farm
Orchards Farm
East Grinstead
Spring Copse
Stonequarry Wood
QUEEN VICTORIA HOSPITAL
A264
Pumphouse Farm
Maynard's Cottage
Ashplats House
Fairlight Cottage
Fairlight Farm Bungalow
Minepit Wood
Blackwells County Prim. Sch.
Clinic
Convent
Blackwell
Cemetery
Ashplats Wood
Fairlight Farm
MID SUSSEX
RH19
Curzon
Football Ground
Stand
Fairlight House
Kilnfield Wood
Fairlight Wood
East Grinstead Town Museum
EAST GRINSTEAD
Playing Fields
MOAT ROAD
CRANSTON RD.
Pleasure Ground
King's Cen. (Spts. Cen.)
LONDON RD.
STATION RD.
A22
SANDY LANE
BEECHING WAY
COLLEGE LA.
Superstore
Depot
Cemy.
Swim. Bath
Brooklands Park
Sackville Coll.
Sackville Sch.
Playing Field
LEWES ROAD
Pitlands Wood
Homestall Kennels
Dutton Homestall Poultry Farm
Wood Cottage
The Bungalow
Shovelstrode Farm
Alder Shaw
Worsted Farm
Fowl Wood
The Hermitage
146
165
186

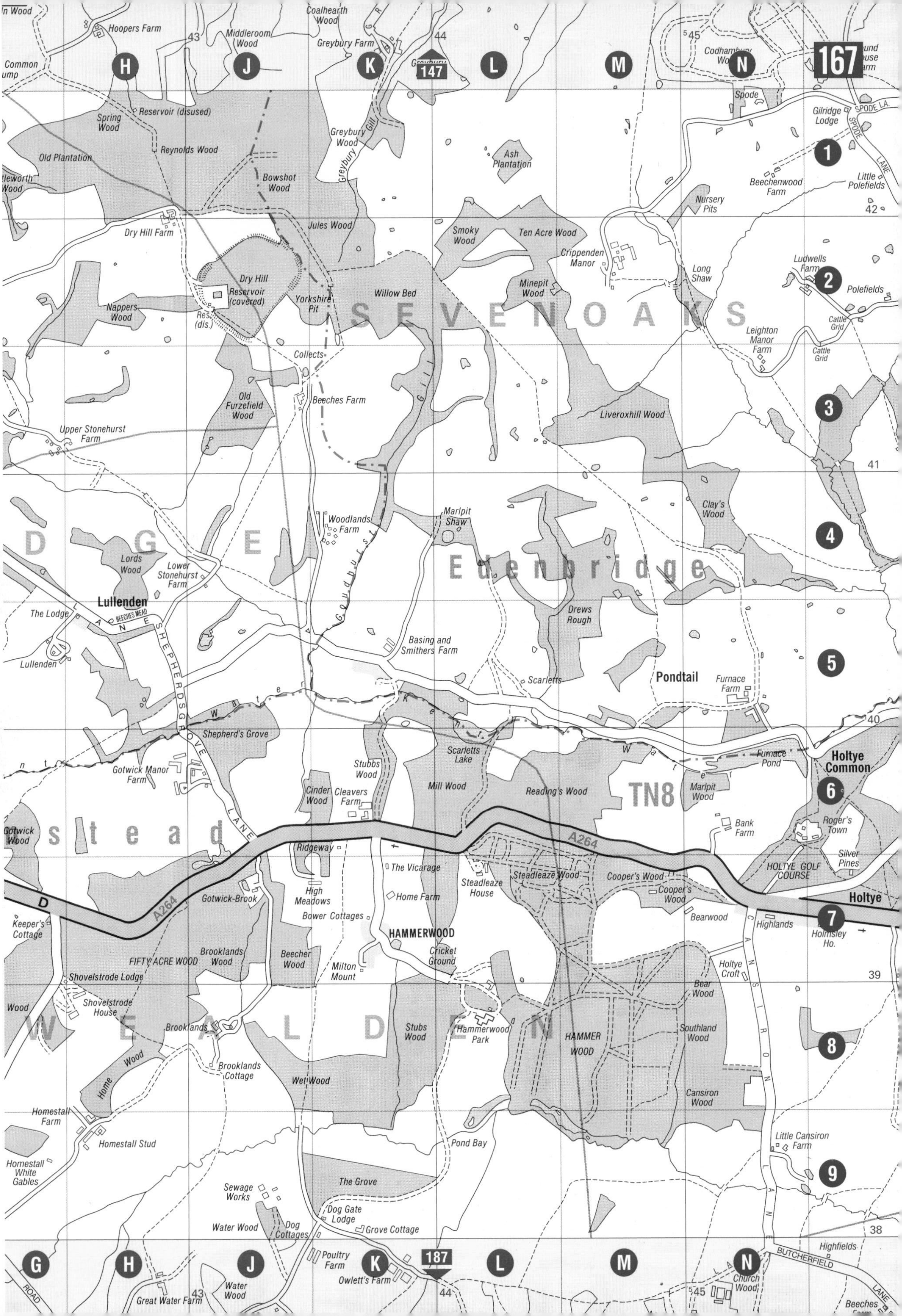
Hoopers Farm
Common
Middleroom Wood
Coalhearth Wood
Greybury Farm
Codhambury Wood
147
H
J
K
L
M
N
Spode
Gilridge Lodge
SPODE LA.
SPODE LANE
Reservoir (disused)
Spring Wood
Old Plantation
Reynolds Wood
Greybury Wood
Greybury Gill
Ash Plantation
Beechenwood Farm
Little Polefields
Bowshot Wood
Nursery Pits
Dry Hill Farm
Jules Wood
Smoky Wood
Ten Acre Wood
Crippenden Manor
Ludwells Farm
Polefields
Long Shaw
Dry Hill Reservoir (covered)
Nappers Wood
Res. (dis.)
Yorkshire Pit
Willow Bed
Minepit Wood
SEVENOAKS
Leighton Manor Farm
Cattle Grid
Collects
Old Furzefield Wood
Beeches Farm
Liveroxhill Wood
Upper Stonehurst Farm
Woodlands Farm
Marlpit Shaw
Clay's Wood
Lords Wood
Lower Stonehurst Farm
Edenbridge
Lullenden
The Lodge
BEECHES MEAD
LANE
SHEPHERDSGROVE LANE
Goudhurst
Drews Rough
Basing and Smithers Farm
Lullenden
Scarletts
Pondtail
Furnace Farm
Shepherd's Grove
Gotwick Manor Farm
Scarletts Lake
Stubbs Wood
Mill Wood
Reading's Wood
TN8
Furnace Pond
Marlpit Wood
Holtye Common
Cinder Wood
Cleavers Farm
Bank Farm
Roger's Town
Gotwick Wood
stead
A264
Ridgeway
The Vicarage
Steadleaze House
Steadleaze Wood
Cooper's Wood
Silver Pines
HOLTYE GOLF COURSE
High Meadows
Home Farm
Gotwick-Brook
Holtye
D
Keeper's Cottage
Bower Cottages
Bearwood
Highlands
Holmsley Ho.
HAMMERWOOD
FIFTY ACRE WOOD
Brooklands Wood
Beecher Wood
Milton Mount
Cricket Ground
Holtye Croft
Shovelstrode Lodge
Bear Wood
CANSIRON LANE
Shovelstrode House
Brooklands
Stubs Wood
Hammerwood Park
HAMMER WOOD
Southland Wood
WEALDEN
Home Wood
Brooklands Cottage
Wet Wood
Cansiron Wood
Homestall Farm
Homestall Stud
Pond Bay
Little Cansiron Farm
Homestall White Gables
The Grove
Sewage Works
Dog Gate Lodge
Water Wood
Dog Cottages
Grove Cottage
Highfields
187
Poultry Farm
Owlett's Farm
Church Wood
BUTCHERFIELD LANE
ROAD
Water Wood
Great Water Farm
Beeches
G
1
2
3
4
5
6
7
8
9
42
41
40
39
38
43
44
45

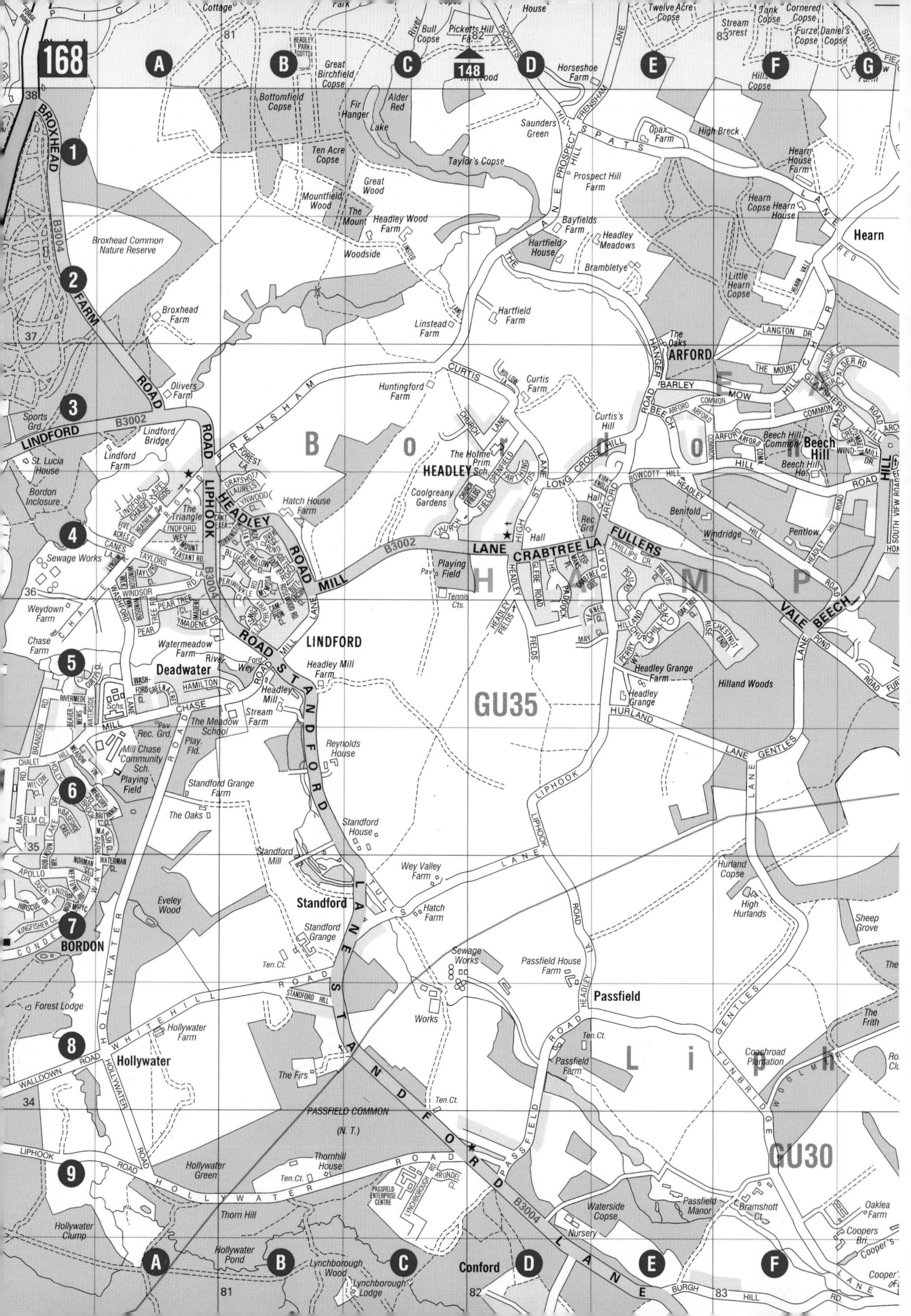
148
Broxhead Common Nature Reserve
Lindford
Headley
Arford
Beech Hill
Hearn
Deadwater
Bordon
Standford
Passfield
Hollywater
Conford
GU35
GU30
Passfield Common (N.T.)
Headley Mill
Standford Road
Liphook Road
Mill Lane
Crabtree La
Fullers Vale
Beech Hill
Headley Hill Road
Liphook Road
Standford Lane
Hollywater Road
Walldown Road
Whitehill Road
Broxhead Farm Road
Lindford Road
Frensham Lane
Curtis Lane
Long Cross Hill
Hurland Lane
Gentles Lane
Tunbridge Lane
Prospect Hill
The Lane
Spats Lane
Hearn Vale
Barley Mow Hill
Hanger Road
Bowcott Hill
Pond Road
Mill Chase Road
Hilland Woods
Taylor's Copse
Great Wood
Mountfield Wood
Eveley Wood
Thorn Hill
Hollywater Clump
Hollywater Pond
Lynchborough Wood
Waterside Copse
Passfield Manor
Bramshott Ct.
Oaklea Farm
Coachroad Plantation
The Frith
Sheep Grove
High Hurlands
Hurland Copse
Standford Grange Farm
Reynolds House
Stream Farm
The Meadow School
Mill Chase Community Sch.
Sewage Works
Weydown Farm
Chase Farm
Watermeadow Farm
Forest Lodge
St. Lucia House
Bordon Inclosure
Lindford Farm
Lindford Bridge
Olivers Farm
Huntingford Farm
Linstead Farm
Hartfield Farm
Curtis Farm
Coolgreany Gardens
Headley Grange
Headley Grange Farm
Benifold
Windridge
Pentlow
Passfield House Farm
Passfield Farm
Wey Valley Farm
Hatch Farm
Standford Mill
Standford House
The Firs
Thornhill House
Passfield Enterprise Centre
Headley Wood Farm
The Mount
Woodside
Bayfields Farm
Hartfield House
Headley Meadows
Brambletye
Prospect Hill Farm
Saunders Green
Opax Farm
High Breck
Hearn House Farm
Hearn Copse
Hearn House
Little Hearn Copse
Horseshoe Farm
Ten Acre Copse
Bottomfield Copse
Great Birchfield Copse
Fir Hanger
Alder Red
Lake
Twelve Acre Copse
Stream Forest
Tank Copse
Cornered Copse
Furze Daniel's Copse
Hills Copse
Picketts Hill Farm
Bull Copse
River
34
35
36
37
38
81
82
83

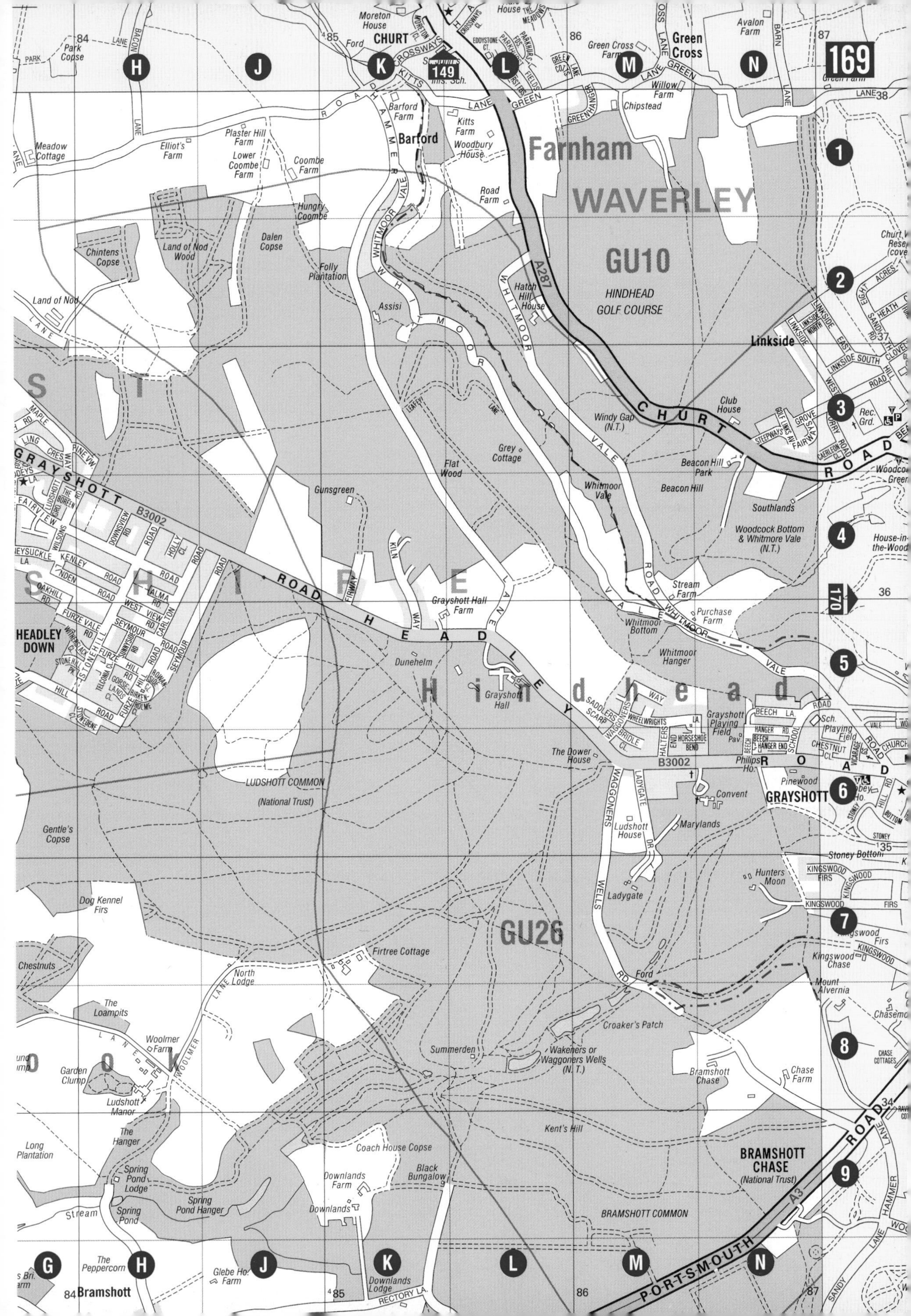

Churt
Moreton House
Ford
Crossways
St. John's Inf. Sch.
149
Green Cross
Green Cross Farm
Avalon Farm
Willow Farm
Chipstead
Barford
Barford Farm
Kitts Farm
Woodbury House
Farnham
WAVERLEY
Plaster Hill Farm
Elliot's Farm
Lower Coombe Farm
Coombe Farm
Meadow Cottage
Road Farm
Hungry Coombe
Dalen Copse
Chintens Copse
Land of Nod Wood
Folly Plantation
Land of Nod
Assisi
GU10
HINDHEAD GOLF COURSE
Hatch Hill House
A287
Linkside
Churt Road
Club House
Windy Gap (N.T.)
Grey Cottage
Flat Wood
Beacon Hill Park
Beacon Hill
Whitmoor Vale
Southlands
Woodcock Bottom & Whitmore Vale (N.T.)
House-in-the-Wood
Gunsgreen
Grayshott
B3002
Headley Road
Stream Farm
Purchase Farm
Whitmoor Bottom
Whitmoor Hanger
Grayshott Hall Farm
170
Headley Down
Dunehelm
Grayshott Hall
Hindhead
Grayshott Playing Field
The Dower House
Philips Ho.
Pinewood
Convent
Marylands
Ludshott House
LUDSHOTT COMMON (National Trust)
Gentle's Copse
Stoney Bottom
Hunters Moon
Ladygate
Kingswood Firs
Kingswood Chase
Dog Kennel Firs
GU26
Firtree Cottage
Chestnuts
North Lodge
Ford
Mount Alvernia
The Loampits
Croaker's Patch
Woolmer Farm
Summerden
Wakeners or Waggoners Wells (N.T.)
Bramshott Chase
Chase Farm
Garden Clump
Ludshott Manor
Kent's Hill
The Hanger
Long Plantation
Coach House Copse
BRAMSHOTT CHASE (National Trust)
Spring Pond Lodge
Downlands Farm
Black Bungalow
Spring Pond Hanger
Spring Pond
Downlands
BRAMSHOTT COMMON
Stream
The Peppercorn
Glebe Ho. Farm
Downlands Lodge
Bramshott
Rectory La.
Portsmouth Road
A3
H J K L M N G
1 2 3 4 5 6 7 8 9
84 85 86 87
38 37 36 35 34

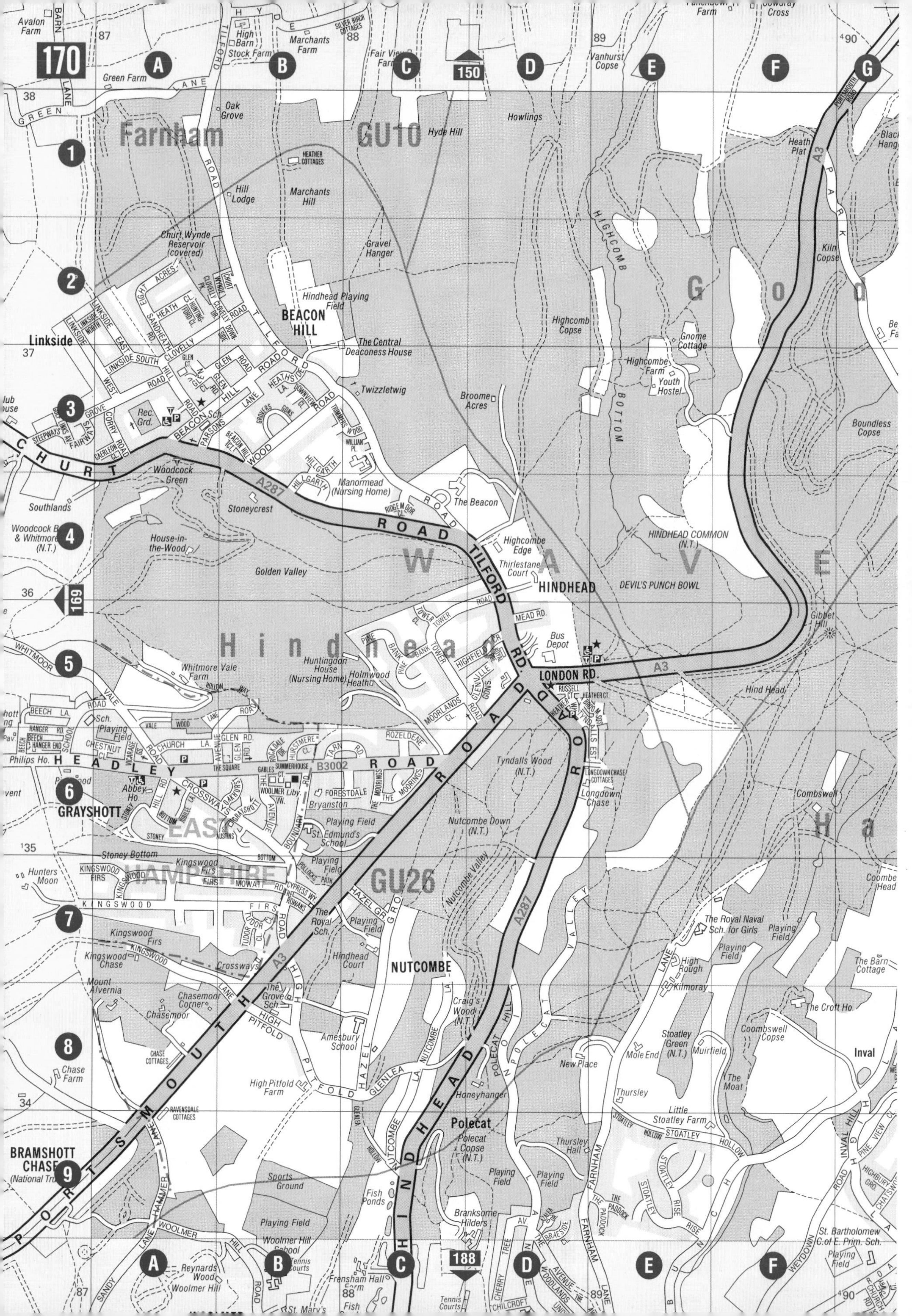
Avalon Farm
BARN
87
A
B
C
D
E
F
G
150
Green Farm
GREEN LANE
38
High Barn
Stock Farm
Marchants Farm
SILVER BIRCH COTTAGES
88
Fair View Farm
89
Vanhurst Copse
490
Oak Grove
Farnham
GU10
Hyde Hill
Howlings
HEATHER COTTAGES
Hill Lodge
Marchants Hill
Heath Plat
A3
PARK
Kiln Copse
HIGHCOMB BOTTOM
Churt Wynde Reservoir (covered)
Gravel Hanger
Hindhead Playing Field
BEACON HILL
EIGHT ACRES
HEATH CL.
SANDHEATH RD.
LINKSIDE NORTH
LINKSIDE EAST
LINKSIDE SOUTH
Linkside
37
CLOVELLY
GLEN CT.
GLEN RD.
The Central Deaconess House
TILFORD ROAD
Highcomb Copse
Gnome Cottage
Highcombe Farm
Youth Hostel
G o d
Twizzletwig
Broome Acres
BOTTOM
Boundless Copse
WEST ROAD
GROVE
CORRY
FAIRWAYS
STEEPWAYS
CAERLEON CL.
Rec. Grd.
BEACON HILL ROAD
PARSONS
BEACON HILL CT.
WOOD
HEATHSIDE
DOWNVIEW
TRIMMERS WOOD
WILLIAN PL.
GROVERS GDNS.
CHURT
Woodcock Green
A287
HILLGARTH
Manormead (Nursing Home)
RIDGEMOOR
The Beacon
Southlands
Stoneycrest
Woodcock B. & Whitmore (N.T.)
ROAD
House-in-the-Wood
Highcombe Edge
HINDHEAD COMMON (N.T.)
TILFORD
W A V E
Thirlestane Court
HINDHEAD
DEVIL'S PUNCH BOWL
Golden Valley
36
169
Gibbet Hill
TOWER
MEAD RD.
Hindhead
Bus Depot
PINE BANK
Huntingdon House (Nursing Home)
Holmwood Heath
HIGHFIELD CR.
LONDON RD.
Whitmore Vale Farm
WHITMOOR
HOLLOW WAY
GLENVILLE GDNS.
MOORLANDS CL.
RUSSELL CT.
HEATHER CT.
Hind Head
VALE ROAD
BEECH LA.
HANGER RD.
HANGER END
SCHOOL
Sch.
Playing Field
CHESTNUT
VICARAGE
CHURCH LA.
GLEN RD.
AVENUE
POCKDALE DR.
HURSTMERE CL.
TARN RD.
ROZELDENE
Philips Ho.
HEADLEY ROAD
B3002
THE SQUARE
GABLES
SUMMERHOUSE
Abbey Ho.
HILL RD.
CROSSWAYS
OAKHURST
WOOLMER VW.
Liby.
FORESTDALE
THE MOORINGS
Bryanston
Tyndalls Wood (N.T.)
LONGDOWN CHASE COTTAGES
Longdown Chase
Combswell
GRAYSHOTT
STONEY BOTTOM
JUBILEE LA.
EAST
THE AVENUE
BOUNDARY RD.
Playing Field
St. Edmund's School
Nutcombe Down (N.T.)
H a
35
Stoney Bottom
Hunters Moon
KINGSWOOD FIRS
Kingswood Firs
HAMPSHIRE
MOWATT RD.
POLLOCKS PATH
CYPRESS WY.
ROWANS
GU26
Nutcombe Valley
Coombe Head
KINGSWOOD
HAZEL GR.
The Royal Sch.
The Royal Naval Sch. for Girls
TUDOR CL.
FIRS ROAD
Kingswood Firs
Kingswood Chase
Crossways
Hindhead Court
NUTCOMBE
LANE
High Rough
Kilmoray
The Barn Cottage
Mount Alvernia
Chasemoor Corner
Chasemoor
The Grove Sch.
HIGH PITFOLD
Craig's Wood (N.T.)
VALLEY
The Croft Ho.
8
CHASE COTTAGES
Amesbury School
NUTCOMBE LA.
POLECAT HILL
New Place
Mole End
Stoatley Green (N.T.)
Muirfield
Coombswell Copse
Inval
Chase Farm
High Pitfold Farm
PITFOLD
GLENLEA
HAZEL
Honeyhanger
The Moat
Thursley
34
RAVENSDALE COTTAGES
Polecat
Little Stoatley Farm
STOATLEY HOLLOW
BRAMSHOTT CHASE
(National Trust)
PORTSMOUTH ROAD
HAMMER LANE
Sports Ground
HINDHEAD
Polecat Copse (N.T.)
Thursley Hall
FARNHAM LANE
STOATLEY RISE
INVAL HILL
PINE VIEW CL.
HIGHBURY GRO.
Fish Ponds
Playing Field
THE PADDOCK
BUNCH LANE
Playing Field
WOOLMER HILL
Woolmer Hill School
Branksome Hilders
AV.
AZALEA DR.
BRAESIDE CL.
St. Bartholomew C.of E. Prim. Sch.
188
WEYDOWN
Reynards Wood
Woolmer Hill
Tennis Courts
Frensham Hall Farm
CHERRY TREE AVENUE
WOODLANDS
CHILCROFT
Fish
St. Mary's
SANDY LANE

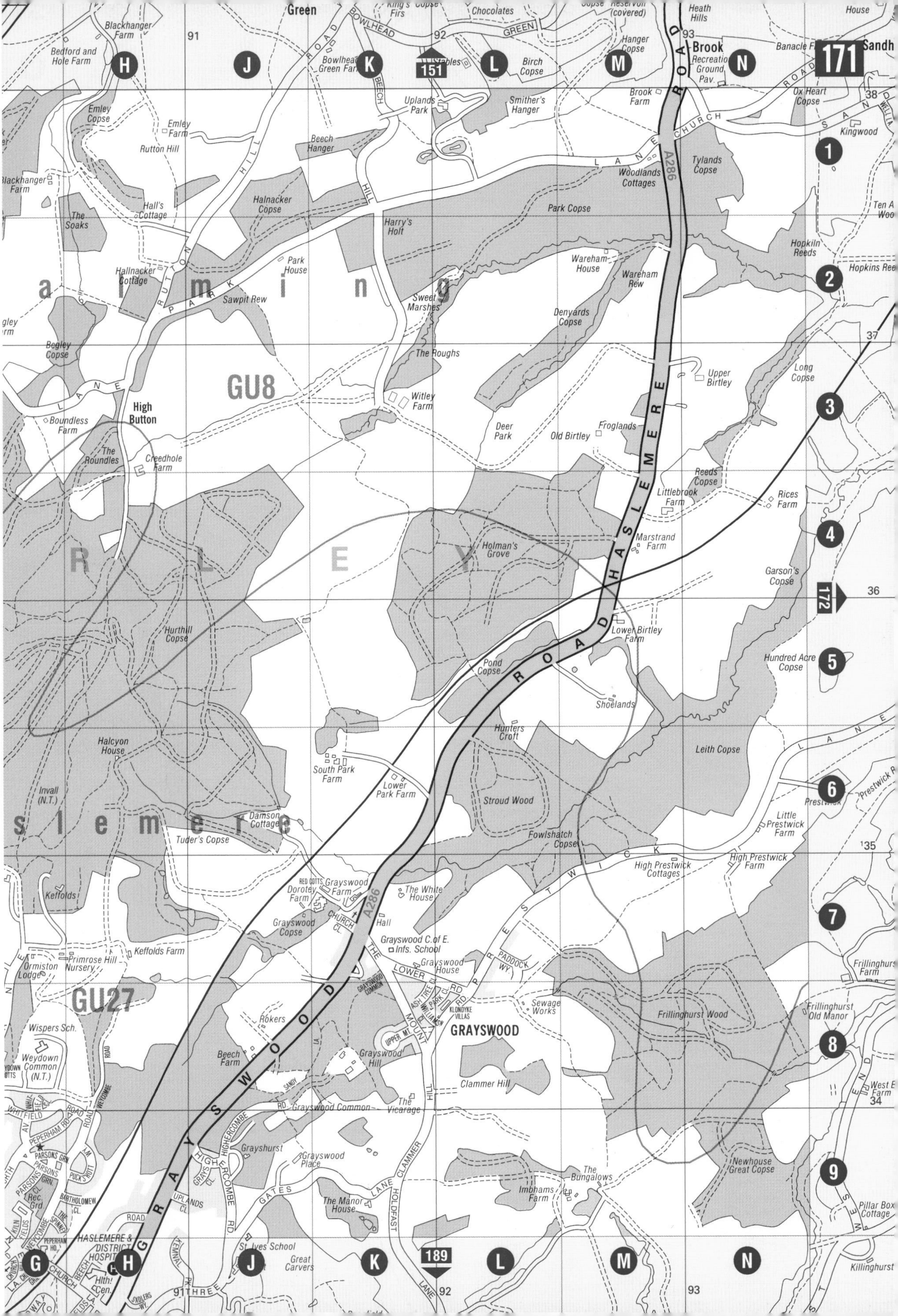
Green
Blackhanger Farm
Bedford and Hole Farm
Bowlhead Green Farm
Bowlhead Green
Chocolates
Stables
Birch Copse
Hanger Copse
Reservoir (covered)
Heath Hills
Brook
Recreation Ground Pav.
Banacle F
Sandh
House
151
Beech Hanger
Uplands Park
Smither's Hanger
Brook Farm
Ox Heart Copse
Kingwood
Emley Copse
Emley Farm
Rutton Hill
Blackhanger Farm
Halnacker Copse
Harry's Holt
Woodlands Cottages
Tylands Copse
The Soaks
Hall's Cottage
Park Copse
Ten Acre Wood
Hallnacker Cottage
Park House
Sawpit Rew
Sweet Marshes
Wareham House
Wareham Rew
Hopkiln Reeds
Hopkins Ree
Begley Farm
Begley Copse
The Roughs
Denyards Copse
Upper Birtley
Long Copse
GU8
Witley Farm
High Button
Boundless Farm
Deer Park
Old Birtley
Froglands
The Roundles
Creedhole Farm
Reeds Copse
Littlebrook Farm
Rices Farm
Holman's Grove
Marstrand Farm
Garson's Copse
172
Hurthill Copse
Lower Birtley Farm
Pond Copse
Hundred Acre Copse
Shoelands
Halcyon House
Hunters Croft
Leith Copse
South Park Farm
Lower Park Farm
Stroud Wood
Invall (N.T.)
Prestwick
Damson Cottage
Little Prestwick Farm
Tuder's Copse
Fowlshatch Copse
High Prestwick Cottages
High Prestwick Farm
Keffolds
Grayswood Farm
Dorotey Farm
The White House
Hall
Grayswood Copse
Grayswood C. of E. Infs. School
Keffolds Farm
Primrose Hill Nursery
Ormiston Lodge
Grayswood House
Frillinghurst Farm
GU27
Sewage Works
Frillinghurst Wood
Frillinghurst Old Manor
Wispers Sch.
Rokers
GRAYSWOOD
Weydown Common (N.T.)
Beech Farm
Grayswood Hill
Clammer Hill
West End Farm
The Vicarage
Grayswood Common
Grayshurst
Grayswood Place
The Bungalows
Newhouse Great Copse
Imbhams Farm
The Manor House
Pillar Box Cottage
HASLEMERE & DISTRICT HOSPITAL
St. Ives School
Great Carvers
Hlth. Cen.
189
Killinghurst
HASLEMERE ROAD
GRAYSWOOD ROAD
A286
BOWLHEAD GREEN
CHURCH LANE
PARK LANE
RUTTON HILL
PRESTWICK LANE
LOWER RD
CLAMMER HILL
HOLDFAST LANE
HIGHERCOMBE RD
GATES LANE
WEYCOMBE ROAD
a l m i n g
R L E Y
s l e m e r e
91
92
93
34
35
36
37
38

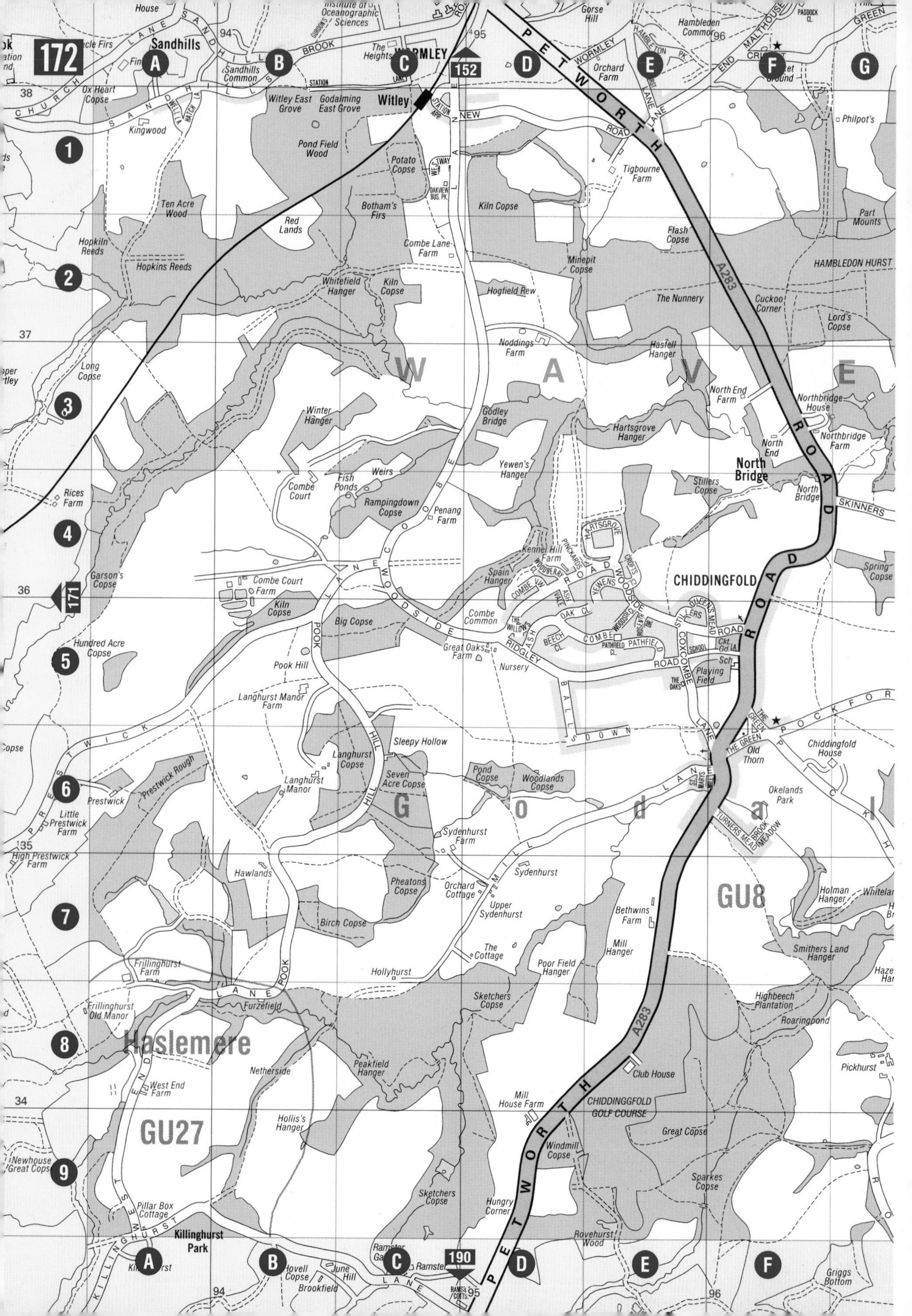
Sandhills
Sandhills Common
Witley
WORMLEY
Witley East Grove
Godalming East Grove
Ox Heart Copse
Kingwood
Pond Field Wood
Potato Copse
Ten Acre Wood
Red Lands
Botham's Firs
Kiln Copse
Tigbourne Farm
Orchard Farm
Philpot's
Part Mounts
Flash Copse
Hopkiln Reeds
Hopkins Reeds
Combe Lane Farm
Minepit Copse
HAMBLEDON HURST
Whitefield Hanger
Hogfield Rew
The Nunnery
Cuckoo Corner
Lord's Copse
Noddings Farm
Hasfell Hanger
Long Copse
W A V E
Winter Hanger
Godley Bridge
Hartsgrove Hanger
North End Farm
Northbridge House
Northbridge Farm
North End
North Bridge
Yewen's Hanger
Combe Court
Fish Ponds
Weirs
Rampingdown Copse
Penang Farm
Stillers Copse
Rices Farm
SKINNERS
Kennel Hill Farm
Spain Hanger
CHIDDINGFOLD
Garson's Copse
Combe Court Farm
Spring Copse
Kiln Copse
Big Copse
Combe Common
Hundred Acre Copse
Great Oaks Farm
Nursery
Playing Field
Pook Hill
Langhurst Manor Farm
Sleepy Hollow
Chiddingfold House
Langhurst Copse
Seven Acre Copse
Pond Copse
Woodlands Copse
Old Thorn
Okelands Park
Prestwick Rough
Langhurst Manor
Prestwick
Little Prestwick Farm
G o d a l
High Prestwick Farm
Sydenhurst Farm
Hawlands
Pheatons Copse
Orchard Cottage
Sydenhurst
Upper Sydenhurst
Bethwins Farm
GU8
Holman Hanger
Birch Copse
The Cottage
Mill Hanger
Smithers Land Hanger
Frillinghurst Farm
Hollyhurst
Poor Field Hanger
Frillinghurst Old Manor
Furzefield
Sketchers Copse
Highbeech Plantation
Roaringpond
Haslemere
Netherside
Peakfield Hanger
Club House
Pickhurst
West End Farm
Mill House Farm
CHIDDINGGFOLD GOLF COURSE
Hollis's Hanger
GU27
Great Copse
Windmill Copse
Newhouse Great Copse
Sparkes Copse
Pillar Box Cottage
Sketchers Copse
Hungry Corner
Killinghurst Park
Rovehurst Wood
Ramster
Hovell Copse
June Hill
Brookfield
Griggs Bottom
A283
PETWORTH ROAD
POOK LANE
WOODSIDE
RIDGLEY ROAD
COXCOMBE LANE
MILL LANE
PRESTWICK LANE
BALLS DOWN
152
171
190
A B C D E F G
1 2 3 4 5 6 7 8 9
94 95 96
34 35 36 37 38

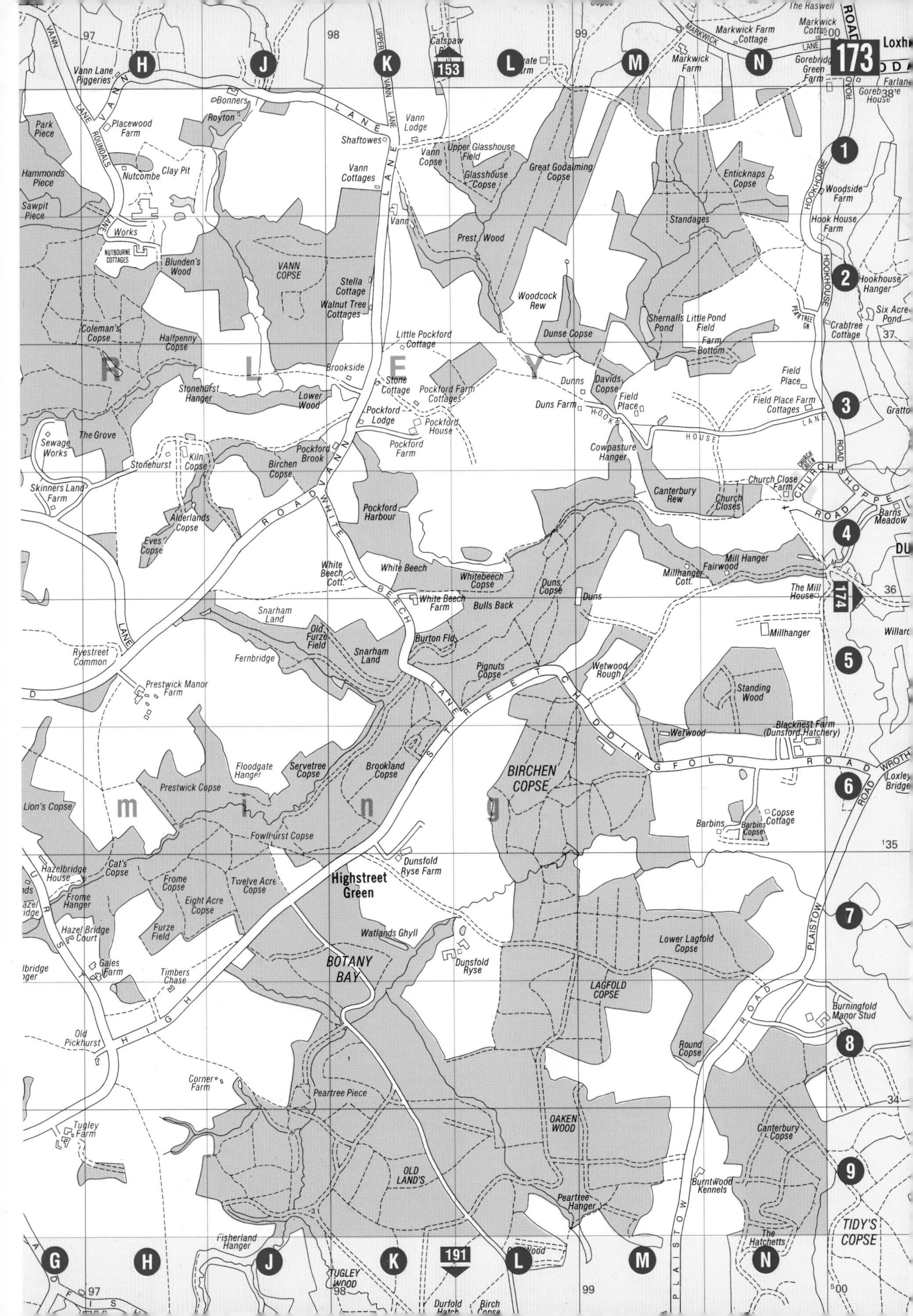
H
J
K
L
M
N
97
98
99
00
Catspaw
153
Vann Lane Piggeries
The Raswell
Markwick Cottas
Markwick Farm Cottage
Markwick Farm
Gorebridge Green Farm
Loxh
Farlan
Goreb House
38
Bonners
Royton
Park Piece
Placewood Farm
VANN LANE
UPPER VANN LANE
Vann Lodge
Shaftowes
Vann Copse
Upper Glasshouse Field
Glasshouse Copse
Great Godalming Copse
Enticknaps Copse
Hammonds Piece
Nutcombe
Clay Pit
Vann Cottages
Sawpit Piece
LANE ROUNDALS
Vann
Works
NUTBOURNE COTTAGES
Blunden's Wood
VANN COPSE
Prest Wood
Standages
Woodside Farm
Hook House Farm
HOOKHOUSE
1
2
Hookhouse Hanger
Stella Cottage
Walnut Tree Cottages
Woodcock Rew
Shernalls Pond
Little Pond Field
Farm Bottom
PEARTREE GN.
Crabtree Cottage
Six Acre Pond
37
Coleman's Copse
Halfpenny Copse
Little Pockford Cottage
Dunse Copse
R
L
E
Y
Brookside
Stone Cottage
Pockford Farm Cottages
Dunns
Davids Copse
Field Place
Field Place
Field Place Farm Cottages
3
Gratto
Stonehurst Hanger
Lower Wood
Pockford Lodge
Pockford House
Duns Farm
HOOK HOUSE LANE
The Grove
Sewage Works
Pockford Farm
Cowpasture Hanger
Stonehurst
Kiln Copse
Pockford Brook
Birchen Copse
CHURCH GREEN
Church Close Farm
CHURCH
ROAD
SHOPPE
Skinners Land Farm
Pockford Harbour
Canterbury Rew
Church Closes
Barns Meadow
4
Alderlands Copse
Eves Copse
ROAD
WHITE
VANN
Mill Hanger
Fairwood
Millhanger Cott.
DU
White Beech Cott.
White Beech
Whitebeech Copse
Duns Copse
The Mill House
174
36
Duns
White Beech Farm
BEECH
Bulls Back
Snarham Land
Old Furze Field
Millhanger
Willard
Burton Fld
Snarham Land
Fernbridge
Ryestreet Common
Pignuts Copse
Wetwood Rough
5
LANE
Prestwick Manor Farm
CHIDDINGFOLD ROAD
Standing Wood
Wetwood
Blacknest Farm (Dunsford Hatchery)
WROTH
Floodgate Hanger
Servetree Copse
Brookland Copse
BIRCHEN COPSE
Prestwick Copse
6
Loxley Bridge
m
i
n
g
Lion's Cope
Copse Cottage
Barbins
Barbins Copse
Fowlhurst Copse
135
Hazelbridge House
Cat's Copse
Dunsfold Ryse Farm
Frome Hanger
Frome Copse
Twelve Acre Copse
Eight Acre Copse
Highstreet Green
Furze Field
PLAISTOW
7
Hazel Bridge Court
Watlands Ghyll
Lower Lagfold Copse
Gales Farm
BOTANY BAY
Dunsfold Ryse
Timbers Chase
lbridge nger
LAGFOLD COPSE
Burningfold Manor Stud
HIGH
Old Pickhurst
Round Copse
8
Corner Farm
Peartree Piece
34
OAKEN WOOD
Tugley Farm
Canterbury Copse
OLD LAND'S
Burntwood Kennels
9
Peartee Hanger
TIDY'S COPSE
The Hatchetts
Fisherland Hanger
G
191
TUGLEY WOOD
97
98
99
00
Durfold Hatch
Birch Copse
PLAISTOW

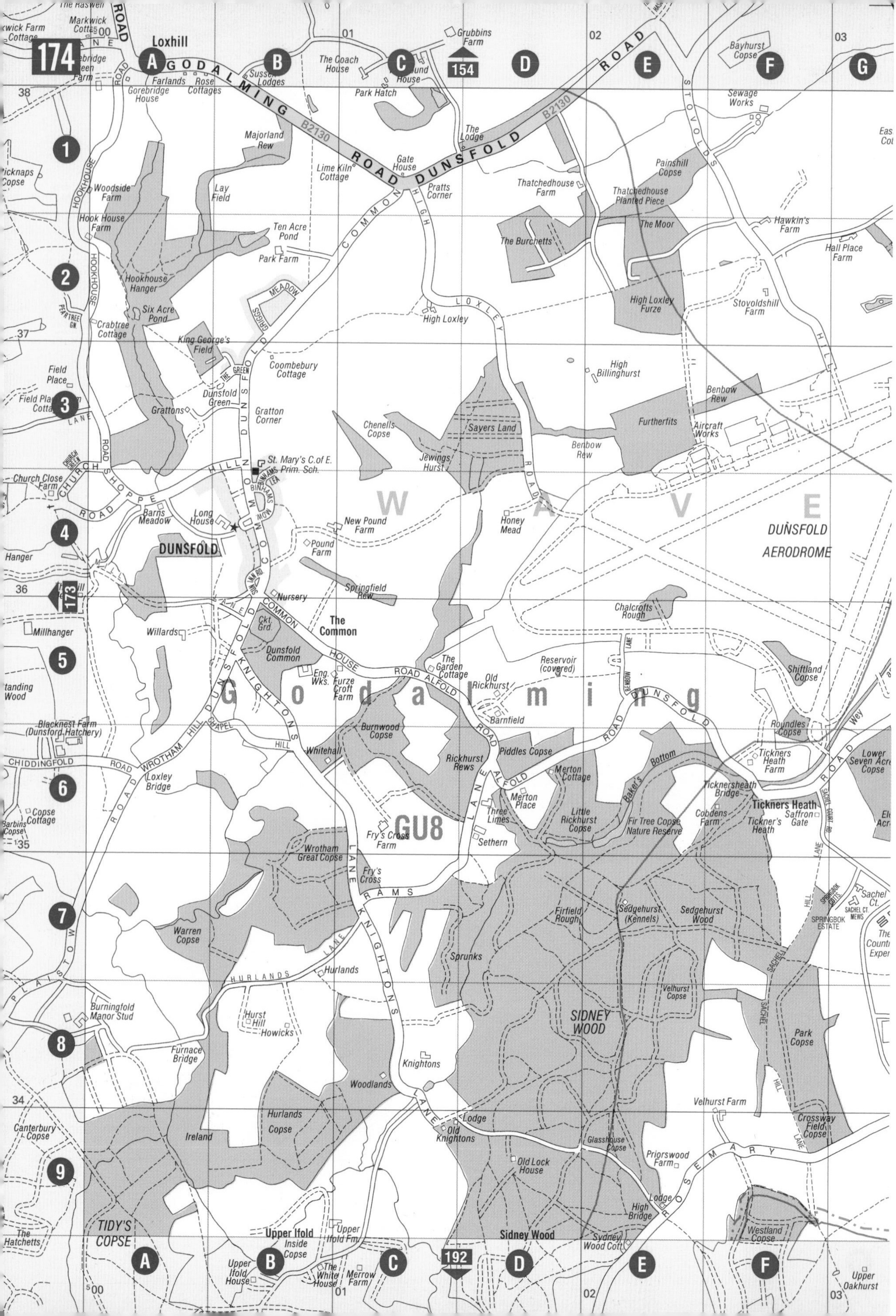
Loxhill
GODALMING ROAD DUNSFOLD
B2130
Farlands
Rose Cottages
Sussex Lodges
Gorebridge House
The Coach House
Park Hatch
Grubbins Farm
154
173
192
The Lodge
Gate House
Lime Kiln Cottage
Pratts Corner
Majorland Rew
Lay Field
Woodside Farm
Hook House Farm
Ten Acre Pond
Park Farm
Hookhouse Hanger
Six Acre Pond
Crabtree Cottage
King George's Field
Coombebury Cottage
Dunsfold Green
Grattons
Gratton Corner
Field Place
St. Mary's C.of E. Prim. Sch.
Church Close Farm
Barns Meadow
Long House
DUNSFOLD
Hanger
Millhanger
Willards
Nursery
The Common
Dunsfold Common
Eng. Wks.
Furze Croft Farm
Standing Wood
Blacknest Farm (Dunsford Hatchery)
CHIDDINGFOLD ROAD
WROTHAM HILL
Loxley Bridge
Copse Cottage
Whitehall
Burnwood Copse
Rickhurst Rews
Fry's Cross Farm
GU8
Wrotham Great Copse
Fry's Cross
Warren Copse
Hurlands
Burningfold Manor Stud
Hurst Hill
Howicks
Furnace Bridge
Knightons
Woodlands
Hurlands Copse
Ireland
Canterbury Copse
TIDY'S COPSE
The Hatchetts
Upper Ifold
Inside Copse
Upper Ifold Fm.
Upper Ifold House
The White House
Merrow Farm
Sidney Wood
Sydney Wood Cott.
Old Knightons
Lodge
Old Lock House
Glasshouse Copse
High Bridge
Priorswood Farm
ROSEMARY LANE
Westland Copse
Upper Oakhurst
Crossway Field Copse
Velhurst Farm
Park Copse
SIDNEY WOOD
Velhurst Copse
Sprunks
Firfield Rough
Sedgehurst (Kennels)
Sedgehurst Wood
Sachel Ct.
SPRINGBOK ESTATE
Tickners Heath
Saffron Gate
Tickner's Heath
Cobdens Farm
Ticknersheath Bridge
Tickners Heath Farm
Fir Tree Copse Nature Reserve
Little Rickhurst Copse
Baker's Bottom
Merton Cottage
Merton Place
Three Limes
Sethern
Piddles Copse
Barnfield
Old Rickhurst
The Garden Cottage
ROAD ALFORD
Reservoir (covered)
Roundles Copse
Shiftland Copse
Lower Seven Acre Copse
Wey
Chalcrofts Rough
Springfield Rew
Godalming
WAVE
DUNSFOLD AERODROME
Honey Mead
New Pound Farm
Pound Farm
Jewings Hurst
Sayers Land
Chenells Copse
Benbow Rew
Furtherfits
Aircraft Works
High Billinghurst
High Loxley
High Loxley Furze
Stovoldshill Farm
Hall Place Farm
Hawkin's Farm
The Burchetts
The Moor
Thatchedhouse Farm
Thatchedhouse Planted Piece
Painshill Copse
Sewage Works
Bayhurst Copse
STOVOLDS HILL
LOXLEY
HOOKHOUSE
PLAISTOW ROAD
KNIGHTONS LANE
RAMS
HURLANDS LANE
COMMON HOUSE
SHOPPE HILL
CHURCH ROAD
DUNSFOLD COMMON
BENBOW LANE
SACHEL HILL LANE
SACHEL COURT RD
ROAD
MEADOW
GRIGGS
THE GREEN
PEARTREE GN.
Markwick Cottages
Markwick Farm Cottage
The Haswell
Gorebridge Green Farm
Picknaps Copse
Field Place Cottages
Barbins Copse
A
B
C
D
E
F
G
1
2
3
4
5
6
7
8
9
00
01
02
03
34
35
36
37
38

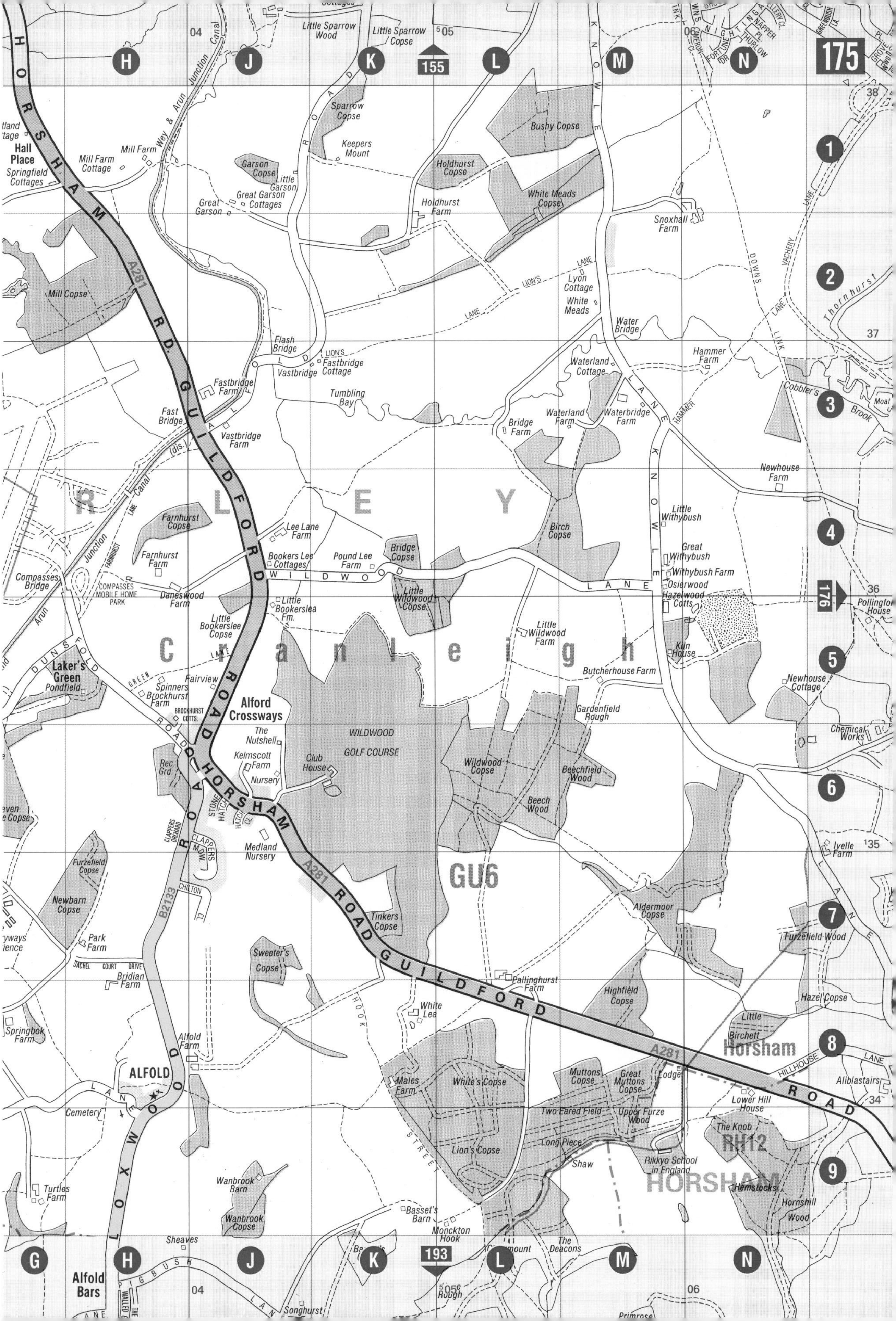

155
176
193
H
J
K
L
M
N
G
1
2
3
4
5
6
7
8
9
04
05
06
38
37
36
35
34
Little Sparrow Wood
Little Sparrow Copse
Sparrow Copse
Keepers Mount
Bushy Copse
Holdhurst Copse
White Meads Copse
Holdhurst Farm
Snoxhall Farm
Garson Copse
Little Garson
Great Garson Cottages
Great Garson
Hall Place
Springfield Cottages
Mill Farm Cottage
Mill Farm
Wey & Arun Junction Canal
Mill Copse
HORSHAM RD.
GUILDFORD ROAD
A281
Lyon Cottage
White Meads
Water Bridge
LION'S LANE
Hammer Farm
Flash Bridge
Fastbridge Cottage
Vastbridge
Tumbling Bay
Fastbridge Farm
Fast Bridge
Vastbridge Farm
Waterland Cottage
Waterland Farm
Waterbridge Farm
Bridge Farm
KNOWLE LANE
HAMMER
LINK LANE
VACHERY LANE
DOWNS
Thornhurst
Cobbler's Brook
Moat
Newhouse Farm
R L E Y
Farnhurst Copse
Farnhurst Farm
Lee Lane Farm
Bookers Lee Cottages
Pound Lee Farm
Bridge Copse
Birch Copse
Little Withybush
Great Withybush
Withybush Farm
Osierwood
Hazelwood Cotts
Pollingfold House
Compasses Bridge
COMPASSES MOBILE HOME PARK
Daneswood Farm
WILDWOOD LANE
Little Wildwood Copse
Little Bookerslea Fm.
Little Bookerslee Copse
Little Wildwood Farm
Kiln House
Cranleigh
Arun
DUNSFOLD ROAD
Laker's Green
Pondfield
GREEN LANE
Spinners
Brockhurst Farm
Fairview
BROCKHURST COTTS.
Alford Crossways
The Nutshell
Kelmscott Farm
Nursery
Club House
WILDWOOD GOLF COURSE
Butcherhouse Farm
Newhouse Cottage
Gardenfield Rough
Chemical Works
Wildwood Copse
Beechfield Wood
Beech Wood
Rec. Grd.
STONE HATCH
HATCH CL.
CLAPPERS ORCHARD
CLAPPERS MDW.
Medland Nursery
Ivelle Farm
Furzefield Copse
Newbarn Copse
CHILTON CL
B2133
GU6
Aldermoor Copse
Tinkers Copse
Furzefield Wood
Park Farm
SACHEL COURT DRIVE
Bridian Farm
Sweeter's Copse
Pallinghurst Farm
HOOK
Highfield Copse
Hazel Copse
Springbok Farm
White Lea
Little Birchett
Horsham
HILLHOUSE LANE
Alfold Farm
ALFOLD
LANE
Males Farm
White's Copse
Muttons Copse
Great Muttons Copse
Lodge
Aliblastairs
Lower Hill House
Cemetery
LOXWOOD ROAD
Two Eared Field
Upper Furze Wood
The Knob
RH12
STREET
Lion's Copse
Long Piece
Shaw
Rikkyo School in England
HORSHAM
Turtles Farm
Wanbrook Barn
Wanbrook Copse
Basset's Barn
Monckton Hook
Hemstocks
Hornshill Wood
Sheaves
The Deacons
Alfold Bars
PIGBUSH LANE
WALLED
Songhurst
Rough
Primrose

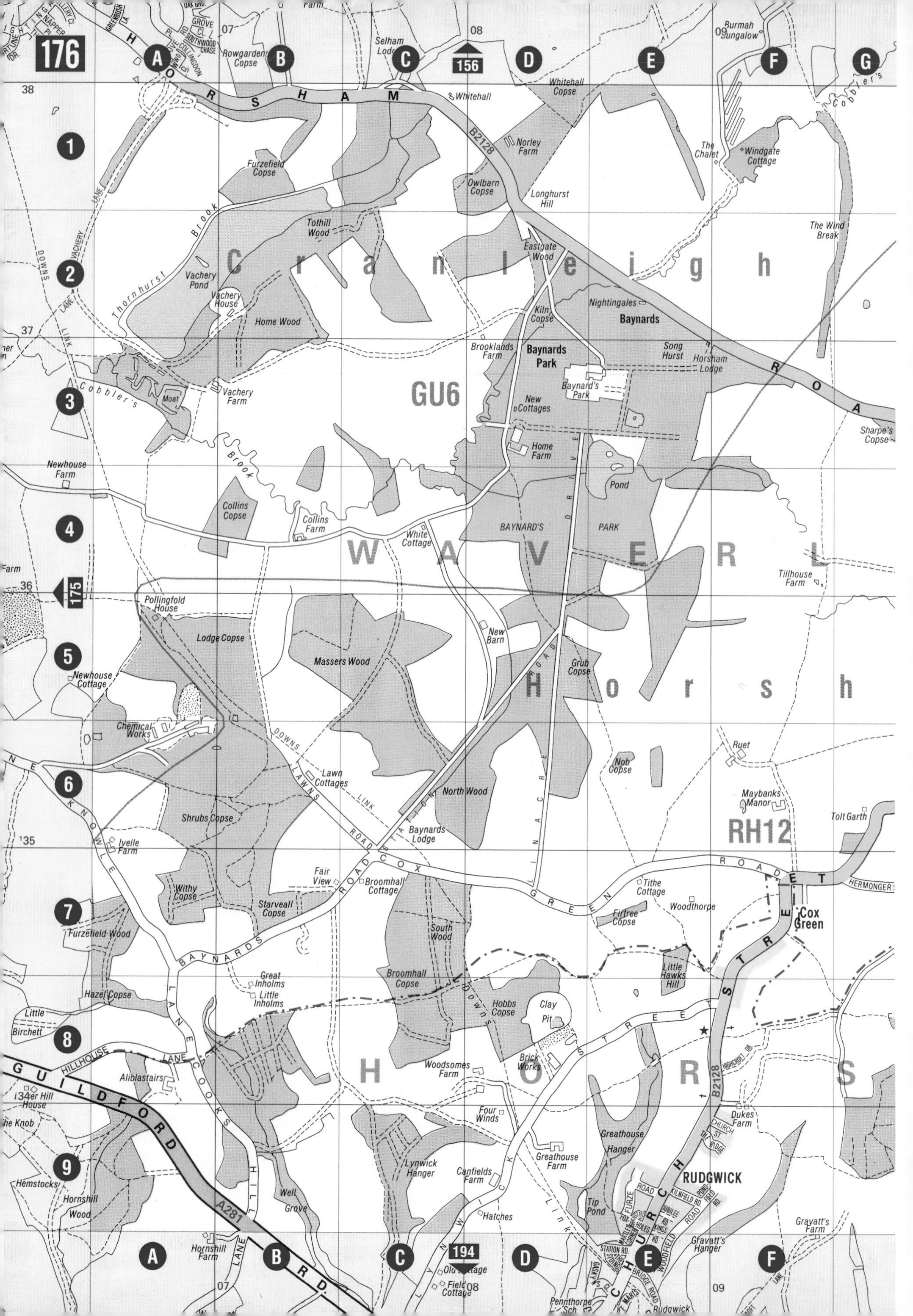

156
175
194
GU6
RH12
Cranleigh
Waverley
Horsham
HORSHAM ROAD
B2128
A281
GUILDFORD RD.
RUDGWICK
Cox Green
Baynards
Baynards Park
Baynard's Park
BAYNARD'S PARK
Rowgardens Copse
Selham Lodge
Whitehall
Whitehall Copse
Burmah Bungalow
Norley Farm
Furzefield Copse
Owlbarn Copse
Longhurst Hill
The Chalet
Windgate Cottage
The Wind Break
Tothill Wood
Eastgate Wood
Vachery Pond
Vachery House
Home Wood
Kiln Copse
Nightingales
Brooklands Farm
Song Hurst
Horsham Lodge
Vachery Farm
Moat
New Cottages
Home Farm
Pond
Sharpe's Copse
Newhouse Farm
Collins Copse
Collins Farm
White Cottage
Tillhouse Farm
Pollingfold House
Lodge Copse
Masser's Wood
New Barn
Grub Copse
Newhouse Cottage
Chemical Works
Ruet
Nob Copse
Lawn Cottages
North Wood
Maybanks Manor
Tolt Garth
Shrubs Copse
Baynards Lodge
Ivelle Farm
Fair View
Broomhall Cottage
Tithe Cottage
Woodthorpe
Withy Copse
Starveall Copse
South Wood
Firtree Copse
Furzefield Wood
Great Inholms
Little Inholms
Broomhall Copse
Hobbs Copse
Clay Pit
Little Hawks Hill
Hazel Copse
Little Birchett
Brick Works
Woodsomes Farm
Aliblastairs
Four Winds
Dukes Farm
Greathouse Hanger
Greathouse Farm
Lynwick Hanger
Canfields Farm
Hornshill Wood
Hemstocks
Well Grove
Hatches
Tip Pond
Gravatt's Farm
Gravatt's Hanger
Hornshill Farm
Old Cottage
Field Cottage
Pennthorpe Sch.
Rudgwick
Thornhurst Brook
Cobbler's Brook
VACHERY LANE
DOWNS LINK
BAYNARDS ROAD
COX GREEN ROAD
KNOWLE LANE
HILLHOUSE LANE
COOKS HILL LANE
LYNWICK ST
STATION ROAD
LINACRE DRIVE
DOWNS LINK
CHURCH STREET
HERMONGER'S
CHURCH ST
THE RIDGE
HIGHCROFT DR.
FURZE ROAD
KILNFIELD RD.
POND RD.
JUBILEE RD.
KINGS RD.
WOODFIELD ROAD
BRIDGE ROAD
STATION RD.
GASKYN
CHASE
SOUTHWOOD CHASE
COLLINGDON
GROVE CL.
GREENBUSH LA.
NAPPER PL.
A B C D E F G
1 2 3 4 5 6 7 8 9
07 08 09
35 36 37 38

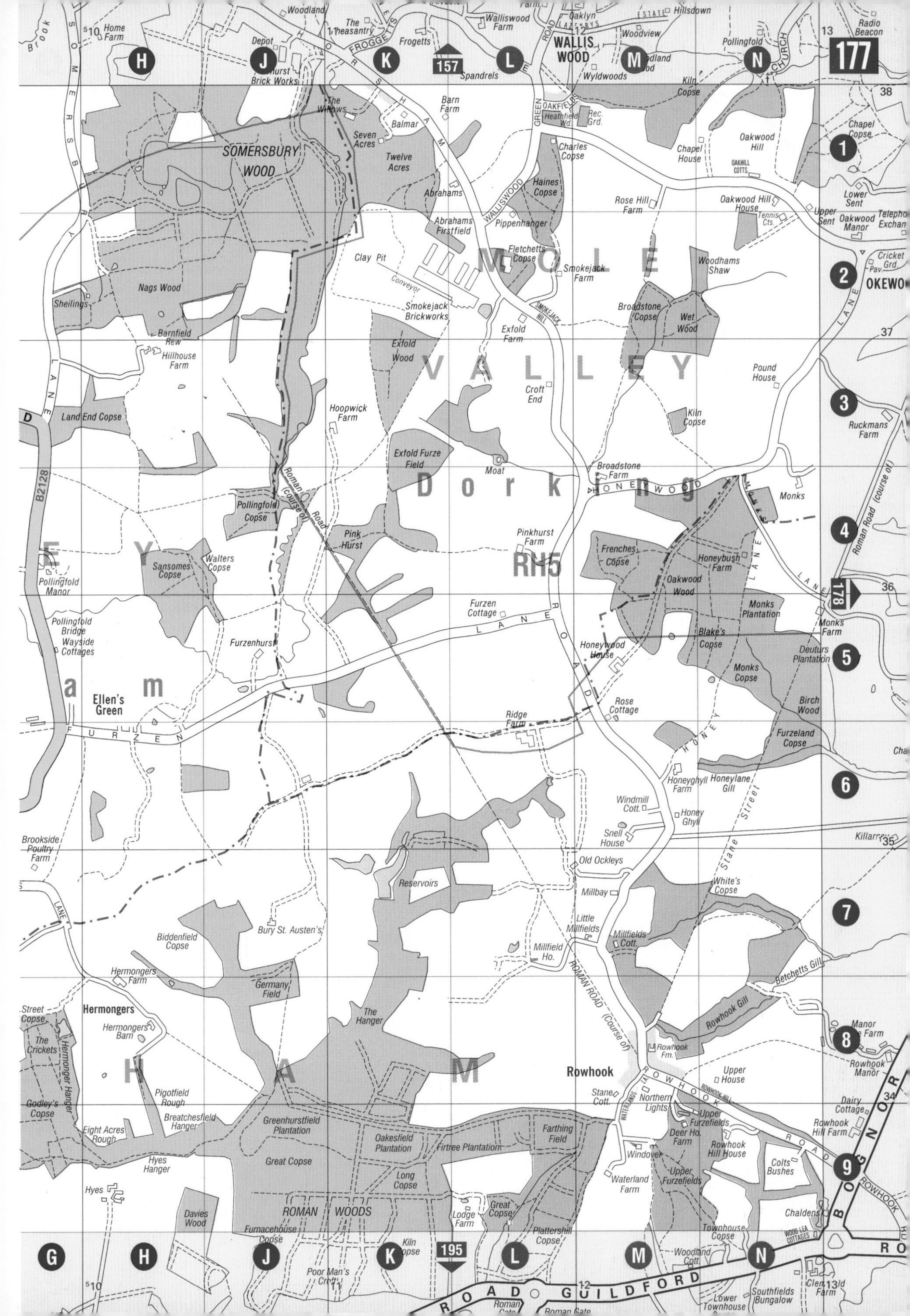

Woodland
Home Farm
The Pheasantry
FROGGETTS
Frogetts
157
Walliswood Farm
WALLIS WOOD
Oaklyn
Woodview
Hillsdown
Pollingfold
CHURCH
Radio Beacon
Depot
Brick Works
Spandrels
Wyldwoods
Kiln Copse
The Willows
Barn Farm
Balmar
Seven Acres
Twelve Acres
SOMERSBURY WOOD
OAKFIELDS
Heathfield Wd.
Rec. Grd.
Charles Copse
Chapel House
Oakwood Hill
Chapel Copse
Lower Sent
Upper Sent
Oakwood Manor
Abrahams
Haines Copse
Rose Hill Farm
Oakwood Hill House
Tennis Cts.
Abrahams Firstfield
Pippenhanger
WALLISWOOD
Clay Pit
Conveyor
Fletchetts Copse
Smokejack Farm
Woodhams Shaw
MOLE
Cricket Grd.
Pav.
OKEWO
Nags Wood
Sheilings
Smokejack Brickworks
SMOKEJACK HILL
Broadstone Copse
Wet Wood
Exfold Farm
Barnfield Rew
Hillhouse Farm
Exfold Wood
VALLEY
Pound House
LANE
Land End Copse
Hoopwick Farm
Croft End
Kiln Copse
Ruckmans Farm
B2128
Exfold Furze Field
Moat
Broadstone Farm
HONEYWOOD
Dorking
Roman Road (course of)
Pollingfold Copse
Pink Hurst
Monks
Pinkhurst Farm
Frenches Copse
Honeybush Farm
Sansomes Copse
Walters Copse
Pollingfold Manor
RH5
Oakwood Wood
178
Furzen Cottage
Monks Plantation
Pollingfold Bridge
Wayside Cottages
Furzenhurst
Blake's Copse
Monks Farm
Honeywood House
Deuturs Plantation
Monks Copse
Ellen's Green
Rose Cottage
Birch Wood
Ridge Farm
FURZEN
Furzeland Copse
HONEY
Honeyghyll Farm
Honeylane Gill
Windmill Cott.
Honey Ghyll
Brookside Poultry Farm
Snell House
Killarney
Stane Street
Old Ockleys
Reservoirs
Millbay
White's Copse
Little Millfields
Biddenfield Copse
Bury St. Austen's
Millfields Cott.
Millfield Ho.
Betchetts Gill
Hermongers Farm
Germany Field
ROMAN ROAD (Course of)
Street Copse
Hermongers
The Hanger
Rowhook Gill
Manor Farm
Hermongers Barn
The Crickets
Hermonger Hanger
Rowhook Fm.
Rowhook Manor
Rowhook
Upper House
Godley's Copse
Pigotfield Rough
Stane Cott.
ROWHOOK HILL
Northern Lights
Dairy Cottage
Breatchesfield Hanger
Greenhurstfield Plantation
Farthing Field
WATERLANDS LANE
Upper Furzefields
Eight Acres Rough
Deer Ho. Farm
Rowhook Hill Farm
Oakesfield Plantation
Firtree Plantation
Rowhook Hill House
Hyes Hanger
Great Copse
Windover
Colts Bushes
Long Copse
Waterland Farm
Upper Furzefields
ROWHOOK
BOGNOR
Hyes
Great Copse
ROMAN WOODS
Lodge Farm
Davies Wood
Chaldens
Furnacehouse Copse
Plattershill Copse
Townhouse Copse
WOOD LEA COTTAGES
Kiln Copse
195
Woodland Cott.
Poor Man's Croft
ROAD GUILDFORD
Lower Townhouse
Southfields Bungalow
Clemsfold Farm
Roman Gate

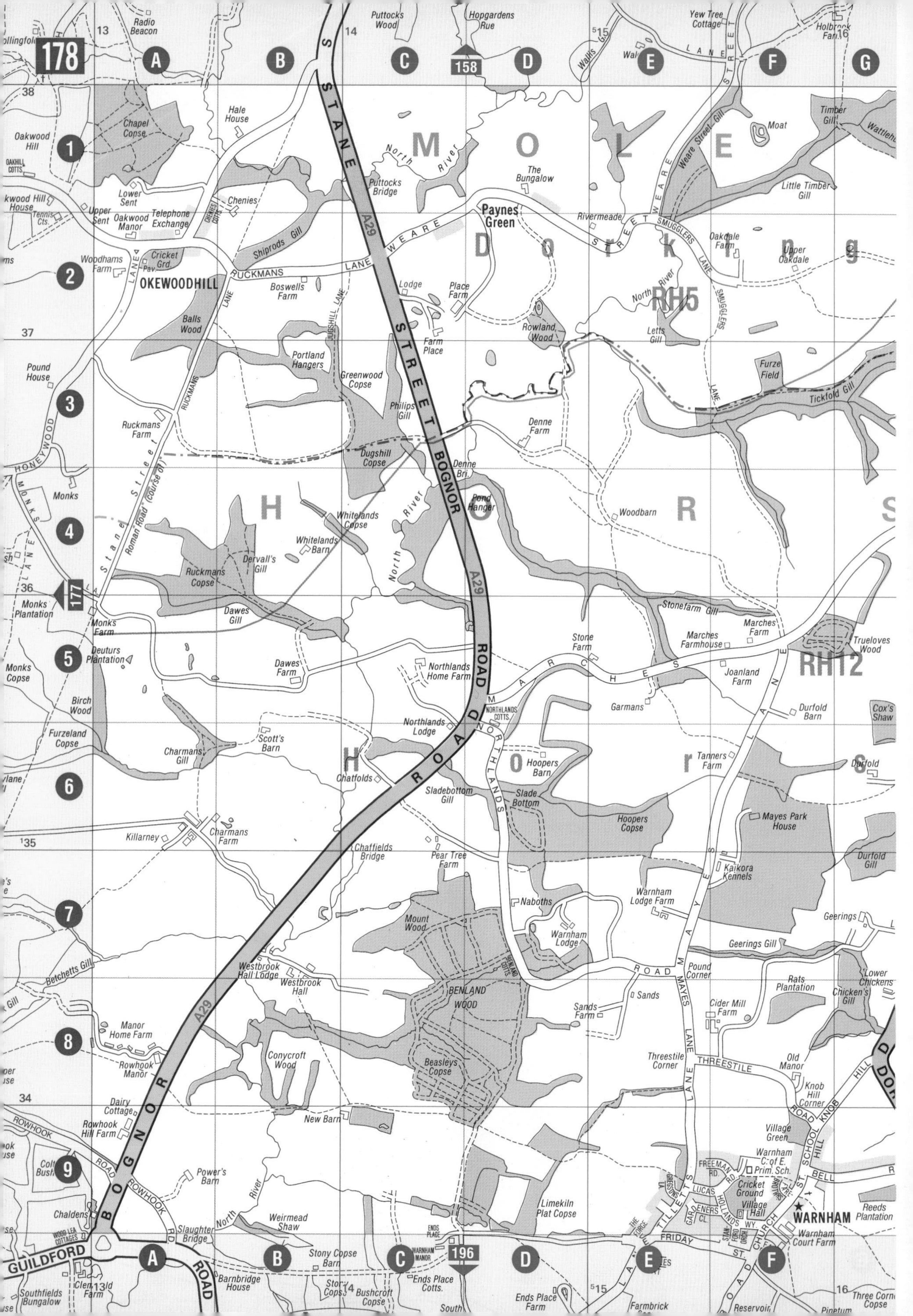

178
A
B
C
D
E
F
G
158
196
177
13
14
15
16
34
35
36
37
38
1
2
3
4
5
6
7
8
9
Radio Beacon
Puttocks Wood
Hopgardens Rue
Yew Tree Cottage
Holbrook Farm
Wallis
Hale House
Chapel Copse
Oakwood Hill
OAKHILL COTTS.
M O L E
D o r k i n g
H O R S H
RH5
RH12
Moat
Timber Gill
Weare Street Gill
Little Timber Gill
The Bungalow
North River
Puttocks Bridge
Lower Sent
Upper Sent
Oakwood Manor
Telephone Exchange
Chenies
CHENIES COTTS.
Tennis Cts.
Paynes Green
Rivermeade
Oakdale Farm
Upper Oakdale
SMUGGLERS LANE
WEARE STREET
Woodhams Farm
Cricket Grd.
Pav.
OKEWOODHILL
RUCKMANS LANE
Shiprods Gill
Boswells Farm
Lodge
Place Farm
Rowland Wood
Letts Gill
Balls Wood
JUGSHILL LANE
Farm Place
Portland Hangers
Greenwood Copse
Furze Field
Tickfold Gill
Pound House
Philips Gill
Denne Farm
Ruckmans Farm
HONEYWOOD
Dugshill Copse
Denne Bri.
Stane Street
Roman Road (course of)
MONKS LANE
Monks
Pond Hanger
Whitelands Copse
Whitelands Barn
Woodbarn
Dervall's Gill
Ruckmans Copse
Monks Plantation
Dawes Gill
Stonefarm Gill
Monks Farm
Marches Farm
Marches Farmhouse
Stone Farm
Trueloves Wood
Deuturs Plantation
Dawes Farm
Northlands Home Farm
MARCHES
Joanland Farm
Monks Copse
Birch Wood
NORTHLANDS COTTS.
Garmans
Durfold Barn
Cox's Shaw
Northlands Lodge
Furzeland Copse
Scott's Barn
Charmans Gill
Hoopers Barn
Tanners Farm
Durfold
Chatfolds
NORTHLANDS
Sladebottom Gill
Slade Bottom
Hoopers Copse
Mayes Park House
Killarney
Charmans Farm
Chaffields Bridge
Pear Tree Farm
Durfold Gill
Kaikora Kennels
Naboths
Warnham Lodge Farm
Mount Wood
Warnham Lodge
Geerings
Geerings Gill
Betchetts Gill
Westbrook Hall Lodge
Westbrook Hall
BENLAND COTTS.
BENLAND WOOD
ROAD
Pound Corner
Sands
Rats Plantation
Lower Chickens
Chicken's Gill
Sands Farm
Cider Mill Farm
Manor Home Farm
Conycroft Wood
Beasleys Copse
Threestile Corner
THREESTILE
Old Manor
Rowhook Manor
MAYES LANE
Knob Hill Corner
KNOB HILL
SCHOOL ROAD
Dairy Cottage
New Barn
Rowhook Hill Farm
ROWHOOK ROAD
Village Green
Warnham C. of E. Prim. Sch.
FREEMAN RD.
BELL RD.
Colt Bush
Power's Barn
Cricket Ground
Village Hall
Limekiln Plat Copse
LUCAS RD.
GREGSONS LA.
TILLETTS LANE
HOLLANDS WY.
GARDENERS CL.
STANFORD ORCH.
SHELLEYS CT.
WARNHAM
Reeds Plantation
Chaldens
WOOD LEA COTTAGES
Slaughter Bridge
Weirmead Shaw
ENDS PLACE
WARNHAM MANOR
THE FORGE
FRIDAY ST.
CHURCH ROAD
Warnham Court Farm
GUILDFORD ROAD
Stony Copse Barn
Barnbridge House
Ends Place Cotts.
Stony Copse
Bushcroft Copse
Ends Place Farm
Farmbrick
Reservoir
Pinetum
Three Corner Copse
Southfields Bungalow
Clen Ald Farm
South
STANE STREET
A29
BOGNOR ROAD

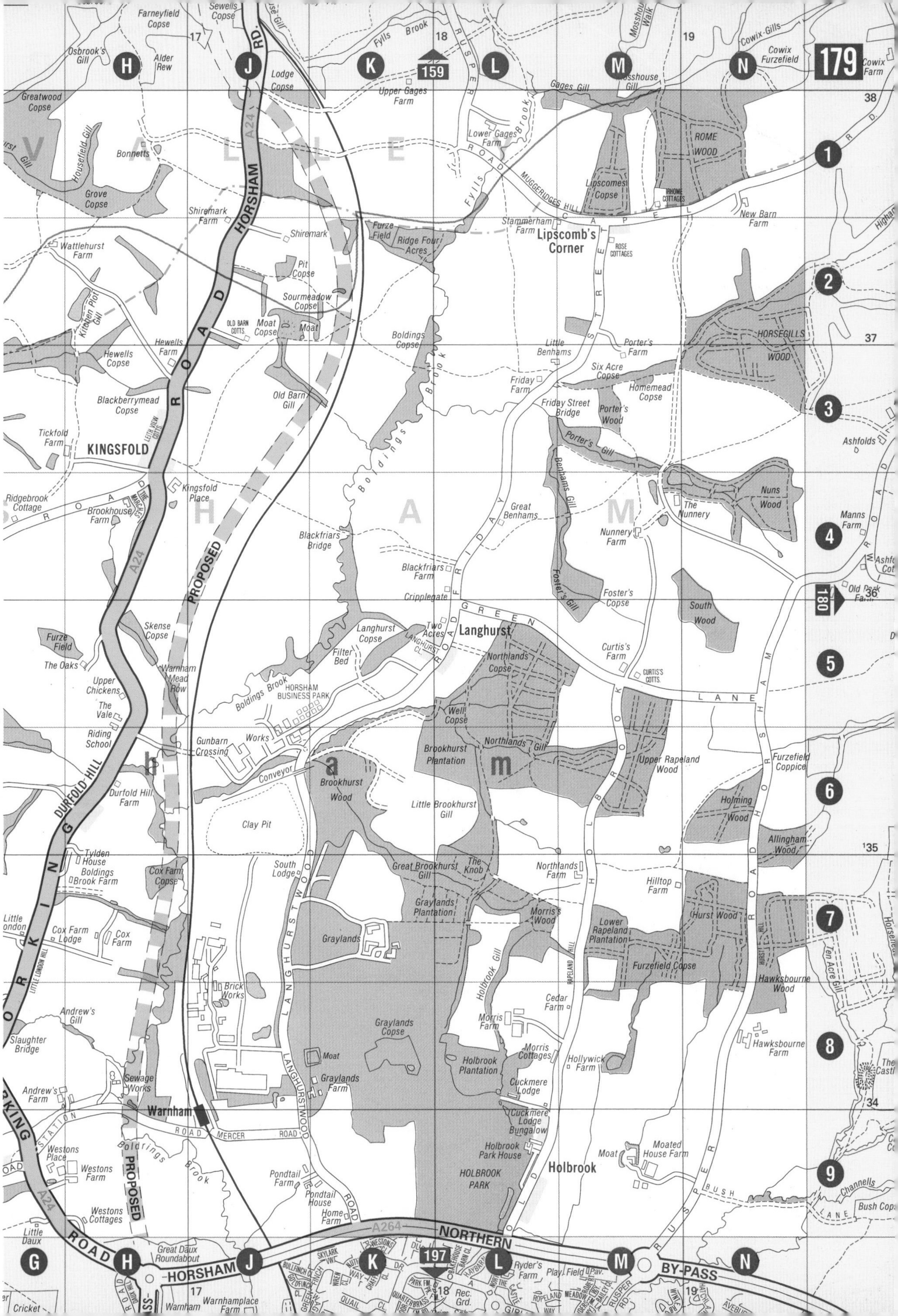
179
159
180
197
H
J
K
L
M
N
G
1
2
3
4
5
6
7
8
9
17
18
19
38
37
36
35
34
V A L L E Y
H A M
h a m
Farneyfield Copse
Sewells Copse
Osbrook's Gill
Alder Rew
Fylls Brook
RUSPER
Mosshouse Walk
Cowix-Gills
Cowix Furzefield
Cowix Farm
Lodge Copse
Upper Gages Farm
Mosshouse Gill
Gages Gill
Greatwood Copse
Housefield Gill
Bonnetts
HORSHAM
RD.
A24
Lower Gages Farm
Brook
ROAD
ROME WOOD
MUGGERIDGES HILL
Lipscomes Copse
IRHOME COTTAGES
Grove Copse
Shiremark Farm
Shiremark
Furze Field
Ridge Four Acres
Fylls
Stammerham Farm
Lipscomb's Corner
CAPEL
New Barn Farm
ROSE COTTAGES
Wattlehurst Farm
Pit Copse
Kitchen Plot Gill
Sourmeadow Copse
STREET
OLD BARN COTTS.
Moat Copse
Moat
Boldings Copse
Hewells Farm
Hewells Copse
Little Benhams
Porter's Farm
HORSEGILLS WOOD
Six Acre Copse
Friday Farm
Homemead Copse
Blackberrymead Copse
Old Barn Gill
Friday Street Bridge
Porter's Wood
Tickfold Farm
KINGSFOLD
LEITH VIEW COTTS.
Porter's Gill
Ashfolds
Boldings
Benhams Gill
Nuns Wood
Ridgebrook Cottage
Kingsfold Place
THE MANGATE
Brookhouse Farm
The Nunnery
Great Benhams
Manns Farm
Nunnery Farm
Blackfriars Bridge
PROPOSED
FRIDAY
Blackfriars Farm
Foster's Gill
Foster's Copse
South Wood
Cripplegate
Old Park Farm
Skense Copse
GREEN
Two Acres
Langhurst
Furze Field
Langhurst Copse
LANGHURST CL.
The Oaks
Filter Bed
Northlands Copse
Curtis's Farm
Warnham Mead Row
CURTIS'S COTTS.
Upper Chickens
Boldings Brook
HORSHAM BUSINESS PARK
LANE
The Vale
Well Copse
Riding School
Works
Brookhurst Plantation
Northlands Gill
Gunbarn Crossing
Upper Rapeland Wood
Furzefield Coppice
Conveyor
Brookhurst Wood
DURFOLD HILL
Durfold Hill Farm
Little Brookhurst Gill
Holming Wood
Clay Pit
Allingham Wood
Tylden House
Boldings Brook Farm
South Lodge
Great Brookhurst Gill
The Knob
Northlands Farm
Hilltop Farm
Cox Farm Copse
HOLBROOK
Graylands Plantation
Morris's Wood
Hurst Wood
Little London
Cox Farm Lodge
Cox Farm
Graylands
Lower Rapeland Plantation
HURST HILL
Ten Acre Gill
DORKING
LITTLE LONDON HILL
Brick Works
Holbrook Gill
RAPELAND HILL
Furzefield Copse
Hawksbourne Wood
LANGHURSTWOOD
Cedar Farm
Andrew's Gill
Graylands Copse
Morris Farm
Slaughter Bridge
Hawksbourne Farm
Moat
Morris Cottages
Hollywick Farm
Holbrook Plantation
Andrew's Farm
Sewage Works
Graylands Farm
Cuckmere Lodge
The Castle
Warnham
STATION
MERCER
Cuckmere Lodge Bungalow
Westons Place
Boldrings Brook
Holbrook Park House
Moat
Moated House Farm
Westons Farm
HOLBROOK PARK
Holbrook
Pondtail Farm
Pondtail House
BUSH
Channells
Westons Cottages
Home Farm
LANE
Bush Copse
Little Daux
A264
NORTHERN
Great Daux Roundabout
Ryder's Farm
Play Field
BY-PASS
HORSHAM
Rec. Grd.
Warnham
Warnhamplace Farm
Cricket
OLD
ROPELAND
MEADOW

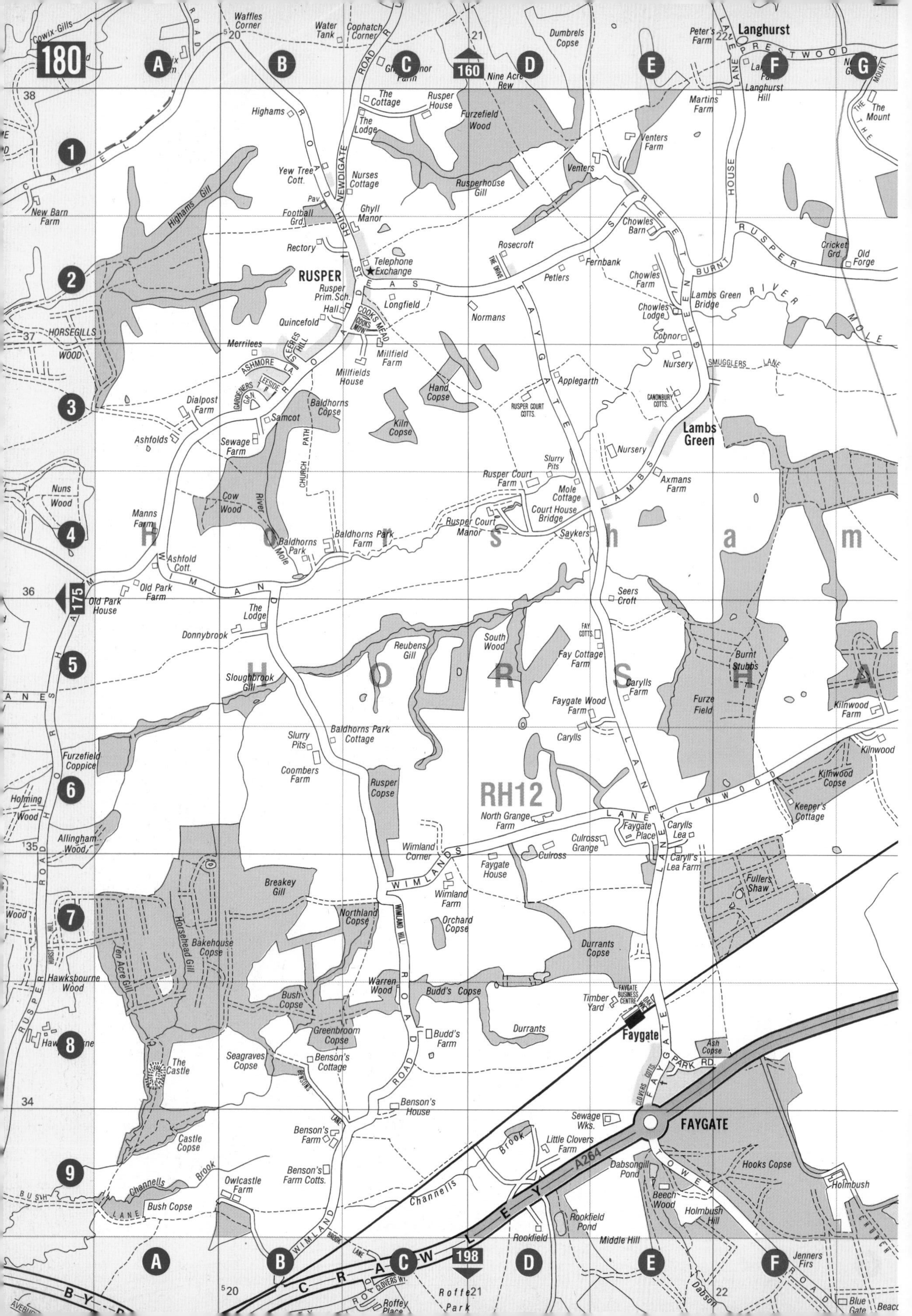
160
198
175
RUSPER
FAYGATE
Faygate
Lambs Green
Langhurst
RH12
Horsham
A264
Highams
The Cottage
Rusper House
Furzefield Wood
The Lodge
Yew Tree Cott.
Nurses Cottage
Rusperhouse Gill
Venters
Venters Farm
Martins Farm
Langhurst Hill
The Mount
Peter's Farm
Dumbrels Copse
Nine Acre Rew
Waffles Corner
Water Tank
Cophatch Corner
Cowix-Gills
New Barn Farm
Highams Gill
Football Grd.
Ghyll Manor
Rectory
Telephone Exchange
Rusper Prim. Sch.
Hall
Longfield
Quincefold
Normans
Rosecroft
Petlers
Fernbank
Chowles Barn
Chowles Farm
Chowles Lodge
Lambs Green Bridge
Cricket Grd.
Old Forge
Cobnor
Nursery
Smugglers Lane
Canonbury Cotts.
Applegarth
Rusper Court Cotts.
Merrilees
Horsegills Wood
Millfield Farm
Millfields House
Hand Copse
Kiln Copse
Dialpost Farm
Samcot
Baldhorns Copse
Ashfolds
Sewage Farm
Church Path
Slurry Pits
Rusper Court Farm
Mole Cottage
Court House Bridge
Axmans Farm
Nuns Wood
Cow Wood
River Mole
Manns Farm
Baldhorns Park Farm
Baldhorns Park
Rusper Court Manor
Saykers
Ashfold Cott.
Old Park Farm
Old Park House
Wimland
The Lodge
Donnybrook
Seers Croft
Reubens Gill
South Wood
Fay Cotts.
Fay Cottage Farm
Carylls Farm
Burnt Stubbs
Furze Field
Faygate Wood Farm
Kilnwood Farm
Sloughbrook Gill
Slurry Pits
Baldhorns Park Cottage
Carylls
Kilnwood
Coombers Farm
Furzefield Coppice
Rusper Copse
Kilnwood Copse
Holming Wood
North Grange Farm
Faygate Place
Carylls Lea
Keeper's Cottage
Allingham Wood
Wimland Corner
Culross Grange
Culross
Caryll's Lea Farm
Faygate House
Breakey Gill
Wimland Farm
Fullers Shaw
Northland Copse
Orchard Copse
Wimland Hill
Durrants Copse
Horsehead Gill
Bakehouse Copse
Ten Acre Gill
Hawksbourne Wood
Warren Wood
Budd's Copse
Bush Copse
Faygate Business Centre
Timber Yard
Greenbroom Copse
Budd's Farm
Durrants
Ash Copse
Seagraves Copse
Benson's Cottage
The Castle
Park Rd.
Clovers Cotts.
Benson's House
Sewage Wks.
Little Clovers Farm
Benson's Farm
Castle Copse
Brook
Hooks Copse
Holmbush
Dabsongill Pond
Benson's Farm Cotts.
Owlcastle Farm
Channells
Beech Wood
Holmbush Hill
Bush Copse
Rookfield Pond
Rookfield
Middle Hill
Jenners Firs
Crawley
Roffey Park
Roffey Place
Clovers Wy.
Brook Lane
Dabson
Blue Gate
Rusper Road
Newdigate Road
High St
East St
Faygate Lane
Lambs Green
Burnt House Lane
Prestwood Lane
Kilnwood Lane
Wimlands Lane
Ashmore La
Steeres Hill
Leeside
Gardeners Grn
Cooks Mead
Cooks Mdw
The Drive
Capel Lane
Bush Lane
Tower Road
Church Road
Horsegills Wood
Hurst Hill
A B C D E F G
1 2 3 4 5 6 7 8 9
20 21 22
34 35 36 37 38

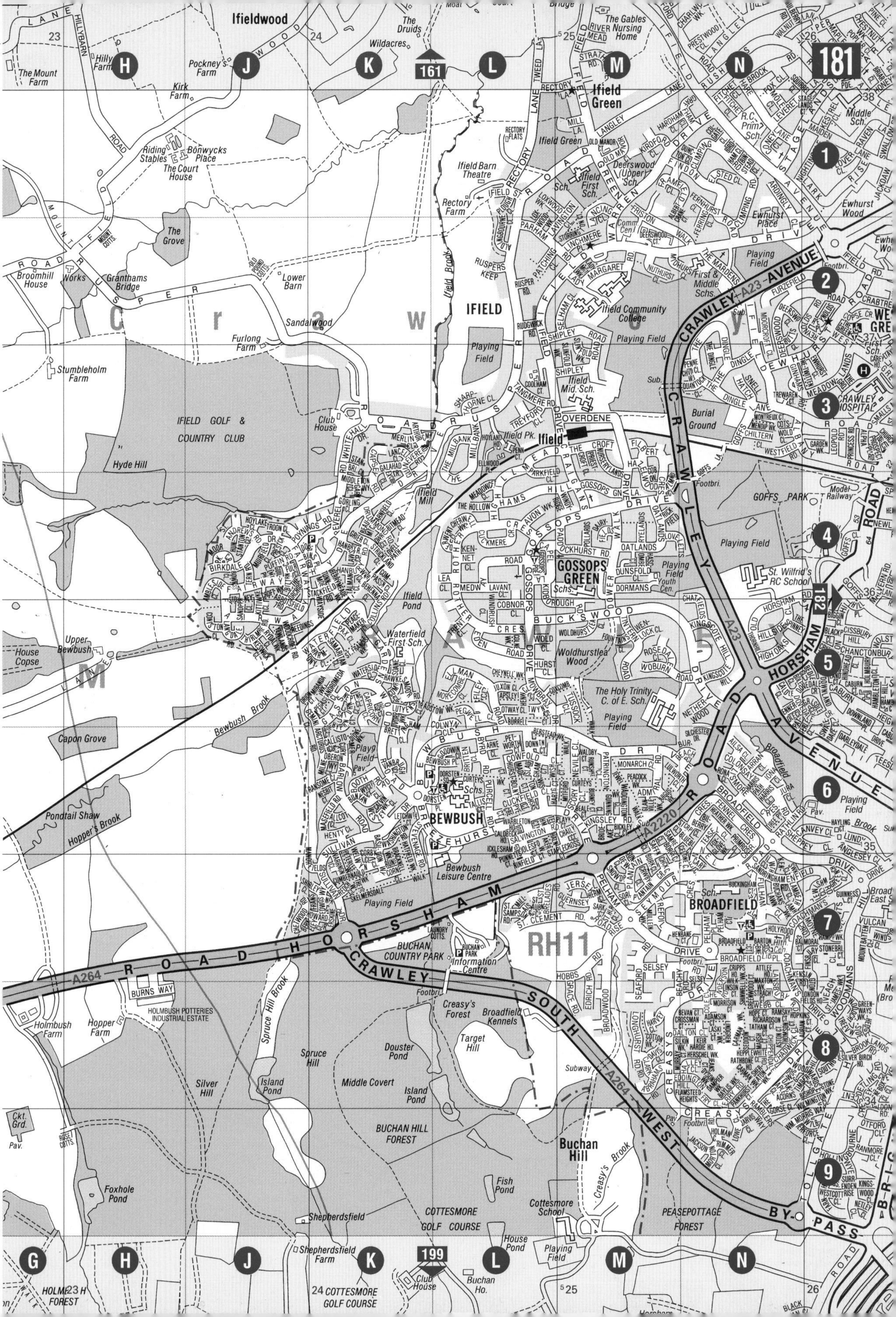

Ifieldwood
The Druids
Wildacres
The Gables Nursing Home
161
The Mount Farm
Hilly Farm
Pockney's Farm
Kirk Farm
Ifield Green
Riding Stables
Bonwycks Place
The Court House
Ifield Barn Theatre
Rectory Farm
The Grove
Broomhill House
Works
Granthams Bridge
Lower Barn
Sandalwood
Furlong Farm
Stumbleholm Farm
IFIELD
Ifield Community College
Deerswood (Upper) Sch.
Ewhurst Place
Ewhurst Wood
Middle Sch.
CRAWLEY AVENUE
A23
IFIELD GOLF & COUNTRY CLUB
Club House
Hyde Hill
Ifield Mill
Ifield
Burial Ground
CRAWLEY HOSPITAL
GOFFS PARK
Model Railway
Playing Field
St. Wilfrid's RC School
182
GOSSOPS GREEN
Ifield Pond
Waterfield First Sch.
Woldhurstlea Wood
The Holy Trinity C. of E. Sch.
HORSHAM ROAD
Upper Bewbush
House Copse
Bewbush Brook
Capon Grove
Pondtail Shaw
Hopper's Brook
BEWBUSH
Bewbush Leisure Centre
A2220
BROADFIELD
RH11
A264
HORSHAM ROAD
CRAWLEY
BUCHAN COUNTRY PARK
Information Centre
SOUTH
WEST
BY-PASS
BURNS WAY
HOLMBUSH POTTERIES INDUSTRIAL ESTATE
Holmbush Farm
Hopper Farm
Spruce Hill Brook
Spruce Hill
Creasy's Forest
Broadfield Kennels
Target Hill
Douster Pond
Silver Hill
Island Pond
Middle Covert
BUCHAN HILL FOREST
Buchan Hill
Creasy's Brook
Ckt. Grd.
Foxhole Pond
Fish Pond
Shepherdsfield
COTTESMORE GOLF COURSE
Cottesmore School
PEASEPOTTAGE FOREST
House Pond
Shepherdsfield Farm
199
Club House
Buchan Ho.
24 COTTESMORE GOLF COURSE
HOLMBUSH FOREST
G
H
J
K
L
M
N
1
2
3
4
5
6
7
8
9
23
24
25
26
35
36
37
38

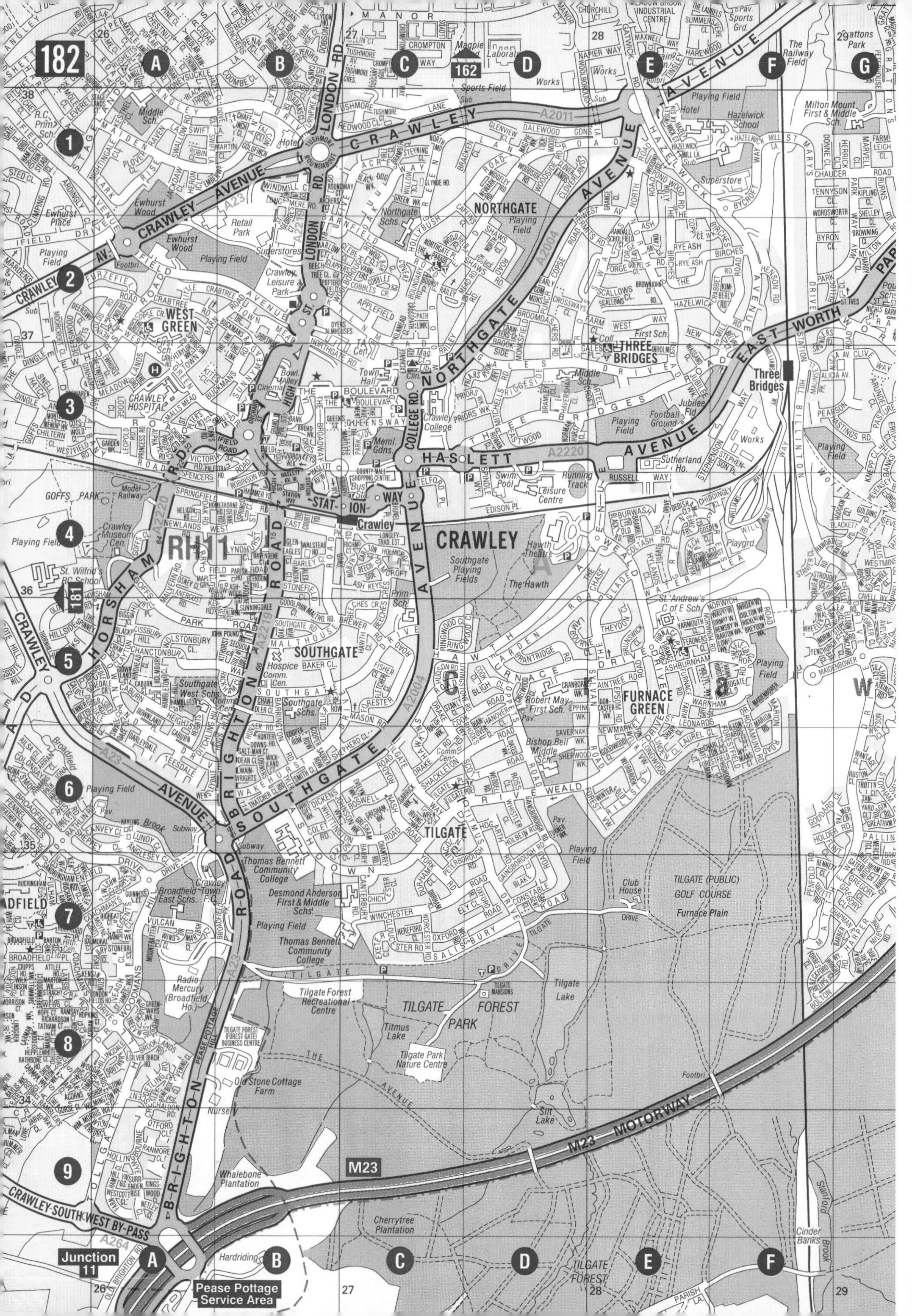

CRAWLEY
RH11
NORTHGATE
WEST GREEN
SOUTHGATE
FURNACE GREEN
TILGATE
THREE BRIDGES
Three Bridges
Crawley
CRAWLEY AVENUE
A2011
A23
LONDON RD.
NORTHGATE AVENUE
A2004
HASLETT AVENUE
A2220
EAST WORTH
HORSHAM RD.
BRIGHTON ROAD
A2219
SOUTHGATE AVENUE
STATION WAY
COLLEGE RD.
HIGH ST.
THE BOULEVARD
QUEENSWAY
CRAWLEY-SOUTH WEST BY-PASS
A264
Junction 11
Pease Pottage Service Area
M23
M23 MOTORWAY
Crawley Hospital
Crawley College
Town Hall
Meml. Gdns.
Crawley Leisure Park
Retail Park
Superstores
Ewhurst Wood
Goffs Park
Crawley Museum Cen.
St. Wilfrid's RC School
Southgate Playing Fields
The Hawth
Hawth Theatre
Leisure Centre
Running Track
Swim. Pool
Hazelwick School
Milton Mount First & Middle Sch.
Thomas Bennett Community College
Desmond Anderson First & Middle Schs.
Broadfield East Schs.
Crawley Town F.C.
Radio Mercury (Broadfield Ho.)
Tilgate Forest Recreational Centre
TILGATE FOREST
TILGATE PARK
Tilgate Lake
Titmus Lake
Tilgate Park Nature Centre
TILGATE (PUBLIC) GOLF COURSE
Club House
Furnace Plain
Old Stone Cottage Farm
Whalebone Plantation
Cherrytree Plantation
Silt Lake
Cinder Banks
Stanford Brook
Tilgate Forest Business Centre
The Railway Field
Magpie Laboratories
Hospice
Bishop Bell Middle Sch.
Robert May First Sch.
Southgate West Schs.
Southgate Schs.
St. Andrew's C of E Sch.
Hardriding
Nursery
162
181

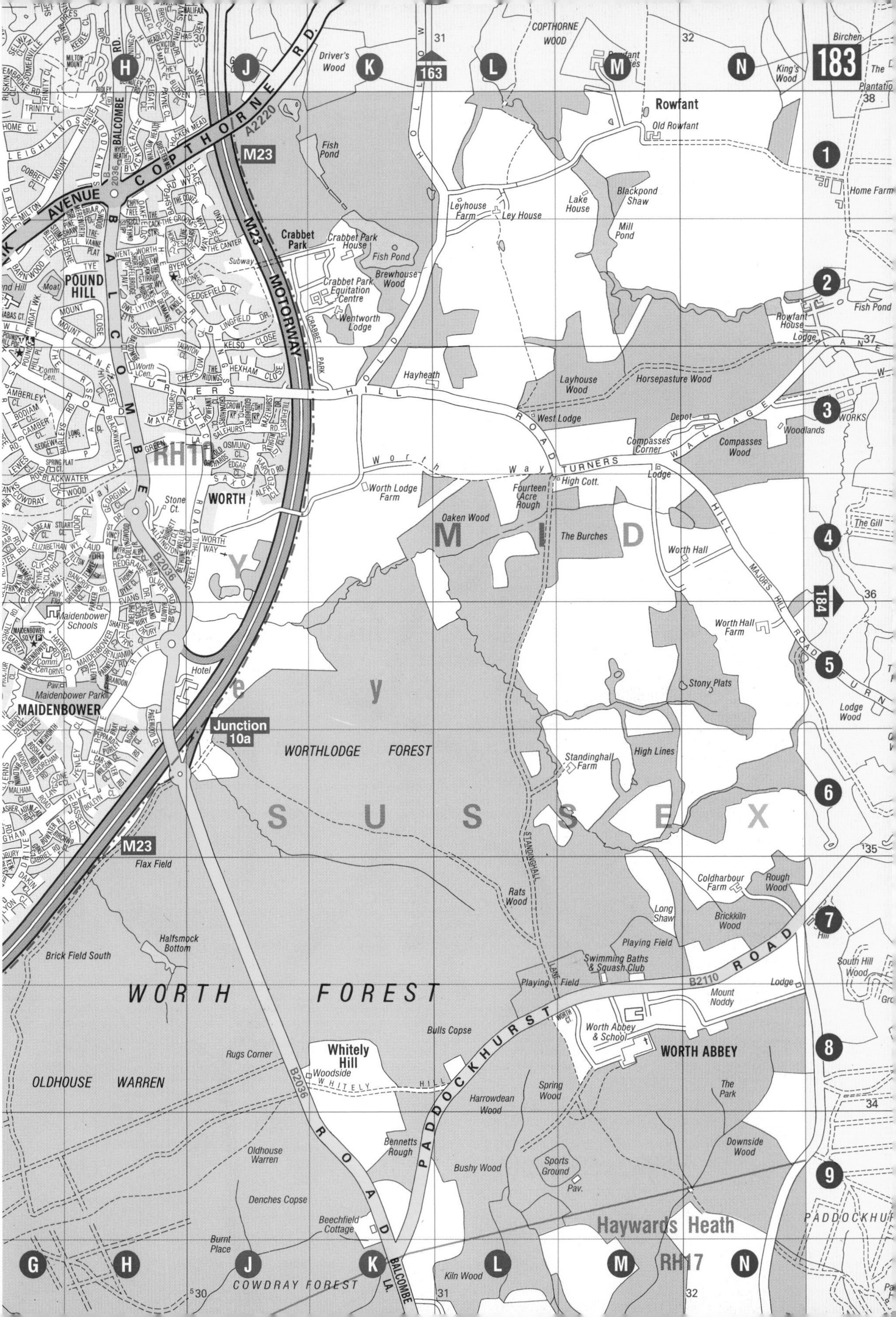
Copthorne Wood
Driver's Wood
163
Rowfant
Old Rowfant
King's Wood
Home Farm
Fish Pond
M23
Leyhouse Farm
Ley House
Lake House
Blackpond Shaw
Mill Pond
Crabbet Park
Crabbet Park House
Fish Pond
Brewhouse Wood
Crabbet Park Equitation Centre
Wentworth Lodge
Rowfant House
Lodge
Pound Hill
Copthorne Road
Avenue
A2220
Balcombe Road
Motorway
Hayheath
Layhouse Wood
Horsepasture Wood
West Lodge
Depot
Works
Woodlands
Compasses Corner
Compasses Wood
Turners Hill
Worth Way
Turners Hill Road
Wallage Lane
High Cott.
Lodge
Worth Lodge Farm
Fourteen Acre Rough
Worth
RH10
Oaken Wood
The Burches
Mid Sussex
The Gill
Worth Hall
Major's Hill Road
184
Worth Hall Farm
Stony Plats
Lodge Wood
Maidenbower
Maidenbower Park
Maidenbower Schools
Hotel
Junction 10a
Worthlodge Forest
Standinghall Farm
High Lines
Standinghall Lane
Flax Field
Rats Wood
Coldharbour Farm
Rough Wood
Long Shaw
Brickkiln Wood
Playing Field
Swimming Baths & Squash Club
South Hill Wood
Halfsmock Bottom
Brick Field South
Worth Forest
B2110
Mount Noddy
Worth Abbey & School
Worth Abbey
Bulls Copse
Whitely Hill
Woodside
Rugs Corner
Oldhouse Warren
Paddockhurst Road
B2036
Harrowdean Wood
Spring Wood
The Park
Bennetts Rough
Bushy Wood
Sports Ground
Pav.
Downside Wood
Denches Copse
Beechfield Cottage
Burnt Place
Haywards Heath
RH17
Kiln Wood
Cowdray Forest
Balcombe La.

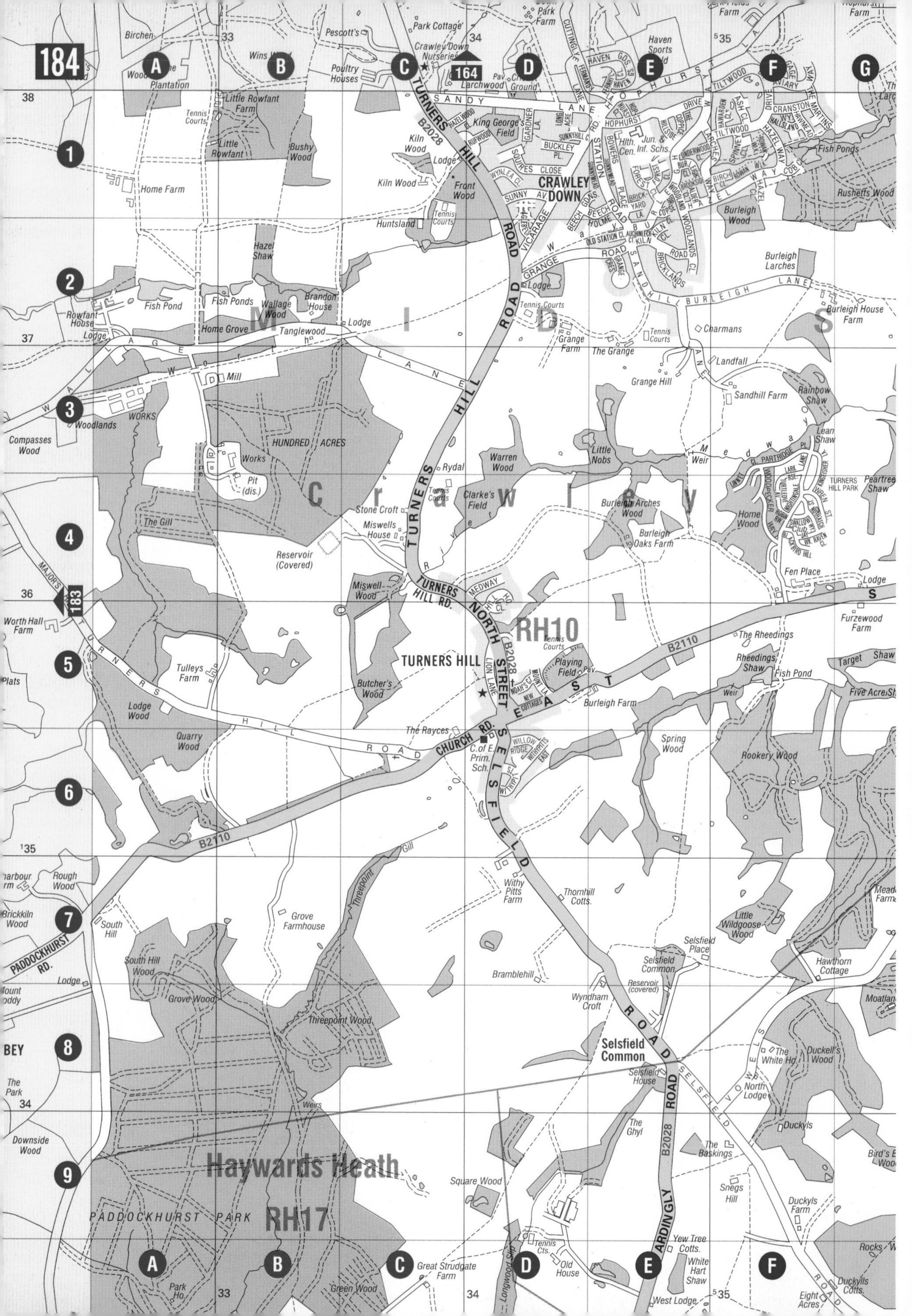

A
B
C
D
E
F
G
1
2
3
4
5
6
7
8
9
38
37
36
35
34
33
34
35
164
183
Birchen
Wins Wood
Park Cottage
Pescott's
Crawley Down Nurseries
Park Farm
Haven Sports Field
Poultry Houses
Plantation
Little Rowfant Farm
Tennis Courts
Little Rowfant
Bushy Wood
Larchwood
Cricket Ground
SANDY LANE
HOPHURST LANE
TURNERS HILL ROAD
B2028
Kiln Wood
Lodge
King George's Field
Home Farm
Front Wood
Huntsland
CRAWLEY DOWN
Hlth. Cen.
Jun. & Inf. Schs.
Fish Ponds
Rushetts Wood
Burleigh Wood
Hazel Shaw
Burleigh Larches
Fish Pond
Fish Ponds
Wallage Wood
Brandon House
Rowfant House
Tanglewood
Home Grove
Burleigh House Farm
Charmans
Grange Farm
The Grange
Tennis Courts
Landfall
Grange Hill
Sandhill Farm
Rainbow Shaw
WALLAGE LANE
Mill
Woodlands
WORKS
Compasses Wood
HUNDRED ACRES
Works
Pit (dis.)
Rydal
Warren Wood
Little Nobs
Weir
Medway
Lean Shaw
TURNERS HILL PARK
Peartree Shaw
Clarke's Field
Stone Croft
Miswells House
Burleigh Arches Wood
Burleigh Oaks Farm
Home Wood
The Gill
Reservoir (Covered)
Crawley
Fen Place
Lodge
Miswell Wood
TURNERS HILL RD.
NORTH STREET
RH10
Furzewood Farm
Worth Hall Farm
The Rheedings
Tulleys Farm
TURNERS HILL
Playing Field
B2110
Rheedings Shaw
Fish Pond
Target Shaw
Plats
Butcher's Wood
LION LANE
EAST STREET
Burleigh Farm
Weir
Five Acre Shaw
Lodge Wood
The Rayces
CHURCH RD.
C.of E. Prim. Sch.
Spring Wood
Rookery Wood
Quarry Wood
TURNERS HILL ROAD
SELSFIELD ROAD
Rough Wood
Brickkiln Wood
Withy Pitts Farm
Thornhill Cotts.
Meads Farm
Little Wildgoose Wood
Hawthorn Cottage
South Hill
Grove Farmhouse
Threepoint Gill
PADDOCKHURST RD.
South Hill Wood
Lodge
Selsfield Place
Selsfield Common
Bramblehill
Reservoir (covered)
Wyndham Croft
Grove Wood
Threepoint Wood
Moatland
Selsfield Common
The White Ho.
Duckell's Wood
BEY
The Park
Selsfield House
North Lodge
Weirs
The Ghyl
Duckyls
Downside Wood
The Baskings
Bird's Eye Wood
Haywards Heath
Square Wood
Snegs Hill
Duckyls Farm
PADDOCKHURST PARK
RH17
ARDINGLY ROAD
B2028
Tennis Cts.
Yew Tree Cotts.
Old House
White Hart Shaw
Rocks Wood
Great Strudgate Farm
Park Ho.
Green Wood
Longwood Slip
West Lodge
Duckylls Cotts.
Eight Acres
VOWELS LANE

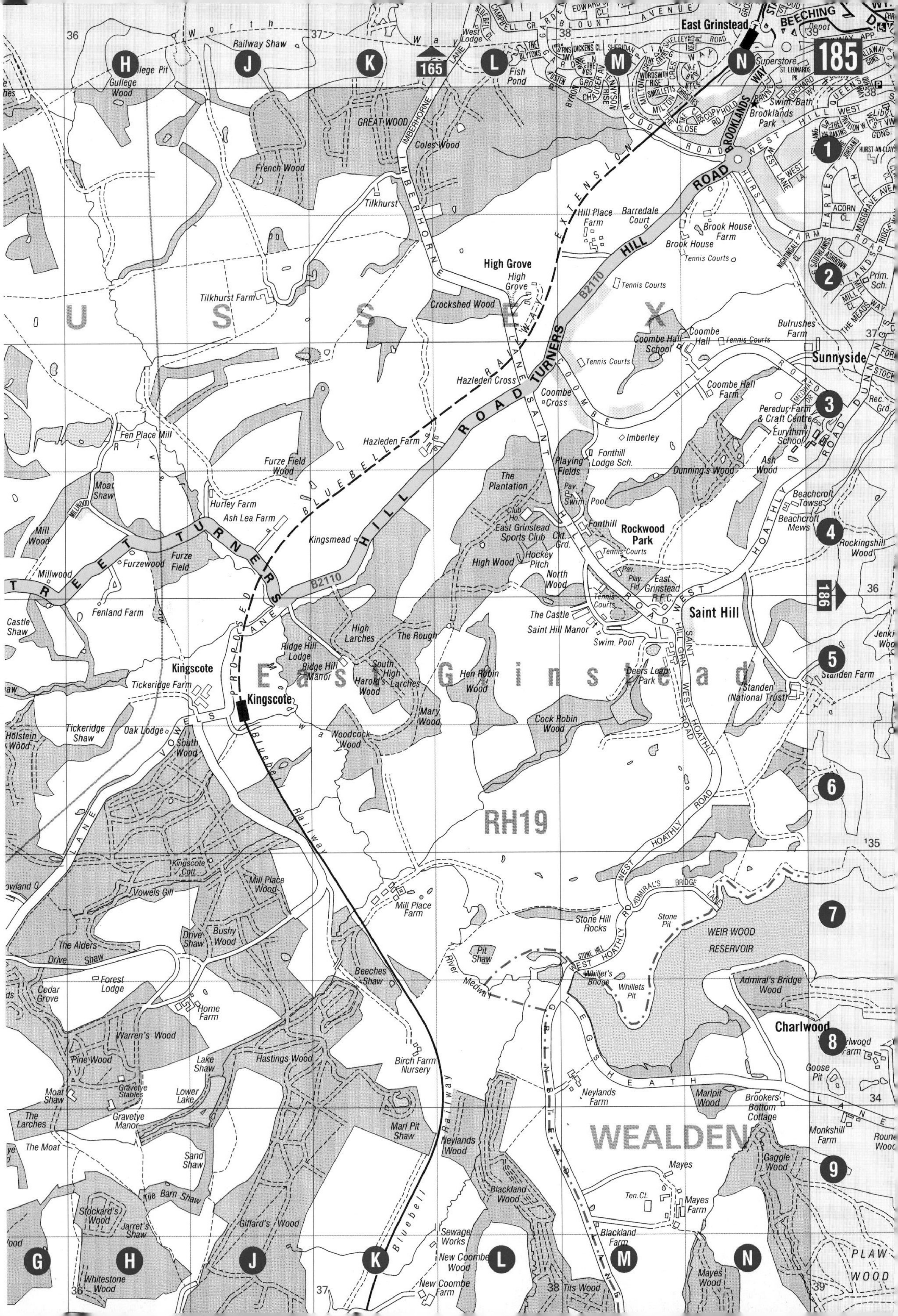
East Grinstead
Saint Hill
Sunnyside
Kingscote
Charlwood
Rockwood Park
High Grove
RH19
WEALDEN
East Grinstead
SUSSEX
TURNERS HILL ROAD
B2110
TURNERS STREET
WEST HOATHLY ROAD
WEIR WOOD RESERVOIR
Bluebell Railway
Proposed Extension
Worth Way
Imberhorne Lane
Vowels Lane
Saint Hill Road
Coombe Hill Road
Hill Place Farm
Barredale Court
Brook House Farm
Brook House
Tennis Courts
Crockshed Wood
Coombe Hall School
Coombe Hall
Bulrushes Farm
Coombe Hall Farm
Peredur Farm & Craft Centre
Eurythmy School
Imberley
Fonthill Lodge Sch.
Playing Fields
Dunning's Wood
Ash Wood
Beachcroft Towse
Beachcroft Mews
Rockingshill Wood
The Plantation
East Grinstead Sports Club
Hockey Pitch
High Wood
North Wood
East Grinstead R.F.C.
The Castle
Saint Hill Manor
Swim. Pool
Deers Leap Park
Standen (National Trust)
Standen Farm
Hen Robin Wood
Cock Robin Wood
Mary Wood
Woodcock Wood
High Larches
South High Larches
The Rough
Ridge Hill Lodge
Ridge Hill Manor
Harold's Wood
Kingsmead
Hazleden Farm
Hazleden Cross
Coombe Cross
Furze Field Wood
Hurley Farm
Ash Lea Farm
Furze Field
Furzewood
Millwood
Mill Wood
Moat Shaw
Fen Place Mill
Fenland Farm
Castle Shaw
Tickeridge Farm
Tickeridge Shaw
Oak Lodge
South Wood
Holstein Wood
Tilkhurst Farm
Tilkhurst
French Wood
Coles Wood
GREAT WOOD
Gullege Wood
Railway Shaw
Fish Pond
Superstore
Brooklands Park
Swim. Bath
Kingscote Cott.
Mill Place Wood
Vowels Gill
Mill Place Farm
Stone Hill Rocks
Stone Pit
Pit Shaw
River Medway
Whillet's Bridge
Whillets Pit
Admiral's Bridge Wood
Drive Shaw
Bushy Wood
The Alders
Forest Lodge
Cedar Grove
Home Farm
Beeches Shaw
Warren's Wood
Pine Wood
Hastings Wood
Birch Farm Nursery
Lake Shaw
Lower Lake
Moat Shaw
Gravetye Stables
Gravetye Manor
The Larches
The Moat
Marl Pit Shaw
Sand Shaw
Tile Barn Shaw
Stockard's Wood
Jarret's Shaw
Giffard's Wood
Neylands Wood
Neylands Farm
Marlpit Wood
Brookers Bottom Cottage
Monkshill Farm
Goose Pit
Gaggle Wood
Mayes
Mayes Farm
Ten.Ct.
Blackland Wood
Blackland Farm
Sewage Works
New Coombe Wood
New Coombe Farm
Mayes Wood
Tits Wood
Whitestone Wood
PLAW WOOD
SHEATH LANE
Beeching Way
Brooklands Way
Hurst Farm Road
West Hill
West Lane
Acorn Cl.
Musgrave Avenue
Harvest Hill
Southlands
Ashdown
Nightingale Cl.
Prim. Sch.
Mill Way
The Meads
Dunnings Road
Medway Dr.
Rec. Grd.
Blount Avenue
Edwards Cl.
Campbell Cr.
Bluebell Cl.
West Lodge
The Blytons
Dickens Cl.
Sheridan
Austen Cl.
Byron
Chaucer Av.
Tennyson Rise
Milton Cres.
Wordsworth Rise
Smolletts
Christies
Copyhold Rd.
The Close
Woodcock Road
Depot
St. Leonards Pk.
Orchard Wy.
Queens Rd.
Liby.
Hurst-an-Clays
Jordans
Dakins
165
186
A B C D E F G H J K L M N
1 2 3 4 5 6 7 8 9
36 37 38 39
34 35 36 37 38

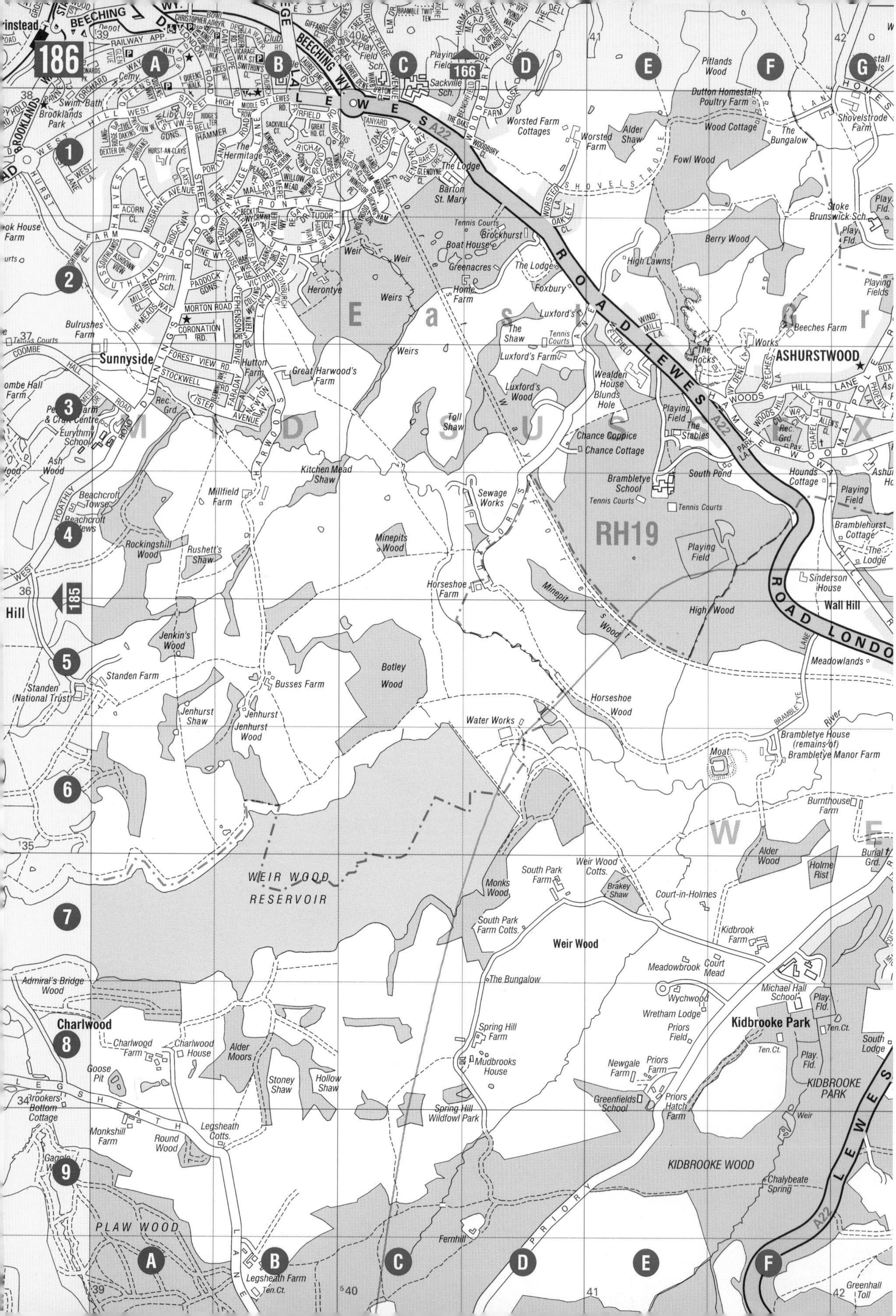
Beeching Way
Railway App.
Queen's Road
London Road
West Street
High Street
St. Lewes
Lewes Road
A22
West Hill
Brooklands Park
Swim. Bath
Cemy.
Sackville Sch.
The Hermitage
Herontye
Musgrave Avenue
Ridgeway
Harvest Hill
Ashdown View
Southlands Road
Prim. Sch.
Morton Road
Coronation Rd.
Forest View Rd.
Stockwell Rd.
Dunnings Road
Sunnyside
Hutton Farm
Harwoods Lane
Great Harwood's Farm
Bulrushes Farm
Combe Hall Farm
Ash Wood
Beachcroft Towse
Rockingshill Wood
Rushett's Shaw
Jenkin's Wood
Standen Farm
Standen (National Trust)
Jenhurst Shaw
Jenhurst Wood
Busses Farm
Botley Wood
Millfield Farm
Kitchen Mead Shaw
Minepits Wood
Toll Shaw
Weirs
Weir
Barton St. Mary
Worsted Farm Cottages
Worsted Farm
Alder Shaw
Shovelstrode Lane
Pitlands Wood
Dutton Homestall Poultry Farm
Wood Cottage
The Bungalow
Fowl Wood
Shovelstrode Farm
Stoke Brunswick Sch.
Berry Wood
High Lawns
Brockhurst
Boat House
Greenacres
The Lodge
Home Farm
Foxbury
Luxford's
The Shaw
Luxford's Farm
Luxford's Wood
Wealden House
Blunds Hole
Chance Coppice
Chance Cottage
Sewage Works
Brambletye School
South Pond
RH19
Playing Field
High Wood
Minepit Wood
Horseshoe Farm
Horseshoe Wood
Water Works
Ashurstwood
Beeches Farm
Hammerwood Road
Hounds Cottage
Bramblehurst Cottage
Sinderson House
Wall Hill
Meadowlands
London Road
Brambletye House (remains of) Brambletye Manor Farm
Moat
Burnthouse Farm
Alder Wood
Holme Rist
East Grinstead
Mid Sussex
West Sussex
Weir Wood Reservoir
Monks Wood
South Park Farm
Weir Wood Cotts.
Brakey Shaw
Court-in-Holmes
South Park Farm Cotts.
Weir Wood
Kidbrook Farm
Meadowbrook
Court Mead
The Bungalow
Wychwood
Wretham Lodge
Michael Hall School
Kidbrooke Park
Priors Field
Spring Hill Farm
Mudbrooks House
Newgale Farm
Priors Farm
Greenfields School
Priors Hatch Farm
Spring Hill Wildfowl Park
Kidbrooke Wood
Chalybeate Spring
Priory Road
Fernhill
Admiral's Bridge Wood
Charlwood
Charlwood Farm
Charlwood House
Alder Moors
Stoney Shaw
Hollow Shaw
Goose Pit
Legsheath Lane
Brookers Bottom Cottage
Monkshill Farm
Round Wood
Legsheath Cotts.
Plaw Wood
Legsheath Farm
South Lodge
Greenhall Toll
166
185

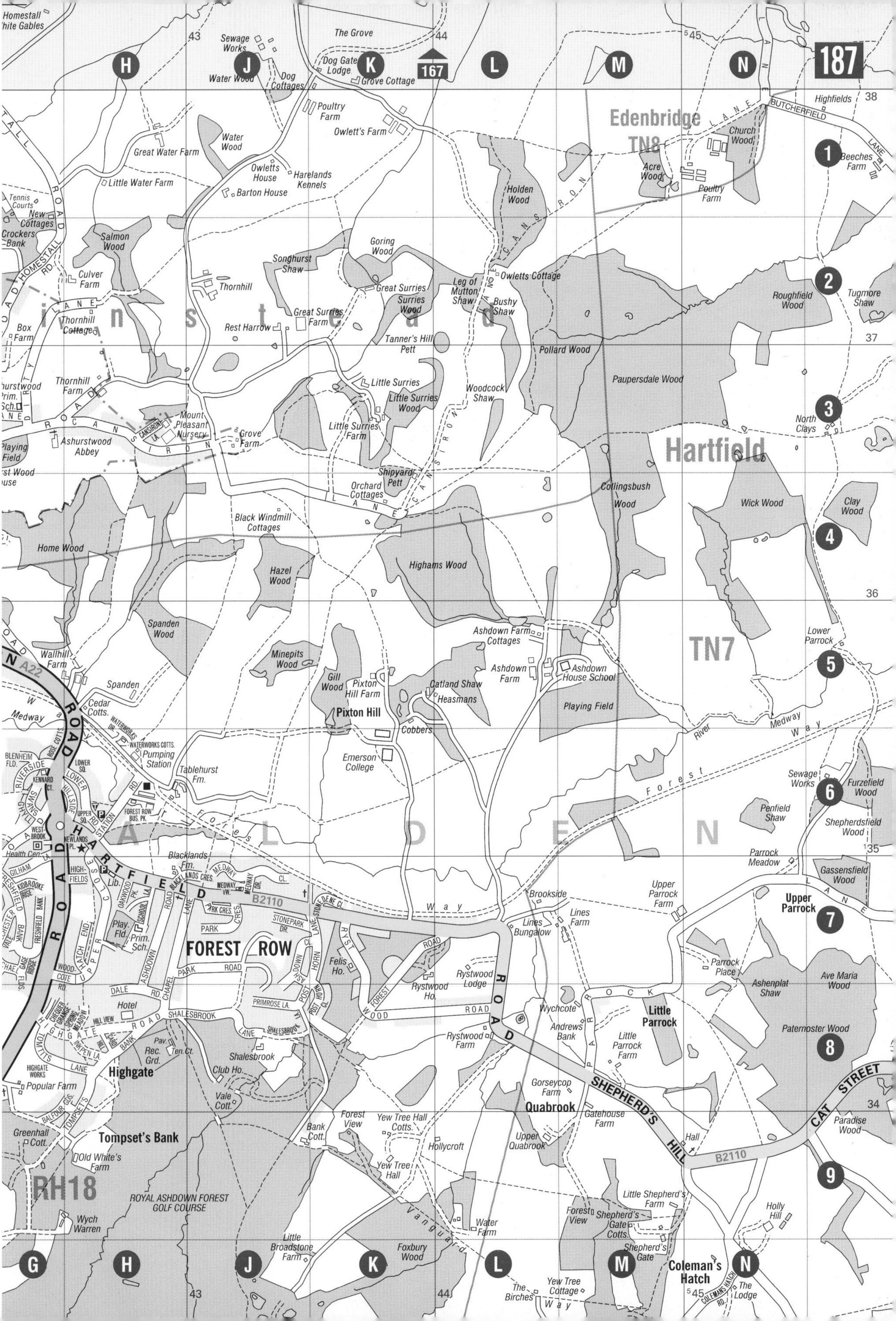
Edenbridge
TN8
Hartfield
TN7
FOREST ROW
RH18
Highgate
Tompset's Bank
Quabrook
Little Parrock
Upper Parrock
Coleman's Hatch
Pixton Hill
Ashdown House School
Emerson College
Royal Ashdown Forest Golf Course
Holden Wood
Paupersdale Wood
Pollard Wood
Roughfield Wood
Wick Wood
Clay Wood
Collingsbush Wood
Highams Wood
Hazel Wood
Home Wood
Spanden Wood
Minepits Wood
Gill Wood
Paternoster Wood
Ave Maria Wood
Foxbury Wood
Salmon Wood
Goring Wood
Water Wood
B2110
A22
Forest Way
Medway
167

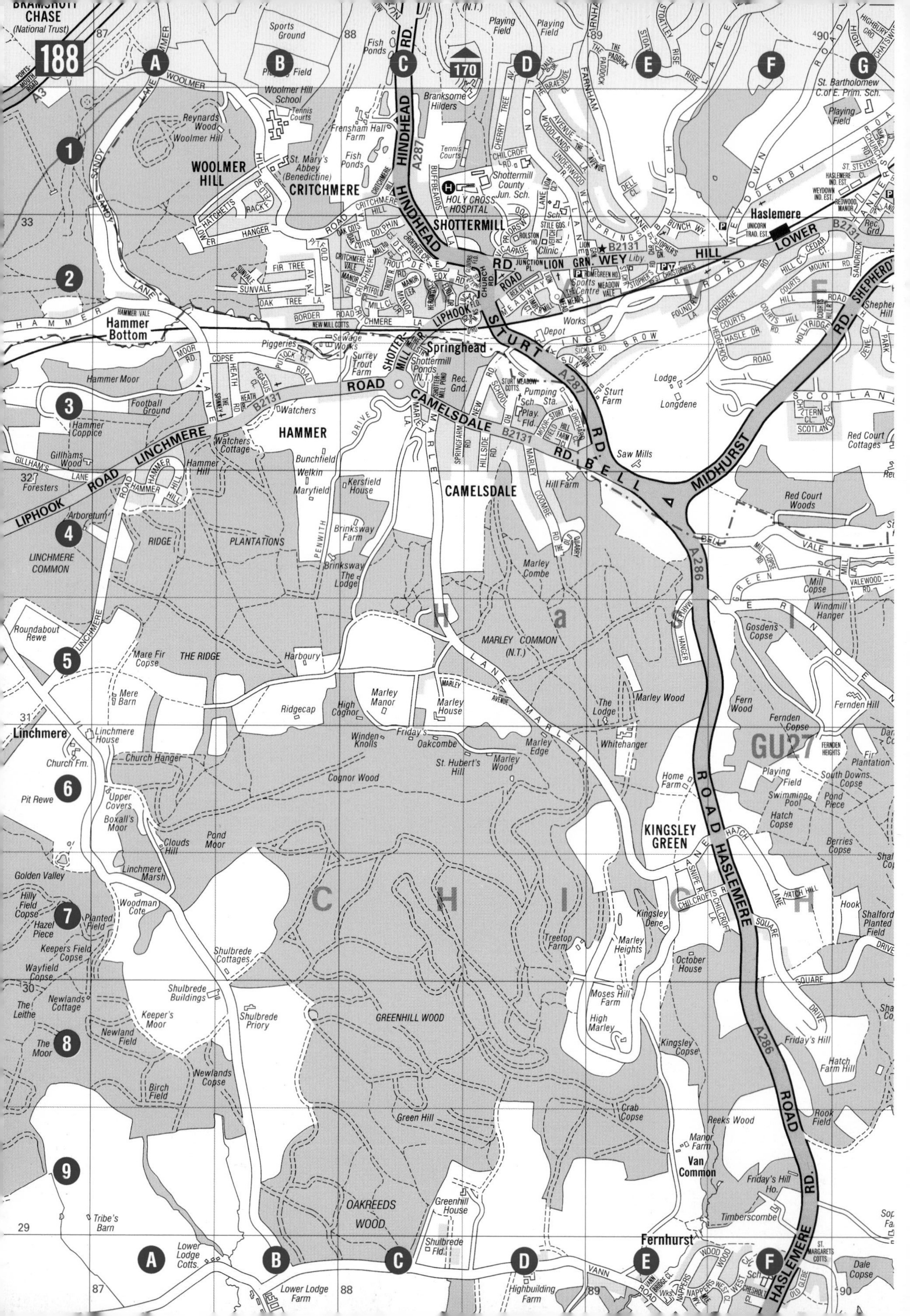
BRAMSHOTT CHASE (National Trust)
WOOLMER HILL
CRITCHMERE
SHOTTERMILL
HOLY CROSS HOSPITAL
Shottermill County Jun. Sch.
Haslemere
Hammer Bottom
Springhead
HAMMER
CAMELSDALE
LINCHMERE COMMON
Linchmere
KINGSLEY GREEN
Fernhurst
MARLEY COMMON (N.T.)
GREENHILL WOOD
OAKREEDS WOOD
Van Common
GU27
LIPHOOK ROAD
LINCHMERE ROAD
HINDHEAD RD.
STURT RD.
MIDHURST RD.
HASLEMERE ROAD
LOWER WEY HILL
CAMELSDALE RD.
MARLEY LANE
VANN ROAD
A3
A287
A286
B2131
170
A
B
C
D
E
F
G
1
2
3
4
5
6
7
8
9
87
88
89
90
33
32
31
30
29

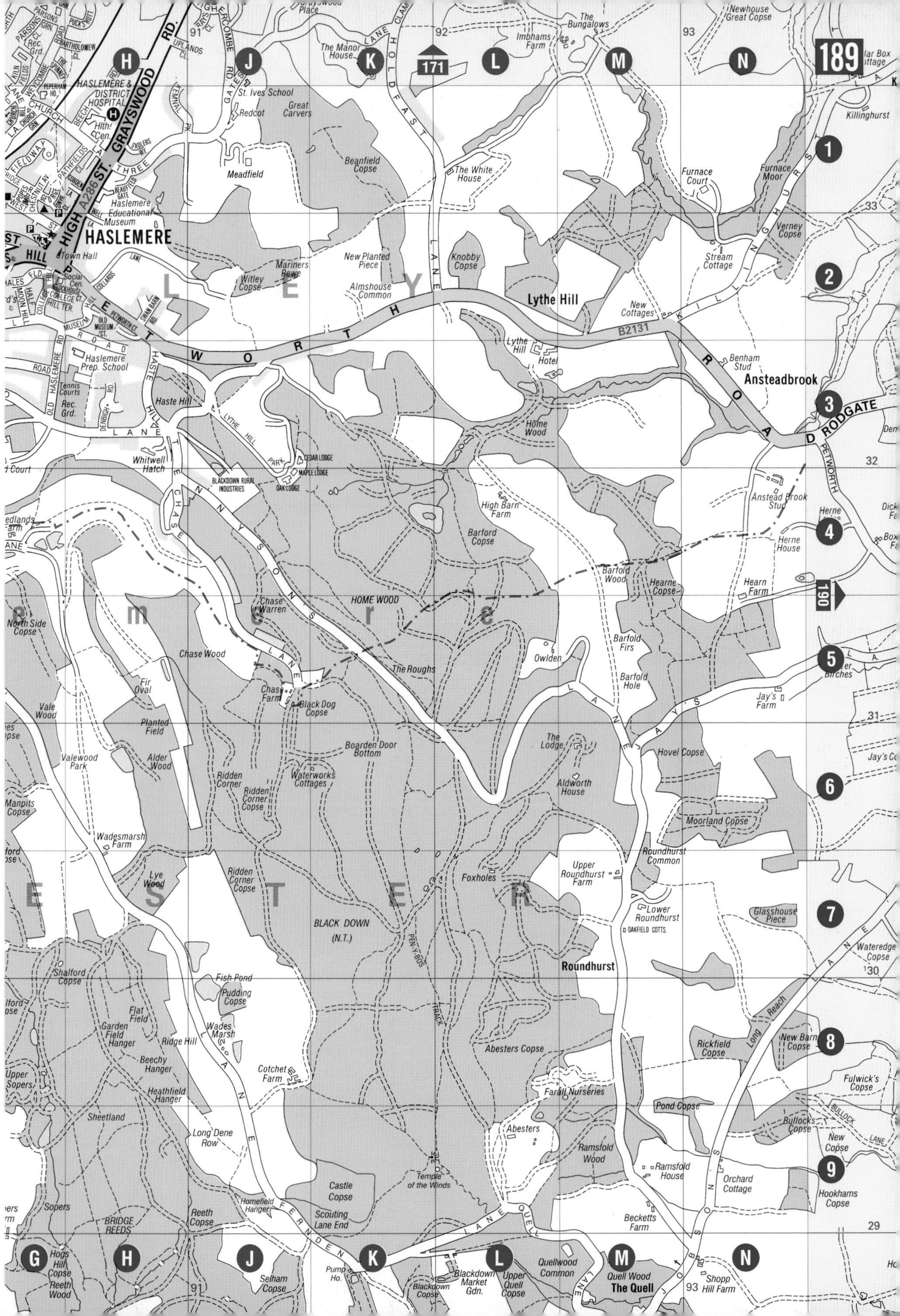

189
171
190
HASLEMERE
Lythe Hill
Ansteadbrook
Roundhurst
The Quell
BLACK DOWN
(N.T.)
HOME WOOD
Haslemere & District Hospital
Haslemere Educational Museum
Haslemere Prep. School
Town Hall
St. Ives School
Great Carvers
Redcot
Meadfield
Beanfield Copse
The White House
The Manor House
Imbhams Farm
The Bungalows
Newhouse Great Copse
Killinghurst
Furnace Court
Furnace Moor
Verney Copse
Stream Cottage
New Cottages
Benham Stud
Knobby Copse
New Planted Piece
Almshouse Common
Mariners Bewe
Witley Copse
Lythe Hill Hotel
Home Wood
Haste Hill
Whitwell Hatch
Blackdown Rural Industries
Cedar Lodge
Maple Lodge
Oak Lodge
High Barn Farm
Barford Copse
Anstead Brook Stud
Herne House
Hearn Farm
Hearne Copse
Barford Wood
Barford Firs
Barford Hole
Owlden
The Roughs
Chase Warren
Chase Wood
Chase Farm
Black Dog Copse
North Side Copse
Fir Oval
Vale Wood
Planted Field
Valewood Park
Alder Wood
Boarden Door Bottom
Waterworks Cottages
Ridden Corner
Ridden Corner Copse
Manpits Copse
Wadesmarsh Farm
Lye Wood
Jay's Farm
Hovel Copse
The Lodge
Aldworth House
Moorland Copse
Roundhurst Common
Upper Roundhurst Farm
Foxholes
Lower Roundhurst
Oakfield Cotts.
Glasshouse Piece
Wateredge Copse
Shalford Copse
Fish Pond
Pudding Copse
Flat Field
Garden Field Hanger
Wades Marsh
Ridge Hill
Beechy Hanger
Upper Sopers
Heathfield Hanger
Cotchet Farm
Sheetland
Long Dene Row
Abesters Copse
Farall Nurseries
Abesters
Rickfield Copse
New Barn Copse
Fulwick's Copse
Pond Copse
Bullocks Copse
New Copse
Ramsfold Wood
Ramsfold House
Orchard Cottage
Hookhams Copse
Temple of the Winds
Castle Copse
Scouting Lane End
Homefield Hanger
Reeth Copse
Sopers
Bridge Reeds
Hogs Hill Copse
Reeth Wood
Selham Copse
Pump Ho.
Blackdown Copse
Blackdown Market Gdn.
Upper Quell Copse
Quellwood Common
Quell Wood
Becketts Farm
Shopp Hill Farm
Pen-y-Bos Track
High St.
A286
Grayswood Rd.
Petworth Road
B2131
Rodgate
Killinghurst Lane
Holdfast Lane
Lythe Hill Park
Haste Hill
Tennyson's Lane
Chase Lane
Jay's Lane
Long Reach Lane
Bullock Lane
Fernden Lane
Quell Lane
Jobson's Lane
Three Gates Lane
Church Lane
Collards Lane
Old Haslemere Rd.
Denbigh Rd.
West St.
G H J K L M N
1 2 3 4 5 6 7 8 9
29 30 31 32 33
91 92 93

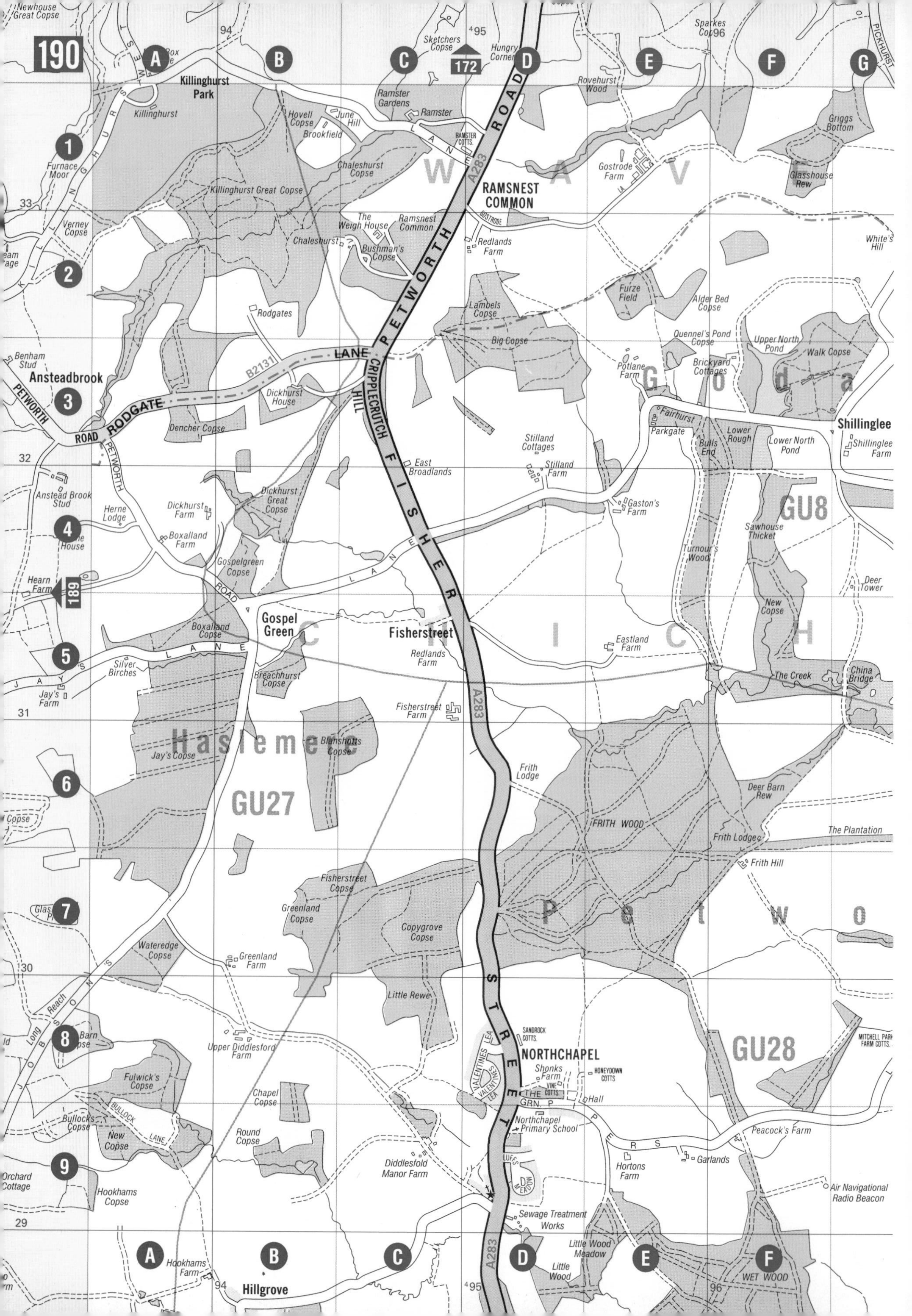

Killinghurst Park
Killinghurst
Furnace Moor
Verney Copse
Benham Stud
Ansteadbrook
PETWORTH ROAD
RODGATE LANE
B2131
Rodgates
Dencher Copse
Dickhurst House
Killinghurst Great Copse
Hovell Copse
June Hill
Brookfield
Chaleshurst Copse
Ramster Gardens
Ramster
RAMSTER COTTS
Sketchers Copse
Hungry Corner
172
RAMSNEST COMMON
The Weigh House
Ramsnest Common
Chaleshurst
Bushman's Copse
PETWORTH ROAD
A283
CRIPPLECRUTCH HILL
FISHER STREET
Redlands Farm
Rovehurst Wood
Gostrode Farm
GOSTRODE
Sparkes Copse
PICKHURST
Griggs Bottom
Glasshouse Rew
White's Hill
Furze Field
Alder Bed Copse
Lambels Copse
Big Copse
Quennel's Pond Copse
Upper North Pond
Walk Copse
Potlane Farm
Brickyard Cottages
Fairhurst
Parkgate
Bulls End
Lower Rough
Lower North Pond
Shillinglee
Shillinglee Farm
Stilland Cottages
Stilland Farm
East Broadlands
Gaston's Farm
GU8
Sawhouse Thicket
Turnour's Wood
Deer Tower
New Copse
Anstead Brook Stud
Herne Lodge
Dickhurst Farm
Dickhurst Great Copse
Boxalland Farm
Gospelgreen Copse
Hearn Farm
189
Gospel Green
Fisherstreet
Boxalland Copse
JAYS LANE
Silver Birches
Jay's Farm
Beachhurst Copse
Redlands Farm
Eastland Farm
The Creek
China Bridge
Fisherstreet Farm
Haslemere
Blanshotts Copse
Jay's Copse
GU27
Frith Lodge
Deer Barn Rew
FRITH WOOD
The Plantation
Frith Lodge
Frith Hill
Petworth
Fisherstreet Copse
Greenland Copse
Copygrove Copse
Wateredge Copse
Greenland Farm
JOBSONS
Long Reach
Little Rewe
Upper Diddlesford Farm
SANDROCK COTTS.
NORTHCHAPEL
Shonks Farm
HONEYDOWN COTTS
VALENTINES LEA
VINE COTTS.
THE GRN.
Hall
Northchapel Primary School
Fulwick's Copse
Chapel Copse
GU28
MITCHELL PARK FARM COTTS.
BULLOCK LANE
Bullocks Copse
New Copse
Round Copse
Peacock's Farm
PERS
Hortons Farm
Garlands
LUFFS MEADOW
Diddlesfold Manor Farm
Air Navigational Radio Beacon
Orchard Cottage
Hookhams Copse
Sewage Treatment Works
Little Wood Meadow
Little Wood
WET WOOD
Hookhams Farm
Hillgrove
A B C D E F G
1 2 3 4 5 6 7 8 9
94 95 96
33 32 31 30 29

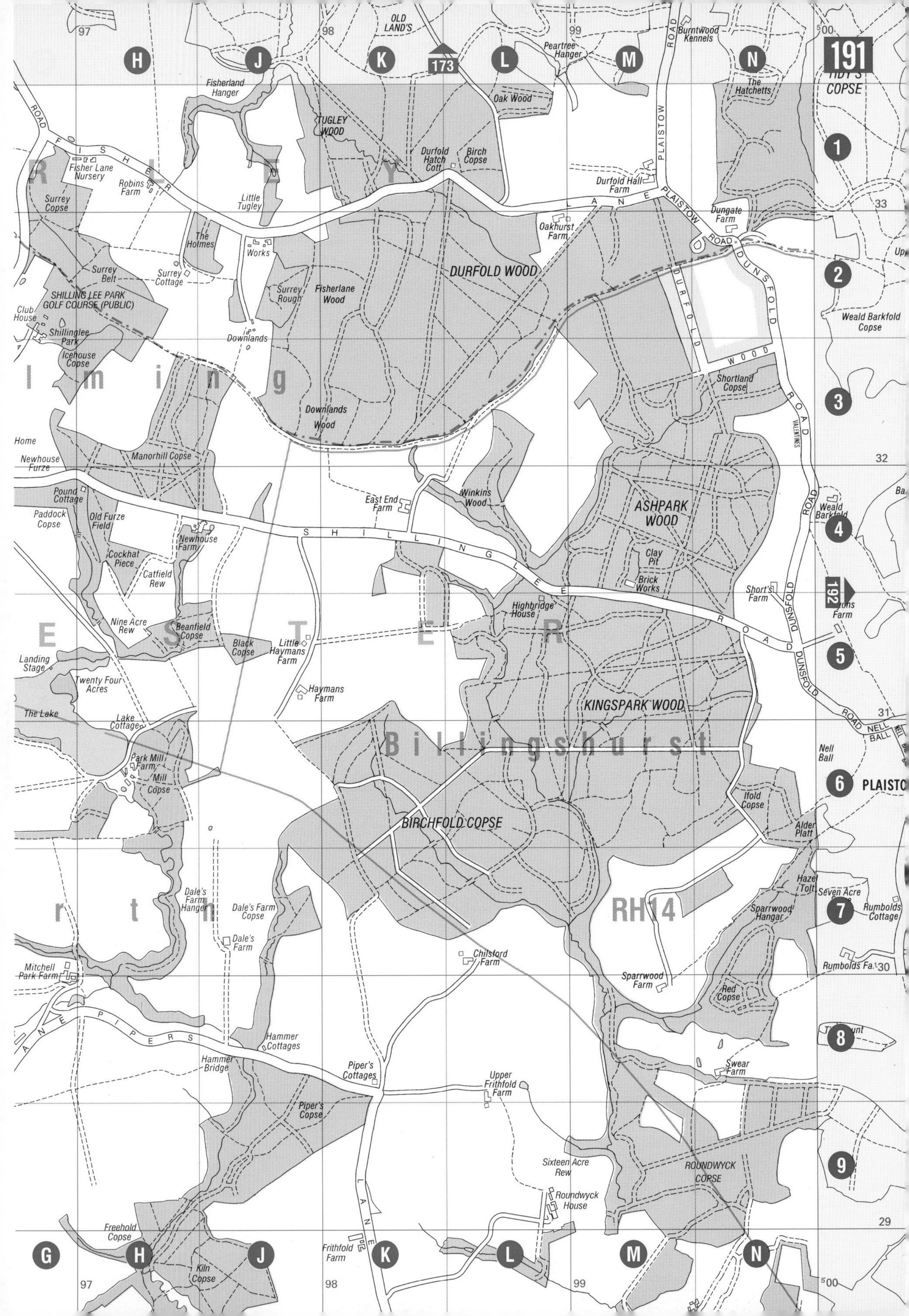
TIDY'S COPSE
The Hatchetts
Burntwood Kennels
Peartree Hanger
OLD LAND'S
173
Fisherland Hanger
Oak Wood
TUGLEY WOOD
Durfold Hatch Cott
Birch Copse
Durfold Hall Farm
PLAISTOW
Dungate Farm
PLAISTOW ROAD
Fisher Lane Nursery
Robins Farm
Little Tugley
Surrey Copse
FISHER LANE
ROAD
Oakhurst Farm
The Holmes
Works
DURFOLD WOOD
Surrey Belt
Surrey Cottage
Surrey Rough
Fisherlane Wood
SHILLING LEE PARK GOLF COURSE (PUBLIC)
Club House
Shillinglee Park
Icehouse Copse
Downlands
DURFOLD WOOD
DUNSFOLD
Weald Barkfold Copse
Shortland Copse
Downlands Wood
Home
Newhouse Furze
Manorhill Copse
VALENTINES ROAD
Pound Cottage
Paddock Copse
Old Furze Field
East End Farm
Winkins Wood
ASHPARK WOOD
Weald Barkfold
Newhouse Farm
Cockhat Piece
Catfield Rew
SHILLINGLEE ROAD
Clay Pit
Brick Works
Short's Farm
192
Lyons Farm
Highbridge House
Nine Acre Rew
Beanfield Copse
Black Copse
Little Haymans Farm
DUNSFOLD ROAD
Landing Stage
Twenty Four Acres
Haymans Farm
KINGSPARK WOOD
The Lake
Lake Cottage
Billingshurst
NELL BALL ROAD
Nell Ball
Park Mill Farm
Mill Copse
Ifold Copse
PLAISTO
BIRCHFOLD COPSE
Alder Platt
Hazel Tolt
Seven Acre
Rumbolds Cottage
Sparrwood Hangar
Dale's Farm Hanger
Dale's Farm Copse
RH14
Dale's Farm
Chilsford Farm
Mitchell Park Farm
Rumbolds Fa.
Sparrwood Farm
Red Copse
PIPERS LANE
Hammer Cottages
Hammer Bridge
Piper's Cottages
Swear Farm
Upper Frithfold Farm
Piper's Copse
Sixteen Acre Rew
ROUNDWYCK COPSE
Roundwyck House
Freehold Copse
Frithfold Farm
Kiln Copse
LANE
Elmington
WESTER
Northurst
97
98
99
500
33
32
31
30
29
G
H
J
K
L
M
N
1
2
3
4
5
6
7
8
9

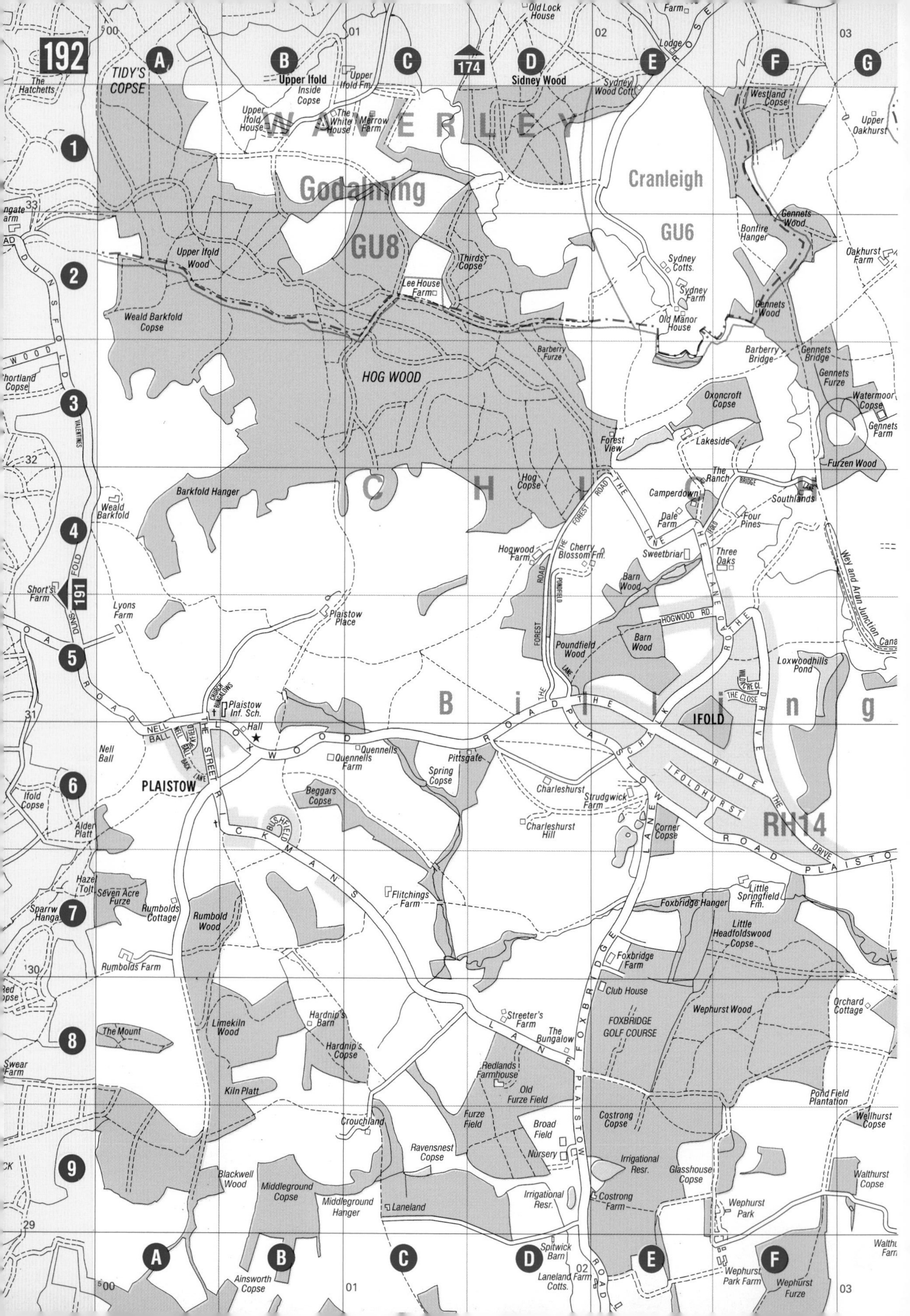

174
191
A
B
C
D
E
F
G
1
2
3
4
5
6
7
8
9
00
01
02
03
33
32
31
30
29
The Hatchetts
TIDY'S COPSE
Upper Ifold
Inside Copse
Upper Ifold Fm.
Upper Ifold House
The White House
Merrow Farm
Old Lock House
Sidney Wood
Farm
Lodge
Sydney Wood Cott.
Westland Copse
Upper Oakhurst
WAVERLEY
Godalming
GU8
Cranleigh
GU6
Upper Ifold Wood
Thirds Copse
Lee House Farm
Sydney Cotts.
Sydney Farm
Old Manor House
Bonfire Hanger
Gennets Wood
Oakhurst Farm
Weald Barkfold Copse
HOG WOOD
Barberry Furze
Barberry Bridge
Gennets Bridge
Gennets Furze
Watermoor Copse
Gennets Farm
Oxoncroft Copse
Lakeside
Forest View
Furzen Wood
Barkfold Hanger
CHICHESTER
Hog Copse
The Ranch
Camperdown
Southlands
Dale Farm
Four Pines
Weald Barkfold
Hogwood Farm
Cherry Blossom Fm.
Sweetbriar
Three Oaks
Barn Wood
Wey and Arun Junction
Short's Farm
Lyons Farm
Plaistow Place
HOGWOOD RD.
Poundfield Wood
Canal
Loxwoodhills Pond
Plaistow Inf. Sch.
Hall
Chichester
IFOLD
Nell Ball
Quennells
Quennells Farm
Pittsgate
Spring Copse
PLAISTOW
Beggars Copse
Charleshurst
Strudgwick Farm
Charleshurst Hill
Corner Copse
RH14
Ifold Copse
Alder Platt
Hazel Tolt
Seven Acre Furze
Rumbolds Cottage
Rumbold Wood
Flitchings Farm
Foxbridge Hanger
Little Springfield Fm.
Little Headfoldswood Copse
Foxbridge Farm
Rumbolds Farm
Club House
Wephurst Wood
Orchard Cottage
Hardnip's Barn
Streeter's Farm
The Mount
Limekiln Wood
Hardnip's Copse
The Bungalow
FOXBRIDGE GOLF COURSE
Redlands Farmhouse
Old Furze Field
Pond Field Plantation
Kiln Platt
Crouchland
Furze Field
Broad Field
Costrong Copse
Wellhurst Copse
Ravensnest Copse
Nursery
Irrigational Resr.
Glasshouse Copse
Blackwell Wood
Middleground Copse
Middleground Hanger
Laneland
Costrong Farm
Walthurst Copse
Wephurst Park
Spitwick Barn
Wephurst Park Farm
Wephurst Furze
Ainsworth Copse
Laneland Farm Cotts.
DUNSFOLD ROAD
LOXWOOD ROAD
THE STREET
NELL BALL
BACK LANE
RICKMANS LANE
BUSHFIELD
FOXBRIDGE LANE
PLAISTOW ROAD
THE LANE
FOREST ROAD
POUNDFIELD
CHALK ROAD
IFOLD BRIDGE LANE
IFOLDHURST
THE DRIVE
THE CLOSE
WILDACRE CL.
PLAISTOW

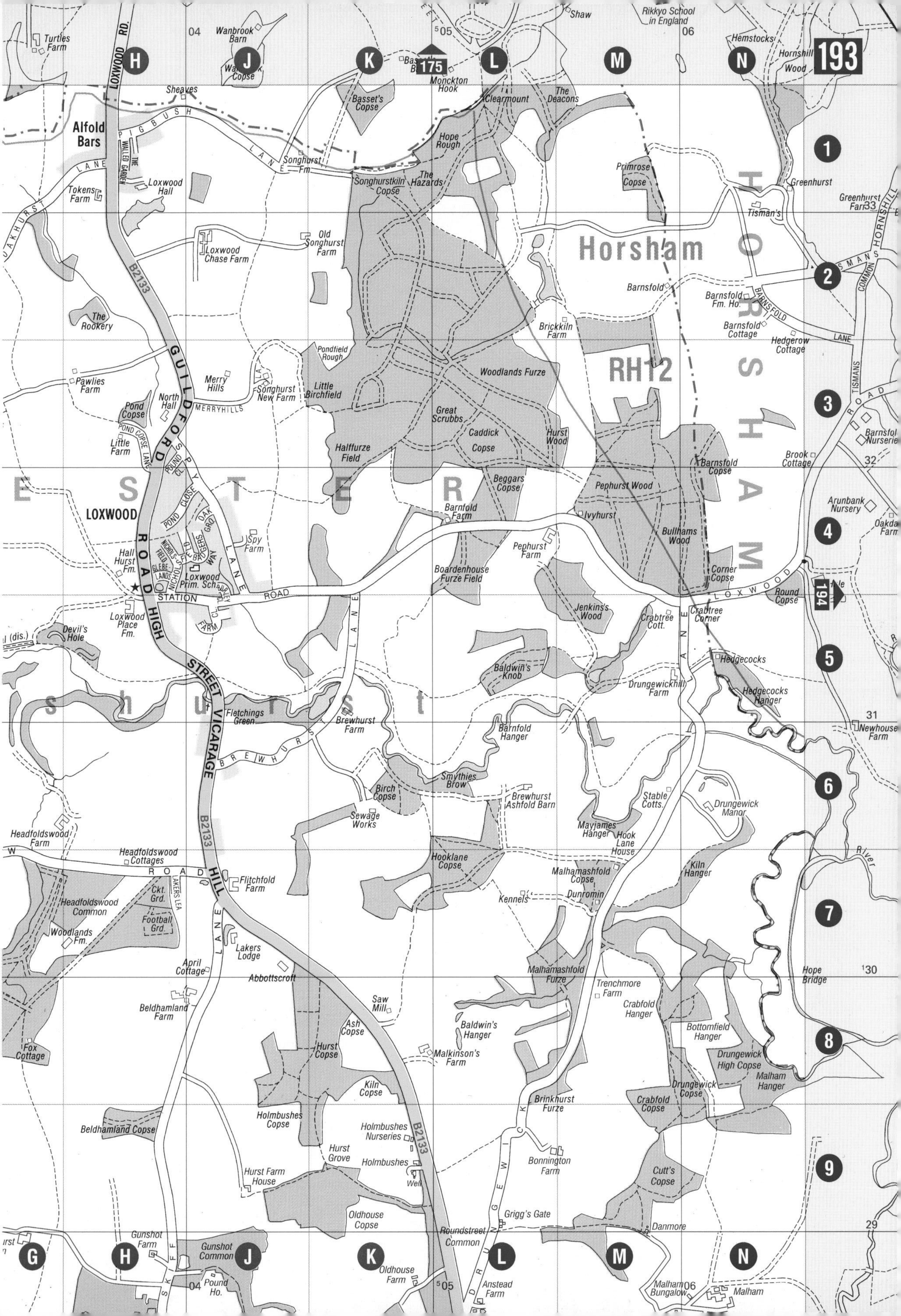
Turtles Farm
Wanbrook Barn
Wanbrook Copse
Basset's Copse
175
Monckton Hook
Shaw
Rikkyo School in England
Hemstocks
Hornshill Wood
Sheaves
Clearmount
The Deacons
Alfold Bars
PIGBUSH LANE
THE WALLED GARDEN
Hope Rough
Songhurst Fm.
Primrose Copse
Greenhurst
Greenhurst Farm
HORNSHILL
Tokens Farm
Loxwood Hall
Songhurstkiln Copse
The Hazards
Tisman's
OAKHURST
Old Songhurst Farm
Loxwood Chase Farm
Horsham
TISMANS COMMON
Barnsfold
Barnsfold Fm. Ho.
BARNSFOLD LANE
Barnsfold Cottage
Hedgerow Cottage
B2133
The Rookery
Brickkiln Farm
RH12
HORSHAM
GUILDFORD ROAD
Pondfield Rough
Woodlands Furze
Pawlies Farm
Merry Hills
Songhurst New Farm
Little Birchfield
North Hall
MERRYHILLS
Pond Copse
Great Scrubbs
TISMANS ROAD
Caddick Copse
Hurst Wood
Barnsfol Nurserie
POND COPSE LANE
Little Farm
Halffurze Field
Barnsfold Copse
Brook Cottage
POUND CL.
SPY LANE
Beggars Copse
Pephurst Wood
POND CLOSE
OAK GRO.
ESTER
LOXWOOD
Barnfold Farm
Ivyhurst
Arunbank Nursery
Oakdale Farm
BADGERS WAY
Spy Farm
Bullhams Wood
NICHOLS FIELD
GLEBE LANDS
Hall Hurst Fm.
Pephurst Farm
Boardenhouse Furze Field
Corner Copse
LOXWOOD
Loxwood Prim. Sch.
Round Copse
194
HIGH ROAD
STATION ROAD
Loxwood Place Fm.
FARM CL.
Jenkins's Wood
Crabtree Cott.
Crabtree Corner
LANE
(dis.)
Devil's Hole
Baldwin's Knob
Hedgecocks
STREET VICARAGE
Drungewickhill Farm
shurst
Fletchings Green
Brewhurst Farm
Hedgecocks Hanger
Barnfold Hanger
Newhouse Farm
BREWHURST LANE
Smythies Brow
Birch Copse
Brewhurst Ashfold Barn
Stable Cotts.
Drungewick Manor
Sewage Works
Headfoldswood Farm
Mayjames Hanger
Hook Lane House
Headfoldswood Cottages
ROAD
HILL
Hooklane Copse
River
Flitchfold Farm
Malhamashfold Copse
Kiln Hanger
Ckt. Grd.
LAKERS LEA
Kennels
Dunromin
Headfoldswood Common
Football Grd.
Woodlands Fm.
Lakers Lodge
Malhamashfold Furze
April Cottage
Abbottscroft
Hope Bridge
Trenchmore Farm
Saw Mill
Crabfold Hanger
Beldhamland Farm
Baldwin's Hanger
Bottomfield Hanger
Ash Copse
Fox Cottage
Hurst Copse
Malkinson's Farm
Drungewick High Copse
Malham Hanger
Kiln Copse
Drungewick Copse
Brinkhurst Furze
Crabfold Copse
Beldhamland Copse
Holmbushes Copse
Holmbushes Nurseries
Hurst Grove
Holmbushes
Well
Bonnington Farm
Cutt's Copse
Hurst Farm House
Oldhouse Copse
Grigg's Gate
Roundstreet Common
Danmore
Gunshot Farm
Gunshot Common
Oldhouse Farm
Pound Ho.
Anstead Farm
DRUNGEWICK LANE
Malham Bungalow
Malham
LOXWOOD RD.
H
J
K
L
M
N
G
1
2
3
4
5
6
7
8
9
04
05
06
29
30
31
32
33

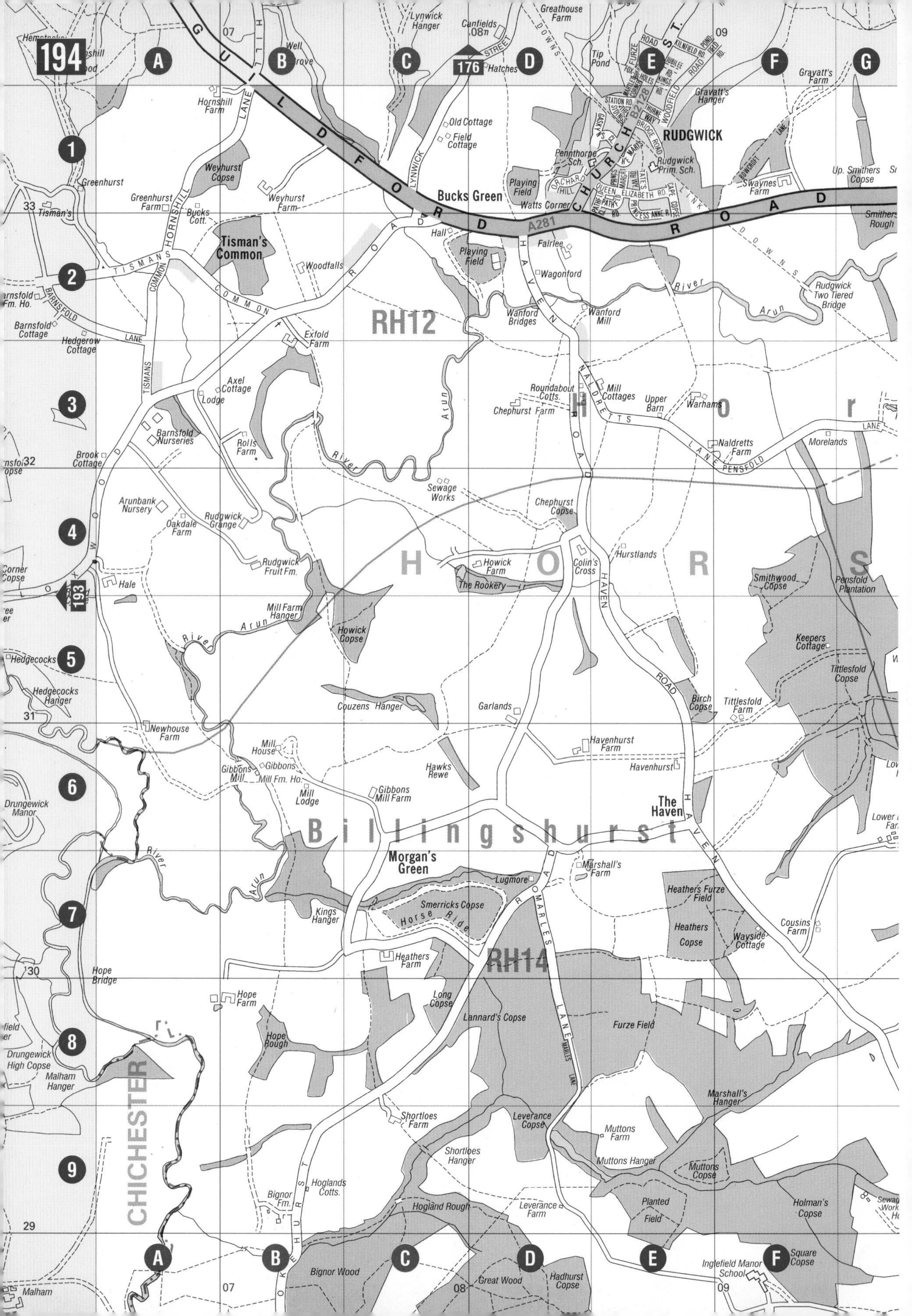

A
B
C
D
E
F
G
07
08
09
176
193
1
2
3
4
5
6
7
8
9
33
32
31
30
29
GUILDFORD ROAD
RUDGWICK
Bucks Green
Watts Corner
A281
B2128
RH12
RH14
HORSHAM
Billingshurst
CHICHESTER
Lynwick Hanger
Canfields
Greathouse Farm
Well Grove
Hatches
Tip Pond
DOWNS
LYNWICK STREET
Gravatt's Farm
Gravatt's Hanger
Hornshill Farm
Old Cottage
Field Cottage
Weyhurst Copse
Weyhurst Farm
Greenhurst
Greenhurst Farm
Bucks Cott.
Tisman's
Tisman's Common
TISMANS COMMON
HORNSHILL LANE
Barnsfold Fm. Ho.
Barnsfold Cottage
Hedgerow Cottage
BARNSFOLD LANE
Woodfalls
Exfold Farm
Hall
Playing Field
Pennthorpe Sch.
Rudgwick Prim. Sch.
Fairlee
Wagonford
Wanford Bridges
Wanford Mill
River Arun
Rudgwick Two Tiered Bridge
Up. Smithers Copse
Smithers Rough
Swaynes Farm
BOWCROFT LANE
Axel Cottage
Lodge
Barnsfold Nurseries
Rolls Farm
Roundabout Cotts.
Mill Cottages
Chephurst Farm
Upper Barn
Warhams
NALDRETTS LANE
Naldretts Farm
PENSFOLD LANE
Morelands
Brook Cottage
Arunbank Nursery
Oakdale Farm
Rudgwick Grange
Rudgwick Fruit Fm.
Sewage Works
Chephurst Copse
Howick Farm
The Rookery
Colin's Cross
Hurstlands
Smithwood Copse
Pensfold Plantation
Hale
Corner Copse
Mill Farm Hanger
Howick Copse
Keepers Cottage
Tittlesfold Copse
Hedgecocks
Hedgecocks Hanger
Couzens Hanger
Garlands
Birch Copse
Tittlesfold Farm
Newhouse Farm
Mill House
Gibbons
Gibbons Mill
Mill Fm. Ho.
Mill Lodge
Gibbons Mill Farm
Hawks Rewe
Havenhurst Farm
Havenhurst
The Haven
HAVEN ROAD
Drungewick Manor
Morgan's Green
Marshall's Farm
Lugmore
Smerricks Copse
Horse Ride
Kings Hanger
Heathers Furze Field
Heathers Copse
Wayside Cottage
Cousins Farm
Heathers Farm
MARLES LANE
Hope Bridge
Hope Farm
Long Copse
Lannard's Copse
Furze Field
Hope Rough
Drungewick High Copse
Malham Hanger
Marshall's Hanger
Shortloes Farm
Leverance Copse
Muttons Farm
Shortloes Hanger
Muttons Hanger
Muttons Copse
Hoglands Cotts.
Bignor Fm.
Hogland Rough
Leverance Farm
Planted Field
Holman's Copse
Square Copse
Inglefield Manor School
Bignor Wood
Great Wood
Hadhurst Copse
OKEHURST
Malham

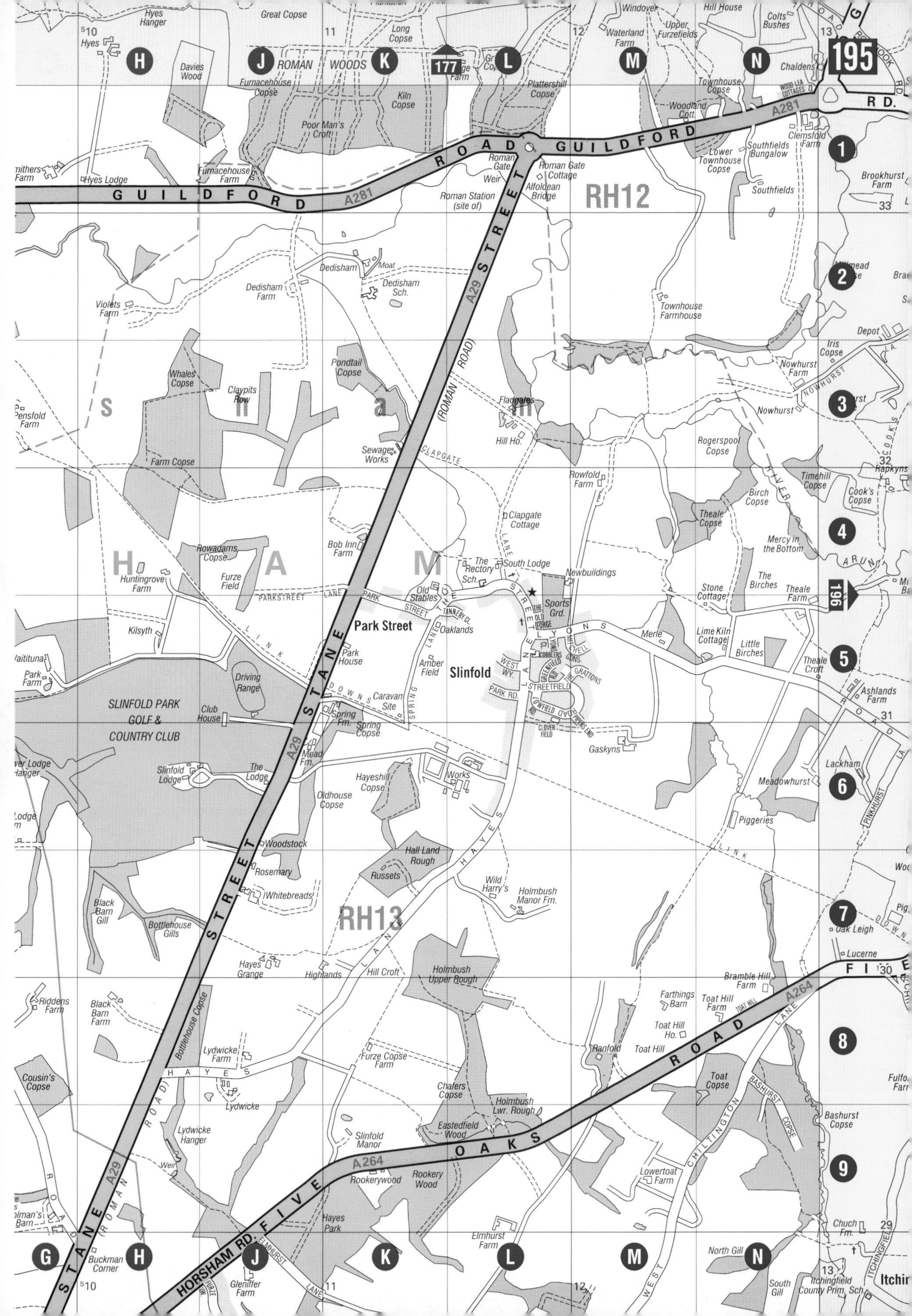

195
177
196
GUILDFORD ROAD
A281
R D.
STANE STREET
A29
(ROMAN ROAD)
FIVE OAKS ROAD
HORSHAM RD.
A264
RH12
RH13
Slinfold
Park Street
SLINFOLD PARK GOLF & COUNTRY CLUB
Club House
Driving Range
ROMAN WOODS
Hyes Hanger
Great Copse
Long Copse
Hyes
Davies Wood
Furnacehouse Copse
Kiln Copse
Poor Man's Croft
Plattershill Copse
Windover
Hill House
Colts Bushes
Waterland Farm
Upper Furzefields
Chaldens
Townhouse Copse
Woodland Cott.
WOOD LEA COTTAGES
Clemsfold Farm
Southfields Bungalow
Lower Townhouse Copse
Southfields
Brookhurst Farm
Roman Gate
Weir
Roman Gate Cottage
Alfoldean Bridge
Roman Station (site of)
Furnacehouse Farm
Smithers Farm
Hyes Lodge
Dedisham
Moat
Dedisham Farm
Dedisham Sch.
Violets Farm
Townhouse Farmhouse
Depot
Iris Copse
Nowhurst Farm
NOWHURST
Nowhurst
Pondtail Copse
Whales Copse
Claypits Row
Pensfold Farm
Flagdates
Hill Ho.
Sewage Works
CLAPGATE
Farm Copse
Rogerspool Copse
RIVER
COOK'S
Hapkyns
Timehill Copse
Cook's Copse
Birch Copse
Theale Copse
Rowfold Farm
Clapgate Cottage
Mercy in the Bottom
ARUN
Bob Inn Farm
The Rectory
Sch.
South Lodge
Newbuildings
Rowadams Copse
Furze Field
Huntingrove Farm
PARKSTREET LANE
PARK STREET
Old Stables
THE STREET
TANNERY CL.
Sports Grd.
THE OLD FORGE
Oaklands
The Birches
Stone Cottage
Theale Farm
Lime Kiln Cottage
Little Birches
Merle
LYONS
Kilsyth
LINK
Park House
Amber Field
SPRING LANE
COBBLERS
GREENFIELD RD.
WEST WY.
THE GRATTONS
STREETFIELD
PARK RD.
LOWFIELD RD.
PIPERS END
CLOVER FIELD
Theale Croft
Ashlands Farm
Waitituna
Park Farm
DOWNS
Caravan Site
Spring Fm.
Spring Copse
Mead Fm.
Gaskyns
Lackham
Meadowhurst
PINKHURST
Slinfold Lodge
The Lodge
Hayeshill Copse
Works
Oldhouse Copse
Piggeries
Over Lodge Hanger
Woodstock
Hall Land Rough
Rosemary
Russets
Whitebreads
Wild Harry's
Holmbush Manor Fm.
HAYES LANE
Black Barn Gill
Bottlehouse Gills
Oak Leigh
Lucerne
Hayes Grange
Highlands
Hill Croft
Holmbush Upper Rough
Bramble Hill Farm
Farthings Barn
Toat Hill Farm
TOAT HILL
Riddens Farm
Black Barn Farm
Bottlehouse Copse
Toat Hill Ho.
Toat Hill
Ranfold
Lydwicke Farm
Furze Copse Farm
Toat Copse
Cousin's Copse
Chafers Copse
BASHURST COPSE
CHILTINGTON LANE
Lydwicke
Holmbush Lwr. Rough
Bashurst Copse
Lydwicke Hanger
Eastedfield Wood
Slinfold Manor
Weir
Lowertoat Farm
Rookerywood
Rookery Wood
Colman's Barn
Hayes Park
Chuch Fm.
Buckman Corner
ELMHURST LANE
Elmhurst Farm
WEST
North Gill
ITCHINGFIELD
Itchingfield County Prim. Sch.
South Gill
Gleniffer Farm
FURZE VW.
Itchingfield
H
J
K
L
M
N
G
1
2
3
4
5
6
7
8
9
10
11
12
13
29
30
31
32
33

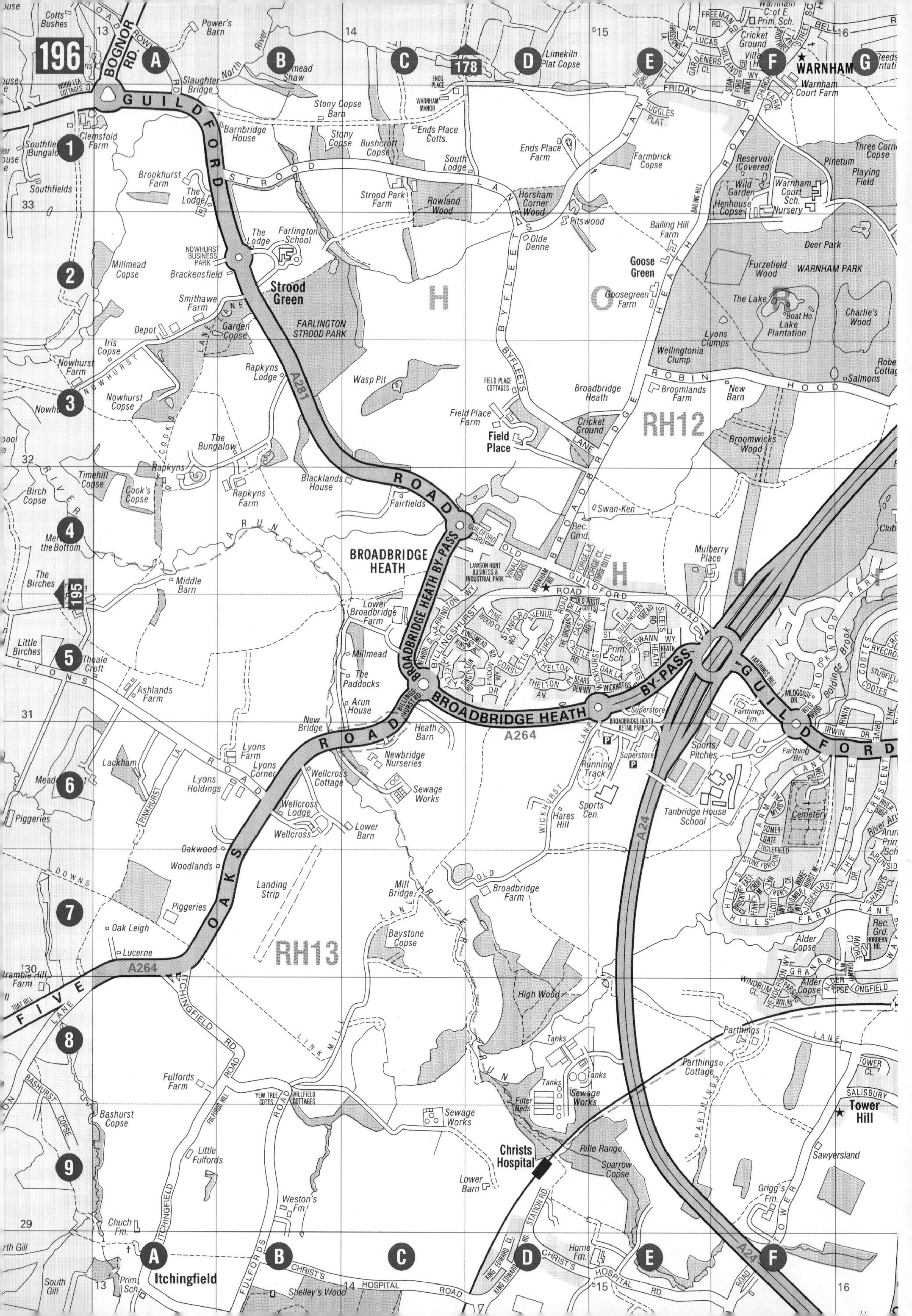

Colts Bushes
13
14
15
16
BOGNOR RD.
Power's Barn
Slaughter Bridge
North River
Limekiln Plat Copse
178
A
B
C
D
E
F
G
WARNHAM
Warnham C. of E. Prim. Sch.
Cricket Ground
Warnham Court Farm
FRIDAY ST.
TUGGLES PLAT
WOOD LEA COTTAGES
GUILDFORD
Stony Copse Barn
Ends Place Cotts.
ENDS PLACE
WARNHAM MANOR
Barnbridge House
Clemsfold Farm
Southfield Bungalow
Southfields
1
Stony Copse
Bushcroft Copse
South Lodge
Ends Place Farm
Farmbrick Copse
Reservoir (Covered)
Pinetum
Three Corner Copse
Playing Field
Brookhurst Farm
The Lodge
STROOD LANE
Strood Park Farm
Rowland Wood
Horsham Corner Wood
Wild Garden
Warnham Court Sch.
Henhouse Copse
Nursery
33
Pitswood
Bailing Hill Farm
BAILING HILL
Olde Denne
The Lodge
Farlington School
NOWHURST BUSINESS PARK
Brackensfield
Deer Park
2
Millmead Copse
Goose Green
Furzefield Wood
WARNHAM PARK
Smithawe Farm
Strood Green
H
O
R
Goosegreen Farm
The Lake
Boat Ho.
Lake Plantation
Charlie's Wood
FARLINGTON STROOD PARK
Depot
Garden Copse
Iris Copse
Lyons Clumps
Wellingtonia Clump
Nowhurst Farm
Rapkyns Lodge
A281
Wasp Pit
ROBIN HOOD
Salmons
3
NOWHURST
Nowhurst Copse
FIELD PLACE COTTAGES
Broadbridge Heath
Broomlands Farm
New Barn
Field Place Farm
RH12
Cricket Ground
Field Place
Broomwicks Wood
The Bungalow
32
RIVER
Rapkyns
Timehill Copse
Cook's Copse
Rapkyns Farm
Blacklands House
ROAD
BROADBRIDGE
LANE
Birch Copse
Fairfields
Swan-Ken
4
ARUN
GUILDFORD RD.
Rec. Grnd.
BROADBRIDGE HEATH
OLD GUILDFORD ROAD
Mulberry Place
The Birches
Middle Barn
195
LAWSON HUNT BUSINESS & INDUSTRIAL PARK
Lower Broadbridge Farm
BROADBRIDGE HEATH BY-PASS
Little Birches
5
Theale Croft
Millmead
The Paddocks
Prim. Sch.
LYONS
Ashlands Farm
Arun House
31
New Bridge
BROADBRIDGE HEATH BY-PASS
A264
Superstore
BROADBRIDGE HEATH RETAIL PARK
Heath Barn
Farthings Fm.
Lyons Farm
Lyons Corner
Newbridge Nurseries
Sports Pitches
Lackham
Wellcross Cottage
Running Track
6
Lyons Holdings
Sewage Works
PINKHURST LA.
Tanbridge House School
Piggeries
Wellcross Lodge
Wellcross
Lower Barn
Hares Hill
Sports Cen.
WICKHURST
A24
Cemetery
Oakwood
Woodlands
DOWNS
7
Landing Strip
Mill Bridge
Piggeries
OAKS
Broadbridge Farm
Oak Leigh
RH13
Baystone Copse
Lucerne
Rec. Grd.
Alder Copse
30
Bramble Hill Farm
A264
FIVE
TOAT HILL
8
LANE
ITCHINGFIELD RD.
High Wood
LINK MILL
Parthings
Tanks
Fulfords Farm
FULFORDS HILL
YEW TREE COTTS.
HILLFIELD COTTAGES
Sewage Works
Filter Beds
Parthings Cottage
TOWER CL.
SALISBURY
Tower Hill
BASHURST COPSE
Bashurst Copse
9
Little Fulfords
Christs Hospital
Rifle Range
Sparrow Copse
Lower Barn
Sawyersland
Weston's Fm.
Grigg's Fm.
STATION RD.
29
Chuch Fm.
ITCHINGFIELD
rth Gill
Home Fm.
Itchingfield
Prim. Sch.
South Gill
FULFORDS
CHRIST'S HOSPITAL ROAD
Shelley's Wood
KING EDWARD RD.
CHRIST'S HOSPITAL RD.
A24
16

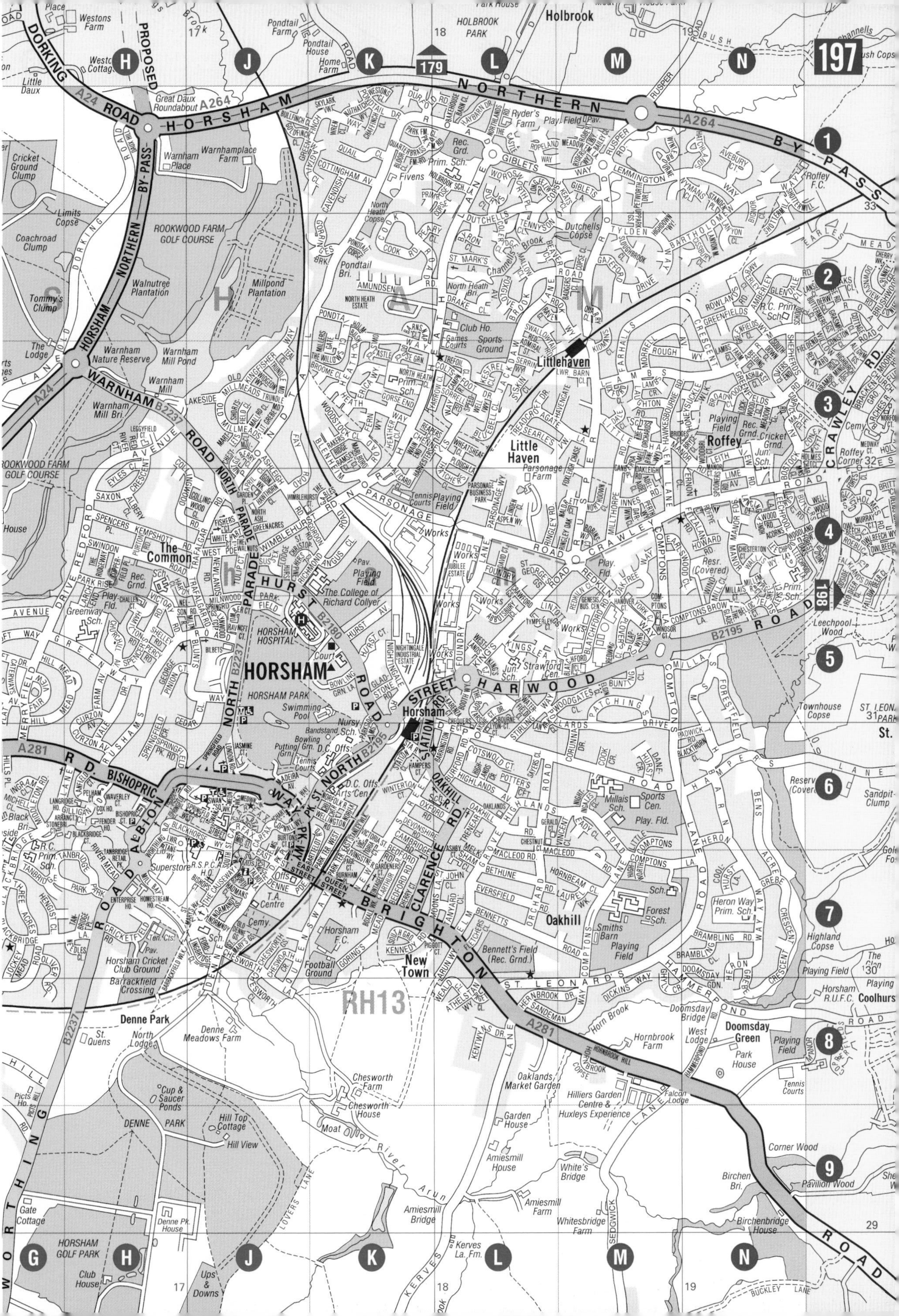
HORSHAM
Horsham
Littlehaven
Little Haven
Roffey
Oakhill
New Town
The Common
Denne Park
Doomsday Green
Holbrook
HOLBROOK PARK
RH13
NORTHERN BY-PASS
A264
A24
A281
B2195
B2237
B2180
HORSHAM ROAD
DORKING ROAD
WORTHING ROAD
NORTH PARADE
NORTH STREET
CRAWLEY ROAD
HARWOOD ROAD
HURST ROAD
BRIGHTON ROAD
ALBION WAY
BISHOPRIC
RUSPER ROAD
COMPTONS LANE
ST. LEONARDS ROAD
HAMPERS LANE
PARSONAGE ROAD
WARNHAM ROAD
HORSHAM PARK
HORSHAM HOSPITAL
The College of Richard Collyer
ROOKWOOD FARM GOLF COURSE
HORSHAM GOLF PARK
Warnham Nature Reserve
Warnham Mill Pond
Millpond Plantation
Walnutree Plantation
Great Daux Roundabout
Warnham Place
Warnhamplace Farm
Horsham Cricket Club Ground
Barrackfield Crossing
Horsham F.C.
Bennett's Field (Rec. Grnd.)
Chesworth Farm
Chesworth House
Denne Meadows Farm
Hill Top Cottage
Cup & Saucer Ponds
Hilliers Garden Centre & Huxleys Experience
Oaklands Market Garden
Hornbrook Farm
Amiesmill House
Amiesmill Farm
White's Bridge
Whitesbridge Farm
Birchenbridge House
Corner Wood
Pavilion Wood
Leechpool Wood
Townhouse Copse
Highland Copse
Horsham R.U.F.C.
Coolhurst
Dutchells Copse
North Heath Copse
Tommy's Clump
Coachroad Clump
Limits Copse
Cricket Ground Clump
Ryder's Farm
Parsonage Farm
198
179
H
J
K
L
M
N
G
1
2
3
4
5
6
7
8
9
17
18
19
29
30
31
32
33

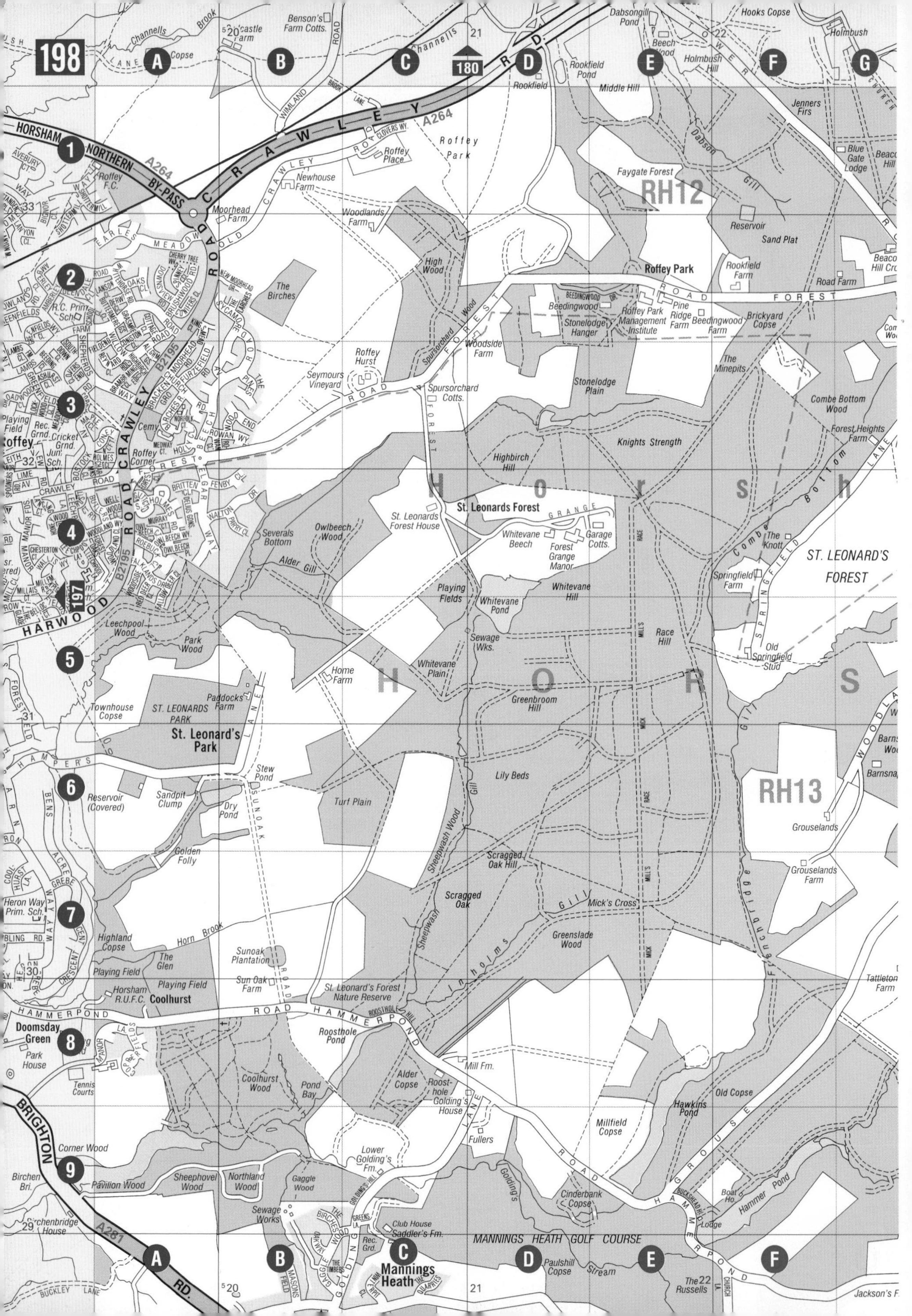

180
197
A B C D E F G
1 2 3 4 5 6 7 8 9
20 21 22
33 32 31 30 29
RH12
RH13
HORSHAM NORTHERN BY-PASS
A264
CRAWLEY RD.
CRAWLEY ROAD
B2195
HARWOOD ROAD
BRIGHTON RD.
A281
FOREST ROAD
HAMMERPOND ROAD
Horsham
HORS
Channells Copse
Newcastle Farm
Benson's Farm Cotts.
Channells Brook
Dabsongill Pond
Hooks Copse
Beech Wood
Holmbush
Holmbush Hill
Rookfield Pond
Rookfield
Middle Hill
Jenners Firs
Wimland Road
Roffey Place
Roffey Park
Newhouse Farm
Moorhead Farm
Roffey F.C.
Woodlands Farm
Faygate Forest
Dabson Gill
Blue Gate Lodge
Reservoir
Sand Plat
High Wood
The Birches
Roffey Park
Rookfield Farm
Road Farm
Beedingwood
Roffey Park Management Institute
Pine Ridge Farm
Beedingwood Farm
Brickyard Copse
Stonelodge Hanger
Spursorchard Wood
Woodside Farm
The Minepits
R.C. Prim. Sch.
Roffey Hurst
Seymours Vineyard
Spursorchard Cotts.
Stonelodge Plain
Combe Bottom Wood
Forest Heights Farm
Roffey
Playing Field
Rec. Grnd.
Cricket Grnd.
Jun. Sch.
Cemy.
Roffey Corner
Knights Strength
Highbirch Hill
St. Leonards Forest
St. Leonards Forest House
Whitevane Beech
Forest Grange Manor
Garage Cotts.
The Knott
Springfield Farm
ST. LEONARD'S FOREST
Severals Bottom
Owlbeech Wood
Alder Gill
Playing Fields
Whitevane Pond
Whitevane Hill
Leechpool Wood
Park Wood
Sewage Wks.
Race Hill
Old Springfield Stud
Home Farm
Whitevane Plain
Greenbroom Hill
Townhouse Copse
ST. LEONARDS PARK
Paddocks Farm
St. Leonard's Park
Stew Pond
Sunoak Lane
Lily Beds
Reservoir (Covered)
Sandpit Clump
Dry Pond
Turf Plain
Grouselands
Golden Folly
Sheepwash Wood
Scragged Oak Hill
Grouselands Farm
Heron Way Prim. Sch.
Scragged Oak
Mick's Cross
Highland Copse
Horn Brook
Sunoak Plantation
Inholms Gill
Greenslade Wood
The Glen
Playing Field
Sun Oak Farm
Horsham R.U.F.C.
Coolhurst
St. Leonard's Forest Nature Reserve
Tattleton Farm
Doomsday Green
Park House
Roosthole Pond
Mill Fm.
Tennis Courts
Coolhurst Wood
Pond Bay
Alder Copse
Roosthole
Golding's House
Old Copse
Hawkins Pond
Millfield Copse
Fullers
Corner Wood
Lower Golding's Fm.
Birchen Bri.
Pavilion Wood
Sheephovel Wood
Northland Wood
Gaggle Wood
Cinderbank Copse
Hammer Pond
Boat Ho.
Lodge
Sewage Works
Club House
Saddler's Fm.
Birchenbridge House
MANNINGS HEATH GOLF COURSE
Rec. Grd.
Mannings Heath
Paulshill Copse
Stream
The Russells
Buckley Lane
Jackson's F

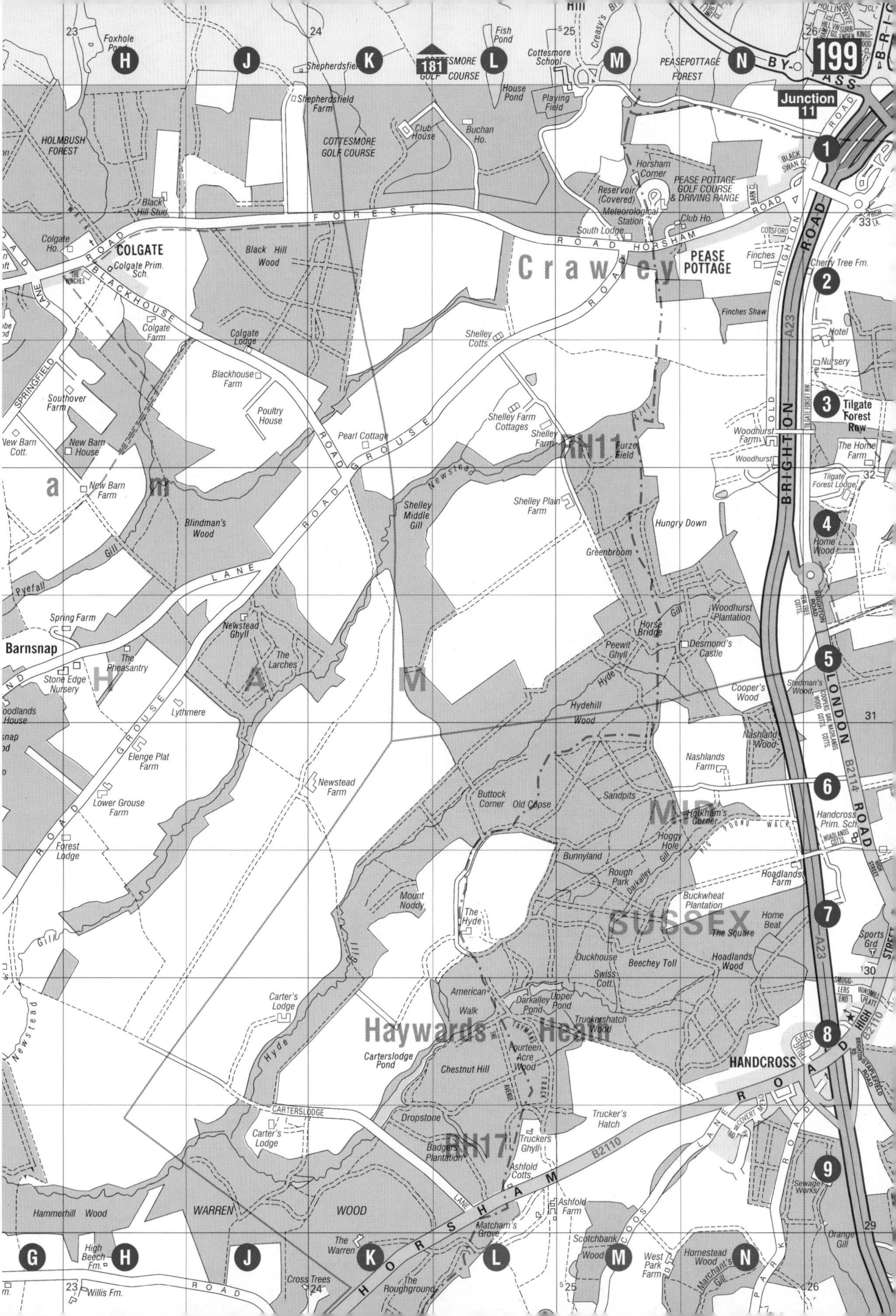

Junction 11
181
COTTESMORE GOLF COURSE
PEASEPOTTAGE FOREST
Cottesmore School
Fish Pond
Foxhole Pond
Shepherdsfield Farm
HOLMBUSH FOREST
COTTESMORE GOLF COURSE
Club House
Buchan Ho.
House Pond
Playing Field
Horsham Corner
Reservoir (Covered)
Meteorological Station
PEASE POTTAGE GOLF COURSE & DRIVING RANGE
Black Hill Stud
FOREST ROAD
HORSHAM ROAD
South Lodge
Club Ho.
PEASE POTTAGE
Finches
Cherry Tree Fm.
BRIGHTON ROAD
COLGATE
Colgate Ho.
Colgate Prim. Sch.
BLACKHOUSE ROAD
Black Hill Wood
Crawley
Finches Shaw
Colgate Farm
Colgate Lodge
Shelley Cotts.
Hotel
Nursery
SPRINGFIELD LANE
Southover Farm
Blackhouse Farm
Poultry House
Tilgate Forest Row
New Barn Cott.
New Barn House
Pearl Cottage
GROUSE ROAD
Shelley Farm Cottages
Shelley Farm
RH11
Furze Field
Woodhurst Farm
Woodhurst
The Home Farm
Tilgate Forest Lodge
New Barn Farm
Blindman's Wood
Shelley Middle Gill
Newstead
Shelley Plain Farm
Hungry Down
Greenbroom
Home Wood
Pyefall Gill
LANE
Spring Farm
Barnsnap
Newstead Ghyll
The Larches
The Pheasantry
Stone Edge Nursery
Woodhurst Plantation
Horse Bridge
Desmond's Castle
Peewit Ghyll
Hyde
Cooper's Wood
Stedman's Wood
LONDON ROAD
B2114
A23
Woodlands House
Lythmere
Hydehill Wood
Nashland Wood
Elenge Plat Farm
Newstead Farm
Nashlands Farm
Lower Grouse Farm
Buttock Corner
Old Copse
Sandpits
Holkham's Corner
Handcross Prim. Sch.
Hoggy Hole
PIG POUND WALK
Forest Lodge
Bunnyland
Rough Park
Darkalley Gill
Hoadlands Farm
Mount Noddy
Buckwheat Plantation
The Hyde
SUSSEX
Home Beat
The Square
Sports Grd
Duckhouse
Beechey Toll
Hoadlands Wood
Swiss Cott.
American Walk
Darkalley Pond
Upper Pond
Carter's Lodge
Haywards Heath
Truckershatch Wood
Carterslodge Pond
Fourteen Acre Wood
Chestnut Hill
HANDCROSS
HIGH STREET
B2110
CARTERSLODGE
Carter's Lodge
Dropstone
Trucker's Hatch
RH17
Truckers Ghyll
Badgers Plantation
Ashfold Cotts.
HORSHAM ROAD
Ashfold Farm
Sewage Works
WARREN WOOD
Hammerhill Wood
The Warren
Matcham's Grove
Scotchbank Wood
West Park Farm
Homestead Wood
Marchant's Gill
PARK ROAD
Orange Gill
High Beech Fm.
Willis Fm.
Cross Trees
The Roughground

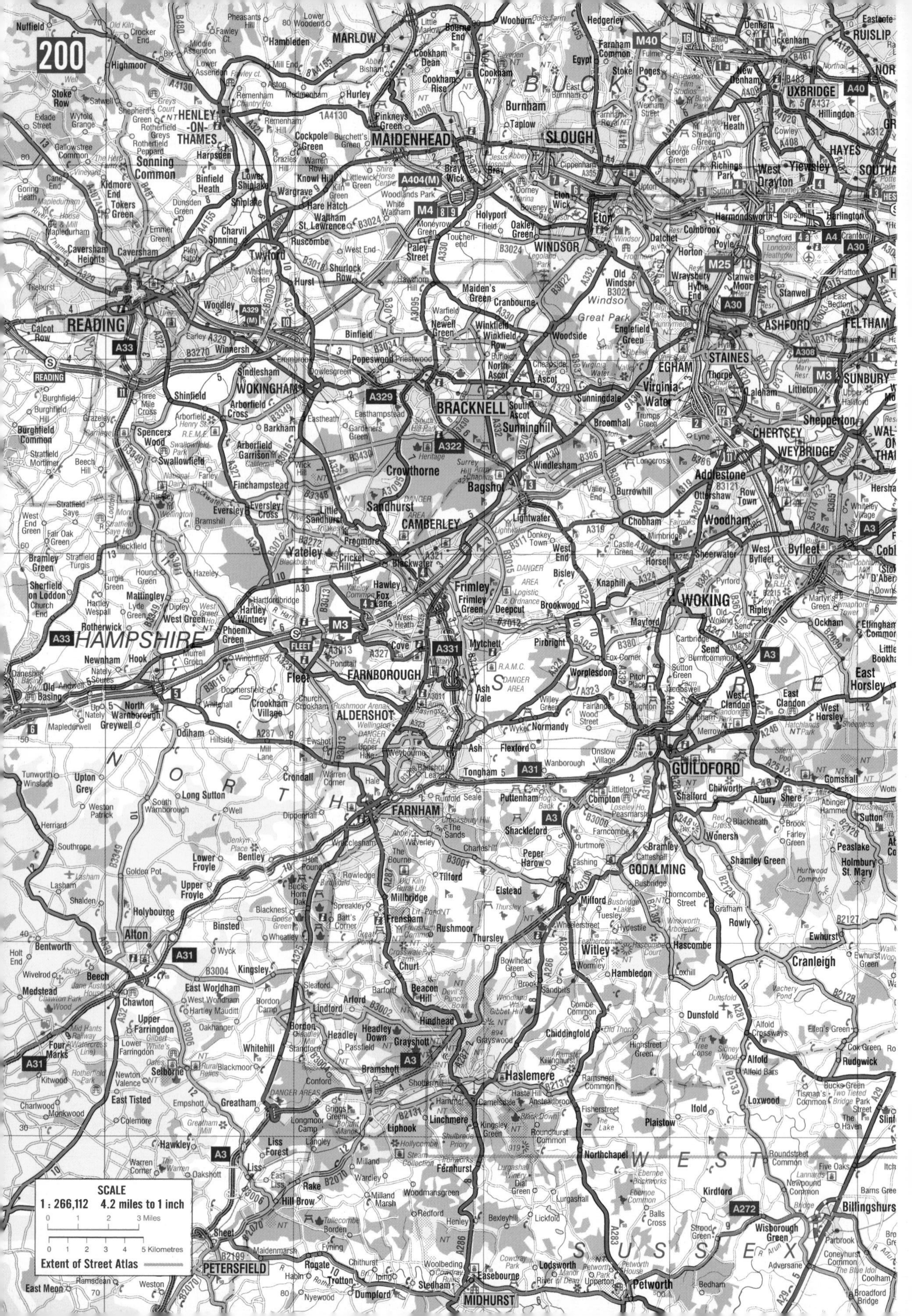
MARLOW
MAIDENHEAD
SLOUGH
BUCKS
UXBRIDGE
HAYES
HENLEY-ON-THAMES
Sonning Common
READING
WOKINGHAM
BRACKNELL
WINDSOR
EGHAM
STAINES
ASHFORD
FELTHAM
SUNBURY
CHERTSEY
WEYBRIDGE
Crowthorne
Sandhurst
CAMBERLEY
Bagshot
Frimley
WOKING
FLEET
FARNBOROUGH
ALDERSHOT
HAMPSHIRE
NORTH
FARNHAM
GUILDFORD
GODALMING
SURREY
Haslemere
Cranleigh
Alton
PETERSFIELD
MIDHURST
Petworth
Billingshurst
WEST SUSSEX
M40
M4
M25
M3
A404(M)
A329(M)
SCALE
1 : 266,112 4.2 miles to 1 inch
0 1 2 3 Miles
0 1 2 3 4 5 Kilometres
Extent of Street Atlas

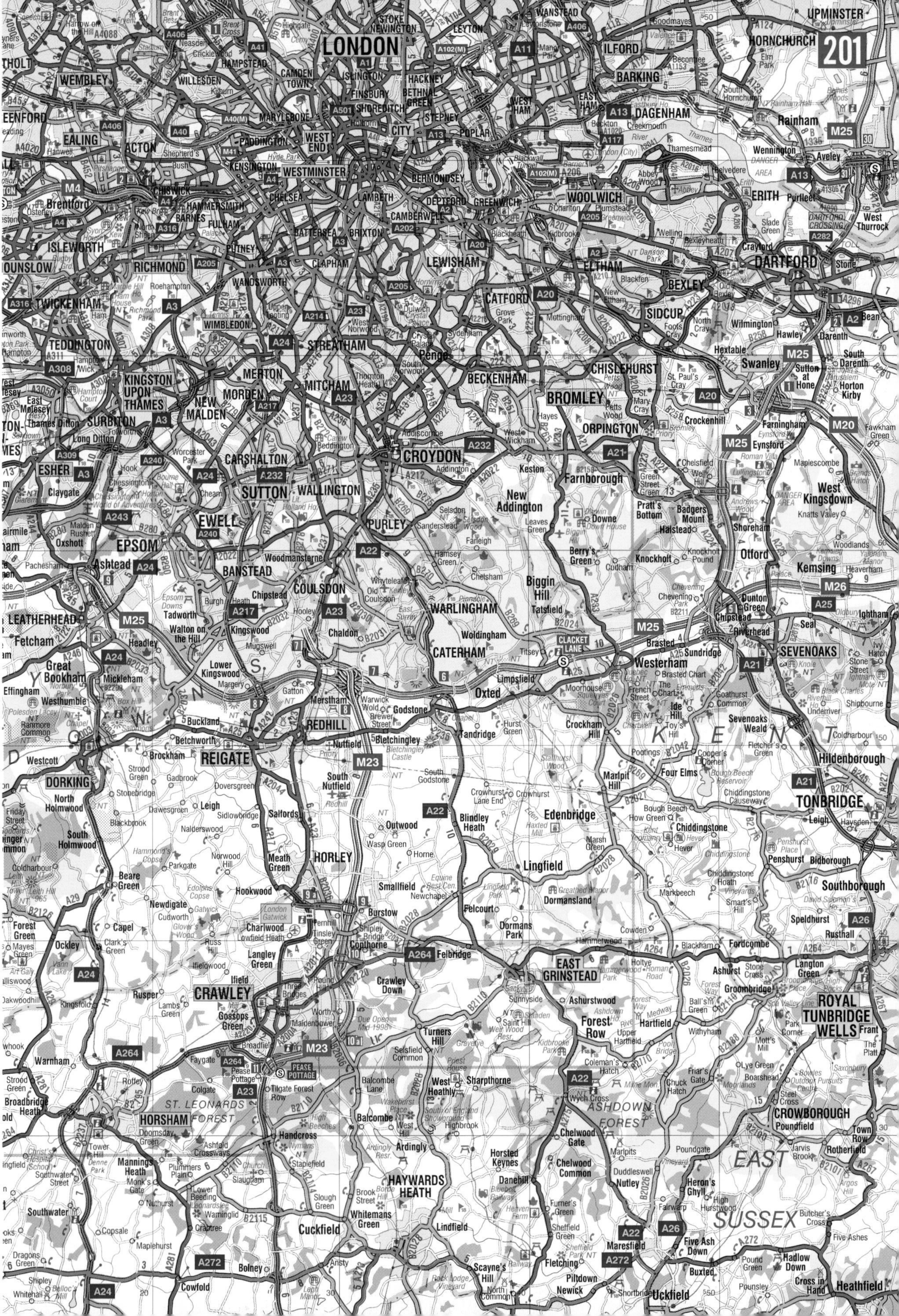
LONDON
WEMBLEY
WILLESDEN
HAMPSTEAD
CAMDEN TOWN
ISLINGTON
FINSBURY
SHOREDITCH
HACKNEY
BETHNAL GREEN
STOKE NEWINGTON
LEYTON
WANSTEAD
ILFORD
BARKING
DAGENHAM
HORNCHURCH
UPMINSTER
EAST HAM
WEST HAM
STEPNEY
POPLAR
CITY
WEST END
MARYLEBONE
PADDINGTON
EALING
ACTON
KENSINGTON
WESTMINSTER
BERMONDSEY
CHISWICK
HAMMERSMITH
CHELSEA
LAMBETH
DEPTFORD
GREENWICH
WOOLWICH
ERITH
Brentford
BARNES
FULHAM
CAMBERWELL
BATTERSEA
BRIXTON
ISLEWORTH
PUTNEY
CLAPHAM
LEWISHAM
ELTHAM
BEXLEY
DARTFORD
RICHMOND
WANDSWORTH
CATFORD
SIDCUP
TWICKENHAM
WIMBLEDON
STREATHAM
Penge
TEDDINGTON
KINGSTON UPON THAMES
MERTON
MITCHAM
BECKENHAM
CHISLEHURST
Swanley
NEW MALDEN
MORDEN
BROMLEY
SURBITON
ORPINGTON
ESHER
CARSHALTON
CROYDON
SUTTON
WALLINGTON
Farnborough
New Addington
EWELL
PURLEY
EPSOM
Ashtead
BANSTEAD
COULSDON
WARLINGHAM
Biggin Hill
Otford
Kemsing
West Kingsdown
LEATHERHEAD
Fetcham
CATERHAM
Oxted
Westerham
SEVENOAKS
Great Bookham
REDHILL
REIGATE
DORKING
HORLEY
Edenbridge
Lingfield
TONBRIDGE
Hildenborough
Southborough
CRAWLEY
EAST GRINSTEAD
ROYAL TUNBRIDGE WELLS
Forest Row
HORSHAM
ST. LEONARDS FOREST
ASHDOWN FOREST
CROWBOROUGH
HAYWARDS HEATH
Cuckfield
Uckfield
Heathfield
EAST SUSSEX
KENT
M25
M23
M20
M26
M4
A22
A21
A24
A23
A264

POSTCODE MAP

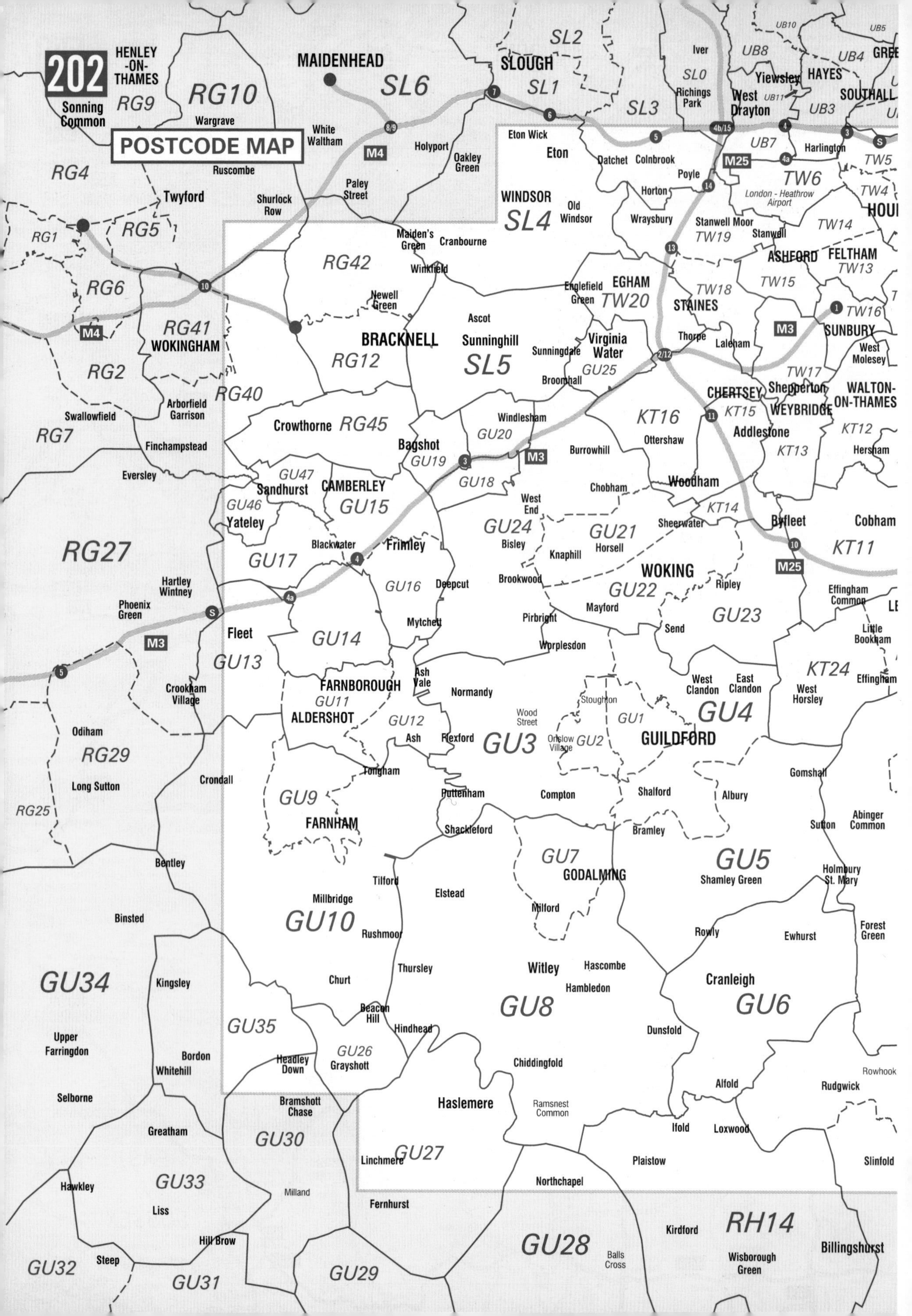

HENLEY -ON- THAMES
Sonning Common
RG9
RG10
Wargrave
RG4
Ruscombe
Twyford
RG1
RG5
RG6
M4
RG41
WOKINGHAM
RG2
RG40
Swallowfield
RG7
Arborfield Garrison
Finchampstead
Eversley
MAIDENHEAD
SL6
White Waltham
Holyport
Oakley Green
Shurlock Row
Paley Street
SLOUGH
SL2
SL1
SL3
Iver
SL0
Richings Park
UB10
UB8
UB5
UB4
Yiewsley
HAYES
West Drayton
UB11
SOUTHALL
UB3
UB7
Harlington
Eton Wick
Eton
Datchet
Colnbrook
Poyle
M25
TW6
London - Heathrow Airport
TW5
TW4
Horton
WINDSOR
SL4
Old Windsor
Wraysbury
Stanwell Moor
TW19
Stanwell
TW14
ASHFORD
FELTHAM
TW13
Maiden's Green
Cranbourne
RG42
Winkfield
Newell Green
Englefield Green
EGHAM
TW20
TW18
STAINES
TW15
Ascot
BRACKNELL
Sunninghill
RG12
SL5
Sunningdale
Virginia Water
GU25
Broomhall
Thorpe
Laleham
M3
SUNBURY
TW16
West Molesey
TW17
Shepperton
CHERTSEY
TW15
WALTON-ON-THAMES
WEYBRIDGE
KT16
Ottershaw
Addlestone
KT12
KT13
Hersham
Crowthorne
RG45
Windlesham
GU20
Bagshot
GU19
GU18
Burrowhill
GU47
Sandhurst
CAMBERLEY
GU15
GU46
Yateley
Chobham
Woodham
West End
GU24
Bisley
GU21
Horsell
Knaphill
Sheerwater
KT14
Byfleet
Cobham
KT11
Blackwater
Frimley
GU17
RG27
Hartley Wintney
Phoenix Green
GU16
Deepcut
Brookwood
WOKING
GU22
Ripley
Effingham Common
Mayford
GU23
Pirbright
Mytchett
Fleet
GU14
GU13
Send
Little Bookham
Worplesdon
KT24
Effingham
Crookham Village
Ash Vale
FARNBOROUGH
GU11
ALDERSHOT
Normandy
GU12
Ash
Flexford
Wood Street
GU3
Stoughton
Onslow Village
GU2
GU1
GUILDFORD
West Clandon
East Clandon
GU4
West Horsley
Odiham
RG29
Long Sutton
RG25
Crondall
Tongham
GU9
FARNHAM
Puttenham
Compton
Shalford
Albury
Gomshall
Shackleford
Bramley
Sutton
Abinger Common
Bentley
GU7
GODALMING
GU5
Shamley Green
Holmbury St. Mary
Tilford
Elstead
Millbridge
GU10
Milford
Binsted
Rushmoor
Rowly
Ewhurst
Forest Green
GU34
Kingsley
Thursley
Churt
Witley
Hascombe
Hambledon
Cranleigh
GU6
GU8
GU35
Beacon Hill
Hindhead
Dunsfold
Upper Farringdon
Bordon
Whitehill
Headley Down
GU26
Grayshott
Chiddingfold
Rowhook
Alfold
Rudgwick
Selborne
Bramshott Chase
Haslemere
Ramsnest Common
Greatham
GU30
Ifold
Loxwood
Linchmere
GU27
Plaistow
Slinfold
Northchapel
Hawkley
GU33
Milland
Liss
Fernhurst
Kirdford
RH14
Hill Brow
GU28
Billingshurst
Balls Cross
Wisborough Green
GU32
Steep
GU31
GU29

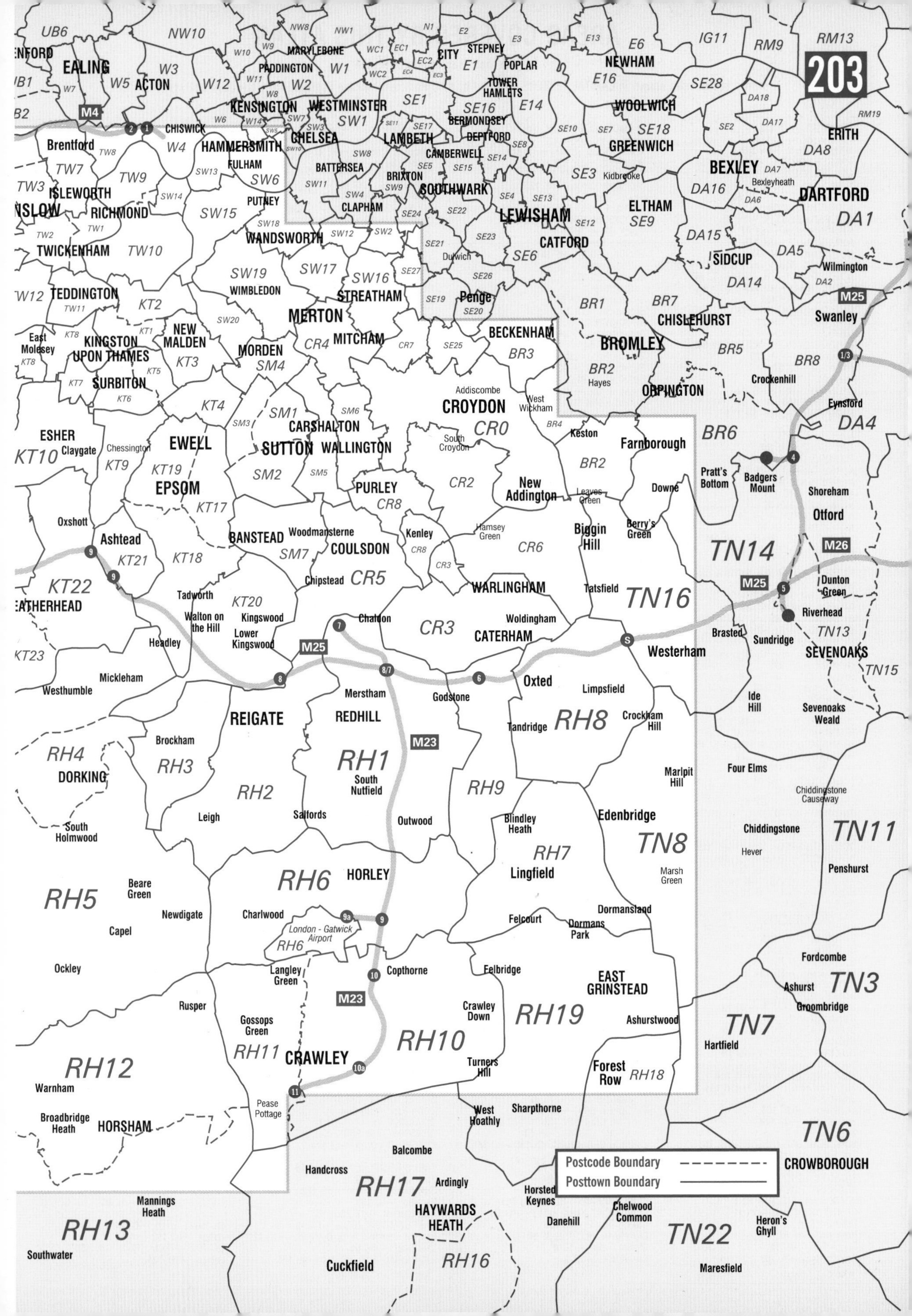
Postcode Boundary
Posttown Boundary
EALING
ACTON
KENSINGTON
WESTMINSTER
PADDINGTON
MARYLEBONE
CITY
STEPNEY
POPLAR
TOWER HAMLETS
NEWHAM
WOOLWICH
GREENWICH
BERMONDSEY
DEPTFORD
CAMBERWELL
LAMBETH
CHELSEA
HAMMERSMITH
FULHAM
CHISWICK
Brentford
ISLEWORTH
RICHMOND
PUTNEY
BATTERSEA
BRIXTON
SOUTHWARK
CLAPHAM
LEWISHAM
CATFORD
Kidbrooke
ELTHAM
BEXLEY
Bexleyheath
DARTFORD
ERITH
SIDCUP
Wilmington
TWICKENHAM
WANDSWORTH
Dulwich
Penge
TEDDINGTON
WIMBLEDON
STREATHAM
MERTON
MITCHAM
BECKENHAM
BROMLEY
CHISLEHURST
Swanley
East Molesey
KINGSTON UPON THAMES
NEW MALDEN
MORDEN
SURBITON
Hayes
ORPINGTON
Crockenhill
Eynsford
Addiscombe
CROYDON
West Wickham
CARSHALTON
WALLINGTON
SUTTON
EWELL
EPSOM
ESHER
Claygate
Chessington
South Croydon
Keston
Farnborough
Pratt's Bottom
Badgers Mount
Shoreham
Otford
Downe
Leaves Green
New Addington
PURLEY
Oxshott
Ashtead
BANSTEAD
Woodmansterne
COULSDON
Kenley
Hamsey Green
Biggin Hill
Berry's Green
Chipstead
WARLINGHAM
Tatsfield
Dunton Green
Riverhead
KT22
LEATHERHEAD
Tadworth
Walton on the Hill
Kingswood
Lower Kingswood
Headley
Chaldon
Woldingham
CATERHAM
Brasted
Sundridge
SEVENOAKS
Westerham
Mickleham
Westhumble
Merstham
Godstone
Oxted
Limpsfield
Ide Hill
Sevenoaks Weald
REIGATE
REDHILL
Brockham
Tandridge
Crockham Hill
RH4
DORKING
South Nutfield
Four Elms
Marlpit Hill
Chiddingstone Causeway
Leigh
Salfords
Outwood
Blindley Heath
Edenbridge
Chiddingstone
Hever
South Holmwood
Lingfield
Marsh Green
Penshurst
Beare Green
HORLEY
RH5
Newdigate
Charlwood
London - Gatwick Airport
Dormansland
Felcourt
Dormans Park
Capel
Fordcombe
Ockley
Langley Green
Copthorne
Felbridge
EAST GRINSTEAD
Ashurst
Groombridge
Rusper
Gossops Green
Crawley Down
Ashurstwood
CRAWLEY
Turners Hill
Forest Row
Hartfield
RH12
Warnham
Pease Pottage
West Hoathly
Sharpthorne
Broadbridge Heath
HORSHAM
Balcombe
CROWBOROUGH
Handcross
RH17
Ardingly
Horsted Keynes
Mannings Heath
HAYWARDS HEATH
Danehill
Chelwood Common
Heron's Ghyll
RH13
Southwater
Cuckfield
RH16
TN22
Maresfield
M4
M25
M26
M23
RH1
RH2
RH3
RH6
RH7
RH8
RH9
RH10
RH11
RH18
RH19
TN3
TN6
TN7
TN8
TN11
TN13
TN14
TN15
TN16
CR0
CR2
CR3
CR4
CR5
CR6
CR8
KT2
KT3
KT4
KT9
KT10
KT17
KT18
KT19
KT20
KT21
KT23
SM1
SM2
SM4
SM7
BR1
BR2
BR3
BR5
BR6
BR7
BR8
DA1
DA4
DA5
DA8
DA14
DA15
DA16
SE1
SE3
SE6
SE9
SE14
SE16
SE18
SE28
E1
E6
E14
E16
IG11
RM9
RM13
SW1
SW6
SW15
SW16
SW17
SW19
TW7
TW9
TW10
TW12
W2
W3
W4
W5
W12
NW10
UB6

AREAS COVERED BY THIS ATLAS

with their map square reference

Names in this index shown in CAPITAL LETTERS, followed by their Postcode area are Postal addresses (Postal Districts in London)

Aaron's Hill. —7E **132**
Abbotswood. —1B **114**
Abinger Bottom. —5N **137**
ABINGER COMMON. (RH5) —3L **137**
ABINGER HAMMER. (RH5) —8G **117**
Acton Green. —1C **12**
ADDINGTON. (CR0) —2K **65**
ADDISCOMBE. (CR0) —7D **46**
ADDLESTONE. (KT15) —1L **55**
Addlestone Moor. —8K **37**
ALBURY. (GU5) —8K **115**
Albury Heath. —1M **135**
ALDERSHOT. (GU11, GU12 & GU13) —2M **109**
ALDERSTEAD HEATH. (RH1) —3J **103**
ALFOLD. (GU6) —8H **175**
Alfold Bars. —1H **193**
Alfold Crossways. —6J **175**
Amen Corner. —2H **31**
ANERLEY. (SE20) —1E **46**
ANNINGSLEY PARK. (KT16) —6E **54**
Ansteadbrook. —3N **189**
Anthonys. —8D **54**
Aperfield. —4G **86**
ARDENRUN. (RH7) —3L **145**
Arford. —3E **168**
ARTINGTON. (GU3) —8M **113**
ASCOT. (SL5) —3L **33**
Ascot Heath. —1K **33**
ASH. (GU12) —9E **90**
ASHFORD. (TW15) —5A **22**
Ashford Common. —8E **22**
Ashford Park. —4L **21**
Ash Green. —4G **111**
Ashley Park. —9H **39**
ASHTEAD. (KT21) —5M **79**
Ashtead Park. —6N **79**
ASHURSTWOOD. (RH19) —3G **186**
ASH VALE. (GU12) —6E **90**

BADSHOT LEA. (GU9 & GU10) —6N **109**
BAGSHOT. (GU19) —4J **51**
Baldwins Hill. —6N **165**
BALHAM. (SW12) —2F **28**
Bandonhill. —2H **63**
BANSTEAD. (SM7) —2M **81**
Barford. —1K **169**
BARNES. (SW13) —5E **12**
Barnsnap. —5G **199**
Barons Court. —1K **13**
Batt's Corner. —3C **148**
BAYNARDS. (GU6) —2E **176**
BAYNARDS PARK. (GU6) —3D **176**
BEARE GREEN. (RH5) —8K **139**
BECKENHAM. (BR3) —1K **47**
BEDDINGTON. (CR0 & SM6) —9J **45**
Beddington Corner. —6E **44**
Beech Hill. —3F **168**
Beggar's Bush. —3C **34**
Bellfields. —8M **93**
BELMONT. (SM2) —6M **61**
Benhilton. —8N **43**
BERRYLANDS. (KT5) —5N **41**
BERRY'S GREEN. (TN16) —3K **87**
BETCHETTS GREEN. (RH5) —5H **139**
BETCHWORTH. (RH3) —3C **120**
BEWBUSH. (RH11) —6L **181**
BIGGIN HILL. (TN16) —4F **86**
Biggin Hill Airport. —1F **86**
Bill Hill. —7B **14**
BILLINGBEAR. (RG40) —4G **15**
BINFIELD. (RG12 & RG42) —6H **15**
Binscombe. —3G **133**
Birch Green. —5J **21**
Birch Hill. —6N **31**
Birtley Green. —8D **134**
Bishops Gate. —4K **19**
BISLEY. (GU21 & GU24) —2C **72**
BISLEY CAMP. (GU24) —6B **72**
Blackbrook. —1L **139**
BLACKHEATH. (GU4) —2G **135**
Blacknest. —2E **34**
BLACKWATER. (GU17) —2K **69**
Blackwell. —8A **166**
BLETCHINGLEY. (RH1) —2A **124**
BLINDLEY HEATH. (RH7) —3H **145**
Boston Manor. —1H **11**
Boundstone. —6F **128**
Bourne, The. —5J **129**
Boveney. —2A **4**
BOWLHEAD GREEN. (GU8) —9K **151**
Box Hill. —9A **100**
BRACKNELL. (RG12 & RG42) —1A **32**
BRAMLEY. (GU5) —5B **134**
BRAMSHOTT CHASE. (GU26) —9N **169**
BRANDS HILL. (SL3) —2D **6**
BRENTFORD. (TW8) —2K **11**
Brentford End. —3H **11**
Brick Hill. —1F **52**
Bridge End. —8C **76**
Broadbridge. —1L **163**
BROADBRIDGE HEATH. (RH12 & RH13) —5D **196**
BROADFIELD. (RH11) —7N **181**
Broadford. —1N **133**
Broad Green. —6M **45**
Broadham Green. —1N **125**
Broadmoor. —3A **138**
BROAD STREET COMMON. (GU3) —9G **92**
BROCKHAM. (RH3) —5A **120**
Brock Hill. —5E **16**
Bromley Park. —1N **47**
BROOK. (GU8) —9N **151**
(Godalming)
Brook. —2N **135**
(Guildford)
Brooklands. —6A **56**
Brookside. —7K **17**
BROOKWOOD. (GU24) —7D **72**
Broomhall. —5D **34**
Brox. —4E **54**
Buchan Hill. —9M **181**
Buckhurst Hill. —9C **18**
BUCKLAND. (RH3) —2F **120**
Bucks Green. —1C **194**
BUCKS HORN OAK. (GU10) —2B **148**
Bullbrook. —1C **32**
BULLSWATER COMMON. (GU24) —3D **92**
Bunce Common. —1C **140**
BURGH HEATH. (KT20) —6K **81**
Burleigh. —9J **17**
Burlings. —4N **87**
Burntcommon. —3H **95**
BURPHAM. (GU4) —9D **94**
Burrow Hill. —5H **53**
(Chobham)
BURROW HILL. (GU24) —9B **72**
(Pirbright)
Burrows Cross. —1D **136**
BURSTOW. (RH6) —3L **163**
Burwood Park. —8H **57**
(Cobham)
Burwood Park. —2G **57**
(Walton-on-Thames)
BUSBRIDGE. (GU7 & GU8) —9J **133**
Bushey Mead. —2J **43**
Bushy Hill. —1E **114**
BYFLEET. (KT14) —9A **56**

CAMBERLEY. (GU15, GU16 & GU17) —9B **50**
Camelsdale. —4D **188**
Cantley. —9A **14**
CAPEL. (RH5) —4K **159**
Cardinals, The. —5E **110**
CARSHALTON. (SM5) —1E **62**
Carshalton Beeches. —5C **62**
Carshalton on the Hill. —4E **62**
Cartbridge. —9D **74**
Castelnau. —2G **12**
Castle Green. —9G **53**
CATERHAM. (CR3) —2D **104**
Caterham-on-the-Hill. —9B **84**
Catteshall. —6K **133**
Chaldon. —2L **103**
Chapel Green. —4B **30**
Charleshill. —6E **130**
Charlotteville. —5B **114**
Charlton. —1D **38**
CHARLWOOD. (RH6) —3K **161**
CHARTERHOUSE. (GU7) —4F **132**
Chathill. —6L **125**
Chattern Hill. —5C **22**
CHAVEY DOWN. (SL5) —9F **16**
CHEAM. (SM2 & SM3) —3K **61**
CHEAPSIDE. (SL5) —9B **18**
CHELSHAM. (CR3) —4K **85**
CHELSHAM COMMON. (CR6) —3K **85**
CHERTSEY. (KT16) —6J **37**
Chertsey Lock. —6L **37**
CHERTSEY MEAD. (KT16) —7N **37**
Chertsey South. —9G **36**
CHESSINGTON. (KT9) —2M **59**
Cheverells. —2L **85**
CHIDDINGFOLD. (GU8) —5F **172**
CHILWORTH. (GU4) —9E **114**
CHIPSTEAD. (CR3) —5D **82**
Chipstead Bottom. —7B **82**
CHISWICK. (W4) —2C **12**
CHITTYS COMMON. (GU2) —8J **93**
CHOBHAM. (GU24) —6H **53**
CHURCH CROOKHAM. (GU13) —8B **88**
Church End. —8A **76**
Church Lammas. —4F **20**
Church Town. —1G **124**
CHURT. (GU10) —9L **149**
CLANDON PARK. (GU4) —1J **115**
CLAREMONT PARK. (KT10) —4A **58**
Clark's Green. —6J **159**
CLAYGATE. (KT10) —3F **58**
Clewer Green. —5C **4**
Clewer Hill. —6B **4**
Clewer New Town. —5E **4**
Clewer St Andrew. —3D **4**
Clewer St Stephen. —3E **4**
Clewer Village. —3D **4**
Clewer Within. —5F **4**
Clock House. —1F **82**
COBHAM. (KT11) —1J **77**
COLDHARBOUR. (RH5) —7D **138**
Cole Park. —9G **11**
Coles Meads. —9D **102**
COLGATE. (RH12 & RH13) —2H **199**
COLLEGE TOWN. (GU15) —9K **49**
Collier's Wood. —8B **28**
Colman's Hill. —4F **136**
COLNBROOK. (SL3) —3F **6**
COOMBE BOTTOM. (GU5) —6A **116**
COMMON, THE. (GU3) —1F **132**
(Compton)
COMMON, THE. (GU8) —5C **174**
(Dunsfold)
Common, The. —4H **197**
(Horsham)
Compton. —2L **129**
(Farnham)
COMPTON. (GU3) —9E **112**
(Guildford)
COOLHURST. (RH13) —8A **198**
Coombe. —8C **26**
Copse Hill. —8G **26**
COPTHORNE. (RH10) —7L **163**
Copthorne Common. —7A **164**
Cottenham Park. —9G **27**
COULSDON. (CR5) —2H **83**
County Oak. —8B **162**
Cove. —9J **69**
COWSHOT COMMON. (GU24) —7B **72**
Cox Green. —7E **176**
Crabbet Park. —2K **183**
Cramhurst. —4B **152**
Cranbourne. —3N **17**
CRANFORD. (TW5) —3H **9**
CRANLEIGH. (GU6) —7M **155**
CRAWLEY. (RH10 & RH11) —3B **182**
CRAWLEY DOWN. (RH10) —1E **184**
Crawley Hill. —1B **70**
Cricket Hill. —1C **68**
Crickets Hill. —3D **94**
Critchmere. —1B **188**
CROCKHAM HILL. (TN8) —2L **127**
Crooksbury Common. —4B **130**
Crosswater. —6K **149**
Crouch House Green. —1K **147**
CROWHURST. (RH7) —9A **126**
Crowhurst Lane End. —7L **125**
Crownpits. —8J **133**
Crown Wood. —5B **32**
CROWTHORNE. (RG45) —2H **49**
CROYDON. (CR0) —8N **45**
CUDHAM. (TN14) —2M **87**
Cudworth. —2D **160**
Culmer. —7C **152**
Cuttinglye Wood. —8F **164**

Darby Green. —9G **49**
Dartnell Park. —8L **55**
DATCHET. (SL3) —3L **5**
Datchet Common. —4N **5**
Dawesgreen. —9E **120**
Deadwater. —5B **168**
DEDWORTH. (SL4) —5B **4**
DEEPCUT. (GU16) —7G **71**
DENNE PARK. (RH13) —8H **197**
Dennisville. —4K **113**
DIPPENHALL. (GU10) —1C **128**
DOCKENFIELD. (GU10) —4D **148**
Dogkennel Green. —3L **117**
Domewood. —5D **164**
Donkey Town. —9A **52**
DOOMSDAY GREEN. (RH13) —8N **197**
Dora's Green. —7B **108**
DORKING. (RH4 & RH5) —5H **119**
DORMANSLAND. (RH7) —1C **166**
DORMANS PARK. (RH19) —4A **166**
Doversgreen. —7N **121**
Dowlesgreen. —1C **30**
DOWNE. (BR6) —7J **67**
Down Park. —9D **164**
DOWNSIDE. (KT11) —5J **77**
DUNSBOROUGH PARK. (GU23) —7L **75**
DUNSFOLD. (GU8) —4B **174**

EARL'S COURT. (SW5) —1M **13**
Earlsfield. —2A **28**
EARLSWOOD. (RH1) —5D **122**
Eashing. —6C **132**
East Bedfont. —1E **22**
EAST CLANDON. (GU4) —9N **95**
Eastern Industrial Area, Bracknell. —1B **32**
East Ewell. —6H **61**
EAST GRINSTEAD. (RH19) —9B **166**
Easthampstead. —4N **31**
Eastheath. —6A **30**
EAST HORSLEY. (KT24) —7G **96**
Eastly End. —2F **36**
EAST MOLESEY. (KT8) —3D **40**
East Shalford. —9C **114**
East Sheen. —7B **12**
Eastworth. —7K **37**
EDENBRIDGE. (TN8) —2L **147**
EDEN PARK. (BR3) —4K **47**
EFFINGHAM. (KT24) —5L **97**
EFFINGHAM COMMON. (KT24) —2H **97**
EFFINGHAM HILL. (RH5) —1L **117**
EFFINGHAM JUNCTION. (KT24) —1H **97**
EGHAM. (TW20) —6C **20**
Egham Hythe. —6F **20**
Egham Wick. —8K **19**
Ellen's Green. —5H **177**
Elm Corner. —6B **76**
ELMERS END. (BR3) —3H **47**
ELM HILL. (GU3) —9K **91**
ELSTEAD. (GU8) —7H **131**
Englefield Green. —7M **19**
Enton Green. —4E **152**
EPSOM. (KT17 to KT19) —9C **60**
Epsom Downs. —6D **80**
ESHER. (KT10) —1B **58**
ETON. (SL4) —2G **4**
ETON WICK. (SL4) —1C **4**
EWELL. (KT17) —5E **60**
EWHURST. (GU6) —5F **156**
EWHURST GREEN. (GU6) —6F **156**
EWSHOT. (GU10) —4C **108**

Fairfield. —8H **79**
Fairlands. —8F **92**
Fairmile. —8N **57**
Farleigh. —1J **85**
Farleigh Common. —1H **85**
Farley Green. —3M **135**
Farley Heath. —4L **135**
Farley Wood. —1J **31**
FARNBOROUGH. (GU14) —2N **89**
(Aldershot)
FARNBOROUGH. (BR6) —2L **67**
(Orpington)
Farnborough Green. —8A **70**
Farnborough Park. —2A **90**
Farnborough Street. —9B **70**
FARNCOMBE. (GU7) —4H **133**
FARNHAM. (GU9 & GU10) —1H **129**
Farthing Street. —5H **67**
FAYGATE. (RH12) —8E **180**
FELBRIDGE. (RH19) —6K **165**
FELCOURT. (RH19) —2M **165**
Felday. —6J **137**
FELDEMORE. (RH5) —5K **137**
FELTHAM. (TW13 & TW14) —2J **23**
Felthamhill. —6G **23**
Fernhill. —3J **163**
FETCHAM. (KT22) —1D **98**
Fickleshole. —1N **85**
Fieldcommon. —6N **39**
FIELD PLACE. (RH12) —3D **196**
Fisherstreet. —5C **190**
FLEET. (GU13) —4B **88**
Flexford. —3M **111**
Force Green. —2M **107**
Forestdale. —5J **65**
FOREST GREEN. (RH5) —3M **157**
Forest Park. —5D **32**
FOREST ROW. (RH18) —5G **187**
Fox Corner. —3F **92**
Fox Lane. —6K **69**
FREDLEY PARK. (RH5) —7H **99**
French Street. —7N **107**
FRENSHAM. (GU10) —3H **149**
Frensham Heights. —9E **128**
Friary Island. —9M **5**
Friday Street. —3N **137**
FRIMLEY. (GU16) —6B **70**
FRIMLEY GREEN. (GU16) —7D **70**
Frimley Ridge. —3F **70**
Frithend. —6B **148**
Frith Hill. —5G **132**
Froghole. —1M **127**
FROGMORE. (GU17) —1H **69**
(Camberley)
Frogmore. —6J **5**
(Windsor)
FULHAM. (SW6) —5K **13**
Fulwell. —5D **24**
Furnace Wood. —6F **164**
Furzedown. —6F **28**
FURZE HILL. (KT20) —8L **81**

Gardeners Green. —6D **30**
Gatton. —6D **102**
GATTON BOTTOM. (RH1) —4F **102**
Gatwick. —5K **131**

Areas covered by this atlas

INDEX TO STREETS

Including Industrial Estates, Junction Names and a selection of Subsidiary Addresses

HOW TO USE THIS INDEX

1. Each street name is followed by its Postal District (or, if outside the London Postal Districts, by its Posttown or Postal Locality), and then by its map reference; e.g. Abbey Dri. *Stai* —3L **37** is in the Staines Posttown and is found in square 3L on page **37**. The page number being shown in bold type.
A strict alphabetical order is followed in which Av., Rd., St. etc. (though abbreviated) are read in full and as part of the street name; e.g. Abbots La. appears after Abbotsford Clo. but before Abbotsleigh Clo.

2. Streets and a selection of Subsidiary names not shown on the Maps, appear in this index in *Italics* with the thoroughfare to which it is connected shown in brackets;
e.g. *Abbey Pde. SW19 —8A* ***28*** *(off Merton High St.)*

3. With the now general usage of Postcodes for addressing mail, it is not recommended that this index be used for such a purpose.

GENERAL ABBREVIATIONS

All : Alley
App : Approach
Arc : Arcade
Av : Avenue
Bk : Back
Boulevd : Boulevard
Bri : Bridge
B'way : Broadway
Bldgs : Buildings
Bus : Business
Cvn : Caravan
Cen : Centre
Chu : Church
Chyd : Churchyard
Circ : Circle
Cir : Circus
Clo : Close
Comn : Common
Cotts : Cottages
Ct : Court
Cres : Crescent
Dri : Drive
E : East
Embkmt : Embankment
Est : Estate
Gdns : Gardens
Ga : Gate
Gt : Great
Grn : Green
Gro : Grove
Ho : House
Ind : Industrial
Junct : Junction
La : Lane
Lit : Little
Lwr : Lower
Mnr : Manor
Mans : Mansions
Mkt : Market
M : Mews
Mt : Mount
N : North
Pal : Palace
Pde : Parade
Pk : Park
Pas : Passage
Pl : Place
Quad : Quadrant
Rd : Road
Shop : Shopping
S : South
Sq : Square
Sta : Station
St : Street
Ter : Terrace
Trad : Trading
Up : Upper
Vs : Villas
Wlk : Walk
W : West
Yd : Yard

POSTTOWN AND POSTAL LOCALITY ABBREVIATIONS

Ab C : Abinger Common
Ab H : Abinger Hammer
Add : Addlestone
Alb : Albury
Ald : Aldbury
Alder : Aldershot
Alf : Alfold
Adgly : Ardingly
Asc : Ascot
Ash : Ash
Ashf : Ashford
Asht : Ashtead
Ash V : Ash Vale
Ash W : Ashurst Wood
Bad L : Badshot Lea
Bag : Bagshot
Bans : Banstead
B'ham : Barkham
Bar G : Barns Green
B'bear : Billingbear
Bear G : Beare Green
Beck : Beckenham
Bedd : Beddington
Bedf : Bedfont
Belm : Belmont
Berr G : Berrys Green
Bet : Betchworth
Bew : Bewbush
Big H : Biggin Hill
Big A : Biggin Hill Airport
Bil : Billingshurst
Binf : Binfield
Bisl : Bisley
B'hth : Blackheath
B'water : Blackwater
Blet : Bletchingley
Blind H : Blindley Heath
Bookh : Bookham
Bord : Bordon
Bourne : Bourne, The
Brack : Bracknell
Brmly : Bramley
Bram : Bramshott
Bram C : Bramshott Chase
Bras : Brasted
Bren : Brentford
Broad H : Broadbridge Heath
Broadf : Broadfield
Brock : Brockham
Brom : Bromley
Brook : Brook
Brook E : Brooklands Ind. Est.
Brook P : Brooklands Ind. Pk.
Brkwd : Brookwood
Buck : Buckland
Bur H : Burgh Heath
Burp : Burpham
Burs : Burstow
Busb : Busbridge
Byfl : Byfleet
Camb : Camberley
Capel : Capel
Cars : Carshalton
Cat : Caterham
Charl : Charlwood
Chav D : Chavey Down
Cheam : Cheam
Chels : Chelsfield
Cher : Chertsey
Chess : Chessington
Chev : Chevening
C'fold : Chiddingfold
Chil : Chilworth
Chips : Chipstead
Chob : Chobham
C Hosp : Christs Hospital
C Crook : Church Crookham
Churt : Churt
Clar P : Claremont Park
Clay : Claygate
Cobh : Cobham
Cold : Coldharbour
Cole H : Colemans Hatch
Colg : Colgate
Col T : College Town
Col H : Colney Heath
Coln : Colnbrook
Comp : Compton
Copt : Copthorne
Cotm : Cotmandene
Coul : Coulsdon
Coul N : Coulsdon North
Cowd : Cowden
Cowf : Cowfold
Cran : Cranford
Cranl : Cranleigh
Craw : Crawley
Craw D : Crawley Down
Crook C : Crockham Hill
Cron : Crondall
Crock H : Crookham Common
Crow : Crowhurst
Crowt : Crowthorne
Croy : Croydon
Cud : Cudham
Dat : Datchet
Deep : Deepcut
Dit H : Ditton Hill
Dock : Dockenfield
Dork : Dorking
D'land : Dormansland
Dor P : Dormans Park
Dor : Dorney
Dow : Downe
D'side : Downside
Duns : Dunsfold
Earl : Earlswood
E Clan : East Clandon
E Grin : East Grinstead
E Hor : East Horsley
E Mol : East Molesey
Eden : Edenbridge
Eff : Effingham
Eff J : Effingham Junction
Egh : Egham
Elst : Elstead
Eng : Englefield
Ent : Enton
Eps : Epsom
Esh : Esher
Eton : Eton
Eton C : Eton College
Eton W : Eton Wick
Eve : Eversley
Ewe : Ewell
Ewh : Ewhurst
Ews : Ewshot
F'boro : Farnborough (Hants)
Farn : Farnborough (Kent)
Farnc : Farncombe
Farnh : Farnham
Fay : Faygate
Felb : Felbridge
Felc : Felcourt
Felt : Feltham
Fern : Fernhurst
Fet : Fetcham
Finch : Finchampstead
Five O : Five Oaks
Fleet : Fleet
F Grn : Forest Green
F Row : Forest Row
Fren : Frensham
Frim : Frimley
Frim G : Frimley Green
Frogm : Frogmore
Gat : Gatwick
G'ming : Godalming
God : Godstone
Gom : Gomshall
Gray : Grayshott
G'wood : Grayswood
Grn St : Green Street Green
Guild : Guildford
Hack : Hackbridge
Ham : Ham
Hamb : Hambledon
Hamm : Hammerwood
Hamp : Hampton
Hamp H : Hampton Hill
Hamp W : Hampton Wick
Hand : Handcross
Hanw : Hanworth
Harm : Harmondsworth
Hartf : Hartfield
Hasc : Hascombe
Hasl : Haslemere
Hawl : Hawley
Hay : Hayes (Kent)
Hayes : Hayes (Middlesex)
Head : Headley (Hants)
H'ley : Headley (Surrey)
H'row : Heathrow
Hers : Hersham
Hever : Hever
Hin W : Hinchley Wood
Hind : Hindhead
Holm M : Holmbury St Mary
Holmw : Holmwood
Holt P : Holt Pound
Hkwd : Hookwood
Hool : Hooley
Horl : Horley
Horne : Horne
Hors : Horsell
H'ham : Horsham
Hort : Horton
Houn : Hounslow
Hurst : Hurst
Hurt : Hurtmore
Hyde : Hydestile
If'd : Ifield
Ifold : Ifold
Iswth : Isleworth
Itch : Itchingfield
Jac : Jacob's Well
Kenl : Kenley
Kes : Keston
Kew : Kew
Kingf : Kingfield
K'fold : Kingsfold
King G : Kingsley Green
King T : Kingston upon Thames
Kgswd : Kingswood
Kird : Kirdford
Knap : Knaphill
Knock : Knockholt
Lale : Laleham
Langl : Langley
Lav P : Lavington Park
Lea : Leatherhead
Leigh : Leigh
Light : Lightwater
Limp : Limpsfield
Lind : Lindford
Ling : Lingfield
Gat A : London Gatwick Airport
H'row A : London Heathrow Airport
Longc : Longcross
Lwr Bo : Lower Bourne
Lwr K : Lower Kingswood
Low H : Lowfield Heath
Loxh : Loxhill
Loxw : Loxwood
Lyne : Lyne
M'bowr : Maidenbower
Maid G : Maidens Green
Man H : Mannings Heath
M Grn : Marsh Green
Mayf : Mayford
Mers : Merstham
Mick : Mickleham
Mid H : Mid Holmwood
Milf : Milford
Mitc : Mitcham
Mit J : Mitcham Junction
Mord : Morden
Myt : Mytchett
New Ad : New Addington
Newc : Newchapel
Newd : Newdigate
New H : New Haw
N Mald : New Malden
Norm : Normandy
N Asc : North Ascot
N'chap : Northchapel
N Holm : North Holmwood
Nup : Nuptown
Nutf : Nutfield
Ock : Ockham
Ockl : Ockley
Oke H : Okewood Hill
Old Win : Old Windsor
Old Wok : Old Woking
Onsl : Onslow Village
Orp : Orpington
Ott : Ottershaw
Out : Outwood
Owl : Owlsmoor
Oxs : Oxshott
Oxt : Oxted
Pass : Passfield
Peas P : Pease Pottage
Peasl : Peaslake
Peas : Peasmarsh
Pep H : Peper Harow
Pirb : Pirbright
Plais : Plaistow
P Hill : Pound Hill
Purl : Purley
Putt : Puttenham
Pyr : Pyrford
Ran C : Ranmore Common
Read : Reading
Red : Redhill
Reig : Reigate
Rich : Richmond
Rip : Ripley
Rowh : Rowhook
Rowl : Rowledge
Rud : Rudgwick
Runf : Runfold
Rusp : Rusper
St G : St Georges Hill
St J : St Johns
Salf : Salfords
Sand : Sandhurst
Seale : Seale
Send : Send
Shack : Shackleford
Shalf : Shalford
Sham G : Shamley Green
Sheer : Sheerwater
Shep : Shepperton
Shere : Shere
Ship B : Shipley Bridge
Short : Shortlands
Shot : Shottermill
Shur R : Shurlock Row
Slin : Slinfold
Slou : Slough
Sly I : Slyfield Ind. Est.
Small : Smallfield
S'hall : Southall
S Asc : South Ascot
S Croy : South Croydon
S God : South Godstone
S Nut : South Nutfield
S Pk : South Park
Stai : Staines
Stand : Standford
Stanw : Stanwell
Stoke D : Stoke D'abernon
S'leigh : Stoneleigh
Str G : Strood Green
Sun : Sunbury-on-Thames
S'dale : Sunningdale
S'hill : Sunninghill
Surb : Surbiton
Sur R : Surrey Research Park
Sutt : Sutton
Sut G : Sutton Green
Swan : Swanley
Tad : Tadworth
Tand : Tandridge
Tap : Taplow
Tats : Tatsfield
Tedd : Teddington
Th Dit : Thames Ditton
T Hth : Thornton Heath
Thorpe : Thorpe
Thur : Thursley
Tilf : Tilford
Tin G : Tinsley Green
T'sey : Titsey
Tong : Tongham
Turn H : Turners Hill
Twic : Twickenham
Up Hal : Upper Hale
Up Har : Upper Hartfield
Vir W : Virginia Water
Wall : Wallington
Wal W : Wallis Wood
Wanb : Wanborough
Warf : Warfield
Warf P : Warfield Park
Warl : Warlingham
W On T : Walton-on-Thames
Warn : Warnham
Wel C : Wellington College
W Byf : West Byfleet
W Cla : West Clandon
Westc : Westcott
W Dray : West Drayton
W End : West End
W'ham : Westerham
W Ewe : West Ewell
W Hor : West Horsley
Westh : Westhumble
W Mol : West Molesey
W Wick : West Wickham
Wey : Weybridge
W'hill : Whitehill
W Vill : Whiteley Village
Whit : Whitton
Whyt : Whyteleafe
W'sham : Windlesham
Wind : Windsor
Wind C : Windsor Castle
Wink : Winkfield
Wink R : Winkfield Row
Wis G : Wisborough Green
Wis : Wisley
Witl : Witley
Wok : Woking
Wokgm : Wokingham
Wold : Woldingham
Won : Wonersh
Wdhm : Woodham
Wood S : Wood Street Village
Wor Pk : Worcester Park
Worm : Wormley
Worp : Worplesdon
Worth : Worth
Wott : Wotton
Wray : Wraysbury
Wrec : Wrecclesham
Yat : Yateley

INDEX TO STREETS

Aaron's Hill. *G'ming* —7E **132**
Abbess Clo. *SW2* —2M **29**
Abbetts La. *Camb* —3N **69**
Abbey Chase. *Cher* —6K **37**
Abbey Clo. *Brack* —4B **32**
Abbey Clo. *Cranl* —8H **155**
Abbey Clo. *Wok* —3G **75**
Abbey Clo. *Wokgm* —1B **30**
Abbey Ct. *Camb* —1B **70**
Abbey Ct. *Cher* —6K **37**
Abbey Ct. *Farnh* —1H **129**
Abbey Ct. *Hamp* —8A **24**
Abbey Dri. *SW17* —6E **28**
Abbey Dri. *Stai* —3L **37**
Abbey Gdns. *W6* —2K **13**
Abbey Gdns. *Cher* —5J **37**
Abbey Grn. *Cher* —5J **37**
Abbey Pde. SW19 —8A ***28***
(off Merton High St.)
Abbey Pl. *Cher* —2J **37**
Abbey Rd. *SW19* —8A **28**
Abbey Rd. *Cher* —6K **37**
Abbey Rd. *Croy* —9M **45**
Abbey Rd. *Shep* —7B **38**
Abbey Rd. *S Croy* —6G **64**
Abbey Rd. *Vir W* —4N **35**
Abbey Rd. *Wok* —4M **73**
Abbey St. *Farnh* —1H **129**
Abbey Wlk. *W Mol* —2B **40**
Abbey Way. *F'boro* —1A **90**
Abbeywood. *Ash V* —9F **90**
Abbey Wood. *S'dale* —6D **34**
Abbot Clo. *Byfl* —6M **55**
Abbot Clo. *Stai* —8M **21**
Abbot Rd. *Guild* —5N **113**
Abbotsbury. *Brack* —4L **31**
Abbotsbury Ct. *H'ham* —5L **197**
Abbotsbury Rd. *Mord* —4N **43**
Abbots Clo. *Fleet* —4B **88**
Abbot's Clo. *Guild* —6H **113**
Abbots Dri. *Vir W* —4L **35**
Abbotsfield Rd. *If'd* —5J **181**
Abbotsford Clo. *Wok* —4C **74**
Abbots La. *Kenl* —3N **83**
Abbotsleigh Clo. *Sutt* —4N **61**
Abbotsleigh Rd. *SW16* —5G **28**
Abbots Pk. *SW2* —2L **29**
Abbot's Ride. *Farnh* —3K **129**
Abbots Rise. *Red* —1E **122**
Abbotstone Rd. *SW15* —6H **13**
Abbots Wlk. *Wind* —5B **4**
Abbots Way. *Beck* —4H **47**
Abbots Way. *Guild* —2F **114**
Abbotswood. *Guild* —1B **114**
Abbotswood Clo. *Guild* —9B **94**
Abbotswood Dri. *Wey* —6E **56**
Abbotswood Rd. *SW16* —4H **29**
Abbott Av. *SW20* —9J **27**
Abbott Clo. *Hamp* —7M **23**
Abbotts Cotts. *Dock* —5D **148**
Abbott's Grn. *Croy* —3G **65**
Abbottsmede Clo. *Twic* —3F **24**
Abbotts Rd. *Mitc* —3G **45**
Abbotts Rd. *Sutt* —1K **61**
Abbott's Tilt. *W On T* —9M **39**
Abbotts Wlk. *Cat* —9E **84**
Abelia Clo. *W End* —9B **52**
Abercairn Rd. *SW16* —8G **28**
Aberconway Rd. *Mord* —3N **43**
Abercorn Clo. *S Croy* —9G **64**
Abercorn Ho. *Hawl* —5K **69**
Abercorn Way. *Wok* —5K **73**
Aberdare Clo. *W Wick* —8M **47**
Aberdeen Rd. *Croy* —1A **64**
Aberfoyle Rd. *SW16* —8H **29**
Abingdon Clo. *SW19* —7A **28**
Abingdon Clo. *Brack* —4C **32**
Abingdon Clo. *Wok* —5M **73**
Abingdon Rd. *SW16* —1J **45**
Abingdon Rd. *Sand* —7H **49**
Abinger Av. *Sutt* —5H **61**
Abinger Clo. *N Holm* —9J **119**
Abinger Clo. *Wall* —2J **63**

Abinger Comn. Rd.—Amberwood Rise

Abinger Comn. Rd. Dork —4M 137
Abinger Ct. Wall —2J 63
Abinger Dri. Red —5C 122
Abinger Gdns. Iswth —6E 10
Abinger Keep. Horl —7G 142 (off Langshott La.)
Abinger La. Dork —9J 117
Abinger Rd. Dork —9A 138
Abinger Way. Guild —7D 94
Aboyne Dri. SW20 —1F 42
Aboyne Rd. SW17 —4B 28
Abrahams Rd. Craw —8M 181
Abury La. Brack —5E 32
Acacia Av. Bren —3H 11
Acacia Av. Owl —6J 49
Acacia Av. Rich —5M 11
Acacia Av. Shep —4B 38
Acacia Av. Wok —7N 73
Acacia Av. Wray —7A 6
Acacia Clo. SE20 —1D 46
Acacia Clo. Wdhm —6H 55
Acacia Ct. Brack —3N 31
Acacia Dri. Bans —1J 81
Acacia Dri. Sutt —7M 43
Acacia Dri. Wdhm —6H 55
Acacia Gdns. W Wick —8M 47
Acacia Gro. SE21 —3N 29
Acacia Gro. N Mald —2C 42
Acacia M. W Dray —2M 7
Acacia Rd. SW16 —9K 29
Acacia Rd. Beck —2J 47
Acacia Rd. Guild —3N 113
Acacia Rd. Hamp —7A 24
Acacia Rd. Mitc —1E 44
Acacia Rd. Stai —6K 21
Academy Clo. Camb —7C 50
Academy Gdns. Croy —7C 46
Accommodation La. W Dray (in three parts) —4J 7
Accommodation Rd. Longc —9N 35
Accommodation Rd. Wor Pk —2F 60
A.C. Court. Th Dit —5G 40
Ace Pde. Chess —9L 41
Acer Dri. W End —9C 52
Acer Rd. Big H —3F 86
Acfold Rd. SW6 —4N 13
Acheulian Clo. Farnh —4H 129
Achilles Pl. Wok —4M 73
Ackmar Rd. SW6 —4M 13
Ackrells Mead. Sand —6E 48
Acorn Clo. E Grin —1A 186
Acorn Clo. Hamp —7B 24
Acorn Clo. Horl —7G 143
Acorn Dri. Wokgm —1B 30
Acorn Gdns. SE19 —1C 46
Acorn Gro. Hayes —3G 9
Acorn Gro. Tad —2K 101
Acorn Gro. Wok —8A 74
Acorn M. F'boro —7M 69
Acorn Rd. B'water —1G 69
Acorns. H'ham —4N 197
Acorns, The. Craw —8N 181
Acorns, The. Small —8M 143
Acorns Way. Esh —2C 58
Acorn Way. Orp —1K 67
Acre La. Cars & Wall —1E 62
Acre Pas. Wind —4G 4
Acre Rd. SW19 —7B 28
Acre Rd. King T —9L 25
Acres Gdns. Tad —6J 81
Acres Platt. Cranl —6A 156
Acris St. SW18 —8N 13
Acton La. W4 & W3 —1B 12 (in three parts)
Acuba Rd. SW18 —3N 27
Adair Clo. SE25 —2E 46
Adair Wlk. Pirb —8M 71
Adam Ct. SW7 —1N 13 (off Gloucester Rd.)
Adams Clo. Surb —5M 41
Adams Croft. Brkwd —7N 71
Adams Dri. Fleet —4D 88
Adamson Ct. Craw —8N 181
Adams Pk. Rd. Farnh —8J 109
Adams Rd. Beck —4H 47
Adams Wlk. King T —1L 41
Adams Way. SE25 —5C 46
Adams Way. Croy —5C 46
Adam Wlk. SW6 —3H 13 (off Crabtree La.)
Adare Wlk. SW16 —4K 29
Addington Clo. Wind —6D 4
Addington Ct. SW14 —6C 12
Addington Heights. New Ad —7M 65
Addington Rd. Croy —7L 45
Addington Rd. S Croy —8D 64
Addington Rd. W Wick —1M 65
Addington Village Rd. Croy (in two parts) —3J 65
Addiscombe Av. Croy —7D 46
Addiscombe Ct. Rd. Croy —7B 46
Addiscombe Gro. Croy —8B 46
Addiscombe Rd. Crowt —3H 49
Addiscombe Rd. Croy —8B 46
Addison Av. Houn —4C 10
Addison Clo. Cat —9A 84
Addison Ct. Guild —5B 114
Addison Gdns. Surb —3M 41
Addison Pl. SE25 —3D 46
Addison Rd. SE25 —3D 46
Addison Rd. Cat —8A 84
Addison Rd. Frim —6C 70
Addison Rd. Guild —5A 114
Addison Rd. Tedd —7H 25
Addison Rd. Wok —4B 74
Addisons Clo. Croy —8J 47
Addison Ter. W4 —1B 12 (off Chiswick Rd.)
Addlestone Moor. Add —8L 37
Addlestone Pk. Add —2K 55
Addlestone Rd. Add & Wey —1N 55
Adecroft Way. W Mol —2C 40
Adela Av. N Mald —4G 42
Adelaide Clo. Craw —9B 162
Adelaide Clo. H'ham —4M 197
Adelaide Pl. Wey —1E 56
Adelaide Rd. SW18 —8M 13
Adelaide Rd. Ashf —6M 21
Adelaide Rd. Houn —4M 9
Adelaide Rd. Rich —7M 11
Adelaide Rd. Surb —4L 41
Adelaide Rd. Tedd —7F 24
Adelaide Rd. W On T —8H 39
Adelaide Rd. Wind —4J 5
Adelaide Sq. Wind —5G 5
Adelaide Ter. Bren —1K 11
Adelina M. SW12 —2H 29
Adelphi Clo. M'bowr —5H 183
Adelphi Ct. W4 —2C 12
Adelphi Rd. Eps —9C 60
Adeney Clo. W6 —2J 13
Adlers La. Westh —9G 99
Adlington Pl. F'boro —3C 90
Admark Ho. Eps —2A 80
Admiral Ct. Cars —7C 44
Admiral Ho. Tedd —5G 25
Admiral Kepple Ct. Asc —8J 17
Admiral Rd. Craw —6M 181
Admiral's Bri. La. E Grin —7M 185
Admirals Ct. Guild —2D 114
Admirals Rd. Bookh & Lea —6C 98
Admiral's Rd. Pirb —4L 91
Admirals Wlk. Coul —7K 83
Admiral's Wlk. Ran C —8B 98
Admiralty Rd. Tedd —7F 24
Admiralty Way. Camb —2L 69
Adrian Ct. Craw —8N 181
Adrian M. SW10 —2N 13
Advance Rd. SE27 —5N 29
Aerodrome Way. Houn —2K 9
Aerospace Boulevd. F'boro —6M 89
Agar Clo. Surb —8M 41
Agar Cres. Brack —8N 15
Agars Pl. Dat —2K 5
Agate La. H'ham —3L 197
Agates La. Asht —5K 79
Agincourt. Asc —2N 33
Agnes Scott Ct. Wey —9C 38 (off Palace Dri.)
Agraria Rd. Guild —4L 113
Ailsa Av. Twic —8G 11
Ailsa Clo. Craw —6N 181
Ailsa Rd. Twic —8H 11
Ainger Clo. Alder —1B 110
Ainsdale Way. Wok —5K 73
Ainslie Wlk. SW12 —1F 28
Ainsworth Rd. Croy —8M 45
Aintree Clo. Coln —4G 6
Aintree Est. SW6 —3K 13 (off Aintree St.)
Aintree Rd. Craw —5E 182
Aintree St. SW6 —3K 13
Airbourne Ho. Wall —1G 62 (off Maldon Rd.)
Aircraft Esplanade. F'boro —4A 90
Airedale Av. W4 —1E 12
Airedale Av. S. W4 —1E 12
Airedale Rd. SW12 —1D 28
Airlinks Ind. Est. Houn —1K 9
Airport Ind. Est. Big H —2F 86
Airport Way. Horl —2E 162
Airport Way. Stai —7J 7
Aisgill Av. W14 —1L 13 (in two parts)
Aisne Rd. Deep —5J 71
Aiten Pl. W6 —1F 12
Aitken Clo. Mitc —6D 44
Akabusi Clo. Croy —5D 46
Akehurst Clo. Copt —7L 163
Akehurst St. SW15 —9F 12
Akerman Rd. Surb —5J 41
Alamein Rd. Alder —2N 109
Alanbrooke Clo. Knap —5F 72
Alanbrooke Rd. Alder —7B 90
Alan Hilton Ct. Ott —3F 54 (off Cheshire Clo.)
Alan Rd. SW19 —6K 27
Alan Turing Rd. Sur R —3G 113
Albain Cres. Ashf —3N 21
Albany Clo. SW14 —7A 12
Albany Clo. Esh —5A 58
Albany Clo. Fleet —5C 88
Albany Clo. Reig —9M 101
Albany Ct. Fleet —4C 88
Albany Cres. Clay —3E 58
Albany M. King T —7K 25
Albany M. Sutt —2N 61
Albany Pde. Bren —2L 11
Albany Pk. Camb —5A 70
Albany Pk. Coln —3F 6
Albany Pk. Rd. King T —7K 25
Albany Pk. Rd. Lea —6G 79
Albany Pas. Rich —8L 11
Albany Pl. Bren —2K 11
Albany Pl. Egh —5D 20
Albany Reach. Th Dit —4F 40
Albany Rd. SW19 —6N 27
Albany Rd. Bren —2K 11
Albany Rd. Craw —3N 181
Albany Rd. Fleet —5B 88
Albany Rd. N Mald —3C 42
Albany Rd. Old Win —8K 5
Albany Rd. Rich —8M 11
Albany Rd. W On T —1L 57
Albany Rd. Wind —5G 4
Albany Ter. Rich —8M 11 (off Albany Pas.)
Albatross Gdns. S Croy —7G 65
Albemarle. SW19 —3J 27
Albemarle Av. Twic —2N 23
Albemarle Gdns. N Mald —3C 42
Albemarle Pk. Beck —1L 47
Albemarle Rd. Beck —1L 47
Alben Rd. Binf —6H 15
Alberta Av. Sutt —1K 61
Alberta Dri. Small —8L 143
Albert Av. Cher —2J 37
Albert Carr Gdns. SW16 —6J 29
Albert Crane Ct. Craw —1M 181
Albert Dri. SW19 —3K 27
Albert Dri. Wok —2E 74
Albert Gro. SW20 —9J 27
Albertine Clo. Eps —3G 81
Albert Pl. Eton W —1D 4
Albert Rd. SE25 —3D 46
Albert Rd. Add —1M 55
Albert Rd. Alder —2N 109
Albert Rd. Ashf —6A 22
Albert Rd. Asht —5M 79
Albert Rd. Bag —6J 51
Albert Rd. Brack —9N 15
Albert Rd. Crowt —2G 49
Albert Rd. Egh —7N 19
Albert Rd. Eps —9E 60
Albert Rd. F'boro —3A 90
Albert Rd. Hamp —6C 24
Albert Rd. Horl —8E 142
Albert Rd. Houn —7A 10
Albert Rd. King T —1M 41
Albert Rd. Mitc —2D 44
Albert Rd. N Mald —3E 42
Albert Rd. Old Win —6G 5
Albert Rd. Red —7G 102
Albert Rd. Rich —8L 11
Albert Rd. Sutt —2B 62
Albert Rd. Tedd —7F 24
Albert Rd. Twic —2F 24
Albert Rd. Warl —5J 85
Albert Rd. Wokgm —2A 30
Albert Rd. N. Reig —2L 121
Albert Rd. S. Reig —2L 121
Albert St. Fleet —5A 88
Albert St. Wind —4E 4
Albery Clo. H'ham —4H 197
Albion Clo. Craw —4H 183
Albion Cotts. Dork —5K 137
Albion Ho. Langl —1D 6
Albion M. W6 —1G 13
Albion Pl. SE25 —2D 46
Albion Pl. W6 —1G 13
Albion Rd. Houn —7A 10
Albion Rd. King T —9B 26
Albion Rd. Reig —4A 122
Albion Rd. Sand —7G 49
Albion Rd. Sutt —3B 62
Albion Rd. Twic —2E 24
Albion St. Croy —7M 45
Albion Way. Eden —9K 127
Albion Way. H'ham —7H 197
Albury Av. Iswth —3F 10
Albury Av. Sutt —5H 61
Albury Clo. Hamp —7B 24
Albury Clo. Longc —9K 35
Albury Cotts. Ash —2G 111
Albury Ct. Sutt —1A 62
Albury Keep. Horl —8F 142 (off Langshott La.)
Albury Pk. Abry —8N 115
Albury Pl. Mers —7G 103
Albury Rd. Chess —2L 59
Albury Rd. Guild —4B 114
Albury Rd. Red —7G 102
Albury Rd. W On T —3F 56
Alcester Rd. Wall —1F 62
Alcock Clo. Wall —4H 63
Alcock Rd. Houn —3L 9
Alcocks Clo. Tad —7K 81
Alcocks La. Kgswd —8K 81
Alcorn Clo. Sutt —8M 43
Alcot Clo. Crowt —3G 48
Alden Ct. Croy —9B 46
Aldenham Ter. Brack —5A 32
Aldenholme. Wey —3F 56
Alden View. Wind —4A 4
Alderbrook Clo. Crowt —3D 48
Alderbrook Rd. SW12 —1F 28
Alderbury Rd. SW13 —2F 12
Alder Clo. Ash V —6E 90
Alder Clo. Craw D —1E 184
Alder Clo. Egh —6A 20
Aldercombe La. Cat —5B 104
Alder Copse. H'ham —8F 196
Aldercroft. Coul —3K 83
Alder Gro. Yat —1B 68
Aldergrove Gdns. Houn —5M 9
Alder Lodge. SW6 —4J 13
Alderman Judge Mall. King T —1L 41
Alderman Willey Clo. Wokgm —2A 30
Alderney Av. Houn —3B 10
Alder Rd. SW14 —6C 12
Alder Rd. Head —3G 168
Alders Av. E Grin —7N 165
Aldersbrook Dri. King T —7M 25
Aldersey Rd. Guild —3B 114
Alders Gro. E Mol —4D 40
Aldershot Lodge. Alder —4M 109
Aldershot Rd. Ash —4C 110
Aldershot Rd. C Crook —9A 88
Aldershot Rd. Fleet —5B 88
Aldershot Rd. Guild —8B 92
Aldershot Rd. Pirb —5A 92
Alderside Wlk. Egh —6A 20
Aldersmead Av. Croy —5G 47
Alders Rd. Reig —1N 121
Alderstead La. Red —3H 103
Alders, The. SW16 —5G 29
Alders, The. Felt —5M 23
Alders, The. Houn —2N 9
Alders, The. W Wick —8L 47
Alders View Dri. E Grin —7A 166
Alderton Rd. Croy —6C 46
Alderville Rd. SW6 —5L 13
Alderwick Dri. Houn —6D 10
Alderwood Clo. Cat —3B 104
Aldingbourne Clo. If'd —2L 181
Aldis M. SW17 —6C 28
Aldis St. SW17 —6C 28
Aldren Rd. SW17 —4A 28
Aldrich Cres. New Ad —5M 65
Aldrich Gdns. Sutt —9L 43
Aldrich Ter. SW18 —3A 28
Aldridge Pk. Wink R —7F 16
Aldridge Rise. N Mald —6D 42
Aldrington Rd. SW16 —6G 29
Aldrin Pl. F'boro —1J 89
Aldwick Clo. F'boro —8M 69
Aldwick Rd. Croy —9K 45
Aldworth Clo. Brack —3M 31
Aldworth Gdns. Crowt —2F 48
Aldwych Clo. M'bowr —5H 183
Aldwyn Ct. Eng —7L 19
Alexa Ct. Sutt —3M 61
Alexander Clo. Twic —3F 24
Alexander Ct. Beck —1N 47
Alexander Godley Clo. Asht —6M 79
Alexander Rd. Coul —2F 82
Alexander Rd. Egh —6E 20
Alexander Rd. Reig —6M 121
Alexanders Wlk. Cat —4C 104
Alexander Wlk. Brack —4N 31
Alexandra Av. W4 —3C 12
Alexandra Av. Camb —1M 69
Alexandra Av. Sutt —9M 43
Alexandra Av. Warl —4J 85
Alexandra Clo. Ashf —8E 22
Alexandra Clo. Stai —7M 21
Alexandra Clo. W On T —8H 39
Alexandra Ct. Ashf —7E 22
Alexandra Ct. Craw —4B 182
Alexandra Ct. F'boro —4A 90
Alexandra Ct. Houn —5B 10
Alexandra Ct. Wokgm —3B 30
Alexandra Dri. Surb —6N 41
Alexandra Gdns. W4 —3D 12
Alexandra Gdns. Cars —4E 62
Alexandra Gdns. Houn —5B 10
Alexandra Gdns. Knap —5F 72
Alexandra M. SW19 —7L 27
Alexandra Pl. SE25 —4A 46
Alexandra Pl. Croy —7B 46
Alexandra Pl. Guild —5B 114
Alexandra Rd. SW14 —6C 12
Alexandra Rd. SW19 —7L 27
Alexandra Rd. Add —1M 55
Alexandra Rd. Alder —2K 109 (in two parts)
Alexandra Rd. Ash —3D 110
Alexandra Rd. Ashf —8E 22
Alexandra Rd. Big H —6D 86
Alexandra Rd. Bren —2K 11
Alexandra Rd. Croy —7B 46
Alexandra Rd. Egh —7M 19
Alexandra Rd. Eps —9E 60
Alexandra Rd. F'boro —3A 90
Alexandra Rd. Houn —5B 10
Alexandra Rd. King T —8N 25
Alexandra Rd. Mitc —8C 28
Alexandra Rd. Rich —5M 11
Alexandra Rd. Th Dit —4F 40
Alexandra Rd. Twic —9J 11
Alexandra Rd. Warl —4J 85
Alexandra Rd. Wind —5G 4
Alexandra Sq. Mord —4M 43
Alexandra Ter. Guild —4A 114
Alfold Rd. Cranl —7K 155
Alfold Rd. Duns —5C 174
Alfonso Clo. Alder —4A 110
Alford Clo. Guild —9B 94
Alford Grn. New Ad —3N 65
Alfred Clo. W4 —1C 12
Alfred Clo. Worth —4J 183
Alfred Rd. SE25 —4D 46
Alfred Rd. Farnh —2H 129
Alfred Rd. Felt —3K 23
Alfred Rd. King T —2L 41
Alfred Rd. Sutt —2A 62
Alfreton Clo. SW19 —4J 27
Alfriston. Surb —5M 41
Alfriston Av. Croy —6J 45
Alfriston Clo. Surb —4M 41
Alfriston Rd. Deep —7G 71
Algar Clo. Iswth —6G 10
Algar Rd. Iswth —6G 11
Algarve Rd. SW18 —2N 27
Alice Ct. SW15 —7L 13
Alice Gilliatt Ct. W14 —2L 13 (off Star Rd.)
Alice Gough Homes. Brack —2N 31
Alice Holt Cotts. Holt P —9A 128
Alice Holt Forest Cen. Wrec —2A 148
Alice M. Tedd —6F 24
Alice Rd. Alder —2N 109
Alice Ruston Pl. Wok —6M 73
Alice Way. Houn —7B 10
Alicia Av. Craw —3F 182
Alington Gro. Wall —5G 63
Alison Clo. Croy —7G 46
Alison Clo. F'boro —2L 89
Alison Clo. Wok —2A 74
Alison Dri. Camb —1D 70
Alison's Rd. Alder —8M 89
Alison Way. Alder —2L 109
Alkerden Rd. W4 —1D 12
Allan Clo. N Mald —4C 42
Allbrook Clo. Tedd —6E 24
Allcard Clo. H'ham —4K 197
Allcot Clo. Craw —6K 181
Allcot Clo. Felt —2G 22
Allden Av. Alder —5B 110
Allden Gdns. Alder —5B 110
Alldens Hill. G'ming & Brmly —1N 153
Alldens La. G'ming —9L 133
Allenby Av. S Croy —5N 63
Allenby Rd. Big H —4G 86
Allenby Rd. Camb —9M 49
Allen Clo. Mitc —9G 28
Allen Clo. Sun —9J 23
Allendale Clo. Sand —5F 48
Allenford Ho. SW15 —9D 12 (off Tunworth Cres.)
Allen Ho. Pk. Wok —7M 73
Allen Rd. Beck —1G 46
Allen Rd. Bookh —4B 98
Allen Rd. Croy —7L 45
Allen Rd. Sun —9J 23
Allen's Clo. Ash W —3F 186
Allestree Rd. SW6 —3K 13
Alleyn Pk. S'hall —1A 10
Allfarthing La. SW18 —9N 13
Allgood Clo. Mord —5J 43
Allingham Ct. G'ming —4J 133
Allingham Gdns. H'ham —3A 198
Allingham Rd. Reig —6M 121
Allington Av. Shep —2F 38
Allington Clo. SW19 —6J 27
Allkins Ct. Wind —5G 5
Alloway Clo. Wok —5L 73
All Saints Clo. Wokgm —1B 30
All Saints Ct. Houn —4L 9 (off Springwell Rd.)
All Saints Cres. F'boro —5K 69
All Saints Dri. S Croy —8C 64
All Saints Pas. SW18 —8M 13
All Saints Rise. Warf —7B 16
All Saints Rd. SW19 —8A 28
All Saints Rd. Light —6N 51
All Saints Rd. Sutt —9N 43
Allsmoor La. Brack —2D 32
All Soul's Rd. Asc —3L 33
Allum Gro. Tad —8G 81
Allyington Way. Worth —4H 183
Allyn Clo. Stai —7H 21
Alma Clo. Alder —2B 110
Alma Clo. Knap —4H 73
Alma Cotts. F'boro —5A 90
Alma Ct. Cat —8N 83 (off Coulsdon Rd.)
Alma Cres. Sutt —2K 61
Alma Gdns. Deep —6H 71
Alma Ho. Bren —2L 11
Alma La. Farnh —5G 109
Alma Pl. T Hth —4L 45
Alma Rd. SW18 —7N 13
Alma Rd. Bord —6A 168
Alma Rd. Cars —2C 62
Alma Rd. Esh —7E 40
Alma Rd. Eton W —1C 4
Alma Rd. Frim G —6H 71
Alma Rd. Head —4H 169
Alma Rd. Reig —2N 121
Alma Rd. Wind —5F 4
Alma Sq. F'boro —5A 90
Alma Ter. SW18 —1B 28
Alma Way. Farnh —5J 109
Almer Rd. SW20 —8F 26
Almners Rd. Lyne —7C 36
Almond Av. Cars —8D 44
Almond Av. Wok —8N 73
Almond Clo. Craw —4M 181
Almond Clo. Egh —7L 19
Almond Clo. F'boro —7M 69
Almond Clo. Felt —2H 23
Almond Clo. Guild —9N 93
Almond Clo. Shep —1D 38
Almond Clo. Wind —5E 4
Almond Ct. C Crook —7C 88
Almond Gro. Bren —3H 11
Almond Rd. Eps —7C 60
Almond Way. Mitc —4H 45
Almorah Rd. Houn —4L 9
Almsgate. Comp —1F 132
Alms Heath. Ock —8C 76
Almshouse La. Chess —5K 59
Almshouses. Cotm —4H 119
Alnwick Gro. Mord —3N 43
Aloes, The. Fleet —5C 88
Alphabet Gdns. Cars —5B 44
Alpha Pl. Mord —7J 43
Alpha Rd. Chob —6J 53
Alpha Rd. Craw —3A 182
Alpha Rd. Croy —7B 46
Alpha Rd. Surb —5M 41
Alpha Rd. Tedd —6D 24
Alpha Rd. Wok —3D 74
Alpha Way. Egh —9E 20
Alphea Clo. SW19 —8C 28
Alphington Av. Frim —5C 70
Alphington Grn. Frim —5D 70
Alpine Av. Surb —8B 42
Alpine Clo. Croy —9B 46
Alpine Clo. F'boro —2J 89
Alpine Rd. Red —9E 102
Alpine Rd. W On T —6H 39
Alpine View. Sutt —2C 62
Alresford Rd. Guild —4K 113
Alric Av. N Mald —2D 42
Alsace Wlk. Camb —5N 69
Alsford Clo. Light —8K 51
Alsom Av. Wor Pk —1F 60
Alston Clo. Surb —6H 41
Alston Rd. SW17 —5B 28
Alterton Clo. Wok —4K 73
Alt Gro. SW19 —8L 27
Althea St. SW6 —5N 13
Althorne Rd. Red —5E 122
Althorp Rd. SW17 —2D 28
Alton Clo. Iswth —5F 10
Alton Ct. Stai —9G 21
Alton Gdns. Twic —1D 24
Alton Ho. Red —1E 122
Alton Ride. B'water —9H 49
Alton Rd. SW15 —2F 26
Alton Rd. Croy —9L 45
Alton Rd. Farnh —5B 128
Alton Rd. Fleet —4D 88
Alton Rd. Rich —7L 11
Altyre Clo. Beck —4J 47
Altyre Rd. Croy —8A 46
Altyre Way. Beck —4J 47
Alvernia Clo. G'ming —9F 132
Alverstoke Gdns. Alder —3K 109
Alverstone Av. SW19 —3M 27
Alverstone Rd. N Mald —3E 42
Alverston Gdns. SE25 —4B 46
Alvia Gdns. Sutt —1A 62
Alway Av. Eps —2C 60
Alwyn Av. W4 —1C 12
Alwyn Clo. New Ad —4L 65
Alwyne Ct. Wok —3A 74
Alwyne Rd. SW19 —7L 27
Alwyns Clo. Cher —5J 37
Alwyns La. Cher —5H 37
Amalgamated Dri. Bren —2G 11
Ambarrow Cres. Sand —6E 48
Ambarrow La. Sand —5C 48
Ambassador. Brack —4L 31
Ambassador Clo. Houn —5M 9
Amber Ct. Alder —2A 110
Ambercroft Way. Coul —6M 83
Amber Hill. Camb —2F 70
Amberley Clo. Craw —3G 183
Amberley Clo. H'ham —2N 197
Amberley Clo. Send —3H 95
Amberley Dri. Wdhm —7H 55 (in two parts)
Amberley Gdns. Eps —1E 60
Amberley Grange. Alder —4L 109
Amberley Gro. Croy —6C 46
Amberley La. Milf —1B 152
Amberley Rd. H'ham —2N 197
Amberley Rd. Milf —9B 132
Amberley Way. Houn —8K 9
Amberley Way. Mord —6L 43
Amberside Clo. Iswth —9D 10
Amberwood Dri. Camb —8D 50
Amberwood Rise. N Mald —5D 42

Amblecote. Cobh —8L 57
Ambleside. G'ming —6K 133
Ambleside Av. SW16 —5H 29
Ambleside Av. Beck —4H 47
Ambleside Av. W On T —7K 39
Ambleside Clo. F'boro —1K 89
Ambleside Clo. If'd —4J 181
Ambleside Clo. Myt —3E 90
Ambleside Clo. Red —8F 122
Ambleside Cres. Farnh —6F 108
Ambleside Dri. Felt —2G 22
Ambleside Gdns. SW16 —6H 29
Ambleside Gdns. S Croy —6G 64
Ambleside Gdns. Sutt —3A 62
Ambleside Rd. Light —7K 51
Ambleside Way. Egh —8D 20
Ambrey Way. Wall —5H 63
Ambrose Clo. Orp —1N 67
Amen Corner. SW17 —7E 28
Amen Corner Bus. Pk. Binf —1K 31
Amenity Way. Mord —6H 43
Amerland Rd. SW18 —8L 13
Amersham Rd. Croy —5N 45
Amesbury Av. SW2 —3J 29
Amesbury Clo. Wor Pk —7H 43
Amesbury Rd. Felt —3L 23
Amey Dri. Bookh —2C 98
Amhurst Gdns. Iswth —5F 10
Amis Av. Eps —3A 60
Amis Av. New H —6J 55
Amis Rd. Wok —6H 73
Amity Gro. SW20 —9G 27
Amity Way. Camb —1C 70
Amlets La. Cranl —5M 155
Ampere Way. Bedd —6J 45
(in two parts)
Amstel Way. Knap —5J 73
Amundsen Rd. H'ham —2K 197
Amyand Cotts. Twic —9H 11
Amyand La. Twic —1H 25
Amyand Pk. Gdns. Twic —1H 25
Amyand Pk. Rd. Twic —1G 25
Amy Rd. Oxt —7A 106
Ancaster Cres. N Mald —5F 42
Ancaster Dri. Asc —9J 17
Ancaster M. Beck —2G 47
Ancaster Rd. Beck —2G 46
Ancells Bus. Pk. Fleet —9C 68
Ancells Rd. Fleet —1C 88
Anchorage Clo. SW19 —6M 27
Anchor Bus. Cen. Croy —9J 45
Anchor Cotts. Ling —3H 145
Anchor Ct. H'ham —7J 197
Anchor Cres. Knap —4G 72
Anchor Hill. Knap —4G 72
Anchor Meadow. F'boro —1L 89
Anchor M. SW12 —1F 28
Ancill Clo. W6 —2J 13
Andermans. Wind —4A 4
Anderson Clo. Eps —8A 60
Anderson Dri. Ashf —5D 22
Anderson Pl. Bag —3J 51
Anderson Pl. Houn —7B 10
Anderson Rd. Wey —9E 38
Andover Clo. Eps —7C 60
Andover Clo. Felt —2G 23
Andover Rd. B'water —9H 49
Andover Rd. Twic —2D 24
Andover Way. Alder —5N 109
Andreck Ct. Beck —1L 47
Andrewartha Rd. F'boro —3C 90
Andrew Clo. Wokgm —3D 30
Andrewes Ho. Sutt —1M 61
Andrew Row. Wok —3G 74
Andrews Clo. C Crook —7B 88
Andrew's Clo. Eps —1E 80
Andrews Clo. Wor Pk —8J 43
Andrews Rd. E Grin —9M 165
Andrews Rd. F'boro —9K 69
Andromeda Clo. Bew —5K 181
Anerley Rd. SE20 —1E 20
Anfield Clo. SW12 —1G 29
Angas Ct. Wey —2D 56
Angel Ct. G'ming —7G 133
Angel Ct. Guild —9D 112
Angelfield. Houn —8B 10
Angel Ga. Guild —4N 113
Angel Hill. Sutt —9N 43
(in two parts)
Angel Hill Dri. Sutt —9N 43
Angelica Gdns. Croy —7G 46
Angelica Rd. Bisl —2D 72
Angelica Rd. Guild —8K 93
Angell Clo. M'bowr —4G 182
Angel Pl. Binf —7H 15
Angel Rd. Th Dit —6G 41
Angel Wlk. W6 —1H 13
Anglers Clo. Rich —5J 25
Anglers Reach. Surb —4K 41
Anglers, The. King T —2K 41
(off High St. Kingston upon Thames,)
Anglesea Rd. King T —3K 41
Anglesey Av. F'boro —7L 69
Anglesey Clo. Ashf —4B 22
Anglesey Clo. Craw —6A 182
Anglesey Ct. Rd. Cars —3E 62
Anglesey Gdns. Cars —3E 62
Anglesey Rd. Alder —3B 110
Angles Rd. SW16 —5J 29
Angora Way. Fleet —1C 88
Angus Clo. Chess —2N 59
Angus Clo. H'ham —4K 197
Angus Ho. SW2 —1H 29
Anlaby Rd. Tedd —6E 24
Annandale Dri. Lwr Bo —5J 129
Annandale Rd. W4 —1D 12
Annandale Rd. Croy —8D 46
Annandale Rd. Guild —5L 113
Anne Armstrong Clo. Alder —8B 90
Anne Boleyn's Wlk. King T —6L 25
Anne Boleyn's Wlk. Sutt —4J 61
Anne Case M. N Mald —2D 42
Anneforde Pl. Brack —8M 15
Anners Clo. Egh —2E 36
Annesley Dri. Croy —9J 47
Anne's Wlk. Cat —7B 84
Annes Way. C Crook —7C 88
Annett Clo. Shep —3F 38
Annettes Croft. C Crook —9A 88
Annett Rd. W On T —6H 39
Anne Way. W Mol —3B 40
Annie Brookes Clo. Stai —4F 20
Anningsley Pk. Ott —6D 54
Annisdowne. Dork —2G 137
Annsworthy Av. T Hth —2A 46
Annsworthy Cres. SE25 —1A 46
Ann Way. SE19 —8M 29
Ansell Gro. Cars —7E 44
Ansell Rd. SW17 —4C 28
Ansell Rd. Dork —4H 119
Ansell Rd. Frim —6C 70
Anselm Clo. Croy —9C 46
Anselm Rd. SW6 —2M 13
Ansley Clo. S Croy —1E 84
Anson Clo. Kenl —7A 84
Anstice Clo. W4 —3D 12
Anstiebury Clo. Bear G —8J 139
Anstie Grange Dri. Dork —6G 139
Anstie La. Cold —6E 138
Anston Ct. Guild —3H 113
Anthony Rd. SE25 —5D 46
Anthony Wall. Warf —9D 16
Anthony W. Ho. Bet —5A 120
Antigua Wlk. SE19 —6N 29
Antlands La. Ship B —4J 163
Antlands La. E. Horl —4K 163
Antlands La. W. Horl —4J 163
Anton Cres. Sutt —9M 43
Antrobus Clo. Sutt —2L 61
Anvil Clo. SW16 —8G 28
Anvil La. Cobh —1H 77
Anvil Rd. Sun —2H 39
Anyards Rd. Cobh —9J 57
Anzio Clo. Alder —2M 109
Apeldoorn Dri. Wall —5J 63
Aperdele Rd. Lea —5G 79
Aperfield Rd. Big H —4G 87
Aperfields. W'ham —4G 86
Apers Av. Wok —8B 74
Apex Clo. Beck —1L 47
Apex Clo. Wey —9E 38
Apex Corner. (Junct.) —4N 23
Apex Dri. Frim —5B 70
Apley Rd. Reig —6M 121
Aplin Way. Iswth —4E 10
Aplin Way. Light —7L 51
Apollo Dri. Bord —7A 168
Apollo Pl. St J —6K 73
Apollo Rise. Swd P —1H 89
Apostle Way. T Hth —1M 45
Appleby Clo. Twic —3D 24
Appleby Gdns. Felt —2G 22
Appleby Ho. Eps —7C 60
Appledore. Brack —5L 31
Appledore Clo. SW17 —3D 28
Appledore M. F'boro —7M 69
Appledown Rise. Coul —2G 83
Applefield. Craw —2C 182
Apple Garth. Bren —1K 11
Applegarth. Clay —2F 58
Applegarth. G'ming —4F 132
Applegarth. New Ad —4L 65
(in two parts)
Applegarth Av. Guild —3G 112
Apple Gro. Chess —1L 59
Applelands Clo. Wrec —7F 128
Apple Mkt. King T —1K 41
Appleton Gdns. N Mald —5F 42
Appleton Sq. Mitc —9C 28
Appletree Clo. Brack —9M 15
Appletree Clo. G'ming —9J 133
Appletree Ct. Guild —9F 94
Appletree Pl. Brack —9M 15
Appletrees Pl. Wok —6M 73
Apple Tree Way. Owl —6J 49
Appley Ct. Camb —1N 69
Appley Dri. Camb —9N 49
Approach Rd. SW20 —1H 43
Approach Rd. Ashf —7D 22
Approach Rd. Farnh —2H 129
Approach Rd. Purl —8L 63
Approach Rd. Tats —1D 106
Approach Rd. W Mol —4A 40
Approach, The. Bookh —1N 97
Approach, The. Dor P —4C 166
April Clo. Asht —5M 79
April Clo. Camb —4A 70
April Clo. Felt —4H 23
April Clo. H'ham —4J 197
Aprilwood Clo. Wdhm —7H 55
Apsey Ct. Binf —8K 15
Apsley Ct. Craw —5L 181
Apsley Rd. SE25 —3E 46
Apsley Rd. N Mald —2B 42
Aquarius Ct. Craw —5K 181
Aquila Clo. Lea —8L 79
Arabella Dri. SW15 —7D 12
Aragon Av. Eps —6G 60
Aragon Av. Th Dit —4F 40
Aragon Clo. New Ad —6A 66
Aragon Clo. Sun —7G 22
Aragon Ct. Brack —3A 32
Aragon Ct. E Mol —3C 40
Aragon Rd. King T —6L 25
Aragon Rd. Mord —5J 43
Aragon Rd. Twic —1G 25
Aragon Rd. Yat —2B 68
Aragon Wlk. Byfl —9A 56
Aran Ct. Wey —8E 38
Arbor Clo. Beck —1L 47
Arborfield Clo. SW2 —2K 29
Arbour Clo. Fet —1F 98
Arbrook Chase. Esh —3C 58
Arbrook La. Esh —3C 58
Arbury Ct. SE20 —1E 46
Arbutus Clo. Red —5A 122
Arbutus Rd. Red —6A 122
Arcade Pde. Chess —2L 59
Arcade, The. Alder —2M 109
Arcade, The. Wokgm —2B 30
Arcadia Clo. Cars —1E 62
Archbishop's Pl. SW2 —1K 29
Archdale Pl. N Mald —2A 42
Archel Rd. W14 —2L 13
Archer Clo. King T —8L 25
Archer M. Hamp —7C 24
Archer Rd. SE25 —3E 46
Archers Ct. Craw —1B 182
Arches, The. Wind —4F 4
Arch Rd. W On T —9L 39
Archway Clo. SW19 —4N 27
Archway Clo. Wall —9J 45
Archway M. Dork —4G 119
Archway Pl. Dork —4G 119
Archway St. SW13 —6D 12
Arcturus Rd. Craw —6K 181
Arden Clo. Brack —1D 32
Arden Clo. Reig —7N 121
Arden Gro. Orp —1K 67
Arden Rd. Craw —5D 182
Ardent Clo. SE25 —2B 46
Ardesley Wood. Wey —1F 56
Ardfern Av. SW16 —2L 45
Ardingly. Brack —4M 31
Ardingly Clo. Craw —1N 181
Ardingly Clo. Croy —9G 47
Ardingly Rd. W Hoa —9E 184
Ardleigh Gdns. Sutt —6M 43
Ardlui Rd. SE27 —3N 29
Ardmay Gdns. Surb —4L 41
Ardmore Av. Guild —1L 113
Ardmore Ho. Guild —1L 113
Ardmore Way. Guild —1L 113
Ardrossan Av. Camb —2E 70
Ardrossan Gdns. Wor Pk —9F 42
Ardshiel Clo. SW15 —6J 13
Ardshiel Dri. Red —5C 122
Ardwell Clo. Crowt —2D 48
Ardwell Rd. SW2 —3J 29
Arena La. Alder —9J 89
Arenal Dri. Crowt —4G 49
Arethusa Way. Bisl —3C 72
Arford Comn. Head —3E 168
Arford Rd. Head —4E 168
Argent Clo. Egh —7E 20
Argente Clo. Fleet —1C 88
Argon M. SW6 —3M 13
Argosy Gdns. Stai —7H 21
Argosy La. Stai —1M 21
Argus Wlk. Craw —6M 181
Argyle Av. Houn —9A 10
Argyle Pl. W6 —1G 13
Argyle Rd. Houn —8B 10
Argyle St. Pirb —8L 71
Ariel Way. Houn —6J 9
Arkell Gro. SE19 —8M 29
Arklow M. Surb —8L 41
Arkwright Dri. Brack —1J 31
Arkwright Ho. SW2 —1J 29
(off Streatham Pl.)
Arkwright Rd. Coln —5G 6
Arkwright Rd. S Croy —6C 64
Arlesey Clo. SW15 —8K 13
Arlington Clo. Brack —9M 15
Arlington Clo. Sutt —8M 43
Arlington Clo. Twic —9J 11
Arlington Ct. Hayes —1F 8
Arlington Ct. Reig —1N 121
Arlington Dri. Cars —8D 44
Arlington Gdns. W4 —1B 12
Arlington Lodge. Wey —1C 56
Arlington M. Twic —9H 11
Arlington Pk. Mans. W4 —1B 12
(off Sutton La. N.)
Arlington Pas. Tedd —5F 24
Arlington Rd. Ashf —6A 22
Arlington Rd. Rich —3K 25
Arlington Rd. Surb —5K 41
Arlington Rd. Tedd —5F 24
Arlington Rd. Twic —9J 11
Arlington Sq. Brack —1M 31
Arlington Ter. Alder —2L 109
Armadale Rd. SW6 —2M 13
Armadale Rd. Felt —8H 9
Armadale Rd. Wok —4K 73
Armfield Clo. W Mol —4N 39
Armfield Cres. Mitc —1D 44
Armitage Ct. Asc —5N 33
Armitage Dri. Frim —5D 70
Armoury Way. SW18 —8M 13
Armstrong Clo. W On T —5H 39
Armstrong Mall. Swd P —1J 89
Armstrong Rd. Egh —7M 19
Armstrong Rd. Felt —6M 23
Armytage Rd. Houn —3L 9
Arnal Cres. SW18 —1K 27
Arncliffe. Brack —4M 31
Arndale Cen., The. SW18 —9N 13
Arndale Wlk. SW18 —8N 13
Arndale Way. Egh —6C 20
Arne Clo. Craw —6L 181
Arne Gro. Horl —6C 142
Arnewood Clo. SW15 —2F 26
Arnewood Clo. Oxs —1B 78
Arneys La. Mitc —5E 44
Arnfield Clo. If'd —4K 181
Arnhem Barracks. Alder —9M 89
Arnhem Clo. Alder —2N 109
Arnhem Dri. New Ad —7N 65
Arnison Rd. E Mol —3D 40
Arnold Cres. Iswth —8D 10
Arnold Dri. Chess —3K 59
Arnold Mans. W14 —2K 13
(off Queen's Club Gdns.)
Arnold Rd. SW17 —8D 28
Arnold Rd. Stai —8L 21
Arnold Rd. Wok —2D 74
Arnott Clo. W4 —1C 12
Arnulls Rd. SW16 —7M 29
Arodene Rd. SW2 —1K 29
Arosa Rd. Twic —9K 11
Arragon Gdns. SW16 —8J 29
Arragon Gdns. W Wick —9L 47
Arragon Rd. SW18 —2M 27
Arran Clo. Craw —6N 181
Arran Clo. Wall —1F 62
Arrancourt. H'ham —6H 197
Arran Way. Esh —8B 40
Arras Av. Mord —4A 44
Arreton Mead. Hors —1B 74
Arrol Rd. Beck —2F 46
Arrow Ct. SW5 —1M 13
(off W. Cromwell Rd.)
Arrow Ind. Est. F'boro —3L 89
Arrow Rd. F'boro —3L 89
Artel Croft. Craw —3E 182
Arterberry Rd. SW20 —8H 27
Arthur Clo. Bag —6J 51
Arthur Clo. Farnh —2G 129
Arthur Henderson Ho. SW6 (off Fulham Rd.) —5L 13
Arthur Rd. SW19 —5M 27
Arthur Rd. Big H —2E 86
Arthur Rd. Farnh —2G 129
(in two parts)
Arthur Rd. H'ham —7K 197
Arthur Rd. If'd —3K 181
Arthur Rd. King T —8N 25
Arthur Rd. N Mald —4G 43
Arthur Rd. Wind —4F 4
Arthur's Bri. Rd. Wok —4N 73
Arthur's Bri. Wharf. Wok —4N 73
Arthurstone Birches. Binf —6J 15
Arthur St. Alder —3N 109
Artillery Rd. Alder —2N 109
(Aldershot)
Artillery Rd. Alder —6B 90
(North Camp)
Artillery Rd. Guild —3N 113
Artillery Ter. Guild —3N 113
Artington Clo. Orp —1L 67
Artington Wlk. Guild —6M 113
Arun Ct. SE25 —4D 46
Arundel Av. Eps —6G 60
Arundel Av. Mord —3L 43
Arundel Av. S Croy —6D 64
Arundel Clo. Craw —3G 182
Arundel Clo. Croy —9M 45
Arundel Clo. Fleet —5C 88
Arundel Clo. Hamp —6B 24
Arundel Clo. Pass —9C 168
Arundel Ct. Short —1N 47
Arundel Mans. SW6 —4L 13
(off Kelvedon Rd.)
Arundel Pl. Farnh —1G 128
Arundel Rd. Camb —2G 70
Arundel Rd. Croy —5A 46
Arundel Rd. Dork —5G 118
Arundel Rd. Houn —6K 9
Arundel Rd. King T —1A 42
Arundel Rd. Sutt —4L 61
Arundel Ter. SW13 —2G 13
Arunside. H'ham —7G 196
Arun Way. H'ham —7L 197
Aschurch Rd. Croy —6C 46
Ascot Ct. Alder —3M 109
Ascot M. Wall —5G 63
Ascot Rd. SW17 —7E 28
Ascot Rd. Felt —2B 22
Ascot Rd. M'head & Brack —1B 16
Ascot Wood Pl. Asc —2L 33
Ashbourne. Brack —5L 31
Ashbourne Clo. Ash —1G 110
Ashbourne Clo. Coul —5G 83
Ashbourne Ct. Ash —1G 110
Ashbourne Gro. W4 —1D 12
Ashbourne Rise. Orp —1N 67
Ashbourne Rd. Mitc —8E 28
Ashbourne Ter. SW19 —8M 27
Ash Bri. Cvn. Pk. Ash —4C 110
Ashbrook Rd. Old Win —1L 19
Ashburnham Ct. Beck —1M 47
Ashburnham Pk. Esh —1C 58
Ashburnham Rd. SW10 —3N 13
Ashburnham Rd. Craw —5E 182
Ashburnham Rd. Rich —4H 25
Ashburn Pl. SW7 —1N 13
Ashburton Av. Croy —7E 46
Ashburton Clo. Croy —7D 46
Ashburton Enterprise Cen. SW15 —9H 13
Ashburton Gdns. Croy —8D 46
Ashburton Memorial Homes. Croy —6E 46
Ashburton Rd. Croy —8D 46
Ashbury Cres. Guild —1E 114
Ashbury Dri. B'water —5M 69
Ashbury Pl. SW19 —7A 28
Ashby Av. Chess —3N 59
Ashby Ct. H'ham —6L 197
Ashby Wlk. Croy —5N 45
Ashby Way. W Dray —3B 8
Ash Chu. Rd. Ash —2F 110
Ash Clo. SE20 —1F 46
Ash Clo. Ash —1F 110
Ash Clo. B'water —1H 69
Ash Clo. Cars —8D 44
Ash Clo. Craw D —1F 184
Ash Clo. Eden —2K 147
Ash Clo. Ling —6A 146
Ash Clo. N Mald —1C 42
Ash Clo. Pyr —2J 75
Ash Clo. Red —8G 103
Ash Clo. Wok —7A 74
Ash Combe. C'fold —5D 172
Ashcombe Av. Surb —6K 41
Ashcombe Dri. Eden —8K 127
Ashcombe Rd. SW19 —6M 27
Ashcombe Rd. Cars —3E 62
Ashcombe Rd. Dork —3G 119
Ashcombe Rd. Red —5G 102
Ashcombe Sq. N Mald —2B 42
Ashcombe St. SW6 —5N 13
Ashcombe Ter. Tad —7G 80
Ash Ct. SW19 —8K 27
Ash Ct. Add —2K 55
Ash Ct. Eps —1B 60
Ash Ct. Wokgm —2B 30
Ashcroft. Shalf —1A 134
Ashcroft Pk. Cobh —8M 57
Ashcroft Rise. Coul —3J 83
Ashcroft Rd. Chess —9M 41
Ashcroft Sq. W6 —1H 13
Ashdale. Bookh —4C 98
Ashdale Clo. Stai —3N 21
Ashdale Clo. Twic —1C 24
Ashdale Pk. Finch —1B 48
Ashdale Way. Twic —1B 24
Ashdene Clo. Ashf —8D 22
Ashdene Cres. Ash —1E 110
Ashdene Rd. Ash —1E 110
Ashdown Av. F'boro —3B 90
Ashdown Clo. Beck —1L 47
Ashdown Clo. Brack —1E 32
Ashdown Clo. F Row —7J 187
Ashdown Clo. Reig —7N 121
Ashdown Ct. Sutt —3A 62
Ashdown Dri. Craw —6B 182
Ashdown Gdns. S Croy —2E 84
Ashdown Ga. E Grin —8N 165
Ashdown Rd. Eps —9E 60
Ashdown Rd. F Row —7H 187
Ashdown Rd. King T —1L 41
Ashdown Rd. Reig —7N 121
Ashdown View. E Grin —2A 186
Ashdown Way. SW17 —3E 28
Ash Dri. Red —5E 122
Ashenden Rd. Guild —3J 113
Ashen Gro. SW19 —4M 27
Ashen Vale. S Croy —5G 65
Asher Dri. Asc —9G 17
Ashfield Av. Felt —2J 23
Ashfield Clo. Rich —2L 25
Ashfield Grn. Yat —1E 68
Ashfields Ct. Reig —1N 121
Ashford Av. Ashf —7C 22
Ashford Bus. Complex. Ashf —5D 22
Ashford Clo. Ashf —5N 21
Ashford Cres. Ashf —4N 21
Ashford Gdns. Cobh —3L 77
Ashford Ind. Est. Ashf —5D 22
Ashford Rd. Ashf —8D 22
Ashford Rd. Felt —5E 22
Ashford Rd. Stai —1L 37
Ash Grn. La. E. Ash —4G 111
Ash Grn. La. W. Tong & Ash —4D 110
Ash Grn. Rd. Ash —3G 110
Ash Gro. SE20 —1F 46
Ash Gro. Felt —2F 22
Ash Gro. Guild —3K 113
Ash Gro. Houn —4L 9
Ash Gro. Stai —7L 21
Ash Gro. W Wick —8M 47
Ashgrove Rd. Ashf —6D 22
Ash Hill Rd. Ash —9E 90
Ashington Ct. H'ham —3K 197
(off Woodstock Clo.)
Ashington Rd. SW6 —5L 13
Ash Keys. Craw —4C 182
Ashlake Rd. SW16 —5J 29
Ash La. Elst —9G 130
Ash La. Wind —5A 4
Ashleigh Av. Egh —8E 20
Ashleigh Clo. Horl —8D 142
Ashleigh Cotts. Dork —4H 139
Ashleigh Gdns. Sutt —8N 43
Ashleigh Rd. SE20 —2E 46
Ashleigh Rd. SW14 —6D 12
Ashleigh Rd. H'ham —3J 197
Ashley Av. Eps —9C 60
Ashley Av. Mord —4M 43
Ashley Cen. Eps —9C 60
Ashley Clo. Bookh —3N 97
Ashley Clo. Frim G —8E 70
Ashley Clo. W On T —7G 38
Ashley Ct. Eps —9C 60
Ashley Ct. Wok —5J 73
Ashley Dri. Bans —1M 81
Ashley Dri. B'water —2H 69
Ashley Dri. Iswth —2E 10
Ashley Dri. Twic —1B 24
Ashley Dri. W On T —9H 39
Ashley Gdns. Orp —2N 67
Ashley Gdns. Rich —3K 25
Ashley Gdns. Shalf —1B 134
Ashley Ho. G'ming —3H 133
Ashley La. Croy —1M 63
Ashley Pk. Av. W On T —8G 39
Ashley Pk. Cres. W On T —7H 39
Ashley Pk. Rd. W On T —8H 39
Ashley Rise. W On T —1G 57
Ashley Rd. SW19 —7N 27
Ashley Rd. Eps —9C 60
Ashley Rd. F'boro —1B 90
Ashley Rd. Hamp —9A 24
Ashley Rd. Rich —6L 11
Ashley Rd. Th Dit —5F 40
Ashley Rd. T Hth —3K 45
Ashley Rd. W On T —1G 57
Ashley Rd. Westc —6C 118
Ashley Rd. Wok —5J 73
Ashley Sq. Eps —9C 60
(off Ashley Cen.)
Ashley Way. W End —9A 52
Ashling Rd. Croy —7D 46
Ash Lodge Clo. Ash —3E 110
Ash Lodge Dri. Ash —3D 110
Ashlone Rd. SW15 —6J 13
Ashlyns Pk. Cobh —9M 57
Ashlyns Way. Chess —3K 59
Ashmead Rd. Felt —2H 23
Ashmere Av. Beck —1N 47
Ashmere Clo. Sutt —2J 61
Ash M. Eps —9D 60
Ashmore Ct. Houn —2A 10
Ashmore Ho. Craw —9B 162
Ashmore La. Kes —7E 66
Ashmore La. Rusp —3B 180
Ashmore La. Wind —1D 16
Ashridge. F'boro —7L 69
Ashridge Grn. Brack —9N 15
Ashridge Rd. Wokgm —9C 14
Ashridge Way. Mord —3L 43
Ashridge Way. Sun —7H 23
Ash Rd. Alder —3A 110
Ash Rd. Craw —2E 182
Ash Rd. Croy —8K 47
Ash Rd. Pirb —4C 92
Ash Rd. Shep —3B 38
Ash Rd. Sutt —6K 43
Ash Rd. W'ham —3M 107
Ash Rd. Wok —7N 73
Ash St. Ash —3D 110
Ashtead Gap. Lea —3H 79
Ashtead La. G'ming —9F 132
Ashtead Woods Rd. Asht —4J 79
Ashton Clo. Sutt —1M 61
Ashton Clo. W On T —3J 57
Ashton Gdns. Houn —7N 9
Ashton Rd. Wok —4J 73
Ashtree Av. Mitc —1B 44
Ash Tree Clo. Croy —5H 47
Ash Tree Clo. F'boro —2H 89
Ash Tree Clo. G'wood —8K 171
Ashtree Clo. Orp —1K 67
Ash Tree Clo. Surb —8L 41
Ashtrees. Cranl —9N 155
Ash Tree Way. Croy —4G 47
Ashurst. Eps —1C 80
Ashurst Clo. SE20 —1E 46
Ashurst Clo. H'ham —3N 197
Ashurst Clo. Kenl —2A 84
Ashurst Dri. Craw —3H 183
Ashurst Dri. Shep —4N 37

Ashurst Dri.—Barn Elms Pk.

Ashurst Dri. Tad —8A 100
Ashurst Gdns. SW2 —2L 29
Ashurst Rd. Ash V —9D 90
Ashurst Rd. Tad —8G 81
Ashurst Wlk. Croy —8E 46
Ash Vale. C'fold —4D 172
Ashvale Rd. SW17 —6D 28
Ash View Clo. Ashf —7N 21
Ash View Gdns. Ashf —6N 21
Ashville Way. Wokgm —3A 30
Ashwell Av. Camb —9D 50
Ashwindham Ct. Wok —5J 73
Ashwood. Craw —4B 182
Ashwood. Warl —7F 84
Ashwood Gdns. Hayes —1G 8
Ashwood Gdns. New Ad —3L 65
Ashwood Pk. Fet —2C 98
Ashwood Pk. Wok —5C 74
Ashwood Rd. Egh —7L 19
Ashwood Rd. Wok —5B 74
Ashworth Est. Croy —7H 45
Ashworth Pl. Guild —3J 113
Asilone Rd. SW15 —6H 13
Askill Dri. SW15 —8K 13
Aslett St. SW18 —1N 27
Asmar Clo. Coul —2J 83
Aspen Clo. Guild —9F 94
Aspen Clo. Stai —4H 21
Aspen Clo. Stoke D —3M 77
Aspen Gdns. W6 —1G 13
Aspen Gdns. Mitc —4E 44
Aspenlea Rd. W6 —2J 13
Aspen Sq. Wey —9E 38
Aspen Way. Bans —1J 81
Aspen Way. Felt —4J 23
Aspen Way. H'ham —4L 197
Aspin Way. B'water —1G 68
Aspley Rd. SW18 —8N 13
Assembly Wlk. Cars —6C 44
Assher Rd. W On T —9M 39
Astleham Rd. Shep —2N 37
Aston Clo. Asht —5J 79
Aston Ct. Craw —8N 181
Aston Grn. Houn —5K 9
Aston Mead. Wind —3B 4
Aston Rd. SW20 —1H 43
Aston Rd. Clay —2E 58
Astonville St. SW18 —2M 27
Aston Way. Eps —2E 80
Astor Clo. Add —1M 55
Astor Clo. King T —7A 26
Astoria Mans. SW16 —4J 29
Astra Bus. Cen. Red —4E 142
Astra Mead. Wink R —7F 16
Asylum Arch Rd. Red —6D 122
Atalanta Clo. Purl —6L 63
Atalanta St. SW6 —3J 13
Atbara Rd. C Crook —9B 88
Atbara Rd. Tedd —7H 25
Atcham Rd. Houn —7C 10
Atfield Gro. W'sham —3A 52
Atheldene Rd. SW18 —2N 27
Athelstan Clo. Worth —3J 183
Athelstan Rd. King T —3M 41
Athelstan Way. H'ham —8L 197
Athena Clo. King T —2M 41
Atherfield Rd. Reig —6A 122
Atherley Way. Houn —1N 23
Atherton Clo. Shalf —9A 114
Atherton Clo. Stai —9M 7
Atherton Ct. Wind —3G 4
Atherton Dri. SW19 —5J 27
Atherton Rd. SW13 —3F 12
Athlone. Clay —3E 58
Athlone Rd. SW2 —1K 29
Athlone Sq. Wind —4F 4
Atkins Clo. Wok —5K 73
Atkins Dri. W Wick —8N 47
Atkinson Ct. Horl —9F 142
Atkinson Rd. M'bowr —5G 182
Atkins Rd. SW12 —1G 28
Atney Rd. SW15 —7K 13
Atrebatti Rd. Sand —6H 49
Attebrouche Ct. Brack —6B 32
Atte La. Warf —7A 16
Attenborough Clo. Fleet —2C 88
Atterbury Clo. W'ham —4M 107
Attfield Clo. Ash —3D 110
Attlee Clo. Croy —5N 45
Attlee Gdns. C Crook —9A 88
Attlee Ho. Craw —7N 181
Attleford La. Shack —5K 131
Attwood Clo. S Croy —1E 84
Atwater Clo. SW2 —1C 28
Atwood. Bookh —2M 97
Atwood Av. Rich —5N 11
Atwoods All. Rich —4N 11
Aubyn Hill. SE27 —5N 29
Aubyn Sq. SW15 —8F 12
Auchinleck Ct. Craw D —2E 184
Auchinleck Way. Alder —2K 109
Auckland Clo. SE19 —1C 46
Auckland Clo. Craw —9B 162
Auckland Gdns. SE19 —1B 46
Auckland Hill. SE27 —5N 29
Auckland Rd. SE19 —1C 46
Auckland Rd. Cat —9B 84
Auckland Rd. King T —3M 41
Auden Pl. Cheam —1H 61
Audley Clo. Add —2K 55
Audley Ct. Twic —4D 24
Audley Dri. Warl —2F 84
Audley Firs. W On T —1K 57
Audley Ho. Add —2K 55
Audley Pl. Sutt —4N 61
Audley Rd. Rich —8M 11
Audley Way. Asc —2H 33
Audrey Clo. Beck —5L 47
Audric Clo. King T —9N 25
Augur Clo. Stai —6H 21
Augusta Clo. W Mol —3N 39
Augusta Rd. Twic —3C 24
Augustine Clo. Coln —6G 7
Augustine Wlk. Warf —8C 16
August La. Abry —4M 135
Augustus Clo. Bren —3J 11
Augustus Ct. SW16 —3H 29
Augustus Ct. Felt —5N 23
Augustus Gdns. Camb —1G 71
Augustus Rd. SW19 —2J 27
Aultone Way. Cars —9D 44
Aultone Way. Sutt —8N 43
Aurelia Gdns. Croy —4K 45
Aurelia Rd. Croy —5J 45
Auriol Clo. Wor Pk —9D 42
Auriol Pk. Rd. Wor Pk —9D 42
Auriol Rd. W14 —1K 13
Aurum Clo. Horl —9F 142
Austen Clo. E Grin —9L 165
Austen Rd. F'boro —8M 69
Austen Rd. Guild —4B 114
Austin Clo. Coul —5M 83
Austin Clo. Twic —8J 11
Australia Ter. Frim G —6H 71
(off Cyprus Rd.)
Austyn Gdns. Surb —7A 42
Autumn Clo. SW19 —7A 28
Autumn Dri. Sutt —5N 61
Avalon Clo. SW20 —1K 43
Avalon Rd. SW6 —4N 13
Avard Gdns. Orp —1L 67
Avarn Rd. SW17 —7D 28
Avebury. Brack —5M 31
Avebury Ct. H'ham —1N 197
Avebury Pk. Surb —6K 41
Avebury Rd. SW19 —9L 27
Avebury Rd. Orp —1M 67
Aveley Clo. Farnh —4H 129
Aveley La. Farnh —5G 129
Aveling Clo. M'bowr —5G 182
Aveling Clo. Purl —9K 63
Aven Clo. Cranl —8N 155
Avening Rd. SW18 —1M 27
Avening Ter. SW18 —1M 27
Avenue C. Add —9N 37
Avenue Clo. Houn —4J 9
Avenue Clo. Tad —9G 81
Avenue Ct. Tad —1G 101
Avenue Cres. Houn —4J 9
Avenue Elmers. Surb —4L 41
Avenue Gdns. SE25 —1D 46
Avenue Gdns. SW14 —6D 12
Avenue Gdns. Horl —9G 142
Avenue Gdns. Houn —3J 9
Avenue Gdns. Tedd —8F 24
Avenue One. Add —1N 55
Avenue Pde. Sun —2J 39
Avenue Pk. Rd. SE27 —3M 29
Avenue Rd. SE20 & Beck —1F 46
Avenue Rd. SE25 —1C 46
Avenue Rd. SW16 —1H 45
Avenue Rd. SW20 —1G 42
Avenue Rd. Bans —2N 81
Avenue Rd. Bren —1J 11
Avenue Rd. Cat —9A 84
Avenue Rd. Cobh —3L 77
Avenue Rd. Cranl —9N 155
Avenue Rd. Eps —1C 80
Avenue Rd. F'boro —1B 90
Avenue Rd. Felt —4G 23
Avenue Rd. Fleet —3A 88
Avenue Rd. Gray —6A 170
Avenue Rd. Hamp —9B 24
Avenue Rd. Iswth —4F 10
Avenue Rd. King T —2L 41
Avenue Rd. N Mald —3D 42
Avenue Rd. Stai —6F 20
Avenue Rd. Sutt —6M 61
Avenue Rd. Tats —7G 87
Avenue Rd. Tedd —8G 24
Avenue Rd. Wall —4G 62
Avenue S. Surb —6N 41
Avenue Sucy. Camb —2N 69
Avenue Ter. N Mald —2B 42
Avenue, The. SW18 —1C 28
Avenue, The. Alder —5B 110
Avenue, The. Asc —7L 17
Avenue, The. Brock —3N 119
Avenue, The. Camb —1N 69
Avenue, The. Cars —4E 62
Avenue, The. Chob —5J 53
Avenue, The. Clay —2E 58
Avenue, The. Coul —2H 83
Avenue, The. Cran —4H 9
Avenue, The. Craw —8C 182
Avenue, The. Crowt —2G 48
Avenue, The. Croy —9B 46
Avenue, The. Dat —4L 5
Avenue, The. E Grin —4D 166
Avenue, The. Egh —5D 20
Avenue, The. Eps & Sut —4G 60
Avenue, The. Ewh —4F 156
Avenue, The. Fleet —4A 88
Avenue, The. G'ming —9J 133
(Drive, The)
Avenue, The. G'ming —2G 132
(New Pond Rd.)
Avenue, The. Gray —6B 170
Avenue, The. Hamp —7N 23
Avenue, The. Hand —8L 199
Avenue, The. Hasl —1D 188
Avenue, The. Horl —9D 142
Avenue, The. Houn —8B 10
Avenue, The. Kes —1F 66
Avenue, The. Light —6L 51
Avenue, The. New H —6J 55
Avenue, The. Old Win —8L 5
Avenue, The. Oxs —7F 58
Avenue, The. Rich —5M 11
Avenue, The. Rowl —7E 128
Avenue, The. S Nut —6J 123
Avenue, The. Stai —9K 21
Avenue, The. Sun —1J 39
Avenue, The. Surb —6N 41
Avenue, The. Sutt —6L 61
Avenue, The. Tad —9G 80
Avenue, The. Twic —8H 11
Avenue, The. W'ham —9H 87
Avenue, The. W Wick —6N 47
Avenue, The. Whyt —6D 84
Avenue, The. Wokgm —7K 31
Avenue, The. Wor Pk —8D 42
Avenue, The. Worp —4H 93
Avenue, The. Wray —7A 6
Avenue Three. Add —9N 37
Avenue Two. Add —9N 37
Avenue Vs. Red —7G 103
Averil Gro. SW16 —7M 29
Averill St. W6 —2J 13
Avern Gdns. W Mol —3B 40
Avern Rd. W Mol —3B 40
Avery Ct. Alder —2N 109
(off Alice Rd.)
Aviary Rd. Wok —3J 75
Aviary Way. Craw D —9F 164
Aviemore Clo. Beck —4J 47
Aviemore Way. Beck —4H 47
Avington Clo. Guild —3A 114
Avoca Rd. SW17 —5E 28
Avocet Cres. Col T —7J 49
Avon Clo. Add —3J 55
Avon Clo. Ash —3D 110
Avon Clo. F'boro —7K 69
Avon Clo. Sutt —1A 62
Avon Clo. Wor Pk —8F 42
Avon Ct. Binf —7H 15
Avon Ct. Farnh —2H 129
Avondale. Ash V —6D 90
Avondale Av. Esh —9G 40
Avondale Av. Stai —8H 21
Avondale Av. Wor Pk —7E 42
Avondale Clo. Horl —6E 142
Avondale Clo. W On T —2K 57
Avondale Gdns. Houn —8N 9
Avondale Rd. SW14 —6D 12
Avondale Rd. SW19 —6N 27
Avondale Rd. Alder —4N 109
Avondale Rd. Ashf —4M 21
Avondale Rd. Fleet —3B 88
Avondale Rd. S Croy —3N 63
Avon Gro. Brack —8A 16
Avonmead. Wok —5M 73
Avonmore Av. Guild —2B 114
Avonmore Gdns. W14 —1L 13
Avonmore Pl. W14 —1L 13
(off Avonmore Rd.)
Avonmore Rd. W14 —1L 13
Avon Path. S Croy —3N 63
Avon Rd. Farnh —2H 129
Avon Rd. Sun —8G 22
Avon Wlk. Craw —4L 181
Avonwick Rd. Houn —5B 10
Avro Way. Wall —4J 63
Avro Way. Wey —6N 55
Award Rd. C Crook —8A 88
(in two parts)
Axbridge. Brack —4C 32
Axes La. Red —1G 142
Axwood. Eps —2B 80
Ayebridges Av. Egh —8E 20
Ayjay Clo. Alder —5N 109
Aylesbury Ct. Sutt —9A 44
Aylesford Av. Beck —4H 47
Aylesham Way. Yat —9A 48
Aylesworth Spur. Old Win —1L 19
Aylett Rd. SE25 —3E 46
Aylett Rd. Iswth —5E 10
Ayliffe Clo. King T —1N 41
Ayling Ct. Farnh —5L 109
Ayling Hill. Alder —3L 109
Ayling La. Alder —4L 109
Aylward Rd. SW20 —1L 43
Aymer Clo. Stai —9G 20
Aymer Dri. Stai —9G 21
Aynscombe Path. SW14 —5B 12
Ayrshire Gdns. Fleet —1C 88
Aysgarth. Brack —5L 31
Aysgarth Ct. Sutt —9N 43
Ayshe Ct. Dri. H'ham —5L 197
Azalea Av. Lind —4B 168
Azalea Ct. Wok —6N 73
Azalea Dri. Hasl —9D 170
Azalea Gdns. C Crook —8C 88
Azalea Way. Camb —9F 50

Babbacombe Clo. Chess —2K 59
Babbs Mead. Farnh —2F 128
Baber Bri. Cvn. Site. Felt —8K 9
Baber Dri. Felt —9K 9
Babington Rd. SW16 —6H 29
Babylon La. Tad —5M 101
Bachelors Acre. Wind —4G 5
Bachelors La. Ock —2A 96
Back All. Dork —5H 119
Back Grn. W On T —3K 57
Back La. Bren —2K 11
Back La. Bucks H —2A 148
Back La. E Clan —9M 95
Back La. Elst —7H 131
Back La. Fren —1J 149
Back La. Plais —6A 192
Back La. Rich —3J 25
(in two parts)
Backley Gdns. SE25 —5D 46
Bk. of High St. Chob —7H 53
Back Path. Red —2N 123
Back Rd. Tedd —8E 24
Bacon Clo. Col T —8J 49
Bacon La. Churt —6H 149
Badajos Rd. Alder —1L 109
Baden Clo. Stai —8J 21
Baden Dri. Horl —7C 142
Baden-Powell Clo. Surb —8M 41
Baden Rd. Guild —1K 113
Bader Clo. Kenl —2A 84
Bader Ct. F'boro —6L 69
Badger Clo. Felt —4J 23
Badger Clo. Guild —9L 93
Badger Clo. Houn —6K 9
Badger Dri. Light —6L 51
Badgersbridge Ride. Wind —1M 17
Badgers Clo. Ashf —6A 22
Badgers Clo. Fleet —5A 88
Badgers Clo. G'ming —3G 133
Badgers Clo. H'ham —2M 197
Badgers Clo. Wok —5M 73
Badgers Copse. Camb —3C 70
Badgers Copse. Wor Pk —8E 42
Badger's Ct. Eps —9D 60
Badgers Cross. Milf —1C 152
Badgers Hill. Vir W —4M 35
Badgers Hole. Croy —1G 64
Badgers Hollow. G'ming —5G 132
Badgers Holt. Yat —1A 68
Badgers La. Warl —7F 84
Badgers Sett. Crowt —2E 48
Badgers Wlk. N Mald —1D 42
Badgers Wlk. Purl —7G 63
Badgers Wlk. Whyt —5C 84
Badgers Way. Brack —9D 16
Badger's Way. E Grin —8B 166
Badgers Way. Loxw —4J 193
Badgers Wood. Cat —3A 104
Badgers Wood. Ott —3F 54
Badger Wlk. Guild —6N 91
Badger Way. Ews —4C 108
Badgerwood Dri. Frim —4B 70
Badingham Dri. Fet —1E 98
Badminton Rd. SW12 —1E 28
Badshot Farm La. Bad L —7M 109
Badshot Lea Rd. Bad L —7L 109
Badshot Pk. Bad L —6M 109
Bagden Hill. Westh —8D 98
Bagley's La. SW6 —4N 13
Bagot Clo. Asht —3M 79
Bagshot Grn. Bag —4J 51
Bagshot Rd. Asc —8M 33
Bagshot Rd. Brack & Crowt —2N 31
Bagshot Rd. Egh —8M 19
Bagshot Rd. Knap —5E 72
Bagshot Rd. W End —8B 52
Bahram Rd. Eps —6C 60
Baigents La. W'sham —3A 52
Bailes La. Norm —9A 92
Bailey Clo. Frim —6B 70
Bailey Clo. H'ham —1M 197
Bailey Clo. Wind —5D 4
Bailey Rd. Westc —6C 118
Baileys Clo. B'water —2H 69
Bailing Hill. H'ham —1E 196
Baillie Rd. Guild —4B 114
Bain Av. Camb —4N 69
Baines Clo. S Croy —2A 64
Bainton Mead. Wok —4K 73
(off Cardingham)
Baird Clo. Craw —9E 162
Baird Dri. Wood S —2E 112
Baird Rd. F'boro —8A 70
Bakeham La. Egh —8N 19
Bakehouse Barn Clo. H'ham —1L 197
Bakehouse Rd. Horl —6E 142
Baker Boy La. New Ad —9H 65
Baker Clo. Craw —5B 182
Baker La. Mitc —1E 44
Baker Pl. Dork —5H 119
Baker's Clo. Ling —6A 146
Bakers Ct. SE25 —2B 46
Bakers End. SW20 —1K 43
Bakers Gdns. Cars —8C 44
Bakers La. Ling —7A 146
Bakers Mead. God —8F 104
Bakers M. Grn St —3N 67
Baker St. Wey —1B 56
Bakers Way. Capel —5J 159
Baker's Yd. Guild —4N 113
Bakewell Way. N Mald —1D 42
Balaam Ho. Sutt —1M 61
Balaclava Rd. Surb —6J 41
Balchins La. Westc —7A 118
Balcombe Ct. Craw —2H 183
Balcombe Gdns. Horl —9G 142
Balcombe La. Adgly —9K 183
Balcombe Rd. Horl & Craw —7F 142
Baldreys. Farnh —3F 128
Baldry Gdns. SW16 —7J 29
Baldwin Clo. M'bowr —6G 183
Baldwin Cres. Guild —1E 114
Baldwin Ho. SW2 —2L 29
Baldwins Field. E Grin —6M 165
Baldwins Shore. Eton —2G 4
Balfern Gro. W4 —1D 12
Balfont Clo. S Croy —9D 64
Balfour Av. Wok —9A 74
Balfour Cres. Brack —4N 31
Balfour Gdns. F Row —9G 187
Balfour Pl. SW15 —7G 12
Balfour Rd. SE25 —3D 46
Balfour Rd. SW19 —8N 27
Balfour Rd. Cars —4D 62
Balfour Rd. Houn —6B 10
Balfour Rd. Wey —1B 56
Balgowan Clo. N Mald —4D 42
Balgowan Rd. Beck —1H 47
Balham Continental Mkt. SW12
(off Shipka Rd.) —2F 28
Balham Gro. SW12 —1E 28
Balham High Rd. SW17 & SW12 —4E 28
Balham Hill. SW12 —1F 28
Balham New Rd. SW12 —1F 28
Balham Pk. Rd. SW12 —2D 28
Balham Sta. Rd. SW12 —2F 28
Balintore Ct. Col T —7J 49
Ballands N., The. Fet —9E 78
Ballands S., The. Fet —1E 98
Ballantine St. SW18 —7N 13
Ballantyne Dri. Kgswd —8L 81
Ballantyne Rd. F'boro —8M 69
Ballard Clo. King T —8C 26
Ballard Ct. Camb —7E 50
Ballard Grn. Wind —3B 4
Ballard Rd. Camb —7E 50
Ballards Farm Rd. S Croy & Croy —3D 64
Ballards Grn. Tad —6K 81
Ballards La. Oxt —7E 106
Ballards Rise. S Croy —3D 64
Ballards Way. S Croy & Croy —3D 64
Ballater Rd. S Croy —2C 64
Ballencrief Rd. S'dale —6C 34
Ballfield Rd. G'ming —5G 133
Balliol Clo. Craw —9G 163
Balliol Way. Owl —6K 49
Ballsdown. C'fold —5D 172
Ball & Wicket La. Farnh —5H 109
Balmain Ct. Houn —4B 10
Balmoral. E Grin —1C 186
Balmoral Av. Beck —3H 47
Balmoral Clo. SW15 —9J 13
Balmoral Ct. SE27 —5N 29
Balmoral Ct. Beck —1M 47
Balmoral Ct. Craw —7A 182
Balmoral Ct. Sutt —4M 61
Balmoral Ct. Wor Pk —8G 42
Balmoral Cres. Farnh —6G 108
Balmoral Cres. W Mol —2A 40
Balmoral Dri. Frim —6C 70
Balmoral Dri. Wok —3E 74
Balmoral Gdns. S Croy —6A 64
Balmoral Gdns. Wind —6G 4
Balmoral Rd. Ash V —9E 90
Balmoral Rd. King T —3M 41
Balmoral Rd. Wor Pk —9G 42
Balmoral Way. Sutt —6M 61
Balmuir Gdns. SW15 —7H 13
Balquhain Clo. Asht —4K 79
Baltic Cen., The. Bren —1K 11
Baltic Clo. SW19 —8B 28
Balvernie Gro. SW18 —1L 27
Bampfylde Clo. Wall —9G 44
Bampton Way. St J —5K 73
Banbury. Brack —6C 32
Banbury Clo. Frim —7D 70
Banbury Ct. Sutt —4M 61
Bancroft Clo. Ashf —6B 22
Bancroft Ct. Reig —3N 121
Bancroft Rd. Craw —4H 183
Bancroft Rd. Reig —3M 121
Banders Rise. Guild —2E 114
Band La. Egh —6B 20
Bandon Rise. Wall —2H 63
Bangalore St. SW15 —6H 13
Bank Av. Mitc —1B 44
Bank La. SW15 —8D 12
Bank La. Craw —3B 182
Bank La. King T —8L 25
Bank M. Sutt —3A 62
Bank Rd. Alder —8B 90
Banksian Wlk. Iswth —4E 10
Bankside. Farnh —5L 109
Bankside. S Croy —3C 64
Bankside. Wok —5L 73
Bankside Clo. Big H —5E 86
Bankside Clo. Cars —3C 62
Bankside Clo. Elst —8H 131
Bankside Clo. Iswth —7F 10
Bankside Dri. Th Dit —7H 41
Banks La. Eff J —1H 97
Banks Rd. Craw —3G 182
Banks Way. Guild —9B 94
Bank Ter. Shere —8B 116
(off Gomshall La.)
Bannister Clo. SW2 —2L 29
Bannister Clo. Witl —5C 152
Bannister Gdns. Yat —1E 68
Bannister's Rd. Guild —5J 113
Banstead Rd. Cars —5B 62
Banstead Rd. Cat —8A 84
Banstead Rd. Eps & Bans —6G 61
Banstead Rd. Purl —7L 63
Banstead Rd. S. Sutt —7A 62
Banstead Way. Wall —2J 63
Barataria Cvn. Site. Rip —8H 75
Barbara Clo. C Crook —7C 88
Barbara Clo. Shep —4C 38
Barber Clo. M'bowr —7G 182
Barber Dri. Cranl —6N 155
Barberry Clo. Fleet —7B 88
Barberry Way. B'water —4L 69
Barbon Clo. Camb —3H 71
Barchard St. SW18 —8N 13
Barclay Clo. SW6 —3M 13
Barclay Clo. Fet —1B 98
Barclay Rd. SW6 —3M 13
Barclay Rd. Croy —9A 46
Barcombe Av. SW2 —3J 29
Bardney Rd. Mord —3N 43
Bardolph Av. Croy —5H 65
Bardolph Rd. Rich —6M 11
Bardon Wlk. Wok —4L 73
Bardsley Clo. Croy —9C 46
Bardsley Dri. Farnh —3F 128
Barfield Ct. Red —1E 122
Barfields. Blet —2M 123
Barford Clo. Fleet —5E 88
Bargate Clo. N Mald —6F 42
Bargate Ct. Guild —3H 113
Bargate Rise. G'ming —7F 132
Barge Clo. Alder —8C 90
Barge Wlk. E Mol —2D 40
Barge Wlk. King T —9K 25
Barham Clo. Wey —1D 56
Barham Rd. SW20 —8F 26
Barham Rd. S Croy —2N 63
Barhatch La. Cranl —5A 156
Barhatch Rd. Cranl —5A 156
Baring Rd. Croy —7D 46
Barker Grn. Brack —4N 31
Barker Rd. Cher —6G 37
Barker St. SW10 —2N 13
Barker Wlk. SW16 —4H 29
Barkham Rd. Wokgm —3A 30
Barkhart Dri. Wokgm —1B 30
Barkhart Gdns. Wokgm —1B 30
Barkis Mead. Owl —5K 49
Barkston Gdns. SW5 —1N 13
Barley Clo. Craw —4B 182
Barleycorn Meadow. Horl —7F 142
Barleymead. Horl —7F 142
Barley Mead. Warf —8C 16
Barley Mow Clo. Knap —4G 72
Barleymow Ct. Bet —3B 120
Barley Mow Hill. Head —3E 168
Barley Mow La. Knap —3F 72
Barley Mow Pas. W4 —1C 12
Barley Mow Rd. Egh —6M 19
Barleymow Way. Shep —3B 38
Barley Way. Fleet —9C 68
Barlow Clo. Wall —3J 63
Barlow Rd. Craw —6K 181
Barlow Rd. Hamp —8A 24
Barmouth Rd. SW18 —9N 13
Barmouth Rd. Croy —8G 47
Barnard Clo. Frim —6D 70
Barnard Clo. Sun —8J 23
Barnard Clo. Wall —4H 63
Barnard Ct. Wok —5H 73
Barnard Gdns. N Mald —3F 42
Barnard Rd. Mitc —2E 44
Barnard Rd. Warl —6L 85
Barnards Pl. S Croy —5M 63
Barnato Clo. W Byf —8N 55
Barnby Rd. Knap —4G 73
Barn Clo. Ashf —6C 22
Barn Clo. Bans —2B 82
Barn Clo. Brack —1B 32
Barn Clo. Camb —9C 50
Barn Clo. Eps —2B 80
Barn Clo. Peas P —1N 199
Barn Cres. Purl —9A 64
Barncroft. Farnh —2H 129
(in two parts)
Barn Elms Pk. SW15 —6H 13

Barnes All. Hamp —1C 40
Barnes Av. SW13 —3F 12
Barnes Av. S'hall —1N 9
Barnes Clo. F'boro —1B 90
Barnes End. N Mald —4F 42
Barnes High St. SW13 —5E 12
Barnes Rd. Frim —6C 70
Barnes Rd. G'ming —3H 133
Barnes Wallis Dri. Wey —7N 55
Barnett Clo. Lea —6H 79
Barnett Clo. Won —3E 134
Barnett Ct. Brack —1B 32
Barnett Grn. Brack —5N 31
Barnett La. Light —8K 51
Barnett La. Won —4D 134
Barnett Row. Guild —7N 93
Barnett's Shaw. Oxt —5N 105
Barnett Wood La. Lea & Asht —7H 79
Barnfield. Bans —1N 81
Barnfield. Cranl —7N 155
Barnfield. Horl —9E 142
Barnfield. N Mald —5D 42
Barn Field. Yat —1C 68
Barnfield Av. Croy —8F 46
Barnfield Av. King T —5K 25
Barnfield Av. Mitc —2F 44
Barnfield Clo. SW17 —4B 28
Barnfield Clo. Coul —6N 83
Barnfield Cotts. Ling —1C 166
Barnfield Gdns. King T —5L 25
Barnfield Rd. Craw —2B 182
Barnfield Rd. S Croy —5B 64
Barnfield Rd. Tats —7F 86
Barnfield Way. Oxt —2C 126
Barnfield Wood Clo. Beck —5N 47
Barnfield Wood Rd. Beck —5N 47
Barn Hawe. Eden —2L 147
Barnlea Clo. Felt —3M 23
Barnmead. Chob —6J 53
Barn Meadow Clo. C Crook —1A 108
Barn Meadow La. Bookh —2N 97
Barnmead Rd. Beck —1G 47
Barnsbury Clo. N Mald —3B 42
Barnsbury Cres. Surb —7B 42
Barnsbury Farm Est. Wok —7N 73
Barnsbury La. Surb —8A 42
Barnscroft. SW20 —2G 43
Barnsfold La. Rud —2N 193
Barnsford Cres. W End —9D 52
Barnsley Clo. Ash V —3F 90
Barnsnap Clo. H'ham —2K 197
Barnway. Egh —6M 19
Barnwood. Craw —2G 183
Barnwood Clo. Guild —1H 113
Barnwood Rd. Guild —2H 113
Barnyard, The. Tad —2F 100
Baron Clo. Sutt —6N 61
Baron Gro. Mitc —3C 44
Barons Ct. Wall —9H 45
Baron's Ct. Rd. W14 —1K 13
Baronsfield Rd. Twic —9H 11
Baron's Hurst. Eps —3B 80
Barons Keep. W14 —1K 13
Baronsmead Rd. SW13 —4F 12
Barons, The. Twic —9H 11
Baron's Wlk. Croy —5H 47
Barons Way. Egh —7F 20
Baron's Way. Reig —7M 121
Baron Wlk. Mitc —3C 44
Barony Ho. Brack —9K 15
Barossa Rd. Camb —8B 50
Barracane Dri. Crowt —2G 48
Barrackfield Wlk. H'ham —8H 197
Barrack La. Wind —4G 5
Barrack Path. Wok —5J 73
Barrack Rd. Alder —2M 109
Barrack Rd. Guild —1K 113
Barrack Rd. Houn —7L 9
Barracks, The. Add —9K 37
Barrens Brae. Wok —5C 74
Barrens Clo. Wok —5C 74
Barrens Pk. Wok —5C 74
Barrett Cres. Wokgm —2C 30
Barrett Rd. Fet —2D 98
Barrhill Rd. SW2 —3J 29
Barricane. Wok —6L 73
Barrie Clo. Coul —3G 82
Barrie Ho. Add —4J 55
Barrie Rd. Farnh —5F 108
Barrihurst La. Cranl —8F 154
Barringer Sq. SW17 —5E 28
Barrington Ct. Dork —6G 119
Barrington Ct. Red —1E 122
Barrington Lodge. Wey —2D 56
Barrington Rd. Craw —5B 182
Barrington Rd. Dork —6G 119
Barrington Rd. H'ham —6L 197
Barrington Rd. Purl —8G 62
Barrington Rd. Sutt —8M 43
Barrosa Dri. Hamp —9A 24
Barrow Av. Cars —4D 62
Barrowgate Rd. W4 —1B 12
Barrow Grn. Rd. Oxt —8K 105
Barrow Hedges Clo. Cars —4C 62
Barrow Hedges Way. Cars —4C 62
Barrowhill. Wor Pk —8D 42
Barrowhill Clo. Wor Pk —8D 42
Barrow Rd. SW16 —7H 29
Barrow Rd. Croy —2L 63
Barrowsfield. S Croy —8C 64
Barrow Wlk. Bren —2J 11
Barr's La. Knap —3G 72
Barry Av. Wind —3F 4
Barry Clo. Craw —6C 182
Barry Sq. Brack —6B 32
Bars, The. Guild —4N 113
Barston Rd. SE27 —4N 29
Barstow Cres. SW2 —2K 29
Bartholomew Clo. Hasl —9G 171
Bartholomew Ct. Dork —6G 119
Bartholomew Pl. Warf —8B 16
Bartholomew Way. H'ham —2N 197
Bartlett Rd. W'ham —4L 107
Bartlett St. S Croy —2A 64
Bartlett Ter. Croy —8H 47
Barton Clo. Add —3J 55
Barton Clo. Alder —3K 109
Barton Clo. Shep —5C 38
Barton Ct. W14 —1K 13
(off Barons Ct. Rd.)
Barton Cres. E Grin —1C 186
Barton Grn. N Mald —1C 42
Barton Ho. SW6 —6N 13
(off Wandsworth Bri. Rd.)
Barton Pl. Guild —9D 94
Barton Rd. W14 —1K 13
Barton Rd. Brmly —4C 134
Bartons Dri. Yat —2C 68
Bartons Way. F'boro —7H 69
Barton, The. Cobh —8L 57
Barton Wlk. Craw —5F 182
Barts Clo. Beck —4K 47
Barttelot Rd. H'ham —7K 197
Barwell Clo. Crowt —2E 48
Barwell Trad. Est. Chess —5K 59
Barwood Av. W Wick —7L 47
Basden Gro. Felt —3A 24
Basden Ho. Felt —3A 24
Basemoors. Brack —1C 32
Basford Way. Wind —6A 4
Bashford Way. Worth —1H 183
Bashurst Copse. Itch —8N 195
Basildene Rd. Houn —6L 9
Basildon Clo. Sutt —5N 61
Basildon Way. Bew —6K 181
Basil Gdns. SE27 —6N 29
Basil Gdns. Croy —7G 46
Basingbourne Clo. Fleet —7B 88
Basingbourne Rd. Fleet —8A 88
Basing Clo. Th Dit —6F 40
Basing Dri. Alder —5N 109
Basingfield Rd. Th Dit —6F 40
Basinghall Gdns. Sutt —5N 61
Basing Rd. Bans —1L 81
Basing Way. Th Dit —6F 40
Baskerville Rd. SW18 —1C 28
Basset Clo. Frim —6C 70
Basset Clo. Wdhm —6L 55
Bassett Clo. Sutt —5N 61
Bassett Gdns. Iswth —3C 10
Bassett Rd. M'bowr —6H 183
Bassett Rd. Wok —3E 74
Bassett's Clo. Orp —1K 67
Bassetts Hill. D'land —1C 166
Bassett's Way. Orp —1K 67
Bassingham Rd. SW18 —1A 28
Baston Mnr. Rd. Brom —1D 66
Baston Rd. Brom —1E 66
Basuto Rd. SW6 —4M 13
Batavia Clo. Sun —9J 23
Batavia Rd. Sun —9J 23
Bat & Ball La. Wrec —5F 128
(in two parts)
Batchelors Acre. Wind —4G 4
Batcombe Mead. Brack —6C 32
Bateman Ct. Craw —6E 182
Bateman Gro. Ash —4D 110
Bates Cres. SW16 —8G 29
Bates Cres. Croy —2L 63
Bateson Way. Wok —1E 74
Bates Wlk. Add —3L 55
Bathgate Rd. SW19 —4J 27
Bath Ho. Rd. Bedd —7J 45
Bath Pas. King T —1K 41
Bath Pl. W6 —1H 13
(off Fulham Pal. Rd.)
Bath Rd. Camb —9B 50
Bath Rd. Coln —2D 6
(Brands Hill)
Bath Rd. Coln —4G 6
(Poyle)
Bath Rd. Houn —4K 9
Bath Rd. Mitc —2B 44
Bath Rd. W Dray & Hay —4K 7
Baths App. SW6 —3L 13
Bathurst Av. SW19 —9N 27
Batley Clo. Mitc —6D 44
Batsworth Rd. Mitc —2B 44
Batten Av. Wok —6H 73
Battersea Ct. Guild —3K 113
Battlebridge Ho. Red —8F 102
Battlebridge La. Red —8F 102
Battle Clo. SW19 —7A 28
Batts Hill. Red —2C 122
Batts Hill. Reig —1B 122
Batty's Barn Clo. Wokgm —3C 30
Baulk, The. SW18 —1M 27
Bavant Rd. SW16 —1J 45
Bawtree Clo. Sutt —6A 62
Bax Clo. Cranl —8N 155
Baxter Av. Red —3D 122
Baxter Clo. M'bowr —5F 182
Bayards. Warl —5F 84
Bay Clo. Horl —6C 142
Bay Dri. Brack —1C 32
Bayeux. Tad —9J 81
Bayfield Av. Frim —4B 70
Bayfield Rd. Horl —7C 142
Bayford Clo. B'water —5M 69
Bayham Rd. Mord —3N 43
Bayhorne La. Horl —1G 162
Bay Ho. Brack —1C 32
Bayleaf Clo. Hamp H —6D 24
Baylin Rd. SW18 —9N 13
Bayliss Ct. Guild —4M 113
Baylis Wlk. Craw —8N 181
Baynards Rd. H'ham —7A 176
Bayonne Rd. W6 —2K 13
Bay Path. God —9F 104
Bay Rd. Brack —9C 16
Baysfarm Ct. W Dray —4L 7
Bay Tree Av. Lea —7G 79
Baywood Clo. F'boro —9H 69
Bazalgette Clo. N Mald —4C 42
Bazalgette Gdns. N Mald —4C 42
Beach Gro. Felt —3A 24
Beach Ho. Felt —3A 24
Beachy Rd. Craw —8M 181
Beacon Clo. Bans —3J 81
Beacon Clo. Wrec —6F 128
Beacon Gdns. Fleet —4A 88
Beacon Gro. Cars —1E 62
Beacon Hill. D'land —2D 166
Beacon Hill. Wok —6M 73
Beacon Hill Ct. Hind —3B 170
Beacon Hill Rd. C Crook & Ews —8C 88
Beacon Hill Rd. Hind —3A 170
Beacon Rd. H'row A —9B 8
Beaconsfield Clo. W4 —1B 12
Beaconsfield Pl. Eps —8D 60
Beaconsfield Rd. Clay —4E 58
Beaconsfield Rd. Croy —5A 46
Beaconsfield Rd. Eps —6C 80
Beaconsfield Rd. N Mald —1C 42
Beaconsfield Rd. Surb —6M 41
Beaconsfield Rd. Twic —9H 11
Beaconsfield Rd. Wok —7B 74
Beaconsfield Wlk. SW6 —4L 13
Beacon View Rd. Elst —9G 130
Beacon Way. Bans —3J 81
Beadles La. Oxt —8N 105
Beadlow Clo. Cars —5B 44
Beadman Pl. SE27 —5M 29
Beadman St. SE27 —5M 29
Beadon Rd. W6 —1H 13
Beaford Gro. SW20 —2K 43
Beagle Clo. Felt —5J 23
Beale Clo. Wokgm —1A 30
Beale Ct. Craw —6M 181
Beales La. Wey —9C 38
Beales La. Wrec —4E 128
Beales Rd. Bookh —5B 98
Bealeswood La. Dock —4D 148
Beam Hollow. Farnh —5H 109
Bean Oak Rd. Wokgm —2D 30
Beard Rd. King T —6M 25
Beard's Hill. Hamp —9A 24
Beard's Hill Clo. Hamp —9A 24
Beard's Rd. Ashf —7F 22
Beare Grn. Ct. Bear G —7K 139
Beare Grn. Roundabout. Dork —9K 139
Bearfield Rd. King T —8L 25
Bear La. Farnh —9G 109
Bear Rd. Felt —5L 23
Bears Den. Tad —9L 81
Bearsden Way. Broad H —5D 196
Bearwood Clo. Add —3J 55
Bearwood Gdns. Fleet —4B 88
Beasley's Ait. Sun —5G 39
Beasley's Ait La. Sun —5G 39
Beatrice Av. SW16 —2K 45
Beatrice Rd. Oxt —7A 106
Beatrice Rd. Rich —8M 11
Beattie Clo. Bookh —2N 97
Beattie Clo. Felt —2G 22
Beatty Av. Guild —2C 114
Beauchamp Rd. SE19 —9N 29
Beauchamp Rd. Sutt —1M 61
Beauchamp Rd. Twic —1G 25
Beauchamp Rd. W Mol —4B 40
Beauchamp Ter. SW15 —6G 13
Beauclare Clo. Lea —8K 79
Beauclerc Ct. Sun —1K 39
Beauclerk Clo. Felt —2J 23
Beauclerk Ho. SW16 —4J 29
Beaufield Ga. Hasl —1H 189
Beaufort Clo. SW15 —1G 27
Beaufort Clo. Reig —2L 121
Beaufort Clo. Wok —3E 74
Beaufort Ct. Rich —5J 25
Beaufort Gdns. SW16 —8K 29
Beaufort Gdns. Asc —9J 17
Beaufort Gdns. Houn —4M 9
Beaufort M. SW6 —2L 13
Beaufort Rd. C Crook —7C 88
Beaufort Rd. Farnh —9H 109
Beaufort Rd. King T —3L 41
Beaufort Rd. Reig —2L 121
Beaufort Rd. Rich —5J 25
Beaufort Rd. Twic —1J 25
Beaufort Rd. Wok —3E 74
Beauforts. Egh —6M 19
Beaufort Way. Eps —4F 60
Beaufoy Ho. SE27 —4M 29
Beaufront Clo. Camb —8E 50
Beaufront Rd. Camb —8E 50
Beaulieu Clo. Brack —2D 32
Beaulieu Clo. Dat —4L 5
Beaulieu Clo. Houn —8N 9
Beaulieu Clo. Mitc —9E 28
Beaulieu Clo. Twic —9K 11
Beaulieu Gdns. B'water —1H 69
Beaumaris Pde. Frim —6D 70
Beaumont Av. W14 —1L 13
Beaumont Av. Rich —6M 11
Beaumont Clo. If'd —4K 181
Beaumont Clo. King T —8N 25
Beaumont Ct. W4 —1B 12
Beaumont Cres. W14 —1L 13
Beaumont Dri. Ashf —6E 22
Beaumont Gdns. Brack —4C 32
Beaumont Gro. Alder —2K 109
Beaumont Pl. Iswth —8F 10
Beaumont Rd. SE19 —7N 29
Beaumont Rd. SW19 —1K 27
Beaumont Rd. Purl —9L 63
Beaumont Rd. Wind —5F 4
Beaumonts. Red —2D 142
Beaumont Sq. Cranl —7A 156
Beaverbrook Roundabout. Lea —1K 99
Beaver Clo. Hamp —9B 24
Beaver Clo. H'ham —2L 197
Beaver Clo. Wokgm —5A 30
Beaver La. Yat —1D 68
Beaver M. Bord —5A 168
Beavers Clo. Farnh —1F 128
Beavers Clo. Guild —2H 113
Beavers Cres. Houn —7K 9
Beavers Hill. Farnh —1E 128
Beavers La. Houn —5K 9
Beavers Rd. Farnh —1F 128
Beavor Gro. W6 —1F 12
(off Beavor La.)
Beavor La. W6 —1F 12
Beck Ct. Beck —2G 46
Beckenham Gro. Brom —1N 47
Beckenham Rd. Beck —1G 47
Beckenham Rd. W Wick —6M 47
Beckenshaw Gdns. Bans —2C 82
Becket Clo. SE25 —5D 46
Becket Clo. SW19 —9N 27
(off High Path)
Beckett Av. Kenl —2M 83
Beckett Clo. SW16 —3H 29
Beckett Clo. Wokgm —2D 30
Beckett La. Craw —9B 162
Becketts Clo. Felt —9J 9
Becketts Pl. Hamp W —9K 25
Beckett Way. E Grin —1B 186
Becket Wood. Newd —6B 140
Beckford Av. Brack —5N 31
Beckford Rd. Croy —5C 46
Beckford Way. M'bowr —7F 182
Beck Gdns. Farnh —6G 108
Beckingham Rd. Guild —2K 113
Beck La. Beck —2G 46
Beck River Pk. Beck —1K 47
Beck Way. Beck —2J 47
Beckway Rd. SW16 —1H 45
Beclands Rd. SW17 —7E 28
Becmead Av. SW16 —5H 29
Bective Pl. SW15 —7L 13
Bective Rd. SW15 —7L 13
Bedale Clo. Craw —5A 182
Beddington Farm Rd. Croy —6J 45
Beddington Gdns. Cars & Wall —3E 62
(in two parts)
Beddington Gro. Wall —2H 63
Beddington La. Croy —4G 44
Beddington Pk. Cotts. Wall —9H 45
Beddington Ter. Croy —6K 45
Beddington Trad. Est. Croy —7J 45
Beddlestead La. Warl —4B 86
Bedfont Clo. Felt —9D 8
Bedfont Clo. Mitc —1E 44
Bedfont Ct. Stai —6J 7
Bedfont Grn. Clo. Felt —2D 22
Bedfont La. Felt —1F 22
Bedfont Rd. Felt —2D 22
Bedfont Rd. Stai —9N 7
Bedford Av. Frim G —9D 70
Bedford Clo. Wok —2M 73
Bedford Cres. Frim G —8C 70
Bedford Hill. SW12 & SW16 —2F 28
Bedford La. Asc —4E 34
Bedford La. Frim G —8D 70
Bedford Pk. Croy —7N 45
Bedford Pas. SW6 —3K 13
(off Dawes Rd.)
Bedford Pl. Croy —7A 46
Bedford Rd. Guild —4M 113
Bedford Rd. H'ham —7K 197
Bedford Rd. Twic —4D 24
Bedford Rd. Wor Pk —8H 43
Bedfordshire Down. Warf —7D 16
Bedgebury Gdns. SW19 —3K 27
Bedlow Cotts. Cranl —6A 156
Bedlow La. Cranl —7A 156
Bedlow Way. Croy —1K 63
Bedser Clo. T Hth —2N 45
Bedser Clo. Wok —3C 74
Bedster Gdns. W Mol —1B 40
Bedwell Gdns. Hayes —1F 8
(in two parts)
Beech Av. Bren —3H 11
Beech Av. Camb —2B 70
Beech Av. Eff —6L 97
Beech Av. Lwr Bo —6H 129
Beech Av. S Croy —7A 64
Beech Av. Tats —6F 86
Beechbrook Av. Yat —1D 68
Beech Clo. SW15 —1F 26
Beech Clo. SW19 —7H 27
Beech Clo. Ashf —6E 22
Beech Clo. Blind H —3H 145
Beech Clo. Byfl —8N 55
Beech Clo. Cars —8D 44
Beech Clo. C'fold —5D 172
Beech Clo. Cobh —7A 58
Beech Clo. Dork —4F 118
Beech Clo. E Grin —8N 165
Beech Clo. Eff —6L 97
Beech Clo. Stai —1M 21
Beech Clo. Sun —1L 39
Beech Clo. W On T —1K 57
Beech Clo. Ct. Cobh —7N 57
Beech Copse. S Croy —2B 64
Beech Ct. Surb —6K 41
Beechcroft. Asht —6M 79
Beechcroft Av. Kenl —2A 84
Beechcroft Av. N Mald —9B 26
Beechcroft Clo. SW16 —6K 29
Beechcroft Clo. Asc —3A 34
Beechcroft Clo. Houn —3M 9
Beechcroft Clo. Orp —1M 67
Beechcroft Ct. Brack —2N 31
Beechcroft Dri. Guild —6G 113
Beechcroft Lodge. Sutt —4A 62
Beechcroft Mnr. Wey —9E 38
Beechcroft Rd. SW14 —6B 12
Beechcroft Rd. SW17 —3C 28
Beechcroft Rd. Chess —9M 41
Beechcroft Rd. Orp —1M 67
Beechdale Rd. SW2 —1K 29
Beech Dell. Kes —1H 67
Beechdene. Tad —9G 80
Beech Dri. B'water —2J 69
Beech Dri. Kgswd —9L 81
Beech Dri. Reig —3B 122
Beech Dri. Rip —2J 95
Beechen Cliff Way. Iswth —5F 10
Beechen La. Tad —3L 101
Beeches Av. Cars —4C 62
Beeches Clo. SE20 —1F 46
Beeches Clo. Tad —1M 101
Beeches Cres. Craw —5C 182
Beeches La. Ash W —3F 186
Beeches Mead. E Grin —5H 167
Beeches Rd. SW17 —4C 28
Beeches Rd. Sutt —7K 43
Beeches, The. Ash V —5D 90
Beeches, The. Bans —3N 81
Beeches, The. Brmly —5B 134
Beeches, The. Fet —2E 98
Beeches, The. Houn —4B 10
Beeches, The. S Croy —2A 64
Beeches Wlk. Cars —5B 62
Beeches Wood. Tad —9M 81
Beechey Clo. Copt —7M 163
Beechey Way. Copt —7M 163
Beech Farm La. Camb —2D 70
Beech Farm Rd. Warl —7M 85
Beechfield. Bans —9N 61
Beech Fields. E Grin —7B 166
Beech Gdns. Craw D —1D 184
Beech Gdns. Wok —2A 74
Beech Glen. Brack —3N 31
Beech Gro. Add —1K 55
Beech Gro. Brkwd —8N 71
Beech Gro. Cat —4B 104
Beech Gro. Eps —4G 80
Beech Gro. Guild —3J 113
Beech Gro. Mayf —1N 93
Beech Gro. Mitc —4H 45
Beech Gro. N Mald —2C 42
Beech Hall. Ott —4E 54
Beech Hanger End. Gray —6N 169
Beech Hanger Rd. Gray —6N 169
Beech Hill. Brook —9K 151
Beech Hill. Head —5F 168
Beech Hill. Wok —1N 93
Beech Hill Rd. Asc —5C 34
Beech Hill Rd. Head —3E 168
Beech Holme. Craw D —1E 184
Beech Holt. Lea —9J 79
Beech Ho. Rd. Croy —9A 46
Beeching Clo. Ash —1F 110
Beeching Way. E Grin —9N 165
Beech La. Gray —5N 169
Beech La. Guild —6M 113
Beech La. Norm —3L 111
Beechlawn. Guild —4B 114
Beechlee. Wall —6G 62
Beech Lodge. Stai —6G 21
Beechmeads. Cobh —9L 57
Beechmont Av. Vir W —4N 35
Beechmore Gdns. Sutt —8J 43
Beechnut Dri. B'water —9G 48
Beechnut Ind. Est. Alder —3N 109
Beechnut Rd. Alder —3N 109
Beecholme. Bans —1K 81
Beecholme Av. Mitc —9F 28
Beech Ride. Fleet —6A 88
Beech Ride. Sand —7G 49
Beech Rd. SW16 —1K 45
Beech Rd. Big H —6D 86
Beech Rd. Eps —2E 80
Beech Rd. F'boro —7M 69
Beech Rd. Felt —1F 22
Beech Rd. Frim G —8D 70
Beech Rd. Hasl —1H 189
Beech Rd. H'ham —3A 198
Beech Rd. Red —4G 103
Beech Rd. Reig —1M 121
Beech Rd. Wey —1E 56
Beech Row. Ham —5L 25
Beechside. Craw —4C 182
Beechtree Av. Egh —7L 19
Beech Tree Clo. Craw —2B 182
Beech Tree Dri. Bad L —7M 109
Beech Tree La. Stai —1K 37
Beech Tree Pl. Sutt —2M 61
Beechvale. Wok —5B 74
(off Fairview Av.)
Beech Wlk. Eps —7F 60
Beech Wlk. W'sham —3A 52
Beech Way. Eps —2E 80
Beech Way. G'ming —8G 133
Beechway. Guild —2D 114
Beech Way. S Croy —9G 65
Beech Way. Twic —4A 24
Beechwood Av. Coul —2F 82
Beechwood Av. Orp —3N 67
Beechwood Av. Rich —4N 11
Beechwood Av. Stai —7K 21
Beechwood Av. Sun —7H 23
Beechwood Av. Tad —8M 81
Beechwood Av. T Hth —3M 45
Beechwood Av. Wey —1F 56
Beechwood Cvn. Pk. Tad —9A 100
Beechwood Clo. Asc —8J 17
Beechwood Clo. Knap —4H 73
Beechwood Clo. Surb —6J 41
Beechwood Clo. Wey —1F 56
Beechwood Ct. W4 —2C 12
Beechwood Ct. Cars —1D 62
Beechwood Ct. Sun —7H 23
Beechwood Dri. Cobh —7A 58
Beechwood Dri. Kes —1F 66
Beechwood Gdns. Cat —9D 84
Beechwood Gro. Surb —6J 41
Beechwood La. Warl —6G 85
Beechwood Mnr. Wey —1F 56
Beechwood Pk. Lea —9J 79
Beechwood Rd. Cat —9D 84
Beechwood Rd. Knap —4H 73
Beechwood Rd. S Croy —6B 64
Beechwood Rd. Vir W —6K 35
Beechwood Vs. Red —4E 142
Beecot La. W On T —8K 39
Beeding Clo. H'ham —3N 197
Beedingwood Dri. Colg —2D 198
Beedon Dri. Brack —5J 31
Beehive La. Binf —1H 31
Beehive Ring Rd. Gat A —5F 162
Beehive Rd. Binf —1J 31
Beehive Rd. Stai —6H 21
Beehive Way. Reig —7N 121
Beeken Dene. Orp —1L 67
Beeleigh Rd. Mord —3N 43
Beemans Row. SW18 —3A 28
Beeston Way. Felt —9K 9
Beeton's Av. Ash —9E 90
Beggarhouse La. Dork & Horl —2F 160
Beggar's Hill. Eps —4E 60
Beggar's Hill. (Junct.) —3E 60
Beggars La. Ab H —8F 116
Beggars La. Chob —7F 52
Beggars La. W'ham —3M 107
Beggars Roost La. Sutt —3M 61
Begonia Pl. Hamp —7A 24
Behenna Clo. Bew —4K 181
Beira St. SW12 —1F 28
Belcombe Av. Wor Pk —7H 43
Beldam Bri. Rd. W End —9D 52
Beldham Gdns. W Mol —1B 40

Beldham Rd.—Blackcap Pl.

Beldham Rd. Farnh —4E 128
Belfast Rd. SE25 —3E 46
Belfield Rd. Eps —5C 60
Belfry Shop. Cen., The. Red —2D 122
Belgrade Rd. Hamp —9B 24
Belgrave Clo. W On T —1J 57
Belgrave Ct. W4 —1B 12
Belgrave Ct. B'water —3J 69
Belgrave Cres. Sun —9J 23
Belgrave Mnr. Wok —6A 74
Belgrave Rd. SE25 —3C 46
Belgrave Rd. SW13 —3E 12
Belgrave Rd. Houn —6N 9
Belgrave Rd. Mitc —2B 44
Belgrave Rd. Sun —9J 23
Belgrave Wlk. Mitc —2B 44
Belgravia Ct. Horl —8F 142 (off St Georges Clo.)
Belgravia M. King T —3K 41
Bellamy Clo. W14 —1L 13
Bellamy Ho. Houn —2A 10
Bellamy Rd. M'bowr —7G 182
Bellamy St. SW12 —1F 28
Belland Dri. Alder —3K 109
Bellasis Av. SW2 —3J 29
Bell Av. W Dray —1A 8
Bell Bri. Rd. Cher —7H 37
Bell Cen. Craw —8D 162
Bell Clo. F'boro —8A 70
Bell Cres. Coul —8F 82
Bell Dri. SW18 —1K 27
Bellever Hill. Camb —1C 70
Belle Vue Clo. Alder —2B 110
Belle Vue Clo. Stai —9J 21
Belle Vue Enterprise Cen. Alder —2C 110
Bellevue Pk. T Hth —2N 45
Bellevue Rd. SW13 —5F 12
Bellevue Rd. SW17 —2C 28
Belle Vue Rd. Alder —2B 110
Bellevue Rd. King T —2L 41
Belle Vue Rd. Orp —6J 67
Bellew Rd. Deep —8F 70
Bellew St. SW17 —4A 28
Bellfield. Croy —5H 65
Bellfields Ct. Guild —8M 93
Bellfields Rd. Guild —1N 113
Bell Foundry La. Wokgm —8A 14
Bell Hammer. E Grin —1A 186
Bell Hill. Croy —8N 45
Bell Ho. Gdns. Wokgm —2A 30
Bellingham Clo. Camb —2G 71
Bell Junct. Houn —6B 10
Bell La. B'water —1H 69
Bell La. Eton W —1C 4
Bell La. Fet —1D 98
Bell La. Rowl —8D 128
Bell La. Twic —2G 25
Bell La. Clo. Fet —1D 98
Bellmarsh Rd. Add —1K 55
Bell Meadow. God —1E 124
Belloc Clo. Craw —2F 182
Belloc Ct. H'ham —5N 197
Bello Clo. SE24 —2M 29
Bell Pde. Wind —5C 4
Bell Pl. Bag —4K 51
Bell Rd. E Mol —4D 40
Bell Rd. Hasl —4E 188
Bell Rd. Houn —6B 10
Bell Rd. Warn —9F 178
Bells All. SW6 —5M 13
Bells La. Hort —6D 6
Bell St. Reig —3M 121
Belltrees Gro. SW16 —6K 29
Bell Vale La. Hasl —4F 188
Bell View. Wind —6C 4
Bell View Clo. Wind —5C 4
Bellway Ho. Mers —6G 102
Bellweir Clo. Stai —3D 20
Bellwether La. Out —4M 143
Belmont. Wey —3D 56
Belmont Av. Guild —9J 93
Belmont Av. N Mald —4F 42
Belmont Clo. F'boro —7L 69
Belmont Gro. W4 —1C 12
Belmont M. Camb —3A 70
Belmont Rise. Sutt —3L 61
Belmont Rd. SE25 —4E 46
Belmont Rd. W4 —1C 12
Belmont Rd. Beck —1J 47
Belmont Rd. Camb —2A 70
Belmont Rd. Crowt —1G 49
Belmont Rd. Lea —9G 79
Belmont Rd. Reig —4A 122
Belmont Rd. Sutt —6M 61
Belmont Rd. Twic —3D 24
Belmont Rd. Wall —2F 62
Belmont Ter. W4 —1C 12
Belmore Av. Wok —3F 74
Beloe Clo. SW15 —7F 12
Belsize Gdns. Sutt —1N 61
Belstone M. F'boro —7M 69
Beltane Dri. SW19 —4J 27
Belthorn Cres. SW12 —1G 29
Belton Rd. Camb —1C 70
Beltran Rd. SW6 —5N 13
Belvedere Av. SW19 —6K 27
Belvedere Clo. Esh —2B 58
Belvedere Clo. Guild —1L 113
Belvedere Clo. Tedd —6E 24
Belvedere Clo. Wey —2B 56
Belvedere Ct. B'water —3J 69
Belvedere Ct. Craw —2F 182
Belvedere Dri. SW19 —6K 27
Belvedere Gdns. W Mol —4N 39
Belvedere Gro. SW19 —6K 27
Belvedere Rd. Big H —5H 87
Belvedere Rd. F'boro —3A 90
Belvedere Sq. SW19 —6K 27
Belvoir Clo. Frim —5D 70
Belmish Rd. SW15 —6J 13
Benbow La. Duns —5E 174
Benbricke Grn. Brack —8M 15
Benbrick Rd. Guild —4K 113
Bence, The. Egh —2D 36
Bench Field. S Croy —2C 64
Benchfield Clo. E Grin —1D 186
Bench, The. Rich —4J 25
Bencombe Rd. Purl —1L 83
Bencroft Rd. SW16 —8G 29
Bencurtis Pk. W Wick —9N 47
Bendemeer Rd. SW15 —6J 13
Bendon Valley. SW18 —1N 27
Benedict Clo. Orp —1N 67
Benedict Dri. Felt —1E 22
Benedict Grn. Warf —8C 16
Benedict Rd. Mitc —2B 44
Benedict Wharf. Mitc —2B 44
Benen-Stock Rd. Stai —8J 7
Benetfeld Rd. Binf —7G 15
Benett Gdns. SW16 —1J 45
Benfleet Clo. Cobh —8M 57
Benfleet Clo. Sutt —9A 44
Benham Clo. Chess —3J 59
Benham Clo. Coul —5M 83
Benham Gdns. Houn —8N 9
Benhams Clo. Horl —6E 142
Benhams Dri. Horl —6E 142
Benhill Av. Sutt —1N 61
Benhill Rd. Sutt —9A 44
Benhill Wood Rd. Sutt —9A 44
Benhilton Gdns. Sutt —9N 43
Benhurst Clo. S Croy —6G 64
Benhurst Ct. SW16 —6L 29
Benhurst Gdns. S Croy —7F 64
Benhurst La. SW16 —6L 29
Benjamin Rd. M'bowr —5H 183
Benland Cotts. H'ham —7D 178
Benner La. W End —8C 52
Bennet Ct. Camb —1A 70
Bennett Clo. Cobh —9H 57
Bennett Clo. Hamp W —9J 25
Bennett Clo. M'bowr —7F 182
Bennetts Av. Croy —8H 47
Bennetts Clo. Mitc —9F 28
Bennetts Farm Pl. Bookh —3N 97
Bennetts Rd. H'ham —7L 197
Bennett St. W4 —2D 12
Bennetts Way. Croy —8H 47
Bennetts Wood. Capel —5J 159
Bennett Way. W Cla —7J 95
Benning Clo. Wind —6A 4
Bennings Clo. Brack —8M 15
Benning Way. Wokgm —9B 14
Benn's All. Hamp —1B 40
Benns Wlk. Rich —7L 11
Bens Acre. H'ham —6N 197
Bensbury Clo. SW15 —1G 27
Bensham Clo. T Hth —3N 45
Bensham Gro. T Hth —1N 45
Bensham La. T Hth & Croy —4M 45
Bensham Mnr. Rd. T Hth —3N 45
Benson Clo. Houn —7A 10
Benson Rd. Crowt —2E 48
Benson Rd. Croy —9L 45
Bensons La. H'ham —8B 180
Bentall Cen., The. King T —9K 25
Benthall Gdns. Kenl —4N 83
Bentham Av. Wok —2E 74
Bentley Copse. Camb —2F 70
Bentley Dri. Wey —5B 56
Bentons La. SE27 —5N 29
Bentons Rise. SE27 —6N 29
Bentsbrook Clo. N Holm —9H 119
Bentsbrook Cotts. Dork —9H 119
Bentsbrook Pk. N Holm —9H 119
Bentsbrook Rd. N Holm —9H 119
Benwell Ct. Sun —9H 23
Benwell Rd. Brkwd —6C 72
Benwood Ct. Sutt —9A 44
Beomonds Row. Cher —6J 37
Berberis Clo. Guild —1M 113 (in two parts)
Bere Rd. Brack —5C 32
Beresford Av. Surb —7A 42
Beresford Av. Twic —9J 11
Beresford Clo. Frim G —8D 70
Beresford Gdns. Houn —8N 9
Beresford M. SW18 —9N 13
Beresford Rd. Dork —5H 119
Beresford Rd. King T —9M 25
Beresford Rd. N Mald —3B 42
Beresford Rd. Sutt —4L 61
Berestede Rd. W6 —1E 12
Bergenia Ct. W End —9B 52
Berger M. Yat —9A 48
Berkeley Av. Houn —5H 9
Berkeley Clo. Bren —2G 11
Berkeley Clo. Craw —7J 181
Berkeley Clo. Fleet —4C 88
Berkeley Clo. King T —8L 25
Berkeley Ct. Asht —5M 79
Berkeley Ct. Guild —3A 114
Berkeley Ct. Surb —6K 41
Berkeley Ct. Wall —9G 44
Berkeley Ct. Wey —8E 38
Berkeley Cres. Frim —6E 70
Berkeley Dri. W Mol —2N 39
Berkeley Dri. Wink —2L 17
Berkeley Gdns. Clay —3G 59
Berkeley Gdns. W On T —6G 39
Berkeley Gdns. W Byf —1H 75
Berkeley Ho. Bren —2K 11 (off Albany Rd.)
Berkeley Pl. SW19 —7J 27
Berkeley Pl. Eps —3C 80
Berkeley Rd. SW13 —4F 12
Berkeleys, The. Fet —2E 98
Berkeley Waye. Houn —2L 9
Berkely Clo. Sun —2K 39
Berkley Clo. Stai —3F 20
Berkley Clo. Twic —4E 24 (off Wellesley Rd.)
Berkshire Clo. Cat —9A 84
Berkshire Ct. Brack —1L 31
Berkshire Rd. Camb —7D 50
Berkshire Sq. Mitc —3J 45
Berkshire Way. Mitc —3J 45
Berkshire Way. Wokgm & Brack —2G 31
Bermuda Ter. Frim G —6H 71 (off Crimea Rd.)
Bernadine Clo. Warf —8C 16
Bernard Ct. Camb —2N 69
Bernard Gdns. SW19 —6L 27
Bernard Rd. Wall —1F 62
Bernel Dri. Croy —9J 47
Berne Rd. T Hth —4N 45
Bernersh Clo. Sand —6H 49
Berney Ho. Beck —4H 47
Berney Rd. Croy —6A 46
Berrington Dri. E Hor —2G 97
Berrybank. Col T —9K 49
Berry Ct. Houn —8N 9
Berrycroft. Brack —9B 16
Berrylands. SW20 —3H 43
Berrylands. Surb —5M 41
Berrylands Rd. Surb —5M 41
Berry La. Brack —1D 16
Berry La. W On T —2L 57
Berry La. Wok —2G 92
Berry La. Worp & Wok —3F 92 (in two parts)
Berry Meade. Asht —4M 79
Berrymeade Wlk. If'd —4K 181
Berryscroft Ct. Stai —8L 21
Berryscroft Rd. Stai —8L 21
Berry's Grn. Rd. Berr G —3K 87
Berry's Hill. Berr G —2K 87
Berry's La. Byfl —7M 55
Berry Wlk. Asht —6M 79
Berstead Wlk. Craw —6L 181
Bertal Rd. SW17 —5B 28
Bertram Cotts. SW19 —8M 27
Bertram Rd. King T —8N 25
Bertrand Ho. SW16 —4J 29 (off Leigham Av.)
Bert Rd. T Hth —4N 45
Berwyn Av. Houn —4B 10
Berwyn Rd. SE24 —2M 29
Berwyn Rd. Rich —7A 12
Beryl Rd. W6 —1J 13
Berystede. King T —8A 26
Besley St. SW16 —7G 29
Bessant Dri. Rich —4N 11
Bessborough Rd. SW15 —2F 26
Beswick Gdns. Brack —9D 16
Beta Rd. Chob —6J 53
Beta Rd. F'boro —9L 69
Beta Rd. Wok —3D 74
Beta Way. Egh —9E 20
Betchetts Grn. Rd. Holmw —5J 139
Betchley Clo. E Grin —7A 166
Betchworth Clo. Sutt —2B 62
Betchworth Way. New Ad —5M 65
Bethany Pl. Wok —5N 73
Bethany Waye. Felt —1F 22
Bethel Clo. Farnh —6J 109
Bethel La. Farnh —5H 109
Bethune Clo. Worth —4H 183
Bethune Rd. H'ham —7L 197
Betjeman Clo. Coul —4K 83
Betjeman Wlk. Yat —2A 68
Betley Ct. W On T —9J 39
Betony Clo. Croy —7G 47
Bettridge Rd. SW6 —5L 13
Betts Clo. Beck —1H 47
Betts Way. SE20 —1E 46
Betts Way. Craw —8B 162
Betts Way. Surb —7H 41
Betula Clo. Kenl —2A 84
Between Streets. Cobh —1H 77
Beulah Av. T Hth —1N 45
Beulah Ct. Horl —8E 142
Beulah Cres. T Hth —1N 45
Beulah Gro. Croy —5N 45
Beulah Hill. SE19 —7M 29
Beulah Rd. SW19 —8L 27
Beulah Rd. Sutt —1M 61
Beulah Rd. T Hth —2N 45
Beulah Wlk. Wold —7H 85
Bevan Ct. Craw —8N 181
Bevan Ct. Croy —2L 63
Bevan Pk. Eps —6E 60
Beveren Clo. Fleet —1C 88
Beverley Av. SW20 —9E 26
Beverley Av. Houn —7N 9
Beverley Clo. SW13 —5F 12
Beverley Clo. Add —2M 55
Beverley Clo. Ash —3D 110
Beverley Clo. Camb —9H 51
Beverley Clo. Chess —1J 59
Beverley Clo. Eps —7H 61
Beverley Clo. Wey —8F 38
Beverley Ct. W4 —1B 12
Beverley Ct. Houn —7N 9
Beverley Cres. F'boro —3L 89
Beverley Gdns. SW13 —6E 12
Beverley Gdns. Wor Pk —7F 42
Beverley Heights. Reig —1N 121
Beverley La. SW15 —4E 26
Beverley La. King T —8D 26
Beverley Path. SW13 —5E 12
Beverley Rd. SE20 —1E 46
Beverley Rd. SW13 —6E 12
Beverley Rd. W4 —1E 12
Beverley Rd. King T —9J 25
Beverley Rd. Mitc —3H 45
Beverley Rd. N Mald —3F 42
Beverley Rd. Sun —9G 22
Beverley Rd. Whyt —4B 84
Beverley Rd. Wor Pk —8H 43
Beverley Trad. Est. Mord —6J 43
Beverley Way. N Mald & SW20 —9E 26
Beverstone Rd. T Hth —3L 45
Bevill Allen Clo. SW17 —6D 28
Bevill Clo. SE25 —2D 46
Bevington Rd. Beck —1L 47
Bewbush Dri. Craw —6K 181
Bewbush Pl. Craw —6L 181
Bewlys Rd. SE27 —6M 29
Bexhill Clo. Felt —3M 23
Bexhill Rd. SW14 —6B 12
Bexley St. Wind —4F 4
Beynon Rd. Cars —2D 62
Bicester Rd. Rich —6N 11
Bickersteth Rd. SW17 —7D 28
Bickley Ct. Craw —6M 181
Bickley St. SW17 —6C 28
Bicknell Rd. Frim —4C 70
Bickney Way. Fet —9C 78
Bicknoller Clo. Sutt —6N 61
Biddulph Rd. S Croy —6N 63
Bideford Clo. F'boro —7M 69
Bideford Clo. Felt —4N 23
Bidhams Cres. Tad —8H 81
Bietigheim Way. Camb —9A 50
Big All. M Grn —6K 147
Big Barn Gro. Warf —8B 16
Big Comn. La. Blet —2M 123
Biggin Av. Mitc —9D 28
Biggin Clo. Craw —5A 182
Biggin Hill. SE19 —8M 29
Biggin Hill Bus. Pk. Big H —2F 86
Biggin Hill Clo. King T —6J 25
Biggin Way. SE19 —8M 29
Bigginwood Rd. SW16 —8M 29
Biggs Row. SW15 —6J 13
Bignor Clo. H'ham —1N 197
Bilberry Clo. Craw —6N 181
Bilbets. H'ham —5J 197
Billet Rd. Stai —4J 21
Billingbear Cvn. Pk. Wokgm —5E 14
Billingbear La. Binf —4G 15
Billing Pl. SW10 —3N 13
Billing Rd. SW10 —3N 13
Billingshurst Rd. Broad H —5C 196
Billing St. SW10 —3N 13
Billinton Dri. M'bowr —3F 182
Billockby Clo. Chess —3M 59
Bilton Cen. Lea —6F 78
Bilton Clo. Coln —5G 7
Bilton Ind. Est. Brack —3K 31
Bina Gdns. SW5 —1N 13
Bindon Grn. Mord —3N 43
Binfield Rd. Brack —7L 15
Binfield Rd. Byfl —8N 55
Binfield Rd. Shur R —1F 14
Binfield Rd. S Croy —2C 64
Binfield Rd. Wokgm —7F 14
Bingham Dri. Stai —8M 21
Bingham Dri. Wok —5J 73
Bingham Rd. Croy —7D 46
Bingley Rd. Sun —8H 23
Binhams Lea. Duns —4B 174
Binhams Meadow. Duns —4B 174
Binley Ho. SW15 —9E 12
Binney Ct. Craw —9J 163
Binns Rd. W4 —1D 12
Binns Ter. W4 —1D 12
Binscombe. G'ming —3G 132
Binscombe Cres. G'ming —4H 133
Binscombe La. G'ming —2G 132 (in two parts)
Binstead Clo. Craw —1N 181
Binstead Copse. Fleet —6A 88
Binstead Rd. Bucks H —2A 148
Binsted Dri. B'water —1J 69
Binton La. Seale —1C 130
Birchanger. G'ming —7H 133
Birchanger Rd. SE25 —4D 46
Birch Av. Cat —2A 104
Birch Av. Fleet —3A 88
Birch Av. Lea —7F 78
Birch Circ. G'ming —3J 133
Birch Clo. Bren —3H 11
Birch Clo. Camb —7C 50
Birch Clo. Craw D —1F 184
Birch Clo. Iswth —6D 10
Birch Clo. New H —5M 55
Birch Clo. Send —3H 95
Birch Clo. Shep —1F 38
Birch Clo. Tedd —6G 25
Birch Clo. Wok —6M 73
Birch Clo. Wrec —7F 128
Birch Ct. Wall —1F 62
Birchcroft Clo. Cat —3N 103
Birchdale Clo. W Byf —7L 55
Birch Dri. B'water —3J 69
Birchend Clo. S Croy —3A 64
Birches Clo. Eps —2D 80
Birches Clo. Mitc —2D 44
Birches Ind. Est. E Grin —7K 165
Birches Rd. H'ham —3A 198
Birches, The. B'water —1G 68
Birches, The. Craw —2E 182
Birches, The. E Hor —4F 96
Birches, The. F'boro —1J 89
Birches, The. Houn —1N 23
Birches, The. Man H —9B 198
Birches, The. Orp —1J 67
Birches, The. Wok —5B 74
Birchett Rd. Alder —2M 109
Birchett Rd. F'boro —9K 69
Birchetts Clo. Brack —9N 15
Birchfield Clo. Add —1K 55
Birchfield Clo. Coul —3K 83
Birchfield Gro. Eps —6H 61
Birchfield Pk. Ind. Est. Charl —6J 161
Birchfields. Camb —2A 70
Birch Grn. Stai —5J 21
Birch Gro. Brack —3A 32
Birch Gro. Cobh —1K 77
Birch Gro. Guild —9M 93
Birch Gro. Shep —1F 38
Birch Gro. Tad —2K 101
Birch Gro. Wind —4A 4
Birch Gro. Wok —2F 74
Birch Hill. Croy —2G 65
Birch Hill Rd. Brack —6N 31
Birch Ho. SW2 —1L 29 (off Tulse Hill)
Birchington Rd. Surb —6M 41
Birchington Rd. Wind —5D 4
Birchlands Av. SW12 —1D 28
Birchlands Ct. Sand —5K 49
Birch La. Asc —9E 16
Birch La. Purl —7J 63
Birch La. W End —8A 52
Birch Lea. Craw —9E 162
Birch Pde. Fleet —4A 88
Birch Platt. W End —9A 52
Birch Rd. Felt —6L 23
Birch Rd. G'ming —3J 133
Birch Rd. Head —3F 168
Birch Rd. W'sham —3B 52
Birch Side. Crowt —1E 48
Birch Tree Av. W Wick —2B 66
Birch Tree View. Light —6L 51
Birch Tree Way. Croy —8E 46
Birch Vale. Cobh —9A 58
Birchview Clo. Yat —2B 68
Birch Wlk. Mitc —9F 28
Birch Wlk. W Byf —8J 55
Birch Way. Ash V —6E 90
Birchway. Red —5F 122
Birch Way. Warl —5H 85
Birchwood Av. Beck —3J 47
Birchwood Av. Wall —9E 44
Birchwood Clo. Horl —7F 142
Birchwood Clo. M'bowr —6G 183
Birchwood Clo. Mord —3N 43
Birchwood Dri. Light —6N 51
Birchwood Dri. W Byf —8J 55
Birchwood Gro. Hamp —7A 24
Birchwood La. Cat —3M 103
Birchwood La. Esh & Oxs —5D 58
Birchwood Rd. SW17 —6F 28
Birchwood Rd. W Byf —8J 55
Birdham Clo. Craw —1N 181
Birdhaven. Wrec —5F 128
Birdhouse La. Orp —2H 87
Birdhurst Av. S Croy —1A 64
Birdhurst Gdns. S Croy —1A 64
Birdhurst Rise. S Croy —2B 64
Birdhurst Rd. SW18 —8N 13
Birdhurst Rd. SW19 —7C 28
Birdhurst Rd. S Croy —2B 64
Bird M. Wokgm —2A 30
Birdsgrove. Knap —5E 72
Birds Hill Dri. Oxs —9D 58
Birds Hill Rise. Oxs —9D 58
Birds Hill Rd. Oxs —8D 58
Birdswood Dri. Wok —6H 73
Bird Wlk. Twic —2N 23
Birdwood Clo. S Croy —7F 64
Birdwood Clo. Tedd —5E 24
Birdwood Rd. Col T —8L 49
Birkbeck Hill. SE21 —2M 29
Birkbeck Pl. SE21 —3N 29
Birkbeck Pl. Owl —6K 49
Birkbeck Rd. SW19 —6N 27
Birkbeck Rd. Beck —1F 46
Birkdale. Brack —6K 31
Birkdale Dri. If'd —4J 181
Birkdale Gdns. Croy —1G 65
Birkenhead Av. King T —1M 41
Birkenholme Clo. Head —5H 169
Birkheads Rd. Reig —2M 121
Birkwood Clo. SW12 —1H 29
Birnham Clo. Rip —2J 95
Birtley Rise. Brmly —6C 134
Birtley Rd. Brmly —6C 134
Biscay Rd. W6 —1J 13
Biscoe Clo. Houn —2A 10
Bisenden Rd. Croy —8B 46
Bisham Clo. Cars —7D 44
Bisham Clo. M'bowr —6H 183
Bishopdale. Brack —3M 31
Bishop Duppas Pk. Shep —6F 38
Bishop Fox Way. W Mol —3N 39
Bishopric. H'ham —6H 197
Bishopric Ct. H'ham —6H 197
Bishop's Av. SW6 —5J 13
Bishops Clo. W4 —1B 12
Bishop's Clo. Coul —5L 83
Bishops Clo. Fleet —7B 88
Bishops Clo. Rich —4K 25
Bishop's Clo. Sutt —9M 43
Bishop's Cotts. Bet —2A 120
Bishops Ct. H'ham —7J 197
Bishops Ct. Rich —6L 11
Bishop's Dri. Felt —9E 8
Bishop's Dri. Wokgm —1B 30
Bishopsford Rd. Mord —6A 44
Bishopsgate Rd. Egh —4K 19
Bishop's Gro. Hamp —5N 23
Bishops Gro. W'sham —3N 51
Bishops Gro. Cvn. Site. Hamp —5A 24
Bishop's Hall. King T —1K 41
Bishops Hill. W On T —6H 39
Bishop's La. Brack —1E 16
Bishop's Mans. SW6 —5J 13 (in two parts)
Bishops Mead. Farnh —1G 128
Bishopsmead Clo. E Hor —6F 96
Bishopsmead Dri. E Hor —7G 96
Bishopsmead Pde. E Hor —7G 96
Bishop's Pk. Rd. SW6 —5J 13
Bishops Pk. Rd. SW16 —9J 29
Bishops Rd. SW6 —4K 13
Bishop's Rd. Croy —6M 45
Bishops Rd. Farnh —5G 108
Bishops Sq. Cranl —7A 156
Bishopstone Wlk. Craw —8A 182
Bishop Sumner Dri. Farnh —6H 109
Bishops Wlk. Croy —2G 64
Bishops Way. Egh —7F 20
Bishops Wood. Wok —4J 73
Bisley Clo. Wor Pk —7H 43
Bison Ct. Felt —1J 23
Bissingen Way. Camb —9B 50
Bitmead Clo. If'd —4K 181
Bittams La. Cher —1F 54
Bittern Clo. Col T —7J 49
Bittern Clo. If'd —4J 181
Bitterne Dri. Wok —4J 73
Bittoms, The. King T —2K 41
Blackberry Clo. Guild —9L 93
Blackberry Clo. Shep —3F 38
Blackberry Farm Clo. Houn —3M 9
Blackberry La. Ling —9N 145
Blackberry Rd. Felc & Ling —2M 165
Blackbird Clo. Col T —7J 49
Blackbird Hill. Turn H —4F 184
Blackborough Clo. Reig —3A 122
Blackborough Rd. Reig —4A 122
Blackbridge Ct. H'ham —6H 197
Blackbridge La. H'ham —7G 197
Blackbridge Rd. Wok —7N 73
Blackbrook Rd. Dork —9K 119
Blackburn, The. Bookh —2N 97
Blackburn Way. G'ming —6K 133
Blackbush Clo. Sutt —4N 61
Blackbushe Airport. Yat —3A 68
Blackbushe Bus. Pk. Yat —2B 68
Blackbushe Pk. Yat —1B 68
Blackbushes Rd. Fleet —7A 68
Blackcap Clo. Craw —5A 182
Blackcap Pl. Col T —7K 49

Black Dog Wlk.—Bradshaws Clo.

Black Dog Wlk. Craw —1C 182
Blackdown Av. Wok —2G 74
Blackdown Barracks. Firm G
  —6J 71
(in two parts)
Blackdown Rd. Deep —7D 70
Blackdown Rural Industries. Hasl
  —4J 189
Black Eagle Clo. W'ham —5L 107
Blackett Clo. Stai —1G 37
Blackett Rd. M'bowr —6G 182
Blackett St. SW15 —6J 13
Blackford Clo. S Croy —5C 63
Blackford's Path. Craw —5H 183
Blackheath. Craw —1H 183
Blackheath Gro. Won —5C 134
Blackheath La. Alb —1K 135
Blackheath La. Won & Chil
  —7D 134
Black Horse Clo. Farm —5F 108
Black Horse La. Croy —6D 46
Black Horse Clo. Wind —5A 4
Blacklands Meadow. Nutf
  —2J 123
Black Lion La. W6 —1F 12
Blackmans La. Warl —1A 86
Blackmeadows. Brack —5A 32
Blackmoor Clo. Asc —1H 33
Blackmoor Wood. Asc —1H 33
Blackness La. Kes —4F 66
Blacknest Ga. Wok. Asc —3C 34
Blackshaw Rd. SW17 —5D 28
Blacksmith Clo. Asht —5M 79
Blacksmiths Hill. S Croy —9B 64
Blacksmiths La. Stai —2L 37
Blacks Rd. W6 —1H 13
Blackstone Clo. Red —4C 122
Blackstone Hill. Red —4C 122
Blackstroud La. E. Light —7A 52
Blackstroud La. W. Light —7A 52

Blackthorn Clo. Craw —1A 182
Blackthorn Cres. F'boro —6J 69
Blackthorne Av. Croy —7F 46
Blackthorn Dri. Light —8M 51
Blackthorne Cres. Coln —5G 7
Blackthorne Rd. Big H —3F 86
Blackthorne Pl. Guild —9J 93
Blackthorne Rd. Coln —6G 6
Blackthorne Rd. Houn —3K 9
Blackwater La. Craw —3H 183
(in two parts)
Blackwater Trad. Est.
  —4B 110
Blewburton Wlk. Brack —3C 32
Blighton La. Farm —9B 110
Blind La. Oxt —8A 106
Blind La. Bet —6B 120
Blind La. SE20 —1D 46
Blindley Rd. Craw —9H 163
Bloggs Way. Cranl —7M 155
Blomfield Dale. Brack —1J 31
Blondell Clo. W Dray —2M 7
Bloom Gro. SE27 —4M 29
Bloomfield Ter. W'ham —3N 107
Bloomfield Dri. Brack —7L 21
Bloom Pk. Rd. SW6 —3L 13
Bloomhall Rd. SE19 —6N 29
Bloomsbury Clo. Eps —6C 60
Bloomsbury Pl. SW18 —8N 13
Bloomsbury Ct. Guild —5B 114
Bloomsbury Ct. Hour —4J 9
  (off St Lukes Sq.)
Bloomsbury Way. B'water
Blagdon Rd. N Mald —3E 42
Blagdon Wlk. Tedd —7J 25
Blair Av. Esh —8C 20
Blair Ct. Beck —1L 47

Blanchards Hill. Guild —6A 94
Blanchland Rd. Mord —4N 43
Blanchman's Rd. Warl —5H 85
Bland Pk. Wok. Eps —1B 19
Blane's La. Brack & Asc —7D 32
Blanford Rd. Red —5E 122
Blandford Clo. Croy —9J 45
Blandford Rd. Tedd —6D 24
Blandford Rd. S'hall —1A 10
Blandford Rd. Beck —1F 46
Blane's La. Brack & Asc —7D 32

Boddicott Clo. SW19 —3K 27
Boddington Ho. SW13 —3F 12
Bodiam Clo. Craw —3G 183
Bodiam Rd. SW16 —8H 29
Bodley Clo. N Mald —4D 42
Bodley Mnr. Way. SW2 —1L 29
Bodley Rd. N Mald —5C 42
Bodmin Gro. Mord —4N 43
Bodmin St. SW18 —2M 13
Bodnant Gdns. SW20 —2F 42
Bog La. Brack —4D 32
Bognor Rd. H'ham —4C 178
Boileau Rd. SW13 —3F 12
Bois Hall Rd. Add —2M 55
Boldings Ho. La. W End —9C 52
Bolderwood Way. W Wick
  —8L 47

Bradstock Rd.—Brocks Dri.

Bradstock Rd. Eps —2F 60
Bradstone Rd. Rich —4M 11
Braemar Av. SW19 —3M 27
Braemar Av. S Croy —6N 63
Braemar Av. T Hth —2M 45
Braemar Clo. Frim —6D 70
Braemar Clo. G'ming —8G 132
Braemar Gdns. W Wick —7M 47
Braemar Rd. Bren —2K 11
Braemar Rd. Wor Pk —9G 42
Braeside. New H —7K 55
Braeside Av. SW19 —9K 27
Braeside Clo. Hasl —9D 170
Braeside Rd. SW16 —8G 29
Braes Mead. S Nut —4J 123
Brafferton Rd. Croy —1N 63
Bragg Rd. Tedd —7E 24
Braid Clo. Felt —3N 23
Brailsford Clo. Mitc —8C 28
Brainton Av. Felt —1J 23
Brakey Hill. Blet —3B 124
Bramber Clo. Craw —1C 182
Bramber Clo. H'ham —3A 198
Bramber Ct. W5 —1L 11
Bramber Ct. Bren —1L 11
Bramber Rd. W14 —2L 13
Brambleacres Clo. Sutt —4M 61
Bramblebank. Frim G —8E 70
Bramble Banks. Cars —5E 62
Bramble Clo. Copt —7M 163
Bramble Clo. Croy —1K 65
Bramble Clo. Guild —1H 113
Bramble Clo. Red —5E 122
Bramble Clo. Shep —2E 38
Bramble Ct. Ewh —4F 156
Brambledene Clo. Wok —5M 73
Bramble Down. Stai —9K 21
Brambledown Rd. Cars & Wall —4E 62
Brambledown Rd. S Croy —4B 64
Bramblegate. Crowt —1F 48
Bramble La. Hamp —7N 23
Bramble Rise. Cobh —2K 77
Brambles Clo. Ash —3F 110
Brambles Clo. Cat —9B 84
Brambles Clo. Iswth —3H 11
Brambles Pk. Brmly —5B 134
Brambles, The. SW19 —6L 27 (off Woodside)
Brambles, The. Crowt —1C 48
Brambles, The. G'ming —4G 133
Brambles, The. W Dray —1N 7
Brambleton Av. Farnh —3G 128
Bramble Twitten. E Grin —9C 166
Brambletye La. F Row —5F 186
Brambletye Pk. Rd. Red —5D 122
Brambletye Rd. Craw —4E 182
Bramble Wlk. Eps —1A 80
Bramble Wlk. Red —5E 122
Bramble Way. Rip —2H 95
Bramblewood. Red —7F 102
Bramblewood Clo. Cars —7C 44
Bramblewood Pl. Fleet —4A 88
Brambling Clo. H'ham —7N 197
Brambling Rd. H'ham —7N 197
Bramcote. Camb —1G 71
Bramcote Av. Mitc —3D 44
Bramcote Rd. SW15 —7G 13
Bramerton Rd. Beck —2J 47
Bramford Rd. SW18 —7N 13
Bramham Gdns. SW5 —1N 13
Bramham Gdns. Chess —1K 59
Bramley Av. Coul —2G 83
Bramley Av. Shep —2F 38
Bramley Clo. Cher —7K 37
Bramley Clo. Craw —3D 182
Bramley Clo. Red —5C 122
Bramley Clo. S Croy —2N 63
Bramley Clo. Stai —7L 21
Bramley Clo. Twic —9C 10
Bramley Ct. Crowt —3D 48
Bramley Gro. Crowt —2C 48
Bramley Hill. S Croy —2M 63
Bramley Ho. SW15 —9E 12 (off Tunworth Cres.)
Bramley Ho. Houn —7N 9
Bramley Ho. Red —4E 122
Bramley La. B'water —1G 69
Bramley Rd. Camb —4N 69
Bramley Rd. Cheam —5J 61
Bramley Rd. Sutt —2B 62
Bramley Wlk. Horl —8G 143
Bramley Way. Asht —4M 79
Bramley Way. Houn —8N 9
Bramley Way. W Wick —8L 47
Bramling Av. Yat —9A 48
Brampton Gdns. W On T —2K 57
Brampton Rd. Croy —5C 46
Bramshaw Rise. N Mald —5D 42
Bramshot Dri. Fleet —3B 88
Bramshot La. Fleet —1F 88
Bramston Rd. SW17 —4A 28
Bramswell Rd. G'ming —5J 133
Bramwell Clo. Sun —1L 39
Brancaster La. Purl —7N 63
Brancaster Rd. SW16 —4J 29
Brancker Clo. Wall —4J 63
Brandlehow Rd. SW15 —7L 13
Brandon Clo. Camb —2H 71
Brandon Clo. M'bowr —5H 183
Brandon Mans. W14 —2K 13 (off Queen's Club Gdns.)
Brandon Rd. C Crook —8A 88
Brandon Rd. S'hall —1N 9
Brandon Rd. Sutt —1N 61
Brandreth Rd. SW17 —3F 28
Brandries, The. Wall —9H 45
Brandsland. Reig —7N 121
Brands Rd. Slou —2D 6
Brandy Way. Sutt —4M 61
Brangwyn Cres. SW19 —9A 28
Branksea St. SW6 —3K 13
Branksome Clo. Camb —9C 50
Branksome Clo. W On T —8L 39
Branksome Ct. Fleet —4A 88
Branksome Hill Rd. Sand —8K 49
Branksome Pk. Rd. Camb —9C 50
Branksome Rd. SW19 —9M 27
Branksome Way. N Mald —9B 26
Branksomewood Rd. Fleet —3A 88
Bransby Rd. Chess —3L 59
Branson Rd. Bord —6A 168
Branstone Rd. Rich —4M 11
Brantridge Rd. Craw —5D 182
Brants Bri. Brack —1C 32
Brantwood Av. Iswth —7G 10
Brantwood Clo. W Byf —9J 55
Brantwood Ct. W Byf —9H 55 (off Brantwood Dri.)
Brantwood Dri. W Byf —9H 55
Brantwood Gdns. W Byf —9H 55
Brantwood Rd. S Croy —5N 63
Brassey Clo. Felt —2H 23
Brassey Rd. Oxt —8B 106
Brasted Clo. Sutt —6M 61
Brasted Rd. W'ham —4N 107
Brathway Rd. SW18 —1N 27
Bratten Ct. Croy —5A 46
Bravington Clo. Shep —4A 38
Braxted Pk. SW16 —7K 29
Braybourne Dri. Iswth —3F 10
Braybrooke Rd. Brack —8N 15
Bray Clo. M'bowr —6H 183
Bray Ct. SW16 —6J 29
Braycourt Av. W On T —6J 39
Braye Clo. Sand —6H 49
Bray Gdns. Wok —3G 74
Bray Rd. Guild —4L 113
Bray Rd. Stoke D —3M 77
Braywood Av. Egh —7B 20
Braziers La. Wink R —6H 17
Brazil Clo. Bedd —6J 45
Breakfield. Coul —3J 83
Breamore Clo. SW15 —2F 26
Breamwater Gdns. Rich —4H 25
Breasley Clo. SW15 —7H 13
Brecon Clo. F'boro —7J 69
Brecon Clo. Mitc —2J 45
Brecon Clo. Wor Pk —8H 43
Brecon Rd. W6 —2K 13
Brecons, The. Wey —1E 56
Bredon Rd. Croy —6C 46
Bredune. Kenl —2A 84
Breech La. Tad —2F 100
Breech, The. Col T —8K 49
Breer St. SW6 —6N 13
Breezehurst Dri. Craw —6K 181
Bregsells La. Dork —7K 139
Bremer Rd. Stai —4J 21
Bremner Av. Horl —7D 142
Brenda Rd. SW17 —3D 28
Brende Gdns. W Mol —3B 40
Brendon Clo. Esh —3C 58
Brendon Clo. Hayes —3D 8
Brendon Ct. S'hall —1B 10
Brendon Dri. Esh —3C 58
Brendon Rd. F'boro —7J 69
Brenley Clo. Mitc —2E 44
Brentford Bus. Cen. Bren —3J 11
Brentford Ho. Twic —1H 25
Brent Lea. Bren —3J 11
Brentmoor Rd. W End —9N 51
Brent Rd. Bren —2J 11
Brent Rd. S Croy —5E 64
Brent Side. Bren —2J 11
Brentside Executive Cen. Bren —2J 11
Brentwaters Bus. Pk. Bren —3J 11
Brent Way. Bren —3K 11
Brentwick Gdns. Bren —1L 11
Brentwood Ct. Add —1K 55
Brethart Rd. Frim —5C 70
Brettlands Rd. Cher —8G 36
Brettgrave. Eps —6B 60
Brett Ho. Clo. SW15 —1J 27
Brettingham Clo. Craw —6K 181
Brewer Rd. Craw —5C 182
Brewers Clo. F'boro —9M 69
Brewers La. Rich —8K 11
Brewer St. Blet —9N 103
Brewery La. Byfl —9N 55
Brewery La. Twic —1F 24
Brewery M. Cen. Iswth —6G 10
Brewery Rd. Wok —4N 73
Brew Ho. Rd. Brock —7A 120
Brewhouse St. SW15 —6K 13
Brewhurst La. Loxw —6J 193
Breydon Wlk. Craw —5F 182
Brian Av. S Croy —8B 64
Briane Rd. Eps —6B 60
Briar Av. SW16 —8K 29
Briar Av. Light —8K 51
Briar Banks. Cars —5E 62
Briar Clo. Craw —9A 162
Briar Clo. Eden —9M 127
Briar Clo. Hamp —6N 23
Briar Clo. Iswth —8F 10
Briar Clo. W Byf —7L 55
Briar Ct. Sutt —1H 61
Briar Gro. S Croy —9D 64
Briar Hill. Purl —7J 63
Briar La. Cars —5E 62
Briar La. Croy —1L 65
Briarleas Ct. F'boro —5B 90
Briar Patch. G'ming —5G 133
Briar Rd. SW16 —2J 45
Briar Rd. Send —1D 94
Briar Rd. Shep —4A 38
Briar Rd. Twic —2E 24
Briars Clo. F'boro —2J 89
Briars Ct. Oxs —1D 78
Briars, The. Ash —3F 110
Briars, The. Slou —1B 6
Briars, The. Stai —9J 7
Briars Wood. Horl —7G 142
Briarswood Clo. Craw —1H 183
Briarswood Way. Orp —2N 67
Briar Wlk. SW15 —7G 13
Briar Wlk. W Byf —8J 55
Briar Way. Guild —8D 94
Briarwood Clo. Felt —4F 22
Briarwood Ct. Wor Pk —7F 42 (off Avenue, The)
Briarwood Rd. Eps —3F 60
Briarwood Rd. Wok —6G 73
Briary Lodge. Beck —1M 47
Briavels Ct. Eps —2D 80
Brickbat All. Lea —9H 79
Brick Farm Clo. Rich —4A 12
Brickfield Clo. Bren —3J 11
Brickfield Cotts. Crowt —4E 48
Brickfield Cotts. Guild —3A 112
Brickfield Farm Gdns. Orp —1L 67
Brickfield La. Hayes —2E 8
Brickfield Rd. SW19 —5N 27
Brickfield Rd. Out —2L 143
Brickfield Rd. T Hth —9M 29
Brickhouse La. S God & Newc —5F 144
Brick Kiln La. Oxt —8E 106
Bricklands. Craw D —2E 184
Brick La. Fleet —3A 88
Bricksbury Hill. Farnh —5H 109
Brickwood Rd. Croy —8B 46
Brickyard Copse. Ockl —6C 158
Brickyard La. Craw D —1E 184
Brickyard La. Wott —1L 137
Brideake Clo. Craw —6M 181
Bridge Av. W6 —1H 13
Bridge Barn La. Wok —5N 73
Bridge Clo. Byfl —8A 56
Bridge Clo. Stai —5G 20
Bridge Clo. Tedd —5F 24
Bridge Clo. W On T —6G 38
Bridge Clo. Wok —4M 73
Bridge Ct. Wey —1C 56
Bridge Ct. Wok —4N 73
Bridge End. Camb —2N 69
Bridgefield. Farnh —1J 129
Bridgefield Clo. Bans —2H 81
Bridgefield Rd. Sutt —3M 61
Bridgefoot. Sun —9G 23
Bridge Gdns. Ashf —8D 22
Bridge Gdns. E Mol —3D 40
Bridgeham Clo. Wey —2B 56
Bridgeham Way. Small —9M 143
Bridgehill Clo. Guild —2K 113
Bridge Ho. Sutt —3N 61 (off Bridge Rd.)
Bridge Ind. Est. Horl —8F 142
Bridgelands. Copt —7L 163
Bridge La. Vir W —4A 36
Bridgeman Dri. Wind —5D 4
Bridgeman Rd. Tedd —7G 24
Bridgemead. Frim —6A 70
Bridgemead. Pirb —4C 92
Bridge M. G'ming —7H 133
Bridge M. St J —4N 73
Bridge M. Tong —5D 110
Bridgend Rd. SW18 —7N 13
Bridgepark. SW18 —8M 13
Bridge Pl. Croy —7A 46
Bridge Rd. Alder —4M 109
Bridge Rd. Asc —4A 34
Bridge Rd. Bag —4J 51
Bridge Rd. Camb —3N 69
Bridge Rd. Cher —6K 37
Bridge Rd. Chess —2L 59
Bridge Rd. Cranl —8N 155
Bridge Rd. E Mol —3D 40
Bridge Rd. Eps —8E 60
Bridge Rd. F'boro —1L 89
Bridge Rd. G'ming —6H 133
Bridge Rd. Hasl —1G 189
Bridge Rd. Houn & Iswth —6D 10
Bridge Rd. Rud —1E 194
Bridge Rd. Sutt —3N 61
Bridge Rd. Twic —9H 11
Bridge Rd. Wall —2G 62
Bridge Rd. Wey —1A 56
Bridge Row. Croy —7A 46
Bridges Ct. H'ham —3N 197
Bridges La. Croy —1J 63
Bridges Pl. SW6 —4L 13
Bridge Sq. Farnh —1H 129
Bridges Rd. SW19 —7N 27
Bridges Rd. M. SW19 —7N 27
Bridge St. W4 —1C 12
Bridge St. Coln —3F 6
Bridge St. G'ming —7H 133
Bridge St. Guild —4M 113
Bridge St. Lea —9G 79
Bridge St. Rich —8K 11
Bridge St. Stai —5G 21
Bridge St. W On T —7F 38
Bridge View. W6 —1H 13
Bridge View. S'dale —6E 34
Bridge Wlk. Yat —8C 48
Bridgewater Ct. Slou —1C 6
Bridgewater Rd. Wey —3E 56
Bridgewater Ter. Wind —4G 4
Bridgewater Way. Wind —4G 4
Bridge Way. Cobh —9G 57
Bridge Way. Coul —6C 82
Bridge Way. Twic —1C 24
Bridge Wharf. Cher —6L 37
Bridge Wharfe Rd. Iswth —6H 11
Bridge Wharf Rd. Iswth —6H 11
Bridgewood Rd. SW16 —8H 29
Bridgewood Rd. Wor Pk —1F 60
Bridgford St. SW18 —4A 28
Bridle Clo. Eps —2C 60
Bridle Clo. Gray —6M 169
Bridle Clo. King T —3K 41
Bridle Clo. Sun —2H 39
Bridle Ct. Alder —2K 109
Bridle End. Eps —1E 80
Bridle La. Stoke D & Oxs —2B 78
Bridle La. Twic —9H 11
Bridle Path. Croy —9J 45
Bridle Path, The. Eps —6H 61
Bridlepath Way. Felt —2F 22
Bridle Rd. Clay —3H 59
Bridle Rd. Croy —9K 47 (in two parts)
Bridle Rd. Eps —9E 60
Bridle Rd. S Croy —5D 64
Bridle Rd., The. Purl —6J 63
Bridle Way. Craw —2H 183
Bridle Way. Croy —1K 65
Bridle Way. Orp —1L 67
Bridleway Clo. Eps —6H 61
Bridle Way, The. Croy —6H 65
Bridleway, The. Wall —2G 63
Bridlington Clo. Big H —6D 86
Bridport Rd. T Hth —2L 45
Brier Lea. Tad —4L 101
Brierley. New Ad —3L 65 (in two parts)
Brierley Clo. SE25 —3D 46
Brierley Rd. SW12 —3G 28
Brierly Clo. Guild —1K 113
Brier Rd. Tad —6G 81
Briggs Clo. Mitc —9F 28
Bright Hill. Guild —5A 114
Brightlands Rd. Reig —1A 122
Brightman Rd. SW18 —2B 28
Brighton Clo. Add —2L 55
Brighton Rd. Add —2L 55
Brighton Rd. Alder —4A 110
Brighton Rd. Coul & Purl —5G 83
Brighton Rd. G'ming —7H 133
Brighton Rd. Hand —8N 199
Brighton Rd. Hool & Coul —1F 102
Brighton Rd. Horl —9D 142
Brighton Rd. H'ham —7K 197
Brighton Rd. Peas P & Craw —5N 199
Brighton Rd. Red —4D 122
Brighton Rd. Salf —1E 142
Brighton Rd. S Croy —2N 63
Brighton Rd. Surb —5J 41
Brighton Rd. Sutt —7M 61
Brighton Rd. Tad & Bans —9K 81
Brighton Ter. Red —4D 122
Brightside Av. Stai —8L 21
Brightwell Clo. Croy —7L 45
Brightwell Cres. SW17 —6D 28
Brightwells Rd. Farnh —1H 129
Brigstock Rd. Coul —2F 82
Brigstock Rd. T Hth —4L 45
Brimshot La. Chob —5H 53
Brimstone La. Dork —3M 139
Brind Cotts. Chob —6J 53
Brindle Clo. Alder —5N 109
Brindles, The. Bans —4L 81
Brinkley Rd. Wor Pk —8G 42
Brinksway. Fleet —5B 88
Brinn's La. B'water —1H 69
Brinsworth Clo. Twic —3D 24
Brinsworth Ho. Twic —3D 24
Brisbane Av. SW19 —9N 27
Brisbane Clo. Craw —9B 162
Briscoe Rd. SW19 —7B 28
Brisson Clo. Esh —2N 57
Bristol Clo. Craw —9H 163
Bristol Clo. Stai —9N 7
Bristol Ct. Stanw —9N 7
Bristol Gdns. SW15 —1H 27
Bristol Rd. Mord —4A 44
Bristow Rd. Camb —3N 69
Bristow Rd. Croy —1J 63
Bristow Rd. Houn —6C 10
Britannia Clo. Bord —6A 168
Britannia Ind. Est. Coln —5G 6
Britannia La. Twic —1C 24
Britannia Rd. SW6 —3N 13
Britannia Rd. Surb —6M 41
Britannia Way. SW6 —3N 13 (off Britannia Rd.)
Britannia Way. Stai —1M 21
British Gro. W4 —1E 12
British Gro. Pas. W4 —1E 12
British Gro. S. W4 —1F 12
Briton Clo. S Croy —7B 64
Briton Cres. S Croy —7B 64
Briton Hill Rd. S Croy —6B 64
Brittain Ct. Sand —8H 49
Brittain Rd. W On T —2L 57
Britten Clo. Ash —2F 110
Britten Clo. Craw —6L 181
Britten Clo. H'ham —4A 198
Brittenden Clo. Orp —3N 67
Brittenden Pde. Grn St —3N 67
Brittens Clo. Guild —7K 93
Brittleware Cotts. Horl —8L 141
Brixton Hill. SW2 —1J 29
Brixton Hill Pl. SW2 —1J 29
Broadacre. Stai —6J 21
Broad Acres. G'ming —3H 133
Broadacres. Guild —1H 113
Broadbridge Cotts. Horl —1L 163
Broadbridge Heath By-Pass. H'ham —5C 196
Broadbridge Heath Retail Pk. Broad H —6E 196
Broadbridge Heath Rd. H'ham —4D 196
Broadbridge Ind. Est. H'ham —4D 196
Broadbridge La. Small —8L 143
Broad Clo. W On T —9M 39
Broadcommon Rd. Hurst —1A 14
Broadcoombe. S Croy —4G 64
Broadfield Barton. Craw —7N 181
Broadfield Clo. Croy —8J 45
Broadfield Clo. Tad —7H 81
Broadfield Dri. Craw —6N 181
Broadfield Pk. Peas P —7B 182
Broadfield Pl. Craw —7N 181
Broadfield Rd. Peasl —2E 136
Broadfields. E Mol —5E 40
Broadford La. Chob —8H 53
Broadford Pk. Bus. Cen. Shalf —1N 133
Broadford Rd. Guild —1M 133
Broadgates Rd. SW18 —2B 28
Broad Grn. Av. Croy —6M 45
Broadham Grn. Rd. Oxt —1N 125
Broadham Pl. Oxt —9N 105
Broad Ha'penny. Wrec —7F 128
Broad Highway. Cobh —2L 77
Broadhurst. Asht —3L 79
Broadhurst. F'boro —1H 89
Broadhurst Clo. Rich —8M 11
Broadhurst Gdns. Reig —6N 121
Broadlands. F'boro —3C 90
Broadlands. Frim —6D 70
Broadlands. Horl —7G 143
Broadlands Av. SW16 —3J 29
Broadlands Av. Shep —5D 38
Broadlands Clo. SW16 —3J 29
Broadlands Ct. Brack —9K 15
Broadlands Ct. Rich —3N 11 (off Kew Gdns. Rd.)
Broadlands Dri. S Asc —6N 33
Broadlands Dri. Warl —6F 84
Broadlands, The. Felt —4A 24
Broadlands Way. N Mald —5E 42
Broad La. Brack —2A 32
Broad La. Hamp —8N 23
Broad La. Newd —7C 140
Broadley Grn. W'sham —4A 52
Broad Mead. Asht —5M 79
Broadmead. F'boro —2J 89
Broadmead. Horl —7G 143
Broadmead. Mers —6G 102 (off Station Rd.)
Broadmead Av. Wor Pk —6F 42
Broadmead Clo. Hamp —7A 24
Broadmead Rd. Send & Old Wok —9D 74
Broadmeads. Wok —9D 74
Broadmoor Est. Crowt —3J 49
Broadoak. Sun —7G 23
Broadoaks. Surb —8A 42
Broadoaks Cres. W Byf —9K 55
Broadpool Cotts. Asc —8L 17
Broadrick Heath. Warf —8B 16
Broad St. Guild —1F 112
Broad St. Tedd —7F 24
Broad St. W End —8A 52
Broad St. Wokgm —2B 30
Broad St. Wlk. Wokgm —2B 30
Broadview Rd. SW16 —8H 29
Broad Wlk. Cat —9C 84
Broad Wlk. Coul —1E 102
Broad Wlk. Cranl —9A 156
Broad Wlk. Craw —3B 182
Broad Wlk. Eps —6J 81
Broad Wlk. Frim —4C 70
Broad Wlk. Houn —4L 9
Broad Wlk. Rich —3M 11
Broad Wlk., The. E Mol —3F 40
Broadwater Clo. W On T —2H 57
Broadwater Clo. Wok —8F 54
Broadwater Clo. Wray —1A 20
Broadwater Gdns. Orp —1K 67
Broadwater La. G'ming —5J 133
Broadwater Pl. Wey —8F 38
Broadwater Rise. Guild —4C 114
Broadwater Rd. SW17 —5C 28
Broadwater Rd. N. W On T —2G 57
Broadwater Rd. S. W On T —2G 57
Broadway. Brack —1N 31
Broadway. Knap —5E 72
Broadway. Stai —6K 21
Broadway. Surb —7A 42
Broadway. Wink —2M 17
Broadway Arc. W6 —1H 13 (off Hammersmith B'way.)
Broadway Av. Croy —4A 46
Broadway Av. Twic —9H 11
Broadway Cen., The. W6 —1H 13
Broadway Clo. S Croy —1E 84
Broadway Ct. SW19 —7M 27
Broadway Ct. Beck —2M 47
Broadway Ct. Knap —4F 72
Broadway Gdns. Mitc —3C 44
Broadway Ho. Knap —5F 72
Broadway Mkt. SW17 —5D 28
Broadway Pl. SW19 —7L 27
Broadway Rd. Light & W'sham —6N 51
Broadway, The. SW13 —5D 12
Broadway, The. SW19 —7M 27
Broadway, The. Cheam —3K 61
Broadway, The. Craw —3B 182
Broadway, The. Croy —1J 63
Broadway, The. New H —6J 55
Broadway, The. Sand —7G 49
Broadway, The. Stai —2L 37
Broadway, The. Sutt —2A 62
Broadway, The. Th Dit —7E 40
Broadway, The. Wok —4B 74
Broadwell Ct. Houn —4L 9 (off Springwell Rd.)
Broadwell Rd. Wrec —5E 128
Broadwood Clo. H'ham —3N 197
Broadwood Cotts. Dork —4L 159
Broadwood Rise. Broadf —8M 181
Brocas St. Eton —3G 4
Brockbridge Ho. SW15 —9E 12
Brockdene Dri. Kes —1F 66
Brockenhurst. W Mol —5N 39
Brockenhurst Av. Wor Pk —7D 42
Brockenhurst Clo. Wok —1B 74
Brockenhurst Dri. Yat —2C 68
Brockenhurst Rd. Alder —4N 109
Brockenhurst Rd. Asc —3L 33
Brockenhurst Rd. Brack —2D 32
Brockenhurst Rd. Croy —6E 46
Brockenhurst Way. SW16 —1H 45
Brockham Clo. SW19 —6L 27
Brockham Cres. New Ad —4N 65
Brockham Dri. SW2 —1K 29
Brockham Grn. Brock —4A 120
Brockham Ho. SW2 —1K 29 (off Brockham Dri.)
Brockhamhurst Rd. Bet —1N 139
Brockham Keep. Horl —7G 142 (off Langshott La.)
Brockham La. Brock —3N 119
Brockham Pk. Bet —8B 120
Brockhill. Wok —4K 73
Brockhurst Clo. H'ham —7F 196
Brockhurst Cotts. Alf —5H 175
Brocklands. Yat —2A 68
Brocklebank Ct. Whyt —5D 84
Brocklebank Rd. SW18 —1A 28
Brocklesby Rd. SE25 —3E 46
Brockley Combe. Wey —1E 56
Brock Rd. Craw —9N 161
Brocks Clo. G'ming —6K 133
Brocks Dri. Guild —8F 92

Brocks Dri.—Burrow Wlk.

Brocks Dri. Sutt —9K 43
Brockshot Clo. Bren —1K 11
Brock Way. Vir W —4M 35
Brockway Clo. Guild —2D 114
Brockway Ho. Langl —1D 6
Brockwell Pk. Gdns. SE24 —1M 29
Broderick Gro. Bookh —4A 98
Brodie Rd. Guild —4A 114
Brodrick Rd. SW17 —3C 28
Brograve Gdns. Beck —1L 47
Broke Ct. Guild —9E 94
Broken Furlong. Eton —1E 4
Brokes Cres. Reig —1M 121
Brokes Rd. Reig —1M 121
Bromford Clo. Oxt —2C 126
Bromley Ct. Farnh —2J 129
Bromley Gro. Brom —1N 47
Bromley Rd. Beck & Short —1L 47
Brompton Clo. SE20 —1D 46
Brompton Clo. Houn —8N 9
Brompton Pk. Cres. SW6 —2N 13
Bronsart Rd. SW6 —3K 13
Bronson Rd. SW20 —1J 43
Bronte Ct. Red —2E 122
(off St Anne's Rise)
Bronte Ho. SW4 —1G 29
Brontes, The. E Grin —9N 165
Brook Av. Farnh —5L 109
Brook Clo. SW20 —2G 43
Brook Clo. Ash —1F 110
Brook Clo. Dork —3J 119
Brook Clo. E Grin —9D 166
Brook Clo. Eps —5D 60
Brook Clo. Fleet —5B 88
Brook Clo. Owl —6K 49
Brook Clo. Stanw —1A 22
Brook Cotts. Yat —9B 48
Brook Ct. Eden —9L 127
Brook Dri. Brack —3C 32
Brooke Ct. Frim G —8D 70
Brooke Forest. Guild —8F 92
Brooke Pl. Binf —6J 15
Brookers Clo. Asht —4K 79
Brookers Corner. Crowt —2H 49
Brookers Row. Crowt —1H 49
Brook Farm Rd. Cobh —2L 77
Brookfield. G'ming —3K 133
Brookfield. Wok —3L 73
Brookfield Av. Sutt —1C 62
Brookfield Clo. Ott —3F 54
Brookfield Clo. Red —9E 122
Brookfield Gdns. Clay —3F 58
Brookfield Rd. Alder —1D 110
Brookfields Av. Mitc —4C 44
Brook Gdns. SW13 —6E 12
Brook Gdns. F'boro —3L 89
Brook Gdns. King T —9B 26
Brook Grn. Brack —9L 15
(in two parts)
Brook Grn. Chob —6J 53
(off Chertsey Rd.)
Brook Hill. Alb —3M 135
Brook Hill. Oxt —8M 105
Brookhill Clo. Copt —7L 163
Brookhill Rd. Copt —8L 163
Brook Ho. Cranl —6A 156
(off Park Dri.)
Brook Ho. Farnh —6J 109
(off Fairview Gdns.)
Brookhouse Rd. F'boro —2L 89
Brookhurst Field. Rud —9E 176
Brookhurst Rd. Add —3K 55
Brookland Ct. Reig —1N 121
Brooklands. Alder —3K 109
Brooklands. Wey —6A 56
Brooklands Av. SW19 —3N 27
Brooklands Clo. Cobh —2M 77
Brooklands Clo. Farnh —5J 109
Brooklands Clo. Sun —9F 22
Brooklands Ct. Mitc —1B 44
Brooklands Ct. New H —6M 55
Brooklands Heliport. Wey —5A 56
Brooklands La. Wey —3A 56
Brooklands Rd. Craw —8A 182
Brooklands Rd. Farnh —5K 109
Brooklands Rd. Th Dit —7F 40
Brooklands Rd. Wey —7B 56
Brooklands, The. Iswth —4D 10
Brooklands Way. E Grin —1N 185
Brooklands Way. Farnh —5K 109
Brooklands Way. Red —1C 122
Brook La. Abry —2N 135
Brook La. Chob —7G 53
Brook La. Fay —9B 180
Brook La. Send —9G 74
Brook La. Bus. Cen. Bren —1K 11
Brook La. N. Bren —1K 11
(in two parts)
Brookley Clo. Farnh —9A 110
Brookleys. Chob —6J 53
Brookly Gdns. Fleet —3C 88
Brooklyn Av. SE25 —3E 46
Brooklyn Clo. Cars —8C 44
Brooklyn Clo. Wok —6A 74
Brooklyn Ct. Wok —6A 74
Brooklyn Gro. SE25 —3E 46
Brooklyn Rd. SE25 —3E 46
Brooklyn Rd. Wok —5A 74
Brook Mead. Eps —3D 60
Brookmead Ct. Cranl —8N 155
Brookmead Ct. Farnh —2G 128
Brookmead Ind. Est. Croy —5G 45
Brook Meadow. C'fold —6F 172
Brookmead Rd. Croy —5G 45
Brook Pas. SW6 —3M 13
Brook Rd. Bag —5J 51
Brook Rd. Camb —2N 69
Brook Rd. Chil —1E 134
Brook Rd. H'ham —2L 197
Brook Rd. Mers —7G 102
Brook Rd. Red —4D 122
Brook Rd. Surb —8L 41
Brook Rd. T Hth —3N 45
Brook Rd. Twic —9G 11
Brook Rd. Wmly —9B 152
Brook Rd. S. Bren —2K 11
Brooksby Clo. B'water —1G 68
Brooks Clo. Wey —6B 56
Brookscroft. Croy —6J 65
Brookside. Bear G —5M 139
Brookside. Cars —2E 62
Brookside. Cher —6G 37
Brookside. Coln —3E 6
Brookside. Copt —7L 163
Brookside. Cranl —7N 155
(Ewhurst Rd.)
Brookside. Cranl —9N 155
(Northdowns)
Brookside. Craw —2D 182
Brookside. Craw D —1E 184
Brookside. Farnh —6H 109
Brookside. Guild —7N 93
Brookside. Sand —8H 49
Brookside. S God —7G 124
Brookside Av. Ashf —6L 21
Brookside Av. Wray —6A 6
Brookside Clo. Felt —4H 23
Brookside Cres. Wor Pk —7F 42
Brookside Pk. F'boro —5M 69
Brookside Way. Croy —5G 46
Brooks La. W4 —2N 11
Brooks Rd. W4 —1N 11
Brook St. King T —1L 41
Brook St. Wind —5G 5
Brook Trad. Est., The. Alder —2C 110
Brook Valley. Mid H —2H 139
Brookview. Copt —7L 163
Brookview Rd. SW16 —6G 28
Brookville Rd. SW6 —3L 13
Brook Way. Lea —5G 78
Brookwell La. Brmly —1C 154
Brookwood. Horl —7F 142
Brookwood Av. SW13 —5E 12
Brookwood Lye Rd. Brkwd & Wok —7F 72
Brookwood Rd. SW18 —2L 27
Brookwood Rd. F'boro —1B 90
Brookwood Rd. Houn —5B 10
Broom Acres. Fleet —7A 88
Broom Acres. Sand —7G 49
Broom Clo. Esh —2B 58
Broom Clo. Tedd —8K 25
Broomcroft Clo. Wok —3F 74
Broomcroft Dri. Wok —2F 74
Broomdashers Rd. Craw —2D 182
Broome Clo. H'ley —4B 100
Broome Clo. H'ham —3K 197
Broome Clo. Yat —8B 48
Broome Ct. Brack —2N 31
Broome Ct. Tad —6K 81
Broomehall Rd. Cold —9D 138
Broome Rd. Hamp —8N 23
Broomers La. Ewh —5F 156
Broomfield. Elst —7J 131
Broomfield. Guild —2H 113
Broom Field. Light —8L 51
Broomfield. Stai —7J 21
Broomfield. Sun —9H 23
Broomfield Clo. Asc —6E 34
Broomfield Clo. Guild —1H 113
Broomfield Ct. Wey —3C 56
Broomfield Dri. Asc —5E 34
Broomfield Pk. Asc —6E 34
Broomfield Pk. Westc —6C 118
Broomfield Ride. Oxs —8D 58
Broomfield Rd. Beck —2J 47
Broomfield Rd. New H —7K 55
Broomfield Rd. Rich —4M 11
Broomfield Rd. Surb —7M 41
Broomfield Rd. Tedd —7J 25
Broomfields. Esh —2C 58
Broom Gdns. Croy —9K 47
Broom Hall. Oxs —1D 78
Broomhall End. Wok —3A 74
Broomhall La. Asc —5D 34
Broomhall La. Wok —3A 74
Broomhall Rd. S Croy —5A 64
Broomhall Rd. Wok —3A 74
Broomhill. Ews —4C 108
Broomhill Rd. SW18 —8M 13
Broomhill Rd. F'boro —9J 69
Broomhouse La. SW6 —5M 13
Broomhouse Rd. SW6 —5M 13
Broomhurst Ct. Dork —7H 119
Broomlands La. Oxt —4F 106
Broom La. Chob —5H 53
Broomleaf Corner. Farnh —1J 129
Broomleaf Rd. Farnh —1J 129
Broomloan La. Sutt —8M 43
Broom Lock. Tedd —7J 25
Broom Pk. Tedd —8K 25
Broom Rd. Croy —9K 47
Broom Rd. Tedd —6H 25
Broom Squires. Hind —5E 170
Broomsquires Rd. Bag —5K 51
Broom Water. Tedd —7J 25
Broom Water W. Tedd —6J 25
Broom Way. B'water —2K 69
Broom Way. Wey —1F 56
Broomwood Clo. Croy —4G 47
Broomwood Way. Lwr Bo —5H 129
Broster Gdns. SE25 —2C 46
Brougham Pl. Farnh —5G 108
Brough Clo. King T —6K 25
Broughton Av. Rich —4H 25
Broughton M. Frim —5D 70
Broughton Rd. SW6 —5N 13
Broughton Rd. T Hth —5L 45
Browell Ho. Guild —2F 114
(off Merrow St.)
Browells La. Felt —3J 23
Brown Bear Ct. Felt —5L 23
Brown Clo. Wall —4J 63
Browngraves Rd. Hayes —3D 8
Browning Av. Sutt —1C 62
Browning Av. Wor Pk —7G 42
Browning Barracks. Alder —8N 89
Browning Clo. Camb —2G 70
Browning Clo. Craw —2G 182
Browning Clo. Hamp —5N 23
Browning Rd. C Crook —1A 108
Browning Rd. Fet —3D 98
Brownings. Eden —8L 127
Brownings, The. E Grin —9M 165
Browning Way. Houn —4L 9
Brownjohn Ct. Craw —2E 182
Brownlow Dri. Brack —8A 16
Brownlow Rd. Croy —1B 64
Brownlow Rd. Red —3C 122
Brownrigg Cres. Brack —9C 16
Brownrigg Rd. Ashf —5B 22
Brown's Hill. Red —1A 144
Browns La. Eff —5L 97
Brownsover Rd. F'boro —1H 89
Brown's Rd. Surb —6M 41
Browns Wlk. Rowl —7E 128
Browns Wood. E Grin —6A 166
Brow, The. Red —8E 122
Broxhead Farm Rd. Lind —1A 168
Broxholme Ho. SW6 —4N 13
(off Harwood Rd.)
Broxholm Rd. SE27 —4L 29
Brox La. Ott —4E 54
Brox Rd. Ott —3E 54
Bruce Av. Shep —5D 38
Bruce Clo. Byfl —9N 55
Bruce Dri. S Croy —5G 64
Bruce Hall M. SW17 —5E 28
Bruce Rd. SE25 —3A 46
Bruce Rd. Mitc —8E 28
Bruce Wlk. Wind —5A 4
Brudenell. Wind —6C 4
Brudenell Rd. SW17 —4D 28
Brumana Clo. Wey —3C 56
Brumfield Rd. Eps —2B 60
Brunel Cen. Craw —8D 162
Brunel Clo. Houn —3J 9
Brunel Dri. Crowt —8H 31
Brunel Pl. Craw —4C 182
Brunel Wlk. Twic —1A 24
Bruneval Barracks. Alder —9L 89
Brunner Ct. Ott —2E 54
Brunswick. Brack —6M 31
Brunswick Clo. Craw —5E 182
Brunswick Clo. Th Dit —7F 40
Brunswick Clo. Twic —4D 24
Brunswick Clo. W On T —8K 39
Brunswick Ct. Craw —5E 182
(off Brunswick Clo.)
Brunswick Ct. Sutt —1N 61
Brunswick Dri. Brkwd —7A 72
Brunswick Gro. Cobh —9K 57
Brunswick M. SW16 —7H 29
Brunswick Rd. Deep & Pirb —8G 71
Brunswick Rd. King T —9N 25
Brunswick Rd. Sutt —1N 61
Bruntile Clo. F'boro —4B 90
Brushwood Rd. H'ham —2A 198
Bruton Rd. Mord —3A 44
Bruton Way. Brack —6C 32
Bryan Clo. Sun —8H 23
Bryanston Av. Twic —2B 24
Bryanstone Av. Guild —8J 93
Bryanstone Clo. C Crook —7C 88
Bryanstone Clo. Guild —9J 93
Bryanstone Ct. Sutt —1A 62
Bryanstone Gro. Guild —8J 93
Bryce Clo. H'ham —3N 197
Bryce Gdns. Alder —5A 110
Bryer Pl. Wind —6A 4
Brympton Clo. Dork —7G 119
Brynford Clo. Wok —2A 74
Bryn Rd. Wrec —4E 128
Bryony Ho. Brack —9K 15
Bryony Rd. Guild —9D 94
Bryony Way. Sun —7H 23
Buccleuch Rd. Dat —3K 5
Buchan Pk. Craw —7L 181
Buchans Lawn. Craw —7N 181
Buchan, The. Camb —7E 50
Bucharest Rd. SW18 —1A 28
Buckfast Rd. Mord —3N 43
Buckham Thorns Rd. W'ham —4L 107
Buckhold Rd. SW18 —9M 13
Buckhurst Av. Cars —7C 44
Buckhurst Clo. E Grin —7M 165
Buckhurst Clo. Red —1C 122
Buckhurst Gro. Wokgm —3E 30
Buckhurst Hill. Brack —3D 32
Buckhurst La. Asc —2C 34
Buckhurst Mead. E Grin —6M 165
Buckhurst Rd. Asc —1C 34
Buckhurst Rd. Frim G —8D 70
Buckhurst Rd. W'ham —8J 87
Buckhurst Way. E Grin —7M 165
Buckingham Av. Felt —9J 9
Buckingham Av. T Hth —9L 29
Buckingham Av. W Mol —1B 40
Buckingham Clo. Guild —2B 114
Buckingham Clo. Hamp —6N 23
Buckingham Ct. Craw —7N 181
Buckingham Ct. Sutt —5M 61
Buckingham Dri. E Grin —1C 186
Buckingham Gdns. T Hth —1L 45
Buckingham Gdns. W Mol —1B 40
Buckingham Ga. Gat A —3G 163
Buckingham Rd. Hamp —5N 23
Buckingham Rd. Holmw —5J 139
Buckingham Rd. King T —3M 41
Buckingham Rd. Mitc —4J 45
Buckingham Rd. Rich —3K 25
Buckingham Way. Frim —5D 70
Buckingham Way. Wall —5G 63
Buckland Clo. F'boro —7A 70
Buckland Ct. Gdns. Bet —2F 120
Buckland Cres. Wind —4C 4
Buckland La. Tad —6F 100
Buckland Rd. Chess —2M 59
Buckland Rd. Lwr K —7L 101
Buckland Rd. Orp —1N 67
Buckland Rd. Reig —2J 121
Buckland Rd. Sutt —6H 61
Bucklands Rd. Tedd —7J 25
Buckland's Wharf. King T —1K 41
Buckland Wlk. Mord —3A 44
Buckland Way. Wor Pk —7H 43
Bucklebury. Brack —6M 31
Buckleigh Av. SW20 —2K 43
Buckleigh Rd. SW16 —7H 29
Buckle La. Warf —3M 15
(in two parts)
Bucklers All. SW6 —2L 13
Buckler's Way. Cars —9D 44
Buckles Way. Bans —3K 81
Buckley La. H'ham —9N 197
Buckley Pl. Craw D —1D 184
Buckmans Rd. Craw —2B 182
Bucknills Clo. Eps —1B 80
Bucks Clo. W Byf —1K 75
Buckshead Hill. H'ham —9E 198
Buckswood Dri. Craw —5M 181
Buckthorn Clo. Wokgm —1D 30
Buckthorns. Brack —8K 15
Budd's All. Twic —8J 11
Budebury Rd. Stai —6J 21
Budge La. Mitc —6D 44
Budgen Clo. Craw —9H 163
Budgen Dri. Red —9E 102
Budge's Gdns. Wokgm —1C 30
Budge's Rd. Wokgm —1C 30
Budham Way Brack —5N 31
Buer Rd. SW6 —5K 13
Buff Av. Bans —1N 81
Buffbeards La. Hasl —1C 188
Bug Hill. Wold —7G 84
Bulbeggars La. God —1F 124
Bulganak Rd. T Hth —3N 45
Bulkeley Av. Wind —6E 4
Bulkeley Clo. Egh —6M 19
Bullard Cotts. Guild —1H 115
Bullard Rd. Tedd —7E 24
Bullbeggars La. Wok —3L 73
Bullbrook Dri. Brack —9C 16
Bullbrook Row. Brack —1C 32
Buller Barracks. Alder —9A 90
Buller Rd. Alder —9N 89
Buller Rd. T Hth —1A 46
Bullers Rd. Farnh —6K 109
Bullfinch Clo. Col T —7K 49
Bullfinch Clo. Horl —7C 142
Bullfinch Clo. H'ham —1J 197
Bullfinch Rd. S Croy —6G 64
Bull Hill. Lea —8G 79
Bull La. Brack —9N 15
Bullock La. Hasl —9A 190
Bullrush Clo. SE25 —5B 46
Bull's All. SW14 —5C 12
Bullswater Comn. Rd. Pirb —3D 92
Bulmer Cotts. Dork —6K 137
Bulow Est. SW6 —4N 13
(off Pearscroft Rd.)
Bulstrode Av. Houn —5N 9
Bulstrode Gdns. Houn —6A 10
Bulstrode Rd. Houn —6A 10
Bunbury Way. Eps —3G 80
Bunce Comn. Rd. Leigh —1C 140
Bunce Dri. Cat —1A 104
Bunce's Clo. Eton W —1E 4
Bunch La. Hasl —1E 188
Bunch Way. Hasl —2E 188
Bundy's Way. Stai —7H 21
Bungalow Rd. SE25 —3B 46
Bungalow Rd. Ock —2D 96
Bungalows, The. SW16 —8F 28
Bungalow, The. Guild —7J 93
Bunting Clo. H'ham —5M 197
Bunting Clo. Mitc —4D 44
Buntings, The. Farnh —3E 128
Bunyan Clo. Craw —6K 181
Bunyan's La. Knap —1F 72
Bunyard Dri. Wok —1E 74
Burbage Grn. Brack —4D 32
Burbage Rd. SE24 —1N 29
Burbeach Clo. Craw —6N 181
Burberry Clo. N Mald —1D 42
Burbidge Rd. Shep —3B 38
Burchets Hollow. Peasl —4E 136
Burchetts Way. Shep —5C 38
Burcote. Wey —3E 56
Burcote Rd. SW18 —1B 28
Burcott Gdns. Add —3L 55
Burcott Rd. Purl —1L 83
Burden Clo. Bren —1J 11
Burdenshott Av. Rich —7A 12
Burdenshott Hill. Worp —3K 93
Burdenshott Rd. Worp —3K 93
Burden Way. Guild —7L 93
Burdett Av. SW20 —9F 26
Burdett Clo. Worth —4H 183
Burdett Rd. Croy —5A 46
Burdett Rd. Rich —5M 11
Burdock Clo. Craw —7M 181
Burdock Clo. Croy —7G 47
Burdock Clo. Light —7M 51
Burdon La. Sutt —4K 61
Burdon Pk. Sutt —5L 61
Burfield Clo. SW17 —5B 28
Burfield Dri. Warl —6F 84
Burfield Rd. Old Win —9K 5
Burford Bri. Roundabout. Dork —9J 99
Burford Ct. Wokgm —3D 30
Burford Ho. Bren —1L 11
Burford Ho. Eps —7H 61
Burford La. Eps —7H 61
Burford Lea. Elst —7K 131
Burford Rd. Bren —1L 11
Burford Rd. Camb —2N 69
Burford Rd. H'ham —6L 197
Burford Rd. Sutt —8M 43
Burford Rd. Wor Pk —6E 42
Burford Wlk. SW6 —3N 13
Burford Way. New Ad —3M 65
Burges Gro. SW13 —3G 13
Burgess Clo. Felt —5M 23
Burgess Rd. Sutt —1N 61
Burges Way. Stai —7J 21
Burgh Clo. Craw —9H 163
Burgh Croft. Eps —2E 80
Burghead Clo. Col T —8J 49
Burghfield. Eps —2E 80
Burgh Heath Rd. Eps —1E 80
Burgh Hill Rd. Pass —9E 168
Burghley Av. N Mald —9C 26
Burghley Hall Clo. SW19 —2K 27
Burghley Pl. Mitc —4D 44
Burghley Rd. SW19 —5J 27
Burgh Mt. Bans —2L 81
Burgh Wood. Bans —2K 81
Burgos Clo. Croy —3L 63
Burgoyne Rd. SE25 —3C 46
Burgoyne Rd. Camb —9E 50
Burgoyne Rd. Sun —7G 22
Burhill Rd. W On T —5J 57
Burke Clo. SW15 —7D 12
Burket Clo. S'hall —1M 9
Burlands. Craw —9M 161
Burlea Clo. W On T —2J 57
Burleigh Av. Wall —9E 44
Burleigh Clo. Add —2K 55
Burleigh Clo. Craw D —1E 184
Burleigh Gdns. Ashf —6D 22
Burleigh Gdns. Wok —3B 74
Burleigh La. Asc —9J 17
Burleigh La. Craw D —2E 184
Burleigh Pk. Cobh —8M 57
Burleigh Pl. SW15 —8J 13
Burleigh Rd. Add —2K 55
Burleigh Rd. Asc —1J 33
Burleigh Rd. Frim —6B 70
Burleigh Rd. Sutt —7K 43
Burleigh Way. Craw D —1E 184
Burley Clo. SW16 —1H 45
Burley Clo. Loxw —4J 193
Burley Orchard. Cher —5J 37
Burleys Rd. Craw —3G 183
Burley Way. B'water —9H 49
Burlingham Clo. Guild —1F 114
Burlings La. Knock —4N 87
Burlings, The. Asc —9J 17
Burlington Av. Rich —4N 11
Burlington Clo. Felt —1E 22
Burlington Ct. Alder —3M 109
Burlington Ct. B'water —3J 69
Burlington Gdns. W4 —1B 12
Burlington La. W4 —3B 12
Burlington Pl. SW6 —5K 13
Burlington Rd. SW6 —5K 13
Burlington Rd. W4 —1B 12
Burlington Rd. Iswth —4D 10
Burlington Rd. N Mald —3E 42
Burlington Rd. T Hth —1N 45
Burlsdon Way. Brack —9C 16
Burma Rd. Chob —9J 35
Burmarsh Ct. SE20 —1F 46
Burmester Rd. SW17 —4A 28
Burnaby Cres. W4 —2B 12
Burnaby Gdns. W4 —2A 12
Burnaby St. SW10 —3N 13
Burnbury Rd. SW12 —2G 29
Burn Clo. Add —1M 55
Burn Clo. Oxs —2D 78
Burne-Jones Dri. Col T —9J 49
Burne Jones Ho. W14 —1K 13
(off N. End Rd.)
Burnell Av. Rich —6J 25
Burnell Rd. Sutt —1N 61
Burnet Av. Guild —9D 94
Burnet Clo. W End —9B 52
Burnet Gro. Eps —9B 60
Burnetts Rd. Wind —4B 4
Burney Av. Surb —4M 41
Burney Clo. Fet —3C 98
Burney Ct. Craw —6M 181
Burney Rd. Westh —9G 99
Burnfoot Av. SW6 —4K 13
Burnham Clo. Knap —5G 73
Burnham Clo. Wind —5A 4
Burnham Dri. Reig —2M 121
Burnham Dri. Wor Pk —8J 43
Burnham Gdns. Croy —6C 46
Burnham Gdns. Houn —4J 9
Burnham Ga. Guild —3N 113
Burnham Gro. Brack —8A 16
Burnham Pl. H'ham —7K 197
Burnham Rd. Knap —5G 73
Burnham Rd. Mord —3N 43
Burnhams Rd. Bookh —2M 97
Burnham St. King T —9N 25
Burnhill Rd. Beck —1K 47
Burnings La. Knock —4N 87
Burn Moor Chase. Brack —6C 32
Burnsall Clo. F'boro —8N 69
Burns Av. C Crook —7C 88
Burns Av. Felt —9H 9
Burns Clo. SW19 —7B 28
Burns Clo. F'boro —8L 69
Burns Clo. H'ham —1L 197
Burns Dri. Bans —1K 81
Burnside. Asht —5M 79
Burnside. Fleet —4B 88
Burnside Clo. Twic —9G 10
Burns Rd. Craw —1G 182
Burns Way. E Grin —9M 165
Burns Way. Fay —8H 181
Burns Way. Houn —5L 9
Burntcommon Clo. Rip —3H 95
Burntcommon La. Rip —3J 95
Burnt Hill Rd. Wrec —5F 128
Burnt Hill Way. Wrec —6G 128
Burnt Ho. Gdns. Warf —8C 16
Burnt Ho. La. Rusp —2E 180
Burnthouse Ride. Brack —3J 31
Burnthwaite Rd. SW6 —3L 13
Burntoak La. Newd —2D 160
Burnt Pollard La. Light —6B 52
Burntwood Clo. SW18 —2C 28
Burntwood Clo. Cat —8D 84
Burntwood Grange Rd. SW18 —2B 28
Burntwood La. SW17 —4A 28
Burntwood La. Cat —9B 84
Burpham La. Guild —8C 94
Burrell Clo. Croy —5H 47
Burrell Ct. Craw —5L 181
Burrell Rd. Frim —6A 70
Burrell Row. Beck —1K 47
Burrells, The. Cher —7K 37
Burrell, The. Westc —6C 118
Burr Hill La. Chob —5J 53
Burritt Rd. King T —1N 41
Burrow Hill Grn. Chob —5G 53
Burrows Clo. Bookh —2N 97
Burrows Clo. Guild —2J 113
Burrows Cross. Gom —1D 136
Burrows Hill Clo. H'row —6L 7
Burrows Hill La. H'row A —7K 7
Burrows La. Gom —1D 136
Burrow Wlk. SE21 —1N 29

Burr Rd.—Carrington Clo.

Burr Rd. SW18 —2M 27
Burrwood Gdns. Ash V —9E 90
Burstead Clo. Cobh —8L 57
Burstock Rd. SW15 —7K 13
Burston Gdns. E Grin —6N 165
Burston Rd. SW15 —8J 13
Burstow Rd. SW20 —9K 27
Burtenshaw Rd. Th Dit —6G 41
Burton Clo. Chess —4K 59
Burton Clo. Horl —9E 142
Burton Clo. W'sham —3A 52
Burton Ct. Beck —1F 46
Burton Gdns. Houn —4N 9
Burton Rd. King T —8L 25
Burtons Ct. H'ham —6J 197
Burton's Rd. Hamp —5B 24
Burton Way. Wind —6B 4
Burtwell La. SE27 —5N 29
Burwash Rd. Craw —4E 182
Burway Cres. Cher —3J 37
Burwood Av. Kenl —1M 83
Burwood Clo. Guild —2F 114
Burwood Clo. Reig —3B 122
Burwood Clo. Surb —7N 41
Burwood Clo. W On T —3K 57
Burwood Pde. Cher —6J 37
Burwood Pk. Rd. W On T —1J 57
Burwood Rd. W On T —4F 56
Bury Clo. Wok —3N 73
Bury Fields. Guild —5M 113
Bury Gro. Mord —4N 43
Bury La. Wok —3M 73
Burys, The. G'ming —6H 133
Bury St. Guild —5M 113
Burywood Hill. Dork —3E 158
Busbridge La. G'ming —8G 132
Busch Clo. Iswth —4H 11
Busdens Clo. Milf —2C 152
Busdens La. Milf —2C 152
Busdens Way. Milf —2C 152
Bushbury Rd. Bet —8N 119
Bush Clo. Add —2L 55
Bush Cotts. SW18 —8M 13
Bushell Clo. SW2 —3K 29
Bushetts Gro. Red —7F 102
Bushey Clo. Kenl —3C 84
Bushey Ct. SW20 —1G 43
Bushey Croft. Oxt —8M 105
Bushey Down. SW12 —3F 28
Bushey La. Sutt —1M 61
Bushey Rd. SW20 —2G 42
Bushey Rd. Croy —8K 47
Bushey Rd. Sutt —1M 61
Bushey Shaw. Asht —4J 79
Bushey Way. Beck —5N 47
Bushfield. Plais —6B 192
Bushfield Dri. Red —8E 122
Bush La. H'ham —9N 179
Bush La. Send —2F 94
Bushnell Rd. SW17 —3F 28
Bush Rd. Rich —2M 11
Bush Rd. Shep —4A 38
Bush Wlk. Wokgm —2B 30
Bushwood Rd. Rich —2N 11
Bushy Ct. King T —9J 25
(off Up. Teddington Rd.)
Bushy Hill Dri. Guild —1D 114
Bushy Pk. Gdns. Tedd —6D 24
Bushy Pk. Rd. Tedd —8H 25
(in two parts)
Bushy Rd. Fet —9B 78
Bushy Rd. Tedd —7F 24
Business Cen., The. Wokgm —4A 30
Business Pk. 5. Lea —7F 78
Busk Cres. F'boro —2L 89
Butcherfield La. Hartf —1N 187
Bute Av. Rich —3L 25
Bute Ct. Wall —2G 62
Bute Gdns. W6 —1J 13
Bute Gdns. Wall —2G 63
Bute Gdns. W. Wall —2G 63
Bute Rd. Croy —7L 45
Bute Rd. Wall —1G 62
Butler Rd. Bag —5K 51
Butler Rd. Crowt —1G 48
Butlers Clo. Wind —4A 4
Butlers Dene Rd. Wold —7J 85
Butlers Hill. W Hor —8C 96
Butlers Rd. H'ham —4N 197
Butt Clo. Cranl —6N 155
Buttercup Clo. Lind —4B 168
Buttercup Clo. Wokgm —2E 30
Buttercup Sq. Stai —2M 21
Butterfield. Camb —2N 69
Butterfield. E Grin —7L 165
Butterfield Clo. Twic —9F 10
Butterfly Wlk. Warl —7F 84
Butter Hill. Dork —5G 119
Butter Hill. Wall —9E 44
Buttermer Clo. Wrec —4E 128
Buttermere Clo. F'boro —1K 89
Buttermere Clo. Felt —2G 22
Buttermere Clo. H'ham —2A 198
Buttermere Clo. Mord —5J 43
Buttermere Dri. SW15 —8K 13
Buttermere Dri. Camb —1H 71
Buttermere Gdns. Brack —2A 32
Buttermere Gdns. Purl —9A 64
Buttermere Way. Egh —8D 20
Buttersteep Rise. Asc —7G 33
Butterwick. W6 —1H 13
Butt La. Guild —7L 111
Butts Clo. Craw —2N 181
Butts Cotts. Felt —4M 23
Butts Cres. Felt —4A 24
Butts La. G'ming —7G 133
Butts Rd. Wok —4A 74
Butts, The. Bren —2K 11
Butts, The. Sun —2K 39
Buxton Av. Cat —8B 84
Buxton Cres. Sutt —1K 61
Buxton Dri. N Mald —1C 42
Buxton La. Cat —7B 84
Buxton Rd. SW14 —6D 12
Buxton Rd. Ashf —6M 21
Buxton Rd. T Hth —4M 45
Byam St. SW6 —5N 13
Byards Croft. SW16 —9H 29
Byatt Wlk. Hamp —7M 23
Bychurch End. Tedd —6F 24
Bycroft Way. Craw —1F 182
Byegrove Rd. SW19 —7B 28
Byerley Way. Craw —2H 183
Byers La. Horne —5D 144
Byers La. S God —4F 144
Byeways. Twic —4B 24
Byeways, The. Surb —4N 41
Byeway, The. SW14 —6B 12
Byfeld Gdns. SW13 —4F 12
Byfield Pas. Iswth —6G 10
Byfield Rd. Iswth —6G 10
Byfleet Ind. Est. Byfl —7M 55
Byfleet Rd. Byfl & Cob —8B 56
Byfleet Rd. New H —4M 55
Byfleets La. Warn —2D 196
Byfleet Technical Cen. Byfl —7M 55
Bygrove. New Ad —3K 65
Bylands. Wok —5C 74
Byne Rd. Cars —8C 44
Bynes Rd. S Croy —4A 64
Byrd Rd. Craw —6L 181
Byrefield Rd. Guild —9J 93
Byrne Rd. SW12 —2F 28
Byron Av. Camb —3F 70
Byron Av. Coul —2J 83
Byron Av. Houn —5H 9
Byron Av. N Mald —4F 42
Byron Av. Sutt —1B 62
Byron Av. E. Sutt —1B 62
Byron Clo. SE20 —2E 46
Byron Clo. Craw —2F 182
Byron Clo. Fleet —5B 88
Byron Clo. Hamp —5N 23
Byron Clo. H'ham —2L 197
Byron Clo. Knap —4H 73
Byron Clo. W On T —7M 39
Byron Clo. Yat —2A 68
Byron Ct. Wind —6D 4
Byron Dri. Crowt —4G 48
Byron Gdns. Sutt —1B 62
Byron Gro. E Grin —9M 165
Byron Gro. Myt —2E 90
Byron Ho. Langl —1D 6
Byron Pl. Lea —9H 79
Byron Rd. Add —1N 55
Byron Rd. S Croy —6E 64
Byron Way. W Dray —1A 8
Byton Rd. SW17 —7D 28
Byttom Hill. Mick —4J 99
Byward Av. Felt —9K 9
Byways. Yat —1A 68
Byways, The. Asht —5K 79
Byway, The. Eps —1E 60
Byway, The. Sutt —5B 62
Bywood. Brack —6M 31
Bywood Av. Croy —5F 46
Bywood Clo. Kenl —2M 83
Byworth Clo. Farnh —1E 128
Byworth Rd. Farnh —1E 128

Cabbage Hill. Warf —6L 15
Cabbagehill La. Warf —5K 15
Cabbell Pl. Add —1L 55
Cabell Rd. Guild —2G 113
Caberfeigh Pl. Red —3B 122
Cabin Moss. Brack —6C 32
Cabrera Av. Vir W —5M 35
Cabrera Clo. Vir W —5N 35
Cabrol Rd. F'boro —9M 69
Caburn Ct. Craw —5A 182
Caburn Heights. Craw —5A 182
Cacket's La. Cud —2M 87
Cackstones, The. Worth —2H 183
Cadbury Clo. Iswth —4G 11
Cadbury Clo. Sun —8F 22
Cadbury Rd. Sun —8F 22
Caddy Clo. Egh —7C 20
Cader Rd. SW18 —9N 13
Cadet Way. C Crook —9C 88
Cadman Ct. W4 —1A 12
(off Chaseley Dri.)
Cadmer Clo. N Mald —3D 42
Cadnam Clo. Alder —6A 110
Cadogan Clo. Beck —1N 47
Cadogan Clo. Tedd —6E 24
Cadogan Ct. Sutt —3N 61
Cadogan Ho. Guild —4B 114
(off St Lukes Sq.)
Cadogan Rd. Alder —6B 90
Cadogan Rd. Surb —4K 41
Caenshill Rd. Wey —4B 56
Caenswood Hill. Wey —6B 56
Caenwood Clo. Wey —3B 56
Caen Wood Rd. Asht —5J 79
Caerleon Clo. Hind —3A 170
Caernarvon. Frim —6D 70
Caernarvon Clo. Mitc —2J 45
Caesar Ct. Alder —2K 109
Caesars Camp Rd. Camb —7E 50
Caesar's Clo. Camb —7D 50
Caesars Ct. Farnh —6H 109
Caesars Ga. Warf —9C 16
Caesars Wlk. Mitc —4D 44
Caesars Way. Shep —5E 38
Caffins Clo. Craw —1C 182
Cage Yd. Reig —3M 121
Caillard Rd. Byfl —7N 55
Cain Rd. Brack —1J 31
Cain's La. Felt —8F 8
Cairn Clo. Camb —3F 70
Cairn Ct. Eps —6E 60
Cairngorm Clo. Tedd —6G 24
Cairngorm Pl. F'boro —7K 69
Cairo New Rd. Croy —8M 45
Caistor M. SW12 —1F 28
Caistor Rd. SW12 —1F 28
Caithness Rd. Mitc —8F 28
Calbourne Rd. SW12 —1D 28
Caldbeck Av. Wor Pk —8G 42
Caldbeck Ho. Craw —6L 181
Calder Ct. Langl —1B 6
Calderdale Clo. Craw —5N 181
Calder Rd. Mord —4A 44
Calder Way. Coln —6G 7
Caldwell Rd. W'sham —2A 52
Caledonian Way. Horl —3F 162
Caledonia Rd. Stai —2N 21
Caledon Pl. Guild —9C 94
Caledon Rd. Wall —1E 62
Calfridus Way. Brack —2C 32
Calidore Clo. SW2 —1K 29
California Rd. N Mald —2B 42
Calley Down Cres. New Ad —6N 65
Callis Farm Clo. Stai —9N 7
Callisto Clo. Craw —6K 181
Callow Field. Purl —9L 63
Callow Hill. Vir W —2M 35
Calluna Ct. Wok —5B 74
Calluna Dri. Copt —8L 163
Calonne Rd. SW19 —5J 27
Calshot Rd. H'row A —5B 8
Calshot Way. Frim —7E 70
Calthorpe Gdns. Sutt —9A 44
Calthorpe Rd. Fleet —3A 88
Calton Gdns. Alder —5A 110
Calverley Rd. Eps —3F 60
Calvert Clo. Alder —3B 110
Calvert Cres. Dork —3H 119
Calvert Rd. Dork —3H 119
Calvert Rd. Eff —6J 97
Calvin Clo. Camb —2F 70
Calvin Wlk. Craw —6K 181
Camac Rd. Twic —2D 24
Cambalt Rd. SW15 —8J 13
Camber Clo. Craw —3G 183
Camberley Av. SW20 —1G 42
Camberley Clo. Sutt —9J 43
Camberley Rd. H'row A —6B 8
Camborne Clo. H'row A —6B 8
Camborne Rd. SW18 —1M 27
Camborne Rd. Croy —6D 46
Camborne Rd. Mord —4J 43
Camborne Rd. Sutt —4M 61
Camborne Way. Houn —4A 10
Cambourne Rd. H'row A —6B 8
Cambourne Wlk. Rich —9K 11
Cambray Rd. SW12 —2G 29
Cambria Clo. Houn —7A 10
Cambria Ct. Felt —1J 23
Cambria Ct. Stai —5G 20
Cambria Gdns. Stai —1N 21
Cambrian Clo. SE27 —4M 29
Cambrian Clo. Camb —1N 69
Cambrian Rd. F'boro —7J 69
Cambrian Rd. Rich —9M 11
Cambrian Way. Finch —8A 30
Cambria St. SW6 —3N 13
Cambridge Av. N Mald —2D 42
(in two parts)
Cambridge Clo. SW20 —9G 26
Cambridge Clo. Houn —7M 9
Cambridge Clo. W Dray —2M 7
Cambridge Clo. Wok —5J 73
Cambridge Cotts. Rich —2N 11
Cambridge Cres. Tedd —6G 24
Cambridge Gdns. King T —1N 41
Cambridge Gro. W6 —1G 13
Cambridge Gro. Rd. King T —2N 41
Cambridge Ho. Wind —4F 4
Cambridge Lodge Cvn. Pk. Horl —5E 142
Cambridge Meadows Farnh —2E 128
Cambridge Pk. Twic —9J 11
Cambridge Pk. Ct. Twic —1K 25
Cambridge Pl. Farnh —1H 129
Cambridge Rd. SE20 —2E 46
Cambridge Rd. SW13 —5E 12
Cambridge Rd. SW20 —9F 26
Cambridge Rd. Alder —2L 109
Cambridge Rd. Ashf —8D 22
Cambridge Rd. Cars —3C 62
Cambridge Rd. Crowt —3H 49
Cambridge Rd. Hamp —8N 23
Cambridge Rd. H'ham —6K 197
Cambridge Rd. Houn —7M 9
Cambridge Rd. King T —1M 41
Cambridge Rd. Mitc —2G 44
Cambridge Rd. N Mald —3D 42
Cambridge Rd. Owl —6K 49
Cambridge Rd. Rich —3N 11
Cambridge Rd. Tedd —5F 24
Cambridge Rd. Twic —9K 11
Cambridge Rd. W On T —5J 39
Cambridge Rd. W Mol —3N 39
Cambridge Rd. E. F'boro —4A 90
Cambridge Rd. N. W4 —1A 12
Cambridge Rd. S. W4 —1A 12
Cambridge Rd. W. F'boro —4A 90
Cambridgeshire Clo. Warf —8D 16
Cambridge Wlk. Camb —9A 50
Camden Av. Felt —2K 23
Camden Gdns. Sutt —2N 61
Camden Gdns. T Hth —2M 45
Camden Rd. Cars —1D 62
Camden Rd. Ling —8N 145
Camden Rd. Sutt —2N 61
Camden Wlk. Fleet —4D 88
Camden Way. T Hth —2M 45
Cameford Ct. SW12 —1J 29
Camel Gro. King T —6K 25
Camellia Ct. W End —9C 52
Camellia Pl. Twic —1B 24
Camelot Clo. SW19 —5M 27
Camelot Clo. Big H —3E 86
Camelot Ct. If'd —3K 181
Camelsdale Rd. Hasl —3C 188
Cameron Clo. Cranl —9N 155
Cameron Rd. Alder —6B 90
Cameron Rd. Croy —5M 45
Cameron Sq. Mitc —9C 28
Camilla Clo. Bookh —3B 98
Camilla Clo. Sun —7G 22
Camilla Dri. Westh —8G 98
Camille Clo. SE25 —2D 46
Camm Av. Wind —6B 4
Camm Gdns. King T —1M 41
Camm Gdns. Th Dit —6F 40
Camomile Av. Mitc —9D 28
Campana Rd. SW6 —4M 13
Campbell Av. Wok —8B 74
Campbell Clo. SW16 —5H 29
Campbell Clo. Alder —5A 110
Campbell Clo. Fleet —4A 88
Campbell Clo. Twic —2D 24
Campbell Clo. Yat —9E 48
Campbell Cres. E Grin —9L 165
Campbell Pl. Frim —3D 70
Campbell Rd. Alder —1M 109
Campbell Rd. Cat —8A 84
Campbell Rd. Croy —6M 45
Campbell Rd. E Mol —2E 40
Campbell Rd. M'bowr —4G 182
Campbell Rd. Twic —3D 24
Campbell Rd. Wey —4B 56
Campden Rd. S Croy —2B 64
Campen Clo. SW19 —3K 27
Camp End Rd. Wey —8D 56
Camp Farm Rd. Alder —8B 90
Camp Hill. Farnh —3A 130
Camphill Ct. W Byf —8J 55
Camphill Ind. Est. W Byf —7K 55
Camphill Rd. W Byf —8J 55
Campion Clo. B'water —3L 69
Campion Clo. Croy —1B 64
Campion Clo. Lind —5B 168
Campion Dri. Tad —7G 81
Campion Ho. Brack —9K 15
Campion Ho. Red —1D 122
Campion Rd. SW15 —7H 13
Campion Rd. H'ham —3L 197
Campion Rd. Iswth —4F 10
Campion Way. Wokgm —9D 14
Camp Rd. SW19 —6G 26
Camp Rd. F'boro —5A 90
Camp Rd. Wold —8H 85
Camp View. SW19 —6G 27
Camrose Av. Felt —5K 23
Camrose Clo. Croy —6H 47
Camrose Clo. Mord —3M 43
Canada Av. Red —7E 122
Canada Dri. Red —7E 122
Canada Ho. Red —7E 122
Canada Rd. Byfl —7M 55
Canada Rd. Cobh —9K 57
Canada Rd. Deep —6H 71
Canadian Memorial Av. Asc —1J 35
Canal Bank. Ash V —9E 90
Canal Clo. Alder —8B 90
Canal Cotts. Ash V —9E 90
Canal Wlk. Croy —5C 46
Canberra Clo. Craw —9B 162
Canberra Clo. Yat —7A 48
Canberra Pl. H'ham —3M 197
Canberra Rd. H'row A —6B 8
Canbury 2000 Bus. Pk. King T —9L 25
Canbury Av. King T —9M 25
Canbury Pk. Rd. King T —9L 25
Canbury Pas. King T —9K 25
Canbury Pl. King T —9L 25
Candleford Clo. Brack —8A 16
Candler M. Twic —1G 25
Candlerush Clo. Wok —4D 74
Candover Clo. W Dray —3M 7
Candy Croft. Bookh —4B 98
Cane Clo. Wall —4J 63
Canes La. Lind —4A 168
Canewden Clo. Wok —6A 74
Canford Dri. Add —8K 37
Canford Gdns. N Mald —5D 42
Canford Pl. Tedd —7J 25
Canham Rd. SE25 —2B 46
Can Hatch. Tad —5K 81
Canmore Gdns. SW16 —8G 29
Canning Rd. Alder —2B 110
Canning Rd. Croy —8C 46
Cannizaro Rd. SW19 —7H 27
Cannon Clo. SW20 —3H 43
Cannon Clo. Col T —7L 49
Cannon Clo. Hamp —7B 24
Cannon Cres. Chob —7H 53
Cannon Gro. Fet —9E 78
Cannon Hill. Brack —5A 32
Cannon Hill La. SW20 —4J 43
Cannonside. Fet —9E 78
Cannon Way. Fet —8E 78
Cannon Way. W Mol —3A 40
Canonbury Cotts. H'ham —3E 180
Canons Clo. Reig —2L 121
Canons Hill. Coul —5L 83
Canons La. Tad —5K 81
Canon's Wlk. Croy —9G 46
Canopus Way. Stai —1N 21
Cansiron La. Ash W & Eden —3H 187
Cantelupe Rd. E Grin —9B 166
Canterbury Ct. Dork —4G 118
(off Station Rd.)
Canterbury Gro. SE27 —5L 29
Canterbury M. Oxs —9C 58
Canterbury Rd. Ash —1E 110
Canterbury Rd. Craw —7C 182
Canterbury Rd. Croy —6K 45
Canterbury Rd. F'boro —3B 90
Canterbury Rd. Felt —3M 23
Canterbury Rd. Guild —1J 113
Canterbury Rd. Mord —6N 43
Canter, The. Craw —2J 183
Cantley Cres. Wokgm —9A 14
Cantley Gdns. SE19 —1C 46
Canvey Clo. Craw —6A 182
Cape Copse. Rud —1E 194
Capel Av. Wall —2K 63
Capel By-Pass. Dork —3H 159
Capel La. Craw —4L 181
Capel Rd. Rusp —2M 179
Capern Rd. SW18 —2A 28
Capital Interchange Way. Bren —1N 11
Capital Pk. Wok —8D 74
Capital Pl. Croy —2K 63
Capricorn Clo. Craw —5K 181
Capri Rd. Croy —7C 46
Capsey Rd. If'd —3K 181
Capstans Wharf. St J —5J 73
Caradon Clo. Wok —5L 73
Caraway Clo. Craw —7N 181
Caraway Pl. Guild —7K 93
Caraway Pl. Wall —9F 44
Carbery La. Asc —2M 33
Cardamom Clo. Guild —8K 93
Card Hill. F Row —8H 187
Cardigan Clo. Wok —5H 73
Cardigan Rd. SW13 —5F 12
Cardigan Rd. SW19 —7A 28
Cardigan Rd. Rich —9L 11
Cardinal Av. King T —6L 25
Cardinal Av. Mord —5K 43
Cardinal Clo. Mord —5K 43
Cardinal Clo. Wor Pk —1F 60
Cardinal Cres. N Mald —1B 42
Cardinal Dri. W On T —7L 39
Cardinal Pl. SW15 —7J 13
Cardinal Rd. Felt —2J 23
Cardinals, The. Brack —3N 31
Cardinals Wlk. Hamp —8C 24
Cardinals Wlk. Sun —7F 22
Cardingham. Wok —4K 73
Cardington Rd. H'row A —6C 8
Cardington Sq. Houn —7L 9
Cardwell Cres. Asc —4N 33
Cardwells Keep. Guild —9K 93
Carew Clo. Coul —6M 83
Carew Ct. Sutt —5N 61
Carew Mnr. Cotts. Wall —9H 45
Carew Rd. Ashf —7D 22
Carew Rd. Mitc —1E 44
Carew Rd. T Hth —3M 45
Carew Rd. Wall —3G 63
Carey Clo. Wind —6E 4
Carey Ho. Craw —3A 182
Carey Rd. Wokgm —3B 30
Carey's Wood. Small —8M 143
Carfax. H'ham —6J 197
Carfax Av. Tong —4D 110
Carfax Rd. Hayes —1G 9
Cargate Av. Alder —3M 109
Cargate Gro. Alder —3M 109
Cargate Hill. Alder —3L 109
Cargate Ter. Alder —3L 109
Cargill Rd. SW18 —2N 27
Cargo Forecourt Rd. Horl —3B 162
Cargo Rd. Horl —2B 162
Cargreen Pl. SE25 —3C 46
Cargreen Rd. SE25 —3C 46
Carina M. SE27 —5N 29
Carisbrooke. Frim —6D 70
Carisbrooke Ct. Cheam —4L 61
Carisbrooke Rd. Mitc —3H 45
Carleton Av. Wall —5H 63
Carleton Clo. Esh —7D 40
Carlingford Gdns. Mitc —8E 28
Carlingford Rd. Mord —5J 43
Carlinwark Dri. Camb —8D 50
Carlisle Clo. King T —9N 25
Carlisle M. King T —9N 25
Carlisle Rd. Hamp —8B 24
Carlisle Rd. Sutt —3L 61
Carlisle Rd. Tilf —3N 149
Carlisle Way. SW17 —6E 28
Carlos St. G'ming —7H 133
Carlton Av. Felt —9K 9
Carlton Av. Hayes —1F 8
Carlton Av. S Croy —4B 64
Carlton Clo. Camb —3F 70
Carlton Clo. Chess —3K 59
Carlton Clo. Craw —4C 182
Carlton Clo. Wok —1B 74
Carlton Ct. SE20 —1E 46
Carlton Ct. Horl —6E 142
Carlton Ct. Stai —6J 21
Carlton Cres. C Crook —7C 88
Carlton Cres. Sutt —1K 61
Carlton Dri. SW15 —8J 13
Carlton Grn. Red —9C 102
Carlton Ho. Felt —9G 8
Carlton Pk. Av. SW20 —1J 43
Carlton Rd. SW14 —6B 12
Carlton Rd. Head —5H 169
Carlton Rd. N Mald —1D 42
Carlton Rd. Reig & Red —1B 122
Carlton Rd. S Croy —3A 64
Carlton Rd. S God —1F 144
Carlton Rd. Sun —8G 22
Carlton Rd. W On T —6J 39
Carlton Rd. Wok —1C 74
Carlton Tye. Horl —8G 143
Carlwell St. SW17 —6C 28
Carlyle Clo. W Mol —1B 40
Carlyle Ct. SW6 —4N 13
(off Maltings Pl.)
Carlyle Ct. Crowt —3H 49
Carlyle Pl. SW15 —7J 13
Carlyle Rd. W5 —1J 11
Carlyle Rd. Croy —8D 46
Carlyle Rd. Stai —8H 21
Carlyon Clo. F'boro —1A 90
Carlyon Clo. Myt —1D 90
Carlys Clo. SE20 —1G 47
Carmalt Gdns. SW15 —7H 13
Carmalt Gdns. W On T —2K 57
Carman Wlk. Craw —8N 181
Carmarthen Clo. F'boro —7M 69
Carmel Clo. Wok —5A 74
Carmichael M. SW18 —1B 28
Carmichael Rd. SE25 —4D 46
Carminia Rd. SW17 —3F 28
Carnac St. SE27 —5N 29
Carnation Clo. Crowt —6G 30
Carnation Dri. Wink R —7E 16
Carnegie Clo. Surb —8M 41
Carnegie Pl. SW19 —4J 27
Carnforth Clo. Eps —3A 60
Carnforth Rd. SW16 —8H 29
Carnie Hall. SW17 —4F 28
Carnival Sq. Fleet —4A 88
Carnoustie. Brack —6K 31
Carnwath Rd. SW6 —6M 13
Carolina Rd. T Hth —1M 45
Caroline Clo. SW16 —4K 29
Caroline Clo. Croy —1B 64
Caroline Clo. Iswth —3D 10
Caroline Ct. Ashf —7C 22
Caroline Ct. Craw —4B 182
Caroline Dri. Wokgm —1A 30
Caroline Pl. Hayes —3F 8
Caroline Rd. SW19 —8L 27
Caroline Wlk. W6 —2K 13
Caroline Way. Frim —5D 70
Carolyn Clo. Wok —6J 73
Carpenter Clo. Eps —5E 60
Carpenters Ct. Twic —3E 24
Carrick Clo. Iswth —6G 10
Carrick Ga. Esh —9C 40
Carrick La. Yat —9D 48
Carrington Av. Houn —8B 10
Carrington Clo. Croy —6H 47
Carrington Clo. King T —6B 26
Carrington Clo. Red —2D 122

Carrington La.—Charnwood Av.

Carrington La. Ash V —5E 90
Carrington Pl. Esh —1C 58
Carrington Rd. Rich —7N 11
Carroll Av. Guild —3D 114
Carroll Cres. Asc —4K 33
Carrow Rd. W On T —9L 39
Carshalton Gro. Sutt —1B 62
Carshalton Pk. Rd. Cars —2D 62
Carshalton Pl. Cars —2E 62
Carshalton Rd. Bans —1D 82
Carshalton Rd. Camb —6E 50
Carshalton Rd. Mitc —3E 44
Carshalton Rd. Sutt & Cars —2A 62
Carslake Rd. SW15 —9H 13
Carson Rd. SE21 —3N 29
Cartbridge Clo. Send —1D 94
Carter Clo. Wall —4H 63
Carter Clo. Wind —5D 4
Carterdale Cotts. Capel —5J 159
Carter Rd. SW19 —7B 28
Carter Rd. M'bowr —6H 183
Carters Clo. Wor Pk —7J 43
Carter's Cotts. Red —5C 122
Carter's Hill. B'bear —5F 14
Carters La. Wok —7E 74
Carterslodge La. Hand —9J 199
Cartersmeade Clo. Horl —7F 142
Carters Rd. Eps —2E 80
Carters Wlk. Farnh —4J 109
Carter's Yd. SW18 —8M 13
Carthona Dri. Fleet —6A 88
Carthouse Cotts. Guild —9E 94
Carthouse La. Wok —1H 73
Cartmel Clo. Reig —1C 122
Cartmell Gdns. Mord —4A 44
Cartwright Way. SW13 —3G 13
Carville Cres. Bren —1L 11
Cascades. Croy —6J 65
Caselden Clo. Add —2L 55
Casewick Rd. SE27 —6L 29
Casher Rd. M'bowr —6G 183
Cassidy Rd. SW6 —3M 13
Cassilis Rd. Twic —8H 11
Cassino Clo. Alder —2N 109
Cassiobury Av. Felt —1G 22
Cassland Rd. T Hth —3A 46
Cassocks Sq. Shep —6E 38
Castello Av. SW15 —8H 13
Castelnau. SW13 —4F 12
Castelnau Gdns. SW13 —2G 13
Castelnau Pl. SW13 —2G 12
Castelnau Row. SW13 —2G 12
Castle Av. Dat —2K 5
Castle Av. Eps —5F 60
Castle Clo. SW19 —4J 27
Castle Clo. Blet —2N 123
Castle Clo. Brom —2N 47
Castle Clo. Camb —2D 70
Castle Clo. Reig —7N 121
Castle Clo. Sun —8F 22
Castlecombe Dri. SW19 —1J 27
Castle Ct. Farnh —9G 108
Castlecraig Ct. Col T —8J 49
Castle Dri. Horl —9G 143
Castle Dri. Reig —7M 121
Castle Farm Cvn. Site. Wind (off White Horse Rd.) —5A 4
Castle Field. Farnh —9G 108
Castlefield Ct. Reig —3N 121
Castlefield Rd. Reig —3M 121
Castle Gdns. Dork —3M 119
Castlegate. Rich —6M 11
Castle Grn. Wey —9F 38
Castle Gro. Rd. Chob —9G 53
Castle Hill. Farnh —9G 108
Castle Hill. Guild —5N 113
Castle Hill. Wind —4G 5
Castle Hill Av. New Ad —5L 65
Castle Hill Rd. Egh —4L 19
Castlemaine Av. Eps —5G 61
Castlemaine Av. S Croy —2C 64
Castle Pde. Eps —4F 60
Castle Pl. W4 —1D 12
Castle Rd. Alder —9K 89
Castle Rd. Broad H —5D 196
Castle Rd. Camb —2C 70
Castle Rd. Coul —7C 82
Castle Rd. Eps —2A 80
Castle Rd. Iswth —5F 10
Castle Rd. Wey —9F 38
Castle Rd. Wok —1B 74
Castle Row. W4 —1C 12
Castle Sq. Blet —2N 123
Castle Sq. Guild —5N 113
Castle St. Blet —2M 123
Castle St. Farnh —9G 109
Castle St. Fleet —6A 88
Castle St. Guild —5N 113
Castle St. King T —1L 41
Castle, The. H'ham —1L 197
Castleton. Cars —7B 62
Castleton Clo. Bans —2M 81
Castleton Clo. Croy —5H 47
Castleton Dri. Bans —1M 81
Castleton Rd. Mitc —3H 45
Castletown Rd. W14 —1K 13
Castle View. Eps —1A 80
Castleview Rd. Slou —1M 5
Castle View Rd. Wey —1C 56
Castle Wlk. Reig —3M 121
Castle Wlk. Sun —2K 39
Castle Way. SW19 —4J 27
Castle Way. Eps —6F 60
Castle Way. Felt —5K 23
Castle Yd. Rich —8K 11
Castor Ct. C Crook —8C 88
Castor Ct. Yat —8A 48
Caswall Clo. Binf —7H 15
Caswall Ride. Yat —1E 68
Caswell Clo. F'boro —8L 69
Catalpa Clo. Guild —1M 113
Catena Rise. Light —6L 51
Caterfield La. Crow & Oxt —1B 146
Cater Gdns. Guild —1J 113
Caterham By-Pass. Cat —8E 84
Caterham Clo. Cat —7B 84
Caterham Clo. Pirb —8B 72
Caterham Dri. Coul —5M 83
Caterways. H'ham —5G 197
Catesby Gdns. Yat —1A 68
Cathcart Rd. SW10 —2N 13
Cathedral Clo. Guild —4L 113
Cathedral Ct. Guild —3K 113
Cathedral Hill Ind. Est. Guild —2K 113
Cathedral Precinct. Guild —4K 113
Cathedral View. Guild —3J 113
Catherine Clo. Byfl —1N 75
Catherine Ct. SW19 —6L 27
Catherine Dri. Rich —7L 11
Catherine Dri. Sun —7G 22
Catherine Gdns. Houn —7D 10
Catherine Howard Ct. Wey (off Old Palace Rd.) —9C 38
Catherine Rd. Surb —4K 41
Catherine Wheel Rd. Bren —3K 11
Cat Hill. Dork —7B 158
Cathill La. Ockl —7B 158
Cathles Rd. SW12 —1F 28
Catlin Cres. Shep —4E 38
Catlin Gdns. God —8E 104
Cator Clo. New Ad —7A 66
Cator Cres. New Ad —7A 66
Cator La. Beck —1J 47
Cator Rd. Cars —2D 62
Cato's Hill. Esh —1B 58
Cat St. Up Har —9N 187
Catteshall Hatch. G'ming —5K 133
Catteshall La. G'ming —7H 133
Catteshall Rd. G'ming —5K 133 (in two parts)
Catteshall Ter. G'ming —6K 133 (off Catteshall Rd.)
Causeway Cen. Houn —6J 9
Causeway Ct. Wok —5J 73
Causeway Est. Stai —5D 20
Causewayside. Hasl —2G 189 (off High St. Haslemere,)
Causeway, The. SW18 —8N 13
Causeway, The. SW19 —6H 27
Causeway, The. Cars —8E 44
Causeway, The. Chess —1L 59
Causeway, The. Clay —4F 58
Causeway, The. Felt & Houn —7J 9
Causeway, The. H'ham —7J 197
Causeway, The. Stai —5F 20
Causeway, The. Sutt —5A 62
Causeway, The. Tedd —7F 24
Cavalier Ct. Surb —5M 41
Cavalier Way. E Grin —2B 186
Cavalry Ct. Alder —2K 109
Cavalry Cres. Houn —7L 9
Cavalry Cres. Wind —6F 4
Cavalry Gdns. SW15 —8L 13
Cavan's Rd. Alder —7A 90
Cavell Ho. Ott —3F 54
Cavell Way. M'bowr —4G 182
Cavendish Av. N Mald —4G 42
Cavendish Clo. H'ham —1K 197
Cavendish Clo. Sun —7G 22
Cavendish Ct. B'water —3J 69
Cavendish Ct. Cher —7J 37 (off Victory Rd.)
Cavendish Ct. Coln —4G 6
Cavendish Ct. Sun —7G 22
Cavendish Dri. Clay —2E 58
Cavendish Gdns. SW4 —1G 29
Cavendish Gdns. C Crook —9A 88
Cavendish Gdns. Red —2E 122
Cavendish Meads. Asc —5A 34
Cavendish M. Alder —3M 109
Cavendish Pde. Houn —5M 9
Cavendish Pk. Cvn. Site. Sand —9K 49
Cavendish Rd. SW12 —1G 28
Cavendish Rd. SW19 —8B 28
Cavendish Rd. W4 —4B 12
Cavendish Rd. Alder —3M 109
Cavendish Rd. C Crook —9A 88
Cavendish Rd. Croy —7M 45
Cavendish Rd. N Mald —3E 42
Cavendish Rd. Red —2E 122
Cavendish Rd. Sun —7G 22
Cavendish Rd. Sutt —4A 62
Cavendish Rd. Wey —5C 56
Cavendish Rd. Wok —6N 73
Cavendish Ter. Felt —3H 23
Cavendish Way. W Wick —7L 47
Cavenham Clo. Wok —6A 74
Caverleigh Way. Wor Pk —7F 42
Cave Rd. Rich —5J 25
Caversham Av. Sutt —8K 43
Caversham Rd. King T —1M 41
Caves Farm Clo. Sand —7F 48
Cawcott Dri. Wind —4B 4
Cawdor Cres. W7 —1G 11
Cawsey Way. Wok —4A 74
Caxton Av. Add —3J 55
Caxton Clo. Craw —6B 182
Caxton Gdns. Guild —2L 113
Caxton La. Oxt —9G 106
Caxton M. Bren —2K 11
Caxton Rise. Red —2E 122
Caxton Rd. SW19 —6A 28
Cayley Clo. Wall —4J 63
Cearn Way. Coul —2K 83
Cecil Clo. Ashf —8D 22
Cecil Clo. Chess —1K 59
Cecil Pl. Mitc —4D 44
Cecil Rd. SW19 —8N 27
Cecil Rd. Ashf —8D 22
Cecil Rd. Croy —5K 45
Cecil Rd. Houn —5C 10
Cecil Rd. Sutt —3L 61
Cedar Av. B'water —1J 69
Cedar Av. Cobh —2K 77
Cedar Av. Twic —9B 10
Cedar Clo. SE21 —2N 29
Cedar Clo. SW15 —5C 26
Cedar Clo. Alder —4C 110
Cedar Clo. Bag —4J 51
Cedar Clo. Cars —3D 62
Cedar Clo. Craw —9A 162
Cedar Clo. Dork —5H 119
Cedar Clo. E Mol —3E 40
Cedar Clo. Eps —1E 80
Cedar Clo. Esh —3N 57
Cedar Clo. H'ham —5J 197
Cedar Clo. Reig —5A 122
Cedar Clo. Stai —2L 37
Cedar Clo. Warl —6H 85
Cedar Clo. Wokgm —2B 30
Cedar Ct. SW19 —4J 27
Cedar Ct. Bren —2K 11 (off Boston Mnr. Rd.)
Cedar Ct. Egh —5C 20
Cedar Ct. Hasl —2F 188
Cedar Ct. Sutt —3A 62
Cedar Ct. Wind —5D 4
Cedar Cres. Brom —1G 66
Cedarcroft Rd. Chess —1M 59
Cedar Dri. Asc —3G 35 (Blacknest Rd.)
Cedar Dri. Asc —6D 34 (Broomhall La.)
Cedar Dri. Brack —8A 16
Cedar Dri. Eden —1K 147
Cedar Dri. Fet —1E 98
Cedar Dri. Fleet —4D 88
Cedar Gdns. Sutt —3A 62
Cedar Gdns. Wok —5L 73
Cedar Gro. Bisl —2D 72
Cedar Gro. Wey —1D 56
Cedar Heights. Rich —2L 25
Cedar Hill. Eps —3B 80
Cedar Ho. Guild —1E 114
Cedarland Ter. SW20 —8G 27
Cedar La. Frim —6B 70
Cedar Lodge. Hasl —3K 189
Cedarne Rd. SW6 —3N 13
Cedar Rd. Cobh —1J 77
Cedar Rd. Croy —8B 46
Cedar Rd. E Mol —3E 40
Cedar Rd. F'boro —2A 90
Cedar Rd. Felt —2E 22
Cedar Rd. Houn —5K 9
Cedar Rd. Sutt —3A 62
Cedar Rd. Tedd —6G 24
Cedar Rd. Wey —1B 56
Cedar Rd. Wok —7L 73
Cedars. Bans —1D 82
Cedars. Brack —3D 32
Cedars Av. Mitc —3E 44
Cedars Clo. Sand —7E 48
Cedars Ct. Guild —9C 94
Cedars Rd. SW13 —5F 12
Cedars Rd. W4 —2B 12
Cedars Rd. Beck —1H 47
Cedars Rd. Croy —9J 45
Cedars Rd. Hamp W —9J 25
Cedars Rd. Mord —3M 43
Cedars, The. Byfl —8A 56
Cedars, The. Fleet —5C 88
Cedars, The. Guild —9C 94
Cedars, The. Lea —8K 79
Cedars, The. Milf —2B 152
Cedars, The. Pirb —9A 72
Cedars, The. Reig —3B 122
Cedars, The. Tedd —7F 24
Cedars, The. Wall —1G 63
Cedar Ter. Rich —7L 11
Cedar Tree Gro. SE27 —6M 29
Cedarville Gdns. SW16 —7K 29
Cedar Vista. Rich —5L 11
Cedar Wlk. Kenl —3N 83
Cedar Wlk. Tad —7K 81
Cedar Way. Guild —1M 113
Cedar Way. Slou —1A 6
Cedar Way. Sun —8F 22
Cedarways. Farnh —4G 128
Celandine Clo. Craw —6N 181
Celandine Clo. Crowt —1H 49
Celandine Ct. Yat —8A 48
Celandine Rd. W On T —1M 57
Celery La. Wrec —6G 128
Celia Cres. Ashf —7M 21
Cell Farm Av. Old Win —8L 5
Celtic Av. Brom —2N 47
Celtic Rd. Byfl —1N 75
Cemetery Pales. Brkwd —9D 72
Cemetery Rd. Fleet —6A 88
Centaurs Bus. Cen. Iswth —2G 10
Centennial Ct. Brack —1M 31
Central Av. Houn —7C 10
Central Av. Wall —2J 63
Central Av. W Mol —3N 39
Central Gdns. Mord —4N 43
Central Hill. SE19 —7N 29
Central La. Wink —2M 17
Central Pde. Felt —1K 23
Central Pde. Horl —9E 142
Central Pde. New Ad —6M 65
Central Pde. Red —2D 122
Central Pde. Surb —5L 41
Central Pk. Est. Houn —8L 9
Central Pl. SE25 —4D 46
Central Rd. Mord —5M 43
Central Rd. Wor Pk —7F 42
Central School Path. SW14 —6B 12
Central Ter. Beck —2G 47
Central Wlk. Wokgm —2B 30
Central Way. Cars —4C 62
Central Way. Felt —8H 9
Central Way. Oxt —5N 105
Central Way. Wink —2M 17
Centre Ct. SW19 —7L 27
Centre Ct. Shop. Cen. SW19 —7L 27
Centre Rd. Wind —3A 4
Centre, The. Felt —3H 23
Centre, The. Houn —6B 10
Centre, The. W On T —7G 39
Centurion Clo. Col T —7J 49
Centurion Ct. Hack —8F 44
Century Ho. SW15 —7J 13
Century Rd. Stai —6E 20
Century Way. Pirb —6A 72
Cerne Rd. Mord —5A 44
Cerotus Pl. Cher —6H 37
Ceylon Ter. Frim G —6H 71 (off Crimea Rd.)
Chadacre Rd. Eps —3G 60
Chadhurst Clo. N Holm —8K 119
Chadwick Av. SW19 —7M 27
Chadwick Clo. Craw —8N 181
Chadwick Clo. Tedd —7G 25
Chadworth Way. Clay —2D 58
Chaffers Mead. Asht —3M 79
Chaffinch Av. Croy —5G 46
Chaffinch Bus. Pk. Beck —3G 47
Chaffinch Clo. Col T —7J 49
Chaffinch Clo. Craw —1B 182
Chaffinch Clo. Croy —4G 46
Chaffinch Clo. H'ham —1K 197
Chaffinch Clo. Surb —9N 41
Chaffinch Rd. Beck —1H 47
Chaffinch Way. Horl —7C 142
Chailey Clo. Craw —6M 181
Chailey Clo. Houn —4L 9
Chailey Pl. W On T —1M 57
Chalcot Clo. Sutt —4M 61
Chalcot M. SW16 —4J 29
Chalcott Gdns. Surb —7J 41
Chaldon Clo. Red —5C 122
Chaldon Comn. Rd. Cat —2N 103
Chaldon Ct. SE19 —9N 29
Chaldon Rd. SW6 —3K 13
Chaldon Rd. Cat —2A 104
Chaldon Rd. Craw —8A 182
Chaldon Way. Coul —4J 83
Chale Rd. SW2 —1J 29
Chalet Hill. Bord —6A 168
Chale Wlk. Sutt —5N 61
Chalfont Dri. F'boro —3A 90
Chalfont Rd. SE25 —2C 46
Chalford Clo. W Mol —3A 40
Chalgrove Av. Mord —4M 43
Chalgrove Rd. Sutt —4B 62
Chalice Clo. Wall —3H 63
Chalker's Corner. (Junct.) —6A 12
Chalkhill Rd. W6 —1J 13
Chalk La. Asht —6M 79
Chalk La. E Hor —8G 96
Chalk La. Eps —2C 80
Chalk La. Shack —3A 132
Chalkley Clo. Mitc —1D 44
Chalkmead. Red —8G 103
Chalk Paddock. Eps —2C 80
Chalk Pit Cotts. W Hor —8C 96
Chalkpit La. Bet —2A 120
Chalkpit La. Bookh —6N 97
Chalkpit La. Dork —4G 119
Chalkpit La. Oxt —4M 105
Chalk Pit Rd. Bans —4M 81
Chalk Pit Rd. Eps —6B 80
Chalkpit Ter. Dork —3G 118
Chalk Pit Way. Sutt —3A 62
Chalkpit Wood. Oxt —5N 105
Chalk Rd. G'ming —6G 133
Chalk Rd. Ifold —6E 192
Chalky La. Chess —6K 59
Challen Ct. H'ham —5H 197
Challenge Ct. Lea —6H 79
Challenge Rd. Ashf —4E 22
Challice Way. SW2 —2K 29
Challis Pl. Brack —1K 31
Challis Rd. Bren —1K 11
Challock Clo. Big H —3E 86
Challoner Cres. W14 —1L 13
Challoners Clo. E Mol —3D 40
Challoner St. W14 —1L 13
Chalmers Clo. Charl —4K 161
Chalmers Rd. Ashf —6C 22
Chalmers Rd. Bans —2B 82
Chalmers Rd. E. Ashf —5C 22
Chalmers Way. Felt —8J 9
Chamberlain Cres. W Wick —7L 47
Chamberlain Wlk. Felt —5M 23
Chamberlain Way. Surb —6L 41
Chamber La. Farnh —3B 128
Chambers Rd. Ash V —8F 90
Chambers, The. SW10 —4N 13 (off Chelsea Harbour)
Chambon Pl. W6 —1F 12
Chamomile Gdns. F'boro —9H 69
Champion Way. C Crook —8B 88
Champness Clo. SE27 —5N 29
Champneys Clo. Sutt —4L 61
Chancellor Ct. Guild —4G 113
Chancellor Gdns. S Croy —5M 63
Chancellor Gro. SE21 —3N 29
Chancellor's Rd. W6 —1H 13
Chancellor's St. W6 —1H 13
Chancellors Wharf. W6 —1H 13
Chancel Mans. Warf —7A 16
Chancery La. Beck —1L 47
Chanctonbury Chase. Red —3E 122
Chanctonbury Dri. Asc —6B 34
Chanctonbury Gdns. Sutt —4N 61
Chanctonbury Way. Craw —5A 182
Chandler Clo. Craw —5B 182
Chandler Clo. Hamp —9A 24
Chandlers Clo. Felt —1G 22
Chandlers La. Yat —8B 48
Chandlers Rd. Ash V —9F 90
Chandlers Way. SW2 —1L 29
Chandon Lodge. Sutt —4A 62
Chandos Rd. Stai —6F 20
Channel Clo. Houn —4A 10
Channings. Hors —2A 74
Chantlers Clo. E Grin —8M 165
Chanton Dri. Sutt —6H 61
Chantree Grn. W4 —1B 12
Chantrey Rd. Craw —6C 182
Chantry Clo. Asht —6J 79
Chantry Clo. Horl —7D 142
Chantry Clo. Wind —4D 4
Chantry Cotts. Chil —9D 114
Chantry Ct. Frim —5B 70 (off Church Rd.)
Chantry Hurst. Eps —2C 80
Chantry La. Shere —7A 116
Chantry Rd. Bag —5H 51
Chantry Rd. Cher —6L 37
Chantry Rd. Chess —2M 59
Chantry Rd. Chil —9D 114
Chantrys Ct. Farnh —1F 128 (off Chantrys, The)
Chantrys, The. Farnh —1E 128
Chantry View Rd. Guild —6N 113
Chantry Way. Mitc —2B 44
Chapel Av. Add —1K 55
Chapel Clo. Milf —9C 132
Chapel Ct. Dork —4G 119
Chapel Farm Cvn. Site. Norm —9B 92
Chapel Fields. G'ming —4G 132
Chapel Gdns. Lind —4A 168
Chapel Gro. Add —1K 55
Chapel Gro. Eps —6H 81
Chapel Hill. Duns —6B 174
Chapel Hill. Eff —5L 97
Chapelhouse Clo. Guild —3H 113
Chapel La. Ash W —3F 186
Chapel La. Bag —5H 51
Chapel La. Binf —8H 15
Chapel La. Bookh —6C 98
Chapel La. Craw D —6C 164
Chapel La. F'boro & B'water —6L 69
Chapel La. Milf —9C 132
Chapel La. Pirb —9D 72
Chapel La. Westc —6C 118
Chapel La. Westh —8E 98
Chapel La. Ind. Est. Dork (off Chapel La.) —6C 118
Chapel Pk. Rd. Add —1K 55
Chapel Rd. SE27 —5M 29
Chapel Rd. Camb —1N 69
Chapel Rd. Charl —3K 161
Chapel Rd. Houn —6B 10
Chapel Rd. Oxt —8E 106
Chapel Rd. Red —3D 122
Chapel Rd. Rowl —7D 128
Chapel Rd. Small —8M 143
Chapel Rd. Tad —1H 101
Chapel Rd. Twic —1H 25
Chapel Rd. Warl —5G 84
Chapel Sq. Vir W —3A 36
Chapel St. F'boro —8B 70
Chapel St. Guild —5N 113
Chapel St. Wok —4B 74
Chapel Ter. Binf —8H 15
Chapel View. S Croy —3F 64
Chapel Wlk. Croy —8N 45
Chapel Way. Eps —6H 81
Chapel Yd. SW18 —8M 13 (off Wandsworth High St.)
Chaplain's Hill. Crowt —3J 49
Chaplin Cres. Sun —7F 22
Chapman Rd. Croy —7L 45
Chapman Rd. M'bowr —7F 182
Chapman's La. E Grin —9L 165
Chapter M. Wind —3G 5
Chapter Way. Hamp —5A 24
Chara Pl. W4 —2C 12
Chardin Rd. W4 —1D 12
Chard Rd. H'row A —5C 8
Chargate Clo. W On T —3G 57
Charing Clo. Orp —1N 67
Charing Ct. Short —1N 47
Chariots Pl. Wind —4G 4
Charlbury Clo. Brack —3D 32
Charlecote Clo. F'boro —2C 90
Charlesfield Rd. Horl —7D 142
Charles Hill. Elst —5C 130
Charles Ho. Wind —4F 4
Charles Rd. SW19 —9M 27
Charles Rd. Stai —7M 21
Charles Sq. Brack —1A 32
Charles St. SW13 —5D 12
Charles St. Cher —7H 37
Charles St. Croy —9N 45
Charles St. Houn —5N 9
Charles St. Wind —4F 4
Charleston Clo. Felt —4H 23
Charleston Ct. Craw —6F 182
Charleville Mans. W14 —1K 13 (off Charleville Rd.)
Charleville Rd. W14 —1K 13
Charlmont Rd. SW17 —7C 28
Charlock Clo. Craw —7M 181
Charlock Way. Guild —9D 94
Charlotte Clo. Farnh —4J 109
Charlotte Ct. Craw —3A 182 (off Leopold Rd.)
Charlotte Ct. Guild —5B 114
Charlotte Gro. Small —7L 143
Charlotte M. W14 —1K 13
Charlotte M. Esh —1B 58 (off Heather Pl.)
Charlotte Rd. SW13 —4E 12
Charlotte Rd. Wall —3G 63
Charlotte Sq. Rich —9M 11
Charlow Clo. SW6 —5N 13
Charlton Av. W On T —1J 57
Charlton Ct. Owl —6J 49
Charlton Dri. Big H —4F 86
Charlton Gdns. Coul —5G 83
Charlton Ho. Bren —2L 11
Charlton Kings. Wey —9F 38
Charlton La. Shep —2D 38
Charlton Pl. Wind —5A 4
Charlton Rd. Shep —2D 38
Charlton Row. Wind —5A 4
Charlton Sq. Wind —5A 4 (off Guards Rd.)
Charlton Wlk. Wind —5A 4
Charlton Way. Wind —5A 4
Charlwood. Croy —5J 65
Charlwood Bus. Pk. E Grin —7N 165
Charlwood Clo. Bookh —2B 98
Charlwood Clo. Copt —6M 163
Charlwood Dri. Oxs —2D 78
Charlwood La. Dork & Horl —5F 160
Charlwood M. Horl —3K 161
Charlwood Rd. SW15 —7J 13
Charlwood Rd. Horl —2A 162
Charlwood Rd. If'd —7K 161
Charlwood Rd. Low H —6N 161
Charlwoods Av. E Grin —7A 166
Charlwoods Pl. E Grin —7A 166
Charlwood Sq. Mitc —2B 44
Charlwoods Rd. E Grin —8N 165
Charlwood Ter. SW15 —7J 13
Charlwood Wlk. Craw —9N 161
Charman Rd. Red —3C 122
Charmans Clo. H'ham —3A 198
Charm Clo. Horl —7C 142
Charminster Av. SW19 —1M 43
Charminster Ct. Surb —6K 41
Charminster Rd. Wor Pk —7J 43
Charmouth Ct. Rich —8M 11
Charnwood. Asc —5C 34
Charnwood Av. SW19 —1M 43

Charnwood Clo.—Christmas Hill

Charnwood Clo. N Mald —3D 42
Charnwood Rd. SE25 —4A 46
Charrington Rd. Croy —8N 45
Charrington Way. Broad H —5C 196
Charta Rd. Egh —6E 20
Chart Clo. Brom —1N 47
Chart Clo. Croy —5F 46
Chart Clo. Dork —7K 119
Chart Downs. Dork —7J 119
Charter Ct. N Mald —2D 42
Charter Cres. Houn —7M 9
Charterhouse. G'ming —5E 132
Charterhouse Clo. Brack —4C 32
Charterhouse Rd. G'ming —4G 132
Charter Rd. King T —2A 42
Charters Clo. Asc —4A 34
Charters La. Asc —4A 34
Charter Sq. King T —1A 42
Charters Rd. Asc —6A 34
Charters Way. Asc —6C 34
Chartfield Av. SW15 —8G 13
Chartfield Rd. Reig —4A 122
Chartfield Sq. SW15 —8J 13
Chart Gdns. Dork —8J 119
Chartham Gro. SE27 —4M 29
Chartham Rd. SE25 —2E 46
Chart Ho. Rd. Ash V —6E 90
Chart La. Dork —5H 119
Chart La. Reig —3N 121
Chart La. S. Dork —7K 119
Charts Clo. Cranl —8N 155
Chart Way. H'ham —6J 197
Chartway. Reig —2N 121
Chartwell. Farnh —5E 128
Chartwell. Frim G —8D 70
Chartwell Clo. Croy —7A 46
Chartwell Dri. Orp —2M 67
Chartwell Gdns. Alder —6A 90
Chartwell Gdns. Sutt —1K 61
Chartwell Lodge. Dork —9H 119
Chartwell Pl. Eps —1D 80
Chartwell Pl. Sutt —9L 43
Chartwell Way. SE20 —1E 46
Char Wood. SW16 —5L 29
Charwood Rd. Wokgm —2D 30
Chase Cotts. Gray —8A 170
Chase Ct. Iswth —5G 10
Chase End. Eps —8C 60
Chasefield Clo. Guild —9C 94
Chasefield Rd. SW17 —5D 28
Chase Gdns. Binf —6H 15
Chase Gdns. Twic —1D 24
Chase La. Hasl —4H 189
Chaseley Dri. W4 —1A 12
Chaseley Dri. S Croy —6A 64
Chasemore Clo. Mitc —6D 44
Chasemore Gdns. Croy —2L 63
Chase Rd. Eps —8C 60
Chase Rd. Lind —5A 168
Chaseside Av. SW20 —1K 43
Chaseside Gdns. Cher —6K 37
Chase, The. SW16 —8K 29
Chase, The. SW20 —9K 27
Chase, The. Asht —5J 79
Chase, The. Coul —1H 83
Chase, The. Craw —4E 182
Chase, The. Crowt —1F 48
Chase, The. E Hor —4G 96
Chase, The. F'boro —8B 70
Chase, The. Guild —4K 113
Chase, The. Kgswd —8A 82
Chase, The. Oxs —2C 78
Chase, The. Reig —3B 122
Chase, The. Sun —9J 23
Chase, The. Wall —2K 63
Chasewater Ct. Alder —3M 109
Chatelet Clo. Horl —7F 142
Chatfield Clo. F'boro —3A 90
Chatfield Ct. Cat —9A 84
Chatfield Dri. Guild —1E 114
Chatfield Rd. Croy —7M 45
Chatfields. Craw —5N 181
Chatham Clo. Sutt —6L 43
Chatham Rd. King T —1N 41
Chatsfield. Eps —6F 60
Chatsworth Av. SW20 —9K 27
Chatsworth Av. Hasl —9G 170
Chatsworth Clo. W4 —2B 12
Chatsworth Cres. Houn —7D 10
Chatsworth Gdns. N Mald —4E 42
Chatsworth Gro. Farnh —6G 108
Chatsworth Heights. Camb —8E 50
Chatsworth Lodge. W4 —1C 12 (off Bourne Pl.)
Chatsworth Pl. Mitc —2D 44
Chatsworth Pl. Oxs —9D 58
Chatsworth Pl. Tedd —5G 24
Chatsworth Rd. W4 —2B 12
Chatsworth Rd. Croy —1A 64
Chatsworth Rd. F'boro —2C 90
Chatsworth Rd. Sutt —2J 61
Chatsworth Way. SE27 —4M 29
Chattern Hill. Ashf —5C 22
Chattern Rd. Ashf —5D 22
Chatterton Ct. Rich —5M 11
Chatton Row. Bisl —4D 72
Chaucer Av. E Grin —9M 165
Chaucer Av. Houn —5J 9
Chaucer Av. Rich —6N 11
Chaucer Av. Wey —4B 56
Chaucer Clo. Bans —1K 81
Chaucer Clo. Wokgm —2E 30
Chaucer Ct. Guild —5M 113
Chaucer Gdns. Sutt —9M 43
Chaucer Grn. Croy —6E 46
Chaucer Gro. Camb —1B 70
Chaucer Ho. Sutt —9M 43 (off Chaucer Gdns.)
Chaucer Mans. W14 —2K 13 (off Queen's Club Gdns.)
Chaucer Rd. Ashf —5N 21
Chaucer Rd. Craw —1F 182
Chaucer Rd. Crowt —3G 48
Chaucer Rd. F'boro —8L 69
Chaucer Rd. Sutt —1M 61
Chaucer Way. SW19 —7B 28
Chaucer Way. Add —3J 55
Chave Croft. Eps —6H 81
Chave Croft Ter. Eps —6H 81
Chavey Down Rd. Wink R —6F 16
Chaworth Clo. Ott —3E 54
Chaworth Rd. Ott —3E 54
Chawridge La. Wink —2G 16
Cheam Clo. Brack —4B 32
Cheam Clo. Tad —8G 81
Cheam Comn. Rd. Wor Pk —8G 43
Cheam Mans. Sutt —4K 61
Cheam Pk. Way. Sutt —3K 61
Cheam Rd. Eps & Cheam —6F 60
Cheam Rd. Sutt —3L 61
Cheam Village. (Junct.) —3K 61
Cheapside. Wok —1N 73
Cheapside Rd. Asc —2N 33
Cheddar Rd. H'row A —5C 8
Cheeseman Clo. Hamp —7M 23
Cheeseman Clo. Wokgm —1C 30
Cheesemans Ter. W14 —1L 13 (in two parts)
Chellows La. Crow —1B 146
Chelmsford Clo. W6 —2J 13
Chelmsford Clo. Sutt —5M 61
Chelsea Clo. Hamp —6C 24
Chelsea Clo. Wor Pk —6F 42
Chelsea Gdns. Sutt —1K 61
Chelsham Clo. Warl —5H 85
Chelsham Comn. Rd. Warl —4K 85
Chelsham Ct. Rd. Warl —5N 85
Chelsham Rd. S Croy —4A 64
Chelsham Rd. Warl —5J 85
Cheltenham Av. Twic —1G 24
Cheltenham Clo. N Mald —2B 42
Cheltenham Vs. Stai —9H 7
Chelverton Rd. SW15 —7J 13
Chelwood Clo. Craw —5D 182
Chelwood Clo. Eps —8E 60
Chelwood Dri. Sand —6E 48
Chelwood Gdns. Rich —5N 11
Chelwood Gdns. Pas. Rich —5N 11
Cheney Clo. Binf —7J 15
Chenies Cotts. Dork —2A 178
Chenies Ho. W4 —2E 12 (off Corney Reach Way)
Cheniston Clo. W Byf —9J 55
Cheniston Ct. S'dale —6D 34
Chennells Way. H'ham —3K 197
Chepstow Clo. SW15 —8K 13
Chepstow Clo. Craw —3J 183
Chepstow Rise. Croy —9B 46
Chepstow Rd. Croy —9B 46
Chequer Grange. F Row —8G 187
Chequer Rd. E Grin —9B 166
Chequers Clo. Horl —7E 142
Chequers Clo. Tad —3F 100
Chequers Ct. H'ham —5L 197
Chequers Dri. Horl —7E 142
Chequers La. Tad —3F 100
Chequers Pl. Dork —5H 119
Chequers Yd. Dork —5H 119
Chequer Tree Clo. Knap —3H 73
Cherberry Clo. Fleet —1C 88
Cherbury Clo. Brack —3C 32
Cherimoya Gdns. W Mol —2B 40
Cherington Way. Asc —1J 33
Cheriton Ct. W on T —7K 39
Cheriton Sq. SW17 —3E 28
Cheriton Way. B'water —1J 69
Cherkley Hill. Lea —4J 99
Cherrimans Orchard. Hasl —2D 188
Cherry Bank Cotts. Dork —6K 137
Cherry Clo. SW2 —1L 29
Cherry Clo. Bans —1J 81
Cherry Clo. Cars —8D 44
Cherry Clo. Mord —3K 43
Cherrycot Hill. Orp —1M 67
Cherrycot Rise. Orp —1L 67
Cherry Cotts. Tad —2G 100
Cherry Ct. H'ham —7K 197
Cherry Cres. Bren —3H 11
Cherrydale Rd. Camb —1H 71
Cherry Garth. Bren —1K 11
Cherry Grn. Clo. Red —5F 122
Cherry Hill Gdns. Croy —1K 63
Cherryhill Gro. Alder —3L 109
Cherryhurst. Hamb —9E 152
Cherry La. Craw —9A 162
Cherry Laurel Wlk. SW2 —1K 29
Cherry Lodge. Alder —3N 109
Cherry Orchard. Asht —5A 80
Cherry Orchard. Stai —6J 21
Cherry Orchard Gdns. Croy —7B 46
Cherry Orchard Gdns. W Mol —2N 39
Cherry Orchard Rd. Croy —8A 46
Cherry Orchard Rd. W Mol —2A 40
Cherry St. Wok —5A 74
Cherry Tree Av. Guild —3J 113
Cherry Tree Av. Hasl —1D 188
Cherry Tree Av. Stai —7K 21
Cherry Tree Clo. F'boro —9H 69
Cherry Tree Clo. Farnh —9H 109
Cherry Tree Clo. Owl —6J 49
Cherry Tree Clo. Worth —1H 183
Cherry Tree Ct. Coul —5K 83
Cherrytree Dri. SW16 —4J 29
Cherry Tree Dri. Brack —2B 32
Cherry Tree Grn. S Croy —1E 84
Cherry Tree La. Eps —8N 59
Cherry Tree La. G'ming —3G 133
Cherry Tree Rd. Milf —1B 152
Cherry Tree Rd. Rowl —8D 128
Cherry Tree Wlk. Beck —3J 47
Cherry Tree Wlk. Big H —3E 86
Cherry Tree Wlk. H'ham —2A 198
Cherry Tree Wlk. Rowl —8D 128 (in two parts)
Cherry Tree Wlk. W Wick —1B 66
Cherry Way. Eps —3C 60
Cherry Way. Hort —6E 6
Cherry Way. Shep —3E 38
Cherrywood Av. Egh —8L 19
Cherry Wood Clo. King T —8N 25
Cherrywood Ct. Tedd —6G 24
Cherrywood Dri. SW15 —8J 13
Cherrywood La. Mord —3K 43
Cherrywood Rd. F'boro —7M 69
Chertsey Bri. Rd. Cher —6M 37
Chertsey Clo. Kenl —2M 83
Chertsey Cres. New Ad —6M 65
Chertsey Dri. Sutt —8K 43
Chertsey La. Stai —6G 20
Chertsey Rd. Add —8K 37
Chertsey Rd. Ashf & Sun —8E 22
Chertsey Rd. Byfl —7M 55
Chertsey Rd. Chob & Cher —6J 53
Chertsey Rd. Shep —6N 37
Chertsey Rd. Sun & Felt —6F 22
Chertsey Rd. Twic —3B 24
Chertsey Rd. W'sham & Chob —3A 52
Chertsey Rd. Wok —4B 74
Chertsey St. SW17 —6E 28
Chertsey St. Guild —4N 113
Chertsey Wlk. Cher —6J 37
Chervil Clo. Felt —4H 23
Cherwell Clo. Slou —2D 6
Cherwell Ct. Eps —1B 60
Cherwell Wlk. Craw —4L 181
Cheryls Clo. SW6 —4N 13
Cheselden Rd. Guild —4A 114
Chesfield Rd. King T —8L 25
Chesham Clo. Sutt —6N 61
Chesham Cres. SE20 —1F 46
Chesham M. Guild —4A 114
Chesham Rd. SE20 —1F 46
Chesham Rd. SW19 —6B 28
Chesham Rd. Guild —4B 114
Chesham Rd. King T —1N 41
Cheshire Clo. Cher —3F 54
Cheshire Clo. Mitc —2J 45
Cheshire Gdns. Chess —3K 59
Cheshire Ho. Mord —6N 43
Cheshire Ho. Ott —3F 54 (off Cheshire Clo.)
Cheshire Pk. Warf —7C 16
Chesholt Clo. Fern —9F 188
Chesilton Cres. C Crook —8B 88
Chesilton Rd. SW6 —4L 13
Chesney Cres. New Ad —4M 65
Chessholme Rd. Ashf —7D 22
Chessington Clo. Eps —3B 60
Chessington Hall Gdns. Chess —3K 59
Chessington Hill Pk. Chess —2N 59
Chessington Ho. Eps —5E 60 (off Spring St.)
Chessington Pde. Chess —3K 59
Chessington Rd. Eps & Ewe —3N 59
Chessington Way. W Wick —8L 47
Chesson Rd. W14 —2L 13
Chester Av. Rich —9M 11
Chester Av. Twic —2N 23
Chesterblade La. Brack —6B 32
Chester Clo. SW15 —6G 13
Chester Clo. Ash —2F 110
Chester Clo. Ashf —6E 22
Chester Clo. Dork —3J 119
Chester Clo. Guild —1J 113
Chester Clo. Rich —9M 11
Chester Clo. Sutt —8M 43
Chesterfield Clo. Felb —6F 164
Chesterfield Dri. Esh —8G 40
Chesterfield M. Ashf —5N 21
Chesterfield Rd. W4 —2B 12
Chesterfield Rd. Ashf —5N 21
Chesterfield Rd. Eps —4C 60
Chester Gdns. Mord —5A 44
Chesterman Ct. W4 —3D 12 (off Corney Reach Way)
Chester Rd. SW19 —7H 27
Chester Rd. Ash —1F 110
Chester Rd. Eff —6J 97
Chester Rd. Houn —6J 9
Chester Rd. H'row A —6B 8
Chesters. Horl —6C 142
Chesters Rd. Camb —1F 70
Chesters, The. N Mald —9D 26
Chesterton Clo. SW18 —8M 13
Chesterton Clo. E Grin —2B 186
Chesterton Ct. H'ham —4N 197
Chesterton Dri. Red —6J 103
Chesterton Dri. Stai —2A 22
Chesterton Sq. W8 —1L 13
Chesterton Ter. King T —1N 41
Chester Way. Tong —6D 110
Chestnut All. SW6 —2L 13
Chestnut Av. SW14 —6C 12
Chestnut Av. Alder —5C 110
Chestnut Av. Bren —1K 11
Chestnut Av. Camb —9E 50
Chestnut Av. E Mol & Tedd —1F 40
Chestnut Av. Eps —1D 60
Chestnut Av. Esh —6D 40
Chestnut Av. Farnh —3F 128
Chestnut Av. Guild —7M 113
Chestnut Av. Hamp —8A 24
Chestnut Av. Hasl —1G 189
Chestnut Av. Vir W —3J 35
Chestnut Av. W'ham —9F 86
Chestnut Av. W Wick —2A 66
Chestnut Av. Wey —4D 56
Chestnut Av. W Vill —5F 56
Chestnut Clo. SW16 —5L 29
Chestnut Clo. Add —2M 55
Chestnut Clo. Ashf —5C 22
Chestnut Clo. B'water —2K 69
Chestnut Clo. Cars —7D 44
Chestnut Clo. E Grin —9C 166
Chestnut Clo. Eden —1K 147
Chestnut Clo. Egh —7L 19
Chestnut Clo. Fleet —1D 88
Chestnut Clo. Gray —6A 170
Chestnut Clo. Red —5F 122
Chestnut Clo. Rip —3H 95
Chestnut Clo. Sun —7G 22
Chestnut Clo. Tad —1M 101
Chestnut Clo. W Dray —3C 8
Chestnut Copse. Oxt —1D 126
Chestnut Ct. SW6 —2L 13
Chestnut Ct. Alder —2B 110
Chestnut Ct. Felt —6L 23
Chestnut Ct. H'ham —6L 197
Chestnut Cres. W Vill —5F 56
Chestnut Dri. Egh —7N 19
Chestnut Dri. Wind —7B 4
Chestnut End. Head —5F 168
Chestnut Gdns. H'ham —3J 197
Chestnut Gro. SW12 —1E 28
Chestnut Gro. Fleet —3C 88
Chestnut Gro. Iswth —7G 10
Chestnut Gro. Mitc —4H 45
Chestnut Gro. N Mald —2C 42
Chestnut Gro. S Croy —4E 64
Chestnut Gro. Stai —7L 21
Chestnut Gro. Wok —7A 74
Chestnut La. Chob —2F 52
Chestnut La. Wey —2C 56
Chestnut Mnr. Clo. Stai —6K 21
Chestnut Mead. Red —2C 122
Chestnut Pl. Asht —6L 79
Chestnut Rd. SE27 —4M 29
Chestnut Rd. SW20 —1J 43
Chestnut Rd. Ashf —5C 22
Chestnut Rd. F'boro —9M 69
Chestnut Rd. Guild —3N 113
Chestnut Rd. Horl —6F 142
Chestnut Rd. King T —8L 25
Chestnut Rd. Twic —3E 24
Chestnuts, The. Horl —6F 142
Chestnuts, The. W On T —8H 39
Chestnut Ter. Sutt —1N 61
Chestnut Wlk. Byfl —8N 55
Chestnut Wlk. Craw —9A 162
Chestnut Wlk. Felc —2M 165
Chestnut Wlk. Shep —3F 38
Chestnut Wlk. W Vill —5F 56
Chestnut Way. Brmly —7C 134
Chestnut Way. Felt —4J 23
Chestnut Way. G'ming —9J 133
Cheston Av. Croy —8H 47
Chesworth Clo. H'ham —8J 197
Chesworth Cres. H'ham —7J 197
Chesworth Gdns. H'ham —7J 197
Chesworth La. H'ham —7J 197
Chetnole. E Grin —8N 165
Chetwode Clo. Wokgm —2D 30
Chetwode Dri. Eps —5J 81
Chetwode Pl. Alder —5A 110
Chetwode Rd. SW17 —4D 28
Chetwode Rd. Tad —6H 81
Chetwode Ter. Alder —3K 109
Chetwood Rd. Craw —7J 181
Chevening Clo. Craw —8A 182
Chevening Rd. SE19 —7N 29
Chevington Vs. Red —1B 124
Cheviot Clo. Bans —2N 81
Cheviot Clo. Camb —2G 71
Cheviot Clo. F'boro —7K 69
Cheviot Clo. Hayes —3E 8
Cheviot Clo. Sutt —5B 62
Cheviot Ct. S'hall —1B 10
Cheviot Dri. Fleet —1C 88
Cheviot Gdns. SE27 —5M 29
Cheviot Rd. SE27 —6L 29
Cheviot Rd. Sand —5E 48
Cheviot Rd. Slou —1C 6
Cheviot Wlk. Craw —3N 181
Chevremont. Guild —4A 114
Chewter Clo. Bag —4K 51
Chewter La. W'sham —1M 51
Cheyham Gdns. Sutt —6J 61
Cheyham Way. Sutt —6K 61
Cheylesmore Dri. Frim —3H 71
Cheyne Av. Twic —2N 23
Cheyne Clo. Brom —1G 66
Cheyne Ct. Bans —2N 81
Cheyne Hill. Surb —3M 41
Cheynell Wlk. Craw —5L 181
Cheyne Rd. Ashf —8E 22
Cheyne Row. Brmly —2N 153
Cheyne Wlk. Croy —8D 46
Cheyne Wlk. Horl —1D 162
Cheyne Way. F'boro —7L 69
Chichele Gdns. Croy —1B 64
Chichele Rd. Oxt —6A 106
Chichester Clo. Craw —7C 182
Chichester Clo. Dork —3H 119
Chichester Clo. Hamp —7N 23
Chichester Clo. Witl —5B 152
Chichester Ct. Eps —5E 60
Chichester Dri. Purl —8K 63
Chichester M. SE27 —5L 29
Chichester Rd. Ash —1E 110
Chichester Rd. Croy —9B 46
Chichester Rd. Dork —2H 119
Chichester Rd. H'ham —6K 197
Chichester Way. Felt —1K 23
Chiddingfold Rd. Duns —5M 173
Chiddingly Clo. Craw —4F 182
Chiddingstone Clo. Sutt —6M 61
Chiddingstone St. SW6 —5M 13
Chilberton Dri. Red —8G 103
Chilbrook Rd. D'side —5H 77
Chilcroft La. Hasl —7F 188
Chilcroft Rd. Hasl —1D 188
Chilcrofts Rd. King G —7E 188
Child Clo. Wokgm —9C 14
Childebert Rd. SW17 —3F 28
Childerley St. SW6 —4K 13
Childs Hall Clo. Bookh —3N 97
Childs Hall Dri. Bookh —3N 97
Childs Hall Rd. Bookh —3N 97
Child's Pl. SW5 —1M 13
Child's St. SW5 —1M 13
Child's Wlk. SW5 —1M 13
Chilham Clo. Frim —6D 70
Chillerton Rd. SW17 —6E 28
Chillingham Way. Camb —2A 70
Chillingworth Gdns. Twic —4F 24
Chilmans Dri. Bookh —3B 98
Chilmark Gdns. N Mald —5F 42
Chilmark Gdns. Red —7J 103
Chilmark Rd. SW16 —1H 45
Chilmead. Red —2D 122
Chilmead La. Red —1H 123
Chilsey Grn. Rd. Cher —5G 37
Chiltern Av. F'boro —1J 89
Chiltern Av. Twic —2A 24
Chiltern Clo. C Crook —7C 88
Chiltern Clo. Craw —3N 181
Chiltern Clo. Croy —9B 46
Chiltern Clo. F'boro —1H 89
Chiltern Clo. Hasl —3F 188
Chiltern Clo. Wok —9M 73
Chiltern Clo. Wor Pk —8H 43
Chiltern Dri. Surb —5N 41
Chiltern Farm Pk. F'boro —1H 89
Chiltern Rd. Sand —6E 48
Chiltern Rd. Sutt —5N 61
Chilterns, The. Sutt —5N 61
Chilton Clo. Alf —7H 175
Chilton Ct. W on T —1N 57
Chilton Rd. Rich —6N 11
Chiltons Clo. Bans —2N 81
Chilworth Ct. SW19 —2J 27
Chilworth Gdns. Sutt —9A 44
Chilworth Hill Cotts. Chil —1G 134
Chilworth Rd. Abry —8J 115
Chinchilla Dri. Houn —5K 9
Chine, The. Dork —4H 119
Chine, The. Wrec —6E 128
Chingford Av. F'boro —9B 70
Chinnock Clo. Fleet —6A 88
Chinthurst La. Shalf & Brmly —1A 134
Chinthurst Pk. Shalf —2A 134
Chippendale Clo. B'water —3K 69
Chippendale Rd. Craw —8N 181
Chipstead Av. T Hth —3M 45
Chipstead Clo. Coul —3E 82
Chipstead Clo. Red —4D 122
Chipstead Clo. Sutt —5N 61
Chipstead Ct. Knap —4H 73
Chipstead La. Tad & Coul —3L 101
Chipstead Rd. Bans —4L 81
Chipstead Rd. H'row A —6B 8
Chipstead St. SW6 —4M 13
Chipstead Valley Rd. Coul —3E 82
Chipstead Way. Bans —3D 82
Chirton Wlk. Wok —5K 73
Chisbury Clo. Brack —5C 32
Chisholm Rd. Croy —8B 46
Chisholm Rd. Rich —9M 11
Chislehurst Rd. Rich —8L 11
Chiswick Bri. SW14 & W4 —5B 12
Chiswick Clo. Croy —9K 45
Chiswick Comn. Rd. W4 —1C 12
Chiswick High Rd. Bren & W4 —1N 11 (in two parts)
Chiswick La. N. W4 —1D 12
Chiswick La. S. W4 —2E 12
Chiswick Mall. W4 & W6 —2E 12
Chiswick Plaza. W4 —2B 12
Chiswick Quay. W4 —4B 12
Chiswick Rd. W4 —1B 12
Chiswick Roundabout. (Junct.) —1N 11
Chiswick Sq. W4 —2D 12
Chiswick Staithe. W4 —3A 12
Chiswick Ter. W4 —1B 12
Chiswick Village. W4 —2N 11
Chiswick Wharf. W4 —2E 12
Chithurst La. Horne —8B 144
Chittenden Cotts. Wis —3N 75
Chitterfield Ga. W Dray —3B 8
Chittys Wlk. Guild —8J 93
Chive Clo. Croy —7G 47
Chive Ct. F'boro —1H 89
Chivenor Gro. King T —6K 25
Chives Pl. Warf —8B 16
Chobham Clo. Ott —3D 54
Chobham Gdns. SW19 —3J 27
Chobham La. Chob —9J 35
Chobham Pk. La. Chob —6K 53
Chobham Rd. Asc & Wok —6E 34
Chobham Rd. Frim —4C 70
Chobham Rd. Knap —5E 72
Chobham Rd. Ott —4C 54
Chobham Rd. Wok —9M 53
Choir Grn. Knap —4H 73
Cholmley Rd. Th Dit —5H 41
Cholmondeley Wlk. Rich —8J 11
Chrislaine Clo. Stai —9M 7
Chrismas Av. Alder —3A 110
Chrismas Pl. Alder —3A 110
Christabel Clo. Iswth —6E 10
Christchurch Av. Tedd —6G 24
Christchurch Clo. SW19 —8B 28
Christchurch Clo. C Crook —9A 88
Christchurch Dri. B'water —9H 49
Christchurch Gdns. Eps —7A 60
Christchurch Ho. SW2 —2K 29 (off Christchurch Rd.)
Christ Chu. Mt. Eps —8A 60
Christchurch Pk. Sutt —4A 62
Christchurch Pl. Eps —7A 60
Christchurch Rd. SW2 —2K 29
Christ Chu. Rd. SW14 —8A 12
Christchurch Rd. SW19 —8B 28
Christ Chu. Rd. Beck —1K 47
Christ Chu. Rd. Eps —8L 59
Christchurch Rd. H'row A —6B 8
Christchurch Rd. Purl —7M 63
Christchurch Rd. Surb —5M 41
Christchurch Rd. Vir W —2K 35
Christchurch Way. Wok —4B 74
Christian Fields. SW16 —8L 29
Christian Sq. Wind —4F 4
Christie Clo. Guild —9N 93
Christie Clo. Light —6N 51
Christie Dri. Croy —4D 46
Christies. E Grin —1N 185
Christie Wlk. Cat —9A 84
Christie Wlk. Yat —2B 68
Christine Clo. Ash —3D 110
Christmas Hill. Shalf —1B 134

Christmaspie Av.—Clifton Way

Christmaspie Av. Norm —3M 111
Christopher Ct. Tad —1H 101
Christopher Rd. E Grin —9A 166
Christopher Rd. S'hall —1J 9
Christ's Hospital Rd. C Hosp (in two parts) —9B 196
Christy Est. Alder —2C 110
Christy Rd. Big H —2E 86
Chrystie La. Bookh —4B 98
Chucks La. Tad —2G 101
Chudleigh Ct. F'boro —1N 89
Chudleigh Gdns. Sutt —9A 44
Chudleigh Rd. Twic —9E 10
Chumleigh Wlk. Surb —3M 41
Church All. Croy —7L 45
Church App. Cud —2L 87
Church App. Egh —2E 36
Church App. Stanw —9M 7
Church Av. SW14 —6C 12
Church Av. Beck —1K 47
Church Av. F'boro —1A 90
Church Bungalows. Plais —5A 192
Church Circ. F'boro —3A 90
Church Clo. Add —1K 55
Church Clo. Brkwd —8C 72
Church Clo. Eton —2G 4
Church Clo. Fet —2D 98
Church Clo. G'wood —7K 171
Church Clo. Hors —3N 73
Church Clo. Houn —6N 9
Church Clo. Milf —1C 152
Church Clo. Stai —2L 37
Church Clo. Tad —5L 101
Church Cotts. Add —9N 37
Church Cotts. Craw —1L 181 (off Ilfield St.)
Church Ct. Fleet —4A 88 (off Branksomewood Rd.)
Church Ct. Fleet —4A 88 (off Church Rd.)
Church Ct. Reig —3N 121
Church Ct. Rich —8K 11
Churchcroft Clo. SW12 —1E 28
Church Dri. W Wick —1A 66
Church Farm La. Sutt —3K 61
Churchfield. Eden —2M 147
Churchfield Ct. Reig —3N 121
Churchfield Mans. SW6 —5L 13 (off New King's Rd.)
Churchfield Rd. Reig —2L 121
Churchfield Rd. W On T —7H 39
Churchfield Rd. Wey —1B 56
Churchfields. Guild —7C 94
Church Fields. Head —4C 168
Churchfields. Hors —3A 74
Churchfields. W Mol —2A 40
Churchfields. Witl —6B 152
Churchfields Av. Felt —4N 23
Churchfields Av. Wey —1C 56
Churchfields Rd. Beck —1G 47
Church Gdns. Dork —4H 119
Church Gdns. Lea —7H 79
Church Ga. SW6 —6K 13
Church Grn. Duns —3N 173
Church Grn. Hasl —1G 189
Church Grn. W On T —3K 57
Church Gro. Fleet —4A 88
Church Gro. King T —9J 25
Church Hill. SW19 —6L 27
Church Hill. Alder —4H 110
Church Hill. Brack —4H 15
Church Hill. Camb —1C 70
Church Hill. Cars —2D 62
Church Hill. Cat —2C 104
Church Hill. Cud —2L 87
Church Hill. Hasl —1G 189
Church Hill. Hors —3N 73
Church Hill. Mers —4F 102
Church Hill. Nutf —2K 123
Church Hill. Purl —6J 63
Church Hill. Pyr —4H 75
Church Hill. Sham G —7G 135
Church Hill. Shere —8B 116
Church Hill. Tats —9F 86
Churchill Rd. Slou —1B 6
Church Hill Rd. Surb —4L 41
Church Hill Rd. Sutt —9J 43
Churchill Av. Alder —4A 110
Churchill Av. H'ham —5H 197
Churchill Clo. F'boro —6N 69
Churchill Clo. Felt —2G 23
Churchill Clo. Fet —1E 98
Churchill Clo. Warl —4F 84
Churchill Clo. W'ham —4M 107
Churchill Ct. Craw —9E 162
Churchill Ct. Farn —2L 67
Churchill Ct. Stai —7K 21
Churchill Cres. F'boro —6N 69
Churchill Cres. Head —5E 168
Churchill Cres. Yat —1C 68
Churchill Dri. Wey —1D 56
Churchill Rd. Asc —1K 33
Churchill Rd. Guild —4A 114
Churchill Rd. Small —8M 143
Churchill Rd. S Croy —4N 63
Churchill Way. Big A —2F 86
Churchill Way. Sun —6H 23
Church Island. Stai —5F 20
Church La. SW17 —6D 28
Church La. SW19 —9M 27
Church La. Abry —8K 115
Church La. Asc —3A 34 (London Rd.)
Church La. Asc —4E 34 (Whitmore Rd.)
Church La. Ash —2F 110
Church La. Binf —6K 15
Church La. Bisl —2D 72
Church La. Blet —2A 124
Church La. Broad H —5D 196
Church La. Brook —1N 171
Church La. Burs —4J 163
Church La. Cat —2L 103
Church La. Chess —3M 59
Church La. Copt —8L 163
Church La. Coul —9E 82
Church La. Cranl —7M 155
Church La. Craw —2D 182
Church La. E Grin —9B 166
Church La. Eps —4J 81
Church La. Ews —3C 108
Church La. F'boro —1K 89
Church La. God —1G 124
Church La. Gray —6A 170
Church La. Hamb —8G 153
Church La. Hasc —7A 154
Church La. Hasl —1G 189
Church La. Head —3C 168
Church La. H'ley —2B 100
Church La. Man H —9F 198
Church La. Oke H —9N 157
Church La. Oxt —8N 105
Church La. Pirb —9N 71
Church La. Rich —2L 25
Church La. Rowl —8D 128
Church La. Send —4D 94
Church La. Tats —9F 86
Church La. Tedd —6F 24
Church La. Th Dit —5F 40
Church La. Twic —2G 25
Church La. Wall —9H 45
Church La. Warf —4B 16
Church La. Warl —3L 85 (Chelsham)
Church La. Warl —4G 84 (Warlingham)
Church La. Wind —4G 5
Church La. Wink —4G 16
Church La. Worp —5H 93
Church La. Wrec —4E 128
Church La. Av. Coul —9F 82
Church La. Dri. Coul —9F 82
Church La. E. Alder —3M 109
Church La. W. Alder —3L 109
Church Meadow. Surb —8J 41
Church M. Add —1L 55
Churchmore Rd. SW16 —9G 29
Church Pde. Ashf —5A 22
Church Pas. Farnh —1G 129
Church Pas. Surb —4L 41
Church Pas. Twic —2H 25
Church Path. SW14 —6C 12 (in two parts)
Church Path. SW19 —1L 43
Church Path. Ash V —9E 90
Church Path. Cobh —1J 77
Church Path. Coul —5L 83
Church Path. Croy —8N 45
Church Path. F'boro —1A 90 (Farnborough Park)
Church Path. F'boro —5A 90 (South Farnborough)
Church Path. F'boro —1K 89 (West Heath)
Church Path. H'ham —4B 180
Church Path. Mers —5F 102
Church Path. Mitc —2C 44
Church Path. S'hill —2B 34
Church Path. Wok —4B 74
Church Pl. Mitc —2C 44
Church Rise. Chess —3M 59
Church Rd. SE19 —1B 46
Church Rd. SW13 —5E 12
Church Rd. SW19 & Mitc (Merton) —9B 28
Church Rd. SW19 —6K 27 (Wimbledon)
Church Rd. Add —2J 55
Church Rd. Alder —5A 110
Church Rd. Asc —3L 33
Church Rd. Ashf —4A 22
Church Rd. Asht —5K 79
Church Rd. Bag —4H 51
Church Rd. Big H —4F 86
Church Rd. Bookh —1N 97
Church Rd. Brack —1A 32
Church Rd. Broad H —5D 196
Church Rd. Burs —3L 163
Church Rd. Byfl —1N 75
Church Rd. Cat —1C 104
Church Rd. Chav D —9F 16
Church Rd. Clay —3F 58
Church Rd. Copt —7M 163
Church Rd. Cran —1J 9
Church Rd. Croy —9N 45 (in two parts)
Church Rd. Duns —4N 173
Church Rd. E Mol —3D 40
Church Rd. Egh —6B 20
Church Rd. Eps —8D 60
Church Rd. Farn —2L 67
Church Rd. Felt —6L 23
Church Rd. Fleet —3A 88
Church Rd. Frim —5B 70
Church Rd. Guild —4N 113
Church Rd. Ham —5K 25
Church Rd. Hasl —1G 188
Church Rd. Horl —9D 142 (in two parts)
Church Rd. Horne —5C 144
Church Rd. Hors —2A 74
Church Rd. H'ham —3A 198
Church Rd. Houn —3A 10
Church Rd. Iswth —4D 10
Church Rd. Kenl —2A 84
Church Rd. Kes —4F 66
Church Rd. King T —1M 41
Church Rd. Lea —9H 79
Church Rd. Ling —7N 145
Church Rd. Low H —5C 162
Church Rd. Milf —2C 152
Church Rd. Newd —1A 160
Church Rd. Old Win —8K 5
Church Rd. Owl —6K 49
Church Rd. Purl —6J 63
Church Rd. Red —5C 122
Church Rd. Reig —5M 121
Church Rd. Rich —7L 11
Church Rd. Sand —6E 48
Church Rd. Shep —6C 38
Church Rd. Short —2N 47
Church Rd. Shot —2D 188
Church Rd. St J —6K 73
Church Rd. S'dale —5D 34
Church Rd. Surb —7J 41
Church Rd. Sutt —3K 61
Church Rd. Tedd —5E 24
Church Rd. Turn H —6C 184
Church Rd. Wall —9H 45
Church Rd. Warl —4G 84
Church Rd. W End —8C 52
Church Rd. W Ewe —4C 60
Church Rd. Whyt —5C 84
Church Rd. W'sham —3M 51
Church Rd. Wold —9H 85
Church Rd. Wor Pk —7D 42
Church Rd. Worth —3J 183
Church Rd. E. Crowt —2G 49
Church Rd. E. F'boro —4B 90
Church Rd. Ind. Est. Low H —5C 162
Church Rd. Trad. Est. Low H —5C 162
Church Rd. W. Crowt —3G 48
Church Rd. W. F'boro —4A 90
Church Side. Eps —9A 60
Churchside Clo. Big H —4E 86
Church Sq. Shep —6C 38
Church St. W4 —2E 12
Church St. Alder —2L 109
Church St. Bet —4D 120
Church St. Cobh —2J 77
Church St. Craw —3A 182
Church St. Crowt —2G 48
Church St. Croy —8M 45
Church St. Dork —5G 119
Church St. Eden —2L 147
Church St. Eff —5L 97
Church St. Eps —9D 60
Church St. Esh —1B 58
Church St. Ewe —5F 60
Church St. G'ming —7G 133
Church St. Hamp —9C 24
Church St. Iswth —6H 11
Church St. King T —1K 41
Church St. Lea —9H 79 (in two parts)
Church St. Old Wok —8E 74
Church St. Reig —3M 121
Church St. Rud —1D 194
Church St. Stai —5F 20
Church St. Sun —2J 39
Church St. Sutt —2N 61
Church St. Twic —2G 25
Church St. W On T —7H 39
Church St. Warn —1F 196
Church St. Wey —1B 56
Church St. Wind —4G 5
Church St. E. Wok —4B 74
Church St. W. Wok —4A 74
Church Stretton Rd. Houn —8C 10
Church Ter. Rich —8K 11
Church Ter. Wind —5B 4
Church View. Ash —2E 110
Church View. Rich —8L 11
Church View. Yat —8C 48
Churchview Clo. Horl —9D 142
Churchview Rd. Twic —2D 24
Church Wlk. SW13 —4F 12
Church Wlk. SW15 —8G 13
Church Wlk. SW16 —1G 45
Church Wlk. SW20 —2H 43
Church Wlk. Blet —2A 124
Church Wlk. Bren —2J 11 (in two parts)
Church Wlk. Cat —2D 104
Church Wlk. Cher —5J 37
Church Wlk. Craw —3B 182
Church Wlk. G'ming —5J 133
Church Wlk. Horl —9D 142
Church Wlk. H'ham —9G 180
Church Wlk. Lea —9H 79
Church Wlk. Reig —3N 121
Church Wlk. Rich —8K 11
Church Wlk. Th Dit —5F 40
Church Wlk. W On T —7H 39
Church Wlk. Wey —9B 38
Churchward Ho. W14 —1L 13 (off Ivatt Pl.)
Church Way. Oxt —1B 126
Church Way. S Croy —6C 64
Churston Clo. SW2 —2L 29
Churston Dri. Mord —4J 43
Churt Rd. Head & Churt —2F 168
Churt Rd. Hind —3M 169
Churt Wynde. Hind —2B 170
Chuters Clo. Byfl —8N 55
Chuters Gro. Eps —8E 60
Cicada Rd. SW18 —9N 13
Cinder Path. Wok —6M 73
Cinnamon Clo. Croy —6J 45
Cinnamon Gdns. Guild —7K 93
Circle Gdns. SW19 —1M 43
Circle Gdns. Byfl —9A 56
Circle Hill Rd. Crowt —2H 49
Circle Rd. W Vill —5F 56
Circle, The. G'ming —5J 133
Circuit Cen. Brook E —7N 55
Cissbury Clo. H'ham —2N 197
Cissbury Hill. Craw —5A 182
City Ho. Wall —7E 44 (off Corbet Clo.)
Clacket La. W'ham —2G 107
Clacy Grn. Brack —8M 15
Claireville Ct. Reig —2B 122
Clairvale Rd. Houn —4M 9
Clairview Rd. SW16 —6F 28
Clammer Hill Rd. G'wood —9K 171
Clancarty Rd. SW6 —5M 13
Clandon Av. Egh —8E 20
Clandon Clo. Eps —3E 60
Clandon Ct. F'boro —2B 90
Clandon Rd. Guild —4A 114
Clandon Rd. W Cla —3H 95
Clandon Ter. SW20 —9J 27
Clanfield Ride. B'water —1J 69
Clapgate La. Slin —3K 195
Clapham Pk. Est. SW4 —1H 29
Clappers Ga. Craw —2B 182
Clappers La. Chob —7F 52
Clappers Meadow. Alf —6J 175
Clappers Orchard. Alf —6H 175
Clare Av. Wokgm —1B 30
Clare Clo. Craw —9G 162
Clare Clo. W Byf —9J 55
Clare Cotts. Blet —2M 123
Clare Ct. Wold —1K 105
Clare Cres. Lea —5G 79
Claredale. Wok —6A 74
Clarefield Ct. Asc —6D 34
Clare Gdns. Egh —6C 20
Clare Hill. Esh —2B 58
Clare Lawn Av. SW14 —8C 12
Clare Mead. Rowl —7E 128
Clare M. SW6 —3N 13
Claremont. Shep —5C 38
Claremont Av. Camb —1D 70
Claremont Av. Esh —3N 57
Claremont Av. N Mald —4F 42
Claremont Av. Sun —9J 23
Claremont Av. W On T —1L 57
Claremont Av. Wok —6A 74
Claremont Clo. SW2 —2J 29
Claremont Clo. Orp —1J 67
Claremont Clo. S Croy —2E 84
Claremont Clo. W On T —2K 57
Claremont Ct. Dork —6H 119
Claremont Dri. Esh —3B 58
Claremont Dri. Wok —6A 74
Claremont End. Esh —3B 58
Claremont Gdns. Surb —4L 41
Claremont Gro. W4 —3D 12
Claremont La. Esh —2B 58
Claremont Pk. Rd. Esh —3B 58
Claremont Rd. Clay —4E 58
Claremont Rd. Croy —7D 46
Claremont Rd. Red —9E 102
Claremont Rd. Stai —6F 20
Claremont Rd. Surb —4L 41
Claremont Rd. Tedd —6F 24
Claremont Rd. Twic —1H 25
Claremont Rd. W Byf —8J 55
Claremont Rd. Wind —5F 4
Claremount Clo. Eps —4H 81
Claremount Gdns. Eps —4H 81
Clarence Av. SW4 —1H 29
Clarence Av. N Mald —1B 42
Clarence Clo. Alder —2A 110
Clarence Clo. W On T —1J 57
Clarence Ct. Horl —7H 143
Clarence Cres. SW4 —1H 29
Clarence Cres. Wind —4F 4
Clarence Dri. Camb —8F 50
Clarence Dri. E Grin —2B 186
Clarence Dri. Egh —5M 19
Clarence La. SW15 —9D 12
Clarence Rd. SW19 —7N 27
Clarence Rd. W4 —1N 11
Clarence Rd. Big H —5H 87
Clarence Rd. Croy —6A 46
Clarence Rd. Fleet —5A 88
Clarence Rd. H'ham —7K 197
Clarence Rd. Red —6B 122
Clarence Rd. Rich —4M 11
Clarence Rd. Sutt —2N 61
Clarence Rd. Tedd —7F 24
Clarence Rd. Wall —2F 62
Clarence Rd. W On T —1J 57
Clarence Rd. Wind —4D 4
Clarence St. Egh —7B 20
Clarence St. King T —1K 41
Clarence St. Rich —7L 11
Clarence St. Stai —5G 21
Clarence Ter. Houn —7B 10
Clarence Wlk. Red —6B 122
Clarence Way. Horl —7H 143
Clarendon Ct. Beck —1L 47 (off Albemarle Rd.)
Clarendon Ct. B'water —3J 69
Clarendon Ct. Fleet —4A 88
Clarendon Ct. Houn —4H 9
Clarendon Ct. Rich —4M 11
Clarendon Cres. Twic —4D 24
Clarendon Dri. SW15 —7H 13
Clarendon Ga. Ott —3F 54
Clarendon Gro. Mitc —2D 44
Clarendon Rd. SW19 —8C 28
Clarendon Rd. Ashf —5A 22
Clarendon Rd. Croy —8M 45
Clarendon Rd. Red —2D 122
Clarendon Rd. Wall —3G 62
Clare Pl. SW15 —1E 26
Clare Rd. Houn —6N 9
Clare Rd. Stai —2M 21
Clares, The. Cat —2D 104
Claret Gdns. SE25 —2B 46
Clareville Gro. SW7 —1N 13
Clareville Gro. M. SW7 —1N 13
Clareville Rd. Cat —2D 104
Clareville St. SW7 —1N 13
Clare Wood. Lea —5H 79
Clarewood Dri. Camb —9C 50
Clarice Way. Wall —5J 63
Claridge Ct. SW6 —5L 13
Claridge Gdns. D'land —9C 146
Claridges Mead. Ling —9C 146
Clarke Cres. Camb —8K 49
Clarkes Av. Wor Pk —7J 43
Clark La. Guild —2J 113
Clark Pl. Cranl —8H 155
Clark Rd. Craw —8M 181
Clark Rd. F'boro —9N 69
Clarks Grn. Rd. Capel —8N 159
Clarks Hill. Farnh —1B 128
Clarks La. Warl & Tats —1C 106
Clark Way. Houn —3L 9
Claudia Pl. SW19 —2K 27
Claverdale Rd. SW2 —1K 29
Claverdon. Brack —6M 31
Clavering Av. SW13 —2G 13
Clavering Clo. Twic —5G 24
Claverton. Asht —4L 79
Claxton Gro. W6 —1J 13
Clay Av. Mitc —1F 44
Claybrook Rd. W6 —2J 13
Claycart Rd. Alder —9J 89 (in two parts)
Clay Clo. Add —2K 55 (off Monks Cres.)
Clay Corner. Cher —7K 37
Claydon Dri. Croy —1J 63
Claydon Gdns. B'water —5M 69
Claydon Rd. Wok —3K 73
Clayford. D'land —9C 146
Claygate Cres. New Ad —3M 65
Claygate La. Esh —8G 40
Claygate La. Th Dit —7G 40
Claygate Lodge Clo. Clay —4E 58
Claygate Rd. Dork —7H 119
Clay Hall La. Copt —6A 164
Clayhall La. Old Win —8J 5
Clayhall La. Reig —7J 121
Clayhanger. Guild —1E 114
Clayhill. Surb —4N 41
Clayhill Clo. Brack —2D 32
Clayhill Clo. Leigh —1F 140
Clayhill Rd. Leigh —3D 140
Clay La. Guild —6N 93
Clay La. H'ley —2A 100
Clay La. Newc —9G 144
Clay La. S Nut —4G 123
Clay La. Stanw —1A 22
Clay La. Wokgm —2E 30
Claymore Clo. Mord —6M 43
Claypole Dri. Houn —4M 9
Clayponds Av. W5 & Bren —1L 11
Clayponds Gdns. W5 —1K 11
Clayponds La. Bren —1L 11
Clays Clo. E Grin —1A 186
Clayton Cres. Bren —1K 11
Clayton Dri. Guild —9J 93
Clayton Gro. Brack —9C 16
Clayton Hill. Craw —5A 182
Clayton Mead. God —8E 104
Clayton Rd. Chess —1J 59
Clayton Rd. Eps —8D 60
Clayton Rd. F'boro —5L 69
Clayton Rd. Iswth —6E 10
Cleardene. Dork —5H 119
Cleardown. Wok —5D 74
Clears Cotts. Reig —1K 121
Clearsprings. Light —6L 51
Clears, The. Reig —1K 121
Cleave Av. Hayes —1F 8
Cleave Av. Orp —3N 67
Cleaveland Rd. Surb —4K 41
Cleave Prior. Coul —6C 82
Cleaverholme Clo. SE25 —5E 46
Cleeve Ct. Felt —2F 22
Cleeve Rd. Lea —7F 78
Cleeves Ct. Red —2E 122 (off St Anne's Mt.)
Cleeve, The. Guild —3C 114
Clem Attlee Ct. SW6 —2L 13
Clem Attlee Est. SW6 —2L 13
Clem Attlee Pde. SW6 —2L 13 (off N. End Rd.)
Clement Clo. Purl —3M 83
Clement Gdns. Hayes —1F 8
Clement Rd. SW19 —6K 27
Clement Rd. Beck —1G 47
Clements Ct. Houn —7L 9
Clements Mead. Lea —6G 78
Clements Pl. Bren —1K 11
Clements Rd. W On T —8J 39
Clensham Ct. Sutt —8M 43
Clensham La. Sutt —8M 43
Cleopatra Pl. Warf —8C 16
Clerics Wlk. Shep —6E 38
Clerks Croft. Blet —2A 124
Clevedon. Wey —2E 56
Clevedon Ct. F'boro —2B 90
Clevedon Ct. Frim —6E 70
Clevedon Gdns. Houn —4J 9
Clevedon Rd. SE20 —1G 46
Clevedon Rd. King T —1N 41
Clevedon Rd. Twic —9K 11
Cleve Ho. Brack —3C 32
Cleveland Av. SW20 —1L 43
Cleveland Av. W4 —1E 12
Cleveland Av. Hamp —8N 23
Cleveland Clo. W On T —9J 39
Cleveland Dri. Stai —1K 37
Cleveland Gdns. SW13 —5E 12
Cleveland Gdns. Wor Pk —8D 42
Cleveland Pk. Stai —9N 7
Cleveland Rise. Mord —6J 43
Cleveland Rd. SW13 —5E 12
Cleveland Rd. Iswth —7G 10
Cleveland Rd. N Mald —3D 42
Cleveland Rd. Wor Pk —8D 42
Cleves Av. Eps —5G 61
Cleves Clo. Cobh —1J 77
Cleves Ct. Eps —8E 60
Cleves Ct. Wind —6C 4
Cleves Cres. New Ad —7M 65
Cleves Rd. Rich —4J 25
Cleves Way. Hamp —8N 23
Cleves Way. Sun —7G 22
Cleves Wood. Wey —1F 56
Clewborough Dri. Camb —9F 50
Clewer Av. Wind —5D 4
Clewer Ct. Rd. Wind —3E 4
Clewer Fields. Wind —4F 4
Clewer Hill Rd. Wind —5B 4
Clewer New Town. Wind —5D 4
Clewer Pk. Wind —3D 4
Clews La. Bisl —3D 72
Clifden Rd. Bren —2K 11
Clifden Rd. Twic —2F 24
Cliff End. Purl —8M 63
Cliffe Rise. G'ming —8F 132
Cliffe Rd. G'ming —9E 132
Cliffe Rd. S Croy —2A 64
Cliffe Wlk. Sutt —2A 62 (off Greyhound Rd.)
Clifford Av. SW14 —6A 12
Clifford Av. Wall —1G 62
Clifford Gro. Ashf —5B 22
Clifford Mnr. Rd. Guild —7A 114
Clifford Rd. SE25 —3D 46
Clifford Rd. Houn —6L 9
Clifford Rd. Rich —3K 25
Clifton Av. Felt —4K 23
Clifton Av. Sutt —7N 61
Clifton Clo. Add —8K 37
Clifton Clo. Cat —1A 104
Clifton Clo. Orp —2L 67
Clifton Clo. Wrec —7F 128
Clifton Ct. Stanw —9N 7
Clifton Gdns. W4 —1C 12
Clifton Gdns. Frim G —8D 70
Clifton Pde. Felt —5K 23
Clifton Pk. Av. SW20 —1H 43
Clifton Pl. Bans —2M 81
Clifton Rise. Wind —4A 4
Clifton Rd. SE25 —3B 46
Clifton Rd. SW19 —7J 27
Clifton Rd. Coul —2F 82
Clifton Rd. Craw —4G 183
Clifton Rd. Iswth —5E 10
Clifton Rd. King T —8M 25
Clifton Rd. Tedd —5E 24
Clifton Rd. Wall —2F 62
Clifton Rd. Wokgm —1A 30
Clifton's La. Reig —1J 121
Cliftonville. Dork —6H 119
Clifton Wlk. W6 —1G 13 (off King St.)
Clifton Way. H'row A —6C 8

Clifton Way—Coombe Hill Rd.

Clifton Way. Wok —4J 73
Climping Rd. Craw —1N 181
Cline Rd. Guild —5B 114
Clinton Av. E Mol —3C 40
Clinton Clo. Knap —5G 73
Clinton Hill. D'land —2C 166
Clinton Rd. Lea —1J 99
Clintons Grn. Brack —9M 15
Clippesby Clo. Chess —3M 59
Clipstone Rd. Houn —6A 10
Clitherow Ct. Bren —1J 11
Clitherow Gdns. Craw —4C 182
Clitherow Pas. Bren —1J 11
Clitherow Rd. Bren —1H 11
Cliveden Pl. Shep —5D 38
Cliveden Rd. SW19 —9L 27
Clive Grn. Brack —4N 31
(in two parts)
Clive Rd. SE21 —4N 29
Clive Rd. SW19 —7C 28
Clive Rd. Alder —3B 110
Clive Rd. Esh —1B 58
Clive Rd. Felt —9H 9
Clive Rd. Twic —5G 24
Clive Way. Craw —3G 182
Clock Barn La. Busb —3J 153
Clockhouse Clo. SW19 —3H 27
Clock Ho. Clo. Byfl —8A 56
Clockhouse Ct. Beck —1H 47
Clockhouse Ct. Guild —8M 93
Clockhouse Ct. Hasl —2G 189
Clockhouse Ind. Est., The. Felt —2C 22
Clockhouse La. Ashf & Felt —5B 22
Clockhouse La. Brmly —4B 134
Clockhouse La. E. Egh —8D 20
Clockhouse La. W. Egh —8C 20
Clockhouse Mead. Oxs —1B 78
Clockhouse Pl. SW15 —9K 13
Clock Ho. Rd. Beck —2H 47
Clockhouse Rd. F'boro —1N 89
Clockhouse Roundabout. (Junct.) —2D 22
Clockouse La. E. Egh —8D 20
Clock Tower Rd. Iswth —6F 10
Clodhouse Hill. Wok —9G 73
Cloister Clo. Tedd —6H 25
Cloister Gdns. SE25 —5E 46
Cloisters Mall. King T —1L 41
Cloisters, The. Frim —5B 70
Cloisters, The. Wok —8D 74
Cloncurry St. SW6 —5J 13
Clonmel Rd. SW6 —3L 13
Clonmel Rd. Tedd —5D 24
Clonmore St. SW18 —2L 27
Cloonmore Av. Orp —1N 67
Close, The. SE25 —5D 46
Close, The. Asc —1H 33
Close, The. Beck —3H 47
Close, The. Berr G —3K 87
Close, The. Brack —3A 32
Close, The. Cars —5C 62
Close, The. Col T —7K 49
Close, The. E Grin —1N 185
Close, The. Farnh —2J 129
Close, The. Frim —6B 70
Close, The. G'ming —8J 133
Close, The. Guild —8N 113
Close, The. Horl —1G 163
Close, The. Ifold —5F 192
Close, The. Iswth —5D 10
Close, The. Light —6L 51
Close, The. Mitc —3D 44
Close, The. N Mald —1B 42
Close, The. Purl —6M 63
(Pampisford Rd.)
Close, The. Purl —6K 63
(Russell Hill)
Close, The. Reig —4N 121
Close, The. Rich —6A 12
Close, The. Str G —7B 120
Close, The. Sutt —6L 43
Close, The. Vir W —4N 35
Close, The. W Byf —9J 55
Close, The. Won —4D 134
Closeworth Rd. F'boro —5C 90
Cloudesdale Rd. SW17 —3F 28
Clouston Clo. Wall —2J 63
Clouston Rd. F'boro —9L 69
Clovelly Av. Warl —6E 84
Clovelly Dri. Hind —2A 170
Clovelly Pk. Hind —2A 170
Clovelly Rd. Hind —3A 170
Clovelly Rd. Houn —5A 10
Clover Clo. Lind —4B 168
Clover Clo. Wokgm —1D 30
Clover Ct. Wok —6N 73
Clover Field. Slin —6L 195
Cloverfields. Horl —7F 142
Clover Hill. Coul —8F 82
Cloverlands. Craw —1D 182
Clover La. Yat —9A 48
Clover Lea. G'ming —3H 133
Clover Rd. Guild —2H 113
Clovers Cotts. H'ham —8E 180
Clovers End. H'ham —3N 197
Clovers Way. Fay —1C 198
Clover Wlk. Eden —9M 127
Clover Way. Small —8N 143
Clover Way. Wall —7E 44
Clowser Clo. Sutt —2A 62
Clubhouse Rd. Alder —8L 89
Club La. Crowt —2J 49
Club Row. Pirb —6A 72
Clump Av. Tad —9B 100
Clumps Rd. Lwr Bo —7K 129
Clumps, The. Ashf —5E 22
Clunbury Av. S'hall —1N 9
Cluny M. SW5 —1M 13
Clyde Av. S Croy —2E 84
Clyde Clo. Red —2E 122
Clyde Rd. Croy —8C 46
Clyde Rd. Stai —2M 21
Clyde Rd. Sutt —2M 61
Clyde Rd. Wall —3G 63
Clydesdale Clo. Iswth —6F 10
Clydesdale Gdns. Rich —7A 12
Clymping Dene. Felt —1J 23
Clyve Way. Stai —9G 21
Coach Ho. Clo. Frim —3C 70
Coach Ho. Gdns. Fleet —2B 88
Coach Ho. La. SW19 —5J 27
Coach Ho. M. Red —4D 122
Coach Ho. Yd. SW18 —7N 13
Coachlands Av. Guild —3J 113
Coachman's Dri. Craw —7N 181
Coach Rd. Asc —8J 17
Coach Rd. Brock —4M 119
Coach Rd. Horl —3F 162
(off Ring Rd. S.)
Coach Rd. Ott —3E 54
Coaldale Wlk. SE21 —1N 29
Coalecroft Rd. SW15 —7H 13
Coast Hill. Westc —8N 117
Coast Hill La. Westc —7A 118
Coates Wlk. Bren —1L 11
Coatham Pl. Cranl —7A 156
Cobb Clo. Dat —4N 5
Cobbets Ridge. Farnh —3A 130
Cobbett Clo. Craw —1G 183
Cobbett Rd. Guild —2J 113
Cobbett Rd. Twic —2A 24
Cobbetts Clo. Norm —7C 92
Cobbetts Clo. Wok —4L 73
Cobbetts Hill. Wey —3C 56
Cobbett's La. Yat —1E 68
Cobbetts Wlk. Bisl —2D 72
Cobbetts Way. Farnh —5E 128
Cobblers. H'ham —5L 195
Cobblers Wlk. Hamp & Tedd —9C 24
Cobbles Cres. Craw —2C 182
Cobblestone Pl. Croy —7N 45
Cobb's Rd. Houn —7N 9
Cob Clo. Craw D —1F 184
Cobden La. Hasl —1H 189
Cobden Rd. SE25 —4D 46
Cobden Rd. Orp —1M 67
Cobham Av. N Mald —4F 42
Cobham Clo. Wall —3J 63
Cobham Ct. Mitc —1B 44
Cobham Ga. Cobh —1J 77
Cobham Pk. Rd. Cobh —4J 77
Cobham Rd. Houn —3K 9
Cobham Rd. King T —1N 41
Cobham Rd. Stoke D & Fet —5A 78
Cobham Way. Craw —6F 162
Cobham Way. E Hor —4F 96
Cobnor Clo. Craw —5L 181
Cobs Way. New H —6L 55
Coburg Cres. SW2 —2K 29
Cob Wlk. Craw —3M 181
Cochrane Pl. W'sham —2A 52
Cochrane Rd. SW19 —8L 27
Cock-A-Dobby. Sand —6F 48
Cock La. Fet —9C 78
Cockpit Path. Wokgm —3B 30
Cocks Cres. N Mald —3E 42
Cocksett Av. Orp —3N 67
Cockshot Hill. Reig —4N 121
Cockshot Rd. Reig —4N 121
Cock's La. Warf —3E 16
Coda Cen., The. SW6 —4K 13
Codrington Ct. Wok —5J 73
Cody Clo. Wall —4H 63
Cody Rd. F'boro —2L 89
Coe Av. SE25 —5D 46
Coe Clo. Alder —3M 109
Cogman's La. Out & Horl —6A 144
Cokenor Wood. Wrec —5E 128
Cokers La. SE21 —2N 29
Colbarn Cres. Guild —9C 94
Colbeck. C Crook —9C 88
Colbeck M. SW7 —1N 13
Colborne Way. Wor Pk —9H 43
Colbred Corner. Fleet —1D 88
Colburn Av. Cat —2C 104
Colburn Way. Sutt —9B 44
Colby Rd. W On T —7H 39
Colchester Vale. F Row —7G 187
Colcokes Rd. Bans —3M 81
Cold Blows. Mitc —2D 44
Coldborough Rise. Brack —9L 15
Coldharbour Clo. Egh —2E 36
Coldharbour La. Blet —3C 124
Coldharbour La. Dork —2E 138
Coldharbour La. Egh —2E 36
Cold Harbour La. F'boro —6K 69
Coldharbour La. Purl —6L 63
Coldharbour La. W End —7C 52
Coldharbour La. Wok —2H 75
Coldharbour Rd. Croy —2L 63
Coldharbour Rd. W Byf & Wok —2H 75
Coldharbour Way. Croy —2L 63
Coldshott. Oxt —2C 126
Coldstream Gdns. SW18 —9L 13
Colebrook. Ott —3F 54
Colebrook Clo. SW15 —1J 27
Colebrooke Rise. Brom —1N 47
Colebrooke Rd. Red —1C 122
Colebrook Pl. Ott —4E 54
Colebrook Rd. SW16 —9J 29
Cole Clo. Craw —8N 181
Cole Ct. Twic —1G 24
Coleford Bri. Rd. Myt —1B 90
Coleford Clo. Myt —2D 90
Coleford Paddocks. Myt —1D 90
Coleford Rd. SW18 —8N 13
Cole Gdns. Houn —3H 9
Coleherne Ct. SW5 —1N 13
Coleherne M. SW10 —1N 13
Coleherne Rd. SW10 —1N 13
Colehill Gdns. SW6 —4K 13
Colehill La. SW6 —4K 13
Colekitchen La. Gom —7E 116
Coleman Clo. SE25 —1C 46
Coleman Rd. Alder —3B 110
Colemans Hatch Rd. Col H —9N 187
Colenorton Cres. Eton W —1B 4
Cole Pk. Gdns. Twic —9G 10
Cole Pk. Rd. Twic —9G 10
Cole Pk. View. Twic —9G 11
Coleridge Av. Sutt —1C 62
Coleridge Av. Yat —1D 68
Coleridge Clo. Crowt —3H 49
Coleridge Clo. H'ham —2L 197
Coleridge Cres. Coln —4G 6
Coleridge Rd. Ashf —5N 21
Coleridge Rd. Croy —6F 46
Coleridge Way. W Dray —1N 7
Cole Rd. Twic —9G 10
Colesburg Rd. Beck —2J 47
Colescroft Hill. Purl —2L 83
Coleshill Rd. Tedd —7E 24
Cole's La. Dork —4E 158
Colesmead Rd. Red —9D 102
Coleson Hill Rd. Wrec —6E 128
Colet Gdns. W14 —1J 13
Colet Rd. Craw —6B 182
Coleville Rd. F'boro —9L 69
Coley Av. Wok —5C 74
Colgate Clo. Craw —1N 181
Colin Clo. Croy —9J 47
Colin Clo. W Wick —1B 66
Colinette Rd. SW15 —7H 13
Colin Rd. Cat —1D 104
Coliston Pas. SW18 —1M 27
Coliston Rd. SW18 —1M 27
Collamore Av. SW18 —2C 28
Collards La. Hasl —2H 189
College Av. Egh —7D 20
College Av. Eps —1E 80
College Clo. Add —9M 37
College Clo. Camb —7B 50
College Clo. E Grin —9B 166
College Clo. Ling —7N 145
College Clo. Twic —2D 24
College Ct. W6 —1H 13
(off Queen Caroline St.)
College Cres. Col T —7K 49
College Cres. Red —9E 102
College Cres. Wind —5E 4
College Fields Bus. Cen. SW19 —9B 28
College Gdns. SW17 —3C 28
College Gdns. Farnh —1G 128
College Gdns. N Mald —4E 42
College Hill. G'ming —9F 132
College Hill. Hasl —2G 189
College Hill Ter. Hasl —2G 189
College La. E Grin —9B 166
College La. Wok —6M 73
College M. SW18 —8N 13
College Pl. SW10 —3N 13
College Ride. Bag —6E 50
College Ride. Camb —8B 50
College Rd. SW19 —7B 28
College Rd. Ash V —1E 110
College Rd. Brack —3A 32
College Rd. Col T —8K 49
College Rd. Craw —3C 182
College Rd. Croy —8A 46
College Rd. Eps —1E 80
College Rd. Guild —4N 113
College Rd. Iswth —4F 10
College Rd. Wok —3D 74
College Roundabout. King T —2L 41
College Wlk. King T —2L 41
College Way. Ashf —5A 22
Collendean La. Horl —7K 141
Collens Field. Pirb —2C 92
Collett's All. H'ham —6J 197
(off Carfax)
Colley La. Reig —2K 121
Colley Mnr. Dri. Reig —2J 121
Colley Way. Reig —9K 101
Collier Clo. Eps —3N 59
Collier Clo. F'boro —9J 69
Collier Row. Craw —5B 182
Colliers. Cat —3D 104
Colliers Clo. Wok —4L 73
Colliers Ct. Croy —1A 64
Colliers Shaw. Kes —2F 66
Colliers Water La. T Hth —4L 45
Colliers Wood. (Junct.) —8B 28
Collier Way. Guild —1F 114
Collingdon. Cranl —9A 156
Collingham Gdns. SW5 —1N 13
Collingham Pl. SW5 —1N 13
Collingham Rd. SW5 —1N 13
Collingsbourne. Add —1L 55
Collingwood. F'boro —3C 90
Collingwood Av. Surb —7B 42
Collingwood Clo. E Grin —2B 186
Collingwood Clo. Horl —7F 142
Collingwood Clo. H'ham —4J 197
Collingwood Clo. Twic —1A 24
Collingwood Cres. Guild —2C 114
Collingwood Grange Clo. Camb —7F 50
Collingwood Pl. W On T —9H 39
Collingwood Rise. Camb —8E 50
Collingwood Rd. Craw —4H 183
Collingwood Rd. H'ham —4J 197
Collingwood Rd. Mitc —2C 44
Collingwood Rd. Sutt —9M 43
Collins Gdns. Ash —2F 110
Collins Path. Hamp —7N 23
Collins Rd. Bew —5K 181
Collis All. Twic —2E 24
Collyer Av. Croy —1J 63
Collyer Rd. Bedd —1J 63
Colman Clo. Eps —4H 81
Colman Ho. Red —1D 122
Colman's Hill. Peasl —4F 136
Colman Way. Red —1C 122
Colmer Rd. SW16 —9J 29
Colnbrook By-Pass. Coln & W Dray —2E 6
Colnbrook Ct. Coln —4H 7
Colndale Rd. Coln —5G 6
Colnebridge Clo. Stai —5G 21
Colne Ct. Eps —1B 60
Colne Dri. W On T —9L 39
Colne Pk. Cvn. Site. W Dray —1L 7
Colne Reach. Stai —8H 7
Colne Rd. Twic —2E 24
Colne Wlk. Craw —5L 181
Colne Way. Ash —3E 110
Colne Way. Stai —3D 20
Coln Trad. Est. Coln —4H 7
Colonel's La. Cher —5J 37
Colonial Av. Twic —8C 10
Colonial Dri. W4 —1B 12
Colonial Rd. Felt —1F 22
Colonsay Rd. Craw —6N 181
Colson Rd. Croy —8B 46
Colson Way. SW16 —5G 29
Colston Av. Cars —1C 62
Colston Ct. Cars —1D 62
(off West St.)
Colston Rd. SW14 —7B 12
Coltash Rd. Craw —4E 182
Coltsfoot Dri. Guild —9D 94
Coltsfoot Dri. H'ham —3L 197
Coltsfoot La. Oxt —2B 126
Coltsfoot Rd. Lind —4B 168
Columbia Av. Wor Pk —6E 42
Columbia Cen., The. Brack —1N 31
Columbia Sq. SW14 —7B 12
Columbine Av. S Croy —4M 63
Columbus Dri. F'boro —1H 89
Colville Gdns. Light —7N 51
Colvin Rd. T Hth —4L 45
Colwith Rd. W6 —2H 13
Colwood Gdns. SW19 —8B 28
Colworth Rd. Croy —7D 46
Colwyn Clo. SW16 —6G 28
Colwyn Clo. Craw —5L 181
Colwyn Clo. Yat —9B 48
Colwyn Cres. Houn —4C 10
Colyton Clo. Wok —5M 73
Combe La. Brmly —6A 116
Combe La. C'fold —4C 172
Combe La. F'boro —8M 69
Combe La. G'ming —9M 133
Combemartin Rd. SW18 —1K 27
Combermere Clo. Wind —5E 4
Combermere Rd. Mord —5N 43
Combe Rd. G'ming —3H 133
Comeragh Clo. Wok —7K 73
Comeragh M. W14 —1K 13
Comeragh Rd. W14 —1K 13
Comet Rd. Stai —1M 21
Comforts Farm Av. Oxt —2B 126
Comfrey Clo. F'boro —9H 69
Comfrey Clo. Wokgm —9D 14
Commerce Rd. Bren —3J 11
Commerce Way. Croy —8K 45
Commerce Way. Eden —9L 127
Commercial Rd. Alder —4A 110
Commercial Rd. Guild —4N 113
Commercial Rd. Stai —7J 21
Commercial Way. Wok —4A 74
Commodore Ct. F'boro —5A 90
Common Clo. Wok —1N 73
Commondale. SW15 —6H 13
Commonfield La. SW17 —6C 28
Commonfield Rd. Bans —1M 81
Commonfields. W End —9C 52
Common Ho. Rd. Duns —5B 174
Common La. Clay —4G 58
Common La. Eton C —1F 4
Common La. New H —5L 55
Common Rd. SW13 —6G 12
Common Rd. Clay —3G 58
Common Rd. Dor —1A 4
Common Rd. Eton W —1C 4
Common Rd. Red —5D 122
Common Rd. Slou —1C 6
Commonside. Bookh —9A 78
(in two parts)
Common Side. Eps —2N 79
Commonside. Kes —1E 66
Commonside Clo. Coul —7M 83
Commonside Clo. Sutt —7N 61
Commonside E. Mitc —2E 44
Commonside W. Mitc —2D 44
Common, The. Asht —3K 79
Common, The. Cranl —6L 155
Common, The. Shaf —1A 134
(in two parts)
Common, The. S'hall —1L 9
Common, The. W Dray —1L 7
Common, The. Won —3D 134
Commonwealth Rd. Cat —1D 104
Community Clo. Houn —4J 9
Compasses Mobile Home Pk. Alf —4H 175
Compass Hill. Rich —9K 11
Compassion Clo. Bew —4K 181
Comper Clo. Craw —5K 181
Comport Grn. New Ad —8A 66
Compton Clo. Brack —5K 31
Compton Clo. C Crook —8C 88
Compton Clo. Esh —3D 58
Compton Clo. Sand —6H 49
Compton Ct. Guild —4B 114
Compton Ct. Sutt —1A 62
Compton Cres. W4 —2B 12
Compton Cres. Chess —2L 59
Compton Gdns. Add —2K 55
(off Monks Cres.)
Compton Heights. Guild —6G 112
Compton Rd. SW19 —7L 27
Compton Rd. C Crook —8C 88
Compton Rd. Croy —7E 46
Comptons Brow La. H'ham —5N 197
Comptons Ct. H'ham —5M 197
Comptons La. H'ham —4M 197
Compton Way. Farnh —1M 129
Comsaye Wlk. Brack —4A 32
Conaways Clo. Eps —6F 60
Concorde Bus. Pk. Big H —2F 86
Concorde Clo. Houn —5B 10
Conde Way. Bord —7A 168
Condor Ct. Guild —5M 113
Condor Rd. Stai —2L 37
Conduit La. Croy —2D 64
Conduit La. Dat —2A 6
Conduit La. S Croy & Croy —2D 64
Conduit, The. Blet —7A 104
Coney Acre. SE21 —2N 29
Coneyberry. Reig —7A 122
Coneybury. Blet —3B 124
Coneybury Clo. Warl —6E 84
Coney Clo. Craw —1N 181
Coney Croft. H'ham —3A 198
Coney Grange. Warf —7N 15
Coneyhurst La. Ewh —3D 156
Conford Dri. Shaf —1A 134
Coniers Way. Guild —9D 94
Conifer Clo. C Crook —8A 88
Conifer Clo. Orp —1M 67
Conifer Clo. Reig —1M 121
Conifer Dri. Camb —9E 50
Conifer Gdns. SW16 —4K 29
Conifer Gdns. Sutt —8N 43
Conifer La. Egh —6E 20
Conifer Pk. Eps —7D 60
Conifers. Wey —1F 56
Conifers Clo. H'ham —2A 198
Conifers Clo. Tedd —8H 25
Conifers, The. Crowt —9F 30
Conifer Wlk. Wind —3A 4
Coniger Rd. SW6 —5M 13
Coningsby. Brack —3A 32
Coningsby Rd. S Croy —5N 63
Conista Ct. Wok —3J 73
Coniston Clo. SW13 —3E 12
Coniston Clo. SW20 —5J 43
Coniston Clo. W4 —3B 12
Coniston Clo. Camb —3G 71
Coniston Clo. F'boro —2K 89
Coniston Clo. H'ham —2A 198
Coniston Clo. If'd —5J 181
Coniston Ct. Light —6M 51
Coniston Ct. Wey —3C 56
Coniston Dri. Farnh —6F 108
Coniston Gdns. Sutt —3B 62
Coniston Rd. Coul —3G 82
Coniston Rd. Croy —6D 46
Coniston Rd. Twic —9B 10
Coniston Rd. Wok —7D 74
Coniston Way. Chess —9L 41
Coniston Way. C Crook —8A 88
Coniston Way. Egh —8D 20
Coniston Way. Reig —2C 122
Connaught Av. SW14 —6B 12
Connaught Av. Ashf —5N 21
Connaught Av. Houn —7M 9
Connaught Barracks. Alder —7B 90
Connaught Clo. Crowt —4E 48
Connaught Clo. Sutt —8B 44
Connaught Clo. Yat —9A 48
Connaught Cres. Brkwd —7C 72
Connaught Dri. Wey —7B 56
Connaught Gdns. Craw —1B 182
Connaught Gdns. Mord —3A 44
Connaught Rd. Alder —2A 110
Connaught Rd. Bag —4G 51
Connaught Rd. Brkwd —8C 72
Connaught Rd. Camb —1D 70
Connaught Rd. Fleet —5A 88
Connaught Rd. N Mald —3D 42
Connaught Rd. Rich —8M 11
Connaught Rd. Sutt —8B 44
Connaught Rd. Tedd —6D 24
Connicut La. Bookh —6B 98
Connolly Ct. Vir W —3A 36
Connop Way. Frim —3D 70
Conquest Rd. Add —2J 55
Conrad Dri. Wor Pk —7H 43
Consfield Av. N Mald —3F 42
Consort Dri. Camb —8G 50
Consort Ho. Horl —8E 142
Consort M. Iswth —8D 10
Consort Way. Horl —8E 142
Consort Way E. Horl —9F 142
Constable Ct. W4 —1A 12
(off Chaseley Dri.)
Constable Gdns. Iswth —8D 10
Constable Rd. Craw —7D 182
Constable Way. Col T —9K 49
Constance Rd. Croy —6M 45
Constance Rd. Sutt —1A 62
Constance Rd. Twic —1B 24
Constantius Ct. C Crook —9A 88
Constitution Hill. Wok —6A 74
Contessa Clo. Orp —2N 67
Control Tower Rd. Gat A —4B 162
Control Tower Rd. H'row A —6B 8
Convent Gdns. W5 —1J 11
Convent Hill. SE19 —7N 29
Convent La. Cobh —7F 56
Convent Lodge. Ashf —6C 22
Convent Rd. Ashf —6B 22
Convent Rd. Wind —5D 4
Convent Way. S'hall —1K 9
Conway Clo. Frim —5D 70
Conway Dri. Ashf —8D 22
Conway Dri. F'boro —1J 89
Conway Dri. Sutt —3N 61
Conway Gdns. Mitc —3J 45
Conway Rd. SW20 —9H 27
Conway Rd. Felt —6L 23
Conway Rd. Houn —1N 23
Conway Rd. H'row A —6C 8
Conway Wlk. Hamp —7N 23
Conyers Clo. W On T —2L 57
Conyer's Rd. SW16 —6H 29
Cook Cres. H'ham —6M 197
Cooke Rise. Warf —7A 16
Cookes La. Sutt —3K 61
Cook Gro. Eden —2L 147
Cookham Clo. Sand —6H 49
Cookham Rd. Brack —1K 31
Cook Rd. Craw —5C 182
Cook Rd. H'ham —2K 197
Cooks Hill. Rud —8A 176
Cook's La. H'ham —3A 196
Cooks Mead. Rusp —2C 180
Cooks Meadow. Rusp —2C 180
Coolarne Rise. Camb —9E 50
Coolgardie Rd. Ashf —6D 22
Coolham Ct. Craw —3L 181
Coolhurst La. H'ham —7N 197
Coombe Av. Croy —1B 64
Coombe Bank. King T —9D 26
Coombe Clo. Craw —9B 162
Coombe Clo. Frim —6B 70
Coombe Clo. Houn —7A 10
Coombe Cres. Hamp —8N 23
Coombe Dri. Add —3H 55
Coombe Dri. Fleet —4D 88
Coombe End. King T —8C 26
Coombefield Clo. N Mald —4D 42
Coombe Gdns. SW20 —1F 42
Coombe Gdns. N Mald —3E 42
Coombe Hill Ct. Wind —7A 4
Coombe Hill Glade. King T —8D 26
Coombe Hill Rd. E Grin —3M 185
Coombe Hill Rd. King T —8D 26

Coombe Ho. Chase—Crayonne Clo.

Coombe Ho. Chase. N Mald —9C 26
Coombelands Bus. Pk. Add —3J 55
Coombelands La. Add —3J 55
Coombe La. SW20 —9E 26
Coombe La. Asc —3N 33
Coombe La. Croy —2E 64
Coombe La. King T —9A 26
Coombe La. W Vill —5G 56
Coombe La. Worp —7F 92
Coombe Lane. (Junct.) —9E 26
Coombe La. Flyover. King T —9E 26
Coombe La. W. King T —9A 26
Coombe Neville. King T —8C 26
Coombe Pk. King T —6B 26
Coombe Pine. Brack —5B 32
Coomber Ho. SW6 —6N 13
(off Wandsworth Bri. Rd.)
Coombe Ridings. King T —6B 26
Coombe Rise. King T —9B 26
Coombe Rd. W4 —1D 12
Coombe Rd. Croy —1A 64
Coombe Rd. Hamp —7N 23
Coombe Rd. King T —9N 25
Coombe Rd. N Mald —1D 42
Coombe Rd. Yat —8A 48
Coomber Way. Croy —6H 45
Coombes, The. Brmly —6C 134
Coombe, The. Bet —9C 100
Coombe View. C'fold —4D 172
Coombe Wlk. Sutt —9N 43
Coombe Way. Byfl —8A 56
Coombe Wood Hill. Purl —9N 63
Coombewood Rd. King T —6B 26
Coombfield. Eden —3L 147
Coomer M. SW6 —2L 13
Coomer Pl. SW6 —2L 13
Coomer Rd. SW6 —2L 13
Cooper Clo. Horl —8L 143
Cooper Cres. Cars —9D 44
Cooper Ho. Houn —6N 9
Cooper Rd. Croy —2L 63
Cooper Rd. Guild —5B 114
Cooper Rd. W'sham —3A 52
Cooper Row. Craw —6B 182
Coopers Clo. Stai —6G 21
Coopers Ct. Iswth —5F 10
(off Woodlands Rd.)
Coopers Hill Dri. Brkwd —7N 71
Coopers Hill La. Egh —4M 19
(in three parts)
Cooper's Hill Rd. Nutf —3L 123
Coopers Rise. G'ming —8E 132
Coopers Ter. Farnh —9H 109
Coopers Wood. Hand —5N 199
Coos La. Hand —9M 199
Cootes Av. H'ham —5G 196
Copelands Clo. Camb —2H 71
Copenhagen Wlk. Crowt —3G 49
Copenhagen Way. W On T —9J 39
Copleigh Dri. Tad —7K 81
Copley Clo. Red —1C 122
Copley Clo. Wok —6H 73
Copley Pk. SW16 —7K 29
Copley Way. Tad —7J 81
Copnall Way. H'ham —6J 197
Coppard Gdns. Chess —3J 59
Copped Hall Dri. Camb —9G 50
Copped Hall Way. Camb —9G 50
Copper Beech Clo. Wind —4A 4
Copper Beech Clo. Wok —8L 73
Copper Beeches Ct. Iswth —4D 10
Copperfield Av. Owl —5K 49
Copperfield Clo. S Croy —7N 63
Copperfield Ct. Lea —8G 79
Copperfield Pl. H'ham —4H 197
Copperfield Rise. Add —2H 55
Copperfields. Fet —9C 78
Copperfields. H'ham —8A 198
Copper Mill Dri. Iswth —5F 10
Copper Mill La. SW17 —5A 28
Coppermill Rd. Wray —9C 6
Coppice Clo. SW20 —2H 43
Coppice Clo. Farnh —6K 109
Coppice Clo. Guild —2G 113
Coppice Dri. SW15 —9G 12
Coppice Dri. Wray —1N 19
Coppice End. Wok —3G 74
Coppice Gdns. Crowt —2E 48
Coppice Gdns. Yat —1B 68
Coppice Grn. Brack —8L 15
(in two parts)
Coppice La. Reig —1L 121
Coppice Rd. H'ham —3N 197
Coppice, The. Ashf —7C 22
Coppice, The. Craw D —1E 184
Coppice Wlk. Craw —2E 182
Coppid Beech La. Wokgm —2F 30
Copping Clo. Croy —1B 64
Coppins, The. New Ad —3L 65
Coppsfield. W Mol —2A 40
Copse Av. Farnh —5K 109
Copse Av. W Wick —9L 47
Copse Clo. Camb —9E 50
Copse Clo. Chil —9E 114
Copse Clo. Craw D —1E 184
Copse Clo. E Grin —7C 166
Copse Clo. H'ham —2M 197
Copse Cres. Craw —2A 182
Copse Dri. Wokgm —1A 30
Copse Edge. Cranl —6A 156
Copse Edge. Elst —8G 131
Copse Edge Av. Eps —9E 60
Copse End. Camb —9D 50
Copse Glade. Surb —6K 41
Copse Hill. SW20 —9F 26
Copse Hill. Purl —9J 63
Copse Hill. Sutt —4N 61
Copse La. C Crook —8A 88
Copse La. Eve —7A 48
Copse La. Horl —7G 143
Copsem Dri. Esh —3B 58
Copsem La. Esh & Oxs —3C 58
Copsem Way. Esh —4C 58
Copsem Wood. Oxs —7C 58
Copse Rd. Cobh —9J 57
Copse Rd. Hasl —3B 188
Copse Rd. Red —5B 122
Copse Rd. Wok —5J 73
Copse Side. G'ming —3G 133
Copse, The. Cat —4D 104
Copse, The. F'boro —2J 89
Copse, The. Fet —1B 98
Copse, The. Rowl —7E 128
Copse, The. S Nut —5J 123
Copse View. S Croy —5G 65
Copse Way. Wrec —5E 128
Copsleigh Av. Red —1E 142
Copsleigh Clo. Salf —9E 122
Copsleigh Way. Red —9E 122
Copthall Gdns. Twic —2F 24
Copthall Way. New H —6H 55
Copt Hill La. Tad —7K 81
Copthorne Av. SW12 —1H 29
Copthorne Bank. Copt —7L 163
Copthorne Chase. Ashf —5A 22
Copthorne Clo. Shep —5D 38
Copthorne Comn. Rd. Copt —8L 163
Copthorne Ct. Lea —9G 79
Copthorne Dri. Light —6M 51
Copthorne Rise. S Croy —9A 64
Copthorne Rd. Copt & Felb —6E 164
Copthorne Rd. Craw —1H 183
Copthorne Rd. Lea —7H 79
Copthorne Way. Craw —8J 163
Copyhold Rd. E Grin —1N 185
Coram Ho. W4 —1D 12
(off Wood St.)
Corban Rd. Houn —6A 10
Corbet Clo. Wall —7E 44
Corbet Rd. Eps —6D 60
Corbett Clo. Croy —8N 65
Corbett Dri. Light —8K 51
Corbiere Ct. SW19 —7J 27
Corby Clo. Bew —6K 181
Corby Clo. Egh —7M 19
Corby Dri. Egh —7M 19
Cordelia Croft. Warf —9C 16
Cordelia Gdns. Ash V —4D 90
Cordelia Gdns. Stai —1N 21
Cordelia Rd. Stai —1N 21
Corderoy Pl. Cher —5H 37
Cordrey Gdns. Coul —2J 83
(in two parts)
Cordrey Ho. Add —8K 37
Cordwalles Rd. Camb —7D 50
Corelli Ct. SW5 —1M 13
(off W. Cromwell Rd.)
Corey Ho. Brack —1N 31
Corfe Clo. Asht —5J 79
Corfe Gdns. Frim —5D 70
Corfe Way. F'boro —4C 90
Coriander Clo. F'boro —1H 89
Coriander Cres. Guild —7K 93
Corinthian Way. Stanw —1M 21
Corkran Rd. Surb —6K 41
Corkscrew Hill. W Wick —8M 47
Cork Tree Ho. SE27 —6M 29
(off Lakeview Rd.)
Cormongers La. Nutf —1H 123
Cormorant Pl. Col T —8K 49
Cornbunting Clo. Col T —8J 49
Corn Croft. Warf —8B 16
Cornelia Clo. F'boro —2J 89
Corner Bungalows. G'ming —3E 132
Corner Fielde. SW2 —2K 29
Cornerside. Ashf —8D 22
Cornerstone Ho. Croy —6N 45
Corner, The. W Byf —9J 55
Corney Reach Way. W4 —2D 12
Corney Rd. W4 —2D 12
Cornfield Rd. Reig —4A 122
Cornfields. G'ming —3J 133
Cornfields. Yat —2A 68
Cornflower La. Croy —7G 47
Cornford Gro. SW12 —3F 28
Cornhill Clo. Add —8K 37
Cornish Ho. Bren —1M 11
Cornwall Av. Byfl —1A 76
Cornwall Av. Clay —4F 58
Cornwall Clo. Camb —8D 50
Cornwall Clo. Eton W —1B 4
Cornwall Clo. Warf —7D 16
Cornwall Gdns. SE25 —4C 46
Cornwall Gdns. E Grin —1B 186
Cornwall Gro. W4 —1D 12
Cornwallis Clo. Cat —9N 83
Cornwall Rd. Croy —8M 45
Cornwall Rd. Sutt —4L 61
Cornwall Rd. Twic —1G 25
Cornwall Way. Stai —7G 20
Cornwell Rd. Old Win —9K 5
Coronation Av. Wind —5K 5
Coronation Rd. Alder —5N 109
Coronation Rd. Asc —6L 33
Coronation Rd. E Grin —2A 186
Coronation Rd. Hayes —1G 9
Coronation Rd. Yat —8D 48
Coronation Sq. Wokgm —1C 30
Coronation Wlk. Twic —2A 24
Coronet Clo. Craw —2J 183
Coronet, The. Horl —1G 162
Corporate Dri. Felt —4J 23
Corporation Av. Houn —7M 9
Corrib Dri. Sutt —2C 62
Corrie Gdns. Vir W —6M 35
Corrie Rd. Add —1M 55
Corrie Rd. Wok —7D 74
Corrigan Av. Coul —2E 82
Corringway. C Crook —7C 88
Corry Rd. Hind —3A 170
Corsair Clo. Stai —1M 21
Corsair Rd. Stai —1N 21
Corscombe Clo. King T —6B 26
Corsehill St. SW16 —7G 28
Corsham Way. Crowt —2G 48
Corsletts Av. Broad H —5D 196
Corston Hollow. Red —4D 122
(off Woodlands Rd.)
Cortayne Ct. Twic —3E 24
Cortayne Rd. SW6 —5L 13
Cortis Rd. SW15 —9G 13
Cortis Ter. SW15 —9G 13
Corunna Dri. H'ham —6M 197
Cosdach Av. Wall —4H 63
Cosedge Cres. Croy —2L 63
Cosford Rd. Brook —6J 151
Costells Meadow. W'ham —4M 107
Coteford St. SW17 —5D 28
Cotelands. Croy —9B 46
Cotford Rd. T Hth —3N 45
Cotherstone. Eps —6C 60
Cotherstone Rd. SW2 —2K 29
Cotland Acres. Red —5B 122
Cotman Clo. SW15 —9J 13
Cotmandene. Dork —5H 119
Cotsford. Peas P —2N 199
Cotsford Av. N Mald —4B 42
Cotswold Clo. Craw —3N 181
Cotswold Clo. F'boro —7K 69
Cotswold Clo. Hin W —8F 40
Cotswold Clo. King T —7B 26
Cotswold Clo. Stai —6J 21
Cotswold Ct. Fleet —4A 88
Cotswold Ct. H'ham —6L 197
Cotswold Rd. Hamp —7A 24
Cotswold Rd. Sand —6E 48
Cotswold Rd. Sutt —6N 61
Cotswold St. SE27 —5M 29
Cotswold Way. Wor Pk —8H 43
Cottage Clo. H'ham —2A 198
Cottage Clo. Ott —3E 54
Cottage Farm Way. Egh —2E 36
Cottage Gdns. F'boro —1L 89
Cottage Gro. Surb —5K 41
Cottage Pl. Copt —7B 164
Cottage Rd. Eps —4C 60
Cottenham Dri. SW20 —8G 27
Cottenham Pde. SW20 —1G 43
Cottenham Pk. Rd. SW20 —9F 26
(in two parts)
Cottenham Pl. SW20 —8G 27
Cottenhams. Blind H —3H 145
Cotterell Clo. Brack —8N 15
Cotterill Rd. Surb —8L 41
Cottesbrooke Clo. Coln —4F 6
Cottesmore. Brack —6M 31
Cottimore Av. W On T —7J 39
Cottimore Cres. W On T —6J 39
Cottimore La. W On T —6J 39
Cottimore Ter. W On T —6J 39
Cottingham Av. H'ham —1N 197
Cottington Rd. Felt —5L 23
Cottongrass Clo. Croy —7G 46
Cotton Ho. SW2 —1J 29
Cotton Row. Holm M —3K 157
Cotton Wlk. Craw —8M 181
Cottrell Ct. C Crook —9A 88
Cottrell Flats. F'boro —5B 90
Cotts Wood Dri. Guild —7C 94
Couchmore Av. Esh —8E 40
Coulsdon Ct. Rd. Coul —3K 83
Coulsdon La. Coul —6E 82
Coulsdon Pl. Cat —9A 84
Coulsdon Rise. Coul —4J 83
Coulsdon Rd. Coul & Cat —2K 83
Coulthurst Ct. SW16 —8J 29
Council Cotts. Dork —6D 158
Council Cotts. W End —8C 52
Council Cotts. Wis —2M 75
Countisbury Gdns. Add —2K 55
Country Way. Hanw —7J 23
County La. Warf —7B 16
County Mall Shop. Cen. Craw —3C 182
County Oak La. Craw —8B 162
County Oak Retail Pk. Craw —8B 162
County Oak Way. Craw —8B 162
County Pde. Bren —3K 11
County Rd. T Hth —1M 45
Courland Rd. Add —9K 37
Course Rd. Asc —2L 33
Court Av. Coul —5L 83
Court Bushes Rd. Whyt —6D 84
Court Clo. E Grin —9B 166
Court Clo. Twic —4B 24
Court Clo. Wall —4H 63
Court Clo. Av. Twic —4B 24
Court Cres. Chess —3K 59
Court Cres. E Grin —9B 166
Court Downs Rd. Beck —1L 47
Court Dri. Croy —1K 63
Court Dri. Sutt —1C 62
Courtenay Av. Sutt —5M 61
Courtenay Dri. Beck —1N 47
Courtenay M. Wok —3C 74
Courtenay Rd. Farnh —5K 109
Courtenay Rd. Wok —3C 74
Courtenay Rd. Wor Pk —9H 43
Court Farm Av. Eps —2C 60
Court Farm Gdns. Eps —7B 60
Court Farm Rd. Warl —5D 84
Courtfield Gdns. SW5 —1N 13
Courtfield M. SW7 —1N 13
Courtfield Rise. W Wick —9N 47
Courtfield Rd. SW7 —1N 13
Courtfield Rd. Ashf —7C 22
Court Gdns. Camb —1B 70
Court Grn. Heights. Wok —7M 73
Court Haw. Bans —2C 82
Court Hill. Coul —5C 82
Court Hill. S Croy —8B 64
Courthope Rd. SW19 —6K 27
Courthope Vs. SW19 —8K 27
Court Ho. Mans. Eps —8C 60
Courtland Av. SW16 —8K 29
Courtlands. Rich —8N 11
Courtlands. W on T —6H 39
Courtlands Av. Esh —3N 57
Courtlands Av. Hamp —7N 23
Courtlands Av. Rich —4A 12
Courtlands Av. Slou —1N 5
Courtlands Clo. S Croy —6C 64
Courtlands Cres. Bans —3M 81
Courtlands Dri. Eps —3D 60
Courtlands Rd. Surb —6N 41
Court La. Eps —9B 60
Courtleas. Cobh —9A 58
Court Lodge Rd. Horl —7C 142
Courtmead Clo. SE24 —1N 29
Courtmoor Av. Fleet —6B 88
Courtney Cres. Cars —4D 62
Courtney Pl. Cobh —8N 57
Courtney Pl. Croy —9L 45
Courtney Rd. SW19 —8C 28
Courtney Rd. Croy —9L 45
Courtney Rd. H'row A —6B 8
Courtoak La. Red —5N 143
Court Rd. SE25 —1C 46
Court Rd. Alder —2M 109
Court Rd. Bans —3M 81
Court Rd. Cat —1A 104
Court Rd. God —9F 104
Court Rd. S'hall —1N 9
Courts Hill Rd. Hasl —2F 188
Courts Mt. Rd. Hasl —2F 188
Court, The. Guild —5M 113
Court, The. Warl —5H 85
Court Way. Twic —1F 24
Court Wood La. Croy —7J 65
Courtyard, The. Craw —4B 182
Courtyard, The. E Grin —9D 166
Courtyard, The. W'ham —5M 107
Courtyard, The. Wokgm —3B 30
Coutts Av. Chess —2L 59
Coval Gdns. SW14 —7A 12
Coval La. SW14 —7A 12
Coval Pas. SW14 —7B 12
Coval Rd. SW14 —7B 12
Coveham Cres. Cobh —9H 57
Coventry Hall. SW16 —6J 29
Coventry Rd. SE25 —3D 46
Coverack Clo. Croy —6H 47
Coverdale Gdns. Croy —9C 46
Cove Rd. F'boro —1L 89
Cove Rd. Fleet —1C 88
Covert Clo. Craw —2C 182
Covert La. Brack —3A 32
Covert Mead. Hand —9N 199
Coverton Rd. SW17 —6C 28
Coverts Clo. Farnh —8K 109
Coverts Rd. Clay —4F 58
Covert, The. Asc —6M 33
Covert, The. F'boro —6K 69
Coves Farm Wood. Brack —1J 31
Covey Clo. F'boro —6M 69
Covey, The. Worth —1J 183
Covington Gdns. SW16 —8M 29
Covington Way. SW16 —7K 29
(in two parts)
Cowdray Clo. Craw —4G 183
Cowdrey Rd. SW19 —6N 27
Cowfold Clo. Craw —6L 181
Cowick Rd. SW17 —5D 28
Cow La. G'ming —7G 133
Cowleaze Rd. King T —9L 25
Cowley Av. Cher —6H 37
Cowley Clo. S Croy —5F 64
Cowley Cres. W On T —1K 57
Cowley La. Cher —6H 37
Cowley Lodge. Ott —6H 37
Cowley Rd. SW14 —6D 12
Coworth Clo. Asc —4E 34
Coworth Pk. S'hill —3F 34
Coworth Rd. Asc —4D 34
Cowper Av. Sutt —1B 62
Cowper Clo. Cher —5H 37
Cowper Gdns. Wall —3G 63
Cowper Rd. SW19 —7A 28
Cowper Rd. King T —6M 25
Cowshot Cres. Brkwd —7A 72
Cowslip Clo. Lind —5B 168
Cowslip La. Hors —2L 73
Cowslip La. Mick —6G 99
Coxbridge Meadows. Farnh —2E 128
Coxcombe La. C'fold —5E 172
Coxcomb Wlk. Craw —5M 181
Coxdean. Eps —6H 81
Coxes Lock Mill. Add —2N 55
Cox Grn. Col T —9J 49
Cox Grn. Rd. H'ham —7C 176
Coxheath Rd. C Crook —7A 88
Cox Ho. W6 —2K 13
(off Field Rd.)
Cox Ho. H'ham —6H 197
Cox La. Chess —1M 59
Cox La. Eps —2A 60
Coxley Rise. Purl —9N 63
Coxmoor Clo. C Crook —8D 88
Coxs Av. Shep —2F 38
Coxwold Path. Chess —4L 59
Crabbet Pk. Craw —2K 183
Crabbet Rd. Craw —2F 182
Crabbs Croft Clo. Orp —2L 67
Crabhill La. S Nut —7K 123
Crabtree Clo. Bookh —4C 98
Crabtree Dri. Lea —2J 99
Crabtree Gdns. Head —4D 168
Crabtree La. SW6 —3H 13
(in two parts)
Crabtree La. Bookh —4C 98
Crabtree La. Churt —8M 149
Crabtree La. Head —4D 168
Crabtree La. H'ley —4B 100
Crabtree La. Westh —8F 98
Crabtree Office Village. Egh —1E 36
Crabtree Rd. Camb —4N 69
Crabtree Rd. Craw —2A 182
Crabtree Rd. Egh —1E 36
Crabtree Wlk. Croy —7D 46
Crabwood. Oxt —6A 106
Craddocks Av. Asht —4L 79
Craddocks Pde. Asht —4L 79
(in two parts)
Cradhurst Clo. Westc —6C 118
Cradle La. Bord —7B 148
Craigans. Craw —3M 181
Craigen Av. Croy —7E 46
Craigmore Tower. Wok —6A 74
(off Guildford Rd.)
Craignair Rd. SW2 —1L 29
Craignish Av. SW16 —1K 45
Craig Rd. Rich —5J 25
Craigwell Av. Felt —4H 23
Craigwell Clo. Stai —9G 21
Crail Clo. Wokgm —5A 30
Crakell Rd. Reig —4A 122
Crake Pl. Col T —7J 49
Cramhurst La. Witl —4B 152
Crammond Clo. W6 —2K 13
Cramond Ct. Felt —2F 22
Crampshaw La. Asht —6M 79
Cranberry Wlk. B'water —3L 69
Cranborne Av. S'hall —1A 10
Cranborne Av. Surb —9N 41
Cranborne Wlk. Craw —5D 182
Cranbourne Av. Wind —5C 4
Cranbourne Clo. SW16 —2J 45
Cranbourne Clo. Horl —6F 142
Cranbourne Cotts. Wind —4M 17
Cranbourne Hall Cvn. Site. Wink —2L 17
Cranbourne Hall Cotts. Wind —2M 17
Cranbrook Ct. Bren —2K 11
(off Somerset Rd.)
Cranbrook Ct. Fleet —2B 88
Cranbrook Dri. Esh —7C 40
Cranbrook Dri. Twic —2B 24
Cranbrook Rd. SW19 —8K 27
Cranbrook Rd. W4 —1D 12
Cranbrook Rd. Houn —7N 9
Cranbrook Rd. T Hth —1N 45
Cranbrook Ter. Cranl —7A 156
Cranbury Rd. SW6 —5N 13
Crane Av. Iswth —8G 10
Cranebrook. Twic —3C 24
Crane Ct. Col T —7J 49
Craneford Clo. Twic —1F 24
Craneford Way. Twic —1E 24
Crane Ho. Felt —4A 24
Crane Lodge Rd. Houn —2J 9
Crane Mead Ct. Twic —1F 24
Crane Pk. Rd. Twic —3B 24
Crane Rd. Twic —2E 24
Cranes Dri. Surb —3M 41
Cranes Pk. Surb —3L 41
Cranes Pk. Av. Surb —3L 41
Cranes Pk. Cres. Surb —3M 41
Craneswater. Hayes —3G 9
Craneswater Pk. S'hall —1N 9
Crane Way. Twic —1C 24
Cranfield Clo. SE27 —4N 29
Cranfield Ct. St J —5K 73
Cranfield Rd. E. Cars —5E 62
Cranfield Rd. W. Cars —5E 62
Cranford Av. C Crook —8A 88
Cranford Av. Stai —1N 21
Cranford Clo. SW20 —8G 26
Cranford Clo. Purl —9N 63
Cranford Clo. Stai —1N 21
Cranford Dri. Hayes —1G 8
Cranford La. Hayes —2E 8
Cranford La. H'row —4G 8
(in two parts)
Cranford La. Houn —3J 9
Cranford Pk. Dri. Yat —9C 48
Cranford Rise. Esh —2C 58
Cranleigh Clo. SE20 —1E 46
Cranleigh Clo. S Croy —8D 64
Cranleigh Ct. F'boro —1L 89
Cranleigh Ct. Rich —6N 11
Cranleigh Gdns. SE25 —2B 46
Cranleigh Gdns. King T —7M 25
Cranleigh Gdns. S Croy —8D 64
Cranleigh Gdns. Sutt —8N 43
Cranleigh Mead. Cranl —8A 156
Cranleigh Rd. SW19 —2M 43
Cranleigh Rd. Esh —7C 40
Cranleigh Rd. Ewh —6E 156
Cranleigh Rd. Felt —5G 22
Cranleigh Rd. Won —4D 134
Cranley Clo. Guild —3C 114
Cranley Gdns. Wall —4G 62
Cranley Pl. Knap —5G 72
Cranley Rd. Guild —3B 114
Cranley Rd. W On T —2G 56
Cranmer Clo. Mord —5J 43
Cranmer Clo. Warl —4H 85
Cranmer Clo. Wey —4B 56
Cranmer Farm Clo. Mitc —3D 44
Cranmer Gdns. Warl —4H 85
Cranmer Rd. Croy —9M 45
Cranmer Rd. Hamp —6B 24
Cranmer Rd. King T —6L 25
Cranmer Rd. Mitc —3D 44
Cranmer Ter. SW17 —6B 28
Cranmer Wlk. Craw —4G 183
Cranmore Av. Iswth —3C 10
Cranmore Clo. Alder —3K 109
Cranmore Cotts. W Hor —7C 96
Cranmore Gdns. Alder —3J 109
Cranmore La. Alder —4J 109
Cranmore La. W Hor —7C 96
(in two parts)
Cranmore Rd. Myt —1E 90
Cranston Clo. Houn —5M 9
Cranston Clo. Reig —4N 121
Cranston Rd. E Grin —8A 166
Cranston Way. Craw D —1F 184
Cranstoun Clo. Guild —8J 93
Cranwell Gro. Light —7K 51
Cranwell Gro. Shep —3A 38
Cranwell Rd. H'row A —5C 8
Craster Rd. SW2 —1K 29
Cravan Av. Felt —3H 23
Craven Clo. Lwr Bo —5H 129
Craven Gdns. SW19 —6M 27
Craven Rd. Croy —7E 46
Craven Rd. King T —9M 25
Craven Rd. M'bowr —4F 182
Cravens, The. Small —8L 143
Crawford Clo. Iswth —5E 10
Crawford Gdns. Camb —1N 69
Crawford Gdns. H'ham —4L 197
Crawfurd Way. E Grin —7B 166
Crawley Av. Craw —2N 181
Crawley Chase. Wink R —7F 16
Crawley Down Rd. Felb —7H 165
Crawley Dri. Camb —9D 50
Crawley Hill. Camb —1D 70
Crawley La. Craw —2G 182
Crawley Ridge. Camb —9D 50
Crawley Rd. Fay & Craw —1B 198
Crawley Rd. H'ham —4M 197
(in two parts)
Crawley S. W. By-Pass. Peas P —7K 181
Crawley Wood Clo. Camb —1D 70
Crawshaw Rd. Ott —3F 54
Crawters Clo. Craw —2D 182
Cray Av. Asht —3L 79
Crayke Hill. Chess —4L 59
Crayonne Clo. Sun —9F 22

Crealock St.—Dalton Av.

Crealock St. SW18 —9N 13
Creasys Dri. Craw —8M 181
Credenhill St. SW16 —7G 28
Crediton Way. Clay —2G 58
Credon Clo. F'boro —9L 69
Creek Rd. E Mol —3E 40
Creek, The. Sun —4H 39
Cree's Meadow. W'sham —4N 51
Crefeld Clo. W6 —2K 13
Cremorne Gdns. Eps —5C 60
Crerar Clo. F'boro —2J 89
Crescent Ct. Horl —1E 162
Crescent Ct. Surb —4K 41
Crescent Gdns. SW19 —4M 27
Crescent Gro. Mitc —4C 44
Crescent La. Ash V —8F 90
Crescent Rd. SW20 —9J 27
Crescent Rd. Beck —1L 47
Crescent Rd. Blet —2N 123
Crescent Rd. Cat —2D 104
Crescent Rd. E Grin —9N 165
Crescent Rd. King T —8N 25
Crescent Rd. Reig —5M 121
Crescent Rd. Shep —4D 38
Crescent Rd. Wokgm —3B 30
Crescent Stables. SW15 —8K 13
Crescent, The. SW13 —5F 12
Crescent, The. SW19 —4M 27
Crescent, The. Ashf —6A 22
Crescent, The. Beck —1K 47
Crescent, The. Belm —7M 61
Crescent, The. B'water —2J 69
Crescent, The. Brack —3A 32
Crescent, The. Cher —2J 37
Crescent, The. Croy —5A 46
Crescent, The. Egh —7A 20
Crescent, The. Eps —1N 79
(in two parts)
Crescent, The. F'boro —2A 90
Crescent, The. Farnh —4J 109
Crescent, The. Felc —2M 165
Crescent, The. Guild —2K 113
Crescent, The. Hayes —3E 8
Crescent, The. Horl —2F 162
(in two parts)
Crescent, The. H'ham —6G 196
Crescent, The. Lea —9H 79
Crescent, The. N Mald —1C 42
Crescent, The. Red —6B 122
Crescent, The. Reig —3N 121
Crescent, The. Shep —6G 38
Crescent, The. Surb —4L 41
Crescent, The. Sutt —2B 62
Crescent, The. W Mol —3A 40
Crescent, The. W Wick —5N 47
Crescent, The. Wey —9B 38
Crescent, The. Wold —1K 105
Crescent Way. SW16 —7K 29
Crescent Way. Horl —1E 162
Crescent Way. Orp —2N 67
Cresford Rd. SW6 —4N 13
Cressage Ho. Bren —2L 11
(off Ealing Rd.)
Cressall Clo. Lea —7H 79
Cressal Mead. Lea —7H 79
Cressex Clo. Binf —7H 15
Cressida Chase. Warf —9C 16
Cressingham Gdns. Est. SW2 —1L 29
Cressingham Gro. Sutt —1A 62
Cresswell Gdns. SW5 —1N 13
Cresswell Pl. SW10 —1N 13
Cresswell Rd. SE25 —3D 46
Cresswell Rd. Felt —4M 23
Cresswell Rd. Twic —9K 11
Cresta Dri. Wdhm —6H 55
Crest Hill. Peasl —2F 136
Creston Av. Knap —3H 73
Creston Way. Wor Pk —7J 43
Crest Rd. S Croy —4E 64
Crest, The. Surb —4N 41
Crestway. SW15 —9F 12
Crestwood Way. Houn —8N 9
Creswell Corner. Knap —4G 73
Crewdson Rd. Horl —8F 142
Crewe Ct. Tad —9H 81
Crewe's Av. Warl —3F 84
Crewe's Clo. Warl —4F 84
Crewe's Farm La. Warl —4G 85
Crewe's La. Warl —3F 84
Crichton Av. Wall —2H 63
Crichton Rd. Cars —4D 62
Cricket Ct. E Grin —7A 166
Cricketers Clo. Chess —1K 59
Cricketers Clo. Ockl —6C 158
Cricketers La. Warf —6E 16
Cricketers La. W'sham —2A 52
Cricketers Ter. Cars —9C 44
Cricket Field Gro. Crowt —3J 49
Cricket Field Rd. H'ham —7H 197
Cricket Grn. Hamb —9F 152
Cricket Grn. Mitc —2D 44
Cricket Hill. S Nut —5K 123
Cricket Hill. Yat —3D 68
Cricket Hill La. Yat —3C 68
Cricket La. Lwr Bo —5J 129
Cricket Lea. Lind —4A 168
Cricket Way. Wey —8F 38
Cricklade Av. SW2 —3J 29
Crieff Ct. Tedd —8J 25
Crieff Rd. SW18 —1A 28
Criffel Av. SW2 —3H 29
Crimea Rd. Alder —2N 109
(in two parts)
Crimea Rd. Deep —6H 71
Crimp Hill. Old Win & Egh —1J 19
Cripley Rd. F'boro —8J 69
Cripplecrutch Hill. G'ming —3C 190
Cripps Ho. Craw —7N 181
Crispen Rd. Felt —5M 23
Crisp Gdns. Binf —8K 15
Crispin Clo. Asht —4M 79
Crispin Clo. Croy —8J 45
Crispin Cres. Croy —9H 45
Crisp Rd. W6 —1H 13
Cristowe Rd. SW6 —5L 13
Critchmere Hill. Hasl —1C 188
Critchmere La. Hasl —2C 188
Critchmere Vale. Hasl —2C 188
Critten La. Ran C —3L 117
Crocker Clo. Asc —9K 17
Crockers La. Ling —7G 144
Crockerton Rd. SW17 —3D 28
Crockery La. E Clan —7N 95
Crockford Clo. Add —1L 55
Crockford Pk. Rd. Add —2L 55
Crockford Pl. Binf —8L 15
Crockham Clo. Craw —5A 182
Crocknorth Rd. E Hor —1G 117
Crocus Clo. Croy —7G 47
Croffets. Tad —8J 81
Croft Av. Dork —3H 119
Croft Av. W Wick —7M 47
Croft Clo. Hayes —3D 8
Croft Clo. Wokgm —6A 30
Croft Ct. Eden —2L 147
Crofters. Old Win —9K 5
Crofters Clo. Iswth —8D 10
Crofters Clo. Sand —7F 48
Crofters Mead. Croy —5J 65
Croft La. Eden —2L 147
Croft La. Yat —8B 48
Croftleigh Av. Purl —3M 83
Crofton. Asht —5L 79
Crofton Av. W4 —3C 12
Crofton Av. W On T —9K 39
Crofton Clo. Brack —4C 32
Crofton Clo. Ott —4E 54
Crofton Rd. Orp —1J 67
Crofton Ter. Rich —7M 11
Croft Rd. SW16 —9L 29
Croft Rd. SW19 —8A 28
Croft Rd. Alder —4N 109
Croft Rd. G'ming —7G 133
Croft Rd. Sutt —2C 62
Croft Rd. W'ham —4K 107
Croft Rd. Witl —5B 152
Croft Rd. Wokgm —7A 30
Croft Rd. Wold —9K 85
Crofts Clo. C'fold —4E 172
Croftside, The. SE25 —2D 46
Crofts, The. Shep —3F 38
Croft, The. Brack —8N 15
Croft, The. Craw —3M 181
Croft, The. Eps —1E 80
Croft, The. Houn —3M 9
Croft, The. Wokgm —3C 30
Croft, The. Yat —8C 48
Croft Way. Frim —4D 70
Croft Way. H'ham —5G 196
Croftway. Rich —4H 25
Croham Clo. S Croy —4B 64
Croham Mnr. Rd. S Croy —4B 64
Croham Mt. S Croy —4B 64
Croham Pk. Av. S Croy —2C 64
Croham Rd. S Croy —2B 64
Croham Valley Rd. S Croy —3D 64
Croindene Rd. SW16 —9J 29
Cromar Ct. Hors —3M 73
Cromer Rd. SE25 —2E 46
Cromer Rd. SW17 —7E 28
Cromer Rd. H'row A —5B 8
Cromer Rd. W. H'row A —6B 8
Cromer Vs. Rd. SW18 —9L 13
Cromford Clo. Orp —1N 67
Cromford Rd. SW18 —8M 13
Cromford Way. N Mald —1C 42
Crompton Fields. Craw —9C 162
Crompton Way. Craw —9C 162
Cromwell Av. W6 —1G 12
Cromwell Av. N Mald —4E 42
Cromwell Clo. W On T —7J 39
Cromwell Cres. SW5 —1M 13
Cromwell Gro. Cat —8N 83
Cromwell Pl. SW14 —6B 12
Cromwell Pl. Cranl —9A 156
Cromwell Pl. E Grin —2B 186
Cromwell Rd. SW19 —6M 27
Cromwell Rd. Asc —3M 33
Cromwell Rd. Beck —1H 47
Cromwell Rd. Camb —8B 50
Cromwell Rd. Cat —8N 83
Cromwell Rd. Croy —6A 46
Cromwell Rd. Felt —2J 23
Cromwell Rd. Houn —7A 10
Cromwell Rd. King T —9L 25
Cromwell Rd. Red —3D 122
Cromwell Rd. Tedd —7G 24
Cromwell Rd. W On T —7J 39
Cromwell Rd. Wor Pk —9C 42
Cromwell St. Houn —7A 10
Cromwell Wlk. Red —3D 122
Cromwell Way. F'boro —7N 69
Crondace Rd. SW6 —4M 13
Crondall Ct. Camb —2N 69
Crondall End. Yat —8B 48
Crondall La. Farnh —9B 108
Crondall Rd. Cron —4A 128
Cronks Hill. Reig & Red —5A 122
Cronks Hill Clo. Red —5B 122
Cronks Hill Rd. Red —5B 122
Crooked Billet. SW19 —7H 27
Crooked Billet Roundabout. (Junct.) —5J 21
Crookham Rd. SW6 —4L 13
Crookham Rd. C Crook —7A 88
Crooksbury La. Seale —3C 130
Crooksbury Rd. Farnh —9N 109
Crosby Clo. Felt —4M 23
Crosby Gdns. Yat —8A 48
Crosby Hill Dri. Camb —8D 50
Crosby Wlk. SW2 —1L 29
Crosby Way. SW2 —1L 29
Crosby Way. Farnh —2F 128
Crossacres. Wok —2G 75
Cross Deep. Twic —3F 24
Cross Deep Gdns. Twic —3F 24
Cross Fell. Brack —3M 31
Crossfield Pl. Wey —4C 56
Cross Gdns. Frim G —8D 70
Cross Gates Clo. Brack —2D 32
Cross Keys. Craw —3B 182
Cross Lances Rd. Houn —7B 10
Crossland Ho. Vir W —3A 36
Crossland Rd. Red —3E 122
Crossland Rd. T Hth —5M 45
Crosslands. Cher —1G 55
Crosslands Av. S'hall —1N 9
Crosslands Rd. Eps —3C 60
Cross La. Frim G —8D 70
Cross La. Ott —3D 54
Cross La. Small —2N 163
Cross Lanes. Guild —3B 114
Crossley Clo. Big H —2F 86
Crossman Ct. Craw —8N 181
Cross Oak. Wind —5D 4
Cross Oak La. Red —4F 142
Crosspath. Craw —2C 182
Cross Rd. SW19 —8M 27
Cross Rd. Asc —7C 34
Cross Rd. Ash V —1F 110
Cross Rd. Belm —6M 61
Cross Rd. Croy —7A 46
Cross Rd. Felt —5M 23
Cross Rd. King T —8M 25
Cross Rd. Purl —9M 63
Cross Rd. Sutt —2B 62
Cross Rd. Tad —9H 81
Cross Rd. Wey —9E 38
Crossroads, The. Eff —6L 97
Cross St. SW13 —5D 12
Cross St. Alder —2M 109
Cross St. F'boro —5A 90
Cross St. Hamp —6C 24
Cross St. Wokgm —2B 30
Crosswater La. Churt —6K 149
Crossway. SW20 —3H 43
Crossway. Brack —1A 32
Crossway. W On T —8J 39
Crossways. Alder —3A 110
Crossways. Churt —9K 149
Crossways. Craw —2D 182
Crossways. Eff —5L 97
Crossways. Egh —7F 20
Crossways. S Croy —4H 65
Crossways. Sun —8G 23
Crossways. Sutt —5B 62
Crossways. Tats —7E 86
Crossways Av. E Grin —9M 165
Crossways Clo. Churt —9L 149
Crossways Clo. Craw —2D 182
Crossways La. Reig —6A 102
(in three parts)
Crossways Rd. Beck —3K 47
Crossways Rd. Gray —6A 170
Crossways Rd. Mitc —2F 44
Crossways, The. Coul —6L 83
Crossways, The. Guild —5J 113
Crossways, The. Houn —3N 9
Crossways, The. Red —7G 102
Crossways, The. Surb —7A 42
Crouchfield. Dork —8J 119
Crouch Ho. Cotts. Eden —1K 147
Crouch Ho. Rd. Eden —9J 127
Crouch La. Wink —1J 17
Crouch Oak La. Add —1L 55
Crowberry Clo. Craw —7M 181
Crowborough Clo. Warl —5H 85
Crowborough Dri. Warl —5H 85
Crowborough Rd. SW17 —7E 28
Crowbourne Ct. Sutt —1N 61
(off St Nicholas Way)
Crowhurst Clo. Worth —3J 183
Crowhurst Keep. Worth —3J 183
Crowhurst La. Oxt & Crow —7L 125
Crowhurst Mead. God —8F 104
Crowhurst Rd. Ling —3N 145
Crowhurst Village Rd. Crow —1A 146
Crowland Av. Hayes —1G 8
Crowland Rd. T Hth —3A 46
Crowland Wlk. Mord —5N 43
Crowley Cres. Croy —2L 63
Crown All. H'ham —6J 197
(off Carfax)
Crown Arc. King T —1K 41
Crown Ash Hill. W'ham —1D 86
Crown Ash La. Warl & Big H —3C 86
Crownbourne Ct. Sutt —1N 61
Crown Clo. Coln —3E 6
Crown Clo. W On T —6K 39
Crown Ct. G'ming —7H 133
Crown Dale. SE19 —7M 29
Crown Dri. Bad L —7M 109
Crown Gdns. Fleet —5C 88
Crown Heights. Guild —6A 114
Crown Hill. Croy —8N 45
Crown La. SW16 —6L 29
Crown La. Bad L —7L 109
Crown La. Mord —3M 43
Crown La. Vir W —5N 35
Crown La. Gdns. SW16 —6L 29
Crown Meadow. Coln —3D 6
Crown M. W6 —1F 12
Crown Pde. SE19 —7M 29
Crown Pas. King T —1K 41
Crownpits La. G'ming —8H 133
Crown Pl. Owl —6K 49
Crown Rise. Cher —7H 37
Crown Rd. Eden —9M 127
Crown Rd. Mord —3N 43
Crown Rd. N Mald —9B 26
Crown Rd. Sutt —1N 61
Crown Rd. Twic —9H 11
Crown Rd. Vir W —5M 35
Crown Row. Brack —5B 32
Crown Sq. Wok —4B 74
Crown St. Egh —6C 20
Crown Ter. Rich —7M 11
Crown, The. W'ham —4M 107
Crowntree Clo. Iswth —2F 10
Crown Wlk. G'ming —7H 133
Crown Yd. Houn —6C 10
Crowther Av. Bren —1L 11
Crowther Rd. SE25 —3D 46
Crowthorne Clo. SW18 —1L 27
Crowthorne Lodge. Brack
(off Crowthorne Rd.) —3N 31
Crowthorne Rd. Brack —4M 31
Crowthorne Rd. Crowt & Brack —1J 49
Crowthorne Rd. Sand —7F 48
Crowthorne Rd. N. Brack —2N 31
Croxall Ho. W on T —5K 39
Croxden Wlk. Mord —5A 44
Croxted Clo. SE21 —1N 29
Croxted M. SE24 —1N 29
Croxted Rd. SE24 & SE21 —1N 29
Croyde Av. Hayes —1F 8
Croyde Clo. F'boro —8M 69
Croydon Barn La. Horne & God —7C 144
Croydon Flyover, The. Croy —9N 45
Croydon Gro. Croy —7M 45
Croydon La. Bans —1A 82
Croydon La. S. Bans —1A 82
Croydon Rd. SE20 —1E 46
Croydon Rd. Beck —3G 46
Croydon Rd. Cat —1D 104
Croydon Rd. Kes —1F 66
Croydon Rd. H'row A —5C 8
Croydon Rd. Mitc & Bedd —3E 44
Croydon Rd. Reig —3N 121
Croydon Rd. Wall & Croy —1F 62
Croydon Rd. W'ham —1H 107
Croydon Rd. W Wick & Brom —9N 47
Croydon Rd. Ind. Est. Beck —3G 46
Croylands Dri. Surb —6L 41
Croysdale Av. Sun —2H 39
Crozier Dri. S Croy —6E 64
Cruch La. Tap —1C 16
Cruikshank Lea. Col T —9K 49
Crunden Rd. S Croy —4A 64
Crundwell Ct. Farnh —9J 109
Crusader Gdns. Croy —9B 46
Crusoe Rd. Mitc —8D 28
Crutchfield La. Hkwd —5M 141
Crutchfield La. W On T —8J 39
Crutchley Rd. Wokgm —1C 30
Crystal Ter. SE19 —7N 29
Cubitt Ho. SW4 —1G 29
Cubitt St. Croy —2K 63
Cubitt Way. Knap —5G 72
Cuckfield Clo. Craw —6L 181
Cuckmere Cres. Craw —4L 181
Cuckoo La. W End —9A 52
Cuckoo Pound. Shep —4F 38
Cuckoo Vale. W End —9A 52
Cudas Clo. Eps —1E 60
Cuddington Av. Wor Pk —9E 42
Cuddington Clo. Tad —7H 81
Cuddington Ct. Sutt —5J 61
Cuddington Glade. Eps —8N 59
Cuddington Pk. Clo. Bans —9L 61
Cuddington Way. Sutt —8J 61
Cudham Clo. Belm —6M 61
Cudham Dri. New Ad —6M 65
Cudham La. N. Cud & Orp —1L 87
Cudham La. S. Cud —2L 87
Cudham Pk. Rd. Cud —6N 67
Cudham Rd. Orp —7J 67
Cudham Rd. Tats —6G 86
Cudworth Cvn. Pk. Newd —2E 160
Cudworth La. Dork —1B 160
Culham Ho. Brack —3C 32
Cullen Clo. Yat —1B 68
Cullens M. Alder —3M 109
Cullerne Clo. Ewe —6E 60
Cullesden Rd. Kenl —2M 83
Culmer Hill. Worm —8C 152
Culmer La. Wmly —7C 152
Culmington Rd. S Croy —5N 63
Culsac Rd. Surb —8L 41
Culvercroft. Binf —8K 15
Culverden Rd. SW12 —3G 28
Culver Dri. Oxt —8A 106
Culverhay. Asht —3L 79
Culverhouse Gdns. SW16 —4K 29
Culverlands Cres. Ash —1D 110
Culver Rd. Owl —6J 49
Culvers Av. Cars —8D 44
Culvers Retreat. Cars —8D 44
Culvers Way. Cars —8D 44
Culworth Ho. Guild —4A 114
Cumberland Av. Guild —7K 93
Cumberland Clo. SW20 —8J 27
Cumberland Clo. Eps —6D 60
Cumberland Clo. Twic —9H 11
Cumberland Dri. Brack —9B 16
Cumberland Dri. Chess —9M 41
Cumberland Dri. Esh —8G 40
Cumberland Ho. King T —8A 26
Cumberland Pl. Sun —3H 39
Cumberland Rd. SE25 —5E 46
Cumberland Rd. SW13 —4E 12
Cumberland Rd. Ashf —4M 21
Cumberland Rd. Brom —3N 47
Cumberland Rd. Camb —1G 70
Cumberland Rd. Rich —3N 11
Cumberlands. Kenl —2A 84
Cumberland St. Stai —6F 20
Cumberlow Av. SE25 —2C 46
Cumbernaulds Gdns. Sun —6G 22
Cumbernauld Wlk. Bew —7K 181
Cumbrae Gdns. Surb —8K 41
Cumbria Ct. F'boro —4C 90
Cumnor Gdns. Eps —3F 60
Cumnor Rise. Kenl —4N 83
Cumnor Rd. Sutt —3A 62
Cumnor Way. Brack —3C 32
Cunliffe Clo. H'ley —2A 100
Cunliffe Pde. Eps —1E 60
Cunliffe Rd. Eps —1E 60
Cunliffe St. SW16 —7G 29
Cunningham Av. Guild —2C 114
Cunningham Clo. W Wick —8L 47
Cunningham Rd. Bans —2B 82
Cunnington Rd. F'boro —3C 90
Cunworth Ct. Brack —5L 31
Curfew Bell Rd. Cher —6H 37
Curlew Clo. S Croy —7G 64
Curlew Ct. Surb —9N 41
Curlew Gdns. Guild —1F 114
Curley Hill Rd. Light —8J 51
Curling Clo. Coul —7K 83
Curling Vale. Guild —5K 113
Curl Way. Wokgm —3A 30
Curly Bri. Clo. F'boro —6L 69
Curnick's La. SE27 —5N 29
Curran Av. Wall —9E 44
Currie Hill Clo. SW19 —5L 27
Curteys Wlk. Craw —6L 181
Curtis Clo. Camb —8G 50
Curtis Clo. Head —5A 168
Curtis Ct. C Crook —8B 88
Curtis Field Rd. SW16 —5K 29
Curtis Gdns. Dork —4G 118
Curtis La. Head —3C 168
Curtis Rd. Dork —4F 118
Curtis Rd. Eps —1B 60
Curtis Rd. Houn —1N 23
Curtis's Cotts. H'ham —5M 179
Curvan Clo. Eps —6E 60
Curzon Av. H'ham —5N 197
Curzon Clo. Orp —1M 67
Curzon Clo. Wey —1B 56
Curzon Ct. SW6 —4N 13
(off Maltings Pl.)
Curzon Dri. C Crook —8C 88
Curzon Rd. T Hth —5L 45
Curzon Rd. Wey —2B 56
Cusack Clo. Twic —5F 24
Cuthbert Gdns. SE25 —2B 46
Cuthbert Rd. Ash V —7F 90
Cuthbert Rd. Croy —8M 45
Cutthroat All. Rich —3J 25
Cuttinglye La. Craw D —9D 164
Cuttinglye Rd. Craw D —8E 164
Cutting, The. Red —5D 122
Cutts Rd. Alder —6B 90
Cyclamen Clo. Hamp —7A 24
Cyclamen Way. Eps —2B 60
Cygnet Av. Felt —1K 23
Cygnet Clo. Wok —3L 73
Cygnet Ct. Fleet —2C 88
Cygnets Clo. Red —1E 122
Cygnets, The. Felt —5M 23
Cypress Av. Twic —1C 24
Cypress Clo. Finch —8A 30
Cypress Dri. Fleet —4E 88
Cypress Gro. Ash V —6D 90
Cypress Ho. Langl —1D 6
Cypress Rd. SE25 —1B 46
Cypress Rd. Guild —1M 113
Cypress Wlk. Egh —7L 19
Cypress Way. Bans —1J 81
Cypress Way. B'water —1G 68
Cypress Way. Hind —7B 170
Cyprus Rd. Deep —6H 71
Cyprus Vs. Dork —5G 119
(off Junction Rd.)

D'abernon Chase. Lea —1G 79
D'Abernon Clo. Esh —1A 58
D'Abernon Dri. Stoke D —3M 77
Dacre Rd. Croy —6J 45
Dade Way. S'hall —1N 9
Daffodil Clo. Croy —7G 47
Daffodil Dri. Bisl —3D 72
Daffodil Pl. Hamp —7A 24
Dafforne Rd. SW17 —4E 28
Dagden Rd. Shalf —9A 114
Dagley Farm Cvn. Pk. Shalf —9M 113
Dagley La. Guild —8N 113
Dagmar Rd. SE25 —4B 46
Dagmar Rd. King T —9M 25
Dagmar Rd. Wind —5G 4
Dagnall Pk. SE25 —5A 46
Dagnall Rd. SE25 —4B 46
Dagnan Rd. SW12 —1F 28
Dahlia Gdns. Mitc —3H 45
Dahomey Rd. SW16 —7G 28
Daimler Way. Wall —4J 63
Dairy Clo. T Hth —1N 45
Dairyfields. Craw —4M 181
Dairy La. Crook C —3J 127
Dairyman's Wlk. Guild —7D 94
Dairy Wlk. SW19 —5K 27
Daisy Clo. Croy —7G 47
Daisy La. SW6 —6M 13
Dakin Clo. M'bowr —7G 183
Dakins, The. E Grin —1A 186
Dalby Rd. SW18 —7N 13
Dalcross. Brack —5C 32
Dalcross Rd. Houn —5M 9
Dale Av. Houn —6M 9
Dalebury Rd. SW17 —3D 28
Dale Clo. Add —2K 55
Dale Clo. Asc —4D 34
Dale Clo. H'ham —3M 197
Dale Clo. Wrec —4E 128
Dale Gdns. Sand —7F 48
Dalegarth Gdns. Purl —9A 64
Daleham Av. Egh —7C 20
Dale Lodge Rd. Asc —4D 34
Dale Pk. Av. Cars —8D 44
Dale Pk. Rd. SE19 —9N 29
Dale Rd. F Row —8H 187
Dale Rd. Purl —8L 63
Dale Rd. Sun —8G 22
Dale Rd. Sutt —1L 61
Dale Rd. W On T —6G 39
Daleside Rd. SW16 —6F 28
Daleside Rd. Eps —3C 60
Dale St. W4 —1D 12
Dale, The. Kes —1F 66
Dale View. Hasl —3E 188
Dale View. H'ley —1A 100
Dale View. Wok —5L 73
Dalewood Gdns. Craw —1D 182
Dalewood Gdns. Wor Pk —8G 43
Dalkeith Rd. SE21 —2N 29
Dallas Rd. Sutt —3K 61
Dallaway Gdns. E Grin —9A 166
Dalley Ct. Sand —8J 49
Dalling Rd. W6 —1G 12
Dallington Clo. W On T —3K 57
Dalmally Rd. Croy —6C 46
Dalmeny Av. SW16 —1L 45
Dalmeny Cres. Houn —7D 10
Dalmeny Rd. Cars —4E 62
Dalmeny Rd. Wor Pk —9G 42
Dalmore Av. Clay —3E 58
Dalmore Rd. SE21 —3N 29
Dalston Clo. Camb —3H 71
Dalton Av. Mitc —1C 44

Dalton Clo.—Dixon Pl.

Dalton Clo. Craw —8N 181
Dalton Clo. Purl —8N 63
Dalton St. SE27 —3M 29
Damascene Wlk. SE21 —2F 26
Damask Clo. W End —9B 52
Damphurst La. Wott —1A 138
Dampier Wlk. Craw —8N 181
Danbrook Rd. SW16 —9J 29
Danbury M. Wall —1F 62
Danby Ct. Horl —6E 142
Dancer Rd. SW6 —4L 13
Dancer Rd. Rich —6N 11
Danebury. New Ad —3L 65
Danebury Av. SW15 —9D 12
(in two parts)
Danebury Wlk. Frim —6D 70
Dane Clo. Orp —2M 67
Dane Ct. Wok —2H 75
Danecourt Gdns. Croy —9C 46
Danehurst Ct. Eps —9E 60
Danehurst Cres. H'ham —6M 197
Danehurst St. SW6 —4K 13
Danemere St. SW15 —6H 13
Danemore La. S God —1G 145
Dane Rd. SW19 —9A 28
Dane Rd. Ashf —7D 22
Dane Rd. Warl —4G 84
Danesbury Rd. Felt —2J 23
Danesbury Wlk. Frim —6D 70
Danes Clo. Oxs —1C 78
Danescourt Cres. Sutt —8A 44
Danesfield Clo. W On T —9J 39
Danes Hill. Wok —5D 74
Daneshill Clo. Red —2C 122
Daneshill Dri. Oxs —1D 78
Danesrood. Guild —4B 114
Danes Way. Oxs —1D 78
Daneswood Clo. Wey —2C 56
Danetree Clo. Eps —4B 60
Danetree Rd. Eps —4B 60
Daniel Clo. SW17 —7C 28
Daniel Clo. Houn —1N 23
Daniell Way. Croy —7J 45
Daniels La. Warl —3J 85
Daniel Way. Bans —1N 81
Dan Leno Wlk. SW6 —3N 13
Danone Ct. Guild —3N 113
Danses Clo. Guild —1F 114
Danvers Dri. C Crook —1A 108
Danvers Way. Cat —1N 103
Da Palma Ct. SW6 —2M 13
(off Anselm Rd.)
Dapdune Ct. Guild —3M 113
Dapdune Rd. Guild —3N 113
Daphne Ct. Wor Pk —8D 42
Daphne Dri. C Crook —1A 108
Daphne St. SW18 —9N 13
Darby Clo. Cat —9N 83
Darby Cres. Sun —1K 39
Darby Gdns. Sun —1K 39
Darby Grn. La. B'water —1G 68
Darby Grn. Rd. B'water —1F 68
Darby Vale. Warf —7N 15
Darcy Av. Wall —1G 63
Darcy Clo. Coul —6M 83
D'Arcy Pl. Asht —4M 79
Darcy Rd. SW16 —1J 45
D'Arcy Rd. Asht —4M 79
Darcy Rd. Iswth —4G 11
D'Arcy Rd. Sutt —1J 61
Darell Rd. Rich —6N 11
Darenth Gdns. W'ham —4M 107
Darenth Way. Horl —6D 142
Dare's La. Ews —3A 108
Darfield Rd. Guild —9C 94
Darfur St. SW15 —6J 13
Dark Dale. Asc —4E 32
Dark La. P'ham —8M 111
Dark La. Shere —8A 116
Dark La. W'sham —3M 51
Darlan Rd. SW6 —3L 13
Darlaston Rd. SW19 —8J 27
Darley Clo. Add —2L 55
Darley Clo. Croy —5H 47
Darleydale. Craw —6A 182
Darleydale Clo. Owl —5J 49
Darley Dene Ct. Add —1L 55
Darley Dri. N Mald —1C 42
Darley Gdns. Mord —5A 44
Darlington Rd. SE27 —6M 29
Darmaine Clo. S Croy —4N 63
Darnley Pk. Wey —9B 38
Darracott Clo. Camb —7F 50
Darset Av. Fleet —3B 88
Dart Clo. Slou —2D 6
Dart Ct. E Grin —7C 166
Dartmouth Av. Sheer —1E 74
Dartmouth Clo. Brack —2C 32
Dartmouth Grn. Wok —1F 74
Dartmouth Path. Wok —1F 74
Dartmouth Pl. W4 —2D 12
Dartnell Av. W Byf —8K 55
Dartnell Clo. W Byf —8K 55
Dartnell Cres. W Byf —8K 55
Dartnell Pk. Rd. W Byf —8K 55
Dartnell Pl. W Byf —8K 55
Dartnell Rd. Croy —6C 46
Dart Rd. F'boro —8J 69
Darvel Clo. Wok —3K 73
Darvills La. Farnh —1J 129
Darvills La. Read —1E 14
Darwall Dri. Asc —1H 33
Darwin Clo. H'ham —4M 197
Darwin Clo. Orp —2M 67
Darwin Gro. Alder —1A 110
Darwin Rd. W5 —1J 11
Daryngton Dri. Guild —3D 114
Dashwood Clo. Brack —9B 16
Dashwood Clo. W Byf —8L 55
Dassett Rd. SE27 —6M 29
Datchet Pl. Dat —4L 5
Datchet Rd. Hort —6B 6
Datchet Rd. Old Win —7K 5
Datchet Rd. Slou —1J 5
Datchet Rd. Wind —3G 5
Dault Rd. SW18 —9N 13
Daux Hill. H'ham —1H 197
Davenant Rd. Croy —1M 63
Davenport Clo. Tedd —7G 25
Davenport Lodge. Houn —3M 9
Davenport Rd. Brack —9C 16
Daventry Clo. Coln —4H 7
Daventry Ct. Brack —9N 15
David Clo. Hayes —3F 8
David Clo. Horl —7F 142
David Rd. Coln —5H 7
Davidson Rd. Croy —6B 46
Davies Clo. Croy —5D 46
Davies Clo. G'ming —4G 133
Davis Clo. Craw —8M 181
Davis Gdns. Col T —8K 49
Davis Rd. Chess —1N 59
Davis Rd. Wey —6A 56
Davmor Ct. Bren —1J 11
Davos Clo. Wok —6A 74
Davy Clo. Wokgm —3B 30
Dawell Dri. Big H —4E 86
Dawes Av. Iswth —8G 10
Dawes Ct. Esh —2B 58
Dawes Rd. SW6 —3K 13
Dawley Ride. Coln —4G 6
Dawlish Av. SW18 —3N 27
Dawnay Clo. Asc —9K 17
Dawnay Gdns. SW18 —3B 28
Dawnay Rd. SW18 —3A 28
Dawnay Rd. Bookh —4B 98
Dawnay Rd. Camb —7N 49
Dawn Clo. Houn —6M 9
Dawney Hill. Pirb —8B 72
Dawneys Rd. Pirb —9B 72
Dawn Redwood Clo. Hort —6C 6
Dawn Rise. Copt —7L 163
Dawsmere Clo. Camb —1G 71
Dawson Clo. Wind —5D 4
Dawson Rd. Byfl —7M 55
Dawson Rd. King T —2M 41
Daybrook Rd. SW19 —1N 43
Day Ct. Cranl —8H 155
Daylesford Av. SW15 —7F 12
Daymerslea Ridge. Lea —8J 79
Days Acre. S Croy —6C 64
Daysbrook Rd. SW2 —2K 29
Dayseys Hill. Out —3L 143
Dayspring. Guild —8L 93
Deacon Clo. D'side —6J 77
Deacon Clo. Purl —5J 63
Deacon Clo. Wokgm —9B 14
Deacon Field. Guild —2K 113
Deacon Pl. Cat —1N 103
Deacon Rd. King T —9M 25
Deacons Ct. Twic —3F 24
Deacons Leas. Orp —1M 67
Deacons Wlk. Hamp —5A 24
Deadbrook La. Alder —1B 110
Deal Rd. SW17 —7E 28
Dealtry Rd. SW15 —7H 13
Dean Clo. Tad —2G 100
Dean Clo. Wind —6A 4
Dean Clo. Wok —3G 74
Deanery Pl. G'ming —7G 133
(off Church St.)
Deanery Rd. Crook C —2L 127
Deanery Rd. G'ming —6G 133
Deanfield Gdns. Croy —1A 64
Dean Gro. Wokgm —1B 30
Deanhill Ct. SW14 —7A 12
Deanhill Rd. SW14 —7A 12
Dean La. Red —1F 102
Deanoak La. Leigh —4H 141
Dean Pde. Camb —7D 50
Dean Rd. Croy —1A 64
Dean Rd. G'ming —5G 132
Dean Rd. Hamp —6A 24
Dean Rd. Houn —8B 10
Deans Clo. W4 —2A 12
Deans Clo. Croy —9C 46
Deans Clo. Tad —2G 100
Deans Ct. W'sham —4A 52
Deansfield. Cat —3C 104
Deansgate. Brack —6N 31
Deans La. W4 —2A 12
(off Deans Clo.)
Deans La. Nutf —2L 123
Dean's La. Tad —2G 101
Deans Rd. Red —8G 103
Deans Rd. Sutt —9N 43
Dean's Wlk. Coul —5L 83
Dean Wlk. Bookh —4B 98
Dearn Gdns. Mitc —2C 44
Deauville Ct. SW4 —1G 29
Debden Clo. King T —6K 25
Deborah Clo. Iswth —4E 10
De Brome Rd. Felt —2K 23
De Burgh Pk. Bans —2N 81
De Burgh Rd. SW19 —8A 28
Decimus Clo. T Hth —3A 46
Dedisham Clo. Craw —4E 182
Dedswell Dri. W Cla —7J 95
Dedworth Dri. Wind —4C 4
Dedworth Rd. Wind —5A 4
Deedman Clo. Ash —2E 110
Deepcut Bri. Rd. Deep —8G 70
Deepdale. SW19 —5J 27
Deepdale. Brack —3M 31
Deepdene. Hasl —2C 188
Deepdene. Lwr Bo —5J 129
Deepdene Av. Croy —9C 46
Deepdene Av. Dork —8J 119
Deepdene Av. Rd. Dork —3J 119
Deepdene Dri. Dork —4J 119
Deepdene Gdns. SW2 —1K 29
Deepdene Gdns. Dork —4J 119
Deepdene Pk. Rd. Dork —4J 119
Deepdene Roundabout. Dork —4J 119
Deepdene Vale. Dork —4J 119
Deepdene Wood. Dork —5K 119
Deepfield. Dat —3L 5
Deepfield Rd. Brack —1B 32
Deepfields. Horl —6D 142
Deepfield Way. Coul —3J 83
Deep Pool La. Hors —1L 73
Deepwell Clo. Iswth —4G 10
Deep Well Dri. Camb —1C 70
Deerbarn Rd. Guild —2L 113
Deerbrook Rd. SE24 —2M 29
Deerhurst Clo. Felt —5J 23
Deerhurst Cres. Hamp H —6C 24
Deerhurst Rd. SW16 —6K 29
Deerings Rd. Reig —3N 121
Deer Leap. Light —7L 51
Deerleap Rd. Westc —6B 118
Dee Rd. Rich —7M 11
Deer Pk. Clo. King T —8A 26
Deer Pk. Gdns. Mitc —3B 44
Deer Pk. Rd. SW19 —1N 43
Deer Rock Hill. Brack —5A 32
Deer Rock Rd. Camb —8D 50
Deers Farm Clo. Wis —3N 75
Deerswood Clo. Cat —2D 104
Deerswood Clo. Craw —2N 181
Deerswood Ct. Craw —2M 181
Deerswood Rd. Craw —3N 181
Deeside Rd. SW17 —4B 28
Dee Way. Eps —6D 60
Defiant Way. Wall —4J 63
Defoe Av. Rich —3N 11
Defoe Clo. SW17 —7C 28
De Havilland Dri. Wey —7N 55
De Havilland Rd. Houn —3K 9
De Havilland Rd. Wall —4J 63
De Havilland Way. Stai —9N 7
Delabole Rd. Red —7J 103
Delaford St. SW6 —3K 13
Delagarde Rd. W'ham —4L 107
Delamare Cres. Croy —5F 46
Delamere Rd. SW20 —9J 27
Delamere Rd. Reig —7N 121
Delaporte Clo. Eps —8D 60
De Lara Way. Wok —5N 73
De La Warr Rd. E Grin —9B 166
Delawyk Cres. SE24 —1N 29
Delcombe Av. Wor Pk —7H 43
Delderfield. Lea —8K 79
Delfont Clo. M'bowr —5H 183
Delia St. SW18 —1N 27
Delius Gdns. H'ham —4A 198
Dellbow Rd. Felt —8J 9
Dell Clo. Fet —1E 98
Dell Clo. Hasl —1E 188
Dell Clo. Mick —5J 99
Dell Clo. Wall —1H 63
Deller St. Binf —8L 15
Dell Gro. Frim —4D 70
Dell La. Eps —2F 60
Dell Rd. Eps —3F 60
Dell Rd. Finch —4A 48
Dell, The. Bren —2J 11
Dell, The. E Grin —9D 166
Dell, The. Farnh —5J 109
Dell, The. Felt —1J 23
Dell, The. Horl —7F 142
Dell, The. Reig —2M 121
Dell, The. Tad —8H 81
Dell, The. Wok —6M 73
Dell, The. Yat —1B 68
Dell Wlk. N Mald —1D 42
Delmey Clo. Croy —9C 46
Delorme St. W6 —2J 13
Delta Bungalows. Horl —1E 162
Delta Bus. Pk. SW18 —7N 13
(off Smugglers Way)
Delta Clo. Chob —6J 53
Delta Clo. Wor Pk —9E 42
Delta Dri. Horl —1E 162
Delta Ho. Horl —1E 162
(off Delta Dri.)
Delta Rd. Chob —6J 53
Delta Rd. Wok —3C 74
Delta Rd. Wor Pk —9D 42
Delta Way. Egh —9E 20
Delves. Tad —8J 81
Delville Clo. F'boro —2J 89
Delvino Rd. SW6 —4M 13
Demesne Rd. Wall —1H 63
De Montfort Pde. SW16 —4J 29
De Montfort Rd. SW16 —3J 29
De Morgan Rd. SW6 —6N 13
Dempster Clo. Surb —7J 41
Dempster Rd. SW18 —8N 13
Denbies Dri. Dork —1H 119
Denbigh Clo. Sutt —2L 61
Denbigh Gdns. Rich —8M 11
Denbigh Rd. Hasl —3H 189
Denbigh Rd. Houn —5B 10
Denby Rd. Cobh —8K 57
Denchers Plat. Craw —9B 162
Dencliffe. Ashf —6B 22
Den Clo. Beck —2N 47
Dene Av. Houn —6N 9
Dene Clo. Brack —8A 16
Dene Clo. Hasl —3G 188
Dene Clo. Horl —6C 142
Dene Clo. Lwr Bo —5K 129
Dene Clo. Wor Pk —8E 42
Denefield. Dork —7H 119
Denefield Dri. Kenl —2A 84
Dene Gdns. Th Dit —8G 40
Denehurst Gdns. Rich —7N 11
Denehurst Gdns. Twic —1D 24
Denehyrst Ct. Guild —4A 114
(off York Rd.)
Dene La. Lwr Bo —5J 129
Dene La. W. Lwr Bo —6K 129
Dene Pl. Wok —5M 73
Dene Rd. Asht —6M 79
Dene Rd. F'boro —2L 89
Dene Rd. Guild —4A 114
Dene St. Dork —5H 119
Dene St. Gdns. Dork —5H 119
Dene, The. Ab H —9J 117
Dene, The. Croy —1G 64
Dene, The. Sutt —7L 61
Dene, The. W Mol —4N 39
Dene Tye. Craw —2H 183
Dene Wlk. Lwr Bo —5J 129
Denfield. Dork —7H 119
Denham Cres. Mitc —3D 44
Denham Dri. Yat —1C 68
Denham Gro. Brack —5A 32
Denham Rd. Egh —5C 20
Denham Rd. Eps —8E 60
Denham Rd. Felt —1K 23
Denholm Gdns. Guild —9C 94
Denison Rd. SW19 —7B 28
Denison Rd. Felt —5G 23
Denleigh Gdns. Th Dit —5E 40
Denly Way. Light —6N 51
Denman Clo. Fleet —4D 88
Denman Dri. Ashf —7C 22
Denman Dri. Clay —2G 58
Denmans. Craw —2H 183
Denmark Av. SW19 —8K 27
Denmark Ct. Mord —5M 43
Denmark Gdns. Cars —9D 44
Denmark Path. SE25 —4E 46
Denmark Rd. SE25 —4D 46
Denmark Rd. SW19 —7J 27
Denmark Rd. Cars —9D 44
Denmark Rd. Guild —4A 114
Denmark Rd. King T —2L 41
Denmark Rd. Twic —4D 24
Denmark Sq. Alder —2B 110
Denmark St. Alder —2B 110
Denmark St. Wokgm —3B 30
Denmark Wlk. SE27 —5N 29
Denmead Ct. Brack —5C 32
Denmead Ho. SW15 —9E 12
(off Highcliffe Dri.)
Denmead Rd. Croy —7M 45
Denmore Ct. Wall —2F 62
Dennan Rd. Surb —7M 41
Dennard Way. Farn —1J 67
Denne Pde. H'ham —7J 197
Denne Rd. Craw —4B 182
Denne Rd. H'ham —7J 197
Dennett Rd. Croy —7L 45
Dennettsland Rd. Crook C —3L 127
Denning Av. Croy —1L 63
Denning Clo. Fleet —6A 88
Denning Clo. Hamp —6N 23
Denningtons, The. Wor Pk —8D 42
Dennis Clo. Ashf —8E 22
Dennis Clo. Red —1C 122
Dennis Ho. Sutt —1N 61
Dennison Gro. SW14 —6C 12
Dennis Pk. Cres. SW20 —9K 27
Dennis Reeve Clo. Mitc —9D 28
Dennis Rd. E Mol —3C 40
Dennistoun Clo. Camb —1B 70
Dennis Way. Guild —7A 94
Denny Rd. Slou —1B 6
Den Rd. Brom —2N 47
Denton Clo. Red —8E 122
Denton Gro. W On T —8M 39
Denton Rd. Twic —9K 11
Denton Rd. Wokgm —2B 30
Denton St. SW18 —9N 13
Denton Way. Frim —4B 70
Denton Way. St J —5J 73
Dents Gro. Tad —6L 101
Dents Rd. SW11 —1D 28
Denvale Wlk. Wok —5K 73
Denzil Rd. Guild —4L 113
Deodar Rd. SW15 —7K 13
Depot Rd. Craw —9B 162
Depot Rd. Eps —9D 60
Depot Rd. H'ham —6L 197
Depot Rd. Houn —6D 10
Derby Arms Rd. Eps —4E 80
Derby Clo. Eps —6G 81
Derby Est. Houn —7B 10
Derby Rd. SW14 —7A 12
Derby Rd. SW19 —8M 27
Derby Rd. Croy —7M 45
Derby Rd. Guild —3J 113
Derby Rd. Hasl —1F 188
Derby Rd. Houn —7B 10
Derby Rd. Surb —7N 41
Derby Rd. Sutt —3L 61
Derbyshire Grn. Warf —8D 16
Derby Stables Rd. Eps —4D 80
Derek Av. Eps —3N 59
Derek Av. Wall —1F 62
Derek Clo. Ewe —2A 60
Derek Horn Ct. Camb —9N 49
Deridene Clo. Stai —9N 7
Dering Pl. Croy —1N 63
Dering Rd. Croy —1N 63
Derinton Rd. SW17 —5D 28
Deronda Est. SW2 —2M 29
Deronda Rd. SE24 —2M 29
De Ros Pl. Egh —7C 20
Deroy Clo. Cars —3D 62
Derrick Av. S Croy —6N 63
Derrick Rd. Beck —2J 47
Derrydown. Wok —8M 73
Derry Rd. Croy —9J 45
Derry Rd. F'boro —6L 69
Derwent Av. SW15 —5D 26
Derwent Av. Ash V —9D 90
Derwent Clo. Add —2M 55
Derwent Clo. Clay —3E 58
Derwent Clo. Craw —4L 181
Derwent Clo. F'boro —1K 89
Derwent Clo. Farnh —6F 108
Derwent Clo. Felt —2G 22
Derwent Clo. H'ham —2A 198
Derwent Dri. Purl —9A 64
Derwent Ho. SE20 —1E 46
(off Derwent Rd.)
Derwent Lodge. Iswth —5D 10
Derwent Lodge. Wor Pk —8G 42
Derwent Rd. SE20 —1D 46
Derwent Rd. SW20 —4J 43
Derwent Rd. Egh —8C 20
Derwent Rd. Light —7M 51
Derwent Rd. Twic —9B 10
Derwent Wlk. Wall —4F 62
Desborough Clo. Shep —7B 38
Desborough Ho. W14 —2L 13
(off N. End Rd.)
Desford Ct. Ashf —3B 22
Desford Way. Ashf —3A 22
Detillens La. Oxt —7C 106
Detling Rd. Craw —8A 182
Dettingen Barracks. Deep —5H 71
Dettingen Rd. Deep —6J 71
Devana End. Cars —9D 44
Devas Rd. SW20 —9H 27
Devenish Clo. S'hill —5A 34
Devenish La. Asc —7A 34
Devenish Rd. Asc —5N 33
Devereux La. SW13 —3G 12
Devereux Rd. SW11 —1D 28
Devereux Rd. Wind —5G 4
Devey Clo. King T —8D 26
Devil's Highway, The. Crowt —2D 48
Devil's La. Egh & Stai —7E 20
De Vitre Grn. Wokgm —1E 30
Devitt Clo. Asht —3N 79
Devoil Clo. Guild —8D 94
Devoke Way. W On T —8L 39
Devon Av. Twic —2C 24
Devon Bank. Guild —6M 113
Devon Chase. Warf —7C 16
Devon Clo. Col T —8J 49
Devon Clo. Fleet —1C 88
Devon Clo. Kenl —3B 84
Devon Ct. Hamp —8A 24
Devon Cres. Red —3B 122
Devoncroft Gdns. Twic —1G 25
Devon Ho. Cat —2C 104
Devonhurst Pl. W4 —1C 12
Devon Rd. Red —8G 102
Devon Rd. Sutt —5K 61
Devon Rd. W On T —1K 57
Devonshire Av. Sutt —4A 62
Devonshire Av. Wok —1E 74
Devonshire Dri. Camb —8D 50
Devonshire Dri. Surb —7K 41
Devonshire Gdns. W4 —3B 12
Devonshire Ho. Sutt —4A 62
Devonshire M. W4 —1D 12
Devonshire Pas. W4 —1D 12
Devonshire Pl. W4 —1D 12
Devonshire Pl. Alder —3L 109
Devonshire Rd. SW19 —8C 28
Devonshire Rd. W4 —1D 12
Devonshire Rd. Cars —1E 62
Devonshire Rd. Croy —6A 46
Devonshire Rd. Felt —4M 23
Devonshire Rd. H'ham —6K 197
Devonshire Rd. Sutt —4A 62
Devonshire Rd. Wey —1B 56
Devonshire St. W4 —1D 12
Devonshire Way. Croy —8H 47
Devon Way. Chess —2J 59
Devon Way. Eps —2A 60
Devon Waye. Houn —3N 9
Dewar Clo. If'd —4K 181
Dewey St. SW17 —6D 28
Dewlands. God —9F 104
Dewlands Clo. Cranl —7N 155
Dewlands La. Cranl —7N 155
Dewlands Rd. God —9F 104
Dewsbury Ct. W4 —1B 12
Dewsbury Gdns. Wor Pk —9F 42
Dexter Dri. E Grin —1A 186
Dexter Way. Fleet —1C 88
Diamedes Av. Stai —1M 21
Diamond Ct. Red —2E 122
(off St Anne's Way)
Diamond Est. SW17 —4C 28
Diamond Hill. Camb —8C 50
Diamond Ridge. Camb —8B 50
Diana Cotts. Seale —8J 111
Diana Gdns. Surb —8M 41
Diana Ho. SW13 —4E 12
Dianthus Clo. Cher —6G 36
Dianthus Ct. Wok —5N 73
Dianthus Pl. Wink R —7F 16
Dibdene La. Sham G —7H 135
Dibdin Clo. Sutt —9M 43
Dibdin Rd. Sutt —9M 43
Diceland Rd. Bans —3L 81
Dickens Clo. E Grin —9M 165
Dickens Clo. Hayes —1F 8
Dickens Clo. Rich —3L 25
Dickens Ct. Wokgm —2A 30
Dickens Dri. Add —3H 55
Dickenson Rd. Felt —6L 23
Dickensons La. SE25 —4D 46
Dickensons Pl. SE25 —5D 46
Dickens Rd. Craw —6B 182
Dickens Way. Yat —1B 68
Dickerage La. N Mald —2B 42
Dickerage Rd. King T & N Mald —9B 26
Dickins Way. H'ham —8M 197
Dick Turpin Way. Felt —7G 9
Digby Mans. W6 —1G 13
(off Hammersmith Bri. Rd.)
Digby Pl. Croy —9C 46
Digby Way. Byfl —8A 56
Digdens Rise. Eps —2B 80
Dighton Rd. SW18 —8N 13
Dillon Cotts. Guild —7E 94
Dilston Rd. Lea —6G 79
Dilton Gdns. SW15 —2F 26
Dimes Pl. W6 —1G 13
Dingle Rd. Ashf —6C 22
Dingle, The. Craw —3N 181
Dingley La. SW16 —3H 29
Dingwall Av. Croy —8N 45
Dingwall Rd. SW18 —1A 28
Dingwall Rd. Cars —5D 62
Dingwall Rd. Croy —7A 46
Dinorben Av. Fleet —6A 88
Dinorben Beeches. Fleet —6A 88
Dinorben Clo. Fleet —6A 88
Dinsdale Clo. Wok —5C 74
Dinsdale Gdns. SE25 —4B 46
Dinsmore Rd. SW12 —1F 28
Dinton Rd. SW19 —7B 28
Dinton Rd. King T —8M 25
Dione Wlk. Bew —6K 181
Dippenhall Rd. Farnh —1B 128
Dirdene Clo. Eps —8E 60
Dirdene Gdns. Eps —8E 60
Dirdene Gro. Eps —8D 60
Dirtham La. Eff —6J 97
Dirty La. Ash W —3G 187
Disbrowe Rd. W6 —2K 13
Disraeli Ct. Coln —2D 6
Disraeli Gdns. SW15 —7L 13
Disraeli Rd. SW15 —7K 13
Distillery La. W6 —1H 13
Distillery Rd. W6 —1H 13
Distillery Wlk. Bren —2L 11
Ditches Grn. Cotts. Dork —8M 157
Ditches La. Coul & Cat —7J 83
Ditchling. Brack —6M 31
Ditchling Hill. Craw —6A 182
Ditton Clo. Th Dit —6G 40
Dittoncroft Clo. Croy —1B 64
Ditton Grange Clo. Surb —7K 41
Ditton Grange Dri. Surb —7K 41
Ditton Hill. Surb —7J 41
Ditton Hill Rd. Surb —7J 41
Ditton Lawn. Th Dit —7G 40
Ditton Pk. Rd. Slou —2A 6
Ditton Reach. Th Dit —5H 41
Ditton Rd. Dat —4N 5
Ditton Rd. Langl —1B 6
Ditton Rd. S'hall —1N 9
Ditton Rd. Surb —8K 41
Divis Way. SW15 —9G 13
(off Dover Pk. Dri.)
Dixon Dri. Wey —6A 56
Dixon Pl. W Wick —7L 47

Dixon Rd.—Duxberry Av.

Dixon Rd. SE25 —2B 46
Dobbins Pl. If'd —4J 181
Doble Ct. S Croy —8D 64
Dobson Rd. Craw —9B 162
Dockenfield St. Dock —4C 148
Dockett Eddy. Cher —7N 37
Dockett Eddy La. Shep —7A 38
Dock Rd. Bren —3K 11
Dockwell Clo. Felt —7H 9
Doctor Johnson Av. SW17 —4F 28
Doctors La. Cat —1L 103
Dodbrooke Rd. SE27 —4L 29
Dodds Cres. W Byf —1K 75
Dodd's La. Wok —1J 75
Dodds Pk. Brock —5A 120
Doel Clo. SW19 —8A 28
Dogflud Way. Farnh —9H 109
Doghurst Av. Hayes —3C 8
Doghurst Dri. W Dray —3C 8
Doghurst La. Coul —7D 82
Dogkennel Grn. Ran C —3L 117
Dolby Rd. SW6 —5L 13
Dolleyshill Cvn. Pk. Norm —8K 91
Dollis Clo. M'bowr —4G 182
Dollis Dri. Farnh —9J 109
Dolman Rd. W4 —1C 12
Dolphin Clo. Hasl —2C 188
Dolphin Clo. Surb —4K 41
Dolphin Ct. Brack —3A 32
Dolphin Ct. Stai —4J 21
Dolphin Ct. N. Stai —4J 21
Dolphin Est. Sun —9F 22
Dolphin Rd. Sun —9F 22
Dolphin Rd. N. Sun —9F 22
Dolphin Rd. S. Sun —9F 22
Dolphin Rd. W. Sun —9F 22
Dolphin Sq. W4 —3D 12
Dolphin St. King T —1L 41
Doman Rd. Camb —2L 69
Dome Hill. Cat —5B 104
Dome Hill Peak. Cat —4B 104
Dome, The. Red —2D 122
Dome Way. Red —2D 122
Dominica Ter. Frim G —6H 71 (off Cyprus Rd.)
Dominion Rd. Croy —6C 46
Donald Rd. Croy —6K 45
Donald Woods Gdns. Surb —8A 42
Doncaster Wlk. Craw —5E 182
Doncastle Rd. Brack —2K 31
Doneraile St. SW6 —5J 13
Donkey La. Ab C —3L 137
Donkey La. Horl —3H 163
Donkey La. W Dray —1L 7
Donnafields. Bisl —3D 72
Donne Clo. Craw —1F 182
Donne Ct. SE24 —1N 29
Donne Gdns. Wok —2G 74
Donnelly Ct. SW6 —3K 13 (off Dawes Rd.)
Donne Pl. Mitc —3F 44
Donnington Clo. Camb —2N 69
Donnington Ct. Craw —6L 181
Donnington Rd. Wor Pk —8F 42
Donnybrook. Brack —6M 31
Donnybrook Rd. SW16 —8G 29
Donovan Clo. Eps —6C 60
Doods Pk. Rd. Reig —2A 122
Doods Pl. Reig —2B 122
Doods Rd. Reig —2A 122
Doods Way. Reig —2B 122
Doomsday Garden. H'ham —7N 197
Doone Clo. Tedd —7G 24
Doral Way. Cars —2D 62
Doran Ct. Red —3B 122
Doran Dri. Red —3B 122
Doran Gdns. Red —3B 122
Dora Rd. SW19 —6M 27
Dora's Grn. La. Ews —5C 108
Dorcas Ct. Camb —3N 69
Dorchester Ct. Reig —2B 122
Dorchester Ct. Stai —5J 21
Dorchester Ct. Wok —3C 74
Dorchester Dri. Felt —9F 8
Dorchester Gro. W4 —1D 12
Dorchester M. N Mald —3C 42
Dorchester M. Twic —9J 11
Dorchester Rd. Mord —6N 43
Dorchester Rd. Wey —9C 38
Dorchester Rd. Wor Pk —7H 43
Doreen Clo. F'boro —7K 69
Dore Gdns. Mord —6N 43
Dorian Dri. Asc —9B 18
Doria Rd. SW6 —5L 13
Doric Dri. Tad —7L 81
Dorien Rd. SW20 —1J 43
Dorin Ct. Warl —7E 84
Dorincourt. Wok —2G 74
Doris Rd. Ashf —7E 22
Dorking Bus. Pk. Dork —4G 118
Dorking Clo. Wor Pk —8J 43
Dorking Rd. Bookh —4B 98
Dorking Rd. Chil —9G 115
Dorking Rd. Eps —3N 79
Dorking Rd. Gom & Ab H —8E 116
Dorking Rd. H'ham —8G 178
Dorking Rd. Lea —9H 79
Dorking Rd. Tad —7D 100
Dorking Vs. Knap —4G 72
Dorlcote. Witl —5B 152
Dorlcote Rd. SW18 —1C 28
Dorling Dri. Eps —8E 60
Dorly Clo. Shep —4F 38
Dormans. Craw —4M 181
Dormans Av. D'land —9C 146
Dormans Clo. D'land —2C 166
Dormans Gdns. Dor P —4A 166
Dormans High St. Ling —2C 166
Dormans Pk. Rd. Dor P —4A 166
Dormans Pk. Rd. E Grin —7N 165
Dormans Rd. D'land —9C 146
Dormans Sta. Rd. Ling —3B 166
Dormay St. SW18 —8N 13
Dormer Clo. Crowt —2F 48
Dormers Clo. G'ming —4G 133
Dorncliffe Rd. SW6 —5K 13
Dorney Gro. Wey —8C 38
Dorney Way. Houn —8M 9
Dornford Gdns. Coul —6N 83
Dornton Rd. SW12 —3F 28
Dornton Rd. S Croy —3A 64
Dorothy Pettingell Ho. Sutt —9N 43 (off Angel Hill)
Dorrien Wlk. SW16 —3H 29
Dorrington Ct. SE19 —1B 46
Dorrit Cres. Guild —1H 113
Dorset Av. E Grin —7M 165
Dorset Av. S'hall —1A 10
Dorset Ct. Camb —7D 50
Dorset Ct. Eps —8E 60
Dorset Dri. Wok —4D 74
Dorset Gdns. E Grin —7M 165
Dorset Gdns. Mitc —3K 45
Dorset Rd. SW19 —9M 27
Dorset Rd. Ashf —4M 21
Dorset Rd. Ash V —8F 90
Dorset Rd. Beck —2G 46
Dorset Rd. Mitc —1C 44
Dorset Rd. Sutt —6M 61
Dorset Rd. Wind —4F 4
Dorset Sq. Eps —6C 60
Dorset Vale. Warf —7C 16
Dorset Way. Byfl —6M 55
Dorset Way. Twic —2D 24
Dorset Waye. Houn —3N 9
Dorsten Pl. Craw —6L 181
Dorsten Sq. Craw —6L 181
Douai Clo. F'boro —1A 90
Douai Gro. Hamp —9C 24
Douglas Av. N Mald —3G 42
Douglas Clo. Guild —6N 93
Douglas Clo. Wall —3J 63
Douglas Ct. Big H —4G 86
Douglas Ct. Cat —9N 83
Douglas Dri. Croy —9K 47
Douglas Dri. G'ming —6J 133
Douglas Gro. Lwr Bo —6H 129
Douglas Ho. Reig —2M 121
Douglas Ho. Surb —7M 41
Douglas Houses. Bookh —2A 98
Douglas Johnston Ho. SW6 —2L 13 (off Clem Attlee Ct.)
Douglas La. Wray —8B 6
Douglas Mans. Houn —6B 10
Douglas Pl. F'boro —9M 69
Douglas Rd. Add —9K 37
Douglas Rd. Esh —8B 40
Douglas Rd. Houn —6B 10
Douglas Rd. King T —1A 42
Douglas Rd. Stai —9M 7
Douglas Rd. Surb —8M 41
Douglas Robinson Ct. SW16 —8J 29
Douglas Sq. Mord —5M 43
Doultons, The. Stai —7J 21
Dounesforth Gdns. SW18 —2N 27
Dove Clo. Craw —1B 182
Dove Clo. S Croy —7G 64
Dove Cote Clo. Wey —9C 38
Dovecote Gdns. SW14 —6C 12
Dovedale Clo. Guild —9C 94
Dovedale Clo. Owl —5J 49
Dovedale Cres. Craw —5N 181
Dovedale Rise. Mitc —8D 28
Dovehouse Grn. Wey —1E 56
Dove M. SW5 —1N 13
Dover Ct. Cranl —7B 156
Dovercourt Av. T Hth —4L 45
Dovercourt La. Sutt —9A 44
Doverfield Rd. SW2 —1J 29
Doverfield Rd. Guild —9C 94
Dover Gdns. Cars —9D 44
Dover Ho. Rd. SW15 —7F 12
Dover Pk. Dri. SW15 —9G 12
Dovers Grn. Rd. Reig —6N 121
Doversmead. Knap —3H 73
Doveton Rd. S Croy —2A 64
Dowdeswell Clo. SW15 —7D 12
Dowding Ct. Crowt —1H 49
Dowding Rd. Big H —2F 86
Dower Av. Wall —5F 62
Dower Pk. Wind —7B 4
Dower Wlk. Craw —4M 181
Dowes Ho. SW16 —4J 29
Dowlands La. Small & Craw —9A 144
Dowlans Clo. Bookh —5A 98
Dowlans Rd. Bookh —5B 98
Dowman Clo. SW19 —9N 27
Downbury M. SW18 —8M 13
Downe Av. Cud —8L 67
Downe Clo. Horl —6C 142
Downer Meadow. G'ming —3H 133
Downe Rd. Cud —9K 67
Downe Rd. Kes —5F 66
Downe Rd. Mitc —1D 44
Downes Clo. Twic —9H 11
Downe Ter. Rich —9L 11
Downfield. Wor Pk —7E 42
Down Hall Rd. King T —9K 25
Downhurst Rd. Ewh —4F 156
Downing Av. Guild —4J 113
Downing St. Farnh —1G 129
Downland Clo. Eps —5G 81
Downland Ct. Craw —5A 182
Downland Dri. Craw —5A 182
Downland Gdns. Eps —5G 81
Downland Pl. Craw —5A 182
Downlands Clo. Coul —1F 82
Downlands Rd. Purl —9J 63
Downland Way. Eps —5G 81
Down La. Comp —9E 112
Downmill Rd. Brack —1L 31
Down Pl. W6 —1G 13
Down Rd. Guild —3D 114
Down Rd. Tedd —7H 25
Downs Av. Eps —1D 80
Downsbridge Rd. Beck —1N 47
Downs Ct. Red —9E 102
Downs Ct. Rd. Purl —8M 63
Downs Hill Rd. Eps —1D 80
Downshire Way. Brack —1M 31 (in two parts)
Downs Ho. Rd. Eps —5D 80
Downside. Brack —2N 31
Downside. Cher —7H 37
Downside. Eps —1D 80
Downside. Hind —2B 170
Downside. Sun —9H 23
Downside. Twic —4F 24
Downside Bri. Rd. Cobh —1J 77
Downside Clo. SW19 —7A 28
Downside Comn. Rd. D'side —5J 77
Downside Ct. Mers —7G 102
Downside Ind. Est. Cher —7H 37
Downside Orchard. Wok —4C 74
Downside Rd. D'side —3J 77
Downside Rd. Guild —4D 114
Downside Rd. Sutt —3B 62
Downs La. Lea —1H 99
Downs Link. Chil —8F 114
Downs Lodge Ct. Eps —1D 80
Downsman Ct. Craw —6B 182
Downs Rd. Beck —1L 47
Downs Rd. Coul —5H 83
Downs Rd. Eps —1D 80 (Epsom)
Downs Rd. Eps —7A 80 (Langley Bottom)
Downs Rd. Mick —6J 99
Downs Rd. Purl —7M 63
Downs Rd. Sutt —6N 61
Downs Rd. T Hth —9N 29
Downs Side. Sutt —7L 61
Downs, The. SW20 —8J 27
Downs, The. Lea —3H 99
Down St. W Mol —4A 40
Downs View. Dork —3K 119
Downs View. Iswth —4F 10
Downs View. Tad —8G 80
Downsview Av. Wok —8B 74
Downsview Clo. D'side —6J 77
Downsview Ct. Guild —8M 93
Downsview Gdns. SE19 —8M 29
Downsview Gdns. Dork —6H 119
Downsview Rd. SE19 —8N 29
Downs View Rd. Bookh —5C 98
Downsview Rd. Head —4H 169
Downsview Rd. H'ham —2A 198
Downs Way. Bookh —4C 98
Downs Way. Eps —3E 80
Downsway. Guild —3G 114
Downsway. Orp —2N 67
Downs Way. Oxt —5A 106
Downsway. S Croy —7B 64
Downs Way. Tad —8G 80
Downsway. Whyt —3C 84
Downs Way Clo. Tad —8F 80
Downsway, The. Sutt —5A 62
Downs Wood. Eps —4G 80
Downswood. Reig —9B 102
Downton Av. SW2 —3J 29
Downview Clo. Hind —3B 170
Down Yhonda. Elst —8G 130
Doyle Gdns. Yat —2B 68
Doyle Rd. SE25 —3D 46
D'Oyly Carte Island. Wey —7C 38
Draco Ga. SW15 —6H 13
Dragmire La. Mitc —3B 44
Dragon La. Wey —7B 56
Dragoon Ct. Alder —2K 109
Drake Av. Cat —9N 83
Drake Av. Myt —4E 90
Drake Av. Slou —1N 5
Drake Av. Stai —6H 21
Drake Clo. Brack —4N 31
Drake Clo. H'ham —2L 197
Drakefield Rd. SW17 —4E 28
Drake Rd. Chess —2N 59
Drake Rd. Craw —6C 182
Drake Rd. Croy —6K 45
Drake Rd. Horl —8C 142
Drake Rd. Mitc —5E 44
Drakes Clo. Cranl —7N 155
Drake's Clo. Esh —1A 58
Drakes Way. Wok —9N 73
Drakewood Rd. SW16 —8H 29
Drax Av. SW20 —8F 26
Draxmont App. SW19 —7K 27
Draycot Rd. Surb —7N 41
Draycott. Brack —4C 32
Dray Ct. Guild —4L 113
Dray Ct. Wor Pk —8F 42
Drayhorse Dri. Bag —5J 51
Draymans Way. Iswth —6F 10
Drayton Clo. Brack —1B 32
Drayton Clo. Fet —2E 98
Drayton Clo. Houn —8N 9
Drayton Gdns. SW10 —1N 13
Drayton Rd. Croy —8M 45
Dresden Way. Wey —2D 56
Drew Ho. SW16 —4J 29
Drewitts Ct. W on T —7G 39
Drew Pl. Cat —1A 104
Drewstead Rd. SW16 —3H 29
Drift Bridge. (Junct.) —1H 81
Drift La. Stoke D —4N 77
Drift Rd. E Hor —2F 96
Drift Rd. Wink —1L 17
Drift, The. Brom —1F 66
Drift Way. Coln —4E 6
Driftway, The. Bans —2H 81
Driftway, The. Craw —2B 182
Driftway, The. Lea —1H 99 (in two parts)
Driftway, The. Mitc —9E 28
Driftwood Dri. Kenl —4N 83
Drill Hall Rd. Cher —6J 37
Drive Mans. SW6 —5K 13 (off Fulham Rd.)
Drive Mead. Coul —1J 83
Drive Rd. Coul —7H 83
Drivers Mead. Ling —8M 145
Drive Spur. Tad —8N 81
Drive, The. SW16 —2K 45
Drive, The. SW20 —8H 27
Drive, The. Ashf —8E 22
Drive, The. Bans —3L 81
Drive, The. Beck —1K 47
Drive, The. Cobh —1M 77
Drive, The. Copt —7N 163
Drive, The. Coul —1J 83
Drive, The. Cranl —8A 156
Drive, The. Dat —4L 5
Drive, The. Eps —3E 60
Drive, The. Esh —7C 40
Drive, The. Felt —1K 23
Drive, The. Fet —9E 78
Drive, The. G'ming —9J 133
Drive, The. Guild —3J 113 (Beech Gro.)
Drive, The. Guild —5K 113 (Farnham Rd.)
Drive, The. Guild —7L 113 (Sandy La.)
Drive, The. Horl —1F 162
Drive, The. H'ham —2D 180
Drive, The. Houn & Iswth —5D 10
Drive, The. Ifold —5F 192
Drive, The. King T —8B 26
Drive, The. Lea —1M 99
Drive, The. Mord —4B 44
Drive, The. Pep H & Lwr E —7B 132 (in two parts)
Drive, The. Surb —6L 41
Drive, The. Sutt —7M 61
Drive, The. T Hth —3A 46
Drive, The. Vir W —4B 36
Drive, The. Wall —5H 63
Drive, The. W Wick —6N 47
Drive, The. Wok —7L 73
Drive, The. Won —5D 134
Drive, The. Wray —8N 5
Drodges Clo. Brmly —3B 134
Droitwich Clo. Brack —2B 32
Dromore Rd. SW15 —9K 13
Drove Rd. Alb —5N 115
Drove Rd. Guild —5H 115
Drovers End. Fleet —1D 88
Drovers Rd. S Croy —2A 64
Drovers Way. Ash —3G 111
Drovers Way. Brack —2D 32
Drovers Way. Farnh —6F 108
Druce Wood. Asc —9J 17
Druids Clo. Asht —7M 79
Druids Way. Brom —3N 47
Drumaline Ridge. Wor Pk —8D 42
Drummond Cen. Croy —8N 45
Drummond Clo. Brack —9D 16
Drummond Gdns. Eps —7B 60
Drummond Pl. Croy —8N 45
Drummond Rd. Croy —8N 45
Drummond Rd. Guild —3N 113
Drummond Rd. If'd —4K 181
Drungewick La. Loxw —9L 193
Drury Clo. M'bowr —5H 183
Drury Cres. Croy —8L 45
Dryad St. SW15 —6J 13
Dry Arch Rd. Asc —5C 34
Dryburgh Rd. SW15 —6G 13
Dryden. Brack —6M 31
Dryden Mans. W14 —2K 13 (off Queen's Club Gdns.)
Dryden Rd. SW19 —7A 28
Dryden Rd. F'boro —8L 69
Drynham Pk. Wey —9F 38
Du Cane Ct. SW12 —2E 28
Ducavel Ho. SW2 —2K 29
Duchess of Kent Barracks. Alder —1N 109
Ducklands. Bord —7A 168
Ducks Wlk. Twic —8J 11
Dudley Clo. Add —9L 37
Dudley Ct. C Crook —8B 88
Dudley Dri. Mord —7K 43
Dudley Gro. Eps —1B 80
Dudley Rd. SW19 —7M 27
Dudley Rd. Ashf —5A 22
Dudley Rd. Felt —2J 22
Dudley Rd. King T —2M 41
Dudley Rd. Rich —5M 11
Dudley Rd. W On T —5H 39
Dudset La. Houn —4H 9
Duffield Rd. Tad —2G 100
Duffins Orchard. Ott —4E 54
Dugdale Ho. Egh —6E 20 (off Pooley Grn. Rd.)
Duke Clo. M'bowr —7G 182
Duke of Cambridge Clo. Twic —9D 10
Duke of Connaught's Rd. Alder —6A 90 (in two parts)
Duke of Cornwall Av. Camb —6B 50
Duke of Edinburgh Rd. Sutt —8B 44
Duke Rd. W4 —1C 12
Duke's Av. W4 —1C 12
Dukes Av. Houn —7M 9
Dukes Av. N Mald —2E 42
Dukes Av. Rich & King T —5J 25
Dukes Clo. Ashf —5D 22
Dukes Clo. Cranl —8B 156
Dukes Clo. Farnh —6F 108
Dukes Clo. Hamp —6N 23
Dukes Ct. Wok —4B 74
Dukes Covert. Bag —1J 51
Dukes Grn. Av. Felt —8H 9
Dukes Head Pas. Hamp —8C 24
Dukes Hill. Wold —7H 85
Dukeshill Rd. Brack —9N 15
Dukes La. Asc —8D 18
Dukes Pk. Alder —7B 90
Duke's Ride. Crowt —3D 48
Dukes Ride. N Holm —8K 119
Duke's Rd. Newd —4B 160
Dukes Rd. W On T —2L 57
Duke's Ter. Alder —1N 109
Duke St. Rich —7K 11
Duke St. Sutt —1B 62
Duke St. Wind —3F 4
Duke St. Wok —4B 74
Dukes Wlk. Farnh —6F 108
Dukes Way. W Wick —9N 47
Dukes Wood. Crowt —2G 49 (in two parts)
Dulverton Rd. S Croy —6F 64
Dumas Clo. Yat —1B 68
Du Maurier Clo. C Crook —1A 108
Dumbarton Ct. SW2 —1J 29
Dumbarton Rd. SW2 —1J 29
Dumbleton Clo. King T —9A 26
Dumsey Eyot. Cher —6N 37
Dumville Dri. God —9E 104
Dunally Pk. Shep —6E 38
Dunbar Av. SW16 —1L 45
Dunbar Av. Beck —3H 47
Dunbar Ct. W on T —7K 39
Dunbar Rd. Frim —7D 70
Dunbar Rd. N Mald —3B 42
Dunbar St. SE27 —4N 29
Dunboe Pl. Shep —6D 38
Dunbridge Ho. SW15 —9E 12 (off Highcliffe Dri.)
Duncan Dri. Guild —2C 114
Duncan Dri. Wokgm —3C 30
Duncan Gdns. Stai —7J 21
Duncannon Cres. Wind —6A 4
Duncan Rd. Rich —7L 11
Duncan Rd. Tad —6K 81
Duncans Yd. W'ham —4M 107
Duncombe Rd. G'ming —9G 133
Duncroft. Stai —5G 20
Duncroft. Wind —6C 4
Duncroft Clo. Reig —2L 121
Duncton Clo. Craw —1N 181
Dundaff Clo. Camb —1E 70
Dundas Clo. Brack —3N 31
Dundas Gdns. W Mol —2B 40
Dundee Rd. SE25 —4E 46
Dundela Gdns. Wor Pk —1G 61
Dundonald Rd. SW19 —8K 27
Dundrey Cres. Red —7J 103
Dunedin Dri. Cat —3B 104
Dunelm Gro. SE27 —4N 29
Dunfee Way. W Byf —8N 55
Dunfold Comn. Duns —5B 174
Dunford Pl. Binf —8K 15
Dungarvan Av. SW15 —7F 12
Dungates La. Bkld —2F 120
Dungells Farm Clo. Yat —2C 68
Dungells La. Yat —2B 68
Dunheved Clo. T Hth —5L 45
Dunheved Rd. N. T Hth —5L 45
Dunheved Rd. S. T Hth —5L 45
Dunheved Rd. W. T Hth —5L 45
Dunkeld Rd. SE25 —3A 46
Dunkirk St. SE27 —5N 29
Dunleary Clo. Houn —1N 23
Dunley Dri. New Ad —4L 65
Dunlin Clo. Red —8C 122
Dunlin Rise. Guild —1F 114
Dunmail Dri. Purl —1B 84
Dunmore. Guild —2G 113
Dunmore Rd. SW20 —9H 27
Dunmow Clo. Felt —4M 23
Dunmow Hill. Fleet —3B 88
Dunnets. Knap —4H 73
Dunnimans Rd. Bans —2L 81
Dunning's Rd. E Grin —3A 186
Dunnottar Clo. Red —5B 122
Dunnymans Rd. Bans —2L 81
Dunraven Av. Red —1F 142
Dunsbury Clo. Sutt —5N 61
Dunsdon Av. Guild —4L 113
Dunsfold Aerodrome. Duns —4F 174
Dunsfold Clo. Craw —4M 181
Dunsfold Rise. Coul —9H 63
Dunsfold Rd. Alf —5E 174
Dunsfold Rd. Loxh & Cranl —1C 174
Dunsfold Rd. Plais —2N 191
Dunsfold Way. New Ad —5L 65
Dunsford Way. SW15 —9G 13
Dunsmore Gdns. Yat —1A 68
Dunsmore Rd. W On T —5J 39
Dunstable Rd. Rich —7L 11
Dunstable Rd. W Mol —3N 39
Dunstall Pk. F'boro —7M 69
Dunstall Rd. SW20 —7G 27
Dunstall Way. W Mol —2B 40
Dunstan Rd. Coul —4H 83
Dunster Av. Mord —7J 43
Dunton Clo. Surb —7L 41
Duntshill Rd. SW18 —2N 27
Dunvegan Clo. W Mol —3B 40
Dunvegan Ho. Red —3D 122
Dupont Rd. SW20 —1J 43
Duppas Av. Croy —1M 63
Duppas Clo. Shep —4E 38
Duppas Hill La. Croy —1M 63
Duppas Hill Rd. Croy —1L 63
Duppas Hill Ter. Croy —9M 45
Duppas Rd. Croy —9L 45
Durand Clo. Cars —7D 44
Durban Rd. SE27 —5N 29
Durban Rd. Beck —1J 47
Durbin Rd. Chess —1L 59
Durfold Dri. Reig —3A 122
Durfold Hill. H'ham —6H 179
Durfold Rd. H'ham —1J 197
Durfold Wood. Plais —2M 191
Durford Cres. SW15 —2G 26
Durham Av. Houn —1N 9
Durham Clo. SW20 —1G 43
Durham Clo. Craw —7C 182 (in two parts)
Durham Clo. Guild —1J 113
Durham Ct. Tedd —5D 24
Durham Rd. SW20 —9G 27
Durham Rd. Felt —1K 23
Durham Rd. Owl —6K 49
Durham Wharf. Bren —3J 11
Durkins Rd. E Grin —7N 165 (in two parts)
Durleston Pk. Dri. Bookh —3C 98
Durley Mead. Brack —4D 32
Durlston Rd. King T —7L 25
Durning Pl. Asc —2M 33
Durnsford Av. SW19 —3M 27
Durnsford Av. Fleet —6B 88
Durnsford Rd. SW19 —3M 27
Durnsford Way. Cranl —8A 156
Durrant Way. Orp —2M 67
Durrell Rd. SW6 —5L 13
Durrell Way. Shep —5E 38
Durrington Av. SW20 —8H 27
Durrington Pk. Rd. SW20 —9H 27
Dutch Barn Clo. Stai —9M 7
Dutchells Copse. H'ham —2L 197
Dutch Elm Av. Wind —3J 5
Dutch Gdns. King T —7A 26
Dutch Yd. SW18 —8M 13
Duval Pl. Bag —4J 51
Duxberry Av. Felt —4K 23

Duxhurst La. Reig —5N 141
Dwelly La. Eden —7E 126
Dye Ho. Rd. Thur —6F 150
Dyer Ho. Hamp —9B 24
Dyer Rd. Wokgm —1D 30
Dyers Almhouses. Craw —2B 182
Dyers Field. Small —8M 143
Dyers La. SW15 —7G 13
Dykes Path. Wok —2E 74
Dymchurch Clo. Orp —1N 67
Dymes Path. SW19 —3J 27
Dymock St. SW6 —6N 13
Dynevor Pl. Guild —8F 92
Dynevor Rd. Rich —8L 11
Dysart Av. King T —6J 25
Dyson Clo. Wind —6E 4
Dyson Ct. Dork —5G 119
Dyson Wlk. Craw —8N 181

Eady Clo. H'ham —6M 197
Eagle Clo. Crowt —9F 30
Eagle Clo. Wall —3J 63
Eaglehurst Cotts. Binf —6H 15
Eagle Rd. Guild —3N 113
Eagles Dri. Tats —5F 86
Eagles Nest. Sand —6F 48
Ealing Pk. Gdns. W5 —1J 11
Ealing Rd. Bren —1K 11
Ealing Rd. Trad. Est. Bren —1K 11
Eardley Cres. SW5 —1M 13
Eardley Rd. SW16 —6G 29
Earldom Rd. SW15 —7H 13
Earle Croft. Warf —8A 16
Earle Gdns. King T —8L 25
Earles Meadow. H'ham —2N 197
Earleydene. Asc —7M 33
Earl Rd. SW14 —7B 12
Earlsbourne. C Crook —9C 88
Earlsbrook Rd. Red —5D 122
Earls Ct. Gdns. SW5 —1N 13
Earl's Ct. Sq. SW5 —1N 13
Earlsfield Rd. SW18 —2A 28
Earls Gro. Camb —9C 50
Earlsthorpe M. SW12 —1E 28
Earlswood. Brack —6N 31
Earlswood. Cobh —8M 57
Earlswood Av. T Hth —4L 45
Earlswood Clo. H'ham —4M 197
Earlswood Clo. Red —5D 122
Earlswood Rd. Red —5D 122
Early Commons. Craw —2D 182
(in two parts)
Earne Rd. W4 —2N 11
Easby Cres. Mord —5N 43
Eashing La. Milf & Lwr E —9C 132
Easington Pl. Guild —4B 114
East Av. Farnh —6J 109
East Av. Wall —2K 63
East Av. W Vill —6G 56
Eastbank Rd. Hamp —6C 24
Eastbourne Gdns. SW14 —6B 12
Eastbourne Rd. SW17 —7E 28
Eastbourne Rd. W4 —2B 12
Eastbourne Rd. Bren —1J 11
Eastbourne Rd. Felb —4J 165
Eastbourne Rd. Felt —3L 23
Eastbourne Rd. God & Ling —1F 124
Eastbrook Clo. Wok —3C 74
Eastbury Ct. Brack —8L 15
Eastbury Gro. W4 —1D 12
Eastbury La. Comp —9D 112
Eastbury Rd. King T —8L 25
Eastchurch Rd. H'row A —5F 8
Eastcote Av. W Mol —4N 39
Eastcote Ho. Eps —8D 60
East Cres. Wind —4C 4
Eastcroft Ct. Guild —4C 114
Eastcroft M. H'ham —7F 196
Eastcroft Rd. Eps —4D 60
Eastdean Av. Eps —9A 60
East Dri. Cars —5C 62
East Dri. Vir W —6L 35
Eastern Av. Cher —2J 37
Eastern La. Crowt —3L 49
Eastern Perimeter Rd. H'row A —5G 8
Eastern Rd. Alder —2B 110
Eastern Rd. Brack —1B 32
Eastern View. Big H —4E 86
Easter Way. S God —7J 125
Eastfield Rd. Red —4G 122
Eastfields. Witl —5C 152
Eastfields Rd. Mitc —1E 44
E. Flexford La. Wanb —5C 112
East Gdns. SW17 —7C 28
East Gdns. Wok —4E 74
Eastgate. Bans —1L 81
Eastgate Ct. Guild —4A 114
Eastgate Gdns. Guild —4A 114
East Grn. B'water —2H 69
E. Grinstead Rd. Ling —8N 145
Easthampstead Rd. Brack —1M 31
Easthampstead Rd. Wokgm —2C 30
Eastheath Av. Wokgm —4A 30
Eastheath Gdns. Wokgm —5A 30
East Hill. SW18 —8N 13
East Hill. Big H —5D 86
East Hill. Dor P —4A 166
East Hill. Oxt —7A 106
East Hill. S Croy —6B 64
East Hill. Wok —3E 74
E. Hill Ct. Oxt —8A 106
E. Hill La. Copt —4A 164
E. Hill Rd. Oxt —7A 106
Eastlands Clo. Oxt —5N 105
Eastlands Way. Oxt —5N 105
East La. King T —2K 41
East La. W Hor —4D 96
Eastleigh Clo. Sutt —4N 61
Eastleigh Rd. H'row A —6G 8
Eastleigh Wlk. SW15 —1F 26
Eastleigh Way. Felt —2H 23
East Mall. Stai —5H 21
Eastman Ho. SW4 —1G 29
Eastmead. F'boro —1N 89
Eastmead. Wok —4L 73
E. Meads. Guild —4J 113
Eastmearn Rd. SE21 —3N 29
East M. H'ham —6J 197
Eastmont Rd. Esh —8F 40
Eastney Rd. Croy —7M 45
Eastnor Clo. Reig —6L 121
Eastnor Pl. Reig —5M 121
Eastnor Rd. Reig —6M 121
East Pk. Craw —4B 182
E. Park La. Newc —2F 164
East Pl. SE27 —5N 29
East Ramp. H'row A —4C 8
E. Ring. Tong —5E 110
East Rd. SW19 —7A 28
East Rd. Felt —1E 22
East Rd. King T —9L 25
East Rd. Reig —2L 121
East Rd. Wey —4E 56
E. Shalford La. Guild —8A 114
E. Sheen Av. SW14 —8C 12
E. Station Rd. Alder —3N 109
E. Stratton Clo. Brack —4D 32
East St. Bookh —3B 98
East St. Bren —3J 11
East St. Cher —6J 37
East St. Eps —9D 60
East St. Farnh —9H 109
East St. H'ham —7J 197
East St. Rusp —2C 180
East St. Turn H —5D 184
East Wlk. Reig —3N 121
East Way. Croy —8H 47
Eastway. Eps —7C 60
East Way. Guild —3J 113
Eastway. Horl —3F 162
Eastway. Mord —4J 43
Eastway. Wall —1G 62
Eastway E. Horl —3F 162
(off Eastway)
E. Whipley La. Sham G —3H 155
Eastwick Dri. Bookh —1A 98
Eastwick Pk. Av. Bookh —2B 98
Eastwick Rd. Bookh —3B 98
Eastwick Rd. W On T —3J 57
Eastwood. Craw —3D 182
Eastwood Lodge. Brmly —4B 134
Eastwood Rd. Brmly —4B 134
Eastwood St. SW16 —7G 28
Eastworth Rd. Cher —7J 37
Eaton Ct. Guild —1C 114
Eaton Dri. King T —8N 25
Eaton Ho. Guild —5B 114
(off St Lukes Sq.)
Eaton Pk. Cobh —1M 77
Eaton Pk. Rd. Cobh —1M 77
Eaton Rd. Camb —2N 69
Eaton Rd. Houn —7D 10
Eaton Rd. Sutt —3A 62
Eatonville Rd. SW17 —3D 28
Eatonville Vs. SW17 —3D 28
Ebbage Ct. Wok —5A 74
Ebbas Way. Eps —2A 80
Ebbisham Clo. Dork —5G 118
Ebbisham La. Tad —8E 80
(in two parts)
Ebbisham Rd. Eps —1A 80
Ebbisham Rd. Wor Pk —8H 43
Ebenezer Wlk. SW16 —9G 28
Ebner St. SW18 —8N 13
Ebor Cotts. SW15 —4D 26
Ebury Clo. Kes —1G 67
Ebury M. SE27 —4M 29
Ecclesbourne Rd. T Hth —4N 45
Eccleshill. N Holm —9J 119
Echelforde Dri. Ashf —5B 22
Echo Barn La. Wrec —6D 128
Echo Pit Rd. Guild —7A 114
Ecob Clo. Guild —8J 93
Ecton Rd. Add —1K 55
Eddeys Clo. Head —3G 169
Eddeys La. Head —3G 169
Eddington Hill. Craw —8N 181
Eddington Rd. Brack —5K 31
Eddiscombe Rd. SW6 —5L 13
Eddy Rd. Alder —3A 110
Eddystone. Cars —7B 62
Eddystone Ct. Churt —9L 149
Eddystone Wlk. Stai —1N 21
Ede Clo. Houn —6N 9
Edenbridge Trad. Cen. Eden —3M 147
Eden Brook. Ling —7A 146
Eden Clo. New H —6K 55
Eden Clo. Slou —1C 6
Edencourt Rd. SW16 —7F 28
Edencroft. Brmly —4B 134
Edenfield Gdns. Wor Pk —9E 42
Eden Gro. Rd. Byfl —9N 55
Edenhurst Av. SW6 —6L 13
Eden M. SW17 —4A 28
Eden Pk. Av. Beck —3H 47
Eden Rd. SE27 —5M 29
Eden Rd. Beck —3H 47
Eden Rd. Craw —5L 181
Eden Rd. Croy —1A 64
Edenside Rd. Bookh —2N 97
Edensor Gdns. W4 —3D 12
Edensor Rd. W4 —3D 12
Eden St. King T —1K 41
Eden Vale. E Grin —6N 165
(in two parts)
Edenvale Clo. Mitc —8E 28
Edenvale Rd. Mitc —8E 28
Edenvale St. SW6 —5N 13
Eden Wlk. King T —1L 41
Eden Way. Beck —4J 47
Eden Way. Warl —5H 85
Ederline Av. SW16 —2K 45
Edes Field. Reig —5K 121
Edgar Clo. Worth —3J 183
Edgar Ct. N Mald —2D 42
Edgarley Ter. SW6 —4K 13
Edgar Rd. Houn —1N 23
Edgar Rd. S Croy —5A 64
Edgar Rd. Tats —8F 86
Edgbarrow Ct. Crowt —4F 48
Edgbarrow Rise. Sand —5F 48
Edgcumbe Pk. Dri. Crowt —2F 48
Edgeborough Ct. Guild —4B 114
Edge Clo. Wey —4B 56
Edgecoombe. S Croy —4F 64
Edgecoombe Clo. King T —8C 26
Edgedale Clo. Crowt —3G 49
Edgefield Clo. Cranl —6L 155
Edgefield Clo. Red —8E 122
Edge Hill. SW19 —8J 27
Edge Hill. Guild —4B 114
Edge Hill Ct. SW19 —8J 27
Edgehill Ct. W on T —7K 39
Edgehill Rd. Mitc —9F 28
Edgehill Rd. Purl —6M 63
Edgeley. Bookh —2M 97
Edgeley Cvn. Pk. Alb —3N 135
Edgell Clo. Vir W —2B 36
Edgell Rd. Stai —6H 21
Edgel St. SW18 —7N 13
Edgemoor Rd. Frim —3G 70
Edgepoint Clo. SE27 —6M 29
Edgewood Clo. Crowt —9F 30
Edgewood Grn. Croy —7G 47
Edgeworth Clo. Whyt —5D 84
Edgington Rd. SW16 —7H 29
Edinburgh Clo. Ash V —8E 90
Edinburgh Ct. SW20 —4J 43
Edinburgh Ct. Alder —2L 109
(off Queen Elizabeth Dri.)
Edinburgh Ct. King T —2L 41
(off Watersplash Clo.)
Edinburgh Dri. Stai —7M 21
Edinburgh Gdns. Wind —5G 5
Edinburgh Rd. Sutt —8A 44
Edinburgh Way. E Grin —2B 186
Edison Pl. Craw —4D 182
Edith Gdns. Surb —6A 42
Edith Gro. SW10 —2N 13
Edith Ho. W6 —1H 13
(off Queen Caroline St.)
Edith Rd. SE25 —4A 46
Edith Rd. SW19 —7N 27
Edith Rd. W14 —1K 13
Edith Row. SW6 —4N 13
Edith Summerskill Ho. SW6
(off Clem Attlee Est.) —3L 13
Edith Ter. SW10 —3N 13
Edith Vs. W14 —1L 13
Edmonds Ct. Brack —9A 16
Edmund Rd. Mitc —2C 44
Edna Rd. SW20 —1J 43
Edney Clo. C Crook —7C 88
Edrich Rd. Broadf —8M 181
Edridge Rd. Croy —9N 45
Edward Av. Camb —1M 69
Edward Av. Mord —4B 44
Edward Clo. Hamp —6C 24
Edward Ct. Stai —6L 21
Edward Ct. Wokgm —3A 30
Edward Rd. Big H —5G 87
Edward Rd. Coul —2H 83
Edward Rd. Croy —6B 46
Edward Rd. Farnh —4H 129
Edward Rd. Felt —8E 8
Edward Rd. Hamp —6C 24
Edward Rd. W'sham —3A 52
Edwards Clo. Wor Pk —8J 43
Edward II Av. Byfl —1A 76
Edward St. Alder —2L 109
Edward Way. Ashf —3A 22
Edwin Clo. W Hor —3E 96
Edwin Pl. Croy —7B 46
Edwin Rd. Twic —2E 24
Edwin Rd. W Hor —3D 96
Edwinstray Ho. Felt —4A 24
Eelmoor Plain Rd. Alder —9J 89
Eelmoor Rd. Alder —8J 89
Eelmoor Rd. F'boro —3L 89
Eel Pie Island. Twic —2G 25
Effie Pl. SW6 —3M 13
Effie Rd. SW6 —3M 13
Effingham Clo. Sutt —4N 61
Effingham Comn. Rd. Eff —1H 97
Effingham Ct. Wok —6A 74
(off Constitution Hill)
Effingham La. Copt —5B 164
Effingham Lodge. King T —3K 41
Effingham Pl. Eff —5L 97
Effingham Rd. Burs & Craw —4N 163
Effingham Rd. Croy —6K 45
Effingham Rd. Reig —4N 121
Effingham Rd. Surb —6H 41
Effort St. SW17 —6C 28
Effra Rd. SW19 —7N 27
Egbury Ho. SW15 —9E 12
(off Tangley Gro.)
Egerton Ct. Guild —3H 113
Egerton Pl. Wey —3D 56
Egerton Rd. SE25 —2B 46
Egerton Rd. Col T —9L 49
Egerton Rd. Guild —3H 113
Egerton Rd. N Mald —3E 42
Egerton Rd. Twic —1E 24
Egerton Rd. Wey —3D 56
Egerton Way. Hayes —3C 8
Eggars Ct. Alder —3N 109
Eggar's Hill. Alder —4M 109
Eggleton Clo. C Crook —8A 88
Egham Bus. Village. Egh —1E 36
Egham By-Pass. Egh —6B 20
Egham Clo. SW19 —3K 27
Egham Clo. Sutt —8K 43
Egham Cres. Sutt —9J 43
Egham Hill. Egh —7N 19
Eglantine Rd. SW18 —8N 13
Egleston Rd. Mord —5N 43
Egley Dri. Wok —9N 73
Egley Rd. Wok —9N 73
Eglinton Rd. Tilf —4N 149
Eglise Rd. Warl —4H 85
Egliston M. SW15 —6H 13
Egliston Rd. SW15 —6H 13
Egmont Av. Surb —7M 41
Egmont Pk. Rd. Tad —3F 100
Egmont Rd. N Mald —3E 42
Egmont Rd. Surb —7M 41
Egmont Rd. Sutt —4A 62
Egmont Rd. W On T —6J 39
Egmont Way. Tad —6K 81
Egremont Rd. SE27 —4L 29
Eight Acres. Hind —2A 170
Eighteenth Rd. Mitc —3J 45
Eileen Rd. SE25 —4A 46
Eindhoven Clo. Cars —7E 44
Eland Pl. Croy —9M 45
Eland Rd. Alder —3B 110
Eland Rd. Croy —9M 45
Elberon Av. Croy —5G 45
Elbe St. SW6 —5N 13
Elborough Rd. SE25 —4D 46
Elborough St. SW18 —2M 27
Elbow Meadow. Coln —4H 7
Elcho Rd. Pirb —6N 71
Elderberry Gro. SE27 —5N 29
Elderberry Rd. Lind —5B 168
Elder Clo. Guild —9C 94
Elder Gdns. SE27 —5N 29
Eldergrove. F'boro —3C 90
Elder Oak Clo. SE20 —1E 46
Elder Oak Ct. SE20 —1D 46
Elder Rd. SE27 —5N 29
Elder Rd. Bisl —2D 72
Eldersley Clo. Red —1D 122
Elderslie Clo. Beck —5L 47
Eldertree Pl. Mitc —9G 28
Eldertree Way. Mitc —9G 28
Elder Way. N Holm —9J 119
Elderwood Pl. SE27 —6N 29
Eldon Av. Croy —8F 46
Eldon Av. Houn —3A 10
Eldon Dri. Lwr Bo —6J 129
Eldon Pk. SE25 —3E 46
Eldon Rd. Cat —8A 84
Eldrick Ct. Felt —2E 22
Eldridge Clo. Felt —2H 23
Eleanora Ter. Sutt —2A 62
(off Lind Rd.)
Eleanor Av. Eps —6C 60
Eleanor Ct. Guild —5N 113
Eleanor Gro. SW13 —6D 12
Electric Pde. Surb —5K 41
Elfin Gro. Tedd —6F 24
Elgal Clo. Orp —2K 67
Elgar Av. SW16 —2J 45
Elgar Av. Crowt —9G 30
Elgar Av. Surb —7N 41
Elgar Way. H'ham —4A 198
Elger Way. Copt —6L 163
Elgin Av. Ashf —7D 22
Elgin Clo. H'ham —5M 197
Elgin Cres. Cat —9D 84
Elgin Cres. H'row A —5F 8
Elgin Gdns. Guild —2C 114
Elgin Rd. Croy —8C 46
Elgin Rd. Sutt —9A 44
Elgin Rd. Wall —3G 62
Elgin Rd. Wey —2B 56
Elgin Way. Frim —6D 70
Eliot Clo. Camb —8F 50
Eliot Dri. Hasl —2C 188
Eliot Gdns. SW15 —7F 12
Elizabethan Clo. Stai —2M 21
Elizabethan Way. Craw —4G 183
Elizabethan Way. Stai —2M 21
Elizabeth Av. Bag —5K 51
Elizabeth Av. Stai —7L 21
Elizabeth Clo. Brack —3A 32
Elizabeth Cotts. Rich —4M 11
Elizabeth Ct. Alder —2L 109
(off Queen Elizabeth Dri.)
Elizabeth Ct. G'ming —4H 133
Elizabeth Ct. Horl —8E 142
Elizabeth Ct. Tedd —6E 24
Elizabeth Ct. Whyt —5C 84
Elizabeth Ct. Wokgm —2A 30
Elizabeth Cres. E Grin —7B 166
Elizabeth Dri. C Crook —8B 88
Elizabeth Fry Ho. Hayes —1G 8
Elizabeth Fry Ho. Ott —3F 54
(off Vernon Clo.)
Elizabeth Gdns. Asc —4M 33
Elizabeth Gdns. Sun —2K 39
Elizabeth Rd. G'ming —4H 133
Elizabeth Rd. Wokgm —2C 30
Elizabeth Way. SE19 —8N 29
Elizabeth Way. Felt —5K 23
Elkins Gdns. Guild —9C 94
Ellaline Rd. W6 —2J 13
Elland Rd. W On T —8L 39
Ellenborough Clo. Brack —9B 16
Ellenborough Pl. SW15 —7F 12
Ellenbridge Way. S Croy —5B 64
Ellen Wilkinson Ho. SW6
(off Lillie Rd.) —2L 13
Elleray Ct. Ash V —8E 90
Elleray Rd. Tedd —7F 24
Ellerby St. SW6 —4J 13
Ellerdine Rd. Houn —7C 10
Ellerker Gdns. Rich —9L 11
Ellerman Av. Twic —2N 23
Ellerton Rd. SW13 —4F 12
Ellerton Rd. SW18 —2B 28
Ellerton Rd. SW20 —8F 26
Ellerton Rd. Surb —8M 41
Ellery Clo. Cranl —9N 155
Ellery Rd. SE19 —8N 29
Elles Av. Guild —3E 114
Elles Clo. F'boro —2N 89
Ellesfield Av. Brack —3K 31
Ellesmere Av. Beck —1M 47
Ellesmere Ct. W4 —2C 12
Ellesmere Dri. S Croy —1E 84
Ellesmere Rd. W4 —2B 12
Ellesmere Rd. Twic —9J 11
Ellesmere Rd. Wey —4F 56
Elles Rd. F'boro —3K 89
Elleswood Ct. Surb —6K 41
Ellice Rd. Oxt —7B 106
Ellingham. Wok —6A 74
Ellingham Rd. Chess —3K 59
Ellington Rd. Felt —5G 22
Ellington Rd. Houn —5B 10
Ellington Way. Eps —4G 81
Elliot Clo. M'bowr —4G 182
Elliott Gdns. Shep —3B 38
Elliott Pk. Ind. Est. Alder —2C 110
Elliott Rise. Asc —1H 33
Elliott Rd. W4 —1D 12
Elliott Rd. T Hth —3M 45
Ellis Av. Onsl —5J 113
Ellis Clo. Coul —7K 83
Ellis Farm Clo. Wok —9N 73
Ellisfield Dri. SW15 —1F 26
Ellison Clo. Wind —6C 4
Ellison Rd. SW13 —5E 12
Ellison Rd. SW16 —8H 29
Ellison Way. Tong —5D 110
Ellison Way. Wokgm —2A 30
Ellis Rd. Coul —7K 83
Ellis Rd. Crowt —1F 48
Ellis Rd. Mitc —5D 44
Ellman Rd. Craw —5L 181
Ellora Rd. SW16 —6H 29
Ellson Clo. M'bowr —5G 182
Ellwood Pl. Craw —3L 181
Elm Av. Ashf —3N 21
Elm Bank. Yat —8B 48
Elmbank Av. Egh —7L 19
Elmbank Av. Guild —4K 113
Elm Bank Gdns. SW13 —5D 12
Elmbourne Rd. SW17 —4F 28
Elmbridge Av. Surb —4A 42
Elm Bri. Est. Wok —6B 74
Elmbridge La. Wok —6B 74
Elmbridge Rd. Cranl —8G 154
Elmbrook Clo. Sun —9H 23
Elmbrook Rd. Sutt —1L 61
Elm Clo. SW20 —3H 43
Elm Clo. Bord —6A 168
Elm Clo. Cars —7D 44
Elm Clo. Lea —9H 79
Elm Clo. Rip —2J 95
Elm Clo. S Croy —3B 64
Elm Clo. Stai —2M 21
Elm Clo. Surb —6B 42
Elm Clo. Twic —3B 24
Elm Clo. Warl —4G 84
Elm Clo. Wok —2N 73
Elm Cotts. Mitc —1D 44
Elm Ct. Knap —4G 73
Elm Ct. Sand —5K 49
Elm Ct. W Mol —3B 40
Elmcourt Rd. SE27 —3M 29
Elm Cres. Farnh —5J 109
Elm Cres. King T —9L 25
Elmcroft. Bookh —2A 98
Elm Croft. Dat —4M 5
Elmcroft Clo. Chess —9L 41
Elmcroft Clo. Felt —9G 9
Elmcroft Clo. Frim G —7D 70
Elmcroft Dri. Ashf —6B 22
Elmcroft Dri. Chess —9L 41
Elmdene. Surb —7B 42
Elmdene Clo. Beck —5J 47
Elmdon Rd. Houn —5M 9
Elmdon Rd. H'row A —6G 8
Elm Dri. Chob —6J 53
Elm Dri. E Grin —9C 166
Elm Dri. Lea —1H 99
Elm Dri. Sun —1K 39
Elm Dri. Wink —2L 17
Elmer Cotts. Fet —1G 98
Elmer Gdns. Iswth —6D 10
Elmer M. Fet —9G 78
Elmers Dri. Tedd —7H 25
Elmers End Rd. SE20 & Beck —1F 46
Elmerside Rd. Beck —3H 47
Elmers Rd. SE25 —6D 46
Elmers Rd. Ockl —6C 158
Elmfield. Bookh —1A 98
Elmfield Av. Mitc —9E 28
Elmfield Av. Tedd —6F 24
Elm Field Cotts. Guild —2D 112
Elmfield Ct. Lind —4B 168
(off Liphook Rd.)
Elmfield Ho. Guild —1E 114
Elmfield Rd. SW17 —3E 28
Elmfield Way. S Croy —5C 64
Elm Gdns. Clay —3F 58
Elm Gdns. Eps —6H 81
Elm Gdns. Mitc —3H 45
Elmgate Av. Felt —4K 23
Elm Gro. SW19 —8K 27
Elm Gro. Bisl —3D 72
Elm Gro. Cat —9B 84
Elm Gro. Eps —1B 80
Elm Gro. Farnh —5H 109
Elm Gro. H'ham —7L 197
Elm Gro. King T —9L 25
Elm Gro. Sutt —1N 61
Elmgrove Clo. Wok —6G 73
Elm Gro. Pde. Wall —9E 44
Elm Gro. Rd. SW13 —4F 12
Elm Gro. Rd. Cobh —3L 77
Elmgrove Rd. Croy —6E 46
Elmgrove Rd. F'boro —1N 89
Elmgrove Rd. Wey —9B 38
Elm Hill. Norm —1J 111
Elmhurst Av. Mitc —8F 28
Elmhurst Ct. Guild —4B 114
Elmhurst Dri. Dork —7H 119
Elmhurst La. Slin —9J 195
Elmhurst Lodge. Sutt —4A 62
Elm La. Ock —6B 76
Elm La. Tong —4D 110
Elm Lodge. SW6 —4J 13
Elmore Rd. Coul —8D 82
Elm Pk. SW2 —1K 29
Elm Pk. Cranl —7J 155
Elm Pk. S'dale —7B 34
Elm Pk. Gdns. S Croy —6F 64
Elm Pk. Rd. SE25 —2C 46
Elm Pl. Alder —4A 110
Elm Rd. SW14 —6B 12
Elm Rd. Beck —1J 47
Elm Rd. Chess —1L 59
Elm Rd. Clay —3F 58
Elm Rd. Eps —3E 60
Elm Rd. Farnh —5J 109
Elm Rd. Felt —2E 22
Elm Rd. G'ming —3J 133
Elm Rd. Hors —2B 74
Elm Rd. King T —9M 25
Elm Rd. Lea —9H 79
Elm Rd. N Mald —1C 42
Elm Rd. Purl —9M 63
Elm Rd. Red —3C 122
Elm Rd. St J —5N 73
Elm Rd. T Hth —3A 46
Elm Rd. Wall —7E 44
Elm Rd. Warl —4G 84
Elm Rd. W'ham —3N 107
Elm Rd. Wind —6E 4
Elm Rd. W. Sutt —6L 43
Elms Cres. SW4 —1G 29

Elmshaw Rd.—Falcourt Clo.

Elmshaw Rd. SW15 —8F 12
Elmshorn. Eps —3H 81
Elmside. Guild —4K 113
Elmside. Milf —1C 152
Elmside. New Ad —3L 65
Elmsleigh Cen., The. Stai —5H 21
Elmsleigh Ct. Sutt —9N 43
Elmsleigh Ho. Twic —3D 24
(off Staines Rd.)
Elmsleigh Rd. F'boro —1L 89
Elmsleigh Rd. Stai —6H 21
Elmsleigh Rd. Twic —3D 24
Elmslie Clo. Eps —1B 80
Elms Rd. Alder —3M 109
Elms Rd. Fleet —4D 88
Elms Rd. Wokgm —3A 30
Elmstead Clo. Eps —2D 60
Elmstead Gdns. Wor Pk —9F 42
Elmstead Rd. W Byf —9J 55
Elms, The. SW13 —6E 12
Elms, The. B'water —2J 69
Elms, The. Clay —4F 58
Elms, The. Tong —4D 110
Elms, The. Warf P —7E 16
Elmstone Rd. SW6 —4M 13
Elmsway. Ashf —6B 22
Elmswood. Bookh —2N 97
Elmsworth Av. Houn —5B 10
Elm Tree Av. Esh —6D 40
Elm Tree Clo. Ashf —6C 22
Elm Tree Clo. Byfl —9N 55
Elm Tree Clo. Cher —8G 37
Elm Tree Clo. Horl —7E 142
Elmtree Rd. Tedd —5E 24
Elm View. Ash —1F 110
Elm View Ho. Hayes —1F 8
Elm Wlk. SW20 —3H 43
Elm Wlk. Orp —1H 67
Elm Way. Eps —2C 60
Elm Way. Wor Pk —9H 43
Elmwood Av. Felt —3H 23
Elmwood Clo. Asht —4K 79
Elmwood Clo. Eps —4F 60
Elmwood Clo. Wall —8F 44
Elmwood Ct. Asht —4K 79
Elmwood Dri. Eps —3F 60
Elmwood Rd. W4 —2B 12
Elmwood Rd. Croy —6M 45
Elmwood Rd. Mitc —2D 44
Elmwood Rd. Red —8E 102
Elmwood Rd. Wok —6G 73
Elmworth Gro. SE21 —3N 29
Elphinstone Ct. SW16 —7J 29
Elsa Ct. Beck —1J 47
Elsdon Rd. Wok —5K 73
Elsenham St. SW18 —2L 27
Elsenwood Cres. Camb —8E 50
Elsenwood Dri. Camb —8E 50
Elsinore Av. Stai —2N 21
Elsinore Way. Rich —6A 12
Elsley Clo. Frim G —8D 70
Elsrick Av. Mord —4M 43
Elstan Way. Croy —6H 47
Elstead Ct. Sutt —7K 43
Elstead Ho. SW2 —1K 29
(off Redlands Way)
Elstead Rd. Seale —7E 110
Elstead Rd. Shack —6N 131
Elsted Clo. Craw —1N 181
Elston Pl. Alder —4A 110
Elston Rd. Alder —4A 110
Elswick St. SW6 —5N 13
Elsworth Clo. Felt —2F 22
Elsworthy. Th Dit —5E 40
Elthiron Rd. SW6 —4M 13
Elthorne Ct. Felt —2K 23
Elton Clo. King T —8J 25
Elton Rd. King T —9M 25
Elton Rd. Purl —8G 62
Eltringham St. SW18 —7N 13
Elveden Clo. Wok —4K 75
Elvedon Rd. Cobh —7J 57
Elvetham Clo. Fleet —2B 88
Elvetham Pl. Fleet —2A 88
Elvetham Rd. Fleet —2A 88
Elwell Clo. Egh —7C 20
Elwill Way. Beck —3M 47
Ely Clo. SW20 —1E 42
Ely Clo. Craw —7D 182
Ely Clo. Frim —7E 70
Ely Clo. N Mald —1E 42
Ely Pl. Guild —1J 113
Ely Rd. Croy —4A 46
Ely Rd. Houn —6K 9
Ely Rd. H'row A —5G 8
Elysium Pl. SW6 —5L 13
(off Elysium St.)
Elysium St. SW6 —5L 13
Elystan Clo. Wall —4G 62
Emanuel Dri. Hamp —6N 23
Embankment. SW15 —5J 13
Embankment, The. Twic —2G 25
Embankment, The. Wray —2M 19
Embassy Ct. Wall —3F 62
Ember Cen. W on T —8M 39
Ember Clo. Add —2N 55
Ember Ct. Rd. Th Dit —5E 40
Ember Farm Av. E Mol —5D 40
Ember Farm Way. E Mol —5D 40
Ember Gdns. Th Dit —6E 40
Ember La. Esh & E Mol —6D 40
Emberwood. Craw —1A 182
Embleton Rd. Head —3G 168
Embleton Wlk. Hamp —6N 23
Emden St. SW6 —4N 13
Emerald Ct. Coul —2H 83
Emerson Ct. Crowt —2G 49
Emerton Rd. Fet —8C 78
Emery Down Clo. Brack —2E 32
Emley Rd. Add —9J 37
Emlyn La. Lea —9G 79
Emlyn Rd. Horl —7C 142
Emlyn Rd. Red —5E 122
Emmanuel Clo. Guild —9K 93
Emmanuel Rd. SW12 —2G 28
Emmets Nest. Binf —7H 15
Emmets Pk. Binf —7H 15
Emmetts Clo. Wok —4N 73
Emms Pl. King T —1K 41
Empire Vs. Red —4E 142
Empress Av. F'boro —9N 69
Empress Pl. SW6 —1M 13
Emsworth Clo. M'bowr —6G 183
Emsworth Ct. SW16 —4J 29
Emsworth St. SW2 —3K 29
Ena Rd. SW16 —2J 45
Enborne Gdns. Brack —8B 16
Endale Clo. Cars —8D 44
Endeavour Way. SW19 —5N 27
Endeavour Way. Croy —6J 45
Endlesham Rd. SW12 —1E 28
Endsleigh Clo. S Croy —6F 64
Endsleigh Gdns. Surb —5J 41
Endsleigh Gdns. W On T —2K 57
Endsleigh Rd. Red —7G 102
Ends Pl. Warn —9C 178
End Way. Surb —6N 41
Endymion Rd. SW2 —1K 29
Enfield Rd. Ash V —8F 90
Enfield Rd. Bren —1K 11
Enfield Rd. Craw —7N 181
Enfield Rd. H'row A —5F 8
Enfield Wlk. Bren —1K 11
Engadine Clo. Croy —9C 46
Engadine St. SW18 —2M 27
Engalee. E Grin —8M 165
Englefield. H'ham —6E 196
Englefield Clo. Croy —5N 45
Englefield Clo. Egh —7M 19
Englefield Rd. Knap —4G 72
Engleheart Dri. Felt —9G 9
Englehurst. Egh —7M 19
Englemere Rd. Brack —8L 15
Englesfield. Camb —1G 71
Englewood Rd. SW12 —1G 28
Engliff La. Wok —3J 75
English Gdns. Wray —8N 5
Enmore Av. SE25 —4D 46
Enmore Gdns. SW14 —8C 12
Enmore Rd. SE25 —4D 46
Enmore Rd. SW15 —7H 13
Ennerdale. Brack —3M 31
Ennerdale Clo. Craw —5N 181
Ennerdale Clo. Felt —2G 22
Ennerdale Clo. Sutt —1L 61
Ennerdale Gro. Farnh —6F 108
Ennerdale Rd. Rich —5M 11
Ennismore Av. W4 —1E 12
Ennismore Av. Guild —3B 114
Ennismore Gdns. Th Dit —5E 40
Ennor Ct. Sutt —1H 61
Ensign Clo. Purl —6L 63
Ensign Clo. Stai —2M 21
Ensign Way. Stai —2M 21
Enterdent Cotts. God —2G 124
Enterdent Rd. God —3F 124
Enterdent, The. God —2G 124
Enterprise Clo. Croy —7L 45
Enterprise Est. Guild —8A 94
Enterprise Ho. H'ham —7H 197
Enterprise Ind. Est. Ash V —6D 90
Enterprise Way. SW18 —7M 13
Enterprise Way. Eden —9K 127
Enterprise Way. Tedd —7F 24
Enton La. Ent —7E 152
Envis Way. Guild —8F 92
Epirus M. SW6 —3M 13
Epirus Rd. SW6 —3L 13
Epping Wlk. Craw —5D 182
Epping Way. Brack —3D 32
Epple Rd. SW6 —4L 13
Epsom Bus. Pk. Eps —7D 60
Epsom Clo. Camb —7A 50
Epsom Downs Metro Cen. Tad —7G 81
Epsom Gap. Lea —2H 79
Epsom La. N. Eps & Tad —5G 80
Epsom La. S. Tad —8H 81
Epsom Pl. Cranl —7A 156
Epsom Rd. Asht —5M 79
Epsom Rd. Craw —5E 182
Epsom Rd. Croy —1L 63
Epsom Rd. Eps —7E 60
Epsom Rd. Guild & E Clan —4A 114
Epsom Rd. Lea —8H 79
Epsom Rd. Sutt & Mord —6L 43
Epsom Rd. W Hor —8C 96
Epsom Sq. H'row A —5G 8
Epworth Rd. Iswth —3H 11
Eresby Dri. Beck —7K 47
Erfstadt Ct. Wokgm —3B 30
Erica Clo. W End —9B 52
Erica Ct. Wok —5N 73
Erica Dri. Wokgm —3C 30
Erica Gdns. Croy —9L 47
Erica Way. Copt —7L 163
Erica Way. H'ham —3K 197
Ericcson Clo. SW18 —8M 13
Eridge Clo. Craw —3G 182
Eriswell Cres. W On T —3F 56
Eriswell Rd. W On T —2G 57
Erkenwald Clo. Cher —5G 37
Ermine Clo. Houn —5K 9
Ermyn Clo. Lea —8K 79
Ermyn Cotts. Horl —5D 144
Ermyn Way. Lea —8K 79
Erncroft Way. Twic —9F 10
Ernest Av. SE27 —5M 29
Ernest Clo. Beck —4K 47
Ernest Clo. Lwr Bo —5G 129
Ernest Gdns. W4 —2A 12
Ernest Gro. Beck —4J 47
Ernest Rd. King T —1A 42
Ernest Sq. King T —1A 42
Ernle Rd. SW20 —8G 27
Ernshaw Pl. SW15 —8K 13
Erpingham Rd. SW15 —6H 13
Erridge Rd. SW19 —1M 43
Errington Dri. Wind —4D 4
Errol Gdns. N Mald —3F 42
Erskine Clo. Craw —7K 181
Erskine Clo. Sutt —9C 44
Erskine Rd. Sutt —1B 62
Esam Way. SW16 —6L 29
Escombe Dri. Guild —7L 93
Escot Rd. Sun —8G 22
Escott Pl. Ott —3E 54
Esher Av. Sutt —9J 43
Esher Av. W On T —6H 39
Esher By-Pass. Cobh & Esh —9G 57
Esher Clo. Esh —2B 58
Esher Common. (Junct.) —6C 58
Esher Cres. H'row A —5G 8
Esher Gdns. SW19 —3J 27
Esher Grn. Esh —1B 58
Esher Grn. Dri. Esh —1B 58
Esher M. Mitc —2E 44
Esher Pk. Av. Esh —1B 58
Esher Pl. Av. Esh —1B 58
Esher Rd. Camb —6E 50
Esher Rd. E Mol —5D 40
Esher Rd. W On T —2L 57
Eskdale Gdns. Purl —1A 84
Eskdale Way. Camb —2H 71
Esmond St. SW15 —7K 13
Esparto St. SW18 —1N 27
Essame Clo. Wokgm —2C 30
Essendene Clo. Cat —1B 104
Essendene Rd. Cat —1B 104
Essenden Rd. S Croy —4B 64
Essex Av. Iswth —6E 10
Essex Clo. Add —1L 55
Essex Clo. Frim —7E 70
Essex Clo. Mord —6J 43
Essex Ct. SW13 —5E 12
Essex Dri. Cranl —8H 155
Essex Pl. W4 —1B 12
Essex Pl. Sq. W4 —1C 12
Essex Rise. Warf —8D 16
Essex Rd. W4 —1C 12
(in two parts)
Estate Cotts. Mick —5K 99
Estcots Dri. E Grin —9B 166
Estcourt Rd. SE25 —5E 46
Estcourt Rd. SW6 —3L 13
Estella Av. N Mald —3G 43
Estoria Clo. SW2 —1L 29
Estreham Rd. SW16 —7H 29
Estridge Clo. Houn —7A 10
Eswyn Rd. SW17 —5D 28
Etchworth Av. Felt —1G 22
Eternit Wlk. SW6 —4J 13
Ethel Bailey Clo. Eps —8N 59
Ethelbert Rd. SW20 —9J 27
Ethelbert St. SW12 —2F 28
Ethel Rd. Ashf —6N 21
Etherley Hill. Ockl —3A 158
Etherstone Grn. SW16 —5L 29
Etherstone Rd. SW16 —5L 29
Eton Av. Houn —2N 9
Eton Av. N Mald —4C 42
Eton Clo. SW18 —1N 27
Eton Clo. Dat —2K 5
Eton Ct. Eton —3G 4
Eton Ct. Stai —6H 21
Eton Pl. Farnh —5G 108
Eton Rd. Dat —1J 5
Eton Rd. Hayes —3G 8
Eton Sq. Eton —3G 4
Eton St. Rich —8L 11
Eton Wick Rd. Eton W —1B 4
Etwell Pl. Surb —5M 41
Eureka Rd. King T —1N 41
Europa Pk. Rd. Guild —2M 113
Eustace Cres. Wokgm —9C 14
Eustace Rd. SW6 —3M 13
Eustace Rd. Guild —1F 114
Euston Rd. Croy —7L 45
Evans Clo. Craw —5H 183
Evans Gro. Felt —3A 24
Evans Ho. Felt —3A 24
Evedon. Brack —6N 31
Eveline Rd. Mitc —9D 28
Evelyn Av. Alder —4N 109
Evelyn Av. T'sey —2E 106
Evelyn Clo. Twic —1B 24
Evelyn Clo. Wok —7N 73
Evelyn Cotts. Dork —3L 137
Evelyn Cotts. God —6H 125
Evelyn Cres. Sun —9G 22
Evelyn Gdns. God —8F 104
Evelyn Gdns. Rich —7L 11
Evelyn Mans. W14 —2K 13
(off Queen's Club Gdns.)
Evelyn Rd. SW19 —6N 27
Evelyn Rd. Ham —4J 25
Evelyn Rd. Rich —6L 11
Evelyn Ter. Rich —6L 11
Evelyn Wlk. Craw —6C 182
Evelyn Way. Stoke D —3N 77
Evelyn Way. Sun —9G 22
Evelyn Way. Wall —1H 63
Evelyn Wood's Rd. Alder —6A 90
Evendon's Clo. Wokgm —5A 30
Evendon's La. Wokgm —5A 30
Evenlode Way. Sand —7H 49
Evenwood Clo. SW15 —8K 13
Everall Av. SW6 —5N 13
Everall Pk. Farnh —1H 129
Everard La. Cat —9E 84
Everatt Clo. SW18 —9L 13
Everdon Rd. SW13 —2F 12
Everest Ct. Wok —3H 73
Everest Rd. Camb —7B 50
Everest Rd. Crowt —1G 49
Everest Rd. Stai —1M 21
Everglade. Big H —5F 86
Evergreen Ct. Stai —1M 21
Evergreen Oak Av. Wind —6K 5
Evergreen Rd. Frim —4D 70
Evergreen Way. Stai —1M 21
Everington St. W6 —2J 13
Everlands Clo. Wok —5A 74
Eve Rd. Iswth —7G 11
Eve Rd. Wok —2D 74
Eversfield Rd. H'ham —7L 197
Eversfield Rd. Reig —3N 121
Eversfield Rd. Rich —5M 11
Eversley Cres. Iswth —4D 10
Eversley Pk. SW19 —7G 26
Eversley Rd. SE19 —8N 29
Eversley Rd. Surb —3M 41
Eversley Rd. Yat —8A 48
Eversley Way. Croy —9K 47
Eversley Way. Egh —1E 36
Everton Rd. Croy —7D 46
Evesham Clo. Reig —2L 121
Evesham Clo. Sutt —4M 61
Evesham Ct. Rich —9M 11
Evesham Grn. Mord —5N 43
Evesham Rd. Mord —5N 43
Evesham Rd. Reig —2L 121
Evesham Rd. N. Reig —2L 121
Evesham Wlk. Owl —6J 49
Ewald Rd. SW6 —5L 13
Ewelands. Horl —7G 142
Ewell By-Pass. Eps —4F 60
Ewell Ct. Av. Ewe —2D 60
Ewell Downs Rd. Eps —7F 60
Ewell Ho. Gro. Eps —6E 60
Ewell Pk. Gdns. Eps —4F 60
Ewell Pk. Way. Eps —3F 60
Ewell Rd. Dit H —6H 41
Ewell Rd. Surb —5L 41
Ewell Rd. Sutt —4J 61
Ewen Cres. SW2 —2L 29
Ewhurst Av. S Croy —5C 64
Ewhurst Clo. Craw —3A 182
Ewhurst Clo. Sutt —5H 61
Ewhurst Rd. Cranl —7N 155
Ewhurst Rd. Craw —3N 181
Ewhurst Rd. Peasl —5E 136
Ewins Clo. Ash —2E 110
Ewood La. Newd —5M 139
Ewshot La. C Crook & Ews —1A 108
Excalibur Clo. If'd —3K 181
Excelsior Clo. King T —1N 41
Exchange Rd. Asc —4N 33
Exchange Rd. Craw —3C 182
Exeforde Av. Ashf —5B 22
Exeter Clo. Craw —7C 182
Exeter Gdns. Yat —8A 48
Exeter Ho. Felt —3M 23
(off Watermill Way)
Exeter Pl. Guild —1J 113
Exeter Rd. Ash —1E 110
Exeter Rd. Croy —6B 46
Exeter Rd. Felt —4N 23
Exeter Rd. H'row A —6F 8
Exeter Way. H'row A —5F 8
Explorer Av. Stai —2N 21
Eyebright Clo. Croy —7G 47
Eyhurst Clo. Kgswd —1L 101
Eyhurst Spur. Tad —2L 101
Eyles Clo. H'ham —4H 197
Eylewood Rd. SE27 —6N 29
Eyot Gdns. W6 —1E 12
Eyot Grn. W4 —1E 12
Eyston Dri. Wey —6B 56
Fabian Rd. SW6 —3L 13
Facade, The. Reig —2M 121
Factory La. Croy —7L 45
Factory Sq. SW16 —7J 29
Fagg's Rd. Felt —7G 9
Fairacre. N Mald —2D 42
Fairacres. SW15 —7F 12
Fairacres. Cobh —8L 57
Fair Acres. Croy —5J 65
Fairacres. Rowl —7E 128
Fairacres. Tad —8H 81
Fairacres Ind. Est. Wind —5A 4
Fairbairn Clo. Purl —9L 63
Fairborne Way. Guild —9K 93
Fairbourne. Cobh —9L 57
Fairbourne Clo. Wok —5K 73
Fairbourne La. Cat —9N 83
Fairburn Ct. SW15 —8K 13
Fairburn Ho. W14 —1L 13
(off Ivatt Pl.)
Fairchildes Av. New Ad —8N 65
Fairchildes Rd. Warl —1N 85
Faircroft Ct. Tedd —7G 25
Faircross. Brack —2N 31
Fairdale Gdns. SW15 —7G 13
Fairdene Rd. Coul —5H 83
Fairfax. Brack —9M 15
Fairfax Av. Eps —6G 60
Fairfax Av. Red —2C 122
Fairfax Clo. W On T —7J 39
Fairfax Rd. F'boro —7N 69
Fairfax Rd. Tedd —7G 25
Fairfax Rd. Wok —7D 74
Fairfield App. Wray —9N 5
Fairfield Av. Dat —3M 5
Fairfield Av. Horl —9E 142
Fairfield Av. Stai —5H 21
Fairfield Av. Twic —2B 24
Fairfield Clo. Dat —3N 5
Fairfield Clo. Dork —3J 119
Fairfield Clo. Ewe —2D 60
Fairfield Clo. Mitc —8C 28
Fairfield Cotts. Bookh —3B 98
Fairfield Dri. SW18 —8N 13
Fairfield Dri. Dork —3H 119
Fairfield Dri. Frim —3C 70
Fairfield E. King T —1L 41
Fairfield La. W End —8D 52
Fairfield N. King T —1L 41
Fairfield Pk. Cobh —1L 77
Fairfield Path. Croy —9A 46
Fairfield Pl. King T —2L 41
Fairfield Rise. Guild —2J 113
Fairfield Rd. Beck —1K 47
Fairfield Rd. Croy —9A 46
Fairfield Rd. E Grin —1B 186
Fairfield Rd. King T —1L 41
Fairfield Rd. Lea —8H 79
Fairfield Rd. Wray —9N 5
Fairfield S. King T —2L 41
Fairfields Rd. Houn —6C 10
Fairfield St. SW18 —8N 13
Fairfield, The. Farnh —1H 129
(in two parts)
Fairfield Wlk. Lea —8H 79
(off Fairfield Rd.)
Fairfield Way. Coul —1H 83
Fairfield Way. Eps —2D 60
Fairfield W. King T —1L 41
Fairford Av. Croy —4G 47
Fairford Clo. Croy —4H 47
Fairford Clo. Reig —1A 122
Fairford Clo. W Byf —1H 75
Fairford Ct. Sutt —4N 61
Fairford Gdns. Wor Pk —9E 42
Fairgreen Rd. T Hth —4M 45
Fairground. Cher —7J 37
Fairhaven. Egh —6B 20
Fairhaven Av. Croy —5G 46
Fairhaven Ct. Egh —6B 20
Fairhaven Rd. Red —8E 102
Fairholme. Felt —1E 22
Fairholme Cres. Asht —4J 79
Fairholme Gdns. Farnh —2H 129
Fairholme Rd. W14 —1K 13
Fairholme Rd. Ashf —6N 21
Fairholme Rd. Croy —6L 45
Fairholme Rd. Sutt —3L 61
Fairland Clo. Fleet —5C 88
Fairlands Av. Guild —8F 92
Fairlands Av. Sutt —8M 43
Fairlands Av. T Hth —3K 45
Fairlands Ct. Guild —8F 92
Fairlands Rd. Guild —7F 92
Fair La. Coul —3A 102
Fairlawn. Bookh —2N 97
Fairlawn. Wey —2F 56
Fair Lawn Clo. Clay —3F 58
Fairlawn Clo. Felt —5N 23
Fairlawn Clo. King T —7B 26
Fairlawn Cres. E Grin —8L 165
Fairlawn Dri. E Grin —8L 165
Fairlawn Dri. Red —5C 122
Fairlawn Gro. Bans —9B 62
Fairlawn Pk. Wind —7B 4
Fairlawn Pk. Wok —1A 74
Fairlawn Rd. SW19 —8L 27
Fairlawn Rd. Bans —7A 62
(in three parts)
Fairlawns. Add —2K 55
Fairlawns. Guild —3E 114
Fairlawns. Horl —9F 142
Fairlawns. Sun —2G 39
Fairlawns. Twic —9J 11
Fairlawns. Wall —2F 62
Fairlawns. Wdhm —7H 55
Fairlawns Clo. Stai —7K 21
Fairlight Av. Wind —5G 4
Fairlight Clo. Wor Pk —1H 61
Fairlight Rd. SW17 —5B 28
Fairline Ct. Beck —1M 47
Fairlop Wlk. Cranl —8H 155
Fairmead. Surb —7A 42
Fairmead. Wok —5M 73
Fairmead Clo. Col T —8K 49
Fairmead Clo. Houn —3L 9
Fairmead Clo. N Mald —2C 42
Fairmead Ct. Rich —5A 12
Fairmead Rd. Croy —6K 45
Fairmead Rd. Eden —7L 127
Fairmeads. Cobh —9N 57
Fairmile. Fleet —7A 88
Fairmile Av. SW16 —6H 29
Fairmile Av. Cobh —9M 57
Fairmile Ho. Tedd —5G 25
Fairmile La. Cobh —8L 57
Fairmile Pk. Copse. Cobh —9N 57
Fairmile Pk. Rd. Cobh —9N 57
Fairoak Clo. Kenl —2M 83
Fairoak Clo. Oxs —8D 58
Fairoak La. Oxs & Chess —8C 58
Fairoaks Airport. Chob —6A 54
Fairoaks Cvn. Pk. Guild —7D 92
Fairoaks Ct. Add —2K 55
(off Lane Clo.)
Fairs Rd. Lea —6G 79
Fairstone Ct. Horl —7F 142
Fair St. Houn —6C 10
Fairview. Eps —7H 61
Fair View. H'ham —5G 197
Fairview Av. Wok —5A 74
Fairview Clo. Wok —5B 74
Fairview Ct. Ashf —6B 22
Fairview Ct. Stai —7J 21
Fairview Dri. Orp —1M 67
Fairview Dri. Shep —4A 38
Fair View Gdns. Farnh —6J 109
Fairview Ho. SW2 —1K 29
Fairview Ind. Est. Oxt —2C 126
Fairview Pl. SW2 —1K 29
Fairview Rd. SW16 —9K 29
Fairview Rd. Ash —1F 110
Fairview Rd. Eps —7E 60
Fairview Rd. Head —4G 169
Fairview Rd. Sutt —2C 62
Fairview Rd. Wokgm —3B 30
Fairwater Dri. New H —5M 55
Fairway. SW20 —2H 43
Fairway. Cars —7A 62
Fairway. Cher —7K 37
Fairway. Copt —8M 163
Fairway. Guild —3F 114
Fairway. If'd —4J 181
Fairway. Vir W —5M 35
Fairway Clo. Copt —8L 163
Fairway Clo. Croy —4H 47
Fairway Clo. Eps —1B 60
Fairway Clo. Houn —8K 9
Fairway Clo. Wok —6L 73
Fairway Gdns. Beck —5N 47
Fairway Heights. Camb —9F 50
Fairways. Ashf —7C 22
Fairways. Hind —3N 169
Fairways. Iswth —4E 10
Fairways. Kenl —4N 83
Fairways. Tedd —8K 25
Fairway, The. Camb —3E 70
Fairway, The. F'boro —5G 88
Fairway, The. Farnh —5J 109
Fairway, The. G'ming —9J 133
Fairway, The. Lea —5G 79
Fairway, The. N Mald —9C 26
Fairway, The. W Mol —2B 40
Fairway, The. Wey —7B 56
Fairway, The. Worp —2F 92
Fairwell La. W Hor —6C 96
Fakenham Way. Owl —6J 49
Falaise. Egh —6A 20
Falaise Clo. Alder —2N 109
Falcon Clo. W4 —2B 12
Falcon Clo. Craw —1B 182
Falcon Clo. Light —7K 51
Falcon Ct. Frim —5B 70
Falcon Ct. Wok —9E 54
Falcon Dri. Stai —9M 7
Falconhurst. Oxs —2D 78
Falcon Lodge. H'ham —8M 197
Falcon Rd. Guild —4N 113
Falcon Rd. Hamp —8N 23
Falcons Clo. Big H —4F 86
Falcon Way. Felt —8J 9
Falcon Way. Sun —1F 38
Falcon Way. Yat —9A 48
Falconwood. E Hor —2G 96
Falconwood. Egh —6A 20
Falconwood Rd. Croy —5J 65
Falcourt Clo. Sutt —2N 61

Falkland Ct. F'boro —5C 90
Falkland Gdns. Dork —6G 119
Falkland Gro. Dork —6G 118
Falkland Pk. Av. SE25 —2B 46
Falkland Rd. Dork —6G 119
Falklands Dri. H'ham —4A 198
Falkner Ct. Farnh —1H 129
Falkner Rd. Farnh —1G 128
Falkners Clo. Fleet —1D 88
Fallow Deer Clo. H'ham —5A 198
Fallowfield. Fleet —1D 88
Fallowfield. Yat —8A 48
Fallowfield Way. Horl —7F 142
Fallsbrook Rd. SW16 —7F 28
Falmer Clo. Craw —5B 182
Falmouth Clo. Camb —2E 70
Falmouth Rd. W On T —1K 57
Falstaff M. Hamp —9C 24
Falstone. Wok —5L 73
Famet Av. Purl —9N 63
Famet Clo. Purl —9N 63
Famet Gdns. Kenl —9N 63
Famet Wlk. Purl —9N 63
Fanes Clo. Brack —9L 15
Fane St. W14 —2L 13
Fangrove Pk. Lyne —7D 36
Fanshawe Rd. Rich —5J 25
Fantail, The. (Junct.) —1H 67
Fanthorpe St. SW15 —6H 13
Faraday Av. E Grin —3B 186
Faraday Ct. Craw —8C 162
Faraday Rd. SW19 —7M 27
Faraday Rd. Craw —8D 162
Faraday Rd. F'boro —8A 70
Faraday Rd. W Mol —3A 40
Faraday Way. Croy —7K 45
Farcrosse Clo. Sand —7H 49
Farebrothers. Warn —9F 178
Fareham Dri. Yat —8A 48
Fareham Rd. Felt —1K 23
Farewell Pl. Mitc —9C 28
Farhalls Cres. H'ham —3M 197
Faringdon Clo. Sand —6H 49
Faringdon Dri. Brack —4B 32
Farington Acres. Wey —9E 38
Faris Barn Dri. Wdhm —8H 55
Faris La. Wdhm —7H 55
Farleigh Ct. Guild —3H 113
Farleigh Ct. Rd. Warl —1J 85
Farleigh Dean Cres. New Ad —7L 65
Farleigh Rd. New H —7J 55
Farleigh Rd. Warl —5G 85
Farleton Clo. Wey —3E 56
Farley Copse. Brack —9K 15
Farley Ct. F'boro —3B 90
Farleycroft. W'ham —4L 107
Farley Heath Rd. Sham G —7J 135
Farley La. W'ham —4K 107
Farley Nursery. W'ham —5L 107
Farley Pk. Oxt —8N 105
Farley Pl. SE25 —3D 46
Farley Rd. S Croy —4D 64
Farleys Clo. W Hor —4D 96
Farlington Pl. SW15 —1G 26
Farlow Rd. SW15 —6J 13
Farlton Rd. SW18 —1N 27
Farm Av. SW16 —5J 29
Farm Av. H'ham —5H 197
Farm Clo. Asc —4N 33
Farm Clo. Brack —9L 15
Farm Clo. Byfl —8N 55
Farm Clo. Coul —7D 82
Farm Clo. Craw —2E 182
Farm Clo. Crowt —9H 31
Farm Clo. E Grin —1D 186
Farm Clo. E Hor —6G 96
Farm Clo. Fet —2D 98
Farm Clo. Guild —9N 93
Farm Clo. Loxw —5J 193
Farm Clo. Lyne —5C 36
Farm Clo. Shep —6B 38
Farm Clo. Stai —6G 20
Farm Clo. Sutt —4B 62
Farm Clo. Wall —6G 63
Farm Clo. Warn —1F 196
Farm Clo. W Wick —1B 66
Farm Clo. Worp —7F 92
Farm Clo. Yat —1C 68
Farm Cotts. Wokgm —9A 14
Farm Ct. Frim —4D 70
Farmdale Rd. Cars —4C 62
Farm Dri. Croy —8J 47
Farm Dri. Fleet —1C 88
Farm Dri. Old Win —9L 5
Farm Dri. Purl —7H 63
Farmers Rd. Stai —6G 20
Farmfield Cotts. Horl —3N 161
Farmfield Dri. Horl —2N 161
Farm Fields. S Croy —7B 64
Farm Ho. Clo. Wok —2F 74
Farmhouse Rd. SW16 —8G 29
Farmington Av. Sutt —9B 44
Farm La. SW6 —2M 13
Farm La. Add —4J 55
Farm La. Asht & Eps —4N 79
Farm La. Croy —8J 47
Farm La. E Hor —6G 96
Farm La. Purl —6G 63
Farm La. Send —2E 94
Farm La. Clo. SW6 —3M 13
(off Farm La.)
Farmleigh Clo. Craw —1G 182
Farmleigh Gro. W On T —2G 56
Farm M. Mitc —1F 44
Farm Rd. Alder —1C 110
Farm Rd. Esh —7B 40
Farm Rd. Frim —4C 70
Farm Rd. Houn —2M 23
Farm Rd. Mord —4N 43
Farm Rd. Stai —7K 21
Farm Rd. Sutt —4B 62
Farm Rd. Warl —6H 85
Farm Rd. Wok —7D 74
Farmstead Dri. Eden —9L 127
Farmview. Cobh —3L 77
Farm View. Lwr K —5L 101
Farm View. Yat —1C 68
Farm Wlk. Ash —4G 111
Farm Wlk. Guild —5J 113
Farm Wlk. Horl —8D 142
Farm Way. Stai —9H 7
Farm Way. Wor Pk —9H 43
Farm Yd. Wind —3G 5
Farnan Rd. SW16 —6J 29
Farnborough Aerospace Pk. F'boro —5L 89
Farnborough Av. S Croy —5G 65
Farnborough Bus. Pk. F'boro —3M 89
Farnborough Comn. Orp —1H 67
Farnborough Cres. S Croy —5H 65
Farnborough Ga. F'boro —7A 70
Farnborough Hill. Orp —2M 67
Farnborough Rd. F'boro —5N 89
Farnborough Rd. Farnh & Alder —4J 109
Farnborough St. F'boro —8B 70
Farnborough Way. Orp —1L 67
Farncombe Hill. G'ming —4G 132
Farncombe St. G'ming —4H 133
Farnell M. SW5 —1N 13
Farnell Rd. Iswth —6D 10
Farnell Rd. Stai —4J 21
Farney Field. Peasl —2E 136
Farnham Bus. Cen. Farnh —9H 109
Farnham Bus. Pk. Farnh —2G 128
Farnham By-Pass. Farnh —3E 128
Farnham Clo. Brack —1B 32
Farnham Clo. Craw —9A 182
Farnham Ct. Sutt —3K 61
Farnham Gdns. SW20 —1G 42
Farnham La. Hasl —9E 170
Farnham Pk. Clo. Farnh —6G 108
Farnham Pk. Dri. Farnh —6G 109
Farnham Rd. Elst —6E 130
Farnham Rd. Ews —3A 108
Farnham Rd. Fleet —5E 88
Farnham Rd. Guild —6G 113
Farnham Rd. Holt P —1A 148
Farnham Trad. Est. Farnh —8L 109
Farnhurst La. Alf —4H 175
Farningham. Brack —5C 32
Farningham Ct. SW16 —8H 29
Farningham Cres. Cat —1D 104
Farningham Rd. Cat —1D 104
Farnley. Wok —4J 73
Farnley Rd. SE25 —3A 46
Farnwell M. Wey —9C 38
Farquhar Rd. SW19 —4M 27
Farquharson Rd. Croy —7N 45
Farrell Clo. Camb —3A 70
Farrer Ct. Twic —1K 25
Farrer's Pl. Croy —1G 64
Farrier Clo. Sun —2H 39
Farriers Clo. Eps —8D 60
Farriers, The. Brmly —6C 134
Farrier Wlk. SW10 —2N 13
Farthing Barn La. Orp —5J 67
Farthing Fields. Head —4D 168
Farthingham La. Ewh —4F 156
Farthings. Knap —3H 73
Farthings Hill. H'ham —5F 196
Farthings, The. King T —9N 25
Farthing St. Orp —4H 67
Fassett Rd. King T —3L 41
Fauconberg Ct. W4 —2B 12
(off Fauconberg Rd.)
Fauconberg Rd. W4 —2B 12
Faulkner Pl. Bag —3J 51
Faulkners Rd. W On T —2K 57
Favart Rd. SW6 —4M 13
Faversham Rd. Beck —1J 47
Faversham Rd. Mord —5N 43
Faversham Rd. Owl —6J 49
Fawcett Rd. Croy —9N 45
Fawcett Rd. Wind —4E 4
Fawcett St. SW10 —2N 13
Fawcus Clo. Clay —3E 58
Fawe Pk. Rd. SW15 —7L 13
Fawler Mead. Brack —3D 32
Fawley Clo. Cranl —8A 156
Fawns Mnr. Clo. Felt —2D 22
Fawns Mnr. Rd. Felt —2E 22
Fawsley Clo. Coln —3G 6
Fay Cotts. H'ham —5D 180
Faygate Bus. Cen. Fay —8E 180
Faygate La. H'ham —2D 180
Faygate La. S God —9H 125
Faygate Rd. SW2 —3K 29
Fayland Av. SW16 —6G 28
Fay Rd. H'ham —3J 197
Fearn Clo. E Hor —7F 96
Fearnley Cres. Hamp —6M 23
Featherbed La. Croy & Warl —4J 65
Feathers La. Wray —3C 20
Featherstone. Blind H —2G 145
Fee Farm Rd. Clay —4F 58
Felbridge Av. Craw —2H 183
Felbridge Cen., The. E Grin —7K 165
Felbridge Clo. SW16 —5L 29
Felbridge Clo. E Grin —7M 165
Felbridge Clo. Frim —4D 70
Felbridge Clo. Sutt —5N 61
Felbridge Ct. Felb —6K 165
Felbridge Ct. Hayes —2E 8
Felbridge Rd. E Grin —7G 165
Felcot Rd. Felb —7F 164
Felcott Clo. W On T —9K 39
Felcott Rd. W On T —9K 39
Felcourt La. E Grin —2M 165
Felcourt Rd. E Grin & Ling —3M 165
Felday Glade. Holm M —6J 137
Felday Houses. Holm M —4J 137
Felday Rd. Ab H —9G 116
Feldemore Cotts. Dork —5K 137
Felden St. SW6 —4L 13
Felgate M. W6 —1G 12
Felix Dri. W Cla —6J 95
Felix La. Shep —5F 38
Felix Rd. W On T —5H 39
Felland Way. Reig —7B 122
Fellbrook. Rich —4H 25
Fellcott Way. H'ham —7F 196
Fellowes Rd. Cars —9C 44
Fellow Grn. W End —9C 52
Fellow Grn. Rd. W End —9C 52
Fellows Rd. F'boro —4B 90
Fell Rd. Croy —9N 45
Felmingham Rd. SE20 —1F 46
Felsberg Rd. SW2 —1J 29
Felsham Rd. SW15 —6H 13
Felstead Rd. Eps —7C 60
Feltham Av. E Mol —3E 40
Felthambrook Ind. Est. Felt —4J 23
Felthambrook Way. Felt —4J 23
Feltham Bus. Complex. Felt —3J 23
Feltham Hill Rd. Ashf —6B 22
Felthamhill Rd. Felt —5H 23
Feltham Rd. Ashf —6B 22
Feltham Rd. Mitc —1E 44
Feltham Rd. Red —8D 122
Feltham Wlk. Red —8D 122
Felwater Ct. E Grin —7L 165
Fenby Clo. H'ham —4A 198
Fenchurch Rd. M'bowr —5F 182
Fencote. Brack —5B 32
Fendall Rd. Eps —2B 60
Fender Ho. H'ham —6H 197
Fenelon Pl. W14 —1L 13
Fengates Rd. Red —3C 122
Fenhurst Clo. H'ham —7F 196
Fennel Clo. Croy —7G 47
Fennel Clo. F'boro —1G 89
Fennel Clo. Guild —9D 94
Fennel Cres. Craw —7N 181
Fennells Mead. Eps —5E 60
Fenn Ho. Iswth —4H 11
Fennscombe Ct. W End —9B 52
Fenns La. W End —9B 52
Fenns Way. Wok —2A 74
Fenn's Yd. Farnh —1G 128
Fenton Av. Stai —7L 21
Fenton Clo. Red —3E 122
Fenton Ho. Houn —2A 10
Fenton Rd. Red —3E 122
Fentum Rd. Guild —1K 113
Fenwick Clo. Wok —4L 73
Fenwick Pl. S Croy —4M 63
Ferbies. Fleet —7B 88
Ferguson Av. Surb —4M 41
Ferguson Clo. Brom —2N 47
Fermandy La. Craw D —9D 164
Fern Av. Mitc —3H 45
Fernbank Av. W On T —6M 39
Fernbank Cres. Asc —9H 17
Fernbank M. SW12 —1F 28
Fernbank Pl. Asc —9G 17
Fernbank Rd. Add —2J 55
Fernbank Rd. Asc —1H 33
Fernbrae Clo. Rowl —8G 128
Fern Clo. Crowt —9G 30
Fern Clo. Frim —3G 70
Fern Clo. Warl —5H 85
Fern Cotts. Dork —8F 116
Fern Ct. Ash —3D 110
Ferndale. Guild —1H 113
Ferndale Av. Cher —9G 36
Ferndale Av. Houn —6M 9
Ferndale Rd. SE25 —4E 46
Ferndale Rd. Ashf —6M 21
Ferndale Rd. Bans —3L 81
Ferndale Rd. C Crook —9A 88
Ferndale Rd. Wok —3B 74
Ferndale Way. Orp —2M 67
Fernden Heights. Hasl —6F 188
Fernden La. Hasl —5F 188
Ferndown. Craw —8H 163
Ferndown. Horl —6E 142
Ferndown Clo. Guild —4C 114
Ferndown Clo. Sutt —3B 62
Ferndown Ct. Guild —2M 113
Ferndown Gdns. Cobh —9K 57
Ferndown Gdns. F'boro —1K 89
Fern Dri. C Crook —7A 88
Fernery, The. Stai —6G 21
Ferney Ct. Byfl —7M 55
Ferney Meade Way. Iswth —5G 10
Ferney Rd. Byfl —8M 55
Fern Gro. Felt —1J 23
Fernham Rd. T Hth —2N 45
Fern Hill. Oxs —1D 78
Fernhill Clo. B'water —5L 69
Fernhill Clo. Brack —8L 15
Fernhill Clo. Craw D —9E 164
Fernhill Clo. Farnh —6G 109
Fernhill Clo. Wok —7M 73
Fernhill Dri. Farnh —6G 109
Fernhill Gdns. King T —6K 25
Fernhill La. B'water —5K 69
Fernhill La. Farnh —6G 109
Fernhill La. Wok —7M 73
Fernhill Pk. Wok —7M 73
Fern Hill Pl. Farn —2L 67
Fernhill Rd. B'water & Farn —4K 69
Fernhill Rd. Horl —3H 163
Fernhill Wlk. B'water —5L 69
Fernhurst Clo. Craw —1N 181
Fernhurst Rd. SW6 —4K 13
Fernhurst Rd. Ashf —5D 22
Fernhurst Rd. Croy —7E 46
Ferniehurst. Camb —2D 70
Fernihough Clo. Wey —6B 56
Fernlands Clo. Cher —9G 37
Fern La. Houn —1N 9
Fernlea. Bookh —2B 98
Fernlea Rd. SW12 —2F 28
Fernlea Rd. Mitc —1E 44
Fernleigh Clo. Croy —1L 63
Fernleigh Clo. W On T —9J 39
Fernleigh Rise. Deep —7G 70
Fernley Ho. G'ming —3J 133
Fern Rd. G'ming —5J 133
Ferns Clo. S Croy —6E 64
Fernshaw Rd. SW10 —2N 13
Fernside Av. Felt —5J 23
Fernside Rd. SW12 —2D 28
Ferns Mead. Farnh —2G 128
Ferns, The. Farnh —5H 109
Fernthorpe Rd. SW16 —7G 28
Fern Towers. Cat —3D 104
Fern Wlk. Ashf —6M 21
Fern Way. H'ham —3K 197
Fernwood. Croy —5H 65
Fernwood Av. SW16 —5H 29
Feroners Clo. Craw —5E 182
Feroners Ct. Craw —5E 182
(off Feroners Clo.)
Ferrard Clo. Asc —9H 17
Ferraro Clo. Houn —2A 10
Ferrers Av. Wall —1H 63
Ferrers Rd. SW16 —6H 29
Ferrier Ind. Est. SW18 —7N 13
(off Ferrier St.)
Ferrier St. SW18 —7N 13
Ferriers Way. Eps —5H 81
Ferring Clo. Craw —2N 181
Ferris Av. Croy —9J 47
Ferry Av. Stai —8G 21
Ferry La. SW13 —2E 12
Ferry La. Bren —2L 11
Ferry La. Cher —4J 37
Ferry La. Guild —7M 113
Ferry La. Lale —2L 37
Ferry La. Rich —2M 11
Ferry La. Shep —7B 38
Ferry La. Stai —3D 20
Ferrymoor. Rich —4H 25
Ferry Rd. SW13 —3F 12
Ferry Rd. Tedd —6H 25
Ferry Rd. Th Dit —5H 41
Ferry Rd. Twic —2H 25
Ferry Rd. W Mol —2A 40
Ferry Sq. Bren —3L 11
Ferry Sq. Shep —6C 38
Festing Rd. SW15 —6J 13
Festival Wlk. Cars —2D 62
Fetcham Comn. La. Fet —8B 78
Fetcham Pk. Dri. Fet —1E 98
Fettes Rd. Cranl —7B 156
Fiddicroft Av. Bans —1N 81
Field Clo. Chess —2J 59
Field Clo. Guild —1F 114
Field Clo. Hayes —3D 8
Field Clo. Houn —5J 9
Field Clo. S Croy —1E 84
Field Clo. W Mol —4B 40
Fieldcommon La. W On T —7M 39
Field Ct. SW19 —4M 27
Field Ct. Oxt —5A 106
Field Dri. Eden —9M 127
Field End. Coul —1H 83
Field End. Farnh —8L 109
Fieldend. H'ham —3A 198
Field End. Twic —5F 24
Field End. W End —9C 52
Fieldend Rd. SW16 —9G 29
Fielden Pl. Brack —1B 32
Fielders Grn. Guild —3C 114
Fieldfare Av. Yat —9A 48
Fieldgate La. Mitc —1C 44
Field Ho. Clo. Asc —7L 33
Fieldhouse Rd. SW12 —2G 29
Fieldhouse Vs. Bans —2C 82
Fieldhurst. Slou —1B 6
Fieldhurst Clo. Add —2K 55
Fielding Av. Twic —4C 24
Fielding Gdns. Crowt —3G 48
Fielding Ho. W4 —2D 12
(off Devonshire Rd.)
Fielding M. SW13 —2G 12
(off Castelnau Pl.)
Fielding Rd. Col T —9K 49
Fieldings, The. Horl —7G 142
Fieldings, The. Wok —3J 73
Field La. Bren —3J 11
Field La. Frim —5B 70
Field La. G'ming —4J 133
Field La. Tedd —6G 24
Field Pk. Brack —9B 16
Field Path. F'boro —5L 69
Field Pl. G'ming —4H 133
Field Pl. N Mald —5E 42
Field Pl. Cotts. H'ham —3D 196
Field Rd. W6 —1K 13
Field Rd. F'boro —5L 69
Field Rd. Felt —9J 9
Fieldsend Rd. Sutt —2K 61
Fieldside Clo. Orp —1L 67
Field Stores App. Alder —1A 110
Fieldview. SW18 —2B 28
Field View. Egh —6E 20
Field View. Felt —5E 22
Fieldview. Horl —7F 142
Field Wlk. Horl —8D 142
(off Court Lodge Rd.)
Field Wlk. Small —7N 143
Field Way. Alder —1C 110
Fieldway. Hasl —1G 189
Field Way. New Ad —4L 65
Field Way. Rip —3H 95
Field Way. Tong —5D 110
Fifehead Clo. Ashf —7N 21
Fife Rd. SW14 —8B 12
Fife Rd. King T —1L 41
Fife Way. Bookh —3A 98
Fifield La. Fren —9H 129
Fifth Cross Rd. Twic —3D 24
Figges Rd. Mitc —8E 28
Filbert Cres. Craw —3M 181
Filby Rd. Chess —3M 59
Filey Clo. Big H —6D 86
Filey Clo. Craw —5L 181
Filey Clo. Sutt —4A 62
Filmer Gro. G'ming —6H 133
Filmer Rd. SW6 —4K 13
Filmer Rd. Wind —5A 4
Finborough Rd. SW10 —1N 13
Finborough Rd. SW17 —7D 28
Fincham End Dri. Crowt —3E 48
Finchampstead Rd. Wokgm —8A 30
Finch Av. SE27 —5N 29
Finch Clo. Knap —4F 72
Finchdean Ho. SW15 —1E 26
Finch Dri. Felt —1L 23
Finches Rise. Guild —1E 114
Finch Rd. Guild —3N 113
Findhorn Clo. Col T —8J 49
Findings, The. F'boro —6K 69
Findlay Dri. Guild —8J 93
Findon Clo. SW18 —9M 13
Findon Ct. Add —2H 55
Findon Rd. Craw —1N 181
Findon Way. Broad H —5D 196
Finlay Gdns. Add —1L 55
Finlays Clo. Chess —2N 59
Finlay St. SW6 —4J 13
Finmere. Brack —6A 32
Finnart Clo. Wey —1D 56
Finnart Ho. Dri. Wey —1D 56
Finney Dri. W'sham —3A 52
Finsbury Clo. Craw —7A 182
Finstock Grn. Brack —3D 32
Fintry Pl. F'boro —7K 69
Fintry Wlk. F'boro —7K 69
Fiona Clo. Bookh —2A 98
Fir Acre Rd. Ash V —7D 90
Firbank Dri. Wok —6L 73
Firbank La. Wok —6L 73
Firbank Pl. Egh —7L 19
Fir Clo. Fleet —5A 88
Fir Clo. W On T —6H 39
Fircroft. Fleet —4A 88
Fircroft Clo. Wok —5B 74
Fircroft Ct. Wok —5B 74
Fircroft Rd. SW17 —3D 28
Fircroft Rd. Chess —1M 59
Fircroft Way. Eden —9L 127
Fir Dene. Orp —1J 67
Firdene. Surb —7B 42
Fir Dri. B'water —3J 69
Fireball Hill. Asc —6A 34
Fire Bell La. Surb —5L 41
Firefly Clo. Wall —4J 63
Fire Sta. M. Beck —1L 47
Fire Thorn Clo. Fleet —6B 88
Firfield Rd. Add —1J 55
Firfield Rd. Farnh —4F 128
Firfields. Wey —3C 56
Firglen Dri. Yat —8C 48
Fir Grange Av. Wey —2C 56
Fir Gro. N Mald —5E 42
Firgrove. Wok —6L 73
Firgrove Ct. F'boro —1N 89
Firgrove Ct. Farnh —2H 129
Firgrove Hill. Farnh —2H 129
Firgrove Pde. F'boro —1N 89
Firgrove Rd. F'boro —1N 89
Firlands. Brack —4A 32
Firlands. Horl —7F 142
Firlands. Wey —3F 56
Firlands Av. Camb —1B 70
Firle Clo. Craw —1C 182
Firle Ct. Eps —8E 60
Fir Rd. Felt —6L 23
Fir Rd. Sutt —7L 43
Firs Av. SW14 —7B 12
Firs Av. Brmly —5C 134
Firs Av. Wind —6C 4
Firsby Av. Croy —7G 47
Firs Clo. Cat —9A 84
Firs Clo. Clay —3E 58
Firs Clo. Dork —7G 119
Firs Clo. F'boro —3A 90
Firs Clo. Mitc —9F 28
Firs Dene Clo. Ott —3F 54
Firs Dri. Houn —3J 9
Firs La. Sham G —7F 134
Firs Rd. Kenl —2M 83
First Av. SW14 —6D 12
First Av. Eps —5D 60
First Av. W On T —5J 39
First Av. W Mol —3N 39
First Clo. W Mol —2C 40
First Cross Rd. Twic —3E 24
Firs, The. Bisl —3D 72
Firs, The. Brack —4D 32
Firs, The. Cat —9A 84
(off Milner App.)
Firs, The. Guild —7L 113
First Slip. Lea —5G 79
Firstway. SW20 —1H 43
Firsway. Guild —2J 113
Firswood Av. Eps —2E 60
Firth Gdns. SW6 —4K 13
Fir Tree All. Alder —2M 109
(off Victoria Rd.)
Fir Tree Av. Hasl —2B 188
Firtree Av. Mitc —1E 44
Firtree Clo. SW16 —6G 29
Fir Tree Clo. Asc —6L 33
Fir Tree Clo. Craw —9N 161
Fir Tree Clo. Eps —2H 81
Fir Tree Clo. Esh —2C 58
Firtree Clo. Ewe —1E 60
Fir Tree Clo. Lea —1J 99
Firtree Clo. Sand —6E 48
Firtree Gdns. Croy —1K 65
Fir Tree Gro. Cars —4D 62
Fir Tree Pl. Ashf —6B 22
Fir Tree Rd. Bans —1H 81
Fir Tree Rd. Eps —3G 80
Fir Tree Rd. Guild —9M 93
Fir Tree Rd. Houn —7M 9
Fir Tree Rd. Lea —1J 99
Fir Tree Wlk. Reig —3B 122
Fir Tree Way. Fleet —5C 88
Fir Wlk. Sutt —3J 61
Firway. Gray —4K 169
Firwood Clo. Wok —6H 73
Firwood Dri. Camb —1A 70
Firwood Rd. Vir W —5H 35
Fisher Clo. Craw —5C 182
Fisher Clo. Croy —7C 46
Fisher Clo. W On T —1J 57
Fisher Grn. Binf —7G 15
Fisher La. C'fold —1H 191
Fisherman Clo. Rich —5J 25
Fisherman's Pl. W4 —2E 12
Fishermen's Clo. Alder —8C 90
Fisher Rowe Clo. Brmly —5C 134
Fishers. Horl —7G 142
Fishers Ct. H'ham —4J 197
Fishers Dene. Clay —4G 58
Fisher's La. W4 —1C 12
Fisher St. C'fold & Petw —4C 190
Fishers Wood. Asc —7F 34
Fishponds Clo. Wokgm —4A 30
Fishponds Est. Wokgm —4A 30
Fishponds Rd. SW17 —5C 28
Fishponds Rd. Kes —2F 66
Fishponds Rd. Wokgm —4A 30
Fiske Ct. Yat —9D 48

Fulham Pal. Rd.—Glendower Gdns.

Fulham Pal. Rd. W6 & SW6 —1H 13
Fulham Pk. Gdns. SW6 —5L 13
Fulham Pk. Rd. SW6 —5L 13
Fulham Rd. SW6 —5K 13
Fulham Rd. SW10 & SW3 —2N 13
Fullbrook La. Elst —6G 130
Fullbrooks Av. Wor Pk —7E 42
Fullers Av. Surb —8M 41
Fullers Hill. W'ham —4M 107
Fullers Rd. Rowl —7C 128
Fullers Vale. Head —4E 168
Fullers Way N. Surb —9M 41
Fullers Way S. Chess —1L 59
Fuller's Wood. Croy —1K 65
Fullers Wood La. S Nut —4G 123
Fullerton Clo. Byfl —1A 76
Fullerton Dri. Byfl —1N 75
Fullerton Rd. SW18 —8N 13
Fullerton Rd. Byfl —1N 75
Fullerton Rd. Cars —5C 62
Fullerton Rd. Croy —6C 46
Fullerton Way. Byfl —1N 75
Fuller Way. Hayes —1G 8
Fullmer Way. Wdhm —6H 55
Fulmar Clo. If'd —4J 181
Fulmar Ct. Surb —5M 41
Fulmar Dri. E Grin —7D 166
Fulmead St. SW6 —4N 13
Fulmer Clo. Hamp —6M 23
Fulstone Clo. Houn —7N 9
Fulvens. Peasl —2F 136
Fulwell Pk. Av. Twic —3B 24
Fulwell Rd. Tedd —5D 24
Fulwood Gdns. Twic —9F 10
Fulwood Wlk. SW19 —2K 27
Furlong Clo. Wall —7F 44
Furlong Rd. Westc —6C 118
Furlough, The. Wok —4C 74
Furmage St. SW18 —1N 27
Furnace Dri. Craw —5D 182
Furnace Farm Rd. Craw —5E 182
Furnace Farm Rd. Felb —7E 164
Furnace Pde. Craw —5E 182
Furnace Pl. Craw —5E 182
Furneaux Av. SE27 —6M 29
Furness. Wind —5A 4
Furness Pl. Wind —5A 4
Furness Rd. SW6 —5N 13
Furness Rd. Mord —5N 43
Furness Row. Wind —5A 4
Furness Sq. Wind —5A 4
Furness Wlk. Wind —5A 4
Furness Way. Wind —5A 4
Furniss Ct. Cranl —8H 155
Furnival Clo. Vir W —5N 35
Furrows Pl. Cat —1C 104
Furrows, The. W On T —8K 39
Furse Clo. Camb —2G 70
Furtherfield. Cranl —6N 155
Furtherfield Clo. Croy —5L 45
Further Vell-Mead. C Crook —9A 88
Furzebank. Asc —3A 34
Furze Clo. Ash V —5E 90
Furze Clo. Red —2D 122
Furzedown Dri. SW17 —6F 28
Furzedown Rd. SW17 —6F 28
Furzedown Rd. Sutt —7A 62
Furzefield. Craw —2N 181
Furze Field. Oxs —9D 58
Furzefield Chase. Dor P —4A 166
Furzefield Cres. Reig —5A 122
Furzefield Rd. E Grin —6N 165
Furzefield Rd. H'ham —3A 198
Furzefield Rd. Reig —5A 122
Furze Gro. Tad —8L 81
Furze Hill. Farnh —9B 110
Furze Hill. Kgswd —7L 81
Furze Hill. Purl —7J 63
Furze Hill. Red —2C 122
Furzehill Cotts. Pirb —9N 71
Furze Hill Cres. Crowt —3H 49
Furze Hill Rd. Head —5G 168
Furze La. E Grin —6L 165
Furze La. G'ming —3J 133
Furze La. Purl —7J 63
Furzemoors. Brack —4N 31
Furzen La. Rud & Dork —6H 177
Furze Rd. Add —3H 55
Furze Rd. Rud —9E 176
Furze Rd. T Hth —2N 45
Furze Vale Rd. Head —5G 169
Furze View. Slin —9J 195
Furzewood. Sun —9H 23
Fuzzens Wlk. Wind —5B 4
Fydler's Clo. Wink —7M 17
Fyfield Clo. B'water —1J 69
Fyfield Clo. Brom —3N 47

Gable Ct. Red —2E 122
(off St Anne's Mt.)
Gable End. F'boro —1N 89
Gables. Gray —6B 170
Gables Av. Ashf —6A 22
Gables Clo. Ash V —8E 90
Gables Clo. Dat —2K 5
Gables Clo. F'boro —1M 89
Gables Clo. Kingf —7B 74
(in two parts)
Gables Ct. Kingf —7B 74
Gables Rd. C Crook —9A 88
Gables, The. Bans —4L 81
Gables, The. Copt —7M 163
Gables, The. Horl —9E 142
Gables, The. H'ham —4K 197
Gables, The. Oxs —8C 58
Gabriel Clo. Felt —5M 23
Gabriel Dri. Camb —2F 70
Gabriel Rd. M'bowr —7G 183
Gadbridge La. Ewh —6F 156
Gadbrook Rd. Bet —9B 120
Gadd Clo. Wokgm —1E 30
Gadesden Rd. Eps —3B 60
(in two parts)
Gaffney Clo. Alder —6B 90
Gage Clo. Craw D —9F 164
Gage Ridge. F Row —7G 187
Gaggle Wood. Man H —9B 198
Gailys Rd. Wind —5A 4
Gainsborough. Brack —5A 32
Gainsborough Clo. Camb —8D 50
Gainsborough Clo. Esh —7E 40
Gainsborough Clo. F'boro —3B 90
Gainsborough Ct. W4 —1A 12
(off Chaseley Dri.)
Gainsborough Ct. Fleet —4B 88
Gainsborough Ct. W On T —1H 57
Gainsborough Dri. Asc —2H 33
Gainsborough Dri. S Croy —9D 64
Gainsborough Gdns. Iswth —8D 10
Gainsborough Rd. Craw —6D 182
Gainsborough Rd. Eps —6B 60
Gainsborough Rd. N Mald —6C 42
Gainsborough Rd. Rich —5M 11
Gaist Av. Cat —9E 84
Galahad Rd. If'd —3K 181
Galata Rd. SW13 —3F 12
Galba Ct. Bren —3K 11
Gale Clo. Hamp —7M 23
Gale Clo. Mitc —2B 44
Gale Cres. Bans —4M 81
Gale Dri. Light —6L 51
Galena Rd. W6 —1G 12
Galesbury Rd. SW18 —9N 13
Gales Clo. Guild —1F 114
Gales Dri. Craw —3D 182
Gales Pl. Craw —3E 182
Galgate Clo. SW19 —2K 27
Gallery Rd. Pirb —6A 72
Galleymead Rd. Coln —4H 7
Gallop, The. S Croy —4E 64
Gallop, The. Sutt —5B 62
Gallop, The. Wind —1F 18
Gallop, The. Yat —8C 48
Galloway Clo. Fleet —1D 88
Galloway Path. Croy —1A 64
Gallwey Rd. Alder —1N 109
Gally Hill Rd. C Crook —8A 88
Gallys Rd. Wind —5A 4
Galpin's Rd. T Hth —4J 45
Galsworthy Rd. Cher —6J 37
Galsworthy Rd. King T —9A 26
Galton Rd. Asc —5C 34
Galvani Way. Croy —7K 45
Galveston Rd. SW15 —8L 13
Galvins Clo. Guild —9K 93
Galway Rd. Yat —2B 68
Gambles La. Rip —2L 95
Gambole Rd. SW17 —5C 28
Gamlen Rd. SW15 —7J 13
Gander Grn. La. Sutt —8K 43
Gangers Hill. God & Wold —6H 105
Ganghill. Guild —1C 114
Ganymede Ct. Craw —6K 181
Gapemouth Rd. Pirb —9H 71
Gap Rd. SW19 —6M 27
Garbetts Way. Tong —6D 110
Garbrand Wlk. Eps —5E 60
Garden Av. Mitc —8F 28
Garden Clo. SW15 —1H 27
Garden Clo. Add —1M 55
Garden Clo. Ashf —7D 22
Garden Clo. Bans —2M 81
Garden Clo. E Grin —2B 186
Garden Clo. F'boro —2K 89
Garden Clo. Hamp —6N 23
Garden Clo. Lea —3J 99
Garden Clo. Sham G —7F 134
Garden Clo. Wall —2J 63
Garden Ct. Croy —9C 46
Garden Ct. Hamp —6N 23
Garden Ct. Rich —4M 11
Gardener Gro. Felt —3N 23
Gardeners Clo. Warn —9E 178
Gardeners Ct. H'ham —7K 197
Gardeners Grn. Rusp —3B 180
Gardener's Hill Rd. Wrec —6G 128
Gardeners Rd. Croy —7M 45
Gardeners Rd. Wink R —7E 16
Gardener's Wlk. Bookh —4B 98
Gardenfields. Tad —6K 81
Garden Ho. La. E Grin —2B 186
Gardenia Dri. W End —9C 52
Garden La. SW2 —2K 29
Garden Pl. H'ham —4J 197
Garden Rd. SE20 —1F 46
Garden Rd. Rich —6N 11
Garden Rd. W On T —5J 39
Gardens, The. Beck —1N 47
Gardens, The. Cobh —6D 76
Gardens, The. Esh —1A 58
Gardens, The. Felt —9E 8
Gardens, The. Pirb —9C 72
Gardens, The. Tong —5D 110
Garden Wlk. Beck —1J 47
Garden Wlk. Coul —1F 102
Garden Wlk. Craw —3A 182
Garden Wlk. H'ham —4J 197
Garden Wood Rd. E Grin —9L 165
Gardiner Ct. S Croy —3N 63
Gardner Ho. Felt —3N 23
Gardner La. Craw D —1D 184
Gardner Rd. Guild —3N 113
Garendon Gdns. Mord —6N 43
Garendon Rd. Mord —6N 43
Gareth Clo. Wor Pk —8J 43
Gareth Ct. SW16 —4H 29
Garfield Pl. Wind —5G 4
Garfield Rd. SW19 —6A 28
Garfield Rd. Add —2L 55
Garfield Rd. Camb —1A 70
Garfield Rd. Twic —2G 25
Garibaldi Rd. Red —4D 122
Garland Rd. E Grin —8N 165
Garlands Rd. Lea —8H 79
Garlands Rd. Red —4D 122
Garland Way. Cat —9A 84
Garlichill Rd. Eps —4G 81
Garnet Field. Yat —1A 68
Garnet Rd. T Hth —3N 45
Garrad's Rd. SW16 —4H 29
Garrard Rd. Bans —3M 81
Garratt Clo. Croy —1J 63
Garratt Ct. SW18 —1N 27
Garratt La. SW18 & SW17 —9N 13
Garratts La. Bans —3L 81
Garratt Ter. SW17 —5C 28
Garrett Clo. M'bowr —5G 183
Garrick Clo. Rich —8K 11
Garrick Clo. Stai —8J 21
Garrick Clo. W On T —1J 57
Garrick Cres. Croy —8B 46
Garrick Gdns. W Mol —2A 40
Garrick Ho. W4 —2D 12
Garrick Rd. Rich —5N 11
Garrick Wlk. Craw —6C 182
Garrick Way. Frim G —7C 70
Garrison La. Chess —4K 59
Garrones, The. Craw —2J 183
Garside Clo. Dork —7K 119
Garside Clo. Hamp —7B 24
Garson Clo. Esh —2N 57
Garson La. Wray —1N 19
Garson Rd. Esh —3N 57
Garson's La. Warf —2E 16
Garston Gdns. Kenl —2A 84
Garston La. Kenl —1A 84
Garstons, The. Bookh —3A 98
Garswood. Brack —5B 32
Garth Clo. W4 —1C 12
Garth Clo. Farnh —4F 128
Garth Clo. King T —6M 25
Garth Clo. Mord —6J 43
Garth Ct. W4 —2C 12
Garth Ct. Dork —7H 119
Garth Rd. W4 —1C 12
Garth Rd. King T —6M 25
Garth Rd. Mord —6H 43
Garth Rd. Ind. Est. Mord —7J 43
Garthside. Ham —6L 25
Garth Sq. Brack —8N 15
Garth, The. Ash —3D 110
Garth, The. Cobh —9M 57
Garth, The. F'boro —1B 90
Garth, The. Hamp —7B 24
Gartmoor Gdns. SW19 —2L 27
Garton Clo. If'd —4K 181
Garton Pl. SW18 —9N 13
Gascoigne Rd. New Ad —6M 65
Gascoigne Rd. Wey —9C 38
Gasden Copse. Witl —5A 152
Gasden Dri. Witl —4A 152
Gasden La. Witl —4A 152
Gaskarth Rd. SW12 —1F 28
Gaskyns Clo. Rud —1E 194
Gassiot Rd. SW17 —5D 28
Gassiot Way. Sutt —9B 44
Gasson Wood Rd. Craw —5K 181
Gastein Rd. W6 —2J 13
Gaston Bell Clo. Rich —6M 11
Gaston Bri. Rd. Shep —5E 38
Gaston Rd. Mitc —2E 44
Gaston Way. Shep —4E 38
Gate Cen., The. Bren —3G 11
Gateford Dri. H'ham —2M 197
Gatehouse Clo. King T —8B 26
Gates Clo. M'bowr —7G 182
Gatesden Rd. Fet —1C 98
Gates Grn. Rd. W Wick —1B 66
Gateside Rd. SW17 —4D 28
Gate St. Brmly —1C 154
Gateway. Wey —9C 38
Gateways. Guild —4D 114
Gateways Ct. Wall —2F 62
Gateway, The. Wok —1E 74
Gatfield Gro. Felt —3A 24
Gatfield Ho. Felt —3A 24
Gatley Av. Eps —2A 60
Gatley Dri. Guild —9B 94
Gatton Bottom. Reig —7B 102
Gatton Clo. Reig —9A 102
Gatton Clo. Sutt —5N 61
Gatton Pk. Bus. Cen. Red —7F 102
Gatton Pk. Ct. Reig —8D 102
Gatton Pk. Rd. Reig —1B 122
Gatton Rd. SW17 —5C 28
Gatton Rd. Reig —1A 122
Gatwick Bus. Pk. Gat A —6F 162
Gatwick Ga. Low H —5C 162
Gatwick Ga. Ind. Est. Low H —5C 162
Gatwick International Distribution Cen. Craw —6F 162
Gatwick Metro Cen. Horl —8F 142
Gatwick Rd. SW18 —1L 27
Gatwick Rd. Craw & Horl —9E 162
Gatwick Way. Horl —2D 162
Gauntlet Cres. Kenl —7A 84
Gauntlett Rd. Sutt —2B 62
Gavell Rd. Cobh —9H 57
Gaveston Clo. Byfl —9A 56
Gaveston Rd. Lea —7G 78
Gavina Clo. Mord —4C 44
Gayfere Rd. Eps —2F 60
Gayhouse La. Out —4A 144
Gayler Clo. Blet —2C 124
Gaynesford Rd. Cars —4D 62
Gay St. SW15 —6J 13
Gayton Clo. Asht —5L 79
Gayton Ct. Reig —2M 121
Gayville Rd. SW11 —1D 28
Gaywood Clo. SW2 —2K 29
Gaywood Rd. Asht —5M 79
Geary Clo. Small —1M 163
Geffers Ride. Asc —1J 33
Gemini Clo. Craw —5K 181
Genesis Bus. Cen. H'ham —5M 197
Genesis Bus. Pk. Wok —2E 74
Geneva Clo. Shep —1F 38
Geneva Rd. King T —3L 41
Geneva Rd. T Hth —4N 45
Genoa Av. SW15 —8H 13
Genoa Rd. SE20 —1F 46
Gentles La. Pass & Head —8F 168
Genyn Rd. Guild —4L 113
George Denyer Clo. Hasl —1G 189
George Eliot Clo. Witl —6C 152
George Gdns. Alder —5A 110
George Gro. Rd. SE20 —1D 46
Georgeham Rd. Owl —5J 49
George Horley Pl. Newd —1A 160
Georgelands. Rip —8K 75
George Lindgren Ho. SW6 (off Clem Attlee Ct.) —3L 13
George Pinton Ct. H'ham —5H 197
George Rd. Fleet —4C 88
George Rd. G'ming —4H 133
George Rd. Guild —3N 113
George Rd. King T —8A 26
George Rd. Milf —9C 132
George Rd. N Mald —3E 42
George Sq. SW19 —2M 43
George's Rd. Tats —7F 86
George's Sq. SW6 —2L 13
(off N. End Rd.)
Georges Ter. Cat —9A 84
George St. Croy —8N 45
George St. Houn —5N 9
George St. Pirb —8L 71
George St. Rich —8K 11
George St. S'hall —1M 9
George St. Stai —5H 21
George Wyver Clo. SW19 —1K 27
Georgian Clo. Camb —8C 50
Georgian Clo. Craw —4H 183
Georgian Clo. Stai —5K 21
Georgian Ct. SW16 —5J 29
Georgia Rd. N Mald —3B 42
Georgia Rd. T Hth —9M 29
Georgina Ct. Fleet —4B 88
Gerald Ct. H'ham —6L 197
Geraldine Rd. SW18 —8N 13
Geraldine Rd. W4 —2N 11
Geralds Gro. Bans —1J 81
Geranium Clo. Crowt —8G 30
Gerard Av. Houn —1A 24
Gerard Rd. SW13 —4E 12
Germander Dri. Bisl —2D 72
Gerrards Mead. Bans —3L 81
Gervis Ct. Houn —3C 10
Ghyll Cres. H'ham —8M 197
Giant Arches Rd. SE24 —1N 29
Gibbet La. Camb —7E 50
Gibbins La. Warf —6B 16
Gibbon Rd. King T —9L 25
Gibbons Clo. M'bowr —6G 183
Gibbons Clo. Sand —7H 49
Gibbon Wlk. SW15 —7F 12
Gibb's Acre. Pirb —1C 92
Gibbs Av. SE19 —6N 29
Gibbs Brook La. Oxt —5N 125
Gibbs Grn. W14 —1L 13
Gibbs Sq. SE19 —6N 29
Gibbs Way. Yat —2A 68
Giblets Way. H'ham —1L 197
Gibraltar Barracks. B'water —4D 68
Gibraltar Cres. Eps —6D 60
Gibson Clo. Chess —2J 59
Gibson Clo. Iswth —6E 10
Gibson Ct. Dat —1B 6
Gibson Ct. Hin W —9F 40
Gibson Ho. Sutt —1M 61
Gibson Pl. Stai —9L 7
Gibson Rd. Sutt —2N 61
Gibsons Hill. SW16 —8L 29
Gidd Hill. Coul —3E 82
Giffard Dri. F'boro —9L 69
Giffards Clo. E Grin —9B 166
Giffards Meadow. Farnh —2K 129
Giffard Way. Guild —9K 93
Giggshill Gdns. Th Dit —7G 40
Giggshill Rd. Th Dit —6G 40
Gilbert Clo. SW19 —9N 27
(off High Path)
Gilbert Rd. SW19 —8A 28
Gilbert Rd. Camb —5A 70
Gilbert St. Houn —6C 10
Gilbert Way. Croy —2K 45
Gilbey Rd. SW17 —5C 28
Gilders Rd. Chess —4M 59
Giles Travers Clo. Egh —2E 36
Gilham La. F Row —7G 187
Gilhams Av. Bans —8J 61
Gill Av. Guild —4H 113
Gillespie Ho. Vir W —3A 36
Gillett Ct. H'ham —4A 198
Gillette Corner. (Junct.) —3G 11
Gillett Rd. T Hth —3A 46
Gillham's La. Hasl —3A 188
Gilliam Gro. Purl —6L 63
Gillian Av. Alder —4A 110
Gillian Clo. Alder —4B 110
Gillian Pk. Rd. Sutt —7L 43
Gilliat Dri. Guild —1F 114
Gilligan Clo. H'ham —6H 197
Gilmais. Bookh —3C 98
Gilman Cres. Wind —6A 4
Gilmore Cres. Ashf —6B 22
Gilpin Av. SW14 —7C 12
Gilpin Clo. Mitc —1C 44
Gilpin Cres. Twic —1B 24
Gilpin Way. Hayes —3E 8
Gilsland Rd. T Hth —3A 46
Gilstead Rd. SW6 —5N 13
Gilston Rd. SW10 —1N 13
Gingers Clo. Cranl —8A 156
Ginhams Rd. Craw —3N 181
Gipsy La. SW15 —6G 12
Gipsy La. Brack —1B 32
Gipsy La. Wey —8C 38
Gipsy La. Wokgm —3B 30
Gipsy Rd. SE27 —5N 29
Gipsy Rd. Gdns. SE27 —5N 29
Girdwood Rd. SW18 —1K 27
Girling Way. Felt —6H 9
Gironde Rd. SW6 —3L 13
Girton Clo. Owl —6K 49
Girton Gdns. Croy —9K 47
Gisbourne Clo. Wall —9H 45
Givons Gro. Roundabout. Lea —2H 99
Glade Clo. Surb —8K 41
Glade Gdns. Croy —6H 47
Gladeside. Croy —5G 47
Gladeside Clo. Chess —4K 59
Gladeside Ct. Warl —7E 84
Glade Spur. Tad —8N 81
Glades, The. E Grin —9D 166
Glade, The. Asc —4N 33
Glade, The. Bucks H —1A 148
Glade, The. Coul —5M 83
Glade, The. Craw —4E 182
Glade, The. Croy —6H 47
Glade, The. Eps —3F 60
Glade, The. Farnh —5J 109
Glade, The. Fet —9B 78
Glade, The. H'ham —5N 197
Glade, The. Stai —8K 21
Glade, The. Sutt —5K 61
Glade, The. Tad —8N 81
Glade, The. W Byf —9G 54
Glade, The. W Wick —9L 47
Gladiator Way. F'boro —5M 89
Gladioli Clo. Hamp —7A 24
Gladsmuir Clo. W On T —8K 39
Gladstone Av. Felt —9H 9
Gladstone Av. Twic —1D 24
Gladstone Pl. E Mol —4E 40
Gladstone Rd. SW19 —8M 27
Gladstone Rd. Asht —5K 79
Gladstone Rd. Croy —6A 46
Gladstone Rd. H'ham —5K 197
Gladstone Rd. King T —2N 41
Gladstone Rd. Orp —2L 67
Gladstone Rd. Surb —8K 41
Gladwyn Rd. SW15 —6J 13
Glamis Clo. Frim —7D 70
Glamorgan Clo. Mitc —2J 45
Glamorgan Rd. King T —8J 25
Glanfield Rd. Beck —3J 47
Glanty, The. Egh —5E 20
Glanville Wlk. Craw —6M 181
Glasbrook Av. Twic —2N 23
Glasford St. SW17 —7D 28
Glassonby Wlk. Camb —1G 70
Glastonbury Rd. Mord —6M 43
Glayshers Hill. Head —3F 168
Glazbury Rd. W14 —1K 13
Glazebrook Clo. SE21 —3N 29
Glazebrook Rd. Tedd —8F 24
Glaziers La. Norm —1M 111
Gleave Clo. E Grin —8C 166
Glebe Av. Mitc —1C 44
Glebe Clo. W4 —1D 12
Glebe Clo. Bookh —4A 98
Glebe Clo. Craw —2C 182
Glebe Clo. Light —6N 51
Glebe Clo. S Croy —7C 64
Glebe Cotts. Felt —4A 24
Glebe Cotts. W Cla —1K 115
Glebe Ct. Fleet —4A 88
Glebe Ct. Guild —3B 114
Glebe Ct. Mitc —2D 44
Glebe Gdns. Byfl —1N 75
Glebe Gdns. N Mald —6D 42
Glebe Hyrst. S Croy —8C 64
Glebeland Rd. Camb —2L 69
Glebelands. Clay —5F 58
Glebelands. Craw D —2D 184
Glebelands. Loxw —4H 193
Glebelands. W Mol —4B 40
Glebelands Gdns. Shep —5D 38
Glebelands Rd. Felt —2H 23
Glebelands Rd. Wokgm —1B 30
Glebe La. Ab C —3L 137
Glebe La. Tilf —5A 150
Glebe Path. Mitc —2D 44
Glebe Rd. SW13 —5F 12
Glebe Rd. Asht —5K 79
Glebe Rd. Cars —3D 62
Glebe Rd. Cranl —7M 155
Glebe Rd. Dork —5F 118
Glebe Rd. Egh —7E 20
Glebe Rd. F'boro —9L 69
Glebe Rd. Head —4D 168
Glebe Rd. Old Win —8L 5
Glebe Rd. Red —2F 102
Glebe Rd. Stai —6K 21
Glebe Rd. Sutt —5K 61
Glebe Rd. Warl —4G 84
Glebe Side. Twic —9F 10
Glebe Sq. Mitc —2D 44
Glebe St. W4 —1D 12
Glebe Ter. W4 —1D 12
Glebe, The. SW16 —5J 29
Glebe, The. B'water —2K 69
Glebe, The. Copt —7M 163
Glebe, The. Ewh —4F 156
Glebe, The. Felb —6K 165
Glebe, The. Horl —8D 142
Glebe, The. Leigh —1F 140
Glebe, The. Wor Pk —7E 42
Glebe Way. Felt —4A 24
Glebe Way. S Croy —8C 64
Glebe Way. W Wick —8M 47
Glebewood. Brack —4A 32
Gledhow Gdns. SW5 —1N 13
Gledhow Wood. Tad —8N 81
Gledstanes Rd. W14 —1K 13
Gleeson Dri. Orp —1N 67
Glegg Pl. SW15 —7J 13
Glen Albyn Rd. SW19 —3J 27
Glena Mt. Sutt —1A 62
Glen Av. Ashf —5B 22
Glenavon Clo. Clay —3G 58
Glenavon Ct. Wor Pk —8G 43
Glenavon Gdns. Yat —2C 68
Glenbuck Rd. Surb —5K 41
Glenburnie Rd. SW17 —4D 28
Glencairn Rd. SW16 —9J 29
Glen Clo. Hind —3A 170
Glen Clo. Shep —3B 38
Glen Clo. Tad —1K 101
Glencoe Clo. Frim —6E 70
Glencoe Rd. Wey —9B 38
Glen Ct. Add —2H 55
Glen Ct. St J —6K 73
Glen Ct. Flats. Hind —3A 170
Glendale Clo. H'ham —2N 197
Glendale Clo. Wok —5M 73
Glendale Dri. SW19 —6L 27
Glendale Dri. Guild —8D 94
Glendale M. Beck —1L 47
Glendale Rise. Kenl —2M 83
Glendarvon St. SW15 —6J 13
Glendene Av. E Hor —4F 96
Glendon Ho. Craw —4B 182
Glendower Gdns. SW14 —6C 12

Glendower Rd.—Gt. West Rd.

Glendower Rd. SW14 —6C 12
Glendyne Clo. E Grin —1C 186
Glendyne Way. E Grin —1C 186
Gleneagle M. SW16 —6H 29
Gleneagle Rd. SW16 —6H 29
Gleneagles Clo. Stai —9M 7
Gleneagles Ct. Craw —4B 182
Gleneagles Dri. F'boro —2H 89
Gleneagles Ho. Brack —5K 31
Gleneldon M. SW16 —5J 29
Gleneldon Rd. SW16 —5J 29
Glenfield Clo. Brock —7A 120
Glenfield Cotts. Horl —3J 161
Glenfield Ho. Brack —3A 32
Glenfield Rd. SW12 —2G 29
Glenfield Rd. Ashf —7C 22
Glenfield Rd. Bans —2N 81
Glenfield Rd. Brock —6A 120
Glen Gdns. Croy —9L 45
Glenheadon Clo. Lea —1K 99
Glenheadon Rise. Lea —1K 99
Glenhurst. W'sham —1L 51
Glenhurst Clo. B'water —2K 69
Glenhurst Rise. SE19 —8N 29
Glenhurst Rd. Bren —2J 11
Gleninnes. Col T —6L 49
Glenister Pk. Rd. SW16 —8H 29
Glenlea. Gray —8C 170
Glenlea Hollow. Gray —9C 170
Glenmill. Hamp —6N 23
Glenmore Clo. Add —9K 37
Glenmount Rd. Myt —3E 90
Glenn Av. Purl —7M 63
Glennie Rd. SE27 —4L 29
Glen Rd. Chess —1M 59
Glen Rd. Fleet —5A 88
Glen Rd. Gray —6B 170
Glen Rd. Hind —3B 170
Glen Rd. End. Wall —5F 62
Glenrosa St. SW6 —5N 13
Glentanner Way. SW17 —4B 28
Glentham Gdns. SW13 —2G 12
Glentham Rd. SW13 —2F 12
Glen, The. Add —2H 55
Glen, The. Brom —1N 47
Glen, The. Croy —9G 47
Glen, The. Red —5D 122
Glen, The. S'hall —1N 9
Glenthorne Av. Croy —7F 46
Glenthorne Clo. Sutt —7M 43
Glenthorne Gdns. Sutt —7M 43
Glenthorne M. W6 —1G 13
Glenthorne Rd. King T —3M 41
Glenthorpe Rd. Mord —4J 43
Glentrammon Av. Orp —3N 67
Glentrammon Clo. Orp —2N 67
Glentrammon Gdns. Orp —3N 67
Glentrammon Rd. Orp —3N 67
Glenview Clo. Craw —1D 182
Glenville Gdns. Hind —5D 170
Glenville M. SW18 —1N 27
Glenville Rd. King T —9N 25
Glen Vue. E Grin —9A 166
Glen Wlk. Iswth —8D 10
Glenwood. Brack —3B 32
Glenwood. Dork —7J 119
Glenwood Rd. Eps —3F 60
Glenwood Rd. Houn —6D 10
Glenwood Way. Croy —5G 47
Gliddon Rd. W14 —1K 13
Globe Farm La. B'water —1G 68
Glorney Mead. Bad L —6M 109
Glory Mead. Dork —8J 119
Glossop Rd. S Croy —5A 64
Gloster Rd. N Mald —3D 42
Gloster Rd. Wok —7C 74
Gloucester Clo. E Grin —1C 186
Gloucester Clo. Frim G —8C 70
Gloucester Clo. Th Dit —7G 40
Gloucester Ct. Mitc —4J 45
Gloucester Ct. Rich —3N 11
Gloucester Cres. Stai —7M 21
Gloucester Dri. Stai —4E 20
Gloucester Gdns. Bag —4J 51
Gloucester Gdns. Sutt —8N 43
Gloucester Ho. Rich —8N 11
Gloucester Pl. Wind —5G 5
Gloucester Rd. Alder —5A 110
Gloucester Rd. Bag —4J 51
Gloucester Rd. Craw —7C 182
Gloucester Rd. Croy —6A 46
Gloucester Rd. Felt —2K 23
Gloucester Rd. Guild —1J 113
Gloucester Rd. Hamp —8B 24
Gloucester Rd. Houn —7M 9
Gloucester Rd. King T —1N 41
Gloucester Rd. Red —2D 122
Gloucester Rd. Rich —3N 11
Gloucester Rd. Tedd —6E 24
Gloucester Rd. Twic —2C 24
Gloucestershire Lea. Warf —8D 16
Gloucester Sq. Wok —4A 74
Gloucester Wlk. Wok —4A 74
Glovers Field. Hasl —2D 188
Glover's Rd. Charl —3J 161
Glover's Rd. Reig —4N 121
Gloxinia Wlk. Hamp —7A 24
Glyn Clo. SE25 —1B 46
Glyn Clo. Eps —5F 60
Glyn Ct. SE27 —4L 29
Glyndale Grange. Sutt —3N 61
Glynde Ho. Craw —1C 182
Glynde Pl. H'ham —7J 197
(off South St.)
Glyn Rd. Wor Pk —8J 43
Glynswood. Camb —3D 70
Glynswood. Wrec —7F 128
Goater's All. SW6 —3L 13
(off Dawes Rd.)
Goaters Rd. Asc —1G 33
Goat Ho. Bri. SE25 —2D 46
Goat Rd. Mitc —6E 44
Goatsfield Rd. Tats —7E 86
Goat Wharf. Bren —2L 11
Godalming Av. Wall —2J 63
Godalming Bus. Cen. G'ming —7J 133
Godalming Rd. Loxh —7A 154
Goddard Clo. M'bowr —6F 182
Goddard Clo. Shep —2A 38
Goddard Rd. Beck —3G 47
Goddards La. Camb —3N 69
Godfrey Av. Twic —1D 24
Godfrey Way. Houn —1N 23
Godley Rd. SW18 —2B 28
Godley Rd. Byfl —1A 76
Godolphin Clo. Sutt —7L 61
Godolphin Ct. Craw —5B 182
Godolphin Rd. Wey —3E 56
Godric Cres. New Ad —6N 65
Godson Rd. Croy —9L 45
Godstone By-Pass. God —7F 104
Godstone Grn. God —9E 104
Godstone Hill. Cat & God —5E 104
Godstone Hill. God —8F 104
Godstone Interchange. (Junct.) —7F 104
Godstone Mt. Purl —8M 63
Godstone Rd. Blet —2A 124
Godstone Rd. Cat —2D 104
Godstone Rd. Ling —6M 145
Godstone Rd. Oxt —9K 105
Godstone Rd. Purl & Whyt —8M 63
Godstone Rd. Sutt —1A 62
Godstone Rd. Twic —9H 11
Godwin Clo. Eps —3B 60
Goepel Ct. Craw —2E 182
Goffs Clo. Craw —4A 182
Goffs La. Craw —3N 181
Goffs Pk. Rd. Craw —4A 182
Goffs Rd. Ashf —7E 22
Gogmore Farm Clo. Cher —6H 37
Gogmore La. Cher —6J 37
Goidel Clo. Wall —1H 63
Goldcliff Clo. Mord —6M 43
Goldcrest Clo. Horl —7C 142
Goldcrest Clo. Yat —9A 48
Goldcrest Way. New Ad —5N 65
Goldcrest Way. Purl —6H 63
Goldcup La. Asc —9H 17
Golden Ct. Rich —8K 11
Golden Orb Wood. Binf —9J 15
Goldfinch Clo. Alder —4L 109
Goldfinch Clo. Craw —1B 182
Goldfinch Clo. H'ham —1J 197
Goldfinch Gdns. Guild —2F 114
Goldfinch Rd. S Croy —6G 65
Goldfort Wlk. Wok —3H 73
Goldhawk Rd. W6 & W12 —1E 12
Gold Hill. Lwr Bo —5H 129
Golding Clo. Chess —3J 59
Golding Clo. M'bowr —4G 182
Golding La. Man H —9C 198
Golding's Hill. H'ham —9C 198
Goldings, The. Wok —3J 73
Goldney Rd. Camb —2F 70
Goldrings Rd. Oxs —9C 58
Goldsmiths Clo. Wok —5M 73
Goldsmith Way. Crowt —3G 48
Goldstone Farm View. Bookh —5A 98
Goldsworth Orchard. Wok —5K 73
Goldsworth Pk. Cen., The. Wok —4K 73
Goldsworth Pk. Trad. Est. Wok —3L 73
Goldsworth Rd. Wok —5M 73
Goldwell Rd. T Hth —3K 45
Gole Rd. Pirb —8N 71
Golf Clo. T Hth —9L 29
Golf Clo. Wok —1G 75
Golf Club Cotts. S'dale —7F 34
Golf Club Dri. King T —8C 26
Golf Club Rd. Wey —5C 56
Golf Club Rd. Wok —7K 73
Golf Dri. Camb —2D 70
Golf Ho. Rd. Oxt —7E 106
Golf Links Av. Hind —3N 169
Golf Rd. Kenl —5A 84
Golf Side. Sutt —7K 61
Golf Side. Twic —4D 24
Golfside Clo. N Mald —1D 42
Goliath Clo. Wall —4J 63
Gomer Gdns. Tedd —7G 24
Gomer Pl. Tedd —7G 24
Gomshall Av. Wall —2J 63
Gomshall Gdns. Kenl —2B 84
Gomshall La. Shere —8B 116
Gomshall Rd. Gom —8C 116
Gomshall Rd. Sutt —6H 61
Gondreville Gdns. C Crook —9A 88
Gong Hill. Bourne —8J 129
Gong Hill Dri. Bourne —7J 129
Gonston Clo. SW19 —3K 27
Gonville Rd. T Hth —4K 45
Gonville St. SW6 —6K 13
Goodchild Rd. Wokgm —2C 30
Goodden Cres. F'boro —2L 89
Goodenough Clo. Coul —7L 83
Goodenough Rd. SW19 —8L 27
Goodenough Way. Coul —7K 83
Goodfellow Gdns. King T —6B 26
Goodfellow Grn. Brack —5B 32
Goodhart Way. W Wick —6N 47
Goodhew Rd. Croy —5D 46
Gooding Clo. N Mald —3B 42
Goodings Grn. Wokgm —2E 30
Goodley Stock Rd. Crook C & W'ham —9K 107
Goodman Cres. SW2 —3J 29
Goodman Pl. Stai —5H 21
Goodways Dri. Brack —1A 32
Goodwin Clo. Bew —6L 181
Goodwin Clo. Mitc —2B 44
Goodwin Ct. SW19 —8C 28
Goodwin Gdns. Croy —3M 63
Goodwin Rd. Croy —2M 63
Goodwins Clo. E Grin —7N 165
Goodwood Clo. Camb —7A 50
Goodwood Clo. Craw —6E 182
Goodwood Clo. Mord —3M 43
Goodwood Pde. Beck —3H 47
Goodwood Pl. F'boro —2C 90
Goodwood Rd. Red —1D 122
Goodwyns Pl. Dork —7H 119
Goodwyns Rd. Dork —8J 119
Goose Corner. Warf —6D 16
Goose Grn. D'side —6J 77
Goose Grn. Gom —8D 116
Goose Grn. Clo. H'ham —3K 197
Goose La. Wok —9L 73
Goosepool. Cher —6H 37
Goose Rye Rd. Worp —4G 93
Goossens Clo. Sutt —2A 62
Gordon Av. SW14 —7D 12
Gordon Av. Camb —2N 69
Gordon Av. C Crook —7C 88
Gordon Av. N Mald —1E 42
Gordon Av. S Croy —6N 63
Gordon Av. Twic —8G 11
Gordon Clo. Cher —9G 37
Gordon Clo. Stai —7K 21
Gordon Ct. Camb —1A 70
Gordon Ct. Red —5D 122
(off St John's Ter. Rd.)
Gordon Cres. Camb —2A 70
Gordon Cres. Croy —7B 46
Gordondale Rd. SW19 —3M 27
Gordon Dri. Cher —9G 37
Gordon Dri. Shep —6E 38
Gordon Henry Ho. Eden —2L 147
Gordon Rd. W4 —2A 12
Gordon Rd. Alder —3M 109
(in two parts)
Gordon Rd. Ashf —4N 21
Gordon Rd. Beck —2J 47
Gordon Rd. Camb —2A 70
Gordon Rd. Cars —3D 62
Gordon Rd. Cat —8A 84
Gordon Rd. Clay —4E 58
Gordon Rd. Crowt —4J 49
Gordon Rd. F'boro —5B 90
(in two parts)
Gordon Rd. H'ham —4K 197
Gordon Rd. Houn —7C 10
Gordon Rd. King T —9M 25
Gordon Rd. Red —9E 102
Gordon Rd. Rich —5M 11
Gordon Rd. Shep —5E 38
Gordon Rd. S'hall —1M 9
Gordon Rd. Stai —5E 20
Gordon Rd. Surb —6M 41
Gordon Rd. Wind —5C 4
Gordons Way. Oxt —6N 105
Gordon Wlk. Yat —1D 68
Gore Rd. SW20 —1H 43
Goring Rd. Stai —6F 20
Goring's Mead. H'ham —7K 197
Goring Sq. Stai —5G 21
Gorling Clo. If'd —4K 181
Gorrick Sq. Wokgm —5A 30
Gorringe Pk. Av. Mitc —8D 28
Gorringes Brook. H'ham —2K 197
Gorse Bank. Light —8L 51
Gorse Clo. Copt —8M 163
Gorse Clo. Craw —9N 181
Gorse Clo. Tad —7G 81
Gorse Clo. Wrec —5F 128
Gorse Cotts. Fren —1H 149
Gorse Ct. Guild —1E 114
Gorse Dri. Small —8N 143
Gorse End. H'ham —3K 197
Gorse Grn. Cobh —6H 77
Gorse Hill La. Vir W —3N 35
Gorse Hill Rd. Vir W —3N 35
Gorselands. Farnh —5H 109
Gorselands. Yat —2B 68
Gorselands Clo. Ash V —8E 90
Gorselands Clo. Head —5H 169
Gorselands Clo. W Byf —7L 55
Gorse La. Chob —4H 53
Gorse La. Wrec —5G 128
Gorse Path. Wrec —5F 128
Gorse Pl. Wink R —8F 16
Gorse Rise. SW17 —6E 28
Gorse Rd. Croy —1K 65
Gorse Rd. Frim —4C 70
Gorse Way. Fleet —6B 88
Gorsewood Rd. Wok —6G 73
Gorst Rd. SW11 —1D 28
Gort Clo. Alder —6C 90
Gosberton Rd. SW12 —2D 28
Gosbury Hill. Chess —1L 59
Gosden Clo. Brmly —3B 134
Gosden Clo. Craw —4E 182
Gosden Cotts. Brmly —4B 134
Gosden Hill Rd. Guild —8E 94
Gosden Rd. W End —9C 52
Gosfield Rd. Eps —8C 60
Goslar Way. Wind —5E 4
Gosnell Clo. Frim —3H 71
Gossops Dri. Craw —4L 181
Gossops Grn. La. Craw —4M 181
Gossops Pde. Craw —4L 181
Gostling Rd. Twic —2A 24
Goston Gdns. T Hth —2L 45
Gostrode La. C'fold —2D 190
Goswell Hill. Wind —4G 4
Goswell Rd. Wind —4G 4
Gothic Ct. Hayes —2E 8
Gothic Rd. Twic —3D 24
Goudhurst Clo. Worth —3J 183
Goudhurst Keep. Worth —3J 183
Gough Rd. Fleet —3A 88
Gough's Barn La. Brack —1M 15
(in two parts)
Gough's La. Brack —8B 16
Gough's Meadow. Sand —8G 48
Gould Ct. Guild —1F 114
Goulding Gdns. T Hth —1N 45
Gould Rd. Felt —1F 22
Gould Rd. Twic —2E 24
Government Ho. Rd. Alder —5M 89
Government Rd. Alder —9B 90
Governor's Rd. Col T —9L 49
Govett Av. Shep —4D 38
Govett Gro. W'sham —2A 52
Gowan Av. SW6 —4K 13
Gower Clo. SW4 —1G 28
Gower Pk. Col T —8J 49
Gower Rd. Horl —8C 142
Gower Rd. Iswth —2F 10
Gower Rd. Wey —3E 56
Gower, The. Egh —2D 36
Gowland Pl. Beck —1J 47
Goy Mnr. Rd. SW19 —7J 27
Graburn Way. E Mol —2D 40
Grace Bennett Clo. F'boro —7M 69
Gracedale Rd. SW16 —6F 28
Gracefield Gdns. SW16 —4J 29
Grace Reynolds Wlk. Camb —9B 50
Grace Rd. Broadf —8M 181
Grace Rd. Croy —5N 45
Gracious Pond Rd. Chob —4K 53
Graemesdyke Av. SW14 —6A 12
Graffham Clo. Craw —1N 181
Grafton Clo. Houn —2M 23
Grafton Clo. W Byf —9H 55
Grafton Clo. Wor Pk —9D 42
Grafton Ct. Felt —2E 22
Grafton Pk. Rd. Wor Pk —8D 42
Grafton Rd. Croy —7L 45
Grafton Rd. N Mald —2D 42
Grafton Rd. Wor Pk —9C 42
Grafton Way. W Mol —3N 39
Graham Av. Mitc —9E 28
Graham Clo. Croy —8K 47
Graham Gdns. Surb —7L 41
Graham Rd. SW19 —8L 27
Graham Rd. Hamp —5A 24
Graham Rd. Mitc —9E 28
Graham Rd. Purl —9L 63
Graham Rd. W'sham —3N 51
Grainger Rd. Iswth —5F 10
Grampian Clo. Hayes —3E 8
Grampian Rd. Sand —5F 48
Grampian Way. Slou —1C 6
Granada St. SW17 —6C 28
Granard Av. SW15 —8G 13
Granard Rd. SW12 —1D 28
Granary Clo. Horl —6E 142
Granary Way. H'ham —7F 196
Grand Av. Camb —9A 50
Grand Av. Surb —4A 42
Grand Dri. SW20 —2H 43
Granden Rd. SW16 —1J 45
Grandfield Ct. W4 —2C 12
Grandis Cotts. Rip —9K 75
Grandison Rd. Wor Pk —8H 43
Grand Pde. Craw —3B 182
Grand Pde. M. SW15 —8K 13
Grandstand Rd. Eps —4E 80
Grand View Av. Big H —4E 86
Grange Av. SE25 —1B 46
Grange Av. Crowt —1G 48
Grange Av. Twic —3E 24
Grangecliffe Gdns. SE25 —1B 46
Grange Clo. Blet —2A 124
Grange Clo. Craw —1E 182
Grange Clo. Eden —2L 147
Grange Clo. G'ming —6K 133
Grange Clo. Guild —8L 93
Grange Clo. Houn —2N 9
Grange Clo. Lea —7K 79
Grange Clo. Mers —6F 102
Grange Clo. Stai —6J 21
Grange Clo. W'ham —4L 107
Grange Clo. W Mol —3B 40
Grange Clo. Wray —9A 6
Grange Ct. Egh —6B 20
Grange Ct. Mers —6F 102
Grange Ct. Shep —3C 38
Grange Ct. S God —7H 125
Grange Ct. Stai —6J 21
Grange Ct. Sutt —4N 61
Grange Ct. W On T —8H 39
Grange Cres. Craw D —2E 184
Grange Dri. Mers —6F 102
Grange Dri. Wok —2A 74
Grange End. Small —8L 143
Grange Est. C Crook —8A 88
Grange Farm Rd. Ash —1E 110
Grangefields Rd. Guild —6N 93
Grange Gdns. SE25 —1B 46
Grange Gdns. Bans —9N 61
Grange Hill. SE25 —1B 46
Grange Lodge. SW19 —7J 27
Grange Lodge. Wind —3A 4
Grange Mans. Eps —4E 60
Grange Meadow. Bans —9N 61
Grange Mt. Lea —7K 79
Grange Pk. Cranl —7A 156
Grange Pk. Wok —2A 74
Grange Pk. Pl. SW20 —8G 26
Grange Pk. Rd. T Hth —3A 46
Grange Pl. Stai —1L 37
Granger Ho. F'boro —2L 89
Grange Rd. SE25 & SE19 —2A 46
Grange Rd. SW13 —4F 12
Grange Rd. W4 —1A 12
Grange Rd. Ash —2F 110
Grange Rd. Brack —9A 16
Grange Rd. Camb —1C 70
Grange Rd. Cat —3D 104
Grange Rd. Chess —1L 59
Grange Rd. C Crook —8A 88
Grange Rd. Craw D —2D 184
Grange Rd. Egh —6B 20
(in two parts)
Grange Rd. F'boro —7N 69
Grange Rd. Guild —7L 93
Grange Rd. King T —2L 41
Grange Rd. Lea —7K 79
Grange Rd. New H —6J 55
Grange Rd. Pirb —9N 71
Grange Rd. S Croy —6N 63
Grange Rd. Sutt —4M 61
Grange Rd. T Hth —3A 46
Grange Rd. Tilf —2N 149
Grange Rd. Tong —7B 110
Grange Rd. W On T —1M 57
Grange Rd. W Mol —3B 40
Grange Rd. Wok —1A 74
Grange, The. SW19 —7J 27
Grange, The. W4 —1A 12
Grange, The. Chob —6H 53
Grange, The. Croy —8J 47
Grange, The. Fren —3J 149
Grange, The. Horl —5F 142
Grange, The. Old Win —8L 5
Grange, The. Vir W —3A 36
Grange, The. W On T —8J 39
Grange, The. Wor Pk —1C 60
Grange Vale. Sutt —4N 61
Grangeway. Small —8L 143
Grangewood Dri. Sun —8G 22
Grangewood Ter. SE25 —1A 46
Gransden Clo. Ewh —5F 156
Grantchester. King T —1N 41
(off St Peters Rd.)
Grant Clo. Shep —5C 38
Grantham Clo. Owl —6K 49
Grantham Rd. W4 —3D 12
Grantley Av. Won —5D 134
Grantley Clo. Shalf —1A 134
Grantley Ct. Farnh —5E 128
Grantley Dri. Fleet —6A 88
Grantley Gdns. Guild —2K 113
Grantley Rd. Guild —2K 113
Grantley Rd. Houn —5K 9
Granton Rd. SW16 —9G 29
Grant Pl. Croy —7C 46
Grant Rd. Crowt —4H 49
Grant Rd. Croy —7C 46
Grants La. Oxt & Eden —2E 126
Grant Wlk. Asc —7B 34
Grant Way. Iswth —2G 10
Grantwood Clo. Red —8E 122
Granville Av. Felt —3H 23
Granville Av. Houn —8A 10
Granville Clo. Byfl —9A 56
Granville Clo. Croy —8B 46
Granville Clo. Wey —3D 56
Granville Gdns. SW16 —8K 29
Granville Pl. SW6 —3N 13
Granville Rd. SW18 —1L 27
Granville Rd. SW19 —8M 27
Granville Rd. Hayes —1G 9
Granville Rd. Oxt —7B 106
Granville Rd. W'ham —4L 107
Granville Rd. Wey —4D 56
Granville Rd. Wok —7B 74
Granwood Ct. Iswth —4E 10
Grasmere Av. SW15 —5C 26
Grasmere Av. SW19 —2M 43
Grasmere Av. Houn —9B 10
Grasmere Clo. Egh —8D 20
Grasmere Clo. Felt —2G 22
Grasmere Clo. Guild —2D 114
Grasmere Ct. SW13 —2F 12
Grasmere Ct. Sutt —3A 62
Grasmere Gdns. H'ham —2A 198
Grasmere Rd. SE25 —4E 46
Grasmere Rd. SW16 —6K 29
Grasmere Rd. F'boro —2K 89
Grasmere Rd. Farnh —6F 108
Grasmere Rd. Light —6M 51
Grasmere Rd. Purl —7M 63
Grasmere Way. Byfl —8A 56
Grassfield Clo. Coul —6F 82
Grasslands. Small —8L 143
Grassmere. Horl —7G 142
Grassmount. Purl —6G 63
Grass Way. Wall —1G 62
Gratton Dri. Wind —7B 4
Grattons Dri. Craw —9G 162
Grattons, The. Slin —5M 195
Gravel Hill. Croy —3G 64
Gravel Hill. Lea —8H 79
Gravel Hill Rd. Holt P —7A 128
(in two parts)
Gravelly Hill. Cat —6C 104
Gravel Pitts Cotts. Gom —8D 116
Gravel Pitts La. Gom —8D 116
Gravel Rd. C Crook —7C 88
Gravel Rd. F'boro —5B 90
Gravel Rd. Farnh —5G 108
Gravel Rd. Twic —2E 24
Gravenel Gdns. SW17 —6C 28
(off Nutwell St.)
Graveney Rd. SW17 —5C 28
Graveney Rd. M'bowr —4G 182
Gravetts La. Guild —8H 93
Gravetye Clo. Craw —5E 182
Gray Clo. Add —2K 55
Grayham Cres. N Mald —3C 42
Grayham Rd. N Mald —3C 42
Graylands. Wok —3A 74
Graylands Clo. Wok —3A 74
Graylands Ct. Guild —4B 114
Gray Pl. Ott —3F 54
Grays Clo. Hasl —9J 171
Grayscroft Rd. SW16 —8H 29
Grayshot Dri. B'water —1H 69
Grayshott. Gray —6B 170
Grayshott Laurels. Lind —4B 168
Grayshott Rd. Head —3G 169
Grays La. Ashf —5C 22
Gray's La. Asht —6M 79
Grays Rd. G'ming —4J 133
Grays Rd. W'ham —8K 87
Grays Wood. Horl —8G 143
Grayswood Comn. G'wood —8K 171
Grayswood Dri. Myt —4E 90
Grayswood Gdns. SW20 —1G 42
Grayswood Rd. Hasl —1H 189
Gt. Austins. Farnh —3J 129
Gt. Austins Ho. Farnh —3K 129
Gt. Benty. W Dray —1N 7
Gt. Chertsey Rd. W4 —5B 12
Gt. Chertsey Rd. Felt —4N 23
Gt. Church La. W6 —1J 13
Gt. Ellshams. Bans —3M 81
Greatfield Clo. F'boro —6N 69
Greatfield Rd. F'boro —6M 69
Greatford Dri. Guild —3F 114
Gt. George St. G'ming —7H 133
Gt. Godwin Dri. Guild —1D 114
Greatham Rd. M'bowr —6G 182
Greatham Wlk. SW15 —2F 26
Gt. Hollands Rd. Brack —5K 31
Gt. Hollands Sq. Brack —5L 31
Gt. House Ct. E Grin —1B 186
Greathurst End. Bookh —2N 97
Greatlake Ct. Horl —7F 142
(off Tanyard La.)
Gt. Mead. Eden —9L 127
Gt. Oaks Pk. Guild —8E 94
Gt. Quarry. Guild —6N 113
Gt. South W. Rd. Felt & Houn —1D 22
Gt. Tattenhams. Eps —5G 81
Gt. West Rd. W4 & W6 —1E 12
Gt. West Rd. Bren —3G 11

Gt. West Rd.—Guinness Ct.

Gt. West Rd. Houn & Iswth —5L 9
Gt. West Rd. Trad. Est. Bren —2H 11
Gt. West Trad. Est. Bren —2H 11
Greatwood Clo. Ott —5E 54
Gt. Woodcote Dri. Purl —6H 63
Gt. Woodcote Pk. Purl —6H 63
Greaves Pl. SW17 —5C 28
Grebe Cres. H'ham —7N 197
Grebe Ter. King T —2L 41
Grecian Cres. SE19 —7M 29
Green Acre. Alder —3L 109
Green Acre. Knap —3H 73
Greenacre. Wind —5B 4
Greenacre Ct. Egh —7M 19
Greenacre Pl. Hack —8F 44
Greenacres. Bookh —2B 98
Greenacres. Bord —5A 168
Greenacres. Craw —4E 182
Green Acres. Croy —9C 46
Greenacres. H'ham —4J 197
Greenacres. Oxt —5A 106
Green Acres. Runf —1A 130
Greenacres Clo. Orp —1L 67
Green Bank Cotts. Dork —3M 157
Greenbank Way. Camb —4B 70
Greenbush La. Cranl —9A 156
Green Bus. Cen., The. Stai —5E 20
Green Clo. Brom —2N 47
Green Clo. Cars —8D 44
Green Clo. Felt —6M 23
Greencourt Av. Croy —8E 46
Greencourt Gdns. Croy —8E 46
Greencroft. F'boro —1N 89
Greencroft. Guild —3D 114
Green Croft. Wokgm —9D 14
Greencroft Rd. Houn —4N 9
Green Cross La. Churt —9M 149
Green Curve. Bans —1L 81
Green Dene. E Hor —4D 116
Green Dragon La. Bren —1L 11
Green Dri. Rip —1H 95
Green Dri. Slou —1A 6
(in two parts)
Green Dri. Wokgm —4D 30
Greene Fielde End. Stai —8M 21
Green End. Chess —1L 59
Green End. Yat —8C 48
Green Farm Clo. Orp —2N 67
Green Farm Rd. Bag —4K 51
Greenfield. Eden —2M 147
Greenfield. Farnh —4F 128
Greenfield Av. Surb —6A 42
Greenfield Link. Coul —2J 83
Greenfield Rd. Farnh —4E 128
Greenfield Rd. Slin —5L 195
Greenfield Rd. Sutt —1N 61
Greenfields Clo. Horl —6C 142
Greenfields Clo. H'ham —2N 197
Greenfields Pl. Bear G —7K 139
Greenfields Rd. Horl —6D 142
Greenfields Rd. H'ham —3N 197
Greenfields Way. H'ham —2N 197
Greenfield Way. Crowt —9F 30
Green Finch Clo. Crowt —1E 48
Greenfinch Way. H'ham —1K 197
Green Gdns. Orp —2L 67
Green Glades. C Crook —8A 88
Greenham Ho. Houn —6D 10
Greenham Wlk. Wok —5M 73
Greenham Wood. Brack —5A 32
Greenhanger. Churt —1M 169
Greenhaven. Yat —1A 68
Greenhayes Av. Bans —1M 81
Green Hayes Clo. Reig —3A 122
Greenhayes Gdns. Bans —2M 81
Green Hedge. Twic —9J 11
Green Hedges Av. E Grin —8N 165
Green Hedges Clo. E Grin —8N 165
Greenheys Pl. Wok —5B 74
Green Hill. Orp —8H 67
Greenhill. Sutt —8A 44
Greenhill Av. Cat —8E 84
Greenhill Clo. Camb —9G 51
Greenhill Clo. Farnh —4F 128
Greenhill Clo. G'ming —8G 132
Greenhill Gdns. Guild —1E 114
Green Hill La. Warl —4H 85
Green Hill Rd. Camb —9G 51
Greenhill Rd. Farnh —4J 129
Greenhills. Farnh —3K 129
Greenhill Way. Farnh —5F 128
Greenholme. Camb —1H 71
Greenhow. Brack —2M 31
Greenhurst La. Oxt —1B 126
Greenhurst Rd. SE27 —6L 29
Greenlake Ter. Stai —8J 21
Greenlands. Ott —9E 36
Greenlands Rd. Camb —5N 69
Greenlands Rd. Stai —5J 21
Greenlands Rd. Wey —9C 38
Green La. SW16 & T Hth —8K 29
Green La. Alf —5H 175
Green La. Asc —9B 18
Green La. Asht —4J 79
Green La. Bad L —6L 109
Green La. Bag —5K 51
Green La. Bear G —1H 159
Green La. B'water —2K 69
Green La. Blet —7B 104
Green La. Byfl —8A 56
Green La. Cat —9N 83
Green La. Cher & Add —8G 36
Green La. Chess —5K 59
Green La. Chob —6J 53
Green La. Churt —1L 169
Green La. Cobh —8M 57
Green La. Craw —1C 182
Green La. Craw D —6C 164
Green La. Crowt —9F 32
Green La. Dat —4L 5
Green La. Dock —4D 148
Green La. Egh —6D 20
(in two parts)
Green La. Farnh —3F 128
Green La. Felt —6M 23
Green La. Frogm —2G 69
Green La. G'ming —2H 133
Green La. Guild —3D 114
Green La. Hasl —4F 188
Green La. H'ham —5L 179
Green La. Houn —6J 9
Green La. Lea —8K 79
(in two parts)
Green La. Leigh —3D 140
Green La. Ling —8M 145
Green La. Milf —2B 152
Green La. Mord —6H 43
(Battersea Cemetery)
Green La. Mord —5M 43
(Morden)
Green La. Newd —2C 160
Green La. N Mald —4B 42
Green La. Ock —2C 96
Green La. Out —1J 143
Green La. Purl —7G 63
Green La. Red —1C 122
Green La. Reig —3L 121
Green La. Salf —8E 122
Green La. Sand —8H 49
Green La. Sham G —5H 135
Green La. Shep —5D 38
Green La. Ship B —3K 163
Green La. Sun —8G 22
Green La. Tad & Coul —4L 101
Green La. Thorpe & Stai —1E 36
Green La. Tilf —5B 130
Green La. Wal W —7M 157
Green La. W On T —3J 57
Green La. Warl —3H 85
Green La. W Cla —5J 95
Green La. W Mol —4B 40
Green La. Wind —5D 4
Green La. Wok —8L 73
Green La. Wokgm —6F 14
Green La. Wood S —1D 112
Green La. Wor Pk —7F 42
Green La. Worth —3H 183
(in two parts)
Green La. Yat —9A 48
Green La. Av. W On T —2K 57
Green La. Cvn. Pk. Red —1J 143
Green La. Clo. Byfl —8A 56
Green La. Clo. Camb —8A 50
Green La. Clo. Cher —8G 36
Green La. Cotts. Churt —9L 149
Green La. Cotts. Farnh —7L 109
Green La. E. Norm —4K 111
Green La. Gdns. T Hth —1N 45
Green Lanes. Eps —5D 60
(in two parts)
Green La. W. Alder —4J 111
Green La. W. Hor —3B 96
Greenlaw Gdns. N Mald —6E 42
Green Leaf Av. Wall —1H 63
Greenleaf Clo. SW2 —1L 29
Greenleas. Frim —4C 70
Green Leas. Sun —7G 23
Green Leas Clo. Sun —7G 23
Greenleas Clo. Yat —8B 48
Greenlea Trad. Pk. SW19 —9B 28
Greenleaves Ct. Ashf —7C 22
Green Leys. C Crook —9A 88
Green Man La. Felt —7H 9
Green Mead. Esh —3N 57
Greenmead Clo. SE25 —4D 46
Greenmeads. Wok —9A 74
Greenoak Rise. Big H —5E 86
Greenoak Way. SW19 —5J 27
Greenock Rd. SW16 —9H 29
Greeno Cres. Shep —4B 38
Green Pde. Houn —8B 10
Green Pk. Stai —4G 20
Green Ride. Brack —6D 32
Green Rd. Egh —4B 36
Greensand Clo. Red —6H 103
Greensand Rd. Red —2E 122
Greenside. Crowt —2E 48
Greenside Clo. Guild —1E 114
Greenside Cotts. Rip —8L 75
Greenside Rd. Croy —6L 45
Greenside Wlk. Big H —5D 86
Greenslade Av. Asht —6A 80
Greens La. Dork —3A 160
Greens La. Man H —9C 198
Green's School La. F'boro —1M 89
Greenstead Gdns. SW15 —8G 12
Greenstede Av. E Grin —7B 166
Green St. Sun —9H 23
Green, The. SW19 —6J 27
Green, The. Ashf —6M 21
Green, The. Bad L —7M 109
Green, The. Bet —2F 120
Green, The. B'water —2H 69
Green, The. Brack —3N 31
Green, The. Bur H —6K 81
Green, The. Cars —1E 62
Green, The. C'fold —5F 172
Green, The. Clay —3F 58
Green, The. Copt —7M 163
Green, The. Craw —2A 182
Green, The. Croy —5J 65
Green, The. Dat —3L 5
Green, The. Duns —3B 174
Green, The. Elst —7H 131
Green, The. Eps —7F 60
Green, The. Ewh —6F 156
Green, The. Farnh —6H 109
Green, The. Felt —3J 23
Green, The. Fet —2D 98
Green, The. Frim G —8D 70
Green, The. God —1E 124
Green, The. Hers —2K 57
Green, The. Houn —2A 10
Green, The. Lav P —8D 190
Green, The. Mord —3K 43
Green, The. N Mald —2B 42
Green, The. Ockl —5D 158
Green, The. Orp —2K 67
Green, The. Rich —8K 11
Green, The. Rip —8L 75
Green, The. Seale —2C 130
Green, The. Sham G —7G 135
Green, The. Shep —3F 38
Green, The. Sutt —9N 43
Green, The. Twic —2E 24
Green, The. Warl —5G 84
Green, The. W'ham —4M 107
Green, The. W Vill —6F 56
Green, The. Wold —1K 105
Green, The. Wray —9A 6
Green, The. Yat —9A 48
Greenvale Rd. Knap —5G 73
Green View. Chess —4M 59
Green View. God —9E 104
Greenview Av. Beck —5H 47
Greenview Av. Croy —5H 47
Greenview Ct. Ashf —5A 22
Green Wlk. Craw —1C 182
Green Wlk. Hamp —7N 23
Green Wlk. S'hall —1A 10
Greenway. SW20 —3H 43
Green Way. Alder —1C 110
Greenway. Bookh —1B 98
Greenway. H'ham —5H 197
Green Way. Red —1C 122
Green Way. Sun —3H 39
Greenway. Tats —7E 86
Green Way. Wall —1G 62
Greenway Clo. W Byf —9J 55
Greenway Dri. Stai —9M 21
Greenway Gdns. Croy —9J 47
Greenways. Beck —2K 47
Greenways. Egh —6A 20
Greenways. Esh —1E 58
Greenways. Fleet —7A 88
Greenways. Sand —6G 49
Greenways. Tad —3G 100
Greenways Dri. Asc —7B 34
Greenways, The. Twic —9G 11
Greenways Wlk. Craw —8A 182
Greenway, The. Eps —2N 79
Greenway, The. Houn —7N 9
Greenway, The. Oxt —2D 126
Greenwell Clo. God —8E 104
Greenwich Clo. Craw —7A 182
Green Wood. Asc —9G 17
Greenwood Bus. Cen. Croy —6C 46
Greenwood Clo. Mord —3K 43
Greenwood Clo. Th Dit —7G 41
Greenwood Clo. Wdhm —7H 55
Greenwood Ct. Craw —8N 181
Greenwood Dri. Red —8E 122
Greenwood Gdns. Cat —3D 104
Greenwood La. Hamp —6B 24
Greenwood Pk. King T —8D 26
Greenwood Rd. Crowt —1F 48
Greenwood Rd. Croy —6M 45
Greenwood Rd. Iswth —6F 10
Greenwood Rd. Mitc —2H 45
Greenwood Rd. Pirb —8M 71
Greenwood Rd. Th Dit —7G 41
Greenwood Rd. Wok —7H 73
Greenwood, The. Guild —3C 114
Green Wrythe Cres. Cars —7C 44
Green Wrythe La. Cars —5B 44
Gregory Clo. M'bowr —7G 182
Gregory Dri. Old Win —9L 5
Gregsons La. Warn —9E 178
Grenaby Av. Croy —6A 46
Grenaby Rd. Croy —6A 46
Grenadier Rd. Ash V —9F 90
Grenadiers Way. F'boro —2H 89
Grena Gdns. Rich —7M 11
Grena Rd. Rich —7M 11
Grendon Clo. Horl —6D 142
Grenehurst Pk. Capel —6J 159
Grenfell Rd. Mitc —7D 28
Grennell Clo. Sutt —8B 44
Grennell Rd. Sutt —8A 44
Grenside Rd. Wey —9C 38
Grenville Clo. Cobh —9L 57
Grenville Clo. Surb —7B 42
Grenville Dri. C Crook —7A 88
Grenville Gdns. Frim G —8C 70
Grenville M. SW7 —1N 13
(off Harrington Gdns.)
Grenville M. Hamp —6B 24
Grenville Pl. Brack —1A 32
Grenville Rd. New Ad —5M 65
Grenville Rd. Shack —4A 132
Gresham Av. Warl —5H 85
Gresham Clo. Oxt —7B 106
Gresham Ind. Est. Alder —2C 110
Gresham Pl. Oxt —7B 106
Gresham Rd. SE25 —3D 46
Gresham Rd. Beck —1H 47
Gresham Rd. Hamp —7A 24
Gresham Rd. Houn —4C 10
Gresham Rd. Oxt —6B 106
Gresham Rd. Stai —6H 21
Gresham Wlk. Craw —6C 182
(in two parts)
Gresham Way. SW19 —4N 27
Gresham Way. Frim G —8C 70
Gressenhall Rd. SW18 —9L 13
Greswell St. SW6 —4J 13
Greta Bank. W Hor —4D 96
Greville Av. S Croy —6G 64
Greville Clo. Asht —6L 79
Greville Clo. Guild —3H 113
Greville Clo. Twic —1H 25
Greville Ct. Asht —5L 79
Greville Ct. Bookh —3B 98
Greville Pk. Av. Asht —5L 79
Greville Pk. Rd. Asht —5L 79
Greville Rd. Rich —9M 11
Grey Alders. Bans —1H 81
Greybury La. M Grn —9K 147
Greyfields Clo. Purl —9M 63
Greyfriars Dri. Asc —4M 33
Greyfriars Dri. Bisl —2D 72
Greyfriars Rd. Rip —2J 95
Greyhound Clo. Ash —3D 110
Greyhound La. SW16 —7H 29
Greyhound Mans. W6 —2K 13
(off Greyhound Rd.)
Greyhound Rd. W6 & W14 —2J 13
Greyhound Rd. Sutt —2A 62
Greyhound Slip. Worth —2H 183
Greyhound Ter. SW16 —9G 29
Greys Ct. Alder —2K 109
Greys Pk. Clo. Kes —2F 66
Greystead Pk. Wrec —6D 128
Greystoke Ct. Crowt —3F 48
Greystone Clo. S Croy —7F 64
Greystones Clo. Red —5B 122
Greystones Dri. Reig —1A 122
Greyswood St. SW16 —7F 28
Greythorne Rd. Wok —5K 73
Greywaters. Brmly —5C 134
Grice Av. Big H —9D 66
Grier Clo. If'd —4K 181
Grieve Clo. Tong —5C 110
Griffin Cen. Felt —8J 9
Griffin Ct. W4 —1E 12
Griffin Ct. Asht —6L 79
Griffin Ct. Bookh —4B 98
Griffin Ct. Bren —2L 11
Griffin M. Craw —5E 182
Griffin Way. Bookh —4A 98
Griffin Way. Sun —1H 39
Griffiths Clo. Wor Pk —8G 43
Griffiths Rd. SW19 —8M 27
Griffon Clo. F'boro —2J 89
Griggs Meadow. Duns —2B 174
Grimston Rd. SW6 —5L 13
Grimwade Av. Croy —9D 46
Grimwood Rd. Twic —1F 24
Grindall Clo. Croy —1M 63
Grindley Gdns. Croy —5C 46
Grindstone Cres. Knap —5E 72
Grinstead La. E Grin —8L 185
Grisedale Clo. Craw —5A 182
Grisedale Clo. Purl —1B 84
Grisedale Gdns. Purl —1B 84
Grobars Av. Wok —2M 73
Grogan Clo. Hamp —7N 23
Groombridge Clo. W On T —2J 57
Groombridge Way. H'ham —7F 196
Groom Cres. SW18 —1B 28
Groomfield Clo. SW17 —5E 28
Grooms, The. Worth —1H 183
Groom Wlk. Guild —9A 94
Grosse Way. SW15 —9G 13
Grosvenor Av. SW14 —6D 12
Grosvenor Av. Cars —3D 62
Grosvenor Av. Rich —8L 11
Grosvenor Ct. B'water —3J 69
Grosvenor Ct. Guild —9D 94
Grosvenor Gdns. SW14 —6D 12
Grosvenor Gdns. King T —7K 25
Grosvenor Gdns. Wall —4G 62
Grosvenor Hill. SW19 —7K 27
Grosvenor Ho. Guild —5B 114
Grosvenor Pl. Wey —9E 38
Grosvenor Pl. Wok —4B 74
(off Burleigh Gdns.)
Grosvenor Rd. SE25 —3D 46
Grosvenor Rd. W4 —1A 12
Grosvenor Rd. Alder —2M 109
Grosvenor Rd. Bren —2K 11
Grosvenor Rd. Chob —9G 53
Grosvenor Rd. E Grin —9N 165
Grosvenor Rd. Eps —6C 80
Grosvenor Rd. G'ming —8H 133
Grosvenor Rd. Houn —6N 9
Grosvenor Rd. Rich —8L 11
Grosvenor Rd. Stai —8J 21
Grosvenor Rd. Twic —2G 24
Grosvenor Rd. Wall —3F 62
Grosvenor Rd. W Wick —7L 47
Groton Rd. SW18 —3N 27
Grotto Rd. Twic —3F 24
Grotto Rd. Wey —9C 38
Grouse Rd. Colg & Craw —9E 198
Grove Av. Eps —9D 60
Grove Av. Sutt —3M 61
Grove Av. Twic —2F 24
Grove Bell Ind. Est. Wrec —4E 128
Grove Clo. Cranl —9A 156
Grove Clo. Felt —5M 23
Grove Clo. King T —3M 41
Grove Clo. Old Win —1L 19
Grove Clo. Wokgm —9D 30
Grove Corner. Bookh —4B 98
Grove Cotts. W4 —2D 12
Grove Ct. E Mol —4D 40
Grove Ct. Egh —6C 20
Grove Ct. Houn —7A 10
Grove Cres. Felt —5M 23
Grove Cres. King T —2L 41
Grove Cres. W On T —6J 39
Grove Cross Rd. Frim —5B 70
Grove End. Bag —3K 51
Grove End La. Esh —7D 40
Grove End Rd. Farnh —4G 128
Grove Farm Cvn. Site. Myt —4D 90
Grove Farm Ind. Est. Mitc —4D 44
Grovefields Av. Frim —5B 70
Grove Footpath. Surb —3L 41
Grove Gdns. Rich —9L 11
Grove Gdns. Tedd —5G 24
Grove Heath Ct. Rip —2L 95
Grove Heath N. Rip —9K 75
Grove Heath Rd. Rip —1K 95
Grovehill Rd. Red —3D 122
Grove Ho. Red —3D 122
(off Huntingdon Rd.)
Groveland Av. SW16 —8K 29
Groveland Rd. Beck —2J 47
Grovelands. Horl —9F 142
Grovelands. Lwr Bo —4K 129
Grovelands. W Mol —3A 40
Grovelands Rd. Purl —8J 63
Groveland Way. N Mald —4B 42
Grove La. Coul —9E 62
Grove La. King T —3L 41
Grove La. Wink R —6F 16
Groveley Rd. Sun —6G 22
Grove Pk. Bri. W4 —3B 12
Grove Pk. Gdns. W4 —3A 12
Grove Pk. M. W4 —3B 12
Grove Pk. Rd. W4 —3A 12
Grove Pk. Ter. W4 —3A 12
Grove Pl. Wey —2D 56
Grove Rd. SW13 —5E 12
Grove Rd. SW19 —8A 28
Grove Rd. Asht —5M 79
Grove Rd. Ash V —9E 90
Grove Rd. Bren —1J 11
Grove Rd. Camb —1D 70
Grove Rd. Cher —5H 37
Grove Rd. C Crook —8C 88
Grove Rd. Cranl —9A 156
Grove Rd. E Mol —3D 40
Grove Rd. Eps —9D 60
Grove Rd. G'ming —8F 132
Grove Rd. Guild —3E 114
Grove Rd. Hind —3N 169
Grove Rd. Horl —7C 142
Grove Rd. Houn —7A 10
Grove Rd. Iswth —4E 10
Grove Rd. Ling —6A 146
Grove Rd. Mitc —2E 44
Grove Rd. Oxt —2M 125
Grove Rd. Rich —9M 11
Grove Rd. Shep —5D 38
Grove Rd. Surb —4K 41
Grove Rd. Sutt —3M 61
Grove Rd. Tats —7E 86
Grove Rd. T Hth —3L 45
Grove Rd. Twic —4D 24
Grove Rd. Wind —5F 4
Grove Rd. Wok —3B 74
Grovers Farm Cotts. Wdhm —7G 55
Grovers Gdns. Hind —3B 170
Grove Shaw. Tad —2K 101
Groveside. Bookh —5A 98
Groveside Clo. Bookh —5A 98
Groveside Clo. Cars —8C 44
Grovestile Waye. Felt —1E 22
Grove Ter. Tedd —5G 24
Grove, The. Add —2K 55
Grove, The. Alder —3M 109
Grove, The. Asc —9G 17
Grove, The. Big H —5F 86
Grove, The. Cat —8N 83
Grove, The. Coul —1H 83
Grove, The. Craw —3A 182
Grove, The. Egh —6C 20
Grove, The. Eps —9D 60
(Epsom)
Grove, The. Eps —6E 60
(Ewell)
Grove, The. F'boro —4B 90
Grove, The. Frim —5B 70
Grove, The. Horl —9F 142
Grove, The. Iswth —4E 10
Grove, The. Tedd —5G 24
Grove, The. Twic —9H 11
Grove, The. W On T —6J 39
Grove, The. W Wick —8M 47
Grove, The. Wok —3B 74
Grove Way. Esh —6C 40
Grovewood. Rich —4N 11
Grove Wood Hill. Coul —1G 83
Grub St. Oxt —6E 106
Guardian Ct. Elst —8G 131
Guards Rd. Wind —5A 4
Guerdon Pl. Brack —6B 32
Guernsey Clo. Craw —7M 181
Guernsey Clo. Guild —7C 94
Guernsey Clo. Houn —3A 10
Guernsey Dri. Fleet —1C 88
Guernsey Farm Dri. Wok —2N 73
Guernsey Gro. SE24 —1N 29
Guildables La. Eden —4G 127
Guildcroft. Guild —3C 114
Guildersfield Rd. SW16 —8J 29
Guildford and Godalming By-Pass Rd. Milf & Guild —1B 152
Guildford Av. Felt —3G 23
Guildford Bus. Pk. Guild —2L 113
Guildford Ct. Guild —3K 113
Guildford Ind. Est. Guild —3K 113
Guildford La. Guild —6G 115
Guildford La. Wok —6A 74
Guildford Lodge Dri. E Hor —7G 96
Guildford Pk. Av. Guild —4L 113
Guildford Pk. Rd. Guild —4L 113
Guildford Rd. Alder —5B 110
Guildford Rd. Alf & H'ham —3J 175
Guildford Rd. Ash —1G 110
Guildford Rd. Bag —4J 51
(in two parts)
Guildford Rd. Cher —7D 54
Guildford Rd. Chob —9G 53
Guildford Rd. Croy —5A 46
Guildford Rd. Dork —8F 116
Guildford Rd. E Hor & Bookh —7G 96
Guildford Rd. Farnh —9J 109
(Farnham)
Guildford Rd. Farnh —8M 109
(Runfold)
Guildford Rd. Fet —3D 98
Guildford Rd. Fleet —5D 88
Guildford Rd. Frim G —8D 70
Guildford Rd. G'ming —4K 133
Guildford Rd. H'ham —1M 195
Guildford Rd. Light —6L 51
(in two parts)
Guildford Rd. Loxw —3H 193
Guildford Rd. Mayf —9N 73
Guildford Rd. Norm —1J 111
Guildford Rd. Pirb —1C 92
Guildford Rd. Sham G —6F 134
Guildford Rd. Westc —7B 118
Guildford Rd. W End —8B 52
Guildford Rd. Wok —6A 74
Guildford Rd. E. F'boro —4A 90
Guildford Rd. Trad. Est. Farnh —9K 109
Guildford Rd. W. F'boro —4A 90
Guildford St. Cher —7H 37
Guildford St. Stai —7J 21
Guildford Way. Wall —2J 63
Guildown Av. Guild —6L 113
Guildown Rd. Guild —6L 113
Guileshill La. Ock —1N 95
Guilford Av. Surb —4M 41
Guillemont Fields. F'boro —9J 69
Guillemot Path. If'd —4J 181
Guinevere Rd. If'd —3K 181
Guinness Ct. Craw —7A 182
Guinness Ct. Croy —8C 46
Guinness Ct. Wok —5J 73

Guinness Trust Bldgs.—Harvest Ct.

Guinness Trust Bldgs. W6 (off Fulham Pal. Rd.) —1J 13
Guion Rd. SW6 —5L 13
Gull Clo. Wall —4J 63
Gull's Rd. Guild —3M 111
Gumbrells Clo. Guild —8F 92
Gumleigh Rd. W5 —1J 11
Gumley Gdns. Iswth —6G 10
Gunderson Corner. Mitc —2D 44
Gun Hill. Alder —1N 109
Gunnell Clo. Croy —5C 46
Gunnersbury Av. W5 & W4 —1N 11
Gunnersbury Clo. W4 —1A 12
Gunnersbury M. W4 —1A 12
Gunners Rd. SW18 —3B 28
Gunning Clo. Craw —6M 181
Gun Pit Rd. Ling —7N 145
Gunter Gro. SW10 —2N 13
Gunters Mead. Oxs —7C 58
Gunterstone Rd. W14 —1K 13
Gunton Rd. SW17 —7E 28
Gurdon's La. Wmly —9B 152
Gurney Cres. Croy —7K 45
Gurney Ho. Hayes —1F 8
Gurney Rd. Cars —1E 62
Gurney's Clo. Red —4D 122
Guyatt Gdns. Mitc —1E 44
Guy Rd. Wall —9H 45
Gwalior Rd. SW15 —6J 13
Gwendolen Av. SW15 —7J 13
Gwendolen Clo. SW15 —8J 13
Gwendwr Rd. W14 —1K 13
Gwydor Rd. Beck —2G 47
Gwyn Clo. SW6 —3N 13
Gwynne Av. Croy —6G 46
Gwynne Clo. W4 —2E 12
Gwynne Clo. Wind —4B 4
Gwynne Gdns. E Grin —8M 165
Gwynne Rd. Cat —1A 104
Gwynne Vaughan Av. Guild —8L 93

Habershon Dri. Frim —4H 71
Haccombe Rd. SW19 —7A 28
Hackbridge Grn. Wall —8E 44
Hackbridge Pk. Cars —8D 44
Hackbridge Pk. Gdns. Cars —8D 44
Hackbridge Rd. Wall —8E 44
Hackenden Clo. E Grin —7A 166
Hackenden La. E Grin —7A 166 (in two parts)
Hacketts La. Wok —1H 75
Hackhurst La. Ab H —8G 116
Haddenhurst Ct. Binf —7H 15
Haddon Clo. N Mald —4E 42
Haddon Clo. Wey —9F 38
Haddon Rd. Sutt —1N 61
Hadfield Rd. Stai —9M 7
Hadleigh Clo. SW20 —1L 43
Hadleigh Dri. Sutt —5M 61
Hadleigh Gdns. Frim G —8C 70
Hadley Gdns. W4 —1C 12
Hadley Gdns. S'hall —1N 9
Hadley Pl. Wey —4B 56
Hadley Rd. Mitc —3H 45
Hadley Wood Rise. Kenl —2M 83
Hadmans Clo. H'ham —7J 197
Hadrian Clo. Stai —2N 21
Hadrian Clo. Wall —4J 63
Hadrian Ct. Sutt —4N 61
Hadrians. Farnh —8K 109
Hadrian Way. Stai —1M 21
Haggard Rd. Twic —1H 25
Hagley Rd. Fleet —4A 88
Haigh Cres. Red —5F 122
Haig La. C Crook —8C 88
Haig Pl. Mord —5M 43
Haig Rd. Alder —3A 110
Haig Rd. Big H —4G 86
Haig Rd. Col T —9L 49
Hailes Clo. SW19 —7A 28
Hailey Pl. Cranl —6A 156
Hailsham Av. SW2 —3K 29
Hailsham Clo. Owl —6J 49
Hailsham Clo. Surb —6K 41
Hailsham Rd. SW17 —7E 28
Haines Ct. Wey —2E 56
Haines Wlk. Mord —6N 43
Haining Clo. W4 —1N 11
Haining Gdns. Myt —1E 90
Hainthorpe Rd. SE27 —4M 29
Haldane Pl. SW18 —2N 27
Haldane Rd. SW6 —3L 13
Haldon Rd. SW18 —9L 13
Halebourne La. W End —4D 52
Hale Clo. Orp —1L 67
Hale End. Brack —3D 32
Hale Ho. La. Churt —9L 149
Hale Path. SE27 —5M 29
Hale Pit Rd. Bookh —4C 98
Hale Pl. Farnh —7K 109
Hale Reeds. Farnh —6J 109
Hale Rd. Farnh —7J 109
Hales Field. Hasl —2G 189
Hales Oak. Bookh —4C 98
Halesowen Rd. Mord —6N 43
Hale St. Stai —5G 21
Haleswood. Cobh —1J 77
Hale Way. Frim —6B 70
Halewood. Brack —5L 31
Half Acre. Bren —2K 11
Half Moon Cotts. Rip —8L 75
Half Moon Hill. Hasl —2G 189
Half Moon St. Bag —4J 51
Halford Rd. SW6 —2M 13
Halford Rd. Rich —8L 11
Halfpenny Clo. Chil —9F 114
Halfpenny La. Asc —6E 34
Halfpenny La. Guild —6E 114
Halfway Grn. W on T —9J 39
Halfway La. G'ming —7D 132
Haliburton Rd. Twic —8G 11
Halifax Clo. Craw —9J 163
Halifax Clo. F'boro —2L 89
Halimote Rd. Alder —3M 109
Haling Down Pas. Purl —6M 63
Haling Gro. S Croy —4N 63
Haling Pk. Gdns. S Croy —3M 63
Haling Pk. Rd. S Croy —2M 63
Haling Rd. S Croy —3A 64
Hallam Rd. SW13 —6G 13
Hallam Rd. G'ming —5J 133
Halland Clo. Craw —2E 182
Halland Ct. Eden —2L 147
Hallane Ho. SE27 —6N 29
Hallbrooke Gdns. Binf —8K 15
Hall Clo. Camb —9C 50
Hall Clo. G'ming —4H 133
Hall Ct. Dat —3L 5
Hall Ct. Tedd —6F 24
Hall Dene Clo. Guild —2E 114
Halley Clo. Craw —8N 181
Halley Dri. Asc —1H 33
Halley's App. Wok —5K 73
Halley's Ct. Wok —5K 73
Halley's Wlk. Add —4L 55
Hall Farm Cres. Yat —1C 68
Hall Farm Dri. Twic —1D 24
Hallgrove Bottom. Bag —2K 51
Hall Gro. Farm Ind. Est. Bag —2K 51
Hall Hill. Oxt —9N 105
Halliards, The. W On T —5H 39
Halliford Clo. Shep —3E 38
Halliford Rd. Shep & Sun —4F 38
Hallington Clo. Wok —4L 73
Hall La. Hayes —3E 8
Hall La. Yat —1B 68
Hallmead Rd. Sutt —9N 43
Hallowell Av. Croy —1J 63
Hallowell Clo. Mitc —2E 44
Hallowfield Way. Mitc —2B 44
Hall Pl. Wok —3C 74
Hall Pl. Dri. Wey —2F 56
Hall Rd. Brmly —5B 134
Hall Rd. Iswth —8D 10
Hall Rd. Wall —5F 62
Halls Farm Clo. Knap —4G 73
Hallsland. Craw D —1F 184
Hallsland Way. Oxt —1B 126
Hall Way. Purl —9M 63
Halnaker Wlk. Craw —6L 181
Halsford Croft. E Grin —7L 165
Halsford Grn. E Grin —7L 165
Halsford La. E Grin —8L 165
Halsford Pk. Rd. E Grin —8M 165
Halstead Clo. Croy —9N 45
Halters End. Gray —6M 169
Hamble Av. B'water —1J 69
Hamble Clo. Wok —4K 73
Hambleden Ct. Brack —3C 32
Hambledon Gdns. SE25 —2C 46
Hambledon Hill. Eps —3B 80
Hambledon Pl. Bookh —1A 98
Hambledon Rd. SW18 —1L 27
Hambledon Rd. Busb —9J 133
Hambledon Rd. Cat —1A 104
Hambledon Rd. Hamb —7G 152
Hambledon Vale. Eps —3B 80
Hamblehyrst. Beck —1L 47
Hamble St. SW6 —6N 13
Hambleton Clo. Frim —3F 70
Hambleton Clo. Wor Pk —8H 43
Hambleton Ct. Craw —5A 182
Hambleton Hill. Craw —5A 182
Hambleton Pk. Hamb —9E 152
Hamble Wlk. Wok —5K 73
Hambridge Way. SW2 —1L 29
Hambrook Rd. SE25 —2E 46
Hambro Rd. SW16 —7H 29
Ham Clo. Rich —4J 25 (in two parts)
Ham Comn. Rich —4K 25
Hamesmoor Rd. Myt —1C 90
Hamesmoor Way. Myt —1D 90
Ham Farm Rd. Rich —5K 25
Hamfield Clo. Oxt —5M 105
Ham Ga. Av. Rich —4K 25
Hamhaugh Island. Shep —8B 38
Hamilton Av. Cobh —9H 57
Hamilton Av. Surb —8N 41
Hamilton Av. Sutt —8K 43
Hamilton Av. Wok —2G 75
Hamilton Clo. Bord —5A 168
Hamilton Clo. Cher —7H 37
Hamilton Clo. Eps —8B 60
Hamilton Clo. Felt —6G 22
Hamilton Clo. Guild —7K 93
Hamilton Clo. Purl —8M 63
Hamilton Ct. SW15 —6K 13
Hamilton Ct. Bookh —3B 98
Hamilton Cres. Houn —8B 10
Hamilton Dri. Asc —6B 34
Hamilton Dri. Guild —7K 93
Hamilton Gordon Ct. Guild —2M 113
Hamilton Ho. W4 —2D 12
Hamilton M. SW19 —9M 27
Hamilton Pde. Felt —5H 23
Hamilton Pl. Alder —3L 109
Hamilton Pl. Guild —7K 93
Hamilton Pl. Sun —8J 23
Hamilton Rd. SE27 —5N 29
Hamilton Rd. SW19 —8N 27
Hamilton Rd. Bren —2K 11
Hamilton Rd. C Crook —7C 88
Hamilton Rd. Felt —5G 22
Hamilton Rd. H'ham —5H 197
Hamilton Rd. T Hth —2A 46
Hamilton Rd. Twic —2E 24
Hamilton Rd. M. SW19 —8N 27
Hamilton Way. Wall —5H 63
Ham La. Egh —5L 19
Ham La. Elst —7H 131
Ham La. Old Win —8M 5
Hamlash La. Fren —1H 149
Hamlet Gdns. W6 —1F 12
Hamlet St. Warf —9C 16
Hamm Ct. Wey —8A 38
Hammerfield Dri. Ab H —1G 136
Hammer Hill. Hasl —4A 188
Hammer La. Alf —3M 175
Hammer La. Bram C —9A 170
Hammer La. Churt & Gray —1K 169
Hammer La. Hasl —2A 188
Hammer Pond Cotts. Witl —4K 151
Hammerpond Rd. H'ham —8N 197
Hammersley Rd. Alder —6N 89
Hammersmith Bri. SW13 & W6 —2G 13
Hammersmith Bri. Rd. W6 —1G 13 (in two parts)
Hammersmith B'way. W6 —1H 13
Hammersmith Broadway. (Junct.) —1H 13 (off Hammersmith B'way.)
Hammersmith Flyover. W6 —1H 13
Hammersmith Flyover. (Junct.) —1H 13
Hammersmith Ind. Est. W6 —2H 13
Hammersmith Rd. W6 & W14 —1J 13
Hammersmith Ter. W6 —1F 12
Hammer Vale. Hasl —2A 188
Hammerwood Rd. Ash W —3F 186
Hammer Yd. Craw —4B 182
Hamm Moor La. Add —2N 55
Hammond Av. Mitc —1F 44
Hammond Clo. Hamp —9A 24
Hammond Clo. Wok —2M 73
Hammond Ct. Brack —9M 15
Hammond Rd. Wok —2M 73
Hammond Way. Light —6M 51
Hamond Clo. S Croy —5M 63
Hampden Av. Beck —1H 47
Hampden Clo. Craw —9J 163
Hampden Rd. Beck —1H 47
Hampden Rd. King T —2N 41
Hampers Ct. H'ham —6K 197
Hamper's La. H'ham —6N 197
Hampshire Clo. Alder —5B 110
Hampshire Ct. Add —2L 55
Hampshire Hog La. W6 —1G 12
Hampshire Rise. Warf —7D 16
Hampshire Rd. Camb —7D 50
Hampstead La. Dork —6F 118
Hampstead Rd. Dork —6G 119
Hampstead Wlk. Craw —7A 182
Hampton Clo. SW20 —8H 27
Hampton Clo. C Crook —9B 88
Hampton Court. (Junct.) —2E 40
Hampton Ct. Av. E Mol —4D 40
Hampton Ct. Bri. E Mol —3E 40
Hampton Ct. Cres. E Mol —2D 40
Hampton Ct. Pde. E Mol —3E 40
Hampton Ct. Rd. E Mol & King T —1D 40
Hampton Ct. Rd. Hamp —1C 40
Hampton Ct. Way. Th Dit & E Mol —8E 40
Hampton Farm Ind. Est. Felt —4M 23
Hampton Gro. Eps —7E 60
Hampton La. Felt —5M 23
Hampton Rd. Croy —5N 45
Hampton Rd. Farnh —6F 108
Hampton Rd. Hamp & Tedd —6D 24
Hampton Rd. Red —8D 122
Hampton Rd. Twic —4D 24
Hampton Rd. Wor Pk —8G 42
Hampton Rd. E. Felt —5N 23
Hampton Rd. W. Felt —4M 23
Hampton Way. E Grin —2B 186
Ham Ridings. Rich —6M 25
Hamsey Grn. Gdns. Warl —3E 84
Hamsey Way. S Croy —2E 84
Ham Sq. Rich —3J 25
Ham St. Rich —2H 25
Ham, The. Bren —3J 11
Ham View. Croy —5H 47
Hanah Ct. SW19 —8J 27
Hanbury Dri. Big H —9D 66
Hanbury Path. Wok —1F 74
Hanbury Rd. If'd —4K 181
Hanbury Way. Camb —3A 70
Hancock Rd. SE19 —7N 29
Hancocks Mt. Asc —5A 34
Hancombe Rd. Sand —6F 48
Handcroft Rd. Croy —6M 45
Handel Mans. SW13 —3H 13
Handford La. Yat —1C 68
Handinhand La. Tad —8B 100
Handside Clo. Wor Pk —7J 43
Handsworth Ho. Craw —4B 182 (off Brighton Rd.)
Hanford Clo. SW18 —2M 27
Hanford Row. SW19 —7H 27
Hangerfield Clo. Yat —1B 68
Hanger Hill. Wey —3C 56
Hanger, The. Head —3E 168
Hangrove Hill. Orp —9K 67
Hanley Clo. Wind —4A 4
Hannah Clo. Beck —2M 47
Hannah M. Wall —4G 63
Hannay Wlk. SW16 —3H 29
Hannell Rd. SW6 —3K 13
Hannen Rd. SE27 —4M 29
Hannibal Rd. Stai —1M 21
Hannibal Way. Croy —2K 63
Hanover Av. Felt —2H 23
Hanover Clo. Craw —5D 182 (in two parts)
Hanover Clo. Egh —7L 19
Hanover Clo. Frim —5C 70
Hanover Clo. Red —6G 102
Hanover Clo. Rich —3N 11
Hanover Clo. Sutt —1K 61
Hanover Clo. Wind —4C 4
Hanover Clo. Yat —8C 48
Hanover Ct. SW15 —7E 12
Hanover Ct. Dork —5F 118
Hanover Ct. Guild —1N 113
Hanover Ct. H'ham —5M 197
Hanover Ct. Wok —6N 73
Hanover Dri. Fleet —1D 88
Hanover Gdns. Brack —6L 31
Hanover Gdns. F'boro —8K 69
Hanover Rd. SW19 —8A 28
Hanover St. Croy —9M 45
Hanover Ter. Iswth —4G 11
Hanover Wlk. Wey —9F 38
Hanover Way. Wind —5C 4
Hansler Gro. E Mol —3D 40
Hanson Clo. SW12 —1F 28
Hanson Clo. SW14 —6B 12
Hanson Clo. Camb —8F 50
Hanson Clo. Guild —9B 94
Hanworth Clo. Brack —5A 32
Hanworth La. Cher —7H 37
Hanworth Rd. Brack —7M 31
Hanworth Rd. Felt —2J 23
Hanworth Rd. Hamp —5N 23
Hanworth Rd. Houn —2M 23
Hanworth Rd. Red —8D 122
Hanworth Rd. Sun —8H 23
Hanworth Ter. Houn —7B 10
Hanworth Trad. Est. Cher —7H 37
Hanworth Trad. Est. Felt —4M 23
Harberson Rd. SW12 —2F 28
Harbledown Rd. SW6 —4M 13
Harbledown Rd. S Croy —7D 64
Harbord St. SW6 —4J 13
Harborough Rd. SW16 —5K 29
Harbour Av. SW10 —4N 13
Harbour Clo. F'boro —6M 69
Harbourfield Rd. Bans —2N 81
Harbridge Av. SW15 —1E 26
Harbury Rd. Cars —5C 62
Harcourt. Wray —9A 6
Harcourt Av. Wall —1F 62
Harcourt Clo. Egh —7E 20
Harcourt Clo. Iswth —6G 11
Harcourt Cotts. Guild —8N 111
Harcourt Field. Wall —1F 62
Harcourt Lodge. Wall —1F 62
Harcourt Rd. SW19 —8M 27
Harcourt Rd. Brack —5N 31
Harcourt Rd. Camb —1N 69
Harcourt Rd. T Hth —5K 45
Harcourt Rd. Wall —1F 62
Harcourt Rd. Wind —4B 4
Harcourt Ter. SW10 —1N 13
Harcourt Way. S God —6H 125
Hardcastle Clo. Croy —5D 46
Hardcourts Clo. W Wick —9L 47
Hardell Clo. Egh —6C 20
Hardel Rise. SW2 —2M 29
Hardel Wlk. SW2 —1L 29
Hardham Clo. Craw —1M 181
Harding Clo. Croy —9C 46
Harding Rd. Eps —6D 80
Harding's Clo. King T —9M 25
Hardings Rd. Dock —2A 148
Hardman Rd. King T —1L 41
Hardwell Way. Brack —3C 32
Hardwick Clo. Oxs —2C 78
Hardwicke Av. Houn —4A 10
Hardwicke Rd. Reig —2M 121
Hardwicke Rd. Rich —5J 25
Hardwick La. Lyne —6E 36
Hardwick Rd. Red —5B 122
Hardwicks Way. SW18 —8M 13
Hardy Av. Yat —2B 68
Hardy Clo. Craw —2G 182
Hardy Clo. Horl —8C 142
Hardy Clo. H'ham —4H 197
Hardy Clo. N Holm —9H 119
Hardy Grn. Crowt —3G 48
Hardy Ho. SW4 —1G 29
Hardy Rd. SW19 —8N 27
Hardys Clo. E Mol —3E 40
Harebell Hill. Cobh —1L 77
Harecroft. Dork —8J 119
Harecroft. Fet —2B 98
Harefield. Esh —9E 40
Harefield Av. Sutt —5K 61
Harefield Rd. SW16 —8K 29
Hare Hill. Add —3G 55
Harehill Clo. Wok —2J 75
Harelands Clo. Wok —4M 73
Harelands La. Wok —4M 73
Hare La. Clay —3D 58
Hare La. Craw —9N 161
Hare La. G'ming —5J 133
Hare La. Ling —7F 144
Harendon. Tad —8H 81
Hares Bank. New Ad —6N 65
Harestone Dri. Cat —2C 104
Harestone Hill. Cat —4C 104
Harestone La. Cat —3B 104
Harestone Valley Rd. Cat —4B 104
Hareward Rd. Guild —1E 114
Harewood Clo. Craw —9E 162
Harewood Clo. Reig —9A 102
Harewood Gdns. S Croy —2E 84
Harewood Rd. SW19 —7C 28
Harewood Rd. Iswth —3F 10
Harewood Rd. S Croy —3B 64
Harewood Ter. S'hall —1N 9
Harfield Rd. Sun —1L 39
Harkness Clo. Eps —3H 81
Harland Av. Croy —9D 46
Harland Clo. SW19 —2N 43
Harlands Gro. Orp —1K 67
Harlech Gdns. Houn —2K 9
Harlech Rd. B'water —2J 69
Harlequin Av. Bren —2G 11
Harlequin Cen. S'hall —1K 9
Harlequin Clo. Iswth —8E 10
Harlequin Rd. Tedd —8H 25
Harley Gdns. Orp —1N 67
Harlington Clo. Hayes —3D 8
Harlington Rd. E. Felt —1J 23
Harlington Rd. W. Felt —9J 9
Harlington Way. Fleet —4A 88
Harlow Ct. Reig —3B 122 (off Wray Comn. Rd.)
Harman Pl. Purl —7M 63
Harmans Dri. E Grin —9D 166
Harmans Mead. E Grin —9D 166
Harman's Water Rd. Brack —4B 32
Harmar Clo. Wokgm —2D 30
Harmondsworth La. W Dray —2N 7
Harmondsworth Rd. W Dray —1N 7
Harmony Clo. Bew —5K 181
Harmony Clo. Wall —5J 63
Harms Gro. Guild —9E 94
Harold Rd. Sutt —1B 62
Harold Rd. Worth —3J 183
Haroldslea. Horl —1H 163
Haroldslea Clo. Horl —1G 163
Haroldslea Dri. Horl —1G 162
Harold Wilson Ho. SW6 —2L 13 (off Clem Attlee Ct.)
Harpenden Rd. SE27 —4M 29
Harper Dri. M'bowr —7G 182
Harper's Rd. Ash —1G 111
Harpesford Av. Vir W —4L 35
Harps Oak La. Red —3D 102
Harpton Clo. Yat —8C 48
Harpton Pde. Yat —8C 48
Harpurs. Tad —9J 81
Harrier Clo. Cranl —6N 155
Harrier Ct. Craw —9H 163 (off Wakehams Grn. Dri.)
Harrier Ho. King T —9L 25 (off Sigrist Sq.)
Harriet Gdns. Croy —8D 46
Harriet Tubman Clo. SW2 —1K 29
Harrington Clo. Croy —8J 45
Harrington Clo. Leigh —1F 140
Harrington Clo. Wind —7C 4
Harrington Gdns. SW7 —1N 13
Harrington Rd. SE25 —3E 46
Harriott's Clo. Asht —7J 79
Harriott's La. Asht —6J 79
Harris Clo. Craw —6N 181
Harris Clo. Houn —4A 10
Harrison Clo. Reig —4N 121
Harrison Ct. Shep —4C 38
Harrison Gdns. G'ming —7H 133
Harrison Ho. SW12 —1H 29
Harrisons Rise. Croy —9M 45
Harris Path. Craw —6N 181
Harris Way. Sun —9F 22
Harrogate Ct. Slou —1C 6
Harrow Bottom Rd. Vir W —5B 36
Harrow Clo. Add —8K 37
Harrow Clo. Chess —4K 59
Harrow Clo. Dork —6G 119
Harrow Clo. Eden —9L 127
Harrowdene. Cranl —6N 155
Harrowdene Gdns. Tedd —8G 25
Harrow Gdns. Warl —2J 85
Harrowgate Gdns. Dork —7H 119
Harrowlands Pk. Dork —6H 119
Harrow La. G'ming —4H 133
Harrow Pas. King T —1K 41
Harrow Rd. Cars —3C 62
Harrow Rd. Felt —2B 22
Harrow Rd. Warl —2J 85
Harrow Rd. E. Dork —7H 119
Harrow Rd. W. Dork —6G 119
Harrowsley Ct. Horl —7F 142
Harrowsley Grn. La. Horl —9G 143
Harrow Way. Shep —1D 38
Hart Cen., The. Fleet —4A 88
Hart Clo. Blet —3B 124
Hart Clo. Brack —8N 15
Hart Clo. F'boro —6K 69
Hart Dyke Clo. Wokgm —6A 30
Harte Rd. Houn —5N 9
Hartfield Cres. SW19 —8L 27
Hartfield Cres. W Wick —1C 66
Hartfield Gro. SW19 —8L 27
Hartfield Rd. Chess —2K 59
Hartfield Rd. Eden —5M 147
Hartfield Rd. F Row —6H 187
Hartfield Rd. W Wick —1C 66
Hartford Rise. Camb —9B 50
Hartford Rd. Eps —3A 60
Hart Gdns. Dork —4H 119
Hartham Clo. Iswth —4G 10
Hartham Rd. Iswth —4F 10
Harting Ct. Craw —6L 181
Hartington Clo. Farn —2L 67
Hartington Ct. W4 —3A 12
Hartington Pl. Reig —1M 121
Hartington Rd. W4 —3A 12
Hartington Rd. Twic —1H 25
Hartismere Rd. SW6 —3L 13
Hartland Clo. New H —6L 55
Hartland Pl. F'boro —8M 69
Hartland Rd. Add —4J 55
Hartland Rd. Hamp —5B 24
Hartland Rd. Iswth —6G 11
Hartland Rd. Mord —6M 43
Hartlands, The. Houn —2J 9
Hartland Way. Croy —9H 47
Hartland Way. Mord —6L 43
Hartley Clo. B'water —1G 69
Hartley Copse. Old Win —9K 5
Hartley Down. Purl —2K 83
Hartley Farm. Purl —2K 83
Hartley Hill. Purl —2K 83
Hartley Old Rd. Purl —2K 83
Hartley Rd. Croy —6N 45
Hartley Rd. W'ham —3M 107
Hartley Way. Purl —2K 83
Hartop Point. SW6 —3K 13 (off Pellant Rd.)
Hart Rd. Byfl —9N 55
Hart Rd. Dork —4H 119
Hart Rd. F'boro —6M 89
Harts Croft. Croy —5H 65
Harts Gdns. Guild —9L 93
Hartsgrove. C'fold —4E 172
Hartshill. Guild —2G 113
Hartshill Wlk. Wok —3L 73
Hart's La. S God —5G 124
Hartsleaf Clo. Fleet —5A 88
Harts Leap Clo. Sand —6G 48
Harts Leap Rd. Sand —7F 48
Hartspiece Rd. Red —5E 122
Hartswood. N Holm —8K 119
Hartswood Av. Reig —7M 121
Harts Yd. Farnh —1G 129
Harts Yd. G'ming —7H 133
Hart, The. Farnh —1G 128
Harvard Hill. W4 —2A 12
Harvard La. W4 —1B 12
Harvard Rd. W4 —1A 12
Harvard Rd. Iswth —4E 10
Harvard Rd. Owl —6K 49
Harvest Bank Rd. W Wick —1B 66
Harvest Clo. Yat —2A 68
Harvest Ct. Esh —8A 40
Harvest Ct. Shep —3B 38

Harvest Cres. Fleet —9C 68
Harvester Rd. Eps —6C 60
Harvesters. H'ham —3K 197
Harvesters Clo. Iswth —8D 10
Harvest Hill. E Grin —1A 186
Harvest Hill. G'ming —7G 132
Harvest La. Th Dit —5G 40
Harvest Ride. Brack —7M 15
(in two parts)
Harvest Rd. Egh —6N 19
Harvest Rd. Felt —5H 23
Harvest Rd. M'bowr —5G 183
Harvestside. Horl —7G 142
Harvey Clo. Craw —8M 181
Harvey Ho. Bren —1L 11
Harvey Rd. F'boro —9H 69
Harvey Rd. Guild —5A 114
Harvey Rd. Houn —1N 23
Harvey Rd. W On T —6H 39
Harwood Av. Mitc —2C 44
Harwood Gdns. Old Win —1L 19
Harwood Pk. Red —3E 142
Harwood Rd. SW6 —3M 13
Harwood Rd. H'ham —5L 197
Harwoods Clo. E Grin —2B 186
Harwoods La. E Grin —2B 186
Harwood Ter. SW6 —4N 13
Hascombe Cotts. Hasc —5M 153
Hascombe Ct. Craw —4M 181
Hascombe Ct. G'ming —6M 153
Hascombe Rd. Cranl —9E 154
Hascombe Rd. G'ming —1K 153
Haslam Av. Sutt —7K 43
Hasle Dri. Hasl —2F 188
Haslemere and Heathrow Est., The. Houn —5J 9
Haslemere Av. SW18 —3N 27
Haslemere Av. Houn —5K 9
Haslemere Av. Mitc —1B 44
Haslemere Clo. Frim —3G 70
Haslemere Clo. Hamp —6N 23
Haslemere Clo. Wall —2J 63
Haslemere Ind. Est. Hasl —1G 188
Haslemere Rd. Brook —4M 171
Haslemere Rd. Fern —7F 188
Haslemere Rd. T Hth —4M 45
Haslemere Rd. Wind —4D 4
Haslett Av. E. Craw —3C 182
Haslett Av. W. Craw —4B 182
Haslett Rd. Shep —1F 38
Hassocks Ct. Craw —6L 181
Hassocks Rd. SW16 —9H 29
Hassock Wood. Kes —1F 66
Haste Hill. Hasl —3H 189
Hastings Clo. Frim —7E 70
Hastings Ct. Tedd —6D 24
Hastings Dri. Surb —5J 41
Hastings Rd. Craw —3G 182
Hastings Rd. Croy —7C 46
Hastlemere Ind. Est. SW18 —3N 27
Hatch Clo. Add —9K 37
Hatch Clo. Alf —6J 175
Hatch End. F Row —7H 187
Hatch End. W'sham —3N 51
Hatches, The. Farnh —3F 128
Hatches, The. Frim G —8B 70
Hatchet La. Asc & Wind —7L 17
Hatchet La. Wink —4M 17
Hatchett Rd. Felt —2D 22
Hatchetts Dri. Hasl —2A 188
Hatch Gdns. Tad —7J 81
Hatchgate. Horl —9D 142
Hatchgate Copse. Brack —5K 31
Hatch Hill. Hasl —7F 188
Hatchlands. Capel —5J 159
Hatchlands. H'ham —1N 197
Hatchlands Rd. Red —3C 122
Hatch La. Coul —2E 82
Hatch La. Hasl —6F 188
Hatch La. Ock —7C 76
(in two parts)
Hatch La. Red —2K 143
Hatch La. W Dray —3M 7
Hatch La. Wind —6D 4
Hatch La. Wmly —1A 172
Hatch Pl. King T —6M 25
Hatch Ride. Crowt —9F 30
Hatch Rd. SW16 —1J 45
Hatfield Clo. Mitc —3B 44
Hatfield Clo. Sutt —5N 61
Hatfield Clo. W Byf —8K 55
Hatfield Gdns. F'boro —2C 90
Hatfield Mead. Mord —4M 43
Hatfield Rd. Asht —6M 79
Hatfield Wlk. Craw —6K 181
Hathaway Ct. Red —2E 122
(off St Anne's Rise)
Hathaway Rd. Croy —6M 45
Hatherleigh Clo. Chess —2K 59
Hatherleigh Clo. Mord —3M 43
Hatherley Rd. Rich —5M 11
Hatherop Rd. Hamp —8N 23
Hathersham Clo. Small —7L 143
Hathersham La. Small —4H 143
Hatherwood. Lea —8K 79
Hatherwood. Yat —1E 68
Hatton Ct. Wind —5F 4
Hatton Gdns. Mitc —4D 44
Hatton Grn. Felt —7H 9
Hatton Hill. W'sham —1M 51
Hatton Rd. Croy —7L 45
Hatton Rd. Felt —1D 22
Hatton Rd. S. Felt —7G 8
Havana Rd. SW19 —3M 27
Havelock Rd. SW19 —6A 28
Havelock Rd. Croy —8C 46
Havelock Rd. Wokgm —2A 30
Havelock St. Wokgm —2A 30
Havenbury Est. Dork —4G 118
Haven Clo. SW19 —4J 27
Haven Ct. Beck —1M 47
Haven Gdns. Craw D —9E 164
Havengate. H'ham —3M 197
Haven Rd. Ashf —5C 22
Haven Rd. Rud & Bil —2D 194
Haven, The. Rich —6N 11
Haven, The. Sun —8H 23
Haven Way. Farnh —8J 109
Haverfield Gdns. Rich —3N 11
Haverhill Rd. SW12 —2G 29
Havers Av. W On T —2L 57
Haversham Clo. Craw —3D 182
Haversham Clo. Twic —9K 11
Haversham Dri. Brack —5N 31
Havisham Pl. SW16 & SE19 —7M 29
Hawarden Clo. Craw D —1F 184
Hawarden Gro. SE24 —1N 29
Hawarden Rd. Cat —8N 83
Hawes La. W Wick —7M 47
Hawes Rd. Tad —7J 81
Hawker Clo. Wall —4J 63
Hawkesbourne Rd. H'ham —3M 197
Hawkesbury Rd. SW15 —8G 12
Hawkes Leap. W'sham —1M 51
Hawkesley Clo. Twic —5G 24
Hawkesmoor Rd. Craw —5K 181
Hawkes Rd. Felt —1H 23
Hawkes Rd. Mitc —9C 28
Hawkesworth Dri. Bag —6H 51
Hawkewood Rd. Sun —2H 39
Hawkfield Ct. Iswth —5E 10
Hawkhirst Rd. Kenl —2A 84
Hawkhurst. Cobh —1A 78
Hawkhurst Gdns. Chess —1L 59
Hawkhurst Rd. SW16 —9H 29
Hawkhurst Rd. Kenl —4B 84
Hawkhurst Wlk. Craw —5F 182
Hawkhurst Way. N Mald —4C 42
Hawkhurst Way. W Wick —8L 47
Hawkins Clo. Brack —1E 32
Hawkins Rd. Craw —6C 182
Hawkins Rd. Tedd —7H 25
Hawkins Way. Fleet —5D 88
Hawkins Way. Wokgm —2D 30
Hawk La. Brack —3B 32
Hawkley Gdns. SE27 —3M 29
Hawkridge Ct. Brack —3C 32
Hawksbrook La. Beck —5L 47
Hawkshaw Clo. SW2 —2J 29
Hawkshill Clo. Esh —3A 58
Hawks Hill Clo. Fet —1F 98
Hawkshill Pl. Esh —3A 58
Hawkshill Way. Esh —3N 57
Hawksmoore Dri. Dork —7J 139
Hawksmoor St. W6 —2J 13
Hawks Rd. King T —1M 41
Hawksview. Cobh —9N 57
Hawks Way. Stai —4H 21
Hawkswell Clo. Wok —4J 73
Hawkswell Wlk. Wok —4J 73
Hawkswood Av. Frim —4D 70
Hawkswood Ho. Brack —9K 15
Hawkwell. C Crook —9C 88
Hawkwood Dell. Bookh —4A 98
Hawkwood Rise. Bookh —4A 98
Hawley Clo. Hamp —7N 23
Hawley Ct. F'boro —6K 69
Hawley Grn. B'water —3K 69
Hawley La. F'boro —5M 69
(in two parts)
Hawley La. Ind. Est. F'boro —6N 69
Hawley Rd. B'water —2J 69
Hawley Way. Ashf —6B 22
Hawmead. Craw D —1F 184
Haworth Rd. M'bowr —4F 182
Haws La. Stai —9J 7
Hawth Av. Craw —5D 182
Hawth Clo. Craw —5C 182
Hawthorn Av. Big H —2F 86
Hawthorn Av. Rich —5L 11
Hawthorn Clo. Alder —4C 110
Hawthorn Clo. Bans —1K 81
Hawthorn Clo. Brack —9M 15
Hawthorn Clo. Craw —9A 162
Hawthorn Clo. Eden —1L 147
Hawthorn Clo. Hamp —6A 24
Hawthorn Clo. H'ham —4J 197
Hawthorn Clo. Houn —3J 9
Hawthorn Clo. Red —8E 122
Hawthorn Clo. Wok —7A 74
Hawthorn Cres. SW17 —6E 28
Hawthorn Cres. S Croy —7F 64
Hawthorn Dri. W Wick —1A 66
Hawthorne Av. Cars —4E 62
Hawthorne Av. Mitc —1B 44
Hawthorne Av. T Hth —9M 29
Hawthorne Av. Wink —3M 17
Hawthorne Clo. Sutt —8A 44
Hawthorne Ct. Stai —1M 21
(off Hawthorne Way)
Hawthorne Cres. B'water —2K 69
Hawthorne Dri. Wink —3M 17
Hawthorne Pl. Eps —8D 60
Hawthorne Rd. Stai —5E 20
Hawthorne Way. Guild —8D 94
Hawthorne Way. Stai —1M 21
Hawthorne Way. Wink —2M 17
Hawthorn Gro. SE20 —1E 46
Hawthorn Hatch. Bren —3H 11
Hawthorn La. Brack —1C 16
Hawthorn La. Rowl —8E 128
Hawthorn La. Wind —1B 16
Hawthorn Rd. Bren —3H 11
Hawthorn Rd. Frim —4D 70
Hawthorn Rd. G'ming —9E 132
Hawthorn Rd. Rip —2J 95
Hawthorn Rd. Sutt —3C 62
Hawthorn Rd. Wall —4F 62
Hawthorn Rd. Wok —7N 73
Hawthorns, The. Coln —4H 7
Hawthorns, The. Eps —4E 60
Hawthorns, The. Oxt —2C 126
Hawthorn Way. Bisl —3D 72
Hawthorn Way. New H —6L 55
Hawthorn Way. Red —4F 122
Hawthorn Way. Shep —3E 38
Hawtrey Rd. Wind —5F 4
Haxted Rd. Ling & Eden —5A 146
Haybarn Dri. H'ham —1L 197
Haycroft Clo. Coul —5M 83
Haycroft Rd. Surb —8K 41
Hayden Ct. New H —7K 55
Haydn Av. Purl —1L 83
Haydon Pk. Rd. SW19 —6M 27
Haydon Pl. Guild —4N 113
Haydons Rd. SW19 —6N 27
Hayes Barton. Wok —3F 74
Hayes Chase. W Wick —5N 47
Hayes Ct. SW2 —2J 29
Hayes Cres. Sutt —1J 61
Hayes Hill. Brom —7N 47
Hayes La. Beck —2M 47
Hayes La. Kenl —3M 83
Hayes La. Slin —8H 195
Hayes, The. Eps —6D 80
Hayes Wlk. Small —7L 143
Hayes Way. Beck —3M 47
Hayfields. Horl —7F 142
Haygarth Pl. SW19 —6J 27
Haygreen Clo. King T —7A 26
Haylett Gdns. King T —3K 41
Hayley Grn. Warf —6D 16
Hayling Av. Felt —4H 23
Hayling Ct. Craw —6A 182
Hayling Ct. Sutt —1H 61
Haymeads Dri. Esh —3C 58
Haymer Gdns. Wor Pk —9F 42
Hayne Rd. Beck —1J 47
Haynes Clo. Rip —9K 75
Haynes Clo. Slou —1B 6
Haynt Wlk. SW20 —2K 43
Hays Bri. Bus. Cen. S God —5F 144
Haysbridge Houses. God —4E 144
Hayse Hill. Wind —4A 4
Haysleigh Gdns. SE20 —1D 46
Hays Wlk. Sutt —6J 61
Haywain. Oxt —8N 105
Hayward Clo. SW19 —8N 27
Haywardens. Ling —6N 145
Hayward Gdns. SW15 —9H 13
Haywards. Craw —9H 163
Haywards Mead. Eton W —1C 4
Haywood. Brack —6A 32
Haywood Dri. Fleet —6B 88
Haywood Rise. Orp —2N 67
Hazel Av. F'boro —3L 89
Hazel Av. Guild —8M 93
Hazel Bank. SE25 —1B 46
Hazel Bank. Surb —7B 42
Hazelbank Ct. Cher —7L 37
Hazelbank Rd. Cher —7L 37
Hazelbourne Rd. SW12 —1F 28
Hazelbury Clo. SW19 —1M 43
Hazel Clo. Bren —3H 11
Hazel Clo. Craw —9A 162
Hazel Clo. Craw D —1F 184
Hazel Clo. Croy —6G 46
Hazel Clo. Egh —7L 19
Hazel Clo. Mitc —3H 45
Hazel Clo. Reig —5A 122
Hazel Clo. Twic —1C 24
Hazel Ct. Guild —8N 93
Hazel Dene. Add —2L 55
Hazeldene Ct. Kenl —2A 84
Hazel Dri. Rip —3H 95
Hazel Gro. Hind —7C 170
Hazel Gro. Stai —7K 21
Hazelhurst. Beck —1N 47
Hazelhurst. Horl —7G 143
Hazelhurst Clo. Guild —7D 94
Hazelhurst Cres. H'ham —7F 196
Hazelhurst Dri. Worth —3J 183
Hazelhurst Rd. SW17 —5A 28
Hazel La. Rich —3L 25
Hazell Hill. Brack —2A 32
Hazell Rd. Farnh —1E 128
Hazel Mead. Eps —6F 60
Hazelmere Clo. Felt —9F 8
Hazelmere Clo. Lea —6H 79
Hazelmere Ct. SW2 —2K 29
Hazel Pde. Fet —9C 78
Hazel Rd. Ash —5G 111
Hazel Rd. Myt —3E 90
Hazel Rd. Reig —5A 122
Hazel Rd. W Byf —1J 75
Hazel Wlk. N Holm —8J 119
Hazel Way. Coul —6D 82
Hazel Way. Craw D —1F 184
Hazel Way. Fet —9C 78
Hazelwick Av. Craw —1E 182
Hazelwick Ct. Craw —1E 182
Hazelwick Mill La. Craw (in two parts) —1E 182
Hazelwick Rd. Craw —2E 182
Hazelwood. Craw —3M 181
Hazelwood. Dork —6H 119
Hazelwood. Elst —7J 131
Hazelwood Av. Mord —3N 43
Hazelwood Clo. Craw D —1C 184
Hazelwood Cotts. G'ming —7G 132
Hazelwood Ct. Surb —5L 41
Hazelwood Gro. S Croy —9E 64
Hazelwood Heights. Oxt —9C 106
Hazelwood Houses. Short —2N 47
Hazelwood La. Binf —6L 15
Hazelwood La. Coul —5C 82
Hazelwood Rd. Cud —8M 67
Hazelwood Rd. Knap —5H 73
Hazelwood Rd. Oxt —1D 126
Hazlebury Rd. SW6 —5N 13
Hazledean Rd. Croy —8A 46
Hazledene Rd. W4 —2B 12
Hazlemere Gdns. Wor Pk —7F 42
Hazlewell Rd. SW15 —8H 13
Hazlitt Clo. Felt —5M 23
Hazon Way. Eps —8B 60
Headcorn Pl. T Hth —3K 45
Headcorn Rd. T Hth —3K 45
Headington Clo. Wokgm —9C 14
Headington Dri. Wokgm —9C 14
Headington Rd. SW18 —3A 28
Headlam Rd. SW4 —1H 29
Headland Way. Ling —7N 145
Headley Av. Wall —2K 63
Headley Clo. Craw —9H 163
Headley Clo. Eps —3N 59
Headley Comn. Rd. H'ley —4C 100
Headley Ct. Eden —1M 147
Headley Ct. H'ley —1A 100
Headley Dri. Eps —6H 81
Headley Dri. New Ad —4L 65
Headley Fields. Head —4D 168
Headley Gro. Tad —7G 81
Headley Heath App. Tad —8A 100
Headley Hill Rd. Head —4E 168
Headley La. Mick —7J 99
Headley La. Pass —8D 168
Headley Pk. Cotts. Head —9B 148
Headley Rd. Eps —5A 80
Headley Rd. Gray —5K 169
Headley Rd. Lea & Eps —9J 79
Headley Rd. Lind —4B 168
Headway Clo. Rich —5J 25
Headway, The. Eps —5E 60
Healy Dri. Orp —1N 67
Hearmon Clo. Yat —9D 48
Hearne Rd. W4 —2N 11
Hearn Vale. Head —2F 168
Hearnville Rd. SW12 —2E 28
Hearn Wlk. Brack —9C 16
Hearsey Gdns. B'water —9G 49
(in two parts)
Heathacre. Coln —4F 6
Heatham Pk. Twic —1F 24
Heathbridge. Wey —3B 56
Heathbridge App. Wey —3B 56
Heath Bus. Cen. Houn —7C 10
Heath Clo. Bans —1N 81
Heath Clo. Broad H —5E 196
Heath Clo. Farnh —5H 109
Heath Clo. Hayes —3E 8
Heath Clo. Hind —2A 170
Heath Clo. Stai —9L 7
Heath Clo. Vir W —3N 35
Heath Clo. Wokgm —4A 30
Heathcote. Tad —8J 81
Heathcote Clo. Ash V —1E 110
(off Church Path)
Heathcote Dri. E Grin —8L 165
Heathcote Rd. Ash —1F 110
Heathcote Rd. Camb —1B 70
Heathcote Rd. Eps —1C 80
Heathcote Rd. Twic —9H 11
Heath Cotts. Bourne —8J 129
Heath Ct. Bag —4J 51
Heath Ct. Broad H —5E 196
Heath Ct. Houn —7N 9
Heathcroft Av. Sun —8G 23
Heathdale Av. Houn —6M 9
Heathdene Rd. SW16 —8K 29
Heathdene Rd. Wall —4F 62
Heathdown Rd. Wok —2F 74
Heath Dri. SW20 —3H 43
Heath Dri. Brkwd —7D 72
Heath Dri. Send —9D 74
Heath Dri. Sutt —5A 62
Heath Dri. Tad —3F 100
Heather Clo. Alder —3K 109
Heather Clo. Ash V —8F 90
Heather Clo. Copt —8M 163
Heather Clo. Farnh —5E 128
Heather Clo. Guild —2L 113
Heather Clo. Hamp —9N 23
Heather Clo. H'ham —3K 197
Heather Clo. Iswth —8D 10
Heather Clo. New H —6K 55
Heather Clo. Tad —9K 81
Heather Clo. Wok —2M 73
Heather Cotts. Hind —1B 170
Heather Ct. Hind —5E 170
Heatherdale Clo. King T —8N 25
Heatherdale Rd. Camb —2A 70
Heatherdene. W Hor —3E 96
Heatherdene Av. Crowt —3D 48
Heatherdene Clo. Mitc —3B 44
Heather Dri. Asc —6E 34
Heather Dri. C Crook —8A 88
Heather Dri. Lind —4A 168
Heatherfields. New H —6K 55
Heather Gdns. F'boro —3J 89
Heather Gdns. Sutt —3M 61
Heatherlands. Horl —7F 142
(in two parts)
Heatherlands. Sun —7H 23
Heatherley Clo. Camb —1N 69
Heatherley Rd. Camb —1N 69
Heather Mead. Frim —4D 70
Heather Mead Ct. Frim —4D 70
Heathermount. Brack —3C 32
Heathermount Dri. Crowt —1E 48
Heathermount Gdns. Crowt —1E 48
Heather Pl. Esh —1B 58
Heather Ridge Arc. Camb —2G 71
Heatherset Clo. Esh —2C 58
Heatherset Gdns. SW16 —8K 29
Heatherside Dri. Vir W —5K 35
Heatherside Rd. Eps —4C 60
Heathersland. Dork —8J 119
Heathers, The. Stai —1A 22
Heathervale Cvn. Pk. New H —6L 55
Heathervale Rd. New H —6K 55
Heather View Cotts. Fren —1H 149
Heather Wlk. Brkwd —8A 72
Heather Wlk. Craw —6N 181
Heather Wlk. Small —8N 143
Heather Wlk. Twic —1A 24
(off Stephenson Rd.)
Heather Wlk. W Vill —6F 56
Heather Way. Chob —4H 53
Heatherway. Crowt —2F 48
Heatherway. Felb —3J 165
Heather Way. Hind —5D 170
Heather Way. S Croy —5G 65
Heathfield. Cobh —1A 78
Heathfield. Craw —9H 163
(in two parts)
Heathfield Av. SW18 —1B 28
Heathfield Av. Asc —4B 34
Heathfield Clo. G'ming —9H 133
Heathfield Clo. Kes —2E 66
Heathfield Clo. Wok —5C 74
Heathfield Ct. W4 —1C 12
Heathfield Ct. Fleet —6A 88
Heathfield Dri. Mitc —9C 28
Heathfield Dri. Red —8C 122
Heathfield Gdns. W4 —1B 12
Heathfield Gdns. Croy —1A 64
Heathfield N. Twic —1E 24
Heathfield Rd. SW18 —1A 28
Heathfield Rd. Chess —4M 59
Heathfield Rd. Croy —1A 64
Heathfield Rd. Kes —2E 66
Heathfield Rd. W On T —1M 57
Heathfield Rd. Wok —5C 74
Heathfields Ct. Houn —8M 9
Heathfield S. Twic —1F 24
Heathfield Sq. SW18 —1B 28
Heathfield Ter. W4 —1B 12
Heathfield Vale. S Croy —5G 65
Heath Gdns. Twic —2F 24
Heath Gro. Sun —8G 23
Heath Hill. Dock —7D 148
Heath Hill. Dork —5H 119
Heath Hill Rd. N. Crowt —2G 48
Heath Hill Rd. S. Crowt —2G 49
Heath Ho. Rd. Wok —9G 73
Heathhurst Rd. S Croy —5A 64
Heathlands. Brack —3M 31
Heathlands. Tad —9J 81
Heathlands Clo. Sun —1H 39
Heathlands Clo. Twic —3F 24
Heathlands Clo. Wok —1A 74
Heathlands Ct. Wokgm —8E 30
Heathlands Ct. Yat —2D 68
Heathlands Rd. Wokgm —5E 30
Heathland St. Alder —2M 109
Heathlands Way. Houn —8M 9
Heath La. Abry —1N 135
Heath La. Ews —6A 108
Heath La. Farnh —5H 109
Heath La. G'ming —9K 133
Heathmans Rd. SW6 —4L 13
Heath Mead. SW19 —4J 27
Heath Mill La. Worp —3E 92
Heathmoors. Brack —4A 32
Heathpark Dri. W'sham —3B 52
Heath Pl. Bag —4J 51
Heath Ride. Finch & Crowt —1A 48
Heath Ridge Grn. Cobh —9A 58
Heath Rise. SW15 —9J 13
Heath Rise. Camb —1B 70
Heath Rise. Rip —1K 95
Heath Rise. Vir W —3N 35
Heath Rise. Westc —7C 118
Heath Rd. Bag —4J 51
Heath Rd. Cat —1A 104
Heath Rd. Hasl —3B 188
Heath Rd. Houn —7B 10
Heath Rd. Oxs —8C 58
Heath Rd. T Hth —2N 45
Heath Rd. Twic —2F 24
Heath Rd. Wey —1B 56
Heath Rd. Wok —2B 74
Heathrow. Gom —8D 116
Heathrow Boulevd. W Dray —3A 8
Heathrow Causeway Cen. Houn —6H 9
Heathrow Clo. W Dray —4K 7
Heathrow International Trad. Est. Houn —6J 9
Heathrow Summit Cen. W Dray —3M 7
Heathside. Esh —9E 40
Heathside. Houn —1N 23
Heathside. Wey —2C 56
Heathside Clo. Esh —9E 40
Heathside Ct. Tad —1H 101
Heathside Cres. Wok —4B 74
Heathside Gdns. Wok —4C 74
Heathside La. Hind —3B 170
Heathside Pk. Rd. Wok —5B 74
Heathside Rd. Wok —5B 74
Heath, The. Cat —2A 104
Heath, The. P'ham —8A 112
Heathvale Bri. Rd. Ash V —7E 90
Heath View. E Hor —3G 97
Heathview Gdns. SW15 —1H 27
Heathview Rd. Milf —3B 152
Heathview Rd. T Hth —3L 45
Heathway. Asc —9J 17
Heathway. Camb —1B 70
Heathway. Cat —3N 103
Heathway. Croy —8J 47
Heathway. E Hor —2G 97
Heath Way. H'ham —3K 197
Heathway. S'hall —1L 9
Heathway Clo. Camb —1B 70
Heathwood Clo. Yat —8C 48
Heathyfields Rd. Farnh —6E 108
Heaton Rd. Mitc —8E 28
Hebbecastle Down. Warf —7A 16
Hebdon Rd. SW17 —4C 28
Heber Mans. W14 —2K 13
(off Queen's Club Gdns.)
Heckfield Pl. SW6 —3M 13
Heddon Clo. Iswth —7G 10
Heddon Wlk. F'boro —7M 69
Hedgecourt Pl. Felb —6H 165
Hedge Croft. Yat —9A 48
Hedgecroft Cotts. Rip —8K 75
Hedgehog La. Hasl —2F 188
Hedgerley Ct. Wok —4M 73
Hedger's Almshouses. Guild —2F 114
(off Wykeham Rd.)
Hedgeside. Craw —8A 182
Hedgeway. Guild —5K 113
Hedingham Clo. Horl —7G 142
Hedley Rd. Twic —1A 24
Heenan Clo. Frim G —7C 70
Heidegger Cres. SW13 —3G 13
Heighton Gdns. Croy —2M 63
Heights Clo. SW20 —8G 27
Heights Clo. Bans —3K 81
Heights, The. Wey —6B 56
Helby Rd. SW4 —1H 29
Helder St. S Croy —3A 64
Heldmann Clo. Houn —7D 10
Helena Clo. Wall —4K 63
Helena Rd. Wind —5G 4
Helen Av. Felt —1J 23
Helen Clo. W Mol —3B 40
Helen Ct. F'boro —1N 89
Helford Wlk. Wok —5K 73
Helgiford Gdns. Sun —8F 22
Helicon Ho. Craw —4A 182
Helix Rd. SW2 —1K 29
Helme Clo. SW19 —6L 27
Helmsdale. Brack —4C 32

Helmsdale—Hill Crest

Helmsdale. Wok —5L 73
Helmsdale Rd. SW16 —9H 29
Helson La. Wind —4E 4
Helston Clo. Frim —7E 70
Helston La. Wind —4E 4
Helvellyn Clo. Egh —8D 20
Hemingford Rd. Sutt —1H 61
Hemlock Clo. Tad —1K 101
Hemming Clo. Hamp —9A 24
Hemmyng Corner. Warf —7A 16
Hempshaw Av. Bans —3D 82
Hemsby Rd. Chess —3M 59
Hemsby Wlk. Craw —5F 182
Hemsley Ct. Guild —9K 93
Hemwood Rd. Wind —6A 4
Henbane Ct. Craw —7N 181
Henbit Clo. Tad —6G 81
Henchley Dene. Guild —9F 94
Henderson Av. Guild —8L 93
Henderson Rd. SW18 —1C 28
Henderson Rd. Big H —8E 66
Henderson Rd. Craw —8N 181
Henderson Rd. Croy —5A 46
Henderson Way. H'ham —8F 196
Hendham Rd. SW17 —3C 28
Hendon Way. Stai —9M 7
Hendrick Av. SW12 —1D 28
Hendy Sq. Fleet —4A 88
Heneage Cres. New Ad —6M 65
Henfield Rd. SW19 —9L 27
Henfold Cotts. Dork —9N 139
Henfold Dri. Bear G —8K 139
Henfold La. Dork —4L 139
Hengelo Gdns. Mitc —3B 44
Hengist Clo. H'ham —7G 197
Hengist Way. Brom —3N 47
Hengrove Cres. Ashf —4M 21
Henhurst Cross La. Cold —9G 139
Henhurst La. Dork —8G 138
Henley Av. Sutt —9K 43
Henley Bank. Guild —5K 113
Henley Clo. F'boro —6K 69
Henley Clo. Iswth —4F 10
Henley Clo. M'bowr —5H 183
Henley Ct. Wok —7D 74
Henley Dri. Frim G —7C 70
Henley Dri. King T —8E 26
Henley Fort Bungalows. Guild —6K 113
Henley Gdns. Yat —1C 68
Henley Way. Felt —6L 23
Henlow Pl. Rich —3K 25
Henlys Roundabout. (Junct.) —5L 9
Henrietta Ho. W6 —1H 13
(off Queen Caroline St.)
Henry Hatch Wlk. Sutt —4A 62
Henry Jackson Rd. SW15 —6J 13
Henshaw Clo. Craw —5L 181
Henslow Way. Wok —1F 74
Henson Rd. Craw —2F 182
Hensworth Rd. Ashf —6M 21
Henty Clo. Craw —6K 181
Henty Wlk. SW15 —8G 12
Hepple Clo. Iswth —5H 11
Hepplestone Clo. SW15 —9G 13
Hepplewhite Clo. Craw —8N 181
Hepworth Croft. Col T —9K 49
Hepworth Rd. SW16 —8J 29
Hepworth Way. W On T —7G 39
Heracles Clo. Wall —4J 63
Herald Gdns. Wall —8F 44
Herbert Clo. Brack —4N 31
Herbert Cres. Knap —5H 73
Herbert Gdns. W4 —2A 12
Herbert Morrison Ho. SW6
(off Clem Attlee Ct.) —2L 13
Herbert Rd. SW19 —8L 27
(in two parts)
Herbert Rd. King T —2M 41
Herbs End. F'boro —9H 69
Hereford Clo. Craw —7C 182
Hereford Clo. Eps —9C 60
Hereford Clo. Guild —1J 113
Hereford Clo. Stai —9K 21
Hereford Copse. Wok —6L 73
Hereford Ct. Sutt —4M 61
Hereford Gdns. Twic —2C 24
Hereford La. Farnh —6G 109
Hereford Mead. Fleet —1C 88
Hereford Rd. Felt —2K 23
Hereford Sq. SW7 —1N 13
Hereford Way. Chess —2J 59
Hereward Av. Purl —7L 63
Hereward Rd. SW17 —5D 28
Heriot Rd. Cher —6J 37
Heritage Hill. Kes —2E 66
Heritage Lawn. Horl —7G 142
Herlwyn Gdns. SW17 —5D 28
Herm Clo. Craw —7M 181
Herm Clo. Iswth —3C 10
Hermes Clo. Fleet —4D 88
Hermes Way. Wall —4H 63
Hermitage Bri. Cotts. Knap —6G 72
Hermitage Clo. Clay —3G 58
Hermitage Clo. F'boro —4B 90
Hermitage Clo. Frim —5D 70
Hermitage Clo. Shep —3B 38
Hermitage Dri. Asc —1J 33
Hermitage Gdns. SE19 —8N 29
Hermitage Grn. SW16 —9J 29
Hermitage La. SE25 —5D 46
(in two parts)
Hermitage La. SW16 —8K 29
Hermitage La. Croy & SE25 —6D 46
Hermitage La. E Grin —1B 186
Hermitage La. Wind —7D 4
Hermitage Pde. Asc —2M 33
Hermitage Path. SW16 —9J 29
Hermitage Rd. SE19 —8N 29
Hermitage Rd. E Grin —7N 165
Hermitage Rd. Kenl —2N 83
Hermitage Rd. Wok —7G 72
Hermitage, The. SW13 —4E 12
Hermitage, The. Felt —4G 23
Hermitage, The. King T —3K 41
Hermitage, The. Rich —8L 11
Hermitage Woods Cres. Wok —7G 73
Hermitage Woods Est. Knap —6H 73
Hermits Rd. Craw —2D 182
Hermonger's La. Rud —7G 176
Hernbrook Dri. H'ham —8L 197
Herndon Clo. Egh —5C 20
Herndon Rd. SW18 —8N 13
Herne Rd. Surb —8K 41
Heron Clo. Asc —9H 17
Heron Clo. C Crook —7D 88
Heron Clo. Craw —1A 182
Heron Clo. Eden —9L 127
Heron Clo. Guild —9L 93
Heron Clo. Myt —1D 90
Heron Ct. Eps —1F 80
Heron Dale. Add —2M 55
Herondale. Brack —6A 32
Herondale. Hasl —2C 188
Herondale. S Croy —5G 65
Herondale Av. SW18 —2B 28
Heronfield. Egh —7L 19
Heron Pk. Pde. SW19 —9L 27
Heron Pl. E Grin —1B 186
Heron Rd. Croy —8B 46
Heron Rd. Twic —7G 11
Heronry, The. W On T —3H 57
Heronsbrook. Asc —1B 34
Herons Clo. Copt —5D 164
Herons Ct. Light —7N 51
Herons Croft. Wey —3D 56
Heron Shaw. Cranl —9N 155
Herons Lea. Copt —5D 164
Heron's Pl. Iswth —6H 11
Heron Sq. Rich —8K 11
Herons Way. Brkwd —8A 72
Heron's Way. Wokgm —1D 30
Herons Wood Ct. Horl —7F 142
Herontye Dri. E Grin —1B 186
Heron Wlk. Wok —1E 74
Heron Way. H'ham —6N 197
Heron Wood Rd. Alder —4B 110
Herretts Gdns. Alder —3B 110
Herrett St. Alder —4B 110
Herrick Clo. Craw —1G 182
Herrick Clo. Frim —3G 71
Herrings La. Cher —5J 37
Herrings La. W'sham —2A 52
Herriot Ct. Yat —2B 68
Herschel Grange. Warf —6B 16
Herschel Wlk. Craw —8N 181
Hersham By-Pass. W on T —2J 57
Hersham Cen., The. W on T —2L 57
Hersham Clo. SW15 —1F 26
Hersham Gdns. W On T —1K 57
Hersham Pl. W On T —2L 57
Hersham Rd. W On T —7H 39
Hersham Trad. Est. W on T —8M 39
Hertford Av. SW14 —8C 12
Hertford Sq. Mitc —3J 45
Hertford Way. Mitc —3J 45
Hesiers Hill. Warl —4A 86
Hesiers Rd. Warl —3A 86
Hesketh Clo. Cranl —7N 155
Heslop Rd. SW12 —2D 28
Hesper M. SW5 —1N 13
Hessle Gro. Eps —7E 60
Hestercombe Av. SW6 —5K 13
Hesterman Way. Croy —7K 45
Hester Ter. Rich —6N 11
Heston Av. Houn —2M 9
Heston Cen., The. Houn —1K 9
Heston Grange. Houn —2N 9
Heston Grange La. Houn —2N 9
Heston Ind. Cen. Houn —2K 9
Heston Ind. Mall. Houn —3N 9
Heston Rd. Houn —3A 10
Heston Rd. Red —7D 122
Heston Wlk. Red —7D 122
Hetherington Rd. Shep —1D 38
Hethersett Clo. Reig —9A 102
Hever Rd. Eden —3M 147
Hevers Av. Horl —7D 142
Hevers Corner. Horl —7D 142
Hewers Way. Tad —7G 81
Hewitt Clo. Croy —9K 47
Hewitts Ind. Est. Cranl —7K 155
Hewlett Pl. Bag —4K 51
Hexham Clo. Owl —5J 49
Hexham Clo. Worth —3J 183
Hexham Gdns. Iswth —3G 10
Hexham Rd. SE27 —3N 29
Hexham Rd. Mord —7N 43
Hextalls La. Blet —6A 104
Heybridge Av. SW16 —8J 29
Heyford Av. SW20 —2L 43
Heyford Rd. Mitc —1C 44
Heymede. Lea —1J 99
Heythorpe Clo. Knap —4J 73
Heythorp St. SW18 —2L 27
Heywood Ct. G'ming —4F 132
Heywood Dri. Bag —5G 51
Hibbert's All. Wind —4G 4
Hibernia Gdns. Houn —7A 10
Hibernia Rd. Houn —7A 10
Hibiscus Gro. Bord —7A 168
Hickey's Almshouses. Rich —7M 11
Hickling Wlk. Craw —5F 182
Hickmans Clo. God —1F 124
Hicks La. B'water —1J 69
Hidcote Clo. Wok —3D 74
Hidcote Gdns. SW20 —2G 42
Higgs La. Bag —4H 51
Highacre. Dork —8H 119
Highams Hill. Craw —4L 181
Highams Hill. Warl —8C 66
Highams La. Chob —3D 52
High Barn Rd. Eff & Ran C —7L 97
Highbarrow Rd. Croy —7D 46
High Beech. Brack —3D 32
High Beech. S Croy —4B 64
High Beeches. Bans —1H 81
High Beeches. Frim —4B 70
High Beeches Clo. Purl —6H 63
Highbirch Clo. H'ham —3A 198
High Broom Cres. W Wick —6L 47
Highbury Av. T Hth —1L 45
Highbury Clo. N Mald —3B 42
Highbury Clo. W Wick —8L 47
Highbury Cres. Camb —8E 50
Highbury Gro. Hasl —9G 170
Highbury Rd. SW19 —6K 27
High Cedar Dri. SW20 —8H 27
Highclere. Asc —4A 34
Highclere. Guild —9C 94
Highclere Clo. Brack —1C 32
Highclere Clo. Kenl —2N 83
Highclere Ct. Knap —4F 72
Highclere Dri. Camb —8E 50
Highclere Gdns. Knap —4F 72
Highclere Rd. Alder —4B 110
Highclere Rd. Knap —4F 72
Highclere Rd. N Mald —2C 42
Highcliffe Dri. SW15 —9E 12
High Coombe Pl. King T —8C 26
High Copse. Farnh —6F 108
Highcotts La. Send —3H 95
(in two parts)
Highcroft. Milf —2B 152
Highcroft. Sham G —7G 135
Highcroft Ct. Bookh —1A 98
Highcroft Dri. Warn —8F 176
Highcross Way. SW15 —2F 26
Highdaun Dri. SW16 —3K 45
Highdown. Fleet —3B 88
Highdown. Wor Pk —8D 42
Highdown Ct. Craw —6F 182
Highdown La. Sutt —7N 61
Highdown Rd. SW15 —9G 12
Highdown Way. H'ham —2M 197
High Dri. N Mald —9B 26
High Dri. Oxs —1D 78
High Dri. Wold —9K 85
High Elms Rd. Dow —7J 67
Higher Alham. Brack —6C 32
Highercombe Rd. Hasl —9J 171
Higher Dri. Bans —8J 61
Higher Dri. E Hor —5F 96
Higher Dri. Purl —9L 63
Higher Grn. Eps —9F 60
Highfield. Bans —4C 82
Highfield. Brack —5L 31
Highfield. Felt —2H 23
Highfield. Shalf —2B 134
Highfield Av. Alder —5M 109
Highfield Clo. Alder —4N 109
Highfield Clo. Egh —7M 19
Highfield Clo. F'boro —1L 89
Highfield Clo. Farnh —4G 128
Highfield Clo. Oxs —7D 58
Highfield Clo. Surb —7J 41
Highfield Clo. W Byf —9J 55
Highfield Clo. Wokgm —2B 30
Highfield Cres. Hind —5D 170
Highfield Dri. Eps —3E 60
Highfield Dri. W Wick —8L 47
Highfield Gdns. Alder —4M 109
Highfield Ho. Craw —2B 182
(off Town Mead)
Highfield La. P'ham —9L 111
Highfield La. Thur —9F 150
Highfield Path. F'boro —1L 89
Highfield Rd. Big H —4E 86
Highfield Rd. Cat —9D 84
Highfield Rd. Cher —7J 37
Highfield Rd. E Grin —7N 165
Highfield Rd. F'boro —1L 89
Highfield Rd. Felt —3H 23
Highfield Rd. Iswth —4F 10
Highfield Rd. Purl —6K 63
Highfield Rd. Sun —4G 38
Highfield Rd. Surb —6G 42
Highfield Rd. Sutt —2C 62
Highfield Rd. W On T —7H 39
Highfield Rd. W Byf —9J 55
Highfield Rd. Wind —6C 4
High Fields. Asc —4C 34
Highfields. Asht —6K 79
Highfields. E Hor —6G 96
Highfields. Fet —2D 98
Highfields. F Row —7H 187
Highfields. Sutt —8M 43
Highfields Rd. Eden —7L 127
High Foleys. Clay —4H 59
High Gdns. Wok —6L 73
High Garth. Esh —3C 58
Highgate Ct. Craw —7A 182
Highgate La. F'boro —9A 70
Highgate Rd. F Row —8G 187
Highgate Works. F Row —8G 187
Highgrove. F'boro —7N 69
Highgrove Ct. Sutt —3M 61
Highgrove Ho. Guild —1E 114
Highgrove M. Cars —9D 44
High Hill Rd. Warl —2M 85
Highland Cotts. Wall —1G 62
Highland Dri. Fleet —1D 88
Highland Pk. Felt —5G 23
Highland Rd. Alder —2B 110
Highland Rd. Bear G —8J 139
Highland Rd. Camb —7C 50
Highland Rd. Purl —1L 83
Highlands. Asht —6J 79
Highlands Av. H'ham —6L 197
Highlands Av. Lea —9J 79
Highlands Clo. Farnh —4G 128
Highlands Clo. Houn —4B 10
Highlands Clo. Lea —9H 79
Highlands Cres. H'ham —6L 197
Highlands Heath. SW15 —1H 27
Highlands La. Wok —8A 74
Highlands Pk. Lea —1K 99
Highlands Rd. Farnh —5H 109
Highlands Rd. H'ham —6L 197
Highlands Rd. Lea —9H 79
Highlands Rd. Reig —2B 122
Highlands, The. E Hor —3F 96
High La. Hasl —9G 170
High La. Warl —5J 85
High Loxley Rd. Duns —1C 174
High Mead. Cars —7B 62
(off Pine Cres.)
High Mead. W Wick —8N 47
High Meadow Clo. Dork —6H 119
High Meadow Pl. Cher —5H 37
High Oaks. Craw —5N 181
High Pde., The. SW16 —4J 29
High Pk. Av. E Hor —4G 96
(in two parts)
High Pk. Av. Rich —4N 11
High Pk. Rd. Farnh —9G 109
High Pk. Rd. Rich —4N 11
High Path. SW19 —9N 27
High Path Rd. Guild —3E 114
High Pewley. Guild —5A 114
High Pine Clo. Wey —2D 56
High Pines. Warl —6F 84
High Pines Cvn. Site. Brack —4F 16
High Pitfold. Gray —8B 170
Highpoint. Wey —2B 56
High Ridge. G'ming —9G 132
Highridge Clo. Eps —1D 80
Highridge La. Bet —9A 120
High Rd. Byfl —8M 55
High Rd. Red & Coul —5A 102
High Standing. Cat —3N 103
High St. Addlestone, Add —1K 55
High St. Aldershot, Alder —2N 109
High St. Ascot, Asc —2K 33
High St. Bagshot, Bag —4J 51
High St. Banstead, Bans —2M 81
High St. Beckenham, Beck —1K 47
High St. Bletchingley, Blet —2N 123
High St. Bracknell, Brack —1N 31
High St. Bramley, Brmly —5B 134
High St. Brentford, Bren —3J 11
High St. Camberley, Camb —9B 50
High St. Carshalton, Cars —1E 62
High St. Caterham, Cat —1B 104
High St. Cheam, Cheam —3K 61
High St. Chiddingfold, C'fold —8H 173
High St. Chobham, Chob —7H 53
High St. Claygate, Clay —3F 58
High St. Cobham, Cobh —1J 77
High St. Colliers Wood, SW19 —8B 28
High St. Colnbrook, Coln —3E 6
High St. Cranford, Cran —4H 9
High St. Cranleigh, Cranl —7L 155
High St. Crawley, Craw —3B 182
(in three parts)
High St. Crowthorne, Crowt —3H 49
High St. Croydon, Croy —9N 45
High St. Datchet, Dat —4L 5
High St. Dorking, Dork —5H 119
High St. Downe, Dow —7J 67
High St. East Grinstead, E Grin —1B 186
High St. East Molesey, E Mol —3A 40
High St. Edenbridge, Eden —1L 147
High St. Egham, Egh —6B 20
High St. Epsom, Eps —9C 60
High St. Esher, Esh —1B 58
High St. Eton, Eton —2G 4
High St. Ewell, Ewe —5E 60
High St. Farnborough, Farn —2K 67
High St. Farnborough, F'boro —5B 90
High St. Feltham, Felt —4G 23
High St. Godalming, G'ming —7G 133
High St. Godstone, God —8E 104
High St. Great Bookham, Bookh —3B 98
High St. Green Street Green, Grn St —4N 67
High St. Guildford, Guild
(in four parts) —5M 113
High St. Hampton, Hamp —9C 24
High St. Hampton Hill, Hamp H —7C 24
High St. Hampton Wick, Hamp W —9J 25
High St. Handcross, Hand —8N 199
High St. Harlington, Hayes —2E 8
High St. Harmondsworth, Harm —2M 7
High St. Haslemere, Hasl —2H 189
High St. Headley, Head —4D 168
High St. Horley, Horl —8F 142
High St. Horsell, Hors —2L 73
High St. Hounslow, Houn —6B 10
High St. Kingston upon Thames, King T —2K 41
High St. Knaphill, Knap —4F 72
High St. Langley, Langl —1B 6
High St. Leatherhead, Lea
(in two parts) —9H 79
High St. Limpsfield, Limp —6C 106
High St. Lingfield, Ling —7N 145
High St. Little Sandhurst, Sand —6E 48
High St. Loxwood, Loxw —5H 193
High St. Merstham, Mers —6F 102
High St. New Malden, N Mald —3D 42
High St. Nutfield, Nutf —2K 123
High St. Old Woking, Old Wok —8C 74
High St. Oxshott, Oxs —9D 58
High St. Oxted, Oxt —8N 105
High St. Purley, Purl —7L 63
High St. Redhill, Red —3D 122
High St. Reigate, Reig —3M 121
High St. Ripley, Rip —8L 75
High St. Rowledge, Rowl —8D 128
High St. Rusper, Rusp —2B 180
High St. Sandhurst, Sand —6E 48
High St. Shepperton, Shep —5C 38
High St. South Norwood, SE25 —3C 46
High St. Staines, Stai —5H 21
High St. Stanwell, Stanw —9M 7
High St. Sunningdale, S'dale —4D 34
High St. Sunninghill, S'hill —4A 34
High St. Sutton, Sutt —1N 61
High St. Tadworth, Tad —1H 101
High St. Teddington, Tedd —6F 24
High St. Thames Ditton, Th Dit —5G 40
High St. Thornton Heath, T Hth —3N 45
High St. Walton-on-Thames, W on T —7H 39
High St. West End, W End —8C 52
High St. Westerham, W'ham —5L 107
High St. West Wickham, W Wick —7L 47
High St. Weybridge, Wey —1B 56
High St. Whitton, Whit —1C 24
High St. Wimbledon, SW19 —6J 27
High St. Windsor, Wind —4G 5
High St. Woking, Wok —4B 74
High St. Wraysbury, Wray —9A 6
High St. M. SW19 —6K 27
High Thicket Rd. Dock —6C 148
High Tree Clo. Add —2J 55
High Trees. SW2 —2L 29
High Trees. Croy —7H 47
High Trees Clo. Cat —9C 84
High Trees Rd. Reig —4B 122
Highview. Cat —2B 104
High View. G'ming —7H 133
(off Flambards Way)
High View. Gom —8D 116
Highview. Knap —4H 73
High View. Sutt —7L 61
Highview Av. Wall —2K 63
High View Clo. SE19 —1C 46
High View Clo. F'boro —1M 89
Highview Ct. Reig —3B 122
(off Wray Comn. Rd.)
Highview Cres. Camb —6D 50
High View Lodge. Alder —2M 109
Highview Path. Bans —2M 81
High View Rd. Dow —6J 67
High View Rd. F'boro —1M 89
High View Rd. Guild —6G 113
High View Rd. Light —7J 51
Highway. Crowt —2F 48
Highwayman's Ridge. W'sham —1M 51
Highway, The. Sutt —5A 62
Highwold. Coul —5E 82
Highwood. Short —2N 47
Highwood Clo. Kenl —4N 83
Highwood Clo. Yat —2C 68
Highwoods. Cat —3B 104
Highwoods. Lea —8J 79
Highworth. H'ham —7M 197
Hilary Av. Mitc —2E 44
Hilary Clo. SW6 —3N 13
Hilbert Rd. Sutt —9J 43
Hilborough Way. Orp —2M 67
Hilda Ct. Surb —6K 41
Hilda Vale Clo. Orp —1K 67
Hilda Vale Rd. Orp —1J 67
Hildenlea Pl. Brom —1N 47
Hildenley Clo. Red —6H 103
Hildens, The. Westc —7B 118
Hilder Gdns. F'boro —2B 90
Hilders Clo. Eden —8K 127
Hilders La. Eden —8H 127
Hilders, The. Asht —4A 80
Hildreth St. SW12 —2F 28
Hildyard Rd. SW6 —2M 13
Hilfield. Yat —1E 68
Hilgay. Guild —3B 114
Hilgay Clo. Guild —3B 114
Hilland Rise. Head —5E 168
Hillars Heath Rd. Coul —2J 83
Hillary Clo. E Grin —7C 166
Hillary Clo. Farnh —3G 129
Hillary Cres. W On T —7K 39
Hillary Dri. Crowt —1G 49
Hillary Rd. Farnh —4G 128
Hill Barn. S Croy —7B 64
Hillberry. Brack —6A 32
Hillborough Clo. SW19 —8A 28
Hillbourne Clo. Hayes —1H 9
Hillbrook Gdns. Wey —4B 56
Hillbrook Rise. Farnh —6G 108
Hillbrook Rd. SW17 —4D 28
Hillbrow. N Mald —2E 42
Hillbrow. Reig —3A 122
Hillbrow Clo. Wood S —2E 112
Hillbrow Ct. God —1F 124
Hillbrow Rd. Esh —1C 58
Hillbury Clo. Warl —5E 84
Hillbury Gdns. Warl —5F 84
Hillbury Rd. SW17 —4F 28
Hillbury Rd. Whyt & Warl —4D 84
Hill Clo. Purl —9N 63
Hill Clo. Wok —3N 73
Hill Clo. Won —5D 134
Hill Copse View. Brack —9C 16
Hill Corner Farm Cvn. Pk. F'boro —7J 69
Hillcote Av. SW16 —8L 29
Hill Ct. G'ming —4H 133
Hill Ct. Hasl —2F 188
Hill Cres. Surb —4M 41
Hill Cres. Wor Pk —8H 43
Hill Crest. Dor P —4A 166

Hill Crest—Hookstile La.

Hill Crest. Elst —8H 131
(in two parts)
Hillcrest. Farnh —4J 109
Hillcrest. Fleet —2B 88
Hillcrest. Wey —1C 56
Hillcrest Av. Cher —9G 36
Hillcrest Cvn. Pk. Tad —9A 100
Hillcrest Clo. Beck —5J 47
Hillcrest Clo. Craw —3H 183
Hillcrest Clo. Eps —2E 80
Hillcrest Ct. Sutt —3B 62
Hill Crest Dri. Farnh —5E 128
Hillcrest Gdns. Esh —9F 40
Hillcrest Ho. Guild —1E 114
Hillcrest Pde. Coul —1F 82
Hillcrest Rd. Big H —3F 86
Hillcrest Rd. Camb —8F 50
Hillcrest Rd. Eden —8L 127
Hillcrest Rd. Guild —2J 113
Hillcrest Rd. Purl —6K 63
Hillcrest Rd. Whyt —4C 84
Hillcrest View. Beck —5J 47
Hillcroft Av. Purl —9G 63
Hillcroome Rd. Sutt —3B 62
Hillcross Av. Mord —5J 43
Hilldale Rd. Sutt —1L 61
Hilldeane Rd. Purl —5L 63
Hilldown Ct. SW16 —8J 29
Hilldown Rd. SW16 —8J 29
Hill Dri. SW16 —2K 45
Hillersdon Av. SW13 —5F 12
Hilley Field La. Fet —9C 78
Hill Farm Clo. Hasl —3D 188
Hill Farm La. Binf —4K 15
Hill Farm Rd. Binf —4K 15
Hillfield Av. Mord —5C 44
Hillfield Clo. Guild —1E 114
Hillfield Clo. Red —3E 122
Hillfield Cotts. H'ham —8B 196
Hillfield Ct. Esh —2B 58
Hill Field Rd. Hamp —8N 23
Hillfield Rd. Red —3E 122
Hillford Pl. Red —9E 122
Hillgarth. Hind —4B 170
Hillgate Pl. SW12 —1F 28
Hill Gro. Felt —3N 23
Hill Ho. Clo. Turn H —4D 184
Hill Ho. Dri. Reig —5N 121
Hill Ho. Dri. Wey —7B 56
Hillhouse La. Rud —8N 175
Hill Ho. Rd. SW16 —6K 29
Hillhurst Gdns. Cat —7B 84
Hilliary Dri. Crowt —1G 49
Hillier Gdns. Croy —2L 63
Hillier Ho. Guild —5L 113
Hillier Lodge. Tedd —6D 24
Hillier Pl. Chess —3J 59
Hillier Rd. SW11 —1D 28
Hillier Rd. Guild —3C 114
Hilliers La. Croy —9J 45
Hillingdale. Big H —5D 86
Hillingdale. Craw —8A 182
Hillingdon Av. Stai —2N 21
Hill La. Kgswd —8K 81
Hillmead. Craw —4L 181
Hill Mead. H'ham —5G 197
Hillmont Rd. Esh —9E 40
Hillmount. Wok —5A 74
(off Constitution Hill)
Hill Pk. Dri. Lea —6F 78
Hill Path. SW16 —6K 29
Hill Pl. Craw —5A 182
Hill Rise. Dork —3G 118
Hill Rise. Esh —8H 41
Hill Rise. Rich —8K 11
Hill Rise. Slou —2C 6
Hill Rise. W On T —6G 39
Hill Rd. Cars —3C 62
Hill Rd. Farnh —5J 109
Hill Rd. Fet —9B 78
Hill Rd. Gray —6A 170
Hill Rd. Hasl —2G 188
Hill Rd. Hind —3A 170
Hill Rd. Mitc —9F 28
Hill Rd. Purl —8K 63
Hill Rd. Sutt —2N 61
Hillsborough Pk. Camb —1G 70
Hills Farm La. H'ham —7F 196
Hillside. SW19 —7J 27
Hillside. Asc —4N 33
Hillside. Bans —2K 81
Hillside. Camb —8L 49
Hillside. Craw D —1E 184
Hillside. Esh —2B 58
Hillside. F Row —6H 187
Hillside. H'ham —6G 196
Hillside. Vir W —5M 35
Hillside. Wok —7N 73
Hillside Av. Purl —9M 63
Hillside Clo. Bans —3K 81
Hillside Clo. Brock —4N 119
Hillside Clo. Craw —5N 181
Hillside Clo. E Grin —7A 166
Hillside Clo. Head —3F 168
Hillside Clo. Knap —4G 72
Hillside Clo. Mord —3K 43
Hillside Ct. Guild —5A 114
Hillside Cres. Frim —7D 70
Hillside Dri. Binf —7H 15
Hillside Gdns. SW2 —3L 29
Hillside Gdns. Add —2H 55
Hillside Gdns. Brock —3N 119
Hillside Gdns. Wall —4G 63
Hillside La. Farnh —4J 109
Hillside Pk. S'dale —7C 34
Hillside Pas. SW16 —3K 29
Hillside Rd. SW2 —3K 29
Hillside Rd. Alder —4L 109
Hillside Rd. Asht —4M 79
Hillside Rd. Ash V —1F 110
Hillside Rd. Coul —5K 83
Hillside Rd. Croy —2M 63
Hillside Rd. Eps —6H 61
Hillside Rd. Farnh —5K 109
Hillside Rd. Fren —8H 129
Hillside Rd. Hasl —3D 188
Hillside Rd. Surb —3N 41
Hillside Rd. Sutt —4L 61
Hillside Rd. Tats —6G 87
Hillside Rd. Whyt —5D 84
Hillside Way. G'ming —4G 133
Hillsmead Way. S Croy —1D 84
Hills Pl. H'ham —6G 197
Hillspur Clo. Guild —2J 113
Hillspur Rd. Guild —2J 113
Hill St. Rich —8K 11
Hill, The. Cat —2C 104
Hill Top. Mord —5M 43
Hill Top. Sutt —6L 43
Hilltop Clo. Asc —1B 34
Hilltop Clo. Guild —8J 93
Hilltop Clo. Lea —1J 99
Hilltop La. Red & Cat —4L 103
Hilltop Rise. Bookh —4C 98
Hilltop Rd. Reig —5N 121
Hilltop Rd. Whyt —4B 84
Hilltop View. Yat —1A 68
Hilltop Wlk. Wold —7H 85
Hillview. SW20 —8G 27
Hill View. F Row —8H 187
Hillview. Whyt —5D 84
(off Slines Oak Rd.)
Hillview Clo. Purl —7M 63
Hill View Clo. Tad —8H 81
Hillview Ct. Wok —5B 74
Hill View Cres. Guild —1J 113
Hillview Dri. Red —4E 122
Hillview Gdns. Craw —9A 182
Hill View Rd. Clay —4G 59
Hill View Rd. Farnh —1E 128
Hillview Rd. Sutt —9A 44
Hill View Rd. Twic —9G 10
Hill View Rd. Wok —5B 74
Hillview Rd. Wray —9N 5
Hillworth. Beck —1L 47
Hillworth Rd. SW2 —1L 29
Hillybarn Rd. Craw —9H 161
Hilton Ct. Horl —7G 143
Hilton Way. S Croy —2E 84
Himley Rd. SW17 —6C 28
Hinchcliffe Clo. Wall —4K 63
Hinchley Clo. Esh —1F 58
Hinchley Dri. Esh —9F 40
Hinchley Way. Esh —9G 40
Hindell Clo. F'boro —6M 69
Hindhead Clo. Craw —5A 182
Hindhead Rd. Hasl & Hind —1C 188
Hindhead Way. Wall —2J 63
Hinkler Clo. Wall —4J 63
Hinstock Clo. F'boro —2M 89
Hinton Av. Houn —7L 9
Hinton Clo. Crowt —9G 31
Hinton Dri. Crowt —9G 31
Hinton Rd. Hurst —1A 14
Hinton Rd. Wall —3G 63
Hipley Ct. Guild —4C 114
Hipley St. Wok —7D 74
Hitchcock Clo. Shep —2A 38
Hitchings Way. Reig —7M 121
Hitherbury Clo. Guild —6M 113
Hitherfield Rd. SW16 —4K 29
Hitherhooks Hill. Binf —9K 15
Hithermoor Rd. Stai —9H 7
Hitherwood. Cranl —8N 155
Hitherwood Clo. Reig —1C 122
H. Jones Cres. Alder —1A 110
Hoadlands Cotts. Hand —6N 199
Hoadly Rd. SW16 —4H 29
Hobart Gdns. T Hth —2A 46
Hobart Pl. Rich —1M 25
Hobart Rd. Wor Pk —9G 42
Hobbes Wlk. SW15 —8G 12
Hobbs Clo. W Byf —9K 55
Hobbs Ind. Est. Newc —3H 165
Hobbs Rd. SE27 —5N 29
Hobbs Rd. Broadf —7M 181
Hobill Wlk. Surb —5M 41
Hocken Mead. Craw —1H 183
Hockering Est. Wok —5D 74
Hockering Gdns. Wok —5C 74
Hockering Rd. Wok —5C 74
Hockford Clo. Pirb —4E 92
Hodge La. Wink —6L 17
(in two parts)
Hodges Clo. Bag —6H 51
Hodgkin Clo. M'bowr —4G 182
Hodgson Gdns. Guild —9C 94
Hoe La. Hasc —6N 153
Hoe La. Peasl & Ab H —3F 136
Hogarth Av. Ashf —7D 22
Hogarth Bus. Pk. W4 —2D 12
Hogarth Clo. Col T —9K 49
Hogarth Ct. Houn —3M 9
Hogarth Cres. SW19 —9B 28
Hogarth Cres. Croy —6N 45
Hogarth Gdns. Houn —3A 10
Hogarth La. W4 —2D 12
Hogarth Pl. SW5 —1N 13
(off Hogarth Rd.)
Hogarth Rd. SW5 —1N 13
Hogarth Rd. Craw —6D 182
Hogarth Roundabout. (Junct.) —2D 12
Hogarth Ter. W4 —2D 12
Hogarth Way. Hamp —9C 24
Hogden Clo. Tad —3L 101
Hogden La. Ran C —9M 97
(in two parts)
Hoghatch La. Farnh —6F 108
Hogoak La. Wind —1E 16
Hog's Back. Comp & Guild —7A 112
Hog's Back. Putt —7K 111
Hog's Back. Seale —8B 110
Hogscross La. Coul —1D 102
Hog's Hill. Craw —6B 182
Hogshill La. Cobh —1J 77
Hogsmill Way. Eps —2B 60
Hogtrough La. God & Oxt —5K 105
Hogtrough La. Red —4G 123
Hogwood Rd. Ifold —5E 192
Holbeach M. SW12 —2F 28
Holbeche Clo. Yat —1A 68
Holbeck. Brack —5L 31
Holbein Rd. Craw —6D 182
Holbreck Pl. Wok —5B 74
Holbrook Clo. Farnh —4L 109
Holbrooke Pl. Rich —8K 11
Holbrook Meadow. Egh —7E 20
Holbrook School La. H'ham —1L 197
Holbrook Way. Alder —5N 109
Holcombe St. W6 —1G 13
Holcon Ct. Red —9E 102
Holden Brook La. Dork —7M 157
Holdernesse Clo. Iswth —4G 10
Holdernesse Rd. SW17 —4D 28
Holderness Way. SE27 —6M 29
Holder Rd. Alder —3C 110
Holder Rd. M'bowr —6F 182
Holdfast La. Hasl —9K 171
Holehill La. Dork —4A 118
Hole La. Eden —5H 127
Holford Rd. Guild —3E 114
Holland Av. SW20 —9E 26
Holland Av. Sutt —5M 61
Holland Clo. Farnh —3K 129
Holland Clo. Red —3D 122
Holland Cres. Oxt —2C 126
Holland Gdns. Egh —1H 37
Holland Gdns. Fleet —5B 88
Holland La. Oxt —2C 126
Holland Pines. Brack —6L 31
Holland Rd. SE25 —4D 46
Holland Rd. Oxt —2C 126
Hollands, The. Felt —5L 23
Hollands, The. Wok —5A 74
Hollands, The. Wor Pk —7E 42
Hollands Way. E Grin —6C 166
Hollands Way. Warn —9F 178
Holles Clo. Hamp —7A 24
Hollies Av. W Byf —9H 55
Hollies Clo. SW16 —7L 29
Hollies Clo. Twic —3F 24
Hollies Ct. Add —2L 55
Hollies, The. Add —2L 55
(off Crockford Pk. Rd.)
Hollies Way. SW12 —1E 28
Hollin Ct. Craw —9C 162
Hollingbourne Cres. Craw —9A 182
Hollingsworth Ct. Surb —6K 41
Hollingsworth Rd. Croy —3E 64
Hollington Cres. N Mald —5E 42
Hollingworth Way. W'ham —4M 107
Hollis Row. Red —5D 122
Hollis Wood Dri. Wrec —6D 128
Hollman Gdns. SW16 —7M 29
Holloway Clo. W Dray —1N 7
Holloway Dri. Vir W —3A 36
Holloway Hill. G'ming —7G 132
Holloway Hill. Lyne —9E 36
Holloway La. W Dray —2M 7
Holloway St. Houn —6B 10
Hollow Clo. Guild —4L 113
Hollow La. D'land & E Grin —1D 166
Hollow La. Head —3D 168
Hollow La. Vir W —2M 35
Hollow La. Wott —9L 117
Hollows, The. Bren —2M 11
Hollow, The. Craw —4L 181
Hollow, The. G'ming —7C 132
Hollow Way. Gray —5A 170
Holly Acre. Yat —1C 68
Holly Av. Frim —3F 70
Holly Av. New H —6J 55
Holly Av. W On T —7L 39
Hollybank. W End —9C 52
Hollybank Clo. Hamp —6A 24
Holly Bank Rd. W Byf —1J 75
Holly Bank Rd. Wok —8L 73
Hollybrook Pk. Bord —6A 168
Hollybush La. Alder —8C 90
Hollybush La. Fren —1H 149
Holly Bush La. Hamp —8N 23
Hollybush La. Rip —6M 75
Hollybush Ride. Finch —3B 48
Hollybush Ride. W'sham —9K 33
Hollybush Rd. Craw —2C 182
Hollybush Rd. King T —6L 25
Holly Clo. Alder —2A 110
Holly Clo. Craw —1E 182
Holly Clo. Egh —7L 19
Holly Clo. F'boro —1M 89
Holly Clo. Felt —6M 23
Holly Clo. Head —4H 169
Holly Clo. H'ham —3A 198
Holly Clo. Longc —9K 35
Holly Clo. Wall —4F 62
Holly Clo. Wok —6L 73
Hollycombe. Egh —5M 19
Holly Ct. Cher —7H 37
(off King St.)
Holly Ct. Sutt —4M 61
Holly Cres. Beck —4J 47
Holly Cres. Wind —5A 4
Hollycroft Clo. S Croy —2B 64
Hollycroft Clo. W Dray —2B 8
Hollycroft Gdns. W Dray —2B 8
Hollydale Dri. Brom —1H 67
Holly Dri. Old Win —8H 5
Holly Farm Rd. S'hall —1M 9
Hollyfield Rd. Surb —6M 41
Hollyfields Clo. Camb —1N 69
Holly Grn. Wey —1E 56
Hollygrove Clo. Houn —7N 9
Holly Hedge Clo. Frim —4C 70
Hollyhedge Rd. Cobh —1J 77
Holly Hedge Rd. Frim —4C 70
Holly Hill Dri. Bans —4M 81
Hollyhock Dri. Bisl —2D 72
Hollyhook Clo. Crowt —1F 48
Holly Ho. Brack —5N 31
Holly Ho. Iswth —2J 11
Holly La. Bans —3M 81
Holly La. G'ming —7F 132
Holly La. Worp —7F 92
Holly La. E. Bans —3N 81
Holly La. W. Bans —4N 81
Holly Lea. Guild —6N 93
Holly Lodge Mobile Home Pk. Tad —3K 101
Hollymead. Cars —9D 44
Hollymead Rd. Coul —5E 82
Hollymeoak Rd. Coul —6F 82
Hollymoor La. Eps —6C 60
Hollyridge. Hasl —2F 188
Holly Rd. W4 —1C 12
Holly Rd. Alder —2A 110
Holly Rd. F'boro —1L 89
Holly Rd. Hamp —7C 24
Holly Rd. Houn —7B 10
Holly Rd. Reig —5N 121
Holly Rd. Twic —2F 24
Holly Spring Cotts. Brack —8B 16
Holly Spring La. Brack —9A 16
Holly Tree Clo. SW19 —2J 27
Hollytree Gdns. Frim —6B 70
Holly Tree Rd. Cat —9B 84
Holly Wlk. Wind —5B 18
Hollywater Rd. Bord & Pass —8A 168
Holly Way. B'water —2J 69
Holly Way. Mitc —3H 45
Hollywood M. SW10 —2N 13
Hollywood Rd. SW10 —2N 13
Hollywoods. Croy —5J 65
Holman Clo. Craw —9N 181
Holman Ct. Ewe —5F 60
Holman Hunt Ho. W6 —1K 13
(off Field Rd.)
Holman Rd. Eps —2B 60
Holmbank Dri. Shep —3F 38
Holmbrook Clo. F'boro —1H 89
Holmbrook Gdns. F'boro —1H 89
Holmbury Av. Crowt —9F 30
Holmbury Clo. Craw —5A 182
Holmbury Ct. SW17 —4D 28
Holmbury Ct. S Croy —2B 64
Holmbury Dri. N Holm —8J 119
Holmbury Gro. Croy —4J 65
Holmbury Hill Rd. Dork —9J 137
Holmbury Keep. Horl —7G 142
(off Langshott La.)
Holmbury La. Dork —9L 137
Holmbury Rd. Dork & Ewh —9H 137
Holmbush Clo. H'ham —2K 197
Holmbush Potteries Ind. Est. Fay —8H 181
Holmbush Rd. SW15 —9K 13
Holm Clo. Wdhm —8G 55
Holm Ct. G'ming —4G 132
Holmcroft. Craw —4C 182
Holmcroft. Tad —3G 101
Holmdene Clo. Beck —1M 47
Holmead Rd. SW6 —3N 13
Holme Chase. Wey —3D 56
Holme Clo. Crowt —9F 30
Holmes Clo. Asc —5N 33
Holmesdale Av. SW14 —6A 12
Holmesdale Clo. SE25 —2C 46
Holmesdale Clo. Guild —2D 114
Holmesdale Rd. Croy & SE25 —4A 46
Holmesdale Rd. N Holm —9H 119
Holmesdale Rd. Reig —2M 121
Holmesdale Rd. Rich —4M 11
Holmesdale Rd. S Nut —5K 123
Holmesdale Rd. Tedd —7J 25
Holmesdale Ter. N Holm —9H 119
Holmesdale Vs. Dork —2H 139
Holmes Rd. SW19 —8A 28
Holmes Rd. Twic —3F 24
Holmethorpe Av. Red —9F 102
Holmethorpe Ind. Est. Red —9F 102
Holmewood Clo. Wokgm —6A 30
Holmewood Gdns. SW2 —1K 29
Holmewood Rd. SE25 —2B 46
Holmewood Rd. SW2 —1K 29
Holming End. H'ham —3A 198
Holmlea Rd. Dat —4M 5
Holmlea Wlk. Dat —4M 5
Holmoak Clo. SW15 —9L 13
Holmoaks Ho. Beck —1M 47
Holmside Rd. SW12 —1E 28
Holmsley Clo. N Mald —5E 42
Holmsley Ho. SW15 —1E 26
(off Tangley Gro.)
Holm Ter. Dork —8H 119
Holmwood Av. S Croy —9C 64
Holmwood Clo. Add —2J 55
Holmwood Clo. E Hor —6F 96
Holmwood Clo. Sutt —5J 61
Holmwood Gdns. Wall —3F 62
Holmwood Rd. Chess —2K 59
Holmwood Rd. Sutt —5H 61
Holmwood View Rd. Mid H —2H 139
Holne Chase. Mord —5L 43
Holroyd Clo. Clay —5F 58
Holroyd Rd. SW15 —7H 13
Holroyd Rd. Clay —5F 58
Holstein Av. Wey —1B 56
Holst Mans. SW13 —3H 13
Holsworthy Way. Chess —2J 59
Holt Clo. F'boro —6A 70
Holt La. Wokgm —1A 30
Holton Heath. Brack —3D 32
Holt Pound Cotts. Rowl —7B 128
Holt Pound La. Holt P —6B 128
Holt, The. Mord —3M 43
Holt, The. Wall —1G 62
Holtwood Rd. Oxs —9C 58
Holtye Av. E Grin —7B 166
Holtye Rd. E Grin —8B 166
Holtye Wlk. Craw —5E 182
Holwood Clo. W On T —8K 39
Holwood Pk. Av. Orp —1H 67
Holybourne Av. SW15 —1F 26
Holyoake Av. Wok —4M 73
Holyoake Cres. Wok —4M 73
Holyport Rd. SW6 —3J 13
Holyrood. E Grin —2C 186
Holyrood Pl. Broadf —7N 181
Holywell Clo. F'boro —7M 69
Holywell Clo. Stai —2N 21
Holywell Way. Stai —2N 21
Hombrook Dri. Brack —9K 15
Hombrook Ho. Brack —9K 15
Homebeech Ho. Wok —5A 74
(off Mt. Hermon Rd.)
Home Clo. Cars —8D 44
Home Clo. Craw —1G 183
Home Clo. Fet —8D 78
Home Clo. Vir W —5N 35
Home Ct. Felt —2H 23
Home Farm Clo. Bet —4D 120
Home Farm Clo. Eps —4J 81
Home Farm Clo. Esh —3B 58
Home Farm Clo. F'boro —8B 70
Home Farm Clo. Ott —4C 54
Home Farm Clo. Shep —3F 38
Home Farm Clo. Th Dit —6F 40
Home Farm Cotts. Pep H —6N 131
Home Farm Gdns. W On T —8K 39
Home Farm Rd. G'ming —9H 133
Homefield. Mord —3M 43
Homefield. Thur —7G 150
Homefield Av. W on T —1L 57
Homefield Clo. Horl —7F 142
Homefield Clo. Lea —8J 79
Homefield Clo. Wdhm —8G 55
Homefield Ct. SW16 —4J 29
Homefield Gdns. Mitc —1A 44
Homefield Gdns. Tad —7H 81
Homefield Pk. Sutt —3N 61
Homefield Rd. SW19 —7K 27
Homefield Rd. W4 —1E 12
Homefield Rd. Coul & Cat —6M 83
Homefield Rd. W On T —6M 39
Homefield Rd. Warl —6F 84
Homegreen Ho. Hasl —2E 188
Homeland Dri. Sutt —5N 61
Homelands. Lea —8J 79
Home Lea. Orp —2N 67
Homelea Clo. F'boro —6N 69
Homeleigh Cres. Ash V —5E 90
Home Meadow. Bans —3M 81
Homemead Rd. Croy —5H 45
Home Pk. Oxt —9C 106
Home Pk. Clo. Brmly —5B 134
Homepark Ho. Farnh —1H 129
Home Pk. Rd. SW19 —5L 27
Home Pk. Rd. Yat —9C 48
Home Pk. Wlk. King T —3K 41
Homer Rd. Croy —5G 47
Homersham Rd. King T —1N 41
Homers Rd. Wind —4A 4
Homesdale Rd. Cat —1A 104
Homestall. Guild —3G 113
Homestall Rd. Ash W —9G 166
Homestead. Cranl —6A 156
Homestead Gdns. Clay —2E 58
Homestead & Middle View Mobile Home Pk. Norm —9B 92
Homestead Rd. SW6 —3L 13
Homestead Rd. Cat —1A 104
Homestead Rd. Eden —7K 127
Homestead Rd. Stai —7K 21
Homestead Way. New Ad —7M 65
Homestream Ho. H'ham —7H 197
Homethorne Ho. Craw —4A 182
Home Vs. Alb —3L 135
Homewater Ho. Eps —9D 60
Homewaters Av. Sun —9G 23
Homewood. Cranl —7B 156
Homewood Clo. Hamp —7N 23
Homewoods. SW12 —1G 28
Homeworth Ho. Wok —5A 74
(off Mt. Hermon Rd.)
Hone Hill. Sand —7G 48
Hones Yd. Bus. Pk. Farnh —1J 129
Honeybrook Rd. SW12 —1G 28
Honeycrock Ct. Salf —1E 142
Honeycrock La. Red —1E 142
Honeydown Cotts. N'chap —8E 190
Honey Hill. Wokgm —6E 30
Honeyhill Rd. Brack —9M 15
Honey La. Rowh & Dork —6M 177
Honeypot La. Eden —8F 126
Honeypots Rd. Wok —9N 73
Honeysuckle Bottom. E Hor —3F 116
Honeysuckle Clo. Crowt —9F 30
Honeysuckle Clo. Horl —7G 143
Honeysuckle Clo. Yat —9A 48
Honeysuckle Gdns. Croy —6G 46
Honeysuckle La. Craw —9A 162
Honeysuckle La. Head —4G 168
Honeysuckle La. N Holm —8J 119
Honeysuckle Wlk. H'ham —3N 197
Honeywood La. Oke H —4M 177
Honeywood Rd. H'ham —4N 197
Honeywood Rd. Iswth —7G 11
Honeywood Wlk. Cars —1D 62
Honister Gdns. Fleet —3D 88
Honister Heights. Purl —1A 84
Honister Wlk. Camb —2H 71
Honnor Rd. Stai —8M 21
Hood Av. SW14 —8B 12
Hood Clo. Croy —7M 45
Hood Rd. SW20 —8E 26
Hooke Rd. E Hor —3G 97
Hookfield. Eps —9B 60
Hookfield M. Eps —9B 60
Hook Heath Av. Wok —6L 73
Hook Heath Gdns. Wok —8J 73
Hook Heath Rd. Wok —8J 73
Hook Hill. S Croy —6B 64
Hook Hill La. Wok —8L 73
Hook Hill Pk. Wok —8L 73
Hook Ho. La. Duns —3M 173
Hookhouse Rd. Duns —1N 173
Hook Junction. (Junct.) —9L 41
Hook La. Bisl —9N 51
Hook La. Shere —1B 136
Hookley Clo. Elst —8J 131
Hookley La. Elst —8J 131
Hook Mill La. Light —5A 52
Hook Rise Bus. Cen. Chess —9N 41
Hook Rise N. Surb —9L 41
Hook Rise S. Surb —9L 41
Hook Rise S. Ind. Pk. Surb —9M 41
Hook Rd. Chess & Surb —2K 59
Hook Rd. Eps —4B 60
Hookstile La. Farnh —2H 129

Hookstone La.—Ivydene Clo.

Hookstone La. W End —7C 52
Hook St. Alf —8K 175
Hookwood Corner. Oxt —6D 106
Hooley La. Red —4D 122
Hope Av. Brack —6C 32
Hope Clo. Sutt —2A 62
Hope Cotts. Brack —2A 32
Hope Ct. Craw —8N 181
Hope Fountain. Camb —2E 70
Hope Grant's Rd. Alder —9M 89
Hope La. Farnh —6G 108
Hopeman Clo. Col T —8J 49
Hopes Clo. Houn —2A 10
Hope St. Elst —7H 131
Hopfield. Hors —3A 74
Hopfield Av. Byfl —8N 55
Hop Garden. C Crook —9A 88
Hopgarden Clo. Eden —9M 127
Hophurst Clo. Craw D —1E 184
Hophurst Dri. Craw D —1E 184
Hophurst Hill. Craw D —8G 164
Hophurst La. Craw D —9E 164
Hopkins Ct. Craw —8N 181
Hoppety, The. Tad —9J 81
Hoppingwood Av. N Mald —2D 42
Hopton Ct. Guild —3H 113 (off Chapelhouse Clo.)
Hopton Ct. Guild —3H 113 (off Park Barn Dri.)
Hopton Gdns. N Mald —5F 42
Hopton Rd. SW16 —6K 29
Hopwood Clo. SW17 —4A 28
Horace Rd. King T —2M 41
Horatio Av. Warf —9C 16
Horatio Pl. SW19 —9M 27
Horatius Way. Croy —2K 63
Hordern Ho. H'ham —7G 196
Horder Rd. SW6 —4K 13
Horewood Rd. Brack —5N 31
Horizon Ho. Eps —9D 60
Horley Lodge La. Red —3D 142
Horley Rd. Charl —4L 161
Horley Rd. Red —5D 122
Horley Row. Horl —7D 142
Hormer Clo. Owl —6J 49
Hornbeam Clo. F'boro —9H 69
Hornbeam Clo. H'ham —7M 197
Hornbeam Clo. Owl —6J 49
Hornbeam Cres. Bren —3H 11
Hornbeam Rd. Guild —9M 93
Hornbeam Rd. Reig —6N 121
Hornbeam Ter. Cars —7C 44
Hornbeam Wlk. Rich —5M 25
Hornbeam Wlk. W Vill —6F 56
Hornbrook Copse. H'ham —8M 197
Hornbrook Hill. H'ham —8M 197
Hornby Av. Brack —6B 32
Hornchurch Clo. King T —5K 25
Hornchurch Hill. Whyt —5C 84
Horndean Clo. SW15 —2F 26
Horndean Clo. Craw —8H 163
Horndean Rd. Brack —5D 32
Hornecourt Hill. Horne —4C 144
Horner La. Mitc —1B 44
Horne Rd. Shep —3B 38
Hornes Field Ct. C Crook —9A 88 (off Brandon Rd.)
Horne Way. SW15 —5H 13
Hornhatch. Chil —9D 114
Hornhatch Clo. Chil —9D 114 (in two parts)
Hornhatch La. Guild —9C 114
Horn Rd. F'boro —9K 69
Hornshill La. H'ham —2A 194
Horsa Clo. Wall —4J 63
Horseblock Hollow. Cranl —3B 156
Horsebrass Dri. Bag —5J 51
Horsecroft. Bans —4L 81
Horse Fair. King T —1K 41
Horsegate Ride. Asc —5L 33 (Coronation Rd.)
Horsegate Ride. Asc —4F 32 (Swinley Rd.)
Horse & Groom Cvn. Site. Brack —3A 32
Horse Hill. Horl —6M 141
Horsell Birch. Wok —2L 73
Horsell Comn. Rd. Wok —1M 73
Horsell Ct. Cher —6K 37
Horsell Moor. Wok —4N 73
Horsell Pk. Wok —4A 74
Horsell Pk. Clo. Wok —3N 73
Horsell Rise. Wok —2N 73
Horsell Rise Clo. Wok —2N 73
Horsell Vale. Wok —3A 74
Horsell Way. Wok —3M 73
Horse Ride. Cars —6C 62
Horseshoe Bend. Gray —6M 169
Horseshoe Clo. Camb —7D 50
Horseshoe Clo. Craw —2H 183
Horseshoe Cres. Bord —6A 168
Horseshoe Cres. Camb —7D 50
Horse Shoe Grn. Sutt —8N 43
Horseshoe La. Ash V —6E 90
Horseshoe La. Cranl —6L 155
Horseshoe La. E. Guild —2D 114
Horseshoe La. W. Guild —2D 114
Horseshoe, The. Bans —2M 81
Horseshoe, The. Coul —9H 63
Horseshoe, The. G'ming —8F 132
Horsham Bus. Pk. H'ham —5J 179
Horsham Northern By-Pass. H'ham —2H 197
Horsham Rd. Ab H —2G 136
Horsham Rd. Brmly & Cranl —1E 154
Horsham Rd. Capel —1J 179
Horsham Rd. Cowf —9H 195
Horsham Rd. Cranl & H'ham —8N 155
Horsham Rd. Craw —7K 181
Horsham Rd. Dork —6G 119
Horsham Rd. Ewh & Wal W —6F 156
Horsham Rd. Felt —9D 8
Horsham Rd. F Grn —5M 157
Horsham Rd. Hand —9K 199
Horsham Rd. N Holm —9H 119
Horsham Rd. Owl —6J 49
Horsham Rd. Peas P —2M 199
Horsham Rd. Rusp —6N 179
Horsham Rd. Shalf & Brmly —2A 134
Horsley Clo. Eps —9C 60
Horsley Dri. King T —6K 25
Horsley Dri. New Ad —4M 65
Horsley Rd. D'side —9H 77
Horsnape Gdns. Binf —7G 15
Horsneile La. Brack —8N 15
Hortensia Rd. SW10 —3N 13
Horticultural Pl. W4 —1C 12
Horton Footpath. Eps —7B 60
Horton Gdns. Eps —7B 60
Horton Gdns. Hort —6B 6
Horton Hill. Eps —7B 60
Horton Ho. W6 —1K 13 (off Field Rd.)
Horton La. Eps —7N 59
Horton Pl. W'ham —4M 107
Horton Rd. Coln —6G 6
Horton Rd. Dat —4M 5
Horton Rd. Hort —5C 6
Horton Rd. Stai —7H 7
Hortons Way. W'ham —4M 107 (in two parts)
Horton Trad. Est. Hort —6E 6
Horton Way. Croy —4G 46
Horvath Clo. Wey —1E 56
Hosack Rd. SW17 —3E 28
Hosey Comn. La. W'ham —8N 107
Hosey Comn. Rd. Eden & W'ham —2L 127
Hosey Hill. W'ham —5N 107
Hoskins Clo. Hayes —1G 8
Hoskins Pl. E Grin —6C 166
Hoskins Rd. Oxt —7A 106
Hoskins Wlk. Oxt —7A 106 (off Station Rd. W.)
Hospital Bri. Rd. Twic —1B 24
Hospital Bridge Roundabout. (Junct.) —3B 24
Hospital Hill. Alder —1M 109
Hospital Rd. Alder —1M 109
Hospital Rd. Houn —6A 10
Hostel Rd. F'boro —5N 89
Hotham Clo. W Mol —2A 40
Hotham Rd. SW15 —6H 13
Hotham Rd. SW19 —8A 28
Hotham Rd. M. SW19 —8A 28
Houblon Rd. Rich —8L 11
Houghton Clo. Hamp —7M 23
Houghton Rd. M'bowr —6G 182
Houlder Cres. Croy —3M 63
Houlton Ct. Bag —5J 51
Hound Ho. Rd. Shere —1B 136
Houndown La. Thur —6E 150
Hounslow Av. Houn —8B 10
Hounslow Bus. Pk. Houn —7A 10
Hounslow Cen. Houn —6B 10
Hounslow Gdns. Houn —8B 10
Hounslow Rd. Felt —2J 23
Hounslow Rd. Hanw —5L 23
Hounslow Rd. Twic —9B 10
Houseman Rd. F'boro —8L 69
House Plat Ct. C Crook —9A 88 (off Annettes Croft)
Houston Pl. Esh —7D 40
Houston Way. Crowt —2C 48
Houstoun Ct. Houn —3N 9
Hove Gdns. Sutt —7N 43
Howard Av. Eps —6F 60
Howard Clo. Asht —5M 79
Howard Clo. Fleet —4D 88
Howard Clo. Hamp —8C 24
Howard Clo. Lea —1J 99
Howard Clo. Sun —7G 22
Howard Clo. Tad —3E 100
Howard Clo. W Hor —3E 96
Howard Cole Way. Alder —2K 109
Howard Ct. Reig —3B 122
Howard Dri. F'boro —1G 89
Howard Gdns. Guild —2C 114
Howard Ridge. Guild —8C 94
Howard Rd. SE25 —4D 46
Howard Rd. Ashf —5M 21
Howard Rd. Bookh —5B 98
Howard Rd. Coul —2G 83
Howard Rd. Craw —7K 181
Howard Rd. Dork —5G 118
Howard Rd. Eff J —1H 97
Howard Rd. H'ham —4N 197
Howard Rd. Iswth —6F 10
Howard Rd. N Mald —2D 42
Howard Rd. N Holm —9J 119
Howard Rd. Reig —4N 121
Howard Rd. Surb —5M 41
Howard Rd. Wokgm —3B 30
Howards Clo. Wok —7C 74
Howards Crest Clo. Beck —1M 47
Howards Ho. Reig —2N 121
Howard's La. SW15 —7G 13
Howards La. Add —3H 55
Howards Rd. Wok —7B 74
Howard St. Th Dit —6H 41
Howberry Rd. T Hth —9N 29
Howden Ho. Houn —1M 23
Howden Rd. SE25 —1C 46
Howe Dri. Cat —9A 84
Howe La. Binf —1K 15
Howell Clo. Warf —7A 16
Howell Hill Clo. Eps —7H 61
Howell Hill Gro. Eps —6H 61
Howes Gdns. C Crook —7A 88
Howgate Rd. SW14 —6C 12
Howland Ho. SW16 —4J 29
How La. Coul —4E 82
Howley Rd. Croy —9M 45
Howorth Ct. Brack —3C 32
Howsman Rd. SW13 —2F 12
Howson Ter. Rich —9L 11
Hoylake Clo. If'd —4J 181
Hoylake Gdns. Mitc —2G 45
Hoyland Ho. Craw —3L 181
Hoyle Cotts. Dork —1K 159
Hoyle Rd. SW17 —6C 28
Hubbard Dri. Chess —3J 59
Hubbard Rd. SE27 —5N 29
Hubbeholme. Brack —2M 31
Hubert Clo. SW19 —9A 28 (off Nelson Gro. Rd.)
Huddington Glade. Yat —1A 68
Huddlestone Cres. Red —6H 103
Hudson Ct. Guild —3J 113
Hudson Gdns. Grn St —3N 67
Hudson Rd. Craw —5C 182
Hudson Rd. Hayes —2E 8
Hudsons. Tad —8J 81
Huggins Pl. SW2 —2K 29
Hugh Dalton Ho. SW6 —2L 13 (off Clem Attlee Ct.)
Hughenden Rd. Wor Pk —6F 42
Hughes Rd. Ashf —7D 22
Hughes Rd. Wokgm —1C 30
Hughes Wlk. Croy —6N 45
Hugh Gaitskell Ho. SW6 —2L 13 (off Clem Attlee Ct.)
Hugon Rd. SW6 —6N 13
Huguenot Pl. SW18 —8N 13
Hullbrook La. Sham G —7F 134
Hullmead. Sham G —7G 134
Hulton Clo. Lea —1J 99
Hulverston Clo. Sutt —6N 61
Humber Way. Sand —7J 49
Humber Way. Slou —1C 6
Humbolt Clo. Guild —3J 113
Humbolt Rd. W6 —2K 13
Hummer Rd. Egh —5C 20
Humphrey Clo. Fet —9C 78
Humphrey Pk. C Crook —1A 108 (in two parts)
Humphries Yd. Brack —3A 32
Hungerford Clo. Sand —7H 49
Hungerford Sq. Wey —1E 56
Hungry Hill La. Send —4L 95
Hunstanton Clo. If'd —4J 181
Hunston Rd. Mord —7N 43
Hunter Ho. Craw —6B 182
Hunter Ho. King T —9L 25 (off Sigrist Sq.)
Hunter Rd. SW20 —9H 27
Hunter Rd. Craw —6B 182
Hunter Rd. F'boro —2L 89
Hunter Rd. Guild —4A 114
Hunter Rd. T Hth —2A 46
Hunters Chase. S God —6J 125
Hunters Clo. SW12 —2E 28
Hunters Clo. Eps —9B 60
Hunters Ct. Rich —8K 11
Huntersfield Clo. Reig —9N 101
Hunters Gro. Orp —1K 67
Hunters M. Wind —4F 4
Hunter's Rd. Chess —9L 41
Hunter's Way. Croy —1B 64
Hunting Clo. Esh —1A 58
Huntingdon Clo. Mitc —2J 45
Huntingdon Gdns. W4 —3B 12
Huntingdon Gdns. Wor Pk —9H 43
Huntingdon Rd. Red —3D 122
Huntingdon Rd. Wok —4J 73
Huntingfield. Croy —4J 65
Huntingfield Rd. SW15 —7F 12
Huntingfield Way. Egh —8F 20
Huntingford Clo. Hind —2A 170
Hunting Ga. Dri. Chess —4L 59
Hunting Ga. M. Sutt —9N 43
Hunting Ga. M. Twic —2E 24
Huntley Way. SW20 —1F 42
Huntly Rd. SE25 —3B 46
Hunts Clo. Guild —2G 112
Huntsgreen Ct. Brack —1A 32
Hunts Hill Rd. Guild —8L 91
Hunts La. Camb —3N 69
Huntsmans Clo. Felt —5J 23
Huntsmans Clo. Fet —2D 98
Huntsmans Clo. Warl —6F 84
Huntsmans Ct. Cat —8N 83 (off Coulsdon Rd.)
Huntsmans Meadow. Asc —9K 17
Huntsmans M. Myt —2D 90
Huntsmoor Rd. Eps —2C 60
Huntspill St. SW17 —4A 28
Hurland La. Head —5E 168
Hurlands Bus. Cen. Farnh —8L 109
Hurlands Clo. Farnh —8L 109
Hurlands La. Duns —8B 174
Hurlands Pl. Farnh —8L 109
Hurley Clo. W On T —8J 39
Hurley Ct. Brack —3C 32
Hurley Gdns. Guild —9C 94
Hurlford. Wok —4K 73
Hurlingham Bus. Pk. SW6 —6M 13
Hurlingham Ct. SW6 —6L 13
Hurlingham Gdns. SW6 —6L 13
Hurlingham Retail Pk. SW6 —6N 13
Hurlingham Rd. SW6 —5L 13
Hurlingham Sq. SW6 —6M 13
Hurlstone Rd. SE25 —4B 46
Hurn Ct. Houn —5L 9
Hurn Ct. Rd. Houn —5L 9
Hurnford Clo. S Croy —6B 64
Huron Clo. Grn St —3N 67
Huron Rd. SW17 —3E 28
Hurst-an-Clays. E Grin —1A 186
Hurst Av. H'ham —5K 197
Hurstbourne. Clay —3F 58
Hurstbourne Ho. SW15 —9E 12 (off Tangley Gro.)
Hurst Clo. Brack —4M 31
Hurst Clo. Chess —2N 59
Hurst Clo. Craw —5L 181
Hurst Clo. H'ley —2B 100
Hurst Clo. Wok —7M 73
Hurst Ct. H'ham —5K 197
Hurstcourt Rd. Sutt —8N 43
Hurst Croft. Guild —6A 114
Hurstdene Av. Stai —7K 21
Hurst Dri. Tad —4F 100
Hurst Farm Clo. Milf —9C 132
Hurst Farm Rd. E Grin —1N 185
Hurstfield Rd. W Mol —2A 40
Hurst Grn. Clo. Oxt —1C 126
Hurst Grn. Rd. Oxt —1B 126
Hurst Gro. W On T —7G 39
Hurst Hill. Rusp —7N 179
Hurst Hill Cotts. Brmly —6C 134
Hurstlands. Oxt —1C 126
Hurst La. E Mol —3C 40
Hurst La. Egh —1C 36
Hurst La. H'ley —2B 100
Hurstleigh Clo. Red —1D 122
Hurstleigh Dri. Red —1D 122
Hurst Lodge. Wey —3E 56
Hurstmere Clo. Gray —6B 170
Hurst Rd. Alder —9A 90
Hurst Rd. Croy —1A 64
Hurst Rd. E Mol —2A 40
Hurst Rd. Eps —7C 60
Hurst Rd. F'boro —6N 69
Hurst Rd. H'ley & Tad —1C 100
Hurst Rd. Horl —7C 142
Hurst Rd. H'ham —4J 197
Hurst Rd. W On T & W Mol —4K 39
Hurstview Grange. S Croy —4M 63
Hurst View Rd. S Croy —4B 64
Hurstway. Pyr —1G 75
Hurst Way. S Croy —3B 64
Hurstwood. Asc —5L 33
Hurtbank Cotts. Dork —5K 137
Hurtmore Chase. Hurt —4C 132
Hurtmore Rd. Hurt —4C 132
Hurtwood Rd. W On T —6N 39
Huson Rd. Warf —7A 16
Hussar Ct. Alder —2K 109
Hussars Clo. Houn —6M 9
Hutchingsons Rd. New Ad —7M 65
Hutchins Way. Horl —6D 142
Hutsons Clo. Wokgm —9C 14
Hutton Clo. W'sham —4A 52
Hutton Rd. Ash V —7E 90
Huxley Clo. G'ming —4G 132
Huxley Rd. Sur R —3G 113
Hyacinth Clo. Hamp —7A 24
Hyacinth Rd. SW15 —2F 26
Hyde Clo. Ashf —7F 22
Hyde Dri. Craw —4K 181
Hyde Heath Ct. Craw —1H 183
Hyde La. Churt & Thur —9B 150
Hyde La. Ock —7C 76
Hyde Rd. Rich —8M 11
Hyde Rd. S Croy —9B 64
Hydestile Cotts. Hyde —5G 152
Hyde Ter. Ashf —7F 22
Hydethorpe Rd. SW12 —2G 28
Hyde Wlk. Mord —6M 43
Hylands Clo. Craw —4E 182
Hylands Clo. Eps —2B 80
Hylands M. Eps —2B 80
Hylands Rd. Eps —2B 80
Hylle Clo. Wind —4B 4
Hyperion Ct. Bew —5K 181
Hyperion Ho. SW2 —1K 29
Hyperion Pl. Eps —5C 60
Hyperion Wlk. Horl —1F 162
Hyrstdene. S Croy —2M 63
Hythe Clo. Brack —4C 32
Hythe End Rd. Wray —3B 20
Hythe Field Av. Egh —7F 20
Hythe Pk. Rd. Egh —6E 20
Hythe Rd. Stai —6F 20
Hythe Rd. T Hth —1A 46
Hythe, The. Stai —6G 21

I.A.M. Rd. F'boro —5N 89
Iberian Av. Wall —1H 63
Iberian Way. Camb —9E 50
Ibis La. W4 —4B 12
Ibsley Gdns. SW15 —2F 26
Icehouse Wood. Oxt —9A 106
Icklesham Ho. Craw —6L 181
Icklingham Ga. Cobh —8K 57
Icklingham Rd. Cobh —8K 57
Idlecombe Rd. SW17 —7E 28
Idmiston Rd. SE27 —4N 29
Idmiston Rd. Wor Pk —6E 42
Idmiston Sq. Wor Pk —6E 42
Ifield Av. Craw —9M 161
Ifield Clo. Red —5C 122
Ifield Dri. Craw —2L 181
Ifield Grn. If'd —9M 161
Ifield Rd. SW10 —2N 13
Ifield Rd. Charl —6K 161
Ifield Rd. Craw —2N 181
Ifield St. If'd —1L 181
Ifield Wood. If'd —2H 181
Ifold Bri. La. Ifold —4F 192
Ifoldhurst. Ifold —6E 192
Ifold Rd. Red —5E 122
Ikona Ct. Wey —2D 56
Ilex Clo. Egh —8L 19
Ilex Clo. Sun —1K 39
Ilex Clo. Yat —9A 48
Ilex Ho. Wdhm —6J 55
Ilex Way. SW16 —6L 29
Ilford Ct. Cranl —8H 155
Illingworth. Wind —6B 4
Illingworth Clo. Mitc —2B 44
Illingworth Gro. Brack —9D 16
Imadene Clo. Lind —5A 168
Imadene Cres. Lind —5A 168
Imber Clo. Esh —7D 40
Imber Ct. Trad. Est. E Mol —5D 40
Imber Cross. Th Dit —5F 40
Imber Gro. Esh —6D 40
Imberhorne Bus. Cen. E Grin —7L 165
Imberhorne La. E Grin —7L 165
Imberhorne Way. E Grin —7L 165
Imber Pk. Rd. Esh —7D 40
Imjin Clo. Alder —1N 109
Impact Ct. SE20 —1E 46
Imperial Ct. Wind —6D 4
Imperial Gdns. Mitc —2F 44
Imperial Rd. SW6 —4N 13
Imperial Rd. Felt —1F 22
Imperial Rd. Wind —6D 4
Imperial Sq. SW6 —4N 13
Imperial Way. Croy —3K 63
Ince Rd. W On T —3F 56
Inchwood. Brack —7A 32
Inchwood. Croy —1L 65
Independant Bus. Pk., The. E Grin —7K 165
Ingatestone Rd. SE25 —3E 46
Ingham Clo. S Croy —5G 64
Ingham Rd. S Croy —5F 64
Ingleboro Dri. Purl —9A 64
Ingleby Way. Wall —5H 63
Ingle Dell. Camb —2B 70
Inglehurst. New H —6K 55
Inglemere Rd. Mitc —8D 28
Ingleside. Coln —4H 7
Inglethorpe St. SW6 —4J 13
Ingleton. Brack —2M 31
Ingleton Rd. Cars —5C 62
Inglewood. Cher —9H 37
Inglewood. Croy —5H 65
Inglewood. Wok —5L 73
Inglewood Av. Camb —2G 71
Inglis Rd. Croy —7C 46
Ingram Clo. H'ham —6G 197
Ingram Rd. T Hth —9N 29
Ingrams Clo. W On T —2K 57
Ingress St. W4 —1D 12
Inholmes. Craw —3E 182
Inholms La. Dork —9H 119
Inkerman Rd. Eton W —1C 4
Inkerman Rd. Knap —5H 73
Inkerman Way. Wok —5H 73
Inkpen La. F Row —8H 187
Inman Rd. SW18 —1A 28
Inner Pk. Rd. SW19 —2J 27
Inner Quad., The. Ash V —8D 90
Inner Ring E. H'row A —6C 8
Inner Ring W. H'row A —6B 8
Inner Staithe. W4 —4B 12
Innes Clo. SW20 —1K 43
Innes Gdns. SW15 —9G 13
Innes Rd. H'ham —4M 197
Innings La. Warf —9C 16
Innisfail Gdns. Alder —4L 109
Innis Yd. Croy —9N 45
Institute Rd. Alder —3B 110 (Aldershot)
Institute Rd. Alder —6A 90 (North Camp)
Institute Rd. Westc —6C 118
Institute Wlk. E Grin —9A 166
Instone Clo. Wall —4J 63
Instow Gdns. F'boro —7M 69
Interface Ho. Houn —6A 10 (off Staines Rd.)
International Av. Houn —1K 9
Inval Hill. Hasl —9G 170
Inveresk Gdns. Wor Pk —9E 42
Inverness Rd. Houn —7N 9
Inverness Rd. Wor Pk —7J 43
Inverness Way. Col T —8J 49
Invicta Clo. Felt —2G 22
Invincible Rd. Inv E —3M 89
Inwood Av. Coul —7L 83
Inwood Av. Houn —6C 10
Inwood Bus. Cen. Houn —7B 10
Inwood Clo. Croy —8H 47
Inwood Ct. W on T —8K 39
Inwood Rd. Houn —7B 10
Iona Clo. Craw —6N 181
Ipswich Rd. SW17 —7E 28
Irene Rd. SW6 —4M 13
Irene Rd. Stoke D —1B 78
Ireton Av. W On T —8F 38
Irhome Cotts. H'ham —1M 179
Iris Clo. Croy —7G 46
Iris Clo. Surb —6M 41
Iris Dri. Bisl —2D 72
Iris Rd. Bisl —2D 72
Iris Rd. W Ewe —2A 60
Iron La. Brmly —6N 133
Iron Mill Pl. SW18 —9N 13
Iron Mill Rd. SW18 —9N 13
Irons Bottom Rd. Reig —3L 141
Irvine Dri. F'boro —6K 69
Irvine Pl. Vir W —4A 36
Irving Mans. W14 —2K 13 (off Queen's Club Gdns.)
Irving Wlk. Craw —6C 182
Irwin Dri. H'ham —5G 196
Irwin Rd. Guild —5K 113
Isabella Ct. Rich —9M 11
Isabella Dri. Orp —1L 67
Isbells Dri. Reig —5N 121
Isham Rd. SW16 —1J 45
Isis Clo. SW15 —7H 13
Isis Ct. W4 —3A 12
Isis St. SW18 —3A 28
Isis Way. Sand —7J 49
Island Clo. Stai —5G 20
Island Farm Av. W Mol —4N 39
Island Farm Rd. W Mol —4N 39
Island Rd. Mitc —8D 28
Islandstone La. Hurst —3A 14
Island, The. Th Dit —5G 40
Island, The. W Dray —3L 7
Island, The. Wray —4C 20
Islay Gdns. Houn —8L 9
Isleworth Bus. Complex. Iswth —5F 10
Isleworth Promenade. Twic —7H 11
Itchingfield Rd. H'ham —8A 196
Itchingwood Comn. Rd. Oxt —2E 126
Ivanhoe Clo. Craw —9B 162
Ivanhoe Rd. Houn —6L 9
Ivatt Pl. W14 —1L 13
Iveagh Clo. Craw —8A 182
Iveagh Ct. Beck —2M 47
Iveagh Ct. Brack —4B 32
Iveagh Rd. Guild —4L 113
Iveagh Rd. Knap —5J 73
Ively Rd. F'boro —5F 88 (in two parts)
Iverna Gdns. Felt —8E 8
Ivers Way. New Ad —4L 65
Ives Clo. Yat —8A 48
Ivor Clo. Guild —4B 114
Ivory Ct. Felt —3H 23
Ivory Wlk. Craw —5K 181
Ivybridge Clo. Twic —1G 24
Ivy Clo. Sun —1K 39
Ivydale Rd. Cars —8D 44
Ivyday Gro. SW16 —4K 29
Ivydene. Knap —5E 72
Ivydene. W Mol —4N 39
Ivydene Clo. Red —8F 122

Ivydene Clo. Sutt —1A 62
Ivy Dene La. Ash W —3F 186
Ivy Dri. Light —8L 51
Ivy Gdns. Mitc —2H 45
Ivyhouse Cotts. Dork —6F 160
Ivy La. Farnh —1G 129
Ivy La. Houn —7N 9
Ivy La. Wok —5D 74
Ivy Mill Clo. God —1E 124
Ivy Mill La. God —1D 124
Ivymount Rd. SE27 —4L 29
Ivy Rd. SW17 —6C 28
Ivy Rd. Alder —2B 110
Ivy Rd. Houn —7B 10
Ivy Rd. Surb —7N 41

Jacaranda Clo. N Mald —2D 42
Jackass La. Kes —2D 66
Jackass La. Tand —9J 105
Jackdaw Clo. Craw —1A 182
Jackdaw La. H'ham —3L 197
Jackmans La. Wok —6K 73
Jackson Clo. Brack —4N 31
Jackson Clo. Cranl —8H 155
Jackson Clo. Eps —1C 80
Jackson Rd. Craw —9N 181
Jacksons Pl. Croy —7B 46
Jackson's Way. Croy —9K 47
Jacob Clo. Brack —1J 31
Jacob Clo. Wind —4B 4
Jacobean Clo. Craw —4G 183
Jacob Rd. Col T —8M 49
Jacob's Ladder. Warl —6D 84
Jacob's Wlk. Dork —6A 138
Jacob's Well Rd. Guild —7N 93
Jaffray Pl. SE27 —5M 29
Jaggard Way. SW12 —1D 28
Jail La. Big H —2F 86
Jamaica Rd. T Hth —5M 45
James Boswell Clo. SW16 —5K 29
James Est. Mitc —1D 44
James Rd. Alder —6B 90
James Rd. Camb —4N 69
James Rd. Peas —2M 133
James's Cotts. Rich —3N 11
James St. Beck —2J 47
James St. Houn —6D 10
James St. Wind —4G 4
Jameston. Brack —7A 32
James Watt Way. Craw —7E 162
James Way. Camb —4N 69
Jamieson Ho. Houn —9N 9
Jamnagar Clo. Stai —7H 21
Janoway Hill La. Wok —5M 73
Japonica Clo. Wok —5M 73
Japonica Ct. Ash —3D 110
Jarrett Clo. SW2 —2M 29
Jarrow Clo. Mord —4N 43
Jarvis Clo. Craw —9N 181
Jarvis Rd. S Croy —3A 64
Jasmine Clo. Red —8E 122
Jasmine Clo. Wok —3J 73
Jasmine Ct. SW19 —6M 27
Jasmine Ct. H'ham —6J 197
Jasmine Gdns. Croy —9L 47
Jasmine Way. E Mol —3E 40
Jasmin Rd. Eps —2A 60
Jason Clo. Red —8C 122
Jason Clo. Wey —2D 56
Jasons Dri. Guild —9E 94
Javelin Ct. Craw —9H 163
Jay Av. Add —9N 37
Jay Clo. Ews —5C 108
Jay's La. Hasl —6M 189
Jays Nest Clo. B'water —2J 69
Jay Wlk. Turn H —4F 184
Jeal Oakwood Ct. Eps —1D 80
Jean Orr Ct. C Crook —8B 88
Jeans Ct. Craw —8N 181
Jebb Av. SW2 —1J 29
Jeddere Cotts. D'land —9C 146
Jefferson Clo. Slou —1C 6
Jefferson Rd. Pirb —7N 71
Jeffries Pas. Guild —4N 113
Jeffries Rd. W Hor —8D 96
Jeffs Clo. Hamp —7B 24
Jeffs Rd. Sutt —1L 61
Jemmett Clo. King T —9A 26
Jengar Clo. Sutt —1N 61
Jenkins Hill. Bag —5H 51
Jenkins Pl. F'boro —5B 90
Jenner Dri. W End —9D 52
Jenner Pl. SW13 —2G 12
Jenner Rd. Craw —7D 162
Jenner Rd. Guild —4A 114
Jenners Clo. Ling —7N 145
Jennett Rd. Croy —9L 45
Jennings Clo. Wdhm —5L 55
Jenny La. Ling —7M 145
Jennys Wlk. Yat —9D 48
Jephtha Rd. SW18 —9M 13
Jeppos La. Mitc —3D 44
Jepson Ho. SW6 —4N 13
(off Pearscroft Rd.)
Jerdan Pl. SW6 —3M 13
Jersey Clo. Cher —9H 37
Jersey Clo. Fleet —1C 88
Jersey Clo. Guild —7D 94
Jersey Rd. SW17 —7F 28
Jersey Rd. Craw —7M 181
Jersey Rd. Houn & Iswth —4B 10
Jerviston Gdns. SW16 —7L 29
Jesmond Clo. Mitc —2F 44
Jesmond Rd. Croy —6C 46
Jessamy Rd. Wey —8C 38
Jesse Clo. Yat —1E 68
Jesses La. Peasl —4D 136
Jessett Dri. C Crook —9A 88
Jessiman Ter. Shep —4B 38
Jessop Av. S'hall —1N 9
Jessops Way. Croy —5G 45
Jevington. Brack —7A 32
Jewels Hill. Big H —8C 66
Jewel Wlk. Craw —6M 181
Jew's Row. SW18 —7N 13
Jeypore Pas. SW18 —9N 13
Jeypore Rd. SW18 —1A 28
Jig's La. Warf —9C 16
Jig's La. N. Warf —7C 16
Jig's La. S. Warf —9C 16
Jillian Clo. Hamp —8A 24
Jim Griffiths Ho. SW6 —2L 13
(off Clem Attlee Ct.)
Jobson's La. Hasl & G'ming —9M 189
Jocelyn Rd. Rich —6L 11
Jockey Mead. H'ham —7G 197
Jock's La. Brack —9K 15
Jodrell Clo. Iswth —4G 10
Joe Hunte Ct. SE27 —6M 29
John Clo. Alder —4K 109
John Cobb Rd. Wey —4B 56
John Gale Ct. Eps —5E 60
(off West St.)
John Knight Lodge. SW6 —3M 13
(off Vanston Pl.)
John Nike Way. Brack —1H 31
John Pound Ho. SW18 —1N 27
John Pounds Ho. Craw —5B 182
John Russell Clo. Guild —9K 93
John's Clo. Ashf —5D 22
John's Ct. Sutt —3N 61
Johnsdale. Oxt —7B 106
John's La. Mord —4A 44
John Smith Av. SW6 —3L 13
Johnson Dri. Finch —9A 30
Johnson Mans. W14 —2K 13
(off Queen's Club Gdns.)
Johnson Rd. Croy —6A 46
Johnson Rd. Houn —3K 9
Johnsons Clo. Cars —8D 44
Johnsons Dri. Hamp —9C 24
Johnson Wlk. Craw —6C 182
Johnson Way. C Crook —8B 88
John's Rd. Tats —7F 86
John's Ter. Croy —7B 46
Johnston Grn. Guild —8K 93
Johnston Wlk. Guild —8K 93
John Strachey Ho. SW6 —2L 13
(off Clem Attlee Ct.)
John St. SE25 —3D 46
John St. Houn —5M 9
Johns Wlk. Whyt —6D 84
John Wesley Ct. Twic —2G 24
John Wheatley Ho. SW6 —2L 13
(off Clem Attlee Ct.)
John Wiskar Dri. Cranl —7M 155
Joinville Pl. Add —1M 55
Jolesfield Ct. Craw —6L 181
Jolive Ct. Guild —4C 114
Jolliffe Rd. Mers —4G 102
Jones M. SW15 —7K 13
Jones Wlk. Rich —9M 11
Jonquil Gdns. Hamp —7A 24
Jonson Clo. Mitc —3F 44
Jordan Clo. S Croy —7C 64
Jordans Clo. Craw —1B 182
Jordans Clo. Guild —2C 114
Jordans Clo. Iswth —4E 10
Jordans Clo. Red —8E 122
Jordans Clo. Stai —1L 21
Jordans Cres. Craw —9B 162
Jordans M. Twic —3E 24
Jordans, The. E Grin —1A 186
Joseph Ct. Warf —7C 16
Josephine Av. Tad —4L 101
Josephine Clo. Tad —5L 101
Joseph Locke Way. Esh —8A 40
Joseph Powell Clo. SW12 —1F 28
Joseph's Rd. Guild —2N 113
Jourdelays Pas. Wind —2G 4
Jubilee Av. Asc —9J 17
Jubilee Av. Twic —2C 24
Jubilee Av. Wokgm —1A 30
Jubilee Clo. Asc —9J 17
Jubilee Clo. F'boro —1J 89
Jubilee Clo. King T —9J 25
Jubilee Clo. Stai —1L 21
Jubilee Ct. Brack —2A 32
Jubilee Ct. Houn —6C 10
(off Bristow Rd.)
Jubilee Ct. Stai —5J 21
Jubilee Cres. Add —2M 55
Jubilee Dri. Ash V —7E 90
Jubilee Est. H'ham —4L 197
Jubilee Hall Rd. F'boro —1A 90
Jubilee La. Gray —6A 170
Jubilee La. Wrec —7F 128
Jubilee Rd. Alder —5N 109
Jubilee Rd. Myt —3E 90
Jubilee Rd. Rud —9E 176
Jubilee Rd. Sutt —4J 61
Jubilee Ter. Dork —4H 119
Jubilee Ter. Str G —7B 120
Jubilee Vs. Esh —7E 40
Jubilee Wlk. Craw —3E 182
Jubilee Way. SW19 —9N 27
Jubilee Way. Chess —1N 59
Jubilee Way. Felt —2G 23
Judge's Ter. E Grin —1A 186
Judge Wlk. Clay —3E 58
Jug Hill. Big H —3F 86
Jugshill La. Dork —2B 178
Julian Clo. Wok —5M 73
Julian Hill. Wey —4B 56
Julien Rd. Coul —2H 83
Juliet Gdns. Warf —9D 16
Julius Hill. Warf —9D 16
Jumps Rd. Churt —7K 149
Junction Pl. Hasl —2D 188
Junction Rd. W5 & Bren —1J 11
Junction Rd. Ashf —6D 22
Junction Rd. Dork —5G 119
Junction Rd. Light —6M 51
Junction Rd. S Croy —2A 64
June Clo. Coul —1F 82
June La. Red —1F 142
Junewood Clo. Wdhm —7H 55
Juniper. Brack —7A 32
Juniper Clo. Big H —4G 87
Juniper Clo. Chess —3M 59
Juniper Clo. Guild —7L 93
Juniper Clo. Reig —5A 122
Juniper Dri. Bisl —2D 72
Juniper Gdns. SW16 —9G 28
Juniper Gdns. Sun —7G 23
Juniper Pl. Shalf —1N 133
Juniper Rd. Craw —9A 162
Juniper Rd. F'boro —9H 69
Juniper Rd. Reig —5A 122
Juniper Wlk. Brock —5B 120
Jura Clo. Craw —6N 181
Justin Clo. Bren —3K 11
Jutland Gdns. Coul —7K 83
Jutland Pl. Egh —6E 20
Juxon Clo. Craw —5L 181

Kalima Cvn. Site. Chob —6L 53
Karenza Ct. H'ham —5L 197
Kashmir Clo. New H —5M 55
Katharine St. Croy —9N 45
Katherine Clo. Add —3J 55
Katherine Rd. Eden —3L 147
Katherine Rd. Twic —1G 24
Kathleen Godfree Ct. SW19 —6M 27
Kay Av. Add —9N 37
Kay Cres. Head —3F 168
Kaye Ct. Guild —9M 93
Kaye Don Way. Wey —6B 56
Kayemoor Rd. Sutt —3B 62
Kaynes Pk. Asc —9J 17
Keable Rd. Wrec —4E 128
Kearton Clo. Kenl —4N 83
Keates Grn. Brack —9N 15
Keats Av. Red —1E 122
Keats Clo. SW19 —7B 28
Keats Clo. H'ham —1M 197
Keats Gdns. Fleet —4C 88
Keats La. Eton —2F 4
Keats Pl. E Grin —9N 165
Keats Way. Crowt —9G 30
Keats Way. Croy —5F 46
Keats Way. W Dray —1A 8
Keats Way. Yat —2A 68
Keble Clo. Craw —9H 163
Keble Clo. Wor Pk —7E 42
Keble St. SW17 —5A 28
Keble Way. Owl —5K 49
Kedeston Ct. Sutt —7N 43
Keeler Clo. Wind —6B 4
Keeley Rd. Croy —8N 45
Keens Clo. SW16 —6H 29
Keens La. Guild —8J 93
Keens Pk. Rd. Guild —8J 93
Keens Rd. Croy —1N 63
Keeper's Clo. Guild —9F 94
Keepers Coombe. Brack —5B 32
Keepers Farm Clo. Wind —5B 4
(in two parts)
Keepers M. Tedd —7J 25
Keepers Wlk. Vir W —4N 35
Keephatch Rd. Wokgm —9D 14
Keep, The. King T —7M 25
Keevil Dri. SW19 —1J 27
Keir Hardie Ho. Craw —8N 181
Keir, The. SW19 —6H 27
Keith Lucas Rd. F'boro —3L 89
Keith Pk. Cres. Big H —8D 66
Keldholme. Brack —2M 31
Kelling Gdns. Croy —6M 45
Kellino St. SW17 —5D 28
Kelly Clo. Shep —1F 38
Kelsall Pl. Asc —6L 33
Kelsey Clo. Horl —8D 142
Kelsey Ga. Beck —1L 47
Kelsey Gro. Yat —1D 68
Kelsey La. Beck —1K 47
Kelsey Pk. Av. Beck —1L 47
Kelsey Pk. Rd. Beck —1K 47
Kelsey Sq. Beck —1K 47
Kelsey Way. Beck —2K 47
Kelso Clo. Worth —2J 183
Kelso Rd. Cars —6A 44
Kelvedon Av. W On T —4F 56
Kelvedon Clo. King T —7N 25
Kelvedon Rd. SW6 —3L 13
Kelvin Av. Lea —6F 78
Kelvinbrook. W Mol —2B 40
Kelvin Bus. Cen. Craw —8D 162
Kelvin Clo. Eps —3N 59
Kelvin Ct. Iswth —5E 10
Kelvin Dri. Twic —9H 11
Kelvin Gdns. Croy —6J 45
Kelvin Gro. Chess —9K 41
Kelvington Clo. Croy —6H 47
Kelvin La. Craw —8D 162
Kelvin Way. Craw —8D 162
Kemble Clo. Wey —1E 56
Kemble Cotts. Add —1J 55
Kemble Rd. Croy —9M 45
Kembleside Rd. Big H —5E 86
Kemerton Rd. Beck —1L 47
Kemerton Rd. Croy —6C 46
Kemishford. Wok —1K 93
Kemnal Pk. Hasl —1H 189
Kemp Ct. Bag —5K 51
Kemp Gdns. Croy —5N 45
Kempsford Gdns. SW5 —1M 13
Kempshott Rd. SW16 —8H 29
Kempshott Rd. H'ham —4H 197
Kempson Rd. SW6 —4M 13
Kempton Av. Sun —9J 23
Kempton Ct. F'boro —3L 89
Kempton Ct. Sun —9J 23
Kempton Rd. Hamp —1N 39
Kempton Wlk. Croy —5H 47
Kemsing Clo. T Hth —3N 45
Kemsley Rd. Tats —6F 86
Kendal Clo. F'boro —1K 89
Kendal Clo. Felt —2G 22
Kendal Clo. Reig —2B 122
Kendale Clo. M'bowr —7G 183
Kendale Co. Craw —7G 182
Kendal Gro. Camb —2H 71
Kendal Ho. SE20 —1E 46
(off Derwent Rd.)
Kendall Av. Beck —1H 47
Kendall Av. S Croy —5A 64
Kendall Av. S. S Croy —6N 63
Kendall Gdns. Sutt —8A 44
Kendall Rd. Beck —1H 47
Kendall Rd. Iswth —5G 10
Kendal Pl. SW15 —8L 13
Kendor Av. Eps —7B 60
Kendra Hall Rd. S Croy —4M 63
Kendrey Gdns. Twic —1E 24
Kendrick Clo. Wokgm —3B 30
Keneally. Wind —5A 4
Kenilford Rd. SW12 —1F 28
Kenilworth Av. SW19 —6M 27
Kenilworth Av. Brack —9B 16
Kenilworth Av. Stoke D —1B 78
Kenilworth Clo. Bans —3N 81
Kenilworth Clo. Craw —7N 181
Kenilworth Cres. Fleet —3D 88
Kenilworth Dri. W On T —9L 39
Kenilworth Gdns. Stai —6L 21
Kenilworth Rd. Ashf —4M 21
Kenilworth Rd. Eps —2F 60
Kenilworth Rd. F'boro —9H 69
Kenilworth Rd. Fleet —4C 88
Kenley Clo. Cat —7B 84
Kenley Ct. Kenl —2M 83
Kenley Gdns. T Hth —3M 45
Kenley La. Kenl —1N 83
Kenley Rd. SW19 —1M 43
Kenley Rd. Head —4H 169
Kenley Rd. King T —1A 42
Kenley Rd. Twic —9H 11
Kenley Wlk. Sutt —1J 61
Kenlor Rd. SW17 —6B 28
Kenmara Clo. Craw —9E 162
Kenmara Ct. Craw —8E 162
Kenmare Dri. Mitc —8D 28
Kenmare Rd. T Hth —5L 45
Kenmore Clo. C Crook —8C 88
Kenmore Clo. Frim —6B 70
Kenmore Clo. Rich —3N 11
Kenmore Rd. Kenl —1M 83
Kennard Ct. F Row —6G 187
Kenneally Clo. Wind —5A 4
Kenneally Pl. Wind —5A 4
Kenneally Row. Wind —5A 4
Kenneally Wlk. Wind —5A 4
(off Guards Rd.)
Kennedy Av. E Grin —7N 165
Kennedy Clo. Mitc —1E 44
Kennedy Ct. Beck —5J 47
Kennedy Ct. Croy —5J 47
Kennedy Rd. H'ham —7K 197
Kennel Av. Asc —9K 17
Kennel Clo. Asc —7K 17
Kennel Clo. Fet —2C 98
Kennel Grn. Asc —9J 17
Kennel La. Brack —8N 15
Kennel La. Fet —9B 78
(in two parts)
Kennel La. Fren —9H 129
Kennel La. Horl —9B 142
Kennel La. W'sham —2N 51
Kennel Ride. Asc —9K 17
Kennels La. Fleet & Farn —2G 88
Kennel Wood. Asc —9K 17
Kennel Wood Cres. New Ad —7N 65
Kennet Clo. Ash —3E 110
Kennet Clo. Craw —4L 181
Kennet Clo. F'boro —8K 69
Kenneth Rd. Bans —2B 82
Kenneth Younger Ho. SW6 —2L 13
(off Clem Attlee Ct.)
Kennet Rd. Iswth —6F 10
Kennet Sq. Mitc —9C 28
Kennett Ct. W4 —3A 12
Kenrick Sq. Blet —2B 124
Kensington Av. T Hth —9L 29
Kensington Gdns. King T —2K 41
Kensington Hall Gdns. W14 —1L 13
Kensington Mans. SW5 —1M 13
(off Trebovir Rd.)
Kensington Rd. Craw —7N 181
Kensington Ter. S Croy —4A 64
Kent Clo. Mitc —3J 45
Kent Clo. Orp —3N 67
Kent Clo. Stai —7M 21
Kent Dri. Tedd —6E 24
Kent Folly. Warf —7D 16
Kent Ga. Way. Croy —3J 65
Kent Hatch Rd. Oxt & Crock H —7E 106
Kent Ho. W4 —1D 12
(off Devonshire St.)
Kentigern Dri. Crowt —2J 49
Kenton Av. Sun —1L 39
Kenton Clo. Brack —1B 32
Kenton Clo. Frim —4D 70
Kenton Ct. Twic —9K 11
Kentone Ct. SE25 —3E 46
Kentons La. Wind —5B 4
Kenton Way. Wok —4J 73
Kent Rd. E Mol —3C 40
Kent Rd. Fleet —4C 88
Kent Rd. King T —2K 41
Kent Rd. Rich —3N 11
Kent Rd. W Wick —7L 47
Kent Rd. W'sham —2A 52
Kent Rd. Wok —3D 74
Kent's Pas. Hamp —9N 23
Kent Way. Surb —9L 41
Kentwode Grn. SW13 —3F 12
Kentwyns Dri. H'ham —8L 197
Kentwyns Rise. S Nut —4K 123
Kenward Ct. Bet —7B 120
Kenway Rd. SW5 —1N 13
Kenwith Av. Fleet —4D 88
Kenwood Clo. W Dray —2B 8
Kenwood Dri. Beck —2M 47
Kenwood Dri. W On T —3J 57
Kenwood Pk. Wey —3E 56
Kenwood Ridge. Kenl —4M 83
Kenworth Gro. Light —6L 51
Kenwyn Rd. SW20 —9H 27
Kenya Ct. Horl —7D 142
Kenya Ter. Frim —5J 71
Kenyngton Ct. Sun —6H 23
Kenyngton Dri. Sun —6H 23
Kenyon Mans. W14 —2K 13
(off Queen's Club Gdns.)
Kenyons. W Hor —6C 96
Kenyon St. SW6 —4J 13
Keogh Barracks. Ash V —4F 90
Keogh Clo. Ash V —4F 90
Keppel Rd. Dork —3H 119
Keppel Spur. Old Win —1L 19
Kepple Pl. Bag —4J 51
Kepple St. Wind —5G 5
Kerria Way. W End —9B 52
Kerrill Av. Coul —6L 83
Kerry Clo. Fleet —1C 88
Kerry Ter. Wok —3D 74
Kersey Dri. S Croy —8F 64
Kersfield Rd. SW15 —9J 13
Kershaw Clo. SW18 —1B 28
Kersland Cotts. G'ming —4C 132
Kerves La. H'ham —9K 197
Keston Av. Coul —6L 83
Keston Av. Kes —2E 66
Keston Av. New H —7J 55
Keston Gdns. Kes —1E 66
Keston Mark. (Junct.) —1G 66
Keston Pk. Clo. Kes —1H 67
Keston Rd. T Hth —5L 45
Kestrel Av. Stai —4H 21
Kestrel Clo. Craw —1A 182
Kestrel Clo. Eden —9L 127
Kestrel Clo. Ews —5C 108
Kestrel Clo. Guild —1F 114
Kestrel Clo. H'ham —3L 197
Kestrel Clo. King T —5K 25
Kestrel Ct. S Croy —3N 63
Kestrel Ho. King T —9L 25
(off Sigrist Sq.)
Kestrel Way. New Ad —5N 65
Keswick Av. SW15 —6D 26
Keswick Av. SW19 —1M 43
Keswick Av. Shep —2F 38
Keswick Clo. Camb —2H 71
Keswick Clo. If'd —5J 181
Keswick Clo. Sutt —1A 62
Keswick Dri. Light —7M 51
Keswick Rd. SW15 —8K 13
Keswick Rd. Bookh & Fet —3C 98
Keswick Rd. Egh —8D 20
Keswick Rd. Fet —2C 98
Keswick Rd. Twic —9C 10
Keswick Rd. W Wick —8N 47
Keswick Rd. Witl —4A 152
Ketcher Grn. Binf —5H 15
Kettering St. SW16 —7G 28
Kettlewell Clo. Wok —1N 73
Kettlewell Dri. Wok —1A 74
Kettlewell Hill. Wok —1A 74
Ketton Grn. Red —6H 103
Kevan Dri. Send —3G 95
Kevin Clo. Houn —5L 9
Kevington Clo. Croy —6H 47
Kevins Dri. Yat —8D 48
Kevins Gro. Fleet —4C 88
Kew Bri. Bren & Kew —2M 11
Kew Bridge. (Junct.) —1M 11
Kew Bri. Arches. Rich & W4 —2N 11
Kew Bri. Ct. W4 —1N 11
Kew Bri. Distribution Cen. Bren —1M 11
Kew Bri. Rd. Bren —2M 11
Kew Cres. Sutt —9K 43
Kew Foot Rd. Rich —7L 11
Kew Gdns. Rd. Rich —3M 11
Kew Grn. Rich —2M 11
Kew Green. (Junct.) —3N 11
Kew Meadow Path. Rich —4A 12
Kew Rd. Rich —2N 11
Keymer Clo. Big H —3E 86
Keymer Rd. SW2 —3K 29
Keymer Rd. Craw —5B 182
Keynes Clo. C Crook —9C 88
Keynsham Rd. Mord —7N 43
Keynsham Wlk. Mord —7N 43
Keynsham Way. Owl —5J 49
Keysham Av. Houn —4H 9
Keywood Dri. Sun —7H 23
Khama Rd. SW17 —5C 28
Khartoum Rd. SW17 —5B 28
Khartoum Rd. Witl —4B 152
Kibble Grn. Brack —5A 32
Kidborough Down. Bookh —5A 98
Kidborough Rd. Craw —4L 181
Kidbrooke Rise. F Row —7G 187
Kidderminster Rd. Croy —7M 45
Kidmans Clo. H'ham —3M 197
Kidworth Clo. Horl —6D 142
Kielder Wlk. Camb —2G 71
Kier Pk. Asc —2N 33
Kilberry Clo. Iswth —4D 10
Kilcorral Clo. Eps —1F 80
Kilkie St. SW6 —5N 13
Killarney Rd. SW18 —9N 13
Killaser Ct. Tad —1H 101
Killester Gdns. Wor Pk —1G 61
Killick Ho. Sutt —1N 61
Killicks. Cranl —6A 156
Killieser Av. SW2 —3J 29
Killinghurst La. Hasl & G'ming —2N 189
Killy Hill. Chob —4H 53
Kilmaine Rd. SW6 —3K 13
Kilmarnock Pk. Reig —2N 121
Kilmartin Av. SW16 —2L 45
Kilmartin Gdns. Frim —5D 70
Kilmington Clo. Brack —6C 32
Kilmington Rd. SW13 —2F 12
Kilmiston Av. Shep —5D 38
Kilmore Dri. Camb —2F 70
Kilmorey Gdns. Twic —8H 11
Kilmorey Rd. Twic —7H 11
Kilmuir Clo. Col T —8J 49
Kiln Clo. Craw D —2E 184
Kiln Clo. Hayes —2E 8
Kiln Copse. Cranl —6N 155
Kiln Cotts. Dork —7C 140
Kilnfield Rd. Rud —9E 176
Kiln Fields. Hasl —9G 171
Kiln La. Asc —4D 34
Kiln La. Brack —1M 31
Kiln La. Brock —4A 120
Kiln La. Eps —7D 60
Kiln La. Horl —6E 142
Kiln La. Knap —4E 72
Kiln La. Lwr Bo —5H 129
Kiln La. Rip —2J 95
Kiln La. Wink —7M 17
Kilnmead. Craw —2C 182
Kilnmead Clo. Craw —2C 182
Kiln Meadows. Guild —8F 92
Kiln M. SW17 —6B 28
Kiln Ride. Finch —8A 30
Kiln Ride Extension. Finch —1A 48
Kiln Rd. Craw D —2E 184
Kilnside. Clay —4G 58
Kiln Wlk. Red —8E 122
Kiln Way. Alder —5N 109
Kiln Way. Gray —4K 169
Kilnwood La. Fay —6E 180

Kilross Rd.—Lamberhurst Rd.

Kilross Rd. Felt —2E 22
Kilrue La. W On T —1G 57
Kilrush Ter. Wok —3C 74
Kilsha Rd. W On T —5K 39
Kimbell Gdns. SW6 —4K 13
Kimber Clo. Wind —6D 4
Kimber Ct. Guild —1F 114
Kimberely Rd. Beck —1G 47
Kimberley. Brack —7A 32
Kimberley. C Crook —9C 88
Kimberley Clo. Horl —8C 142
Kimberley Clo. Slou —1B 6
Kimberley Pl. Purl —7L 63
Kimberley Ride. Cobh —9B 58
Kimberley Rd. Beck —1G 47
Kimberley Rd. Craw —2F 182
Kimberley Rd. Croy —5M 45
Kimberley Wlk. W On T —6J 39
Kimber Rd. SW18 —1M 27
Kimbers La. Farnh —9J 109
Kimble Rd. SW19 —7B 28
Kimmeridge. Brack —5C 32
Kimpton Ind. Est. Sutt —8L 43
Kimpton Rd. Sutt —8L 43
Kinburn Dri. Egh —6A 20
Kindersley Clo. E Grin —7D 166
Kinfauns Rd. SW2 —3L 29
King Acre Ct. Stai —4G 20
King Charles Cres. Surb —6M 41
King Charles Ho. SW6 —3N 13
(off Wandon Rd.)
King Charles Rd. Surb —4M 41
King Charles Wlk. SW19 —2K 27
Kingcup Clo. Croy —6G 46
Kingcup Dri. Bisl —2D 72
King Edward Clo. H'ham —9D 196
King Edward Ct. Wind —4G 4
King Edward Dri. Chess —9L 41
King Edward Mans. SW6
(off Fulham Rd.) —3M 13
King Edward M. SW13 —4F 12
King Edward Rd. H'ham —9D 196
King Edward's Clo. Asc —9J 17
King Edward VII Av. Wind —3H 5
King Edwards Gro. Tedd —7H 25
King Edward's Rise. Asc —8J 17
King Edward's Rd. Asc —9J 17
Kingfield Clo. Wok —7B 74
Kingfield Dri. Wok —7B 74
Kingfield Gdns. Wok —7B 74
Kingfield Rd. Wok —7B 74
Kingfisher Clo. Bord —7A 168
Kingfisher Clo. C Crook —8B 88
Kingfisher Clo. Craw —9E 162
Kingfisher Clo. F'boro —8H 69
Kingfisher Clo. W On T —2M 57
Kingfisher Ct. SW19 —3J 27
Kingfisher Ct. Houn —8B 10
Kingfisher Ct. Wok —1E 74
Kingfisher Dri. Guild —1E 114
Kingfisher Dri. Red —9E 102
Kingfisher Dri. Rich —5H 25
Kingfisher Dri. Stai —5H 21
Kingfisher Dri. Yat —9A 48
Kingfisher Gdns. S Croy —7G 65
Kingfisher La. Turn H —4F 184
Kingfisher Rise. E Grin —1B 186
Kingfisher Wlk. Ash —2D 110
Kingfisher Way. Beck —4G 46
Kingfisher Way. H'ham —3J 197
King Gdns. Croy —2M 63
King George Av. E Grin —7M 165
King George Av. W On T —7L 39
King George Clo. Sun —6F 22
King George's Dri. New H —6J 55
King George VI Av. Big H —3F 86
King George VI Av. Mitc —3D 44
King George Sq. Rich —9M 11
King George's Trad. Est. Chess —1N 59
Kingham Clo. SW18 —1A 28
King Henry M. Orp —2N 67
King Henry's Dri. New Ad —5L 65
King Henry's Rd. King T —2A 42
King John's Clo. Stai —9M 5
Kinglake Ct. Wok —5H 73
Kingpost Pde. Guild —9D 94
Kings Acre. S Nut —6K 123
Kings Arbour. S'hall —1M 9
King's Arms All. Bren —2K 11
Kings Arms Way. Cher —7H 37
Kings Av. SW12 & SW4 —2H 29
Kings Av. Byfl —8M 55
King's Av. Cars —4C 62
Kings Av. Houn —4B 10
Kings Av. N Mald —3D 42
King's Av. Pirb —6A 72
Kings Av. Red —5C 122
King's Av. Sun —6G 23
Kings Av. Tong —4C 110
Kingsbridge Cotts. Wokgm —9C 30
Kingsbridge Rd. Mord —6J 43
Kingsbridge Rd. S'hall —1N 9
Kingsbridge Rd. W On T —6J 39
Kingsbrook. Lea —5G 79
Kingsbury Cres. Stai —5F 20
Kingsbury Dri. Old Win —1K 19
Kings Chase. E Mol —2C 40
Kingsclear Pk. Camb —2B 70
Kingsclere Clo. SW15 —1F 26
Kingscliffe Gdns. SW19 —2L 27
Kings Clo. Stai —7M 21
Kings Clo. Th Dit —5G 41
Kings Clo. W On T —7J 39
Kings Copse. E Grin —1B 186
Kingscote Hill. Craw —5N 181
Kingscote Rd. Croy —6E 46
Kingscote Rd. N Mald —2C 42
Kings Ct. W6 —1F 12
Kings Ct. Byfl —7M 55
King's Ct. H'ham —5L 197
King's Ct. Tad —9G 81
Kings Ct. Tong —4D 110
Kingscourt Rd. SW16 —4H 29
King's Cres. Camb —7A 50
Kingscroft. Fleet —5B 88
Kingscroft La. Brack —3D 16
Kingscroft Rd. Bans —2B 82
Kingscroft Rd. Lea —7H 79
Kings Cross La. S Nut —5H 123
Kingsdene. Tad —8G 80
Kingsdown Av. S Croy —6M 63
Kingsdowne Rd. Surb —6L 41
Kingsdown Rd. Eps —9F 60
Kingsdown Rd. Sutt —2K 61
King's Dri. Surb —6N 41
Kings Dri. Tedd —6D 24
Kings Dri. Th Dit —5H 41
Kings Dri., The. W on T —5G 57
Kings Farm Av. Rich —7N 11
Kingsfield. Abry —4N 135
Kingsfield. Wind —4A 4
Kingsford Av. Wall —4J 63
Kingsgate Rd. King T —9L 25
Kingsgrove Ind. Est. F'boro —2M 89
Kings Head La. Byfl —7M 55
Kingshill Av. Wor Pk —6F 42
Kings Keep. Fleet —7B 88
Kings Keep. King T —3L 41
King's Keep. Sand —6G 49
Kingsland. Newd —1N 159
Kings La. Egh —6A 20
(Egham)
Kings La. Egh —6K 19
(Englefield Green)
Kings La. Sutt —2B 62
Kings La. W'sham —2B 52
Kings La. Wrec —5E 128
Kingslawn Clo. SW15 —8G 13
Kingslea. H'ham —5L 197
Kingslea. Lea —7G 79
Kingsleigh Pl. Mitc —2D 44
Kingsley Av. Bans —2M 81
Kingsley Av. Camb —2A 70
Kingsley Av. Egh —7L 19
Kingsley Av. Houn —5C 10
Kingsley Av. Sutt —1B 62
Kingsley Clo. Crowt —4G 49
Kingsley Clo. Horl —6D 142
Kingsley Ct. Sutt —4N 61
Kingsley Ct. Wor Pk —8E 42
(off Avenue, The)
Kingsley Dri. Wor Pk —8E 42
Kingsley Gro. Reig —7N 121
Kingsley Rd. SW19 —6N 27
Kingsley Rd. Craw —6M 181
Kingsley Rd. Croy —7L 45
Kingsley Rd. F'boro —8L 69
Kingsley Rd. Horl —6D 142
Kingsley Rd. Houn —4B 10
Kingsley Rd. Orp —4N 67
Kingslyn Cres. SE19 —1B 46
Kings Mall. W6 —1H 13
Kingsmead. Big H —3F 86
Kingsmead. F'boro —1N 89
Kingsmead. Frim G —7C 70
Kings Mead. Rich —9M 11
Kings Mead. Small —8M 143
Kingsmead. S Nut —5J 123
Kingsmead. Wok —3C 74
Kingsmead Av. Mitc —2G 45
Kingsmead Av. Sun —1K 39
Kingsmead Av. Surb —8N 41
Kingsmead Av. Wor Pk —8G 42
Kingsmead Clo. Eps —4C 60
Kingsmead Clo. H'ham —2A 198
Kingsmead Clo. Tedd —7H 25
Kingsmeadow. King T —2A 42
Kings Mead Pk. Clay —4E 58
Kingsmead Pk. Cvn. Pk. Elst —9F 130
Kingsmead Pl. Broad H —5C 196
Kingsmead Rd. SW2 —3L 29
Kingsmead Rd. Broad H —5D 196
Kingsmead Shop. Cen. F'boro —2N 89
Kingsmere Clo. SW15 —6J 13
Kingsmere Rd. SW19 —3J 27
Kingsmere Rd. Brack —9L 15
Kings Mill La. Red —8G 122
Kingsnympton Pk. King T —7A 26
King's Paddock. Hamp —9C 24
Kings Pde. Fleet —4B 88
Kings Pas. King T —1K 41
King's Pl. W4 —1B 12
King's Ride. Asc —4G 32
King's Ride. Camb —6B 50
Kings Ride Ga. Rich —7N 11
Kingsridge. SW19 —3K 27
Kings Rd. SE25 —2D 46
King's Rd. SW6 & SW10 —3N 13
Kings Rd. SW14 —6C 12
Kings Rd. SW19 —7M 27
King's Rd. Alder —3K 109
King's Rd. Asc —4A 34
Kings Rd. Big H —3E 86
Kings Rd. Cranl —8N 155
King's Rd. Crowt —3G 49
Kings Rd. Egh —5C 20
Kings Rd. Felt —2K 23
Kings Rd. Fleet —3B 88
King's Rd. G'ming —5J 133
King's Rd. Guild —3N 113
King's Rd. Hasl —3D 188
Kings Rd. Horl —8E 142
King's Rd. H'ham —5L 197
King's Rd. King T —9L 25
Kings Rd. Mitc —2E 44
Kings Rd. New H —6K 55
King's Rd. Orp —1N 67
Kings Rd. Rich —9M 11
Kings Rd. Rud —9E 176
Kings Rd. Shalf —1A 134
King's Rd. Surb —7J 41
King's Rd. Sutt —6M 61
King's Rd. Tedd —6D 24
Kings Rd. Twic —9H 11
Kings Rd. W On T —8J 39
King's Rd. W End —1D 72
King's Rd. Wind —7G 4
Kings Rd. Wok —3C 74
King's Shade Wlk. Eps —9C 60
Kingstable St. Eton —3G 4
Kings Ter. Fren —1J 149
King's Ter. Isle —7G 11
Kingston Av. E Hor —4F 96
Kingston Av. Felt —9F 8
Kingston Av. Lea —8H 79
Kingston Av. Sutt —9K 43
Kingston Bri. King T —1K 41
Kingston Bus. Cen. Chess —9L 41
Kingston By-Pass. SW15 & SW20 —6D 26
Kingston By-Pass. Surb & N Mald —9K 41
Kingston By-Pass Rd. Esh & Surb —8E 40
Kingston Clo. Tedd —7H 25
Kingston Cres. Ashf —6L 21
Kingston Cres. Beck —1J 47
Kingston Gdns. Croy —9J 45
Kingston Hall Rd. King T —2K 41
Kingston Hill. King T —9N 25
Kingston Hill Pl. King T —5C 26
Kingston Ho. Est. Surb —5J 41
Kingston Ho. Gdns. Lea —8H 79
Kingston La. Tedd —6G 25
Kingston La. W Hor —5B 96
Kingston Rise. New H —6J 55
Kingston Rd. SW15 & SW19 —3F 26
Kingston Rd. SW20 & SW19 —1H 43
Kingston Rd. Camb —7E 50
Kingston Rd. Eps —5E 60
Kingston Rd. King T & N Mald —2A 42
Kingston Rd. Lea —8G 79
(in two parts)
Kingston Rd. Stai & Ashf —5J 21
Kingston Rd. Surb & Eps —8A 42
Kingston Rd. Tedd —6H 25
Kingstons Ind. Est. Alder —2C 110
Kingston Vale. SW15 —5C 26
King St. W6 —1F 12
King St. Cher —7J 37
King St. E Grin —9A 166
King St. Rich —8K 11
King St. Twic —2G 24
King St. Pde. Twic —2G 24
(off King St.)
King's Wlk. Col T —9L 49
King's Wlk. King T —9K 25
Kings Wlk. S Croy —1E 84
Kingsway. SW14 —6A 12
Kingsway. Alder —3K 109
Kingsway. B'water —1J 69
King's Way. Croy —2K 63
Kingsway. N Mald —4H 43
Kingsway. Stai —2M 21
Kingsway. W Wick —1A 66
Kingsway. Wok —5N 73
Kingsway Av. S Croy —5F 64
Kingsway Av. Wok —5N 73
Kingsway Bus. Pk. Hamp —9N 23
Kingsway Rd. Sutt —4K 61
Kingsway, The. Eps —6E 60
Kingswey Bus. Pk. Wok —1E 74
Kingswick Clo. Asc —3A 34
Kingswick Dri. Asc —3A 34
Kingswood Av. Brom —3N 47
Kingswood Av. Hamp —7B 24
Kingswood Av. Houn —5N 9
Kingswood Av. S Croy —2E 84
Kingswood Av. T Hth —4L 45
Kingswood Clo. Broadf —9A 182
Kingswood Clo. Egh —5N 19
Kingswood Clo. Guild —2E 114
Kingswood Clo. N Mald —5E 42
Kingswood Clo. Surb —6L 41
Kingswood Clo. Wey —4C 56
Kingswood Ct. Hors —3A 74
Kingswood Ct. Tad —2K 101
Kingswood Creek. Wray —8N 5
Kingswood Dri. Cars —7D 44
Kingswood Dri. Sutt —5N 61
Kingswood Firs. Gray —7A 170
Kingswood La. Hind —7A 170
Kingswood La. Warl —2F 84
Kingswood Rise. Egh —6N 19
Kingswood Rd. SW2 —1J 29
Kingswood Rd. SW19 —8L 27
Kingswood Rd. Brom —3N 47
Kingswood Rd. Tad —8G 81
Kingswood Way. S Croy —9F 64
(in two parts)
Kingswood Way. Wall —2J 63
Kingsworth Clo. Beck —4H 47
Kingsworthy Clo. King T —2M 41
Kings Yd. Asc —3J 33
Kingwood Rd. SW6 —4K 13
Kinloss Rd. Cars —6A 44
Kinnaird Av. W4 —3B 12
Kinnersley Wlk. Reig —8M 121
Kinnibrugh Dri. D'land —1C 166
Kinnoul Rd. W6 —2K 13
Kinross Av. Asc —4K 33
Kinross Av. Wor Pk —8F 42
Kinross Clo. Sun —6G 23
Kinross Ct. Asc —4K 33
Kinross Dri. Sun —6G 22
Kintyre Clo. SW16 —1K 45
Kintyre Ct. SW2 —1J 29
Kipings. Tad —8J 81
Kipling Clo. Craw —1G 182
Kipling Clo. Yat —2B 68
Kipling Ct. H'ham —4N 197
Kipling Ct. Wind —5E 4
Kipling Dri. SW19 —7B 28
Kipling Way. E Grin —9M 165
Kirby Clo. Eps —2E 60
Kirby Rd. Wok —4M 73
Kirby Way. W On T —5K 39
Kirdford Clo. Craw —1M 181
Kirkefields. Guild —9K 93
Kirkgate, The. Eps —9D 60
Kirkham Clo. Owl —5J 49
Kirk Knoll. Head —4E 168
Kirkland Av. Wok —3H 73
Kirkleas Rd. Surb —7L 41
Kirklees Rd. T Hth —4L 45
Kirkley Rd. SW19 —9M 27
Kirkly Clo. S Croy —5B 64
Kirk Rise. Sutt —9N 43
Kirkstall Gdns. SW2 —2J 29
Kirkstall Rd. SW2 —2H 29
Kirksted Rd. Mord —7N 43
Kirkstone Clo. Camb —2H 71
Kirrane Clo. N Mald —4E 42
Kirriemuir Gdns. Ash —1H 111
Kirton Clo. W4 —1C 12
Kitchener Rd. Alder —7B 90
Kitchener Rd. T Hth —2A 46
Kites Clo. Craw —3A 182
Kithurst Clo. Craw —5B 182
Kitley Gdns. SE19 —1C 46
Kitsmead. Copt —8L 163
Kitsmead La. Longc —7M 35
Kitson Rd. SW13 —4F 12
Kittiwake Clo. If'd —5J 181
Kittiwake Clo. S Croy —6H 65
Kitts La. Churt —9K 149
Klondyke Vs. Hasl —8L 171
Knapp Rd. Ashf —5A 22
Knapton M. SW17 —7E 28
Knaresborough Dri. SW18 —2N 27
Kneller Gdns. Isle —9D 10
Kneller Rd. N Mald —6D 42
Kneller Rd. Twic —9C 10
Knepp Clo. Craw —3G 182
Knighton Clo. Craw —8H 163
Knighton Clo. S Croy —5M 63
Knighton Rd. Red —5E 122
Knightons La. Duns —5B 174
Knightsbridge Cres. Stai —7K 21
Knightsbridge Gro. Camb —8C 50
Knightsbridge Ho. Guild
(off St Lukes Sq.) —4B 114
Knightsbridge Rd. Camb —8C 50
Knights Clo. Egh —7F 20
Knights Clo. Wind —4A 4
Knights Ct. King T —2L 41
Knights Hill. SE27 —6M 29
Knight's Hill Sq. SE27 —5M 29
Knight's Pk. King T —2L 41
Knights Rd. Farnh —5K 109
Knights Way. Camb —2G 70
Knightswood. Brack —7N 31
Knightswood. Wok —5J 73
Knightwood Clo. Reig —5M 121
Knightwood Cres. N Mald —5D 42
Knipp Hill. Cobh —9N 57
Knivet Rd. SW6 —2M 13
Knobfield. Ab H —3G 136
Knob Hill. Warn —9F 178
Knockholt Clo. Sutt —6N 61
Knockholt Main Rd. Knock —6N 87
Knole Clo. Croy —5F 46
Knole Clo. Worth —2H 183
Knole Gro. E Grin —7M 165
Knole Wood. Asc —7B 34
Knoll Clo. Fleet —3B 88
Knoll Ct. Fleet —2B 88
Knoll Farm Rd. Capel —7G 159
Knollmead. Surb —7B 42
Knoll Pk. Rd. Cher —7H 37
Knoll Quarry. G'ming —5H 133
Knoll Rd. SW18 —8N 13
Knoll Rd. Camb —9B 50
Knoll Rd. Dork —7G 119
Knoll Rd. Fleet —3B 88
Knoll Rd. G'ming —5G 133
Knoll Roundabout. Lea —8J 79
Knoll Roundabout. (Junct.) —8J 79
Knolls Clo. Wor Pk —9G 42
Knolls, The. Eps —3H 81
Knoll, The. Beck —1L 47
Knoll, The. Cher —7H 37
Knoll, The. Cobh —9A 58
Knoll, The. Lea —8J 79
Knoll Wlk. Camb —9B 50
Knoll Wood. G'ming —5G 133
Knollys Clo. SW16 —4L 29
Knollys Rd. SW16 —4L 29
Knollys Rd. Alder —1L 109
Knowle Clo. Copt —7N 163
Knowle Dri. Copt —7M 163
Knowle Gdns. W Byf —9H 55
Knowle Grn. Stai —6J 21
Knowle Gro. Vir W —6M 35
Knowle Gro. Clo. Vir W —6M 35
Knowle Hill. Vir W —6L 35
Knowle La. Cranl & Rudg —8M 155
Knowle Pk. Cobh —2M 77
Knowle Pk. Av. Stai —7K 21
Knowle Rd. Twic —2E 24
Knowles Av. Crowt —2E 48
Knowle, The. Tad —8H 81
Knowl Hill. Wok —6D 74
Knox Grn. Binf —6H 15
Knox Rd. Guild —7L 93
Kohat Ct. Alder —2L 109
Kohat Rd. SW19 —6N 27
Kohima Clo. Alder —1N 109
Koonowla Clo. Big H —2F 86
Kooringa. Warl —6E 84
Korda Clo. Shep —2A 38
Kramer M. SW5 —1M 13
Kreisel Wlk. Rich —2M 11
Kristina Ct. Sutt —4M 61
(off Overton Rd.)
Krooner Rd. Camb —3N 69
Kuala Gdns. SW16 —9K 29
Kyle Clo. Brack —2N 31
Kynaston Av. T Hth —4N 45
Kynaston Ct. Cat —3B 104
Kynaston Cres. T Hth —4N 45
Kynaston Rd. T Hth —4N 45
Kynnersley Clo. Cars —9D 44

Laburnum Av. Sutt —9C 44
Laburnum Clo. Alder —3M 109
Laburnum Clo. Guild —9M 93
Laburnum Ct. SE19 —1C 46
Laburnum Ct. Small —1N 163
Laburnum Cres. Sun —9J 23
Laburnum Gdns. C Crook —8C 88
Laburnum Gdns. Croy —7G 46
Laburnum Gro. Houn —7N 9
Laburnum Gro. N Mald —1C 42
Laburnum Gro. Slou —2D 6
Laburnum Ho. Brom —1N 47
Laburnum Pas. Alder —3M 109
Laburnum Pl. Egh —7L 19
Laburnum Rd. SW19 —8A 28
Laburnum Rd. Alder —3M 109
Laburnum Rd. Cher —7J 37
Laburnum Rd. Eps —9D 60
Laburnum Rd. Farnh —5K 109
Laburnum Rd. Hayes —1G 9
Laburnum Rd. Mitc —1E 44
Laburnum Rd. Wok —7N 73
Laburnums, The. B'water —1G 68
Laburnum Way. Stai —2A 22
Lacey Av. Coul —7L 83
Lacey Clo. Egh —8F 20
Lacey Dri. Coul —7M 83
Lacey Dri. Hamp —9N 23
Lacey Grn. Coul —7L 83
Lackford Rd. Coul —5D 82
Lackman's Hill. Brack —7N 15
Lacock Clo. SW19 —7A 28
Lacy Rd. SW15 —7J 13
Ladas Rd. SE27 —5N 29
Ladbroke Cotts. Red —2E 122
(off Ladbroke Rd.)
Ladbroke Ct. Red —1E 122
Ladbroke Gro. Red —2E 122
Ladbroke Hurst. D'land —1C 166
Ladbroke Rd. Eps —1C 80
Ladbroke Rd. Horl —6F 142
Ladbroke Rd. Red —2E 122
Ladbrook Rd. SE25 —3A 46
Ladderstile Ride. King T —6A 26
Ladybank. Brack —7N 31
Lady Booth Rd. King T —1L 41
Ladycroft Gdns. Orp —2L 67
Ladycroft Way. Orp —2L 67
Ladycross. Milf —2B 152
Ladyegate Clo. Dork —4K 119
Ladyegate Rd. Dork —5J 119
Ladygate Dri. Gray —6M 169
Ladygrove. Croy —5H 65
Ladygrove Dri. Guild —7C 94
Lady Hay. Wor Pk —8E 42
Lady Margaret Rd. Asc —7C 34
Lady Margaret Rd. Craw —2M 181
Lady Margaret Wlk. Craw —2M 181
Ladymead. Guild —2M 113
Ladymead Clo. M'bowr —6G 183
Ladymead Retail Pk. Guild —2M 113
Ladythorpe Clo. Add —1K 55
Ladywood Av. F'boro —1H 89
Ladywood Rd. Surb —8N 41
Laffan's Rd. Alder —7H 89
Lafone Av. Felt —3K 23
Lagham Pk. S God —6H 125
Lagham Rd. S God —7H 125
Laglands Clo. Reig —1A 122
Laings Av. Mitc —1D 44
Lainlock Pl. Houn —4B 10
Lainson St. SW18 —1M 27
Lairdale Clo. SE21 —2N 29
Laird Ct. Bag —6J 51
Laitwood Rd. SW12 —2F 28
Lake Clo. SW19 —6L 27
Lake Clo. Byfl —8M 55
Lake Dri. Bord —6A 168
Lake End Way. Crowt —3F 48
Lake Gdns. Rich —3H 25
Lake Gdns. Wall —9F 44
Lakehall Gdns. T Hth —4M 45
Lakehall Rd. T Hth —4M 45
Lakehurst Rd. Eps —2D 60
Lakeland Dri. Frim —5C 70
Lake La. Dock —4D 148
Lake La. Horl —6G 142
Lake Rd. SW19 —6L 27
Lake Rd. Croy —8J 47
Lake Rd. Deep —8E 70
Lake Rd. Dork —3C 158
Lake Rd. Vir W —3L 35
Laker Pl. SW15 —9L 13
Lakers Lea. Loxw —7H 193
Lakers Rise. Bans —3C 82
Lakes Clo. Chil —9D 114
Lakeside. Beck —2L 47
Lakeside. Brack —8A 16
Lakeside. Eps —3D 60
Lakeside. H'ham —3J 197
Lakeside. Red —1E 122
Lakeside. Wall —1F 62
Lakeside. Wey —8F 38
Lakeside. Wok —6H 73
Lakeside Clo. SE25 —1D 46
Lakeside Clo. Ash V —8D 90
Lakeside Clo. Wok —6H 73
Lakeside Ct. Fleet —2C 88
Lakeside Dri. Brom —1G 67
Lakeside Dri. Esh —3C 58
Lakeside Est. Coln —3H 7
Lakeside Gdns. F'boro —7J 69
Lakeside Grange. Wey —9D 38
Lakeside Rd. Ash V —9D 90
Lakeside Rd. Coln —3H 7
Lakeside Rd. F'boro —6M 89
Lakeside, The. B'water —2J 69
Lakes Rd. Kes —2E 66
Lakestreet Grn. Oxt —7F 106
Lake View. Dor P —5B 166
Lake View. N Holm —8J 119
Lake View Cvn. Site. Wink —2J 17
Lakeview Rd. SE27 —6L 29
Lake View Rd. Felb —7E 164
Laleham Clo. Stai —9K 21
Laleham Ct. Wok —3A 74
Laleham Rd. Shep —3A 38
Laleham Rd. Stai —6H 21
Lalor St. SW6 —5K 13
Lamberhurst Rd. SE27 —5L 29

Lamberhurst Wlk.—Lenten Clo.

Lamberhurst Wlk. Craw —4E 182
Lambert Av. Rich —6N 11
Lambert Clo. Big H —3F 86
Lambert Cotts. Blet —2B 124
Lambert Cres. B'water —2H 69
Lambert Lodge. Bren —1K 11
(off Layton Rd.)
Lambert Rd. Bans —1M 81
Lambert's Pl. Croy —7A 46
Lamberts Rd. Surb —4L 41
Lambeth Clo. Craw —7N 181
Lambeth Rd. Croy —7L 45
Lambeth Wlk. Craw —7N 181
Lambly Hill. Vir W —2A 36
Lamborne Clo. Sand —6F 48
Lambourn Clo. E Grin —7A 166
Lambourne Av. SW19 —5L 27
Lambourne Clo. Craw —5D 182
Lambourne Cres. Wok —9F 54
Lambourne Dri. Bag —5H 51
Lambourne Dri. Cobh —2L 77
Lambourne Gro. Brack —1C 32
Lambourne Way. Tong —5C 110
Lambourn Gro. King T —1A 42
Lamb Pas. Bren —2M 11
Lambrook Ter. SW6 —4K 13
Lambs Bus. Pk. S God —7E 124
Lambs Cres. H'ham —3M 197
Lambs Farm Clo. H'ham —3N 197
Lambs Farm Rd. H'ham —3M 197
Lambs Grn. Rusp —4E 180
Lambton Rd. SW20 —9H 27
Lambyn Croft. Horl —7G 143
Lammas Av. Mitc —1E 44
Lammas Clo. G'ming —5K 133
Lammas Clo. Stai —5G 20
Lammas Ct. Stai —3F 20
Lammas Ct. Wind —5F 4
Lammas Dri. Stai —5F 20
Lammas Hill. Esh —1B 58
Lammas La. Esh —2A 58
Lammas Mead. Binf —8K 15
Lammas Rd. G'ming —6K 133
Lammas Rd. Rich —5J 25
Lammermoor Rd. SW12 —1F 28
Lampard La. Churt —8J 149
Lampeter Clo. Wok —5A 74
Lampeter Sq. W6 —2K 13
Lampton Av. Houn —4B 10
Lampton Ct. Houn —4B 10
Lampton Ho. Clo. SW19 —5J 27
Lampton Pk. Rd. Houn —5B 10
Lampton Rd. Houn —5B 10
Lanark Clo. Frim —4C 70
Lanark Clo. H'ham —6L 197
Lancashire Hill. Warf —7D 16
Lancaster Av. SE27 —3M 29
Lancaster Av. SW19 —6J 27
Lancaster Av. Farnh —3H 129
Lancaster Av. Mitc —4J 45
Lancaster Clo. SE27 —3M 29
Lancaster Clo. Craw —9H 163
Lancaster Clo. Croy —8J 45
Lancaster Clo. Egh —6N 19
Lancaster Clo. King T —6K 25
Lancaster Clo. Stai —9N 7
Lancaster Clo. Wok —3C 74
Lancaster Cotts. Rich —9L 11
Lancaster Ct. SE27 —3M 29
Lancaster Ct. SW6 —3L 13
Lancaster Ct. Bans —1L 81
Lancaster Ct. Sutt —4M 61
(off Mulgrave Rd.)
Lancaster Ct. W on T —6H 39
Lancaster Dri. Camb —9B 50
Lancaster Dri. E Grin —7C 166
Lancaster Gdns. SW19 —6K 27
Lancaster Gdns. King T —6K 25
Lancaster Ho. Brack —4N 31
Lancaster Ho. Red —6C 122
Lancaster M. SW18 —8N 13
Lancaster M. Rich —9L 11
Lancaster Pk. Rich —8L 11
Lancaster Pl. SW19 —6J 27
Lancaster Pl. Houn —5L 9
Lancaster Pl. Twic —9G 11
Lancaster Rd. SE25 —1C 46
Lancaster Rd. SW19 —6J 27
Lancaster Way. F'boro —7A 70
Lancelot Clo. If'd —3K 181
Lancer Ct. Alder —2K 109
Lanchester Dri. Crowt —9H 31
Lancing Clo. Craw —1M 181
Lancing Ct. H'ham —4N 197
Lancing Rd. Croy —6K 45
Lancing Rd. Felt —3G 22
Landen Ct. Wokgm —4A 30
Landen Pk. Horl —6C 142
Landford Rd. SW15 —6H 13
Landgrove Rd. SW19 —6M 27
Landon Way. Ashf —7C 22
Landridge Rd. SW6 —5L 13
Landscape Rd. Warl —6E 84
Landsdowne Clo. Surb —8A 42
Landseer Clo. SW19 —9A 28
Landseer Clo. Col T —9K 49
Landseer Rd. N Mald —6C 42
Landseer Rd. Sutt —3M 61
Lane Clo. Add —2K 55
Lane End. SW15 —9J 13
Lane End. Eps —1A 80
Lane End. Hamb —1E 172
Lane End Dri. Knap —4F 72
Lanercost Clo. SW2 —3L 29
Lanercost Rd. SW2 —3L 29
Lanercost Rd. Craw —4A 182
Lane, The. Cher —2J 37
Lane, The. Plais —4E 192
Lane, The. Thur —6G 150
Lane, The. Vir W —2B 36
Laneway. SW15 —8G 12
Lanfrey Pl. W14 —1L 13
Langaller La. Fet —9B 78
Langborough Rd. Wokgm —3B 30
Langbourne Way. Clay —3G 58
Lang Clo. Fet —1B 98
Langcroft Clo. Cars —9D 44
Langdale Av. Mitc —2D 44
Langdale Clo. SW14 —7A 12
Langdale Clo. F'boro —1K 89
Langdale Clo. Wok —3M 73
Langdale Dri. Asc —1J 33
Langdale Pde. Mitc —2D 44
Langdale Rd. If'd —5J 181
Langdale Rd. T Hth —3L 45
Langdon Clo. Camb —2G 70
Langdon Pl. SW14 —6B 12
Langdon Rd. Mord —4A 44
Langdon Wlk. Mord —4A 44
Langford Rd. SW6 —5N 13
Langham Clo. G'ming —6J 133
Langham Ct. Farnh —4H 129
Langham Dene. Kenl —2M 83
Langham Gdns. Rich —5J 25
Langham Ho. Clo. Rich —5K 25
Langham Mans. SW5 —1N 13
(off Earl's Ct. Sq.)
Langham Pk. G'ming —6J 133
Langham Pl. W4 —2D 12
Langham Pl. Egh —6B 20
Langham Rd. SW20 —9H 27
Langham Rd. Tedd —6H 25
Langholm Clo. SW12 —1H 29
Langhurst Clo. H'ham —5K 179
Langhurstwood Rd. H'ham —8J 179
Langland Gdns. Croy —8J 47
Langlands Rise. Eps —9B 60
Langley Av. Surb —7K 41
Langley Av. Wor Pk —8J 43
Langley Broom. Slou —1B 6
Langley Clo. C Crook —9A 88
Langley Clo. Eps —6C 80
Langley Clo. Guild —2M 113
Langley Cres. Hayes —3G 9
Langley Dri. Camb —9C 50
Langley Dri. Craw —1A 182
Langley Gro. N Mald —1D 42
Langley La. Dork & Head —3A 100
Langley La. If'd —1M 181
Langley Oaks Av. S Croy —6D 64
Langley Pde. Craw —9A 162
Langley Pk. Rd. Sutt —2A 62
Langley Pl. Craw —9A 162
Langley Rd. SW19 —9L 27
Langley Rd. Beck —3H 47
Langley Rd. Iswth —5F 10
Langley Rd. S Croy —5G 64
Langley Rd. Stai —7H 21
Langley Rd. Surb —6L 41
Langley Roundabout. (Junct.) —2C 6
Langley Vale Rd. Eps —7B 80
Langley Wlk. Craw —9N 161
(in two parts)
Langley Wlk. Wok —6A 74
Langley Way. W Wick —7N 47
Langmans La. Wok —5L 73
Langmans Way. Wok —3H 73
Langmead St. SE27 —5N 29
Langport Ct. W on T —7K 39
Langridge Dri. E Grin —1A 186
Langridge Ho. H'ham —6H 197
Langridge M. Hamp —7N 23
Langroyd Rd. SW17 —3D 28
Langshott. Horl —6F 142
Langshott Clo. Wdhm —7G 55
Langshott La. Horl —8G 142
(in two parts)
Langside Av. SW15 —7F 12
Langsmead. Blind H —3H 145
Langstone Clo. M'bowr —6G 183
Langthorne Ho. Hayes —1F 8
Langthorne St. SW6 —3J 13
Langton Av. Eps —7E 60
Langton Clo. Add —9K 37
Langton Clo. Wok —4J 73
Langton Dri. Head —2F 168
Langton Pl. SW18 —2M 27
Langton Rd. W Mol —3C 40
Langton Way. Croy —1B 64
Langton Way. Egh —7E 20
Langwood Chase. Tedd —7J 25
Lanigan Dri. Houn —8B 10
Lankton Clo. Beck —1M 47
Lannoy Point. SW6 —3K 13
(off Pellant Rd.)
Lansbury Av. Felt —9J 9
Lansbury Rd. Craw —8N 181
Lansdell Rd. Mitc —1E 44
Lansdown. Guild —3C 114
Lansdown Clo. H'ham —2A 198
Lansdown Clo. W On T —7K 39
Lansdown Clo. Wok —6J 73
Lansdowne Clo. SW20 —8J 27
Lansdowne Clo. Twic —2F 24
Lansdowne Ct. Purl —6M 63
Lansdowne Ct. Wor Pk —8F 42
Lansdowne Hill. SE27 —4M 29
Lansdowne Rd. SW20 —8H 27
Lansdowne Rd. Alder —3M 109
Lansdowne Rd. Croy —8A 46
Lansdowne Rd. Eps —4B 60
Lansdowne Rd. Frim —6E 70
Lansdowne Rd. Houn —6B 10
Lansdowne Rd. Purl —8L 63
Lansdowne Rd. Stai —8K 21
Lansdowne Wood Clo. SE27 —4M 29
Lantern Clo. SW15 —7F 12
Lanyon Clo. H'ham —2N 197
Lanyon M. H'ham —2N 197
Lapwing Clo. H'ham —5M 197
Lapwing Clo. S Croy —6H 65
Lapwing Ct. Surb —9N 41
Lapwing Gro. Guild —1F 114
Lara Clo. Chess —4L 59
Larbert Rd. SW16 —8G 28
Larby Pl. Eps —6D 60
Larch Av. Asc —4B 34
Larch Av. Guild —1M 113
Larch Av. Wokgm —1A 30
Larch Clo. SW12 —3F 28
Larch Clo. Camb —7C 50
Larch Clo. Red —5A 122
Larch Clo. Tad —8A 82
Larch Clo. Warl —6H 85
Larch Cres. Eps —3A 60
Larch Dri. W4 —1N 11
Larch End. H'ham —5H 197
Larches Av. SW14 —7C 12
Larches, The. H'ham —2B 198
Larches, The. Warf P —8E 16
Larches, The. Wok —3A 74
Larches Way. B'water —1G 68
Larches Way. Craw D —1E 184
Larchfield Rd. Fleet —6B 88
Larch Ho. Brom —1N 47
Larch Rd. Head —3G 168
Larch Tree Way. Croy —9K 47
Larchvale Ct. Sutt —4N 61
Larch Way. F'boro —2H 89
Larchwood. Brack —4D 32
Larchwood Clo. Bans —2K 81
Larchwood Dri. Egh —7L 19
Larchwood Glade. Camb —8E 50
Larchwood Rd. Wok —7G 73
Larcombe Clo. Croy —1C 64
Larcombe Ct. Sutt —4N 61
(off Worcester Rd.)
Larges Bri. Dri. Brack —2A 32
Larges La. Brack —1A 32
Largewood Av. Surb —8N 41
Lark Av. Stai —4H 21
Larkfield. Cobh —9H 57
Larkfield. Ewh —6F 156
Larkfield Clo. Farnh —9E 108
Larkfield Ct. Small —8L 143
Larkfield Rd. Farnh —9E 108
Larkfield Rd. Rich —7L 11
Larkhall Clo. W On T —3K 57
Larkham Clo. Felt —4F 22
Larkin Clo. Coul —4K 83
Larkins Rd. Gat A —3B 162
Lark Rise. Craw —1A 182
Lark Rise. E Hor —9F 96
Lark Rise. Turn H —3F 184
Larksfield. Egh —8M 19
Larksfield. Horl —7F 142
Larkspur Clo. Alder —5M 109
Larkspur Way. Eps —2B 60
Larkspur Way. N Holm —8K 119
Larks Way. Knap —3F 72
Larkswood Clo. Sand —6F 48
Larkswood Dri. Crowt —2G 49
Lark Way. Cars —6C 44
Larnach Rd. W6 —2J 13
Larpent Av. SW15 —8H 13
Lascombe La. P'ham —8L 111
Lashmere. Copt —7A 164
Lashmere. Cranl —7J 155
Laski Ct. Craw —8N 181
Lasswade Ct. Cher —6G 37
Lasswade Rd. Cher —6H 37
Latchmere Clo. Rich —6L 25
Latchmere La. King T —7M 25
Latchmere Rd. King T —8L 25
Latchwood La. Lwr Bo —6J 129
Lateward Rd. Bren —2K 11
Latham Av. Frim —4C 70
Latham Clo. Big H —3E 86
Latham Clo. Twic —1G 24
Latham Ct. SW5 —1M 13
(off W. Cromwell Rd.)
Latham Rd. Twic —1F 24
Latham's Way. Croy —7K 45
Lathkill Ct. Beck —1J 47
Latimer. Brack —7N 31
Latimer Clo. Craw —9B 162
Latimer Clo. Wok —3D 74
Latimer Clo. Wor Pk —1G 61
Latimer Rd. SW19 —7N 27
Latimer Rd. Croy —9M 45
Latimer Rd. G'ming —7H 133
Latimer Rd. Tedd —6F 24
Latimer Rd. Wokgm —3A 30
Lattimer Pl. W4 —2D 12
Latton Clo. Esh —1B 58
Latton Clo. W On T —6M 39
Latymer Clo. Wey —1D 56
Latymer Ct. W6 —1J 13
Laud Dri. Craw —4H 183
Lauder Clo. Frim —4C 70
Lauderdale. F'boro —3J 89
Lauderdale Dri. Rich —4K 25
Laud St. Croy —9N 45
Laud Way. Wokgm —2D 30
Laughton Rd. H'ham —3M 197
Laundry Cotts. Craw —7L 181
Laundry La. Sand —9K 49
Laundry Rd. W6 —2K 13
Laundry Rd. Guild —4M 113
Laundry Way. Capel —5J 159
Lauradale. Brack —3M 31
Laurel Av. Egh —6L 19
Laurel Av. Twic —2F 24
Laurel Bank. Chob —7H 53
(off Bagshot Rd.)
Laurel Bank Gdns. SW6 —5L 13
Laurel Clo. SW17 —6C 28
Laurel Clo. Camb —2B 70
Laurel Clo. Coln —3G 6
Laurel Clo. Craw —6E 182
Laurel Clo. F'boro —2H 89
Laurel Ct. Brack —3D 32
(off Wayland Clo.)
Laurel Cres. Croy —9K 47
Laurel Cres. Wok —9E 54
Laurel Dene. E Grin —9B 166
Laureldene. Norm —3M 111
Laurel Dri. Oxt —9B 106
Laurel Gdns. Alder —5M 109
Laurel Gdns. Houn —7M 9
Laurel Gdns. New H —6K 55
Laurel Gro. Wrec —6E 128
Laurel Ho. Brom —1N 47
Laurel Mnr. Sutt —4A 62
Laurel Rd. SW13 —5F 12
Laurel Rd. SW20 —9G 26
Laurel Rd. Hamp —6D 24
Laurels, The. Bans —4L 81
Laurels, The. Cobh —2M 77
Laurels, The. Craw —9E 162
Laurels, The. Farnh —5L 109
Laurels, The. Fleet —4B 88
Laurels, The. Wey —9E 38
Laurel Wlk. H'ham —7M 197
Laurier Rd. Croy —6C 46
Lauriston Clo. Knap —4G 72
Lauriston Rd. SW19 —7J 27
Lauser Rd. Stai —1L 21
Laustan Clo. Guild —3E 114
Lavant Clo. Craw —4L 181
Lavender Av. Mitc —9C 28
Lavender Av. Wor Pk —9H 43
Lavender Clo. Cars —1F 62
Lavender Clo. Cat —3N 103
Lavender Clo. Coul —6G 82
Lavender Clo. Red —8F 122
Lavender Ct. Felt —9J 9
Lavender Ct. W Mol —2B 40
Lavender Gro. Mitc —9C 28
Lavender La. Rowl —7E 128
Lavender Pk. Rd. W Byf —8J 55
Lavender Rd. Cars —1E 62
Lavender Rd. Croy —5K 45
Lavender Rd. Eps —2A 60
Lavender Rd. Sutt —1B 62
Lavender Rd. Wok —3D 74
Lavender Vale. Wall —3H 63
Lavender Wlk. Mitc —2E 44
Lavender Way. Croy —5G 47
Lavengro Rd. SE27 —3N 29
Lavenham Rd. SW18 —3L 27
Laverstoke Gdns. SW15 —1E 26
Laverton M. SW5 —1N 13
Laverton Pl. SW5 —1N 13
Lavington Clo. Craw —2M 181
Lavington Rd. Croy —9K 45
Lawbrook La. Peasl —6D 136
Lawday Link. Farnh —5F 108
Lawday Pl. Farnh —5F 108
Lawday Pl. La. Farnh —5F 108
Lawdons Gdns. Croy —1M 63
Lawford Clo. Wall —5J 63
Lawford Cres. Yat —9C 48
Lawford Gdns. Kenl —3N 83
Lawford Rd. W4 —3B 12
Lawford's Hill Clo. Worp —2F 92
Lawford's Hill Rd. Worp —2F 92
Lawn Clo. Dat —3M 5
Lawn Clo. N Mald —1D 42
Lawn Cres. Rich —5N 11
Lawn Rd. Guild —6M 113
Lawnsmead Cotts. Won —4D 134
Lawns Rd. H'ham —6B 176
Lawns, The. SE19 —9N 29
Lawns, The. SW19 —6L 27
Lawns, The. Asc —2H 33
Lawns, The. Coln —4G 7
Lawns, The. F'boro —2K 89
Lawns, The. Milf —1C 152
Lawns, The. Sutt —4K 61
Lawn, The. S'hall —1A 10
Lawnwood Cotts. G'ming —6K 133
(off Catteshall La.)
Lawrence Av. N Mald —5C 42
Lawrence Clo. Guild —7D 94
Lawrence Clo. Wokgm —2C 30
Lawrence Ct. Wind —5F 4
Lawrence Cres. W'sham —3A 52
Lawrence Est. Houn —7K 9
Lawrence Gro. Binf —9J 15
Lawrence La. Bkld —1G 120
Lawrence Rd. SE25 —3C 46
Lawrence Rd. Fleet —5A 88
Lawrence Rd. Hamp —8N 23
Lawrence Rd. Houn —7K 9
Lawrence Rd. Rich —5J 25
Lawrence Rd. W Wick —1C 66
Lawrence Way. Camb —2L 69
Lawrence Weaver Clo. Mord —5M 43
Laws Clo. If'd —4K 181
Lawson Clo. SW19 —4J 27
Lawson Ct. Surb —6K 41
Lawson Hunt Bus. & Ind. Pk. H'ham —4D 196
Lawson Way. Asc —5E 34
Laws Ter. Alder —1A 110
Laxey Rd. Orp —3N 67
Laxton Gdns. Red —6H 103
Layard Rd. T Hth —1A 46
Layburn Cres. Slou —2D 6
Layhams Rd. W Wick & Kes —1A 66
Layton Ct. Bren —1K 11
Layton Ct. Wey —1C 56
Layton Cres. Croy —2L 63
Layton Rd. Bren —1K 11
Layton Rd. Houn —7B 10
Layton's La. Sun —1G 38
Lazenbys Est. Wal W —9L 157
Leach Gro. Lea —9J 79
Lea Clo. Ash —3E 110
Lea Clo. Bad L —6M 109
Lea Clo. Craw —4L 181
Lea Coach Rd. Thur —5L 151
Lea Ct. Farnh —5L 109
Leacroft. Asc —4D 34
Lea Croft. Crowt —1G 49
Leacroft. Stai —6J 21
Leacroft Av. SW12 —1D 28
Leacroft Clo. Kenl —3N 83
Leacroft Clo. Stai —5K 21
Leaf Clo. Th Dit —4E 40
Leafey La. Gray —3K 169
Leaf Gro. SE27 —6L 29
Leafield Clo. SW16 —7M 29
Leafield Clo. Wok —5L 73
Leafield Copse. Brack —3D 32
Leafield Rd. SW20 —2L 43
Leafield Rd. Sutt —8M 43
Leafy Gro. Kes —2E 66
Leafy Way. Croy —8C 46
Lea La. Fleet —6A 88
Leamington Av. Mord —3K 43
Leamington Av. Orp —1N 67
Leamington Clo. Houn —8C 10
Leamington Rd. S'hall —1L 9
Leamore St. W6 —1H 13
Leander Ct. Surb —6K 41
Leander Rd. SW2 —1K 29
Leander Rd. T Hth —3K 45
Leapale La. Guild —4N 113
Leapale Rd. Guild —4N 113
Lea Rd. Beck —1K 47
Lea Rd. Camb —4N 69
Lea Rd. S'hall —1M 9
Leas Clo. Chess —4M 59
Leaside. Bookh —1A 98
Leas La. Warl —5G 84
Lea's Rd. Guild —4M 113
Leas Rd. Warl —5G 84
Lea, The. Egh —8E 20
Lea, The. Fleet —6A 88
Leather Clo. Mitc —1E 44
Leatherhead By-Pass Rd. Lea —7H 79
Leatherhead Ind. Est. Lea —8G 78
Leatherhead Rd. Bookh & Oxs —4B 98
Leatherhead Rd. Chess —1H 79
Leatherhead Rd. Lea & Asht —8K 79
Leatherhead Rd. Oxs —1D 78
Leaveland Clo. Beck —3K 47
Leavesden Rd. Wey —2C 56
Leaves Grn. Brack —5B 32
Leaves Grn. Cres. Kes —7E 66
Leaves Grn. Rd. Kes —7F 66
Lea Way. Alder —1D 110
Leawood Rd. Fleet —6A 88
Leazes Av. Cat —2L 103
Leazes La. Cat —1L 103
Lebanon Av. Felt —6L 23
Lebanon Dri. Cobh —9A 58
Lebanon Gdns. SW18 —9M 13
Lebanon Gdns. Big H —4F 86
Lebanon Pk. Twic —1H 25
Lebanon Rd. SW18 —8M 13
Lebanon Rd. Croy —7B 46
Lechford Rd. Horl —9E 142
Leckford Rd. SW18 —3A 28
Leckhampton Pl. SW2 —1L 29
Leconfield Av. SW13 —6E 12
Ledbury Pl. Croy —1A 64
Ledbury Rd. Croy —1A 64
Ledbury Rd. Reig —2M 121
Ledger Clo. Guild —1D 114
Ledger Dri. Add —2H 55
Ledgers La. Warl —4L 85
Ledgers Rd. Warl —3K 85
Leechcroft Rd. Wall —9E 44
Leech La. Dork & Eps —4A 100
Leechpool La. H'ham —4N 197
Lee Ct. Alder —4A 110
Leegate Clo. Wok —3L 73
Lee Grn. La. Eps —2A 100
Lee Rd. SW19 —9N 27
Lee Rd. Alder —2K 109
Leeside. Rusp —3B 180
Leeson Gdns. Eton W —1B 4
Leeson Ho. Twic —1H 25
Lees, The. Croy —8J 47
Lee St. Horl —8C 142
Leeward Gdns. SW19 —6K 27
Leewood Way. Eff —5K 97
Legge Cres. Alder —3K 109
Leggyfield Ct. H'ham —3H 197
Legion Ct. Mord —5M 43
Legrace Av. Houn —5L 9
Legsheath La. E Grin —8M 185
Leicester. Brack —6C 32
Leicester Av. Mitc —3J 45
Leicester Clo. Wor Pk —1H 61
Leicester Rd. Croy —6B 46
Leigham Av. SW16 —4J 29
Leigham Clo. SW16 —4K 29
Leigham Ct. Rd. SW16 —3J 29
Leigham Dri. Iswth —3E 10
Leigham Vale. SW16 & SW2 —4K 29
Leigh Clo. Add —4H 55
Leigh Clo. N Mald —3C 42
Leigh Clo. Ind. Est. N Mald —3C 42
Leigh Corner. Cobh —2K 77
Leigh Ct. Clo. Cobh —1K 77
Leigh Cres. New Ad —4L 65
Leigh Hill Rd. Cobh —2K 77
Leighlands. Craw —1G 183
Leigh La. Farnh —3K 129
Leigh Orchard Clo. SW16 —4K 29
Leigh Pk. Dat —3M 5
Leigh Pl. Cobh —2K 77
Leigh Pl. Cotts. Reig —9F 120
Leigh Pl. La. God —1G 125
Leigh Pl. Rd. Reig —9F 120
Leigh Rd. Bet —9B 120
Leigh Rd. Cobh —1J 77
Leigh Rd. Houn —7D 10
Leigh Sq. Wind —5A 4
Leighton Gdns. Croy —7M 45
Leighton Gdns. S Croy —9E 64
Leighton St. Croy —7M 45
Leighton Way. Eps —1C 80
Leinster Av. SW14 —6B 12
Leipzig Rd. C Crook —1C 108
Leisure La. W Byf —8K 55
Leith Clo. Crowt —9F 30
Leithcote Gdns. SW16 —5K 29
Leithcote Path. SW16 —4K 29
Leith Gro. Bear G —7K 139
Leith Hill La. Dork —4M 137
Leith Lea. Bear G —7K 139
Leith Rd. Bear G —7J 139
Leith Rd. Eps —8D 60
Leith Towers. Sutt —4N 61
Leith Vale Cotts. Dork —7A 158
Leith View. N Holm —9J 119
Leith View Cotts. H'ham —3H 179
Leith View Rd. H'ham —3N 197
Lela Av. Houn —5K 9
Le Marchant Rd. Frim & Camb —3D 70
Le May Clo. Horl —7E 142
Lemington Gro. Brack —5N 31
Lemmington Way. H'ham —1M 197
Lemon's Farm Rd. Dork —5N 137
Lemuel St. SW18 —9N 13
Lendore Rd. Frim —6B 70
Lenelby Rd. Surb —7N 41
Leney Clo. Wokgm —9C 14
Len Freeman Pl. SW6 —3L 13
Lenham Rd. Sutt —1N 61
Lenham Rd. T Hth —1A 46
Lennard Rd. Croy —7N 45
Lennel Gdns. C Crook —7D 88
Lennox Ct. Red —2E 122
(off St Anne's Rise)
Lennox Gdns. Croy —1M 63
Lenten Clo. Peasl —2E 136

Lenton Rise—Logan Clo.

Lenton Rise. *Rich* —6L **11**
Leo Ct. *Bren* —3K **11**
Leominster Rd. *Mord* —5A **44**
Leominster Wlk. *Mord* —5A **44**
Leonard Av. *Mord* —4A **44**
Leonard Clo. *Frim* —6B **70**
Leonard Rd. *SW16* —9G **28**
Leonardslee Ct. *Craw* —6F **182**
Leopold Av. *SW19* —6L **27**
Leopold Av. *F'boro* —9N **69**
Leopold Rd. *SW19* —5L **27**
Leopold Rd. *Craw* —3A **182**
Leopold Ter. *SW19* —6M **27**
Le Personne Homes. Cat (off Banstead Rd.) —9A *84*
Le Personne Rd. *Cat* —9A **84**
Leppington. *Brack* —6N **31**
Leret Way. *Lea* —8H **79**
Lesbourne Rd. *Reig* —4N **121**
Leslie Dunne Ho. *Wind* —5B **4**
Leslie Gdns. *Sutt* —4M **61**
Leslie Gro. *Croy* —7B **46**
Leslie Pk. Rd. *Croy* —7B **46**
Leslie Rd. *Chob* —6H **53**
Leslie Rd. *Dork* —3K **119**
Lessingham Av. *SW17* —5D **28**
Lessness Rd. *Mord* —5A **44**
Lestock Way. *Fleet* —4D **88**
Letchworth Av. *Felt* —1G **22**
Letchworth Ct. *Bew* —6K **181**
Letchworth St. *SW17* —5D **28**
Letcombe Sq. *Brack* —3C **32**
Letcomb Sq. *Brack* —3C **32**
Letterstone Rd. *SW6* —3L **13**
Lettice St. *SW6* —4L **13**
Levana Clo. *SW19* —2K **27**
Levehurst Ho. *SE27* —6N **29**
Leveret Clo. *New Ad* —7N **65**
Leveret La. *Craw* —1N **181**
Leverkusen Rd. *Brack* —2N **31**
Levern Dri. *Farnh* —6H **109**
Leverson St. *SW16* —7G **28**
Levett Rd. *Lea* —7H **79**
Levylsdene. *Guild* —3F **114**
Levylsdene Ct. *Guild* —3F **114**
Lewes Clo. *Craw* —3G **183**
Lewesdon Clo. *SW19* —2J **27**
Lewes Rd. *E Grin & F Row* —1B **186**
Lewes Rd. *F Row* —9G **186**
Lewin Rd. *SW14* —6C **12**
Lewin Rd. *SW16* —7H **29**
Lewins Rd. *Eps* —1A **80**
Lewis Clo. *Add* —1L **55**
Lewisham Clo. *Craw* —7A **182**
Lewisham Way. *Owl* —6J **49**
Lewis Ho. *Brack* —5N **31**
Lewis Rd. *Mitc* —1B **44**
Lewis Rd. *Rich* —8K **11**
Lewis Rd. *Sutt* —1N **61**
Lexden Rd. *Mitc* —3H **45**
Lexington Ct. *Purl* —6N **63**
Lexton Gdns. *SW12* —2H **29**
Leyborne Pk. *Rich* —4N **11**
Leybourne Av. *Byfl* —9A **56**
Leybourne Clo. *Byfl* —9A **56**
Leybourne Clo. *Craw* —8A **182**
Leybourne Pk. *Rich* —4N **11**
Leyburn Gdns. *Croy* —8B **46**
Leycester Clo. *W'sham* —1M **51**
Leyfield. *Wor Pk* —7D **42**
Leylands La. *Stai* —7H **7** (in two parts)
Ley Rd. *F'boro* —6M **69**
Ley Side. *Crowt* —2F **48**
Leys Rd. *Oxs* —8D **58**
Leys, The. *W On T* —1N **57**
Leyton Rd. *SW19* —8A **28**
Lezayre Rd. *Orp* —3N **67**
Liberty Av. *SW19* —9A **28**
Liberty Hall Rd. *Add* —2J **55**
Liberty La. *Add* —2J **55**
Liberty M. *SW12* —1F **28**
Liberty Rise. *Add* —3J **55**
Library Way. *Twic* —1C **24**
Lichfield Ct. *Rich* —7L **11**
Lichfield Gdns. *Rich* —7L **11**
Lichfield Rd. *Houn* —6K **9**
Lichfield Rd. *Rich* —4M **11**
Lichfields. *Brack* —1C **32**
Lichfield Ter. *Rich* —8L **11**
Lichfield Way. *S Croy* —6G **65**
Lickey Ho. W14 —2L 13 (off N. End Rd.)
Lickfolds Rd. *Rowl* —9D **128**
Liddell. *Wind* —6A **4**
Liddell Pl. *Wind* —6A **4**
Liddell Sq. *Wind* —5A **4**
Liddell Way. *Asc* —4K **33**
Liddell Way. *Wind* —6A **4**
Liddington Hall Dri. *Guild* —9H **93**
Liddington New Rd. *Guild* —9H **93**
Lidiard Rd. *SW18* —3A **28**
Lidsey Clo. *M'bowr* —6G **183**
Lidstone Clo. *Wok* —4L **73**
Liffords Pl. *SW13* —5E **12**
Lifford St. *SW15* —7J **13**
Lightermans Wlk. *SW18* —7M **13**
Lightwater By-Pass. *Light* —5L **51**
Lightwater Meadow. *Light* —7M **51**
Lightwater Rd. *Light* —7M **51**
Lightwood. *Brack* —5B **32**
Lilac Av. *Wok* —7N **73**
Lilac Clo. *Guild* —8M **93**
Lilac Ct. *Tedd* —5F **24**
Lilac Gdns. *Croy* —9K **47**
Lilian Rd. *SW16* —9G **28**
Lille Barracks. *Alder* —6B **90**
Lilleshall Rd. *Mord* —5B **44**
Lilley Ct. *Crowt* —3G **49**
Lilley Dri. *Kgswd* —9N **81**
Lillian Rd. *SW13* —2F **12**
Lillie Mans. SW6 —2K 13 (off Lillie Rd.)
Lillie Rd. *SW6* —2J **13**
Lillie Rd. *Big H* —5F **86**
Lillie Yd. *SW6* —2M **13**
Lilliot's La. *Lea* —6G **79**
Lily Clo. *W14* —1J **13** (in two parts)
Lilyfields Chase. *Ewh* —6F **156**
Lily Hill Dri. *Brack* —1C **32**
Lily Hill Rd. *Brack* —1C **32**
Lilyville Rd. *SW6* —4L **13**
Lime Av. *Asc* —5F **32**
Lime Av. *Camb* —9E **50**
Lime Av. *H'ham* —4N **197**
Lime Av. *Wind* —4J **5** (Windsor)
Lime Av. *Wind* —4C **18** (Windsor Great Park)
Limebush Clo. *New H* —5L **55**
Lime Clo. *Cars* —8D **44**
Lime Clo. *Copt* —7M **163**
Lime Clo. *Craw* —9A **162**
Lime Clo. *Reig* —6N **121**
Lime Clo. *W Cla* —6K **95**
Lime Ct. *Mitc* —1B **44**
Lime Cres. *Ash* —2F **110**
Lime Cres. *Sun* —1K **39**
Limecroft. *Yat* —1B **68**
Limecroft Clo. *Eps* —4C **60**
Limecroft Rd. *Knap* —4E **72**
Lime Gro. *Add* —1J **55**
Lime Gro. *Guild* —8L **93**
Lime Gro. *N Mald* —2C **42**
Lime Gro. *Twic* —9F **10**
Lime Gro. *Warl* —5H **85**
Lime Gro. *W Cla* —6J **95**
Lime Gro. *Wok* —8A **74**
Lime Meadow Av. *S Croy* —9D **64**
Limerick Clo. *SW12* —1G **28**
Limerick Clo. *Brack* —9M **15**
Lime Rd. *Rich* —7M **11**
Limes Av. *SW13* —5E **12**
Limes Av. *Cars* —7D **44**
Limes Av. *Croy* —9L **45**
Limes Av. *Horl* —9F **142**
Limes Clo. *Ashf* —6B **22**
Limes Field Rd. *SW14* —6D **12**
Limes Gdns. *SW18* —9M **13**
Limes Pl. *Croy* —6A **46**
Limes Rd. *Beck* —1L **47**
Limes Rd. *Croy* —6A **46**
Limes Rd. *Egh* —6B **20**
Limes Rd. *F'boro* —9H **69**
Limes Rd. *Wey* —1B **56**
Limes Row. *Farn* —2K **67**
Limes, The. *SW18* —9M **13**
Limes, The. *Eden* —2L **147**
Limes, The. *Felb* —5K **165**
Limes, The. *Lea* —1H **99**
Limes, The. *W Mol* —3B **40**
Limes, The. *Wok* —2N **73**
Lime St. *Alder* —2L **109**
Lime Tree Av. *Esh & Th Dit* —7E **40**
Limetree Clo. *SW2* —2K **29**
Lime Tree Clo. *Bookh* —2A **98**
Lime Tree Ct. *Asht* —5L **79**
Lime Tree Ct. *S Croy* —3N **63**
Lime Tree Gro. *Croy* —9J **47**
Lime Tree Pl. *Mitc* —9F **28**
Lime Tree Rd. *Houn* —4B **10**
Limetree Wlk. *SW17* —6E **28**
Lime Tree Wlk. *Vir W* —3A **36**
Lime Tree Wlk. *W Wick* —1B **66**
Lime Wlk. *Brack* —3A **32**
Lime Wlk. *Shere* —8A **116**
Limeway Ter. *Dork* —3G **118**
Limewood Clo. *Wok* —7G **73**
Lime Works Rd. *Mers* —4G **102**
Limpsfield Av. *SW19* —3J **27**
Limpsfield Av. *T Hth* —4K **45**
Limpsfield Rd. *S Croy & Warl* —8D **64**
Linacre Dri. *H'ham* —7D **176**
Lince La. *Westc* —5D **118**
Linchfield Rd. *Dat* —4M **5**
Linchmere Pl. *Craw* —2M **181**
Linchmere Rd. *Hasl* —5A **188**
Lincoln Av. *SW19* —4J **27**
Lincoln Av. *Twic* —3C **24**
Lincoln Clo. *SE25* —5D **46**
Lincoln Clo. *Camb* —2F **70**
Lincoln Clo. *Craw* —6C **182**
Lincoln Clo. *Horl* —9E **142**
Lincoln Dri. *Wok* —2G **75**
Lincoln M. *SE21* —3N **29**
Lincoln Rd. *SE25* —2E **46**
Lincoln Rd. *Dork* —3J **119**
Lincoln Rd. *Felt* —4N **23**
Lincoln Rd. *Guild* —1J **113**
Lincoln Rd. *Mitc* —4J **45**
Lincoln Rd. *N Mald* —2B **42**
Lincoln Rd. *Wor Pk* —7G **42**
Lincolnshire Gdns. *Warf* —8C **16**
Lincolns Mead. *Ling* —8M **145**
Lincoln Wlk. *Eps* —6C **60** (in two parts)
Lincoln Way. *Sun* —9F **22**
Lincombe Ct. *Add* —2K **55**
Lindale Clo. *Vir W* —3J **35**
Lindbergh Rd. *Wall* —4J **63**
Linden. *Brack* —4D **32**
Linden Av. *Coul* —3F **82**
Linden Av. *E Grin* —8M **165**
Linden Av. *Houn* —8B **10**
Linden Av. *T Hth* —3M **45**
Linden Clo. *Craw* —6E **182**
Linden Clo. *H'ham* —4L **197**
Linden Clo. *New H* —7J **55**
Linden Clo. *Tad* —7J **81**
Linden Clo. *Th Dit* —6F **40**
Linden Ct. *Camb* —8D **50**
Linden Ct. *Egh* —7L **19**
Linden Ct. *Lea* —8H **79**
Linden Cres. *King T* —1M **41**
Linden Dri. *Cat* —2N **103**
Linden Gdns. *W4* —1D **12**
Linden Gdns. *Lea* —8J **79**
Linden Gro. *N Mald* —2D **42**
Linden Gro. *Tedd* —6F **24**
Linden Gro. *W On T* —8G **39**
Linden Gro. *Warl* —5H **85**
Lindenhill Rd. *Brack* —9L **15**
Linden Ho. *Hamp* —7B **24**
Linden Ho. *Langl* —1D **6**
Linden Lea. *Dork* —7J **119**
Linden Leas. *W Wick* —8N **47**
Linden Pit Path. *Lea* —8H **79** (in two parts)
Linden Pl. *E Hor* —4F **96**
Linden Pl. *Eps* —8D **60**
Linden Pl. *Mitc* —3C **44**
Linden Pl. *Stai* —5J **21**
Linden Rd. *Guild* —3N **113**
Linden Rd. *Hamp* —8A **24**
Linden Rd. *Head* —4G **169**
Linden Rd. *Lea* —8H **79**
Linden Rd. *Wey* —5D **56**
Lindens Clo. *Eff* —6M **97**
Lindens, The. *W4* —4B **12**
Lindens, The. *Copt* —7M **163**
Lindens, The. *Farnh* —3J **129**
Lindens, The. *New Ad* —3M **65**
Linden Way. *Purl* —6G **63**
Linden Way. *Rip* —3H **95**
Linden Way. *Shep* —4D **38**
Linden Way. *Wok* —8B **74**
Lindfield Gdns. *Guild* —2B **114**
Lindfield Rd. *Croy* —5C **46**
Lindford Chase. *Lind* —4A **168**
Lindford Rd. *Bord* —3A **168**
Lindford Wey. *Lind* —4A **168**
Lindgren Wlk. *Craw* —8N **181**
Lindisfarne Rd. *SW20* —8F **26**
Lindley Ct. *King T* —9J **25**
Lindley Rd. *God* —8F **104**
Lindley Rd. *W On T* —9L **39**
Lindores Rd. *Cars* —7A **44**
Lind Rd. *Sutt* —2A **62**
Lindrop St. *SW6* —5N **13**
Lindsay Clo. *Chess* —4L **59**
Lindsay Clo. *Eps* —9B **60**
Lindsay Clo. *Stai* —8M **7**
Lindsay Dri. *Shep* —5E **38**
Lindsay Rd. *Hamp* —5B **24**
Lindsay Rd. *New H* —6J **55**
Lindsay Rd. *Wor Pk* —8G **43**
Lindsey Clo. *Mitc* —3J **45**
Lindsey Gdns. *Felt* —1E **22**
Lindum Clo. *Alder* —3M **109**
Lindum Dene. *Alder* —3M **109**
Lindum Rd. *Tedd* —8J **25**
Lindway. *SE27* —6M **29**
Linersh Dri. *Brmly* —5C **134**
Linersh Wood. *Brmly* —5C **134**
Linersh Wood Clo. *Brmly* —6C **134**
Lines Rd. *Hurst* —5A **14**
Linfield Clo. *W On T* —2J **57**
Ling Cres. *Head* —3G **169**
Ling Dri. *Light* —8K **51**
Lingfield Av. *King T* —3L **41**
Lingfield Comn. Rd. *Ling* —5M **145**
Lingfield Dri. *Worth* —2J **183**
Lingfield Gdns. *Coul* —6M **83**
Lingfield Rd. *SW19* —6J **27**
Lingfield Rd. *E Grin* —6N **165**
Lingfield Rd. *Eden* —3H **147**
Lingfield Rd. *Wor Pk* —9H **43**
Lingmala Gro. *C Crook* —8C **88**
Lings Coppice. *SE21* —3N **29**
Lingwell Rd. *SW17* —4C **28**
Lingwood. *Brack* —5A **32**
Lingwood Gdns. *Iswth* —3E **10**
Link Av. *Wok* —2F **74**
Linkfield. *W Mol* —2B **40**
Linkfield Corner. *Red* —3C **122**
Linkfield Gdns. *Red* —3C **122**
Linkfield La. *Red* —2C **122**
Linkfield Rd. *Iswth* —5F **10**
Linkfield St. *Red* —3C **122**
Link La. *Wall* —3H **63**
Link Rd. *Add* —1N **55**
Link Rd. *Dat* —4M **5**
Link Rd. *Felt* —1G **23**
Link Rd. *Wall* —7E **44**
Links Av. *Mord* —3M **43** (in two parts)
Links Brow. *Fet* —2E **98**
Links Clo. *Asht* —4J **79**
Links Clo. *Ewh* —4F **156**
Linkscroft Av. *Ashf* —7C **22**
Links Gdns. *SW16* —8L **29**
Links Grn. Way. *Cobh* —1A **78**
Linkside. *N Mald* —1D **42**
Linkside E. *Hind* —2A **170**
Linkside N. *Hind* —2N **169**
Linkside S. *Hind* —3A **170**
Linkside W. *Hind* —2N **169**
Links Pl. *Asht* —4K **79**
Links Rd. *SW17* —7E **28**
Links Rd. *Ashf* —6N **21**
Links Rd. *Asht* —5J **79**
Links Rd. *Brmly* —4A **134**
Links Rd. *Eps* —9F **60**
Links Rd. *W Wick* —7M **47**
Links, The. *Asc* —1J **33**
Links, The. *W On T* —8H **39**
Links View Av. *Brock* —3N **119**
Links View Ct. *Hamp* —5D **24**
Links View Rd. *Croy* —9K **47**
Links View Rd. *Hamp* —6C **24**
Links Way. *Beck* —5K **47**
Links Way. *Bookh* —6M **97**
Links Way. *F'boro* —2H **89**
Link, The. *Craw* —2B **182** (in two parts)
Link, The. *Tedd* —7F **24**
Link, The. *Yat* —9B **48**
Linkway. *SW20* —2G **43**
Linkway. *Camb* —2A **70**
Linkway. *Crowt* —2E **48**
Linkway. *Fleet* —7A **88**
Linkway. *Guild* —2J **113**
Linkway. *Rich* —3H **25**
Link Way. *Stai* —7K **21**
Linkway. *Wok* —4E **74**
Linkway Pde. *Fleet* —7A **88**
Linkway, The. *Sutt* —5A **62**
Linley Ct. *Sutt* —1A **62**
Linnell Rd. *Red* —4E **122**
Linnet Clo. *Craw* —4F **184**
Linnet Clo. *S Croy* —6G **65**
Linnet Gro. *Guild* —1F **114**
Linnet M. *SW12* —1E **28**
Linsford Bus. Pk. *Myt* —2D **90**
Linsford La. *Myt* —2D **90**
Linslade Clo. *Houn* —8M **9**
Linstead Rd. *F'boro* —6K **69**
Linstead Way. *SW18* —1K **27**
Linsted La. *Head* —2C **168**
Lintaine Clo. *W6* —2K **13**
Linton Clo. *Mitc* —6D **44**
Linton Glade. *Croy* —5H **65** (in two parts)
Linton Gro. *SE27* —6M **29**
Lintons La. *Eps* —8D **60**
Lintott Ct. *Stanw* —9M **7**
Lintott Gdns. *H'ham* —5L **197**
Linver Rd. *SW6* —5M **13**
Lion Av. *Twic* —2F **24**
Lion Clo. *Hasl* —1D **188**
Lion Clo. *Shep* —2N **37**
Lionel Rd. *Bren* —1L **11** (in two parts)
Lion Ga. Gdns. *Rich* —6M **11**
Liongate M. *E Mol* —2F **40**
Lion Grn. *Hasl* —2D **188**
Lion Grn. Rd. *Coul* —3H **83**
Lion & Lamb Way. *Farnh* —1G **128**
Lion & Lamb Yd. *Farnh* —1G **129**
Lion La. *Gray & Hasl* —8D **170**
Lion La. *Red* —2D **122**
Lion La. *Turn H* —5D **184**
Lion Mead. *Hasl* —2D **188**
Lion Pk. Av. *Chess* —1N **59**
Lion Retail Pk. *Wok* —3D **74**
Lion Rd. *Croy* —4N **45**
Lion Rd. *Twic* —2F **24**
Lion's La. *Alf* —3K **175**
Lion Way. *Bren* —3K **11**
Lion Way. *C Crook* —8C **88**
Lion Wharf Rd. *Iswth* —6H **11**
Lipcombe Cotts. *Alb* —3L **135**
Liphook Rd. *Hasl* —2C **188**
Liphook Rd. *Head & Pass* —6D **168**
Liphook Rd. *Pass & Hasl* —4A **188**
Liphook Rd. *Lind* —4A **168**
Liphook Rd. *W'hill* —9A **168**
Lipsham Clo. *Bans* —9B **62**
Lisbon Av. *Twic* —3C **24**
Liscombe. *Brack* —6N **31**
Liscombe Ho. *Brack* —6N **31**
Lisgar Ter. *W14* —1L **13**
Liskeard Dri. *F'boro* —8M **69**
Lismore. SW19 —6L 27 (off Woodside)
Lismore Clo. *Iswth* —5G **10**
Lismore Cres. *Craw* —6N **181**
Lismore Rd. *S Croy* —3B **64**
Lismoyne Clo. *Fleet* —3A **88**
Lissoms Rd. *Coul* —5E **82**
Lister Av. *E Grin* —3A **186**
Lister Clo. *Mitc* —9C **28**
Listergate Ct. *SW15* —7H **13**
Lister Ho. *Hayes* —1F **8**
Litchfield Av. *Mord* —6L **43**
Litchfield Rd. *Sutt* —1A **62**
Litchfield Way. *Guild* —5J **113**
Lithgow's Rd. *H'row A* —7F **8**
Lit. Acre. *Beck* —2K **47**
Lit. Austins Rd. *Farnh* —3J **129**
Lit. Benty. *W Dray* —1M **7**
Lit. Birch Clo. *New H* —5M **55**
Lit. Boltons, The. *SW5 & SW10* —1N **13**
Lit. Bookham St. *Bookh* —1N **97**
Lit. Borough. *Brock* —4N **119**
Littlebrook Clo. *Croy* —5G **47**
Lit. Browns La. *Eden* —8G **127**
Lit. Buntings. *Wind* —6C **4**
Lit. Collins. *Out* —4M **143**
Littlecombe Clo. *SW15* —9J **13**
Lit. Common La. *Blet* —1M **123**
Lit. Comptons. *H'ham* —6M **197**
Lit. Copse. *Fleet* —6A **88**
Lit. Copse. *Yat* —8C **48**
Littlecote Clo. *SW19* —1K **27**
Little Ct. *W Wick* —8N **47**
Lit. Crabtree. *Craw* —2A **182**
Lit. Cranmore La. *W Hor* —6C **96**
Lit. Croft. *Yat* —2C **68**
Littlecroft Rd. *Egh* —6B **20**
Littledale Clo. *Brack* —2C **32**
Lit. Dimocks. *SW12* —3F **28**
Lit. Elms. *Hayes* —3E **8**
Lit. Ferry Rd. *Twic* —2H **25**
Littlefield Clo. *Ash* —3E **110**
Littlefield Clo. *Guild* —8G **92**
Littlefield Clo. *King T* —1L **41**
Littlefield Gdns. *Ash* —3E **110**
Littlefield Way. *Guild* —8G **92**
Littleford La. *B'hth & Sham G* —2G **135**
Lit. Fryth. *Finch* —1B **48**
Lit. Grebe. *H'ham* —3J **197**
Little Grn. *Rich* —7K **11**
Lit. Green La. *Cher* —9G **36**
Lit. Green La. *Farnh* —4F **128**
Lit. Green La. Farm Est. *Cher* —1F **54**
Lit. Halliards. *W On T* —5H **39**
Lit. Haven La. *H'ham* —3M **197**
Littleheath La. *Cobh* —1A **78**
Lit. Heath Rd. *Chob* —5H **53**
Littleheath Rd. *S Croy* —4E **64**
Lit. Hide. *Guild* —1D **114**
Lit. Holland Bungalows. *Cat* —1A **104**
Lit. Kiln. *G'ming* —3H **133**
Lit. King St. *E Grin* —9A **166**
Lit. London. *Abry* —1N **135**
Lit. London. *Witl* —5B **152**
Lit. London Hill. *H'ham* —7G **179**
Lit. Lullenden. *Ling* —6N **145**
Lit. Manor Gdns. *Cranl* —8N **155**
Lit. Mead. *Cranl* —8K **155**
Littlemead. *Esh* —1D **58**
Lit. Mead. *Wok* —3J **73**
Lit. Mead Ind. Est. *Cranl* —7K **155**
Lit. Moor. *Sand* —6H **49**
Lit. Moreton Clo. *W Byf* —8K **55**
Lit. Orchard. *Wok* —1C **74**
Lit. Orchard. *Wdhm* —7J **55**
Lit. Orchard Way. *Shalf* —2A **134**
Lit. Paddock. *Camb* —7E **50**
Lit. Park Dri. *Felt* —3M **23**
Lit. Platt. *Guild* —2G **112**
Lit. Queen's Rd. *Tedd* —7F **24**
Lit. Ringdale. *Brack* —3C **32**
Lit. Roke Av. *Kenl* —1M **83**
Lit. Roke Rd. *Kenl* —1N **83**
Littlers Clo. *SW19* —1B **44**
Lit. St Leonard's. *SW14* —6B **12**
Little St. *Guild* —8L **93**
Lit. Sutton La. *Slou* —1E **6**
Lit. Thatch. *G'ming* —5J **133**
Lit. Thurbans Clo. *Farnh* —5F **128**
Littleton La. *Guild* —8K **113**
Littleton La. *Reig* —5J **121**
Littleton La. *Shep* —6M **37**
Littleton Rd. *Ashf* —8D **22**
Littleton St. *SW18* —3A **28**
Lit. Tumners Ct. *G'ming* —5H **133**
Lit. Vigo. *Yat* —2A **68**
Lit. Warkworth Ho. *Iswth* —5H **11**
Lit. Warren Clo. *Guild* —5D **114**
Lit. Wellington St. *Alder* —2M **109**
Littlewick Rd. *Knap* —3H **73**
Littlewood. *Cranl* —7A **156**
Lit. Woodcote Est. *Cars* —7E **62**
Lit. Woodcote La. *Cars & Purl* —8F **62**
Lit. Woodlands. *Wind* —6C **4**
Lit. Wood St. *King T* —1K **41**
Littleworth Av. *Esh* —2D **58**
Littleworth Comn. Rd. *Esh* —9D **40**
Littleworth La. *Esh* —1D **58**
Littleworth Pl. *Esh* —1D **58**
Littleworth Rd. *Esh* —2D **58**
Littleworth Rd. *Seale* —2C **130**
Liverpool Rd. *King T* —8N **25**
Liverpool Rd. *T Hth* —2N **45**
Livesey Clo. *King T* —2M **41**
Livingstone Mans. W14 —2K 13 (off Queen's Club Gdns.)
Livingstone Rd. *Cat* —9A **84**
Livingstone Rd. *Craw* —5C **182**
Livingstone Rd. *H'ham* —7K **197**
Livingstone Rd. *Houn* —7C **10**
Livingstone Rd. *T Hth* —1A **46**
Llanaway Clo. *G'ming* —5J **133**
Llanaway Rd. *G'ming* —5J **133**
Llangar Gro. *Crowt* —2F **48**
Llanthony Rd. *Mord* —4B **44**
Llanvair Clo. *Asc* —5L **33**
Llanvair Dri. *Asc* —5K **33**
Lloyd Av. *SW16* —9J **29**
Lloyd Av. *Coul* —1E **82**
Lloyd Pk. Av. *Croy* —1C **64**
Lloyd Rd. *Wor Pk* —9J **43**
Lloyds Ct. *Craw* —9C **162**
Lloyds Way. *Beck* —4H **47**
Lobelia Rd. *Bisl* —2D **72**
Lochaline St. *W6* —2H **13**
Lochinvar St. *SW12* —1F **28**
Lochinver. *Brack* —6N **31**
Lock Clo. *Wdhm* —9G **55**
Locke King Clo. *Wey* —4B **56**
Locke King Rd. *Wey* —4B **56**
Lockesley Sq. *Surb* —5K **41**
Lockets Clo. *Wind* —4A **4**
Locke Way. *Wok* —4B **74**
Lockfield Dri. *Knap* —3H **73**
Lockfield Dri. *Wok* —4A **74**
Lockhart Rd. *Cobh* —9K **57**
Lockhurst Hatch La. *Alb* —5N **135**
Lockie Pl. *SE25* —2D **46**
Lock Island. *Shep* —8B **38**
Lock La. *Wok* —3K **75**
Lock Path. *Dor* —2A **4**
Lock Rd. *Alder* —8B **90**
Lock Rd. *Guild* —9N **93**
Lock Rd. *Rich* —5J **25**
Locks La. *Mitc* —1E **44**
Locksley Dri. *Wok* —4J **73**
Locksmeade Rd. *Rich* —5J **25**
Locks Meadow. *D'land* —1C **166**
Locks Ride. *Asc* —8F **16**
Lockswood. *Brkwd* —7E **72**
Lockton Chase. *Asc* —2H **33**
Lockwood Clo. *F'boro* —6K **69**
Lockwood Clo. *H'ham* —3N **197**
Lockwood Ct. *Craw* —1D **182**
Lockwood Path. *Wok* —9G **54**
Lockwood Way. *Chess* —2N **59**
Loddon Clo. *Camb* —9E **50**
Loddon Rd. *F'boro* —8J **69**
Loddon Way. *Ash* —3E **110**
Loder Clo. *Wok* —9F **54**
Lodge Av. *SW14* —6D **12**
Lodge Av. *Croy* —9L **45**
Lodgebottom Rd. *Dork* —5N **99**
Lodge Clo. *Alder* —4M **109**
Lodge Clo. *Craw* —3A **182**
Lodge Clo. *E Grin* —9M **165**
Lodge Clo. *Egh* —6N **19**
Lodge Clo. *Eps* —6H **61**
Lodge Clo. *Fet* —9D **78**
Lodge Clo. *Iswth* —4H **11**
Lodge Clo. *N Holm* —9J **119**
Lodge Clo. *Stoke D* —3N **77**
Lodge Clo. *Wall* —7E **44**
Lodge Gdns. *Beck* —4J **47**
Lodge Gro. *Yat* —9E **48**
Lodge Hill. *Purl* —2L **83**
Lodge Hill Clo. *Lwr Bo* —5J **129**
Lodge Hill Rd. *Lwr Bo* —5J **129**
Lodge La. *Holmw* —4L **139**
Lodge La. *New Ad* —3K **65**
Lodge La. *Red* —3C **142**
Lodge La. *W'ham* —5L **107**
Lodge Pl. *Sutt* —2N **61**
Lodge Rd. *Croy* —5M **45**
Lodge Rd. *Fet* —9C **78**
Lodge Rd. *Wall* —2F **62**
Lodge Wlk. Horl —8D 142 (off Thornton Pl.)
Lodge Way. *Ashf* —3N **21**
Lodge Way. *Shep* —1D **38**
Lodge Way. *Wind* —6B **4**
Lodkin Hill. *Hasc* —4N **153**
Lodsworth. *F'boro* —2J **89**
Loft Ho. Pl. *Chess* —3J **59**
Logan Clo. *Houn* —6N **9**

Lythe Hill Pk.—Marlborough Rd.

Lythe Hill Pk. Hasl —3J 189
Lytton Dri. Craw —2H 183
Lytton Gdns. Wall —1H 63
Lytton Gro. SW15 —8J 13
Lytton Rd. Wok —3D 74
Lyveden Rd. SW17 —7D 28
Lywood Clo. Tad —9H 81

Mabbotts. Tad —8J 81
Mabel St. Wok —4N 73
Maberley Rd. Beck —2G 47
Mablethorpe Rd. SW6 —3K 13
Macadam Av. Crowt —9H 31
McAlmont Ridge. G'ming —4G 132
Macaulay Av. Esh —8F 40
Macaulay Rd. Cat —9B 84
Macbeth Ct. Warf —9C 16
Macbeth St. W6 —1G 13
McCarthy Rd. Felt —6L 23
Macclesfield Rd. SE25 —4F 46
Macdonald Rd. Farnh —5G 109
Macdonald Rd. Light —8K 51
McDonough Clo. Chess —1L 59
Mace La. Cud —9M 67
Macfarlane La. Iswth —2F 10
McGrigor Barracks. Alder —1N 109
McIndoe Rd. E Grin —7N 165
McIntosh Clo. Wall —4J 63
McIver Clo. Felb —6J 165
McKay Clo. Alder —1A 110
McKay Rd. SW20 —8G 27
McKay Trad. Est. Coln —5G 7
Mackenzie Rd. Beck —1F 46
McKernan Ct. Sand —7E 48
Mackie Rd. SW2 —1L 29
Mackies Hill. Peasl —4E 136
Mackrells. Red —6A 122
Maclaren M. SW15 —7H 13
Macleod Rd. H'ham —7L 197
McNaughton Clo. F'boro —2H 89
Macphail Clo. Wokgm —9D 14
McRae La. Mitc —6D 44
Macrae Rd. Yat —9B 48
Madan Rd. W'ham —3M 107
Madans Wlk. Eps —2C 80
Maddison Clo. Tedd —7F 24
Maddox La. Bookh —9M 77
(in two parts)
Maddox Pk. Bookh —1M 97
Madehurst Ct. Craw —6L 181
Madeira Av. H'ham —6J 197
Madeira Clo. W Byf —9J 55
Madeira Cres. W Byf —9H 55
Madeira Rd. SW16 —6J 29
Madeira Rd. Mitc —3D 44
Madeira Rd. W Byf —9H 55
Madeira Wlk. Reig —2B 122
Madeira Wlk. Wind —4G 5
Madeley Rd. C Crook —7C 88
Madgehole La. Sham G —7J 135
Madingley. Brack —7N 31
Madox Brown End. Col T —8K 49
Madrid Rd. SW13 —4F 12
Madrid Rd. Guild —4L 113
Maesmaur Rd. Tats —8F 86
Mafeking Av. Bren —2L 11
Mafeking Rd. Wray —3D 20
Magazine Pl. Lea —9H 79
Magazine Rd. Cat —9M 83
Magdala Rd. Iswth —6G 11
Magdala Rd. S Croy —4A 64
Magdalen Clo. Byfl —1N 75
Magdalen Cres. Byfl —1N 75
Magdalene Clo. Craw —9G 162
Magdalene Rd. Owl —5L 49
Magdalene Rd. Shep —3A 38
Magdalen Rd. SW18 —2A 28
Magellan Ter. Craw —8E 162
Magna Carta La. Wray —2N 19
Magna Rd. Egh —7L 19
Magnolia Clo. King T —7A 26
Magnolia Clo. Owl —6J 49
Magnolia Ct. Horl —8E 142
Magnolia Ct. Sutt —4N 61
(off Grange Rd.)
Magnolia Ct. Wall —2F 62
Magnolia Dri. Big H —3F 86
Magnolia Pl. Guild —9M 93
Magnolia Rd. W4 —2A 12
Magnolia St. W Dray —1M 7
Magnolia Way. Eps —2B 60
Magnolia Way. Fleet —6B 88
Magnolia Way. N Holm —8K 119
Magpie Clo. Bord —7A 168
Magpie Clo. Coul —5G 83
Magpie Clo. Ews —4C 108
Magpie Grn. Eden —9L 127
Magpie Wlk. Craw —1D 182
Maguire Dri. Frim —3G 71
Maguire Dri. Rich —5J 25
Mahonia Clo. W End —9C 52
Maida Rd. Alder —9N 89
Maidenbower Dri. M'bowr —5F 182
Maidenbower La. Craw —5F 182
(in two parts)
Maidenbower Pl. M'bowr —5G 183
Maidenbower Sq. M'bowr —5G 183
Maidenhead Rd. Binf —3N 15
Maidenhead Rd. Wind —3A 4
Maidenhead Rd. Wokgm —6C 14
Maiden La. Craw —1A 182
Maiden's Grn. Wink —3F 16
Maidenshaw Rd. Eps —8C 60
Maids of Honour Row. Rich —8K 11
Main Dri. Brack —8D 16
Mainprize Rd. Brack —9C 16
Main Rd. Big H —9E 66
Main Rd. Buck —2F 120
Main Rd. Eden —6K 127
Main Rd. Reig —2H 121
Main Rd. Wind —3A 4
Mainstone Clo. Deep —7G 71
Mainstone Cres. Brkwd —8A 72
Mainstone Rd. Bisl —3C 72
Main St. Add —9N 37
Main St. Felt —6L 23
Main St. Yat —8C 48
Maisie Webster Clo. Stai —1L 21
Maisonettes, The. Sutt —2L 61
Maitland Clo. Houn —6N 9
Maitland Clo. W Byf —9J 55
Maitland Rd. F'boro —5N 89
Maitlands Clo. Tong —6C 110
Maize Croft. Horl —7G 142
Maize La. Warf —7B 16
Majestic Way. Mitc —1D 44
Majors Farm Rd. Dat —3N 5
Major's Hill. Craw —4N 183
Makepiece Rd. Brack —8N 15
Malacca Farm. W Cla —6K 95
Malan Clo. Big H —4G 87
Malbrook Rd. SW15 —7G 13
Malcolm Dri. Surb —7K 41
Malcolm Gdns. Hkwd —1B 162
Malcolm Rd. SE25 —5D 46
Malcolm Rd. SW19 —7K 27
Malcolm Rd. Coul —2H 83
Malden Av. SE25 —2E 46
Malden Ct. N Mald —2G 42
Malden Grn. Av. Wor Pk —7E 42
Malden Hill. N Mald —2E 42
Malden Hill Gdns. N Mald —2E 42
Malden Junction. (Junct.) —4E 42
Malden Pk. N Mald —5E 42
Malden Rd. N Mald & Wor Pk —4D 42
Malden Rd. Sutt —1J 61
Malden Way. N Mald —5D 42
Maldon Ct. Wall —2G 62
Maldon Rd. Wall —2F 62
Malet Clo. Egh —7F 20
Maley Av. SE27 —3M 29
Malham Clo. M'bowr —6G 183
Malham Fell. Brack —3M 31
Mallard Clo. Ash —1D 110
Mallard Clo. Hasl —2C 188
Mallard Clo. Horl —6E 142
Mallard Clo. H'ham —3J 197
Mallard Clo. Red —9E 102
Mallard Clo. Twic —1A 24
Mallard Pl. E Grin —1B 186
Mallard Pl. Twic —4G 24
Mallard Rd. S Croy —6G 65
Mallards Reach. Wey —8E 38
Mallards, The. Frim —4D 70
Mallards, The. Stai —1K 37
Mallards Way. Light —7L 51
Mallard Wlk. Beck —4G 47
Mallard Way. Eden —9L 127
Mallard Way. Wall —5G 63
Mallard Way. Yat —9A 48
Malling Clo. Croy —5F 46
Malling Gdns. Mord —5A 44
Mallinson Rd. Croy —9H 45
Mallow Clo. Croy —7G 46
Mallow Clo. H'ham —2L 197
Mallow Clo. Lind —4B 168
Mallow Clo. Tad —7G 80
Mallow Cres. Guild —9D 94
Mallowdale Rd. Brack —6C 32
Mall Rd. W6 —1G 13
Mall, The. SW14 —8B 12
Mall, The. Bren —2K 11
Mall, The. Croy —8N 45
Mall, The. Surb —5K 41
Mall, The. W on T —2L 57
Malmains Clo. Beck —3N 47
Malmains Way. Beck —3M 47
Malmesbury Rd. Mord —6A 44
Malmstone Av. Red —6G 103
Malta Barracks. Alder —8L 89
Malta Rd. Deep —6J 71
Maltby Rd. Chess —3N 59
Malt Hill. Egh —6A 20
Malt Hill. Warf —5C 16
Malthouse Clo. C Crook —8A 88
Malt Ho. Clo. Old Win —1L 19
Malthouse Ct. W End —8C 52
Malthouse Dri. W4 —2D 12
Malthouse Dri. Felt —6L 23
Malthouse La. Hamb —9F 152
Malthouse La. Pirb & Worp —1E 92
Malthouse La. W End —9C 52
Malthouse Mead. Witl —5C 152
Malthouse Pas. SW13 —5E 12
(off Maltings Clo.)
Malthouse Rd. Craw —5B 182
Malthouses, The. Cranl —7N 155
Malt Ho., The. Tilf —8A 130
Maltings. W4 —1N 11
Maltings Clo. SW13 —5E 12
Maltings Lodge. W4 —2D 12
(off Corney Reach Way)
Maltings Pl. SW6 —4N 13
Maltings, The. Byfl —9A 56
Maltings, The. Oxt —9B 106
Maltings, The. Stai —5G 20
Malting Way. Iswth —6F 10
Malus Clo. Add —4H 55
Malus Dri. Add —4H 55
Malva Clo. SW18 —8N 13
Malvern Clo. SE20 —1D 46
Malvern Clo. Mitc —2G 45
Malvern Clo. Ott —3E 54
Malvern Clo. Surb —7L 41
Malvern Ct. Coln —2C 6
Malvern Ct. Eps —1C 80
Malvern Ct. Sutt —4M 61
Malvern Dri. Felt —6L 23
Malvern Rd. Craw —4A 182
Malvern Rd. F'boro —7J 69
Malvern Rd. Hamp —8A 24
Malvern Rd. Hayes —3F 8
Malvern Rd. Surb —8L 41
Malvern Rd. T Hth —3L 45
Malwood Rd. SW12 —1F 28
Malyons, The. Shep —5E 38
Manbre Rd. W6 —2H 13
Manchester Rd. T Hth —2N 45
Mandeville Clo. SW20 —9K 27
Mandeville Clo. Guild —9K 93
Mandeville Ct. Egh —5C 20
Mandeville Dri. Surb —7K 41
Mandeville Rd. Iswth —5G 10
Mandeville Rd. Shep —4B 38
Mandora Rd. Alder —9N 89
Mandrake Rd. SW17 —3D 28
Manfield Rd. Ash —2E 110
Manfred Rd. SW15 —8L 13
Mangles Ct. Guild —4M 113
Mangles Rd. Guild —1N 113
Manitoba Gdns. Grn St —3N 67
Manley Bri. Rd. Rowl —6D 128
Mannamead. Eps —6D 80
Mannamead Clo. Eps —6D 80
Mann Clo. Croy —3N 45
Manning Clo. E Grin —8N 165
Manning Pl. Rich —9M 11
Mannings Clo. Craw —9H 163
Mannings Hill. Cranl —4M 155
Manningtree Clo. SW19 —2K 27
Mann's Clo. Iswth —8F 10
Manny Shinwell Ho. SW6 —2L 13
(off Clem Attlee Ct.)
Manoel Rd. Twic —4C 24
Manor Av. Cat —2B 104
Manor Av. Houn —6L 9
Manor Chase. Wey —2C 56
Manor Circus. (Junct.) —6N 11
Manor Clo. Brack —8M 15
Manor Clo. E Hor —6F 96
Manor Clo. Hasl —2C 188
Manor Clo. Horl —8D 142
Manor Clo. Tong —5D 110
Manor Clo. Warl —4H 85
Manor Clo. Wok —4H 75
Manor Clo. Wor Pk —7D 42
Manor Ct. SW16 —4J 29
Manor Ct. W3 —1N 11
Manor Ct. C Crook —9B 88
Manor Ct. Craw —9D 162
Manor Ct. H'ham —3N 197
Manor Ct. King T —9N 25
Manor Ct. Twic —3C 24
Manor Ct. W Mol —3A 40
Manor Ct. W Wick —7L 47
Manor Ct. Wey —1C 56
Manor Cres. Brkwd —7B 72
Manor Cres. Byfl —9A 56
Manor Cres. Guild —1L 113
Manor Cres. Hasl —2C 188
Manor Cres. Surb —5N 41
Manorcrofts Rd. Egh —7C 20
Manordene Clo. Th Dit —7G 40
Manor Dri. Eps —3D 60
Manor Dri. Esh —8F 40
Manor Dri. Felt —6L 23
Manor Dri. Horl —8D 142
Manor Dri. New H —6J 55
Manor Dri. Sun —1H 39
Manor Dri. Surb —5M 41
Manor Dri. N. N Mald & Wor Pk —6C 42
Manor Dri., The. Wor Pk —7D 42
Manor Farm. Wanb —6N 111
Manor Farm Av. Shep —5C 38
Manor Farm Bus. Cen. Tong —7D 110
Manor Farm Clo. Ash —3D 110
Manor Farm Clo. Wind —6C 4
Manor Farm Clo. Wor Pk —7D 42
Manor Farm Cotts. Guild —6N 111
Manor Farm Ct. Egh —6C 20
Manor Farm Est. Byfl —1A 76
Manor Farm La. Egh —6C 20
Manor Farm Rd. SW16 —1L 45
Manor Fields. SW15 —9J 13
Manorfields Craw —7K 181
Manor Fields. H'ham —4N 197
Manor Fields. Milf —9B 132
Manor Fields. Seale —7F 110
Manor Gdns. SW20 —1L 43
Manor Gdns. W4 —1D 12
Manor Gdns. Chil —9E 114
Manor Gdns. Eff —6L 97
Manor Gdns. G'ming —4H 133
Manor Gdns. Guild —1L 113
Manor Gdns. Hamp —8B 24
Manor Gdns. Lwr Bo —6J 129
Manor Gdns. Rich —7M 11
Manor Gdns. S Croy —3C 64
Manor Gdns. Sun —9H 23
Manorgate Rd. King T —9N 25
Manor Grn. Rd. Eps —9A 60
Manor Gro. Beck —1L 47
Manor Gro. Rich —7N 11
Manor Hill. Bans —2D 82
Manor Ho. Ct. Eps —9B 60
Manor Ho. Ct. Shep —6C 38
Manor Ho. Dri. Asc —8L 17
Manor Ho. Flats. Tong —6D 110
Manor Ho. Gdns. Eden —2L 147
Manorhouse La. Bookh —4M 97
Manor Ho. La. Dat —3L 5
Manor Ho. Way. Iswth —6H 11
Manor La. Felt —3H 23
Manor La. Hayes —2E 8
Manor La. H'ham —8A 198
Manor La. Sham G —8G 134
Manor La. Sun —1H 39
Manor La. Sutt —2A 62
Manor La. Tad —7M 101
Manor Lea. Hasl —2C 188
Manor Lea Clo. Milf —9B 132
Manor Lea Rd. Milf —9B 132
Manor Leaze. Egh —6D 20
Manor Lodge. Guild —1L 113
Manor Pk. Rich —7M 11
Manor Pk. Clo. W Wick —7L 47
Manor Pk. Dri. Yat —1C 68
Manor Pk. Ind. Est. Alder —3A 110
Manor Pk. Rd. Sutt —2A 62
Manor Pk. Rd. W Wick —7L 47
Manor Pl. Felt —2H 23
Manor Pl. Mitc —2G 44
Manor Pl. Stai —6K 21
Manor Pl. Sutt —1N 61
Manor Rd. SE25 —3D 46
Manor Rd. SW20 —1L 43
Manor Rd. Alder —4L 109
Manor Rd. Ashf —6A 22
Manor Rd. Beck —1L 47
Manor Rd. E Grin —8M 165
Manor Rd. E Mol —3D 40
Manor Rd. Eden —2K 147
Manor Rd. F'boro —2B 90
Manor Rd. Farnh —8K 109
Manor Rd. Guild —1L 113
Manor Rd. H'ham —3N 197
Manor Rd. Mitc —3G 44
Manor Rd. Red —7G 102
Manor Rd. Reig —1L 121
Manor Rd. Rich —7N 11
Manor Rd. Rip —1H 95
Manor Rd. Shur R —1F 14
Manor Rd. Sutt —4L 61
Manor Rd. Tats —7G 86
Manor Rd. Tedd —6G 25
Manor Rd. Tong & Ash —5D 110
Manor Rd. Twic —3C 24
Manor Rd. Wall —1F 62
Manor Rd. W On T —6G 39
Manor Rd. W Wick —8L 47
Manor Rd. Wind —5B 4
Manor Rd. Wok —3M 73
Manor Rd. Wokgm —6A 30
Manor Rd. N. Hin W & Th Dit —9F 40
Manor Rd. N. Wall —1F 62
Manor Rd. S. Esh —1E 58
Manor Royal. Craw —9C 162
Mnr. Royal Est. Craw —8C 162
Manor, The. Milf —1C 152
Manor Vale. Bren —1J 11
Manor Wlk. Alder —3N 109
Manor Wlk. Horl —8D 142
(off Manor Dri.)
Manor Wlk. Wey —2C 56
Manor Way. Bag —5J 51
Manor Way. Bans —3D 82
Manor Way. Beck —1K 47
Manor Way. Egh —7B 20
Manor Way. Guild —6H 113
Manor Way. Mitc —2G 44
Manor Way. Oxs —2C 78
Manor Way. Purl —8J 63
Manor Way. S Croy —3B 64
Manor Way. Wok —8D 74
Manor Way. Wor Pk —7D 42
Manor Way, The. Wall —1F 62
Manor Wood Rd. Purl —9J 63
Mansard Beeches. SW17 —6E 28
Manse Clo. Hayes —2E 8
Mansel Clo. Guild —7L 93
Mansell Clo. Wind —4B 4
Mansell Way. Cat —9A 84
Mansel Rd. SW19 —7K 27
Mansfield Clo. Asc —9H 17
Mansfield Cres. Brack —5N 31
Mansfield Dri. Red —6H 103
Mansfield Pk. Cranl —5K 155
Mansfield Pl. Asc —1H 33
Mansfield Rd. Chess —2J 59
Mansfield Rd. S Croy —3A 64
Manship Rd. Mitc —8E 28
Mansions, The. SW5 —1N 13
Manson M. SW7 —1N 13
Manston Av. S'hall —1A 10
Manston Clo. SE20 —1F 46
Manston Dri. Brack —5A 32
Manston Gro. King T —6K 25
Manston Rd. Guild —8C 94
Mantilla Rd. SW17 —5E 28
Mantlet Clo. SW16 —8G 29
Manville Gdns. SW17 —4F 28
Manville Rd. SW17 —3E 28
Manygate La. Shep —6D 38
Manygate Mobile Home Est. Shep —5E 38
(off Mitre Clo.)
Manygates. SW12 —3F 28
Maori Rd. Guild —3B 114
Maple Clo. Ash V —6D 90
Maple Clo. B'water —1H 69
Maple Clo. Craw —9A 162
Maple Clo. Hamp —7N 23
Maple Clo. H'ham —3N 197
Maple Clo. Mitc —9F 28
Maple Clo. Sand —6E 48
Maple Clo. Whyt —4C 84
Maple Ct. Brack —3D 32
Maple Ct. Egh —7L 19
Maple Ct. Hors —3M 73
Maple Ct. N Mald —2C 42
Mapledale Av. Croy —8D 46
Mapledrakes Clo. Ewh —5F 156
Mapledrakes Rd. Ewh —5F 156
Maple Dri. Crowt —9H 31
Maple Dri. E Grin —9C 166
Maple Dri. Light —7K 51
Maple Dri. Red —9D 122
Maple Gdns. Stai —3N 21
Maple Gdns. Yat —1C 68
Maplegreen. Craw —4A 182
Maple Gro. Bren —3H 11
Maple Gro. Guild —1N 113
Maple Gro. Wok —8A 74
Maple Gro. Bus. Cen. Houn —7K 9
Maplehatch Clo. G'ming —9H 133
Maplehurst. Lea —1D 98
Maplehurst Clo. King T —3L 41
Maple Ind. Est. Felt —4H 23
Maple Leaf Clo. Big H —3F 86
Maple Leaf Clo. F'boro —2L 89
Maple Lodge. Hasl —4J 189
Maple M. SW16 —6K 29
Maple Pl. Bans —1J 81
Maple Rd. SE20 —1E 46
Maple Rd. Asht —6K 79
Maple Rd. Red —7D 122
Maple Rd. Rip —2J 95
Maple Rd. Surb —5K 41
Maple Rd. Whyt —4C 84
Maplestead Rd. SW2 —1K 29
Maples, The. Bans —1N 81
Maples, The. Clay —4G 59
Maples, The. Ott —3E 54
Maplethorpe Rd. T Hth —3M 45
Mapleton Cres. SW18 —9N 13
Mapleton Rd. SW18 —9M 13
Mapleton Rd. W'ham & Eden —8N 107
Maple Wlk. Alder —4B 110
Maple Wlk. Sutt —6N 61
Maple Way. Coul —8F 82
Maple Way. Felt —4H 23
Maple Way. Head —3G 169
Marbeck Clo. Wind —4A 4
Marble Hill Clo. Twic —1H 25
Marble Hill Gdns. Twic —1H 25
Marbles Way. Tad —6J 81
Marbull Way. Warf —7N 15
Marchbank Rd. W14 —2L 13
Marcheria Clo. Brack —5N 31
Marches Rd. H'ham —5D 178
Marches, The. K'fold —4H 179
Marchmont Rd. Rich —8M 11
Marchmont Rd. Wall —4G 62
March Rd. Twic —1G 24
March Rd. Wey —2B 56
Marchside Clo. Houn —4L 9
Marcuse Rd. Cat —1A 104
Marcus St. SW18 —9N 13
Marcus Ter. SW18 —9N 13
Mardale. Camb —2G 71
Mardell Rd. Croy —4G 46
Marden Cres. Croy —5K 45
Marden Rd. Croy —5K 45
Mardens, The. Craw —2N 181
Mare La. Binf —1K 15
(in two parts)
Mare La. Hasc —6L 153
Mareschal Rd. Guild —5M 113
Mares Field. Croy —9B 46
Maresfield Ho. Guild —2F 114
(off Merrow St.)
Mareshall Av. Warf —7N 15
Mare St. Hasc —6N 153
Mareth Clo. Alder —2N 109
Marfleet Clo. Cars —8C 44
Margaret Clo. Stai —7M 21
Margaret Herbison Ho. SW6 —2L 13
(off Clem Attlee Ct.)
Margaret Ingram Clo. SW6 —3L 13
Margaret Rd. Guild —4M 113
Margaret Way. Coul —6M 83
Margery Gro. Tad —7K 101
Margery La. Tad —7L 101
Margin Dri. SW19 —6J 27
Margravine Gdns. W6 —1J 13
Margravine Rd. W6 —1J 13
Marham Gdns. SW18 —2C 28
Marham Gdns. Mord —5A 44
Marian Ct. Sutt —2N 61
Marian Rd. SW16 —9G 29
Maria Theresa Clo. N Mald —4C 42
Mariette Way. Wall —5J 63
Marigold Clo. Crowt —9E 30
Marigold Ct. Guild —9A 94
Marigold Dri. Bisl —2D 72
Marigold Way. Croy —7G 46
Marina Av. N Mald —4G 42
Marina Clo. Cher —7L 37
Marina Way. Tedd —8K 25
Marinefield Rd. SW6 —5N 13
Mariner Gdns. Rich —4J 25
Mariners Dri. F'boro —8A 70
Marion Av. Shep —4C 38
Marion Rd. Craw —5F 182
Marion Rd. T Hth —4N 45
Marius Pas. SW17 —3E 28
Marius Rd. SW17 —3E 28
Marjoram Clo. F'boro —1G 89
Marjoram Clo. Guild —8K 93
Marke Clo. Kes —1G 66
Markedge La. Coul & Red —2D 102
Markenfield Rd. Guild —3N 113
Markenhorn. G'ming —4G 132
Market Cen., The. S'hall —1J 9
Marketfield Rd. Red —2D 122
Marketfield Way. Red —3D 122
Market Pde. Felt —4M 23
Market Pl. Brack —1N 31
Market Pl. Bren —3J 11
Market Pl. King T —1K 41
Market Pl. Wokgm —2B 30
Market Rd. Rich —6N 11
Market Sq. H'ham —7J 197
Market Sq. Stai —5G 21
Market Sq. W'ham —4M 107
Market Sq. Wok —4A 74
Market St. Brack —1N 31
Market St. Guild —4N 113
Market St. Wind —4G 5
Market Ter. Bren —2L 11
(off Albany Rd.)
Market, The. Sutt —7A 44
Market Way. W'ham —4M 107
Markfield. Croy —6J 65
(in two parts)
Markfield Rd. Cat —4E 104
Markham Ct. Camb —9B 50
Markham M. Wokgm —2B 30
Markham Rd. Capel —5J 159
Markhole Clo. Hamp —8N 23
Mark Oak La. Fet —9A 78
Marksbury Av. Rich —6N 11
Marks Rd. Warl —5H 85
Marks Rd. Wokgm —9A 14
Marks St. Reig —3N 121
Markville Gdns. Cat —3D 104
Mark Way. G'ming —3E 132
Markway. Sun —1K 39
Markwick La. Loxh —6L 153
Marlborough Clo. SW19 —7C 28
Marlborough Clo. Craw —7A 182
Marlborough Clo. Fleet —5E 88
Marlborough Clo. H'ham —3K 197
Marlborough Clo. W On T —9L 39
Marlborough Ct. Dork —5H 119
Marlborough Ct. Wokgm —1C 30
Marlborough Dri. Wey —9D 38
Marlborough Gdns. Surb —6K 41
Marlborough Hill. Dork —5H 119
Marlborough Rise. Camb —9C 50
Marlborough Rd. SW19 —7C 28
Marlborough Rd. W4 —1B 12
Marlborough Rd. Ashf —6M 21
Marlborough Rd. Dork —5H 119
Marlborough Rd. Felt —3L 23

Marlborough Rd. Hamp —7A 24
Marlborough Rd. Iswth —4H 11
Marlborough Rd. Rich —9M 11
Marlborough Rd. Slou —1N 5
Marlborough Rd. S Croy —4N 63
Marlborough Rd. Sutt —9M 43
Marlborough Rd. Wok —3C 74
Marlborough View. F'boro —9H 69
Marld, The. Asht —5M 79
Marles La. Bil —7D 194
Marlet Corner. H'ham —1E 194
Marley Av. Hasl —5C 188
Marley Clo. Add —3H 55
Marley Coombe Rd. Hasl —3D 188
Marley Hanger. Hasl —5E 188
Marley La. Hasl —3C 188
Marley Rise. Dork —8G 119
Marlhurst. Eden —8K 127
Marlin Clo. Sun —7F 22
Marlingdene Clo. Hamp —7A 24
Marlings Clo. Whyt —4B 84
Marlins Clo. Sutt —2A 62
Marlow Clo. SE20 —2E 46
Marlow Ct. Craw —2B 182
Marlow Cres. Twic —9F 10
Marlow Dri. Sutt —8J 43
Marlowe Sq. Mitc —3G 44
Marlowe Way. Croy —8J 45
Marlow Rd. SE20 —2E 46
Marlpit Av. Coul —4J 83
Marlpit Clo. E Grin —7A 166
Marlpit Clo. Eden —8L 127
Marlpit La. Coul —3H 83
Marl Rd. SW18 —7N 13
Marlyns Clo. Guild —9C 94
Marlyns Dri. Guild —9C 94
Marmot Rd. Houn —6L 9
Marnell Way. Houn —6L 9
Marneys Clo. Eps —2N 79
Marnfield Cres. SW2 —2K 29
Marnham Pl. Add —1L 55
Marqueen Towers. SW16 —8J 29
Marrick Clo. SW15 —7F 12
Marriott Clo. Felt —9E 8
Marriott Lodge Clo. Add —1L 55
Marrowbrook Clo. F'boro —2M 89
Marrowbrook La. F'boro —3L 89
Marrowells. Wey —9G 38
Marryat Pl. SW19 —5K 27
Marryat Rd. SW19 —6J 27
Marryat Sq. SW6 —4K 13
Marshall Clo. SW18 —9N 13
Marshall Clo. F'boro —7L 69
Marshall Clo. Frim —4H 71
Marshall Clo. Houn —8N 9
Marshall Clo. S Croy —9D 64
Marshall Pl. New H —5L 55
Marshall Rd. Col T —8J 49
Marshall Rd. G'ming —6H 133
Marshall Rd. M'bowr —5G 182
Marshalls Clo. Eps —9B 60
Marshall's Rd. Sutt —1N 61
Marsham Ho. Brack —8N 15
Marsh Av. Eps —6D 60
Marsh Av. Mitc —1D 44
Marsh Clo. Bord —6A 168
Marsh Ct. Craw —8N 181
Marsh Farm Rd. Twic —2F 24
Marshfield. Dat —4M 5
Marsh Grn. Rd. M Grn —8G 147
Marshland Cotts. Dork —7B 160
Marsh La. Add —1K 55
Marshwood Rd. Light —7A 52
Marston. Eps —7B 60
Marston Av. Chess —3L 59
Marston Ct. W on T —7K 39
Marston Dri. F'boro —7N 69
Marston Dri. Warl —5H 85
Marston Rd. Farnh —1E 128
Marston Rd. Tedd —6H 25
Marston Rd. Wok —4L 73
Marston Way. SE19 —8M 29
Marston Way. Asc —1J 33
Martel Clo. Camb —8G 50
Martell Rd. SE21 —4N 29
Martin Clo. Craw —1B 182
Martin Clo. S Croy —7G 64
Martin Clo. Warl —3E 84
Martin Clo. Wind —4A 4
Martin Cres. Croy —7L 45
Martindale. SW14 —8B 12
Martindale Av. Camb —2G 71
Martindale Clo. Guild —1F 114
Martindale Rd. SW12 —1F 28
Martindale Rd. Houn —6M 9
Martindale Rd. Wok —5K 73
Martineau Clo. Esh —1D 58
Martineau Dri. Dork —7H 119
Martingale Clo. Sun —3H 39
Martingale Ct. Alder —2K 109
Martingales Clo. Rich —4K 25
Martin Gro. Mord —3M 43
Martin Rd. Guild —1K 113
Martins Clo. B'water —2J 69
Martins Clo. Guild —2E 114
Martins Clo. W Wick —8N 47
Martin's Dri. Wokgm —9A 14
Martin's La. Brack —2C 32
Martins Pk. F'boro —7J 69
Martins, The. Craw D —1F 184
Martins Wood. Milf —3B 152
Martinsyde. Wok —4E 74
Martin Way. SW20 & Mord —2K 43
Martin Way. Frim —5C 70
Martin Way. Wok —5K 73
Martlets Clo. H'ham —3J 197
Martlets, The. Craw —3C 182
Marts, The. Rud —1E 194
Martyns Pl. E Grin —1B 186
Martyr Rd. Guild —4N 113
Martyrs Av. Craw —9A 162
Martyr's La. Wok —8D 54
Marvell Clo. Craw —1G 182
Marville Rd. SW6 —3L 13
Marwell. W'ham —4K 107
Mary Adelaide Clo. SW15 —5D 26
Mary Drew Almshouses. Egh —7N 19
Maryhill Clo. Kenl —4N 83
Maryland Rd. T Hth —9M 29
Maryland Way. Sun —1H 39
Mary Macarthur Ho. W6 —2K 13
Mary Mead. Warf —7B 16
Mary Rd. Guild —4M 113
Mary Rose Clo. Hamp —9A 24
Mary's Ter. Twic —1G 24
Mary Vale. G'ming —9G 133
Marzena Ct. Houn —9C 10
Mascotte Rd. SW15 —7J 13
Masefield Ct. Surb —6K 41
Masefield Gdns. Crowt —4G 48
Masefield Rd. Craw —6K 181
Masefield Rd. Hamp —5N 23
Masefield Way. Stai —2A 22
Maskall Clo. SW2 —2L 29
Maskani Wlk. SW16 —8G 29
Maskell Rd. SW17 —4A 28
Maskell Way. F'boro —2H 89
Mason Clo. E Grin —8A 166
Mason Clo. Hamp —9A 24
Mason Clo. Yat —1D 68
Masonettes. Eps —6B 60 (off Sefton Rd.)
Masonic Hall Rd. Cher —5H 37
Mason Pl. Sand —7E 48
Mason Rd. Craw —5C 182
Mason Rd. F'boro —8K 69
Masons Av. Croy —9N 45
Mason's Bri. Rd. Red —8F 122
Masons Field. Man H —9B 198
Masons Paddock. Dork —3G 118
Masons Pl. Mitc —9D 28
Mason's Yd. SW19 —6J 27
Mason Way. Alder —5N 109
Massetts Rd. Horl —9D 142
Master Clo. Oxt —7A 106
Maswell Pk. Cres. Houn —8C 10
Maswell Pk. Rd. Houn —8B 10
Matham Rd. E Mol —4D 40
Matheson Rd. W14 —1L 13
Mathias Clo. Eps —9B 60
Mathisen Way. Coln —4G 7
Mathon Ct. Guild —3B 114
Matilda Clo. SE19 —8N 29
Matlock Cres. Sutt —1K 61
Matlock Gdns. Sutt —1K 61
Matlock Pl. Sutt —1K 61
Matlock Rd. Cat —8B 84
Matlock Way. N Mald —9C 26
Matthew Arnold Clo. Cobh —1H 77
Matthew Arnold Clo. Stai —7L 21
Matthew Ct. Mitc —4H 45
Matthew Rd. Alder —4K 109
Matthew Rd. Bans —4L 81
Matthews Chase. Binf —8L 15
Matthews Clo. F'boro —5C 90
Matthews Ct. Asc —3A 34
Matthews Dri. M'bowr —7F 182
Matthews Gdns. New Ad —7N 65
Matthewsgreen Rd. Wokgm —9A 14
Matthews La. Stai —5H 21
Matthews Rd. Camb —7A 50
Matthews St. Reig —7M 121
Matthews Way. Fleet —3A 88
Matthew Ter. Alder —2A 110
Matthey Pl. Craw —9H 163
Maudsley Ho. Bren —1L 11
Maultway Clo. Camb —7F 50
Maultway Cres. Camb —7F 50
Maultway N., The. Camb —6E 50
Maultway, The. Camb —7F 50
Maunsell Pk. Craw —3F 182
Maureen Ct. Beck —1F 46
Maurice Av. Cat —9A 84
Maurice Ct. Bren —3K 11
Mavins Rd. Farnh —3J 129
Mavis Av. Eps —2D 60
Mavis Clo. Eps —2D 60
Mawbey Rd. Ott —3F 54
Mawson Clo. SW20 —1K 43
Mawson La. W4 —2E 12
Maxine Clo. Sand —6G 48
Maxton Wlk. Craw —7N 181
Maxwell Clo. Croy —7J 45
Maxwell Dri. W Byf —7L 55
Maxwell Rd. SW6 —3N 13
Maxwell Rd. Ashf —7D 22
Maxwell Way. Craw —9E 162
Maybelle Clo. Bear G —8K 139
Mayberry Pl. Surb —6M 41
Maybourne Rise. Wok —2N 93
Maybrick Clo. Sand —6E 48
Maybury Clo. Frim —6B 70
Maybury Clo. Tad —6K 81
Maybury Est. Wok —3E 74
Maybury Hill. Wok —3D 74
Maybury Rd. Wok —4B 74
Maybury St. SW17 —6C 28
May Clo. Chess —3M 59
May Clo. G'ming —9E 132
May Clo. Head —5D 168
May Clo. Owl —7J 49
May Cres. Ash —3C 110
Maycross Av. Mord —3L 43
Mayday Rd. T Hth —5M 45
Mayell Clo. Lea —1J 99
Mayes Clo. M'bowr —4G 182
Mayes Clo. Warl —5G 85
Mayes La. Warn —7E 178
Mayfair Av. Twic —1C 24
Mayfair Av. Wor Pk —7F 42
Mayfair Clo. Surb —7L 41
Mayfield. Craw —3H 183
Mayfield. Ling —1C 166
Mayfield. Rowl —8E 128
Mayfield Av. W4 —1D 12
Mayfield Av. New H —6K 55
Mayfield Clo. SE20 —1E 46
Mayfield Clo. Ashf —7C 22
Mayfield Clo. New H —6L 55
Mayfield Clo. Red —9E 122
Mayfield Clo. Th Dit —7H 41
Mayfield Clo. W On T —1H 57
Mayfield Ct. Red —8D 122
Mayfield Cres. T Hth —3K 45
Mayfield Gdns. Stai —7H 21
Mayfield Gdns. W On T —1H 57
Mayfield Rd. SW19 —9L 27
Mayfield Rd. Camb —5N 69
Mayfield Rd. F'boro —7L 69
Mayfield Rd. S Croy —5A 64
Mayfield Rd. Sutt —3B 62
Mayfield Rd. T Hth —3K 45
Mayfield Rd. W On T —1H 57
Mayfield Rd. Wey —2A 56
Mayflower Clo. Craw —4H 183
Mayflower Dri. Yat —8A 48
Mayford Clo. SW12 —1D 28
Mayford Clo. Beck —2G 47
Mayford Clo. Wok —9N 73
Mayford Rd. SW12 —1D 28
Mayhurst Av. Wok —3E 74
Mayhurst Clo. Wok —3E 74
Mayhurst Cres. Wok —3E 74
Maynard Clo. SW6 —3N 13
Maynard Ct. Stai —5J 21
Maynooth Gdns. Cars —6D 44
Mayo Rd. Croy —4A 46
Mayo Rd. W On T —6G 39
Maypole Rd. Ash W —3G 186
Maypole Rd. E Grin —8N 165
May Rd. Twic —2E 24
Mayroyd Av. Surb —8N 41
Mays Clo. Wey —6A 56
Mays Croft. Brack —3M 31
Maysfield Rd. Send —1F 94
Mays Gro. Send —1F 94
Mays Hill Rd. Brom —1N 47
Mays Rd. Tedd —6D 24
May's Rd. Wokgm —2D 30
May St. W14 —1L 13
Maytree Clo. Guild —8M 93
Maytrees. Knap —4F 72
Maytree Wlk. SW2 —3L 29
Maywater Clo. S Croy —7A 64
Maywood Dri. Camb —8F 50
Maze Rd. Rich —3N 11
Meachen Ct. Wokgm —2B 30
Mead Av. Red —2E 142
Mead Clo. Cranl —8N 155
Mead Clo. Egh —7D 20
Mead Clo. Red —9E 102
Mead Ct. Egh —7E 20
Mead Ct. Knap —3H 73
Mead Cres. Bookh —3A 98
Mead Cres. Sutt —9C 44
Meade Clo. W4 —2N 11
Meade Ct. Bag —4K 51
Meade Ct. Tad —2F 100
Mead End. Asht —4M 79
Meades Clo. D'land —1D 166
Meades, The. D'land —1D 166
Meades, The. Wey —3D 56
Meadfoot Rd. SW16 —8G 28
Meadhurst Rd. Cher —7K 37
Meadlands Dri. Rich —3K 25
Mead La. Cher —6K 37
Mead La. Farnh —1G 128
Mead La. Cvn. Pk. Cher —7L 37
Meadow App. Copt —7L 163
Meadow Av. Croy —5G 47
Meadow Bank. E Hor —5G 96
Meadow Bank. Farnh —2G 128
Meadowbank. Surb —5M 41
Meadowbank Clo. SW6 —3H 13
Meadowbank Gdns. Houn —4J 9
Meadowbank Rd. Light —6N 51
Meadow Brook. Oxt —8M 105
Meadow Brook Clo. Coln —4H 7
Meadow Brook Ind. Cen. Craw —9E 162
Meadowbrook Rd. Dork —4G 119
Meadow Clo. SW20 —3H 43
Meadow Clo. Ash V —4D 90
Meadow Clo. B'water —2J 69
Meadow Clo. Copt —7L 163
Meadow Clo. Esh —9F 40
Meadow Clo. G'ming —4H 133
Meadow Clo. H'ham —3N 197
Meadow Clo. Houn —1A 24
Meadow Clo. Milf —1D 152
Meadow Clo. Old Win —8L 5
Meadow Clo. Purl —9H 63
Meadow Clo. Rich —2L 25
Meadow Clo. Sutt —8A 44
Meadow Clo. W On T —1N 57
Meadow Cotts. W End —8C 52
Meadow Ct. Eps —9B 60
Meadow Ct. F'boro —1L 89
Meadow Ct. Fleet —4A 88
Meadow Ct. Houn —9D 10
Meadow Ct. Stai —4G 20
Meadowcroft. W4 —1N 11 (off Brooks Rd.)
Meadowcroft Clo. Craw —4L 181
Meadowcroft Clo. E Grin —8M 165
Meadow Croft Clo. Horl —2G 162
Meadow Dri. Rip —1H 95
Meadow Farm La. H'ham —1M 197
Meadow Gdns. Stai —6F 20
Meadow Hill. N Mald —5D 42
Meadow Hill. Purl —1G 82
Meadow Ho. Guild —2F 114 (off Merrow St.)
Meadowlands. Cobh —9H 57
Meadowlands. Craw —3A 182
Meadowlands. Oxt —3C 126
Meadowlands. W Cla —8K 95
Meadowlands Cvn. Pk. Add —9N 37
Meadow La. Eden —8K 127
Meadow La. Eton —2E 4
Meadow La. Fet —9C 78
Meadow La. Stai —5H 21
Meadowlea Clo. Harm —2M 7
Meadow Pl. W4 —3D 12
Meadow Rise. Coul —9H 63
Meadow Rise. Knap —4F 72
Meadow Rd. SW19 —9A 28
Meadow Rd. Ashf —6E 22
Meadow Rd. Asht —4L 79
Meadow Rd. Brom —1N 47
Meadow Rd. Clay —3E 58
Meadow Rd. F'boro —7N 69
Meadow Rd. Felt —3M 23
Meadow Rd. Guild —8C 94
Meadow Rd. Sutt —1C 62
Meadow Rd. Vir W —4H 35
Meadow Rd. Wokgm —2A 30
Meadows End. Sun —9H 23
Meadowside. Bookh —1A 98
Meadowside. Horl —7F 142
Meadowside. Stai —6J 21
Meadowside. Twic —1K 25
Meadowside. W On T —8K 39
Meadowside Mobile Homes Pk. Ling —5M 145
Meadowside Rd. Sutt —5K 61
Meadows Leigh Clo. Wey —9D 38
Meadows, The. Ash —2F 110
Meadows, The. Camb —1K 69
Meadows, The. Churt —9L 149
Meadows, The. Guild —6M 113
Meadows, The. Warl —4G 85
Meadow Stile. Croy —9N 45
Meadow, The. Copt —7L 163
Meadow Vale. Hasl —2E 188
Meadow View. Bord —6A 168
Meadow View. Small —8N 143
Meadowview. Stai —8H 7
Meadowview Rd. Eps —5D 60
Meadow View Rd. T Hth —4M 45
Meadow Wlk. Eps —4E 60 (Ewell)
Meadow Wlk. Eps —3D 60 (West Ewell)
Meadow Wlk. Tad —2G 100
Meadow Wlk. Wall —9F 44
Meadow Wlk. Wokgm —2A 30
Meadow Way. Add —1K 55
Meadow Way. Alder —1D 110
Meadow Way. B'water —1H 69
Meadow Way. Bookh —1B 98
Meadow Way. Brack —8M 15
Meadow Way. Chess —2L 59
Meadow Way. Old Win —9L 5
Meadow Way. Orp —1J 67
Meadow Way. Reig —7N 121
Meadow Way. Rowl —8E 128
Meadow Way. Tad —4K 81
Meadow Way. W End —8C 52
Meadow Way. W Hor —3E 96
Meadow Way. Wokgm —3A 30
Meadow Waye. Houn —2M 9
Mead Path. SW17 —5A 28
Mead Pl. Croy —7N 45
Mead Rd. Cat —1C 104
Mead Rd. Cranl —7N 155
Mead Rd. Craw —2D 182
Mead Rd. Eden —4M 147
Mead Rd. Hind —5D 170
Mead Rd. Rich —4J 25
Mead Rd. W On T —1M 57
Meadrow. G'ming —6J 133
Meadside Clo. Beck —1H 47
Meads Rd. Guild —3D 114
Meads, The. E Grin —2A 186
Meads, The. Hasl —2D 188
Meads, The. Mord —4C 44
Meads, The. Sutt —9K 43
Mead, The. Asht —6L 79
Mead, The. Beck —1M 47
Mead, The. Dork —8J 119
Mead, The. F'boro —2N 89
Mead, The. Wall —3H 63
Mead, The. W Wick —7N 47
Meadvale. H'ham —6F 196
Meadvale Rd. Croy —6C 46
Mead Way. SW20 —3H 43
Meadway. Ashf —5B 22
Meadway. Beck —1M 47
Mead Way. Coul —5J 83
Mead Way. Croy —8H 47
Meadway. Eff —6M 97
Meadway. Eps —8B 60
Meadway. Esh —5B 58
Meadway. Frim —4D 70
Mead Way. Guild —7E 94
Meadway. Hasl —2D 188
Meadway. Oxs —1E 78
Meadway. Stai —8J 21
Meadway. Surb —7B 42
Meadway. Twic —2D 24
Meadway. Warl —3F 84
Meadway Clo. Stai —8H 21
Meadway Ct. Tedd —6J 25
Meadway Dri. Add —4L 55
Meadway Dri. Wok —3M 73
Meadway, The. Horl —8G 142
Meare Clo. Tad —1H 101
Meath Grn. Av. Horl —6D 142
Meath Grn. La. Horl —3C 142
Medawar Rd. Sur R —4G 113
Medcroft Gdns. SW14 —7B 12
Mede Clo. Wray —2N 19
Mede Ct. Stai —4G 20
Mede Field. Fet —2D 98
Medfield St. SW15 —1F 26
Medhurst Clo. Chob —5J 53
Medina Av. Esh —9E 40
Medlake Rd. Egh —7F 20
Medland Clo. Wall —7E 44
Medlar Clo. Craw —9A 162
Medlar Clo. Guild —1M 113
Medlar Dri. B'water —3L 69
Medmenham. Cars —7B 62 (off Pine Cres.)
Medonte Clo. Fleet —5C 88
Medora Rd. SW2 —1K 29
Medway. Turn H —4D 184
Medway Clo. Croy —5F 46
Medway Clo. F Row —7J 187
Medway Ct. H'ham —3A 198
Medway Dri. E Grin —3A 186
Medway Dri. F'boro —8K 69
Medway Dri. F Row —7J 187
Medway Rd. Craw —4L 181
Medway View. F Row —7J 187
Medwin Wlk. H'ham —6J 197
Medwin Way. H'ham —6J 197
Meek Rd. SW10 —3N 13
Melancholy Wlk. Rich —3J 25
Melbourne Clo. Wall —2G 62
Melbourne Rd. SW19 —9M 27
Melbourne Rd. Tedd —7J 25
Melbourne Rd. Wall —2F 62
Melbourne Way. H'ham —3M 197
Melbury Clo. Cher —6J 37
Melbury Clo. Clay —3H 59
Melbury Clo. W Byf —1J 75
Melbury Gdns. SW20 —9F 26
Meldon Clo. SW6 —4N 13
Meldone Clo. Surb —5A 42
Meldrum Clo. Oxt —1B 126
Melford Clo. Chess —2M 59
Melfort Av. T Hth —2M 45
Melfort Rd. T Hth —2M 45
Melina Ct. SW15 —6F 12
Melksham Clo. H'ham —7L 197
Melksham Clo. Owl —6J 49
Meller Clo. Croy —9J 45
Mellersh Clo. C Crook —9A 88
Mellersh Hill Rd. Won —4D 134
Mellison Rd. SW17 —6C 28
Mellor Clo. W On T —6N 39
Mellor Wlk. Wind —4G 4
Mellow Clo. Bans —1N 81
Mellows Rd. Wall —2H 63
Melody Rd. SW18 —8N 13
Melody Rd. Big H —5E 86
Melrose. Brack —7N 31
Melrose Av. SW16 —2L 45
Melrose Av. SW19 —3L 27
Melrose Av. F'boro —9H 69
Melrose Av. Mitc —8F 28
Melrose Av. Twic —1B 24
Melrose Cres. Orp —1M 67
Melrose Gdns. N Mald —2C 42
Melrose Gdns. W On T —2K 57
Melrose Rd. SW13 —5E 12
Melrose Rd. SW18 —9L 13
Melrose Rd. SW19 —9M 27
Melrose Rd. Big H —3E 86
Melrose Rd. Coul —2F 82
Melrose Rd. Wey —2B 56
Melrose Tudor. Wall —2J 63 (off Plough La.)
Melsa Rd. Mord —5A 44
Melton Ct. Sutt —4A 62
Melton Fields. Eps —5C 60
Melton Pl. Eps —5C 60
Melton Rd. Red —8G 102
Melville Av. SW20 —8F 26
Melville Av. Frim —5D 70
Melville Av. S Croy —2C 64
Melville Ct. Guild —6M 113
Melville Rd. SW13 —4F 12
Melvin Rd. SE20 —1F 46
Melvinshaw. Lea —8J 79
Membury Clo. Frim —7E 70
Membury Wlk. Brack —3C 32
Memorial Clo. Houn —2N 9
Mendip Clo. SW19 —3K 27
Mendip Clo. Hayes —3E 8
Mendip Clo. Slou —1C 6
Mendip Clo. Wor Pk —8H 43
Mendip Rd. Brack —4C 32
Mendip Rd. F'boro —7K 69
Mendip Wlk. Craw —3N 181
Mendora Rd. SW6 —3K 13
Menin Way. Farnh —2J 129
Menlo Gdns. SE19 —8N 29
Meon Clo. F'boro —8J 69
Meon Clo. Tad —9G 80
Meon Ct. Iswth —5E 10
Meopham Rd. Mitc —9G 28
Merantun Way. SW19 —9N 27
Mercer Clo. M'bowr —6G 182
Mercer Clo. Th Dit —6G 40
Mercer Rd. H'ham —9J 179
Mercia Wlk. Wok —4B 74
Mercier Rd. SW15 —8K 13
Mercury Cen. Felt —8H 9
Mercury Clo. Bord —6A 168
Mercury Clo. Craw —6K 181
Mercury Ho. Bren —2J 11 (off Glenhurst Rd.)
Mercury Rd. Bren —2J 11
Merebank. Bear G —7K 139
Merebank La. Croy —2K 63
Mere Clo. SW15 —1J 27
Meredyth Rd. SW13 —5F 12
Mere End. Croy —6G 47
Merefield Gdns. Tad —6J 81
Mere Rd. Shep —5C 38
Mere Rd. Tad —2G 101
Mere Rd. Wey —9E 38
Mereside Pl. Vir W —7K 35 (Knowle Hill)
Mereside Pl. Vir W —4N 35 (Virginia Water)
Merevale Cres. Mord —5A 44
Mereway Rd. Twic —2D 24
Mereworth Dri. Craw —1H 183
Meridian Ct. S'dale —7M 33
Meridian Gro. Horl —7G 143
Meridian Way. E Grin —7B 166
Merivale Rd. SW15 —7K 13
Merland Clo. Tad —7H 81
Merland Grn. Tad —7H 81
Merland Rise. Eps & Tad —6H 81
Merle Comn. Rd. Oxt —4C 126
Merle Way. Fern —9E 188
Merlewood. Brack —4B 32
Merlewood Clo. Cat —7A 84
Merlin Cen. Craw —8B 162
Merlin Clo. Croy —1B 64
Merlin Clo. If'd —3K 181
Merlin Clo. Mitc —2C 44
Merlin Clo. Slou —2D 6
Merlin Clove. Wink R —7F 16
Merlin Ct. Frim —5B 70
Merlin Ct. Wok —1E 74
Merling Clo. Chess —3K 59
Merlin Gro. Beck —3J 47
Merlins Clo. Farnh —2H 129
Merlin Way. E Grin —7C 166
Merlin Way. F'boro —2J 89
Merredene St. SW2 —1K 29
Merrilands Rd. Wor Pk —7H 43
Merrilyn Clo. Clay —3G 58
Merrington Rd. SW6 —2M 13
Merrit Gdns. Chess —3J 59
Merrivale Gdns. Wok —4M 73
Merron Clo. Yat —1B 68

Merrow Bus. Cen.—Montrose Clo.

Merrow Bus. Cen. Guild —1F 114
Merrow Chase. Guild —3E 114
Merrow Comn. Rd. Guild —9E 94
Merrow Copse. Guild —2D 114
Merrow Ct. Guild —3F 114
Merrow Croft. Guild —2E 114
Merrow La. Guild —7E 94
Merrow Rd. Sutt —5J 61
Merrow St. Guild —1F 114
Merrow Way. Guild —2F 114
Merrow Way. New Ad —3M 65
Merrow Woods. Guild —1D 114
Merryacres. Witl —4B 152
Merryfield Dri. H'ham —5G 197
Merryhill Rd. Brack —8M 15
Merryhills Clo. Big H —3F 86
Merryhills La. Loxw —3J 193
Merrylands. Cher —9G 37
Merrylands Rd. Bookh —2N 97
Merryman Dri. Crowt —1E 48
Merrymeet. Bans —1D 82
Merrywood Gro. Tad —8K 101
Merrywood Pk. Camb —2D 70
Merrywood Pk. Reig —1N 121
Merrywood Pk. Tad —8A 100
Merryworth Clo. Ash —3D 110
Mersham Rd. T Hth —2A 46
Merstham Rd. Blet —7L 103
Merthyr Ter. SW13 —2G 13
Merton Av. W4 —1E 12
Merton Clo. Owl —5L 49
Merton Gdns. Tad —6J 81
Merton Hall Gdns. SW20 —9K 27
Merton Hall Rd. SW19 —8K 27
Merton High St. SW19 —8N 27
Merton Ind. Pk. SW19 —9N 27
Merton Mans. SW20 —1J 43
Merton Pk. Ind. Est. SW19 —9N 27
Merton Pl. SW19 —9A 28 (off Nelson Gro. Rd.)
Merton Rd. SE25 —4D 46
Merton Rd. SW18 —9M 13
Merton Rd. SW19 —8N 27
Merton Wlk. Lea —5G 79
Merton Way. Lea —6G 79
Merton Way. W Mol —3B 40
Mervyn Rd. Shep —6D 38
Merwin Way. Wind —6A 4
Metcalf Rd. Ashf —6C 22
Metcalf Wlk. Felt —5M 23
Metcalf Way. Craw —8B 162
Meteor Way. Wall —4J 63
Metro Ind. Cen. Iswth —5E 10
Meudon Av. F'boro —2N 89
Mews End. Big H —5F 86
Mews, The. Charl —3K 161
Mews, The. Guild —4M 113
Mews, The. Reig —2N 121
Mews, The. Twic —9H 11
Mexfield Rd. SW15 —8L 13
Meyrick Clo. Knap —3H 73
Michael Cres. Horl —1E 162
Michael Fields. F Row —7G 187
Michaelmas Clo. SW20 —2H 43
Michaelmas Clo. Yat —2C 68
Michael Rd. SE25 —2B 46
Michael Rd. SW6 —4N 13
Michael's Row. Rich —7L 11
Michael Stewart Ho. SW6 (off Clem Attlee Ct.) —2L 13
Micheldever Way. Brack —5D 32
Michelet Clo. Light —6M 51
Michelham Gdns. Tad —7H 81
Michelham Gdns. Twic —4F 24
Michell Clo. H'ham —6G 197
Michel's Row. Rich —7L 11
Mickleham By-Pass. Mick —6H 99
Mickleham Dri. Mick —4J 99
Mickleham Gdns. Sutt —3K 61
Mickleham Way. New Ad —4N 65
Mickle Hill. Sand —6F 48
Micklethwaite Rd. SW6 —2M 13
Mick Mill's Rage. H'ham —7E 198
Midas Metropolitan Ind. Est. Mord —6H 43
Middle Av. Farnh —3J 129
Middle Bourne La. Lwr Bo —5G 129
Middle Chu. La. Farnh —1G 129
Middle Clo. Camb —9G 50
Middle Clo. Coul —7L 83
Middle Clo. Eps —8D 60
Middle Farm Clo. Eff —5L 97
Middle Farm Pl. Eff —5K 97
Middlefield. Farnh —4F 128 (in two parts)
Middlefield. Horl —7G 143
Middlefield Clo. Farnh —3F 128
Middlefields. Croy —5H 65
Middle Gordon Rd. Camb —1A 70
Middle Grn. Brock —5A 120
Middle Grn. Stai —8M 21
Middle Grn. Clo. Surb —5M 41
Middle Hill. Alder —1M 109
Middle Hill. Egh —5M 19
Middle La. Eps —8D 60
Middle La. Tedd —7F 24
Middlemarch. Witl —5B 152
Middlemead Clo. Bookh —3A 98
Middlemead Rd. Bookh —3N 97
Middlemoor Rd. Frim —6C 70
Middle Old Pk. Farnh —8E 108
Middle Rd. SW16 —1H 45
Middle Rd. Lea —8H 79
Middle Row. E Grin —1B 186
Middlesex Ct. W4 —1E 12
Middlesex Ct. Add —2L 55 (off Marnham Pl.)
Middlesex Rd. Mitc —4J 45
Middle St. Bet —4A 120
Middle St. Croy —9N 45 (in two parts)
Middle St. H'ham —6J 197
Middle St. Shere —8B 116
Middleton Gdns. F'boro —8K 69
Middleton Rd. Camb —9C 50
Middleton Rd. D'side —6K 77
Middleton Rd. Eps —6C 60
Middleton Rd. H'ham —6G 197
Middleton Rd. Mord & Cars —5N 43
Middleton Rd. N Mald —1B 42
Middleton Way. If'd —4K 181
Middle Wlk. Wok —4A 74
Middle Way. SW16 —1H 45
Midgarth Clo. Oxs —1C 78
Midgeley Rd. Craw —1D 182
Midholm Rd. Croy —8H 47
Mid Holmwood La. Mid H —2H 139
Midhope Clo. Wok —6A 74
Midhope Gdns. Wok —6A 74
Midhope Rd. Wok —6A 74
Midhurst Av. Croy —6L 45
Midhurst Clo. Craw —2M 181
Midhurst Rd. Hasl —3F 188
Midleton Clo. Milf —9C 132
Midleton Ind. Est. Guild —3L 113
Midleton Ind. Est. Rd. Guild —2L 113
Midleton Rd. Guild —2L 113
Midmoor Rd. SW12 —2G 29
Midmoor Rd. SW19 —9K 27
Mid St. S Nut —6K 123
Midsummer Av. Houn —7N 9
Midsummer Wlk. Wok —3N 73
Midway. Sutt —6L 43
Midway. W On T —8J 39
Midway Av. Cher —2J 37
Midway Av. Egh —2D 36
Miena Way. Asht —4K 79
Mike Hawthorn Dri. Farnh —9H 109
Milbanke Ct. Brack —1L 31
Milbanke Way. Brack —1L 31
Milborne Rd. M'bowr —7G 182
Milbourne La. Esh —3C 58
Milbrook. Esh —3C 58
Milburn Wlk. Eps —2D 80
Milbury Grn. Warl —5K 85
Milcombe Clo. Wok —5M 73
Milden Clo. Frim G —8E 70
Milden Gdns. Frim G —8D 70
Mile Path. Wok —8J 73
Mile Rd. Wall —7F 44
Miles La. Cobh —9M 57
Miles La. God & Oxt —5J 125
Miles Pl. Light —8K 51
Miles Pl. Surb —3M 41
Miles Rd. Ash —1F 110
Miles Rd. Eps —8C 60
Miles Rd. Mitc —2C 44
Miles's Hill. Dork —8K 137
Milestone Clo. Rip —9J 75
Milestone Clo. Sutt —4B 62
Milestone Green. (Junct.) —7B 12
Milford By-Pass. Milf —1A 152
Milford Gdns. Croy —4G 46
Milford Gro. Sutt —1A 62
Milford Heath. Milf —2B 152
Milford Lodge. Milf —2C 152
Milford M. SW16 —4K 29
Milford Rd. Elst —7H 131
Milkhouse Ga. Guild —5N 113
Milking La. Kes —7F 66
Milking La. Orp —8G 67
Millais. H'ham —5N 197
Millais Clo. Craw —7L 181
Millais Ct. H'ham —4N 197
Millais Rd. N Mald —6D 42
Millais Way. Eps —1B 60
Millan Clo. New H —6K 55
Millbank, The. Craw —3L 181
Millbay La. H'ham —7H 197
Millbourne Rd. Felt —5M 23
Mill Bri. Rd. Yat —7A 48
Millbrook. Guild —5N 113
Millbrook. Wey —1F 56
Millbrook Way. Coln —5G 7
Mill Chase Rd. Bord —5A 168
Mill Clo. Bag —4H 51
Mill Clo. Bookh —2A 98
Mill Clo. Cars —8E 44
Mill Clo. E Grin —2A 186
Mill Clo. Hasl —2C 188
Mill Clo. Horl —7C 142
Mill Copse Rd. Hasl —4F 188
Mill Corner. Fleet —1D 88
Mill Ct. Red —9H 103
Miller Clo. Mitc —6D 44
Miller Rd. SW19 —7B 28
Miller Rd. Croy —7K 45
Miller Rd. Guild —9E 94
Millers Clo. Stai —6K 21
Millers Copse. Eps —6C 80
Millers Copse. Red —4M 143
Miller's Ct. W4 —1E 12
Millers Ct. Egh —7F 20
Millers Ga. H'ham —3K 197
Miller's La. Old Win —9J 5
Miller's La. Out —4M 143
Mill Farm Av. Sun —8F 22
Mill Farm Bus. Pk. Houn —2M 23
Mill Farm Cres. Houn —2M 23
Mill Farm Rd. H'ham —4N 197
Mill Field. Bag —4H 51
Millfield. Sun —9E 22
Millfield La. Tad —3L 101
Millfield Rd. Houn —2M 23
Millford. Wok —4L 73
Millgate Ct. Farnh —9J 109
Mill Grn. Binf —8K 15
Mill Grn. Mitc —6E 44
Mill Grn. Bus. Pk. Mitc —6E 44
Mill Grn. Rd. Mitc —6E 44
Millhedge Clo. Cobh —3M 77
Mill Hill. SW13 —5F 12
Mill Hill. Bet —4B 120
Mill Hill. Eden —3M 147
Mill Hill La. Brock —3A 120
Mill Hill Rd. SW13 —5F 12
Millholme Wlk. Camb —2G 71
Mill Ho. La. Egh —3D 36
Mill Ho. La. Stai —6F 20
Millhouse Pl. SE27 —5M 29
Millins Clo. Owl —6K 49
Mill La. Asc —1C 34
Mill La. Brack —3L 31
Mill La. Brmly —5B 134
Mill La. Byfl —9A 56
Mill La. Cars —1D 62
Mill La. C'fold —7D 172
Mill La. Chil —8H 115
Mill La. Copt —7B 164
Mill La. Cron —3G 148
Mill La. Croy —9K 45
Mill La. Dork —4H 119
Mill La. Duns —4A 174
Mill La. Egh —3E 36
Mill La. Eps —5E 60
Mill La. Felb —5H 165
Mill La. Fet —9G 78
Mill La. F Grn —3L 157
Mill La. G'ming —7G 132
Mill La. Guild —5N 113
Mill La. Hasl —4G 188
Mill La. Head —4B 168
Mill La. Hkwd —8B 142
Mill La. H'ham —8B 196
Mill La. Hort —6D 6
Mill La. If'd —1M 181
Mill La. Limp —9H 107
Mill La. Ling —1B 166
Mill La. Newd —6C 140
Mill La. Orp —6J 67
Mill La. Oxt —1B 126
Mill La. Peas —2M 133
Mill La. Pirb —2A 92
Mill La. Red —9G 103
Mill La. Rip —6M 75
Mill La. W'ham —5L 107
Mill La. Wind —3D 4
Mill La. Witl —5C 152
Mill La. Yat —7C 48
Millmead. Byfl —8A 56
Mill Mead. Esh —8A 40
Millmead. Guild —5M 113
Mill Mead. Stai —5H 21
Millmead Ct. Guild —5M 113
Millmead Ter. Guild —5M 113
Millmere. Yat —8C 48
Mill Pl. Dat —5N 5
Mill Pl. King T —2M 41
Mill Pl. Cvn. Site. Dat —5N 5
Mill Plat. Iswth —5G 11 (in two parts)
Mill Plat Av. Iswth —5G 10
Millpond Ct. Add —2N 55
Mill Pond Rd. W'sham —1M 51
Mill Ride. Asc —9H 17
Mill Rd. SW19 —8A 28
Mill Rd. Cobh —2K 77
Mill Rd. Craw —2F 182
Mill Rd. Eps —8E 60
Mill Rd. Esh —8A 40
Mill Rd. Guild —2M 133
Mill Rd. Holmw —4J 139
Mill Rd. Tad —1J 101
Mill Rd. Twic —3C 24
Mill Shaw. Oxt —1B 126
MillShot Clo. SW6 —4H 13
Millside. Cars —8D 44
Millside Pl. Iswth —5H 11
Mills Rd. W On T —2K 57
Mills Row. W4 —1C 12
Mills Spur. Old Win —1L 19
Millstead Clo. Tad —9G 81
Mill Stream. Farnh —6K 109
Millstream, The. Hasl —3C 188
Mill St. Coln —3F 6
Mill St. King T —2L 41
Mill St. Red —4C 122
Mill St. W'ham —5M 107
Millthorpe Rd. H'ham —4M 197
Mill View Clo. Ewe —4E 60
Mill View Clo. Reig —1B 122
Mill View Gdns. Croy —9G 46
Mill Way. Dork —2M 99
Mill Way. E Grin —2A 186
Mill Way. Felt —8J 9
Mill Way. Reig —3B 122
Millwood. Turn H —4H 185
Millwood Rd. Houn —8C 10
Milman Clo. Brack —1E 32
Milne Clo. Craw —6K 181
Milne Pk. E. New Ad —7N 65
Milne Pk. W. New Ad —7N 65
Milner App. Cat —8D 84
Milner Clo. Cat —9C 84
Milner Dri. Cobh —8N 57
Milner Dri. Twic —1D 24
Milner Pl. Cars —1E 62
Milner Rd. SW19 —9N 27
Milner Rd. Cat —9D 84
Milner Rd. King T —2K 41
Milner Rd. Mord —4B 44
Milner Rd. T Hth —2A 46
Milnthorpe Rd. W4 —2C 12
Milnwood Rd. H'ham —5J 197
Milton Av. Croy —6A 46
Milton Av. Sutt —9B 44
Milton Av. Westc —6D 118
Milton Clo. Brack —5N 31
Milton Clo. Hort —6C 6
Milton Clo. Sutt —9B 44
Milton Ct. SW18 —8M 13
Milton Ct. Dork —5E 118
Milton Ct. Twic —4E 24
Milton Ct. Wokgm —1A 30
Miltoncourt La. Dork —5E 118
Milton Cres. E Grin —1M 185
Milton Dri. Shep —3N 37
Milton Dri. Wokgm —1A 30
Milton Gdns. Eps —1D 80
Milton Gdns. Stai —2A 22
Milton Gdns. Wokgm —2A 30
Milton Grange. Ash V —8E 90
Milton Ho. Sutt —9M 43
Milton Lodge. Twic —1F 24
Milton Mans. W14 —2K 13 (off Queen's Club Mans.)
Milton Mt. Craw —9H 163
Milton Mt. Av. Craw —1G 183
Milton Rd. SW14 —6C 12
Milton Rd. SW19 —7A 28
Milton Rd. Add —3J 55
Milton Rd. Cat —8A 84
Milton Rd. Craw —2G 182
Milton Rd. Croy —6A 46
Milton Rd. Egh —6B 20
Milton Rd. Hamp —8A 24
Milton Rd. H'ham —5J 197
Milton Rd. Mitc —8E 28
Milton Rd. Sutt —9M 43
Milton Rd. Wall —3G 63
Milton Rd. W On T —9L 39
Milton Rd. Wokgm —9A 14
Miltons Cres. G'ming —9E 132
Milton St. Westc —6D 118
Milton Way. Fet —3C 98
Milton Way. W Dray —1A 8
Milward Gdns. Binf —1H 31
Mimosa Clo. Lind —4B 168
Mimosa St. SW6 —4L 13
Mina Rd. SW19 —9M 27
Minchin Clo. Lea —9G 79
Minchin Grn. Binf —6H 15
Mincing La. Chob —4J 53
Mindelheim Av. E Grin —8D 166
Minden Rd. Sutt —8L 43
Minehead Rd. SW16 —6K 29
Minehurst Rd. Myt —1D 90
Minerva Clo. Stai —8J 7
Minerva Rd. King T —1M 41
Mink Ct. Houn —5K 9
Minley Clo. F'boro —1K 89
Minley Ct. Reig —2M 121
Minley La. Yat —4C 68
Minley Link Rd. F'boro —1G 89
Minley Mnr. B'water —6D 68
Minley Rd. B'water & Fleet —4C 68
Minley Rd. F'boro —6E 68 (in two parts)
Minniedale. Surb —4M 41
Minorca Av. Deep —4J 71
Minorca Rd. Deep —5J 71
Minorca Rd. Wey —1B 56
Minstead Clo. Brack —2D 32
Minstead Dri. Yat —1B 68
Minstead Gdns. SW15 —1E 26
Minstead Way. N Mald —5D 42
Minster Av. Sutt —8M 43
Minster Ct. Camb —2L 69
Minster Dri. Croy —1B 64
Minster Gdns. W Mol —3N 39
Minsterley Av. Shep —3F 38
Minster Rd. G'ming —1G 153
Minstrel Gdns. Surb —3M 41
Mint Gdns. Dork —4G 119
Mint La. Lwr K —7M 101
Mint Rd. Bans —3A 82
Mint Rd. Wall —1F 62
Mint St. G'ming —7G 132
Mint, The. G'ming —7G 132
Mint Wlk. Croy —9N 45
Mint Wlk. Knap —4H 73
Mint Wlk. Warl —4G 85
Mirabel Rd. SW6 —3L 13
Miranda Wlk. Bew —5K 181
Misbrooks Grn. Rd. Dork —2L 159
Missenden Clo. Felt —2G 23
Missenden Gdns. Mord —5A 44
Mission Sq. Bren —2L 11
Mistletoe Clo. Croy —7G 46
Mistletoe Rd. Yat —2C 68
Misty's Field. W On T —7K 39
Mitcham Garden Village. Mitc —4E 44
Mitcham La. SW16 —7G 28
Mitcham Pk. Mitc —3C 44
Mitcham Rd. SW17 —6D 28
Mitcham Rd. Camb —6E 50
Mitcham Rd. Croy —5J 45
Mitchell Gdns. Slin —5M 195
Mitchell Pk. Farm Cotts. N'chap —8G 190
Mitchell Rd. Orp —1N 67
Mitchells Clo. Shalf —9A 114
Mitchells Rd. Craw —3D 182
Mitchener's La. Red —3A 124
Mitchley Av. Purl & S Croy —9N 63
Mitchley Gro. S Croy —9D 64
Mitchley Hill. S Croy —9B 64
Mitchley View. S Croy —9D 64
Mitford Clo. Chess —3J 59
Mitford Wlk. Craw —6M 181
Mitre Clo. Shep —6E 38
Mitre Clo. Sutt —4A 62
Mitre Clo. Warf —7N 15
Mixbury Gro. Wey —3E 56
Mixnams La. Cher —2J 37
Mizen Clo. Cobh —1L 77
Mizen Way. Cobh —2K 77
Moat Ct. Asht —4L 79
Moated Farm Dri. Add —4L 55
Moat Rd. E Grin —8A 166
Moat Side Felt —5K 23
Moats La. S Nut —1J 143
Moat, The. N Mald —9D 26
Moat Wlk. Craw —2G 183
Moberley Rd. SW4 —1H 29
Modder Pl. SW15 —7J 13
Model Cotts. SW14 —7B 12
Model Cotts. Pirb —8A 72
Moffat Ct. SW19 —6M 27
Moffat Gdns. Mitc —2C 44
Moffat Rd. SW17 —5D 28
Moffat Rd. T Hth —1N 45
Moffatts Clo. Sand —7F 48
Mogador Rd. Tad —6K 101
Mogden La. Iswth —8F 10
Moir Clo. S Croy —5D 64
Molasses Ho. SW11 —6N 13 (off Clove Hitch Quay)
Mole Abbey Gdns. W Mol —2B 40
Mole Bus. Pk. Lea —8F 78
Mole Clo. Craw —1N 181
Mole Clo. F'boro —8J 69
Mole Ct. Eps —1B 60
Molember Ct. E Mol —3E 40
Molember Rd. E Mol —4E 40
Mole Rd. Fet —8D 78
Mole Rd. W On T —2L 57
Moles Clo. Wokgm —3C 30
Molesey Av. W Mol —4N 39
Molesey Clo. W On T —1M 57
Molesey Dri. Sutt —8K 43
Molesey Pk. Av. W Mol —4B 40
Molesey Pk. Clo. E Mol —4C 40
Molesey Pk. Rd. W Mol —4B 40
Molesey Rd. W On T & W Mol —2L 57
Molesford Rd. SW6 —4M 13
Molesham Clo. W Mol —2B 40
Molesham Way. W Mol —2B 40
Moles Hill. Oxs —7D 58
Moles Mead. Eden —1L 147
Mole St. Ockl —3A 158
Molesworth Rd. Cobh —9H 57
Mole Valley Pl. Asht —6K 79
Moline Ct. Craw —6M 181 (off Brideake Clo.)
Mollison Dri. Wall —4H 63
Molloy Ct. Wok —3C 74
Molly Huggins Clo. SW12 —1G 28
Molly Millars Bri. Wokgm —4A 30
Molly Millars Clo. Wokgm —4A 30
Molly Millar's La. Wokgm —3A 30
Molyneux Rd. G'ming —4J 133
Molyneux Rd. Wey —2B 56
Molyneux Rd. W'sham —3A 52
Monahan Av. Purl —8K 63
Monarch Clo. Craw —6M 181
Monarch Clo. Felt —1F 22
Monarch Clo. W Wick —1B 66
Monarch M. SW16 —6L 29
Monarch Pde. Mitc —1D 44
Monaveen Gdns. W Mol —2B 40
Moncks Row. SW18 —9L 13 (off West Hill Rd.)
Mondial Way. Hayes —3D 8
Money Av. Cat —9B 84
Money Rd. Cat —9A 84
Mongers La. Eps —6E 60
Monkleigh Rd. Mord —2K 43
Monks All. Binf —6G 14
Monks Av. W Mol —4N 39
Monks Clo. Asc —5M 33
Monks Clo. F'boro —1A 90
Monks Ct. Reig —3N 121
Monks Cres. Add —2K 55
Monks Cres. W On T —7J 39
Monksdene Gdns. Sutt —9N 43
Monks Dri. Asc —5M 33
Monksfield. Craw —3D 182
Monks Grn. Fet —8C 78
Monks Gro. Comp —8B 112
Monkshanger. Farnh —1K 129
Monks Hood Clo. Wokgm —1D 30
Monks La. Dork —4N 177
Monks La. Eden —6F 126
Monks Orchard Rd. Beck —7K 47
Monks Pl. Cat —9E 84
Monks Rd. Bans —3M 81
Monks Rd. Vir W —3N 35
Monks Rd. Wind —5A 4
Monks Wlk. Asc —5M 33
Monk's Wlk. Egh & Cher —2F 36
Monk's Wlk. Farnh —4L 129
Monk's Wlk. Reig —3N 121
Monks Way. Beck —5K 47
Monks Way. Stai —8M 21
Monks Way. W Dray —2N 7
Monks' Well. Farnh —2N 129
Monkswell La. Coul —2N 101
Monkton La. Farnh —7K 109
Monkton Pk. Farnh —8L 109
Monmouth Av. King T —8J 25
Monmouth Clo. Mitc —3J 45
Monmouth Gro. Bren —1L 11
Monmouth Rd. Hayes —1G 8
Mono La. Felt —3J 23
Monro Dri. Guild —9L 93
Monroe Dri. SW14 —8A 12
Mons Barracks. Alder —8B 90
Mons Clo. Alder —6C 90
Monsell Gdns. Stai —6G 21
Monson Rd. Red —9D 102
Mons Wlk. Egh —6E 20
Montacute Clo. F'boro —1B 90
Montacute Rd. Mord —5B 44
Montacute Rd. New Ad —5M 65
Montague Av. S Croy —8B 64
Montague Clo. Camb —1N 69
Montague Clo. Light —6L 51
Montague Clo. W On T —6J 39
Montague Clo. Wokgm —1D 30
Montague Dri. Cat —9N 83
Montague Rd. SW19 —8N 27
Montague Rd. Croy —7M 45
Montague Rd. Houn —6B 10
Montague Rd. Rich —9L 11
Montagu Gdns. Wall —1G 62
Montagu Rd. Dat —4L 5
Montana Clo. S Croy —6A 64
Montana Gdns. Sutt —2A 62
Montana Rd. SW17 —4E 28
Montana Rd. SW20 —9H 27
Monteagle La. Yat —1A 68
Montem Rd. N Mald —3D 42
Montford Rd. Sun —3H 39
Montfort Pl. SW19 —2J 27
Montfort Rise. Red —2D 142
Montgomerie Dri. Guild —7K 93
Montgomery Av. Esh —8E 40
Montgomery Clo. Mitc —3J 45
Montgomery Clo. Sand —7G 49
Montgomery of Alamein Ct. Brack —9B 16
Montgomery Path. F'boro —2L 89
Montgomery Rd. F'boro —2L 89
Montgomery Rd. Wok —5A 74
Montholme Rd. SW11 —1D 28
Montolieu Gdns. SW15 —8G 13
Montpelier Ct. Wind —5F 4
Montpelier Rd. Purl —6M 63
Montpelier Rd. Sutt —1A 62
Montpelier Row. Twic —1J 25
Montreal Ct. Alder —3L 109
Montrell Rd. SW2 —2J 29
Montreux Ct. Craw —3N 181
Montrose Av. Dat —3M 5
Montrose Av. Twic —1B 24
Montrose Clo. Ashf —7D 22

Montrose Clo. Fleet —5C 88
Montrose Clo. Frim —4C 70
Montrose Gdns. Mitc —1D 44
Montrose Gdns. Oxs —8D 58
Montrose Gdns. Sutt —8N 43
Montrose Rd. Felt —9E 8
Montrose Wlk. Wey —9C 38
Montrose Way. Dat —4N 5
Montrouge Cres. Eps —3H 81
Montserrat Rd. SW15 —7K 13
Monument Bri. Ind. Est. Wok —2C 74
Monument Bri. Ind. Est. E. Wok —2D 74
Monument Bri. Ind. Est. W. Wok —2C 74
Monument Grn. Wey —9C 38
Monument Hill. Wey —1C 56
Monument Rd. Wey —1C 56
Monument Rd. Wok —1C 74
Monument Way E. Wok —2D 74
Monument Way W. Wok —2C 74
Moon Hall Rd. Ewh —1D 156
Moons Hill. Fren —9G 129
Moons La. H'ham —7L 197
Moon's La. Ling —3F 166
Moor Clo. Owl —6K 49
Moorcroft Clo. Craw —2N 181
Moorcroft Rd. SW16 —4J 29
Moordale Av. Brack —9K 15
Moore Clo. SW14 —6B 12
Moore Clo. Add —2K 55
Moore Clo. C Crook —8B 88
Moore Clo. Mitc —1F 44
Moore Clo. Tong —4C 110
Moore Clo. Wall —4J 63
Moore Ct. H'ham —7G 196
Moore Gro. Cres. Egh —7B 20
Moore Pk. Rd. SW6 —3M 13
Moore Rd. SE19 —7N 29
Moore Rd. C Crook —8B 88
Moore Rd. Pirb —8M 71
Moores Grn. Wokgm —9D 14
Moores La. Eton W —1C 4
Moore's Rd. Dork —4H 119
Moore Way. Sutt —5M 61
Moorfield. Hasl —3D 188
Moorfield Cen., The. Guild —8N 93
Moorfield Rd. Chess —2L 59
Moorfield Rd. Guild —8N 93
Moorfields Clo. Stai —9G 20
Moorhayes Dri. Stai —2L 37
Moorhead Rd. H'ham —3A 198
Moorholme. Wok —6A 74
Moorhouse Rd. Oxt & W'ham —9H 107
Moorhurst La. Holmw —7G 138
Moorings, The. Felb —7K 165
Moorings, The. Hind —6C 170
Moorland Clo. Twic —1A 24
Moorland Rd. M'bowr —6G 183
Moorland Rd. W Dray —2L 7
Moorlands Clo. Fleet —5C 88
Moorlands Clo. Hind —5C 170
Moorlands Pl. Camb —1M 69
Moorlands Rd. Camb —2N 69
Moorlands, The. Wok —8B 74
Moor La. Brack —2H 31
Moor La. Chess —1L 59
Moor La. D'land & Eden —9D 146
Moor La. Stai —2F 20
Moor La. W Dray —2L 7
Moor La. Wok —9A 74
Moormead Cres. Stai —5H 21
Moormead Dri. Eps —2D 60
Moor Mead Rd. Twic —9G 11
Moor Pk. Horl —9F 142
(off Aurum Clo.)
Moor Pk. Cres. If'd —4J 181
Moor Pk. Gdns. King T —8D 26
Moor Pk. Ho. Brack —5K 31
Moor Pk. La. Farnh —9K 109
Moor Pk. Way. Farnh —1L 129
Moor Pl. E Grin —8N 165
Moor Pl. W'sham —2M 51
Moor Rd. F'boro —6M 69
Moor Rd. Frim —6D 70
Moor Rd. Hasl —3A 188
Moor Rd. Stai —9J 7
Moorside Clo. F'boro —5M 69
Moors La. Elst —8G 130
Moorsom Way. Coul —4H 83
Moors, The. Tong —5C 110
Moray Av. Col T —7J 49
(in two parts)
Morcote Clo. Shalf —1A 134
Mordaunt Dri. Wel C —4G 48
Morden Clo. Brack —3D 32
Morden Clo. Tad —7J 81
Morden Ct. Mord —3N 43
Morden Ct. Pde. Mord —3N 43
Morden Gdns. Mitc —3B 44
Morden Hall Rd. Mord —2N 43
Morden Rd. SW19 —9N 27
Morden Rd. Mord & Mitc —3A 44
Morden Way. Sutt —6M 43
More Circ. G'ming —4H 133
More Clo. W14 —1J 13
More Clo. Purl —7L 63
Morecombe Clo. Craw —5L 181
Morecoombe Clo. King T —8A 26
Moreland Av. Coln —3E 6
Moreland Clo. Coln —3E 6
More La. Esh —9B 40
Morella Clo. Vir W —3N 35
Morella Rd. SW12 —1D 28
More Rd. G'ming —4H 133
Moresby Av. Surb —6A 42
Moretaine Rd. Ashf —4M 21
Moreton Almshouses. W'ham —4M 107
Moreton Av. Iswth —4E 10
Moreton Clo. C Crook —9A 88
Moreton Clo. Churt —9K 149
Moreton Rd. S Croy —2A 64
Moreton Rd. Wor Pk —8F 42
Morgan Ct. Ashf —6C 22
Morgan Rd. Tedd —7E 24
Morie St. SW18 —8N 13
Moring Rd. SW17 —5E 28
Morland Av. Croy —7B 46
Morland Clo. Hamp —6N 23
Morland Clo. Mitc —2C 44
Morland Rd. Alder —5N 109
Morland Rd. Croy —7B 46
Morland Rd. Sutt —2A 62
Morley Clo. Yat —1A 68
Morley Rd. Farnh —2H 129
Morley Rd. S Croy —6C 64
Morley Rd. Sutt —7L 43
Morley Rd. Twic —9K 11
Morningside Rd. Wor Pk —8H 43
Mornington Av. W14 —1L 13
Mornington Clo. Big H —4F 86
Mornington Cres. Houn —4J 9
Mornington Rd. Ashf —6D 22
Mornington Wlk. Rich —5J 25
Morrell Av. H'ham —3M 197
Morris Clo. Croy —4H 47
Morris Gdns. SW18 —1M 27
Morrish Rd. SW2 —1J 29
Morrison Ct. Craw —8N 181
Morris Rd. F'boro —5B 90
Morris Rd. Iswth —6F 10
Morris Rd. S Nut —5J 123
Morston Clo. Tad —7G 81
Morten Clo. SW4 —1H 29
Morth Gdns. H'ham —7J 197
Mortimer Clo. SW16 —3H 29
Mortimer Cres. Wor Pk —9C 42
Mortimer Rd. Big H —8E 66
Mortimer Rd. Capel —4K 159
Mortimer Rd. Mitc —9D 28
Mortlake Clo. Croy —9J 45
Mortlake Dri. Mitc —9C 28
Mortlake High St. SW14 —6C 12
Mortlake Rd. Rich —3N 11
Mortlake Ter. Rich —3N 11
(off Mortlake Rd.)
Morton. Tad —8J 81
Morton Clo. Craw —9N 181
Morton Clo. Frim —7D 70
Morton Clo. Wok —2M 73
Morton Gdns. Wall —2G 62
Morton M. SW5 —1N 13
Morton Rd. E Grin —2A 186
Morton Rd. Mord —4B 44
Morton Rd. Wok —2N 73
Morval Clo. F'boro —1K 89
Morven Rd. SW17 —4D 28
Moselle Clo. F'boro —9J 69
Moselle Rd. Big H —5G 87
Mosford Clo. Horl —6D 142
Mospey Cres. Eps —2E 80
Mossfield. Cobh —9H 57
Moss Gdns. Felt —3H 23
Moss Gdns. S Croy —4G 64
Moss La. G'ming —7G 133
Mosslea Rd. Whyt —3C 84
Moss Pde. Cranl —7N 155
Mossville Gdns. Mord —2L 43
Moss Way. Houn —4L 9
Moston Clo. Hayes —1G 8
Mostyn Ho. Brack —8N 15
(off Merryhill Rd.)
Mostyn Rd. SW19 —9L 27
Mostyn Ter. Red —4E 122
Motspur Pk. N Mald —5E 42
Motts Hill La. Tad —1F 100
Mouchotte Clo. Big H —8D 66
Moulsham Copse La. Yat —8A 48
Moulsham Grn. Yat —8A 48
Moulsham La. Yat —8A 48
Moulton Av. Houn —5M 9
Mt. Angelus Rd. SW15 —1E 26
Mt. Ararat Rd. Rich —8L 11
Mt. Arlington. Short —1N 47
(off Park Hill Rd.)
Mount Av. Cat —2N 103
Mountbatten Clo. Craw —7A 182
Mountbatten Ct. Alder —2M 109
(off Birchett Rd.)
Mountbatten Gdns. Beck —3H 47
Mountbatten M. SW18 —1A 28
Mountbatten Rise. Sand —6E 48
Mountbatten Sq. Wind —4F 4
Mount Clo. Cars —5E 62
Mount Clo. Craw —2H 183
Mount Clo. Ewh —5F 156
Mount Clo. Fet —1E 98
Mount Clo. Kenl —3A 84
Mount Clo. Wok —8L 73
Mount Clo., The. Vir W —5N 35
Mountcombe Clo. Surb —6L 41
Mount Cotts. If'd —2H 181
Mount Ct. SW15 —6K 13
Mount Ct. Guild —5M 113
Mount Ct. W Wick —8N 47
Mount Dri., The. Reig —1B 122
Mountearl Gdns. SW16 —4K 29
Mt. Ephraim La. SW16 —4H 29
Mt. Ephraim Rd. SW16 —4H 29
Mt. Felix. W On T —6G 38
Mt. Hermon Clo. Wok —6N 73
Mt. Hermon Rd. Wok —6N 73
Mount Hill. Wink —3N 17
Mount La. Brack —2A 32
Mount La. Turn H —5D 184
Mt. Lee. Egh —6B 20
Mount M. Hamp —9B 24
Mt. Nod Rd. SW16 —4K 29
Mount Pk. Cars —4E 62
Mount Pk. Av. S Croy —5M 63
Mount Pl. Guild —5M 113
Mt. Pleasant. SE27 —5N 29
Mt. Pleasant. Big H —4F 86
Mt. Pleasant. Brack —2A 32
(in two parts)
Mt. Pleasant. Eff —6M 97
Mt. Pleasant. Eps —6E 60
Mt. Pleasant. Farnh —1F 128
Mt. Pleasant. Guild —5M 113
Mt. Pleasant. Sand —6F 48
Mt. Pleasant. W Hor —7C 96
Mt. Pleasant. Wey —9B 38
Mt. Pleasant. Wokgm —2A 30
Mt. Pleasant Clo. Light —6L 51
Mt. Pleasant Rd. Alder —2A 110
Mt. Pleasant Rd. Cat —1D 104
Mt. Pleasant Rd. Lind —4A 168
Mt. Pleasant Rd. Ling —7M 145
Mt. Pleasant Rd. N Mald —2B 42
Mount Rise. Red —5B 122
Mount Rd. SW19 —3M 27
Mount Rd. Chess —2M 59
Mount Rd. Chob —8L 53
Mount Rd. Cranl —8N 155
Mount Rd. Felt —4M 23
Mount Rd. Mitc —1B 44
Mount Rd. N Mald —2C 42
Mount Rd. Wok —8L 73
Mountsfield Clo. Stai —9J 7
Mounts Hill. Wink —3N 17
Mountside. Guild —5L 113
Mount St. Dork —5G 118
Mount, The. Coul —1F 82
Mount, The. Cranl —8N 155
Mount, The. Eps —6E 60
Mount, The. Esh —3A 58
Mount, The. Ewh —5F 156
Mount, The. Fet —2E 98
Mount, The. Fleet —3B 88
Mount, The. G'wood —8K 171
Mount, The. Guild —5M 113
Mount, The. Head —3F 168
Mount, The. If'd —9G 160
Mount, The. N Mald —2E 42
Mount, The. Tad —4L 101
Mount, The. Vir W —5N 35
Mount, The. Warl —6D 84
Mount, The. Wey —8F 38
Mount, The. Wok —5N 73
(off Elm Rd.)
Mount, The. Wok —6K 73
(St John's Hill Rd.)
Mount, The. Wor Pk —1G 61
Mount View. Alder —3M 109
Mountview Clo. Red —5C 122
Mountview Dri. Red —5C 122
Mt. View Rd. Clay —4H 59
Mount Vs. SE27 —4M 29
Mount Way. Cars —5E 62
Mount Wood. W Mol —2B 40
Mountwood Clo. S Croy —6E 64
Moushill La. Milf —2B 152
Mowat Corner. Wor Pk —8E 42
Mowat Ct. Wor Pk —8E 42
(off Avenue, The)
Mowatt Rd. Gray —7B 170
Mowbray Av. Byfl —9N 55
Mowbray Cres. Egh —6C 20
Mowbray Dri. Craw —5L 181
Mowbray Gdns. Dork —3H 119
Mowbray Rd. Rich —4J 25
Mower Clo. Wokgm —1E 30
Mower Pl. Cranl —6N 155
Moylan Rd. W6 —2K 13
Moyne Ct. Wok —5J 73
Moyne Rd. Craw —7A 182
Moys Clo. Croy —5J 45
Moyser Rd. SW16 —6F 28
Muchelney Rd. Mord —5A 44
Muckhatch La. Egh —2D 36
Muggeridge Clo. S Croy —2A 64
Muggeridges Hill. H'ham —1L 179
Muirdown Av. SW14 —7C 12
Muir Dri. SW18 —1C 28
Muirfield Clo. If'd —4J 181
Muirfield Ho. Brack —5K 31
Muirfield Rd. Wok —5K 73
Mulberries, The. Farnh —8L 109
Mulberry Av. Stai —2N 21
Mulberry Av. Wind —6J 5
Mulberry Bus. Pk. Wokgm —4A 30
Mulberry Clo. SW16 —5G 28
Mulberry Clo. Ash V —9E 90
Mulberry Clo. Crowt —3H 49
Mulberry Clo. H'ham —3J 197
Mulberry Clo. Owl —7J 49
Mulberry Clo. Wey —9C 38
Mulberry Clo. Wok —1A 74
Mulberry Ct. Brack —4C 32
Mulberry Ct. Guild —1F 114
Mulberry Ct. Surb —6K 41
Mulberry Ct. Twic —4F 24
Mulberry Ct. Wokgm —2B 30
Mulberry Cres. Bren —3H 11
Mulberry Dri. Slou —1A 6
Mulberry Ho. Brack —8N 15
Mulberry Ho. Short —1N 47
Mulberry La. Croy —7C 46
Mulberry M. Wall —3G 62
Mulberry Pl. W6 —1F 12
Mulberry Rd. Craw —9N 161
Mulberry Trees. Shep —6E 38
Mulgrave Ct. Sutt —3N 61
(off Mulgrave Rd.)
Mulgrave Rd. SW6 —2L 13
Mulgrave Rd. Croy —9A 46
Mulgrave Rd. Frim —4D 70
Mulgrave Rd. Sutt —4L 61
Mulgrave Way. Knap —5H 73
Mulholland Clo. Mitc —1F 44
Mullards Clo. Mitc —7D 44
Mullein Wlk. Craw —7M 181
Mullens Rd. Egh —6E 20
Muller Rd. SW4 —1H 29
Mullins Path. SW14 —6C 12
Mulroy Dri. Camb —9E 50
Multon Rd. SW18 —1B 28
Muncaster Clo. Ashf —5B 22
Muncaster Rd. Ashf —6C 22
Munday Ct. Binf —8K 15
Mundays Boro Rd. P'ham —8L 111
Munden St. W14 —1K 13
Mund St. W14 —1L 13
Munnings Dri. Col T —9J 49
Munnings Gdns. Iswth —8D 10
Munslow Gdns. Sutt —1B 62
Munstead Heath Rd. G'ming & Brmly —1K 153
Munstead Pk. G'ming —8M 133
Munstead View. Guild —7L 113
Munstead View Rd. Brmly —6N 133
Munster Av. Houn —8M 9
Munster Ct. SW6 —5L 13
Munster Ct. Tedd —7J 25
Munster Rd. SW6 —3K 13
Munster Rd. Tedd —7J 25
Murdoch Clo. Stai —6J 21
Murdoch Rd. Wokgm —3B 30
Murfett Clo. SW19 —3K 27
Murray Av. Houn —8B 10
Murray Ct. Asc —5N 33
Murray Ct. Craw —8M 181
Murray Ct. H'ham —4A 198
Murray Ct. Twic —3D 24
Murray Grn. Wok —1E 74
Murray Ho. Ott —3E 54
Murray Rd. SW19 —7J 27
Murray Rd. W5 —1J 11
Murray Rd. F'boro —2L 89
Murray Rd. Ott —3E 54
Murray Rd. Rich —3J 25
Murray Rd. Wokgm —2A 30
Murray's La. W Byf —1M 75
Murray Ter. W5 —1K 11
Murrellhill La. Binf —8H 15
Murrell Rd. Ash —1E 110
Murrells La. Camb —3N 69
Murrell's Wlk. Bookh —1A 98
Murreys Ct. Asht —5K 79
Murreys, The. Asht —6K 79
Murtmead La. Guild —9L 111
Musard Rd. W6 —2K 13
Muschamp Rd. Cars —8C 44
Museum Hill. Hasl —2H 189
Musgrave Av. E Grin —2A 186
Musgrave Cres. SW6 —3M 13
Musgrave Rd. Iswth —4F 10
Mushroom Castle. Brack —7F 16
Musquash Way. Houn —5K 9
Mustow Pl. SW6 —5L 13
Mutton Hill. Brack —9H 15
Mutton Hill. D'land —3C 166
Mutton Oaks. Binf —9J 15
Muybridge Rd. N Mald —1B 42
Myers Way. Frim —4H 71
Mylne Clo. W6 —1F 12
Mylne Sq. Wokgm —2C 30
Mylor Clo. Wok —1A 74
Mynn's Clo. Eps —1A 80
Mynthurst. Leigh —4G 141
Myrke, The. Dat —1J 5
Myrna Clo. SW19 —8C 28
Myrtle Av. Felt —8F 8
Myrtle Clo. Coln —4G 6
Myrtle Clo. Light —7M 51
Myrtle Dri. B'water —1K 69
Myrtle Gro. N Mald —1B 42
Myrtle Rd. Croy —9K 47
Myrtle Rd. Dork —4G 119
Myrtle Rd. Hamp —7C 24
Myrtle Rd. Houn —5C 10
Myrtle Rd. Sutt —2A 62
Mytchett Farm Cvn. Pk. Myt —3D 90
Mytchett Heath. Myt —3E 90
Mytchett Lake Rd. Myt —4E 90
Mytchett Pl. Rd. Myt & Ash V —2E 90
Mytchett Rd. Myt —1D 90
Myton Rd. SE21 —4N 29

N

Nadine Ct. Wall —5G 62
Nailsworth Cres. Red —7H 103
Nairn Clo. Frim —4C 70
Naldrett Clo. H'ham —4M 197
Naldretts La. H'ham —3E 194
Nallhead Rd. Felt —6K 23
Namba Roy Clo. SW16 —5K 29
Namton Dri. T Hth —3K 45
Napier Av. SW6 —6L 13
Napier Clo. Alder —6C 90
Napier Clo. Crowt —2H 49
Napier Ct. SW6 —6L 13
(off Ranelagh Gdns.)
Napier Ct. Cat —9B 84
Napier Dri. Camb —8E 50
Napier Gdns. Guild —2D 114
Napier La. Ash V —9E 90
Napier Rd. SE25 —3E 46
Napier Rd. Ashf —8E 22
Napier Rd. Crowt —3H 49
Napier Rd. Iswth —7G 11
Napier Rd. H'row A —4M 7
Napier Rd. S Croy —4A 64
Napier Wlk. Ashf —8E 22
Napier Way. Craw —9E 162
Napoleon Av. F'boro —8N 69
Napoleon Rd. Twic —1H 25
Napper Clo. Asc —1G 33
Napper Pl. Cranl —9N 155
Nappers Wood. Fern —9E 188
Narborough St. SW6 —5N 13
Narrow La. Warl —6E 84
Naseby. Brack —7N 31
Naseby Clo. Iswth —4E 10
Naseby Ct. W on T —8K 39
Nash Clo. F'boro —1L 89
Nash Dri. Red —1D 122
Nash Gdns. Asc —1J 33
Nash Gdns. Red —1D 122
Nashlands Cotts. Hand —6N 199
Nash La. Kes —4C 66
Nash Pk. Binf —7G 15
Nash Rd. Craw —6C 182
Nash Rd. Slou —1B 6
Nassau Rd. SW13 —4E 12
Nasturtium Dri. Bisl —2D 72
Natalie Clo. Felt —1E 22
Natalie M. Twic —4D 24
Natal Rd. SW16 —7H 29
Natal Rd. T Hth —2A 46
Neale Clo. E Grin —7L 165
Neale Ho. E Grin —8A 166
Neath Gdns. Mord —5A 44
Neb La. Oxt —9M 105
Needham Clo. Wind —4B 4
Needles Bank. God —9E 104
Needles Clo. H'ham —7H 197
Neil Clo. Ashf —6D 22
Neil Wates Cres. SW2 —2L 29
Nella Rd. W6 —2J 13
Nell Ball. Plais —6A 192
Nell Gwynne Av. Shep —5E 38
Nell Gwynne Clo. Asc —3A 34
Nello James Gdns. SE27 —5N 29
Nelson Clo. Big H —4G 87
Nelson Clo. Brack —9C 16
Nelson Clo. Croy —7M 45
Nelson Clo. Farnh —4J 109
Nelson Clo. Felt —2H 23
Nelson Clo. M'bowr —4G 183
Nelson Clo. W On T —7J 39
Nelson Ct. Cher —7J 37
Nelson Gdns. Guild —2C 114
Nelson Gdns. Houn —9A 10
Nelson Gro. Rd. SW19 —9A 28
Nelson Ind. Est. SW19 —9N 27
Nelson Rd. SW19 —8A 28
Nelson Rd. Ashf —6N 21
Nelson Rd. Cat —1A 104
Nelson Rd. Farnh —4J 109
Nelson Rd. H'ham —5H 197
Nelson Rd. Houn —9A 10
Nelson Rd. H'row A —4A 8
Nelson Rd. N Mald —4C 42
Nelson Rd. Twic —9A 10
Nelson Rd. Wind —6C 4
Nelson Rd. M. SW19 —8N 27
Nelson's La. Hurst —4A 14
Nelson St. Alder —2M 109
Nelson Way. Camb —2L 69
Nene Gdns. Felt —3N 23
Nene Rd. H'row A —4C 8
Nepean St. SW15 —9F 12
Neptune Clo. Bew —5K 181
Neptune Rd. Bord —7A 168
Neptune Rd. H'row A —4E 8
Nero Ct. Bren —3K 11
Nesbit Ct. Craw —6K 181
Netheravon Rd. N. W4 —1E 12
Netheravon Rd. S. W4 —1E 12
Netherby Pk. Wey —2F 56
Nethercote Av. Wok —4J 73
Netherfield Rd. SW17 —4E 28
Netherlands, The. Coul —6G 83
Netherleigh Pk. S Nut —6J 123
Nether Mt. Guild —5L 113
Nethern Ct. Rd. Wold —1K 105
Netherne La. Coul —1G 102
Netherton. Brack —3M 31
Netherton Gro. SW10 —2N 13
Netherton Rd. Twic —8G 11
Nether Vell-Mead. C Crook —9A 88
Netherwood. Craw —5N 181
Netley Clo. Craw —9A 182
Netley Clo. New Ad —4M 65
Netley Clo. Sutt —2J 61
Netley Dri. W On T —6N 39
Netley Gdns. Mord —6A 44
Netley Rd. Bren —2L 11
Netley Rd. H'row A —4E 8
Netley Rd. Mord —6A 44
Netley Rd. W. H'row A —4E 8
Netley St. F'boro —5N 89
Nettlecombe. Brack —5B 32
Nettlecombe Clo. Sutt —5N 61
Nettlefold Pl. SE27 —4M 29
Nettles Ter. Guild —3N 113
Nettleton Rd. H'row A —4C 8
Nettlewood Rd. SW16 —8H 29
Nevada Clo. F'boro —2J 89
Nevada Clo. N Mald —3B 42
Nevelle Clo. Binf —9J 15
Nevern Mans. SW5 —1M 13
(off Warwick Rd.)
Nevern Pl. SW5 —1M 13
Nevern Rd. SW5 —1M 13
Nevern Sq. SW5 —1M 13
Nevile Clo. Craw —6M 181
Neville Av. N Mald —9C 26
Neville Clo. Bans —1N 81
Neville Clo. Esh —3N 57
Neville Clo. Houn —5B 10
Neville Duke Rd. F'boro —6L 69
Neville Gill Clo. SW18 —9M 13
Neville Rd. Croy —6A 46
Neville Rd. King T —1N 41
Neville Rd. Rich —4J 25
Neville Wlk. Cars —6C 44
Nevis Rd. SW17 —3E 28
Newall Rd. H'row A —4D 8
Newark Clo. Guild —7D 94
Newark Clo. Rip —8J 75
Newark Cotts. Rip —8J 75
Newark Ct. W on T —7K 39
Newark La. Wok & Rip —5H 75
Newark Rd. Craw —1D 182
Newark Rd. S Croy —3A 64
New Barn La. Newd —9B 140
New Barn La. Ockl —7A 158
New Barn La. W'ham & Cud —5L 87
New Barn La. Whyt —3B 84
New Barns Av. Mitc —3H 45
New Battlebridge La. Red —8F 102
Newberry Cres. Wind —5A 4
New Berry La. W On T —2L 57
Newbolt Av. Sutt —2H 61
Newborough Grn. N Mald —3C 42
Newbridge Clo. Broad H —5C 196
Newbridge Ct. Cranl —7K 155
New B'way. Hamp —6D 24
Newbury Gdns. Eps —1E 60
Newbury Rd. H'row A —4A 8
New Causeway. Reig —6N 121
Newchapel Rd. Ling —1J 165
New Chapel Sq. Felt —2J 23
New Clo. SW19 —2A 44
New Clo. Felt —6M 23
New Colebrooke Ct. Cars —4E 62
(off Stanley Rd.)
Newcombe Gdns. SW16 —5J 29
Newcome Pl. Alder —5B 110
Newcome Rd. Farnh —6K 109
New Coppice. Wok —6H 73
New Cotts. Craw —5D 184
New Cotts. Pirb —9A 72
New Ct. Add —9L 37
New Cross Rd. Guild —1K 113
New Dawn Clo. F'boro —2J 89
Newdigate Rd. Bear G —9K 139
Newdigate Rd. Leigh —1D 140
Newdigate Rd. Rusp —1B 180
Newell Grn. Warf —6A 16
New England Hill. W End —8A 52

Newenham Rd.—Nutcombe La.

Newenham Rd. Bookh —4A 98
New Farthingdale. D'land —2D 166
Newfield Av. F'boro —8K 69
Newfield Clo. Hamp —9A 24
Newfield Rd. Ash V —7E 90
New Forest Ride. Brack —6C 32
Newfoundland Rd. Deep —6H 71
Newgate. Croy —7N 45
Newgate Clo. Felt —4M 23
Newhache. D'land —1C 166
Newhall Gdns. W On T —8K 39
Newhaven Cres. Ashf —6E 22
Newhaven Rd. SE25 —4A 46
New Haw Rd. Add —2L 55
New Heston Rd. Houn —3N 9
New Horizons Ct. Bren —2J 11
Newhouse Clo. N Mald —6D 42
Newhouse Cotts. Dork —6B 160
New Ho. Farm La. Wood S —2F 112
New Ho. La. Red —2H 143
Newhouse Wlk. Mord —6A 44
Newhurst Gdns. Warf —6B 16
New Inn La. Guild —8D 94
New Kelvin Av. Tedd —7E 24
New Kings Rd. SW6 —5L 13
Newlands. Fleet —7B 88
Newlands Av. Th Dit —7E 40
Newlands Av. Wok —8B 74
Newlands Clo. Horl —6D 142
Newlands Clo. S'hall —1M 9
Newlands Clo. W On T —1M 57
Newlands Clo. Yat —1C 68
Newlands Ct. Add —2K 55 (off Addlestone Pk.)
Newlands Ct. Cat —8N 83 (off Coulsdon Rd.)
Newlands Cres. E Grin —8N 165
Newlands Dri. Ash V —9F 90
Newlands Dri. Coln —6G 7
Newlands Est. Witl —5C 152
Newlands Pk. Copt —7B 164
Newlands Pl. F Row —6H 187
Newlands Rd. SW16 —1J 45
Newlands Rd. Camb —5N 69
Newlands Rd. Craw —4A 182
Newlands Rd. H'ham —4J 197
Newlands, The. Wall —4H 63
Newlands Way. Chess —2J 59
Newlands Wood. New Ad —5J 65
New La. Wok & Sut G —9A 74
New Lodge Dri. Oxt —6B 106
Newman Clo. M'bowr —5G 182
Newman Rd. Croy —7K 45
Newman Rd. Ind. Est. Croy —6K 45
Newmans Ct. Farnh —5F 108
Newmans La. Surb —5K 41
Newmarket Rd. Craw —5E 182
New Meadow. Asc —9H 17
New Mile Rd. Asc —1M 33
New Mill Cotts. Hasl —2B 188
Newminster Rd. Mord —5A 44
New Moorhead Dri. H'ham —2B 198
Newnes Path. SW15 —7G 12
Newnet Clo. Cars —7D 44
Newnham Clo. T Hth —1N 45
New N. Rd. Reig —6L 121
New Pde. Ashf —5A 22
New Pk. Rd. SW2 —2H 29
New Pk. Rd. Ashf —6D 22
New Pk. Rd. Cranl —7N 155
New Pl. New Ad —3K 65
New Pond Rd. Guild & G'ming —1G 132
New Poplars Ct. Ash —3E 110
Newport Rd. SW13 —4F 12
Newport Rd. Alder —3A 110
Newport Rd. H'row A —4B 8
New Rd. Alb —8M 115
New Rd. Asc —8J 17
New Rd. Bag & W'sham —4K 51
New Rd. Bedf —9E 8
New Rd. B'water —2K 69
New Rd. Brack —1B 32
New Rd. Bren —2K 11
New Rd. Cher —6H 37
New Rd. Chil —1D 134
New Rd. C Crook —7C 88
New Rd. Crowt —2H 49
New Rd. Dat —4N 5
New Rd. Dork —6K 119
New Rd. E Clan —9N 95
New Rd. Esh —9C 40
New Rd. Felt —2J 23
New Rd. F Grn —4M 157
New Rd. Gom —8D 116
New Rd. Hanw —6M 23
New Rd. Hasl —3D 188
New Rd. Hayes —3D 8
New Rd. Houn —7B 10
New Rd. Hyde —5J 153
New Rd. King T —8N 25
New Rd. Limp —8D 106
New Rd. Milf —2B 152
New Rd. Mitc —7D 44
New Rd. Oxs —7F 58
New Rd. Rich —5J 25
New Rd. Sand —7F 48
New Rd. Shep —2B 38
New Rd. Small —8M 143
New Rd. Stai —6E 20
New Rd. Tad —1H 101
New Rd. Tand —5K 125
New Rd. Tong —6D 110
New Rd. W Mol —3A 40
New Rd. Wey —2D 56
New Rd. Won —3D 134
New Rd. Worm —1D 172
New Rd. Hill. Kes & Orp —5G 67
Newry Rd. Twic —8G 11
Newsham Rd. Wok —4J 73
New Sq. Felt —2D 22
Newstead Clo. G'ming —5G 132
Newstead Rise. Cat —4E 104
Newstead Wlk. Cars —6M 43
Newstead Way. SW19 —5J 27
New St. Craw —2E 182
New St. H'ham —7K 197
New St. Stai —5J 21
New St. W'ham —5L 107
Newton Av. E Grin —3B 186
Newton Ct. Old Win —9K 5
Newton La. Old Win —9L 5
Newton Mans. W14 —2K 13 (off Queen's Club Gdns.)
Newton Rd. SW19 —8K 27
Newton Rd. Craw —8D 162
Newton Rd. F'boro —8B 70
Newton Rd. Iswth —5F 10
Newton Rd. H'row A —4N 7
Newton Rd. Purl —8G 63
Newtonside Orchard. Old Win —9K 5
Newton's Yd. SW18 —8M 13
Newton Way. Tong —5C 110
Newton Wood Rd. Asht —3M 79
New Town. Copt —7M 163
Newtown Rd. Sand —7G 48
New Way. G'ming —8F 132
New Wickham La. Egh —8C 20
New Wokingham Rd. Wokgm & Crowt —9F 30
New Zealand Av. W On T —7G 38
Nicholas Ct. W4 —2D 12 (off Corney Reach Way)
Nicholas Gdns. Wok —3H 75
Nicholas Rd. Croy —1J 63
Nicholes Rd. Houn —7A 10
Nicholls. Wind —6A 4
Nicholls Wlk. Wind —6A 4
Nichols Clo. Chess —3J 59
Nicholsfield. Loxw —4H 193
Nicholson M. Egh —6C 20 (off Nicholson Wlk.)
Nicholson Rd. Croy —7C 46
Nicholson Wlk. Egh —6C 20
Nicola Clo. S Croy —3N 63
Nicol Clo. Twic —9H 11
Nicosia Rd. SW18 —1C 28
Nicotiana Ct. C Crook —9A 88 (off Rye Croft)
Nigel Playfair Av. W6 —1G 12
Nightingale Av. W Hor —2E 96
Nightingale Clo. W4 —2B 12
Nightingale Clo. Big H —2E 86
Nightingale Clo. Bord —7A 168
Nightingale Clo. Cars —8E 44
Nightingale Clo. Cobh —7L 57
Nightingale Clo. Craw —1A 182
Nightingale Clo. E Grin —2N 185
Nightingale Clo. F'boro —8H 69
Nightingale Ct. SW6 —4N 13 (off Maltings Pl.)
Nightingale Ct. Red —2E 122 (off St Anne's Mt.)
Nightingale Ct. Wok —5H 73
Nightingale Cres. Brack —4A 32
Nightingale Cres. W Hor —3D 96
Nightingale Dri. Eps —3A 60
Nightingale Dri. Myt —2E 90
Nightingale Gdns. Sand —7G 48
Nightingale Ho. Eps —8D 60
Nightingale Ho. Ott —3F 54
Nightingale Ind. Est. H'ham —5K 197
Nightingale La. SW12 & SW4 —1D 28
Nightingale La. Rich —1L 25
Nightingale La. Turn H —4F 184
Nightingale Rd. Ash —1G 111
Nightingale Rd. Cars —9D 44
Nightingale Rd. E Hor —3G 96
Nightingale Rd. Esh —2N 57
Nightingale Rd. G'ming —6H 133
Nightingale Rd. Guild —3N 113
Nightingale Rd. Hamp —6A 24
Nightingale Rd. H'ham —5K 197
Nightingale Rd. S Croy —7G 64
Nightingale Rd. W On T —6K 39
Nightingale Rd. W Mol —4B 40
Nightingales. Cranl —9N 155
Nightingales Clo. H'ham —6M 197
Nightingale Sq. SW12 —1E 28
Nightingales, The. Stai —2A 22
Nightingale Way. Blet —3B 124
Nightjar Clo. Ews —4C 108
Nikols Wlk. SW18 —7N 13
Nimbus Rd. Eps —6C 60
Nimrod Ct. Craw —9H 163 (off Wakehams Grn. Dri.)
Nimrod Rd. SW16 —7F 28
Nineacres Way. Coul —3J 83
Nine Elms Clo. Felt —2G 23
Ninehams Clo. Cat —7A 84
Ninehams Gdns. Cat —7A 84
Ninehams Rd. Cat —8A 84
Ninehams Rd. Tats —8E 86
Nine Mile Ride. Asc —6J 33
Nine Mile Ride. Crowt & Brack (in two parts) —7L 31
Nine Mile Ride. Wokgm —1A 48
Nineteenth Rd. Mitc —3J 45
Ninfield Ct. Craw —7L 181
Ninhams Wood. Orp —1J 67
Niton Rd. Rich —6N 11
Niton St. SW6 —3J 13
Niven Clo. M'bowr —4H 183
Niven Ct. S'hill —3A 34
Noahs Ct. Turn H —5D 184
Nobel Dri. Hayes —4E 8
Noble Corner. Houn —4A 10
Noble Ct. Mitc —1B 44
Nobles Way. Egh —7A 20
Noel Ct. Houn —6N 9
Noke Dri. Red —2E 122
Nonsuch Ct. Av. Eps —6G 60
Nonsuch Trad. Est. Eps —7D 60
Nonsuch Wlk. Sutt —6H 61 (in two parts)
Noons Corner Rd. Dork —3N 137
Norbiton Av. King T —9N 25
Norbiton Comn. Rd. King T —2A 42
Norbury Av. SW16 & T Hth —9K 29
Norbury Av. Houn —7D 10
Norbury Clo. SW16 —9L 29
Norbury Ct. Rd. SW16 —2J 45
Norbury Cres. SW16 —9K 29
Norbury Cross. SW16 —2J 45
Norbury Hill. SW16 —8L 29
Norbury Rise. SW16 —2J 45
Norbury Rd. Reig —3L 121
Norbury Rd. T Hth —1N 45
Norbury Trad. Est. SW16 —1K 45
Norbury Way. Bookh —3C 98
Norcutt Rd. Twic —2E 24
Norfolk Av. S Croy —6C 64
Norfolk Chase. Warf —8D 16
Norfolk Clo. Craw —7K 181
Norfolk Clo. Horl —9E 142
Norfolk Clo. Twic —9H 11
Norfolk Ct. Dork —9K 119
Norfolk Ct. H'ham —3A 198
Norfolk Farm Clo. Wok —3F 74
Norfolk Farm Rd. Wok —2F 74
Norfolk Gdns. Houn —8N 9
Norfolk Ho. Rd. SW16 —4H 29
Norfolk La. Mid H —2H 139
Norfolk Rd. SW19 —8C 28
Norfolk Rd. Clay —2E 58
Norfolk Rd. Dork —5G 119
Norfolk Rd. Felt —2K 23
Norfolk Rd. Holmw —5J 139
Norfolk Rd. H'ham —6K 197
Norfolk Rd. T Hth —2N 45
Norfolk Ter. W6 —1K 13
Norfolk Ter. H'ham —6K 197
Norgrove St. SW12 —1E 28
Norheads La. Warl & Big H —6C 86
Norhyrst Av. SE25 —2C 46
Nork Gdns. Bans —1K 81
Nork Rise. Bans —3J 81
Nork Way. Bans —3H 81
Norlands La. Egh —2G 36
Norley La. Sham G —6D 134
Norley Vale. SW15 —2F 26
Norman Av. Eps —8E 60
Norman Av. Felt —3M 23
Norman Av. S Croy —6N 63
Norman Av. Twic —1J 25
Normanby Clo. SW15 —8L 13
Norman Clo. Bord —7A 168
Norman Colyer Ct. Eps —6C 60
Norman Ct. Eden —1K 147
Norman Ct. Farnh —2H 129
Norman Cres. Houn —3L 9
Normand Gdns. W14 —2K 13 (off Greyhound Rd.)
Normand M. W14 —2K 13
Normand Rd. W14 —2L 13
Normandy. H'ham —7J 197
Normandy Barracks. Alder —9M 89
Normandy Clo. E Grin —1B 186
Normandy Clo. M'bowr —5F 182
Normandy Gdns. H'ham —7J 197
Normandy Wlk. Egh —6E 20
Norman Hay Trad. Est., The. W Dray —3A 8
Norman Ho. Felt —3N 23
Normanhurst. Ashf —6B 22
Normanhurst Clo. Craw —3D 182
Normanhurst Dri. Twic —8G 11
Normanhurst Rd. SW2 —3K 29
Normanhurst Rd. W On T —8L 39
Norman Keep. Warf —9D 16
Norman La. Eden —4G 147
Norman Rd. SW19 —8A 28
Norman Rd. Ashf —7E 22
Norman Rd. Sutt —2M 61
Norman Rd. T Hth —4M 45
Normansfield Av. Tedd —8J 25
Normans Rd. Small & Red —6N 143
Normanton Av. SW19 —3M 27
Normanton Rd. S Croy —3B 64
Normington Clo. SW16 —6L 29
Norney. Shack —5B 132
Norrels Dri. E Hor —4G 96
Norrels Ride. E Hor —3G 97
Norreys Av. Wokgm —2C 30
Norris Hill Rd. Fleet —5D 88
Norroy Rd. SW15 —7J 13
Norstead Pl. SW15 —3F 26
North Acre. Bans —3L 81
Northampton Clo. Brack —2C 32
Northampton Rd. Croy —8D 46
Northanger Rd. SW16 —7J 29
North Ash. H'ham —4J 197
North Av. Cars —4E 62
North Av. Farnh —5J 109
North Av. Rich —4N 11
North Av. W Vill —5F 56
Northborough Rd. SW16 —2H 45
Northbourne. G'ming —3J 133
N. Breache Rd. Ewh —4H 157
Northbrook Copse. Brack —5D 32
Northbrook Rd. Alder —4N 109
Northbrook Rd. Croy —4A 46
Northcliffe Clo. Wor Pk —9D 42
North Clo. Alder —3C 110
North Clo. Craw —2D 182
North Clo. F'boro —6M 69
North Clo. Felt —9E 8
North Clo. Mord —3K 43
North Clo. N Holm —9J 119
North Clo. Wind —4C 4
North Comn. Wey —1D 56
Northcote. Add —1M 55
Northcote. Oxs —1C 78
Northcote Av. Iswth —8G 10
Northcote Av. Surb —6A 42
Northcote Clo. W Hor —3D 96
Northcote Cres. W Hor —3D 96
Northcote La. Sham G —5F 134
Northcote Rd. Ash V —6D 90
Northcote Rd. Croy —5A 46
Northcote Rd. F'boro —8L 69
Northcote Rd. N Mald —2B 42
Northcote Rd. Twic —8G 11
Northcote Rd. W Hor —3D 96
Northcott. Brack —7M 31
North Ct. G'ming —4E 132
Northcroft Clo. Egh —6L 19
Northcroft Gdns. Egh —6L 19
Northcroft Rd. Egh —6L 19
Northcroft Rd. Eps —4C 60
Northcroft Vs. Egh —6L 19
Northdale Ct. SE25 —2C 46
North Dene. Houn —4B 10
North Down. S Croy —7B 64
Northdown Clo. H'ham —4M 197
Northdown La. Guild —6A 114
Northdown Rd. Sutt —6M 61
Northdown Rd. Wold —2K 105
Northdowns. Cranl —9N 155
N. Downs Cres. New Ad —5L 65
N. Downs Rd. New Ad —5L 65
Northdown Ter. E Grin —7N 165
North Dri. SW16 —5G 28
North Dri. Brkwd —8N 71
North Dri. Houn —5C 10
North Dri. Orp —1N 67
North Dri. Vir W —4H 35
North End. Croy —8N 45
North End. E Grin —7L 165
N. End Cres. W14 —1L 13
N. End Ho. W14 —1K 13 (off Fitzjames Av.)
N. End La. Asc —6E 34
N. End La. Orp —7J 67
N. End Pde. W14 —1K 13 (off N. End Rd.)
N. End Rd. W14 & SW6 —1K 13
Northernhay Wlk. Mord —3K 43
Northern Perimeter Rd. H'row A —4C 8
Northern Perimeter Rd. W. H'row A —4N 7
Northey Av. Sutt —6J 61
N. Eyot Gdns. W6 —1E 12
N. Farm Rd. F'boro —6L 69
N. Feltham Trad. Est. Felt —8J 9
Northfield. Light —7M 51
Northfield. Shalf —2A 134
Northfield. Witl —6C 152
Northfield Clo. Alder —3B 110
Northfield Clo. C Crook —8D 88
Northfield Ct. Stai —9K 21
Northfield Cres. Sutt —1K 61
Northfield Pl. Wey —4C 56
Northfield Rd. C Crook —7C 88
Northfield Rd. Cobh —9H 57
Northfield Rd. Houn —2L 9
Northfield Rd. Stai —9K 21
Northfields. SW18 —7M 13
Northfields. Asht —5L 79
Northfields. Eps —7D 60
Northfields Prospect Bus. Cen. SW18 —7M 13
N. Fryerne. Yat —7C 48
North Gdns. SW19 —8B 28
Northgate Av. Craw —3C 182
Northgate Dri. Camb —8E 50
Northgate Pl. Craw —2C 182
Northgate Rd. Craw —3B 182
N. Gate Rd. F'boro —3A 90
North Grn. Brack —9B 16
North Gro. Cher —5H 37
N. Hatton Rd. H'row A —4E 8
N. Heath Clo. H'ham —3K 197
N. Heath Est. H'ham —2K 197
N. Heath La. H'ham —4K 197
N. Holmes Clo. H'ham —3A 198
N. Hyde La. S'hall & Houn —1L 9
Northington Clo. Brack —5D 32
Northlands Av. Orp —1N 67
Northlands Bungalows. Dork —1A 160
Northlands Cotts. H'ham —5D 178
Northlands Rd. H'ham —1L 197
Northlands Rd. Warn —6D 178
North La. Alder —1B 110
North La. Tedd —7F 24
N. Lodge Clo. SW15 —8J 13
N. Lodge Dri. Asc —1G 33
North Mall. Fleet —4A 88
North Mall. Stai —5H 21
North Mead. Craw —1C 182
Northmead. F'boro —1N 89
North Mead. Red —9D 102
N. Moors. Sly I —8A 94
N. Munstead La. G'ming —1K 153
Northolt Rd. H'row A —4M 7
North Pde. Chess —2M 59
North Pde. H'ham —4J 197
N. Park La. God —9D 104
N. Perimeter Rd. Horl —3B 162
North Pl. SW18 —8M 13
North Pl. Mitc —8D 28
North Pl. Tedd —7F 24
N. Pole La. Kes —3B 66
North Rd. SW19 —7A 28
North Rd. Alder —6B 90
North Rd. Asc —9F 16
North Rd. Ash V —9D 90
North Rd. Bren —2L 11
North Rd. Craw —1E 182
North Rd. Felt —9E 8
North Rd. Guild —9L 93
North Rd. Reig —6L 121
North Rd. Rich —6N 11
North Rd. Surb —5K 41
North Rd. W On T —2K 57
North Rd. W Wick —7L 47
North Rd. Wok —3C 74
Northrop Rd. H'row A —4F 8
N. Side. Tong —5D 110
Northspur Rd. Sutt —9M 43
N. Station App. S Nut —5K 123
Northstead Rd. SW2 —3L 29
North St. Cars —9D 44
North St. Dork —5G 119
North St. Egh —6B 20
North St. G'ming —4H 133
North St. Guild —4N 113
North St. H'ham —6K 197
North St. Iswth —6G 11
North St. Lea —8G 79
North St. Red —2D 122
North St. Turn H —5D 184
North St. Wink —5K 17
North Ter. Wind —3H 5
Northtown Trad. Est. Ald —3C 110
Northumberland Av. Iswth —4F 10
Northumberland Clo. Stanw —9N 7
Northumberland Clo. Warf —8D 16
Northumberland Cres. Felt —9F 8
Northumberland Gdns. Iswth —3G 11
Northumberland Gdns. Mitc —4H 45
Northumberland Pl. Rich —9K 11
Northumberland Row. Twic —2E 24
N. Verbena Gdns. W6 —1F 12
North View. SW19 —6H 27
North View. Binf —2H 31
N. View Cres. Eps —4H 81
North Wlk. New Ad —3L 65 (in two parts)
Northway. G'ming —4E 132
Northway. Guild —1K 113
Northway. Mord —3K 43
Northway. Wall —1G 63
Northway Rd. Croy —5C 46
Northweald La. King T —6K 25
N. Weylands Ind. Est. W On T —8M 39
Northwick Sq. H'row A —4D 8
Northwood Av. Knap —5G 73
Northwood Av. Purl —9L 63
N. Wood Ct. SE25 —2D 46
Northwood Pk. Craw —8E 162
Northwood Rd. Cars —3E 62
Northwood Rd. H'row A —4M 7
Northwood Rd. T Hth —1M 45
N. Worple Way. SW14 —6C 12
Norton Av. Surb —6A 42
Norton Clo. Worp —5G 93
Norton Gdns. SW16 —1J 45
Norton La. D'side —6G 77
Norton Pk. Asc —4N 33
Norton Rd. Camb —2G 71
Norton Rd. Wokgm —3B 30
Norwich Av. Camb —3C 70
Norwich Rd. Craw —5E 182
Norwich Rd. T Hth —2N 45
Norwood Clo. Eff —6M 97
Norwood Clo. S'hall —1A 10
Norwood Clo. Twic —3D 24
Norwood Cres. H'row A —4D 8
Norwood Farm La. Cobh —7H 57
Norwood Grn. Rd. S'hall —1A 10
Norwood High St. SE27 —4M 29
Norwood Hill. Horl —9H 141
Norwood Hill Rd. Charl —8K 141
Norwood Pk. Rd. SE27 —6N 29
Norwood Rd. SE24 —2M 29
Norwood Rd. SE27 —3M 29
Norwood Rd. Eff —6M 97
Norwood Rd. S'hall —1N 9
Norwood Ter. S'hall —1B 10
Noss Clo. Sutt —2C 62
Notley End. Egh —8M 19
Notson Rd. SE25 —3E 46
Nottingham Clo. Wok —5J 73
Nottingham Ct. Wok —5J 73 (off Nottingham Clo.)
Nottingham Rd. SW17 —2D 28
Nottingham Rd. Iswth —5F 10
Nottingham Rd. S Croy —1N 63
Nova M. Sutt —7K 43
Nova Rd. Croy —6M 45
Novello St. SW6 —4M 13
Nowell Rd. SW13 —2F 12
Nower Rd. Dork —5G 118
Nower, The. Chev —6N 87
Nowhurst Bus. Pk. Broad H —2A 196
Nowhurst La. Broad H —3A 196
Noyna Rd. SW17 —4D 28
Nuffield Dri. Owl —6L 49
Nugee Ct. Crowt —2G 49
Nugent Rd. SE25 —2C 46
Nugent Rd. Sur R —3G 112
Numa Ct. Bren —3K 11
Nunappleton Way. Oxt —1C 126
Nuneaton. Brack —5C 32
Nuns Wlk. Ran C —8B 98
Nuns Wlk. Vir W —4N 35
Nuptown La. Nup —2D 16
Nursery Av. Croy —8G 46
Nursery Clo. SW15 —7J 13
Nursery Clo. Capel —4J 159
Nursery Clo. Croy —8G 46
Nursery Clo. Eps —6D 60
Nursery Clo. Felt —1J 23 (in two parts)
Nursery Clo. Fleet —5E 88
Nursery Clo. Frim G —7D 70
Nursery Clo. Tad —3G 100
Nursery Clo. Wok —3M 73
Nursery Clo. Wdhm —6H 55
Nursery Gdns. Chil —9D 114
Nursery Gdns. Stai —7K 21
Nursery Gdns. Sun —1G 39
Nursery Hill. Sham G —6F 134
Nurserylands. Craw —3M 181
Nursery La. Asc —9J 17
Nursery La. Hkwd —9B 142
Nursery Rd. SW19 —1N 43 (Merton)
Nursery Rd. SW19 —8K 27 (Wimbledon)
Nursery Rd. G'ming —4J 133
Nursery Rd. Knap —4G 73
Nursery Rd. Sun —1F 38
Nursery Rd. Sutt —1A 62
Nursery Rd. Tad —3F 100
Nursery Rd. T Hth —3A 46
Nursery Way. Oxt —7A 106
Nursery Way. Wray —9N 5
Nutbourne. Farnh —5L 109
Nutbourne Cotts. Hamb —2H 173
Nutbourne Ct. H'ham —3K 197 (off Woodstock Clo.)
Nutcombe La. Dork —5F 118

Nutcombe La.—Old Swan Yd.

Nutcombe La. Hind —9C 170
Nutcroft Gro. Fet —8E 78
Nutfield Clo. Cars —9C 44
Nutfield Marsh Rd. Nutf —9H 103
Nutfield Rd. Coul —3E 82
Nutfield Rd. Mers —7G 102
Nutfield Rd. Red —3F 122
Nutfield Rd. T Hth —3M 45
Nuthatch Clo. Ews —5C 108
Nuthatch Clo. Stai —2A 22
Nuthatch Gdns. Reig —7A 122
Nuthatch Way. H'ham —1K 197
Nuthatch Way. Turn H —4F 184
Nuthurst. Brack —4C 32
Nuthurst Av. SW2 —3K 29
Nuthurst Av. Cranl —7N 155
Nuthurst Clo. Craw —2M 181
Nutley. Brack —7M 31
Nutley Clo. Yat —1C 68
Nutley Ct. Reig —3L 121
Nutley Gro. Reig —3M 121
Nutley La. Reig —2L 121
Nutmeg Ct. F'boro —9H 69
Nutshell La. Farnh —6H 109
Nutty La. Shep —2D 38
Nutwell St. SW17 —6C 28
Nutwood. G'ming —5G 133
(off Frith Hill Rd.)
Nutwood Av. Brock —4B 120
Nutwood Clo. Brock —4B 120
Nye Bevan Ho. SW6 —3L 13
(off Clem Attlee Est.)
Nyefield Pk. Tad —4F 100
Nylands Av. Rich —4N 11
Nymans Clo. H'ham —1N 197
Nymans Ct. Craw —6F 182
Nymans Gdns. SW20 —2G 42

Oakapple Clo. Craw —8N 181
Oakapple Clo. S Croy —1E 84
Oak Av. Croy —8K 47
Oak Av. Egh —8E 20
Oak Av. Hamp —6M 23
Oak Av. Houn —3L 9
Oak Av. Owl —6J 49
Oakbank. Fet —1D 98
Oak Bank. New Ad —3M 65
Oakbank. Wok —6A 74
Oakbank Av. W On T —6N 39
Oakbury Rd. SW6 —5N 13
Oak Clo. C'fold —5D 172
Oak Clo. Copt —7L 163
Oak Clo. G'ming —3H 133
Oak Clo. Sutt —8A 44
Oakcombe Clo. N Mald —9D 26
Oak Corner. Bear G —7J 139
Oak Cottage Clo. Wood S —2F 112
Oak Cotts. Hand —5N 199
Oak Cotts. Hasl —2C 188
Oak Ct. Craw —8B 162
Oak Ct. F'boro —4C 90
Oak Ct. Farnh —2G 129
Oak Croft. E Grin —1C 186
Oakcroft Bus. Cen. Chess —1M 59
Oakcroft Clo. W Byf —1H 75
Oakcroft Rd. Chess —1M 59
Oakcroft Rd. W Byf —1H 75
Oakcroft Vs. Chess —1M 59
Oakdale. Brack —5B 32
Oakdale La. Crook C —2L 127
Oakdale Rd. SW16 —6J 29
Oakdale Rd. Eps —5C 60
Oakdale Rd. Wey —9B 38
Oakdale Way. Mitc —6E 44
Oak Dell. Craw —2G 183
Oakdene. Asc —5C 34
Oakdene. Chob —6J 53
Oakdene. Tad —7K 81
Oakdene Av. Th Dit —7G 40
Oakdene Clo. Bookh —5C 98
Oakdene Clo. Brock —5B 120
Oakdene Ct. W On T —9J 39
Oakdene Dri. Surb —6B 42
Oakdene M. Sutt —7L 43
Oakdene Pde. Cobh —1J 77
Oakdene Rd. Bookh —2N 97
Oakdene Rd. Brock —5A 120
Oakdene Rd. Cobh —1J 77
Oakdene Rd. G'ming —8G 133
Oakdene Rd. Peas —2M 133
Oakdene Rd. Red —3D 122
Oake Ct. SW15 —8K 13
Oaken Coppice. Asht —6N 79
Oaken Copse. C Crook —9C 88
Oaken Copse Cres. F'boro —7N 69
Oak End. Bear G —8J 139
Oaken Dri. Clay —3F 58
Oak End Way. Wdhm —8G 55
Oakengates. Brack —7M 31
Oaken La. Clay —1E 58
Oakenshaw Clo. Surb —6L 41
Oak Farm Clo. B'water —1H 69
Oakfield. Plais —6A 192
Oakfield. Wok —4H 73
Oakfield Clo. N Mald —4E 42
Oakfield Clo. Wey —1D 56
Oakfield Cotts. Hasl —7M 189
Oakfield Ct. Horl —8E 142
(off Consort Way)
Oakfield Dri. Reig —1N 121
Oakfield Gdns. Beck —4L 47
Oakfield Gdns. Cars —7C 44
Oakfield Glade. Wey —1D 56
Oakfield La. Kes —1E 66
Oakfield Rd. SW19 —4J 27
Oakfield Rd. Ashf —6C 22
Oakfield Rd. Asht —4K 79
Oakfield Rd. B'water —2K 69
Oakfield Rd. Cobh —1J 77
Oakfield Rd. Croy —7N 45
Oakfield Rd. Eden —7K 127
Oakfields. Camb —1N 69
Oakfields. Guild —1J 113
Oakfields. Wal W —1L 177
Oakfields. W On T —7H 39
Oakfields. W Byf —1K 75
Oakfields. Worth —1H 183
Oakfield St. SW10 —2N 13
Oakfield Way. E Grin —7B 166
Oak Gdns. Croy —8K 47
Oak Glade. Eps —8N 59
Oak Grange Rd. W Cla —7K 95
Oak Gro. Cranl —9A 156
Oak Gro. Loxw —4J 193
Oak Gro. Sun —8J 23
Oak Gro. W Wick —7M 47
Oak Gro. Cres. Col T —9K 49
Oak Gro. Rd. SE20 —1F 46
Oakhall Dri. Sun —6G 22
Oakhaven. Craw —5B 182
Oak Hill. Burp —7E 94
Oakhill. Clay —3G 59
Oak Hill. Eps —3C 80
Oakhill. Surb —6L 41
Oak Hill. Wood S —1E 112
Oakhill Clo. Asht —5J 79
Oakhill Cotts. Dork —1N 177
Oakhill Ct. SW19 —8J 27
Oakhill Cres. Surb —6L 41
Oakhill Dri. Surb —6L 41
Oakhill Gdns. Wey —8F 38
Oakhill Gro. Surb —5L 41
Oakhill Path. Surb —5L 41
Oakhill Pl. SW15 —8M 13
Oakhill Rd. SW15 —8L 13
Oakhill Rd. SW16 —9K 29
Oakhill Rd. Add —3H 55
Oakhill Rd. Asht —5J 79
Oakhill Rd. Beck —1M 47
Oakhill Rd. Head —4G 169
Oakhill Rd. H'ham —6L 197
Oakhill Rd. Reig —4N 121
Oakhill Rd. Surb —5L 41
Oakhill Rd. Sutt —9N 43
Oakhurst. Chob —5H 53
Oakhurst. Gray —6B 170
Oakhurst Clo. Tedd —6E 24
Oakhurst Gdns. E Grin —8M 165
Oakhurst La. Loxw —2G 193
Oakhurst Rise. Cars —6C 62
Oakhurst Rd. Bil —9B 194
Oakhurst Rd. Eps —3B 60
Oakington Av. Hayes —1E 8
Oakington Dri. Sun —1K 39
Oakland Av. Farnh —5K 109
Oakland Ct. Add —9K 37
Oaklands. Fet —2D 98
Oaklands. Hasl —1G 188
Oaklands. Horl —8G 143
Oaklands. H'ham —6L 197
Oaklands. Kenl —1N 83
Oaklands. S God —7H 125
Oaklands. Yat —9C 48
Oaklands Av. Esh —7D 40
Oaklands Av. Iswth —2F 10
Oaklands Av. T Hth —3L 45
Oaklands Av. W Wick —9L 47
Oaklands Bus. Pk. Wokgm —5A 30
Oaklands Clo. Asc —8K 17
Oaklands Clo. Chess —1J 59
Oaklands Clo. Shalf —2A 134
Oaklands Dri. Asc —8K 17
Oaklands Dri. Red —5F 122
Oaklands Dri. Twic —1C 24
Oaklands Dri. Wokgm —3A 30
Oaklands Est. SW4 —1G 29
Oaklands Gdns. Kenl —1N 83
Oaklands La. Big H —9D 66
Oaklands La. Crowt —9F 30
Oaklands Pk. Wokgm —4A 30
Oaklands Rd. SW14 —6C 12
Oaklands Way. Tad —9H 81
Oaklands Way. Wall —4H 63
Oakland Way. Eps —3D 60
Oak La. Broad H —5E 196
Oak La. Dork —3H 139
Oak La. Egh —4M 19
Oak La. Iswth —7E 10
Oak La. Twic —1G 25
Oak La. Wind —4D 4
Oak La. Wok —3E 74
Oaklawn Rd. Lea —5E 78
Oaklea. Ash V —8E 90
Oak Leaf Clo. Eps —8B 60
Oak Leaf Ct. Asc —9H 17
Oaklea Pas. King T —2K 41
Oakleigh. God —8F 104
Oakleigh Av. Surb —7N 41
Oakleigh Flats. Eps —1D 80
Oakleigh Gdns. Orp —1N 67
Oakleigh Rd. H'ham —4M 197
Oakleigh Way. Mitc —9F 28
Oakleigh Way. Surb —7N 41
Oakley Av. Croy —1K 63
Oakley Clo. Add —1M 55
Oakley Clo. E Grin —2D 186
Oakley Clo. Iswth —4D 10
Oakley Ct. Red —2E 122
(off St Anne's Rise)
Oakley Dell. Guild —1E 114
Oakley Dri. Brom —1G 66
Oakley Dri. Fleet —5B 88
Oakley Gdns. Bans —2N 81
Oakley Ho. G'ming —3H 133
Oakley M. Wind —5B 4
Oakley Rd. SE25 —4E 46
Oakley Rd. Brom —1G 66
Oakley Rd. Camb —2N 69
Oakley Rd. Warl —5D 84
Oakley Wlk. W6 —2J 13
Oak Lodge. Crowt —2H 49
Oak Lodge. Hasl —4J 189
Oak Lodge Clo. W On T —2K 57
Oaklodge Dri. Red —2E 142
Oak Lodge Dri. W Wick —6L 47
Oak Lodge La. W'ham —3M 107
Oak Mead. G'ming —3G 133
Oakmead Grn. Eps —2B 80
Oakmead Pl. Mitc —9C 28
Oakmead Rd. SW12 —2E 28
Oakmead Rd. Croy —5H 45
Oakmede Pl. Binf —7H 15
Oak Pk. W Byf —9G 55
Oak Pk. Gdns. SW19 —2J 27
Oak Pl. SW18 —8N 13
Oak Ridge. Dork —8H 119
Oakridge. W End —9C 52
Oak Rd. Cat —9B 84
Oak Rd. Cobh —2L 77
Oak Rd. Craw —4A 182
Oak Rd. F'boro —2A 90
Oak Rd. Lea —5G 78
Oak Rd. N Mald —1C 42
Oak Rd. Reig —2N 121
Oak Rd. W'ham —3M 107
Oak Row. SW16 —1G 44
Oaks Av. Felt —3M 23
Oaks Av. Wor Pk —9G 43
Oaks Cvn. Pk., The. Dork —1K 159
Oaks Clo. H'ham —2A 198
Oaks Clo. Lea —8G 79
Oakshade Rd. Oxs —1C 78
Oakshaw. Oxt —5N 105
Oakshaw Rd. SW18 —1N 27
Oakside Ct. Horl —7G 143
Oakside La. Horl —7G 143
Oaks La. Croy —9F 46
Oaks La. Mid H —3H 139
Oaks Rd. Croy —2E 64
Oaks Rd. Kenl —1M 83
Oaks Rd. Reig —2B 122
Oaks Rd. Stai —9M 7
Oaks Rd. Wok —4A 74
Oaks, The. Brack —1B 32
Oaks, The. C'fold —5E 172
Oaks, The. Dork —8H 119
Oaks, The. E Grin —1C 186
Oaks, The. Eps —1D 80
Oaks, The. F'boro —2J 89
Oaks, The. Mord —3K 43
Oaks, The. Stai —5H 21
Oaks, The. W Byf —1K 75
Oaks, The. Yat —1C 68
Oaks Track. Cars & Wall —7D 62
Oaks Way. Cars —4D 62
Oaks Way. Eps —6G 80
Oaks Way. Kenl —1N 83
Oaksway. Surb —7K 41
Oak Tree Clo. Alder —4C 110
Oak Tree Clo. Ash V —4D 90
Oak Tree Clo. Burp —7E 94
Oak Tree Clo. Head —5E 168
Oak Tree Clo. Jac —6N 93
Oak Tree Clo. Knap —5E 72
Oak Tree Clo. Vir W —5N 35
Oak Tree Dri. Egh —6M 19
Oak Tree Dri. Guild —8M 93
Oak Tree La. Hasl —2B 188
Oak Tree M. Brack —2B 32
Oak Tree Rd. Knap —5E 72
Oak Tree Rd. Milf —1B 152
Oaktrees. Ash —3D 110
Oaktrees. Farnh —6G 109
Oaktrees Ct. Ash —3D 110
(off Oaktrees)
Oak Tree View. Farnh —6K 109
Oaktree Way. H'ham —4M 197
Oaktree Way. Sand —6F 48
Oak View. Eden —1K 147
Oakview Bus. Pk. Wmly —1C 172
Oakview Gro. Croy —7H 47
Oak Wlk. H'ham —8E 180
Oak Way. SW20 —3H 43
Oakway. Alder —4C 110
Oak Way. Asht —3N 79
Oakway. Brom —1N 47
Oak Way. Craw —1C 182
Oak Way. Croy —5G 47
Oak Way. Felt —2F 22
Oak Way. Man H —9B 198
Oak Way. Reig —4B 122
Oakway. Wok —6H 73
Oakway Dri. Frim —5C 70
Oakwood. C Crook —9B 88
Oakwood. Guild —7K 93
Oakwood. Wall —5F 62
Oakwood Av. Beck —1M 47
Oakwood Av. Mitc —1B 44
Oakwood Av. Purl —8M 63
Oakwood Clo. E Hor —5F 96
Oakwood Clo. Red —3E 122
Oakwood Clo. S Nut —5K 123
Oakwood Ct. Bisl —3D 72
Oakwood Dri. E Hor —5F 96
Oakwood Gdns. Knap —5D 72
Oakwood Gdns. Sutt —8M 43
Oakwood Ind. Pk. Craw —9E 162
Oakwood Pk. F Row —7H 187
Oakwood Pl. Croy —5L 45
Oakwood Rd. SW20 —9F 26
Oakwood Rd. Brack —1C 32
Oakwood Rd. Croy —5L 45
Oakwood Rd. Horl —7E 142
Oakwood Rd. Mers —7L 103
Oakwood Rd. Vir W —4M 35
Oakwood Rd. W'sham —3B 52
Oakwood Rd. Wok —6H 73
Oarborough. Brack —3C 32
Oareborough. Brack —3C 32
Oarsman Pl. E Mol —3E 40
Oast Ho. Clo. Wray —1A 20
Oast Ho. Cres. Farnh —6H 109
Oast Ho. Dri. Fleet —1D 88
Oast Ho. La. Farnh —7J 109
Oast La. Alder —5N 109
Oast Lodge. W4 —3D 12
(off Corney Reach Way)
Oast Rd. Oxt —9B 106
Oates Clo. Brom —2N 47
Oates Wlk. Craw —6D 182
Oatfield Rd. Tad —7G 80
Oatlands. Craw —4M 181
Oatlands. Horl —7G 142
Oatlands Av. Wey —2E 56
Oatlands Chase. Wey —9F 38
Oatlands Clo. Wey —1D 56
Oatlands Dri. Wey —1D 56
Oatlands Grn. Wey —9E 38
Oatlands Mere. Wey —9E 38
Oatlands Rd. Tad —6K 81
Oban Rd. SE25 —3A 46
Obelisk Way. Camb —9A 50
Oberon Way. Craw —6K 181
Oberon Way. Shep —2N 37
Oberursel Way. Alder —2L 109
Observatory Rd. SW14 —7B 12
Observatory Wlk. Red —3D 122
Occam Rd. Sur R —3G 112
Occupation Rd. Eps —4C 60
Ocean Ho. Brack —1N 31
Ockenden Clo. Wok —5B 74
Ockenden Gdns. Wok —5B 74
Ockenden Rd. Wok —5B 74
Ockfields. Milf —1C 152
Ockford Ct. G'ming —7G 132
Ockford Dri. G'ming —8F 132
Ockford Ridge. G'ming —8E 132
Ockford Rd. G'ming —8F 132
Ockham Dri. W Hor —2E 96
Ockham La. Ock & Cob —8B 76
Ockham Rd. N. Ock & W Hors —7N 75
Ockham Rd. S. E Hor —4F 96
Ockley Ct. Guild —7D 94
Ockley Ct. Sutt —1A 62
Ockley Rd. SW16 —5J 29
Ockley Rd. Croy —6K 45
Ockley Rd. Ewh —4F 156
Ockleys Mead. God —7F 104
O'Connor Rd. Alder —6C 90
Octagon Rd. W Vill —5F 56
Octavia. Brack —7M 31
Octavia Clo. Mitc —4C 44
Octavia Rd. Iswth —6E 10
Octavia Way. Stai —7J 21
Odard Rd. W Mol —3A 40
Odiham Rd. Farnh —5E 108
Ogden Ho. Felt —4M 23
Oglethorpe Ct. G'ming —7G 133
(off High St. Godalming,)
Oil Mill La. W6 —1F 12
Okeburn Rd. SW17 —6E 28
Okehurst Rd. Bil —9B 194
Okingham Clo. Owl —5J 49
Oldacre. W End —8C 52
Old Acre. Wok —1J 75
Oldacre M. SW12 —1F 28
Old Av. W Byf —9G 54
Old Av. Wey —4D 56
Old Av. Clo. W Byf —9G 54
Old Bakery M. Alb —8K 115
Old Barn Clo. Sutt —4K 61
Old Barn Cotts. H'ham —2J 179
Old Barn Dri. Capel —4K 159
Old Barn La. Churt —8N 149
Old Barn La. Kenl —3C 84
Old Barn Rd. Eps —4B 80
Old Barn View. G'ming —9F 132
Old Bisley Rd. Frim —3F 70
Old Bracknell Clo. Brack —2N 31
Old Bracknell La. E. Brack —2N 31
Old Bracknell La. W. Brack —2M 31
Old Brickfield Rd. Alder —5N 109
Old Bri. St. Hamp W —1K 41
Old Brighton Rd. Peas P
(in two parts) —3N 199
Old Brighton Rd. S. Low H —6C 162
Old Brompton Rd. SW5 & SW7 —1M 13
Oldbury. Brack —2L 31
Oldbury Clo. Cher —6G 36
Oldbury Clo. Frim —6D 70
Old Bury Hill Ho. Dork —7E 118
Oldbury Rd. Cher —6G 37
Old Chapel La. Ash —2E 110
Old Charlton Rd. Shep —4D 38
Old Char Wharf. Dork —4F 118
Old Chertsey Rd. Chob —6L 53
Old Chestnut Av. Clar P —3A 58
Old Chu. La. Farnh —4J 129
Old Chu. Path. Esh —1C 58
Old Claygate La. Clay —2G 58
Old Coach Rd. Cher —4F 36
Old Comn. Rd. Cobh —9J 57
Old Compton La. Farnh —1K 129
Old Convent. E Grin —8A 166
Oldcorne Hollow. Yat —1A 68
Old Cote Dri. Houn —2A 10
Old Ct. Asht —6L 79
Old Ct. Rd. Guild —4K 113
Old Cove Rd. Fleet —2C 88
Old Crawley Rd. Fay —2B 198
Old Cross Tree Way. Ash —4G 111
Old Dean Rd. Camb —8B 50
Old Deer Pk. Gdns. Rich —6L 11
Old Denne Gdns. H'ham —7J 197
Old Devonshire Rd. SW12 —1F 28
Old Dock Clo. Rich —2N 11
Old Dorking Rd. H'ham —2H 197
Olde Farm Dri. B'water —9G 48
Old Elstead Rd. Milf —9B 132
Olden La. Purl —8L 63
Old Epsom Rd. Guild —9M 95
Old Esher Clo. W On T —2L 57
Old Esher Rd. W On T —2L 57
Old Farleigh Rd. S Croy & Warl —6F 64
Old Farm Clo. Houn —7N 9
Old Farm Dri. Brack —8A 16
Old Farm Ho. Dri. Oxs —2D 78
Old Farm Pas. Hamp —9C 24
Old Farm Rd. Guild —9N 93
Old Farm Rd. Hamp —7N 23
Old Farnham La. Farnh —2A 128
(Dippenhall)
Old Farnham La. Farnh —3H 129
(Farnham)
Old Ferry Dri. Wray —9N 5
Oldfield Clo. Horl —1D 162
Oldfield Gdns. Asht —5K 79
Oldfield Ho. W4 —1D 12
(off Devonshire Rd.)
Oldfield Rd. SW19 —7K 27
Oldfield Rd. Hamp —9N 23
Oldfield Rd. Horl —9D 142
Oldfields Rd. Sutt —9L 43
Oldfields Trad. Est. Sutt —9M 43
Oldfieldwood. Wok —4D 74
Old Forge Ct. Shalf —9B 114
Old Forge Cres. Shep —5C 38
Old Forge, The. H'ham —5L 195
Old Fox Clo. Cat —8M 83
Old Frensham Rd. Lwr Bo —5J 129
Old Glebe. Fern —9F 188
Old Grn. La. Camb —8A 50
Old Guildford Rd. Frim G —9F 70
Old Guildford Rd. H'ham —4D 196
Old Guildford Rd. Pirb —2H 91
Old Harrow La. W'ham —6L 87
Old Haslemere Rd. Hasl —3G 189
Old Heath Way. Farnh —5H 109
Old Hill. Orp —3M 67
Old Hill. Wok —7N 73
Old Hill Est. Wok —7N 73
Old Holbrook. H'ham —9L 179
Old Hollow. Worth —3K 183
Old Horsham Rd. Craw —5N 181
Old Hospital Clo. SW17 —2D 28
Old Ho. Clo. SW19 —6K 27
Old Ho. Clo. Eps —6E 60
Old Ho. Gdns. Twic —9J 11
Oldhouse La. Bisl —1D 72
Oldhouse La. W'sham & Light —4M 51
Old Kiln Clo. Churt —8L 149
Old Kiln La. Brock —4B 120
Old Kiln La. Churt —7L 149
Old Kingston Rd. Wor Pk —9B 42
Old Lands Hill. Brack —9B 16
Old La. Alder —1C 110
(Deadbrook La.)
Old La. Alder —5M 109
(Weybourne Rd.)
Old La. Cobh —4C 76
Old La. Dock —6C 148
Old La. Oxt —8B 106
Old La. Tats —7F 86
Old La. Gdns. Cobh —9H 77
Old Lodge Clo. G'ming —8E 132
Old Lodge La. Purl —9K 63
Old Lodge Pl. Twic —9H 11
Old London Rd. E Hor —4H 97
Old London Rd. Eps —5F 80
Old London Rd. Mick —5J 99
Old Malden La. Wor Pk —8D 42
Old Malt Way. Wok —4N 73
Old Mnr. Clo. Craw —1M 181
Old Mnr. Ct. Craw —1M 181
Old Mnr. Dri. Iswth —9C 10
Old Mnr. Ho. M. Shep —2B 38
Old Mnr. La. Chil —9E 114
Old Mnr. Yd. SW5 —1N 13
Old Martyrs. Craw —9B 162
Old Merrow St. Guild —9F 94
Old Mill La. Red —6F 102
Old Millmeads. H'ham —3J 197
Old Museum Ct. Hasl —2H 189
Old Nursery Pl. Ashf —6C 22
Old Oak Av. Coul —6C 82
Old Orchard. Byfl —8A 56
Old Orchard. Sun —1K 39
Old Orchards. M'bowr —3J 183
Old Orchard, The. Farnh —4E 128
Old Overthorpe. Horl —1M 163
Old Pal. La. Rich —8J 11
Old Pal. Rd. Croy —9M 45
Old Pal. Rd. Guild —4K 113
Old Pal. Rd. Wey —9C 38
Old Pal. Ter. Rich —8K 11
Old Pal. Yd. Rich —8J 11
Old Pk. Av. SW12 —1E 28
Old Pk. Clo. Farnh —6F 108
Old Pk. La. Farnh —5E 108
(in two parts)
Old Pk. M. Houn —3N 9
Old Parvis Rd. W Byf —8L 55
Old Pasture Rd. Frim —3D 70
Old Pharmacy Ct. Crowt —3G 49
Old Pond Clo. Camb —5A 70
Old Portsmouth Rd. Camb —1E 70
Old Portsmouth Rd. G'ming & Peas —3L 133
Old Portsmouth Rd. Thur —6H 151
Old Post Cotts. H'ham —5D 196
Old Pottery Clo. Reig —5N 121
Old Pound Clo. Iswth —5G 10
Old Pound Cotts. If'd —2J 181
Old Priory La. Warf —7B 16
Old Pump Ho. Clo. Fleet —3C 88
Old Quarry, The. Hasl —4D 188
Old Rectory Clo. Brmly —5B 134
Old Rectory Clo. Tad —2F 100
Old Rectory Dri. Ash —2F 110
Old Rectory Gdns. F'boro —1B 90
Old Rectory Gdns. G'ming —9J 133
Old Rectory La. E Hor —4F 96
Old Redstone Dri. Red —4E 122
Old Reigate Rd. Bet —3A 120
Old Reigate Rd. Dork —3L 119
Oldridge Rd. SW12 —1E 28
Old Rd. Add —4H 55
Old Rd. Bkld —3D 120
Old Rd. E Grin —9B 166
Old Row Ct. Wokgm —2B 30
Old St Mary's. W Hor —7C 96
Old Sawmill La. Crowt —1H 49
Old School Clo. SW19 —1M 43
Old School Clo. Ash —1E 110
(in two parts)
Old School Clo. Beck —1H 47
Old School Clo. Fleet —4B 88
Old School Ct. Wray —1A 20
Old School Ho. Eden —2L 147
Old School La. Brock —6A 120
Old School La. Yat —9B 48
Old School M. Wey —1E 56
Old School Pl. Ling —7N 145
Old School Pl. Wok —8A 74
Old Schools La. Eps —5E 60
Old School Sq. Th Dit —5F 40
Old School Ter. Sutt —4J 61
Old Slade La. Iver —1H 7
Old Sta. App. Lea —8G 78
Old Sta. Clo. Craw D —2E 184
Old Sta. Gdns. Tedd —7G 24
(off Victoria Rd.)
Old Sta. Way. G'ming —5H 133
Oldstead. Brack —4B 32
Old Swan Wharf. SW11 —4N 13
Old Swan Yd. Cars —1D 62

Old Tilburstow Rd. God —3F 124
Old Town. Croy —9M 45
Old Tye Av. Big H —3G 87
Old Welmore. Yat —1D 68
Old Westhall Clo. Warl —6F 84
Old Wickhurst La. Broad H —7D 196
Old Windsor Lock. Old Win —8M 5
Old Wokingham Rd. Wokgm & Crowt —6G 31
Old Woking Rd. W Byf —9H 55
Old Woking Rd. Wok —6D 74
Oldwood Chase. F'boro —2G 89
Old York Rd. SW18 —8N 13
Oleander Clo. Crowt —9E 30
Oleander Clo. Orp —2M 67
Oliver Av. SE25 —2C 46
Oliver Clo. W4 —2A 12
Oliver Clo. Add —1K 55
Oliver Gro. SE25 —3C 46
Olive Rd. SW19 —8A 28
Oliver Rd. Asc —3L 33
Oliver Rd. H'ham —7G 197
Oliver Rd. N Mald —1B 42
Oliver Rd. Sutt —1B 62
Olivette St. SW15 —6J 13
Olivia Ct. Wokgm —2A 30
Olivier Rd. M'bowr —4H 183
Ollerton. Brack —7M 31
Olley Clo. Wall —4J 63
Olveston Wlk. Cars —5B 44
Olyffe Dri. Beck —1M 47
(in two parts)
O'Mahoney Ct. SW17 —4A 28
Omega Rd. Wok —2C 74
Omega Way. Egh —9E 20
One Tree Hill Rd. Guild —4D 114
Ongar Clo. Add —3H 55
Ongar Hill. Add —3J 55
Ongar Pde. Add —3J 55
Ongar Pl. Add —3J 55
Ongar Rd. SW6 —2M 13
Ongar Rd. Add —2J 55
Onslow Av. Rich —8L 11
Onslow Av. Sutt —6L 61
Onslow Clo. Th Dit —7E 40
Onslow Clo. Wok —4C 74
Onslow Cres. Wok —4C 74
Onslow Dri. Asc —8L 17
Onslow Gdns. S Croy —8D 64
Onslow Gdns. Th Dit —7E 40
Onslow Gdns. Wall —3G 62
Onslow M. Cher —5J 37
Onslow Rd. Asc —6E 34
Onslow Rd. Croy —6L 45
Onslow Rd. Guild —3N 113
Onslow Rd. N Mald —3F 42
Onslow Rd. Rich —8L 11
Onslow Rd. W On T —1G 57
Onslow St. Guild —4M 113
Onslow Way. Th Dit —7E 40
Onslow Way. Wok —2H 75
Ontario Clo. Small —9L 143
Openfield. Head —4D 168
Openview. SW18 —2A 28
Opladen Way. Brack —4A 32
Opossum Way. Houn —6K 9
Opus Pk. Sly I —8N 93
Oracle Cen. Brack —1A 32
Orange Ct. La. Orp —5J 67
Orbain Rd. SW6 —3K 13
Orchard Av. Ashf —7D 22
Orchard Av. Croy —7H 47
Orchard Av. Felt —8E 8
Orchard Av. Houn —3M 9
Orchard Av. Mitc —7E 44
Orchard Av. N Mald —2D 42
Orchard Av. Th Dit —7G 41
Orchard Av. Wind —4D 4
Orchard Av. Wdhm —7H 55
Orchard Bus. Cen. Red —3E 142
Orchard Cvn. Site, The. Tad —8A 100
Orchard Clo. SW20 —3H 43
Orchard Clo. Ashf —7D 22
Orchard Clo. Ash V —8E 90
Orchard Clo. Bad L —6N 109
Orchard Clo. Bans —1N 81
Orchard Clo. B'water —5L 69
Orchard Clo. E Hor —2G 97
Orchard Clo. Eden —1K 147
Orchard Clo. Egh —5D 20
Orchard Clo. Fet —9D 78
Orchard Clo. Guild —3D 114
Orchard Clo. Hasl —3D 188
Orchard Clo. Horl —7D 142
Orchard Clo. Lea —6F 78
Orchard Clo. Norm —3M 111
Orchard Clo. Surb —7H 41
Orchard Clo. W On T —6J 39
Orchard Clo. W End —9A 52
Orchard Clo. W Ewe —3A 60
Orchard Clo. Wok —3D 74
Orchard Clo. Wokgm —2C 30
Orchard Cotts. Chil —9G 114
Orchard Cotts. Horl —3L 161
Orchard Ct. Brack —1A 32
Orchard Ct. Iswth —3D 10
Orchard Ct. Ling —8N 145
Orchard Ct. Twic —3D 24
Orchard Ct. W Dray —3L 7
Orchard Ct. Wor Pk —7F 42
Orchard Dene. W Byf —9J 55
(off Madeira Rd.)
Orchard Dri. Asht —7K 79
Orchard Dri. Eden —1K 147
Orchard Dri. Shep —2F 38
Orchard Dri. Wok —2A 74
Orchard End. Cat —9B 84
Orchard End. Fet —2C 98
Orchard End. Rowl —8E 128
Orchard End. Wey —8F 38
Orchard Farm Cvn. Site. Red —3K 143
Orchard Field Rd. G'ming —4J 133
Orchard Gdns. Alder —4A 110
Orchard Gdns. Chess —1L 59
Orchard Gdns. Cranl —8A 156
Orchard Gdns. Eff —6M 97
Orchard Gdns. Eps —1B 80
Orchard Gdns. Sutt —2M 61
Orchard Ga. Esh —7D 40
Orchard Ga. Sand —7G 49
Orchard Gro. Croy —6H 47
Orchard Hill. Cars —2D 62
Orchard Hill. Rud —1D 194
Orchard Hill. W'sham —4A 52
Orchard Ho. Guild —2F 114
(off Merrow St.)
Orchard Ho. Tong —5D 110
Orchard La. SW20 —9G 27
Orchard La. E Mol —5D 40
Orchard Lea Clo. Wok —2G 75
Orchard Leigh. Lea —9H 79
Orchard Mains. Wok —6M 73
Orchard Pl. Wokgm —2B 30
Orchard Rise. Croy —7H 47
Orchard Rise. King T —9B 26
Orchard Rise. Rich —8A 12
Orchard Rd. Bad L —6M 109
Orchard Rd. Bren —2J 11
Orchard Rd. Burp —8D 94
Orchard Rd. Chess —1L 59
Orchard Rd. Dork —6H 119
Orchard Rd. Farn —2K 67
Orchard Rd. F'boro —1M 89
Orchard Rd. Hamp —8N 23
Orchard Rd. H'ham —7L 197
Orchard Rd. Houn —8N 9
Orchard Rd. King T —1L 41
Orchard Rd. Mitc —7E 44
Orchard Rd. Old Win —9L 5
Orchard Rd. Onsl —5J 113
Orchard Rd. Reig —3N 121
Orchard Rd. Rich —6N 11
Orchard Rd. Shalf —9A 114
Orchard Rd. Shere —8B 116
Orchard Rd. Small —8N 143
Orchard Rd. S Croy —1E 84
Orchard Rd. Sun —8H 23
Orchard Rd. Sutt —2M 61
Orchard Rd. Twic —9G 11
Orchards Clo. W Byf —1J 75
Orchard Sq. W14 —1L 13
(off Sun Rd.)
Orchards, The. Broad H —3M 197
Orchards, The. If'd —4J 181
Orchard St. Craw —3B 182
Orchard, The. Bans —2M 81
Orchard, The. Eps —4E 60
(Meadow Wlk.)
Orchard, The. Eps —6E 60
(Tayles Hill)
Orchard, The. Horl —8E 142
Orchard, The. H'ham —5D 196
Orchard, The. Houn —5C 10
Orchard, The. Light —7M 51
Orchard, The. N Holm —9J 119
Orchard, The. Vir W —4A 36
Orchard, The. Wey —1C 56
Orchard, The. Wok —9A 74
Orchard Way. Add —2K 55
Orchard Way. Alder —4A 110
Orchard Way. Ashf —3A 22
Orchard Way. Camb —4N 69
Orchard Way. Croy & Beck —6H 47
Orchard Way. Dork —6H 119
Orchard Way. E Grin —9A 166
Orchard Way. Esh —3C 58
Orchard Way. Guild —3M 111
Orchard Way. Oxt —2C 126
Orchard Way. Reig —6N 121
Orchard Way. Send —3E 94
Orchard Way. Sutt —1B 62
Orchard Way. Tad —4L 101
Orchid Ct. Egh —5D 20
Orchid Dri. Bisl —2D 72
Orchid Mead. Bans —1N 81
Orde Clo. Craw —9H 163
Ordnance Clo. Felt —3H 23
Ordnance Rd. Alder —2N 109
Oregano Way. Guild —7K 93
Oregon Clo. N Mald —3B 42
Orestan La. Eff —5J 97
Orewell Gdns. Reig —5N 121
Orford Ct. SE27 —3M 29
Orford Gdns. Twic —3F 24
Organ Crossroads. (Junct.) —4F 60
Oriel Clo. Craw —9G 162
Oriel Clo. Mitc —3H 45
Oriel Ct. Croy —7A 46
Oriel Hill. Camb —2B 70
Oriental Clo. Wok —4B 74
Oriental Rd. Asc —3A 34
Oriental Rd. Wok —4B 74
Orion. Brack —7M 31
Orion Cen., The. Croy —9J 45
Orion Ct. Bew —5J 181
Orlando Gdns. Eps —6C 60
Orleans Clo. Esh —8D 40
Orleans Ct. Twic —1H 25
Orleans Rd. Twic —1H 25
Orltons La. Rusp —8E 160
Ormathwaites Corner. Warf —8C 16
Ormeley Rd. SW12 —2F 28
Orme Rd. King T —1A 42
Ormerod Gdns. Mitc —1E 44
Ormesby Wlk. Craw —5F 182
Ormond Av. Hamp —9B 24
Ormond Av. Rich —8K 11
Ormond Cres. Hamp —9B 24
Ormond Dri. Hamp —8B 24
Ormonde Av. Eps —6C 60
Ormonde Rd. SW14 —6B 12
Ormonde Rd. G'ming —5H 133
Ormonde Rd. Wok —3M 73
Ormonde Rd. Wokgm —3A 30
Ormond Rd. Rich —8K 11
Ormsby. Sutt —4N 61
Ormside Way. Red —9F 102
Orpin Rd. Red —8F 102
Orpwood Clo. Hamp —7N 23
Orwell Clo. F'boro —8K 69
Orwell Clo. Wind —6G 4
Osborne Av. Stai —2A 22
Osborne Clo. Beck —3H 47
Osborne Clo. Felt —6L 23
Osborne Clo. Frim —6D 70
Osborne Ct. Craw —7N 181
Osborne Ct. F'boro —5A 90
Osborne Ct. Wind —5F 4
Osborne Dri. Fleet —6C 88
Osborne Dri. Light —7L 51
Osborne Gdns. T Hth —1N 45
Osborne La. Warf —6A 16
Osborne M. Wind —5F 4
Osborne Pl. Sutt —2B 62
Osborne Rd. Egh —7B 20
Osborne Rd. F'boro —5A 90
Osborne Rd. Houn —6N 9
Osborne Rd. King T —8L 25
Osborne Rd. Red —9E 102
Osborne Rd. T Hth —1N 45
Osborne Rd. W On T —7H 39
Osborne Rd. Wind —5F 4
Osborne Rd. Wokgm —2B 30
Osborne Ter. SW17 —6E 28
(off Church La.)
Osborn Rd. Farnh —8J 109
Osbourne Ho. Twic —3C 24
Osgood Av. Orp —2N 67
Osgood Gdns. Orp —2N 67
Osier M. W4 —2D 12
Osier Pl. Egh —7E 20
Osiers Rd. SW18 —7M 13
Osier Way. Bans —1K 81
Osier Way. Mitc —4D 44
Osman's Clo. Brack —8F 16
Osmond Gdns. Wall —2G 63
Osmunda Bank. Dor P —4A 166
Osmund Clo. Worth —3J 183
Osnaburgh Hill. Camb —1N 69
Osney Clo. Craw —4A 182
Osney Wlk. Cars —5B 44
Osprey Clo. Fet —9C 78
Osprey Gdns. S Croy —6G 65
Ostade Rd. SW2 —1K 29
Osterley Av. Iswth —3D 10
Osterley Clo. Wokgm —3E 30
Osterley Ct. Iswth —4D 10
Osterley Cres. Iswth —4E 10
Osterley Gdns. T Hth —1N 45
Osterley La. S'hall & Iswth —1A 10
Osterley Lodge. Iswth —3E 10
(off Church Rd.)
Osterley Rd. Iswth —3E 10
Oswald Clo. Fet —9C 78
Oswald Clo. Warf —7B 16
Oswald Rd. Fet —9C 78
Osward. Croy —6J 65
(in three parts)
Osward Rd. SW17 —3D 28
Otford Clo. Craw —9A 182
Othello Gro. Warf —9C 16
Otho Ct. Bren —3K 11
Otterbourne Rd. Croy —8N 45
Otterburn Gdns. Iswth —3G 10
Otterburn St. SW17 —7D 28
Otter Clo. Crowt —9F 30
Otter Clo. Ott —3D 54
Otterden Clo. Orp —1N 67
Ottermead La. Ott —3E 54
Otter Meadow. Lea —6F 78
Ottershaw Pk. Ott —4C 54
Ottway's Av. Asht —6K 79
Ottways La. Asht —7K 79
Otway Clo. Craw —5L 181
Oulton Wlk. Craw —5F 182
Ouseley Rd. SW12 —2D 28
Ouseley Rd. Old Win —1M 19
Ousley Rd. Wray —1M 19
Outdowns. Eff —8J 97
Outram Pl. Wey —2D 56
Outram Rd. Croy —8C 46
Outwood Ho. SW2 —1K 29
(off Deepdene Gdns.)
Outwood La. Blet —2A 124
Outwood La. Tad & Coul —9N 81
Oval Rd. Croy —8A 46
Oval, The. Bans —1M 81
Oval, The. G'ming —4J 133
Oval, The. Guild —4K 113
Oval, The. Wood S —2E 112
Overbrook. G'ming —6K 133
Overbrook. W Hor —7C 96
Overbury Av. Beck —2L 47
Overbury Cres. New Ad —6M 65
Overdale. Asht —3L 79
Overdale. Blet —2N 123
Overdale. Dork —4K 119
Overdale Av. N Mald —1C 42
Overdale Rise. Frim —3C 70
Overdene Dri. Craw —3M 181
Overford Clo. Cranl —8N 155
Overford Dri. Cranl —8N 155
Overhill. Warl —6F 84
Overhill Rd. Purl —5L 63
Overhill Way. Beck —4N 47
Overlord Clo. Camb —7A 50
Overstand Clo. Beck —4K 47
Overstone Gdns. Croy —6J 47
Overthorpe Clo. Knap —4H 73
Overton Clo. Alder —6A 110
Overton Clo. Iswth —4F 10
Overton Ct. Sutt —4M 61
Overton Ho. SW15 —1E 26
(off Tangley Gro.)
Overton Rd. Sutt —3M 61
Overton Shaw. E Grin —6A 166
Overtons Yd. Croy —9N 45
Oveton Way. Bookh —4B 98
Ovington Ct. Wok —3J 73
Owen Clo. Croy —5A 46
Owen Ho. Felt —1H 23
Owen Ho. Twic —1H 25
Owen Mans. W14 —2K 13
(off Queen's Club Gdns.)
Owen Pl. Lea —9H 79
Owen Rd. G'ming —5J 133
Owen Rd. W'sham —2A 52
Owlbeech Ct. H'ham —4A 198
Owlbeech Pl. H'ham —4A 198
Owlbeech Way. H'ham —4A 198
Owl Clo. S Croy —6G 65
Owletts. Craw —2H 183
Owlscastle Clo. H'ham —3K 197
Owlsmoor Rd. Owl —7J 49
Ownstead Gdns. S Croy —7C 64
Ownsted Hill. New Ad —6M 65
Oxberry Av. SW6 —5K 13
Oxdowne Clo. Stoke D —1B 78
Oxenden Ct. Tong —4C 110
Oxenden Rd. Tong —4C 110
Oxenhope. Brack —3M 31
Oxfield. Eden —9M 127
Oxford Av. SW20 —1K 43
Oxford Av. Hayes —3G 8
Oxford Av. Houn —1A 10
Oxford Clo. Ashf —8D 22
Oxford Clo. Mitc —2G 44
Oxford Ct. W4 —1A 12
Oxford Ct. Felt —5L 23
Oxford Cres. N Mald —5C 42
Oxford Gdns. W4 —1N 11
Oxford Rd. SW15 —7K 13
Oxford Rd. Cars —3C 62
Oxford Rd. Craw —7C 182
Oxford Rd. F'boro —4A 90
Oxford Rd. Guild —5N 113
Oxford Rd. H'ham —6K 197
Oxford Rd. Owl —5K 49
Oxford Rd. Red —2C 122
Oxford Rd. Tedd —6D 24
Oxford Rd. Wall —2G 62
Oxford Rd. Wokgm —2A 30
Oxford Rd. N. W4 —1A 12
Oxford Rd. S. W4 —1N 11
Oxford Ter. Guild —5N 113
Oxford Way. Felt —5L 23
Ox La. Eps —5F 60
Oxleigh Clo. N Mald —4D 42
Oxlip Clo. Croy —7G 46
Oxshott Rise. Cobh —9L 57
Oxshott Rd. Lea —3E 78
Oxshott Way. Cobh —2M 77
Oxted Clo. Mitc —2B 44
Oxted Grn. Milf —3B 152
Oxted Rd. God —8F 104
Oxtoby Way. SW16 —9H 29
Oyster La. Byfl —6M 55

Pachesham Dri. Oxs —3F 78
Pachesham Pk. Lea —3G 78
Pacific Clo. Felt —2G 23
Packer Clo. E Grin —7C 166
Packway. Farnh —4K 129
Padbrook. Oxt —7C 106
Padbrook Clo. Oxt —7C 106
Padbury Clo. Felt —2E 22
Paddock Cvn. Site, The. Vir W —5A 36
Paddock Clo. Bear G —7K 139
Paddock Clo. Camb —9E 50
Paddock Clo. Farn —1K 67
Paddock Clo. Hamb —9F 152
Paddock Clo. Oxt —9B 106
Paddock Clo. Wor Pk —7D 42
Paddock Gdns. E Grin —2A 186
Paddock Gro. Bear G —7K 139
Paddock Ho. Guild —2F 114
(off Merrow St.)
Paddockhurst Rd. Craw —4M 181
Paddockhurst Rd. Turn H —9K 183
Paddocks Clo. Asht —5L 79
Paddocks Clo. Cobh —1K 77
Paddocks Mead. Wok —3H 73
Paddocks Rd. Guild —8C 94
Paddocks, The. Bookh —4B 98
Paddocks, The. New Ad —2K 65
Paddocks, The. New H —6K 55
Paddocks, The. Norm —3N 111
Paddocks, The. Wey —9F 38
Paddocks Way. Asht —5L 79
Paddocks Way. Cher —7K 37
Paddock, The. Brack —2A 32
Paddock, The. Cranl —7M 155
Paddock, The. Craw —2H 183
Paddock, The. Crowt —1F 48
Paddock, The. Dat —4L 5
Paddock, The. Ewh —6F 156
Paddock, The. G'ming —9J 133
Paddock, The. Guild —2F 114
Paddock, The. Hasl —9E 170
Paddock, The. Head —4D 168
Paddock, The. Light —7M 51
Paddock, The. Westc —6B 118
Paddock, The. W'ham —4L 107
Paddock, The. Wink —2M 17
Paddock Wlk. Warl —6E 84
Paddock Way. Eps —7H 61
Paddock Way. G'wood —7L 171
Paddock Way. Oxt —9B 106
Paddock Way. Wok —1D 74
Padstow Wlk. Craw —5K 181
Padstow Wlk. Felt —2G 22
Padwick Rd. H'ham —6N 197
Pageant Wlk. Croy —9B 46
Page Clo. Hamp —7M 23
Page Ct. H'ham —7K 197
Page Cres. Croy —2M 63
Page Croft. Add —8K 37
Pagehurst Rd. Croy —6E 46
Page Rd. Felt —9E 8
Page's Croft. Wokgm —3C 30
Pages Yd. W4 —2D 12
Paget Av. Sutt —9B 44
Paget Clo. Camb —8F 50
Paget Clo. Hamp —5D 24
Paget Clo. H'ham —8L 197
Paget La. Iswth —6D 10
Paget Pl. King T —7B 26
Paget Pl. Th Dit —7G 40
Pagewood Clo. M'bowr —5H 183
Pagoda Av. Rich —6M 11
Pagoda Vista. Rich —5M 11
Paice Grn. Wokgm —1C 30
Pain's Clo. Mitc —1F 44
Pains Hill. Oxt —1E 126
Painshill. (Junct.) —9G 56
Paisley Rd. Cars —7B 44
Pakenham Clo. SW12 —2E 28
Pakenham Rd. Brack —6B 32
Palace Dri. Wey —9C 38
Palace Grn. Croy —4J 65
Palace M. SW6 —3L 13
Palace Rd. SW2 —2K 29
Palace Rd. E Mol —2D 40
Palace Rd. King T —3K 41
Palace Rd. W'ham —8J 87
Palace View. Croy —1J 65
Palace Way. Wey —9C 38
Palestine Gro. SW19 —9B 28
Palestra Ho. Craw —3A 182
Palewell Comn. Dri. SW14 —8C 12
Palewell Pk. SW14 —8C 12
Palgrave Ho. Twic —1C 24
Pallant Way. Orp —1J 67
Pallingham Dri. M'bowr —6G 182
Palliser Rd. W14 —1K 13
Palmer Av. Sutt —1H 61
Palmer Clo. Horl —6D 142
Palmer Clo. Houn —4A 10
Palmer Clo. Red —4E 122
Palmer Clo. W Wick —8N 47
Palmer Clo. Wokgm —8F 30
Palmer Ct. Wokgm —2B 30
Palmer Cres. King T —2L 41
Palmer Cres. Ott —3F 54
Palmer Rd. M'bowr —6G 182
Palmer School Rd. Wokgm —2B 30
Palmersfield Rd. Bans —1M 81
Palmers Gro. W Mol —3A 40
Palmers Lodge. Guild —4K 113
Palmers Pas. SW14 —6B 12
Palmers Rd. SW14 —6B 12
Palmers Rd. SW16 —1K 45
Palmerston Clo. F'boro —2J 89
Palmerston Clo. Wok —1C 74
Palmerston Ct. Surb —6K 41
Palmerston Gro. SW19 —8M 27
Palmerston Mans. W14 —2K 13
(off Queen's Club Gdns.)
Palmerston Rd. SW14 —7B 12
Palmerston Rd. SW19 —8M 27
Palmerston Rd. Cars —1D 62
Palmerston Rd. Croy —4A 46
Palmerston Rd. Orp —2L 67
Palmerston Rd. Sutt —2A 62
Palmerston Rd. Twic —9F 10
Palmer St. Ling —7N 145
Palm Gro. Guild —8M 93
Pampisford Rd. Purl & S Croy —7L 63
Pam's Way. Eps —2C 60
Pankhurst Clo. Iswth —6F 10
Pankhurst Ct. Craw —8N 181
Pankhurst Dri. Brack —4B 32
Pankhurst Rd. W On T —6K 39
Panmuir Rd. SW20 —9G 27
Pannell Clo. E Grin —1N 185
Pannells. Lwr Bo —6J 129
Pannells Clo. Cher —7H 37
Pannells Ct. Guild —4N 113
Pan's Gdns. Camb —2D 70
Pantile Rd. Wey —1E 56
Pantiles Clo. Wok —5L 73
Papercourt La. Rip —8H 75
Paper M. Dork —4H 119
Papermill Clo. Cars —1E 62
Papworth Way. SW2 —1L 29
Parade Ct. E Hor —4F 96
Parade M. SE27 —3M 29
Parade Rd. Frim G —6H 71
Parade, The. Ash V —9E 90
Parade, The. Cars —2D 62
(off Beynon Rd.)
Parade, The. Clay —3E 58
Parade, The. Craw —2C 182
Parade, The. Croy —5J 45
Parade, The. E Grin —7L 165
Parade, The. Eps —9C 60
(in two parts)
Parade, The. Frim —6B 70
Parade, The. Hamp —6D 24
Parade, The. Red —4E 122
Parade, The. Stai —6F 20
Parade, The. Sun —8G 23
Parade, The. Tad —6K 81
Parade, The. Vir W —5N 35
Parade, The. Wind —4A 4
Parade, The. Wor Pk —1E 60
Parade, The. Yat —1D 68
Paradise Rd. Rich —8K 11
Paragon Cotts. Guild —9M 95
Paragon Gro. Surb —5M 41
Paragon Pl. Surb —5M 41
Parbury Rise. Chess —3L 59
Parchmore Rd. T Hth —1M 45
Parchmore Way. T Hth —1M 45
Pares Clo. Wok —3N 73
Parfitts Clo. Farnh —1F 128
Parfour Dri. Kenl —3N 83
Parfrey St. W6 —2H 13
Parham Rd. Craw —2L 181
Parish Clo. Ash —3F 110
Parish Clo. Farnh —6F 108
Parish Ct. Surb —5L 41
Parish Ho. Craw —4B 182
Parish La. Peas P —1N 199
(in two parts)
Parish Rd. F'boro —5A 90
Park Av. SW14 —7C 12
Park Av. Camb —2A 70
Park Av. Cars —3E 62
Park Av. Cat —2B 104
Park Av. Eden —1K 147
Park Av. Egh —7E 20
Park Av. Houn —9B 10
Park Av. Mitc —8F 28
Park Av. Pep H —6N 131
Park Av. Red —2D 142
Park Av. Shep —2F 38
Park Av. Stai —7H 21
Park Av. W Wick —8M 47
Park Av. Wokgm —3A 30
(in two parts)
Park Av. Wray —8N 5
Park Av. E. Eps —3F 60
Park Av. M. Mitc —8F 28
Park Av. W. Eps —3F 60
Park Barn Dri. Guild —1H 113
Park Barn E. Guild —2J 113
Park Chase. G'ming —9H 133
Park Chase. Guild —3A 114
Park Clo. W4 —1C 12
Park Clo. Cars —3D 62
Park Clo. Esh —3A 58
Park Clo. Fet —2D 98
Park Clo. G'wood —8L 171

Park Clo.—Percival Rd.

Park Clo. Hamp —9C 24
Park Clo. Houn —8C 10
Park Clo. King T —9N 25
Park Clo. New H —6K 55
Park Clo. Str G —8A 120
Park Clo. W On T —8G 38
Park Clo. Wind —5G 5
Park Copse. Dork —5K 119
Park Corner. Wind —6B 4
Park Corner Dri. E Hor —6F 96
Park Cotts. Dork —2L 157
Park Ct. Farnh —9J 109
Park Ct. King T —9J 25
Park Ct. N Mald —3C 42
Park Ct. Wok —5B 74
Park Cres. Asc —5C 34
Park Cres. F Row —7J 187
Park Cres. Twic —2D 24
Parkdale Cres. Wor Pk —9C 42
Park Dri. SW14 —8C 12
Park Dri. Asc —5C 34
Park Dri. Asht —5N 79
Park Dri. Brmly —5B 134
Park Dri. Cranl —6A 156
Park Dri. Wey —2C 56
Park Dri. Wok —5B 74
Parker Clo. Craw —5H 183
Parke Rd. SW13 —4F 12
Parke Rd. Sun —3H 39
Parker Rd. Croy —1N 63
Parker's Clo. Asht —6L 79
Parkers Ct. Bag —4J 51
Parker's Hill. Asht —6L 79
Parker's La. Asht —6L 79
Parkers La. Maid G —4F 16
Park Farm Clo. H'ham —1K 197
Park Farm Ind. Est. Camb —5A 70
Park Farm Rd. H'ham —1L 197
Park Farm Rd. King T —8L 25
Parkfield. G'ming —9H 133
Parkfield. H'ham —5J 197
Parkfield. Iswth —4E 10
Parkfield Av. SW14 —7D 12
Parkfield Av. Felt —4H 23
Parkfield Clo. Craw —3L 181
Parkfield Cres. Felt —4H 23
Parkfield Pde. Felt —4H 23
Parkfield Rd. Felt —4H 23
Parkfields. SW15 —7H 13
Parkfields. Croy —7J 47
Parkfields. Oxs —7D 58
Parkfields Av. SW20 —9G 26
Parkfields Clo. Cars —1E 62
Parkfields Rd. King T —6M 25
Park Gdns. King T —6M 25
Park Ga. Clo. King T —7A 26
Park Ga. Cotts. Cranl —7K 155
Park Ga. Ct. Wok —5A 74
Parkgate Gdns. SW14 —8C 12
Parkgate Rd. Newd —9A 140
Parkgate Rd. Reig —4N 121
Parkgate Rd. Wall —2E 62
Park Grn. Bookh —2A 98
Park Hall Rd. SE21 —4N 29
Park Hall Rd. Reig —1M 121
Park Hall Trad. Est. SE21 —4N 29
Park Hill. Cars —3C 62
Park Hill. C Crook —8A 88
Park Hill. Rich —9M 11
Parkhill Clo. B'water —2J 69
Park Hill Clo. Cars —2C 62
Park Hill Ct. SW17 —4D 28
Park Hill Rise. Croy —8B 46
Parkhill Rd. B'water —2J 69
Park Hill Rd. Brom —1N 47
Park Hill Rd. Croy —1B 64
Parkhill Rd. Eps —7E 60
Park Hill Rd. Wall —4F 62
Park Horsley. E Hor —7H 97
Park Ho. Dri. Reig —5L 121
Park Ho. Gdns. Twic —8J 11
Parkhurst. Eps —6B 60
Parkhurst Fields. Churt —9L 149
Parkhurst Gro. Horl —7D 142
Parkhurst Rd. Guild —2K 113
Parkhurst Rd. Horl —7C 142
Parkhurst Rd. Sutt —1B 62
Parkland Av. Slou —1N 5
Parkland Dri. Brack —9C 16
Parkland Gdns. SW19 —2J 27
Parkland Gro. Ashf —4B 22
Parkland Gro. Farnh —4L 109
Parkland Rd. Ashf —5B 22
Parklands. Add —2L 55
Parklands. Bookh —1A 98
Parklands. Oxt —9A 106
Parklands. Red —1E 122
Parklands. Surb —4M 41
Parklands Clo. SW14 —8B 12
Parklands Clo. Cher —9E 36
Parklands Cotts. Alb —1A 136
Parklands Ct. Houn —5L 9
Parklands Pde. Houn —5L 9
Parklands Pl. Guild —3D 114
Parklands Rd. SW16 —6F 28
Parklands Way. Wor Pk —8D 42
Park La. Asht —5M 79
Park La. Ash W —3F 186
Park La. Binf —8K 15
Park La. Brook —1G 170
Park La. Camb —1A 70
Park La. Cars & Wall —1E 62
Park La. Churt —9G 149
Park La. Coul —8H 83
Park La. Croy —9A 46
Park La. Dork —4F 158
Park La. Guild —9F 94
Park La. Houn —3H 9
Park La. Reig —5K 121
Park La. Rich —7K 11
Park La. Sutt —3K 61
Park La. Tedd —7F 24
Park La. Wink —2M 17
Park La. E. Reig —6L 121
Parklawn Av. Eps —9A 60
Park Lawn Av. Horl —6D 142
Park Lawn Rd. Wey —1D 56
Parkleigh Rd. SW19 —1N 43
Park Ley Rd. Wold —7G 85
Parkleys. Rich —5K 25
Park Mnr. Sutt —4A 62
(off Christchurch Pk.)
Parkmead. SW15 —9G 12
Parkmead. Cranl —6A 156
Park M. SE24 —1N 29
Park M. Stanw —1A 22
Parkpale La. Bet —8N 119
Park Pl. C Crook —8A 88
Park Pl. Hamp H —7C 24
Park Pl. H'ham —7J 197
Park Pl. Wok —5B 74
(off Hill View Rd.)
Park Ride. Wind —1A 18
Park Rise. H'ham —4H 197
Park Rise. Lea —8H 79
Park Rise Clo. Lea —8H 79
Park Rd. SE25 —3B 46
Park Rd. SW19 —7B 28
Park Rd. W4 —3B 12
Park Rd. Abry —9N 115
Park Rd. Alder —4N 109
Park Rd. Ashf —6C 22
Park Rd. Asht —5L 79
Park Rd. Bans —2N 81
Park Rd. Brack —1B 32
Park Rd. Camb —3N 69
Park Rd. Cat —1B 104
Park Rd. Dor P —4A 166
Park Rd. E Grin —9N 165
Park Rd. E Mol —3C 40
Park Rd. Egh —5C 20
Park Rd. Esh —1B 58
Park Rd. F'boro —4C 90
Park Rd. Farnh —8J 109
Park Rd. Fay —8E 180
Park Rd. Felt —5L 23
Park Rd. F Row —7H 187
Park Rd. G'ming —9H 133
Park Rd. Guild —3N 113
Park Rd. Hack —8F 44
Park Rd. Hamp H —5B 24
Park Rd. Hamp W —9J 25
Park Rd. Hand —9N 199
Park Rd. Hasl —3G 188
Park Rd. Houn —8B 10
Park Rd. Iswth —4H 11
Park Rd. Kenl —2N 83
Park Rd. King T —6M 25
Park Rd. Ling —9A 126
Park Rd. N Mald —3C 42
Park Rd. Oxt —6B 106
Park Rd. Red —1D 122
Park Rd. Rich —9M 11
Park Rd. Sand —8H 49
Park Rd. Shep —7B 38
Park Rd. Slin —5L 195
Park Rd. Small —1N 163
Park Rd. Stai —9K 7
Park Rd. Sun —8J 23
Park Rd. Surb —4M 41
Park Rd. Sutt —3K 61
Park Rd. Tedd —7F 24
Park Rd. Twic —9J 11
Park Rd. Wall —2F 62
Park Rd. Warl —1A 86
Park Rd. Wok —4B 74
Park Rd. Wokgm —2A 30
Park Rd. Ho. King T —8N 25
Park Rd. Ind. Est. Swan —2F 40
Park Rd. N. W4 —1C 12
Park Row. Farnh —9G 109
Parkshot. Rich —7K 11
Parkside. SW19 —4J 27
Parkside. Craw —3C 182
Parkside. E Grin —9M 165
Parkside. Farnh —6H 109
Parkside. Hamp —6D 24
Park Side. New H —7K 55
Parkside. Sutt —3K 61
Parkside Av. SW19 —6J 27
Parkside Clo. E Hor —3G 96
Parkside Cotts. Guild —1J 115
Parkside Ct. Wey —1B 56
Parkside Cres. Surb —5B 42
Parkside Gdns. SW19 —5J 27
Parkside Gdns. Coul —4F 82
Parkside M. H'ham —5K 197
Parkside Pl. E Hor —3G 96
Parkside Rd. Asc —4D 34
Parkside Rd. Houn —8B 10
Park Sq. Esh —1B 58
Park Sq. Wink —2M 17
Parkstead Rd. SW15 —8F 12
Parkstone Dri. Camb —2A 70
Park St. Bag —4J 51
Park St. Camb —9A 50
Park St. Coln —4F 6
Park St. Croy —8N 45
Park St. Guild —5M 113
Park St. H'ham —6K 197
Park St. Slin —5K 195
Park St. Tedd —7E 24
Park St. Wind —4G 5
Parkstreet La. Slin —5J 195
Park Ter. Wor Pk —7F 42
Park Ter. E. H'ham —7K 197
Park Ter. W. H'ham —7K 197
Park, The. Bookh —2A 98
Park, The. Cars —3D 62
Park, The. Dork —7G 118
Parkthorne Rd. SW12 —1H 29
Park View. Add —2L 55
Park View. Bag —4H 51
Park View. Bookh —3A 98
Park View. Horl —8E 142
Park View. N Mald —2E 42
Park View Clo. Eden —1K 147
Park View Ct. SE20 —1E 46
Parkview Ct. SW18 —8M 13
Park View Ct. Wok —6B 74
Parkview Dri. Mitc —1B 44
Park View Rd. Croy —7D 46
Park View Rd. Red —1E 142
Park View Rd. Wold —9H 85
Parkview Vale. Guild —1E 114
Parkville Rd. SW6 —3L 13
Park Wlk. Asht —6M 79
Parkway. SW20 —3J 43
Park Way. Bookh —1A 98
Parkway. Camb —3A 70
Park Way. Craw —2F 182
Parkway. Crowt —2F 48
Parkway. Dork —4G 119
Park Way. Felt —1J 23
Parkway. Guild —2A 114
Parkway. Horl —8E 142
Park Way. H'ham —6J 197
Parkway. New Ad —5L 65
Park Way. W Mol —2B 40
Park Way. Wey —1E 56
Parkway, The. Houn & S'hall —1H 9
Parkway Trad. Est. Houn —2K 9
Parkwood Av. Esh —7C 40
Park Wood Clo. Bans —2J 81
Parkwood Gro. Sun —2H 39
Parkwood Rd. SW19 —6L 27
Park Wood Rd. Bans —2J 81
Parkwood Rd. Iswth —4F 10
Parkwood Rd. Nutf —2J 123
Parkwood Rd. Tats —8G 87
Park Wood View. Bans —3J 81
Park Works Rd. Red —2J 123
Parley Dri. St J —4M 73
Parliamentary Rd. Pirb —8L 71
Parliament M. SW14 —5B 12
Parnell Clo. M'bowr —5H 183
Parnell Gdns. Wey —7B 56
Parnham Av. Light —7A 52
Parr Av. Eps —5G 61
Parr Clo. Lea —7F 78
Parr Ct. Felt —5K 23
Parrington Ho. SW4 —1H 29
Parris Croft. Dork —8J 119
Parrish Ct. Hasl —1G 189
Parrock La. Cole H —8M 187
Parrs Clo. S Croy —5A 64
Parrs Pl. Hamp —8A 24
Parry Clo. Eps —4G 60
Parry Clo. H'ham —4B 198
Parry Dri. Wey —6B 56
Parry Grn. S. Slou —1C 6
Parry Rd. SE25 —2B 46
Parsley Gdns. Croy —7G 46
Parsonage Bus. Pk. H'ham —4L 197
Parsonage Clo. Warl —3H 85
Parsonage Clo. Westc —7C 118
Parsonage La. Westc —6C 118
Parsonage La. Wind —4D 4
Parsonage Rd. Cranl —7M 155
Parsonage Rd. Egh —6N 19
Parsonage Rd. H'ham —4K 197
Parsonage Sq. Dork —5G 118
(off Station Rd.)
Parsonage Way. Frim —5C 70
Parsonage Way. H'ham —4L 197
Parsons Clo. C Crook —8A 88
Parsons Clo. Hasl —9G 171
Parsons Clo. Horl —7C 142
Parsons Cotts. Ash —1G 111
Parsons Field. Sand —7G 49
Parsonsfield Clo. Bans —2J 81
Parsonsfield Rd. Bans —3J 81
Parson's Grn. SW6 —4M 13
Parsons Grn. Guild —1N 113
Parsons Grn. Hasl —9G 171
Parsons Grn. Ct. Guild —9N 93
Parson's Grn. La. SW6 —4M 13
Parsons La. Hind —3A 170
Parsons Mead. Croy —7M 45
Parsons Mead. E Mol —2C 40
Parson's Ride. Brack —6D 32
Parson's Wlk. H'ham —8F 196
Parthenia Rd. SW6 —4M 13
Parthia Clo. Tad —6G 81
Parthings La. H'ham —9E 196
Partridge Av. Yat —9A 48
Partridge Clo. Ews —4C 108
Partridge Clo. Frim —5C 70
Partridge Knoll. Purl —9M 63
Partridge La. Newd & H'ham —7C 140
Partridge Mead. Bans —3H 81
Partridge Pl. Turn H —3F 184
Partridge Rd. Hamp —7N 23
Partridge Way. Guild —1F 114
Parvis Rd. W Byf —9K 55
Paschal Rd. Camb —7D 50
Passage, The. Rich —8L 11
Passfield Enterprise Cen. Pass —9C 168
Passfield Rd. Pass —9D 168
Passfields. W14 —1L 13
(off May St.)
Passingham Ho. Houn —2A 10
Pastens Rd. Oxt —9E 106
Pasture, The. Craw —3G 182
Pasture Wood Rd. Dork —6K 137
Patching Clo. Craw —2L 181
Patchings. H'ham —5M 197
Paterson Rd. Ashf —6M 21
Pates Mnr. Dri. Felt —1E 22
Pathfield. C'fold —5E 172
Pathfield Clo. C'fold —5E 172
Pathfield Clo. Rud —1E 194
Pathfield Rd. SW16 —7H 29
Pathfield Rd. Rud —1E 194
Pathfields. Shere —8B 116
Pathfields Clo. Hasl —1H 189
Pathfinders, The. F'boro —2H 89
Path Link. Craw —2C 182
Path, The. SW19 —9N 27
Pathway, The. Binf —6H 15
Pathway, The. Send —3H 95
Patmore La. W On T —3G 56
Patricia Gdns. Sutt —7M 61
Patrick Gdns. Warf —8C 16
Patrington Clo. Craw —6M 181
Patten All. Rich —8K 11
Patten Ash Dri. Wokgm —1D 30
Patten Av. Yat —1B 68
Patten Rd. SW18 —1C 28
Patterdale Clo. Craw —5N 181
Patterson Clo. Frim —3G 71
Paul Av. Egh —9E 20
Paul Clo. Alder —4K 109
Paul Gdns. Croy —9C 46
Pauline Cres. Twic —2C 24
Pauls Mead. Ling —6A 146
Paul's Pl. Asht —6A 80
Paved Ct. Rich —8K 11
Pavement Sq. Croy —7D 46
Pavement, The. Craw —3C 182
Pavement, The. Iswth —6G 11
(off South St.)
Pavilion Gdns. Stai —8K 21
Pavilion La. Alder —2K 109
Pavilion Rd. Alder —3K 109
Pavilions End, The. Camb —3B 70
Pavilion, The. Reig —1C 122
Pavilion Way. E Grin —1A 186
Paviours. Farnh —9G 109
Pawley Clo. Tong —5D 110
Pawsons Rd. Croy —5N 45
Pax Clo. Bew —5K 181
Paxton Clo. Rich —5M 11
Paxton Clo. W On T —6K 39
Paxton Gdns. Wok —8G 54
Paxton Rd. W4 —2D 12
Payley Dri. Wokgm —9D 14
Payne Clo. Craw —1H 183
Paynesfield Av. SW14 —6C 12
Paynesfield Rd. Tats —8E 86
Paynes Wlk. W6 —2K 13
Peabody Clo. Croy —7F 46
Peabody Est. SE24 —1N 29
Peabody Est. SW6 —2M 13
(off Lillie Rd.)
Peabody Est. W6 —1H 13
Peabody Hill. SE21 —2M 29
Peabody Rd. F'boro —4B 90
Peace Clo. SE25 —3B 46
Peacemaker Clo. Bew —5K 181
Peaches Clo. Sutt —4K 61
Peach St. Wokgm —2B 30
Peach Tree Clo. F'boro —7M 69
Peacock Av. Felt —2E 22
Peacock Cotts. Brack —3H 31
Peacock Gdns. S Croy —6H 65
Peacock La. Wokgm & Brack —4G 31
Peacocks Shop. Cen., The. Wok —4A 74
Peacock Ter. Red —2D 122
Peacock Wlk. Craw —6M 181
Peacock Wlk. Dork —6G 119
Peakfield. Fren —3H 149
Peak Rd. Guild —9K 93
Peaks Hill. Purl —6H 63
Peaks Hill Rise. Purl —6J 63
Peall Rd. Croy —5K 45
Peall Rd. Ind. Est. Croy —5K 45
Pear Av. Shep —2F 38
Pearce Clo. Mitc —1E 44
Pearce Rd. W Mol —2B 40
Pearl Ct. Wok —3H 73
Pearmain Clo. Shep —4C 38
Pearscroft Ct. SW6 —4N 13
Pearscroft Rd. SW6 —4N 13
Pearson Rd. Craw —3F 182
Pears Rd. Houn —6C 10
Peartree Av. SW17 —4A 28
Pear Tree Av. Fleet —3A 88
Pear Tree Clo. Add —2J 55
Pear Tree Clo. Chess —2N 59
Pear Tree Clo. Lind —5A 168
Peartree Clo. Mitc —1C 44
Peartree Clo. S Croy —1E 84
Peartree Grn. Duns —2N 173
Pear Tree Hill. Salf —3E 142
Pear Tree La. Rowl —8E 128
Pear Tree Rd. Add —2J 55
Pear Tree Rd. Ashf —6D 22
Pear Tree Rd. Lind —5A 168
Peary Clo. H'ham —2K 197
Peascod Pl. Wind —4G 4
Peascod St. Wind —4F 4
Pease Pottage Hill. Craw —8A 182
Peaslake La. Peasl —5E 136
Peaslake Rd. Ewh —2E 156
Peat Comn. Elst —9G 131
Peat Cotts. Elst —9G 131
Peatmoor Clo. Fleet —3A 88
Peatmore Av. Wok —3J 75
Peatmore Clo. Wok —3J 75
Peatmore Dri. Brkwd —8N 71
Pebble Clo. Tad —7D 100
Pebble Hill Rd. Bet —7D 100
Pebble La. Lea & Eps —2M 99
Pebworth Ct. Red —1E 122
Peddlars Gro. Yat —9D 48
Peeble Hill. W Hor —2D 116
Peek Cres. SW19 —6J 27
Peeks Brook La. Horl —4J 163
Peel Av. Frim —7E 70
Peel Cen. Ind. Est. Eps —7E 60
Peel Cen., The. Brack —1M 31
Peel Clo. Wind —6E 4
Peel Ct. F'boro —5A 90
Peel Rd. Orp —2L 67
Pegasus Av. Alder —1C 110
Pegasus Clo. Hasl —3B 188
Pegasus Ct. Bew —5K 181
Pegasus Ct. Fleet —3A 88
Pegasus Ct. King T —2K 41
Pegasus Rd. F'boro —7L 69
Pegasus Way. E Grin —7D 166
Peggotty Pl. Owl —5K 49
Pegg Rd. Houn —3L 9
Pegwell Clo. Craw —5L 181
Peket Clo. Stai —9G 21
Peldon Ct. Rich —8M 11
Peldon Pas. Rich —7M 11
Pelham Ct. Craw —7N 181
Pelham Ct. H'ham —6H 197
Pelham Dri. Craw —7M 181
Pelham Ho. W14 —1L 13
(off Mornington Av.)
Pelham Pl. Craw —7N 181
Pelham Rd. SW19 —8M 27
Pelham Rd. Beck —1F 46
Pelham's Clo. Esh —1A 58
Pelham's Wlk. Esh —9A 40
Pelham Way. Bookh —4C 98
Pellant Rd. SW6 —3K 13
Pelling Hill. Old Win —1L 19
Pelton Av. Sutt —6N 61
Pemberley Chase. W Ewe —2A 60
Pemberley Clo. W Ewe —2A 60
Pemberton Pl. Esh —9C 40
Pemberton Rd. E Mol —3C 40
Pembley Grn. Copt —7B 164
Pembridge Av. Twic —2N 23
Pembridge Pl. SW18 —8M 13
Pembroke. Brack —6L 31
Pembroke Av. Surb —4A 42
Pembroke Av. W On T —1L 57
Pembroke B'way. Camb —1A 70
Pembroke Clo. Asc —4A 34
Pembroke Clo. Bans —4N 81
Pembroke Gdns. Wok —5C 74
Pembroke M. Asc —4A 34
Pembroke Pde. Yat —9D 48
Pembroke Pl. Iswth —5E 10
Pembroke Rd. SE25 —3B 46
Pembroke Rd. Craw —9G 163
Pembroke Rd. Mitc —1E 44
Pembroke Rd. Wok —5C 74
Pembroke Vs. Rich —7K 11
Pembury Av. Wor Pk —7F 42
Pembury Clo. Coul —1E 82
Pembury Ct. Hayes —2E 8
Pembury Pl. Alder —3A 110
Pembury Rd. SE25 —3D 46
Pemdevon Rd. Croy —6L 45
Pemerich Clo. Hayes —1G 8
Penates. Esh —1D 58
Penbury Rd. S'hall —1N 9
Pendarves Rd. SW20 —9H 27
Pendell Av. Hayes —3G 8
Pendell Rd. Blet —9M 103
Pendennis Clo. W Byf —1J 75
Pendennis Rd. SW16 —5J 29
Penderel Rd. Houn —8A 10
Pendine Pl. Brack —4N 31
Pendlebury. Brack —6M 31
Pendle Rd. SW16 —7F 28
Pendleton Clo. Red —4D 122
Pendleton Rd. Reig & Red —6A 122
Pendragon Way. Camb —2H 71
Pendry's La. Binf —1M 15
Penfold Clo. Croy —9L 45
Penfold Croft. Farnh —8L 109
(in two parts)
Penfold Rd. M'bowr —7F 182
Penge Rd. SE25 & SE20 —2D 46
Pengilly Rd. Farnh —2G 128
Penhurst. Wok —1B 74
Peninsular Clo. Felt —9E 8
Penistone Rd. SW16 —8J 29
Penlee Clo. Eden —1L 147
Pennards, The. Sun —2K 39
Penn Clo. Craw —9B 162
Penn Ct. Craw —3L 181
Pennefathers Rd. Alder —1L 109
Penner Clo. SW19 —3K 27
Pennine Clo. Craw —3N 181
Pennine Way. F'boro —7J 69
Pennine Way. Hayes —3E 8
Pennings Av. Guild —1J 113
Pennington Dri. Wey —9F 38
Penn Rd. Dat —4N 5
Penns Wood. F'boro —4B 90
Pennycroft. Croy —5H 65
Penny Dri. Wood S —2E 112
Pennyfield. Cobh —9H 57
Penny Hill Cvn. Pk. B'water —4B 68
Penny La. Shep —6F 38
Pennymead Dri. E Hor —5G 96
Pennymead Rise. E Hor —5G 96
Penny M. SW12 —1F 28
Pennypot La. Chob —9E 52
Penny Royal. Wall —3H 63
Penrhyn Clo. Alder —3N 109
Penrhyn Cres. SW14 —7B 12
Penrhyn Gdns. King T —3K 41
Penrhyn Rd. King T —3L 41
Penrith Clo. SW15 —8K 13
Penrith Clo. Beck —1L 47
Penrith Clo. Reig —2C 122
Penrith Pl. SE27 —3M 29
Penrith Rd. N Mald —3C 42
Penrith Rd. T Hth —1N 45
Penrith St. SW16 —7G 28
Penrose Ct. Egh —7M 19
Penrose Rd. Fet —9C 78
Pensfold La. H'ham —3F 194
Pensford Av. Rich —5N 11
Pensford Clo. Crowt —9G 30
Penshurst Clo. Craw —2H 183
Penshurst Rise. Frim —6D 70
Penshurst Rd. T Hth —4M 45
Penshurst Way. Sutt —5M 61
Pentelow Gdns. Felt —9H 9
Pentland Av. Shep —4B 38
Pentland Gdns. SW18 —9N 13
Pentland Pl. F'boro —7K 69
Pentlands Clo. Mitc —2F 44
Pentland St. SW18 —9N 13
Pentlow St. SW15 —6H 13
Pentney Rd. SW12 —2G 28
Pentney Rd. SW19 —9K 27
Penton Av. Stai —8H 21
Penton Hall. Stai —9J 21
Penton Hall Dri. Stai —9J 21
Penton Hook Rd. Stai —8J 21
Penton Pk. Cher —2K 37
Penton Pk. (Cvn. Site). Cher —2K 37
Penton Rd. Stai —8H 21
Pentreath Av. Guild —4J 113
Penwerris Av. Iswth —3C 10
Penwerris Ct. Houn —3C 10
Penwith Dri. Hasl —4B 188
Penwith Rd. SW18 —3M 27
Penwith Wlk. Wok —6N 73
Penwood End. Wok —8L 73
Penwood Gdns. Brack —5J 31
Penwood Ho. SW15 —9E 12
Penwortham Rd. SW16 —7F 28
Penwortham Rd. S Croy —6A 64
Pen-y-Bos Track. Hasl —7K 189
Penywern Rd. SW5 —1M 13
Peperham Ho. Hasl —1G 189
Peperham Rd. Hasl —9G 171
Peperharow La. Shack —5N 131
Peperharow Rd. G'ming —5E 132
Peppard Rd. M'bowr —6H 183
Pepperbox La. Brmly —5F 154
Pepper Clo. Cat —3B 104
Peppermint Clo. Croy —6J 45
Pepys Clo. Asht —4N 79
Pepys Clo. Slou —2D 6
Pepys Rd. SW20 —8H 27
Percheron Clo. Iswth —6F 10
Percheron Dri. Knap —6E 72
Percival Rd. SW14 —7B 12

Percival Rd.—Postford Farm Cotts.

Percival Rd. Felt —3G 22
Percival Way. Eps —1C 60
Percy Av. Ashf —6B 22
Percy Bryant Rd. Sun —8F 22
Percy Gdns. Iswth —6G 11
Percy Gdns. Wor Pk —7D 42
Percy Pl. Dat —4L 5
Percy Rd. SE20 —1G 46
Percy Rd. SE25 —4D 46
Percy Rd. Guild —1L 113
Percy Rd. Hamp —8A 24
Percy Rd. H'ham —5H 197
Percy Rd. Iswth —7G 11
Percy Rd. Mitc —6E 44
Percy Rd. Twic —2B 24
Percy Way. Twic —2C 24
Peregrine Clo. Brack —4N 31
Peregrine Clo. Cranl —6N 155
Peregrine Ct. SW16 —5K 29
Peregrine Gdns. Croy —8H 47
Peregrine Rd. Sun —1G 38
Peregrine Way. SW19 —8H 27
Perham Rd. W14 —1K 13
Perifield. SE21 —2N 29
Perimeter Rd. E. Gat A —3F 162
Perimeter Rd. N. Gat A —2B 162
Perimeter Rd. S. Gat A —5A 162
Periwinkle Clo. Lind —4B 168
Perkins Ct. Ashf —6A 22
Perkins Way. Wokgm —3A 30
Perkstead Ct. Craw —6M 181
(off Waddington Clo.)
Perleybrooke La. Wok —4K 73
(off Bampton Way)
Perowne St. Alder —2L 109
Perran Rd. SW2 —2M 29
Perran Wlk. Bren —1L 11
Perrin Clo. Ashf —6A 22
Perrin Ct. Wok —2D 74
Perring Av. F'boro —6K 69
Perrior Rd. G'ming —4H 133
Perry Av. E Grin —7A 166
Perry Clo. G'ming —6K 133
Perrycroft. Wind —6B 4
Perryfield Rd. Craw —4A 182
Perryfield Way. Rich —4H 25
Perry Hill. Worp —5H 93
Perryhill Dri. Sand —6E 48
Perry How. Wor Pk —7E 42
Perrylands. Charl —3L 161
Perrylands La. Horl —9K 143
Perrymead St. SW6 —4M 13
Perryn Ct. Twic —1G 24
Perry Oaks. Brack —1C 32
Perry Oaks Dri. W Dray & Houn —5K 7
Perry Way. Brack —1C 32
Perry Way. Head —5E 168
Perry Way. Light —8K 51
Perrywood Bus. Pk. Red —2F 142
Perseverance Cotts. Rip —8L 75
Perseverance Pl. Rich —7L 11
Perseverence Pl. Rich —7L 11
Persfield Clo. Eps —6E 60
Persfield M. Eps —6E 60
Pershore Gro. Cars —5B 44
Perth Clo. SW20 —1F 42
Perth Clo. Craw —9B 162
Perth Rd. Beck —1M 47
Perth Way. H'ham —4M 197
Petauel Rd. Tedd —6E 24
Peter Av. Oxt —7N 105
Peterborough M. SW6 —5M 13
Peterborough Rd. SW6 —5M 13
Peterborough Rd. Cars —5C 44
Peterborough Rd. Craw —7C 182
Peterborough Rd. Guild —1J 113
Peterborough Vs. SW6 —4N 13
Peterhead M. Langl —1C 6
Peterhouse Clo. Owl —5L 49
Peterhouse Pde. Craw —9G 162
Peterlee Wlk. Bew —7K 181
Petersfield Av. Stai —6L 21
Petersfield Cres. Coul —2J 83
Petersfield Rise. SW15 —2G 26
Petersfield Rd. Stai —6L 21
Petersham Av. Byfl —8N 55
Petersham Clo. Byfl —8N 55
Petersham Clo. Rich —3K 25
Petersham Clo. Sutt —2M 61
Petersham Rd. Rich —9K 11
Petersham Ter. Mitc —9J 45
(off Richmond Grn.)
Petersmead Clo. Tad —1H 101
Peterstow Clo. SW19 —3K 27
Peterswood. Capel —5J 159
Peterwood Pk. Croy —8K 45
Peterwood Way. Croy —8K 45
Petley Rd. W6 —2J 13
Petridge Rd. Red —8D 122
Petters Rd. Asht —3M 79
Pettiward Clo. SW15 —7H 13
Petts La. Shep —3B 38
Petworth Clo. Coul —6G 82
Petworth Clo. Frim —6D 70
Petworth Ct. Craw —6L 181
Petworth Ct. Hasl —2H 189
Petworth Dri. H'ham —1M 197
Petworth Gdns. SW20 —2G 42
Petworth Rd. Hasl —2H 189
Petworth Rd. Milf —3C 152
Pevensey Clo. Craw —4G 182
Pevensey Clo. Iswth —3C 10
Pevensey Rd. SW17 —5B 28
Pevensey Rd. Felt —2M 23
Pevensey Way. Frim —6E 70
Peverel Rd. If'd —4K 181
Peveril Dri. Tedd —6D 24
Pewley Bank. Guild —5A 114
Pewley Hill. Guild —5N 113
Pewley Point. Guild —5A 114
Pewley Way. Guild —5A 114
Pewsey Vale. Brack —4D 32
Peyton's Cotts. Red —1J 123
Pharaoh Clo. Mitc —6D 44
Pharaoh's Island. Shep —8A 38
Pheasant Clo. Purl —9M 63
Phelps Way. Hayes —1G 9
Philanthropic Rd. Red —4E 122
Philbeach Gdns. SW5 —1M 13
Philip Gdns. Croy —8J 47
Philip Rd. Stai —7M 21
Philips Clo. Cars —7E 44
Phillip Copse. Brack —6B 32
Phillips Clo. G'ming —9G 132
Phillips Clo. Head —4E 168
Phillips Clo. M'bowr —8F 182
Phillips Clo. Tong —4C 110
Phillips Cres. Head —4E 168
Phillips Hatch. Won —3E 134
Phillip's Quad. Wok —5A 74
Philpot La. Chob —9L 53
Philpot Sq. SW6 —6N 13
Phipp Point. W Mol —2B 40
Phipp's Bri. Rd. SW19 & Mitc —1A 44
Phoenix Bus. Pk. Brack —1H 31
Phoenix Clo. W Wick —8N 47
Phoenix Ct. Alder —3M 109
Phoenix Ct. Guild —5N 113
Phoenix Ct. Houn —8L 9
Phoenix Ct. S Croy —2C 64
Phoenix Dri. Kes —1F 66
Phoenix Ho. Sutt —1N 61
Phoenix La. Ash W —3G 186
Phoenix Trad. Pk. Bren —1K 11
Phoenix Way. Houn —2L 9
Phyllis Av. N Mald —4G 42
Picards, The. Guild —7M 113
Pickering. Brack —3M 31
Pickering Gdns. Croy —5C 46
Picket Post Clo. Brack —2D 32
Pickets St. SW12 —1F 28
Picketts Hill. Head —9A 148
Pickett's La. Horl —4H 163
Picketts La. Red —2G 142
Pickford St. Alder —2N 109
Pickhurst La. W Wick & Brom —4N 47
Pickhurst Rise. W Wick —7N 47
Pickhurst Rd. C'fold —6F 172
Pickins Piece. Hort —5C 6
Pickwick Clo. Houn —8M 9
Picquets Way. Bans —4L 81
Picton Clo. Camb —8F 50
Picts Hill. H'ham —9G 197
Pierrefonde's Av. F'boro —9M 69
Pier Rd. Felt —8J 9
Pierson Rd. Wind —4A 4
Pier Ter. SW18 —7N 13
Pigbush La. Loxw —1H 193
Pigeon Ho. La. Coul —3A 102
Pigeonhouse La. Wink —4H 17
Pigeon La. Hamp —5A 24
Piggott Ct. H'ham —7K 197
Pigott Rd. Wokgm —9C 14
Pig Pound Wlk. Hand —6N 199
Pike Clo. Alder —2A 110
Pikemans Ct. SW5 —1M 13
(off W. Cromwell Rd.)
Pikes Hill. Eps —9D 60
Pikes La. Crow —2A 146
Pilgrim Clo. Mord —6N 43
Pilgrim Ct. Milf —2C 152
Pilgrim Hill. SE27 —5N 29
Pilgrims Clo. Farnh —3F 128
Pilgrim's Clo. Shere —8B 116
Pilgrims Clo. Westh —9G 99
Pilgrims' La. Cat —4K 103
Pilgrims La. T'sey & W'ham —2E 106
Pilgrims Pl. Reig —1M 121
Pilgrims View. Ash —4G 111
Pilgrims Way. Bisl —3D 72
Pilgrims Way. Guild —7N 113
Pilgrim's Way. Reig —1L 121
Pilgrim's Way. Shere —8B 116
Pilgrims Way. S Croy —2C 64
Pilgrims Way. W'ham & Sund —1J 107
Pilgrims Way. Westh —9H 99
Pilgrims Way Cotts. Bet —2B 120
Pilsden Clo. SW19 —2J 27
Pilton Est., The. Croy —8M 45
Pimms Clo. Guild —8C 94
Pinckards. C'fold —4D 172
Pincott La. W Hor —7C 96
Pincott Rd. SW19 —8A 28
Pine Av. Camb —2B 70
Pine Av. W Wick —7L 47
Pine Bank. Hind —5C 170
Pine Clo. Ash V —7E 90
Pine Clo. Craw —9A 162
Pine Clo. Kenl —4A 84
Pine Clo. New H —7K 55
Pine Clo. Sand —8K 49
Pine Clo. Wok —3M 73
Pine Coombe. Croy —1G 65
Pinecote Dri. Asc —6C 34
Pine Ct. Alder —2M 109
Pine Ct. Brack —3C 32
Pine Cres. Cars —7B 62
Pinecrest Gdns. Orp —1K 67
Pine Croft Rd. Wokgm —6A 30
Pine Dean. Bookh —3B 98
Pine Dri. B'water —3K 69
Pinefields. Add —1K 55
(off Church Rd.)
Pinefields Clo. Crowt —2G 48
Pine Gdns. Horl —9E 142
Pine Gdns. Surb —5N 41
Pine Glade. Orp —1H 67
Pine Gro. SW19 —6L 27
Pine Gro. C Crook —8C 88
Pine Gro. E Grin —7L 165
Pine Gro. Eden —1K 147
Pine Gro. Lwr Bo —5K 129
Pine Gro. Wey —2C 56
Pine Gro. W'sham —3A 52
Pine Gro. M. Wey —2D 56
Pine Hill. Eps —2C 80
Pinehill Rise. Sand —7H 49
Pinehill Rd. Crowt —3G 49
Pinehurst. H'ham —4J 197
Pinehurst. S'hill —4A 34
Pinehurst Av. F'boro —3N 89
Pinehurst Clo. Tad —9M 81
Pinehurst Cotts. F'boro —3N 89
Pinel Clo. Vir W —3A 36
Pine Mt. Rd. Camb —2B 70
Pine Pl. Bans —1J 81
Pine Ridge. Cars —5E 62
Pine Ridge Dri. Lwr Bo —6G 129
Pine Rd. Wok —7M 73
Pine Shaw. Craw —2H 183
Pines Rd. Fleet —3A 88
Pines, The. SE19 —8M 29
Pines, The. Coul —5F 82
Pines, The. Dork —6H 119
Pines, The. H'ham —3B 198
Pines, The. Purl —9N 63
Pines, The. Sun —2H 39
Pines, The. Wok —1B 74
Pines Trad. Est., The. Guild —1H 113
Pine Tree Clo. Houn —4J 9
Pine Tree Hill. Wok —3F 74
Pine Trees Bus. Pk. Stai —6G 20
Pinetrees Clo. Copt —7M 163
Pine View. Head —3H 169
Pine View Clo. Bad L —7M 109
Pine View Clo. Chil —9H 115
Pine View Clo. Hasl —9G 170
Pine Wlk. Bans —4D 82
Pine Wlk. Bookh —3B 98
Pine Wlk. Cars —6B 62
Pine Wlk. Cat —9B 84
Pine Wlk. Cobh —1L 77
Pine Wlk. E Hor —6G 97
Pine Wlk. Surb —5N 41
Pine Wlk. E. Cars —7B 62
Pine Wlk. W. Cars —6B 62
Pine Way. Egh —7L 19
Pine Way Clo. E Grin —2A 186
Pine Wood. Sun —9H 23
Pinewood Av. Crowt —1H 49
Pinewood Av. New H —5L 55
Pinewood Cvn. Pk. Wokgm —8H 31
Pinewood Clo. Broad H —5D 196
Pinewood Clo. Croy —9H 47
Pinewood Clo. Sand —7E 48
Pinewood Clo. Wok —2C 74
Pinewood Ct. Add —1L 55
Pinewood Ct. Fleet —3B 88
Pinewood Cres. F'boro —9H 69
Pinewood Dri. Orp —2N 67
Pinewood Dri. Stai —6J 21
Pinewood Gdns. Bag —4G 50
Pinewood Gro. New H —6K 55
Pinewood Hill. Fleet —3B 88
Pinewood M. Stai —9M 7
Pinewood Pk. F'boro —7H 69
Pinewood Pk. New H —7K 55
Pinewood Pl. Eps —1C 60
Pinewood Rd. Ash —1H 111
Pinewood Rd. Felt —4J 23
Pinewood Rd. Vir W —3K 35
Pinfold Rd. SW16 —5J 29
Pinglestone Clo. W Dray —3N 7
Pinkcoat Clo. Felt —4J 23
Pinkerton Pl. SW16 —5H 29
Pinkham Mans. W4 —1N 11
Pinkhurst La. Slin —6A 196
Pioneer Pl. Croy —5K 65
Pioneers Ind. Pk. Croy —7J 45
Piper Rd. King T —2N 41
Pipers Clo. Cobh —2L 77
Pipers Croft. C Crook —9B 88
Pipers End. Slin —5M 195
Piper's End. Vir W —2N 35
Piper's Gdns. Croy —6H 47
Pipers Hatch. F'boro —1N 89
Pipers La. N'chap —9D 190
Pipewell Rd. Cars —5C 44
Pippbrook Gdns. Dork —4H 119
Pippin Clo. Croy —7J 47
Pippins Ct. Ashf —7C 22
Pipson La. Yat —1C 68
Pipsons Clo. Yat —9C 48
Piquet Rd. SE20 —1F 46
Pirbright Cres. New Ad —3M 65
Pirbright Grn. Pirb —1C 92
Pirbright Rd. SW18 —2L 27
Pirbright Rd. F'boro —2A 90
Pirbright Rd. Norm —1J 111
Pirbright Rd. Wok —6A 92
Pirbright Ter. Pirb —1C 92
Piries Pl. H'ham —6J 197
(off East St.)
Pisley Farm Rd. Ockl —6N 157
Pitcairn Rd. Mitc —8D 28
Pitchfont La. Oxt —2B 106
Pitch Pl. Binf —6J 15
Pit Farm Rd. Guild —3C 114
Pitfold Av. Hasl —2B 188
Pitfold Clo. Hasl —2C 188
Pitlake. Croy —8M 45
Pitland St. Dork —6K 137
Pit La. Eden —8L 127
Pitson Clo. Add —1M 55
Pitt Cres. SW19 —5N 27
Pitt Pl. Eps —1D 80
Pitt Rd. Eps —1D 80
Pitt Rd. Orp —1L 67
Pitt Rd. T Hth & Croy —4N 45
Pitts Clo. Binf —7J 15
Pittville Gdns. SE25 —2D 46
Pitt Way. F'boro —9L 69
Pitwood Grn. Tad —7H 81
Pitwood Pk. Ind. Est. Tad —7G 81
Pixham End. Dork —2J 119
Pixham La. Dork —2J 119
Pixholme Gro. Dork —3J 119
Pixton Way. Croy —5H 65
Place Ct. Alder —5A 110
Place Farm Rd. Blet —8A 104
Placehouse La. Coul —6K 83
Plain Ride. Wind —2N 17
Plaistow Rd. Duns —1M 191
Plaistow Rd. Kird —8D 192
Plaistow Rd. Loxw —6D 192
Plaistow St. Ling —7N 145
Plane Ho. Short —1N 47
Planes, The. Cher —6L 37
Plane Tree Cres. Felt —4J 23
Plantagenet Clo. Wor Pk —1C 60
Plantagenet Pk. Warf —9D 16
Plantain Cres. Craw —7M 181
Plantation La. Warl —6H 85
Plantation Row. Camb —1N 69
Plateau, The. Warf P —8E 16
Plat, The. Eden —2M 147
Plat, The. H'ham —5G 196
Platt Meadow. Guild —9F 94
Platt, The. SW15 —6J 13
Platt, The. D'land —1C 166
Plaws Hill. Peasl —5E 136
Playden Clo. Craw —6M 181
Playfair Mans. W14 —2K 13
(off Queen's Club Gdns.)
Playfair St. W6 —1H 13
Playground Clo. Beck —1G 47
Pleasance Rd. SW15 —8G 12
Pleasance, The. SW15 —7G 12
Pleasant Gro. Croy —9J 47
Pleasant Pl. W On T —3K 57
Pleasant View Pl. Orp —2K 67
Pleasure Pit Rd. Asht —5A 80
Plesman Way. Wall —5J 63
Plevna Rd. Hamp —9B 24
Plough Clo. If'd —1L 181
Plough Ind. Est. Lea —7G 79
Ploughlands. Brack —9L 15
Plough La. SW19 & SW17 —6N 27
Plough La. D'side —4H 77
Plough La. Ewh —6G 156
Plough La. H'ham —3L 197
Plough La. Purl —5K 63
Plough La. Wall —1J 63
Plough La. Wokgm —1E 30
Plough La. Clo. Wall —2J 63
Ploughmans End. Iswth —8D 10
Plough Rd. D'land —9C 146
Plough Rd. Eps —5C 60
Plough Rd. Small —8M 143
Plough Rd. Yat —8D 48
Plough Wlk. Eden —9L 127
Plover Clo. Craw —1A 182
Plover Clo. Eden —9L 127
Plover Clo. Stai —4H 21
Plovers Rise. Brkwd —7B 72
Plovers Rd. H'ham —5M 197
Plum Clo. Felt —2H 23
Plum Garth. Bren —1K 11
Plummer La. Mitc —1D 44
Plummer Rd. SW4 —1H 29
Plumpton Way. Cars —9C 44
Plumtree Clo. Wall —4H 63
Pocket Clo. Binf —1J 31
Pockford Rd. C'fold —5F 172
Pococks La. Eton —1H 5
Podmore Rd. SW18 —7N 13
Poels Ct. E Grin —8A 166
Pointers Cotts. Rich —3J 25
Pointers Hill. Westc —7C 118
Pointers Rd. Cobh —3D 76
Pointers, The. Asht —7L 79
Point Pleasant. SW18 —7M 13
Polden Clo. F'boro —7K 69
Polecat Hill. Gray —8D 170
Polecat Valley. Hind —8D 170
Polesden Gdns. SW20 —1G 42
Polesden La. Send —1H 95
Polesden Rd. Bookh —7B 98
Polesden View. Bookh —5B 98
Poles La. Low H —6A 162
Polesteeple Hill. Big H —4F 86
Police Sta. Rd. W On T —3K 57
Polkerris Way. C Crook —9C 88
Pollard Clo. Old Win —8L 5
Pollard Gro. Camb —2G 71
Pollard Rd. Mord —4B 44
Pollard Rd. Wok —3D 74
Pollardrow Av. Brack —9L 15
(in two parts)
Pollards. Craw —4M 181
Pollards Cres. SW16 —2J 45
Pollards Dri. H'ham —5L 197
Pollards Hill E. SW16 —2K 45
Pollards Hill N. SW16 —2J 45
Pollards Hill S. SW16 —2J 45
Pollards Hill W. SW16 —2K 45
Pollards Oak Cres. Oxt —1C 126
Pollards Oak Rd. Oxt —1C 126
Pollards Wood Hill. Oxt —8D 106
Pollards Wood Rd. SW16 —2J 45
Pollards Wood Rd. Oxt —9D 106
Pollocks Path. Gray —7B 170
Polmear Clo. C Crook —9C 88
Polsted La. Comp —1F 132
Poltimore Rd. Guild —5K 113
Polworth Rd. SW16 —6J 29
Polyanthus Way. Crowt —8G 30
Polygon Bus. Cen. Coln —5H 7
Pond Clo. Loxw —4H 193
Pond Clo. W On T —3G 57
(in two parts)
Pond Copse La. Loxw —3H 193
Pond Cottage La. W Wick —7K 47
Pond Croft. Yat —9D 48
Pond Farm Clo. Tad —2G 100
Pondfield Ho. SE27 —6N 29
Pondfield Rd. G'ming —4J 133
Pondfield Rd. Kenl —3M 83
Pondfield Rd. Rud —9E 176
Pond Head La. Dork —5L 157
Pond Hill Gdns. Sutt —3K 61
Pond La. Fren —6H 149
Pond La. Peasl —4D 136
Pond Meadow. Guild —3H 113
Pond Moor Rd. Brack —4N 31
Pond Piece. Oxs —9B 58
Pond Pl. Asht —4L 79
Pond Rd. Egh —7E 20
Pond Rd. Head —5F 168
Pond Rd. Wok —7K 73
Pondside Clo. Hayes —2E 8
Ponds La. Shere —2N 135
Ponds, The. Wey —3F 56
Pondtail Clo. Fleet —5D 88
Pondtail Clo. H'ham —2K 197
Pondtail Copse. H'ham —2K 197
Pondtail Gdns. Fleet —5D 88
Pondtail Rd. Fleet —5D 88
Pondtail Rd. H'ham —3J 197
Pond View Clo. Fleet —3C 88
Pond Way. E Grin —9D 166
Pond Way. Tedd —7J 25
Pond Wood Rd. Craw —1E 182
Ponside Clo. Hayes —2E 8
Ponsonby Rd. SW15 —1G 26
Pony Chase. Cobh —9N 57
Pook Hill. C'fold —5B 172
Pool Clo. W Mol —4N 39
Poole Ct. Houn —5M 9
Poole Ct. Rd. Houn —5M 9
Pool End Clo. Shep —4B 38
Poole Rd. Eps —3C 60
Poole Rd. Wok —5A 74
Pooles Cotts. Rich —3K 25
Pooles La. SW10 —3N 13
Pooley Av. Egh —6D 20
Pooley Grn. Clo. Egh —6E 20
Pooley Grn. Rd. Egh —6D 20
Poolmans Rd. Wind —6A 4
Pool Rd. Alder —5A 110
Pool Rd. W Mol —4N 39
Pootings Rd. Crock H —4M 127
Pope Clo. SW19 —7B 28
Pope Clo. Felt —2G 22
Popes Av. Twic —3E 24
Popes Clo. Coln —3D 6
Popes Ct. Twic —3E 24
Popes Gro. Croy —9J 47
Popes Gro. Twic —3F 24
Popes La. Oxt —3A 126
Popes Mead. Hasl —1G 189
Popeswood Rd. Binf —8J 15
Popham Clo. Brack —4D 32
Popham Clo. Felt —4N 23
Popham Gdns. Rich —6N 11
Popinjays Row. Cheam —2J 61
(off Netley Clo.)
Poplar Av. Lea —9H 79
Poplar Av. Mitc —9D 28
Poplar Av. W'sham —1L 51
Poplar Clo. Coln —4G 7
Poplar Clo. Craw —9A 162
Poplar Clo. F'boro —9H 69
Poplar Clo. Myt —2E 90
Poplar Cotts. Guild —9H 93
Poplar Ct. SW19 —6M 27
Poplar Cres. Eps —3B 60
Poplar Dri. Bans —1J 81
Poplar Farm Clo. Eps —3B 60
Poplar Gdns. N Mald —1C 42
Poplar Gro. N Mald —1C 42
Poplar Gro. Wok —6A 74
Poplar Ho. Langl —1B 6
Poplar Rd. SW19 —1M 43
Poplar Rd. Ashf —6D 22
Poplar Rd. Lea —9H 79
Poplar Rd. Shalf —1A 134
Poplar Rd. Sutt —7L 43
Poplar Rd. S. SW19 —2M 43
Poplars, The. Asc —4L 33
Poplars, The. H'ham —5L 197
Poplar Vs. Frim G —8D 70
(off Beech Rd.)
Poplar Wlk. Cat —1B 104
Poplar Wlk. Croy —7N 45
Poplar Wlk. Farnh —5J 109
Poplar Way. Felt —4H 23
Poppy Clo. Wall —7E 44
Poppyhills Rd. Camb —7D 50
Poppy La. Croy —6F 46
Poppy Pl. Wokgm —2A 30
Porchester. Asc —3L 33
Porchester Rd. King T —1A 42
Porchfield Clo. Sutt —6N 61
Porridge Pot All. Guild —5N 113
Portal Clo. SE27 —4L 29
Portesbery Hill Dri. Camb —9C 50
Portesbery Rd. Camb —9B 50
Portia Gro. Warf —9C 16
Portinscale Rd. SW15 —8K 13
Portland Av. N Mald —6E 42
Portland Bus. Cen. Dat —4L 5
(off Manor Ho. La.)
Portland Cres. Felt —5E 22
Portland Dri. C Crook —9A 88
Portland Dri. Red —7H 103
Portland Ho. Mers —7G 103
Portland Pl. SE25 —3D 46
(off Portland Rd.)
Portland Pl. Eps —8D 60
Portland Rd. SE25 —3D 46
Portland Rd. Ashf —4N 21
Portland Rd. Dork —4G 119
Portland Rd. E Grin —1A 186
Portland Rd. King T —2L 41
Portland Rd. Mitc —1C 44
Portland Ter. Rich —7K 11
Portley La. Cat —8B 84
Portley Wood Rd. Whyt —7C 84
Portman Av. SW14 —6C 12
Portman Clo. Brack —9M 15
Portman Rd. King T —1M 41
Portmore Pk. Rd. Wey —1A 56
Portmore Quays. Wey —1A 56
Portmore Way. Wey —9B 38
Portnall Dri. Vir W —5H 35
Portnall Rise. Vir W —4J 35
Portnall Rd. Vir W —4J 35
Portnalls Clo. Coul —3F 82
Portnalls Rise. Coul —3G 82
Portnalls Rd. Coul —5F 82
Portsmouth Av. Th Dit —6G 40
Portsmouth Rd. SW15 —1G 27
Portsmouth Rd. Cobh & Esh —4C 76
Portsmouth Rd. Esh —3A 58
Portsmouth Rd. Frim & Camb —5B 70
Portsmouth Rd. G'ming —1E 152
Portsmouth Rd. Guild —7M 113
Portsmouth Rd. Hind —9M 169
Portsmouth Rd. King T —3K 41
Portsmouth Rd. Rip —3H 95
Portsmouth Rd. Th Dit & Surb —8E 40
Portsmouth Rd. Thur & Milf —9G 150
Portswood Pl. SW15 —9E 12
Portugal Gdns. Twic —3C 24
Portugal Rd. Wok —3B 74
Port Way. Bisl —3D 72
Portway. Eps —5F 60
Portway Cres. Eps —5F 60
Postford Farm Cotts. Alb —1J 135

Postford Mill Cotts.—Queen's Promenade

Postford Mill Cotts. Chil —7H 115
Post Horn Clo. F Row —8K 187
Post Horn La. F Row —8J 187
Post Ho. La. Bookh —3A 98
Post La. Twic —2D 24
Postmill Clo. Croy —9F 46
Post Office All. Hamp —1B 40
Post Office Row. Oxt —9G 107
Potley Hill Rd. Yat —9E 48
Potter Clo. Mitc —1F 44
Potteries La. Myt —2D 90
Potteries, The. F'boro —8J 69
Potterne Clo. SW19 —1J 27
Potters Clo. Croy —7H 47
Potters Clo. Milf —9C 132
Potters Cres. Ash —1F 110
Potter's Croft. H'ham —6L 197
Pottersfield. Craw —2B 182
Potters Ga. Farnh —1F 128
Potters Gro. N Mald —3B 42
Potter's Hill Hamb —5F 152
Potters Ind. Pk. C Crook —8D 88
Potter's La. SW16 —7H 29
Potters La. Send —1D 94
Potters Rd. SW6 —5N 13
Potters Way. Reig —7A 122
Pottery Ct. Wrec —5E 128
Pottery La. Wrec —5E 128
Pottery Rd. Bren —2L 11
Poulcott. Wray —9A 6
Poulett Gdns. Twic —2G 24
Poulters Wood. Kes —2F 66
Poulton Av. Sutt —9B 44
Pound Clo. G'ming —7H 133
Pound Clo. Head —4E 168
Pound Clo. Loxw —3H 193
Pound Clo. Surb —7J 41
Pound Ct. Asht —5M 79
Pound Ct. Wood S —2E 112
Pound Cres. Fet —8D 78
Pound Farm La. Ash —2H 111
Pound Field. Guild —2N 113
Poundfield Ct. Wok —8E 74
Poundfield Gdns. Wok —7E 74 (in two parts)
Poundfield La. Plais —4D 192
Poundfield Rd. Wok —7E 74
Pound Hill. Wood S —2E 112
Pound Hill Pde. Craw —2G 183
Pound Hill Pl. Craw —3G 183
Pound La. Eps —8B 60
Pound La. G'ming —7H 133
Pound La. Hurst —4A 14
Pound La. W'sham —3N 51
Pound La. Wood S —2E 112
Pound Pl. Shalf —9B 114
Pound Pl. Clo. Shalf —9B 114
Pound Rd. Alder —3A 110
Pound Rd. Bans —4M 81
Pound Rd. Cher —6K 37
Pound St. Cars —2D 62
Povey Cross Rd. Horl —1B 162
Powderham Ct. Knap —5G 72
Powder Mill La. Twic —2N 23
Powell Clo. Chess —3K 59
Powell Clo. Guild —5J 113
Powell Clo. Horl —7C 142
Powell Clo. Wall —4J 63
Powells Clo. Dork —8J 119
Powell's Wlk. W4 —2D 12
Power Rd. W4 —1N 11
Powers Ct. Twic —1K 25
Pownall Gdns. Houn —7B 10
Pownall Rd. Houn —7B 10
Poyle Clo. Coln —5G 6
Poyle Gdns. Brack —9B 16
Poyle Ho. Guild —2F 114 (off Merrow St.)
Poyle Ind. Est. Coln —6H 7
Poyle Rd. Coln —6G 6
Poyle Rd. Guild —5A 114
Poyle Rd. Tong —5D 110
Poyle Technical Cen. Coln —5G 7
Poyle Ter. Guild —5N 113
Poyle Trad. Est. Coln —6G 7
Poynders Ct. SW4 —1G 29
Poynders Gdns. SW4 —1G 29
Poynders Rd. SW4 —1G 29
Poynes Rd. Horl —6C 142
Poynings Rd. If'd —4J 181
Prae, The. Wok —5H 75
Prairie Clo. Add —9K 37
Prairie Rd. Add —9K 37
Pratts La. W On T —1L 57
Pratts Pas. King T —1L 41
Prebend Gdns. W6 & W4 —1E 12
Prebend Mans. W4 —1E 12 (off Chiswick High Rd.)
Precincts, The. Mord —5M 43
Precinct, The. Cranl —6N 155
Precinct, The. Egh —6C 20
Precinct, The. W Mol —2B 40
Premier Pde. Horl —8E 142 (off High St. Horley,)
Premier Pl. SW15 —7K 13
Prentice Clo. F'boro —6N 69
Prentice Ct. SW19 —6L 27
Prentis Rd. SW16 —5H 29
Presburg Rd. N Mald —4D 42
Presbury Ct. St J —5K 73
Prescott. Brack —6L 31
Prescott Clo. SW16 —8J 29
Prescott Rd. Coln —5G 6
Presentation M. SW2 —2K 29
Preshaw Cres. Mitc —2C 44
Prestbury Cres. Bans —3D 82
Preston Clo. Twic —4E 24
Preston Ct. W on T —7K 39
Preston Dri. Eps —3D 60
Preston Gro. Asht —4J 79
Preston La. Tad —8G 81
Preston Pl. Rich —8L 11
Preston Rd. SE19 —7M 29
Preston Rd. SW20 —8E 26
Preston Rd. Shep —4B 38
Prestwick Clo. If'd —4J 181
Prestwick Clo. S'hall —1M 9
Prestwick La. G'wood & C'fold —7L 171
Prestwood Clo. Craw —9N 161
Prestwood Gdns. Croy —6N 45
Prestwood La. If'd —9H 161
Prestwood La. Rusp & Craw —9F 160
Pretoria Rd. SW16 —7F 28
Pretoria Rd. Cher —7H 37
Pretty La. Coul —8F 82
Prey Heath Clo. Wok —2M 93
Prey Heath Rd. Wok —2L 93
Price Clo. SW17 —4D 28
Price Rd. Croy —2M 63
Prices La. Reig —6M 121
Price Way. Hamp —7M 23
Priddy's Yd. Croy —8N 45
Prides Crossing. Asc —8L 17
Pridham Rd. T Hth —3A 46
Priest Av. Wokgm —3E 30
Priestcroft Clo. Craw —3M 181
Priest Hill. Egh & Old Win —4M 19
Priest Hill. Oxt —7D 106
Priest La. W End —9N 51
Priestley Gdns. Wok —7C 74
Priestley Rd. Mitc —1E 44
Priestley Rd. Sur R —4G 112
Priestley Way. Craw —7E 162
Priest's Bri. SW14 & SW15 —6D 12
Priestwood Av. Brack —9L 15
Priestwood Ct. Rd. Brack —9M 15
Priestwood Sq. Brack —9M 15
Priestwood Ter. Brack —9M 15
Primrose Av. Horl —1F 162
Primrose Clo. Craw —6N 181
Primrose Clo. Mitc —6F 44
Primrose Copse. H'ham —1L 197
Primrose Ct. SW12 —1H 29
Primrose Ct. Ash —2E 110
Primrose Dri. Bisl —2D 72
Primrose Gdns. F'boro —2K 89
Primrose La. Croy —7F 46
Primrose La. F Row —8J 187
Primrose Ridge. G'ming —9E 132
Primrose Rd. W On T —2K 57
Primrose Wlk. Brack —4A 32
Primrose Wlk. Eps —4E 60
Primrose Wlk. Fleet —3A 88
Primrose Wlk. Yat —9A 48
Primrose Way. Brmly —6N 133
Primrose Way. Sand —6G 49
Primula Rd. Bord —6A 168
Prince Albert Dri. Asc —3H 33
Prince Albert Sq. Red —8E 122
Prince Albert's Wlk. Wind —4K 5
Prince Andrew Way. Asc —1H 33
Prince Charles Cres. F'boro —6N 69
Prince Charles Way. Wall —9F 44
Prince Consort Cotts. Wind —5G 4
Prince Consort Dri. Asc —3H 33
Prince Consort's Dri. Wind —9C 4
Prince Dri. Sand —6F 48
Prince George's Av. SW20 —1H 43
Prince Georges Rd. SW19 —9B 28
Prince of Wales Ct. Alder —2L 109 (off Queen Elizabeth Dri.)
Prince of Wales Rd. Out —2L 143
Prince of Wales Rd. Sutt —8B 44
Prince of Wales Ter. W4 —1D 12
Prince of Wales Wlk. Camb —9A 50
Prince Regent Rd. Houn —6C 10
Prince Rd. SE25 —4B 46
Prince's Av. Alder —8N 89
Princes Av. Cars —4D 62
Prince's Av. G'ming —4F 132
Princes Av. S Croy —2E 84
Princes Av. Surb —7N 41
Princes Clo. Eton W —1C 4
Princes Clo. S Croy —2E 84
Prince's Clo. Tedd —5D 24
Prince's Dri. Oxs —8E 58
Princes Mead Shop. Cen. F'boro —1N 89
Princes Rd. SW14 —6C 12
Prince's Rd. SW19 —7M 27
Princes Rd. Ashf —6A 22
Princes Rd. Egh —7B 20
Princes Rd. Felt —3G 22
Princes Rd. Kew —4M 11
Princes Rd. King T —8N 25
Prince's Rd. Red —5D 122
Princes Rd. Rich —8M 11
Prince's Rd. Tedd —5D 24
Princes Rd. Wey —2C 56
Princess Anne Rd. Rud —1E 194
Princess Av. Wind —6E 4
Princess Gdns. Wok —3D 74
Princess Ho. Red —2E 122
Princess Margaret Rd. Rud —1E 194
Princess Marys Rd. Add —1L 55
Princess Pde. Orp —1J 67
Princess Rd. Craw —3A 182
Princess Rd. Croy —5N 45
Princess Rd. Wok —3D 74
Princess Sq. Brack —1N 31
Princes St. Rich —7L 11
Princes St. Sutt —1B 62
Princess Way. Camb —9A 50
Princess Way. Red —2E 122
Princes Way. SW19 —1J 27
Princes Way. Alder —2M 109
Princes Way. Bag —6J 51
Princes Way. Croy —2K 63
Princes Way. W Wick —1B 66
Princeton Ct. SW15 —6J 13
Princeton M. King T —9N 25
Pringle Gdns. SW16 —5G 28
Pringle Gdns. Purl —6K 63
Prior Av. Sutt —4C 62
Prior Croft Clo. Camb —2E 70
Prior End. Camb —1E 70
Prioress Rd. SE27 —4M 29
Prior Rd. Camb —1E 70
Priors Clo. F'boro —6M 69
Priors Ct. Ash —3C 110
Priors Ct. St J —5K 73
Prior's Croft. Wok —7C 74
Priorsfield Rd. Comp & Hurt —9C 112
Priors Hatch La. Hurt —2C 132
Priors Keep. Fleet —5C 88
Prior's La. B'water —1F 68
Priors Mead. Bookh —3C 98
Priors Rd. Wind —6A 4
Priors, The. Asht —6K 79
Priors Wlk. Craw —3D 182
Priorswood. Comp —1C 132
Priors Wood. Crowt —3C 48
Priorswood. Hasl —2D 188
Priory Av. Sutt —1J 61
Priory Clo. SW19 —9N 27
Priory Clo. Asc —6D 34
Priory Clo. Beck —2H 47
Priory Clo. Dork —7G 119
Priory Clo. Hamp —9N 23
Priory Clo. Horl —7D 142
Priory Clo. Sun —8H 23
Priory Clo. W On T —9H 39
Priory Clo. Wok —9F 54
Priory Ct. Camb —1L 69
Priory Ct. Eps —5E 60
Priory Ct. Guild —7M 113
Priory Ct. Houn —6B 10
Priory Ct. Sutt —1K 61
Priory Cres. SE19 —8N 29
Priory Cres. Sutt —1J 61
Priory Dri. Reig —5M 121
Priory Gdns. SE25 —3C 46
Priory Gdns. SW13 —6E 12
Priory Gdns. Ashf —6E 22
Priory Gdns. Hamp —8N 23
Priory Grn. Stai —6K 21
Priory La. SW15 —9D 12
Priory La. Brack —8A 16
Priory La. Fren —2K 149
Priory La. Rich —3N 11
Priory La. W Mol —3B 40
Priory M. Stai —6K 21
Priory Pk. Fleet —4A 88
Priory Pl. W On T —9H 39
Priory Rd. SW19 —8B 28
Priory Rd. Chav D —9F 16
Priory Rd. Chess —9L 41
Priory Rd. Croy —6L 45
Priory Rd. F Row —9D 186
Priory Rd. Hamp —8N 23
Priory Rd. Houn —8C 10
Priory Rd. Reig —5M 121
Priory Rd. Rich —2N 11
Priory Rd. S'dale —6D 34
Priory Rd. Sutt —1J 61
Priory St. F'boro —1B 90
Priory Ter. Sun —8H 23
Priory, The. Croy —1L 63
Priory, The. God —1E 124
Priory, The. Lea —9H 79
Priory Wlk. Brack —3D 32
Priory Way. Dat —3L 5
Priory Way. W Dray —2N 7
Privet Rd. Lind —4B 168
Probyn Rd. SW2 —3M 29
Proctor Clo. M'bowr —5G 183
Proctor Clo. Mitc —9E 28
Proctor Gdns. Bookh —3B 98
Proctors Clo. Felt —2H 23
Proctors Rd. Wokgm —2E 30
Proffits Cotts. Tad —9J 81
Profumo Rd. W On T —2L 57
Progress Bus. Pk., The. Croy —8K 45
Progress Way. Croy —8K 45
Promenade App. Rd. W4 —3D 12
Promenade de Verdun. Purl —7H 63
Promenade, The. W4 —4D 12
Prospect Av. F'boro —8N 69
Prospect Clo. Houn —5N 9
Prospect Cotts. SW18 —7M 13
Prospect Cres. Twic —9C 10
Prospect Hill. Head —2D 168
Prospect La. Egh —6K 19
Prospect Pl. W4 —1C 12
Prospect Pl. Craw —3A 182
Prospect Pl. Egh —6A 20
Prospect Pl. Eps —8D 60
Prospect Pl. Stai —6H 21
Prospect Quay. SW18 —7M 13 (off Point Pleasant)
Prospect Rd. Ash V —8E 90
Prospect Rd. F'boro —1M 89
Prospect Rd. Rowl —8D 128
Prospect Rd. Surb —5J 41
Prossers. Tad —8J 81
Prothero Rd. SW6 —3K 13
Providence La. Hayes —3E 8
Providence Pl. Eps —8D 60
Providence Pl. W Byf —1J 75
Prune Hill. Egh —8N 19
Prunus Clo. W End —9B 52
Puckshill. Knap —4G 73
Puckshott Way. Hasl —9H 171
Puddenhole Cotts. Bet —2N 119
Pudding La. Horl —3K 161
Puddledock La. Eden —2N 127
Puffin Clo. Beck —4G 46
Puffin Rd. If'd —4J 181
Pulborough Rd. SW18 —1L 27
Pulborough Way. Houn —7K 9
Pullman Gdns. SW15 —9H 13
Pullman La. G'ming —9F 132
Pulton Pl. SW6 —3M 13
Pump All. Bren —3K 11
Pumping Sta. Rd. W4 —3D 12
Pump La. Asc —9B 18
Pump Pail N. Croy —9N 45
Pump Pail S. Croy —9N 45
Punchbowl La. Dork —4K 119
Punch Copse Rd. Craw —2D 182
Punnetts Ct. Craw —7L 181
Purbeck Av. N Mald —5E 42
Purbeck Clo. Red —6H 103
Purbeck Ct. Guild —3H 113
Purbeck Dri. Wok —1B 74
Purberry Gro. Eps —6E 60
Purbrook Ct. Brack —5C 32
Purcell Clo. Kenl —1N 83
Purcell Cres. SW6 —3K 13
Purcell Rd. Craw —6L 181
Purcell Rd. Crowt —9G 30
Purcell's Clo. Asht —5M 79
Purdey Ct. Wor Pk —7F 42
Purley Bury Av. Purl —7N 63
Purley Bury Clo. Purl —7N 63
Purley Clo. M'bowr —6H 183
Purley Cross. (Junct.) —7L 63
Purley Downs Rd. Purl & S Croy —6N 63
Purley Hill. Purl —8M 63
Purley Knoll. Purl —7K 63
Purley Oaks Rd. S Croy —5A 64
Purley Pde. Purl —7L 63
Purley Pk. Rd. Purl —6M 63
Purley Rise. Purl —8K 63
Purley Rd. Purl —7L 63
Purley Rd. S Croy —4A 64
Purley Vale. Purl —9M 63
Purley View Ter. S Croy —5A 64 (off Sanderstead Rd.)
Purley Way. Croy & Purl —6K 45
Purley Way. Frim —6C 70
Purley Way Cen., The. Croy —8L 45
Purley Way Corner. Croy —6K 45
Purley Way Cres. Croy —6K 45
Purmerend Clo. F'boro —9H 69
Purser Ho. SW2 —1L 29 (off Tulse Hill)
Pursers Cross Rd. SW6 —4L 13
Pursers La. Peasl —2E 136
Purslane. Wokgm —3C 30
Purton Rd. H'ham —4H 197
Putney Bri. SW15 & SW6 —6K 13
Putney Bri. App. SW6 —6K 13
Putney Bri. Rd. SW15 & SW18 —7K 13
Putney Comn. SW15 —6H 13
Putney Exchange Shop. Cen. SW15 —7J 13
Putney Heath. SW15 —1G 26
Putney Heath La. SW15 —9J 13
Putney High St. SW15 —7J 13
Putney Hill. SW15 —1J 27 (in two parts)
Putney Pk. Av. SW15 —7F 12
Putney Pk. La. SW15 —7G 12
Puttenham Heath Rd. Guild —8A 112
Puttenham Hill. P'ham —7N 111
Puttenham La. Shack —2N 131
Puttenham Rd. Seale —8F 110
Puttock Clo. Hasl —3B 188
Pyecombe Ct. Craw —6L 181
Pyegrove Chase. Brack —6C 32
Pye Rd. Cat —1A 104
Pyestock Cres. F'boro —1H 89
Pylbrook Rd. Sutt —9M 43
Pyle Hill. Wok —2N 93
Pylon Way. Croy —7J 45
Pymers Mead. SE21 —2N 29
Pyne Rd. Surb —7N 41
Pyramid Ho. Houn —6M 9
Pyrcroft La. Wey —2C 56
Pyrcroft Rd. Cher —6G 37
Pyrford Comn. Rd. Wok —3F 74
Pyrford Ct. Wok —4H 75
Pyrford Heath. Wok —3H 75
Pyrford Rd. W Byf & Wok —9J 55
Pyrford Wood Est. Wok —3E 74
Pyrford Woods Clo. Wok —2H 75
Pyrford Woods Rd. Wok —2G 75
Pyrland Rd. Rich —9M 11
Pyrmont Gro. SE27 —4M 29
Pyrmont Rd. W4 —2N 11
Pytchley Cres. SE19 —7N 29

Q

Quadrangle, The. Guild —4K 113
Quadrant Ct. Brack —2C 32
Quadrant Rd. Rich —7K 11
Quadrant Rd. T Hth —3M 45
Quadrant, The. SW20 —9K 27
Quadrant, The. Ash V —9E 90
Quadrant, The. Rich —7L 11
Quadrant, The. Sutt —3A 62
Quadrant, The. Wey —1B 56
Quadrant Way. Wey —1B 56
Quail Clo. H'ham —1K 197
Quail Gdns. S Croy —6H 65
Quakers La. Iswth —3F 10
Quakers Way. Guild —8F 92
Qualitas. Brack —7L 31
Quality St. Red —6F 102
Quantock Clo. Craw —3N 181
Quantock Clo. Hayes —3E 8
Quantock Clo. Slou —1C 6
Quantock Dri. Wor Pk —8H 43
Quarrendon St. SW6 —5M 13
Quarries, The. Man H —9C 198
Quarr Rd. Cars —5C 44
Quarry Bank. Light —7L 51
Quarry Clo. H'ham —2M 197
Quarry Clo. Oxt —8A 106
Quarry Cotts. Reig —9N 101
Quarry Hill. G'ming —8E 132
Quarry Hill Pk. Reig —9A 102
Quarry La. Yat —1D 68
Quarry Pk. Rd. Sutt —3L 61
Quarry Path. Oxt —9A 106
Quarry Rise. E Grin —7C 166
Quarry Rise. Sutt —3L 61
Quarry Rd. God —6F 104
Quarry Rd. Hurt —4D 132
Quarry Rd. Oxt —8A 106
Quarry St. Guild —5N 113
Quarry, The. Bet —1C 120
Quarterbrass Farm Rd. H'ham —1K 197
Quartermaine Av. Wok —9B 74
Quarter Mile Rd. G'ming —9H 133
Quarters Rd. F'boro —3N 89
Quebec Av. W'ham —4M 107
Quebec Clo. Small —8L 143
Quebec Cotts. W'ham —5M 107
Quebec Gdns. B'water —2J 69
Quebec Sq. W'ham —4M 107
Queen Adelaide's Ride. Wind —9A 4
Queen Alexandra's Ct. SW19 —6L 27
Queen Anne Dri. Clay —4E 58
Queen Anne's Clo. Twic —4D 24
Queen Anne's Gdns. Lea —8H 79
Queen Anne's Gdns. Mitc —2D 44
Queen Anne's Ride. Asc & Wind —7D 18
Queen Anne's Rd. Wind —7F 4
Queen Anne's Ter. Lea —8H 79
Queen Ann's Ct. Wind —4F 4
Queen Caroline St. W6 —1H 13
Queen Charlotte St. Wind —4G 5
Queendale Ct. Wok —3J 73
Queen Eleanor's Rd. Guild —4J 113
Queen Elizabeth Barracks. C Crook —9B 88
Queen Elizabeth Dri. Alder —2L 109
Queen Elizabeth Gdns. Mord —3M 43
Queen Elizabeth Ho. SW12 —1E 28
Queen Elizabeth Rd. Camb —6B 50
Queen Elizabeth Rd. King T —1M 41
Queen Elizabeth Rd. Rud —1E 194
Queen Elizabeth's Dri. New Ad —5N 65
Queen Elizabeth's Gdns. New Ad —6N 65
Queen Elizabeth's Wlk. Wall —1H 63
Queen Elizabeth's Wlk. Wind —5H 5
Queen Elizabeth Wlk. SW13 —4F 12
Queen Elizabeth Way. Wok —6B 74
Queenhill Rd. S Croy —6E 64
Queenhythe Rd. Guild —6N 93
Queen Mary Av. Camb —1M 69
Queen Mary Av. Mord —4J 43
Queen Mary Clo. Fleet —2A 88
Queen Mary Clo. Surb —9A 42
Queen Mary Clo. Wok —3E 74
Queen Mary Rd. SE19 —7M 29
Queen Mary Rd. Shep —1D 38
Queen Mary's Av. Cars —4D 62
Queen Mary's Dri. New H —6H 55
Queens Acre. Sutt —4K 61
Queens Acre. Wind —7G 4
Queen's Av. Alder —1M 109
Queen's Av. Byfl —8M 55
Queens Av. Felt —5J 23
Queensbridge Pk. Iswth —8E 10
Queensbury Ho. Rich —8K 11
Queensbury Pl. B'water —3H 69
Queen's Clo. Asc —8J 17
Queens Clo. Bisl —3D 72
Queens Clo. Esh —1B 58
Queens Clo. F'boro —5N 89
Queen's Clo. Old Win —8K 5
Queens Clo. Tad —2F 100
Queens Clo. Wall —2F 62
Queen's Club Gdns. W14 —2K 13
Queen's Ct. Eden —2M 147
Queen's Ct. F'boro —5A 90
Queen's Ct. Horl —8E 142
Queens Ct. Red —2E 122 (off St Anne's Way)
Queens Ct. Rich —9M 11
Queens Ct. Wey —3F 56
Queens Ct. Wok —5B 74
Queens Ct. Ride. Cobh —9H 57
Queen's Cres. Dork —6G 119
Queen's Cres. Rich —8M 11
Queen's Dri. G'ming —4E 132
Queens Dri. Guild —9K 93
Queen's Dri. Oxs —7C 58
Queen's Dri. Surb —6N 41
Queen's Dri. Th Dit —5G 41
Queensfield Ct. Sutt —1H 61
Queen's Gdns. Houn —4M 9
Queensgate. Cobh —8L 57
Queen's Ga. Horl —3E 162
Queens Ga. Gdns. SW15 —7G 13
Queens Hill Rise. Asc —2N 33
Queens Ho. Tedd —7F 24
Queens Keep. Twic —9J 11
Queensland Av. SW19 —9N 27
Queens La. Ashf —5A 22
Queens La. Farnh —5H 109
Queen's Mead. C'fold —5E 172
Queensmead. Dat —4L 5
Queensmead. F'boro —1N 89
Queensmead. Oxs —7C 58
Queensmead Av. Eps —6G 61
Queensmere Clo. SW19 —3J 27
Queensmere Ct. SW13 —2E 12
Queensmere Rd. SW19 —3J 27
Queensmill Rd. SW6 —3J 13
Queen's Pde. Path. Alder —7N 89
Queen's Pk. Gdns. Felt —4G 23
Queen's Pk. Rd. Cat —1B 104
Queens Pine. Brack —5C 32
Queens Pl. Asc —2L 33
Queens Pl. Mord —3M 43
Queen's Promenade. King T —3K 41

Queens Reach—Reigate Rd.

Queens Reach. E Mol —3E 40
Queens Reach. King T —1K 41
Queens Ride. SW13 & SW15 —6F 12
Queens Rise. Rich —9M 11
Queen's Rd. SW14 —6C 12
Queens Rd. SW19 —7L 27
Queen's Rd. Alder —3L 109
Queen's Rd. Asc —4A 34
Queens Rd. Beck —1H 47
Queens Rd. Bisl —7B 72
Queens Rd. Camb —2N 69
Queens Rd. Croy —5M 45
Queen's Rd. Dat —3L 5
Queen's Rd. E Grin —1A 186
Queen's Rd. Egh —6B 20
Queens Rd. Eton W —1C 4
Queen's Rd. F'boro —5A 90
Queens Rd. Farnh —6H 109
Queen's Rd. Felt —2J 23
Queen's Rd. Fleet —6B 88
Queen's Rd. Guild —3N 113
Queen's Rd. Hamp —5B 24
Queen's Rd. Horl —8E 142
Queen's Rd. Houn —6B 10
Queens Rd. King T —8N 25
Queen's Rd. Knap —5F 72
Queen's Rd. Mitc —2B 44
Queens Rd. Mord —3M 43
Queens Rd. N Mald —3E 42
Queen's Rd. Rich —1M 25
Queen's Rd. Sutt —6M 61
Queen's Rd. Tedd —7F 24
Queen's Rd. Th Dit —4F 40
Queens Rd. Twic —2G 24
Queens Rd. Wall —2F 62
Queen's Rd. Wey & W on T —2D 56
Queen's Rd. Wind —5F 4
Queen's Sq. Craw —3B 182
Queens Ter. Iswth —7G 11
Queen St. Alder —2B 110
Queen St. Cher —7J 37
Queen St. Croy —1N 63
Queen St. G'ming —7H 133
Queen St. Gom —8D 116
Queen St. H'ham —7K 197
Queensville Rd. SW12 —1H 29
Queen's Wlk. Ashf —5M 21
Queens Wlk. E Grin —9A 166
Queensway. Brack —9L 15
Queensway. Cranl —8A 156
Queensway. Craw —3C 182
Queensway. Croy —2K 63
Queensway. E Grin —1A 186
Queens Way. Felt —5K 23
Queensway. Frim G —7E 70
Queensway. H'ham —7J 197
Queen's Way. Pirb —6A 72
Queensway. Red —2D 122
Queensway. Sun —1J 39
Queensway. W Wick —9N 47
Queensway N. W On T —1K 57
Queensway S. W On T —2K 57
Queens Wharf. W6 —1H 13
Queenswood Av. Hamp —7B 24
Queenswood Av. Houn —5N 9
Queenswood Av. T Hth —4L 45
Queenswood Av. Wall —1H 63
Queenswood Rd. Wok —6G 73
Queen Victoria. (Junct.) —9H 43
Queen Victoria Ct. F'boro —9N 69
Queen Victoria Rd. Pirb —6A 72
Queen Victoria's Wlk. Col T —9L 49
Queen Victoria Wlk. Wind —4H 5
Quell La. Hasl —9L 189
Quelmans Head Ride. Wind —3A 18
Quelm La. Brack —7N 15
Quennell Clo. Asht —6M 79
Quennells Hill. Wrec —5D 128
Quentins Dri. Berr G —3K 87
Quentin Way. Vir W —3L 35
Querrin St. SW6 —5N 13
Questen M. Craw —1H 183
Quetta Pk. C Crook —2C 108
Quick Rd. W4 —1D 12
Quicks Rd. SW19 —8N 27
Quiet Clo. Add —1J 55
Quiet Nook. Brom —1F 66
Quill La. SW15 —7J 13
Quillot, The. W On T —2G 56
Quince Clo. Asc —3N 33
Quince Dri. Bisl —2E 72
Quincy Rd. Egh —6C 20
Quinney's. F'boro —4A 90
Quintilis. Brack —7L 31
(in two parts)
Quintin Av. SW20 —9L 27
Quinton Clo. Beck —2M 47
Quinton Clo. Houn —3J 9
Quinton Clo. Wall —1F 62
Quinton Rd. Th Dit —7G 41
Quinton St. SW18 —3A 28
Quintrell Clo. Wok —4L 73

Rabbit La. W On T —4H 57
Rabies Heath Rd. Blet —2B 124
Raby Rd. N Mald —3C 42
Raccoon Way. Houn —5K 9
Racecourse Rd. Ling —8A 146
Rachael's Lake View. Warf —8D 16
Rackfield. Hasl —1B 188
Rackham Clo. Craw —5B 182
Rackham M. SW16 —7G 29
Rack's Ct. Guild —5N 113
Rackstraw Rd. Sand —6H 49
Racquets Ct. Hill. G'ming —5F 132
Racton Rd. SW6 —2M 13
Radbourne Rd. SW12 —1G 29
Radbroke. Lea —9J 79
Radcliffe Clo. Frim —7D 70
Radcliffe Gdns. Cars —4C 62
Radcliffe M. Hamp —6C 24
Radcliffe Rd. Croy —8C 46
Radcliffe Sq. SW15 —9J 13
Radcliffe Way. Brack —9K 15
Radford Clo. Farnh —7K 109
Radford Rd. Tin G —6F 162
Radipole Rd. SW6 —4L 13
Radius Pk. Felt —7G 9
Rad La. Peasl —2E 136
Radley Clo. Felt —2G 23
Radnor Clo. Mitc —3J 45
Radnor Ct. Red —3C 122
Radnor Gdns. Twic —3F 24
Radnor La. Holm M —4H 137
(Horsham Rd.)
Radnor La. Holm M —9H 137
(Three Mile Rd.)
Radnor Rd. Brack —2D 32
Radnor Rd. Peasl —5E 136
Radnor Rd. Twic —2F 24
Radnor Rd. Wey —9B 38
Radnor Ter. Sutt —4M 61
Radnor Wlk. Croy —5H 47
Radnor Way. Slou —1A 6
Radolphs. Tad —9J 81
Radstock Way. Red —6H 103
Radstone Ct. Wok —5B 74
Raeburn Av. Surb —7A 42
Raeburn Clo. King T —8K 25
Raeburn Ct. Wok —6K 73
Raeburn Gro. St J —6K 73
Raeburn Gro. Wok —6K 73
Raeburn Way. Col T —9J 49
Rafborough Footpath. F'boro —2M 89
Rag Hill Clo. Tats —8G 86
Rag Hill Rd. Tats —8F 86
Raglan Clo. Alder —3A 110
Raglan Clo. Frim —6E 70
Raglan Clo. Houn —8N 9
Raglan Clo. Reig —1B 122
Raglan Ct. S Croy —2M 63
Raglan Precinct. Cat —9B 84
Raglan Rd. Knap —5H 73
Raglan Rd. Reig —9N 101
Raikes Hollow. Ab H —2J 137
Raikes La. Ab H —2J 137
Railey Rd. Craw —2C 182
Railpit La. Warl —2A 86
Railshead Rd. Iswth —7H 11
Rails La. Pirb —3N 91
Railton Rd. Guild —8L 93
Railway App. Cher —6H 37
Railway App. E Grin —9A 166
Railway App. Twic —1G 24
Railway App. Wall —2F 62
Railway Cotts. SW19 —5N 27
Railway Cotts. Bag —3J 51
Railway Cotts. Twic —9A 10
Railway Pas. Tedd —7G 24
Railway Pl. SW19 —7L 27
Railway Rd. Tedd —5E 24
Railway Side. SW13 —6E 12
Railway Ter. Coul —2H 83
(off Station App.)
Railway Ter. Felt —2H 23
Railway Ter. Stai —6F 20
Railway Ter. W'ham —3M 107
Rainbow Ct. Wok —3H 73
Rainville Rd. W6 —2H 13
Rake La. Milf —3C 152
Rakers Ridge. H'ham —3K 197
Raleigh Av. Wall —1H 63
Raleigh Ct. Craw —7E 162
Raleigh Ct. Stai —5J 21
Raleigh Ct. Wall —3F 62
Raleigh Dri. Clay —2D 58
Raleigh Dri. Small —8L 143
Raleigh Dri. Surb —7B 42
Raleigh Gdns. Mitc —2D 44
(in two parts)
Raleigh Rd. Felt —4G 22
Raleigh Rd. Rich —6M 11
Raleigh Rd. S'hall —1M 9
Raleigh Wlk. Craw —5C 182
Raleigh Way. Felt —6K 23
Raleigh Way. Frim —3D 70
Ralliwood Rd. Asht —6N 79
Ralph Perring Ct. Beck —3K 47
Ralph's Ride. Brack —2C 32
(in two parts)
Rama Clo. SW16 —8J 29
Rambler Clo. SW16 —5G 28
Ramblers Way. Craw —9N 181
Rame Clo. SW17 —6E 28
Ramillies Clo. Alder —6C 90
Ramillies Rd. Alder —6A 90
Ramin Ct. Guild —9M 93
Ramornie Clo. W On T —1N 57
Ram Pas. King T —1K 41
Ramsay Clo. Camb —8F 50
Ramsay Ct. Craw —8N 181
Ramsay Rd. W'sham —2B 52
Ramsbury Clo. Brack —5K 31
Ramsdale Rd. SW17 —6E 28
Ramsden Rd. SW12 —1E 28
Ramsden Rd. G'ming —8G 133
Ramsey Clo. Horl —8D 142
Ramsey Clo. H'ham —3K 197
Ramsey Pl. Cat —9N 83
Ramsey Rd. T Hth —5K 45
Ramslade Cotts. Brack —2A 32
Ramslade Rd. Brack —3B 32
Rams La. Duns —7C 174
Ramster Cotts. C'fold —1C 190
Ram St. SW18 —8N 13
Ramuswood Av. Orp —2N 67
Ranald Ct. Asc —7L 17
Rances La. Wokgm —3D 30
Randal Cres. Reig —5M 121
Randall Clo. Slou —1B 6
Randall Farm La. Lea —6G 79
Randall Mead. Binf —7G 15
Randall Scholfield Ct. Craw —2E 182
Randalls Cres. Lea —7G 78
Randalls Pk. Av. Lea —7G 78
Randalls Pk. Dri. Lea —8G 78
Randalls Research Pk. Lea —7G 78
Randalls Rd. Lea —6E 78
Randalls Way. Lea —8G 78
Randell Clo. B'water —5K 69
Randell Ho. Hawl —5K 69
Randle Rd. Rich —5J 25
Randolph Clo. King T —6B 26
Randolph Clo. Knap —4H 73
Randolph Clo. Stoke D —2A 78
Randolph Dri. F'boro —2H 89
Randolph Rd. Eps —1E 80
Randolph's La. W'ham —4K 107
Ranelagh Av. SW6 —6L 13
Ranelagh Av. SW13 —5F 12
Ranelagh Cres. Asc —9G 17
Ranelagh Dri. Brack —2A 32
Ranelagh Dri. Twic —8H 11
Ranelagh Gdns. SW6 —6K 13
Ranelagh Gdns. W4 —3B 12
Ranelagh Gdns. Mans. SW6 —6K 13
(off Ranelagh Gdns.)
Ranelagh Pl. N Mald —4D 42
Ranelagh Rd. Red —3C 122
Ranfurly Rd. Sutt —8M 43
Range Ride. Camb —4B 48
Range Rd. Finch —9A 30
Ranger Wlk. Add —2K 55
Range, The. Brmly —7C 134
Range View. Col T —7K 49
Range Way. Shep —6B 38
Rankine Clo. Bad L —6M 109
Ranmere St. SW12 —2F 28
Ranmore. Wey —2D 56
(off Princes Rd.)
Ranmore Av. Croy —9C 46
Ranmore Clo. Craw —9A 182
Ranmore Clo. Red —9E 102
Ranmore Comn. Rd. Westh —3M 117
Ranmore Rd. Dork —3C 118
Ranmore Rd. Sutt —5J 61
Rannoch Rd. W6 —2H 13
Ransome Clo. Craw —6K 181
Ranyard Clo. Chess —9M 41
Rapallo Clo. F'boro —1A 90
Rapeland Hill. H'ham —7M 179
Rapley Clo. Camb —7D 50
Rapley Grn. Brack —5A 32
Rapley's Field. Pirb —1B 92
Rashleigh Ct. C Crook —9C 88
Rastell Av. SW2 —3H 29
Ratcliffe Rd. F'boro —6L 69
Rathbone Ho. Craw —8N 181
Rathbone Sq. Croy —1N 63
Rathgar Clo. Red —8E 122
Rathlin Rd. Craw —6N 181
Rathmell Dri. SW4 —1H 29
Raven Clo. H'ham —2L 197
Raven Clo. Turn H —4F 184
Raven Clo. Yat —9A 48
Ravendale Rd. Sun —1G 38
Ravendene Ct. Craw —4B 182
Ravenfield. Egh —7M 19
Ravenfield Rd. SW17 —4D 28
Raven La. Craw —1A 182
Ravenna Rd. SW15 —8J 13
Ravensbourne Av. Beck & Brom —1A 47
Ravensbourne Av. Stai —2N 21
Ravensbourne Rd. Twic —9J 11
Ravensbury Av. Mord —4A 44
Ravensbury Ct. Mitc —3B 44
(off Ravensbury Gro.)
Ravensbury Gro. Mitc —3B 44
Ravensbury La. Mitc —3B 44
Ravensbury Path. Mitc —3B 44
Ravensbury Rd. SW18 —3N 27
Ravensbury Ter. SW18 —3N 27
Ravenscar Rd. Surb —8M 41
Ravens Clo. Knap —3F 72
Ravens Clo. Red —2D 122
Ravenscourt. Sun —9G 23
Ravenscourt Av. W6 —1F 12
Ravenscourt Pk. W6 —1F 12
Ravenscourt Pl. W6 —1G 12
Ravenscourt Rd. W6 —1G 12
Ravenscroft Clo. Ash —1G 111
Ravenscroft Ct. H'ham —5J 197
Ravenscroft Rd. Beck —1F 46
Ravenscroft Rd. Wey —7D 56
Ravensdale Cotts. Bram C —9A 170
Ravensdale Ho. Stai —7K 21
Ravensdale Rd. Asc —4L 33
Ravensdale Rd. Houn —6M 9
Ravensfield Gdns. Eps —2D 60
Ravenshead Clo. S Croy —7F 64
Ravenslea Rd. SW12 —1D 28
Ravensmede Way. W4 —1E 12
Ravenstone Rd. Camb —1H 71
Ravenstone St. SW12 —2E 28
Ravens Wold. Kenl —2N 83
Ravenswood Av. Crowt —2D 48
Ravenswood Av. Surb —8M 41
Ravenswood Av. W Wick —7M 47
Ravenswood Clo. Cobh —2L 77
Ravenswood Ct. King T —7A 26
Ravenswood Ct. Wok —5B 74
Ravenswood Cres. W Wick —7M 47
Ravenswood Dri. Camb —1E 70
Ravenswood Gdns. Iswth —4E 10
Ravenswood Rd. SW12 —1F 28
Ravenswood Rd. Croy —9M 45
Rawchester Clo. SW18 —2L 27
Rawdon Rise. Camb —1F 70
Rawlins Clo. S Croy —4J 65
Rawlinson Rd. Camb —9M 49
Rawnsley Av. Mitc —4B 44
Raworth Clo. M'bowr —5G 182
Rawsthorne Ct. Houn —7N 9
Raybell Ct. Iswth —5G 10
Ray Clo. Chess —3J 59
Ray Clo. Ling —6M 145
Ray La. Ling —4J 145
Rayleigh Av. Tedd —7E 24
Rayleigh Ct. King T —1N 41
Rayleigh Rise. S Croy —3B 64
Rayleigh Rd. SW19 —9L 27
Raymead Av. T Hth —4L 45
Raymead Clo. Fet —9E 78
Raymead Way. Fet —9E 78
Raymer Wlk. Horl —7G 142
Raymond Clo. Coln —4G 7
Raymond Ct. Sutt —3N 61
Raymond Cres. Guild —4J 113
Raymond Rd. SW19 —7K 27
Raymond Rd. Beck —3H 47
Raymond Way. Clay —3G 59
Raynald Ho. SW16 —4J 29
Rayners Clo. Coln —3E 6
Rayners Rd. SW15 —8K 13
Raynes Pk. Bri. SW20 —1H 43
Ray Rd. W Mol —4B 40
Ray's Av. Wind —3C 4
Rays Rd. W Wick —6M 47
Raywood Clo. Hayes —3D 8
Readens, The. Bans —3C 82
Reading Arch Rd. Red —3D 122
Reading Rd. F'boro —4A 90
Reading Rd. Sutt —2A 62
Reading Rd. Wokgm —1A 30
Reading Rd. Yat —8A 48
Reading Rd. S. Fleet —5A 88
Read Rd. Asht —4K 79
Reads Rest La. Tad —7M 81
Reapers Clo. H'ham —3K 197
Reapers Way. Iswth —8D 10
Rebecca Clo. C Crook —1A 108
Rebecca Pl. Add —4H 55
Reckitt Rd. W4 —1D 12
Recovery St. SW17 —6C 28
Recreation Rd. Guild —3N 113
Recreation Rd. Rowl —8D 128
Recreation Way. Mitc —2J 45
Rectory Clo. SW20 —2H 43
Rectory Clo. Asht —6M 79
Rectory Clo. Brack —3A 32
Rectory Clo. Byfl —9N 55
Rectory Clo. Ewh —5F 156
Rectory Clo. G'ming —9J 133
Rectory Clo. Guild —1F 114
Rectory Clo. Ockl —7C 158
Rectory Clo. Sand —7E 48
Rectory Clo. Shep —2B 38
Rectory Clo. Surb —7J 41
Rectory Clo. Wind —4D 4
Rectory Clo. Wokgm —2B 30
Rectory Ct. Felt —5K 23
Rectory Ct. Wall —1G 63
Rectory Flats. Craw —1L 181
Rectory Garden. Cranl —7M 155
Rectory Grn. Beck —1J 47
Rectory Gro. Croy —8M 45
Rectory Gro. Hamp —5N 23
Rectory La. SW17 —7E 28
Rectory La. Asht —6M 79
Rectory La. Bans —2D 82
Rectory La. Bookh —4N 97
Rectory La. Brack —4N 31
Rectory La. Bram —9K 169
Rectory La. Bras —1G 106
Rectory La. Bkld —9E 100
Rectory La. Byfl —1N 75
Rectory La. Charl —3J 161
Rectory La. If'd —1L 181
Rectory La. Shere —8B 116
Rectory La. Surb —7H 41
Rectory La. Wall —1G 63
Rectory La. W'sham —3N 51
Rectory Orchard. SW19 —5K 27
Rectory Pk. S Croy —9B 64
Rectory Rd. SW13 —5F 12
Rectory Rd. Beck —1K 47
Rectory Rd. Coul —3A 102
Rectory Rd. F'boro —1A 90
Rectory Rd. Houn —5K 9
Rectory Rd. Kes —4F 66
Rectory Rd. Sutt —9M 43
Rectory Rd. Wokgm —2B 30
Rectory Row. Brack —3N 31
Red Admiral St. H'ham —3L 197
Redan Gdns. Alder —2A 110
Redan Hill Est. Alder —2A 110
Redan Rd. Alder —2A 110
Redbarn Clo. Purl —7M 63
Redcliffe Clo. SW5 —1N 13
Redcliffe Gdns. SW5 & SW10 —1N 13
Redcliffe M. SW10 —1N 13
Redcliffe Pl. SW10 —2N 13
Redcliffe Rd. SW10 —1N 13
Redcliffe Sq. SW10 —1N 13
Redcliffe St. SW10 —2N 13
Redclose Av. Mord —4M 43
Red Cotts. Hasl —7J 171
Redcourt. Croy —9B 46
Redcourt. Wok —2F 74
Redcrest Gdns. Camb —1D 70
Redcroft Wlk. Cranl —8N 155
Red Deer Clo. H'ham —4A 198
Reddington Clo. S Croy —5A 64
Reddington Dri. Slou —1B 6
Redding Way. Knap —6E 72
Redditch. Brack —6B 32
Redditch Clo. Craw —7K 181
Reddown Rd. Coul —5H 83
Rede Ct. F'boro —4A 90
Rede Ct. Wey —9C 38
(off Old Pal. Rd.)
Redehall Rd. Small —9M 143
Redenham Ho. SW15 —1F 26
(off Tangley Gro.)
Redesdale Gdns. Iswth —3G 10
Redfern Av. Houn —1A 24
Redfield La. SW5 —1M 13
Redfield M. SW5 —1N 13
Redfields Ind. Est. C Crook —2A 108
Redfields La. C Crook —2A 108
Redford Av. Coul —2F 82
Redford Av. H'ham —4H 197
Redford Av. T Hth —3K 45
Redford Av. Wall —3J 63
Redford Clo. Felt —4F 22
Redford Rd. Wind —4A 4
Redgarth Ct. E Grin —7L 165
Redgate Ter. SW15 —9J 13
Redgrave Clo. Croy —5C 46
Redgrave Ct. Ash —2D 110
Redgrave Dri. Craw —4H 183
Redgrave Rd. SW15 —6J 13
Redhall Ct. Cat —1A 104
Redhearn Fields. Churt —8K 149
Redhearn Grn. Churt —8K 149
Redhill Ct. SW2 —3L 29
Redhill Ho. Red —2D 122
Redhill Rd. Cobh —9C 56
Red Ho. La. Elst —8G 131
Red Ho. La. W On T —8H 39
Redhouse Rd. Croy —5H 45
Redhouse Rd. Tats —8E 86
Redkiln Clo. H'ham —5M 197
Redkiln Way. H'ham —4M 197
Redlake La. Wokgm —6E 30
Redland Gdns. W Mol —3N 39
Redlands. Coul —3J 83
Redlands. Tedd —7G 25
Redlands Cotts. Dork —2H 139
Redlands La. Dork —2G 139
Redlands La. Ews —5A 108
Redlands, The. Beck —1L 47
Redlands Way. SW2 —1K 29
Red La. Clay —3G 58
Red La. Dork —1L 139
Red La. Head —2G 168
Red La. Oxt —3D 126
Redleaves Av. Ashf —7C 22
Redlees Clo. Iswth —7G 10
Redlin Ct. Red —1D 122
Red Lion Bus. Pk. Surb —9M 41
Red Lion La. Chob —5H 53
Red Lion La. Farnh —2G 129
Red Lion Rd. Chob —5H 53
Red Lion Rd. Surb —8M 41
Red Lion Sq. SW18 —8M 13
Red Lion St. Rich —8K 11
Red Lodge. W Wick —7M 47
Red Lodge Rd. W Wick —7M 47
Redmayne Clo. Camb —2G 71
Red River Ct. H'ham —3H 197
Red Rd. Light —9H 51
Red Rd. Tad —1A 120
Red Rose. Binf —6H 15
Red Rover. (Junct.) —7F 12
Redruth Ho. Sutt —4N 61
Redshank Ct. If'd —4J 181
(off Stoneycroft Wlk.)
Redstart Clo. New Ad —6N 65
Redstone Hill. Red —3E 122
Redstone Hollow. Red —4E 122
Redstone Mnr. Red —3E 122
Redstone Pk. Red —3E 122
Redstone Rd. Red —4E 122
Redvers Buller Rd. Alder —6A 90
Redvers Rd. Brack —4N 31
Redvers Rd. Warl —5G 84
Redway Dri. Twic —1C 24
Redwing Av. G'ming —3G 133
Redwing Clo. H'ham —5M 197
Redwing Clo. S Croy —7G 64
Redwing Rise. Guild —1F 114
Redwood. Egh —1G 37
Redwood Clo. Craw —1C 182
Redwood Clo. Kenl —1N 83
Redwood Ct. Surb —6K 41
Redwood Dri. Asc —5E 34
Redwood Dri. Camb —2H 71
Redwood Est. Houn —2J 9
Redwood Gro. Chil —9E 114
Redwood Mnr. Hasl —1G 188
Redwood Mt. Reig —9M 101
Redwoods. SW15 —2F 26
Redwoods Way. C Crook —8C 88
Redwood Wlk. Surb —7K 41
Reed Av. Orp —1N 67
Reed Clo. Alder —8B 90
Reedham Dri. Purl —9K 63
Reedham Pk. Av. Purl —3L 83
Reedings. If'd —5J 181
Reed Pl. W Byf —9G 54
Reedsfield Rd. Ashf —5C 22
Reed's Hill. Brack —4N 31
Reeds Rd., The. Bourne —8L 129
Rees Gdns. Croy —5C 46
Reeve Ct. Guild —8K 93
Reeve Rd. Reig —7A 122
Reeves Corner. Croy —8M 45
Reeves Path. Hayes —1G 8
Reeves Rd. Alder —3A 110
Reeves Way. Wokgm —4A 30
Regal Cres. Wall —9F 44
Regal Dri. E Grin —1B 186
Regalfield Clo. Guild —8J 93
Regal Pl. SW6 —3N 13
(off Maxwell Rd.)
Regan Clo. Guild —7L 93
Regatta Ho. Tedd —5G 25
Regency Clo. Hamp —6N 23
Regency Ct. Sutt —1N 61
Regency Ct. Tedd —7H 25
Regency Dri. W Byf —9H 55
Regency Gdns. W On T —7K 39
Regency M. Iswth —8E 10
Regency Wlk. Croy —5H 47
Regency Wlk. Rich —8L 11
(off Grosvenor Av.)
Regent Clo. Fleet —5B 88
Regent Clo. Houn —4J 9
Regent Clo. New H —5M 55
Regent Clo. Red —7G 102
Regent Ct. Bag —5K 51
Regent Ct. Guild —1L 113
Regent Cres. Red —1D 122
Regent Ho. Eps —7D 60
Regent Ho. Red —2D 122
Regent Pl. SW19 —6A 28
Regent Pl. Croy —7C 46
Regent Rd. Surb —4M 41
Regents Clo. Craw —7A 182
Regents Clo. S Croy —3B 64
Regents Clo. Whyt —5B 84
Regents Dri. Kes —2F 66
Regents Pl. Sand —7H 49
Regent St. W4 —1N 11
Regent St. Fleet —5B 88
Regents Wlk. Asc —6N 33
Regent Way. Frim —5D 70
Regiment Clo. F'boro —2H 89
Regina Rd. SE25 —2D 46
Regina Rd. S'hall —1M 9
Reid Av. Cat —8A 84
Reid Clo. Coul —3F 82
Reidonhill Cotts. Knap —5E 72
Reigate Av. Sutt —7M 43
Reigate Clo. Craw —9H 163
Reigate Hill. Reig —2M 121
Reigate Hill Clo. Reig —9M 101
Reigate Hill Interchange. (Junct.) —7N 101
Reigate Rd. Bet —2N 119
Reigate Rd. Dork —4J 119
Reigate Rd. Eps & Tad —6F 60
Reigate Rd. Lea —1J 99

Reigate Rd.—Roman Ride

Reigate Rd. Leigh & Hook —1N 141
Reigate Rd. Reig & Red —3N 121
Reigate Way. Wall —2J 63
Reindorp Clo. Guild —4K 113
Relko Ct. Eps —7C 60
Relko Gdns. Sutt —2B 62
Rembrandt Way. W On T —8J 39
Rendle Clo. Croy —4C 46
Renfree Way. Shep —6B 38
Renfrew Ct. Houn —5M 9
Renfrew Rd. Houn —5M 9
Renfrew Rd. King T —8A 26
Renmans, The. Asht —3M 79
Renmuir St. SW17 —7D 28
Rennels Way. Iswth —5E 10
Rennie Clo. Ashf —4M 21
Rennie Ter. Red —4E 122
Renown Clo. Croy —7M 45
Replingham Rd. SW18 —2L 27
Reporton Rd. SW6 —3K 13
Repton Av. Hayes —1E 8
Repton Clo. Cars —2C 62
Restavon Cvn. Site. Berr G —3K 87
Restmor Way. Wall —8E 44
Restormel Clo. Houn —8A 10
Retreat Av. Cranl —4K 155
Retreat Rd. Rich —8K 11
Retreat, The. SW14 —6D 12
Retreat, The. Egh —6N 19
Retreat, The. Fleet —7A 88
Retreat, The. Surb —5M 41
Retreat, The. T Hth —3A 46
Retreat, The. Wor Pk —9G 43
Reubens Ct. W4 —1A 12
(off Chaseley Dri.)
Revell Clo. Fet —9B 78
Revell Dri. Fet —9B 78
Revell Rd. King T —1A 42
Revell Rd. Sutt —3L 61
Revelstoke Av. F'boro —8N 69
Revelstoke Rd. SW18 —3L 27
Revesby Clo. W End —9A 52
Revesby Rd. Cars —5C 44
Rewell St. SW6 —3N 13
Rewley Rd. Cars —5B 44
Rex Av. Ashf —7B 22
Rex Ct. Hasl —2D 188
Reynard Clo. H'ham —3A 198
Reynard Mills Trad. Est. Bren —1J 11
Reynolds Av. Chess —4L 59
Reynolds Clo. SW19 —9B 28
Reynolds Clo. Cars —7D 44
Reynolds Grn. Col T —9J 49
Reynolds Pl. Craw —2A 182
Reynolds Pl. Rich —9M 11
Reynolds Rd. Craw —2A 182
Reynolds Rd. N Mald —6C 42
Reynolds Way. Croy —1B 64
Rheingold Way. Wall —5J 63
Rhine Banks. F'boro —9J 69
Rhine Barracks. Alder —1M 109
Rhodes Clo. Egh —6E 20
Rhodes Ct. Egh —6E 20
(off Pooley Grn. Clo.)
Rhodesia Ter. Frim G —6H 71
Rhodesmoor Ho. Ct. Mord —5M 43
Rhodes Way. Craw —6D 182
Rhododendron Clo. Asc —8J 17
Rhododendron Ride. Egh —7J 19
Rhododendron Rd. Frim —6E 70
Rhododendron Wlk. Asc —8J 17
Rhodrons Av. Chess —2L 59
Rialto Rd. Mitc —1E 44
Ribble Pl. F'boro —8K 69
Ribblesdale. Dork —7H 119
Ribblesdale Rd. SW16 —7F 28
Ricardo Ct. Brmly —6B 134
Ricardo Rd. Old Win —9L 5
Ricards Rd. SW19 —6L 27
Ricebridge La. Reig —6G 120
Rices Corner. Won —2C 134
Rices Hill. E Grin —9B 166
Richard Clo. Fleet —6A 88
Richards Clo. Ash V —8E 90
Richards Clo. Hayes —2E 8
Richards Field. Eps —5C 60
Richard Sharples Ct. Sutt —4A 62
Richardson Ct. Craw —8N 181
Richards Rd. Stoke D —1B 78
Richbell Clo. Asht —5K 79
Richborough Ct. Craw —3A 182
Richland Av. Coul —1E 82
Richlands Av. Eps —1F 60
Rich La. SW5 —1N 13
Richmond Av. SW20 —9K 27
Richmond Av. Felt —9F 8
Richmond Bri. Twic & Rich —9K 11
Richmond Circus. (Junct.) —7L 11
Richmond Clo. Big H —6D 86
Richmond Clo. Eps —1D 80
Richmond Clo. F'boro —2J 89
Richmond Clo. Fet —2C 98
Richmond Clo. Fleet —7A 88
Richmond Clo. Frim —5D 70
Richmond Ct. Craw —4C 182
Richmond Cres. Stai —6H 21
Richmond Dri. Shep —5E 38
Richmond Grn. Croy —9J 45
Richmond Gro. Surb —5M 41
Richmond Hill. Rich —9L 11
Richmond Hill Ct. Rich —9L 11
Richmond Ho. Sand —8K 49
Richmond Mans. Twic —9K 11
Richmond M. Tedd —6F 24
Richmond Pde. Twic —9J 11
(off Richmond Rd.)
Richmond Pk. Rd. SW14 —8B 12
Richmond Pk. Rd. King T —8L 25
Richmond Rd. SW20 —9G 26
Richmond Rd. Col T —7K 49
Richmond Rd. Coul —2F 82
Richmond Rd. Croy —9J 45
Richmond Rd. G'ming —5H 133
Richmond Rd. H'ham —4J 197
Richmond Rd. Iswth —6G 11
Richmond Rd. King T —6K 25
Richmond Rd. Stai —6H 21
Richmond Rd. T Hth —2M 45
Richmond Rd. Twic —1H 25
Richmond Way. E Grin —1B 186
Richmond Way. Fet —1B 98
(in two parts)
Richmondwood. Asc —7E 34
Rickard Clo. SW2 —2L 29
Rickards Clo. Surb —7L 41
Ricketts Hill Rd. Tats —5F 86
Rickett St. SW6 —2M 13
Rickfield. Craw —4M 181
Rickford. Worp —3F 92
Rickford Hill. Worp —4G 93
Rickman Clo. Brack —5A 32
Rickman Ct. Add —9K 37
Rickman Cres. Add —9K 37
Rickman Hill. Coul —4F 82
Rickman Hill Rd. Coul —5F 82
Rickmans La. Plais —6B 192
Ricksons La. W Hor —5C 96
Rickwood. Horl —7F 142
Rickwood Cvn. Pk. Bear G —1K 159
Rickyard. Guild —3G 113
Riddings, The. Cat —3C 104
Riddlesdown Av. Purl —8N 63
Riddlesdown Rd. Purl —6N 63
Ride La. Alb —4M 135
Riders Way. God —9F 104
Ride, The. Bren —1J 11
Ride, The. Ifold —6F 192
Ride Way. Cranl —9C 136
Rideway Clo. Camb —2N 69
Ridge Clo. Str G —7A 120
Ridge Clo. Wok —8L 73
Ridge Ct. Warl —5D 84
Ridgegate Clo. Reig —1B 122
Ridge Grn. S Nut —6J 123
Ridge Grn. Clo. S Nut —6J 123
Ridgehurst Dri. H'ham —7F 196
Ridgelands. Fet —2D 98
Ridge Langley. S Croy —5D 64
Ridgemead Rd. Egh —4K 19
Ridgemoor Clo. Hind —4C 170
Ridgemount. Guild —4L 113
Ridgemount. Wey —8F 38
Ridgemount Av. Coul —4F 82
Ridgemount Av. Croy —7G 47
Ridgemount Est. Frim G —7G 70
Ridge Mt. Rd. Asc —7D 34
Ridgemount Way. Red —5B 122
Ridge Pk. Purl —6H 63
Ridge Rise. Add —2H 55
Ridge Rd. Mitc —8F 28
Ridge Rd. Sutt —7K 43
Ridgeside. Craw —3D 182
Ridges, The. Guild —8M 113
Ridge, The. Coul —1J 83
Ridge, The. Eps —5B 80
Ridge, The. Fet —2D 98
Ridge, The. Purl —6H 63
Ridge, The. Rud —9E 176
Ridge, The. Surb —4N 41
Ridge, The. Twic —1D 24
Ridge, The. Wok —4D 74
Ridge, The. Wold & Warl —3M 105
Ridgeway. E Grin —2A 186
Ridge Way. Eden —8L 127
Ridgeway. Eps —8B 60
Ridge Way. Felt —4M 23
Ridgeway. Hors —2N 73
Ridgeway. Rich —9L 11
Ridgeway Clo. Cranl —7B 156
Ridgeway Clo. Dork —7G 118
Ridgeway Clo. Light —7L 51
Ridgeway Clo. Oxs —1C 78
Ridgeway Clo. Wok —3N 73
Ridgeway Ct. Red —4D 122
Ridgeway Cres. Orp —1N 67
Ridgeway Dri. Dork —8G 119
Ridgeway Gdns. Wok —2N 73
Ridgeway Ho. Horl —1E 162
(off Crescent, The)
Ridgeway Pde. C Crook —8B 88
Ridgeway Rd. Dork —7G 118
Ridgeway Rd. Iswth —3E 10
Ridgeway Rd. Red —3D 122
Ridgeway Rd. N. Iswth —3E 10
Ridgeway, The. Brack —2A 32
Ridgeway, The. Brkwd —7D 72
Ridgeway, The. Cranl —7B 156
Ridgeway, The. Croy —9K 45
Ridgeway, The. Fet —2E 98
Ridgeway, The. Guild —4C 114
Ridgeway, The. Horl —1F 162
Ridgeway, The. H'ham —4H 197
Ridgeway, The. Light —6M 51
Ridgeway, The. Oxs —1C 78
Ridge Way, The. S Croy —6B 64
Ridgeway, The. W On T —7G 38
Ridgewood Dri. Frim —3H 71
Ridgley Rd. C'fold —5D 172
Ridgmount Rd. SW18 —8N 13
Ridgway. SW19 —8H 27
Ridgway. Pyr —2J 75
Ridgway Ct. SW19 —7J 27
Ridgway Gdns. SW19 —8J 27
Ridgway Hill Rd. Farnh —3H 129
Ridgway Pl. SW19 —7K 27
Ridgway Rd. Farnh —4H 129
Ridgway Rd. Pyr —2H 75
Ridgway, The. Sutt —3B 62
Riding Ct. Rd. Dat —3M 5
Riding Hill. S Croy —9D 64
Ridings La. Ock —1C 96
Ridings, The. Add —3G 55
Ridings, The. Asht —4K 79
Ridings, The. Big H —4G 86
Ridings, The. Cobh —8A 58
Ridings, The. E Hor —3G 96
Ridings, The. Eps —2E 80
Ridings, The. Ewe —5E 60
Ridings, The. Frim —3F 70
Ridings, The. Reig —1B 122
Ridings, The. Rip —1J 95
Ridings, The. Sun —9H 23
Ridings, The. Surb —4N 41
Ridings, The. Tad —7L 81
Ridings, The. Worth —2J 183
Riding, The. Cranl —6N 155
Riding, The. Wok —1D 74
Ridlands Gro. Oxt —8G 106
Ridlands La. Oxt —8F 106
Ridlands Rise. Oxt —8G 106
Ridley Clo. Fleet —6A 88
Ridley Ct. SW16 —7J 29
Ridley Ct. Craw —9H 163
Ridley Rd. SW19 —8N 27
Ridley Rd. Warl —5F 84
Ridsdale Rd. Wok —4L 73
Riesco Dri. Croy —3F 64
Rifle Butts All. Eps —1E 80
Rifle Way. F'boro —2H 89
Rigault Rd. SW6 —5K 13
Rigby Clo. Croy —9L 45
Riggindale Rd. SW16 —6H 29
Rillside. Craw —6E 182
Rill Wlk. E Grin —9D 166
Rimbault Clo. Alder —6B 90
Rimmer Clo. Craw —9N 181
Rinaldo Rd. SW12 —1F 28
Ringford Rd. SW18 —8L 13
Ringley Av. Horl —8E 142
Ringley Oak. H'ham —4M 197
Ringley Pk. Av. Reig —4B 122
Ringley Pk. Rd. Reig —3A 122
Ringley Rd. H'ham —4L 197
Ringmead. Brack —4K 31
Ringmer Av. SW6 —4K 13
Ringmore Dri. Guild —9E 94
Ringmore Rd. W On T —9K 39
Ring Rd. N. Horl —2F 162
Ring Rd. S. Horl —3G 162
Ringstead Rd. Sutt —1B 62
Ring, The. Brack —1A 32
Ringway. S'hall —1L 9
Ringwood. Brack —6L 31
Ringwood Av. Croy —6J 45
Ringwood Av. Red —9D 102
Ringwood Clo. Asc —3M 33
Ringwood Clo. Craw —5C 182
Ringwood Gdns. SW15 —2F 26
Ringwood Lodge. Red —9E 102
Ringwood Rd. B'water —9H 49
Ringwood Rd. F'boro —7A 70
Ringwood Way. Hamp —5A 24
Ripley Av. Egh —7A 20
Ripley By-Pass. Rip —1L 95
Ripley Clo. New Ad —3M 65
Ripley Ct. Mitc —1B 44
Ripley Gdns. SW14 —6C 12
Ripley Gdns. Sutt —1A 62
Ripley La. Rip & W Hors —1N 95
Ripley Rd. Hamp —8A 24
Ripley Rd. Send —4L 95
Ripon Clo. Camb —3H 71
Ripon Clo. Guild —1J 113
Ripon Gdns. Chess —2K 59
Ripplesmere. Brack —3B 32
Ripplesmore Clo. Sand —7G 48
Ripston Rd. Ashf —6E 22
Risborough Dri. Wor Pk —6F 42
Rise Rd. Asc —4B 34
Rise, The. Craw —3H 183
Rise, The. Crowt —2E 48
Rise, The. E Grin —1B 186
Rise, The. E Hor —4F 96
Rise, The. Eps —6E 60
Rise, The. S Croy —5F 64
Rise, The. S'dale —5B 34
Rise, The. Tad —7H 81
Rise, The. Wokgm —1A 30
Ritchie Clo. M'bowr —7G 182
Ritchie Rd. Croy —5E 46
Ritherdon Rd. SW17 —3E 28
River Av. Th Dit —6G 41
River Bank. E Mol —2E 40
Riverbank. Stai —7H 21
River Bank. Th Dit —4F 40
Riverbank. Westc —5B 118
River Bank. W Mol —2A 40
Riverbank, The. Wind —3E 4
Riverbank Way. Bren —2J 11
River Ct. Wok —1E 74
Rivercourt Rd. W6 —1G 12
River Crane Way. Felt —3N 23
Riverdale. Wrec —4D 128
Riverdale Dri. SW18 —2N 27
Riverdale Dri. Wok —8B 74
Riverdale Gdns. Twic —9J 11
Riverdale Rd. Felt —5M 23
Riverdale Rd. Twic —9J 11
Riverdene Ind. Est. W On T —2L 57
Riverfield Rd. Stai —7H 21
River Gdns. Cars —8E 44
River Gdns. Felt —8J 9
River Gdns. Bus. Cen. Felt —8J 9
River Gro. Pk. Beck —1J 47
Riverhead Dri. Sutt —6M 61
River Hill. Cobh —2J 77
Riverhill. Wor Pk —8C 42
Riverholme Dri. Eps —5C 60
River Island Clo. Fet —7D 78
River La. Farnh —4D 128
River La. Fet —8D 78
River La. Rich —2K 25
River La. Stoke D —3M 77
Rivermead. Byfl —9A 56
River Mead. H'ham —7H 197
River Mead. If'd —9M 161
Rivermead. King T —4K 41
Rivermead Clo. Add —4L 55
Rivermead Clo. Tedd —6H 25
Rivermead Ct. SW6 —6L 13
Rivermead Rd. Camb —4N 69
River Meads Av. Twic —4A 24
Rivermede. Bord —5A 168
River Mt. W On T —6G 38
Rivermount Gdns. Guild —6M 113
Rivernook Clo. W On T —4K 39
River Pk. Av. Stai —5F 20
River Reach. Tedd —6J 25
River Rd. Stai —9H 21
River Rd. Wind —3A 4
River Rd. Yat —7A 48
River Row Cotts. Farnh —4E 128
Rivers Clo. F'boro —4C 90
Riversdale Rd. Th Dit —4G 40
Riversdell Clo. Cher —6H 37
Riverside. Dork —3K 119
Riverside. Eden —2L 147
Riverside. Egh —4C 20
Riverside. F Row —6G 187
Riverside. Guild —1N 113
Riverside. Horl —1E 162
Riverside. H'ham —6G 196
Riverside. Rich —8K 11
Riverside. Shep —6F 38
Riverside. Stai —6H 21
Riverside. Sun —1L 39
Riverside. Twic —2H 25
Riverside. Wray —1M 19
Riverside Av. E Mol —4D 40
Riverside Av. Light —6N 51
Riverside Av. Rich —4L 11
Riverside Bus. Cen. SW18 —2N 27
Riverside Bus. Cen. Guild —3M 113
Riverside Bus. Cen. Iswth —7H 11
Riverside Bus. Pk. Farnh —9J 109
Riverside Clo. Brkwd —7C 72
Riverside Clo. F'boro —9L 69
Riverside Clo. King T —3K 41
Riverside Clo. Stai —9H 21
Riverside Clo. Wall —9F 44
Riverside Ct. Eden —3M 147
Riverside Ct. Farnh —9H 109
Riverside Ct. Felt —9F 8
Riverside Ct. Fet —9G 78
Riverside Ct. Iswth —5F 10
(off Woodlands Rd.)
Riverside Dri. W4 —3C 12
Riverside Dri. Brmly —4C 134
Riverside Dri. Esh —1A 58
Riverside Dri. Mitc —4C 44
Riverside Dri. Rich —3H 25
Riverside Dri. Stai —6G 21
(Chertsey La.)
Riverside Dri. Stai —8H 21
(Wheatsheaf La.)
Riverside Gdns. W6 —1G 13
Riverside Gdns. Wok —8D 74
Riverside Ind. Pk. Farnh —9H 109
Riverside M. Croy —9J 45
Riverside Pk. Add —2N 55
Riverside Pk. Camb —3M 69
Riverside Pk. Coln —5G 6
Riverside Pk. Farnh —9J 109
Riverside Pl. Stai —9M 7
Riverside Rd. SW17 —5N 27
Riverside Rd. Stai —8H 21
Riverside Rd. Stanw —8M 7
Riverside Rd. W On T —1M 57
Riverside, The. E Mol —2D 40
Riverside Wlk. SW6 —6K 13
Riverside Wlk. W4 —2E 12
Riverside Wlk. G'ming —6G 133
Riverside Wlk. Iswth —6E 10
Riverside Wlk. King T —2K 41
Riverside Wlk. W Wick —7L 47
Riverside Wlk. Wind —3G 5
Riverside Way. Camb —3M 69
River St. Wind —3G 4
River Ter. W6 —1H 13
River View. Add —2L 55
Riverview. Guild —3M 113
Riverview Gdns. SW13 —2G 13
Riverview Gdns. Cobh —9H 57
River View Gdns. Twic —3F 24
Riverview Gro. W4 —2A 12
Riverview Rd. W4 —3A 12
Riverview Rd. Eps —1B 60
River Wlk. W6 —3H 13
River Wlk. W On T —5H 39
River Way. Eps —2C 60
Riverway. Stai —9K 21
River Way. Twic —3B 24
Riverway Est. Guild —3L 133
Riverwood Ct. Guild —1M 113
Rivett Drake Rd. Guild —8K 93
Rivey Clo. W Byf —1H 75
Road Ho. Est. Old Wok —7C 74
Roakes Av. Add —8K 37
Roasthill La. Eton W —2A 4
Robert Clo. W On T —2J 57
Robert Owen Ho. SW6 —4J 13
Robertsbridge Rd. Cars —7A 44
Roberts Clo. Stai —9L 7
Roberts Clo. Sutt —4J 61
Robertson Ct. Wok —5H 73
Robertson Way. Ash —3D 110
Roberts Rd. Alder —3A 110
Roberts Rd. Camb —9M 49
Robert St. Croy —9N 45
Roberts Way. Egh —8M 19
Robert Way. H'ham —1M 197
Robert Way. Myt —2D 90
Robin Clo. Add —2M 55
Robin Clo. Ash V —7E 90
Robin Clo. Craw —1A 182
Robin Clo. E Grin —8B 166
Robin Clo. Hamp —6M 23
Robin Gdns. Red —1E 122
Robin Gro. Bren —2J 11
Robin Hill. G'ming —4G 133
Robin Hill Dri. Camb —3E 70
Robin Hood. (Junct.) —4D 26
Robin Hood Clo. F'boro —7M 69
Robinhood Clo. Mitc —3G 45
Robin Hood Clo. Wok —5J 73
Robin Hood Cres. Knap —4H 73
Robin Hood La. SW15 —5D 26
Robinhood La. Mitc —2G 45
Robin Hood La. Sutt —2M 61
Robin Hood La. Warn —3E 196
Robin Hood La. Wok & Sut G —2B 94
Robin Hood Rd. SW19 & SW15 —6F 26
Robin Hood Rd. Knap —4G 73
Robin Hood Way. SW15 & SW20 —4D 26
Robin Hood Works. Knap —4H 73
(off Robin Hood Rd.)
Robin La. Sand —7G 49
Robin Row. Turn H —4F 184
Robin's Bow. Camb —2N 69
Robin's Ct. Beck —1N 47
Robins Dale. Knap —4F 72
Robins Gro. W Wick —1C 66
Robins Gro. Cres. Yat —9A 48
Robinson Rd. SW17 & SW19 —7C 28
Robinson Rd. Craw —4B 182
Robinson Way. Bord —7A 168
Robinsway. W On T —1K 57
Robinswood Ct. H'ham —4M 197
Robin Way. Guild —8L 93
Robin Way. Stai —4H 21
Robin Willis Way. Old Win —9K 5
Robinwood Pl. SW15 —5C 26
Robson Rd. SE27 —4M 29
Roby Dri. Brack —6B 32
Robyns Way. Eden —3M 147
Roche Rd. SW16 —9K 29
Rochester Av. Felt —3G 23
Rochester Clo. SW16 —8J 29
Rochester Gdns. Cat —9B 84
Rochester Gdns. Croy —9B 46
Rochester Gro. Fleet —5B 88
Rochester Pde. Felt —3H 23
Rochester Rd. Cars —1D 62
Rochester Rd. Stai —7F 20
Rochester Wlk. Reig —8M 121
Roche Wlk. Cars —5B 44
Rochford Way. Croy —5J 45
Rock Av. SW14 —6C 12
Rockdale Dri. Gray —6B 170
Rockery, The. F'boro —2J 89
Rockfield Clo. Oxt —9B 106
Rockfield Rd. Oxt —8B 106
Rockfield Way. Col T —7J 49
Rock Gdns. Alder —3L 109
Rockhampton Clo. SE27 —5L 29
Rockhampton Rd. SE27 —5L 29
Rockhampton Rd. S Croy —3B 64
Rock Hill. Hamb —8G 152
Rockingham Clo. SW15 —7E 12
Rockland Rd. SW15 —7K 13
Rock La. Wrec —6F 128
Rockshaw Rd. Red —5G 103
Rocks La. SW13 —4F 12
Rocky La. Mers —6D 102
Rocque Ho. SW6 —3L 13
(off Estcourt Rd.)
Rodborough Hill Cotts. Witl —3N 151
Roden Gdns. Croy —5B 46
Rodenhurst Rd. SW4 —1G 29
Rodgate La. Hasl —3A 190
Rodgers Ho. SW4 —1H 29
(off Clapham Pk. Est.)
Roding Clo. Cranl —8H 155
Rodmel Ct. F'boro —4C 90
Rodmill La. SW2 —1J 29
Rodney Clo. Croy —7M 45
Rodney Clo. N Mald —4D 42
Rodney Clo. W On T —7K 39
Rodney Gdns. W Wick —1C 66
Rodney Grn. W On T —8K 39
Rodney Pl. SW19 —9A 28
Rodney Rd. Mitc —2C 44
Rodney Rd. N Mald —4D 42
Rodney Rd. Twic —9A 10
Rodney Rd. W On T —8K 39
Rodney Way. Coln —4G 7
Rodney Way. Guild —2C 114
Rodona Rd. Wey —7E 56
Rodway Rd. SW15 —1F 26
Rodwell Ct. Add —1L 55
Roebuck Clo. Asht —7L 79
Roebuck Clo. Felt —5J 23
Roebuck Clo. H'ham —4A 198
Roebuck Clo. Reig —3M 121
Roebuck Est. Binf —8H 15
Roebuck Rd. Chess —2N 59
Roedean Cres. SW15 —9D 12
Roedeer Copse. Hasl —2C 188
Roehampton Clo. SW15 —7F 12
Roehampton Ga. SW15 —9D 12
Roehampton High St. SW15 —1F 26
Roehampton La. SW15 —7F 12
Roehampton Lane. (Junct.) —2G 27
Roehampton Vale. SW15 —4E 26
Roe Way. Wall —3J 63
Roffe's La. Cat —2A 104
Roffey Clo. Horl —8D 142
Roffey Clo. Purl —3M 83
Roffey's Clo. Copt —6L 163
Roffords. Wok —4L 73
Roffye Ct. H'ham —4N 197
Rogers Clo. Cat —9E 84
Rogers Clo. Coul —5M 83
Roger Simmons Ct. Bookh —2N 97
Rogers La. Warl —5J 85
Rogers Mead. God —1E 124
Rogers Rd. SW17 —5B 28
Rokeby Clo. Brack —9B 16
Rokeby Ct. Wok —4J 73
Rokeby Pl. SW20 —8G 27
Roke Clo. Kenl —1N 83
Roke Clo. Witl —5B 152
Roke La. Witl —6N 151
Roke Lodge Rd. Kenl —9M 63
Roke Rd. Kenl —2N 83
Rokers La. Shack —4A 132
Rokes Pl. Yat —9A 48
Roland Way. Wor Pk —8E 42
Rolinsden Way. Kes —2F 66
Rollesby Rd. Chess —3N 59
Rolleston Rd. S Croy —4A 64
Rollit Cres. Houn —8A 10
Rolston Ho. Hasl —2D 188
Romana Ct. Stai —5J 21
Romanby Ct. Red —4D 122
Roman Clo. Felt —8K 9
Romanfield Rd. SW2 —1K 29
Romanhurst Av. Brom —3N 47
Romanhurst Gdns. Brom —3N 47
Roman Ind. Est. Croy —6B 46
Roman Ride. Crowt —2C 48

Roman Rd.—Rydal Gdns.

Roman Rd. Dork —7G 119
Roman Rd. M Grn —6M 147
Romans Bus. Pk. Farnh —9J 109
Romans Way. Wok —2J 75
Roman Way. Croy —8M 45
Roman Way. Farnh —8K 109
Roman Way. Warf —9D 16
Romany Gdns. Sutt —6M 43
Romany Rd. Knap —2F 72
Roma Read Clo. SW15 —1G 26
Romayne Clo. F'boro —9M 69
Romberg Rd. SW17 —4E 28
Romeo Hill. Warf —9D 16
Romeyn Rd. SW16 —4K 29
Romily Ct. SW6 —5K 13
Rommany Rd. SE27 —5N 29
(in two parts)
Romney Clo. Ashf —6D 22
Romney Clo. Chess —1L 59
Romney Ho. Brack —3C 32
Romney Lock Rd. Wind —3G 5
Romney Rd. N Mald —5C 42
Romola Rd. SE24 —2M 29
Romsey Clo. Alder —6A 110
Romsey Clo. B'water —9H 49
Romsey Clo. Orp —1K 67
Romulus Ct. Bren —3K 11
Rona Clo. Craw —6N 181
Ronald Clo. Beck —4J 47
Ronelean Rd. Surb —9M 41
Ronneby Clo. Wey —9F 38
Roof of the World Cvn. Pk. Tad —9A 100
Rookeries Clo. Felt —4K 23
Rookery Clo. Fet —2E 98
Rookery Dri. Westc —7A 118
Rookery Hill. Asht —5N 79
Rookery Hill. Out —4L 143
Rookery La. Small —6L 143
Rookery Rd. Orp —6H 67
Rookery Rd. Stai —6K 21
Rookery, The. Westc —7A 118
Rookery Way. Tad —5L 101
Rook La. Cat —3K 103
Rookley Clo. Sutt —5N 61
Rooks Hill. Brmly —9E 134
Rooksmead Rd. Sun —1H 39
Rookstone Rd. SW17 —6D 28
Rookswood. Brack —8N 15
Rook Way. H'ham —2M 197
Rookwood Av. N Mald —3F 42
Rookwood Av. Owl —5K 49
Rookwood Av. Wall —1H 63
Rookwood Clo. Mers —7F 102
Rookwood Ct. Guild —6M 113
Rookwood Pk. H'ham —5F 196
Roosthole Hill. H'ham —8C 198
Roothill Rd. Bet —1N 139
Ropeland Way. H'ham —1L 197
Ropers Wlk. SW2 —1L 29
Roper Way. Mitc —1E 44
Rope Wlk. Sun —2K 39
Rorkes Drift. Myt —1D 90
Rosa Av. Ashf —5B 22
Rosalind Franklin Clo. Sur R —4H 113
Rosaline Rd. SW6 —3K 13
Rosamund Clo. S Croy —1A 64
Rosamund Rd. Craw —5F 182
Rosamun St. S'hall —1M 9
Rosary Clo. Houn —5M 9
Rosary Gdns. SW7 —1N 13
Rosary Gdns. Ashf —5C 22
Rosary Gdns. Yat —9C 48
Rosaville Rd. SW6 —3L 13
Roseacre. Oxt —3C 126
Roseacre Clo. Shep —4B 38
Roseacre Gdns. Chil —9H 115
Rose Av. Mitc —9D 28
Rose Av. Mord —4A 44
Rosebank. Eps —1B 80
Rosebank Clo. Tedd —7G 25
Rosebank Cotts. Reig —5N 121
Rose Bank Cotts. Wok —9A 74
Rosebay. Wokgm —9D 14
Roseberry Av. N Mald —1E 42
Roseberry Av. T Hth —1N 45
Roseberry Gdns. Orp —1N 67
Rosebery Av. Eps —1D 80
Rosebery Clo. Mord —5J 43
Rosebery Cres. Wok —7B 74
Rosebery Gdns. Sutt —1N 61
Rosebery Rd. SW2 —1J 29
Rosebery Rd. Eps —6C 80
Rosebery Rd. Houn —8C 10
Rosebery Rd. King T —1A 42
Rosebery Rd. Sutt —3L 61
Rosebery Sq. King T —1A 42
Rosebine Av. Twic —1D 24
Rosebriar Clo. Wok —3J 75
Rosebriars. Cat —7B 84
Rosebriars. Esh —2C 58
(in two parts)
Rosebury Dri. Bisl —2D 72
Rosebury Rd. SW6 —5N 13
Rosebushes. Eps —3H 81
Rose Cotts. Fay —9H 181
Rose Cotts. F Row —6G 187
Rose Cotts. Rusp —2M 179
Rose Cotts. Worm —8D 152
Rose Ct. Wokgm —2B 30
Rosecourt Rd. Croy —5K 45
Rosecroft Clo. Big H —5H 87
Rosecroft Gdns. Twic —2D 24
Rose & Crown Pas. Iswth —4G 11
Rosedale. Alder —2A 110
Rosedale. Asht —5J 79
Rosedale. Binf —6H 15
Rosedale. Cat —1B 104
Rosedale Clo. Craw —5M 181
Rosedale Gdns. Brack —4M 31
Rosedale Rd. Eps —2F 60
Rosedale Rd. Rich —7L 11
Rosedene Av. SW16 —4K 29
Rosedene Av. Croy —6J 45
Rosedene Av. Mord —4M 43
Rosedene Gdns. Fleet —3A 88
Rosedene La. Col T —9J 49
Rosedew Rd. W6 —2J 13
Rose End. Wor Pk —7J 43
Rosefield Clo. Cars —2C 62
Rosefield Gdns. Ott —3F 54
Rosefield Rd. Stai —5J 21
Rose Gdns. F'boro —2K 89
Rose Gdns. Felt —3H 23
Rose Gdns. Stai —1M 21
Rose Gdns. Wokgm —2B 30
Roseheath Rd. Houn —8N 9
Rose Hill. Binf —6H 15
Rosehill. Clay —3G 58
Rose Hill. Dork —5H 119
Rosehill. Hamp —9A 24
Rosehill. Sutt —8N 43
Rose Hill Arch M. Dork —5H 119
Rosehill Av. Sutt —7A 44
Rosehill Av. Wok —3M 73
Rosehill Ct. Mord —6A 44
(off St Helier Av.)
Rosehill Ct. Pde. Mord —6A 44
(off St Helier Av.)
Rosehill Farm Meadow. Bans —2N 81
Rosehill Gdns. Sutt —8N 43
Rose Hill Pk. W. Sutt —7A 44
Rosehill Rd. SW18 —9N 13
Rosehill Rd. Big H —4E 86
Rose Hill Roundabout. (Junct.) —6A 44
Rose La. Rip —8L 75
Roseleigh Clo. Twic —9K 11
Rosemary Av. Ash V —5E 90
Rosemary Av. Houn —5L 9
Rosemary Av. W Mol —2A 40
Rosemary Clo. Croy —5J 45
Rosemary Clo. F'boro —1J 89
Rosemary Clo. Oxt —2C 126
Rosemary Ct. Hasl —1G 188
Rosemary Ct. Horl —7C 142
Rosemary Cres. Guild —8J 93
Rosemary Gdns. SW14 —6B 12
Rosemary Gdns. B'water —1H 69
Rosemary Gdns. Chess —1L 59
Rosemary La. SW14 —6B 12
Rosemary La. Alf —9E 174
Rosemary La. B'water —9H 49
Rosemary La. Charl —3K 161
(in two parts)
Rosemary La. Egh —2D 36
Rosemary La. Horl —9F 142
Rosemary La. Rowl —7D 128
Rosemary Rd. SW17 —4A 28
Rosemead. Cher —6K 37
Rosemead Av. Felt —3G 22
Rosemead Av. Mitc —2G 45
Rosemead Clo. Red —5B 122
Rosemont Rd. N Mald —2B 42
Rosemont Rd. Rich —9L 11
Rosemount Av. W Byf —9J 55
Rosendale Rd. SE21 —4N 29
Rosendale Rd. SE24 & SE21 —1N 29
Roseneath Dri. C'fold —5E 172
Rose Pk. Cvn. Site. Wdhm —5G 54
Rosery, The. Croy —5G 46
Rosery, The. Egh —1G 36
Rose's Cotts. Dork —5G 119
(off West St.)
Roses La. Wind —5A 4
Rose St. Wokgm —2B 30
Rosethorn Clo. SW12 —1H 29
Rosetrees. Guild —4C 114
Rose View. Add —2L 55
Roseville Av. Houn —8A 10
Roseville Rd. Hayes —1H 9
Rosevine Rd. SW20 —9H 27
Rose Wlk. Fleet —3A 88
Rose Wlk. Purl —7H 63
Rose Wlk. Surb —4A 42
Rose Wlk. W Wick —8M 47
Rosewarne Clo. Wok —5K 73
Rosewood. Sutt —6A 62
Rosewood. Th Dit —8G 40
Rosewood. Wok —6C 74
Rosewood Dri. Shep —4A 38
Rosewood Gro. Sutt —8A 44
Rosewood Rd. Lind —4B 168
Rosewood Way. W End —9B 52
Roshni Ho. SW17 —7C 28
Roskell Rd. SW15 —6J 13
Roslan Ct. Horl —9F 142
Roslyn Clo. Mitc —1B 44
Roslyn Ct. Wok —5K 73
Ross Clo. Craw —6D 182
Rossdale. Sutt —2C 62
Rossdale Rd. SW15 —7H 13
Rossett Clo. Brack —3N 31
Rossetti Gdns. Coul —5K 83
Rossignol Gdns. Cars —8E 44
Rossindel Rd. Houn —8A 10
Rossiter Lodge. Guild —4C 114
Rossiter Rd. SW12 —2F 28
Rosslare Clo. W'ham —3M 107
Rosslea. W'sham —1L 51
Rosslyn Av. SW13 —6D 12
Rosslyn Av. Felt —9H 9
Rosslyn Clo. Sun —7F 22
Rosslyn Clo. W Wick —1B 66
Rosslyn Pk. Wey —1E 56
Rosslyn Rd. Twic —9J 11
Rossmore Clo. Craw —8H 163
Rossmore Gdns. Alder —3K 109
Ross Pde. Wall —3F 62
Ross Rd. SE25 —2A 46
Ross Rd. Cobh —9K 57
Ross Rd. Twic —2B 24
Ross Rd. Wall —2G 62
Rosswood Gdns. Wall —3G 62
Rostella Rd. SW17 —5B 28
Rostrevor Gdns. S'hall —1M 9
Rostrevor M. SW6 —4L 13
Rostrevor Rd. SW6 —4L 13
Rostrevor Rd. SW19 —6M 27
Rothbury Gdns. Iswth —3G 11
Rothbury Wlk. Camb —2G 71
Rother Clo. Sand —7H 49
Rother Cres. Craw —4L 181
Rotherfield Rd. Cars —1E 62
Rotherhill Av. SW16 —7H 29
Rothermere Rd. Croy —2K 63
Rother Rd. F'boro —8K 69
Rothervale. Horl —6E 142
Rotherwick Ct. F'boro —5A 90
Rotherwood Clo. SW20 —9K 27
Rotherwood Rd. SW15 —6J 13
Rothesay Av. SW20 —1K 43
Rothesay Av. Rich —7A 12
Rothesay Rd. SE25 —3A 46
Rothes Rd. Dork —4H 119
Rothschild St. SE27 —5M 29
Rothwell Ho. Crowt —3H 49
Rothwell Ho. Houn —2A 10
Rotten Grn. Rd. B'stoke —8A 68
Rotunda Est. Alder —2N 109
Rougemont Av. Mord —5M 43
Roughets La. Red —7B 104
Rough Field. E Grin —6N 165
Roughgrove Copse. Binf —7G 15
Roughlands. Wok —2G 75
Rough Rew. Dork —8H 119
Rough Rd. Wok —9F 72
Rough Way. H'ham —3M 197
Rounce La. W End —9A 52
Roundabout Rd. Copt —6N 163
Roundacre. SW19 —3J 27
Roundals La. Hamb —1H 173
Round Clo. Yat —1E 68
Round Gro. Croy —6G 47
Roundhill. Wok —6D 74
Roundhill Dri. Wok —5D 74
Roundhill Way. Cobh —7B 58
Roundhill Way. Guild —3J 113
Round Oak Rd. Wey —1A 56
Roundshaw Cen. Wall —4J 63
(off Mollison Dri.)
Roundshead Dri. Warf —9B 16
Rounds Hill. Brack —9K 15
Roundthorn Way. Wok —3J 73
Roundway. Big H —3E 86
Roundway. Camb —9G 50
Roundway. Egh —6E 20
Roundway Clo. Camb —9G 50
Roundway Ct. Craw —1B 182
Roundway, The. Clay —3F 58
Roundwood View. Bans —2J 81
Roundwood Way. Bans —2J 81
Rounton Rd. C Crook —7B 88
Roupell Rd. SW2 —2K 29
Routh Ct. Felt —2E 22
Routh Rd. SW18 —1C 28
Rowallan Rd. SW6 —3K 13
Rowan. Brack —4D 32
Rowan Av. Egh —6E 20
Rowan Chase. Wrec —6F 128
Rowan Clo. SW16 —9G 29
Rowan Clo. Camb —7D 50
Rowan Clo. Craw —3D 182
Rowan Clo. Fleet —4D 88
Rowan Clo. Guild —9M 93
Rowan Clo. H'ham —3A 198
Rowan Clo. N Mald —1D 42
Rowan Clo. Reig —5A 122
Rowan Ct. SW11 —1D 28
Rowan Cres. SW16 —9G 29
Rowan Dale. C Crook —8A 88
Rowan Dri. Crowt —9H 31
Rowan Gdns. Croy —9C 46
Rowan Grn. Wey —1E 56
Rowan Gro. Coul —8F 82
Rowan Ho. Hay —1N 47
Rowan Rd. SW16 —1G 45
Rowan Rd. W6 —1J 13
Rowan Rd. Bren —3H 11
Rowan Rd. W Dray —1M 7
Rowans Clo. F'boro —5K 69
Rowanside Clo. Head —5H 169
Rowans, The. Hind —7B 170
Rowans, The. Sun —6G 23
Rowans, The. Wok —5A 74
Rowan Ter. W6 —1J 13
(off Rowan Rd.)
Rowan Wlk. Brom —1H 67
Rowan Wlk. Craw D —1F 184
Rowan Way. H'ham —3M 198
Rowbarns Way. E Hor —8G 97
Rowberry Clo. SW6 —3H 13
Rowbury. G'ming —3K 133
Rowcroft Clo. Ash V —7E 90
Rowden Rd. Beck —1H 47
Rowden Rd. Eps —1A 60
Rowdown Cres. New Ad —5N 65
Rowe La. Pirb —2D 92
Rowfant Clo. Worth —3J 183
Rowfant Rd. SW17 —2E 28
Rowfield. Eden —9M 127
Row Hill. Add —3H 55
Rowhill Av. Alder —3L 109
Rowhill Cres. Alder —4L 109
Rowhills. Farnh —4J 109
Rowhills Clo. Farnh —4L 109
Rowhook Hill. H'ham —8N 177
Rowhook Rd. H'ham —8N 177
Rowhurst Av. Add —3K 55
Rowhurst Av. Lea —4F 78
Rowland Clo. Copt —5B 164
Rowland Clo. Wind —6A 4
Rowland Hill Almshouses. Ashf —6C 22
(off Feltham Hill Rd.)
Rowland Rd. Cranl —7M 155
Rowlands Rd. H'ham —2N 197
Rowland Way. SW19 —9N 27
Rowland Way. Ashf —8D 22
Row La. Alb —6N 135
Rowley Clo. Brack —2C 32
Rowley Clo. Pyr —3K 75
Rowley Ct. Cat —9A 84
Rowley Edge. Cranl —4J 155
Rowlls Rd. King T —2M 41
Rowly Dri. Cranl —5J 155
Rowntree Rd. Twic —2E 24
Rowplatt La. Felb —6H 165
Row, The. Eden —8K 127
Rowtown. Add —4H 55
Roxborough Av. Iswth —3F 10
Roxburgh Clo. Camb —2G 71
Roxburgh Rd. SE27 —6M 29
Roxby Pl. SW6 —2M 13
Roxeth Ct. Ashf —6B 22
Roxford Clo. Shep —4F 38
Roxton Gdns. Croy —2K 65
Royal Aerospace Establishment. F'boro —3N 89
Royal Aerospace Establishment Rd. F'boro —4N 89
Royal Av. Wor Pk —8D 42
Royal Cir. SE27 —4L 29
Royal Clo. Wor Pk —8D 42
Royal Dri. Eps —5G 80
Royale Clo. Alder —4A 110
Royal Free Ct. Wind —4G 4
Royal Horticultural Society Cotts. Wis —3N 75
Royal M. Wind C —4G 5
Royal Oak Clo. Yat —9D 48
Royal Oak Hill. Knock —5N 87
Royal Oak Rd. Wok —5M 73
Royal Orchard Clo. SW18 —1K 27
Royal Pde. SW6 —3K 13
Royal Pde. Hind —5D 170
Royal Pde. Rich —4N 11
Royal Rd. Tedd —6D 24
Royal Victoria Gdns. S Asc —3L 33
Royal Victoria Patriotic Building. SW18 —1B 28
Royal Wlk. Wall —8F 44
Royce Rd. Craw —7E 162
Roycroft Clo. SW2 —2L 29
Roydon Ct. W on T —1J 57
Roy Gro. Hamp —7B 24
Roymount Ct. Twic —4E 24
Royston Av. Byfl —8N 55
Royston Av. Sutt —9B 44
Royston Av. Wall —1H 63
Royston Cen., The. Ash V —5D 90
Royston Clo. Craw —8E 162
Royston Clo. Houn —4J 9
Royston Clo. W On T —7H 39
Royston Ct. SE24 —1N 29
Royston Ct. Hin W —8F 40
Royston Ct. Rich —4M 11
Royston Gdns. Wokgm —1A 48
Royston Rd. SE20 —1G 47
Royston Rd. Byfl —8N 55
Royston Rd. Rich —8L 11
Roystons, The. Surb —4A 42
Rozeldene. Hind —6C 170
Rubus Clo. W End —9B 52
Ruckmans La. Oke H —3A 178
Rudd Hall Rise. Camb —3B 70
Ruddlesway. Wind —4A 4
(in three parts)
Ruden Way. Eps —3G 80
Rudge Rise. Add —2H 55
Rudgwick Keep. Horl —7G 142
(off Langshott La.)
Rudgwick Rd. Craw —2L 181
Rudloe Rd. SW12 —1G 28
Rudsworth Clo. Coln —3F 6
Ruffetts Clo. S Croy —4E 64
Ruffetts, The. S Croy —4E 64
Ruffetts Way. Tad —5K 81
Rufford Clo. Fleet —7B 88
Rufwood. Craw D —1D 184
Rugby Clo. Owl —6K 49
Rugby La. Sutt —5J 61
Rugby Rd. Twic —8E 10
Ruggles-Brise Rd. Ashf —6M 21
Rugosa Rd. W End —9B 52
Ruislip St. SW17 —5D 28
Rumbold Rd. SW6 —3N 13
Rumsey Clo. Hamp —7N 23
Runcorn Clo. Bew —7K 181
Runes Clo. Mitc —3B 44
Runfold St George. Bad L —7N 109
Runnemede Rd. Egh —5C 20
Running Horse Yd. Bren —2L 11
Runnymede. SW19 —9B 28
Runnymede Clo. Twic —9B 10
Runnymede Ct. SW15 —2F 26
Runnymede Ct. Egh —5C 20
Runnymede Ct. F'boro —7M 69
Runnymede Cres. SW16 —9H 29
Runnymede Gdns. Twic —9B 10
Runnymede Ho. Cher —6J 37
(off Heriot Rd.)
Runnymede Rd. Twic —9B 10
Runshooke Ct. Craw —6M 181
Runtley Wood La. Sut G —3B 94
Runwick La. Farnh —3A 128
Rupert Ct. W Mol —3A 40
(off St Peters Rd.)
Rupert Rd. Guild —4M 113
Rural Way. SW16 —8F 28
Rural Way. Red —3E 122
Ruscoe Dri. Wok —4C 74
Ruscombe Gdns. Dat —2K 5
Ruscombe Way. Felt —1G 22
Rusham Ct. Egh —7C 20
Rusham Pk. Av. Egh —7B 20
Rusham Rd. SW12 —1D 28
Rusham Rd. Egh —7B 20
Rushams Rd. H'ham —6H 197
Rushbury Ct. Hamp —9A 24
Rushcroft. G'ming —3K 133
Rushdene Wlk. Big H —4F 86
Rushden Way. Farnh —5J 109
Rushen Wlk. Cars —7B 44
Rushett Clo. Th Dit —7H 41
Rushett Dri. Dork —8H 119
Rushett La. Chess & Eps —7J 59
Rushett Rd. Th Dit —6H 41
Rushetts Pl. Craw —9A 162
Rushetts Rd. Craw —9N 161
Rushetts Rd. Reig —7A 122
Rushey Clo. N Mald —3C 42
Rushfords. Ling —6A 146
Rushley Clo. Kes —1F 66
Rushmead. Rich —4H 25
Rushmead Clo. Croy —1C 64
Rushmere Ct. Wor Pk —8F 42
Rushmere Pl. SW19 —6J 27
Rushmere Pl. Egh —6A 20
Rushmon Gdns. W On T —8J 39
Rushmon Pl. Cheam —3K 61
Rushmoor Clo. Fleet —6B 88
Rushmoor Clo. Guild —9J 93
Rushmoor Ct. F'boro —5A 90
Rushmoor Rd. Alder —8J 89
Rusholme Rd. SW15 —9J 13
Rush, The. SW19 —1L 43
(off Kingston Rd.)
Rushton Av. S God —7F 124
Rushworth Rd. Reig —2M 121
Rushy Meadow La. Cars —9C 44
Ruskin Av. Felt —9G 9
Ruskin Av. Rich —3N 11
Ruskin Clo. Craw —9G 163
Ruskin Ct. Crowt —3D 48
Ruskin Dri. Wor Pk —8G 43
Ruskin Mans. W14 —2K 13
(off Queen's Club Gdns.)
Ruskin Rd. Cars —2D 62
Ruskin Rd. Croy —8M 45
Ruskin Rd. Iswth —6F 10
Ruskin Rd. Stai —7H 21
Ruskin Way. SW19 —9B 28
Rusper Ct. Cotts. H'ham —3D 180
Rusper Rd. Capel —6J 159
Rusper Rd. H'ham —4M 197
Rusper Rd. Newd & H'ham —2A 160
Rusper Rd. Rusp & Crawl —2F 180
Ruspers Keep. If'd —2L 181
Russell Clo. W4 —2E 12
Russell Clo. Beck —2M 47
Russell Clo. Brack —7B 32
Russell Clo. Tad —3F 100
Russell Clo. Wok —2M 73
Russell Ct. SW16 —6K 29
Russell Ct. B'water —1J 69
Russell Ct. Guild —9M 93
Russell Ct. Hind —5D 170
Russell Ct. Lea —9H 79
Russell Ct. S Croy —6L 63
Russell Ct. Wall —2G 63
(off Ross Rd.)
Russell Dri. Stai —9M 7
Russell Gdns. Rich —3J 25
Russell Gdns. W Dray —1B 8
Russell Grn. Clo. Purl —6L 63
Russell Hill. Purl —6K 63
Russell Hill Pl. Purl —7L 63
Russell Hill Rd. Purl —7L 63
Russell Kerr Clo. W4 —3B 12
Russell Rd. SW19 —8M 27
Russell Rd. Mitc —2C 44
Russell Rd. Shep —6D 38
Russell Rd. Twic —9F 10
Russell Rd. W On T —5H 39
Russell Rd. Wok —2M 73
Russells. Tad —9J 81
Russells Cres. Horl —9E 142
Russell's Footpath. SW16 —6J 29
Russell St. Wind —4G 4
Russell Wlk. Rich —9M 11
Russell Way. Craw —4E 182
Russell Way. Sutt —2N 61
Russell Yd. SW15 —7K 13
Russet Av. Shep —2F 38
Russet Clo. Horl —8G 143
Russet Clo. Stai —9H 7
Russet Clo. Tong —5C 110
Russet Clo. W On T —9M 39
Russet Dri. Croy —7H 47
Russet Gdns. Camb —3B 70
Russet Glade. Alder —4J 109
Russett Ct. Cat —3D 104
Russett Ct. H'ham —5N 197
Russetts Clo. Wok —2B 74
Russetts Dri. Fleet —5B 88
Russet Way. N Holm —8K 119
Russ Hill. Charl —5F 160
Russ Hill Rd. Charl —4J 161
Russington Rd. Shep —5E 38
Russley Grn. Wokgm —7A 30
Rusthall Clo. Croy —4F 46
Rustic Av. SW16 —8F 28
Rustic Glen. C Crook —8A 88
Rustington Wlk. Mord —6L 43
Ruston Av. Surb —6A 42
Ruston Clo. M'bowr —6G 182
Ruston Way. Asc —1J 33
Rutford Rd. SW16 —6J 29
Ruth Clo. F'boro —9H 69
Ruthen Clo. Eps —1A 80
Rutherford Clo. Sutt —3B 62
Rutherford Clo. Wind —4C 4
Rutherford Way. Craw —7E 162
Rutherwick Clo. Horl —8D 142
Rutherwick Rise. Coul —4J 83
Rutherwick Tower. Horl —8D 142
Rutherwyke Clo. Eps —3F 60
Rutherwyk Rd. Cher —6G 36
Rutland Clo. SW14 —6A 12
Rutland Clo. SW19 —8C 28
Rutland Clo. Alder —1M 109
Rutland Clo. Asht —4L 79
Rutland Clo. Chess —3M 59
Rutland Clo. Eps —6C 60
Rutland Clo. Red —2D 122
Rutland Dri. Mord —5L 43
Rutland Dri. Rich —2L 25
Rutland Gdns. Croy —1B 64
Rutland Gro. W6 —1G 13
Rutland Rd. SW19 —8C 28
Rutland Rd. Hayes —1E 8
Rutland Rd. Twic —3D 24
Rutland Ter. Alder —1M 109
Rutlish Rd. SW19 —9M 27
Rutson Rd. Byfl —1A 76
Rutter Gdns. Mitc —3A 44
Rutton Hill Rd. G'ming —2H 171
Ruvigny Gdns. SW15 —6J 13
Ruxbury Rd. Cher —5E 36
Ruxley Clo. Eps —2A 60
Ruxley Ct. Wor Pk —2B 60
Ruxley Cres. Clay —3H 59
Ruxley La. Eps —3A 60
Ruxley M. Eps —2A 60
Ruxley Ridge. Clay —4G 58
Ruxley Towers. Clay —4G 59
Ryan Ct. SW16 —8J 29
Ryan Dri. Bren —2G 11
Ryan Mt. Sand —7F 48
Ryarsh Cres. Orp —1N 67
Rycroft. Wind —6C 4
Rydal Clo. Camb —1H 71
Rydal Clo. F'boro —2J 89
Rydal Clo. If'd —5J 181
Rydal Clo. Purl —9A 64
Rydal Dri. C Crook —8A 88
Rydal Gdns. SW15 —6D 26
Rydal Gdns. Houn —9B 10

Rydal Pl.—St Peter's Gdns.

Rydal Pl. Light —7M 51
Rydal Rd. SW16 —5H 29
Rydal Way. Egh —8D 20
Ryde Clo. Rip —8L 75
Ryde Ct. Alder —3A 110
Ryde Gdns. Yat —9A 48
Ryde Heron. Knap —4H 73
Ryde Lands. Cranl —6A 156
Rydens Av. W on T —8J 39
Rydens Clo. W on T —8K 39
Rydens Gro. W On T —1L 57
Rydens Pk. W On T —8L 39
Rydens Rd. W On T —9J 39
Rydens Way. Wok —7C 74
Ryde Pl. Twic —9K 11
Ryders Way. H'ham —1M 197
Rydes Av. Guild —9J 93
Rydes Clo. Wok —7E 74
Ryde's Hill Cres. Guild —8J 93
Ryde's Hill Rd. Guild —1J 113
Ryde, The. Stai —9K 21
Ryde Vale Rd. SW12 —3G 28
Rydings. Wind —6C 4
Rydon's La. Coul —7N 83
Rydon's Wood Clo. Coul —7N 83
Rye Ash. Craw —2E 182
(in two parts)
Ryebeck Rd. C Crook —8B 88
Ryebridge Clo. Lea —5G 79
Ryebrook. Lea —7G 79
Ryebrook Rd. Lea —5G 79
Rye Clo. Brack —8B 16
Rye Clo. F'boro —8K 69
Rye Clo. Fleet —9D 68
Rye Clo. Guild —1H 113
Rye Croft. C Crook —9A 88
Ryecroft Av. Twic —1B 24
Ryecroft Dri. H'ham —5G 196
Ryecroft Gdns. B'water —2K 69
Ryecroft Lodge. SW16 —7M 29
Ryecroft Rd. SW16 —7L 29
Ryecroft St. SW6 —4N 13
Ryefield Path. SW15 —2F 26
Ryefield Rd. SE19 —7N 29
Rye Gro. Light —4C 52
Ryehurst La. Binf —5K 15
Ryeland Clo. Fleet —1D 88
Ryelands. Craw —4M 181
Ryelands Horl —7G 142
Ryelands Clo. Cat —8B 84
Ryelands Ct. Lea —5G 79
Ryelands Pl. Wey —9F 38
Ryelaw Rd. C Crook —8B 88
Ryemead La. Wink —4G 17
Ryersh La. Capel —3H 159
Rye Wlk. SW15 —8J 13
Ryfold Rd. SW19 —4M 27
Ryland Clo. Felt —5G 23
Rylandes Rd. S Croy —5E 64
Ryle Rd. Farnh —3G 128
Rylston Rd. SW6 —2L 13
Rymer Rd. Croy —6B 46
Rysted La. W'ham —4L 107
Ryst Wood Rd. F Row —7K 187
Rythe Ct. Th Dit —6G 41
Rythe Rd. Clay —2D 58
Rythe, The. Esh —6B 58
Ryves Av. Yat —1A 68

Sabah Ct. Ashf —5B 22
Sable Clo. Houn —6K 9
Sabre Ct. Alder —2K 109
Sachel Ct. Dri. Alf —7H 175
Sachel Ct. M. Alf —7G 174
Sachel Ct. Rd. Duns —6F 174
Sachel Hill La. Duns —7F 174
Sackville Clo. E Grin —7M 165
Sackville Cotts. Red —2A 124
Sackville Ct. E Grin —1B 186
Sackville Gdns. E Grin —7M 165
(in two parts)
Sackville Ho. SW16 —4J 29
Sackville La. E Grin —7L 165
Sackville Rd. Sutt —4M 61
Saddleback Rd. Camb —7C 50
Saddleback Way. Fleet —1C 88
Saddlebrook Pk. Sun —8F 22
Saddler Row. Craw —6B 182
Saddlers Clo. Guild —2F 114
Saddlers M. Hamp W —1J 41
Saddlers Scarp. Gray —5M 169
Saddlers Way. Eps —6C 80
Saddlewood. Camb —2A 70
Sadler Clo. Mitc —1D 44
Sadlers Ride. W Mol —2B 40
Sadlers Way. Hasl —1H 189
Saffron Clo. Craw —6M 181
Saffron Clo. Croy —5J 45
Saffron Clo. Dat —4L 5
Saffron Ct. F'boro —1H 89
Saffron Ct. Felt —1D 22
Saffron Platt. Guild —8K 93
Saffron Rd. Brack —3N 31
Saffron Way. Surb —7K 41
Sage Wlk. Warf —8B 16
Sahara Clo. Farn —2M 67
Sailors La. Thur —8D 150
Sainfoin Rd. SW17 —3E 28
St Agatha's Dri. King T —7M 25
St Agatha's Gro. Cars —7D 44
St Agnes Rd. E Grin —8A 166
St Albans Av. Felt —6L 23
St Albans Av. Wey —9B 38
St Alban's Clo. Wind —4G 5
St Albans Clo. Wood S —2E 112
St Alban's Gdns. Tedd —6G 25
St Alban's Gro. Cars —6C 44
St Alban's Rd. King T —7L 25
St Alban's Rd. Reig —1M 121
St Alban's Rd. Sutt —1L 61
St Alban's St. Wind —4G 5
St Alban's Ter. W6 —2K 13
St Andrews. Brack —5K 31
St Andrews. Horl —9F 142
(off Aurum Clo.)
St Andrew's Av. Wind —5C 4
St Andrew's Clo. Crowt —1E 48
St Andrew's Clo. Iswth —4E 10
St Andrew's Clo. Old Win —9K 5
St Andrews Clo. Reig —4N 121
St Andrew's Clo. Shep —3E 38
St Andrews Clo. Wok —4M 73
St Andrews Clo. Wray —9A 6
St Andrew's Ct. SW18 —3A 28
St Andrews Ct. Sutt —9C 44
St Andrew's Cres. Wind —5C 4
St Andrews Gdns. Cobh —9K 57
St Andrews Ho. Reig —3M 121
St Andrews Mans. W14 —2K 13
(off St Andrews Rd.)
St Andrew's Rd. W14 —2K 13
St Andrew's Rd. Cars —9C 44
St Andrew's Rd. Coul —3E 82
St Andrew's Rd. Croy —1N 63
St Andrews Rd. If'd —4J 181
St Andrew's Rd. Surb —5K 41
St Andrew's Sq. Surb —5K 41
St Andrew's Wlk. Cobh —2J 77
St Andrew's Way. Frim —7D 70
St Andrews Way. Oxt —9G 107
St Anne's Av. Stai —1M 21
St Anne's Ct. W Wick —1A 66
St Anne's Dri. Red —2E 122
St Annes Dri. Wokgm —2F 30
St Annes Glade. Bag —4H 51
St Anne's Mt. Red —2E 122
St Anne's Pas. SW13 —6D 12
St Anne's Rise. Red —2E 122
St Annes Rd. Craw —9G 163
St Anne's Rd. G'ming —6K 133
St Anne's Way. Red —2E 122
St Ann's Clo. Cher —5H 37
St Ann's Cres. SW18 —9N 13
St Ann's Hill. SW18 —8N 13
St Ann's Hill Rd. Cher —5F 36
St Ann's Pk. Rd. SW18 —9N 13
St Ann's Rd. SW13 —5E 12
St Ann's Rd. Cher —5G 36
(in three parts)
St Anns Way. Berr G —3K 87
St Ann's Way. S Croy —3M 63
St Anthony's Clo. SW17 —3C 28
St Anthonys Clo. Brack —9M 15
St Anthony's Way. Felt —7G 9
St Arvan's Clo. Croy —9B 46
St Aubin Clo. Craw —7L 181
St Aubyn's Av. SW19 —6L 27
St Aubyn's Av. Houn —8A 10
St Aubyn's Clo. Orp —1N 67
St Augustine's Av. S Croy —3N 63
St Augustine's Clo. Alder —3B 110
St Austins. Gray —6B 170
St Barnabas Clo. Beck —1M 47
St Barnabas Ct. Craw —2G 182
St Barnabas Gdns. W Mol —4A 40
St Barnabas Rd. Mitc —8E 28
St Barnabas Rd. Sutt —2B 62
St Bartholomews Ct. Guild —5B 114
St Benedict's Clo. SW17 —6E 28
St Benedicts Clo. Alder —3M 109
St Benet's Clo. SW17 —3C 28
St Benet's Gro. Cars —6A 44
St Bernards. Croy —9B 46
St Bernard's Clo. SE27 —5N 29
St Brelades Clo. Dork —7G 119
St Brelades Rd. Craw —7L 181
St Catherines. Wey —9C 38
St Catherines. Wok —6M 73
St Catherine's Clo. SW17 —3C 28
St Catherine's Ct. Brmly —4B 134
St Catherines Ct. Felt —2H 23
St Catherines Ct. Stai —5J 21
St Catherine's Cross. Blet —3B 124
St Catherine's Dri. Guild —7L 113
St Catherine's Hill. Guild —7M 113
St Catherines Pk. Guild —5B 114
St Catherines Rd. Craw —9G 163
St Catherines Rd. Frim —5D 70
St Chads Clo. Surb —6J 41
St Charles Pl. Wey —2B 56
St Christopher's. Ling —7N 145
St Christopher's Clo. Hasl —2E 188
St Christopher's Clo. H'ham —4J 197
St Christopher's Clo. Iswth —4E 10
St Christophers Gdns. Asc —9H 17
St Christopher's Gdns. T Hth —2L 45
St Christopher's Grn. Hasl —2E 188
St Christopher's M. Wall —2G 62
St Christopher's Pl. F'boro —2L 89
St Christopher's Rd. F'boro —2M 89
St Christopher's Rd. Hasl —2E 188
St Clair Clo. Oxt —8M 105
St Clair Clo. Reig —3A 122
St Clair Dri. Wor Pk —9G 42
St Claire Cotts. Ling —1D 166
St Clair's Rd. Croy —8B 46
St Clare Bus. Pk. Hamp —7C 24
St Clement Rd. Craw —7L 181
St Clement's Ct. F'boro —7N 69
St Clements Mans. SW6 —2J 13
(off Lillie Rd.)
St Cloud Rd. SE27 —5N 29
St Crispins Way. Ott —5E 54
St Cross Rd. Farnh —9H 109
St Cross Rd. Frim G —7E 70
St Cuthberts Clo. Egh —6N 19
St Cyprian's St. SW17 —5D 28
St David's. Coul —4K 83
St David's Clo. F'boro —6L 69
St David's Clo. Farnh —5K 109
St David's Clo. Reig —2A 122
St David's Clo. W Wick —6L 47
St David's Dri. Egh —8M 19
St Denis Rd. SE27 —5N 29
St Denys Clo. Knap —5F 72
St Dionis Rd. SW6 —5L 13
St Dunstan's. (Junct.) —3L 61
St Dunstan's Clo. Hayes —1G 9
St Dunstan's Hill. Sutt —2K 61
St Dunstan's La. Beck —5M 47
St Dunstan's Rd. SE25 —3C 46
St Dunstan's Rd. W6 —1J 13
St Dunstan's Rd. Felt —4G 23
St Dunstan's Rd. Houn —5K 9
(in two parts)
St Edith Clo. Eps —1B 80
St Edmund Clo. Craw —9B 162
St Edmund's Clo. SW17 —3C 28
St Edmund's La. Twic —1B 24
St Edmund's Steps. G'ming —7G 133
St Edward's Clo. E Grin —9M 165
St Edward's Clo. New Ad —7N 65
St Elizabeth Dri. Eps —1B 80
St Faith's Rd. SE21 —2M 29
St Francis Gdns. Copt —6N 163
St Francis Wlk. Bew —5K 181
St George's Av. Wey —3C 56
St Georges Bus. Pk. Wey —5B 56
St George's Clo. Bad L —6N 109
St Georges Clo. Horl —8F 142
St George's Clo. Wey —2D 56
St Georges Clo. Wind —4B 4
St George's Ct. SW15 —7L 13
St Georges Ct. Add —1L 55
St George's Ct. Craw —2B 182
St Georges Ct. E Grin —7M 165
St Georges Ct. Owl —5K 49
St George's Gdns. Eps —1E 80
St George's Gdns. H'ham —4L 197
St George's Gdns. Surb —8A 42
St George's Gro. SW17 —4B 28
St George's Hill. Red —2H 143
St George's Ind. Est. Camb —3N 69
St George's Ind. Est. King T —6K 25
St George's La. Asc —2M 33
St George's M. Farnh —9G 109
(off Bear La.)
St George's Pl. Twic —2G 25
St George's Rd. SW19 —7L 27
(in two parts)
St George's Rd. Add —1L 55
St George's Rd. Alder —3N 109
St George's Rd. Bad L —6N 109
(in two parts)
St George's Rd. Beck —1L 47
St George's Rd. Camb —9B 50
St George's Rd. Farnh —2J 129
St George's Rd. Felt —5L 23
St George's Rd. King T —8N 25
St George's Rd. Mitc —2F 44
St George's Rd. Red —2H 143
St Georges Rd. Rich —6M 11
St George's Rd. Twic —8H 11
St George's Rd. Wall —2F 62
St George's Rd. Wey —3E 56
St George's Rd. E. Alder —3N 109
St George's Sq. N Mald —2D 42
St George's Wlk. Croy —9N 45
St George's Yd. Farnh —1G 129
(off Castle St.)
St Giles Clo. Orp —2M 67
St Gothard Rd. SE27 —5N 29
St Helens. Th Dit —6F 40
St Helen's Cres. SW16 —9K 29
St Helens Cres. Sand —7G 48
St Helen's Rd. SW16 —9K 29
St Helier Av. Mord —6A 44
St Helier Clo. Craw —7M 181
St Helier Clo. Wokgm —5A 30
St Helier's Av. Houn —8A 10
St Hilda's Av. Ashf —6N 21
St Hilda's Clo. SW17 —3C 28
St Hilda's Clo. Craw —9G 163
St Hilda's Clo. Horl —8F 142
St Hilda's Clo. Knap —4G 73
St Hilda's Rd. SW13 —2G 12
Saint Hill Grn. E Grin —5M 185
Saint Hill Rd. E Grin —3L 185
St Hughes Clo. SW17 —3C 28
St Hughs Clo. Craw —9G 163
St Ives. Craw —2G 182
St James Av. Beck —2H 47
St James Av. Eps —7E 60
St James' Av. Farnh —9J 109
St James Av. Sutt —2M 61
St James Clo. Eps —1D 80
St James Clo. N Mald —4E 42
St James Clo. Wok —5K 73
St James Ct. Ashf —4K 79
St James' Ct. Farnh —9H 109
St James M. Wey —1C 56
St James Rd. Cars —9C 44
St James Rd. E Grin —9N 165
St James Rd. Fleet —5A 88
St James' Rd. King T —1K 41
St James Rd. Mitc —8E 28
St James Rd. Purl —9M 63
St James Rd. Sutt —2M 61
St James's Av. Beck —2H 47
St James's Av. Hamp —6C 24
St James's Clo. SW17 —3D 28
St James's Cotts. Rich —8K 11
St James's Ct. King T —2L 41
St James's Dri. SW17 & SW12 —2D 28
St James's Pk. Croy —6N 45
St James's Pl. Cranl —7L 155
St James's Rd. Croy —6M 45
St James's Rd. Hamp —6B 24
St James's Rd. Surb —5K 41
St James St. W6 —1H 13
St James Ter. SW12 —2E 28
St James' Ter. Farnh —9H 109
St James Wlk. Craw —8A 182
St Joan Clo. Craw —9B 162
St John Clo. H'ham —7L 197
St John's. N Holm —9J 119
St John's. Red —5C 122
St John's Av. SW15 —8J 13
St John's Av. Eps —8F 60
St John's Av. Lea —8H 79
St Johns Chu. Rd. Dork —8N 117
St John's Clo. SW6 —3M 13
St John's Clo. E Grin —8A 166
St John's Clo. Guild —4K 113
St John's Clo. Lea —7J 79
St John's Ct. W6 —1G 13
(off Glenthorne Rd.)
St John's Ct. Brkwd —7C 72
St John's Ct. Egh —6C 20
St John's Ct. F'boro —9J 69
St John's Ct. Iswth —5F 10
St Johns Ct. S God —7J 125
St John's Ct. St J —6K 73
St John's Ct. Westc —6C 118
(off St John's Rd.)
St John's Cres. Broad H —5E 196
St Johns Dri. SW18 —2N 27
St John's Dri. W On T —7K 39
St John's Dri. Wind —5D 4
St John's Gro. SW13 —5E 12
St John's Gro. Rich —7L 11
St John's Hill. Coul —4L 83
(in two parts)
St John's Hill. Purl —3L 83
St John's Hill Rd. Wok —6K 73
St John's Lye. Wok —6J 73
St John's Meadow. Blind H —3G 145
St John's M. Wok —6K 73
St John's Pas. SW19 —7K 27
St Johns Rise. Berr G —3K 87
St John's Rise. Wok —6L 73
St John's Rd. SW19 —8K 27
St John's Rd. Asc —8K 17
St John's Rd. Cars —9C 44
St John's Rd. Craw —3A 182
St John's Rd. Croy —9M 45
St John's Rd. E Grin —8A 166
St John's Rd. E Mol —3D 40
St John's Rd. F'boro —9K 69
St John's Rd. Farnh —3G 129
St John's Rd. Felt —5M 23
St John's Rd. Guild —4J 113
St John's Rd. Iswth —5E 10
St John's Rd. King T —1J 41
St John's Rd. Lea —8J 79
St John's Rd. N Mald —2B 42
St John's Rd. Red —5D 122
St John's Rd. Rich —7L 11
St John's Rd. Sand —8G 49
St John's Rd. Sutt —8N 43
St John's Rd. Westc —6C 118
St John's Rd. Wind —5D 4
St John's Rd. Wok —5K 73
St John's St. G'ming —5J 133
St John's Ter. Rd. Red —5D 122
St Joseph's Rd. Alder —3M 109
St Jude's Clo. Egh —6M 19
St Jude's Rd. Egh —5M 19
St Julian's Clo. SW16 —5L 29
St Julian's Farm Rd. SE27 —5L 29
St Katherines Rd. Cat —3D 104
St Lawrence Bus. Cen. Twic —3J 23
St Lawrence Ct. Chob —7H 53
St Lawrence Ho. Chob —7H 53
(off Bagshot Rd.)
St Lawrence's Way. Reig —3M 121
St Lawrence Way. Cat —1N 103
St Leonard's Av. Wind —5F 4
St Leonard's Dri. Craw —5E 182
St Leonard's Gdns. Houn —4M 9
St Leonard's Hill. Wind —7A 4
St Leonards Pk. E Grin —9N 165
St Leonard's Rise. Orp —1N 67
St Leonard's Rd. SW14 —6A 12
St Leonard's Rd. Clay —3F 58
St Leonard's Rd. Croy —9M 45
St Leonard's Rd. Eps —6H 81
St Leonard's Rd. H'ham —8L 197
St Leonard's Rd. Surb —4K 41
St Leonard's Rd. Th Dit —5G 40
St Leonard's Rd. Wind —6D 4
(Windsor)
St Leonard's Rd. Wind —9A 4
(Windsor Safari Park)
St Leonards Sq. Surb —4K 41
St Leonard's Wlk. SW16 —8K 29
St Louis Rd. SE27 —5N 29
St Luke's Clo. SE25 —5E 46
St Luke's Pas. King T —9M 25
St Luke's Rd. Old Win —9K 5
St Luke's Rd. Whyt —5C 84
St Lukes Sq. Guild —4B 114
St Margaret Dri. Eps —1B 80
St Margaret's. Guild —3B 114
St Margaret's Av. Ashf —6C 22
St Margarets Av. Berr G —3K 87
St Margaret's Av. Dor P —4B 166
St Margaret's Av. Sutt —9K 43
St Margarets Bus. Cen. Twic —9H 11
St Margarets Cotts. Fern —9F 188
St Margaret's Cres. SW15 —8G 13
St Margaret's Dri. Twic —8H 11
St Margaret's Gro. Twic —9G 11
St Margaret's Rd. Coul —8F 82
St Margaret's Rd. E Grin —7B 166
St Margarets Rd. Iswth & Twic —7H 11
St Mark's Clo. F'boro —4A 90
St Mark's Gro. SW10 —2N 13
St Mark's Hill. Surb —5L 41
St Mark's La. H'ham —2K 197
St Mark's Pl. SW19 —7L 27
St Marks Pl. Farnh —5G 109
St Marks Pl. Wind —5F 4
St Mark's Rd. SE25 —3D 46
St Mark's Rd. Binf —8H 15
St Mark's Rd. Eps —5H 81
St Marks Rd. Mitc —1D 44
St Mark's Rd. Tedd —8H 25
St Marks Rd. Wind —5F 4
St Martha's Av. Wok —8B 74
St Marthas Ct. Chil —9D 114
St Martin's Av. Eps —1D 80
St Martins Clo. E Hor —7F 96
St Martins Clo. Eps —9D 60
St Martin's Ct. Ashf —6L 21
St Martin's Ct. E Hor —7F 96
St Martin's Dri. W On T —9K 39
St Martins Est. SW2 —2L 29
St Martins M. Dork —5G 119
St Martins M. Pyr —3J 75
St Martin's Wlk. Dork —4H 119
St Martins Way. SW17 —4A 28
St Mary Av. Wall —9F 44
St Marys. Wey —9E 38
St Mary's Av. Brom —2N 47
St Mary's Av. S'hall —1B 10
St Mary's Av. Stai —1M 21
St Mary's Av. Tedd —7F 24
St Mary's Clo. Chess —4M 59
St Mary's Clo. Eps —4E 60
St Mary's Clo. Fet —1D 98
St Mary's Clo. Oxt —7A 106
St Mary's Clo. Sand —7H 49
St Mary's Clo. Stai —1M 21
St Mary's Clo. Sun —3H 39
St Mary's Ct. Wall —1G 62
St Mary's Cres. Iswth —3D 10
St Mary's Cres. Stai —1M 21
St Mary's Dri. Craw —1F 182
St Mary's Dri. Felt —1D 22
St Marys Garden. Worp —6H 93
St Mary's Gdns. Bag —4J 51
St Mary's Gdns. H'ham —7J 197
St Mary's Grn. Big H —5E 86
St Mary's Gro. SW13 —6G 12
St Mary's Gro. W4 —2A 12
St Mary's Gro. Big H —5E 86
St Mary's Gro. Rich —7M 11
St Mary's Hill. Asc —5N 33
St Mary's La. Wink —4H 17
St Marys M. Rich —3J 25
St Marys Mill. C'fold —6E 172
St Mary's Rd. SE25 —2B 46
St Mary's Rd. SW19 —6K 27
St Mary's Rd. Asc —6M 33
St Mary's Rd. Ash V —8E 90
St Mary's Rd. Camb —9A 50
St Mary's Rd. Dit H —6J 41
St Mary's Rd. E Mol —4D 40
St Mary's Rd. Lea —9H 79
St Mary's Rd. Reig —4N 121
St Mary's Rd. S Croy —6A 64
St Mary's Rd. Surb —5K 41
St Mary's Rd. Wey —1E 56
St Mary's Rd. Wok —4M 73
St Mary's Rd. Wor Pk —8D 42
St Mary's Wlk. Blet —2A 124
St Mary's Wlk. H'ham —7J 197
St Matthew's Av. Surb —7L 41
St Matthew's Pl. Cat —1A 104
St Matthew's Rd. Red —2D 122
St Maur Rd. SW6 —4L 13
St Michael's Av. Guild —7F 92
St Michaels Clo. Fleet —5C 88
St Michael's Clo. W On T —8K 39
St Michael's Clo. Wor Pk —8E 42
St Michael's Ct. Wey —2D 56
(off Princes Rd.)
St Michael's Rd. Alder —3N 109
St Michaels Rd. Ashf —6B 22
St Michael's Rd. Camb —1N 69
St Michael's Rd. Cat —9A 84
St Michael's Rd. Croy —7N 45
St Michaels Rd. E Grin —8A 166
St Michael's Rd. F'boro —8N 69
St Michael's Rd. Sand —7E 48
St Michael's Rd. Wall —3G 62
St Michael's Rd. Wok —1F 74
St Mildred's Rd. Guild —2B 114
St Monica's Rd. Tad —8L 81
St Nazaire Clo. Egh —6F 20
St Nicholas Av. Bookh —3B 98
St Nicholas Cen. Sutt —2N 61
St Nicholas Clo. Fleet —4A 88
St Nicholas Ct. Craw —2G 182
St Nicholas Cres. Pyr —3J 75
St Nicholas Dri. Shep —6B 38
St Nicholas Glebe. SW17 —7E 28
St Nicholas Hill. Lea —9H 79
St Nicholas Rd. Sutt —2N 61
St Nicholas Rd. Th Dit —5F 40
St Nicholas Way. Sutt —1N 61
St Nicolas Av. Cranl —7N 155
St Nicolas Clo. Cranl —7N 155
St Normans Way. Eps —6F 60
St Olaf's Rd. SW6 —3K 13
St Olaves Clo. Stai —8H 21
St Olaves Wlk. SW16 —1G 45
St Omer Barracks. Alder —8B 90
St Omer Ridge. Guild —4C 114
St Omer Rd. Guild —4C 114
St Oswald's Rd. SW16 —9M 29
St Paul's Clo. Add —2J 55
St Paul's Clo. Ashf —6D 22
St Paul's Clo. Cars —7C 44
St Paul's Clo. Chess —1K 59
St Paul's Clo. Hayes —1E 8
St Paul's Clo. Houn —5M 9
St Paul's Ct. Houn —6M 9
St Paul's Ga. Wokgm —1A 30
St Paul's Rd. Bren —2K 11
St Paul's Rd. Rich —6M 11
St Paul's Rd. Stai —6F 20
St Paul's Rd. T Hth —2N 45
St Paul's Rd. Wok —4C 74
St Paul's Rd. E. Dork —5H 119
St Paul's Rd. W. Dork —6G 119
St Paul's Studios. W14 —1K 13
(off Talgarth Rd.)
St Paul's Wlk. King T —8N 25
St Peters Av. Berr G —3K 87
St Peter's Clo. SW17 —3C 28
St Peter's Clo. Old Win —8K 5
St Peter's Clo. Stai —7H 21
St Peter's Clo. Wok —7E 74
St Peters Ct. W Mol —3A 40
St Peter's Gdns. SE27 —4L 29

St Peters Gdns.—Settrington Rd.

St Peters Gdns. *Wrec* —5E **128**
St Peter's Gdns. *Yat* —9C **48**
St Peter's Gro. *W6* —1F **12**
St Peters Mead. *Ash* —2F **110**
St Peters Pk. *Alder* —4K **109**
St Peter's Rd. *W6* —1F **12**
St Peter's Rd. *Craw* —3A **182**
St Peter's Rd. *Croy* —1A **64**
St Peter's Rd. *King T* —1N **41**
St Peter's Rd. *Twic* —8H **11**
St Peter's Rd. *W Mol* —3A **40**
St Peter's Rd. *Wok* —7D **74**
St Peter's Sq. *W6* —1E **12**
St Peter's St. *S Croy* —2A **64**
St Peter's Ter. *SW6* —3L **13**
St Peter's Vs. *W6* —1F **12**
St Peter's Way. *Cher & Add* —1F **54**
St Peter's Way. *Frim* —7D **70**
St Peter's Way. *Hayes* —1E **8**
St Peter's Wharf. *W4* —1F **12**
St Philip's Av. *Wor Pk* —8G **42**
St Philips Ct. *Fleet* —4B **88**
St Phillips Rd. *Surb* —5K **41**
St Pier's La. *Ling & Eden* —8B **146**
St Pinnock Av. *Stai* —9J **21**
St Sampson Rd. *Craw* —7L **181**
St Saviour's College. *SE27* —5N **29**
St Saviours Pl. *Guild* —3M **113**
St Saviour's Rd. *Croy* —5N **45**
Saints Clo. *SE27* —5M **29**
St Sebastian's Clo. *Wokgm* —9D **30**
St Simon's Av. *SW15* —8H **13**
St Stephen Clo. *Craw* —9B **162**
St Stephen's Av. *Asht* —3L **79**
St Stephens Clo. *Hasl* —2D **188**
St Stephen's Cres. *T Hth* —2L **45**
St Stephen's Gdns. *SW15* —8L **13**
St Stephen's Gdns. *Twic* —9J **11**
St Stephen's Pas. *Twic* —9J **11**
St Stephen's Rd. *Houn* —9A **10**
St Stephen's Wlk. *SW7* —1N **13**
St Stevens Clo. *Hasl* —1G **188**
St Swithun's Clo. *E Grin* —9B **166**
St Theresa Clo. *Eps* —1B **80**
St Theresa's Rd. *Felt* —7G **9**
St Thomas Clo. *Surb* —7M **41**
St Thomas Clo. *Wok* —4M **73**
St Thomas Rd. *W4* —2B **12**
St Thomas's Dri. *Guild* —9N **95**
St Thomas's M. *Guild* —5B **114**
St Thomas's Way. *SW6* —3L **13**
St Thomas Wlk. *Coln* —3F **6**
St Vincent Clo. *SE27* —6M **29**
St Vincent Clo. *Craw* —4H **183**
St Vincent Rd. *Twic* —9C **10**
St Vincent Rd. *W On T* —9J **39**
St Winifreds. *Kenl* —2N **83**
St Winifred's Rd. *Big H* —5H **87**
St Winifred's Rd. *Tedd* —7H **25**
Salamanca. *Crowt* —2D **48**
Salamanca Pk. *Alder* —1L **109**
Salamander Clo. *King T* —6J **25**
Salamander Quay. *King T* —9K **25**
Salbrook Rd. *Salf* —2E **142**
Salcombe Dri. *Mord* —7J **43**
Salcombe Rd. *Ashf* —5N **21**
Salcot Cres. *New Ad* —6M **65**
Salcott Rd. *Croy* —9J **45**
Sale Garden Cotts. *Wokgm* —3B **30**
Salehurst Rd. *Worth* —3J **183**
Salem Pl. *Croy* —9N **45**
Salerno Clo. *Alder* —1M **109**
Sales Ct. *Alder* —3L **109**
Salesian View. *F'boro* —5C **90**
Salford Rd. *SW2* —2H **29**
Salfords Ind. Est. *Red* —3E **142**
Salfords Way. *Red* —2E **142**
Salisbury Av. *Sutt* —3L **61**
Salisbury Clo. *Wokgm* —6A **30**
Salisbury Clo. *Wor Pk* —9E **42**
Salisbury Ct. *Cars* —2D **62**
Salisbury Gdns. *SW19* —8K **27**
Salisbury Gro. *Myt* —1D **90**
Salisbury M. *SW6* —3L **13**
Salisbury Pas. SW6 —3L 13
(off Dawes Rd.)
Salisbury Pl. *W Byf* —7L **55**
Salisbury Rd. *SE25* —5D **46**
Salisbury Rd. *SW19* —8K **27**
Salisbury Rd. *Ash* —1E **110**
Salisbury Rd. *Bans* —1N **81**
Salisbury Rd. *B'water* —2H **69**
Salisbury Rd. *Cars* —3D **62**
Salisbury Rd. *Craw* —7C **182**
(in two parts)
Salisbury Rd. *F'boro* —1A **90**
Salisbury Rd. *Felt* —2K **23**
Salisbury Rd. *God* —9F **104**
Salisbury Rd. *H'ham* —8G **196**
Salisbury Rd. *Houn* —6K **9**
Salisbury Rd. *H'row A* —8D **8**
Salisbury Rd. *N Mald* —2C **42**
Salisbury Rd. *Rich* —7L **11**
Salisbury Rd. *Wok* —6A **74**
Salisbury Rd. *Wor Pk* —1C **60**
Salisbury Ter. *Myt* —2E **90**
Salix Clo. *Sun* —8J **23**
Salliesfield. *Twic* —9D **10**
Salmons La. *Whyt* —7B **84**
Salmons La. W. *Cat* —7B **84**
Salmons Rd. *Chess* —3L **59**
Salmons Rd. *Eff* —7J **97**
Saltash Clo. *Sutt* —1L **61**
Saltbox Hill. *Big H* —9D **66**
Salt Box Rd. *Guild* —7J **93**
Saltdean Clo. *Craw* —6B **182**
Salterford Rd. *SW17* —7E **28**
Salterns Rd. *M'bowr* —6G **182**
Salter's Hill. *SE19* —6N **29**
Saltire Gdns. *Brack* —9M **15**
Salt La. *Hyde* —4G **153**
Saltram Rd. *F'boro* —3C **90**
Salvador. *SW17* —6D **28**
Salvation Pl. *Lea* —2G **98**
Salvia Ct. *Bisl* —3D **72**
Salvington Rd. *Craw* —6L **181**
Salvin Rd. *SW15* —6J **13**
Salwey Clo. *Brack* —5N **31**
Samaritan Clo. *Bew* —5K **181**
Samarkand Clo. *Camb* —2F **70**
Samels Ct. *W6* —1F **12**
Samian Pl. *Binf* —8K **15**
Samos Rd. *SE20* —1E **46**
Samphire Clo. *Craw* —6M **181**
Sampleoak La. *Chil* —9G **114**
Sampson Pk. *Binf* —9J **15**
Sampson's Almshouses. *Farnh* —2E **128**
Sampsons Ct. *Shep* —4D **38**
Samuel Johnson Clo. *SW16* —5K **29**
Samuel Lewis Trust Dwellings.
(off Vanston Pl.) SW6 —3M 13
Samuel Lewis Trust Dwellings.
(off Lisgar Ter.) W14 —1L 13
San Carlos App. *Alder* —2A **110**
Sanctuary Rd. *H'row A* —9B **8**
Sanctuary, The. *Mord* —5M **43**
Sandal Rd. *N Mald* —4C **42**
Sandalwood. *Guild* —4L **113**
Sandalwood Av. *Cher* —9G **36**
Sandalwood Rd. *Felt* —4J **23**
Sandbanks. *Felt* —2F **22**
Sandbourne Av. *SW19* —1N **43**
Sandcross La. *Reig* —6L **121**
Sandell's Av. *Ashf* —5D **22**
Sandeman Way. *H'ham* —8L **197**
Sanders Clo. *Hamp* —6C **24**
Sandersfield Gdns. *Bans* —2M **81**
Sandersfield Rd. *Bans* —2N **81**
Sanderstead Clo. *SW12* —1G **28**
Sanderstead Ct. Av. *S Croy* —9D **64**
Sanderstead Hill. *S Croy* —7B **64**
Sanderstead Rd. *S Croy* —4A **64**
Sandes Pl. *Lea* —5G **79**
Sandfield Gdns. *T Hth* —2M **45**
Sandfield Rd. *T Hth* —2M **45**
Sandfields. *Send* —2F **94**
Sandfield Ter. *Guild* —4N **113**
Sandford Ct. *Alder* —3L **109**
Sandford Down. *Brack* —4D **32**
Sandford Rd. *Alder* —3L **109**
Sandford Rd. *Farnh* —5G **109**
Sandford St. *SW6* —3N **13**
Sandgate La. *SW18* —2C **28**
Sandhawes Hill. *E Grin* —6C **166**
Sandheath Rd. *Hind* —2A **170**
Sand Hill. *F'boro* —7N **69**
Sand Hill Ct. *F'boro* —7N **69**
Sandhill La. *Craw D* —2E **184**
Sandhills. *Wall* —1H **63**
Sandhills. *Wmly* —9A **152**
(in two parts)
Sandhills Ct. *Vir W* —4A **36**
Sandhills La. *Vir W* —4A **36**
Sandhills Meadow. *Shep* —6D **38**
Sandhills Rd. *Reig* —4M **121**
Sandhurst Av. *Surb* —6A **42**
Sandhurst Clo. *S Croy* —5B **64**
Sandhurst-Crowthorne By-Pass. *Crowt* —9K **31**
Sandhurst-Crowthorne By-Pass. *Sand* —1K **69**
Sandhurst La. *B'water* —9G **48**
Sandhurst Rd. *Crowt* —4G **49**
Sandhurst Rd. *Finch* —8A **30**
Sandhurst Rd. *Yat* —8E **48**
Sandhurst Way. *S Croy* —4B **64**
Sandiford Rd. *Sutt* —8L **43**
Sandilands. *Croy* —8D **46**
Sandilands Rd. *SW6* —4N **13**
Sandlands Gro. *Tad* —1F **100**
Sandlands Rd. *Tad* —1F **100**
Sandon Clo. *Esh* —6D **40**
Sandown Av. *Esh* —2C **58**
Sandown Clo. *B'water* —1J **69**
Sandown Clo. *Houn* —4H **9**
Sandown Ct. Red —2C 122
(off Station Rd.)
Sandown Ct. *Sutt* —4N **61**
Sandown Cres. *Alder* —5N **109**
Sandown Dri. *Cars* —5E **62**
Sandown Dri. *Frim* —4B **70**
Sandown Ga. *Esh* —8D **40**
Sandown Ind. Pk. *Esh* —8A **40**
Sandown Lodge. *Eps* —1C **80**
Sandown Rd. *SE25* —4E **46**
Sandown Rd. *Coul* —3E **82**
Sandown Rd. *Esh* —1C **58**
Sandpiper Clo. *If'd* —5J **181**
Sandpiper Rd. *S Croy* —7G **64**
Sandpit Cotts. *Pirb* —9B **72**
Sandpit Hall Rd. *Chob* —8K **53**
Sandpit Heath. *Guild* —8G **92**
Sandpit La. *Knap* —2F **72**
Sandpit Rd. *Red* —4C **122**
Sandpit Site. *Wey* —6B **56**
Sandpits Rd. *Croy* —1G **64**
Sandpits Rd. *Rich* —3K **25**
Sandra Clo. *Houn* —8B **10**
Sandringham Av. *SW20* —9K **27**
Sandringham Clo. *SW19* —1J **27**
Sandringham Clo. *E Grin* —1C **186**
Sandringham Clo. *Wok* —3J **75**
Sandringham Ct. *Sutt* —5M **61**
Sandringham Dri. *Ashf* —5M **21**
Sandringham Gdns. *Houn* —4H **9**
Sandringham Pk. *Cobh* —8A **58**
Sandringham Rd. *Craw* —7N **181**
Sandringham Rd. *H'row A* —8N **7**
Sandringham Rd. *T Hth* —4N **45**
Sandringham Rd. *Wor Pk* —9F **42**
Sandringham Way. *Frim* —6D **70**
Sandrock. *Hasl* —2G **188**
Sandrock Hill Rd. *Wrec* —5E **128**
Sandrock Pl. *Croy* —1G **64**
Sandrock Rd. *Westc* —7B **118**
Sandroyd Way. *Cobh* —9A **58**
Sands Clo. *Seale* —1B **130**
Sand's End La. *SW6* —4N **13**
Sands Rd. *Runf* —9A **110**
Sandy Bury. *Orp* —1M **67**
Sandy Clo. *Wok* —4E **74**
Sandycombe Rd. *Felt* —2H **23**
Sandycombe Rd. *Rich* —6M **11**
Sandycoombe Rd. *Twic* —9J **11**
Sandy Croft. *Eps* —6H **61**
Sandy Dri. *Cobh* —7A **58**
Sandy Dri. *Felt* —2F **22**
Sandy Hill Rd. *Farnh* —5F **108**
Sandy Hill Rd. *Wall* —5G **62**
Sandy Holt. *Cobh* —9N **57**
Sandy La. *Alb* —1L **135**
Sandy La. *Bet* —4D **120**
Sandy La. *Blet* —1M **123**
Sandy La. *Brack* —9A **16**
Sandy La. *Camb* —9C **50**
Sandy La. *Chob* —5H **53**
Sandy La. *C Crook* —9B **88**
Sandy La. *Cobh & Oxs* —8N **57**
Sandy La. *Craw D* —1C **184**
Sandy La. *E Grin* —9A **166**
Sandy La. *F'boro* —8H **69**
Sandy La. *G'ming* —5G **133**
Sandy La. *G'wood* —8J **171**
Sandy La. *Guild* —8K **113**
Sandy La. *Hasl* —1A **188**
Sandy La. *Kgswd* —2L **101**
Sandy La. *Limp* —5D **106**
Sandy La. *Mitc* —9E **28**
Sandy La. *Norm* —9B **92**
Sandy La. *N Asc* —9G **16**
Sandy La. *Nutf* —4H **123**
Sandy La. *Oxt* —7M **105**
Sandy La. *Pyr* —4J **75**
Sandy La. *Reig* —4G **120**
Sandy La. *Rich* —3J **25**
Sandy La. *Sand* —6E **48**
Sandy La. *Send* —1E **94**
Sandy La. *Shere* —8B **116**
Sandy La. *S'dale* —4D **34**
Sandy La. *Sutt* —4K **61**
Sandy La. *Tedd & King T* —8G **25**
Sandy La. *Tilf* —4M **149**
Sandy La. *Vir W* —3A **36**
Sandy La. *W On T* —5J **39**
Sandy La. *W'ham* —3M **107**
Sandy La. *Wok* —4D **74**
Sandy La. N. *Wall* —2H **63**
Sandy La. S. *Wall* —5G **62**
Sandy Ride. *S'hill* —3B **34**
Sandy Rd. *Add* —3J **55**
Sandy Way. *Cobh* —8A **58**
Sandy Way. *Croy* —9J **47**
Sandy Way. *W On T* —7G **38**
Sandy Way. *Wok* —4E **74**
San Feliu Ct. *E Grin* —8D **166**
Sanger Av. *Chess* —2L **59**
Sanger Dri. *Send* —1E **94**
Sangers Dri. *Horl* —8D **142**
Sangers Wlk. *Horl* —8D **142**
Sangley Rd. *SE25* —3B **46**
Sankey La. *Fleet* —1E **88**
Santina Clo. *Farnh* —4J **109**
Santos Rd. *SW18* —8M **13**
Sanway Clo. *Byfl* —1N **75**
Sanway Rd. *Byfl* —1N **75**
Saphora Clo. *Orp* —2M **67**
Sappho Ct. *Wok* —3H **73**
Sapte Clo. *Cranl* —7B **156**
Saracen Clo. *Croy* —5A **46**
Sarel Way. *Horl* —6F **142**
Sargent Clo. *Craw* —7D **182**
Sarjant Path. SW19 —3J 27
(off Blincoe Clo.)
Sark Clo. *Craw* —7M **181**
Sark Clo. *Houn* —3A **10**
Sarsby Dri. *Stai* —3C **20**
Sarsen Av. *Houn* —5A **10**
Sarsfeld Rd. *SW12* —2D **28**
Sarum. *Brack* —7L **31**
Sarum Cres. *Wokgm* —1C **30**
Sarum Grn. *Wey* —9F **38**
Satellite Bus. Village. *Craw* —8C **162**
Satis Ct. *Eps* —7E **60**
Saturn Clo. *Bew* —5K **181**
Saturn Croft. *Wink R* —7E **16**
Saunders Clo. *Craw* —2F **182**
Saunders Copse. *Wok* —9L **73**
Saunders La. *Wok* —9H **73**
Saunton Av. *Hayes* —3G **8**
Saunton Gdns. *F'boro* —8M **69**
Savernake Wlk. *Craw* —6D **182**
Savernake Way. *Brack* —5C **32**
Savile Clo. *N Mald* —4D **42**
Savile Gdns. *Croy* —8C **46**
Saville Cres. *Ashf* —7E **22**
Saville Gdns. *Camb* —1F **70**
Saville Gdns. *Croy* —8C **46**
Saville Rd. *Twic* —2F **24**
Savill Gdns. *SW20* —2F **42**
Savill Ho. *SW4* —1H **29**
Savin Lodge. Sutt —4A 62
(off Walnut M.)
Savona Clo. *SW19* —8J **27**
Savory Wlk. *Binf* —7G **15**
Savoy Av. *Hayes* —1F **8**
Savoy Gro. *B'water* —3J **69**
Sawkins Clo. *SW19* —3K **27**
Sawpit La. *Guild* —9N **95**
Sawtry Clo. *Cars* —6C **44**
Sawyers Clo. *Wind* —3B **4**
Sawyers Hill. *Rich* —1M **25**
Saxby Rd. *SW2* —1J **29**
Saxby's La. *Ling* —7N **145**
Saxley. *Horl* —7G **142**
Saxon Av. *Felt* —3M **23**
Saxonbury Av. *Sun* —2J **39**
Saxonbury Clo. *Mitc* —2B **44**
Saxonbury Gdns. *Surb* —7J **41**
Saxon Bus. Cen. *SW19* —1A **44**
Saxon Clo. *Surb* —5K **41**
Saxon Cres. *H'ham* —4H **197**
Saxon Croft. *Farnh* —2H **129**
Saxon Dri. *Warf* —9D **16**
Saxonfield Clo. *SW2* —2K **29**
Saxon Ho. *Felt* —3N **23**
Saxon Rd. *SE25* —4A **46**
Saxon Rd. *Ashf* —7E **22**
Saxon Rd. *W On T* —8L **39**
Saxon Rd. *Worth* —4J **183**
Saxons. *Tad* —8J **81**
Saxon Way. *Old Win* —9L **5**
Saxon Way. *Reig* —2L **121**
Saxon Way. *W Dray* —2L **7**
Saxony Way. *Yat* —2B **68**
Sayers Clo. *Fet* —1C **98**
Sayers Clo. *Frim G* —7C **70**
Sayers Clo. *H'ham* —6L **197**
Sayers, The. *E Grin* —9M **165**
Sayer's Wlk. *Rich* —1M **25**
Sayes Ct. *Add* —2L **55**
Sayes Ct. Farm Dri. *Add* —2K **55**
Scallows Clo. *Craw* —2E **182**
Scallows Rd. *Craw* —2E **182**
Scampton Rd. *H'row A* —9A **8**
Scania Wlk. *Wink R* —7F **16**
Scarborough Clo. *Big H* —5E **86**
Scarborough Clo. *Sutt* —7L **61**
Scarborough Rd. *H'row A* —9D **8**
Scarbrook Rd. *Croy* —9N **45**
Scarlet Oaks. *Camb* —3C **70**
Scarlett Clo. *Wok* —5J **73**
Scarlette Mnr. Way. *SW2* —1L **29**
Scarlett's Rd. *Alder* —1M **109**
Scarth Rd. *SW13* —6E **12**
Scawen Clo. *Cars* —1E **62**
Scholars Rd. *SW12* —2G **28**
School All. *Twic* —2G **25**
School Allotment Ride. *Wind* —1M **17**
School Clo. *Bisl* —2C **72**
School Clo. *Guild* —9N **93**
School Clo. *H'ham* —2N **197**
School Cotts. *Asc* —9H **17**
School Cotts. *Wok* —9M **73**
School Field. *Eden* —1L **147**
School Hill. *Crowt* —3J **49**
School Hill. *Red* —6G **102**
School Hill. *Sand* —6F **48**
School Hill. *Seale* —8F **110**
School Hill. *Warn* —9F **178**
School Hill. *Wrec* —4E **128**
School Ho. La. *Tedd* —8H **25**
School La. *Add* —2J **55**
School La. *Asc* —9J **17**
School La. *Ash W* —3F **186**
School La. *Bag* —5H **51**
School La. *Cat* —4C **104**
School La. *C'fold* —5E **172**
School La. *E Clan* —9N **95**
School La. *Egh* —6C **20**
School La. *Ews* —4C **108**
School La. *Fet* —9D **78**
School La. *F Row* —7H **187**
School La. *Guild* —9K **91**
School La. *King T* —9J **25**
School La. *Lwr Bo* —5J **129**
School La. *Mick* —5J **99**
School La. *Ock* —9C **76**
School La. *Pirb* —9B **72**
School La. *Putt* —8N **111**
School La. *Shack* —5B **132**
School La. *Shep* —5C **38**
School La. *Surb* —7N **41**
School La. *Tad* —3F **100**
School La. *Westc* —6D **118**
School La. *W Hor* —7C **96**
School La. *W'sham* —2A **52**
School La. *Yat* —9A **48**
School Pas. *King T* —1M **41**
School Rd. *Asc* —4A **34**
School Rd. *Ashf* —7C **22**
School Rd. *B'ham* —2C **30**
School Rd. *E Mol* —3D **40**
School Rd. *Gray* —6N **169**
School Rd. *Hamp* —7C **24**
School Rd. *Hasl* —3D **188**
School Rd. *Houn* —6C **10**
School Rd. *King T* —9J **25**
School Rd. *Rowl* —8D **128**
School Rd. *W on T* —2G **57**
School Rd. *W Dray* —2M **7**
School Rd. *W'sham* —1L **51**
School Rd. Av. *Hamp* —7C **24**
School Road Junction. (Junct.) —8C **22**
School Wlk. *Horl* —8C **142**
School Wlk. *Sun* —3G **38**
Schroder Ct. *Egh* —6L **19**
Schubert Rd. *SW15* —8L **13**
Scillonian Rd. *Guild* —4K **113**
Scilly Isles. (Junct.) —8E **40**
Scizdons Climb. *G'ming* —7J **133**
Scoles Cres. *SW2* —2L **29**
Scory Clo. *Craw* —6M **181**
Scotia Rd. *SW2* —2L **29**
Scotland Bri. *New H* —7J **55**
Scotland Bri. Rd. *New H* —7J **55**
Scotland Clo. *Ash V* —8E **90**
Scotland Farm Rd. *Ash V* —8E **90**
Scotland Hill. *Sand* —6F **48**
Scotland La. *Hasl* —3F **188**
Scotlands Clo. *Hasl* —3F **188**
Scotney Clo. *Farn* —1J **67**
Scots Clo. *Stanw* —2M **21**
Scotsdale Clo. *Sutt* —4K **61**
Scotshall La. *Warl* —2M **85**
Scott Clo. *SW16* —9K **29**
Scott Clo. *Eps* —2B **60**
Scott Clo. *Guild* —1K **113**
Scott Clo. *W Dray* —1A **8**
Scott Farm Clo. *Th Dit* —7H **41**
Scott Gdns. *Houn* —3L **9**
Scott Rd. *Craw* —6D **182**
Scotts Av. *Brom* —1N **47**
Scotts Av. *Sun* —8F **22**
Scott's Ct. *F'boro* —7N **69**
Scotts Dri. *Hamp* —8B **24**
Scotts Farm Rd. *Eps* —3B **60**
Scott's Gro. Clo. *Chob* —9G **52**
Scott's Gro. Rd. *Chob* —1E **72**
Scott's Hill. *Out* —5A **144**
Scott's La. *Brom* —2N **47**
Scotts La. *W On T* —1L **57**
Scotts Way. *Sun* —8F **22**
Scott Ter. *Brack* —9C **16**
Scott Trimmer Way. *Houn* —5M **9**
Scrutton Clo. *SW12* —1H **29**
Scutley La. *Light* —5B **52**
Scylla Cres. *H'row A* —9C **8**
Scylla Pl. *St J* —6K **73**
Scylla Rd. *H'row A* —9C **8**
Seabrook Dri. *W Wick* —8N **47**
Seaford Ct. *Wokgm* —2C **30**
Seaford Rd. *Craw* —8M **181**
Seaford Rd. *H'row A* —8M **7**
Seaford Rd. *Wokgm* —2C **30**
Seaforth Av. *N Mald* —4G **42**
Seaforth Gdns. *Eps* —1E **60**
Seagrave Lodge. SW6 —2M 13
(off Seagrave Rd.)
Seagrave Rd. *SW6* —2M **13**
Sealand Rd. *H'row A* —9B **8**
Seale Hill. *Reig* —5M **121**
Seale La. *P'ham* —8J **111**
Seale La. *Seale* —8B **110**
(in two parts)
Seale Rd. *Seale & Elst* —3F **130**
Searchwood Rd. *Warl* —5E **84**
Searle Rd. *Farnh* —3H **129**
Searle's View. *H'ham* —3L **197**
Seaton Clo. *SW15* —2G **27**
Seaton Clo. *Twic* —9D **10**
Seaton Dri. *Ashf* —3N **21**
Seaton Rd. *Camb* —1N **69**
Seaton Rd. *Mitc* —1C **44**
Seaton Rd. *Twic* —9C **10**
Sebastopol Rd. *Alder* —2N **109**
Second Av. *SW14* —6D **12**
Second Av. *W On T* —5J **39**
Second Clo. *W Mol* —3C **40**
Second Cross Rd. *Twic* —3E **24**
Seddon Ct. *Craw* —8N **181**
Seddon Hill *Warf* —7N **15**
Seddon Rd. *Mord* —4B **44**
Sedgefield Clo. *Worth* —2J **183**
Sedgemoor. *F'boro* —7N **69**
Sedgewick Clo. *Craw* —3G **183**
Sedgwick La. *H'ham* —9M **197**
Sedleigh Rd. *SW18* —9L **13**
Sedlescombe Rd. *SW6* —2M **13**
Seebys Oak. *Col T* —9K **49**
Seely Rd. *SW17* —7E **28**
Seething Wells La. *Surb* —5J **41**
Sefton Clo. *W End* —9C **52**
Sefton Ct. *Houn* —4B **10**
Sefton Rd. *Croy* —7D **46**
Sefton Rd. *Eps* —6C **60**
Sefton St. *SW15* —6H **13**
Sefton Vs. *Dork* —9H **119**
Segrave Clo. *Wey* —4B **56**
Segsbury Gro. *Brack* —3C **32**
Sekhon Ter. *Felt* —4A **24**
Selborne Av. *Alder* —5N **109**
Selborne Clo. *B'water* —9H **49**
Selborne Gdns. *Farnh* —4F **128**
Selborne Rd. *Croy* —9B **46**
Selborne Rd. *N Mald* —1D **42**
Selbourne Av. *New H* —6K **55**
Selbourne Av. *Surb* —8M **41**
Selbourne Clo. *Craw* —8H **163**
Selbourne Clo. *New H* —6K **55**
Selbourne Rd. *Guild* —9C **94**
Selbourne Sq. *God* —8F **104**
Selby Clo. *Chess* —4L **59**
Selby Grn. *Cars* —6C **44**
Selby Rd. *SE20* —1D **46**
Selby Rd. *Ashf* —7D **22**
Selby Rd. *Cars* —6C **44**
Selbys. *Ling* —6A **146**
Selby Wlk. *Wok* —5L **73**
Selcroft Rd. *Purl* —8M **63**
Selham Clo. *Craw* —2M **181**
Selhurst Clo. *SW19* —2J **27**
Selhurst Clo. *Wok* —2B **74**
Selhurst New Rd. *SE25* —5B **46**
Selhurst Pl. *SE25* —5B **46**
Selhurst Rd. *SE25* —5B **46**
Selkirk Rd. *SW17* —5C **28**
Selkirk Rd. *Twic* —3C **24**
Sellar's Hill. *G'ming* —4G **132**
Sellincourt Rd. *SW17* —6C **28**
Selsdon Av. *S Croy* —3A **64**
Selsdon Clo. *Surb* —4L **41**
Selsdon Cres. *S Croy* —6F **64**
Selsdon Pk. Rd. *S Croy* —5G **65**
Selsdon Rd. *SE27* —4M **29**
Selsdon Rd. *New H* —7J **55**
Selsdon Rd. *S Croy* —2A **64**
Selsey Ct. *Craw* —7N **181**
Selsey Rd. *Craw* —7M **181**
Selsfield Rd. *Turn H & E Grin* —6D **184**
Seltops Clo. *Cranl* —8A **156**
Selwood Clo. *Stai* —9L **7**
Selwood Gdns. *Stai* —9L **7**
Selwood Rd. *Chess* —1K **59**
Selwood Rd. *Croy* —8E **46**
Selwood Rd. *Sutt* —7L **43**
Selwood Rd. *Wok* —7D **74**
Selwyn Av. *Rich* —6L **11**
Selwyn Clo. *Craw* —9G **163**
Selwyn Clo. *Houn* —7M **9**
Selwyn Clo. *Wind* —5B **4**
Selwyn Dri. *Yat* —9A **48**
Selwyn Rd. *N Mald* —4C **42**
Semaphore Rd. *Guild* —5A **114**
Semley Rd. *SW16* —1J **45**
Semper Clo. *Knap* —4H **73**
Sen Clo. *Brack* —7A **16**
Send Barns La. *Send* —2F **94**
Send Clo. *Send* —1E **94**
Send Hill. *Send* —3E **94**
Send Marsh Rd. *Send* —2F **94**
Sendmarsh Works. *Rip* —1H **95**
Send Pde. Clo. *Send* —1E **94**
Send Rd. *Send* —9D **74**
Seneca Rd. *T Hth* —3N **45**
Senga Rd. *Wall* —7E **44**
Senhouse Rd. *Sutt* —9J **43**
Sepen Meade. *C Crook* —9A **88**
Sequoia Pk. *Craw* —5B **182**
Sergeant Ind. Est. *SW18* —9N **13**
Serpentine Grn. *Red* —7H **103**
Serrin Way. *H'ham* —3L **197**
Servite Ho. Wor Pk —8E 42
(off Avenue, The.)
Servius Ct. *Bren* —3K **11**
Setley Way. *Brack* —2D **32**
Settrington Rd. *SW6* —5N **13**

Sett, The. Yat —1A 68
Seven Acres. Cars —8C 44
Seven Arches App. Wey —4A 56
Seven Hills Clo. W On T —5F 56
Seven Hills Rd. W On T & Cob —5F 56
Seven Hills Rd. S. Cobh —9F 56
Sevenoaks Clo. Sutt —6M 61
Sevenoaks Rd. Grn St & Hals —2N 67
Severn Clo. Sand —7H 49
Severn Cres. Slou —1D 6
Severn Dri. Esh —8G 41
Severn Dri. W On T —8L 39
Severn Rd. F'boro —8K 69
Severn Rd. M'bowr —4G 182
Seward Rd. Beck —1G 47
Sewell Av. Wokgm —9A 14
Sewer's Farm Rd. Dork —5N 137
Sewill Clo. Charl —3L 161
Seymour Av. Cat —1N 103
Seymour Av. Eps —5G 61
Seymour Av. Mord —6J 43
Seymour Clo. E Mol —4C 40
Seymour Ct. Crowt —3D 48
Seymour Ct. Fleet —3B 88
Seymour Dri. Camb —7F 50
Seymour Gdns. Felt —5K 23
Seymour Gdns. Surb —4M 41
Seymour Gdns. Twic —1H 25
Seymour Pl. SE25 —3E 46
Seymour Rd. SW18 —1L 27
Seymour Rd. SW19 —4J 27
Seymour Rd. Cars —2E 62
Seymour Rd. Craw —7M 181
Seymour Rd. E Mol —4C 40
Seymour Rd. G'ming —8E 132
Seymour Rd. Hamp —6C 24
Seymour Rd. Head —5H 169
Seymour Rd. King T —9K 25
Seymour Rd. Mitc —6E 44
Seymour Ter. SE20 —1E 46
Seymour Vs. SE20 —1E 46
Seymour Wlk. SW10 —2N 13
Seymour Way. Sun —8F 22
Shackleford Rd. Elst —7L 131
Shackleford Rd. Shack —4A 132
Shackleford Rd. Wok —7C 74
Shacklegate La. Tedd —5E 24
Shackleton Rd. Craw —6C 182
Shackleton Wlk. Guild —3H 113 (off Chapelhouse Clo.)
Shackstead La. G'ming —8F 132
Shadbolt Clo. Wor Pk —8E 42
Shadyhanger. G'ming —5H 133
Shady Nook. Farnh —6G 108
Shaef Way. Tedd —8G 25
Shaftesbury Av. Felt —9H 9
Shaftesbury Clo. Brack —4B 32
Shaftesbury Ct. SW6 —4N 13 (off Maltings Pl.)
Shaftesbury Ct. SW16 —4H 29
Shaftesbury Ct. F'boro —5A 90
Shaftesbury Ct. Wokgm —1C 30
Shaftesbury Cres. Stai —8M 21
Shaftesbury Mt. B'water —3J 69
Shaftesbury Rd. Beck —1J 47
Shaftesbury Rd. Bisl —3C 72
Shaftesbury Rd. Cars —6B 44
Shaftesbury Rd. M'bowr —5H 183
Shaftesbury Rd. Rich —6L 11
Shaftesbury Rd. Wok —4D 74
Shaftesbury Way. Twic —4D 24
Shakespeare Av. Felt —9H 9
Shakespeare Gdns. F'boro —9J 69
Shakespeare Rd. Add —1M 55
Shakespeare Way. Felt —5K 23
Shakespeare Way. Warf —9C 16
Shalbourne Rise. Camb —1C 70
Shalden Ho. SW15 —9E 12
Shalden Rd. Alder —4B 110
Shaldon Dri. Mord —4K 43
Shaldon Way. W On T —9K 39
Shale Grn. Red —7H 103
Shalesbrook La. F Row —8H 187
Shalford Clo. Orp —1L 67
Shalford Rd. Guild —6N 113
Shalstone Rd. SW14 —6A 12
Shalston Vs. Surb —5M 41
Shambles, The. Guild —5N 113
Shamrock Clo. Fet —8D 78
Shamrock Clo. Frim —6B 70
Shamrock Cotts. Guild —6L 93
Shamrock Rd. Croy —5K 45
Shandys Clo. H'ham —7G 196
Shanklin Ct. Alder —3A 110
Shannon Clo. S'hall —1L 9
Shannon Corner. (Junct.) —3F 42
Shannon Corner Retail Pk. N Mald —3F 42
Shanti Ct. SW18 —2M 27
Shap Cres. Cars —7D 44
Sharland Clo. T Hth —5L 45
Sharon Clo. Bookh —2A 98
Sharon Clo. Craw —6E 182
Sharon Clo. Eps —9B 60
Sharon Clo. Surb —7K 41
Sharon Rd. W4 —1C 12
Sharpthorne Clo. If'd —3L 181
Shaw Clo. Eps —7E 60
Shaw Clo. Ott —3E 54
Shaw Clo. S Croy —8C 64
Shaw Ct. Old Win —8K 5
Shaw Cres. S Croy —8C 64
Shaw Dri. W On T —6K 39
Shawfield Cotts. Ash —2D 110
Shawfield La. Ash —2D 110
Shawfield Rd. Ash —3D 110
Shawford Ct. SW15 —1F 26
Shawford Rd. Eps —3C 60
Shawley Cres. Eps —5H 81
Shawley Way. Eps —5G 81
Shaw Pk. Crowt —4G 49
Shaw Rd. Tats —7E 86
Shaws Path. King T —9J 25 (off High St. Hampton Wick,)
Shaws Rd. Craw —2D 182
Shaw Way. Wall —4J 63
Shaxton Cres. New Ad —5M 65
Shearing Dri. Cars —6A 44
Shears Ct. Sun —8G 23
Shears, The. (Junct.) —8F 22
Shearwater Ct. If'd —4J 181 (off Stoneycroft Wlk.)
Sheath's La. Oxs —9B 58
Sheen Comn. Dri. Rich —7N 11
Sheen Ct. Rd. Rich —7N 11
Sheendale Rd. Rich —7M 11
Sheen Ga. Gdns. SW14 —7B 12
Sheen La. SW14 —8B 12
Sheen Pk. Rich —7L 11
Sheen Rd. Rich —8L 11
Sheen Way. Wall —2K 63
Sheen Wood. SW14 —8B 12
Sheepbarn La. Warl —8B 66
Sheepcote Clo. Houn —3H 9
Sheepcote Rd. Eton W —1D 4
Sheepcote Rd. Wind —5B 4
Sheepfold Rd. Guild —9J 93
Sheephatch La. Tilf —6N 129
Sheep Ho. Farnh —3H 129
Sheephouse Grn. Ab H —9N 117
Sheephouse La. Ab C —7N 137
Sheephouse La. Wott —8N 117
Sheephouse Way. N Mald —7C 42
Sheeplands Av. Guild —1E 114
Sheep Wlk. Eps —8C 80
Sheep Wlk. Reig —9L 101
Sheep Wlk. Shep —6A 38
Sheepwalk La. E Hor & Ran C —3G 116
Sheep Wlk. M. SW19 —7J 27
Sheep Wlk., The. Wok —5G 74
Sheerwater Av. Wdhm —8G 55
Sheerwater Rd. Wok & Wdhm —8G 54
Sheet's Heath La. Brkwd —6D 72
Sheet St. Wind —5G 5
Sheet St. Rd. Wind —5A 18
Sheffield Clo. Craw —5F 182
Sheffield Clo. F'boro —1L 89
Sheffield Rd. H'row A —9D 8
Sheffield Way. H'row A —8E 8
Shefford Cres. Wokgm —9C 14
Sheldon Clo. Craw —4H 183
Sheldon Clo. Reig —4N 121
Sheldon Ct. Guild —4B 114
Sheldon St. Croy —9N 45
Sheldrick Clo. SW19 —1B 44
Shelley Av. Brack —1C 32
Shelley Clo. Bans —2J 81
Shelley Clo. Coul —4K 83
Shelley Clo. Craw —1G 182
Shelley Clo. Fleet —5B 88
Shelley Clo. Slou —1C 6
Shelley Ct. Camb —1A 70
Shelley Cres. Houn —4L 9
Shelley Dri. Broad H —5C 196
Shelley Rise. F'boro —8L 69
Shelley Rd. E Grin —9M 165
Shelley Rd. H'ham —5H 197
Shelleys Ct. H'ham —4N 197
Shelley Wlk. Yat —1B 68
Shelley Way. SW19 —7B 28
Shellfield Clo. Stai —8J 7
Shellwood Dri. N Holm —9J 119
Shellwood Rd. Leigh —1B 140
Shelson Av. Felt —4G 22
Shelton Av. Warl —4F 84
Shelton Clo. Guild —7K 93
Shelton Clo. Warl —4F 84
Shelton Rd. SW19 —9M 27
Shelvers Grn. Tad —8H 81
Shelvers Hill. Tad —8G 81
Shelvers Spur. Tad —8H 81
Shelvers Way. Tad —8H 81
Shenfield Clo. Coul —6G 82
Shenley Rd. Houn —4M 9
Shenstone Clo. Finch —8A 30
Shenstone Pk. S'hill —3B 34
Shepherd Clo. Craw —6C 182
Shepherd & Flock Roundabout. Farnh —9K 109
Shepherd's Bush Rd. W6 —1H 13
Shepherds Chase. Bag —5J 51
Shepherds Clo. Shep —5C 38
Shepherds Ct. Farnh —3H 129
Shepherdsgrove La. Hamm —5H 167
Shepherds Hill. Brack —9A 16
Shepherd's Hill. Cole H —8M 187
Shepherd's Hill. Guild —1K 113
Shepherd's Hill. Hasl —2G 188
Shepherd's Hill. Red —4G 102
Shepherd's La. Brack —8M 15
Shepherd's La. Guild —9J 93
Shepherds La. W'sham —2D 52
Shepherd's Wlk. Eps —7A 80
Shepherds Wlk. F'boro —7K 69
Shepherds Way. Crowt —3D 48
Shepherd's Way. Guild —7A 114
Shepherds Way. H'ham —3N 197
Shepherds Way. S Croy —4G 64
Shepherds Way. Tilf —7B 130
Shepiston La. Hayes —1C 8
Shepley Clo. Cars —9E 44
Shepley Dri. Asc —5F 34
Shepley End. Asc —4F 34
Sheppard Clo. King T —3L 41
Sheppard Ho. SW2 —2L 29
Shepperton Bus. Pk. Shep —4D 38
Shepperton Ct. Shep —5C 38
Shepperton Ct. Dri. Shep —4C 38
Shepperton Rd. Stai & Shep —2L 37
Sheppey Clo. Craw —6N 181
Sheraton Clo. B'water —2K 69
Sheraton Dri. Eps —9B 60
Sheraton Wlk. Craw —8N 181
Sherborne Av. S'hall —1A 10
Sherborne Clo. Coln —4G 7
Sherborne Clo. Eps —4H 81
Sherborne Ct. Guild —5M 113
Sherborne Cres. Cars —6C 44
Sherborne Gdns. Shep —6F 38
Sherborne La. Peasl & Holm M —1G 157
Sherborne Rd. Chess —2L 59
Sherborne Rd. F'boro —4B 90
Sherborne Rd. Felt —2E 22 (in two parts)
Sherborne Rd. Sutt —8M 43
Sherborne Wlk. Lea —8J 79
Sherbourne. Abry —8M 115
Sherbourne Cotts. Alb —7N 115
Sherbourne Ct. Sutt —3A 62
Sherbourne Dri. Asc —4G 35
Sherbourne Dri. Wind —7C 4
Sherbrooke Rd. SW6 —3K 13
Shere Av. Sutt —6H 61
Shere Clo. Chess —2K 59
Shere Clo. N Holm —9J 119
Shere La. Shere —8B 116
Shere Rd. Ewh —2E 156
Shere Rd. W Cla & Alb —4J 115
Shere Rd. W Hor —8D 96
Sherfield Gdns. SW15 —9E 12
Sheridan Ct. Houn —8M 9
Sheridan Dri. Reig —1N 121
Sheridan Pl. SW13 —6E 12
Sheridan Pl. E Grin —9M 165
Sheridan Pl. Hamp —9B 24
Sheridan Rd. SW19 —9L 27
Sheridan Rd. Frim —6B 70
Sheridan Rd. Rich —4J 25
Sheridans Rd. Bookh —4C 98
Sheridan Wlk. Cars —2D 62
Sheridan Way. Beck —1J 47
Sheringham Av. Felt —4H 23
Sheringham Av. Twic —2N 23
Sheringham Ct. Felt —4H 23 (off Sheringham Av.)
Sheringham Rd. SE20 —2F 46
Sherland Rd. Twic —2F 24
Shernden La. M Grn —6L 147
Sherring Clo. Brack —8A 16
Sherrydon. Cranl —6A 156
Sherwin Cres. F'boro —6N 69
Sherwood Av. SW16 —8H 29
Sherwood Clo. SW13 —6G 13
Sherwood Clo. Brack —1E 32
Sherwood Clo. Fet —1C 98
Sherwood Ct. Coln —1B 6
Sherwood Cres. Reig —7N 121
Sherwood Pk. Rd. Mitc —3G 44
Sherwood Pk. Rd. Sutt —2M 61
Sherwood Rd. SW19 —8L 27
Sherwood Rd. Coul —3G 82
Sherwood Rd. Croy —6E 46
Sherwood Rd. Hamp —6C 24
Sherwood Rd. Knap —4H 73
Sherwood Wlk. Craw —6D 182
Sherwood Way. W Wick —8M 47
Shetland Clo. Craw —2J 183
Shetland Clo. Guild —7D 94
Shetland Way. Fleet —1C 88
Shewens Rd. Wey —1E 56
Shey Copse. Wok —4E 74
Shield Dri. Bren —2G 11
Shield Rd. Ashf —5D 22
Shilburn Way. Wok —5K 73
Shildon Clo. Camb —3H 71
Shillinglee Rd. Plais —4K 191
Shimmings, The. Guild —2C 114
Shingle End. Bren —3J 11
Shinners Clo. SE25 —4D 46
Shinwell Wlk. Craw —8N 181
Ship All. W4 —2N 11
Ship All. F'boro —8A 70
Shipfield Clo. Tats —8E 86
Ship Hill. Tats —8E 86
Shipka Rd. SW12 —2F 28
Shiplake Ho. Brack —3D 32
Ship La. SW14 —6B 12
Ship La. F'boro —8A 70
Shipleybridge La. Ship B & Craw —5K 163
Shipley Rd. Craw —2M 181
Ship St. E Grin —1A 186
Ship Yd. Wey —9C 38
Shire Av. Fleet —1D 88
Shire Clo. Bag —5J 51
Shire Ct. Alder —2K 109
Shire Ct. Eps —4E 60
Shire Horse Way. Iswth —6F 10
Shire La. Kes & Orp —4H 67 (in two parts)
Shire La. Orp —2N 67
Shire M. Whit —9C 10
Shire Pde. Worth —2H 183 (off Ridings, The)
Shire Pl. SW18 —1N 27
Shire Pl. Bren —3J 11
Shire Pl. Craw —2H 183 (off Ridings, The)
Shires Clo. Asht —6K 79
Shires Ho. Byfl —9N 55
Shires, The. Ham —5L 25
Shires Way. Yat —8C 48
Shirley Av. Cheam —5L 61
Shirley Av. Coul —6M 83
Shirley Av. Croy —7F 46
Shirley Av. Red —8D 122
Shirley Av. Sutt —1B 62
Shirley Av. Wind —4C 4
Shirley Chu. Rd. Croy —9G 46
Shirley Clo. Craw —7J 181
Shirley Clo. Houn —8C 10
Shirley Ct. SW16 —8J 29
Shirley Cres. Beck —3H 47
Shirley Dri. Houn —8C 10
Shirley Heights. Wall —5G 62
Shirley Hills Rd. Croy —2F 64
Shirley Oaks Rd. Croy —7G 46
Shirley Pk. Rd. Croy —7E 46
Shirley Pl. Knap —4F 72
Shirley Rd. Croy —6E 46
Shirley Rd. Wall —5G 62
Shirley Way. Croy —9H 47
Shoe La. Alder —7M 89
Shophouse La. Abry —4M 135
Shoppe Hill. Duns —4A 174
Shop Rd. Wind —3A 4
Shops, The. Won —3D 134
Shord Hill. Kenl —3A 84
Shore Clo. Felt —1H 23
Shore Clo. Hamp —7M 23
Shore Gro. Felt —3A 24
Shoreham Clo. SW18 —8N 13
Shoreham Clo. Croy —4F 46
Shoreham Rd. M'bowr —6G 183
Shoreham Rd. E. H'row A —8N 7
Shoreham Rd. W. H'row A —8N 7
Shores Rd. Wok —1A 74
Shorland Oaks. Brack —7A 16
Shorrold's Rd. SW6 —3L 13
Shortacres. Nutf —2K 123
Short Clo. Craw —9B 162
Shortcroft Rd. Eps —4E 60
Shortdale Rd. Alder —6A 110
Shortfield Rd. Fren —1H 149
Short Gallop. Craw —2H 183
Shortheath Crest. Farnh —5E 128
Shortheath Rd. Farnh —5F 128
Short Hedges. Houn —4A 10
Shortlands. W6 —1J 13
Shortlands. Fren —1G 149
Shortlands. Hayes —2E 8
Shortlands Gro. Brom —2N 47
Shortlands Rd. Brom —2N 47
Shortlands Rd. King T —8M 25
Short La. Oxt —1D 126
Short La. Stai —1A 22
Short Rd. W4 —2D 12
Short Rd. H'row A —9N 7
Shortsfield Clo. H'ham —3J 197
Shorts Rd. Cars —1C 62
Short St. Alder —2M 109
Short Way. Twic —1C 24
Shortwood Av. Stai —4K 21
Shotfield. Wall —3F 62
Shotfield Av. SW14 —7D 12
Shott Clo. Sutt —2A 62
Shottendane Rd. SW6 —4M 13
Shottermill. H'ham —1N 197
Shottermill Pond. Hasl —3C 188
Shottermill Rd. Hasl —3C 188
Shovelstrode La. E Grin —1E 186
Shrewsbury Av. SW14 —7C 12
Shrewsbury Clo. Surb —8L 41
Shrewsbury Rd. Beck —2H 47
Shrewsbury Rd. Cars —6C 44
Shrewsbury Rd. H'row A —9D 8
Shrewsbury Rd. Red —3C 122
Shrewsbury Wlk. Iswth —6G 11
Shrewton Rd. SW17 —8D 28
Shrivenham Clo. Col T —7J 49
Shropshire Clo. Mitc —3J 45
Shropshire Gdns. Warf —8D 16
Shrubbery Rd. SW16 —5J 29
Shrubbery, The. F'boro —2J 89
Shrubbs Hill. Chob —5F 52
Shrubbs Hill La. Asc —5F 34
Shrubbs La. Rowl —7E 128
Shrubland Gro. Wor Pk —9H 43
Shrubland Rd. Bans —3L 81
Shrublands Av. Croy —9K 47
Shrublands Dri. Light —7M 51
Shurlock Dri. Orp —1L 67
Shute End. Wokgm —2A 30
Shuters Sq. W14 —1L 13
Sian Clo. C Crook —8C 88
Sibthorp Rd. Mitc —1D 44
Sibton Rd. Cars —6C 44
Sickle Rd. Hasl —3D 188
Sidbury Clo. Asc —4D 34
Sidbury St. SW6 —4K 13
Siddons Rd. Croy —9L 45
Sidings, The. Alder —1A 110
Sidings, The. Rud —1E 194
Sidings, The. Stai —5K 21
Sidlaws Rd. F'boro —7J 69
Sidmouth Av. Iswth —5E 10
Sidney Gdns. Bren —2K 11
Sidney Rd. SE25 —4D 46
Sidney Rd. Beck —1H 47
Sidney Rd. Stai —5J 21
Sidney Rd. Twic —9G 11
Sidney Rd. W On T —6H 39
Sidney Rd. Wind —6A 4
Sigrist Sq. King T —9L 25
Silbury Av. Mitc —9C 28
Silchester Dri. Craw —5N 181
Silkham Rd. Oxt —5N 105
Silkin Wlk. Craw —8N 181
Silkmoor La. W Hor —3B 96
Silo Clo. G'ming —3J 133
Silo Dri. G'ming —3J 133
Silo Rd. G'ming —3J 133
Silver Birch Clo. C Crook —8A 88
Silver Birch Clo. Wdhm —8G 55
Silver Birch Cotts. Churt —9B 150
Silver Birches Way. Elst —8J 131
Silver Birch Ho. Craw —8A 182
Silver Clo. Kgswd —2K 101
Silver Cres. W4 —1A 12
Silverdale. Fleet —7B 88
Silverdale Av. Oxs —1C 78
Silverdale Av. W On T —8G 38
Silverdale Clo. Brock —7A 120
Silverdale Clo. Sutt —1L 61
Silverdale Ct. Stai —5K 21
Silverdale Dri. Sun —1J 39
Silver Dri. Frim —3G 70
Silverglade Bus. Pk. Chess —8J 59
Silver Glades. Yat —2B 68
Silverhall St. Iswth —6G 11
Silver Hill. Col T —7K 49
Silver Jubilee Way. Houn —5J 9
Silverlands Clo. Ott —9F 36
Silver La. Purl —8H 63
Silver La. W Wick —8N 47
Silverlea Gdns. Horl —9G 142
Silverleigh Rd. T Hth —3K 45
Silvermere Ct. Purl —8L 63
Silver Pk. Clo. C Crook —7C 88
Silversmiths Way. Wok —5M 73
Silverstead La. W'ham —8M 87
Silverstone Clo. Red —1D 122
Silverton Rd. W6 —2J 13
Silver Tree Clo. W On T —9H 39
Silver Wing Ind. Est. Croy —3K 63
Silverwood. Cranl —4K 155
Silverwood Clo. Croy —5J 65
Silverwood Cotts. Shere —7A 116
Silverwood Dri. Camb —8E 50
Silvester Way. C Crook —9A 88
Silwood. Brack —7K 31
Silwood Clo. Asc —1A 34
Silwood Rd. Asc —3C 34
Simkin's Clo. Wink R —7F 16
Simmil Rd. Clay —2E 58
Simmonds Clo. Brack —9K 15
Simmond's Cotts. G'ming —7E 132
Simmondstone La. Churt —8J 149
Simmons Clo. Chess —3J 59
Simmons Clo. Slou —1C 6
Simmons Pl. Stai —6G 21
Simms Clo. Cars —8C 44
Simone Dri. Kenl —3N 83
Simons Clo. Ott —3E 54
Simons Wlk. Egh —8M 19
Simplemarsh Ct. Add —1K 55
Simplemarsh Rd. Add —1J 55
Simpson Rd. Houn —9N 9
Simpson Rd. Rich —5J 25
Simrose Ct. SW18 —8M 13
Sinclair Clo. M'bowr —5G 182
Sinclair Ct. Croy —8B 46
Sinclair Dri. Sutt —5N 61
Sincots Rd. Red —3D 122
Sine Clo. F'boro —6N 69
Single St. Berr G —2K 87
Singleton Clo. SW17 —8D 28
Singleton Clo. Croy —6N 45
Singleton Rd. Broad H —5D 196
Sinhurst Rd. Camb —2N 69
Sion Ct. Twic —2H 25
Sion Rd. Twic —2H 25
Sipson Clo. W Dray —2B 8
Sipson Dri. W Dray —1A 8
Sipson La. W Dray & Hay —2B 8
Sipson Way. W Dray —3B 8
Sir Cyril Black Way. SW19 —8M 27
Sirdar Rd. Mitc —7E 28
Sir Oswald Stoll Foundation, The. (off Fulham Rd.) SW6 —3N 13
Sir William Atkins Ho. Eps —1C 80
Sir William Powell's Almshouses. SW6 —5K 13
Siskin Clo. H'ham —3L 197
Sispara Gdns. SW18 —9L 13
Sissinghurst Clo. Craw —2H 183
Sissinghurst Rd. Croy —6D 46
Sistova Rd. SW12 —2F 28
Siward Rd. SW17 —4A 28
Six Bells Roundabout. Farnh —7K 109
Sixth Cross Rd. Twic —4C 24
Skeena Hill. SW18 —1K 27
Skelbrook St. SW18 —3A 28
Skelgill Rd. SW15 —7L 13
Skelmersdale Wlk. Bew —7K 181
Skelton Fields. Warf —8N 15
Skelwith Rd. W6 —2H 13
Skerne Rd. King T —9K 25
Skeynes Rd. Eden —2K 147
Skid Hill La. Warl —8B 66
Skiffington Clo. SW2 —2L 29
Skiff La. Wis G —9H 193
Skimmington Cotts. Reig —4J 121
Skimped Hill La. Brack —1M 31
Skinners La. Asht —5K 79
Skinners La. C'fold —4G 172
Skinner's La. Eden —9M 127
Skinners La. Houn —4B 10
Skipton Way. Horl —6F 142
Sky Bus. Cen. Egh —1E 36
Skylark View. H'ham —1K 197
Skyport Dri. Harm —3M 7
Skyway Trad. Est. Coln —6H 7
Slade Ct. Ott —3F 54
Slade Ho. Houn —9N 9
Slade La. Ash —9H 91
Slade Rd. Brkwd —7A 72
Slade Rd. Ott —3F 54
Slaidburn Grn. Brack —6C 32
Slapleys. Wok —7A 74
Slattery Rd. Felt —2K 23
Slaugham Ct. Craw —6L 181
Sledmere Ct. Felt —2F 22
Sleets Rd. Broad H —5E 196
Slim Clo. Alder —6C 90
Slim Rd. Camb —8N 49
Slines New Rd. Wold —7G 84
Slines Oak Rd. Warl & Wold —6K 85
Slinfold Wlk. Craw —3M 181 (in two parts)
Slip of Wood. Cranl —6N 155
Slipshatch Rd. Reig —7K 121
Slipshoe St. Reig —3L 121
Slip, The. W'ham —4L 107
Sloane Wlk. Croy —5J 47
Slocock Hill. St J —4M 73
Sloughbrook Clo. H'ham —2M 197
Slough La. Bkld —1F 120
Slough La. H'ley —3B 100
Slough Rd. Dat —1K 5
Slough Rd. Eton C & Slou —2G 4
Slyfield Ct. Guild —9A 94
Slyfield Grn. Guild —8A 94
Slyfield Ind. Est. Guild —8A 94
Smallberry Av. Iswth —5F 10
Smallfield Rd. Horl —8F 142
Smallfield Rd. Horne —8A 144
Smallholdings Rd. Eps —1H 81 (in two parts)
Smallmead. Horl —8F 142
Smalls Hill Rd. Leigh & Norw H —1G 140
Small's La. Craw —3B 182
Smalls Mead. Craw —3A 182
Smallwood Rd. SW17 —5B 28
Smart's Heath La. Wok —1K 93
Smart's Heath Rd. Wok —1J 93
Smeaton Clo. Chess —3K 59
Smeaton Rd. SW18 —1M 27

Smitham Bottom La.—Spurs Ct.

Smitham Bottom La. Purl —7G 63
Smitham Downs Rd. Purl —9H 63
Smithbarn. H'ham —5N 197
Smithbarn Clo. Horl —7F 142
Smithbrook Kilns. Cranl —7F 154
Smith Clo. Craw —6B 182
Smith Ct. Sheer —9F 54
Smithers, The. Brock —5A 120
Smithfield La. Head —8F 148
Smith Hill. Bren —2L 11
Smith Rd. Reig —6L 121
Smiths La. Crook C —2L 127
Smith's La. Wind —5B 4
Smith Sq. Brack —1B 32
Smith St. Surb —5M 41
Smith's Yd. SW18 —3A 28
Smithwood Av. Cranl —3K 155
Smithwood Clo. SW19 —2K 27
Smithwood Comn. Cranl —2J 155
Smithy Clo. Tad —4L 101
Smithy La. Dock —8C 148
Smithy La. Lwr K —5L 101
Smithy's Grn. W'sham —3A 52
Smock Wlk. Croy —5N 45
Smokejack Hill. Dork —2L 177
Smoke La. Reig —5N 121
Smolletts. E Grin —1M 185
Smoothfield. Houn —7A 10
Smugglers End. Hand —8N 199
Smugglers La. Dork —2E 178
Smugglers La. H'ham —3F 180
Smugglers Way. SW18 —7N 13
Smugglers Way. Seale —3B 130
Snag La. Cud —7M 67
Snailslynch. Farnh —1J 129
Snatts Hill. Oxt —7B 106
Snelgar Rd. Wok —5A 74
Snelgate Cotts. Guild —9M 95
Snell Hatch. Craw —3N 181
Snellings Rd. W On T —2K 57
Snipe Rd. Hasl —7E 188
Snodland Clo. Orp —6J 67
Snowbury Rd. SW6 —5N 13
Snowden Clo. Wind —7A 4
Snowdenham La. Brmly —6A 134
Snowdenham Links Rd. Brmly —5N 133
Snowdon Rd. F'boro —7K 69
Snowdon Rd. H'row A —9D 8
Snowdown Clo. SE20 —1G 46
Snowdrop Clo. Craw —7M 181
Snowdrop Clo. Hamp —7A 24
Snowdrop Wlk. Fleet —3A 88
(off Stockton Av.)
Snowdrop Way. Bisl —4D 72
Snowerhill Rd. Bet —5D 120
Snow Hill. Craw —7C 164
(in two parts)
Snow Hill La. Copt —5C 164
Snows Paddock. W'sham —9M 33
Snows Ride. W'sham —2M 51
Snowy Fielder Waye. Iswth —5H 11
Snoxhall Field. Cranl —8M 155
Soames Wlk. N Mald —9D 26
Soane Clo. Craw —5K 181
Solartron Rd. F'boro —2N 89
Soldiers Rise. Finch —9C 30
Solecote. Bookh —3A 98
Sole Farm Av. Bookh —3N 97
Sole Farm Clo. Bookh —2N 97
Sole Farm Rd. Bookh —3N 97
Solent Rd. H'row A —9A 8
Solna Av. SW15 —8H 13
Soloms Ct. Rd. Bans —4B 82
Solway Clo. Houn —6M 9
Somer Ct. SW6 —2M 13
(off Anselm Rd.)
Somerfield Clo. Tad —6K 81
Somergate. H'ham —6F 196
Somersbury La. Ewh & Rudg —8G 157
Somers Clo. Reig —2M 121
Somerset Av. SW20 —1G 42
Somerset Av. Chess —1K 59
Somerset Clo. Eps —5C 60
Somerset Clo. N Mald —5D 42
Somerset Clo. W On T —2J 57
Somerset Ct. F'boro —4A 90
Somerset Gdns. SW16 —2K 45
Somerset Gdns. Tedd —6E 24
Somerset Gro. Warf —8D 16
Somerset Ho. Red —2D 122
Somerset Lodge. Bren —2K 11
Somerset Rd. SW19 —4J 27
Somerset Rd. Bren —2J 11
Somerset Rd. F'boro —4A 90
Somerset Rd. King T —1M 41
Somerset Rd. Red —5B 122
Somerset Rd. Tedd —6E 24
Somerset Waye. Houn —2M 9
Somers Pl. SW2 —1K 29
Somers Pl. Reig —2M 121
Somers Rd. SW2 —1K 29
Somers Rd. Reig —2M 121
Somerswey. Shalf —2A 134
Somerton Av. Rich —6A 12
Somerton Clo. Purl —3L 83
Somerton's Clo. Guild —9K 93
Somerville Ct. Red —2C 122
(off Oxford Rd.)
Somerville Cres. Yat —9D 48
Somerville Dri. Craw —9G 163
Somerville Rd. Cobh —1A 78
Somerville Rd. Eton —1F 4
Sondes Farm. Dork —5F 118
Sondes Pl. Dri. Dork —5F 118
Sonia Gdns. Houn —3A 10
Sonnet Wlk. Big H —5D 86
Sonninge Clo. Col T —7J 49
Sonning Gdns. Hamp —7M 23
Sonning Rd. SE25 —5D 46
Sontan Ct. Twic —2D 24
Soper Dri. Cat —1A 104
Sopwith Av. Chess —2L 59
Sopwith Clo. Big H —3F 86
Sopwith Clo. King T —6M 25
Sopwith Dri. Brook P —7N 55
Sopwith Rd. Houn —3K 9
Sopwith Way. King T —9L 25
Sorbie Clo. Wey —3E 56
Sorrel Bank. Croy —5H 65
Sorrel Clo. Craw —7M 181
Sorrel Clo. F'boro —9H 69
Sorrel Clo. Wokgm —9D 14
Sorrel Dri. Light —8K 51
Sorrell Clo. Eden —9M 127
Sorrell Rd. H'ham —3L 197
Sorrento Rd. Sutt —9N 43
Sotheron Rd. SW6 —3N 13
S. Albert Rd. Reig —2L 121
Southall La. Houn & S'hall —2J 9
Southam Ho. Add —2K 55
(off Addlestone Pk.)
Southampton Clo. B'water —9H 49
Southampton Gdns. Mitc —4J 45
Southampton Rd. H'row A —9N 7
Southampton St. F'boro —5N 89
Southampton Way. Stanw —9N 7
S. Atlantic Dri. Alder —1A 110
South Av. Cars —4E 62
South Av. Egh —7E 20
South Av. Farnh —6J 109
South Av. Rich —5N 11
South Av. Wey —6B 56
South Av. W Vill —6F 56
South Bank. Surb —5L 41
Southbank. Th Dit —6H 41
South Bank. W'ham —4M 107
S. Bank Ter. Surb —5L 41
S. Black Lion La. W6 —1F 12
S. Bolton Gdns. SW5 —1N 13
S. Border, The. Purl —7H 63
Southborough Clo. Surb —7K 41
Southborough Rd. Surb —7L 41
Southbridge Pl. Croy —1N 63
Southbridge Rd. Croy —1N 63
Southbrook. Craw —8A 182
Southbrook Rd. SW16 —9J 29
Southby Dri. Fleet —4C 88
South Clo. Craw —2D 182
South Clo. Mord —5M 43
South Clo. Twic —4A 24
South Clo. Wok —3M 73
South Clo. Wokgm —2B 30
(Peach St.)
South Clo. Wokgm —4C 30
(South Dri.)
South Clo. Grn. Red —7F 102
Southcote. Wok —2N 73
Southcote Av. Felt —3H 23
Southcote Av. Surb —6A 42
Southcote Dri. Camb —1E 70
Southcote Rd. SE25 —4E 46
Southcote Rd. Red —7G 102
Southcote Rd. S Croy —6B 64
South Croft. Egh —6L 19
Southcroft Av. W Wick —8M 47
Southcroft Rd. SW17 & SW16 —7E 28
Southdean Gdns. SW19 —3L 27
Southdown Clo. H'ham —3N 197
Southdown Dri. SW20 —8J 27
Southdown Rd. SW20 —9J 27
Southdown Rd. Cars —5E 62
Southdown Rd. W On T —1M 57
Southdown Rd. Wold —9J 85
South Dri. Bans —9C 62
South Dri. Brkwd —8N 71
South Dri. Coul —2H 83
South Dri. Dork —5J 119
South Dri. Orp —2N 67
South Dri. Sutt —6K 61
South Dri. Vir W —7K 35
South Dri. Wokgm —3B 30
S. Ealing Rd. W5 —1K 11
S. Eden Pk. Rd. Beck —5L 47
South End. Bookh —4B 98
South End. Croy —1N 63
Southerland Clo. Wey —1D 56
Southern Av. SE25 —2C 46
Southern Av. Felt —2H 23
Southern Av. Red —1E 142
Southern Cotts. Stai —8J 7
Southern Perimeter Rd. H'row A —8K 7
Southern Rd. Camb —9A 50
Southerns La. Coul —3A 102
Southern Way. F'boro —2J 89
Southern Way. Farnh —2H 129
Southey Ct. Bookh —2B 98
Southey Rd. SW19 —8M 27
S. Farm La. Bag & Light —5L 51
Southfield Gdns. Twic —5F 24
Southfield Pl. Wey —4C 56
Southfields. E Mol —5E 40
Southfields Av. Ashf —7C 22
Southfields Ct. Sutt —8M 43
Southfields M. SW18 —9M 13
Southfields Pas. SW18 —9M 13
Southfields Rd. SW18 —9M 13
Southfields Rd. Wold —9L 85
Southfleet Rd. Orp —1N 67
South Gdns. SW19 —8B 28
Southgate Av. Craw —6B 182
Southgate Av. Felt —5E 22
Southgate Dri. Craw —5B 182
Southgate Pde. Craw —5B 182
Southgate Rd. Craw —5B 182
South Gro. Cher —5H 37
South Gro. Fleet —1D 88
South Gro. H'ham —7K 197
South Hill. G'ming —7H 133
South Hill. Guild —5N 113
S. Hill Rd. Brack —5M 31
S. Hill Rd. Brom —2N 47
S. Holmes Rd. H'ham —4A 198
Southlands. E Grin —2A 186
Southlands Av. Horl —7E 142
Southlands Av. Orp —1M 67
Southlands Clo. Ash —3E 110
Southlands Clo. Coul —4K 83
Southlands Clo. Wokgm —3C 30
Southlands Dri. SW19 —3J 27
Southlands La. Oxt —3L 125
Southlands Rd. Ash —3E 110
Southlands Rd. Wokgm —4C 30
Southland Way. Houn —8D 10
South La. Ash —3F 110
South La. King T —2K 41
South La. N Mald —3C 42
South La. W. N Mald —3C 42
Southlea Rd. Dat & Old Win —4L 5
S. Lodge. Twic —1C 24
S. Lodge Av. Mitc —3J 45
S. Lodge Rd. W on T —5H 57
Southly Clo. Sutt —9M 43
S. Lynn Cres. Brack —4N 31
South Mall. Fleet —4A 88
South Mall. Stai —5H 21
South Mead. Eps —4E 60
South Mead. Red —9D 102
S. Meadow. Crowt —4J 49
S. Meadow La. Eton —2F 4
Southmead Rd. SW19 —2K 27
Southmead Rd. Alder —4N 109
Southmont Rd. Esh —8E 40
S. Munstead La. G'ming —3L 153
S. Norwood Hill. SE19 & SE25 —1B 46
S. Oak Rd. SW16 —5K 29
South Pde. Horl —7D 142
South Pde. Red —6G 102
South Pde. Wall —3G 62
South Pk. Gro. N Mald —3B 42
South Pk. Hill Rd. S Croy —2A 64
South Pk. La. Blet —5D 124
South Pk. M. SW6 —6N 13
South Pk. Rd. SW19 —7M 27
S. Path. Wind —4F 4
S. Pier Rd. Horl —3F 162
South Pl. Surb —6M 41
S. Ridge. Wey —6C 56
Southridge Pl. SW20 —8J 27
S. Rise. Cars —5C 62
South Rd. SW19 —7A 28
South Rd. Ash V —9E 90
South Rd. Bisl —3C 72
South Rd. Crowt —4K 49
South Rd. Egh —7M 19
South Rd. Felt —6L 23
South Rd. Guild —1L 113
South Rd. Hamp —7M 23
South Rd. Reig —4N 121
South Rd. St G —5C 56
South Rd. Twic —4D 24
South Rd. Wey —2D 56
South Rd. Wok —2M 73
South Rd. Wokgm —6J 31
Southsea Rd. King T —3L 41
South Side. Cher —2J 37
South Side. Tong —5D 110
Southside Comn. SW19 —7H 27
S. Station App. S Nut —5J 123
South St. Dork —6G 119
South St. Eps —9C 60
South St. F'boro —4C 90
South St. Farnh —1H 129
South St. G'ming —7G 133
South St. H'ham —7J 197
South St. Iswth —6G 11
South St. Stai —6H 21
South Ter. Dork —6H 119
South Ter. Surb —5L 41
South View. Brack —2J 31
Southview. Fren —1J 149
Southview Clo. SW17 —6E 28
Southview Clo. Copt —7B 164
S. View Ct. SE19 —8N 29
S. View Ct. Wok —5A 74
Southview Gdns. Wall —4G 63
S. View Rd. Asht —6K 79
S. View Rd. Head —4G 168
Southview Rd. Warl —6D 84
Southview Rd. Wold —2L 105
Southviews. S Croy —5G 65
Southville Clo. Eps —5C 60
Southville Clo. Felt —2F 22
Southville Cres. Felt —2F 22
Southville Rd. Felt —2F 22
Southville Rd. Th Dit —6H 41
South Wlk. Alder —2B 110
South Wlk. Reig —3N 121
South Wlk. W Wick —9N 47
Southwark Clo. Craw —7N 181
Southwark Clo. Yat —9B 48
Southway. SW20 —3H 43
Southway. Camb —2N 69
South Way. Cars —6B 62
South Way. Croy —9H 47
Southway. Guild —3H 113
Southway. Wall —1G 63
Southway Ct. Guild —3H 113
Southwell Cotts. Horl —3K 161
Southwell Pk. Rd. Camb —1N 69
Southwell Rd. Croy —5L 45
S. Western Rd. Twic —9G 11
Southwick. Bag —6J 51
Southwick Clo. E Grin —8N 165
Southwick Ct. Brack —5C 32
Southwold. Brack —7K 31
Southwood. Wokgm —4C 30
Southwood Av. Coul —2G 83
Southwood Av. King T —9B 26
Southwood Av. Knap —5G 73
Southwood Av. Ott —4E 54
Southwood Bus. Cen. F'boro —1J 89
Southwood Chase. Cranl —9A 156
Southwood Clo. Wor Pk —7J 43
Southwood Cres. Swd P —1J 89
Southwood Dri. Surb —6B 42
Southwood Gdns. Esh —9G 40
Southwood La. F'boro —2J 89
Southwood La. Fleet —2E 88
Southwood Rd. F'boro —2J 89
Southwood Village Cen. F'boro —2J 89
S. Worple Av. SW14 —6D 12
S. Worple Way. SW14 —6C 12
Sovereign Clo. Purl —6K 63
Sovereign Ct. Asc —6E 34
Sovereign Ct. Houn —6A 10
Sovereign Ct. W Mol —3N 39
Sovereign Dri. Camb —8F 50
Soyer Ct. Wok —5H 73
Space Waye. Felt —8H 9
Spa Clo. SE19 —1B 46
Spa Ct. SW16 —5K 29
Spa Dri. Eps —1N 79
Spa Hill. SE19 —9N 29
Spalding Rd. SW17 —6F 28
Sparks Clo. Hamp —7M 23
Sparrow Clo. Hamp —7M 23
Sparrow Farm Dri. Felt —1K 23
Sparrow Farm Rd. Eps —1F 60
Sparrowhawk Clo. Ews —5C 108
Sparrow Row. W End —3E 52
Sparrows Mead. Red —9E 102
Sparvell Rd. Knap —6E 72
Sparvell Way. Camb —9A 50
Spats La. Head —1E 168
Speakers Ct. Croy —7A 46
Spear M. SW5 —1M 13
Speart La. Houn —3M 9
Speedwell Clo. Eden —9M 127
Speedwell Clo. Guild —9E 94
Speedwell Way. H'ham —3L 197
Speer Rd. Th Dit —5F 40
Speirs Clo. N Mald —5E 42
Speke Rd. T Hth —1A 46
Spelthorne Gro. Sun —8G 22
Spelthorne La. Ashf —9D 22
Spence Av. Byfl —1A 76
Spencer Clo. C Crook —8D 88
Spencer Clo. Eps —6D 80
Spencer Clo. Frim G —8C 70
Spencer Clo. Wok —9F 54
Spencer Ct. Farn —2L 67
Spencer Gdns. SW14 —8B 12
Spencer Gdns. Egh —6N 19
Spencer Hill. SW19 —7K 27
Spencer M. W6 —2K 13
Spencer Pk. E Mol —4C 40
Spencer Pl. Croy —6A 46
Spencer Rd. SW20 —9G 27
Spencer Rd. W4 —3B 12
Spencer Rd. Brack —9L 15
Spencer Rd. Cat —8A 84
Spencer Rd. Cobh —2J 77
Spencer Rd. E Mol —3C 40
Spencer Rd. Iswth —4C 10
Spencer Rd. Mitc —2E 44
Spencer Rd. Mit J —6E 44
Spencer Rd. S Croy —2B 64
Spencer Rd. Twic —4E 24
Spencers La. Horl —1L 161
Spencers Pl. H'ham —4H 197
Spencers Rd. Craw —4A 182
(in two parts)
Spencer's Rd. H'ham —5H 197
Spencer Wlk. SW15 —7J 13
Spencer Way. Red —8E 122
Spenser Av. Wey —4B 56
Spenser M. SE21 —3N 29
Spiceall. Comp —1E 132
Spicer Clo. W On T —5K 39
Spicers Field. Oxs —9D 58
Spice's Yd. Croy —1N 63
Spiers Way. Horl —1F 162
Spindle Way. Craw —4D 182
Spindlewood Gdns. Croy —1B 64
Spindlewoods. Tad —9G 81
Spinis. Brack —7L 31
Spinner Grn. Brack —4N 31
Spinners Wlk. Wind —4F 4
Spinney Clo. Cobh —7A 58
Spinney Clo. Craw D —1F 184
Spinney Clo. H'ham —2A 198
Spinney Clo. N Mald —4D 42
Spinney Clo. Wor Pk —8E 42
Spinney Croft. Oxs —2D 78
Spinney Dri. Felt —1D 22
Spinney Hill. Add —2G 55
Spinney La. Wink —2M 17
Spinney Oak. Ott —3F 54
Spinney, The. SW13 —2G 12
Spinney, The. SW16 —4G 29
Spinney, The. Asc —4B 34
Spinney, The. Bookh —2B 98
Spinney, The. Camb —9G 51
Spinney, The. Craw —5N 181
Spinney, The. Eps —9D 60
(Epsom)
Spinney, The. Eps —6G 81
(Tattenham Corner)
Spinney, The. Hasl —9G 171
Spinney, The. Horl —6E 142
Spinney, The. Oxs —8C 58
Spinney, The. Purl —7M 63
Spinney, The. Send —5L 95
Spinney, The. Shot —3A 188
Spinney, The. Sun —9H 23
Spinney, The. Sutt —1H 61
Spinney, The. Yat —8C 48
Spinney Way. Cud —7M 67
Spinning Wlk., The. Shere —8B 116
Spinningwheel La. Binf —1H 15
Spital Heath. Dork —4J 119
Spitfire Est., The. Houn —1K 9
Spitfire Rd. H'row A —9D 8
Spitfire Way. Houn —1K 9
Splash, The. Binf —7N 15
Spode La. Cowd —1N 167
Spoil La. Tong —5D 110
Spokane Clo. Alder —4K 109
Spook Hill. N Holm —1H 139
Spooner Ho. Houn —2A 10
Spooners Rd. H'ham —4M 197
Spooner Wlk. Wall —2J 63
Spout Hill. Croy —2K 65
Spout La. Crook C —3L 127
Spout La. Stai —7J 7
Spout La. N. Stai —7K 7
Spratts All. Ott —3G 54
Spratts La. Ott —3G 54
Spray La. Twic —9E 10
Spread Eagle Wlk. Eps —9C 60
Spreighton Rd. W Mol —3B 40
Spring Av. Egh —7A 20
Springbok Cotts. Alf —7G 174
Springbok Est. Alf —7F 174
(in two parts)
Spring Bottom La. Blet —5L 103
Springbourne Ct. Beck —1M 47
(in two parts)
Spring Clo. G'ming —3H 133
Spring Clo. La. Sutt —3K 61
Spring Copse. Copt —7N 163
Spring Copse. E Grin —7B 166
Springcopse Rd. Reig —5A 122
Spring Corner. Felt —4H 23
Spring Cotts. Dork —6J 139
Spring Cotts. Surb —4K 41
Spring Ct. Eps —5E 60
Spring Ct. Guild —8L 93
Springcross Av. B'water —3J 69
Springfarm Rd. Hasl —3C 188
Springfield. E Grin —6N 165
Springfield. Elst —7H 131
Springfield. Light —7A 52
Springfield. Oxt —8N 105
Springfield Av. SW20 —2L 43
Springfield Av. Hamp —7B 24
Springfield Clo. Knap —5H 73
Springfield Clo. Wind —5E 4
Springfield Ct. Craw —4B 182
Springfield Ct. H'ham —6J 197
Springfield Ct. Wall —2F 62
Springfield Cres. H'ham —6H 197
Springfield Dri. Lea —7E 78
Springfield Gdns. W Wick —8L 47
Springfield Gro. Sun —9H 23
Springfield La. Colg —5F 198
Springfield La. Fleet —4A 88
Springfield La. Wey —1C 56
Springfield Meadows. Wey —1C 56
Springfield Pk. Rd. H'ham —6H 197
Springfield Pl. N Mald —3B 42
Springfield Rd. SW19 —6L 27
Springfield Rd. Ashf —6A 22
Springfield Rd. Ash V —8E 90
Springfield Rd. Binf —1H 31
Springfield Rd. Camb —1E 70
Springfield Rd. Craw —4A 182
Springfield Rd. Eden —2K 147
Springfield Rd. Eps —6H 61
Springfield Rd. Guild —3A 114
Springfield Rd. H'ham —6H 197
(in two parts)
Springfield Rd. King T —2L 41
Springfield Rd. Slou —3D 6
Springfield Rd. Tedd —6G 24
Springfield Rd. T Hth —9N 29
Springfield Rd. Twic —2A 24
Springfield Rd. Wall —2F 62
Springfield Rd. Westc —6B 118
Springfield Rd. Wind —5E 4
Springfields Clo. Cher —7K 37
Springfield Way. Elst —8J 131
Springflower Cotts. Guild —9F 92
Spring Gdns. Asc —3M 33
Spring Gdns. Big H —5E 86
Spring Gdns. Camb —1E 70
Spring Gdns. Copt —7N 163
Spring Gdns. Dork —5G 118
Spring Gdns. F'boro —7M 69
Spring Gdns. H'ham —5J 197
Spring Gdns. N Asc —8J 17
Spring Gdns. Wall —2G 62
Spring Gdns. W Mol —4B 40
Spring Gro. W4 —1N 11
Spring Gro. Fet —1B 98
Spring Gro. G'ming —3H 133
Spring Gro. Hamp —9B 24
Spring Gro. Mitc —9E 28
Spring Gro. Cres. Houn —4C 10
Spring Gro. Rd. Houn & Iswth —4B 10
Spring Gro. Rd. Rich —8M 11
Springhaven. Elst —8J 131
Springhaven Clo. Guild —3C 114
Springhill. Elst —8J 131
Springhill Ct. Brack —3N 31
Springholm Clo. Big H —5E 86
Springhurst Clo. Croy —1J 65
Springlakes Ind. Est. Alder —1C 110
Spring La. SE25 —5E 46
Spring La. Farnh —5F 108
Spring La. Oxt —9N 105
Spring La. Slin —5K 195
Spring La. W. Farnh —6F 108
Springmead Ct. Sand —6K 49
Spring Meadow. Brack —9B 16
Spring Meadow. F Row —8H 187
Spring M. Eps —5E 60
Spring Pk. Av. Croy —8G 47
Springpark Dri. Beck —2M 47
Spring Pk. Rd. Croy —8G 47
Spring Plat. Craw —3G 183
Spring Plat Ct. Craw —3G 183
Spring Rise. Egh —7A 20
Spring Rd. Felt —4G 23
Springside Ct. Guild —2M 113
Spring St. Eps —5E 60
Spring Ter. Rich —8L 11
Springvale Av. Bren —1L 11
Spring Wlk. Horl —8D 142
Spring Way. E Grin —6C 166
Springwell Clo. SW16 —5K 29
Springwell Ct. Houn —5L 9
Springwell Rd. SW16 —5L 29
Springwell Rd. Bear G —8K 139
Springwell Rd. Houn —4L 9
Springwood. Milf —1D 152
Springwood Ct. S Croy —1B 64
Spring Woods. Fleet —6A 88
Spring Woods. Sand —6H 49
Spring Woods. Vir W —1L 35
Sprint Ind. Est. Byfl —7M 55
Sprucedale Gdns. Croy —1G 65
Sprucedale Gdns. Wall —5J 63
Spruce Dri. Light —8L 51
Spruce Rd. Big H —3F 86
Spruce Way. Fleet —4E 88
Spurfield. W Mol —2B 40
Spurgeon Av. SE19 —9N 29
Spurgeon Clo. Craw —2A 182
Spurgeon Rd. SE19 —9N 29
Spur Rd. Felt —7J 9
Spur Rd. Iswth —3G 11
Spurs Ct. Alder —2K 109

Spur, The—Stoneyfield Rd.

Spur, The. Knap —5E 72
Spy La. Loxw —3H 193
Square Dri. Hasl —7F 188
Square, The. W6 —1H 13
Square, The. Bag —4J 51
Square, The. Brack —3C 32
Square, The. Camb —9A 50
Square, The. Cars —2E 62
Square, The. Cat —2D 104
Square, The. Craw —3B 182
Square, The. Gray —6B 170
Square, The. Guild —5J 113
Square, The. Light —6N 51
Square, The. Ling —7M 145
Square, The. Rich —8K 11
Square, The. Rowl —8D 128
Square, The. Shere —8B 116
Square, The. Tats —7E 86
Square, The. W Dray —4K 7
Square, The. Wey —2D 56
Square, The. Wis —3N 75
Squarey St. SW17 —4A 28
Squerryes Mede. W'ham —5L 107
Squire's Bri. Rd. Shep —3A 38
Squires Clo. Craw D —1D 184
Squires Ct. SW19 —5M 27
Squires Ct. Cher —7K 37
Squires Hill La. Tilf —6A 130
Squire's Rd. Shep —3B 38
Squires Wlk. Ashf —8E 22
Squirrel Clo. Craw —9N 161
Squirrel Clo. Houn —6K 9
Squirrel Clo. Sand —7G 48
Squirrel Dri. Wink —2M 17
Squirrel La. F'boro —9M 69
Squirrel La. Wink —2M 17
Squirrel's Clo. G'ming —2G 133
Squirrels Ct. Wor Pk —8E 42 (off Avenue, The)
Squirrels Drey. Crowt —2E 48
Squirrels Drey. Short —1N 47 (off Park Hill Rd.)
Squirrels Grn. Bookh —1A 98
Squirrels Grn. Red —2C 122
Squirrels Grn. Wor Pk —8E 42
Squirrels Way. Eps —1C 80
Squirrel Wood. W Byf —8K 55
Stable Cotts. G'ming —4K 133
Stable Croft. Bag —5H 51
Stable M. SE27 —6N 29
Stables, The. Cobh —1N 77
Stables, The. Guild —9N 93
Stable View. Yat —8C 48
Stable Yd. SW15 —6H 13
Stace Way. Worth —1J 183
Stacey Ct. Mers —7G 102
Stacey's Farm Rd. Elst —8H 131
Staceys Meadow. Elst —7H 131
Stackfield. Eden —9M 127
Stackfield Rd. If'd —4K 181
Staff College. Camb —9A 50
Staff College Rd. Camb —9M 49
Staffhurst Wood Rd. Eden —6E 126
Stafford Clo. Cat —1C 104
Stafford Clo. Sutt —3K 61
Stafford Cripps Ho. SW6 —2L 13 (off Clem Attlee Ct.)
Stafford Cross Bus. Pk. Croy —2K 63
Stafford Gdns. Croy —2K 63
Stafford Lake Rd. Knap —5C 72
Stafford Pl. Rich —1M 25
Stafford Rd. Cat —1C 104
Stafford Rd. Craw —9M 161
Stafford Rd. N Mald —2B 42
Stafford Rd. Wall & Croy —3G 62
Staffordshire Croft. Warf —7D 16
Staffords Pl. Horl —9F 142
Stafford Sq. Wey —1E 56
Staff Rd. Alder —2A 110
Stagbury Av. Coul —5C 82
Stagbury Clo. Coul —6C 82
Stagbury Ho. Coul —6C 82
Stagelands. Craw —1N 181
Stagelands Ct. Craw —1A 182
Stag Hill. Guild —4K 113
Stag La. SW15 —4E 26
Stag Lane. (Junct.) —3E 26
Stag Leys. Asht —7L 79
Stag Leys Clo. Bans —2B 82
Stags Way. Iswth —3F 10
Stainash Cres. Stai —6K 21
Stainash Pde. Stai —6K 21 (off Kingston Rd.)
Stainbank Rd. Mitc —2F 44
Staines Av. Sutt —8J 43
Staines Bri. Stai —6G 20
Staines By-Pass. Stai —3E 20
Staines La. Cher —5H 37
Staines La. Clo. Cher —5H 37
Staines Rd. Cher —1H 37
Staines Rd. Felt & Houn —2B 22
Staines Rd. Stai —8J 21
Staines Rd. Twic —4A 24
Staines Rd. Wray —1A 20
Staines Rd. E. Sun —8H 23
Staines Rd. W. Ashf & Sun —7C 22
Stainford Clo. Ashf —6E 22
Stainton Wlk. Wok —5M 73
Staithes Way. Tad —7G 81
Stake La. F'boro —1M 89
Stakescorner Rd. Guild —2K 133
Stalisfield Pl. Dow —6J 67
Stambourne Way. W Wick —8M 47
Stamford Av. Frim —5D 70
Stamford Brook Mans. W6 —1E 12 (off Goldhawk Rd.)
Stamford Grn. Rd. Eps —9A 60
Stamford Ho. Chob —7H 53 (off Bagshot Rd.)
Stamford Rd. W On T —9L 39
Stanborough Clo. Hamp —7N 23
Stanborough Rd. Houn —6D 10
Stanbridge Clo. If'd —3K 181
Stanbridge Rd. SW15 —6H 13
Stanbridge Rd. Eden —1K 147
Standard Rd. Houn —6M 9
Standard Rd. Orp —6J 67
Standen Clo. Felb —7K 165
Standen Pl. H'ham —1N 197
Standen Rd. SW18 —1L 27
Standford Hill. Stand —8B 168
Standford La. Head & Pass —5B 168
Standinghall La. Craw —6L 183
Standish Ho. W6 —1F 12 (off St Peter's Gro.)
Standish Rd. W6 —1F 12
Standon Cotts. Dork —7B 158
Standon La. Ockl —8M 157
Stane Clo. SW19 —8N 27
Stane Pas. SW16 —6J 29
Stane St. Five O & H'ham —9G 195
Stane St. Ockl —9B 158
Stane Way. Eps —6F 60
Stanford Clo. Hamp —7N 23
Stanford Cotts. Pirb —4B 92
Stanford Ct. SW6 —4N 13
Stanford Orchard. Warn —9F 178
Stanford Rd. SW16 —1H 45
Stanfords Pl. Ling —8N 145
Stanfords, The. Eps —8E 60 (off East St.)
Stanford Way. SW16 —1H 45
Stanford Way. Broad H —5D 196
Stanger Rd. SE25 —3D 46
Stangrove Ct. Eden —2L 147
Stangrove Lodge. Eden —2L 147
Stangrove Pde. Eden —2L 147
Stangrove Rd. Eden —2L 147
Stan Hill. Charl —8F 140
Stanhope Gro. Beck —4J 47
Stanhope Heath. Stai —9L 7
Stanhope M. S. SW7 —1N 13
Stanhope Rd. Camb —2L 69
Stanhope Rd. Cars —4E 62
Stanhope Rd. Croy —9B 46
Stanhopes. Oxt —6D 106
Stanhope Way. Stai —9L 7
Stanier Clo. W14 —1L 13
Stanier Clo. M'bowr —4F 182
Staniland Dri. Wey —7B 56
Stanley Av. Beck —2M 47
Stanley Av. N Mald —4F 42
Stanley Cen. Craw —9D 162
Stanley Clo. Coul —5K 83
Stanley Clo. Craw —5C 182
Stanley Ct. Cars —4E 62
Stanley Ct. Sutt —4N 61
Stanleycroft Clo. Iswth —4E 10
Stanley Dri. F'boro —2H 89
Stanley Gdns. Mitc —7E 28
Stanley Gdns. S Croy —8D 64
Stanley Gdns. Wall —3G 62
Stanley Gdns. W On T —3K 57
Stanley Gdns. Rd. Tedd —6E 24
Stanley Gro. Croy —5L 45
Stanley Hill. Pirb —9N 71
Stanley Pk. Rd. Cars & Wall —4D 62
Stanley Rd. SW14 —7A 12
Stanley Rd. SW19 —7M 27
Stanley Rd. Ashf —6N 21
Stanley Rd. Cars —4E 62
Stanley Rd. Croy —6L 45
Stanley Rd. Houn —7C 10
Stanley Rd. Mitc —8E 28
Stanley Rd. Mord —3M 43
Stanley Rd. Sutt —3N 61
Stanley Rd. Twic & Tedd —5D 24
Stanley Rd. Wok —3B 74
Stanley Rd. Wokgm —2D 30
Stanley Sq. Cars —5D 62
Stanley St. Cat —9N 83
Stanley Wlk. Brack —1A 32
Stanley Wlk. H'ham —6K 197
Stanmore Clo. Asc —3L 33
Stanmore Gdns. Rich —6M 11
Stanmore Gdns. Sutt —9A 44
Stanmore Rd. Rich —6M 11
Stanmore Ter. Beck —1K 47
Stannet Way. Wall —1G 62
Stansfield Rd. Houn —5J 9
Stanstead Mnr. Sutt —3M 61
Stanstead Rd. Cat —5A 104
Stanstead Rd. H'row A —9A 8
Stanthorpe Clo. SW16 —6J 29
Stanthorpe Rd. SW16 —6J 29
Stanton Av. Tedd —7E 24
Stanton Clo. Cranl —7J 155
Stanton Clo. Eps —2A 60
Stanton Clo. Wor Pk —7J 43
Stanton Dri. Fleet —5A 88
Stanton Rd. SW13 —5E 12
Stanton Rd. SW20 —9J 27
Stanton Rd. Croy —6N 45
Stanton Way. Slou —1A 6
Stanwell Clo. Stai —9M 7
Stanwell Gdns. Stai —9M 7
Stanwell Moor Rd. Stai & W Dray —4J 21
Stanwell New Rd. Stai —4J 21
Stanwell Rd. Ashf —5N 21
Stanwell Rd. Felt —1C 22
Stanwell Rd. Hort —6C 6
Stanwick Rd. W14 —1L 13
Stanworth Ct. Houn —3A 10
Staplecross Ct. Craw —6M 181
Staplefield Clo. SW2 —2J 29
Staplefield Rd. Hand —8N 199
Stapleford Clo. SW19 —1K 27
Stapleford Clo. King T —1N 41
Staple Hill Rd. Chob —3G 53
Staplehurst. Brack —6K 31
Staplehurst Clo. Reig —7A 122
Staplehurst Rd. Cars —4C 62
Staplehurst Rd. Reig —7A 122
Staple La. Guild & Shere —1M 115
Stapleton Gdns. Croy —2L 63
Stapleton Rd. SW17 —4E 28
Stapleton Rd. Orp —1N 67
Starborough Rd. M Grn —5F 146
Star & Garter Hill. Rich —2L 25
Star Hill. Churt —8J 149
Star Hill. Wok —6M 73
Star Hill Dri. Churt —7J 149
Star La. Ash —2D 110
Star La. Coul —8E 82
Starlings, The. Oxs —9C 58
Starling Wlk. Hamp —6M 23
Starmead Dri. Wokgm —3C 30
Star Post Rd. Camb —7C 50
Star Rd. W14 —2L 13
Star Rd. Iswth —5D 10
Starrock La. Chips —7D 82
Starrock Rd. Coul —6F 82
Starts Clo. Orp —1J 67
Starts Hill Av. Farn —1K 67
Starts Hill Rd. Orp —1K 67
Starwood Clo. W Byf —7L 55
State Farm Av. Orp —1K 67
Staten Gdns. Twic —2F 24
Statham Ct. Brack —9K 15
Station App. SW6 —6K 13
Station App. SW16 —6H 29
Station App. Ashf —5A 22
Station App. Ash V —6E 90
Station App. Beck —1K 47
Station App. Belm —6N 61
Station App. B'water —2K 69
Station App. Capel —5H 159
Station App. Cheam —4K 61
Station App. Chips —5D 82
Station App. Coul N —3H 83
Station App. Dork —3J 119
Station App. E Hor —4F 96
Station App. Eden —1L 147
Station App. Eps —9C 60
Station App. Ewe —6G 60 (Ewell East)
Station App. Ewe —5E 60 (Ewell West)
Station App. F'boro —1N 89
Station App. Fleet —2C 88
Station App. Frim —6A 70
Station App. G'ming —7G 132
Station App. Guild —4A 114
Station App. Hamp —9A 24
Station App. Hin W —9F 40
Station App. Horl —8F 142
Station App. King T —1N 41
Station App. Lea —8G 79
Station App. Oxs —9C 58
Station App. Oxt —7A 106
Station App. Purl —7L 63
Station App. Rich —4N 11
Station App. Shalf —9A 114
Station App. Shep —4D 38
Station App. S Croy —5A 64
Station App. Stai —6J 21
Station App. S'leigh —2F 60
Station App. Sun —9H 23
Station App. Vir W —3N 35
Station App. W Byf —8J 55
Station App. W Wick —6M 47
Station App. Wey —3B 56
Station App. Whyt —4D 84
Station App. Wind —4G 4
Station App. Wok —5B 74
Station App. Wokgm —2A 30
Station App. Wor Pk —7F 42
Station App. Wmly —1C 172
Station App. E. Earl —5D 122
Station App. Rd. W4 —3B 12
Station App. Rd. Coul —2H 83
Station App. Rd. Horl —2F 162
Station App. Rd. Tad —9H 81
Station App. W. Earl —5D 122
Station Av. Cat —2D 104
Station Av. Eps —5D 60
Station Av. N Mald —2D 42
Station Av. Rich —4N 11
Station Av. W On T —1H 57
Station Clo. Hamp —9B 24
Station Clo. H'ham —6K 197
Station Cres. Ashf —4M 21
Station Est. Beck —2G 47
Station Est. Rd. Felt —2J 23
Station Garage M. SW16 —7H 29
Station Gdns. W4 —3B 12
Station Hill. Asc —2L 33
Station Hill. Craw —2F 182
Station Hill. Farnh —1H 129
Station Ind. Est. Fleet —2C 88
Station Ind. Est. Wokgm —2A 30
Station La. Milf —1D 152
Station La. Worm —9B 152
Station Pde. Ashf —5A 22
Station Pde. Chips —5D 82
Station Pde. E Hor —4F 96 (in two parts)
Station Pde. Felt —2J 23
Station Pde. Rich —4N 11
Station Pde. S'dale —6D 34
Station Pde. Vir W —3N 35
Station Path. Stai —5H 21
Station Pl. G'ming —4J 133
Station Rise. SE27 —3M 29
Station Rd. SE25 —3C 46
Station Rd. SW13 —5E 12
Station Rd. SW19 —9A 28
Station Rd. Add —1L 55
Station Rd. Alder —2N 109
Station Rd. Ashf —5A 22
Station Rd. Bag —3J 51
Station Rd. Bet —9D 100
Station Rd. Brack —1N 31
Station Rd. Brmly —5B 134
Station Rd. Cars —1D 62
Station Rd. Cher —7H 37
Station Rd. Chess —2L 59
Station Rd. Chob —8K 53
Station Rd. C Hosp —9D 196
Station Rd. Clay —3E 58
Station Rd. Craw —4B 182
Station Rd. Craw D —1E 184
Station Rd. Croy —8A 46
Station Rd. Dork —4G 118
Station Rd. E Grin —9N 165
Station Rd. Eden —9L 127
Station Rd. Egh —6C 20
Station Rd. Esh —8D 40
Station Rd. F'boro —1N 89
Station Rd. Farnc —4J 133
Station Rd. F Row —6H 187
Station Rd. Frim —5A 70
Station Rd. G'ming —7G 132
Station Rd. God —7H 125
Station Rd. Gom —8D 116
Station Rd. Hamp —9A 24
Station Rd. Hamp W —9K 25
Station Rd. Hayes —1F 8
Station Rd. Horl —8F 142
Station Rd. H'ham —6K 197
Station Rd. Houn —7B 10
Station Rd. Kenl —1N 83
Station Rd. King T —9N 25
Station Rd. Lea —8G 79
Station Rd. Ling —6A 146
Station Rd. Loxw —5H 193
Station Rd. Mers —6G 102
Station Rd. N Mald —4G 42
Station Rd. Red —2C 122
Station Rd. Rud —6C 176 (Baynards Rd.)
Station Rd. Rud —1E 194 (Church St.)
Station Rd. Shalf —9A 114
Station Rd. Shep —4D 38
Station Rd. Stoke D —4M 77
Station Rd. Sun —8H 23
Station Rd. S'dale —5D 34
Station Rd. Sutt —6M 61
Station Rd. Tedd —6F 24
Station Rd. Th Dit —6F 40
Station Rd. Twic —2F 24
Station Rd. Warn —9G 179
Station Rd. W Byf —8J 55
Station Rd. W Wick —7M 47
Station Rd. Whyt —5C 84
Station Rd. Wokgm —2A 30
Station Rd. Wold —9H 85
Station Rd. Wray —9B 6
Station Rd. E. Ash V —6D 90
Station Rd. E. Oxt —7A 106
Station Rd. N. Egh —6C 20
Station Rd. N. Mers —6G 102
Station Rd. S. Mers —6G 102
Station Rd. W. Ash V —5D 90
Station Rd. W. Oxt —7A 106
Station Row. Shalf —9A 114
Station Ter. Dork —4G 118
Station View. Ash V —5E 90
Station View. Guild —4M 113
Station Way. Clay —3E 58
Station Way. Craw —4B 182
Station Way. Eps —9C 60
Station Way. Sutt —3K 61
Station Yd. Purl —8M 63
Station Yd. Twic —1G 24
Staunton Rd. King T —7L 25
Staveley Gdns. W4 —4C 12
Staveley Rd. W4 —2B 12
Staveley Rd. Ashf —7E 22
Staveley Way. Knap —4H 73
Staverton Clo. Brack —8N 15
Staverton Clo. Wokgm —2E 30
Stavordale Rd. Cars —6A 44
Stayne End. Vir W —3K 35
Stayton Rd. Sutt —9M 43
Steadfast Rd. King T —9K 25
Steam Farm La. Felt —7G 8
Steele Gdns. Add —2K 55
Steele Rd. Iswth —7G 11
Steele's Rd. Alder —9N 89
Steel's La. Oxs —1B 78
Steep Hill. SW16 —4H 29
Steep Hill. Chob —4F 52
Steep Hill. Croy —1B 64
Steeple Clo. SW6 —5K 13
Steeple Clo. SW19 —6K 27
Steeple Gdns. Add —2K 55
Steeple Heights Dri. Big H —4F 86
Steepways. Hind —3N 169
Steeres Hill. Rusp —3B 180
Steerforth Copse. Owl —5K 49
Steerforth St. SW18 —3A 28
Steer Pl. Salf —3E 142
Steers La. Tin G —6G 163
Steers Mead. Mitc —9D 28
Stella Rd. SW17 —7D 28
Stembridge Rd. SE20 —1E 46
Stents La. Cobh —7N 77
Stepbridge Path. Wok —4N 73
Stepgates. Cher —6K 37
Stepgates Clo. Cher —6K 37
Stephanie Chase Ct. Wokgm —1C 30
Stephen Clo. Egh —7E 20
Stephen Clo. Orp —1N 67
Stephendale Rd. SW6 —6N 13
Stephendale Rd. Farnh —8J 109
Stephen Fox Ho. W4 —1D 12 (off Chiswick La.)
Stephenson Ct. Cheam —4K 61 (off Station App.)
Stephenson Dri. E Grin —2B 186
Stephenson Dri. Wind —3E 4
Stephenson Pl. Craw —3F 182
Stephenson Rd. Twic —1A 24
Stephenson Way. Craw —3E 182
Stepney Clo. M'bowr —5G 182
Sterling Cen. Brack —1B 32
Sterling Pl. W5 —1L 11
Sternhold Av. SW2 —3H 29
Sterry Dri. Eps —1D 60
Sterry Dri. Th Dit —5E 40
Steve Biko Way. Houn —6A 10
Stevenage Rd. SW6 —3J 13
Stevenage Rd. Bew —6K 181
Stevens Clo. Eps —9D 60
Stevens Clo. Hamp —6M 23
Stevens Hill. Yat —1D 68
Stevens La. Clay —4G 59
Stevenson Dri. Binf —6H 15
Stevens Strait. Cher —5J 37
Stewards Rise. Wrec —4E 128
Stewart. Tad —8J 81
Stewart Av. Shep —3B 38
Stewart Clo. Hamp —7M 23
Stewart Clo. Wok —4J 73
Steyning Clo. Craw —1C 182
Steyning Clo. Kenl —3M 83
Steyning Way. Houn —7K 9
Stile Footpath. Red —3D 122
Stile Gdns. Hasl —2D 188
Stile Hall Gdns. W4 —1N 11
Stile Hall Pde. W4 —1N 11
Stile Ho. Guild —2F 114 (off Merrow St.)
Stile Path. Sun —2H 39
Stillers. C'fold —5E 172
Stillingfleet Rd. SW13 —2F 12
Stilwell Clo. Yat —9D 48
Stirling Av. Shep —2F 38
Stirling Clo. SW16 —9G 29
Stirling Clo. Bans —4L 81
Stirling Clo. F'boro —2M 89
Stirling Clo. Frim —4C 70
Stirling Clo. M'bowr —4G 182
Stirling Clo. Wind —5A 4
Stirling Gro. Houn —5C 10
Stirling Rd. H'row A —9A 8
Stirling Rd. Sur R —3G 113
Stirling Rd. Twic —2A 24
Stirling Wlk. Surb —5A 42
Stirling Way. Croy —6J 45
Stirling Way. E Grin —7D 166
Stirling Way. H'ham —6L 197
Stirrup Way. Craw —2H 183
Stites Hill Rd. Coul —7M 83
Stoatley Hollow. Hasl —9E 170
Stoatley Rise. Hasl —9E 170
Stoats Nest Rd. Coul —1J 83
Stoats Nest Village. Coul —2J 83
Stockbridge Dri. Alder —6A 110
Stockbridge Way. Yat —2C 68
Stockbury Rd. Croy —5F 46
Stockdales Rd. Eton W —1C 4
Stockers La. Wok —7B 74
Stockfield. Horl —7F 142
Stockfield Rd. SW16 —4K 29
Stockfield Rd. Clay —2E 58
Stockham's Clo. S Croy —7A 64
Stock Hill. Big H —3F 86
Stockhurst Clo. SW15 —5J 13
Stocklund Sq. Cranl —7L 155
Stockport Rd. SW16 —9H 29
Stocks Clo. Horl —9F 142
Stockton Av. Fleet —2A 88
Stockton Pk. Fleet —3A 88
Stockton Rd. Reig —6M 121
Stockwell Rd. E Grin —3A 186
Stockwood Rise. Camb —1D 70
Stockwood Way. Farnh —5L 109
Stocton Clo. Guild —2M 113
Stocton Rd. Guild —2N 113
Stodart Rd. SE20 —1F 46
Stoford Clo. SW19 —1K 27
Stoke Clo. Stoke D —3N 77
Stoke Fields. Guild —4N 113
Stokeford Clo. Brack —4D 32
Stoke Gro. Guild —3N 113
Stoke Hills. Farnh —9H 109
Stoke Hospital. Guild —3N 113
Stoke M. Guild —4N 113
Stokenchurch St. SW6 —4N 13
Stoke Pk. Guild —3N 113
Stoke Rd. Cobh —2K 77
Stoke Rd. Guild —2N 113
Stoke Rd. King T —8B 26
Stoke Rd. W On T —9K 39
Stokers Clo. Gat A —3C 162
Stokesby Rd. Chess —3M 59
Stokes Clo. M'bowr —5G 183
Stokesheath Rd. Oxs —7C 58
Stokes Ridings. Tad —1J 101
Stokes Rd. Croy —5G 47
Stompond La. W On T —8H 39
Stonards Brow. Sham G —7F 134
Stonebanks. W On T —6H 39
Stonebridge Ct. Craw —7A 182
Stonebridge Ct. H'ham —6H 197
Stonebridge Field. Eton —1E 4
Stonebridge Fields. Shalf —1N 133
Stonebridge Wharf. Shalf —1N 133
Stonecot Clo. Sutt —7K 43
Stonecot Hill. Sutt —7K 43
Stonecourt Clo. Horl —8G 143
Stone Cres. Felt —1G 22
Stonecroft Way. Croy —6J 45
Stonecrop Clo. Craw —6N 181
Stonecrop Rd. Guild —1E 114
Stonedene Clo. F Row —7K 187
Stonedene Clo. Head —5H 169
Stonefield Clo. Craw —4B 182
Stonegate. Camb —9G 50
Stone Hatch. Alf —6J 175
Stone Hill. E Grin —7M 185
Stonehill Clo. SW14 —8C 12
Stonehill Clo. Bookh —3A 98
Stonehill Cres. Ott —3A 54
Stonehill Pk. Head —5G 169
Stonehill Rd. SW14 —8C 12
Stone Hill Rd. W4 —1N 11
Stonehill Rd. Chob & Ott —6M 53
Stonehill Rd. Head —5H 169
Stonehill Rd. Light —6L 51
Stonehouse Gdns. Cat —3B 104
Stonehouse Rise. Frim —5C 70
Stoneleigh Av. Wor Pk —1F 60
Stoneleigh B'way. Eps —2F 60
Stoneleigh Clo. E Grin —9B 166
Stoneleigh Ct. Frim —5D 70
Stoneleigh Ct. Stoke D —4M 77
Stoneleigh Cres. Eps —2E 60
Stoneleigh Pk. Wey —3D 56
Stoneleigh Pk. Av. Croy —5G 47
Stoneleigh Pk. Rd. Eps —3E 60
Stoneleigh Rd. Cars —6C 44
Stoneleigh Rd. Oxt —8G 107
Stone Pk. Av. Beck —3K 47
Stonepark Dri. F Row —7J 187
Stonepit Clo. G'ming —7E 132
Stone Pl. Wor Pk —8F 42
Stones La. Westc —6C 118
Stone's Rd. Eps —8D 60
Stone St. Alder —4B 110
Stone St. Croy —2L 63
Stoneswood Rd. Oxt —8D 106
Stoney Bottom. Gray —6A 170
Stoney Brook. Guild —2H 113
Stoneybrook. H'ham —7F 196
Stoney Clo. Yat —2C 68
Stoneycroft Wlk. If'd —4J 181
Stoneydeep. Tedd —5G 25
Stoneyfield Rd. Coul —4K 83

Stoneyfields—Sylvan Rd.

Stoneyfields. Farnh —2K 129
Stoneylands Ct. Egh —6B 20
Stoneylands Rd. Egh —6B 20
Stoney Rd. Brack —9M 15
Stonny Croft. Asht —4M 79
Stonor Rd. W14 —1L 13
Stonyfield. Eden —9M 127
Stony Hill. W End —4N 57
Stookes Way. Yat —2A 68
Stoop Ct. W Byf —8K 55
Stopham Rd. M'bowr —6G 182
Stormont Way. Chess —2J 59
Storrington Ct. Craw —2M 181
Storrington Rd. Croy —7C 46
Stoughton Av. Sutt —2J 61
Stoughton Clo. SW15 —2F 26
Stoughton Rd. Guild —9K 93
Stour Clo. Kes —1E 66
Stourhead Clo. SW19 —1J 27
Stourhead Clo. F'boro —1B 90
Stourhead Gdns. SW20 —2F 42
Stourton Av. Felt —5N 23
Stovell Rd. Wind —3E 4
Stovolds Hill. Cranl —1E 174
Stovold's Way. Alder —4L 109
Stowell Av. New Ad —6N 65
Stowting Rd. Orp —1N 67
Strachan Pl. SW19 —7H 27
Strachey Ct. Craw —8N 181
Stradella Rd. SE24 —1N 29
Strafford Rd. Houn —6N 9
Strafford Rd. Twic —1G 25
Straight Mile, The. Shur R & Wokgm —1C 14
Straight Rd. Old Win —8K 5
Stran Clo. Cat —1N 103
Strand Clo. Eps —6C 80
Strand Clo. M'bowr —5H 183
Strand on the Grn. W4 —2N 11
Strand School App. W4 —2N 11
Stranraer Rd. H'row A —9N 7
Stranraer Way. Stanw —9N 7
Stratfield. Brack —7K 31
Stratford Ct. Farnh —3H 129
Stratford Ct. N Mald —3C 42
Stratford Gro. SW15 —7J 13
Stratford Rd. Ash V —5D 90
Stratford Rd. H'row A —9C 8
Stratford Rd. S'hall —1M 9
Stratford Rd. T Hth —3L 45
Strathan Clo. SW18 —9L 13
Strathavon Clo. Cranl —3K 155
Strathbrook Rd. SW16 —8K 29
Strathcona Av. Bookh —6M 97
Strathdale. SW16 —6K 29
Strathdon Dri. SW17 —4B 28
Strathearn Av. Hayes —3G 9
Strathearn Av. Twic —2B 24
Strathearn Rd. SW19 —6M 27
Strathearn Rd. Sutt —2M 61
Strathmore Clo. Cat —8B 84
Strathmore Ct. Camb —9B 50
Strathmore Rd. SW19 —4M 27
Strathmore Rd. Croy —6A 46
Strathmore Rd. If'd —9M 161
Strathmore Rd. Tedd —5E 24
Strathville Rd. SW18 —3M 27
Strathyre Av. SW16 —2L 45
Stratton Av. Wall —5H 63
Stratton Clo. SW19 —1M 43
Stratton Clo. Houn —4A 10
Stratton Clo. W On T —7K 39
Stratton Ct. Guild —1K 113
Stratton Rd. SW19 —1M 43
Stratton Rd. Sun —1G 38
Stratton Ter. W'ham —5L 107
Stratton Wlk. F'boro —7M 69
Strawberry Clo. Brkwd —8A 72
Strawberry Fields. Bisl —3D 72
Strawberry Hill. Twic —4F 24
Strawberry Hill. Warf —7C 16
Strawberry Hill Clo. Twic —4F 24
Strawberry Hill Rd. Twic —4F 24
Strawberry La. Cars —9E 44
Strawberry Rise. Bisl —2D 72
Strawberry Vale. Twic —4G 24
Stream Clo. Byfl —8M 55
Stream Cotts. Frim —5B 70
(off Grove Cross Rd.)
Stream Farm Clo. Lwr Bo —4J 129
Stream Pk. E Grin —7K 165
Streamside. Fleet —5B 88
Stream Valley Rd. Lwr Bo —5H 129
Streatfield. Eden —2M 147
Streatham Clo. SW16 —3J 29
Streatham Comn. N. SW16 —6J 29
Streatham Comn. S. SW16 —7J 29
Streatham Ct. SW16 —4J 29
Streatham High Rd. SW16 —5J 29
Streatham Hill. SW2 —3J 29
Streatham Pl. SW2 —1J 29
Streatham Rd. Mitc & SW16 —9E 28
Streatham Vale. SW16 —9G 29
Streathbourne Rd. SW17 —3E 28
Streeters Clo. G'ming —5K 133
Streeters La. Wall —9H 45
Streetfield Rd. Slin —5L 195
Street Hill. Craw —4J 183
Streets Heath. W End —8C 52
(in two parts)
Street, The. Alb —8L 115
Street, The. Asht —5M 79
Street, The. Bet —3D 120
Street, The. Capel —3K 159
Street, The. Charl —3K 161
Street, The. E Clan —9N 95
Street, The. Eff —6L 97
Street, The. Ewh —4F 156
Street, The. Fet —1D 98
Street, The. Fren —3H 149
Street, The. Guild —1E 132
Street, The. Hasc —7A 154
Street, The. H'ham —5L 195
Street, The. Plais —6A 192
Street, The. Putt —8N 111
Street, The. Shack —4N 131
Street, The. Shalf —9A 114
Street, The. Shur R —1F 14
Street, The. Thur —6G 150
Street, The. Tilf —7B 130
Street, The. Tong —7D 110
Street, The. W Cla —7J 95
Street, The. W Hor —7C 96
Street, The. Won —4D 134
Street, The. Wrec —4E 128
Stretton Rd. Croy —6B 46
Stretton Rd. Rich —3J 25
Strickland Clo. If'd —4K 181
Strickland Row. SW18 —1B 28
Strickland Way. Orp —1N 67
Stringer's Av. Guild —6N 93
Stringhams Copse. Rip —2J 95
Strode Rd. SW6 —3K 13
Strode's College La. Egh —6B 20
Strode's Cres. Stai —6L 21
Strode St. Egh —5C 20
Strood La. Asc —7N 17
Strood La. Warn —1B 196
Stroud Clo. Wind —6A 4
Stroud Comn. Sham G —8H 135
Stroud Cres. SW15 —4F 26
Stroude Rd. Egh & Vir W —7C 20
Stroudes Clo. Wor Pk —6D 42
Stroud Grn. Gdns. Croy —6F 46
Stroud Grn. Way. Croy —6E 46
Stroud La. Sham G —9J 135
Stroudley Clo. M'bowr —4F 182
Stroud Rd. SE25 —5D 46
Stroud Rd. SW19 —4M 27
Stroudwater Pk. Wey —3C 56
Stroud Way. Ashf —7C 22
Struan Gdns. Wok —2A 74
Strudgate Clo. Craw —5F 182
Strudwicks Field. Cranl —6A 156
Stuart Av. W On T —7J 39
Stuart Clo. Craw —4H 183
Stuart Clo. F'boro —9M 69
Stuart Clo. Wind —5C 4
Stuart Ct. G'ming —7H 133
Stuart Ct. Red —2E 122
(off St Anne's Rise)
Stuart Cres. Croy —9J 47
Stuart Cres. Reig —6M 121
Stuart Gro. Tedd —6E 24
Stuart Pl. Mitc —9D 28
Stuart Rd. SW19 —4M 27
Stuart Rd. Reig —6M 121
Stuart Rd. Rich —3H 25
Stuart Rd. T Hth —3N 45
Stuart Rd. Warl —7E 84
Stuart Way. E Grin —2B 186
Stuart Way. Stai —7K 21
Stuart Way. Vir W —3K 35
Stuart Way. Wind —5B 4
Stubbs Ct. W4 —1A 12
(off Chaseley Dri.)
Stubbs Folly. Col T —8J 49
Stubbs Hill. Binf —5K 15
Stubbs La. Lwr K —6L 101
Stubbs Moor Rd. F'boro —9L 69
Stubbs Way. SW19 —9B 28
Stubfield. H'ham —5G 196
Stubpond La. Newc & E Grin —2F 164
Stubs Clo. Dork —7J 119
Stubs Hill. Dork —7J 119
Stucley Rd. Houn —3C 10
Studdridge St. SW6 —5M 13
Studios Rd. Shep —2A 38
Studland Rd. Byfl —9A 56
Studland Rd. King T —7L 25
Studland St. W6 —1G 12
Stumblets. Craw —2G 183
Stumps La. Whyt —4B 84
Sturdee Clo. Frim —5C 70
Sturges Rd. Wokgm —3B 30
Sturt Av. Hasl —3D 188
Sturt Ct. Guild —1D 114
Sturt Meadow Cotts. Hasl —3D 188
Sturt Rd. Farnh —5G 109
Sturt Rd. Frim G —9D 70
Sturt Rd. Hasl —2D 188
Sturt's La. Tad —5E 100
Stychens Clo. Blet —2N 123
Stychens La. Blet —9N 103
Styles End. Bookh —5B 98
Styles Way. Beck —3M 47
Styventon Pl. Cher —6H 37
Subrosa Cvn. Site. Red —8F 102
Succombs Hill. Warl —7E 84
Succombs Pl. Warl —6E 84
Sudbrooke Rd. SW12 —1D 28
Sudbrook Gdns. Rich —4L 25
Sudbrook La. Rich —2L 25
Sudbury Gdns. Croy —1B 64
Sudlow Rd. SW18 —8M 13
Suffield Clo. S Croy —8G 64
Suffield La. Elst & Putt —4H 131
Suffield Rd. SE20 —1F 46
Suffolk Clo. Bag —5J 51
Suffolk Clo. Horl —9E 142
Suffolk Combe. Warf —8D 16
Suffolk Dri. Guild —7D 94
Suffolk Rd. SE25 —3C 46
Suffolk Rd. SW13 —3E 12
Suffolk Rd. Wor Pk —8E 42
Sugden Rd. Th Dit —7H 41
Sulina Rd. SW2 —1J 29
Sulivan Ct. SW6 —5M 13
Sulivan Enterprise Cen. SW6 —6M 13
Sulivan Rd. SW6 —6M 13
Sullington Hill. Craw —5B 182
Sullington Mead. Broad H —5E 196
Sullivan Clo. F'boro —1N 89
Sullivan Clo. W Mol —2B 40
Sullivan Dri. Craw —6K 181
Sullivan Rd. Camb —1M 69
Sullivans Reach. W On T —6G 39
Sultan St. Beck —1G 47
Summer Av. E Mol —4E 40
Summerene Clo. SW16 —8G 29
Summerfield. Asht —6K 79
Summerfield Clo. Add —2H 55
Summerfield La. Fren —9F 128
Summerfield La. Surb —8K 41
Summerfield Pl. Ott —3F 54
Summer Gdns. Camb —1G 71
Summer Gdns. E Mol —4E 40
Summerhayes Clo. Wok —1A 74
Summerhays. Cobh —9L 57
Summerhill. G'ming —5G 132
Summerhill Clo. Orp —1N 67
Summerhill Way. Mitc —9E 28
Summerhouse Av. Houn —4M 9
Summerhouse Clo. G'ming —7G 133
Summerhouse Ct. Gray —6B 170
Summerhouse La. W Dray —2M 7
Summerhouse Rd. G'ming —8G 133
Summerlands. Cranl —6N 155
Summerlands Lodge. Orp —1J 67
Summerlay Clo. Tad —7K 81
Summerleigh. Wey —3E 56
(off Gower Rd.)
Summerley St. SW18 —3N 27
Summerly Av. Reig —2M 121
Summer Rd. E Mol & Th Dit —4E 40
Summersbury Dri. Shalf —2A 134
Summersby Clo. G'ming —4J 133
Summers Clo. Sutt —4M 61
Summers Clo. Wey —7B 56
Summers La. Hurt —3D 132
Summer's Rd. G'ming —4J 133
Summerstown. SW17 —4A 28
Summersvere Clo. Craw —9E 162
Summerswood Clo. Kenl —3A 84
Summer Trees. Sun —9J 23
Summerville Gdns. Sutt —3L 61
Summerwood Rd. Iswth —8F 10
Summit Av. Fleet & Farnh —1G 88
Summit Bus. Pk. Sun —8H 23
Summit Pl. Wey —4B 56
Sumner Clo. Fet —2D 98
Sumner Clo. Orp —1L 67
Sumner Ct. Farnh —9H 109
Sumner Gdns. Croy —7M 45
Sumner Pl. Add —2J 55
Sumner Rd. Croy —7L 45
Sumner Rd. Farnh —9H 109
Sumner Rd. S. Croy —7L 45
Sun All. Rich —7L 11
Sun Brow. Hasl —3D 188
Sunbury Av. SW14 —7C 12
Sunbury Ct. Eton —2G 4
Sunbury Ct. Island. Sun —2L 39
Sunbury Ct. M. Sun —1L 39
Sunbury Ct. Rd. Sun —1K 39
Sunbury Cres. Felt —5G 23
Sunbury Cross. (Junct.) —8H 23
Sunbury Cross Shop. Cen. Sun —8G 23
Sunbury La. W On T —5H 39
Sunburylock Ait. W On T —3J 39
Sunbury Rd. Eton —2G 4
Sunbury Rd. Felt —4G 23
Sunbury Rd. Sutt —9K 43
Sunbury Way. Felt —6K 23
Sun Clo. Eton —2G 4
Sundale Av. S Croy —6F 64
Sunderland Ct. Stanw —9N 7
Sunderland Rd. H'row A —9N 7
Sundew Clo. Craw —7M 181
Sundew Clo. Light —7A 52
Sundew Clo. Wokgm —9D 14
Sundial Av. SE25 —2C 46
Sundials Cvn. Site. Hkwd —9B 142
Sundon Cres. Vir W —4L 35
Sundown Av. S Croy —7C 64
Sundown Rd. Ashf —6D 22
Sundridge Pl. Croy —7D 46
Sundridge Rd. Croy —6C 46
Sundridge Rd. Wok —6C 74
Sun Hill. Wok —8K 73
Sun Inn Rd. Duns —4B 174
Sunkist Way. Wall —5J 63
Sunlight Clo. SW19 —7A 28
Sunmead Clo. Fet —9F 78
Sunmead Rd. Sun —1H 39
Sunna Gdns. Sun —1J 39
Sunning Av. Asc —6B 34
Sunningdale Av. Felt —3M 23
Sunningdale Clo. Surb —8L 41
Sunningdale Ct. Craw —5B 182
Sunningdale Ct. Houn —9D 10
(off Whitton Dene)
Sunningdale Rd. Sutt —1L 61
Sunninghill Clo. Asc —3A 34
Sunninghill Ct. Asc —3A 34
Sunninghill Rd. Asc —9C 18
Sunninghill Rd. S'hill —4A 34
Sunninghill Rd. W'sham —9L 33
Sunninghill Rd. Wind & Asc —6A 18
Sunningvale Av. Big H —2E 86
Sunningvale Clo. Big H —2F 86
Sunny Av. Craw D —1D 184
Sunny Bank. SE25 —2D 46
Sunnybank. Eps —3B 80
Sunnybank. Warl —4H 85
Sunnybank Rd. F'boro —8J 69
Sunnybank Vs. Red —1C 124
Sunnycroft Rd. SE25 —3D 46
Sunnycroft Rd. Houn —5B 10
Sunnydell La. Wrec —5F 128
Sunnydene Rd. Purl —9M 63
Sunny Down. Witl —5B 152
Sunny Hill. Witl —5B 152
Sunnyhill Clo. Craw D —1D 184
Sunnyhill Rd. SW16 —5J 29
Sunny Hill Rd. Alder —2J 109
Sunnyhurst Clo. Sutt —9M 43
Sunnymead. Craw —3B 182
Sunnymead. Craw D —1E 184
Sunnymead Av. Mitc —2H 45
Sunnymead Rd. SW15 —8G 12
Sunnymede Av. Cars —7B 62
Sunnymede Av. Eps —5D 60
Sunny Nook Gdns. S Croy —3A 64
Sunny Rise. Cat —2A 104
Sunnyside. SW19 —7K 27
Sunnyside. Eden —9K 127
Sunnyside. Fleet —3A 88
Sunnyside. W On T —4K 39
Sunnyside Cotts. Dork —6K 137
Sunnyside Pas. SW19 —7K 27
Sunnyside Rd. Head —5H 169
Sunnyside Rd. Tedd —5D 24
Sunny View Clo. Alder —3A 110
Sunoak Rd. H'ham —6B 198
Sun Pas. Wind —4G 4
Sunray Av. Surb —8A 42
Sun Ray Est. Sand —7F 48
Sunrise Clo. Felt —4N 23
Sun Rd. W14 —1L 13
Sunset Gdns. SE25 —1C 46
Sunshine Way. Mitc —1D 44
Sunstone Gro. Red —7J 103
Sunvale Av. Hasl —2B 188
Sunvale Clo. Hasl —2B 188
Superior Dri. Grn St —3N 67
Surbiton Ct. Surb —5J 41
Surbiton Cres. King T —3L 41
Surbiton Hall Clo. King T —3L 41
Surbiton Hill Pk. Surb —4M 41
Surbiton Hill Rd. Surb —4L 41
Surbiton Pde. Surb —5L 41
Surbiton Rd. Camb —6E 50
Surbiton Rd. King T —3K 41
Surly Hall Wlk. Wind —4C 4
Surrenden Rise. Craw —9A 182
Surrey Av. Camb —2M 69
Surrey Ct. Guild —3L 113
Surrey Ct. Warf —8D 16
Surrey Cres. W4 —1N 11
Surrey Gdns. Eff J —9H 77
Surrey Gro. Sutt —9B 44
Surrey Hills Residential Pk. Tad —8B 100
Surrey Rd. W Wick —7L 47
Surrey St. Croy —9N 45
Surridge Ct. Bag —5J 51
Surridge Gdns. SE19 —7N 29
Sussex Av. Iswth —6E 10
Sussex Clo. Knap —5F 72
Sussex Clo. N Mald —3D 42
Sussex Clo. Reig —4B 122
Sussex Clo. Twic —9H 11
Sussex Ct. Add —2L 55
Sussex Ct. Knap —4F 72
Sussex Gdns. Chess —3K 59
Sussex Gdns. Fleet —1C 88
Sussex Lodge. H'ham —4J 197
Sussex Mnr. Bus. Pk. Craw —8E 162
Sussex Pl. W6 —1H 13
Sussex Pl. Knap —5F 72
Sussex Pl. N Mald —3D 42
Sussex Rd. Cars —4D 62
Sussex Rd. Knap —5F 72
Sussex Rd. Mitc —4J 45
Sussex Rd. N Mald —3D 42
Sussex Rd. S Croy —3A 64
Sussex Rd. W Wick —7L 47
Sutherland Av. Big H —4F 86
Sutherland Av. Jac —6A 94
Sutherland Av. Sun —1G 39
Sutherland Chase. Asc —1H 33
Sutherland Dri. SW19 —9B 28
Sutherland Dri. Burp —9B 94
Sutherland Gdns. SW14 —6D 12
Sutherland Gdns. Sun —1G 39
Sutherland Gdns. Wor Pk —7G 42
Sutherland Gro. SW18 —9K 13
Sutherland Gro. Tedd —6E 24
Sutherland Rd. W4 —2D 12
Sutherland Rd. Croy —6L 45
Sutton Arc. Sutt —2N 61
Sutton Av. Wok —6H 73
Sutton Clo. Beck —1L 47
Sutton Comn. Rd. Sutt —6L 43
Sutton Ct. W4 —2B 12
Sutton Ct. Sutt —3A 62
Sutton Ct. Rd. W4 —3B 12
Sutton Ct. Rd. Sutt —3A 62
Sutton Dene. Houn —4B 10
Sutton Gdns. SE25 —4C 46
Sutton Gdns. Croy —4C 46
Sutton Gdns. Red —7H 103
Sutton Grn. Rd. Guild —4A 94
Sutton Gro. Sutt —1B 62
Sutton Hall Rd. Houn —3A 10
Sutton La. Dork —3J 137
Sutton La. Houn —6N 9
Sutton La. Slou —2D 6
Sutton La. Sutt & Bans —7N 61
Sutton La. N. W4 —1B 12
Sutton La. S. W4 —2B 12
Sutton Pk. Rd. Sutt —3N 61
Sutton Pl. Ab H —3G 136
Sutton Pl. Slou —2D 6
Sutton Rd. Camb —6E 50
Sutton Rd. Houn —4A 10
Sutton Sq. Houn —4N 9
Sutton Way. Houn —4N 9
Swabey Rd. Slou —1C 6
Swaby Rd. SW18 —2A 28
Swaffield Rd. SW18 —1N 27
Swain Clo. SW16 —7F 28
Swain Rd. T Hth —4N 45
Swains Rd. SW17 —8D 28
Swaledale. Brack —4M 31
Swaledale Clo. Craw —6A 182
Swaledale Gdns. Fleet —1C 88
Swale Rd. F'boro —8K 69
Swallow Clo. Milf —3B 152
Swallow Clo. Stai —5H 21
Swallow Clo. Yat —9A 48
Swallowdale. S Croy —5G 65
Swallow Field. D'land —1C 166
Swallowfield. Egh —7L 19
Swallowfields. Horl —8F 142
Swallow Gdns. SW16 —6H 29
Swallow La. Mid H —2H 139
Swallow Pk. Cvn. Site Surb —9N 41
Swallow Rise. Knap —4F 72
Swallow Rd. Craw —1A 182
Swallow St. Turn H —4F 184
Swallowtail Rd. H'ham —2L 197
Swanage Rd. SW18 —1A 28
Swan Barn Rd. Hasl —2H 189
Swan Cen., The. SW17 —4A 28
Swan Cen., The. Lea —8H 79
Swan Clo. Croy —6B 46
Swan Clo. Felt —5M 23
Swancote Grn. Brack —4N 31
Swan Ct. Guild —1N 113
Swan Ct. Iswth —6H 11
(off Swan St.)
Swan Ct. Lea —9H 79
Swandon Way. SW18 —8N 13
Swan La. Charl —3L 161
Swan La. Eden —8L 127
Swan La. Guild —4N 113
Swan La. Sand —8G 48
Swan Mill Gdns. Dork —3J 119
Swann Ct. Iswth —6G 11
(off Swan St.)
Swanns Meadow. Bookh —4A 98
Swann Way. Broad H —5E 196
Swan Pl. SW13 —5E 12
Swan Ridge. Eden —8M 127
Swan Rd. Felt —6M 23
Swanscombe Rd. W4 —1D 12
Swansea Rd. H'row A —9D 8
Swans Ghyll. F Row —6G 187
Swan Sq. H'ham —6J 197
Swan St. Iswth —6H 11
Swansway, The. Wey —9B 38
Swan Ter. Wind —3E 4
Swan, The. (Junct.) —8M 47
Swanton Gdns. SW19 —2J 27
Swan Wlk. H'ham —6J 197
Swan Wlk. Shep —6F 38
Swanwick Clo. SW15 —1E 26
Swanworth La. Mick —6G 99
Swaynesland Rd. Eden —3H 127
Swayne's La. Guild —3G 114
Swaythling Ho. SW15 —9E 12
(off Tunworth Cres.)
Sweeps Ditch Clo. Stai —9J 21
Sweeps La. Egh —6B 20
Sweetbriar. Crowt —9F 30
Sweet Briar La. Eps —1C 80
Sweet La. Peasl —3F 136
Sweetwater Clo. Sham G —7F 134
Sweetwater La. Sham G —7F 134
Sweetwater La. Witl —7D 152
Sweetwell Rd. Brack —1K 31
Swievelands Rd. Big H —6D 86
Swift Ct. Sutt —4N 61
Swift La. Bag —4K 51
Swift La. Craw —1A 182
Swift Rd. Farnh —5H 109
Swift Rd. Felt —5L 23
Swift's Clo. Farnh —2N 129
Swift St. SW6 —4L 13
Swinburne Cres. Croy —5F 46
Swinburne Rd. SW15 —7F 12
Swindon Rd. H'ham —5M 197
Swindon Rd. H'row A —8D 8
Swinfield Clo. Felt —4M 23
Swingate Rd. Farnh —3J 129
Swinley Rd. Asc —2G 32
Swinley Rd. Bag —1H 51
Swires Shaw. Kes —1F 66
Swiss Clo. Wrec —7F 128
Swissland Hill. Dor P —4A 166
Switchback La. Rowl —8F 128
Swithin Chase. Warf —8C 16
Swyncombe Av. W5 —1H 11
Sycamore Av. H'ham —2B 198
Sycamore Clo. Cars —1D 62
Sycamore Clo. Craw —9A 162
Sycamore Clo. Felt —4H 23
Sycamore Clo. Fet —1F 98
Sycamore Clo. Frim —5C 70
Sycamore Clo. Sand —7G 48
Sycamore Cotts. Camb —3N 69
(off Frimley Rd.)
Sycamore Ct. G'ming —3J 133
Sycamore Ct. Houn —7M 9
Sycamore Ct. N Mald —2D 42
Sycamore Ct. Wind —6F 4
Sycamore Cres. C Crook —7A 88
Sycamore Dri. Ash V —6E 90
Sycamore Dri. E Grin —9C 166
Sycamore Dri. Frim —4C 70
Sycamore Dri. Wrec —5F 128
Sycamore Gdns. Mitc —1B 44
Sycamore Gro. N Mald —2C 42
Sycamore Ho. Brom —1N 47
Sycamore Rise. Bans —1J 81
Sycamore Rise. Brack —2B 32
Sycamore Rd. SW19 —7H 27
Sycamore Rd. F'boro —3A 90
Sycamore Rd. Guild —3N 113
Sycamores, The. B'water —1G 68
Sycamores, The. F'boro —2B 90
Sycamore Wlk. Egh —7L 19
Sycamore Wlk. Reig —6A 122
Sycamore Way. Tedd —7J 25
Sycamore Way. T Hth —4L 45
Sydcote. SE21 —2N 29
Sydenham Pl. SE27 —4M 29
Sydenham Rd. Croy —7N 45
Sydenham Rd. Guild —5N 113
Sydney Av. Purl —8K 63
Sydney Clo. Crowt —9H 31
Sydney Cres. Ashf —7C 22
Sydney Pl. Guild —4B 114
Sydney Rd. SW20 —1J 43
Sydney Rd. Felt —2H 23
Sydney Rd. Guild —4B 114
Sydney Rd. Rich —7L 11
Sydney Rd. Sutt —1M 61
Sydney Rd. Tedd —6F 24
Sykes Dri. Stai —6K 21
Sylvan Clo. Oxt —7D 106
Sylvan Clo. S Croy —6E 64
Sylvan Clo. Wok —4D 74
Sylvan Est. SE19 —1C 46
Sylvan Gdns. Surb —6K 41
Sylvan Ridge. Sand —6F 48
Sylvan Rd. Craw —5E 182
Sylvanus. Brack —6L 31
Sylvan Rd. SE19 —1C 46

260 A-Z Surrey

Sylvan Way—Tilgate Dri.

Sylvan Way. C Crook —8A 88
Sylvan Way. Red —4E 122
Sylvan Way. W Wick —1A 66
Sylvaways Clo. Cranl —7B 156
Sylverdale Rd. Croy —9M 45
Sylverdale Rd. Purl —9M 63
Sylverns Ct. Warf —8B 16
Sylvestrus Clo. King T —9N 25
Symondson M. Binf —5H 15
Syon Ga. Way. Bren —3G 11
Syon La. Iswth —2E 10
Syon Pk. Gdns. Iswth —3F 10
Syon Pl. F'boro —1B 90
Syrett M. Cobh —1J 77
Sythwood. Wok —3L 73
Szabo Cres. Norm —3M 111

Tabarin Way. Eps —3H 81
Tabor Ct. Sutt —3K 61
Tabor Gdns. Sutt —4L 61
Tabor Gro. SW19 —8K 27
Tachbrook Rd. Felt —1G 23
Tadmor Clo. Sun —3G 39
Tadorne Rd. Tad —8H 81
Tadpole La. Ews —3C 108
Tadworth Av. N Mald —4E 42
Tadworth Clo. Tad —9J 81
Tadworth Ct. Tad —8J 81
Tadworth St. Tad —1H 101
Taffy's Row. Mitc —2C 44
Tait Rd. Croy —6B 46
Talavera Pk. Alder —1M 109
Talbot Clo. Myt —1E 90
Talbot Clo. Reig —4N 121
Talbot La. H'ham —7J 197
Talbot Pl. Bag —4J 51
Talbot Pl. Dat —4M 5
Talbot Rd. Ashf —6N 21
Talbot Rd. Cars —2E 62
Talbot Rd. Farnh —3G 128
Talbot Rd. Iswth —7G 11
Talbot Rd. Ling —8N 145
Talbot Rd. T Hth —3A 46
Talbot Rd. Twic —2E 24
Talcott Path. SW2 —2L 29
Taleworth Clo. Asht —7K 79
Taleworth Pk. Asht —7K 79
Taleworth Rd. Asht —6K 79
Talgarth Dri. F'boro —3B 90
Talgarth Mans. W14 —1K 13
(off Talgarth Rd.)
Talgarth Rd. W6 & W14 —1J 13
Talisman Clo. Crowt —2C 48
Talisman Way. Eps —3H 81
Tallis Clo. Craw —6L 181
Tall Pines. Eps —7E 60
Tall Trees. SW16 —3K 45
Tall Trees. Coln —4F 6
Tally Rd. Oxt —9G 107
Talma Gdns. Twic —9E 10
Talman Clo. If'd —4K 181
Tamar Clo. M'bowr —4G 182
Tamarind Clo. Guild —7K 93
Tamarind Ct. Egh —6B 20
Tamarisk Rise. Wokgm —1B 30
Tamar Way. Slou —1D 6
Tamerton Sq. Wok —5A 74
Tamesis Gdns. Wor Pk —8D 42
Tamian Ind. Est. Houn —7K 9
Tamian Way. Houn —7K 9
Tamworth. Brack —6B 32
Tamworth Dri. Fleet —1C 88
Tamworth La. Mitc —1F 44
Tamworth Pk. Mitc —2F 44
Tamworth Pl. Croy —8N 45
Tamworth Rd. Croy —8M 45
Tamworth St. SW6 —2M 13
Tamworth Vs. Mitc —3G 44
Tanbridge Pk. H'ham —7G 197
Tanbridge Pl. H'ham —7H 197
Tanbridge Retail Pk. H'ham —7H 197
Tandridge Gdns. S Croy —9C 64
Tandridge Hill La. God —6J 105
Tandridge La. Oxt & Ling —1K 125
Tandridge Rd. Warl —6G 84
Tanfield Ct. H'ham —6H 197
Tanfield Rd. Croy —1N 63
Tangier Ct. Alder —2K 109
Tangier Ct. Eton —2G 5
Tangier La. Eton —2G 4
Tangier Rd. Guild —4C 114
Tangier Rd. Rich —7N 11
Tangier Way. Tad —4K 81
Tangier Wood. Tad —5K 81
Tangle Oak. Felb —6H 165
Tanglewood. Finch —9A 30
Tanglewood Clo. Croy —9F 46
Tanglewood Clo. Longc —9L 35
Tanglewood Clo. Wok —3F 74
Tanglewood Ride. W End —8A 52
Tanglewood Way. Felt —4J 23
Tangley Dri. Wokgm —4A 30
Tangley Gro. SW15 —9E 12
Tangley La. Guild —8J 93
Tangley Pk. Rd. Hamp —6N 23
Tanglyn Av. Shep —4B 38
Tangmere Gro. King T —6K 25
Tangmere Rd. Craw —3L 181
Tanhouse La. Wokgm —3A 30
Tanhouse Rd. Oxt —1N 125
Tanhurst Ho. SW2 —1J 29
(off Redlands Way)
Tanhurst La. Holm M —1M 157
Tankerton Rd. Surb —8M 41
Tankerton Ter. Croy —5K 45
Tankerville Rd. SW16 —8H 29
Tank Rd. Sand —1L 69
Tanners Clo. W On T —5J 39
Tanners Ct. Brock —4A 120
Tanners Dean. Lea —9J 79
Tannersfield. Shalf —2A 134
Tanner's Hill. Bet —4A 120
Tanners La. Hasl —1G 188
Tanners Mead. Eden —2L 147
Tanners Meadow. Brock —7A 120
Tanners Yd. Bag —4J 51
Tannery Clo. Beck —3G 46
Tannery Clo. Slin —5L 195
Tannery La. Brmly —3A 134
Tannery La. Send —1F 94
Tannery, The. Red —3D 122
Tansy Clo. Guild —1E 114
Tantallon Rd. SW12 —2E 28
Tanyard Av. E Grin —1C 186
Tanyard Clo. H'ham —7L 197
Tanyard Clo. M'bowr —6G 182
Tanyard Way. Horl —6F 142
Tanya Rise. Cat —8B 84
Tapestry Clo. Sutt —4N 61
Tapners Rd. Bet & Reig —8E 120
Tara Ct. Beck —1L 47
Tarbat Clo. Sand —7J 49
Target Clo. Felt —9F 8
Target Hill. Warf —8B 16
Tarham Clo. Horl —6C 142
Tarmac Way. W Dray —3K 7
Tarnbrook Way. Brack —6C 32
Tarn Clo. F'boro —3K 89
Tarn Rd. Hind —6B 170
Tarragon Clo. Brack —8B 16
Tarragon Clo. F'boro —1H 89
Tarragon Ct. Guild —8K 93
Tarragon Dri. Guild —8K 93
Tarrant Grn. Warf —8A 16
Tarrington Clo. SW16 —4H 29
Tartar Hill. Cobh —9K 57
Tartar Rd. Cobh —9K 57
Tasker Clo. Hayes —3D 8
Tasman Ct. Sun —8F 22
Tasso Rd. W6 —2K 13
Tasso Yd. W6 —2K 13
(off Tasso Rd.)
Tatchbury Ho. SW15 —9E 12
(off Tunworth Cres.)
Tate Clo. Lea —1J 99
Tate Rd. Sutt —2M 61
Tate's Way. Rud —1E 194
Tatham Ct. Craw —8N 181
Tatsfield La. Tats —8H 87
Tattenham Corner Rd. Eps —4E 80
Tattenham Cres. Eps —5G 80
Tattenham Gro. Eps —5G 80
Tattenham Way. Tad —5J 81
Tattersall Clo. Wokgm —3D 30
Taunton Av. SW20 —1G 42
Taunton Av. Cat —1C 104
Taunton Av. Houn —5C 10
Taunton Clo. Craw —3J 183
Taunton Clo. Sutt —7M 43
Taunton La. Coul —6L 83
Tavern Clo. Cars —6C 44
Tavistock Clo. Stai —8M 21
Tavistock Cres. Mitc —3J 45
Tavistock Gdns. F'boro —7N 69
Tavistock Ga. Croy —7A 46
Tavistock Gro. Croy —6A 46
Tavistock Ho. Croy —7A 46
Tavistock Rd. Cars —7B 44
Tavistock Rd. Croy —7A 46
Tavistock Rd. Fleet —4A 88
Tavistock Wlk. Cars —7B 44
Tawfield. Brack —6K 31
Tawny Clo. Felt —4H 23
Tawny Croft. Sand —7K 49
Tayben Av. Twic —9E 10
Tay Clo. F'boro —8K 69
Tayles Hill. Eps —6E 60
Taylor Av. Rich —5A 12
Taylor Clo. Hamp —6C 24
Taylor Clo. Houn —4C 10
Taylor Clo. Orp —1N 67
Taylor Ct. SE20 —1F 46
(off Elmers End Rd.)
Taylor Rd. Asht —4K 79
Taylor Rd. Mitc —8C 28
Taylor Rd. Wall —2F 62
Taylor's Bushes Ride. Wind —3N 17
Taylors Clo. Lind —4A 168
Taylors Ct. Felt —3H 23
Taylors Cres. Cranl —7A 156
Taylors La. Lind —4A 168
Taylor Wlk. Craw —3A 182
Taymans Track. Hand —8L 199
Taynton Dri. Red —7H 103
Teal Clo. H'ham —3J 197
Teal Clo. S Croy —7G 64
Tealing Dri. Eps —1C 60
Teasel Clo. Craw —6N 181
Teasel Clo. Croy —7G 46
Teazlewood Pk. Lea —4G 78
Tebbit Clo. Brack —1B 32
Teck Clo. Iswth —5G 11
Tedder Clo. Chess —2J 59
Tedder Rd. S Croy —4F 64
Teddington Bus. Pk. Tedd —7F 24
(off Station Rd.)
Teddington Clo. Eps —6C 60
Teddington Pk. Tedd —6F 24
Teddington Pk. Rd. Tedd —5F 24
Tedham La. God —3E 144
Tees Clo. F'boro —8K 69
Teesdale. Craw —6A 182
Teesdale Av. Iswth —4G 11
Teesdale Gdns. SE25 —1B 46
Teesdale Gdns. Iswth —4G 11
Teevan Clo. Croy —6D 46
Teevan Rd. Croy —7D 46
Tegg's La. Wok —3H 75
Tekels Av. Camb —1B 70
Tekels Pk. Camb —1C 70
Tekels Way. Camb —3C 70
Telconia Clo. Head —5H 169
Telegraph La. Clay —2F 58
Telegraph Pas. SW2 —1J 29
Telegraph Rd. SW15 —1G 27
Telegraph Track. Cars —7E 62
Telephone Pl. SW6 —2L 13
Telferscot Rd. SW12 —2H 29
Telford Av. SW2 —2H 29
Telford Av. Crowt —9H 31
Telford Ct. Guild —3B 114
Telford Dri. W On T —6K 39
Telford Pl. Craw —4C 182
Telford Rd. Twic —1A 24
Telham Ct. Craw —6L 181
Tellisford. Esh —1B 58
Temperley Rd. SW12 —1E 28
Tempest Ho. King T —9L 25
(off Sigrist Sq.)
Tempest Rd. Egh —7E 20
Templar Clo. Sand —7F 48
Templar Pl. Hamp —8A 24
Templars Ct. Eden —9L 127
Temple Av. Croy —8J 47
Temple Bar Rd. Wok —6J 73
Temple Clo. Craw —4H 183
Temple Clo. Eps —8C 60
Templecombe M. Wok —3D 74
Templecombe Way. Mord —4K 43
Temple Ct. Eps —8C 60
Templecroft. Ashf —7E 22
Templedene Av. Stai —8K 21
Templefield Clo. Add —3K 55
Temple Gdns. Stai —9H 21
Temple La. Capel —4L 159
Templeman Clo. Purl —3M 83
Templemere. Wey —9E 38
Temple Rd. Big H —4F 86
Temple Rd. Croy —1A 64
Temple Rd. Eps —8C 60
Temple Rd. Houn —7C 10
Temple Rd. Rich —5M 11
Temple Rd. Wind —5F 4
Temple's Clo. Farnh —2A 130
Temple Sheen. SW14 —8B 12
Temple Sheen Rd. SW14 —7A 12
Templeton Clo. SE19 —1A 46
Templeton Pl. SW5 —1M 13
Temple Way. Brack —8K 15
Temple Way. Sutt —9B 44
Temple Wood Dri. Red —9D 102
Ten Acre. St J —5K 73
Ten Acre La. Egh —1E 36
Ten Acres. Fet —2D 98
Ten Acres Clo. Fet —2D 98
Ten Acre Wlk. Rowl —7E 128
Tenbury Ct. SW12 —2H 29
Tenby Dri. Asc —4A 34
Tenby Rd. Frim —6E 70
Tenchley's La. Oxt —9F 106
Tenham Av. SW2 —3H 29
Tennis Ct. La. E Mol —2F 40
Tennison Clo. Coul —7M 83
Tennison Rd. SE25 —3C 46
Tennyson Av. N Mald —4G 43
Tennyson Av. Twic —2F 24
Tennyson Clo. Craw —1F 182
Tennyson Clo. Felt —9G 9
Tennyson Clo. H'ham —2L 197
Tennyson Ct. SW6 —4N 13
(off Maltings Pl.)
Tennyson Mans. W14 —2K 13
(off Queen's Club Gdns.)
Tennyson Rise. E Grin —9M 165
Tennyson Rd. SW19 —7A 28
Tennyson Rd. Add —1N 55
Tennyson Rd. Ashf —6N 21
Tennyson Rd. Houn —5C 10
Tennyson's La. Hasl —4J 189
Tentelow La. S'hall —1A 10
Tenterden Gdns. Croy —6D 46
Tenterden Rd. Croy —6D 46
Teresa Vale. Warf —7C 16
Tern Rd. If'd —4J 181
Terrace Gdns. SW13 —5E 12
Terrace La. Rich —9L 11
Terrace Rd. W On T —6H 39
Terrace Rd. N. Binf —6H 15
Terrace Rd. S. Binf —7H 15
Terrace, The. SW13 —5D 12
Terrace, The. Add —2N 55
Terrace, The. Asc —4A 34
Terrace, The. Camb —1M 69
Terrace, The. Crowt —2K 49
Terrace, The. Dork —6J 119
Terrace, The. Wokgm —2A 30
Terra Cotta Rd. S God —7F 124
Terrapin Rd. SW17 —4F 28
Terry Rd. Craw —8N 181
Tesimond Dri. Yat —9A 48
Testard Rd. Guild —5M 113
Testers Clo. Oxt —9D 106
Testwood Rd. Wind —4A 4
Tetcott Rd. SW10 —3N 13
(in two parts)
Teviot Clo. Guild —9K 93
Tewkesbury Clo. Byfl —7M 55
Tewkesbury Rd. Cars —7B 44
Textile Est. Yat —8C 48
Teynham Ct. Beck —2M 47
Thackeray Clo. SW19 —8J 27
Thackeray Clo. Iswth —5G 11
Thackeray Lodge. Felt —9E 8
Thames Av. Cher —2J 37
Thames Av. Wind —3G 4
Thames Bank. SW14 —5B 12
Thames Clo. Cher —6K 37
Thames Clo. F'boro —8K 69
Thames Clo. Hamp —1B 40
Thames Cres. W4 —3D 12
Thamesfield Ct. Shep —6D 38
Thamesfield M. Shep —6D 38
Thames Ga. Stai —1K 37
Thamesgate Clo. Rich —5H 25
Thameside. Tedd —8K 25
Thameside. W Mol —2B 40
Thameside Cen. Bren —2M 11
Thames Lock. Sun —2J 39
Thames Lock. Wey —8B 38
Thames Mead. W On T —5H 39
Thames Mead. Wind —4B 4
Thames Meadow. Shep —7E 38
Thames Meadow. W Mol —1A 40
Thames Pl. SW15 —6J 13
(in two parts)
Thamespoint. Tedd —8K 25
Thames Rd. W4 —2N 11
Thames Rd. Rich —2N 11
Thames Rd. Wind —3A 4
Thames Side. King T —9K 25
Thames Side. Stai —1K 37
Thames Side. Wind —3G 4
Thames St. Hamp —9B 24
Thames St. King T —1K 41
Thames St. Stai —6H 21
Thames St. Sun —3J 39
Thames St. W On T —6G 39
Thames St. Wey —8C 38
Thames St. Wind —4G 4
Thames Vale Clo. Houn —5A 10
Thamesview Houses. W on T —5H 39
Thames Village. W4 —4B 12
Thanescroft Gdns. Croy —9B 46
Thanet Dri. Kes —1F 66
Thanet Pl. Croy —1N 63
Tharp Rd. Wall —2H 63
Thatcher Clo. Craw —6B 182
Thatchers Clo. Horl —6F 142
Thatchers Clo. H'ham —4L 197
Thatchers La. Worp —5G 93
Thatchers Way. Iswth —8D 10
Thaxted Pl. SW20 —8J 27
Thaxton Rd. W14 —2L 13
Thayers Farm Rd. Beck —1H 47
Theal Clo. Col T —7J 49
Theatre Ct. Eps —9C 60
Thelma Gro. Tedd —7G 24
Thelton Av. Broad H —5D 196
Theobald Rd. Croy —8M 45
Theobalds Way. Frim —3G 71
Thepps Clo. S Nut —6K 123
Therapia La. Croy —6H 45
(in two parts)
Theresa Rd. W6 —1F 12
Theresa's Wlk. S Croy —6A 64
Thetford Rd. Ashf —5N 21
Thetford Rd. N Mald —5C 42
Thetford Wlk. Craw —7K 181
Thetis Ter. Rich —2N 11
Theydon Clo. Craw —5E 182
Thibet Rd. Sand —7H 49
Thicket Cres. Sutt —1A 62
Thicket Rd. Sutt —1A 62
Thickthorne La. Stai —8L 21
Third Clo. W Mol —3C 40
Third Cross Rd. Twic —3D 24
Thirlmere Clo. Egh —8D 20
Thirlmere Clo. F'boro —1K 89
Thirlmere Cres. C Crook —8A 88
Thirlmere Rd. SW16 —5H 29
Thirlmere Rd. If'd —5J 181
Thirlmere Wlk. Camb —2H 71
Thirsk Rd. SE25 —3A 46
Thirsk Rd. Mitc —8E 28
Thistlecroft Rd. W On T —1K 57
Thistledene. Th Dit —5E 40
Thistledene. W Byf —9H 55
Thistle Way. Small —8N 143
Thistlewood Cres. New Ad —8N 65
Thistleworth Clo. Iswth —3D 10
Thistleworth Marina. Iswth —7H 11
(off Railshead Rd.)
Thistley La. Cranl —6N 155
Thomas Av. Cat —8N 83
Thomas Dri. Warf —8C 16
Thomas Ho. Sutt —4N 61
Thomas Moore Ho. Reig —3A 122
Thomas Pk. King T —7B 26
Thomas Turner Path. T Hth —2N 45
(off George St.)
Thomas Wall Clo. Sutt —2N 61
Thompson Av. Rich —6N 11
Thompson Clo. Slou —1B 6
Thompson's Clo. Pirb —1A 92
Thompson's La. Chob —5G 53
Thomson Ct. Craw —8N 181
Thomson Cres. Croy —7L 45
Thorburn Chase. Col T —9K 49
Thorburn Way. SW19 —9B 28
Thorkhill Gdns. Th Dit —7G 41
Thorkhill Rd. Th Dit —7G 41
Thorley Clo. W Byf —1J 75
Thorley Gdns. Wok —2J 75
Thornash Clo. Wok —2M 73
Thornash Rd. Wok —2M 73
Thornash Way. Wok —2M 73
Thorn Bank. Guild —5K 113
Thornbank Clo. Stai —8J 7
Thornbury Av. Iswth —3D 10
Thornbury Clo. Crowt —2G 48
Thornbury Ct. Iswth —3E 10
Thornbury Rd. SW2 —1J 29
Thornbury Rd. Iswth —3D 10
Thorncliffe Rd. SW2 —1J 29
Thorncliffe Rd. S'hall —1N 9
Thorn Clo. Wokgm —9F 30
Thorn Clo. Wrec —7E 128
Thorncombe St. Brmly —1A 154
Thorncroft. Egh —8M 19
Thorncroft Clo. Coul —6L 83
Thorncroft Dri. Lea —1H 99
Thorncroft Rd. Sutt —1N 61
Thorndean St. SW18 —3A 28
Thorndike Clo. SW10 —3N 13
Thorndon Gdns. Eps —2D 60
Thorndown La. W'sham —4A 52
Thorndyke Clo. Craw —4H 183
Thorne Clo. Ashf —8D 22
Thorne Ho. Clay —4H 59
Thorneloe Gdns. Croy —2L 63
Thorne Pas. SW13 —5D 12
Thornes Clo. Beck —2M 47
Thorne St. SW13 —6D 12
Thorneycroft Clo. W On T —5K 39
Thorney Hedge Rd. W4 —1A 12
Thornfield Grn. B'water —3L 69
Thornfield Rd. Bans —4M 81
Thornhill. Brack —3C 32
Thornhill Craw —5N 181
Thornhill Av. Surb —8L 41
Thornhill Ho. W4 —1D 12
(off Wood St.)
Thornhill Rd. Alder —9B 90
Thornhill Rd. Croy —6N 45
Thornhill Rd. Surb —8L 41
Thornhill Way. Shep —4B 38
Thornlaw Rd. SE27 —5L 29
Thornleas Pl. E Hor —4F 96
Thorn Rd. Wrec —6E 128
Thornsett Pl. SE20 —1E 46
Thornsett Rd. SE20 —1E 46
Thornsett Rd. SW18 —2N 27
Thornsett Ter. SE20 —1E 46
(off Croydon Rd.)
Thornton Av. SW2 —2H 29
Thornton Av. W4 —1D 12
Thornton Av. Croy —5K 45
Thornton Clo. Guild —9K 93
Thornton Clo. Horl —8C 142
Thornton Cres. Coul —6L 83
Thornton Dene. Beck —1K 47
Thornton Gdns. SW12 —2H 29
Thornton Heath Pond. (Junct.) —4L 45
Thornton Hill. SW19 —8K 27
Thornton Pl. Horl —8C 142
Thornton Rd. SW12 —1H 29
Thornton Rd. SW14 —7C 12
Thornton Rd. SW19 —7J 27
Thornton Rd. Cars —7B 44
Thornton Rd. Croy & T Hth —6K 45
Thornton Rd. E. SW19 —7J 27
Thornton Row. T Hth —4L 45
Thornton Wlk. Horl —8D 142
Thornville Gro. Mitc —1B 44
Thornycroft Ho. W4 —1D 12
(off Fraser St.)
Thornyhurst Rd. Myt —1E 90
Thorold Clo. S Croy —6G 65
Thorold Rd. Farnh —9H 109
Thoroughfare, The. Tad —2F 100
Thorp Clo. Binf —6H 15
Thorpe By-Pass. Egh —1D 36
Thorpe Clo. New Ad —7M 65
Thorpe Clo. Wokgm —5A 30
Thorpe Lea Rd. Egh —7D 20
Thorpe Rd. Cher —4F 36
Thorpe Rd. King T —8L 25
Thorpe Rd. Stai —7F 20
Thorpe's Clo. Guild —9K 93
Thorpeside Clo. Stai —1G 37
Thorsden Clo. Wok —5A 74
Thorsden Ct. Wok —5A 74
Thrale Rd. SW16 —6G 28
Three Acres. H'ham —7G 197
Three Arches Pk. Red —7D 122
Three Arch Rd. Red —7D 122
Three Bridges Rd. Craw —3D 182
Three Gates. Guild —2E 114
Three Gates La. Hasl —1H 189
Three Mile Rd. Dork —9H 137
Three Pears Rd. Guild —3G 114
Threestile Rd. H'ham —8F 178
Three Stiles Rd. Farnh —9E 108
Threshers Corner. Fleet —1D 88
Threshfield. Brack —4M 31
Thrift La. Cud —4N 87
Thrift Vale. Guild —9F 94
Thrigby Rd. Chess —3M 59
Throgmorton Rd. Yat —1A 68
Throwley Rd. Sutt —2N 61
Throwley Way. Sutt —1N 61
Thrupp Clo. Mitc —1F 44
Thrupp Ho. Guild —2F 114
(off Merrow St.)
Thrupp's Av. W On T —2L 57
Thrupp's La. W On T —2L 57
Thundery Hill. Seale —8D 110
Thurbans Rd. Farnh —4F 128
Thurbarns Hill. Dork —1L 159
Thurlby Rd. SE27 —5L 29
Thurleigh Av. SW12 —1E 28
Thurleigh Rd. SW12 —1D 28
Thurleston Av. Mord —4K 43
Thurlestone Clo. Shep —5D 38
Thurlestone Pde. Shep —5D 38
(off High St. Shepperton,)
Thurlestone Rd. SE27 —4L 29
Thurlow Hill. SE21 —2N 29
Thurlow Ho. SW16 —4J 29
Thurlow Pk. Rd. SE21 —3M 29
Thurlow Wlk. Cranl —9N 155
Thurlton Ct. Wok —3A 74
Thurnby Ct. Twic —4E 24
Thurne Way. Rud —1E 194
Thurnham Way. Tad —7H 81
Thursby Rd. Wok —5K 73
Thursley Cres. New Ad —4N 65
Thursley Gdns. SW19 —3J 27
Thursley Ho. SW2 —1K 29
(off Holmewood Gdns.)
Thursley Rd. Churt & Elst —7A 150
Thursley Rd. Elst —4F 150
Thurso St. SW17 —5B 28
Thurstan Rd. SW20 —8G 26
Thurston Ho. Fleet —4A 88
Thyer Clo. Orp —1L 67
Thyme Ct. F'boro —9H 69
Thyme Ct. Guild —9D 94
Tibbet's Clo. SW19 —2J 27
Tibbet's Corner. (Junct.) —1J 27
Tibbet's Ride. SW15 —1J 27
Ticehurst Clo. Worth —3J 183
Tichborne Clo. B'water —1J 69
Tichborne Clo. Frim —3D 70
Tichborne Pl. Alder —4B 110
Tichmarsh. Eps —7B 60
Tickleback Row. Warf —3N 15
Tidenham Gdns. Croy —9B 46
Tideswell Rd. SW15 —7H 13
Tideswell Rd. Croy —9K 47
Tideway Clo. Rich —5H 25
Tidwells Lea. Warf —9C 16
Tierney Ct. Croy —8C 46
Tierney Rd. SW2 —2J 29
Tilburstow Hill Rd. God —1F 124
Tildesley Rd. SW15 —9H 13
Tile Barn Clo. F'boro —9M 69
Tile Farm Rd. Orp —1M 67
Tilehouse Rd. Guild —7A 114
Tilehurst La. Binf —6H 15
Tilehurst La. Dork —6L 119
Tilehurst Rd. SW18 —2B 28
Tilehurst Rd. Sutt —2K 61
Tiler's Wlk. Reig —7A 122
Tiler's Way. Reig —7A 122
Tilford Av. New Ad —5M 65
Tilford Gdns. SW19 —2J 27
Tilford Ho. SW2 —1K 29
(off Holmewood Gdns.)
Tilford Rd. Farnh & Tilf —2J 129
Tilford Rd. Hind —4D 170
Tilgate Comn. Blet —2N 123
Tilgate Dri. Craw —7B 182
(Brighton Rd.)

Tilgate Dri.—Tye La.

Tilgate Dri. Craw —4E 182 (Water Lea)
Tilgate Forest (Forest Ga.) Bus. Cen. Craw —8B 182
Tilgate Forest Row. Peas P —3N 199
Tilgate Mans. Craw —8D 182
Tilgate Pde. Craw —6C 182
Tilgate Pl. Craw —6C 182
Tilgate Way. Craw —6C 182
Tilletts La. Warn —9E 178
Tilley La. H'ley —9B 80
Tillingbourne Rd. Shalf —9A 114
Tillingdown Hill. Cat —9D 84
Tillingdown La. Cat —2E 104 (in two parts)
Tillotson Clo. Craw —4H 183
Tilson Gdns. SW2 —1J 29
Tilson Ho. SW2 —1J 29
Tilstone Av. Eton W —1B 4
Tilstone Clo. Eton W —1B 4
Tilt Clo. Cobh —3M 77
Tilthams Corner Rd. G'ming —3L 133
Tilthams Grn. G'ming —3L 133
Tilt Meadow. Cobh —3M 77
Tilton St. SW6 —2K 13
Tilt Rd. Cobh —2K 77
Tiltview. Cobh —2K 77
Tiltwood Dri. Craw D —9F 164
Timber Bank. Frim G —8E 70
Timber Clo. Bookh —5C 98
Timber Clo. Farnh —1G 128
Timber Clo. Wok —1H 75
Timber Ct. H'ham —5J 197
Timbercroft. Eps —1D 60
Timberham Way. Horl —2C 162
Timberhill. Asht —6L 79
Timber Hill Rd. Cat —2D 104
Timberlands. Craw —8N 181
Timber La. Cat —2D 104
Timberley Pl. Crowt —3D 48
Timberling Gdns. S Croy —5A 64
Timbermill Ct. Hasl —2D 188
Timberslip Dri. Wall —5H 63
Timbers, The. Man H —9B 198
Timbertop Rd. Big H —5E 86
Times Sq. Sutt —2N 61
Timline Grn. Brack —1D 32
Timperley Ct. Red —1C 122
Timperley Gdns. Red —1C 122
Timsbury Wlk. SW15 —2F 26
Timsway. Stai —6H 21
Tindal Clo. Yat —9C 48
Tindale Clo. S Croy —7A 64
Tinderbox All. SW14 —6C 12
Tinefields. Tad —6K 81
Tinkers La. S'dale —5E 34
Tinkers La. Wind —5A 4
Tinsey Clo. Egh —6C 20
Tinsley Grn. Craw —6F 162
Tinsley La. Craw —8E 162
Tinsley La. N. Craw —7F 162
Tinsley La. S. Craw —1E 182
Tintagel Clo. Eps —1E 80
Tintagel Ct. H'ham —7K 197
Tintagel Dri. Frim —5D 70
Tintagel Rd. Finch —8A 30
Tintagel Way. Wok —3C 74
Tintells La. W Hor —6C 96
Tintern Clo. SW15 —8K 13
Tintern Clo. SW19 —7A 28
Tintern Rd. Cars —7B 44
Tintern Rd. Craw —5M 181
Tippits Mead. Brack —9J 15
Tippitts Mead. Brack —9K 15
Tipton Dri. Croy —1B 64
Tiree Clo. Rich —2K 25
Tiree Path. Craw —6N 181
Tirlemont Rd. S Croy —4N 63
Tirrell Rd. Croy —5N 45
Tisbury Rd. SW16 —1J 45
Tismans Comn. Rud —2A 194
Titchfield Rd. Cars —7B 44
Titchfield Wlk. Cars —6B 44
Titchwell Rd. SW18 —2B 28
Tite Hill. Egh —6N 19
Tithe Barn Clo. King T —9M 25
Tithebarns La. Send —4J 95
Tithe Clo. Vir W —5N 35
Tithe Clo. W On T —5J 39
Tithe La. Wray —9C 6
Tithe Meadows. Vir W —5M 35
Tithe Orchard. Felb —6H 165
Tithepit Shaw La. Warl —4E 84
Titlarks Hill Rd. S'dale —8E 34
Titmus Dri. Craw —6D 182
Titness Pk. S'hill —2D 34
Titsey Hill. T'sey —1C 106
Titsey Rd. Oxt —3D 106
Tiverton Rd. Houn —5C 10
Tiverton Rd. T Hth —4L 45
Tiverton Way. Chess —2K 59
Tiverton Way. Frim —5D 70
Tivoli Rd. SE27 —6N 29
Tivoli Rd. Houn —7M 9
Toad La. B'water —2K 69
Toad La. Houn —7N 9
Toat Hill. H'ham —8N 195
Toby Way. Surb —8A 42
Tocker Gdns. Warf —7N 15
Tockington Ct. Yat —9C 48
Todds Clo. Horl —6C 142
Toftwood Clo. Craw —4G 183
Token Yd. SW15 —7K 13
Toland Sq. SW15 —8F 12
Toll Bar Ct. Sutt —5N 61
Tolldene Clo. Knap —4H 73
Tollers La. Coul —5K 83
Toll Gdns. Brack —2D 32
Tollgate Av. Red —8D 122
Tollgate Hill. Craw —9A 182
Tollgate Rd. Dork —8H 119
Tollhouse La. Wall —5G 62
Tolpuddle Way. Yat —1E 68
Tolson Rd. Iswth —6G 10
Tolvaddon Clo. Wok —4K 73
Tolverne Rd. SW20 —9H 27
Tolworth Clo. Surb —7A 42
Tolworth Junction. (Junct.) —8A 42
Tolworth Pk. Rd. Surb —8M 41
Tolworth Rise N. Surb —7A 42
Tolworth Rise S. Surb —7A 42
Tolworth Rd. Surb —8L 41
Tolworth Tower. Surb —8A 42
Tomlin Clo. Eps —7C 60
Tomlin Ct. Eps —7C 60
Tomlins All. Twic —2G 24
Tomlins Av. Frim —4D 70
Tomlinscote Way. Frim —4E 70
Tomlinson Clo. W4 —1A 12
Tomlinson Dri. Finch —9A 30
Tompset's Bank. F Row —9H 187
Tomtits La. F Row —8G 187
Tom Williams Ho. SW6 —2L 13 (off Clem Attlee Ct.)
Tonbridge Clo. Bans —1D 82
Tonbridge Rd. W Mol —3N 39
Tonfield Rd. Sutt —7L 43
Tonge Clo. Beck —4K 47
Tonge Vs. Beck —4K 47
Tongham Meadows. Tong —5D 110
Tongham Rd. Alder —4B 110
Tongham Rd. Farnh —4A 110
Tonsley Hill. SW18 —8N 13
Tonsley Pl. SW18 —8N 13
Tonsley Rd. SW18 —8N 13
Tonsley St. SW18 —8N 13
Tonstall Rd. Eps —6C 60
Tonstall Rd. Mitc —1E 44
Tony Law Ho. SE20 —1E 46
Tooting Bec Gdns. SW16 —5H 29 (in two parts)
Tooting Bec Rd. SW17 & SW16 —4E 28
Tooting B'way. SW17 —6C 28
Tooting Gro. SW17 —6C 28
Tooting High St. SW17 —6C 28
Tooting Mkt. SW17 —5D 28
Tootswood Rd. Brom —4N 47
Topcliffe Dri. Farn —1M 67
Top Common. Warf —8B 16
Topiary Sq. Rich —6M 11
Topiary, The. Asht —7L 79
Topiary, The. F'boro —2K 89
Toplady Pl. Farnh —5H 109
Top Pk. Beck —4N 47
Topsham Rd. SW17 —4D 28
Torin Ct. Egh —6M 19
Torland Dri. Oxs —9D 58
Tor La. Wey —7E 56
Tormead Clo. Sutt —3M 61
Tormead Rd. Guild —3B 114
Toronto Dri. Small —9L 143
Torrens Clo. Guild —9K 93
Torre Wlk. Cars —7C 44
Torridge Rd. Slou —2D 6
Torridge Rd. T Hth —4M 45
Torridon Clo. Wok —4L 73
Torrington Clo. Clay —3E 58
Torrington Clo. Lind —4B 168
Torrington Rd. Clay —3E 58
Torrington Sq. Croy —6A 46
Torrington Way. Mord —5M 43
Tor Rd. Farnh —1E 128
Torwood La. Whyt —7C 84
Torwood Rd. SW15 —8F 12
Totale Rise. Warf —7N 15
Totford La. Seale —9J 111
Tot Hill. H'ley —4B 100
Totland Clo. F'boro —8M 69
Tottenham Rd. G'ming —5H 133
Tottenham Wlk. Owl —6J 49
Totterdown St. SW17 —5D 28
Totton Rd. T Hth —2L 45
Tournai Clo. Alder —6C 90
Tournay Rd. SW6 —3L 13
Tovil Clo. SE20 —1E 46
Tower Clo. E Grin —8A 166
Tower Clo. Hind —5C 170
Tower Clo. Horl —8D 142
Tower Clo. H'ham —8G 196
Tower Clo. Wok —4N 73
Tower Ct. E Grin —8A 166
Tower Gdns. Clay —4G 59
Tower Gro. Wey —8F 38
Tower Hill. Dork —7H 119
Tower Hill. F'boro —2M 89
Towerhill. Gom —9D 116
Tower Hill. H'ham —9F 196
Towerhill La. Gom —8D 116
Towerhill Rise. Gom —9D 116
Tower Hill Rd. Dork —7H 119
Tower Ride. Wind —4B 18
Tower Rise. Rich —6L 11
Tower Rd. Hind —5C 170
Tower Rd. H'ham —9E 180
Tower Rd. Tad —1H 101
Tower Rd. Twic —4F 24
Towers Dri. Crowt —3G 48
Towers Pl. Rich —8L 11
Towers, The. Kenl —2N 83
Towers Wlk. Wey —3C 56
Tower View. Croy —6H 47
Tower Yd. Rich —8M 11
Towfield Ct. Felt —3N 23
Towfield Rd. Felt —3N 23
Town Barn Rd. Craw —3A 182
Townend. Cat —9B 84
Townend Clo. Cat —9B 84
Town End Clo. G'ming —7H 133
Town End St. G'ming —7H 133
Town Farm Way. Stanw —1M 21
Townfield Ct. Dork —6G 119
Townfield Rd. Dork —6G 119
Town Field Way. Iswth —5G 11
Towngate. Cobh —2M 77
Town Hall Av. W4 —1C 12
Town Hill. Ling —7N 145
Town La. Stanw —9M 7 (in two parts)
Town Mead. Blet —2A 124
Town Mead. Craw —2B 182
Townmead Bus. Cen. SW6 —6N 13
Town Meadow. Bren —2K 11
Town Meadow Rd. Bren —3K 11
Townmead Rd. SW6 —6N 13
Townmead Rd. Rich —5A 12
Townsend Clo. Brack —4C 32
Townsend La. Wok —8D 74
Townsend Rd. Ashf —6N 21
Townshend Rd. Rich —7M 11
Townshend Ter. Rich —7M 11
Townshott Clo. Bookh —4A 98
Townside Pl. Camb —9B 50
Townslow La. Wis —3L 75
Town Sq. Brack —1A 32
Town Sq. Iswth —6H 11 (off Swan St.)
Town Sq. Wok —4A 74
Town Tree Rd. Ashf —6B 22
Town Wharf. Iswth —6H 11
Towpath. Shep —7A 38
Towpath. W On T —4H 39
Towpath Way. Croy —5C 46
Towton Rd. SE27 —3N 29
Toynbee Rd. SW20 —9K 27
Tozer Wlk. Wind —6A 4
Tracery, The. Bans —2N 81
Tracious Clo. Wok —3L 73
Tracious La. St J —3L 73
Trafalgar Av. Wor Pk —7J 43
Trafalgar Ct. Farnh —2G 129
Trafalgar Dri. W On T —9J 39
Trafalgar Rd. SW19 —8N 27
Trafalgar Rd. H'ham —4J 197
Trafalgar Rd. Twic —3D 24
Trafalgar Way. Camb —2L 69
Trafalgar Way. Croy —8L 45
Trafford Rd. Frim —6B 70
Trafford Rd. T Hth —4K 45
Tramway Path. Mitc —3C 44 (in two parts)
Tranmere Ct. Sutt —4A 62
Tranmere Rd. SW18 —3A 28
Tranmere Rd. Twic —1B 24
Tranquil Dale. Bkld —1E 120
Transport Av. Bren —1G 11
Trap La. Ockl —8N 157
Traps La. N Mald —9D 26
Trashermead. Dork —7J 119
Travellers Way. Houn —5K 9
Travis La. Sand —8H 49
Treadcroft Dri. H'ham —3L 197
Treadwell Rd. Eps —3D 80
Treaty Cen. Houn —6B 10
Trebor Av. Farnh —2J 129
Trebovir Rd. SW5 —1M 13
Tredenham Clo. F'boro —5A 90
Tredwell Rd. SE27 —5M 29
Treebourne Rd. Big H —5E 86
Treebys Av. Guild —6N 93
Tree Clo. Rich —2K 25
Treelands. N Holm —8J 119
Treemount Ct. Eps —9D 60
Treen Av. SW13 —6E 12
Treeside Dri. Farnh —5K 109
Tree Tops. S God —6H 125
Treetops. Whyt —5D 84
Tree Tops Av. Camb —7E 50
Tree Tops Cvn. Pk. Alb —6N 135
Treeview. Craw —8A 182
Treeview Ct. Reig —3B 122 (off Wray Comn. Rd.)
Tree Way. Reig —9N 101
Trefoil Clo. H'ham —3L 197
Trefoil Clo. Wokgm —1D 30
Trefoil Cres. Craw —7M 181
Trefusis Ct. Houn —4J 9
Tregaron Gdns. N Mald —3D 42
Tregarthen Pl. Lea —8J 79
Tregarth Pl. Wok —4J 73
Tregolls Dri. F'boro —2A 90
Tregunter Rd. SW10 —2N 13
Trehaven Pde. Reig —6N 121
Treherne Ct. SW17 —5E 28
Trehern Rd. SW14 —6C 12
Trelawn Clo. Ott —4E 54
Trelawne Dri. Cranl —8N 155
Trelawney Av. Slou —1B 6
Trelawney Gro. Wey —3B 56
Treloar Gdns. SE19 —7N 29
Tremaine Rd. SE20 —1E 46
Trematon Pl. Tedd —8J 25
Tremayne Wlk. Camb —2G 70
Trenance. Wok —4K 73
Trenchard Clo. W On T —2K 57
Trenchard Ct. Mord —5M 43
Trenear Clo. H'ham —6L 197
Trenham Dri. Warl —3F 84
Trenholme Ct. Cat —9D 84
Trent Clo. Craw —5L 181
Trent Clo. F'boro —8K 69
Trentham Cres. Wok —8C 74
Trentham Rd. Red —5E 122
Trentham St. SW18 —2M 27
Trenton Clo. Frim —4E 70
Trent Rd. Slou —2D 6
Trent Way. Wor Pk —9H 43
Treport St. SW18 —1N 27
Tresham Cres. Yat —9A 48
Tresillian Way. Wok —3K 73
Tressider Ho. SW4 —1H 29
Tresta Wlk. Wok —3K 73
Trevanion Rd. W14 —1K 13
Trevanne Plat. Craw —2H 183
Trevelyan. Brack —6K 31
Trevelyan Rd. SW17 —6C 28
Trevereux Hill. Oxt —9H 107
Treville St. SW15 —1G 26
Trevithick Clo. Felt —2G 23
Trevone Ct. SW2 —1J 29 (off Doverfield Rd.)
Trevor Clo. Iswth —8F 10
Trevor Rd. SW19 —8K 27
Trevose Av. W Byf —1H 75
Trewaren Ct. Craw —3N 181
Trewenna Dri. Chess —2K 59
Trewince Rd. SW20 —9H 27
Trewint St. SW18 —3A 28
Treyford Clo. Craw —3L 181
Triangle, The. King T —1B 42
Triangle, The. Wok —5M 73
Trickett Ho. Sutt —5N 61
Trident Ind. Est. Coln —6G 6
Trigg's Clo. Wok —6N 73
Trigg's La. Wok —6M 73
Trigo Ct. Eps —7C 60
Trig St. Dork —1L 159
Trimmers Clo. Farnh —5G 109
Trimmers Field. Farnh —2K 129
Trimmers Wood. Hind —3C 170
Trimmer Wlk. Bren —2L 11
Trindledown. Brack —7M 15
Trindles Rd. S Nut —5K 123
Tring Ct. Twic —5G 24
Tringham Clo. Ott —2E 54
Tringham Cotts. W End —8C 52
Trinity. Owl —5K 49
Trinity Chu. Pas. SW13 —2G 13
Trinity Chu. Rd. SW13 —2G 13
Trinity Chyd. Guild —5N 113
Trinity Clo. Craw —1G 183
Trinity Clo. Houn —7M 9
Trinity Clo. S Croy —5B 64
Trinity Clo. Stai —9L 7
Trinity Cotts. Rich —6M 11
Trinity Ct. SE25 —5B 46
Trinity Ct. Croy —8N 45
Trinity Cres. SW17 —3D 28
Trinity Cres. Asc —4D 34
Trinity Fields. Farnh —6F 108
Trinity Hill. Farnh —6F 108
Trinity M. SE20 —1E 46
Trinity Pl. Wind —5F 4
Trinity Rise. SW2 —2L 29
Trinity Rd. SW18 & SW17 —7N 13
Trinity Rd. SW19 —7M 27
Trinity Rd. Knap —5E 72
Trinity Rd. Rich —6M 11
Tritton Av. Croy —1J 63
Tritton Rd. SE21 —4N 29
Trittons. Tad —8J 81
Triumph Clo. Hayes —4D 8
Trodd's La. Guild —2F 114
Trojan Way. Croy —9K 45
Troon Clo. If'd —4J 181
Troon Ct. Brack —5K 31
Troon Ct. S'hill —4N 33
Trotsworth Av. Vir W —3A 36
Trotsworth Ct. Vir W —3N 35
Trotton Clo. M'bowr —6G 182
Trotts La. W'ham —5L 107
Trotwood Clo. Owl —5K 49
Troutbeck Wlk. Camb —3H 71
Trout Rd. Hasl —2C 188
Trouville Rd. SW4 —1G 29
Trowers Way. Red —9F 102
Trowlock Av. Tedd —7J 25
Trowlock Way. Tedd —7K 25
Troy La. Eden —8H 127
Truggers. Hand —8N 199
Trumble Gdns. T Hth —3M 45
Trumbull Rd. Brack —8M 15
Trumpets Hill Rd. Reig —4G 120
Trumpsgreen Av. Vir W —5N 35
Trumpsgreen Clo. Vir W —4A 36
Trumpsgreen Rd. Vir W —7M 35
Trumps Mill La. Vir W —5B 36
Trundle Mead. H'ham —3J 197
Trunk Rd. F'boro —1H 89
Trunley Heath Rd. Brmly —4M 133
Truslove Rd. SE27 —6L 29
Truss Hill Rd. Asc —4N 33
Trust Wlk. SE21 —2M 29
Trystings Clo. Clay —3G 59
Tubbenden Dri. Orp —1M 67
Tubbenden La. Orp —1M 67
Tubbenden La. S. Orp —2M 67
Tucker Rd. Ott —3F 54
Tuckers Corner. Cranl —7K 155
Tuckers Dri. Cranl —7K 155
Tuckey Gro. Rip —1H 95
Tucklow Wlk. SW15 —1E 26
Tudor Av. Hamp —8A 24
Tudor Av. Wor Pk —9G 42
Tudor Circ. G'ming —4H 133
Tudor Clo. SW2 —1K 29
Tudor Clo. Ashf —5N 21
Tudor Clo. Bans —2K 81
Tudor Clo. Bookh —2A 98 (in two parts)
Tudor Clo. Chess —2L 59
Tudor Clo. Cobh —9N 57
Tudor Clo. Coul —5L 83
Tudor Clo. Craw —4H 183
Tudor Clo. E Grin —1B 186
Tudor Clo. Eps —6E 60
Tudor Clo. Gray —7B 170
Tudor Clo. Hamp —6C 24
Tudor Clo. Small —8M 143
Tudor Clo. S Croy —2E 84
Tudor Clo. Sutt —3K 61
Tudor Clo. Wall —4G 63
Tudor Clo. Wok —4C 74
Tudor Clo. Wokgm —3E 30
Tudor Ct. Ash —3D 110
Tudor Ct. Big H —4G 86
Tudor Ct. Felt —5K 23
Tudor Ct. Red —2E 122 (off St Anne's Rise)
Tudor Ct. Stanw —9N 7
Tudor Ct. Tedd —7F 24
Tudor Dri. King T —6K 25
Tudor Dri. Mord —5J 43
Tudor Dri. W on T —7L 39
Tudor Dri. Yat —2C 68
Tudor Gdns. SW13 —6D 12
Tudor Gdns. Twic —2F 24
Tudor Gdns. W Wick —9M 47
Tudor Ho. Brack —4N 31
Tudor La. Old Win —1M 19
Tudor Pl. Mitc —8C 28
Tudor Rd. SE25 —4E 46
Tudor Rd. Ashf —7E 22
Tudor Rd. Beck —2M 47
Tudor Rd. G'ming —4H 133
Tudor Rd. Hamp —8A 24
Tudor Rd. Houn —7D 10
Tudor Rd. King T —8N 25
Tudors, The. Reig —9A 102
Tudor Wlk. Lea —7F 78
Tudor Wlk. Wey —9C 38
Tudor Way. C Crook —9B 88
Tudor Way. Wind —4B 4
Tuesley Corner. G'ming —8G 132
Tuesley La. G'ming —8G 133
Tufton Gdns. W Mol —1B 40
Tugela Rd. Croy —5A 46
Tuggles Plat. Warn —1E 196
Tugmutton Clo. Orp —1K 67
Tulip Clo. Croy —7G 46
Tulip Clo. Hamp —7N 23
Tulip Ct. H'ham —4J 197
Tulip Tree Ct. Belm —7M 61
Tullett Rd. M'bowr —7F 182
Tulls La. Stand —7C 168
Tull St. Mitc —6D 44
Tulse Clo. Beck —2M 47
Tulse Hill. SW2 —1L 29
Tulse Hill Est. SW2 —1L 29
Tulse Ho. SW2 —1L 29
Tulsemere Rd. SE27 —3N 29
Tulyar Clo. Tad —7G 81
Tumber St. H'ley —3B 100
Tumblewood Rd. Bans —3K 81
Tumbling Bay. W On T —5H 39
Tummons Gdns. SE25 —1B 46
Tunbridge La. Bram —8F 168
Tunley Rd. SW17 —2E 28
Tunnel Rd. Reig —3M 121
Tunnmeade. If'd —4K 181
Tunsgate. Guild —5N 113
Tunsgate Sq. Guild —5N 113 (off Tunsgate)
Tunstall Clo. Orp —1N 67
Tunstall Rd. Croy —7B 46
Tunstall Wlk. Bren —2L 11
Tunworth Cres. SW15 —9E 12
Tuppers Ct. Abry —8L 115
Tupwood La. Cat —3D 104
Tupwood Scrubs Rd. Cat —6D 104
Turf Hill Rd. Camb —7D 50
Turfhouse La. Chob —5H 53
Turle Rd. SW16 —1J 45
Turnberry. Brack —5K 31
Turner Av. Mitc —9D 28
Turner Av. Twic —4C 24
Turner Clo. Guild —9B 94
Turner Ct. E Grin —7C 166
Turner Ho. Dork —7J 139
Turner Pl. Col T —9J 49
Turner Rd. Big H —8E 66
Turner Rd. N Mald —6C 42
Turners Clo. Stai —6K 21
Turners Hill Pk. Turn H —4G 184
Turners Hill Rd. Craw D & Turn H —7C 164
Turners Hill Rd. E Grin —4J 185
Turners Hill Rd. P Hill & Worth —3H 183
Turners La. W On T —3J 57
Turners Mead. C'fold —6F 172
Turners Meadow Way. Beck —1J 47
Turner's Way. Croy —8L 45
Turner Wlk. Craw —6D 182
Turneville Rd. W14 —2L 13
Turney Rd. SE21 —1N 29
Turnham Clo. Guild —7M 113
Turnham Grn. Ter. W4 —1D 12
Turnham Grn. Ter. M. W4 —1D 12
Turnoak Av. Wok —7A 74
Turnoak La. Wok —7A 74
Turnoak Pk. Wind —7B 4
Turnpike La. Sutt —2A 62
Turnpike Link. Croy —8B 46
Turnpike Pl. Craw —1B 182
Turnpike Rd. Brack —1J 31
Turnpike Way Iswth —4G 10
Turnstone Clo. S Croy —6H 65
Turnstone End. Yat —9A 48
Turnvill Clo. Light —6L 51
Turpin Rd. Felt —9G 9
Turpins Rise. W'sham —1M 51
Turpin Way. Wall —4F 62
Turtledove Av. Turn H —4F 184
Turtle Rd. SW16 —1J 45
Tuscam Way. Camb —2L 69
Tuscany Gdns. Craw —9C 162
Tuscany Way. Yat —2B 68
Tushmore Av. Craw —9C 162
Tushmore Ct. Craw —1C 182
Tushmore Cres. Craw —9C 162
Tushmore La. Craw —1C 182
Tushmore Roundabout. Craw —1B 182
Tussock Clo. Craw —5M 181
Tuxford Clo. M'bowr —5G 182
Tweed Clo. F'boro —8K 69
Tweeddale Rd. Cars —7B 44
Tweed La. If'd —9L 161
Tweed La. Str G —7A 120
Tweed Rd. Slou —2D 6
Tweedsmuir Clo. F'boro —2J 89
Twelve Acre Clo. Bookh —2N 97
Twelve Acre Cres. F'boro —9J 69
Tweseldown Rd. C Crook —9C 88
Twickenham Bri. Twic & Rich —8J 11
Twickenham Clo. Croy —9K 45
Twickenham Rd. Felt —4N 23
Twickenham Rd. Iswth —8G 10
Twickenham Rd. Rich —7J 11
Twickenham Rd. Tedd —5G 25
Twickenham Trad. Est. Twic —9F 10
Twilley St. SW18 —1N 27
Twin Bridges Bus. Pk. S Croy —3A 64
Twining Av. Twic —4C 24
Twinoaks. Cobh —9A 58
Twisell Thorne. C Crook —9A 88
Twitten La. Felb —6H 165
Twitten, The. Craw —3A 182
Two Mile Ash Rd. Bar G —9F 196
Two Rivers Shop. Cen. Stai —5G 21
Twycross Rd. G'ming —4G 132
Twycross Rd. Wokgm —1D 30
Twyford La. Wrec —5G 128
Twyford Rd. Binf —9A 14
Twyford Rd. Cars —7B 44
Twyford Rd. Wokgm —9A 14
Twyhurst Ct. E Grin —7N 165
Twyne Clo. Craw —5L 181
Twyner Clo. Horl —7H 143
Twynham Rd. Camb —1A 70
Tybenham Rd. SW19 —2M 43
Tychbourne Dri. Guild —9E 94
Tydcombe Rd. Warl —6F 84
Tye La. Orp —2L 67
Tye La. Tad —5D 100

Tylden Way—Waddon Ct. Rd.

Tylden Way. H'ham —2M 197
Tylecroft Rd. SW16 —1J 45
Tylehost. Guild —8K 93
Tyle Pl. Old Win —8K 5
Tyler Gdns. Add —1L 55
Tyler Rd. Craw —6B 182
Tylers Clo. God —8E 104
Tylers Path. Cars —1D 62
Tymperley Ct. H'ham —5L 197
Tynan Clo. Felt —2H 23
Tyndalls Est. Hind —5D 170
Tyne Clo. Craw —4G 183
Tyne Clo. F'boro —8K 69
Tynedale Rd. Str G —7A 120
Tynemouth Rd. Mitc —8E 28
Tynemouth St. SW6 —5N 13
Tynley Gro. Guild —6N 93
Tyrawley Rd. SW6 —4N 13
Tyrell Ct. Cars —1D 62
Tyrell Gdns. Wind —6C 4
Tyrrell Sq. Mitc —9C 28
Tyrwhitt Av. Guild —8L 93
Tythebarn Clo. Guild —7D 94
Tytherton. Brack —1A 32
Tyting Cotts. Guild —6E 114

Uckfield Gro. Mitc —9E 28
Udney Pk. Rd. Tedd —7G 25
Uffington Dri. Brack —3C 32
Uffington Rd. SE27 —5L 29
Ujima Ct. SW16 —5J 29
Ullathorne Rd. SW16 —5G 28
Ullswater. Brack —6K 31
Ullswater Av. F'boro —2K 89
Ullswater Clo. SW15 —5C 26
Ullswater Clo. Farnh —6F 108
Ullswater Clo. Light —6M 51
Ullswater Cres. SW15 —5C 26
Ullswater Cres. Coul —3J 83
Ullswater Rd. SE27 —3M 29
Ullswater Rd. SW13 —3F 12
Ullswater Rd. Light —6M 51
Ulstan Clo. Wold —1K 105
Ulva Rd. SW15 —8J 13
Ulverstone Rd. SE27 —3M 29
Ulwin Av. Byfl —9N 55
Umbria St. SW15 —9F 12
Underhill Clo. G'ming —8H 133
Underhill La. Lwr Bo —4G 129
Underhill Pk. Rd. Reig —9M 101
Underhill Rd. Newd —1A 160
Underwood. Brack —5K 31
Underwood. New Ad —2M 65
Underwood Av. Ash —3C 110
Underwood Clo. Craw D —1E 184
Underwood Ct. Binf —7H 15
Underwood Ct. Cat —3C 104
Underwood Rd. Cat —4B 104
Underwood Rd. Hasl —1D 188
Undine St. SW17 —6D 28
Unicorn Trad. Est. Hasl —2F 188
Union Clo. Owl —5K 49
Union Ct. Rich —8L 11
Union Rd. Croy —6N 45
Union Rd. Deep —6H 71
Union Rd. Farnh —1H 129
Union St. Alder —2M 109
Union St. F'boro —1M 89
Union St. King T —1K 41
Union St. Pirb —8L 71
Union Ter. Alder —2M 109
Unity Clo. SE19 —6N 29
Unity Clo. New Ad —5L 65
University Rd. SW19 —7B 28
Unstead La. Brmly —4M 133
Unstead Wood. Peas —2M 133
Unwin Av. Felt —8E 8
Unwin Mans. W14 —2K 13 (off Queen's Club Gdns.)
Unwin Rd. Iswth —6E 10
Upark Gdns. H'ham —2M 197
Upavon Gdns. Brack —4D 32
Upcerne Rd. SW10 —3N 13
Upcroft. Wind —6E 4
Updown Hill. W'sham —3A 52
Upfield. Croy —9E 46
Upfield. Horl —9E 142
Upfield Clo. Horl —1E 162
Upfold Clo. Cranl —4K 155
Upfold La. Cranl —5K 155
Upfolds Grn. Guild —8E 94
Upgrove Mnr. Way. SW2 —1L 29
Upham Pk. Rd. W4 —1D 12
Upland Rd. Camb —8B 50
Upland Rd. S Croy —2A 64
Upland Rd. Sutt —4B 62
Upland Rd. Wold —7K 85
Uplands. Asht —7K 79
Uplands. Beck —1K 47
Uplands Clo. SW14 —8A 12
Uplands Clo. Hasl —9H 171
Uplands Clo. Sand —7G 48
Uplands Dri. Oxs —1D 78
Uplands Rd. Farnh —2K 129
Uplands Rd. Kenl —3N 83
Upland Way. Eps —5H 81
Up. Bourne La. Wrec —6F 128
Up. Bourne Vale. Wrec —6F 128
Up. Bridge Rd. Red —3C 122
Up. Brighton Rd. Surb —5K 41
Up. Broadmoor Rd. Crowt —2H 49
Up. Butts. Bren —2J 11
Up. Charles St. Camb —9A 50
Up. Chobham Rd. Camb —3E 70
Up. Church La. Farnh —1G 129
Upper Clo. F Row —7H 187
Up. College Ride. Camb —7C 50
Up. Court Rd. Eps —7B 60
Up. Court Rd. Wold —1K 105
Upper Dri. Big H —5E 86
Up. Dunnymans. Bans —1L 81
Up. Edgeborough Rd. Guild —4B 114
Up. Elmers End Rd. Beck —3H 47
Up. Elms Rd. Alder —3M 109
Up. Fairfield Rd. Lea —8H 79
Up. Farm Rd. W Mol —3N 39
Up. Forecourt. Horl —3F 162 (off Ring Rd. S.)
Up. Gordon Rd. Camb —1B 70
Up. Green E. Mitc —2D 44
Up. Green W. Mitc —1D 44
Up. Grotto Rd. Twic —3F 24
Upper Gro. SE25 —3C 46
Up. Guildown Rd. Guild —6L 113
Up. Hale Rd. Farnh —5F 108
Up. Halliford By-Pass. Shep —4F 38
Up. Halliford Grn. Shep —3F 38
Up. Halliford Rd. Shep —2F 38
Up. Ham Rd. Rich —5K 25
Up. Harestone. Cat —5D 104
Up. High St. Eps —9D 60
Up. House La. Sham G —1H 155 (in two parts)
Up. Mall. W6 —1F 12
Up. Manor Rd. G'ming —4H 133
Up. Manor Rd. Milf —1B 152
Upper Mount. G'wood —8K 171
Up. Mulgrave Rd. Sutt —4K 61
Up. Nursery. Asc —4D 34
Up. Old Pk. La. Farnh —7E 108
Up. Palace Rd. E Mol —2D 40
Up. Park Rd. Camb —1B 70
Up. Park Rd. King T —7N 25
Up. Pillory Down. Cars —9E 62
Up. Pines. Bans —4D 82
Up. Pinewood Rd. Ash —1H 111
Up. Queen St. G'ming —7H 133
Up. Richmond Rd. SW15 —7E 12
Up. Richmond Rd. W. Rich & SW14 —7N 11
Upper Rd. Wall —2H 63
Up. Rose Hill. Dork —6H 119
Up. St Michael's Rd. Alder —4N 109
Up. Sawleywood. Bans —1L 81
Up. Selsdon Rd. S Croy —4B 64
Up. Shirley Rd. Croy —9F 46
Up. South View. Farnh —9H 109
Up. Springfield. Elst —8J 131
Upper Sq. F Row —6H 187
Upper Sq. Iswth —6G 11
Up. Staithe. W4 —4B 12
Up. Stanford. Pirb —4C 92
Up. Star Post Ride. Crowt —9N 31
Upper St. Fleet —4A 88
Upper St. Shere —8A 116
Up. Sunbury Rd. Hamp —9M 23
Up. Sutton La. Houn —3A 10
Up. Teddington Rd. King T —8J 25
Upperton Rd. Guild —4M 113
Up. Tooting Pk. SW17 —3D 28
Up. Tooting Rd. SW17 —5D 28
Up. Tulse Hill. SW2 —1K 29
Up. Union St. Alder —2M 109
Up. Union Ter. Alder —2M 109
Up. Vann La. Hamb —9K 153
Up. Vernon Rd. Sutt —2B 62
Up. Verran Rd. Camb —3B 70
Up. Village Rd. Asc —4N 33
Upper Wlk. Vir W —3A 36
Upper Way. Farnh —3F 128
Up. West St. Reig —3L 121
Up. Weybourne La. Farnh —4J 109
Up. Woodcote Village. Purl —8H 63
Upshire Gdns. Brack —3D 32
Upshott La. Wok —4H 75
Upton. Wok —4L 73
Upton Clo. F'boro —2B 90
Upton Dene. Sutt —4N 61
Upton Rd. Houn —6A 10
Upton Rd. T Hth —1A 46
Upwood Rd. SW16 —9J 29
Urmston Dri. SW19 —2K 27
Usherwood Clo. Tad —9A 100
Uvedale Clo. New Ad —7N 65
Uvedale Cres. New Ad —7N 65
Uvedale Rd. Oxt —8B 106
Uverdale Rd. SW10 —3N 13
Uxbridge Rd. Felt —3K 23
Uxbridge Rd. Hamp —5A 24
Uxbridge Rd. King T —3K 41

Vachery La. Alf —2N 175
Vaillant Rd. Wey —1D 56
Vale Border. S Croy —7G 64
Vale Clo. Coul —1J 83
Vale Clo. Lwr Bo —7H 129
Vale Clo. Orp —1J 67
Vale Clo. Wey —9E 38
Vale Clo. Wok —3A 74
Vale Ct. Ash V —6E 90
Vale Ct. Wey —9E 38
Vale Cres. SW15 —5D 26
Vale Croft. Clay —5F 58
Vale Dri. H'ham —6H 197
Vale Farm Rd. Wok —4A 74
Valentines. Plais —3N 191
Valentines Lea. N'chap —8D 190
Valentyne Clo. New Ad —7A 66
Valerie Ct. Sutt —4N 61
Vale Rd. Ash V —6E 90
Vale Rd. Camb —2M 69
Vale Rd. Clay —5E 58
Vale Rd. Eps —1E 60
Vale Rd. Mitc —3H 45
Vale Rd. Sutt —1N 61
Vale Rd. Wey —9E 38
Vale Rd. Wind —3C 4
Vale Rd. Wor Pk —9E 42
Vale Rd. N. Surb —8L 41
Vale Rd. S. Surb —8L 41
Vale St. SE27 —4N 29
Vale, The. Coul —1J 83
Vale, The. Croy —8G 47
Vale, The. Felt —9J 9
Vale, The. Houn —2M 9
Vale, The. Sun —7H 23
Vale Wood Dri. Lwr Bo —7J 129
Vale Wood La. Gray —5A 170
Valewood Rd. Hasl —4G 188
Valley Ct. Cat —9D 84
Valley Cres. Wokgm —9A 14
Valley End Rd. W End —3D 52
Valleyfield Rd. SW16 —6K 29
Valley Gdns. SW19 —8B 28
Valley La. Lwr Bo —5H 129
Valley M. Twic —3F 24
Valley Rd. SW16 —6K 29
Valley Rd. Frim —6E 70
Valley Rd. Kenl —2A 84
Valley, The. Guild —7M 113
Valley View. Big H —5E 86
Valley View. G'ming —7G 132
Valley View. Sand —8F 48
Valley View Gdns. Kenl —2B 84
Valley Wlk. Croy —8F 46
Vallis Way. Chess —1K 59
Valnay St. SW17 —6D 28
Valonia Gdns. SW18 —9L 13
Valroy Clo. Camb —9B 50
Vanbrugh Clo. Craw —6K 181
Vanbrugh Dri. W On T —5K 39
Vancouver Clo. Eps —7B 60
Vancouver Ct. Small —8L 143
Vancouver Dri. Craw —9B 162
Vancouver Rd. Rich —5J 25
Vanderbilt Rd. SW18 —2N 27
Van Dyck Av. N Mald —6C 42
Vandyke. Brack —5K 31
Vandyke Clo. SW15 —1J 27
Vandyke Clo. Red —1D 122
Vanguard Clo. Croy —7M 45
Vanguard Way. Wall —4J 63
Vann Bri. Clo. Fern —9E 188
Vann Dri. Ockl —6F 158
Vanners. Craw —2C 182
Vanners Pde. Byfl —9N 55
Vann Farm Rd. Ockl —6E 158
Vann Lake Rd. Dork —7F 158
Vann La. Hamb —9G 153
Vann Rd. Fern —9E 188
Vansittart Est. Wind —3F 4
Vansittart Rd. Wind —4E 4
Vanston Pl. SW6 —3M 13
Vantage W. Bren —1M 11
Vant Rd. SW17 —6D 28
Vanweck Sq. SW15 —8F 12
Vapery La. Pirb —8A 72
Varley Way. Mitc —1B 44
Varna Rd. SW6 —3K 13
Varna Rd. Hamp —9B 24
Varney Clo. F'boro —9K 69
Varsity Dri. Twic —8E 10
Varsity Row. SW14 —5B 12
Vaughan Clo. Hamp —7M 23
Vaughan Gdns. Eton W —1C 4
Vaughan Ho. SW4 —1G 29
Vaughan Rd. Th Dit —6H 41
Vaughan Way. Dork —5G 118
Vaux Cres. W On T —3J 57
Vauxhall Gdns. S Croy —3N 63
Veals Mead. Mitc —9C 28
Vectis Gdns. SW17 —7F 28
Vectis Rd. SW17 —7F 28
Vector Point Ind. Est. Craw —8D 162
Vegal Cres. Egh —6M 19
Veitch Gro. W'ham —4M 107
Veitch Rd. Camb —8D 50
Vellum Dri. Cars —9E 44
Velmead Clo. Fleet —6C 88
Velmead Rd. Fleet —6B 88
Vencourt Pl. W6 —1F 12
Ventnor Rd. Sutt —4N 61
Ventnor Ter. Alder —3A 110
Venton Clo. Wok —4L 73
Vera Rd. SW6 —4K 13
Verbania Way. E Grin —9D 166
Verbena Clo. W Dray —1M 7
Verbena Gdns. W6 —1F 12
Verdayne Av. Croy —8G 47
Verdayne Gdns. Warl —3F 84
Verdun Rd. SW13 —2F 12
Vereker Dri. Sun —2H 39
Vereker Rd. W14 —1K 13
Verge Wlk. Alder —5M 109
Vermont Rd. SW18 —9N 13
Vermont Rd. Sutt —9N 43
Verner Clo. Head —5D 168
Verne, The. C Crook —8B 88
Vernon Av. SW20 —1J 43
Vernon Clo. Eps —3B 60
Vernon Clo. H'ham —4N 197
Vernon Clo. Ott —3F 54
Vernon Ct. Farnh —1F 128
Vernon Dri. Asc —1H 33
Vernon Dri. Cat —9N 83
Vernon M. W14 —1K 13 (off Vernon St.)
Vernon Rd. SW14 —6C 12
Vernon Rd. Felt —3G 22
Vernon Rd. Sutt —2A 62
Vernon St. W14 —1K 13
Vernon Wlk. Tad —7J 81
Vernon Way. Guild —2J 113
Verona Dri. Surb —8L 41
Veronica Gdns. SW16 —9G 28
Veronica Rd. SW17 —3F 28
Verralls. Wok —4D 74
Verran Rd. SW12 —1F 28
Verran Rd. Camb —3B 70
Verulam Av. Purl —8G 63
Veryan. Wok —4K 73
Vesey Clo. F'boro —9M 69
Vevers Rd. Reig —6A 122
Vibart Gdns. SW2 —1K 29
Viburnum Ct. W End —9B 52
Vicarage Av. Egh —6D 20
Vicarage Clo. Bookh —3A 98
Vicarage Clo. Farnh —4J 129
Vicarage Clo. Ling —7N 145
Vicarage Clo. Tad —2K 101
Vicarage Ct. Beck —2H 47
Vicarage Ct. Egh —7D 20
Vicarage Ct. Felt —1D 22
Vicarage Cres. Egh —6D 20
Vicarage Dri. SW14 —8C 12
Vicarage Dri. Beck —1K 47
Vicarage Farm Ct. Houn —3N 9
Vicarage Farm Rd. Houn —5M 9
Vicarage Fields. W On T —5K 39
Vicarage Gdns. Asc —4L 33
Vicarage Gdns. C Crook —9A 88
Vicarage Gdns. Gray —6A 170
Vicarage Gdns. Mitc —2C 44
Vicarage Ga. Guild —5K 113
Vicarage Hill. Farnh & Lwr Bo —4J 129
Vicarage Hill. Loxw —6J 193
Vicarage Hill. W'ham —4M 107
Vicarage La. Capel —4K 159
Vicarage La. Crowt & Bag —2E 50
Vicarage La. Eps —5F 60
Vicarage La. Farnh —1G 129
Vicarage La. Hasl —2D 188
Vicarage La. Horl —7D 142
Vicarage La. Lea —9H 79
Vicarage La. Send —4E 94
Vicarage La. Stai —2L 37
Vicarage La. Bourne —4J 129
Vicarage La. Up Hal —5H 109
Vicarage La. Wray —2A 20
Vicarage La. Yat —8B 48
Vicarage Rd. SW14 —8C 12
Vicarage Rd. Bag —4G 50
Vicarage Rd. B'water —2K 69
Vicarage Rd. Chob —7G 53
Vicarage Rd. Craw D —2D 184
Vicarage Rd. Croy —9L 45
Vicarage Rd. Egh —6C 20
Vicarage Rd. Hamp W —9J 25
Vicarage Rd. King T —1K 41
Vicarage Rd. Ling —7N 145
Vicarage Rd. Stai —4G 20
Vicarage Rd. Sun —6G 23
Vicarage Rd. Sutt —9N 43
Vicarage Rd. Tedd —6G 24
Vicarage Rd. Twic —3E 24
Vicarage Rd. Whit —9C 10
Vicarage Rd. Wok —8B 74
Vicarage Rd. Yat —8A 48
Vicarage Wlk. E Grin —9B 166
Vicarage Wlk. W on T —6H 39
Vicarage Way. Coln —3E 6
Viceroy Ct. Croy —8A 46
Vickers Dri. N. Brook P —6N 55
Vickers Dri. S. Wey —7N 55
Victor Ct. Craw —9H 163
Victoria Almshouses. Red —9E 102
Victoria Almshouses. Reig —3A 122
Victoria Av. Camb —1M 69
Victoria Av. Houn —8A 10
Victoria Av. S Croy —6N 63
Victoria Av. Surb —5K 41
Victoria Av. Wall —9E 44
Victoria Av. W Mol —2B 40
Victoria Clo. Eden —3L 147
Victoria Clo. Horl —8E 142
Victoria Clo. W Mol —2A 40
Victoria Clo. Wey —9E 38
Victoria Cotts. Rich —4M 11
Victoria Ct. Bag —6J 51
Victoria Ct. Fleet —4A 88
Victoria Ct. H'ham —6K 197
Victoria Ct. Shalf —9A 114 (off Station Row)
Victoria Cres. SW19 —8L 27
Victoria Dri. SW19 —1J 27
Victoria Dri. B'water —2H 69
Victoria Gdns. Big H —2E 86
Victoria Gdns. Fleet —4A 88
Victoria Gdns. Houn —4M 9
Victoria Hill. Fleet —4A 88
Victoria La. Hayes —1D 8
Victoria M. SW18 —2A 28
Victoria Pde. Rich —4N 11 (off Sandycombe Rd.)
Victoria Pl. Eps —8D 60
Victoria Pl. Esh —1B 58
Victoria Pl. Rich —8K 11
Victoria Rd. SW14 —6C 12
Victoria Rd. Add —1M 55
Victoria Rd. Alder —2M 109
Victoria Rd. Asc —4L 33
Victoria Rd. Coul —2H 83
Victoria Rd. Cranl —7M 155
Victoria Rd. Craw —3A 182
Victoria Rd. Eden —3L 147
Victoria Rd. Eton W —1B 4
Victoria Rd. F'boro —1M 89
Victoria Rd. Farnh —1H 129
Victoria Rd. Felt —2J 23
Victoria Rd. Fleet —4A 88
Victoria Rd. G'ming —7H 133
Victoria Rd. Guild —3A 114
Victoria Rd. Horl —8E 142
Victoria Rd. King T —1M 41
Victoria Rd. Knap —4G 72
Victoria Rd. Mitc —8C 28
Victoria Rd. Owl —6K 49
Victoria Rd. Red —4E 122
Victoria Rd. Stai —4G 21
Victoria Rd. Surb —5K 41
Victoria Rd. Sutt —2B 62
Victoria Rd. Tedd —7G 24
Victoria Rd. Twic —1H 25
Victoria Rd. Wey —9E 38
Victoria Rd. Wok —4A 74
Victoria Sq. Horl —8E 142 (off Consort Way)
Victoria St. Egh —7M 19
Victoria St. H'ham —6K 197
Victoria St. Wind —4G 4
Victoria Ter. Dork —5G 119
Victoria Ter. Frim —5H 71
Victoria Vs. Rich —7M 11
Victoria Way. E Grin —2B 186
Victoria Way. Wey —9E 38
Victoria Way. Wok —4A 74
Victor Rd. Tedd —5E 24
Victor Rd. Wind —6F 4
Victors Dri. Hamp —7M 23
Victory Av. Mord —4A 44
Victory Bus. Cen. Iswth —7F 10
Victory Cotts. Eff —6M 97
Victory Pk. Rd. Add —9L 37
Victory Rd. SW19 —8A 28
Victory Rd. Cher —7J 37
Victory Rd. H'ham —5H 197
Victory Rd. M. SW19 —8A 28
Victory Way. Houn —1K 9
Vidler Clo. Chess —3J 59
View Clo. Big H —3E 86
Viewfield Rd. SW18 —9L 13
Viewlands Av. W'ham —7N 87
View Ter. Ling —2C 166
Vigar Rd. Wind —4B 4
Viggory La. Wok —2M 73
Vigo La. Yat —1B 68
Viking. Brack —4K 31
Viking Ct. SW6 —2M 13
Village Clo. Wey —9E 38
Village Gdns. Eps —5E 60
Village Grn. Av. Big H —4G 87
Village Grn. Way. Big H —4G 87
Village Rd. Egh —3D 36
Village Row. Sutt —4M 61
Village St. Newd —1A 160
Village, The. Ewh —4E 156
Village Way. Ashf —5B 22
Village Way. Beck —1K 47
Village Way. Cranl —7M 155
Village Way. S Croy —9D 64
Village Way. Yat —8C 48
Villiers Av. Surb —4M 41
Villiers Av. Twic —2N 23
Villiers Clo. Surb —3M 41
Villiers Gro. Sutt —5J 61
Villiers Mead. Wokgm —2A 30
Villiers Path. Surb —4L 41
Villiers Rd. Beck —1G 47
Villiers Rd. Iswth —5E 10
Villiers Rd. King T —3M 41
Villiers, The. Wey —3E 56
Vinall Gdns. Broad H —4D 196
Vincam Clo. Twic —1A 24
Vincent Av. Cars —7B 62
Vincent Av. Surb —8B 42
Vincent Clo. Cher —6G 37
Vincent Clo. Coul —7D 82
Vincent Clo. Esh —9B 40
Vincent Clo. Fet —2B 98
Vincent Clo. H'ham —6M 197
Vincent Clo. W Dray —2B 8
Vincent Dri. Dork —6G 118
Vincent Dri. Shep —2F 38
Vincent Grn. Coul —7D 82
Vincent La. Dork —5G 118
Vincent Rise. Brack —2C 32
Vincent Rd. Cher —6G 37
Vincent Rd. Coul —3G 82
Vincent Rd. Croy —6B 46
Vincent Rd. Dork —5G 119
Vincent Rd. Houn —6L 9
Vincent Rd. Iswth —4D 10
Vincent Rd. King T —2N 41
Vincent Rd. Stoke D —3M 77
Vincent Row. Hamp —7C 24
Vincent Sq. Big H —9E 66
Vincent Wlk. Dork —5G 119
Vine Clo. Alder —7M 89
Vine Clo. Dork —4J 139
Vine Clo. Stai —8J 7
Vine Clo. Surb —5M 41
Vine Clo. Sutt —9A 44
Vine Clo. W Dray —1B 8
Vine Clo. Worp —4G 93
Vine Clo. Wrec —7F 128
Vine Cotts. Cranl —7K 155
Vine Cotts. N'chap —8D 190
Vine Farm Cotts. Worp —5G 93
Vine Ho. Clo. Myt —2E 90
Vine La. Wrec —6F 128
Vine Pl. Houn —7B 10
Viner Clo. W On T —5K 39
Vineries Clo. W Dray —2B 8
Vine Rd. SW13 —6E 12
Vine Rd. E Mol —3C 40
Vine Rd. Orp —3N 67
Vine Sq. W14 —1L 13 (off Star Rd.)
Vine St. Alder —3M 109
Vine Way. Wrec —6F 128
Vineyard Clo. King T —2M 41
Vineyard Hill Rd. SW19 —5M 27
Vineyard Pas. Rich —8L 11
Vineyard Path. SW14 —6C 12
Vineyard Rd. Felt —4H 23
Vineyard Row. Hamp W —9J 25
Vineyards, The. Felt —4H 23 (off High St. Feltham,)
Vineyard, The. Rich —8L 11
Viney Bank. Croy —5J 65
Viola Av. Felt —9K 9
Viola Av. Stai —2N 21
Viola Croft. Warf —9D 16
Violet Clo. Wall —7E 44
Violet Gdns. Croy —2M 63
Violet La. Croy —3M 63
Virginia Av. Vir W —4M 35
Virginia Beeches. Vir W —2M 35
Virginia Clo. Asht —5K 79
Virginia Clo. N Mald —3B 42
Virginia Clo. Stai —2L 37
Virginia Clo. Wey —3D 56
Virginia Dri. Vir W —4M 35
Virginia Gdns. F'boro —3A 90
Virginia Pk. Vir W —3A 36
Virginia Pl. Cobh —1H 77
Virginia Rd. T Hth —9M 29
Virginia Wlk. SW2 —1K 29
Viscount Gdns. W Byf —8N 55
Viscount Ind. Est. Coln —6G 6
Viscount Rd. Stai —2N 21
Viscount Way. H'row A —7F 8
Vivian Clo. C Crook —7C 88
Vivien Clo. Chess —4L 59
Vivienne Clo. Craw —9B 162
Vivienne Clo. Twic —9K 11
Voewood Clo. N Mald —5E 42
Vogan Clo. Reig —6N 121
Volta Way. Croy —7K 45
Voss Ct. SW16 —7J 29
Vowels La. E Grin —8F 184
Vulcan Clo. Craw —7A 182
Vulcan Clo. Sand —8F 48
Vulcan Clo. Wall —4K 63
Vulcan Way. New Ad —6A 66
Vulcan Way. Sand —8G 48

Waddington Av. Coul —7L 83
Waddington Clo. Coul —6M 83
Waddington Clo. Craw —6M 181
Waddington Way. SE19 —8N 29
Waddon Clo. Croy —9L 45
Waddon Ct. Rd. Croy —1L 63

Waddon Marsh Way—Weald Dri.

Waddon Marsh Way. Croy —7K 45
Waddon New Rd. Croy —9M 45
Waddon Pk. Av. Croy —1L 63
Waddon Rd. Croy —9L 45
Waddon Way. Croy —3L 63
Wades La. Tedd —6G 24
Wadham. Owl —6L 49
Wadham Clo. Craw —9G 162
Wadham Clo. Shep —6D 38
Wadham Rd. SW15 —7K 13
Wadhurst Clo. SE20 —1E 46
Wadlands Brook Rd. E Grin —5N 165
Wagbullock Rise. Brack —5A 32
Wagg Clo. E Grin —9C 166
Waggon Clo. Guild —2H 113
Waggoners Hollow. Bag —5J 51
Waggoners Roundabout. (Junct.) —4J 9
Waggoners Way. Gray —5M 169
Waggoners Wells Rd. Gray —6M 169
Wagon Yd. Farnh —1G 129
Wagtail Clo. H'ham —1M 197
Wagtail Gdns. S Croy —6G 65
Waight's Ct. King T —9L 25
Wain End. H'ham —3K 197
Wainford Clo. SW19 —1J 27
Wainhouse Clo. Eden —9M 127
Wainwright Gro. Iswth —7D 10
Wainwrights. Craw —6B 182
Wakefield Clo. Byfl —8N 55
Wakefield Rd. Rich —8K 11
Wakefords Copse. C Crook —1C 108
Wakefords Pk. C Crook —1C 108
Wakehams Grn. Dri. Craw —9H 163
Wakehurst Dri. Craw —6B 182
Wakehurst M. H'ham —7F 196
Wakehurst Path. Wok —1E 74
Wakely Clo. Big H —5E 86
Walburton Rd. Purl —9G 63
Walbury. Brack —3C 32
Waldby Ct. Craw —6M 181
Waldeck Gro. SE27 —4M 29
Waldeck Rd. SW14 —6B 12
Waldeck Rd. W4 —2N 11
Waldegrave Av. Tedd —6F 24
Waldegrave Gdns. Twic —3F 24
Waldegrave Pk. Twic —5F 24
Waldegrave Rd. Twic & Tedd —5F 24
Waldegrove. Croy —1C 64
Waldemar Av. SW6 —4K 13
Waldemar Rd. SW19 —6M 27
Walden Cotts. Norm —1L 111
Walden Gdns. T Hth —2K 45
Waldens Pk. Rd. Wok —3M 73
Waldens Rd. Wok —4N 73
Waldo Pl. Mitc —8C 28
Waldorf Clo. S Croy —5M 63
Waldorf Heights. B'water —3J 69
Waldron Gdns. Brom —2N 47
Waldron Hill. Brack —9D 16
Waldronhyrst. S Croy —1M 63
Waldron Rd. SW18 —4A 28
Waldron's Path. S Croy —1N 63
Waldrons, The. Croy —1M 63
Waldrons, The. Oxt —9B 106
Waldy Rise. Cranl —6N 155
Wales Av. Cars —2C 62
Walesbeech. Craw —4E 182
Waleton Acres. Wall —3H 63
Waleys La. Dork —9E 158
Walford Rd. N Holm —9J 119
Walham Grn. Ct. SW6 —3N 13 (off Waterford Rd.)
Walham Gro. SW6 —3M 13
Walham Rise. SW19 —7K 27
Walham Yd. SW6 —3M 13
Walker Clo. Felt —1G 22
Walker Clo. Hamp —7N 23
Walker Rd. M'bowr —5F 182
Walkerscroft Mead. SE21 —2N 29
Walkers Pl. SW15 —7K 13
Walker's Ridge. Camb —2C 70
Walkfield Dri. Eps —4G 81
Walking Bottom. Peasl —5D 136
Walk, The. Eton W —1D 4
Walk, The. Sun —8G 22
Walk, The. Tand —2K 125
Wallace Clo. Guild —9F 92
Wallace Clo. Shep —3E 38
Wallace Cres. Cars —2D 62
Wallace Fields. Eps —9F 60
Wallace Wlk. Add —1L 55
Wallage La. Craw —3N 183
Wallbrook Bus. Cen. Houn —6J 9
Wallcroft Clo. Binf —8L 15
Walldown Rd. W'hill —8A 168
Walled Garden, The. Bet —4C 120
Walled Garden, The. Loxw —1H 193
Walled Garden, The. Tad —9J 81
Waller Ga. Reig —2M 121
Waller La. Cat —1C 104
Waller Rd. Alder —4A 110
Wallgrave Rd. SW5 —1N 13
Wall Hill Rd. Ash W & F Row —4G 186
Wallingford Clo. Brack —3C 32
Wallington Corner. Wall —1F 62 (off Manor Rd. N.)
Wallington Ct. Wall —3F 62 (off Stanley Pk. Rd.)
Wallington Green. (Junct.) —1F 62
Wallington Rd. Camb —6E 50
Wallington Sq. Wall —3F 62
Wallis Ct. Craw —8D 162
Wallis's Cotts. SW2 —1J 29
Wallis Way. H'ham —4N 197
Walliswood Grn. Rd. Dork —1L 177
Wallner Way. Wokgm —3D 30
Wallorton Gdns. SW14 —7C 12
Walmer Clo. Crowt —2H 49
Walmer Clo. Farn —1M 67
Walmer Clo. Frim —7E 70
Walnut Clo. Alder —4M 109
Walnut Clo. Cars —2D 62
Walnut Clo. Eps —2E 80
Walnut Clo. Yat —2C 68
Walnut Dri. Tad —2K 101
Walnut Fields. Eps —5E 60
Walnut Gro. Bans —2J 81
Walnut La. Craw —9N 161
Walnut M. Sutt —4A 62
Walnuts, The. H'ham —4J 197
Walnut Tree Av. Mitc —2C 44
Walnut Tree Clo. SW13 —4E 12
Walnut Tree Clo. Bans —8K 61
Walnut Tree Clo. Guild —3M 113
Walnut Tree Clo. Shep —2D 38
Walnut Tree Cotts. SW19 —6K 27
Walnut Tree Gdns. G'ming —4H 133
Walnut Tree La. Byfl —8M 55
Walnut Tree Pk. Guild —3M 113
Walnut Tree Rd. Bren —2L 11
Walnut Tree Rd. Houn —2N 9
Walnut Tree Rd. Shep —1D 38
Walpole Av. Coul —6D 82
Walpole Av. Rich —5M 11
Walpole Ct. Twic —3E 24
Walpole Cres. Tedd —6F 24
Walpole Gdns. W4 —1B 12
Walpole Gdns. Twic —3E 24
Walpole Pk. Wey —4B 56
Walpole Pl. Tedd —6F 24
Walpole Rd. SW19 —7B 28
Walpole Rd. Croy —8A 46
Walpole Rd. Old Win —1L 19
Walpole Rd. Surb —6L 41
Walpole Rd. Tedd —6F 24
Walpole Rd. Twic —3E 24
Walsham Rd. Felt —1J 23
Walsh Av. Warf —8C 16
Walsh Cres. New Ad —8A 66
Walsingham Gdns. Eps —1D 60
Walsingham Rd. Mitc —4D 44
Walsingham Rd. New Ad —6M 65
Walstead Ho. Craw —4B 182
Walters Mead. Asht —4L 79
Walters Rd. SE25 —3B 46
Walter St. King T —9L 25
Waltham Av. Guild —8L 93
Waltham Clo. Owl —6J 49
Waltham Rd. Cars —6B 44
Waltham Rd. Cat —9E 84
Walton Av. N Mald —3E 42
Walton Av. Sutt —9L 43
Walton Bri. Shep & W on T —6F 38
Walton Bri. Rd. Shep —6F 38
Walton Clo. Fleet —5A 88
Walton Ct. Wok —2C 74
Walton Dri. Asc —9K 17
Walton Dri. H'ham —4A 198
Walton Gdns. Felt —5G 22
Walton Grn. New Ad —5L 65
Walton Heath. Craw —1H 183
Walton La. Shep —6E 38
Walton La. Wey & W on T —8C 38
Walton Pk. W On T —8L 39
Walton Pk. La. W On T —8L 39
Walton Rd. E Mol —3C 40
Walton Rd. Eps —8B 80 (Epsom)
Walton Rd. Eps —5E 80 (Epsom Downs)
Walton Rd. W on T & W Mol —4K 39
Walton Rd. Wok —3B 74
Walton St. Tad —2F 100
Walton Ter. Wok —2D 74
Walton Way. Mitc —3G 44
Wanborough Dri. SW15 —2G 26
Wanborough Hill. Guild —6N 111
Wanborough La. Cranl —6B 156
Wandle Bank. SW19 —7A 28
Wandle Bank. Croy —9J 45
Wandle Clo. Ash —3E 110
Wandle Clo. M'bowr —4G 182
Wandle Ct. Croy —9J 45
Wandle Ct. Eps —1B 60
Wandle Ct. Gdns. Croy —9J 45
Wandle Pk. Trad. Est., The. Croy —7L 45
Wandle Rd. SW17 —3C 28
Wandle Rd. Bedd —9J 45
Wandle Rd. Croy —9N 45
Wandle Rd. Mord —3A 44
Wandle Rd. Wall —9F 44
Wandle Side. Croy —9K 45
Wandle Side. Wall —9F 44
Wandle Way. SW18 —2N 27
Wandle Way. Mitc —4D 44
Wandon Rd. SW6 —3N 13
Wandsworth Bri. SW6 & SW18 —6N 13
Wandsworth Bri. Rd. SW6 —4N 13
Wandsworth Enterprise Cen. SW18 —7N 13
Wandsworth Gyratory. (Junct.) —8N 13
Wandsworth High St. SW18 —8M 13
Wandsworth Plain. SW18 —8N 13
Wanmer Ct. Reig —2M 121
Wansdown Pl. SW6 —3N 13
Wansdyke Clo. Frim —6D 70
Wansford Grn. Wok —4J 73
Wanstraw Gro. Brack —6C 32
Wantage Clo. Brack —4C 32
Wantage Clo. M'bowr —6G 182
Wantage Rd. Col T —7J 49
Waplings, The. Tad —2G 100
Wapses Roundabout. (Junct.) —7E 84
Wapshott Rd. Stai —7G 20
Warbank Clo. New Ad —6A 66
Warbank Cres. New Ad —6A 66
Warbank La. King T —8E 26
Warbler's Grn. Cobh —1N 77
Warbleton Ho. Craw —6L 181
Warboys App. King T —7A 26
Warboys Rd. King T —7A 26
Warburton Clo. E Grin —9C 166
Warburton Rd. Twic —2B 24
Warbury La. Knap —2F 72
War Coppice Rd. Cat —5A 104
Ward Clo. S Croy —3B 64
Ward Clo. Wokgm —9C 14
Wardens Field Clo. Grn St —3N 67
Ward La. Warl —3F 84
Wardle Clo. Bag —4J 51
Wardley St. SW18 —1N 27
Wardo Av. SW6 —4K 13
Ward Rd. SW19 —9A 28
Ward Royal Est. Wind —4F 4
Ward's Pl. Egh —7E 20
Wards Stone Clo. Brack —6C 32
Wards Stone Pk. Brack —6C 32
Ward St. Guild —4N 113
Ware Ct. Sutt —1L 61
Wareham Clo. Houn —7B 10
Wareham Rd. Brack —3D 32
Warenne Ct. Reig —2L 121
Warenne Rd. Fet —9C 78
Warfield Rd. Brack —7A 16
Warfield Rd. Felt —1F 22
Warfield Rd. Hamp —9B 24
Warfield St. Brack —6A 16
Wargrove Dri. Col T —7J 49
Warham Rd. S Croy —2M 63
Waring St. SE27 —5N 29
Warkworth Gdns. Iswth —3G 10
Warlingham Rd. T Hth —3M 45
Warltersville Way. Horl —1G 162
Warminster Gdns. SE25 —1D 46
Warminster Rd. SE25 —1C 46
Warminster Sq. SE25 —1D 46
Warminster Way. Mitc —9F 28
Warner Av. Sutt —8K 43
Warner Clo. Hamp —6N 23
Warner Clo. Hayes —3E 8
Warner Clo. M'bowr —7G 182
Warner Pde. Hayes —3E 8
Warners La. Abry —1N 135
Warners La. Rich —5K 25
Warnford Ho. SW15 —9D 12 (off Tunworth Cres.)
Warnham Ct. Rd. Cars —4D 62
Warnham Ho. SW2 —1K 29 (off Up. Tulse Hill)
Warnham Mnr. Warn —1C 196
Warnham Rd. Broad H —4D 196
Warnham Rd. Craw —5E 182
Warnham Rd. H'ham —3H 197
Warramill Rd. G'ming —6K 133
Warren Av. Orp —2N 67
Warren Av. Rich —7A 12
Warren Av. S Croy —4G 64
Warren Av. Sutt —6L 61
Warren Clo. SE21 —1N 29
Warren Clo. Esh —1B 58
Warren Clo. Felb —7H 165
Warren Clo. Fleet —6C 88
Warren Clo. Sand —7F 48
Warren Ct. Croy —7B 46
Warren Ct. Wey —2B 56
Warren Cutting. King T —8C 26
Warren Down. Brack —9K 15
Warren Dri. Craw —1M 181
Warren Dri. Kgswd —9L 81
Warren Dri. N. Surb —7A 42
Warren Dri. S. Surb —7B 42
Warreners La. Wey —4E 56
Warren Footpath. Twic —2J 25
Warren Hill. Eps —3C 80
Warren Home Farm. Wok —6K 75
Warren Ho. Rd. Wokgm —7C 14
Warrenhyrst. Guild —4C 114
Warren La. Alb —8L 115
Warren La. Oxs —7C 58
Warren La. Oxt —3C 126
Warren La. Wok —5J 75
Warren Lodge Dri. Kgswd —2K 101
Warren Mead. Bans —2H 81
Warrenne Heights. Red —5B 122
Warrenne Rd. Brock —5B 120
Warrenne Way. Reig —3M 121
Warren Pk. King T —7B 26
Warren Pk. Thur —5K 151
Warren Pk. Warl —5G 85
Warren Pk. Cvn. Site. Tad —9B 100
Warren Pk. Rd. Sutt —3C 62
Warren Rise. Frim —4C 70
Warren Rise. N Mald —9C 26
Warren Rd. SW19 —7C 28
Warren Rd. Ashf —8F 22
Warren Rd. Bans —1H 81
Warren Rd. Chels —2N 67
Warren Rd. Croy —7C 46
Warren Rd. G'ming —4H 133
Warren Rd. Guild —4B 114
Warren Rd. King T —7B 26
Warren Rd. New H —6J 55
Warren Rd. Purl —8M 63
Warren Rd. Reig —2N 121
Warren Rd. Twic —9C 10
Warren Row. Asc —1H 33
Warren, The. Alder —3L 109
Warren, The. Asht —7M 79
Warren, The. Brack —3E 32
Warren, The. Cars —6C 62
Warren, The. E Hor —8G 96
Warren, The. Farnh —4K 109
Warren, The. Houn —3N 9
Warren, The. Oxs —8C 58
Warren, The. Tad —1K 101
Warren, The. Wor Pk —9C 42
Warren Way. Wey —2D 56
Warrington Clo. Bew —7K 181
Warrington M. Alder —4K 109
Warrington Rd. Croy —9M 45
Warrington Rd. Rich —8K 11
Warrington Spur. Old Win —1L 19
Warsop Trad. Est. Eden —3M 147
Warwick. Brack —5C 32
Warwick Av. Egh —9E 20
Warwick Av. Stai —7L 21
Warwick Clo. SW15 —1E 26
Warwick Clo. Alder —4A 110
Warwick Clo. Camb —3F 70
Warwick Clo. Hamp —8C 24
Warwick Clo. Holmw —4H 139
Warwick Deeping. Ott —2E 54
Warwick Dri. SW15 —6G 12
Warwick Gdns. Asht —4J 79
Warwick Gdns. Th Dit —4F 40
Warwick Gdns. T Hth —2L 45
Warwick Gro. Surb —6M 41
Warwick La. Wok —6K 73
Warwick Lodge. Twic —4B 24
Warwick Pl. Th Dit —5G 40
Warwick Quad. Red —2E 122 (off London Rd.)
Warwick Rd. SE20 —2E 46
Warwick Rd. W14 & SW5 —1L 13
Warwick Rd. Ashf —6N 21
Warwick Rd. Ash V —5E 90
Warwick Rd. Coul —1G 83
Warwick Rd. Holmw —4J 139
Warwick Rd. Houn —6J 9
Warwick Rd. King T —9J 25
Warwick Rd. N Mald —2B 42
Warwick Rd. Red —2D 122
Warwick Rd. Sutt —1A 62
Warwick Rd. Th Dit —4F 40
Warwick Rd. T Hth —2L 45
Warwick Rd. Twic —2E 24
Warwick's Bench. Guild —5N 113
Warwick's Bench La. Guild —6B 114
Warwick's Bench Rd. Guild —6A 114
Warwick Vs. Egh —9E 20
Warwick Wold Rd. Red —7L 103
Wasdale Clo. Owl —5J 49
Washford Clo. Bord —5A 168
Washford La. Lind —4A 168
Washington Clo. Reig —1M 121
Washington Dri. Wind —6B 4
Washington Rd. SW13 —3F 12
Washington Rd. Bew —6K 181
Washington Rd. King T —1N 41
Washington Rd. Wor Pk —8G 42
Washpond La. Warl —5M 85
Wasp Grn. La. Out —3N 143
Wassand Clo. Craw —3E 182
Watchetts Dri. Camb —4A 70
Watchetts Lake Clo. Camb —3B 70
Watchetts Rd. Camb —2N 69
Watchfield Ct. W4 —1B 12
Watchmoor Pk. Camb —3M 69
Watchmoor Rd. Camb —2M 69
Watcombe Cotts. Rich —2N 11
Watcombe Pl. SE25 —3E 46
Watcombe Rd. SE25 —4E 46
Watercress Way. Wok —4L 73
Waterden Clo. Guild —4B 114
Waterden Rd. Guild —4A 114
Waterer Gdns. Tad —5J 81
Waterer Rise. Wall —3H 63
Waterers Rise. Knap —4G 72
Waterfall Clo. Vir W —2K 35
Waterfall Cotts. SW19 —7B 28
Waterfall Rd. SW19 —7B 28
Waterfall Ter. SW17 —7C 28
Waterfield. Tad —6G 81
Waterfield Clo. H'ham —5L 197
Waterfield Dri. Warl —6F 84
Waterfield Gdns. SE25 —3B 46
Waterfield Gdns. Bew —5K 181
Waterfield Grn. Tad —7H 81
Waterfields. Lea —6H 79
Waterford Clo. Cobh —7M 57
Waterford Rd. SW6 —3N 13
Waterford Way. Wokgm —2B 30
Watergardens, The. King T —7B 26
Waterham Rd. Brack —5N 31
Waterhouse Clo. W6 —1J 13
Waterhouse La. Blet —1C 124
Waterhouse La. Kenl —6N 83
Waterhouse La. Kgswd —8K 81
Waterhouse Mead. Col T —8J 49
Waterlakes. Eden —3L 147
Waterlands La. H'ham —9M 177
Water La. Ab H —3J 137
Water La. Bisl —5E 52
Water La. Bookh —3L 97 (in two parts)
Water La. Cobh —2M 77
Water La. Eden —4F 146
Water La. Ent —7D 152
Water La. F'boro —7M 69
Water La. Farnh —8K 109
Water La. Guild —6K 115
Water La. King T —9K 25
Water La. Red —8M 103
Water La. Rich —8K 11
Water La. S God —7G 124
Water La. T'sey —4C 106
Water La. Twic —2G 25
Water La. W'ham —5M 107
Water Lea. Craw —4E 182
Waterloo Clo. Camb —8F 50
Waterloo Clo. Felt —2G 23
Waterloo Clo. Wokgm —3D 30
Waterloo Cres. Wokgm —3D 30
Waterloo Pl. Crowt —3G 49
Waterloo Pl. Rich —2N 11 (Kew)
Waterloo Pl. Rich —7L 11 (Richmond)
Waterloo Rd. Alder —3A 110
Waterloo Rd. Crowt —3F 48
Waterloo Rd. Eps —8C 60
Waterloo Rd. Sutt —2B 62
Waterloo Rd. Wokgm —3D 30
Waterlow Rd. Reig —4A 122
Waterman Clo. Bord —7A 168
Watermans Bus. Pk. Stai —5F 20
Watermans Clo. King T —8L 25
Watermans Ct. Bren —2L 11
Waterman St. SW15 —6J 13
Watermead. Felt —2F 22
Watermead. Tad —8G 81
Watermead. Wok —3J 73
Watermead La. Cars —6D 44
Watermeadow La. SW6 —5N 13
Watermill Clo. Rich —4J 25
Water Mill Ho. Felt —3A 24
Watermill Way. SW19 —9B 28
Watermill Way. Felt —3N 23
Waterperry La. Chob —6J 53
Water Rede. C Crook —1A 108
Waters Dri. Stai —4H 21
Watersedge. Eps —1B 60
Waterside. Beck —1J 47
Waterside. E Grin —9D 166
Waterside. Horl —6E 142
Waterside Clo. Bew —5K 181
Waterside Clo. Bord —5A 168
Waterside Clo. G'ming —6K 133
Waterside Clo. Surb —8L 41
Waterside Ct. Fleet —2C 88
Waterside Dri. W On T —4H 39
Waterside La. G'ming —8F 132
Waterside Meadows. Guild —1M 113
Waterside M. Fleet —2C 88
Waterside Pk. Ind. Est. Brack —1K 31
Waterside Rd. Guild —9N 93
Waterside Trad. Est. Add —1N 55
Waterside Way. SW17 —5A 28
Waterside Way. Wok —5L 73
Waterslade. Red —2D 122
Watersmeet Clo. Guild —7C 94
Waters Pl. SW15 —5H 13
Watersplash Clo. King T —2L 41
Watersplash La. Asc —9A 18
Watersplash La. Hayes —1H 9 (in two parts)
Watersplash La. Warf —7N 15
Watersplash Rd. Shep —3B 38
Waters Rd. King T —1A 42
Waters Sq. King T —2A 42
Water Tower Hill. Croy —1A 64
Water View. Horl —8H 143
Waterway Rd. Fet —9G 78
Waterworks Cotts. F Row —6H 187
Waterworks Dri. F Row —5H 187
Waterworks Yd. Croy —9N 45
Watery La. SW20 —1L 43
Watery La. Chob —6G 52
Watery La. C Crook —1A 108
Watery La. Hayes —1F 8
Watery La. Lyne —6F 36
Wates Way. Mitc —5D 44
Watford Clo. Guild —3B 114
Wathen Rd. Dork —4H 119
Watlings Clo. Croy —5H 47
Watney Rd. SW14 —6B 12
Watney's Rd. Mitc —4H 45
Watson Av. Sutt —8K 43
Watson Clo. SW19 —7C 28
Watson Clo. M'bowr —6G 182
Watson Ho. Reig —2M 121
Watson Rd. Westc —6C 118
Wattendon Rd. Kenl —3M 83
Watts Clo. Tad —9J 81
Watts Farm Pde. Chob —6J 53 (off Barnmead)
Watt's La. Tad —9J 81
Watts La. Tedd —6G 24
Watt's Mead. Tad —9J 81
Watts Rd. F'boro —9L 69
Watts Rd. Th Dit —6G 40
Wavendene Av. Egh —8D 20
Wavendon Av. W4 —1C 12
Waveney Wlk. Craw —5F 182
Waverleigh Rd. Cranl —9N 155
Waverley. Brack —4K 31
Waverley Av. Fleet —2A 88
Waverley Av. Kenl —3B 84
Waverley Av. Surb —5A 42
Waverley Av. Sutt —8N 43
Waverley Av. Twic —2N 23
Waverley Clo. Camb —2D 70
Waverley Clo. Farnh —1J 129
Waverley Clo. Hayes —1E 8
Waverley Clo. W Mol —4A 40
Waverley Cotts. Farnh —3B 130
Waverley Ct. H'ham —6H 197
Waverley Ct. Wok —5A 74
Waverley Dri. Ash V —7E 90
Waverley Dri. Camb —1D 70
Waverley Dri. Cher —9F 36
Waverley Dri. Vir W —2K 35
Waverley Gdns. Ash V —7E 90
Waverley La. Farnh —1J 129
Waverley Pl. Lea —9H 79
Waverley Rd. SE25 —3E 46
Waverley Rd. Bag —4J 51
Waverley Rd. Eps —2G 61
Waverley Rd. F'boro —2B 90
Waverley Rd. Stoke D & Oxs —1B 78
Waverley Rd. Wey —2B 56
Waverley Way. Cars —3C 62
Waverton Rd. SW18 —1A 28
Wavertree Ct. SW2 —2J 29
Wavertree Rd. SW2 —2K 29
Waye Av. Houn —4H 9
Wayland Clo. Brack —3D 32
Waylands. Wray —9A 6
Waylands Mead. Beck —1L 47
Waylett Pl. SE27 —4M 29
Wayman Rd. F'boro —6K 69
Wayne Clo. Orp —1N 67
Wayneflete Tower Av. Esh —9A 40
Waynflete Av. Croy —9M 45
Waynflete La. Farnh —1E 128
Waynflete St. SW18 —3A 28
Ways End. Camb —2C 70
Wayside. SW14 —8B 12
Wayside. If'd —5K 181
Wayside. New Ad —3L 65
Wayside Cotts. Churt —7J 149
Wayside Cotts. Dork —5K 137
Wayside Ct. Twic —9J 11
Wayside Ct. Wok —3H 73
Wayside Dri. Eden —9M 127
Way, The. Reig —2B 122
Weald Clo. H'ham —8L 197
Weald Clo. Shalf —9A 114
Weald Dri. Craw —4E 182

Wealdon Ct.—Weyside Rd.

Wealdon Ct. Guild —3J 113
Wealdstone Rd. Sutt —8L 43
Weald, The. E Grin —6B 166
Weald Way. Cat —6B 104
Weald Way. Reig —7A 122
Weare St. Dork —2C 178
Weasdale Ct. Wok —3J 73
Weatherall Clo. Add —2K 55
Weatherhill Clo. Horl —8K 143
Weatherhill Rd. Small —8K 143
Weaver Clo. If'd —4K 181
Weavers Clo. Iswth —7E 10
Weavers Gdns. Farnh —4E 128
Weavers Ter. SW6 —2M 13
(off Micklethwaite Rd.)
Weavers Yd. Farnh —1G 129
Weaver Wlk. SE27 —5N 29
Webb Clo. Bag —6J 51
Webb Clo. Binf —8K 15
Webb Clo. Craw —8N 181
Webb Ct. Wokgm —9D 14
Webb Ho. Felt —4M 23
Webb Rd. Witl —3N 151
Webster Clo. Oxs —1B 78
Websters Clo. Wok —7L 73
Weddell Rd. Craw —6D 182
Wedgwoods. Tats —8E 86
Wedgwood Way. SE19 —8N 29
Weighton M. SE20 —1E 46
Weighton Rd. SE20 —1E 46
Weihurst Ct. Sutt —2C 62
Weihurst Gdns. Sutt —2B 62
Weimar St. SW15 —6K 13
Weir Av. F'boro —2M 89
Weirbrook. Craw —6E 182
Weir Clo. F'boro —2M 89
Weir Pl. Stai —9G 21
Weir Rd. SW12 —2G 28
Weir Rd. SW19 —4N 27
Weir Rd. Cher —6K 37
Weir Rd. W On T —5H 39
Weiss Rd. SW15 —6J 13
Welbeck. Brack —4K 31
Welbeck Clo. Eps —4F 60
Welbeck Clo. F'boro —2L 89
Welbeck Clo. N Mald —4E 42
Welbeck Rd. Sutt & Cars —8B 44
Welbeck Wlk. Cars —7C 44
Welcomes Rd. Kenl —4A 84
Welcome Ter. Whyt —3C 84
Weldon Clo. C Crook —8C 88
Weldon Dri. W Mol —3N 39
Weldon Way. Red —7H 103
Welford Pl. SW19 —5K 27
Welham Rd. SW17 & SW16 —6E 28
Welhouse Rd. Cars —7C 44
Welland Clo. Slou —2D 6
Wellbrook Rd. Orp —1J 67
Wellburn Clo. Sand —8G 49
Well Clo. SW16 —5K 29
Well Clo. Camb —2N 69
Well Clo. Wok —4M 73
Weller Clo. Worth —4H 183
Weller Dri. Camb —3A 70
Weller Pl. Orp —7J 67
Wellers Clo. W'ham —5L 107
Wellers Ct. Shere —8B 116
Weller's La. Brack —3A 16
Wellesford Clo. Bans —4L 81
Wellesley Clo. Ash V —6D 90
Wellesley Clo. Bag —4G 51
Wellesley Ct. Sutt —7K 43
Wellesley Ct. Rd. Croy —8A 46
Wellesley Cres. Twic —3E 24
Wellesley Dri. Crowt —2D 48
Wellesley Garden. Farnh —5H 109
Wellesley Ga. Alder —3N 109
Wellesley Gro. Croy —8A 46
Wellesley Lodge. Sutt —4N 61
(off Worcester Rd.)
Wellesley Pde. Twic —4F 24
Wellesley Rd. W4 —1N 11
Wellesley Rd. Alder —1J 109
Wellesley Rd. Ash V —7D 90
(in two parts)
Wellesley Rd. Croy —7N 45
Wellesley Rd. F'boro —5J 89
Wellesley Rd. Sutt —3A 62
Wellesley Rd. Tilf —4N 149
Wellesley Rd. Twic —4D 24
Welley Av. Wray —7A 6
Welley Rd. Wray & Hort —9A 6
Well Farm Rd. Warl —6D 84
Wellfield. E Grin —2E 186
Wellfield Rd. SW16 —5J 29
Wellfield Wlk. SW16 —6K 29
Wellhouse Rd. Beck —3K 47
Wellhouse Rd. Bet —7B 120
Wellington Av. Alder —2K 109
Wellington Av. Fleet —3C 88
Wellington Av. Houn —8A 10
Wellington Av. Vir W —4L 35
Wellington Av. Wor Pk —9H 43
Wellington Bus. Pk. Crowt —3D 48
Wellington Cen., The. Alder —2M 109
Wellington Clo. Craw —9J 163
Wellington Clo. Sand —7H 49
Wellington Clo. W On T —7G 39
Wellington Cotts. E Hor —8F 96
Wellington Ct. SW6 —4N 13
(off Maltings Pl.)
Wellington Ct. Hamp —6D 24
Wellington Ct. Stanw —1N 21
Wellington Cres. N Mald —2B 42
Wellington Dri. Brack —4B 32
Wellington Dri. Purl —5K 63
Wellington Gdns. Alder —3L 109
Wellington Gdns. Twic —5D 24
Wellingtonia Av. Camb —1H 71
Wellingtonia Av. Crowt —3A 48
Wellingtonia Ho. Add —2J 55
Wellingtonia Roundabout. Crowt —3D 48
Wellingtonias. Warf P —8E 16
Wellingtonia Way. Eden —1L 147
Wellington La. Farnh —5J 109
Wellington Pl. Cobh —8A 58
Wellington Rd. SW19 —3M 27
Wellington Rd. Ashf —6N 21
Wellington Rd. Cat —9N 83
Wellington Rd. Crowt —3H 49
Wellington Rd. Croy —6M 45
Wellington Rd. Felt —8F 8
Wellington Rd. Hamp & Twic —6D 24
Wellington Rd. H'ham —6K 197
Wellington Rd. Sand —7G 48
Wellington Rd. Wokgm —2A 30
Wellington Rd. N. Houn —6N 9
Wellington Rd. S. Houn —7N 9
Wellington St. Alder —2M 109
Wellington Ter. Knap —5H 73
Wellington Ter. Sand —7H 49
Wellington Town Rd. E Grin —8N 165
Wellington Way. Horl —6D 142
Wellington Way. Wey —6A 56
Well La. SW14 —8B 12
Well La. Hasl —2H 189
Well La. Wok —4M 73
Well La. Wmly —1A 172
Wellow Wlk. Cars —7B 44
Wellpath. Wok —4M 73
Wells Clo. Bookh —2C 98
Wells Clo. H'ham —6F 196
Wells Clo. Red —8F 102
Wells Clo. Wind —4D 4
Wells Cotts. Farnh —4F 128
Wells Ho. Eps —1N 79
Wellside Gdns. SW14 —7B 12
Wells La. Asc —3M 33
Wells La. Norm —9N 91
Wells Lea. E Grin —7N 165
Wells Meadow. E Grin —7N 165
Wells Pl. Ind. Est. Mers —7F 102
Wells Rd. Craw —7C 182
Wells Rd. Eps —1N 79
Wells Rd. Guild —9E 94
Well Way. Eps —2N 79
Wellwood Clo. Coul —1J 83
Wellwood Clo. H'ham —4A 198
Wellwynds Rd. Cranl —8N 155
Welsingham Lodge. SW13 —4F 12
Weltje Rd. W6 —1F 12
Welwyn Av. Felt —9G 8
Welwyn Clo. Bew —7K 181
Wembley Rd. Hamp —9A 24
Wembury Pk. Newc —1H 165
Wendela Clo. Wok —5B 74
Wendley Dri. New H —6H 55
Wendling Rd. Sutt —7B 44
Wendover Dri. Frim —3G 70
Wendover Dri. N Mald —5E 42
Wendover Pl. Stai —6F 20
Wendover Rd. Stai —6E 20
Wendron Clo. Wok —5K 73
Wend, The. Coul —1H 83
Wendy Cres. Guild —1K 113
Wenlock Clo. Craw —5M 181
Wenlock Edge. Dork —7J 119
Wensleydale. Craw —6A 182
Wensleydale Dri. Camb —1H 71
Wensleydale Gdns. Hamp —8B 24
Wensleydale Pas. Hamp —8A 24
Wensleydale Rd. Hamp —8A 24
Wensley Dri. Fleet —2B 88
Wentworth Av. Asc —1G 33
Wentworth Clo. Ashf —5C 22
Wentworth Clo. Ash V —6E 90
Wentworth Clo. Crowt —1E 48
Wentworth Clo. Farnh —6L 109
Wentworth Clo. Mord —6M 43
Wentworth Clo. Orp —2N 67
Wentworth Clo. Rip —8K 75
Wentworth Clo. Surb —8K 41
Wentworth Clo. Yat —1C 68
Wentworth Ct. W6 —2K 13
(off Laundry Rd.)
Wentworth Ct. Twic —4E 24
Wentworth Cres. Ash V —7E 90
(in two parts)
Wentworth Dri. Craw —2H 183
Wentworth Dri. Vir W —3J 35
Wentworth Ho. Add —1K 55
Wentworth Rd. Croy —6L 45
Wentworth Rd. S'hall —1K 9
Wentworth Way. Asc —1G 33
Wentworth Way. S Croy —1D 84
Werndee Rd. SE25 —3D 46
Werter Rd. SW15 —7K 13
Wesco Ct. Wok —3C 74
Wescott Rd. Wokgm —2C 30
Wesley Av. Houn —5M 9
Wesley Clo. Craw —6K 181
Wesley Clo. Horl —6E 142
Wesley Clo. Reig —4L 121
Wesley Dri. Egh —7C 20
Wesley Pl. Wink —3M 17
Wessels. Tad —8J 81
Wessex Av. SW19 —2M 43
Wessex Clo. King T —9A 26
Wessex Ct. Beck —1H 47
Wessex Ct. Stanw —9N 7
Wessex Pl. Farnh —2H 129
Wessex Rd. H'row A —7L 7
W. Acres. Esh —4N 57
West Av. Craw —1E 182
West Av. Farnh —6J 109
West Av. Red —9E 122
West Av. Wall —2J 63
West Av. W Vill —5F 56
West Bank. Dork —6F 118
Westbank Rd. Hamp —7C 24
W. Barnes La. N Mald & SW20 —4G 42
Westbourne Av. Sutt —8K 43
Westbourne Ho. Houn —2A 10
Westbourne Rd. Col T —8K 49
Westbourne Rd. Croy —5C 46
Westbourne Rd. Felt —4G 22
Westbourne Rd. Stai —8K 21
Westbrook. F Row —6G 187
Westbrook Av. Hamp —8N 23
Westbrook Gdns. Brack —9B 16
Westbrook Hill. Elst —7F 130
Westbrook Rd. G'ming —6F 132
Westbrook Rd. Houn —3N 9
Westbrook Rd. Stai —6H 21
Westbrook Rd. T Hth —9N 29
Westbury Av. Clay —3F 58
Westbury Av. Fleet —5E 88
Westbury Clo. Crowt —1G 48
Westbury Clo. Fleet —5D 88
Westbury Clo. Shep —5C 38
Westbury Clo. Whyt —5C 84
Westbury Gdns. Farnh —8K 109
Westbury Gdns. Fleet —5E 88
Westbury Pl. Bren —2K 11
Westbury Rd. SE20 —1G 46
Westbury Rd. Beck —2H 47
Westbury Rd. Croy —5A 46
Westbury Rd. Felt —2L 23
Westbury Rd. N Mald —3C 42
Westbury Ter. W'ham —5L 107
Westcar La. W On T —3J 57
W. Chiltington La. H'ham —9M 195
West Clo. Ashf —5N 21
West Clo. Farnh —5J 109
West Clo. Fern —9F 188
West Clo. Hamp —7M 23
Westcombe Av. Croy —6J 45
Westcombe Clo. Brack —6C 32
West Comn. Rd. Hay & Kes —1D 66
Westcoombe Av. SW20 —9E 26
Westcote Rd. SW16 —6G 29
Westcott Clo. Craw —9A 182
Westcott Clo. New Ad —5L 65
Westcott Keep. Horl —7G 142
(off Langshott La.)
Westcott Rd. Dork —6E 118
Westcott Rd. Wokgm —2C 30
Westcotts Grn. Warf —7B 16
Westcott St. Westc —6B 118
Westcott Way. Sutt —6H 61
West Ct. Houn —3C 10
West Cres. Wind —4C 4
Westcroft Gdns. Mord —3L 43
Westcroft Rd. Cars & Wall —1E 62
Westcroft Sq. W6 —1F 12
W. Cromwell Rd. W14 & SW5 —1L 13
W. Cross Cen. Bren —2G 11
W. Cross Way. Bren —2H 11
W. Dean Clo. SW18 —9N 13
West Dene. Sutt —3K 61
Westdene Meadows. Cranl —7J 155
W. Dene Way. Wey —9F 38
West Down. Bookh —5B 98
West Dri. SW16 —5G 28
West Dri. Asc & Vir W —4G 34
(in two parts)
West Dri. Cars —6B 62
West Dri. Sutt —5J 61
West Dri. Tad —5J 81
W. End Gdns. Esh —2N 57
W. End Gro. Farnh —1F 128
W. End La. Esh —4N 57
W. End La. Fren —1D 148
W. End La. Hasl —9A 172
W. End La. Hayes —3D 8
W. End La. Warf —7N 15
W. End Rd. Warf —6N 15
Westerdale Dri. Frim —3F 70
Westerfolds Clo. Wok —4E 74
Westerham Clo. Add —3L 55
Westerham Clo. Sutt —6M 61
Westerham Hill. W'ham —8K 87
Westerham Rd. Kes —4F 66
Westerham Rd. Oxt —7B 106
Westermain. New H —6L 55
Western Av. Cher —2J 37
Western Av. Egh —2D 36
Western Cen., The. Brack —1L 31
Western Clo. Cher —2J 37
Western Dri. Shep —5E 38
Western International Mkt. S'hall —1J 9
Western La. SW12 —1E 28
Western Pde. Reig —6N 121
Western Perimeter Rd. W Dray & H'row A —6K 7
Western Pl. Dork —5G 119
Western Rd. SW19 & Mitc —9B 28
Western Rd. Alder —3K 109
Western Rd. Brack —9K 15
Western Rd. S'hall —1K 9
Western Rd. Sutt —2M 61
Western Ter. W6 —1F 12
(off Chiswick Mall)
W. Farm Av. Asht —5J 79
W. Farm Clo. Asht —6J 79
W. Farm Dri. Asht —6K 79
West Field. Asht —5M 79
Westfield. Dork —3G 136
Westfield. Reig —9N 101
Westfield Av. S Croy —9A 64
Westfield Av. Wok —8A 74
Westfield Clo. SW10 —3N 13
Westfield Clo. Sutt —1L 61
Westfield Comn. Wok —9A 74
Westfield Ct. Fleet —4B 88
Westfield Dri. Bookh —9B 78
Westfield Gro. Wok —7A 74
Westfield Ho. SW18 —2N 27
Westfield La. Wrec —5D 128
Westfield Pde. New H —6M 55
Westfield Rd. Beck —1J 47
Westfield Rd. Camb —4N 69
Westfield Rd. Craw —3N 181
Westfield Rd. Croy —8M 45
Westfield Rd. Mitc —1D 44
Westfield Rd. Sly I —8A 94
Westfield Rd. Surb —4K 41
Westfield Rd. Sutt —1L 61
Westfield Rd. W On T —6M 39
Westfield Rd. Wok —9N 73
Westfields. SW13 —6E 12
Westfields. Witl —5C 152
Westfields Av. SW13 —6D 12
Westfield Sq. Wok —9A 74
Westfield Way. Wok —9A 74
W. Flexford La. Wanb —3N 111
W. Fryerne. Yat —7C 48
West Gdns. SW17 —7C 28
West Gdns. Eps —6D 60
Westgate Clo. Eps —2C 80
Westgate Rd. SE25 —3E 46
Westgate Rd. Beck —1M 47
Westgate Ter. SW10 —1N 13
W. Glade. F'boro —1J 89
West Grn. Yat —8A 48
West Grn. Dri. Craw —2A 182
West Gro. W On T —2J 57
Westhall Pk. Warl —6F 84
W. Hall Rd. Rich —4A 12
Westhall Rd. Warl —5D 84
Westhatch La. Brack —5N 15
Westhay Gdns. SW14 —8A 12
W. Heath. Pirb —1A 92
W. Heath Rd. F'boro —1L 89
West Hill. SW15 & SW18 —1J 27
West Hill. Dor P —4A 166
West Hill. E Grin —1N 185
West Hill. Elst —8G 131
West Hill. Eps —9A 60
West Hill. Orp —8H 67
West Hill. Oxt —8N 105
West Hill. S Croy —6B 64
W. Hill Av. Eps —9A 60
W. Hill Bank. Oxt —8N 105
W. Hill Clo. Brkwd —7E 72
W. Hill Clo. Elst —8G 131
W. Hill Ct. Eps —9B 60
(off Court La.)
W. Hill Rd. SW18 —9L 13
W. Hill Rd. Wok —6N 73
W. Hoathly Rd. E Grin —4N 185
Westhorpe Rd. SW15 —6H 13
West Ho. Clo. SW19 —2K 27
Westhumble St. Westh —9H 99
W. Kensington Ct. W14 —1L 13
(off Edith Vs.)
W. Kensington Mans. W14
(off Beaumont Cres.) —1L 13
Westland Clo. Stai —9N 7
Westland Ct. F'boro —1J 89
Westlands. H'ham —5L 197
Westlands Ct. Eps —2B 80
Westlands Ter. SW12 —1G 28
Westlands Way. Oxt —5N 105
West La. Ab H —8L 117
West La. E Grin —1N 185
Westleas. Horl —6C 142
Westlees Clo. N Holm —8K 119
W. Leigh. E Grin —2A 186
Westleigh Av. SW15 —8G 13
Westleigh Av. Coul —3F 82
Westmacott Dri. Felt —2G 22
Westmead. SW15 —9G 12
West Mead. Eps —3D 60
Westmead. F'boro —2N 89
Westmead. Wind —6E 4
Westmead. Wok —4L 73
Westmead Corner. Cars —1C 62
Westmead Dri. Red —2E 142
Westmead Rd. Sutt —1B 62
W. Meads. Guild —4J 113
Westminster Av. T Hth —1M 45
Westminster Clo. Felt —2H 23
Westminster Clo. Fleet —3B 88
Westminster Clo. Tedd —6G 24
Westminster Ct. Wok —8C 74
Westminster Rd. Craw —4G 182
Westminster Rd. Sutt —8B 44
Westmont Rd. Esh —8E 40
Westmore Grn. Tats —7E 86
Westmoreland Dri. Sutt —4N 61
Westmoreland Rd. SW13 —4E 12
Westmoreland Rd. Brom —4N 47
Westmore Rd. Tats —8E 86
Westmorland Clo. Eps —6D 60
Westmorland Clo. Twic —9H 11
Westmorland Ct. Surb —6K 41
Westmorland Dri. Camb —3F 70
Westmorland Rd. Warf —8D 16
Westmorland Sq. Mitc —4J 45
(off Westmorland Way)
Westmorland Way. Mitc —4H 45
West Mt. Guild —5M 113
(in two parts)
Weston Av. Add —1K 55
Weston Av. Th Dit —6E 40
Weston Av. W Mol —3M 39
Weston Clo. Coul —7K 83
Weston Clo. G'ming —5H 133
Weston Ct. G'ming —5H 133
Weston Farm Cotts. Abry —8K 115
Westonfields. Abry —8L 115
Weston Gdns. Iswth —4E 10
Weston Gdns. Wok —3G 75
Weston Grn. Th Dit —7E 40
(in two parts)
Weston Grn. Rd. Esh & Th Dit
(in two parts) —7D 40
Weston Gro. Bag —5K 51
Weston Lea. Ock —3E 96
Weston Pk. King T —1L 41
Weston Pk. Th Dit —7E 40
Weston Pk. Clo. Th Dit —7E 40
Weston Rd. Eps —7D 60
Weston Rd. Guild —2K 113
Weston Rd. Th Dit —7E 40
Westons Clo. H'ham —1K 197
Weston Way. Wok —3G 75
Weston Yd. Abry —8L 115
Westover Clo. Sutt —5N 61
Westover Rd. SW18 —1A 28
Westover Rd. Fleet —4C 88
West Pal. Gdns. Wey —9C 38
West Pde. H'ham —4J 197
West Pk. Av. Rich —4A 12
West Pk. Clo. Houn —2N 9
West Pk. Rd. Copt —6C 164
West Pk. Rd. Eps —8M 59
West Pk. Rd. Hand —9N 199
West Pk. Rd. Newc —4D 164
West Pk. Rd. Rich —4N 11
West Pl. SW19 —6H 27
West Ramp. H'row A —4B 8
West Ring. Tong —5D 110
West Rd. Camb —1B 70
West Rd. Chess —8J 59
West Rd. F'boro —7N 69
West Rd. Felt —9E 8
West Rd. Guild —4A 114
West Rd. King T —9B 26
West Rd. Reig —4N 121
West Rd. Wey —5C 56
West Rd. Wokgm —6H 31
Westrow. SW15 —9H 13
W. Sheen Vale. Rich —7M 11
W. Side Comn. SW19 —6H 27
Westside Ct. W End —9B 52
West St. Bren —2J 11
West St. Cars —9D 44
West St. Craw —4B 182
West St. Croy —1N 63
West St. Dork —5G 119
West St. D'land —1C 166
West St. E Grin —1A 186
West St. Eps —9B 60
West St. Ewe —6D 60
West St. Farnh —2E 128
West St. Hasl —1G 189
West St. H'ham —6J 197
West St. Reig —3K 121
West St. Sutt —2N 61
West St. Wok —4B 74
West St. La. Cars —1D 62
W. Temple Sheen. SW14 —8A 12
West View. Felt —1D 22
W. View Av. Whyt —5C 84
Westview Clo. Red —5C 122
W. View Cotts. Dork —2A 160
W. View Gdns. E Grin —1A 186
W. View Rd. Head —5H 169
W. View Rd. Warl —6E 84
Westville Rd. Th Dit —7G 41
Westward Ho. Guild —1B 114
Westwates Clo. Brack —9B 16
Westway. SW20 —3G 43
West Way. Cars —6B 62
Westway. Cat —9A 84
Westway. Copt —7L 163
West Way. Craw —2E 182
West Way. Croy —8H 47
Westway. Guild —1J 113
Westway. Horl —3F 162
West Way. Houn —4N 9
West Way. Shep —5E 38
West Way. Slin —5L 195
West Way. W Wick —5N 47
Westway. Worm —1C 172
Westway Clo. SW20 —2G 43
W. Way Gdns. Croy —8G 47
Westway Gdns. Red —9E 102
Westways. Eden —1L 147
Westways. Eps —1E 60
Westways. W'ham —4L 107
Westwell M. SW16 —7J 29
Westwell Rd. SW16 —7J 29
Westwell Rd. App. SW16 —7J 29
Westwick Gdns. Houn —5J 9
Westwood Av. SE19 —9N 29
Westwood Av. Wdhm —8H 55
Westwood Clo. Esh —9D 40
Westwood Ct. Guild —2J 113
Westwood Gdns. SW13 —6E 12
Westwood La. Guild —1L 111
Westwood Rd. SW13 —6E 12
Westwood Rd. Coul —5H 83
Westwood Rd. W'sham —8B 34
Wetherby Gdns. SW5 —1N 13
Wetherby Gdns. F'boro —5A 90
Wetherby Mans. SW5 —1N 13
(off Earl's Ct. Sq.)
Wetherby M. SW5 —1N 13
Wetherby Pl. SW7 —1N 13
Wetherby Way. Chess —4L 59
Wettern Clo. S Croy —6B 64
Wetton Pl. Egh —6B 20
Wexfenne Gdns. Wok —3K 75
Wexford Rd. SW12 —1D 28
Wey Av. Cher —2J 37
Weybank. Wis —3N 75
Weybank Clo. Farnh —1H 129
Weybarton. Byfl —9A 56
Weybourne Pl. S Croy —6A 64
Weybourne Rd. Farnh & Alder —7K 109
Weybourne St. SW18 —3A 28
Weybridge Bus. Pk. Add —1N 55
Weybridge Mead. Yat —8D 48
Weybridge Pk. Wey —2B 56
Weybridge Rd. Add —1N 55
Weybridge Rd. T Hth —3L 45
Weybridge Trad. Est. Add —1N 55
Weybrook Dri. Guild —7D 94
Wey Clo. Ash —3E 110
Wey Clo. Camb —1N 69
Wey Clo. W Byf —9K 55
Weycombe Rd. Hasl —1G 189
Wey Ct. Eps —1B 60
Wey Ct. G'ming —5K 133
Wey Ct. New H —5M 55
Wey Ct. Clo. G'ming —5J 133
Weycrofts. Brack —8L 15
Weydon Farm La. Farnh —2G 128
Weydon Hill Clo. Farnh —3G 129
Weydon Hill Rd. Farnh —3G 129
Weydon La. Farnh —4E 128
Weydon Mill La. Farnh —2G 128
Weydown Clo. SW19 —2K 27
Weydown Clo. Guild —7K 93
Weydown Cotts. Hasl —8G 171
Weydown Ind. Est. Hasl —1G 188
Weydown La. Guild —7K 93
Weydown Rd. Hasl —2F 188
Wey Hill. Hasl —2E 188
Weylands Clo. W On T —7N 39
Weylands Pk. Wey —3E 56
Weylea Av. Guild —9C 94
Wey Mnr. Rd. New H —5M 55
Weymead Clo. Cher —7L 37
Wey Meadows. Add —2N 55
Weymede. Byfl —8A 56
Weymouth Ct. Sutt —4M 61
Wey Rd. G'ming —6K 133
Wey Rd. Wey —9A 38
Weyside. Farnh —1H 129
Weyside Clo. Byfl —8A 56
Weyside Gdns. Guild —1M 113
Weyside Rd. Guild —1L 113

Weysprings—Windlesham Ct.

Weysprings. Hasl —2E 188
Weystone Rd. Add —1A 56
Wey View Ct. Guild —4M 113
Weywood Clo. Farnh —5L 109
Weywood La. Farnh —5K 109
Whaley Rd. Wokgm —9C 14
Wharfedale Gdns. T Hth —3K 45
Wharfedale St. SW10 —1N 13
Wharfenden Way. Frim G —8D 70
Wharf La. Rip —5M 75
Wharf La. Send —1E 94
Wharf La. Twic —2G 24
Wharf Rd. Ash V —9E 90
Wharf Rd. Frim G —8D 70
Wharf Rd. Guild —3M 113
Wharf Rd. Wray —1M 19
Wharf St. G'ming —7H 133
Wharf, The. G'ming —7H 133
Wharf Way. Frim G —8E 70
Wharncliffe Gdns. SE25 —1B 46
Wharncliffe Rd. SE25 —1B 46
Whateley Rd. Guild —8L 93
Whatley Av. SW20 —2J 43
Whatley Grn. Brack —5N 31
Whatmore Clo. Stai —9J 7
Wheatash Rd. Add —8K 37
Wheatbutts, The. Eton W —1C 4
Wheatfield Way. Horl —7F 142
Wheatfield Way. King T —1L 41
Wheathill Rd. SE20 —1E 46
Wheat Knoll. Kenl —3N 83
Wheatlands. Houn —2A 10
Wheatlands Rd. SW17 —4E 28
Wheatley. Brack —4K 31
Wheatley Ho. SW15 —1F 26
(off Tangley Gro.)
Wheatley Rd. Iswth —6F 10
Wheatsheaf Clo. H'ham —3L 197
Wheatsheaf Clo. Ott —3F 54
Wheatsheaf Clo. Wok —3A 74
Wheatsheaf La. SW6 —3H 13
Wheatsheaf La. Stai —8H 21
Wheatsheaf Ter. SW6 —3L 13
Wheatstone Clo. Craw —7F 162
Wheatstone Clo. Mitc —9C 28
Wheeler Av. Oxt —7N 105
Wheeler La. Witl —4B 152
Wheeler Rd. M'bowr —5F 182
Wheelers La. Brock —5A 120
Wheelers La. Eps —1A 80
Wheelers La. Small —9L 143
Wheelerstreet. Witl —4C 152
Wheelers Way. Felb —7H 165
Wheelwrights La. Gray —5M 169
Wheelwrights Pl. Coln —3E 6
Whelan Way. Wall —9H 45
Wherwell Rd. Guild —5M 113
Whetstone Rd. F'boro —1H 89
Whimbrel Clo. S Croy —7A 64
Whinfell Clo. SW16 —6H 29
Whin Holt. Fleet —7B 88
Whins Clo. Camb —2N 69
Whins Dri. Camb —2N 69
Whipley Clo. Guild —7D 94
Whistler Clo. Craw —6D 182
Whistler Gro. Col T —9J 49
Whistley Clo. Brack —2C 32
Whitby Clo. Big H —6D 86
Whitby Clo. F'boro —4C 90
Whitby Gdns. Sutt —8B 44
Whitby Rd. Sutt —8B 44
Whitchurch Clo. Alder —6B 110
White Acres Rd. Myt —1D 90
Whitebeam Dri. Reig —6N 121
Whitebeam Gdns. F'boro —2H 89
White Beam Way. Tad —8F 80
White Beech La. C'fold —4K 173
Whiteberry Rd. Dork —3B 138
Whitebines. Farnh —1J 129
White Bri. Av. Mitc —2B 44
Whitebridge Clo. Felt —9G 8
Whitebushes. Red —8E 122
White City. Crowt —2J 49
(in two parts)
White Cottage Clo. Farnh —6J 109
Whitecroft. Horl —7F 142
Whitecroft Clo. Beck —3N 47
Whitecroft Way. Beck —4M 47
White Down La. Dork —4K 117
Whitefield Av. Purl —3L 83
Whitefield Clo. SW15 —9K 13
Whitegates. Whyt —6D 84
Whitegates. Wok —7B 74
Whitegate Way. Tad —7G 81
Whitehall Cres. Chess —2K 59
Whitehall Dri. If'd —3K 181
Whitehall Farm La. Vir W —2A 36
Whitehall Gdns. W4 —2A 12
Whitehall La. Egh —8B 20
Whitehall La. S Pk —7L 121
Whitehall La. Wray —9C 6
Whitehall Pk. Rd. W4 —2A 12
Whitehall Pl. Wall —1F 62
Whitehall Rd. T Hth —4L 45
White Hart Clo. Hayes —2E 8
White Hart Ct. H'ham —4J 197
White Hart Ct. Rip —8L 75
White Hart Ind. Est. B'water —2K 69
White Hart La. SW13 —5D 12
White Hart La. Wood S —2D 112
White Hart Meadows. Rip —8L 75
White Hart Row. Cher —6J 37
Whitehead Clo. SW18 —1A 28
White Heron M. Tedd —7F 24
White Hill. Chips —1C 102
White Hill. S Croy —6A 64
White Hill. W'sham —1M 51
Whitehill Clo. Camb —8B 50
Whitehill La. Blet —5A 104
Whitehill La. Cobh —1D 96
Whitehill Pl. Vir W —4A 36
Whitehill Rd. Stand —8A 168
Whitehorn Gdns. Croy —8E 46
White Horse Dri. Eps —1B 80
Whitehorse La. SE25 —3A 46
White Horse La. Rip —8L 75
Whitehorse Rd. Croy & T Hth —6N 45
Whitehorse Rd. H'ham —2A 198
White Horse Rd. Wind —6A 4
White Ho. SW4 —1H 29
(off Clapham Pk. Est.)
White House. Add —1L 55
White Ho. Dri. Guild —3D 114
White Ho. Gdns. Yat —8B 48
White Ho. La. Guild —7N 93
White Ho. Wlk. Farnh —5J 109
Whiteknights. Cars —7B 62
White Knights Rd. Wey —4D 56
White Knobs Way. Cat —3D 104
Whitelands Dri. Asc —9H 17
White La. Ash & Tong —3G 110
White La. Guild —5E 114
White La. Oxt —1D 106
Whiteley. Wind —3B 4
Whiteley's Cotts. W14 —1L 13
Whiteley's Way. Felt —4A 24
White Lilies Island. Wind —3D 4
White Lion Ct. Iswth —6H 11
White Lion Wlk. Guild —4N 113
White Lion Way. Yat —8C 48
White Lodge. SE19 —8M 29
White Lodge Clo. Sutt —4A 62
Whitelodge Gdns. Red —2E 142
Whitely Hill. Worth —8K 183
Whitemore Rd. Guild —8N 93
White Oak Dri. Beck —1M 47
Whiteoaks. Bans —9N 61
Whitepost Hill. Red —3C 122
(in two parts)
White Post La. Wrec —7F 128
White Rd. Bet & Tad —2N 119
White Rd. Col T —9L 49
White Rose La. Lwr Bo —4H 129
White Rose La. Wok —5B 74
Whites La. Dat —2L 5
Whites Rd. F'boro —4C 90
Whitestile Rd. Bren —1J 11
Whiteswan M. W4 —1D 12
Whitethorn Av. Coul —2E 82
Whitethorn Clo. Ash —3F 110
Whitethorn Cotts. Cranl —5K 155
Whitethorn Gdns. Croy —8E 46
Whitewalls. Craw —3L 181
(off Rusper Rd.)
White Way. Bookh —4B 98
Whitewood Cotts. Tats —7E 86
Whitewood La. S God —5D 144
Whitfield Clo. Guild —9K 93
Whitfield Clo. Hasl —8G 171
Whitfield Rd. Hasl —9G 171
Whitford Gdns. Mitc —2D 44
Whitgift Av. S Croy —2N 63
Whitgift Cen. Croy —8N 45
Whitgift Sq. Croy —8N 45
Whitgift St. Croy —9N 45
Whitgift Wlk. Craw —6B 182
Whither Dale. Horl —7C 142
Whitland Rd. Cars —7B 44
Whitlet Clo. Farnh —2G 128
Whitley Clo. Stai —9N 7
Whitley Rd. Yat —2C 68
Whitlock Dri. SW19 —2K 27
Whitmead Clo. S Croy —3B 64
Whitmead La. Tilf —7B 130
Whitmoor La. Guild —4N 93
Whitmoor Rd. Bag —4K 51
Whitmoor Vale. Gray —2K 169
Whitmoor Vale Rd. Hind —2L 169
Whitmore Clo. Owl —7J 49
Whitmore Grn. Farnh —6K 109
Whitmore La. Asc —4D 34
Whitmore Rd. Beck —2J 47
Whitmores Clo. Eps —2B 80
Whitmore Way Horl —7C 142
Whitnell Way. SW15 —8H 13
Whitstable Clo. Beck —1J 47
Whittaker Av. Rich —8K 11
Whittaker Ct. Asht —4K 79
Whittaker Pl. Rich —8K 11
(off Whittaker Av.)
Whittaker Rd. Sutt —9L 43
Whittingham Ct. W4 —3D 12
Whittingstall Rd. SW6 —4L 13
Whittington Rd. Craw —6B 182
Whittlebury Clo. Cars —4D 62
Whittle Clo. Sand —6F 48
Whittle Cres. F'boro —7L 69
Whittle Rd. Houn —3K 9
Whittle Way. Craw —6E 162
Whitton Dene. Houn & Iswth —8C 10
Whitton Mnr. Rd. Iswth —9C 10
Whitton Rd. Brack —2D 32
Whitton Rd. Houn —7B 10
Whitton Rd. Twic —9E 10
Whitton Waye. Houn —9A 10
Whitworth Rd. SE25 —2B 46
Whitworth Rd. Craw —8B 162
Whopshott Av. Wok —3M 73
Whopshott Clo. Wok —3M 73
Whopshott Dri. Wok —3M 73
Whynstones Rd. Asc —5L 33
Whyteacre. Whyt —7E 84
Whyte Av. Alder —4B 110
Whytebeam View. Whyt —5C 84
Whytecliffe Rd. N. Purl —7M 63
Whytecliffe Rd. S. Purl —7L 63
Whytecroft. Houn —3L 9
Whyteleafe Bus. Village. Whyt —4C 84
Whyteleafe Hill. Whyt —7B 84
(in two parts)
Whyteleafe Rd. Cat —7B 84
Wicket Hill. Wrec —5F 128
Wickets, The. Ashf —5N 21
Wicket, The. Croy —2K 65
Wickham Av. Croy —8H 47
Wickham Av. Sutt —2H 61
Wickham Chase. W Wick —7N 47
Wickham Clo. Bag —1J 51
Wickham Clo. C Crook —7A 88
Wickham Clo. Horl —7D 142
Wickham Clo. N Mald —5E 42
Wickham Ct. C Crook —7A 88
Wickham Ct. Rd. W Wick —8M 47
Wickham Cres. W Wick —8M 47
Wickham La. Egh —8C 20
Wickham Pl. C Crook —7A 88
Wickham Rd. Beck —1L 47
Wickham Rd. Camb —7C 50
Wickham Rd. C Crook —7A 88
Wickham Rd. Croy —8G 46
Wickham Vale. Brack —5K 31
Wickham Way. Beck —3M 47
Wickhurst Gdns. Broad H —5E 196
Wickland Ct. Craw —6B 182
Wick La. Egh —7J 19
Wick Rd. Egh —9K 19
Wick Rd. Tedd —8H 25
Wick's Grn. Binf —5G 15
Wicks La. Shur R —1D 14
Wicksteed Ho. Bren —1M 11
Wide Way. Mitc —2H 45
Widgeon Way. H'ham —3J 197
Widmer Ct. Houn —5M 9
Wient, The. Coln —3E 6
Wiggett Gro. Binf —7H 15
Wiggie La. Red —1E 122
Wiggins Yd. G'ming —7H 133
Wigley Rd. Felt —3L 23
Wigmore La. Dork —1J 159
Wigmore Rd. Cars —8B 44
Wigmore Wlk. Cars —8B 44
Wilberforce Clo. Craw —9A 182
Wilberforce Way. SW19 —7J 27
Wilberforce Way. Brack —4B 32
Wilbury Av. Sutt —6L 61
Wilbury Rd. Wok —4N 73
Wilcot Clo. Bisl —3D 72
Wilcot Gdns. Bisl —3D 72
Wilcox Gdns. Shep —2N 37
Wilcox Rd. Sutt —1N 61
Wilcox Rd. Tedd —5D 24
Wildacre Clo. Ifold —5F 192
Wild Acres. W Byf —7L 55
Wildbank Ct. Wok —5B 74
Wildcroft Dri. N Holm —8K 119
Wildcroft Dri. Wokgm —7A 30
Wildcroft Mnr. SW15 —1H 27
Wildcroft Rd. SW15 —1H 27
Wildcroft Wood. Witl —4A 152
Wilde Pl. SW18 —1B 28
Wilderness Ct. Guild —5J 113
Wilderness Rise. Dor P —5C 166
Wilderness Rd. Frim —4C 70
Wilderness Rd. Guild —5J 113
Wilderness Rd. Oxt —8N 105
Wilderness, The. E Mol —6E 40
Wilderness, The. Hamp —5B 24
Wilders Clo. Brack —8M 15
Wilders Clo. Frim —3C 70
Wilders Clo. Wok —5M 73
Wilderwick Rd. Ling & E Grin —3C 166
Wildfield Clo. Wood S —2E 112
Wildgoose Dri. H'ham —5F 196
Wildridings Rd. Brack —3M 31
Wildridings Sq. Brack —3M 31
Wild Wood. H'ham —5F 196
Wildwood Clo. Cranl —9A 156
Wildwood Clo. E Hor —3G 96
Wildwood Clo. Wok —2H 75
Wildwood Ct. Kenl —2A 84
Wildwood Gdns. Yat —2B 68
Wildwood La. Cranl —4J 175
Wilfred Owen Clo. SW19 —7A 28
Wilfred St. Wok —5N 73
Wilhelmina Av. Coul —6G 83
Wilkins Clo. Hayes —1G 9
Wilkins Clo. Mitc —9C 28
Wilkinson Ct. SW17 —5B 28
Wilkinson Ct. Craw —8N 181
Wilks Gdns. Croy —7H 47
Willats Clo. Cher —5H 37
Willcocks Clo. Chess —9L 41
Willett Pl. T Hth —4L 45
Willett Rd. T Hth —4L 45
Willey Broom La. Cat —3L 103
Willey Farm La. Cat —4N 103
Willey La. Cat —3A 104
William Banfield Ho. SW6 —5L 13
(off Munster Rd.)
William Clo. SW6 —3K 13
(off Dawes Rd.)
William Ellis Clo. Old Win —8K 5
William Evelyn Ct. Wott —8N 117
William Farthing Clo. Alder —2M 109
William Gdns. SW15 —8G 13
William Hitchcock Ho. F'boro —6N 69
William Morris Ho. W6 —2J 13
(off Margravine Rd.)
William Morris Way. SW6 —6N 13
William Morris Way. Craw —9N 181
William Rd. SW19 —8K 27
William Rd. Cat —9A 84
William Rd. Guild —3M 113
William Rd. Sutt —2A 62
William Russell Ct. Wok —5H 73
Williams Clo. Add —2K 55
Williams Clo. Ewh —5F 156
William Sim Wood. Wink R —7F 16
William's La. SW14 —6B 12
Williams La. Mord —4A 44
Williamson Clo. G'wood —8K 171
Williams Rd. S'hall —1M 9
Williams Ter. Croy —3L 63
William St. Cars —9C 44
William St. Wind —4G 4
William's Wlk. Guild —8L 93
Williams Way. Craw —3F 182
Williams Way. Fleet —4D 88
Willian Pl. Hind —3C 170
Willingham Way. King T —2N 41
Willington Clo. Camb —9N 49
Willis Av. Sutt —3C 62
Willis Clo. Eps —1A 80
Willis Ct. T Hth —5L 45
Willis Rd. Croy —6N 45
Will Miles Ct. SW19 —8A 28
Willmore End. SW19 —9N 27
Willoughby Av. Croy —1K 63
Willoughby Rd. Brack —2L 31
Willoughby Rd. King T —9M 25
Willoughby Rd. Twic —8J 11
Willoughbys, The. SW14 —6D 12
Willow Av. SW13 —5E 12
Willow Bank. SW6 —6K 13
Willowbank. Coul —1J 83
Willow Bank. Rich —4H 25
Willow Bank. Wok —9B 74
Willowbank Gdns. Tad —9G 81
Willow Brean. Horl —6C 142
Willowbrook. Eton —1G 4
Willowbrook Rd. Stai —3N 21
Willow Bus. Cen., The. Mitc —5D 44
Willow Clo. Bear G —7J 139
Willow Clo. Bord —6A 168
Willow Clo. Bren —2J 11
Willow Clo. Coln —3E 6
Willow Clo. Craw —1C 182
Willow Clo. E Grin —7N 165
Willow Clo. Myt —1C 90
Willow Clo. Wdhm —7H 55
Willow Corner. Charl —3L 161
Willow Cotts. Hanw —4M 23
Willow Cotts. Rich —2N 11
Willow Ct. W4 —3D 12
(off Corney Reach Way)
Willow Ct. Ash V —6E 90
Willow Ct. Frim —5B 70
(off Grove Cross Rd.)
Willow Ct. Horl —6F 142
Willow Ct. Tad —1G 101
Willow Cres. F'boro —7N 69
Willowdene Clo. Twic —1C 24
Willow Dri. Brack —9A 16
Willow Dri. Norm —3N 111
Willow Dri. Rip —2J 95
Willow End. Surb —7L 41
Willow Farm La. SW15 —6G 13
Willowfield. Craw —4A 182
Willowford. Yat —9C 48
Willow Gdns. Houn —4A 10
Willow Glade. Reig —6N 121
Willow Grn. N Holm —9H 119
Willow Grn. W End —9C 52
Willowhayne Dri. W On T —6J 39
Willowhayne Gdns. Wor Pk —9H 43
Willowherb Clo. Wokgm —1D 30
Willow Ho. Brom —1N 47
Willow La. B'water —2J 69
Willow La. Guild —2C 114
Willow La. Mitc —4D 44
Willow Lodge. SW6 —4H 13
Willow Mead. Dork —4G 119
Willow Mead. E Grin —1B 186
Willowmead. Stai —9K 21
Willow Mead. Witl —5B 152
Willowmead Clo. Wok —3K 73
Willowmere. Esh —1C 58
Willow M. Witl —5C 152
Willow Mt. Croy —9B 46
Willow Pk. Ash —2D 110
Willow Pl. Eton —2F 4
Willow Ridge. Turn H —6D 184
Willow Rd. Coln —5G 7
Willow Rd. G'ming —3J 133
Willow Rd. H'ham —3A 198
Willow Rd. N Mald —3B 42
Willow Rd. Red —6A 122
Willow Rd. Wall —4F 62
Willow Rd. W End —9C 52
Willows Av. Mord —4N 43
Willows End. Sand —7G 48
Willows Lodge. Wind —3A 4
Willows Mobile Home Pk., The. Guild —9A 92
Willows Path. Eps —1A 80
Willows Riverside Pk. Wind —3A 4
Willows, The. Brack —3D 32
Willows, The. Byfl —9N 55
Willows, The. C'fold —5D 172
Willows, The. Clay —3E 58
Willows, The. Guild —1F 114
Willows, The. H'ham —3K 197
Willows, The. Light —6A 52
Willows, The. Red —4D 122
Willows, The. Wey —9B 38
Willows, The. Wind —3A 4
Willow Tree Clo. SW18 —2N 27
Willowtree Way. T Hth —9L 29
Willow Vale. Fet —1B 98
(in two parts)
Willow View. SW19 —9B 28
Willow Wlk. Cher —6J 37
Willow Wlk. Egh —6M 19
Willow Wlk. Orp —1K 67
Willow Wlk. Red —5F 122
Willow Wlk. Shere —8B 116
Willow Wlk. Sutt —9L 43
Willow Way. Alder —4C 110
Willow Way. Eps —3C 60
Willow Way. Farnh —6J 109
Willow Way. God —1E 124
Willow Way. Guild —8L 93
Willow Way. Sand —6E 48
Willow Way. Sun —3H 39
Willow Way. Twic —3B 24
Willow Way. W Byf —7L 55
Willow Way. Wok —8A 74
Willow Wood Cres. SE25 —5B 46
Wills Cres. Houn —9B 10
Willson Rd. Egh —6L 19
Wilmar Gdns. W Wick —7L 47
Wilmer Clo. King T —6M 25
Wilmer Cres. King T —6M 25
Wilmerhatch La. Eps —5A 80
Wilmington Av. W4 —3C 12
Wilmington Clo. Craw —8A 182
Wilmington Ct. SW16 —8J 29
Wilmot Clo. Binf —7H 15
Wilmot Cotts. Bans —2N 81
Wilmot Rd. Cars —2D 62
Wilmot Rd. Purl —8L 63
Wilmots Clo. Reig —2A 122
Wilmot's La. Horne —4A 144
Wilmot Way. Bans —1M 81
Wilmot Way. Camb —3D 70
Wilna Rd. SW18 —1A 28
Wilson Av. Mitc —8C 28
Wilson Clo. M'bowr —6H 183
Wilson Clo. S Croy —2A 64
Wilson Clo. W Dray —2M 7
Wilson Dri. Ott —2D 54
Wilson M. SW15 —8F 12
Wilson Rd. Alder —3B 110
Wilson Rd. Chess —3M 59
Wilson Rd. F'boro —2L 89
Wilsons. Tad —8J 81
Wilson's Rd. W6 —1J 13
Wilsons Rd. Head —4G 169
Wilson Wlk. W4 —1E 12
(off Prebend Gdns.)
Wilson Way. H'ham —3K 197
Wilson Way. Wok —3N 73
Wilstrode Av. Binf —7L 15
Wilton Av. W4 —1D 12
Wilton Clo. W Dray —2M 7
Wilton Ct. F'boro —2B 90
Wilton Cres. SW19 —8L 27
Wilton Cres. Wind —7A 4
Wilton Gdns. W On T —7L 39
Wilton Gdns. W Mol —2A 40
Wilton Gro. SW19 —8L 27
Wilton Gro. N Mald —5E 42
Wilton Pde. Felt —3J 23
Wilton Pl. New H —5M 55
Wilton Rd. SW19 —8C 28
Wilton Rd. Camb —3N 69
Wilton Rd. Houn —6L 9
Wilton Rd. Red —4D 122
Wilton Row. SW6 —3K 13
Wiltshire Av. Crowt —1G 48
Wiltshire Dri. Wokgm —1C 30
Wiltshire Gdns. Twic —2C 24
Wiltshire Gro. Warf —7D 16
Wiltshire Rd. T Hth —2L 45
Wiltshire Rd. Wokgm —9B 14
Wilverley Cres. N Mald —5D 42
Wilwood Rd. Brack —9K 15
Wimbart Rd. SW2 —1K 29
Wimbledon Bri. SW19 —7L 27
Wimbledon Clo. Camb —6D 50
Wimbledon Hill Rd. SW19 —7K 27
Wimbledon Pk. Rd. SW19 & SW18 —3K 27
Wimbledon Pk. Side. SW19 —4J 27
Wimbledon Rd. SW17 —5A 28
Wimbledon Rd. Camb —6D 50
Wimbledon Stadium Bus. Cen. SW17 —4N 27
Wimblehurst Ct. H'ham —4K 197
Wimblehurst Rd. H'ham —4J 197
Wimborne Av. Red —8D 122
Wimborne Av. S'hall —1A 10
Wimborne Clo. Eps —9D 60
Wimborne Clo. Wor Pk —7H 43
Wimborne Way. Beck —2G 47
Wimbourne Ct. SW12 —4G 28
Wimland Hill. H'ham —7C 180
Wimland Rd. H'ham —4A 180
Wimlands La. Fay —7C 180
Wimpole Clo. King T —1M 41
Wimshurst Clo. Croy —7J 45
Wincanton Rd. SW18 —1L 27
Winch Clo. Binf —6H 15
Winchcombe Clo. Fleet —5B 88
Winchcombe Rd. Cars —6B 44
Winchelsea Clo. SW15 —8J 13
Winchelsey Rise. S Croy —3C 64
Winchendon Rd. SW6 —4L 13
Winchendon Rd. Tedd —5D 24
Winchester Av. Houn —2N 9
Winchester Clo. Coln —4G 7
Winchester Clo. Esh —1A 58
Winchester Clo. King T —8A 26
Winchester Rd. Ash —1E 110
Winchester Rd. Craw —7C 182
Winchester Rd. Felt —4N 23
Winchester Rd. Hayes —3F 8
Winchester Rd. Tilf —3N 149
Winchester Rd. Twic —9H 11
Winchester Rd. W On T —7H 39
Winchester St. F'boro —5A 90
Winchester Way. B'water —9H 49
Winches, The. Colg —2H 199
Winchet Wlk. Croy —5F 46
Winchfield Ho. SW15 —9E 12
Winchgrove Rd. Brack —8M 15
Winchilsea Cres. W Mol —1C 40
Winchstone Clo. Shep —3A 38
Windall Clo. SE19 —1D 46
Windborough Rd. Cars —4E 62
Windermere Av. SW19 —2N 43
Windermere Clo. Egh —8C 20
Windermere Clo. F'boro —2K 89
Windermere Clo. Felt —2G 22
Windermere Clo. Stai —2N 21
Windermere Ct. SW13 —2E 12
Windermere Ct. Kenl —2M 83
Windermere Rd. SW15 —5D 26
Windermere Rd. SW16 —9G 29
Windermere Rd. Coul —2J 83
Windermere Rd. Croy —7C 46
Windermere Rd. Light —6M 51
Windermere Rd. W Wick —8N 47
Windermere Wlk. Camb —1H 71
Windermere Way. Farnh —6F 108
Windermere Way. Reig —2C 122
Windfield. Lea —8H 79
Windgates. Guild —9E 94
Windham Av. New Ad —6N 65
Windham Rd. Rich —6M 11
Windings, The. S Croy —7C 64
Winding Wood Dri. Camb —2F 70
Windlebrook Grn. Brack —9M 15
Windle Clo. W'sham —3A 52
Windlesham Ct. W'sham —9N 33

Windlesham Ct. Dri.—Woodside

Windlesham Ct. Dri. W'sham —1N 51
Windlesham Gro. SW19 —2J 27
Windlesham Rd. Brack —9L 15
Windlesham Rd. Chob —4D 52
Windlesham Rd. W End —7B 52
Windmill Av. Eps —7E 60
Windmill Bus. Village. Sun —9F 22
Windmill Clo. Cat —8N 83
Windmill Clo. Eps —8E 60
Windmill Clo. Horl —8F 142
Windmill Clo. H'ham —4N 197
Windmill Clo. Sun —8F 22
Windmill Clo. Surb —7J 41
Windmill Clo. Wind —5E 4
Windmill Ct. Craw —1B 182
Windmill Dri. Head —3G 168
Windmill Dri. Kes —1E 66
Windmill Dri. Lea —1J 99
Windmill Dri. Reig —1B 122
Windmill End. Eps —8E 60
Windmill Field. W'sham —3N 51
Windmill Gro. Croy —5N 45
Windmill Hill. Alder —3A 110
Windmill La. Ash W —2E 186
Windmill La. E Grin —7N 165
Windmill La. Eps —8E 60
Windmill La. Surb —5H 41
Windmill M. W4 —1D 12
Windmill Pas. W4 —1D 12
Windmill Platt. Hand —8N 199
Windmill Rise. King T —8A 26
Windmill Rd. SW18 —1B 28
Windmill Rd. SW19 —5G 27
Windmill Rd. W4 —1D 12
Windmill Rd. W5 & Bren —1J 11
Windmill Rd. Alder —3A 110
Windmill Rd. Brack —9L 15
Windmill Rd. Croy —6N 45
Windmill Rd. Hamp —6B 24
Windmill Rd. Mitc —4G 44
Windmill Rd. Sun —1F 38
Windmill Rd. W. Sun —1F 38
Windmill Ter. Shep —6F 38
Windmill Way. Reig —1B 122
Windrum Clo. H'ham —8F 196
Windrush Clo. W4 —4B 12
Windrush Clo. Brmly —5B 134
Windrush Clo. Craw —5L 181
Windrush Heights. Sand —7F 48
Windsor Av. SW19 —9A 28
Windsor Av. N Mald —4B 42
Windsor Av. Sutt —9K 43
Windsor Av. W Mol —2A 40
Windsor Castle. Wind —4H 5
Windsor Clo. SE27 —5N 29
Windsor Clo. Bren —2H 11
Windsor Clo. Craw —7A 182
Windsor Clo. Guild —5J 113
Windsor Ct. Alder —2L 109
(off Queen Elizabeth Dri.)
Windsor Ct. Brack —3A 32
Windsor Ct. Chob —5H 53
Windsor Ct. Fleet —4B 88
Windsor Ct. H'ham —5M 197
Windsor Ct. Sun —8H 23
Windsor Ct. Whyt —5C 84
Windsor Ct. Rd. Chob —5H 53
Windsor Cres. Farnh —6G 108
Windsor Dri. Ashf —5M 21
Windsor & Eton Relief Rd. Wind —4E 4
Windsor Forest Ct. Asc —9H 17
Windsor Gdns. Ash —3D 110
Windsor Gdns. Croy —9J 45
Windsor Gro. SE27 —5N 29
Windsor M. SW18 —1A 28
(off Wilna Rd.)
Windsor Pk. Rd. Hayes —3G 8
Windsor Pl. Cher —5J 37
Windsor Pl. E Grin —1C 186
Windsor Ride. Brack & Asc —5D 32
Windsor Ride. Camb & Crowt —7M 49
Windsor Rd. Asc & Wind —2J 33
Windsor Rd. Chob —1F 52
Windsor Rd. Dat —3K 5
Windsor Rd. F'boro —4B 90
Windsor Rd. Houn —5K 9
Windsor Rd. King T —8L 25
Windsor Rd. Lind —4A 168
Windsor Rd. Old Win & Egh —2M 19
Windsor Rd. Rich —5M 11
Windsor Rd. Sun —7H 23
Windsor Rd. Tedd —6D 24
Windsor Rd. T Hth —1M 45
Windsor Rd. Wor Pk —8F 42
Windsor Rd. Wind —4A 4
Windsor Rd. Wray —9A 6
Windsor St. Cher —5J 37
Windsor Wlk. Lind —4A 168
Windsor Wlk. W On T —7L 39
Windsor Wlk. Wey —2C 56
Windsor Way. Alder —2N 109
Windsor Way. Frim —6D 70
Windsor Way. Wok —3E 74
Winds Ridge. Send —3E 94
Windycroft Clo. Purl —9H 63
Windyridge. Craw —4M 181
Windy Ridge Clo. SW19 —6J 27
Windy Wood. G'ming —8F 132
Winern Glebe. Byfl —9M 55
Winery La. King T —2M 41
Wines Clo. Farnh —6G 109
Winfield Gro. Newd —1A 160
Winfrith Rd. SW18 —1A 28
Wingate Ct. Alder —2L 109
Wingate Cres. Croy —5J 45
Wingfield Clo. New H —6K 55
Wingfield Gdns. Frim —3H 71
Wingfield Rd. King T —7M 25
Wingford Rd. SW2 —1J 29
Wingrave Rd. W6 —2H 13
Wings Clo. Farnh —6H 109
Wings Clo. Sutt —1M 61
Wings Rd. Farnh —6G 109
Winifred Rd. SW19 —9M 27
Winifred Rd. Coul —3E 82
Winifred Rd. Hamp —5A 24
Winkfield Clo. Wokgm —5A 30
Winkfield La. Wink —2G 17
Winkfield Rd. Asc —7L 17
Winkfield Rd. Wind —2N 17
Winkfield Row. Brack —5E 16
Winkfield St. Wink —3F 16
Winkworth Pl. Bans —1L 81
Winkworth Rd. Bans —1L 81
Winnards. St J —5L 73
Winnington Way. Wok —5L 73
Winnipeg Dri. Grn St —3N 67
Winscombe. Brack —4K 31
Winslow Rd. W6 —2H 13
Winslow Way. Felt —4M 23
Winslow Way. W On T —9K 39
Winstanley Clo. Cobh —1J 77
Winstanley Wlk. Cobh —1J 77
(off Winstanley Clo.)
Winston Clo. Frim G —8D 70
Winston Dri. Stoke D —3M 77
Winston Wlk. Lwr Bo —5H 129
Winston Way. Old Wok —7D 74
Winterborne Av. Orp —1M 67
Winterbourne. H'ham —1M 197
Winterbourne Av. Orp —1M 67
Winterbourne Ct. Brack —1B 32
Winterbourne Gro. Wey —3D 56
Winterbourne Rd. T Hth —3L 45
Winterbourne Wlk. Frim —6D 70
Winter Box Wlk. Rich —8M 11
Winterbrook Rd. SE24 —1N 29
Winterdown Gdns. Esh —3N 57
Winterdown Rd. Esh —3N 57
Winterfold. Craw —6E 182
Winterfold Clo. SW19 —3K 27
Winterfold Cotts. Alb —7N 135
Winterhill Way. Guild —8D 94
Winterpit Clo. Man H —9C 198
Wintersells Ind. Est. Byfl —6N 55
Wintersells Rd. Byfl —6M 55
Winters Rd. Th Dit —6H 41
Winterton Ct. SE20 —1D 46
Winterton Ct. H'ham —6K 197
Winthorpe Rd. SW15 —7K 13
Winton Cres. Yat —1C 68
Winton Rd. Alder —3M 109
Winton Rd. Farnh —9J 109
Winton Rd. Orp —1K 67
Winton Way. SW16 —6L 29
Wire Cut. Fren —1J 149
Wireless Rd. Big A —2F 86
Wire Mill La. Newc —2H 165
Wisbeach Rd. Croy —4A 46
Wisborough Ct. Craw —6L 181
Wisborough Rd. S Croy —5C 64
Wisdom Ct. Iswth —6G 11
(off South St.)
Wise La. W Dray —1M 7
Wiseton Rd. SW17 —2C 28
Wishanger La. Churt —8G 148
Wishbone Way. Wok —3J 73
Wishford Ct. Asht —5M 79
Wishmoor Clo. Camb —7C 50
Wishmoor Rd. Camb —7C 50
Wisley Ct. Red —2D 122
(off Clarendon Rd.)
Wisley Gdns. F'boro —2J 89
Wisley Interchange. (Junct.) —3D 76
Wisley La. Wis —3L 75
Wistaria La. Yat —1B 68
Wiston Ct. Craw —6L 181
Wiston Ct. H'ham —3K 197
(off Woodstock Clo.)
Witham Rd. SE20 —2F 46
Witham Rd. Iswth —4D 10
Witherby Clo. Croy —1B 64
Witherby Clo. S Croy —2B 64
Withers Clo. Chess —3J 59
Witherslack Clo. Head —5H 169
Withey Clo. Wind —4B 4
Witheygate Av. Stai —7K 21
Withey Meadows. Hkwd —1C 162
Withies La. Comp —1F 132
Withies, The. Knap —4H 73
Withies, The. Lea —7H 79
Withybed Corner. Tad —1G 101
Withy Clo. Light —6N 51
Withycombe Rd. SW19 —1J 27
Withypitts. Turn H —6D 184
Withypitts E. Turn H —6D 184
Witley Cres. New Ad —3M 65
Witley Ho. SW2 —1K 29
Wittenham Rd. Brack —9D 16
Wittering Clo. King T —6K 25
Wittmead Rd. Myt —1D 90
Wivenhoe Ct. Houn —7N 9
Wix Hill. W Hor —8C 96
Woburn Av. F'boro —1B 90
Woburn Av. Purl —7L 63
Woburn Clo. SW19 —7A 28
Woburn Clo. Frim —5E 70
Woburn Hill. Add —8L 37
Woburn Rd. Cars —7C 44
Woburn Rd. Craw —5M 181
Woburn Rd. Croy —7N 45
Wodeland Av. Guild —5L 113
Woffington Clo. King T —9J 25
Woking Bus. Pk. Wok —2D 74
Woking Clo. SW15 —7E 12
Wokingham Rd. Brack —9K 15
Wokingham Rd. Crowt & Sand —3D 48
Wokingham Rd. Hurst —3A 14
Woking Rd. Guild —6M 93
(in five parts)
Wold Clo. Craw —5L 181
Woldhurstlea Clo. Craw —5M 181
Woldingham Rd. Wold —7E 84
Wolds Dri. Orp —1J 67
Wold, The. Wold —9K 85
Wolfe Cotts. W'ham —5M 107
Wolfe Rd. Alder —3A 110
Wolfington Rd. SE27 —5M 29
Wolf La. Wind —6A 4
Wolf's Hill. Oxt —9C 106
Wolfson Rehabilitation Cen., The. SW20 —8F 26
Wolf's Rd. Oxt —8D 106
Wolf's Row. Oxt —8D 106
Wolf's Wood. Oxt —1C 126
Wolseley Av. SW19 —3M 27
Wolseley Gdns. W4 —2A 12
Wolseley Rd. Alder —3M 109
Wolseley Rd. G'ming —5H 133
Wolseley Rd. Mitc —6E 44
Wolsey Av. Th Dit —4F 40
Wolsey Clo. SW20 —8G 26
Wolsey Clo. Houn —7C 10
Wolsey Clo. King T —9A 26
Wolsey Clo. Wor Pk —1F 60
Wolsey Cres. Mord —6K 43
Wolsey Cres. New Ad —5M 65
Wolsey Dri. King T —6L 25
Wolsey Dri. W On T —7L 39
Wolsey Gro. Esh —1B 58
Wolsey M. Orp —2N 67
Wolsey Pl. Shop. Cen. Wok —4A 74
Wolsey Rd. Ashf —5N 21
Wolsey Rd. E Mol —3D 40
Wolsey Rd. Esh —1B 58
Wolsey Rd. Hamp —7B 24
Wolsey Rd. Sun —8G 23
Wolsey Spring. King T —8B 26
Wolsey Wlk. Wok —4A 74
Wolsey Way. Chess —2N 59
Wolstonbury Clo. Craw —5A 182
Wolvens La. Dork —9A 118
Wolverton Av. King T —9N 25
Wolverton Clo. Horl —1D 162
Wolverton Gdns. W6 —1J 13
Wolverton Gdns. Horl —9D 142
Wolves Hill. Dork —6J 159
Wondesford Dale. Binf —5H 15
Wonersh Comn. Rd. Won —2D 134
Wonersh Way. Sutt —5J 61
Wonford Clo. King T —9D 26
Wonford Clo. Tad —4F 100
Wonham La. Bet —4D 120
Wonham Way. Gom —8E 116
Wontford Rd. Purl —2L 83
Wontner Rd. SW17 —3D 28
Woodberry Clo. C'fold —4D 172
Woodberry Clo. Sun —7H 23
Woodbine Clo. Sand —8H 49
Woodbine Clo. Twic —3D 24
Woodbine La. Wor Pk —9H 43
Woodbines Av. King T —2K 41
Woodborough Rd. SW15 —7G 12
Woodbourne. Farnh —5K 109
Woodbourne Av. SW16 —4H 29
Woodbourne Clo. SW16 —4J 29
Woodbourne Clo. Yat —9C 48
Woodbourne Dri. Clay —3F 58
Woodbourne Gdns. Wall —4F 62
Woodbridge Av. Lea —5G 79
Woodbridge Bus. Pk. Guild —2M 113
Woodbridge Corner. Lea —5G 78
Woodbridge Ct. H'ham —3N 197
Woodbridge Dri. Camb —8B 50
Woodbridge Gro. Lea —5G 79
Woodbridge Hill. Guild —2L 113
Woodbridge Hill Gdns. Guild —2K 113
Woodbridge Meadows. Guild —2M 113
Woodbridge Rd. B'water —1G 69
Woodbridge Rd. Guild —2M 113
Woodbury Av. E Grin —1D 186
Woodbury Clo. Big H —5H 87
Woodbury Clo. Croy —8C 46
Woodbury Clo. E Grin —1D 186
Woodbury Dri. Sutt —6A 62
Woodbury Rd. W'ham —5H 87
Woodbury St. SW17 —6C 28
Woodby Dri. Asc —6C 34
Wood Clo. Red —3E 142
Wood Clo. Wind —7F 4
Woodcock Dri. Chob —4F 52
Woodcock Hill. Felb —4J 165
Woodcock La. Chob —4E 52
Woodcote. Cranl —6K 155
Woodcote. G'ming —5G 133
(off Frith Hill Rd.)
Woodcote. Guild —7L 113
Woodcote. Horl —7F 142
Woodcote Av. T Hth —3M 45
Woodcote Av. Wall —5F 62
Woodcote Clo. Eps —1C 80
Woodcote Clo. King T —6M 25
Woodcote Ct. Sutt —3M 61
Woodcote Dri. Purl —6H 63
Woodcote End. Eps —2C 80
Woodcote Grn. Wall —5G 62
Woodcote Grn. Rd. Eps —2B 80
Woodcote Gro. Cars —8F 62
Woodcote Gro. Rd. Coul —2H 83
Woodcote Ho. Eps —2C 80
Woodcote Hurst. Eps —3B 80
Woodcote La. Purl —7H 63
Woodcote M. Wall —3F 62
Woodcote Pk. Av. Purl —8G 63
Woodcote Pk. Rd. Eps —3B 80
Woodcote Pl. SE27 —6M 29
Woodcote Rd. Eps —1C 80
Woodcote Rd. F Row —7G 187
(in two parts)
Woodcote Rd. Wall & Purl —3F 62
Woodcote Side. Eps —2A 80
Woodcote Ter. Alder —4B 110
Woodcote Valley Rd. Purl —9H 63
Woodcot Gdns. F'boro —1J 89
Woodcourt. Craw —8A 182
Wood Crest. Sutt —4A 62
(off Christchurch Pk.)
Woodcrest Rd. Purl —9J 63
Woodcrest Wlk. Reig —1C 122
Woodcroft Rd. If'd —5J 181
Woodcroft Rd. T Hth —4M 45
Woodcut Rd. Wrec —5E 128
Woodend. SE19 —7N 29
Wood End. Crowt —3E 48
Woodend. Esh —8C 40
Wood End. F'boro —2B 90
Wood End. H'ham —3B 198
Woodend. Lea —3J 99
Woodend. Sutt —8A 44
Woodend Clo. Asc —9J 17
Woodend Clo. Craw —1E 182
Wood End Clo. Pyr —3H 75
Woodend Clo. Wok —6K 73
Woodend Dri. Asc —4M 33
Woodend Pk. Cobh —2L 77
Woodend Ride. Asc & Wind —8M 17
Woodend Rd. Deep —7G 71
Woodend, The. Wall —5F 62
Woodenhill. Brack —6K 31
Wooderson Clo. SE25 —3B 46
Woodfield. Asht —4K 79
Woodfield Av. SW16 —4H 29
Woodfield Av. Cars —3E 62
Woodfield Clo. SE19 —8N 29
Woodfield Clo. Asht —4K 79
Woodfield Clo. Coul —6G 82
Woodfield Clo. Craw —2C 182
Woodfield Clo. Red —1C 122
Woodfield Gdns. N Mald —4E 42
Woodfield Gro. SW16 —4H 29
Woodfield Hill. Coul —6F 82
Woodfield La. SW16 —4H 29
Woodfield La. Asht —4L 79
Woodfield Rd. Asht —4K 79
Woodfield Rd. Craw —2C 182
Woodfield Rd. Houn —5J 9
Woodfield Rd. Rud —1E 194
Woodfield Rd. Th Dit —8F 40
Woodfields, The. S Croy —7C 64
Woodfield Way. Red —1C 122
Woodforde Ct. Hayes —1E 8
Woodford Grn. Brack —3D 32
Woodgate. Fleet —2D 88
Woodgate Av. Chess —2K 59
Woodgate Dri. SW16 —8H 29
Woodgates Clo. H'ham —5M 197
Woodgavil. Bans —3L 81
Woodger Clo. Guild —1E 114
Woodhall La. Asc —8B 34
Woodham La. Wok & New Haw —9D 54
Woodham Pk. Rd. Wdhm —5H 55
Woodham Pk. Way. Wdhm —7H 55
Woodham Rise. Wok —2C 74
Woodham Rd. Wok —2A 74
Woodham Waye. Wok —1D 74
Woodhatch Rd. Reig & Red —6A 122
Woodhatch Spinney. Coul —3J 83
Woodhaw. Egh —5D 20
Woodhayes Rd. SW19 —8H 27
Woodhill. Send —4F 94
Woodhill La. Sham G —7G 135
Woodhouse La. Holm M —3H 137
Woodhouse St. Binf —9K 15
Woodhurst La. Oxt —8A 106
Woodhurstlea Clo. Craw —5M 181
Woodhurst Pk. Oxt —8A 106
Woodhyrst Gdns. Kenl —2M 83
Woodies Clo. Brack —8H 15
Wooding Gro. Craw —8N 181
Woodland Av. Cranl —7A 156
Woodland Av. Wind —7C 4
Woodland Clo. E Hor —5G 97
Woodland Clo. Eps —3D 60
Woodland Clo. H'ham —4A 198
Woodland Clo. Wey —1E 56
Woodland Ct. Eps —8E 60
Woodland Ct. Oxt —6N 105
Woodland Cres. Brack —8A 16
Woodland Dri. Craw D —1E 184
Woodland Dri. Dork —5G 159
Woodland Dri. E Hor —5G 96
Woodland Dri. Eden —9L 127
Woodland Dri. Wrec —5G 128
Woodland Gdns. Iswth —6E 10
Woodland Gdns. S Croy —7F 64
Woodland Gro. Wey —1E 56
Woodland La. Colg —6G 198
Woodland Rise. C Crook —8A 88
Woodland Rise. Oxt —8A 106
Woodland Rd. T Hth —3L 45
Woodlands. SW20 —3H 43
Woodlands. Add —9N 37
Woodlands. Asht —5M 79
Woodlands. Craw —1H 183
Woodlands. Fleet —3A 88
Woodlands. Horl —7G 143
Woodlands. Wok —5A 74
Woodlands. Yat —3C 68
Woodlands Av. Farnh —5L 109
Woodlands Av. N Mald —9B 26
Woodlands Av. Red —4D 122
Woodlands Av. W Byf —9H 55
Woodlands Av. Wor Pk —8E 42
Woodlands Cvn. Pk. Ash —3D 110
Woodlands Clo. Asc —5K 33
Woodlands Clo. Ash V —8E 90
Woodlands Clo. B'water —5K 69
Woodlands Clo. Clay —4F 58
Woodlands Clo. Cranl —8A 156
Woodlands Clo. Craw D —2E 184
Woodlands Clo. Ott —6D 54
Woodlands Cotts. Dork —7B 160
Woodlands Ct. Owl —6L 49
Woodlands Ct. St J —5K 73
Woodlands Ct. Wok —6A 74
Woodlands Dri. S God —6H 125
Woodlands Dri. Sun —1K 39
Woodlands Est. Knap —5G 73
Woodlands Ga. SW15 —8L 13
Woodlands Gro. Coul —4F 82
Woodlands Gro. Iswth —5E 10
Woodlands Ho. Sheer —1E 74
Woodlands La. Hasl —1D 188
Woodlands La. Stoke D —4A 78
Woodlands La. W'sham —3A 52
Woodlands Pde. Ashf —7D 22
Woodlands Pk. Add —2H 55
Woodlands Pk. Guild —2D 114
Woodlands Pk. Tad —9A 100
Woodlands Ride. Asc —5K 33
Woodlands Rd. SW13 —6E 12
Woodlands Rd. Bookh —6N 97
Woodlands Rd. Camb —1N 69
Woodlands Rd. E Grin —6C 166
Woodlands Rd. Eps —2N 79
Woodlands Rd. F'boro —8J 69
Woodlands Rd. Guild —8N 93
Woodlands Rd. Hamb —9G 152
Woodlands Rd. Iswth —6D 10
Woodlands Rd. Lea —4D 78
Woodlands Rd. Red —5D 122
Woodlands Rd. Surb —6K 41
Woodlands Rd. Vir W —3M 35
Woodlands Rd. W Byf —1H 75
Woodlands Rd. E. Vir W —3M 35
Woodlands Rd. W. Vir W —3M 35
Woodlands, The. SE19 —8N 29
Woodlands, The. Esh —7C 40
Woodlands, The. Iswth —5F 10
Woodlands, The. Small —8M 143
Woodlands, The. Wall —5F 62
Woodlands View. Dork —2H 139
Woodlands Wlk. B'water —5K 69
Woodlands Way. SW15 —8L 13
Woodlands Way. Asht —3N 79
Woodland View. G'ming —2H 133
Woodland Way. Cat —6B 104
Woodland Way. Croy —7H 47
Woodland Way. H'ham —4A 198
Woodland Way. Kgswd —9K 81
Woodland Way. Mitc —8E 28
Woodland Way. Mord —3L 43
Woodland Way. Purl —9L 63
Woodland Way. Surb —8A 42
Woodland Way. W Wick —1L 65
Woodland Way. Wey —2E 56
Wood La. Binf —7J 15
Wood La. Brack —7J 15
Wood La. Cat —2A 104
Wood La. F'boro —2M 89
Wood La. Fleet —4D 88
Wood La. Iswth —2E 10
Wood La. Knap —5G 72
Wood La. Seale —8F 110
Wood La. Tad —4L 81
Wood La. Wey —5D 56
Woodlawn Clo. SW15 —8L 13
Woodlawn Cres. Twic —3B 24
Woodlawn Dri. Felt —3L 23
Woodlawn Gro. Wok —2B 74
Woodlawn Rd. SW6 —3J 13
Woodlawns. Eps —4C 60
Wood Lea Cotts. H'ham —1N 195
Woodlee Clo. Vir W —1M 35
Wood Leigh. Fleet —5B 88
Woodleigh Gdns. SW16 —4J 29
Woodley Clo. SW17 —8D 28
Woodley Ho. G'ming —3H 133
Woodley La. Cars —9C 44
Woodlodge. Asht —4L 79
Wood Lodge La. W Wick —9M 47
Woodmancote Gdns. W Byf —9J 55
Woodmancott Clo. Brack —5D 32
Woodman Ct. Fleet —5A 88
Woodmancourt. G'ming —3F 132
Woodman Rd. Coul —2G 83
Woodmans Hill. Craw —8A 182
Woodmansterne La. Bans —2N 81
Woodmansterne La. Cars & Wall —8D 62
Woodmansterne Rd. SW16 —8G 29
Woodmansterne Rd. Cars —8D 62
Woodmansterne Rd. Coul —2G 83
Woodmansterne St. Bans —2C 82
Woodmere. Brack —3C 32
Woodmere Av. Croy —6F 46
Woodmere Clo. Croy —6G 47
Woodmere Gdns. Croy —6G 46
Woodmere Way. Beck —4N 47
Woodnook Rd. SW16 —6F 28
Woodpecker Clo. Cobh —8M 57
Woodpecker Clo. Eden —9M 127
Woodpecker Clo. Ews —4C 108
Woodpecker La. Newd —9B 140
Woodpecker Mt. Croy —5H 65
Woodpeckers. Milf —3B 152
Woodpecker Way. Turn H —4F 184
Woodpecker Way. Wok —2N 93
Woodplace Clo. Coul —6G 83
Woodplace La. Coul —5G 83
Woodridge Clo. Brack —2A 32
Wood Riding. Wok —2G 75
Woodridings. Wey —3B 56
Wood Rise. Guild —1H 113
Wood Rd. Big H —5E 86
Wood Rd. Camb —5N 69
Wood Rd. Farnh —5H 109
Wood Rd. G'ming —4J 133
Wood Rd. Hind —3B 170
Wood Rd. Shep —3B 38
Woodroffe Benton Ho. Craw —3L 181
(off Rusper Rd.)
Woodrough Copse. Brmly —6C 134
Woodrow Dri. Wokgm —2D 30
Woodroyd Av. Horl —9D 142
Woodroyd Gdns. Horl —1D 162
Woodruff Av. Guild —9C 94
Woods Hill Clo. Ash W —3F 186
Woods Hill La. Ash W —3F 186
Woodshore Clo. Vir W —5L 35
Woodside. SW19 —7L 27
Woodside. B'water —4H 69

Woodside—Zion Rd.

Woodside. Camb —8L 49
Woodside. F'boro —7N 69
Woodside. Fet —9B 78
Woodside. H'ham —4A 198
Woodside. Tad —6L 101
Woodside. W on T —7H 39
Woodside. W Hor —4D 96
Woodside Av. SE25 —5E 46
Woodside Av. Esh —6E 40
Woodside Av. W On T —1J 57
Woodside Clo. Cat —2B 104
Woodside Clo. C'fold —5E 172
Woodside Clo. Knap —4G 73
Woodside Clo. Surb —6B 42
Woodside Cotts. Elst —8G 131
Woodside Ct. Rd. Croy —6D 46
Woodside Cres. Small —8L 143
Woodside Grn. SE25 —5D 46 (in two parts)
Woodside La. Wink —6N 17
Woodside Pk. SE25 —5E 46
Woodside Pk. Est. G'ming —7J 133
Woodside Rd. SE25 —5E 46
Woodside Rd. Bear G —8K 139
Woodside Rd. C'fold —4C 172
Woodside Rd. Cobh —9A 58
Woodside Rd. Craw —1D 182
Woodside Rd. F'boro —6L 89
Woodside Rd. Farnh —5K 109
Woodside Rd. Guild —2J 113
Woodside Rd. King T —8L 25
Woodside Rd. N Mald —1C 42
Woodside Rd. Purl —9H 63
Woodside Rd. Sutt —9A 44
Woodside Rd. Wink —6M 17
Woodside Way. Croy —5F 46
Woodside Way. Mitc —9F 28
Woodside Way. Red —4E 122
Woodside Way. Salf —9E 122
Woodside Way. Vir W —2L 35
Woodsome Lodge. Wey —3D 56
Woodspring Rd. SW19 —3K 27
Woodstock. E Grin —8M 165
Woodstock. W Cla —6K 95
Woodstock Av. Iswth —8G 10
Woodstock Av. Slou —1N 5
Woodstock Av. Sutt —6L 43
Woodstock Clo. Cranl —9A 156
Woodstock Clo. H'ham —3K 197
Woodstock Clo. Wok —3A 74
Woodstock Ct. Eps —8C 60
Woodstock Gro. G'ming —4H 133
Woodstock La. N. Surb —8J 41
Woodstock La. S. Clay & Chess —3H 59
Woodstock Rise. Sutt —6L 43
Woodstock Rd. Cars —2E 62
Woodstock Rd. Coul —3F 82
Woodstock Rd. Croy —9A 46
Woodstocks. F'boro —8A 70
Woodstock, The. (Junct.) —6L 43
Woodstock Way. Mitc —9F 28
Woodstone Av. Eps —2F 60
Wood St. W4 —1D 12
Wood St. Ash V —7E 90
Wood St. E Grin —9N 165
Wood St. King T —1K 41
Wood St. Mitc —6E 44
Wood St. Red —7G 103
Wood St. Grn. Wood S —1D 112
Woodsway. Oxs —1E 78
Woodthorpe Rd. SW15 —7G 13
Woodthorpe Rd. Ashf —7M 21
Woodvale Av. SE25 —2C 46
Woodvale Wlk. SE27 —6N 29
Woodview. Chess —7J 59
Woodview Clo. SW15 —5C 26
Woodview Clo. S Croy —1E 84
Woodville Clo. B'water —1G 68
Woodville Clo. Tedd —5G 24
Woodville Ct. SE19 —1C 46
Woodville Gdns. Surb —6K 41
Woodville Pl. Cat —8N 83
Woodville Rd. Mord —3M 43
Woodville Rd. Rich —4H 25
Woodville Rd. T Hth —3N 45
Woodvill Rd. Lea —7H 79
Woodward Clo. Clay —3F 58
Woodwards. Craw —8N 181
Woodward's Footpath. Twic —9D 10
Wood Way. Camb —1N 69
Woodway. Guild —2D 114
Woodyers Clo. Won —4D 134
Woolacombe Way. Hayes —1F 8
Wooland Ct. C Crook —9A 88 (off Brandon Rd.)
Woolborough Clo. Craw —2C 182
Woolborough La. Craw —9D 162
Woolborough La. Out —3K 143
Woolborough Rd. Craw —2C 182
Woolford Clo. Brack —8G 16
Woolfords La. Thur —3E 150
Woolhampton Way. Brack —4B 32
Woollards Rd. Ash V —9F 90
Woolmead Rd. Farnh —9H 109
Woolmead, The. Farnh —9H 109
Woolmead Wlk. Farnh —9H 109 (off Woolmead Rd.)
Woolmer Hill Rd. Hasl —9A 170
Woolmer La. Bram —8F 168
Woolmer View. Gray —6B 170
Woolneigh St. SW6 —6N 13
Wool Rd. SW20 —7G 27
Woolsack Ct. Guild —3L 113
Woolsack Way. G'ming —7J 133
Wootton Clo. Eps —3E 80
Worbeck Rd. SE20 —1E 46
Worcester Clo. Croy —8K 47
Worcester Clo. F'boro —7N 69
Worcester Clo. Mitc —2F 44
Worcester Ct. W on T —7K 39
Worcester Ct. Wor Pk —9D 42
Worcester Dri. Ashf —6C 22
Worcester Gdns. Wor Pk —9D 42
Worcester Pk. Rd. Wor Pk —9C 42
Worcester Rd. SW19 —6L 27
Worcester Rd. Craw —7C 182
Worcester Rd. Guild —1J 113
Worcester Rd. Reig —2M 121
Worcester Rd. Sutt —4M 61
Worcestershire Lea. Warf —8D 16
Wordsworth. Brack —4K 31
Wordsworth Av. Kenl —2A 84
Wordsworth Av. Yat —1A 68
Wordsworth Clo. Craw —1F 182
Wordsworth Dri. Sutt —1H 61
Wordsworth Mead. Red —1E 122
Wordsworth Pl. H'ham —1L 197
Wordsworth Rise. E Grin —9M 165
Wordsworth Rd. Add —1M 55
Wordsworth Rd. Hamp —5N 23
Wordsworth Rd. Wall —3G 63
Wordsworth Way. W Dray —1N 7
World's End. Cobh —1H 77
Worlds End Hill. Brack —5D 32
Worlds End La. Orp —3N 67
Worlidge St. W6 —1H 13
Wormley La. Hamb —9E 152
Worple Av. SW19 —8J 27
Worple Av. Iswth —8G 10
Worple Av. Stai —7K 21
Worple Rd. SW20 & SW19 —1H 43
Worple Rd. Eps —2C 80
Worple Rd. Iswth —7G 10
Worple Rd. Lea —9H 79
Worple Rd. Stai —7K 21
Worple Rd. M. SW19 —7L 27
Worplesdon Hill. Wok —9F 72
Worplesdon Rd. Guild —7J 93
Worple St. SW14 —6C 12
Worple, The. Wray —9B 6
Worple Way. Rich —8L 11
Worslade Rd. SW17 —5B 28
Worsley Rd. Frim —6C 70
Worsted Grn. Red —7G 103
Worsted La. E Grin —1D 186
Worth Clo. Orp —1N 67
Worth Ct. Craw —8M 183
Worthfield Clo. Eps —4C 60
Worthing Rd. H'ham —9G 197
Worthing Rd. Houn —2N 9
Worthington Clo. Mitc —2F 44
Worthington Rd. Surb —7M 41
Worth Pk. Av. Craw —2F 182
Worth Rd. Craw —2G 182
Worth Way. Worth —4J 183
Wortley Rd. Croy —6L 45
Worton Ct. Iswth —7E 10
Worton Gdns. Iswth —5D 10
Worton Hall Ind. Est. Iswth —7E 10
Worton Rd. Iswth —7E 10
Worton Way. Houn & Iswth —5D 10
Wotton Dri. Dork —9L 117
Wotton Way. Sutt —6H 61
Wrabness Way. Stai —9K 21
Wrangthorn Wlk. Croy —1L 63
Wray Clo. Ash W —3F 186
Wray Comn. Rd. Reig —2A 122
Wrayfield Av. Reig —2A 122
Wrayfield Pl. Reig —2N 121
Wrayfield Rd. Sutt —9J 43
Wraylands Dri. Reig —1B 122
Wray La. Reig —8A 102
Wraymill Ct. Reig —3B 122
Wray Mill Pk. Reig —1C 122
Wray Pk. Rd. Reig —2N 121
Wray Rd. Sutt —5L 61
Wraysbury Clo. Houn —8M 9
Wraysbury Rd. Stai —3D 20
Wrecclesham Hill. Wrec —6C 128
Wrecclesham Rd. Farnh —4E 128
Wrekin, The. F'boro —4C 90
Wren Clo. H'ham —1K 197
Wren Clo. S Croy —5G 65
Wren Clo. Yat —9A 48
Wren Ct. Ash —1F 110
Wren Ct. Craw —6C 182
Wren Cres. Add —2M 55
Wren's Av. Ashf —5D 22
Wrens Hill. Oxs —2C 78
Wren St. Turn H —4F 184
Wren Way. F'boro —7L 69
Wright. Wind —6A 4
Wright Clo. M'bowr —7F 182
Wright Gdns. Shep —4B 38
Wright Rd. Houn —3K 9
Wrights All. SW19 —7H 27
Wright Sq. Wind —6A 4
Wrights Rd. SE25 —2B 46
Wrights Row. Wall —1F 62
Wrights Wlk. SW14 —6C 12
Wright Way. Wind —6A 4
Wriotsley Way. Add —3J 55
Wrotham Hill. Duns —6A 174
Wroughton Rd. SW11 —1D 28
Wroxham. Brack —4L 31
Wroxham Wlk. Craw —5F 182
Wrythe Grn. Cars —9D 44
Wrythe Grn. Rd. Cars —9D 44
Wrythe La. Cars —7A 44
Wulwyn Ct. Crowt —2E 48
Wulwyn Side. Crowt —2E 48
Wyatt Clo. Felt —2K 23
Wyatt Dri. SW13 —2G 13
Wyatt Pk. Rd. SW2 —3J 29
Wyatt Rd. Stai —6J 21
Wyatt Rd. Wind —6A 4
Wyatt's Almshouses. G'ming (off Wyatt's Clo.) —5K 133
Wyatt's Clo. G'ming —5K 133
Wyche Gro. S Croy —4N 63
Wych Elm Pas. King T —8M 25
Wych Elm Rise. Guild —6A 114
Wychelm Rd. Light —7N 51
Wych Hill. Wok —6M 73
Wych Hill La. Wok —6N 73
Wych Hill Pk. Wok —6N 73
Wych Hill Rise. Wok —6M 73
Wych Hill Way. Wok —7N 73
Wychwood Av. Brack —3D 32
Wychwood Av. T Hth —2N 45
Wychwood Clo. Ash —2D 110
Wychwood Clo. Sun —7H 23
Wychwood Pl. Camb —6F 50
Wycliffe Ct. Craw —6K 181
Wycliffe Rd. SW19 —7N 27
Wycombe Pl. SW18 —9N 13
Wydehurst Rd. Croy —6D 46
Wydell Clo. Mord —5J 43
Wydenhurst Rd. Croy —6D 46
Wyecliffe Gdns. Red —8G 103
Wye Clo. Ashf —5C 22
Wye Clo. Craw —9A 182
Wyeths M. Eps —9E 60
Wyeth's Rd. Eps —9E 60
Wyfold Rd. SW6 —3K 13
Wyke Av. Ash —1H 111
Wyke Bldgs. Ash —1H 111
Wyke Clo. Iswth —2F 10
Wyke Cross. Guild —1L 111
Wykeham Clo. W Dray —1B 8
Wykeham Rd. Farnh —9H 109
Wykeham Rd. Guild —2F 114
Wykehurst La. Ewh —4D 156
Wyke La. Ash —1H 111
Wyke Rd. SW20 —1H 43
Wylam. Brack —4L 31
Wylands Rd. Slou —1C 6
Wymering Ct. F'boro —2B 90
Wymond St. SW15 —6H 13
Wynash Gdns. Cars —2C 62
Wyncombe Av. W5 —1H 11
Wyncote Way. S Croy —5G 64
Wyndham Av. Cobh —9H 57
Wyndham Clo. Sutt —4M 61
Wyndham Clo. Yat —8C 48
Wyndham Cres. Cranl —7J 155
Wyndham Cres. Houn —9A 10
Wyndham Rd. King T —8M 25
Wyndham Rd. Wok —5L 73
Wyndham St. Alder —3A 110
Wynfields. Myt —2D 90
Wynlea Clo. Craw D —1D 184
Wynne Gdns. C Crook —8C 88
Wynnstow Pk. Oxt —9B 106
Wynsham Way. W'sham —2M 51
Wynton Gdns. SE25 —4C 46
Wynton Gro. W On T —9H 39
Wyphurst Rd. Cranl —6M 155
Wyre Gro. Hayes —1H 9
Wyresdale. Brack —6C 32
Wysemead. Horl —7G 143
Wythemede. Binf —7G 15
Wyvern Clo. Brack —3N 31
Wyvern Est. N Mald —3F 42
Wyvern Pk.Ind. Est. Peas —2L 133
Wyvern Pl. Add —1K 55
Wyvern Rd. Purl —6M 63

Xylon Ho. Wor Pk —8G 42

Yaffle Rd. Wey —6D 56
Yale Clo. Houn —8N 9
Yale Clo. Owl —5L 49
Yarborough Rd. SW19 —9B 28
Yarbridge Clo. Sutt —6N 61
Yardley. Brack —4L 31
Yardley Clo. Reig —1N 121
Yardley Ct. Sutt —1H 61
Yard Mead. Egh —4C 20
Yarm Clo. Lea —1J 99
Yarm Ct. Rd. Lea —1J 99
Yarmouth Clo. Craw —5E 182
Yarm Way. Lea —1K 99
Yarnold Clo. Wokgm —1E 30
Yarrow Clo. H'ham —3L 197
Yarrowfield. Wok —1N 93
Yateley Cen. Yat —9B 48
Yateley Ct. S Croy —1N 83
Yateley Rd. Sand —7E 48
Yatesbury Clo. Farnh —4E 128
Yattendon Rd. Horl —8F 142
Yaverland Dri. Bag —5H 51
Yeats Clo. Red —6A 122
Yeend Clo. W Mol —3A 40
Yeldham Rd. W6 —1J 13
Yellowcress Dri. Bisl —3D 72
Yelverton Lodge. Twic —1J 25
Yenston Clo. Mord —5M 43
Yeoman Clo. SE27 —4M 29
Yeoman Ct. Houn —3N 9
Yeomanry Clo. Eps —8E 60
Yeomans Clo. F'boro —9M 69
Yeomans Clo. Tong —4D 110
Yeomans M. Iswth —9D 10
Yeomans Pl. Head —4D 168
Yeomans Way. Camb —1C 70
Yeoman Way. Red —8F 122
Yeoveney Clo. Stai —3F 20
Yeovil Clo. F'boro —4B 90
Yeovil Rd. F'boro —4C 90
Yeovil Rd. Sand —6J 49
Yeovilton Pl. King T —6K 25
Yetminster Rd. F'boro —4B 90
Yewbank Clo. Kenl —2A 84
Yewdells Clo. Bet —2F 120
Yewens. C'fold —4E 172
Yewlands Clo. Bans —2A 82
Yewlands Wlk. If'd —5J 181
Yew La. E Grin —7L 165
Yew Pl. Wey —1G 56
Yews, The. Ashf —4C 22
Yew Tree Bottom Rd. Eps —3G 81
Yew Tree Clo. Coul —6D 82
Yew Tree Clo. F'boro —2H 89
Yew Tree Clo. Horl —7E 142
Yew Tree Clo. Wor Pk —7D 42
Yew Tree Cotts. Craw —5N 199
Yew Tree Cotts. H'ham —8B 196
Yew Tree Ct. Horl —6E 142
Yew Tree Ct. Sutt —4A 62 (off Walnut M.)
Yew Tree Dri. Cat —3C 104
Yew Tree Dri. Guild —8M 93
Yew Tree Gdns. Eps —2B 80
Yewtree La. Ran C —9A 98
Yew Tree La. Reig —9N 101
Yew Tree Lodge. SW16 —5G 28
Yewtree Rd. Beck —2J 47
Yew Tree Rd. Charl —3K 161
Yew Tree Rd. Dork —3G 119
Yew Tree Rd. Witl —4A 152
Yew Trees. Egh —2E 36
Yew Trees. Shep —3A 38
Yew Tree Wlk. Eff —5L 97
Yew Tree Wlk. Frim —5D 70
Yew Tree Wlk. Houn —8N 9
Yew Tree Wlk. Purl —6N 63
Yew Tree Way. Croy —6H 65
Yew Wlk. E Hor —1F 116
Yockley Clo. Camb —2H 71
Yolland Clo. Farnh —5H 109
York Av. SW14 —8B 12
York Av. E Grin —1B 186
York Av. Wind —5E 4
York Clo. Byfl —8N 55
York Clo. H'ham —5M 197
York Clo. Mord —3N 43
York Cres. Alder —3L 109
Yorke Gdns. Reig —2M 121
Yorke Ga. Cat —9A 84
Yorke Rd. Reig —2M 121
York Gdns. W On T —8L 39
York Hill. SE27 —4M 29
York Ho. Brack —9L 15
York La. Ter. Camb —1N 69 (off York La.)
York Mans. SW5 —1N 13 (off Earl's Ct. Rd.)
York Pde. Bren —1K 11
York Rd. SW18 & SW11 —7N 13
York Rd. SW19 —7A 28
York Rd. Alder —3L 109
York Rd. Ash —1E 110
York Rd. Big H —6D 86
York Rd. Binf —6J 15
York Rd. Bren —1K 11
York Rd. Byfl —8M 55
York Rd. Camb —8B 50
York Rd. Craw —7C 182
York Rd. Croy —6L 45
York Rd. F'boro —4A 90
York Rd. Farnh —3H 129
York Rd. Guild —4N 113
York Rd. Houn —6B 10
York Rd. King T —8M 25
York Rd. Rich —8M 11
York Rd. S Croy —6G 64
York Rd. Sutt —3M 61
York Rd. Tedd —5E 24
York Rd. Wey —2D 56
York Rd. Wind —5E 4
York Rd. Wok —6N 73
Yorkshire Pl. Warf —8D 16
Yorkshire Rd. Mitc —4J 45
York St. Mitc —6E 44
York St. Twic —2G 25
York Ter. La. Camb —1M 69
Yorktown Rd. Sand & Col T —7F 48
York Way. Chess —4L 59
York Way. Felt —4N 23 (in two parts)
York Way. Sand —7G 48
Youlden Clo. Camb —1E 70
Youlden Dri. Camb —1E 70
Youngs Dri. Ash —2D 110
Young St. Fet —3E 98
Youngstroat La. Wok —6A 54
Yukon Rd. SW12 —1F 28

Zealand Av. W Dray —3M 7
Zennor Rd. SW12 —2G 28
Zermatt Rd. T Hth —3N 45
Zig Zag Rd. Dork & Tad —8J 99
Zig Zag Rd. Kenl —3N 83
Zinnia Dri. Bisl —3D 72
Zion Pl. T Hth —3A 46
Zion Rd. T Hth —3A 46

PLACES OF INTEREST
covered by this atlas
with their map square reference

HOSPITALS, HEALTH CENTRES and HOSPICES
covered by this atlas

with their map square reference

N.B. Where Hospitals and Health Centres are not named on the map, the reference given is for the road in which they are situated.

ABRAHAM COWLEY UNIT —9F **36**
Holloway Hill, Lyne, Chertsey,
Surrey. KT16 0AE
Tel: (01932) 872010

Addlestone Health Centre —1L **55**
45 Station Rd., Addlestone,
Surrey. KT15 2BH
Tel: (01932) 840123

Aldershot Health Centre —2L **109**
Wellington Av., Aldershot,
Hants. GU13 9BJ
Tel: (01252) 24577

ASHFORD HOSPITAL —3N **21**
London Rd., Ashford,
Middx. TW15 3AA
Tel: (01784) 884488

ASHTEAD HOSPITAL —6L **79**
The Warren, Ashtead,
Surrey. KT21 2SB
Tel: (01372) 276161

Ash Vale Health Centre —9F **90**
Wharf Rd. Ash Vale,
Aldershot, Hants.
GU12 5BA
Tel: (01252) 317551

ATKINSON MORLEY'S HOSPITAL —8G **26**
31 Copse Hill, Wimbledon,
London. SW20 0NE
Tel: (0181) 946 7711

Balham Health Centre —3F **28**
120 Bedford Hill, Balham,
London. SW12 9HP
Tel: (0181) 700 0600

BARNES HOSPITAL —6D **12**
South Worple Way,
London. SW14 8SU
Tel: (0181) 878 4981

BECKENHAM HOSPITAL —1J **47**
379 Croydon Rd., Beckenham,
Kent. BR3 3QL
Tel: (0181) 289 6600

BEECHLAWN DAY HOSPITAL —1G **29**
Belthorn Cres., Weir Rd.,
London. SW12 0NS
Tel: (0181) 675 3415

BETHLEM ROYAL HOSPITAL, THE —6K **47**
Monks Orchard Rd.,
Eden Park, Beckenham,
Kent. BR3 3BX
Tel: (0181) 777 6611

Bourne Hall Health Centre —5E **60**
Chessington Rd., Ewell,
Surrey. KT17 1TG
Tel: (0181) 394 1301

Brentford Health Centre —2J **11**
Boston Manor Rd., Brentford,
Middx. TW8 8DR
Tel: (0181) 321 3800

BRITISH HOME & HOSPITAL FOR INCURABLES
—6M **29**
Crown La., Streatham,
London. SW16 3JB
Tel: (0181) 670 8261

Broadfield Health Centre —7N **181**
Coachmans Dri., Broadfield,
Crawley, West Sussex.
RH11 9YZ
Tel: (01293) 531951

BROADMOOR HOSPITAL —3J **49**
Crowthorne, Berks. RG45 7EG
Tel: (01344) 773111

Brocklebank Health Centre —1N **27**
249 Garratt La., Wandsworth,
London. SW18 4DU
Tel: (0181) 870 1341

Camberley Health Centre —3N **69**
159 Frimley Rd., Camberley,
Surrey. GU15 2QA
Tel: (01276) 20101

CAMBRIDGE MILITARY HOSPITAL —1N **9**
Hospital Rd., Aldershot, Hants. GU11 2AN
Tel: (01252) 350434

CANE HILL FORENSIC MENTAL HEALTH UNIT
—4G **82**
Brighton Rd., Coulsdon,
Surrey. CR3 3YL
Tel: (01737) 556300

CARSHALTON WAR MEMORIAL HOSPITAL
—3D **62**
The Park, Carshalton,
Surrey. SM5 3DB
Tel: (0181) 647 5534

CASSEL HOSPITAL, THE —5K **25**
1 Ham Comn., Richmond,
Surrey. TW10 7JF
Tel: (0181) 940 8181

CATERHAM DENE HOSPITAL —1C **104**
Church Rd., Caterham-on-the-Hill,
Surrey. CR3 5RA
Tel: (01883) 349324

CHARING CROSS HOSPITAL —2J **13**
Fulham Palace Rd.,
London. W6 8RF
Tel: (0181) 383 0000

CHELSEA & WESTMINSTER HOSPITAL
—2N **13**
369 Fulham Rd., Chelsea,
London. SW10 9NH
Tel: (0181) 746 8000

CHILDREN'S TRUST, THE —8J **81**
Tadworth St., Tadworth,
Surrey. KT20 5RU
Tel: (01737) 357171

Chiswick Health Centre —1C **12**
Fishers La., Chiswick,
London. W4 1RX
Tel: (0181) 995 8051

CHURCH HILL HOUSE HOSPITAL —5M **31**
Crowthorne Rd., Bracknell,
Berkshire. RG12 7EP
Tel: (01344) 422722

CLARE PARK BUPA HOSPITAL —8A **108**
Crondall La., Crondall,
Farnham, Surrey. GU10 5XX
Tel: (01252) 850216

CLAYPONDS HOSPITAL —1L **11**
Sterling Pl., South Ealing,
London. W5 4RN
Tel: (0181) 560 4013

COBHAM HOSPITAL —9J **57**
Portsmouth Rd., Cobham,
Surrey. KT11 1HT
Tel: (01932) 867231

COTTAGE DAY HOSPITAL —4C **28**
Springfield University Hospital,
61 Glenburnie Rd.,
London. SW17 7DJ
Tel: (0181) 682 6514

Cranleigh Health Centre —7M **155**
High St., Cranleigh,
Surrey. GU6 8AE
Tel: (01483) 273951

CRANLEIGH VILLAGE HOSPITAL —8M **155**
High St., Cranleigh,
Surrey. GU6 8AE
Tel: (01483) 782000

Crawley Down Health Centre —1E **184**
Bowers Pl., Crawley,
West Sussex. RH10 4HY
Tel: (01342) 713031

CRAWLEY HOSPITAL —3A **182**
West Grn. Dri.,
West Green, Crawley,
West Sussex. RH11 7DH
Tel: (01293) 600300

DORKING HOSPITAL —6H **119**
Horsham Rd., Dorking,
Surrey. RH4 2AA
Tel: (01737) 768511

EAST SURREY HOSPITAL —7E **122**
Canada Av., Redhill,
Surrey. RH1 5RH
Tel: (01737) 768511

EDENBRIDGE & DISTRICT WAR MEMORIAL
HOSPITAL —4L **147**
Mill Hill, Edenbridge.
Kent. TN8 5DA
Tel: (01732) 863164

ELLESMERE DAY HOSPITAL —2F **56**
Queens Rd., Walton-on-Thames,
Surrey. KT12 5AA
Tel: (01932) 241481

Englefield Green Health Centre —6M **19**
Bond St., Englefield Green,
Egham, Surrey. TW20 0PF
Tel: (01784) 437671

EPSOM & EWELL COTTAGE HOSPITAL —7L **59**
Horton La., Epsom,
Surrey. KT18 8PB
Tel: (01372) 734734

EPSOM GENERAL HOSPITAL —2B **80**
Dorking Rd., Epsom,
Surrey. KT18 7EG
Tel: (01372) 735735

Family Health Centre —7K **37**
Stepgates, Chertsey,
Surrey. KT16 8HZ
Tel: (01932) 565655

FARNBOROUGH HOSPITAL —1J **67**
Farnborough Comn.,
Locksbottom, Orpington,
Kent. BR6 8ND
Tel: (01689) 814000

FARNHAM GENERAL HOSPITAL —9K **109**
Hale Rd., Farnham,
Surrey. GU9 9QL
Tel: (01252) 726666

Farnham Health Centre —1H **129**
Brightwells Rd., East St.,
Farnham, Surrey. GU9 7SA
Tel: (01252) 724044

FARNHAM ROAD HOSPITAL —5L **113**
Farnham Rd., Guildford,
Surrey. GU2 5JN
Tel: (01483) 573852

FLEET COMMUNITY HOSPITAL —3A **88**
Church Rd., Fleet, Aldershot,
Hants. GU13 8LD
Tel: (01252) 613117

FRIMLEY PARK HOSPITAL —4B **70**
Portsmouth Rd., Camberley,
Surrey. GU16 5UJ
Tel: (01276) 604604

GATWICK PARK BUPA HOSPITAL —9C **142**
Povey Cross Rd., Horley,
Surrey. RH6 0BB
Tel: (01293) 785511

Goldsworth Park Health Centre —4K **73**
Denton Way, Woking,
Surrey. GU21 3LQ
Tel: (01483) 728201

Great Hollands Health Centre —5L **31**
Great Hollands Sq., Bracknell,
Berks. RG12 8WY
Tel: (01344) 54338

Grove Community Health Centre, The —6C **20**
Church Rd., The Grove,
Egham, Surrey. TW20 9QL
Tel: (01784) 477677

Hampton Community Health Centre —7N **23**
Tangley Park Rd., Hampton Nurserylands,
Hampton, Middx. TW12 3YH
Tel: (0181) 979 1726

HASLEMERE & DISTRICT HOSPITAL —1H **189**
Church La., Haslemere,
Surrey. GU27 2BJ
Tel: (01482) 653881

Haslemere Health Centre —1H **189**
Church La., Haslemere,
Surrey. GU27 2BQ
Tel: (01428) 653881

HEATHERWOOD HOSPITAL —2K **33**
London Rd., Ascot,
Berks. SL5 8AA
Tel: (01344) 23333

HENDERSON HOSPITAL —5N **61**
Homeland Dri., Sutton,
Surrey. SM2 5LY
Tel: (0181) 661 1611

Heston Health Centre —3M **9**
Cranford La., Heston,
Middx. TW5 9ER
Tel: (0181) 570 5891

HOLY CROSS HOSPITAL —1C **188**
Hindhead Rd., Haslemere,
Surrey. GU27 1NQ
Tel: (01428) 643311

HOMEWOOD RESOURCE CENTRE —9E **36**
Bournewood House,
Guildford Rd., Chertsey,
Surrey. KT16 0QA
Tel: (01932) 872010

Hook Health Centre —1L **59**
1 Gosbury Hill, Hook,
Surrey. KT9 1BT
Tel: (0181) 397 5737

Horley Health Centre —8E **142**
Kings Rd., Horley,
Surrey. RH6 7AQ
Tel: (01293) 772681

HORSHAM HOSPITAL —5J **197**
Hurst Rd., Horsham,
West Sussex. RH12 2DR
Tel: (01403) 227000

HORTON HOSPITAL —7A **60**
Long Gro. Rd., Epsom,
Surrey. KT19 8PZ
Tel: (01372) 729696

HRH PRINCESS CHRISTIAN'S HOSPITAL
—4F **4**
12 Clarence Rd., Windsor,
Berks. SL4 5AG
Tel: (01753) 853121

KING EDWARD VII HOSPITAL —6F **4**
St Leonard's Rd., Windsor,
Berks. SL4 3DP
Tel: (01753) 860441

KINGSTON HOSPITAL —9A **26**
Galsworthy Rd.,
Kingston-upon-Thames,
Surrey. KT2 7QB
Tel: (0181) 546 7711

Langley Health Centre —1C **6**
Common Rd., Langley,
Slough, Berks. SL3 8LE
Tel: (01753) 544288

LEATHERHEAD HOSPITAL —9J **79**
Poplar Rd., Leatherhead,
Surrey. KT22 8SD
Tel: (01372) 384300

Lewin Road Community Mental Health Centre
—7H **29**
55-57 Lewin Rd.,
London. SW16 6JZ
Tel: (0181) 664 6406

Lifecare Trust —1A **104**
Coulsdon Rd., Caterham,
Surrey. CR3 5YA
Tel: (01883) 346411

Manor Drive Health Centre —7F **42**
3 The Manor Dri., Worcester Park,
Surrey. KT4 7LG
Tel: (0181) 337 0246

MANOR HOSPITAL, THE —7N **59**
Christ Church Rd., Epsom,
Surrey. KT19 8NL
Tel: (01372) 202020

Manor House Health Centre, The —3H **23**
Manor La., Feltham,
Middx. TW13 4JQ
Tel: (0181) 321 3757

Marie Curie Centre —3C **104**
Caterham Harestone Dri., Caterham,
Surrey. CR3 6YQ
Tel: (01883) 342226

Maswell Park Health Centre —8C **10**
Hounslow Av., Hounslow,
Middx. TW3 2DY
Tel: (0181) 898 2321

MAYDAY UNIVERSITY HOSPITAL —5M **45**
Mayday Rd., Thornton Heath,
Surrey. CR7 7YE
Tel: (0181) 401 3000

MEDICAL RECEPTION STATION HOSPITAL
—7M **49**
The Royal Military Academy,
Egerton Rd., Camberley,
Surrey. GU15 4PH
Tel: (01276) 63344

Merstham Health Centre —7G **103**
Bletchingley Rd., Merstham,
Surrey. RH1 3PN
Tel: (01737) 642684

MILFORD HOSPITAL —2F **152**
Tuesley La., Godalming,
Surrey. GU7 1UF
Tel: (01483) 414411

MOLESEY HOSPITAL —4A **40**
Approach Rd., High St.,
West Molesey,
Surrey. KT7 0LU
Tel: (0181) 941 4481

Mollison Drive Health Centre —4J **63**
Mollison Dri., Wallington,
Surrey. SM6 9HF
Tel: (0181) 773 2820

MOUNT ALVERNIA HOSPITAL —5A **114**
Harvey Rd., Guildford,
Surrey. GU1 3LX
Tel: (01483) 570122

NELSON HOSPITAL —1L **43**
Kingston Rd., Merton,
London. SW20 8DB
Tel: (0181) 296 2000

NEW VICTORIA HOSPITAL —9D **26**
184 Coombe La. W.,
Kingston-upon-Thames,
Surrey. KT2 7EG
Tel: (0181) 949 9000

Norbury Health Centre —2K **45**
2b Pollards Hill N., Norbury,
London. SW16 4NL
Tel: (0181) 679 1700

NORMANSFIELD HOSPITAL —8J **25**
Kingston Rd., Teddington,
Middx. TW11 9JH
Tel: (0181) 977 7583

NORTH DOWNS IBH HOSPITAL —3D **104**
46 Tupwood La., Caterham,
Surrey. CR3 6DP
Tel: (01883) 348981

Oakhill Health Centre —5L **41**
Oakhill Rd., Surbiton,
Surrey. KT6 6EN
Tel: (0181) 390 6755

ORCHARD HILL —6D **62**
Fountain Dri., Carshalton,
Surrey. SM5 4NR
Tel: (0181) 770 8000

OXTED & LIMPSFIELD HOSPITAL —6N **105**
Eastlands Way, Oxted,
Surrey. RH8 0LR
Tel: (01883) 714344

Oxted Health Centre —7B **106**
Gresham Rd., Oxted,
Surrey. RH8 0BQ
Tel: (01883) 712238

PARKLANDS DAY HOSPITAL —8L **59**
West Park Hospital,
Horton La., Epsom,
Surrey. KT19 8PB
Tel: (01372) 202020

PARKSIDE HOSPITAL —4J **27**
53 Parkside, Wimbledon,
London. SW19 5NX
Tel: (0181) 971 8000

Parkway Health Centre —6M **65**
Parkway, New Addington,
Surrey. CR0 0JA
Tel: (01689) 842554

Parson's Green Health Centre —4M **13**
5-7 Parson's Grn.,
London. SW6 4UL
Tel: (0181) 846 6767

Phyllis Tuckwell Memorial Hospice —2K **129**
Waverley La., Farnham,
Surrey. GU9 8BL
Tel: (01252) 725814

Princess Alice Hospice —2A **58**
West End La., Esher,
Surrey. KT10 8NA
Tel: (01372) 468811

PRINCESS MARGARET HOSPITAL —5G **4**
Osborne Rd., Windsor,
Berks. SL4 3SJ
Tel: (01753) 868292

PRIORY HOSPITAL —7E **12**
Priory La., Roehampton,
London. SW15 5JJ
Tel: (0181) 876 8261

PURLEY HOSPITAL —7L **63**
Brighton Rd., Purley,
Surrey. CR8 2YL
Tel: (0181) 401 3232

PUTNEY HOSPITAL —6H **13**
Commondale,
Lower Richmond Rd.,
Putney, London. SW15 1HW
Tel: (0181) 789 6633

QUEEN ELIZABETH HOUSE —6M **19**
Torin Ct., Bond St.,
Englefield Green, Egham,
Surrey. TW20 0PJ
Tel: (01784) 471452

QUEEN MARY'S HOSPITAL FOR CHILDREN
—7A **44**
Wrythe La., Carshalton,
Surrey. SM5 1AA
Tel: (0181) 296 2000

QUEEN MARY'S UNIVERSITY HOSPITAL
—9F **12**
Roehampton La., Roehampton,
London. SW15 5PN
Tel: (0181) 789 6611

QUEENS HOSPITAL —5N **45**
66a Queens Rd., Croydon,
Surrey. CR9 2PQ
Tel: (0181) 401 3000

QUEEN VICTORIA HOSPITAL —7B **166**
Holtye Rd., East Grinstead,
West Sussex. RH19 3DZ
Tel: (01342) 410210

Rathmell Drive Health Centre —1H **29**
9A Rathmell Dri.,
London. SW4 8JG
Tel: (0181) 674 7400

RICHMOND HEALTHCARE HAMLET —6L **11**
Kew Foot Rd., Richmond,
Surrey. TW9 2TE
Tel: (0181) 940 3331

Robin Hood Lane Health Centre —2N **61**
Camden Rd., Sutton,
Surrey. SM1 2RJ
Tel: (0181) 643 8611

Rosslyn Clinic —9J **11**
15 Rosslyn Rd.,
East Twickenham,
Middx. TW1 2AR
Tel: (0181) 891 3173

ROYAL HOSPITAL FOR NEURO-DISABILITY
—9K **13**
West Hill, Putney,
London. SW15 3SW
Tel: (0181) 780 4500

ROYAL MARSDEN HOSPITAL (SUTTON), THE
—6A **22**
Downs Rd., Sutton,
Surrey. SM2 5PT
Tel: (0181) 642 6011

ROYAL SURREY COUNTY HOSPITAL, THE
—3H **113**
Egerton Rd., Guildford,
Surrey. GU2 5XX
Tel: (01483) 571122

RUNNYMEDE HOSPITAL —9F **36**
Guildford Rd., Ottershaw,
Chertsey, Surrey. KT16 0RQ
Tel: (01932) 872007

ST ANTHONY'S HOSPITAL —8J **43**
London Rd., North Cheam,
Surrey. SM3 9DW
Tel: (0181) 337 6691

St Catherine's Hospice —5B **182**
Malthouse Rd., Crawley,
West Sussex. RH10 6BH
Tel: (01293) 547333

ST EBBA'S —5B **60**
Hook Rd., Epsom,
Surrey. KT19 8QJ
Tel: (01372) 202020

ST GEORGE'S HOSPITAL —6B **28**
Blackshaw Rd., Tooting,
London. SW17 0QT
Tel: (0181) 672 1255

ST HELIER HOSPITAL —7A **44**
Wrythe La., Carshalton,
Surrey. SM5 1AA
Tel: (0181) 296 2000

St John's Health Centre —1G **25**
Oak La., Twickenham,
Middx. TW1 3PH
Tel: (0181) 891 3101

St John's Health Centre —6J **73**
Hermitage Rd.,
St Johns, Woking,
Surrey. GU21 1TD
Tel: (01483) 764871

ST JOHN'S HOUSE HOSPITAL —1G **25**
Strafford Rd.,
London. SW1 3HQ
Tel: (0181) 744 9943

ST PETER'S HOSPITAL —9F **36**
Guildford Rd.,
Ottershaw, Chertsey,
Surrey. KT16 0PZ
Tel: (01932) 872000

St Raphael's Hospice —7J **43**
London Rd., North Cheam,
Surrey. SM3 9DX
Tel: (0181) 337 7475

Sheen Lane Health Centre —6B **12**
Sheen La., London. SW14 8LP
Tel: (0181) 878 7561

Shepperton Health Centre —4C **38**
Laleham Rd., Shepperton,
Middx. TW17 8EJ
Tel: (01932) 713200

SHIRLEY OAKS HOSPITAL —6F **46**
Poppy La., Shirley Oaks,
Croydon, Surrey. CR9 8AB
Tel: (0181) 655 2255

Shotfield Health Centre —3F **62**
Shotfield, Wallington,
Surrey. SM6 0HY
Tel: (0181) 647 0031

Skimped Hill Health Centre —1N **31**
Skimped Hill La., Bracknell,
Berks., RG12 1LH
Tel: (01344) 485333

SLOANE HOSPITAL, THE —1N **47**
125-133 Albemarle Rd., Beckenham,
Kent. BR3 5HS
Tel: (0181) 466 6911

SPRINGFIELD UNIVERSITY HOSPITAL
—4C **28**
61 Glenburnie Rd.,
London. SW17 7DJ
Tel: (0181) 672 9911

Springvale Community Mental Health Centre
—8A **166**
72-74 Moat Rd., East Grinstead,
West Sussex. RH19 3LH
Tel: (01342) 326928

Staines Health Centre —6H **21**
Knowle Grn., Staines,
Middx. TW18 1XD
Tel: (01784) 883666

Stanwell Health Centre —1M **21**
Hadrian Way, Stanwell,
Middx. TW19 7HT
Tel: (01784) 246281

Sunbury Health Centre —1H **39**
Green St., Sunbury-on-Thames,
Middx. TW16 6RH
Tel: (01932) 787861

SURBITON HOSPITAL —5L **41**
Ewell Rd., Surbiton,
Surrey. KT6 6EZ
Tel: (0181) 399 7111

SUTTON HOSPITAL —6N **61**
Cotswold Rd., Sutton,
Surrey. SM2 5NF
Tel: (0181) 644 4343

Tattenham Health Centre —5G **81**
Tattenham Cres., Burgh Heath,
Surrey. KT18 5NU
Tel: (01737) 361031

TEDDINGTON MEMORIAL HOSPITAL
—7E **24**
Hampton Rd., Teddington,
Middx. TW11 0JL
Tel: (0181) 977 2212

Thames Valley Hospice —6D **4**
Pine Lodge,
Hatch La., Windsor,
Berks. SL4 3RW
Tel: (01753) 842121

Thornton Heath Health Centre —3A **46**
61a Gillett Rd., Thornton Heath,
Surrey. CR7 8RL
Tel: (0181) 684 2424

TOLWORTH HOSPITAL —8N **41**
Red Lion Rd., Surbiton,
Surrey. KT6 7QU
Tel: (0181) 390 0102

Tudor Lodge Health Centre —2J **27**
8c Victoria Dri., Wimbledon Park,
London. SW19 6AE
Tel: (0181) 788 1525

UNSTED PARK REHABILITATION HOSPITAL
—6M **133**
Munstead Heath Rd., Godalming,
Surrey. GU7 1UW
Tel: (01483) 892061

WALTON COMMUNITY HOSPITAL —8J **39**
Rodney Rd., Walton-on-Thames,
Surrey. KT12 3LD
Tel: (01932) 220060

Walton Health Centre —8J **39**
Rodney Rd.,
Walton-on-Thames,
Surrey. KT12 3LB
Tel: (01932) 228999

WARLINGHAM PARK HOSPITAL —2K **85**
Warlingham, Surrey. CR6 9YR
Tel: (01883) 622101

West Byfleet Health Centre —9J **55**
Madeira Rd., West Byfleet,
Surrey. KT14 6DH
Tel: (01932) 340411

Hospitals, Health Centres & Hospices

WEST MIDDLESEX UNIVERSITY HOSPITAL
—5G 11
Twickenham Rd., Isleworth,
Middx. TW7 6AF
Tel: (0181) 560 2121

WEST PARK HOSPITAL —8L 59
Horton La., Epsom, Surrey. KT19 8PB
Tel: (01372) 202020

WEYBRIDGE COMMUNITY HOSPITAL —1B 56
Church St., Weybridge,
Surrey. KT13 8DY
Tel: (01932) 852931

Weybridge Health Centre —1B 56
Minorca Rd., Weybridge,
Surrey. KT13 8DU
Tel: (01932) 853366

WOKING COMMUNITY HOSPITAL —5B 74
Heathside Rd., Woking,
Surrey. GU22 7HS
Tel: (01483) 715911

WOKINGHAM HOSPITAL —2A 30
41 Barkham Rd., Wokingham,
Berks. RG41 2RE
Tel: (01189) 495000

WOKING NUFFIELD HOSPITAL —1A 74
Shores Rd., Woking,
Surrey. GU21 4BY
Tel: (01483) 763511

Woodside Health Centre —4D 46
3 Enmore Rd., South Norwood,
London. SE25 5NT
Tel: (0181) 656 0213

World's End Health Centre —3N 13
529 King's Rd.,
London. SW10 0UD
Tel: (0181) 846 6333

Yateley Health Centre —9C 48
Oaklands, Reading Rd., Camberley,
Surrey. GU17 5TL
Tel: (01252) 878992